오늘 **말씀**

365일 문학적 단락에 맞춰 읽는
성경통독의 길잡이

오늘 **말씀**

노희정 지음

추천 박 기 호 풀러신학교 아시아선교학 원로교수
오 덕 호 서울산정현교회 목사, 전 한일장신대학교 총장
감수 서 요 한 전 총신대학교 신학대학원 역사신학 교수

하나님의 말씀은 불변하지만 하나님의 말씀이 전파되는 환경은 급변하고 있다. 그러므로 하나님의 말씀을 전파할 책임을 맡은 교회는 진리의 말씀인 하나님의 말씀을 바로 이해할 뿐 아니라 듣는 사람들이 가장 잘 이해할 수 있는 방법으로 전파할 의무가 있다. 갈라디아서 1장 8-9절에서 바울은 말한다. "그러나 우리나 혹 하늘로부터 온 천사라도 우리가 너희에게 전한 복음 외에 다른 복음을 전하면 저주를 받을지어다. 우리가 전에 말하였거니와 내가 지금 다시 말하노니 만일 누구든지 너희의 받은 것 외에 다른 복음을 전하면 저주를 받을지어다."

하나님의 말씀에 대한 충성심을 가졌던 사도 바울이 진리를 전파하는 방법 면에서는 융통성을 발휘하였음을 고린도 전서 9장 20-23절에서 읽어볼 수 있다. "유대인에게는 내가 유대인과 같이 된 것은 유대인들을 얻고자 함이요 율법 아래 있는 자들에게는 내가 율법 아래 있지 아니하나 율법 아래 있는 자 같이 된 것은 율법 아래 있는 자들을 얻고자 함이라. 약한 자들에게는 내가 약한 자와 같이 된 것은 약한 자들을 얻고자 함이요 여러 사람에게 내가 여러 모양이 된 것은 아무쪼록 몇몇 사람들을 구원코자 함이니 내가 복음을 위하여 모든 것을 행함은 복음에 참예하고 자 함이라."

오늘 날 하나님의 말씀을 전파하는 사람들이 아직 교회에 참석해보지 못한 사람들에게는 전혀 생소한 용어들을 사용하여 말씀을 전파한다. 그러므로 말씀을 듣는 사람들이 전파되는 말씀을 잘 이해하지 못한다. "전지전능 무소부재의 하나님, 자비와 긍휼이 풍성하신 하나님, 불꽃같은 눈으로 우리를 감찰하시는 하나님…" 교회에 출석하지 않는 사람들 중에 과연 얼마나 많은 사람들이 이러한 용어들을 이해할 수 있을까? "모든 것을 알고 계시는 하나님, 못하실 일이 없으신 하나님, 어디에나 계시는 하나님, 우리를 사랑하시는 하나님…"과 같이 쉬운 말로 기도하고 설교할 수는 없을까?

그러나 기독교문화에 익숙해진 오늘날의 그리스도인들은 무심코 자기들에게 익숙한 용어들을 사용하며 하나님의 말씀을 전하고 있다. 책을 쓰는 분들도 마찬가지다. 독자들이 잘 이해할 수 없는 말로 책을 쓰는 사람들이 많다. 오늘날 서점에서 발견되는 대부분의 기독교 서적들은 목회자들이나 신학자들에 의하여 쓰여진 책들이다. 그리고 그 책들은 거의 목회나 신학자의 관점에서 그들이 주로 사용하는 용어들로 쓰여진 내용들이다. 문득 교회나 신학교가 아닌 삶의 현장에서 생활하며 복음을 전하는 평신도들이, 일반인들이 더 잘 이해하고 받아들일 수 있는 방법으로 복음을 전파할 수 있겠다는 생각이 든다.

"오늘 말씀"의 저자 노희정 님은 치과의사인 평신도이시다. 그는 지역교회에서 봉사하며 꾸준히 말씀 공부를 하였고, 말씀 사역을 해왔으며, 미국 풀러신학교 선교대학원에 유학하면서 성경 전체를 선교적인 관점에서 바라보는 훈련을 받았다. 풀러의 선교학은 "불변하는 진리의 말씀을 변화하는 세상에서 사람들이 가장 잘 받아들일 수 있는 방법으로 전하기 위하여 말씀과 세상과 교회와의 관계를 연구하는 것"이다. 저자가 한국과 미국에서의 신앙생활과 풀러 선교대학원에서 학문적 연구를 통하여 얻은 균형 잡힌 관점을 가지고 성경전체를 꿰뚫는 주제, 곧

〈하나님의 나라와 하나님의 뜻 구현〉이라는 맥을 잡고 누구나 쉽게 성경을 이해할 수 있도록 "오늘 말씀"을 저술하여 출판하게 됨을 기뻐해 마지아니한다.

이 책은 성경 전체를 문학적으로 단락을 나누어 1년 356일 동안 공부할 수 있도록 편집하였으며, 누구나 쉽게 접근할 수 있도록 "새번역 성경(대한성서공회)"을 본문으로 사용하였다. 성경을 균형 있게 이해하기를 원하는 모든 분들은 이 책을 읽어볼 것을 권하는 바이다.

박기호 풀러신학교 아시아선교학 원로교수

 지금 한국 교회는 큰 어려움에 빠져 있습니다. 그 어려움은 외적인 박해도 아니고 양적으로 부흥하지 않는 것도 아닙니다. 교회가 교회답지 못한 것입니다. 오죽하면 예수님을 믿는다고 하면서도 교회에는 나가지 않는 '가나안 성도'가 그렇게 많아졌겠습니까? 한국 교회가 이렇게 된 원인이 뭘까요? 하나님을 바로 알지 못하기 때문입니다. 하나님을 바로 알면 하나님을 경외할 수밖에 없습니다. 하나님을 바로 알면 하나님을 사랑하게 됩니다. 하나님의 뜻도 알게 됩니다. 그러면 하나님 뜻대로 살 수밖에 없습니다. 성도들이 하나님 뜻대로 살면 교회가 저절로 교회다워집니다. 지금 한국 교회의 근본적인 문제는 하나님을 바로 알지 못하는 데 있는 것입니다.

왜 한국 교회는 하나님을 바로 알지 못할까요? 하나님에 대해 제대로 배우지 못하기 때문입니다. 우리의 모습을 보십시오. 우리가 신앙생활을 할 때 하나님에 대해 어떻게 배웁니까? 그냥 여기저기서 단편적으로 들으며 하나님을 알아갑니다. 설교를 통해서도 듣고 선배 성도들을 통해서도 듣습니다. 기도원에서도 듣고 인터넷에서도 듣습니다. 이렇게 단편적으로 배우다보면 하나님의 전체적인 모습을 건실하게 배울 수 없습니다. 그래서 하나님을 제대로 알지 못한 채 신앙생활을 하게 되는 것입니다. 이렇게 되면 올바른 신앙생활을 하기 어렵습니다. 성도가 성도다워질 수 없고, 교회가 교회다워질 수 없는 것입니다.

그러면 어떻게 해야 우리가 하나님을 바로 알고 올바른 믿음을 회복할 수 있을까요? 우리에게 믿음을 주시는 분은 성령님이십니다. "또 성령으로 아니하고는 누구든지 예수를 주시라 할 수 없느니라"(고전 12:3b) 그런데 믿음은 말씀을 들음에서 생깁니다. "그러므로 믿음은 들음에서 나며 들음은 그리스도의 말씀으로 말미암았느니라"(롬 10:17) 그렇다면 성령님은 말씀을 통해 우리에게 믿음을 주시는 것입니다.

그래서 우리가 바른 믿음을 회복하려면 두 가지를 해야 합니다. 먼저 성령님의 인도하심을 받아야 합니다. 우리는 내 지혜로 성경을 이해할 수 있다는 교만한 마음을 버리고 정말 겸손히 성령님의 도우심을 간구해야 합니다. 그리고 성경을 읽어야 합니다. 성경을 읽지 않고는 바른 믿음을 회복할 수 없습니다. 성령님이 성경을 통해서 우리에게 바른 믿음을 주시기 때문입니다.

성경을 읽을 때는 성경을 잘 이해할 수 있는 방법으로 읽어야 합니다. 성경은 성령님의 감동으로 쓰였습니다. 그런데 성령님은 성경기자가 자신의 환경 속에서 성경을 쓰게 하셨습니다. 성경이 당시 기자들이 사용하던 히브리어, 아람어, 헬라어로 쓰인 것을 봐도 이것을 잘 알 수 있지 않습니까?

이렇게 쓰인 성경은 세 가지 모습을 가지고 있습니다. 문학적인 모습, 신학적인 모습, 역사적인 모습입니다. 성경을 이해하려면 이런 모습을 알고 읽어야 합니다. 그 동안 사람들이 성경을 읽은 모습을 보면 대체로 18세기까지는 신학적인 관점에서 읽었습니다. 성경을 교리적인 관점에서 읽은 것입니다. 이렇게 읽으면 성경을 잘못 해석하는 것을 피할 수 있습니다. 그러나 교리에 얽매여 여러 성경 본문의 다양한 메시지를 발견하기 어렵다는 약점이 있습니다. 잘못하면 교리가 성경의 가르침을 가로막을 위험도 있습니다.

19세기부터는 역사적인 관점에서 읽는 경향이 생겼습니다. 그러면서 교리에 얽매이지 않고 성경 본문의 뜻을 좀 더 넓게 이해할 수 있게 되었습니다. 하지만 성경을 지나치게 역사적으로 읽을 경우 신앙적인 면에 해를 끼칠 위험도 있습니다.

20세기 후반부터는 성경을 문학적으로 읽는 방법이 나타나 지금은 상당히 많이 발전했습니다. 사실 성경은 인간의 말로 표현되어 우리에게 전해지고 있습니다. 그래서 성경본문은 각각 다양한 문학적 특징을 가지고 있습니다. 문법과 관용적인 용법은 말할 것도 없고, 여러 가지 수사기법과 문학양식(장르)에 따라 쓰인 것입니다. 그래서 성경을 읽으려면 우선 문학적인 모습에 따라 읽는 게 필요합니다. 그렇게 해야 성경이 전해주는 기본적인 내용을 알 수 있기 때문입니다. 성경을 이해하려면 이것을 기초로 해서 역사적인 특징과 신학적인 가르침을 찾는 게 좋을 것입니다.

성경은 전체가 하나님의 말씀입니다. 그래서 성경 전체를 다 읽어야(통독) 하나님의 뜻을 제대로 이해할 수 있습니다. 성경의 일부만 읽는 것은 하나님의 뜻을 오해할 위험이 있습니다. 이렇게 볼 때 성경을 문학적인 모습에 따라 통독하는 것이 우리가 올바른 신앙생활을 하는 데 가장 기본이 되는 일이라고 볼 수 있습니다.

노희정 원장님의 저서 [오늘 말씀]은 성경을 문학적인 모습에 따라 통독할 수 있도록 돕는 책입니다. 이 책은 성경의 문학적인 특징에 따라 문단을 나누고 경우에 따라서는 읽는 순서도 조금 바꿔서 성경을 최대한 문학적으로 통독할 수 있도록 돕고 있습니다. 그리고 매일 읽을 본문의 신학적 특징을 소개하여 성경을 이해하는 데 도움을 주고 있습니다. 또한 우리의 실생활에 적용할 수 있도록 여러 가지 신앙적인 질문을 던져 성경이 독자의 삶에 들어올 수 있도록 돕고 있습니다. 이 책의 중요한 모습 중 하나는 신앙적으로 보수적인 입장을 지키고 있다는 것입니다. 그래서 독자는 일부 편파적인 신학의 영향을 덜 받고 안정되게 성경을 통독할 수 있습니다.

우리가 성경을 더욱 잘 통독할 수 있도록 이런 역작을 출간해주신 노 원장님께 감사의 말씀을 전합니다. 많은 성도들이 이 책과 함께 성경을 통독하여 성경을 더욱 깊이 있고 바르게 이해할 수 있기 바랍니다. 그래서 성도들의 신앙이 성장하고 한국 교회도 더욱 교회다워져서 하나님께 영광을 돌리고 세상을 구원하는 좋은 교회가 될 수 있기 바랍니다.

오덕호 서울산정현교회 목사, 전 한일장신대학교 총장 기독교의 경전, 성경은 역사상 가장 많은 세계 언어로 번역된 책이자 또한 가장 많이 읽히고 있는 독보적인 Best Seller이다. 여기에는 사람이 살면서 경험하는 실로 다양한 주제들, 예를 들면, 성공과 실패, 사랑과 질투, 현세와 내세, 사망과 영생, 죽음과 부활, 치유와 회복, 축복과 저주, 과거와 현재, 미래가 기록되었다. 뿐만 아니라 성경에는 인간과 관련된 역사와 문화, 사회와 경제, 의학과 수학, 물리학과 군사학 그리고 스포츠와 예술 등이 기록되었다. 이렇게 다양한 주제를 함축적으로 기록한 성경을 읽고 그 의미를 깨닫는 것은 쉽지 않다. 흔히 보는 대로 열심히 신학교와 신학대학원에서 공부를 하거나 심지어 학위를 취득해도 영감으로 기록된 말씀의 깊이와 높이, 길이와 넓이를 다 이해할 수 없다. 이것이 바로 성경이, 성경만이 가진 지혜와 능력이요 하늘의 영적 비밀이다. 오직 성령의 감동과 계시의 영을 받은 자만이 참된 의미를 깨달을 수 있을 것이다.

지금까지 다양한 관점에 성경을 연구한 책들이 무수히 출간되었다. 이를 통해서 한국교회는 고난의 때를 지나며 양적 성장은 물론 질적으로 성숙하는데 크게 도움을 받았다. 모두가 성경을 지속적으로 묵상하며 읽고 실천한 결과였다. 그런데 이번에 치과의사 노희정 원장께서 기도하며 오랫동안 연구한 성경연구서 「오늘 말씀」이 출간되었다. 이 책은 종교개혁 500주년을 맞이하여 16세기 당시 개혁자들의 개혁이념인 오직 성경, Sola Scriptura를 가슴에 품고 침체된 한국교회를 말씀으로 새롭게 하기 위한 열정적 도전과 헌신의 결과이다. 이를 위하여 저자는 소중한 시간, 약 6년 동안 미국의 풀러신학교에서 선교학을 연구하고, 그것을 실천하는 과정에서 본서를 저술하였다. 사실 저자는 오래전에 「80일간의 신약일주」(토기장이, 2007)를 출판하였고, 이후 지속적으로 평신도의 눈높이에 맞춘 성경읽기와 성경의 문학적 이해를 통하여 성경이 어떻게 "하나님의 뜻", 그분의 이상을 실현하는지를 잘 보여 주었다.

그런데 이번에 출간된 「오늘 말씀」은 대략 4가지의 특징을 갖는다.

(1) 성경을 이해하는 여러 가지 방법 중에서 저자는 문학적 방식을 통하여 성경을 통시적으로, 전체와 부분을 쉽게 이해할 수 있게 하였다. 이는 저자의 오랜 묵상과 연구가 확신 속에 축적된 것으로 조금은 딱딱하고 지루할 수 있는 내용을 독자와 함께 365일 동안 '하나님의 뜻'을 매일 하나씩 찾아가며 교감하는 흥미를 유발하도록 하였다. 이것은 창조주 하나님께서 범죄한 인류의 구원, 즉 만세전에 예정된 자를 불러서 당신의 백성을 삼으시는 특별한 책, 생명의 책을 통해서 깨달은 것을 저자가 탁월하게 정리하고 창의적으로 체계화한 영감(靈感)이 돋보이는 점이다.

(2) 저자는 성경 전체 주제를 "하나님의 뜻"으로 정리하고, 이를 바탕으로 성경 각권의 중심

주제를 평신도들이 분석적으로 쉽게 이해할 수 있게 하였다. 하지만 성경을 단순히 문학적 단계에 머물지 않고 신학적 및 역사적으로 이해할 수 있게 하였다. 그 이유는 성경의 참된 의미를 깨닫기 위해서는 신학적 및 역사적 이해가 필수적이기 때문이다. 이는 성경 각 권, 각장에 붙여진 제목과 특별히 첨가된 신학 산책 코너가 잘 보여준다. 따라서 저자는 평신도들에게 종종 발생하는 단순한 질문을 넘어 모두가 공감할 수 있는 단계로, 보다 심도 있는 말씀의 세계로 인도해 준다.

(3) 저자는 "하나님의 뜻"을 찾고자 하는 성도들을 위하여, 마치 에베레스트 산을 등정하듯이 자신이 경험한 것들을 앞장서서 친절하게 그리고 자세히 설명해 준다. 그 중심에 저자의 확고한 신앙, 즉 하나님의 주권 사상과 계시의존사색, 구원의 은총에 대한 감사와 헌신, 부르심에 대한 책임과 의무, 특별히 말씀이 기록된 당시 상황을 오늘과 비교하면서, 한국교회를 새롭게 하려는 저자의 열망과 고뇌가 돋보인다. 그리고 부록으로「문학적 단락에 따른 매일 성경읽기표」를 별도로 작성하여 신학산책과 함께 읽고 묵상할 수 있게 하였다. 따라서 본서는 전문 성경신학자들이 흔히 놓일 수 있는 신학적 지식과 논리적 한계를 극복하고, 평신도의 관점에서 성경을 해설하였다. 이를 위하여 저자는 오랫동안 기도하며 필생의 사명으로 말씀을 연구하여 본서를 출간한 것이다.

(4) 저자는 마무리에서 인생의 최대 문제가 무엇인지를 제기하고 예수님의 요청대로 모두 이기는 사람이 될 것을 역설하였다. 이를 위하여 저자는 때와 장소 할 것 없이 제기되는 문제들, 인간존재의 허무함, 이와 관련하여 정말 하나님은 살아계시는가? 과연 신은 죽었는가? 피할 수 없는 죄의 유혹, 성욕과 탐욕의 굴레, 죄의 문제를 어떻게 할 것이며, 또한 고난은 어떻게 할 것

인가? 사망과 죽음의 결말과 생명책의 기록으로 성경이 우리에게 제시하는 핵심적인 가르침은 무엇인지 그 답을 제시하였다. 그리하여 저자는 결론으로 일대일의 소명, 모든 성도들이 예수 그리스도의 신앙 안에서 이기는 사람이 될 것을 역설하였다.

따라서 감수자는 주님을 사랑하는 모든 성도들이 본서를 통해서 그 옛날 에녹이 365년을 하나님과 동행했듯이, '하나님의 뜻'을 365일 동안 매일 하나씩 찾아가며 성경을 읽고 연구하여 위로는 하나님께 영광을 돌리며 아래로는 이웃을 사랑함으로 이 땅에 하나님의 나라, 그분의 꿈을 실현하는데 귀하게 사용되어 열매 맺기를 바란다. 성경을 사랑하는 모든 이에게 주님의 크신 은총을 기원한다.

감수: (전) 총신대학교 신학대학원

서요한 교수 역사신학

여호수아

사사기

룻기

사무엘

열왕기

역대기

시편

잠언

전도서

아가

이사야

예레미야

예레미야 애가

에스겔

다니엘

호세아

학개

스가랴

말라기

마태복음

마가복음

갈라디아서

데살로니가전서

데살로니가후서

고린도전서

고린도후서

요한일서

요한이서

요한삼서

요한계시록

마무리(Epilogue) - 이기는 사람이 되는 방법

참고 도서

문학적 단락에 따른 매일 성경 읽기표

하나님의 뜻(Vision)을 찾아서

이 책은 매일 매일 성경을 읽고, 하나님을 알고자 하는 사람들 그리고 성경 속에 담긴 하나님의 음성을 듣고, 이해하고자 애쓰는 사람들을 위해 편집되었습니다. 성실한 믿음으로 신앙생활에 힘쓰며 마지막 날까지 이기는 사람이 되기 원하는 평범한 성도들을 위한 책입니다. 그래서 해설이 복음주의적 견해에서 벗어나지 않도록 각고의 노력을 기울였습니다. 신학적인 설명이 필요한 부분에도 전문 용어의 사용을 가능한 피하고, 친근한 표현으로 다가갈 수 있도록 애를 썼습니다.

이 책은 신학자나 목회자들을 위한 책이 아닙니다. 논쟁을 유발하기 쉬운 신학적 견해는 될 수 있으면 언급하지 않도록 하였습니다. 오히려 성경을 이해하기 쉽도록 문학적으로 분석하고, 성경의 인간 저자에 영향을 미친 성령의 역사하심에 주목하였습니다. 따라서 전문 신학자적인 안목에서 볼 때 호기심을 자극하지 않을지도 모릅니다. 그러나 이 시대에 어느 교회에서나 만날 수 있는 평범한 성도들은 듣기 쉽고, 이해하기 쉬운 자상한 해설이 필요하다는 것을 생각한다면 성경보다 더 어려운 참고서가 되지 않도록 하였음을 양해하시리라 믿습니다.

성령 충만한 삶을 위하여 - 성경을 읽고 이해하고픈 간절한 염원

이 시대의 그리스도인이라면 그는 누군가의 전도로 인하여 교회에 다니게 되었거나, 어릴 적부터 부모와 함께 교회에 다녔거나 둘 중에 하나의 상황에 해당할 것입니다. 그러나 그 어느 경우에도 **교회에 출석하는 것과 하나님을 만나고 성령 충만한 삶을 살아간다는 것**이 동시에 이루어지지는 않는다는 점이 우리를 당혹스럽게 합니다. 즉 교회에서 예배를 드리며 신앙생활을 하는 것과 하나님의 음성을 듣고 그 하나님의 명령에 따라 살아간다는 것이 일치하기 어렵다는 말입니다. 결과적으로 세상에서 예수 그리스도를 믿는다고 하는 사람들의 삶과 믿지 않는 사람들의 삶을 구분하기 힘이 듭니다. 그들의 삶과 행실로 세상을 변화시키지 못하고 있는 것을 보면 더욱 그러한 생각을 떨쳐버릴 수가 없습니다.

마찬가지로 **교회에 출석하는 것과 성경을 읽고 이해하는 것** 또한 진도가 일치하는 것은 아닙니다. 성경은 거의 2천여 년에 걸쳐 약 40명의 저자에 의해 기록되었고, 다양한 문학적 장르를 포함하는 팔방미인 같은 모습을 지니고 있습니다. 참으로 성경은 그 양이 많기도 하고, 웬만한 지성이 아니면 제목조차 쉽게 눈에 들어오지 않습니다. 손에 들고 읽기를 시작하면 눈이 저절로 감긴다는 이야기가 농담만은 아니며, 읽었다 하더라도 그 문장이 무엇을 말하는 것인지 설명하기는 더욱 곤란한 것이 현실입니다.

그런데도 성도들은 주일 설교를 들으며 성경을 들추는 것만으로 한 주간의 성경 읽기를 마치기 일쑤입니다. 설교가 아무리 은혜롭고, 재미있고, 눈물 어린 감동을 준다고 해도 성도들이 세상 속에서 그리스도인답게 사는 데에 영향을 주지 못한다면 그 무슨 소용이란 말입니까? 일부 성도들은 새해 벽두부터 성경을 통독하기로 작정을 하고 창세기부터 순차적으로 읽어나갑니다. 성경공부반이나 통독 모임을 통하여 돌려가며 읽거나 토론을 하기도 합니다. 하지만 그러한 방법을 통하여 성경을 온전히 이해한다는 것은 웬만한 성령의 감동이 아니고서는 불가능하며, 세상에 나아가 성령 충만한 삶을 살아가도록 하는 데에도 역부족입니다. 성경, 하나님의 편지에 담긴 하나님의 마음을 이해해야 속사람이 변화되고 세상을 보는 눈이 달라질 텐데 말입니다. 그렇다면 성경을 읽고 이해하고픈 간절한 염원은 어떻게 풀어나가야 할까요?

성경의 이해에 관한 기존의 방법론 - 성경 해설이냐 성경 본문이냐

서점에서 찾아볼 수 있는 성경의 이해에 관한 책들은 대략 세 가지의 유형을 가지고 있습니다. 한 가지는 성경을 바탕으로 한 **묵상집**들입니다. 〈매일 묵상집〉 또는 "주님은 나의 최고봉" 같은 〈묵상 수필, 간증집〉들입니다. 하나님을 만나 변화된 삶을 사는 사람들이 자신의 경험과 묵상을 바탕으로 독자들에게 전하는 고백록입니다. 이러한 책들은 경건한 삶을 살고자 하는 그리스도인들에게 잔잔한 자극제가 되기는 하지만 성경 본문을 읽고 이해하도록 하기에는 역부족일 수밖에 없습니다.

그리고 또 한 가지는 가벼운 주석을 바탕으로 한 **해설집**들입니다. "성경 여행", "성경 가이드", "성경 통독"과 같은 〈통독 해설집〉들입니다. 특히 성경의 통독이라는 방법론은 성경을 처음부터 끝까지 해설을 곁들여 읽어봄으로써 전체의 흐름을 파악해보자는 의도입니다. 그러나 안타까운 것은 그 해설집 가운데 이해를 돕기 위하여 달아놓은 소제목들이 성경의 본래 의미와 거리가 멀거나 일관성을 갖지 못한 경우가 비일비재합니다. 게다가 통독에 관한 책이 하도 두꺼워서 그 책을 읽다가 세월을 다 보내고 나면 성경 본문 자체를 읽을 시간은 언제 마련할 것인지도 궁금해집니다.

일부 영적 호기심이 풍부하고 열정적인 성도들은 성경의 **개론서나 주석서**들을 찾아서 도움을 받기도 합니다. 그러나 그러한 서적들은 너무 전문적이어서 성경의 전체적인 이야기(Narrative)를 이해하는 데 도움을 주지 못하는 경우가 많습니다. 그것은 아마도 대부분의 저자가 신학을 전문적으로 연구한 분들로써, 저술 내용의 수준이 높고 독특한(Unique) 것이 될 수밖에 없기 때문일 것입니다. 신약과 구약을 동시에 아우르며 성경 각 권의 내용이 전체 성경과 어떤 통합을 이루는지 말해주기보다는 자신의 전문 분야를 깊게 파고들어야만 하는 전문성 때문일 것입니다.

여기서 우리가 성경의 이해를 논하기 전에 분명히 짚고 넘어가야 할 것은 성경 읽기는 그 어떤 경우에도 **본문 그 자체**를 읽는 것이 가장 중요하다는 점입니다. 아울러 본문을 읽으며 그 의미를 이해할 수 있어야 진정한 하나님의 섭리와 은혜를 깨달을 수 있다는 것입니다. 우리는 성경 본문을 읽는 동안 신**구약 66권의 성경이 갖는 관점과 문학적 독특성**을 이해하는 동시에 각 권이 나머지 본문들과 어떠한 조화를 이루는지 알아내야 합니다. 또한 <**일상적 삶 속에서 하나님과 나와의 연결고리가 무엇인가**>하는 깨달음과 감동을 성경의 본문 속에서 찾아내야 합니다. 그렇게만 된다면 성도들은 성경을 읽는 동안 처음부터 끝까지 흥분을 감추지 못할 것입니다. 마치 숨겨진 보물을 발견하는 것과 같은 희열을 느끼게 될 것이니 말입니다.

올바른 성경통독을 위한 발상의 전환 - 하나님의 편지, 성경의 문학적 이해

종종 사람들은 성경이 마치 신비한 마법이라도 지닌 듯이, 신줏단지라도 되는 듯이 취급하기도 합니다. 그래서 성경이 너덜너덜해지도록 읽기보다는 곱게 모셔두기를 즐겨합니다. 그러나 성경은 사랑하는 자녀들에게 보내신 아버지 하나님의 편지입니다. 편지는 그것을 쓰는 사람의 마음이 담겨있어서 그것을 받은 사람에게 새로운 사실과 함께 감동을 주기에 충분합니다. 하나님의 편지도 마찬가지입니다. 그리스도인이라면 그 편지를 열심히 읽고 이해하려고 노력해야 합니다.

하나님의 편지는 거의 1천 5백 페이지에 달하는 방대한 볼륨을 지니고 있는 <책>이라는 방법으로 우리에게 전달되었습니다. 그러므로 성경 본문을 읽고 이해하고자 하는 사람은 첫째로, 성경도 <책>이라는 사실을 인정하여야 합니다. 둘째로, 성경을 문학적으로 이해할 수 있어야 합니다. 대부분의 책처럼 성경도 서론(창세기 1 - 11장)과 결론(요한계시록 21 - 22장)의 내용이 서로 상응하며, 본론은 그 결론을 도출하기 위한 과정으로 볼 수 있습니다. 다시 말하면 성경도 그러한 문학적 체제를 갖추고 있으며 처음과 끝을 아우르는 주제를 갖고 있다는 사실을 받아들여야 한다는 것입니다.

편지를 읽으면서 편지를 쓰신 분의 마음(주제)을 모르고 읽는 것과 알고 읽는 것은 '도 아니면 모'와 같습니다. **하나님께서 편지를 통하여 우리에게 일관되게 요청하시는 것**이 무엇인지를 알고 읽으면 끝까지 알고 읽을 것이요 모르고 읽으면 끝까지 모르고 읽게 될 것입니다. 그러므로 성경을 올바로 이해하고 싶다면 창세기로부터 요한계시록까지 줄곧 나타내 보이시는 하나님의 마음을 알아야 합니다. 그것이 편지를 받은 자녀들의 의무이기 때문입니다.

하나님의 편지를 관통하는 일관된 주제 - 하나님의 뜻(Vision)

그러면 창세기로부터 계시록에 이르기까지 성도들이 성경을 읽는 동안 항상 붙들고 있어야 하는 한 가지, 하나님의 마음, 그 주제(Theme)는 무엇일까요? 학자에 따라 다양한 관점을 보이기는 하지만 성경이 **하나님께서 직접 쓰신 편지, 하나님의 이야기**라고 볼 때 창세기로부터 요한 계시록까지 관통하고 있는 일관된 주제, 그것은 하나님의 마음을 나타내는 하나님의 뜻(Vision) 입니다. 하나님께서 창조하실 때에 품으신 하나님의 통찰과 이상입니다. 하나님께서 아브라함 에게 내려주신 복의 근원이 되라는 명령은 그 하나님의 뜻(Vision)의 성취를 위한 선택이었으며, 모세가 유대 백성들에게 당부하는 '축복과 저주의 조건'(신 11:26 - 28)은 그 하나님의 뜻(Vision) 의 성취를 위해 백성들에게 제시한 유일한 조건이었습니다. 예수 그리스도께서 이 땅에 오심은 그 하나님의 뜻(Vision)을 완성하기 위한 머릿돌이 되심이었습니다.

그러면 그 하나님의 뜻(Vision)을 알아듣기 쉽게 표현한다면 무엇이라고 할까요? 성경의 서론 (창세기 1 - 11장)은 하나님께서 모든 인간을 〈종족과 언어와 지역과 부족을 따라서 갈라져 나간 민족들(창 10:1 - 32)〉로 흩으시는 장면을 보입니다. 그리고 성경의 결론(요한계시록)에서 요한 은 〈모든 민족과 종족과 백성과 언어에서 나온 사람들〉이 보좌 앞에 엎드려 하나님께 경배하 는 장면(계 7:1 - 17)을 보여줍니다. 성경은 이것이 하나님께서 진정으로 원하시는 뜻(vision)임을 드러내고 있는 것입니다.

또한 하나님의 아들을 직접 수행했던 마태는 그 하나님의 뜻(vision)을 깨닫고는 '너희는 가서, 모든 민족을 제자로 삼아서, 아버지와 아들과 성령의 이름으로 세례를 주고, 내가 너희에게 명령 한 모든 것을 그들에게 가르쳐 지키게 하여라.'(마 28:19-20)고 하신 말씀을 전하고 있습니다. 사 도바울은 하나님께서 자신에게 주신 복음 전도의 사명을 설명하면서, '그리스도의 비밀'(엡 3:4), '하나님 안에 영원 전부터 감추어져 있는 비밀의 계획'(엡 3:9)을 들려줍니다. 그것은 이방 사람들 이 복음을 통하여 그리스도 예수 안에서 유대 사람들과 공동 상속자가 되고, 함께 한 몸이 되고, 약속을 함께 가지는 자가 되는 것이라는 것입니다. 이 모든 성찰이 하나님과의 올바른 관계에 관 한 인식입니다. 그것은 하나님과 그의 자녀들과의 '관계의 회복'입니다. 그래서 본 책에서는 **"세 상 모든 민족이 예수 그리스도로 인하여 하나님 자녀의 신분을 회복하고, 하나님과의 올바른 관 계 속에 살아가는 것 - 하나님께서 처음에 계획하셨던 영생의 삶에 참여하는 것"**이 그 하나님의 뜻(Vision)이라고 풀어서 봅니다. 성경은 그 '관계의 회복'을 위해 예수 그리스도를 통한 '하나님 의 구원의 계획'을 파노라마처럼 펼쳐 보이는 것입니다.

우리는 성경을 읽는 동안 그 한 가지 주제를 꼭 붙잡고 있어야 합니다. 하나님의 뜻(Vision)을 알고 깨달은 이후에 이해한 하나님의 음성은 성경 어디를 펼쳐 읽어도 한결같은 톤(Tone)으로 들려올 것입니다. 그리해야 성경을 읽는 동안 여기저기에서 발견되는 작은 걸림돌들을 타고 넘 을 수 있으며, 혹시라도 잘못된 해석과 교리를 가지고 미혹하는 영에 의한 설교나 강연에 빠져들 지 않게 될 것입니다. 그리고 성경을 통하여 하나님의 값없이 주시는 은혜를 깨닫고 참 자유를 누리게 될 것입니다.

[오늘 말씀]을 읽기 시작하시는 독자들을 위한 가이드

[오늘 말씀]의 편집 양식은 수많은 성경신학자가 연구하고 알아낸 문학적 구조와 양식에 관해 깨달은 성찰들을 바탕으로 하고 있습니다. 또한, 경건한 그리스도인들이 성경의 묵상을 통해 찾아낸 '진리를 드러내는 내용'을 포함하고 있습니다. [오늘 말씀]은 이러한 성찰과 내용을 바탕으로 매일 성경읽기를 함으로써 성도들이 쉽고 바르게 하나님의 음성을 듣고 이해할 수 있도록 돕고자 한 것입니다. 이 시도는 창세기로부터 요한계시록까지 관통하고 있는 주제인 하나님의 뜻(Vision)을 놓치지 않고 일관되게 진행될 것이며, 독자들은 성경이라는 하나의 거대한 메시지의 실체를 파악하는 기쁨을 누리게 될 것입니다.

1년 365일 동안 읽어야 할 [오늘 말씀]에는 **313개의 매일 매일 읽어야 할 〈본문〉**과 아울러, 필요할 때마다 성경 전체의 흐름을 파악할 수 있도록 돕는 해설과 신학적인 견해들을 소개하는 **52개의 〈신학 산책〉**이 어우러져 있습니다. 다만 평신도 독자들의 이해에 도움이 되도록 해설에 사용되는 신학적 용어들을 평이하게 표현하고자 노력하였습니다.

1. [오늘 말씀] - 문학적 단락에 따라 구분한 매일 읽어야할 본문

이 책에서 제시하는 하루에 읽을 분량은 이 책의 가장 핵심이 되는 시도입니다. 매일 매일 읽어야 할 본문을 장 단위로 나누어 제시하는 것은 성경의 내용과 의미를 무시하는 것으로, 때때로 쉴 곳을 모르는 자가 길을 인도하는 것과 같이 무책임한 일이라고 생각합니다. 이 책에서는 성경 본문을 신학적, 문학적으로 의미가 일맥상통하는 부분을 장, 절 단위까지 세분하여 313개의 본문으로 구분하였습니다.

따라서 여기서 제시하는 매일 매일 읽어야 할 본문이 나름의 의미를 지니기 때문에 한 번에 독파하는 것을 추천합니다. 그래야 성경이 갖는 의미를 해치지 않고, 읽는 동안 싫증을 느끼지 않고 지속적인 성취감을 맛볼 수 있게 될 것입니다. 짧은 분량은 깊은 묵상과 정독으로, 긴 분량은 집중과 속독으로 읽음으로써 성경의 맥을 따라가기 바랍니다.

2. 313일 분의 성경본문과 52일 분의 신학산책의 제목

〈313일 분의 성경본문과 52일 분의 신학산책〉에 보다 섬세한 제목을 붙여 보았습니다. 그것은 역사적 사실, 신학적 이해, 개인적 감동과 비평의 다양한 문학적 서술과 함께 표현될 것입니다. 이 서술들은 오직 독자들이 성경을 읽는 동안 핵심을 놓치지 않고 끝까지 읽어나갈 힘을 주고자 하는 간절함에 의한 것입니다. 또한, 각 제목은 본문의 의미를 파악하게 하는 시도가 담겨 있으므로 본문을 읽는 동안 늘 염두에 두기를 바랍니다.

3. 실마리 풀기

오늘 읽으실 본문 가운데 주제를 가장 상징적으로 표현하고 있다고 여겨지는 본문을 선택하여 제시하여 보았습니다. 때로는 아무런 의미가 없는 것처럼 보이던 구절도 이처럼 무릎을 치게 하는 구절일 수 있음을 느껴보시기 바랍니다. 아울러 오늘 읽을 부분의 대략적 소개와 도입을 보여줍니다. 다양한 관점으로 볼 수 있는 성경 본문에 대하여 친근감을 가지고 접근할 수 있도록 가장 소박하고, 겸허한 그러나 복음주의적인 견해가 제시되어 있습니다.

4. 문학적 단락에 따라 제시되는 [소제목]들- 이해를 돕는 핵심 구절과 본문 요약

하루 분량의 [오늘 말씀] 속에는 더 작은 단락들이 존재합니다. 여기에서도 그 성경 본문의 내용과 의미에 따라 작은 단락을 찾아 구분하였습니다. 이 단락들은 하나님의 뜻을 따라가며 이해하도록 돕는, 본문의 해설과 묵상으로 구성되어 있습니다. 그 단락에 따라 제시되고 있는 [소제목]들은 상징과 축약된 의미가 있어서 성경 본문의 이해에 큰 도움을 줄 것입니다.

5. 묻고 답하기

마지막으로, 묻고 답하기는 간략한 적용의 시도입니다. 성경이 누군가의 이야기가 아니라 바로 나에게 주어지는 말씀임을 기억하도록 노력하였습니다. 이 책을 가지고 소그룹모임에서 학습과 교제를 나누시는 경우, 보다 더 다양한 묻고 답하기를 시도해보시기 바랍니다.

구 약
Old Testament

1일

1

창세기

➕ 오늘말씀 창세기 1:1-2:3

창조의 하나님

태초에 품으신 하나님의 뜻(Vision)

💡 **실마리 풀기**

"태초에 하나님이 천지를 창조하셨다"(창 1:1)

'창조'의 히브리어 'bara'의 의미는 전혀 없는 것으로부터 새로운 것을 있게 하는 것입니다. 이 동사는 오직 하나님만이 주어가 되실 수 있습니다. 세상 만물은 하나님의 창조로 생겨났으며 물질적인 것, 영적인 것, 이 세상 그 어느 것 하나도 하나님의 손길이 안 미친 곳이 없습니다. 따라서 하나님의 아들 예수 그리스도를 구원자로 고백하며 성경을 읽기 시작하는 우리에게 제시될 하나님의 구원계획에는 물질과 영적인 것들이 모두 포함되는 것입니다.

성경은 "태초에 하나님이 천지를 창조하셨다"는 일방적 선포로 시작합니다. 창세기 1 - 2장은 창조에 대한 서술이 아니라 한 편의 서사시이며 선언문입니다. "물위에 움직이고 계셨던 하나님의 영(성령)"의 사역으로 치밀하게 준비된 가운데, 모든 피조물이 하나님의 말씀으로 하나님의 6일 동안 창조되었음을 인정하는 것으로부터 [하나님의 사랑 편지], 성경의 본문 읽기가 시작되어야 할 것입니다.

모든 피조물의 창조자 그리고 통치자이신 하나님 - 하나님의 일방적 선포(1:1)

"태초에 하나님이 천지를 창조하셨다"는 말씀은 모든 사고의 시작이자 끝이어야 한다. 이 선포는 과학과 논리로 증명하려고 할 수도 있지만, 가슴으로 믿어지게 하시는 성령님의 능력에 의해서만 이해될 것이다. 또한, 성경은 하나님의 말씀이며 하나님께서 우리 인간에게 자신의 존재를 나타내는 계시이다. 하나님께서 처음부터 지금까지 살아 계시다는 증거가 이 책 안에 있기 때문이다. 성경이 우리에게 들려주는 모든 줄거리 속에 감추어진 하나님의 창조와 역사는 **사실(the Real)**이며 **진리(the Truth)**이다.

하나님이 어떤 분이실까? 하나님께서 다음과 같이 증언하신다. "너희는 고개를 들어서, 저 위를 바라보아라. 누가 이 모든 별을 창조하였느냐?"(사40:26). "내가 땅의 기초를 놓을 때에, 네가 거기에 있기라도 하였느냐? 네가 그처럼 많이 알면, 내 물음에 대답해 보아라. 누가 이 땅을 설계하였는지, 너는 아느냐? 누가 그 위에 측량줄을 띄웠는지, 너는 아느냐? 무엇이 땅을 버티는 기둥을 잡고 있느냐? 누가 땅의 주춧돌을 놓았느냐? 그 날 새벽에 별들이 함께 노래하였고, 천사들은 모두 기쁨으로 소리를 질렀다"(욥 38:4 - 7).

삼위일체 하나님 - 성령님과 예수 그리스도(1:2)

하나님께서 창조의 말씀을 하시기 전에 하나님의 영이 혼돈과 공허 그리고 어둠을 감싸고 계셨다(1:2). 이는 성령께서 태초부터 사역하심을 나타내며, 마치 닭이 알을 품고 있듯이, 하나님의 영은 그의 따뜻한 품에 모든 것을 품으심으로 창조의 아픔을 겪으셨음을 알 수 있다.

한편, 사도 요한은 그의 복음서의 시작에 "태초에 '말씀'이 계셨다. 그 '말씀'은 하나님과 함께 계셨다. 그 '말씀'은 하나님이셨다. 그는 태초에 하나님과 함께 계셨다. 모든 것이 그로 말미암아 창조되었으니, 그가 없이 창조된 것은 하나도 없다"(요 1:1 - 3)고 함으로써 예수 그리스도께서 태초에 하나님과 함께 이 우주의 창조자이심을 확증하고 있다. 사도바울도 이를 증언하고 있다. "하늘에 있는 것들과 땅에 있는 것들, 보이는 것들과 보이지 않는 것들, 왕권이나 주권이나 권력이나 권세나 할 것 없이, 모든 것이 그분으로 말미암아 창조되었고, 그분을 위하여 창조되었습니다"(골 1:16 - 17).

창조의 궁극적 목적 - 하나님의 기쁨과 영광 그리고 안식을 위하여(1:3-2:3)

사람들은 태초가 언제인지 그리고 얼마 동안, 어떻게 천지가 창조되었는지 궁금해 한다. 하늘에 떠 있는 수많은 별을 보며 우주의 창조를 논하기도 하고, 나름대로 이론을 펼치기도 하지만 그것은 인간의 의식으로는 완전히 알 수 있는 것이 아닌 하나님의 영역이다. 그것은 오직 그때 그곳에 계셨던 하나님만이 답하실 수 있기 때문에 인간의 지식으로 꼼꼼하게 규명하려고 하는 것은 무의미하다는 점을 기억할 필요가 있다.

성경은 하나님께서 왜 천지를 창조하셨는지 이렇게 대답한다. "그 모든 것이 하나님 보시기에 좋았다"(1:31). 하나님께서 창조의 이유를 창조주 자신의 기쁨과 영광을 위한 것임을 말씀하시는 것이다. 이는 역으로 말하면, 우리 **피조물들의 절대적인 가치**가 하나님을 기쁘시게 하는 데 있음을 알려주고 있다.

또한 "하나님이 창조하시던 모든 일에서 손을 떼고 쉬셨으므로(안식하셨으므로), 하나님은 그 날을 복되게 하시고 거룩하게 하셨다"(창 2:3)고 기록된 것은 하나님께서 창조하신 피조물들이 자녀로서 함께 에덴동산에서 살아가며, 하나님의 안식에 동참하기를 바라시는 하나님의 뜻(vision)의 다른 표현이다.

창조주 하나님께서 우리를 위하여 존재하는 것이 아니라, 피조물인 우리가 하나님과 하나님 나라를 위하여 존재한다는 깨달음을 얻는 순간 우리의 믿음은 진리의 자유로움으로 들어서게 될 것이고, 우리의 행함은 하나님 나라에까지 연결되는 기쁨을 맛보게 될 것이다.

묻고? 답하기!

하나님은 왜 천지를 창조하셨을까요?

"아빠(엄마) 나는 어떻게 태어났어요?" 또는 "아빠(엄마)는 나를 왜 낳았어요?" 라고 자녀들이 묻는다면 어떻게 대답을 하시겠습니까? 우리의 자녀들이 아빠와 엄마의 사랑의 결실이라는 사실을 알고 인정하는 것은 가족의 화목을 이루는 근간입니다. 그것처럼 우리가 하나님께서 왜 천지를 창조하셨는지를 알고 인정하는 것은 우리의 바른 신앙의 바탕을 이룰 것입니다.

1월 2일

하나님의 뜻을 찾아가기 위한 전제 조건(1)
진리와 세계관

✝ **오늘 말씀** 요한복음 3:10 - 21, 로마서 10:5 - 13, 요한계시록 1:4 - 8

💡 **실마리 풀기**

"예수 그리스도께서는 우리를 사랑하시며, 자기의 피로 우리의 죄에서 우리를 해방하여 주셨고, 우리로 하여금 나라가 되게 하시어 자기 아버지 하나님을 섬기는 제사장으로 삼아 주셨습니다"(계 1:4 - 6)

무엇이 진리인가? - 영원한 생명 회복의 복음

'진리'란 무엇인가? 진리는 이성으로도 감성으로도 믿을 만한 것이어야 하며, 때로는 아니 언제나 목숨을 걸 수 있어야 하는 추상적인 그 무엇입니다. 그것은 많은 사람이 같이 인식할 수 있어야 하며, 세상의 가치관이나 사랑과 정의, 자유와 평등 같은 것들보다 더 우월한 것이어야 합니다. 우리가 전 생애를 통하여 일관되게 추구할 수 있어야 합니다.

그 진리는 하나님의 창조로부터 시작합니다. 그리고 창조된 인간의 타락 때문에 이 땅에 오신 구원자 예수님께서 우리에게 제시하는 **영원한 생명 회복의 복음**, 그것이 바로 진리이며, 하나님의 뜻입니다. **복음을 기초로 한 성경적 세계관**은 논리적으로, 법리적으로 그리고 감성적으로 반론을 용납하지 않으며, 세상을 변화시키는 능력을 지니고 있습니다.

진화론적 교리 - 진화론적 세계관을 지닌 종교인

하지만 우리가 사는 이 세상은 그 진리를 진리로 여기지 않고 살아가는 사람들로 넘쳐나고 있습니다. 사람들은 어려서부터 그 진리를 이해할 수 없도록 교육을 받으며 자라나고 있기 때문입니다. 그 내용은 엄청나게 오랜 세월 동안 **"자연 선택"**이라는 우연의 과정을 통하여 인간이 미생물에서 고등한 동물로 변화되어 왔다는 것입니다. 그들은 다윈(1859, '종의 기원')의 진화론을 신봉하는 사람들입니다.

성경이 우리에게 가르쳐주고 있는 죄의 의미는 인간이 창조주 하나님께 대해 독립을 선언하는 것입니다. 창조주 하나님을 부인하고 인간성을 모든 것의 기준으로 삼으며, 스스로 '하나님같이' 되고 자신이 주인이 되는 것을 의미합니다. 그들은 진리의 복음을 삶의 윤리로 바꾸고, 자기의 지혜와 힘으로 생명을 연장하고 행복을 이룩할 수 있다는 환상에 빠지는 것입니다. 이것을 다른 표현으로 하자면, < **인본주의, 종교의 윤리화, 문명 낙관주의**>라고 부롭니다. 그리고 이러한 생각들을 마음 편히 말할 수 있도록 도와주는 것이 바로 진화론입니다. 하나님이 없다는 근거를 제시해 주기 때문입니다.

　진화론을 믿는 과학자들은 그것이 '생명의 의미와 현상을 설명하는 가장 훌륭한 이론'이라고 주장합니다. 현대 생물학에서는 아무것도 진화론을 떠나서는 설명이 되지 않습니다. 그리고 그 이론은 근대 150년간 이 세상 초등교육의 밑바탕이 되어 왔습니다. 그뿐만 아니라 최근에는 자연과학의 경계를 넘어 다양한 인문과학과 사회과학까지도 진화론적 관점으로 일치시키려는 시도를 하고 있습니다. 하버드 대학교의 사회생물학자 에드워드 윌슨은 그의 저서 『Consilience - 통섭: 지식의 대통합(2005)』에서 인간의 조건을 이해하는 방법을 자연과학에서 찾습니다. 그리고 자연과학, 사회과학, 인문학 등의 서로 다른 학문 분야의 지식 체계의 기초를 통합하고자 시도합니다. 그는 **"우리 인간의 모든 지적 활동이 다윈의 진화론으로 가지런히 묶일 수 있다"**고 설명하는 것입니다.

　현대인이라면 누구나 종교의 교리처럼, '진화론'에 기초한 사고방식을 어려서부터 배우며 자라게 되어 있습니다. 결과적으로 많은 그리스도인은 '하나님의 창조'를 진리로 믿는 그리스도인이라기보다는 진화론에 뿌리를 둔 종교인으로 살아가고 있습니다. 자 이제 어찌할 것인가요. 얼마나 많은 그리스도인이 **"우리 인간의 모든 지적 활동이 하나님의 창조론으로 가지런히 묶일 수 있다"**고 자신 있게 말할 수 있을까요.

창조론적 교리 - 창조론적 세계관을 지닌 그리스도인

　하나님께서 살아 계신다고 고백하는 그리스도인들조차 창조에 관하여 질문을 해보면 즉각적으로 대답하지 못하고 머뭇거리는 것을 보게 됩니다. 이것은 그들이 어릴 적부터 진화론적 사고방식으로 교육을 받았기 때문입니다. 1993년부터 10년간 '인간 게놈 프로젝트'를 총지휘하고, 인간의 31억 개의 유전자 서열을 모두 밝혀낸 미국의 국립보건원장 프랜시스 콜린스는 그의 저서 『신의 언어(2009)』에서 유전자의 서열은 하나님의 설계도라고 말하였습니다. 인간은 유전자에 의해 지배를 받지만, 동물과 달리 도덕과 자유의지를 보유한 점은 신의 존재를 말하지 않고는 설명할 수 없다는 것입니다. 많은 물리학자는 빅뱅우주론과 블랙홀에 관한 연구 끝에 "우주가 왜 꼭 이런 식으로 시작됐어야 했는지, 우리 같은 인간을 탄생시키고자 하는 신의 의도적인 행위로밖에 달리 이유를 설명할 수 없다"고 말하기도 합니다.

　복음주의자들은 성경 말씀에 따라 **하나님의 설계**(Design)대로 천지가 창조되었다고 생각합니다. 그러나 우리가 하나님께서 살아계시며 전지전능하신 분이라고 믿기까지는 성령의 역사하심과 하나님의 은혜가 아니고는 불가능한 일입니다. 이미 살아온 날들을 '진화론적 교리' 속에서 보낸 사람이 어느 날 갑자기 자신의 세계관을 '창조론적 교리'로 바꾼다는 것은 쉬운 일이 아닙니다. 그러나 이것은 현대 그리스도인들에게 주어지는 첫 번째 고난이며 준엄한 명령입니다. 선택하십시오! **창조론을 믿을 것이냐 진화론을 믿을 것이냐. 그리스도인으로 살아갈 것이냐 종교인으로 살아갈 것이냐.**

🔖 4월 29일 〈신학산책 19〉 - 하나님의 뜻을 찾아가기 위한 전제 조건(2)

✝ 오늘 말씀 창세기 2:4-25

사랑(Hesed)의 하나님
두 명령을 통해 드러내시는 하나님의 뜻(Vision)

💡 실마리 풀기

"하나님이 당신의 형상대로 사람을 창조하셨으니, 곧 하나님의 형상대로 사람을 창조하셨다"(2:4-25)

하나님께서는 여섯째 날에 인간(남자와 여자)을 만드시되 자신의 형상과 모양대로 만드셨습니다. 하나님께서 인간을 보면서 자신을 연상하실 수 있도록 하신 것은 하나님은 사랑이시기 때문입니다. 오직 인간을 하나님의 형상대로 지으심은 이루 말할 수 없는 사랑의 표현입니다. 부모가 되어 자식을 낳은 이들은 자식들을 볼 때마다 하나님의 사랑을 연상하시기 바랍니다.

하나님께서 아담이 혼자 있는 것을 보시고 돕는 사람 곧 그의 짝을 만들어 주셨습니다. 그들은 하나님 앞에 동등하며, 존중받아야 할 인격체이므로, 서로 사랑하고 도와야 합니다. 세상의 부모들은 자식들이 좋은 배필을 만나서 행복한 삶을 살게 되기를 소원하고, 더욱 잘되어서 부모를 기쁘게 하기를 바랍니다. 하나님의 창조 목적도 그에 다를 바 없습니다.

하나님께서 자신을 닮은 인간에게 다른 피조물과 달리 이성과 자유의지 그리고 도덕적 양심을 심어주셨습니다. 생육하고 번성하며 사회적 관계 속에서 서로 사랑하며, 하나님을 갈망하는 영적 존재로 만들어주셨습니다. 그리고 두 가지 명령을 내리셨습니다. 그 명령은 피조물인 인간의 정체성을 확인시켜 주는 것입니다. 이 두 명령을 예수님께서 다음과 같이 해석하셨습니다. " '네 마음을 다하고, 네 목숨을 다하고, 네 뜻을 다하여, 주 너의 하나님을 사랑하여라' 하였으니, 이것이 가장 중요하고 으뜸가는 계명이다. 둘째 계명도 이것과 같은데, '네 이웃을 네 몸과 같이 사랑하여라' 한 것이다. 이 두 계명에 온 율법과 예언서의 본뜻이 달려 있다" (마 22:37 - 40).

하나님의 첫 번째 명령(문화 명령) - 생육하고 번성하여라(청지기의 직분)(2:4-2:14)

인간은 하나님의 형상을 따라 동식물과 엄연히 구별되게 창조되었고, 그것들을 다스리라는 준엄한 명령을 받은 고귀하고 신성한 존재이다. 인간은 하나님과 영적인 만남을 할 수 있고, 하나님의 뜻하시는 바를 헤아려 협력해야 하는 직분을 받은 존재이다. 하나님께서 그들에게 "생육하고 번성하여 땅에 충만하여라. 땅을 정복하여라. 바다의 고기와 공중의 새와 땅 위에서 살아 움직이는 모든 생물을 다스려라"(1:28)라고 명하셨다. 하나님께서 주신 세상 모든 만물을 잘 다스리라는 것과 서로 도우며 잘 살아가라는 것이다. 신학자들은 이 명령을 문화명령이라고 해석한다. 이 해석은 **인간에게 부여된 그리고 누려야 할 청지기의 책임**을 강조하는 것이다. 그뿐만 아니라 하나님이 지으신 모든 피조물 가운데 어떤 특정한 것을 하나님처럼 경배하는 것은 하나님을 모욕하는 짓임을 기억해야 한다.

하나님의 두 번째 명령(복음 명령) - 너는 반드시 죽으리라(순종의 직분)(2:15 - 25)

하나님께서 우리에게 주신 첫 번째 명령이 세상과 사회와 이웃을 위해 해야 할 일들이라면, 두 번째 명령은 창조주 하나님을 위해 순종함으로써 해야 할 일들이라고 볼 수 있다. "너는 반드시 죽으리라"(2:17)라는 말씀은 죽지 않기를 바라며, 또 그러리라고 믿으셨기 때문에 한 말씀이다. 이는 실로 복종을 시험하는 것이라기보다는 복종하라는 명령이다.

하나님께서 인간에게 자유의지를 주신 것이 인간을 인형으로 만든 것이 아님을 의미한다고 본다면, 동산에 '선과 악을 알게 하는 나무'를 두신 것은 그 나무를 볼 때마다 인간이 스스로 하나님의 피조물임을 깨닫게 되고, 하나님과 인간 사이의 정체성을 알리는 일종의 Alarm(경보장치)과 같다고 볼 수 있다. 이미 사탄의 교만함을 눈치 채고 계셨던 하나님께서 그 위험성을 감수하시고 그렇게 하신 것은 인간이 **하나님의 독특한 피조물(Unique creature)**이라는 사실을 분명히 자각하고, 스스로 순종하기를 원하신다는 자비로운 사랑의 표현이다.

창조주께서는 피조물인 인간이 자신의 존재 이유를 깨닫고 스스로 순종하기를 원하셨다. 순종은 누가 시켜서 하는 것이 아닌 자발적으로 하는 것이 진정한 순종이며, 그 순종만이 하나님께서 기뻐하시는 영광이다. 순종한다는 것은 하나님과 항상 동행하며, 그의 뜻을 구하고, 경배와 찬양을 드림으로 창조하신 자를 기쁘게 하는 것이며 그것이 바로 '**하나님께 영광**'을 돌리는 것이다. 그러므로 선악과는 '하나님의 영광'을 이끌어내는 상징이다.

우리를 하나님의 형상대로 지으신 하나님의 관심은 언제나 첫째, 세상과 사회와 이웃을 향한 우리의 섬김을 통해서 하나님의 뜻을 드러내게 하시고자 함이며, 둘째, 우리가 하나님과 항상 동행하며, 경배와 찬양을 드림으로 그를 기쁘시게 하는 데에 있다.

묻고? 답하기!

하나님은 왜 "선과 악을 알게 하는 나무"를 심어놓으셨을까요?

어린아이들에게 새로운 인형은 놀라운 흥분과 상상력을 줍니다. 그러나 얼마 지나지 않아 아이는 그 인형을 던져버리고 또 다른 흥미로운 것을 찾아 나섭니다. 왜일까요? 만약에 하나님께서 우리 사람들을 인형으로 만드셨다면, 사람들로 인하여 즐거워하셨을까요? 사람이 인형과 다른 점은 우리가 겉모습뿐만 아니라 영적으로도 하나님의 형상대로 지음을 받았다는 점입니다. 사람은 하나님처럼 생각하고 판단하고 선택할 수 있습니다. 우리가 자유로운 의지를 지녔음에도 불구하고 순종하는 것이 진정 하나님의 뜻이며, 요청하시는 것임을 잊지 말아야겠습니다.

4일

✝ 오늘 말씀 창세기 3:1 - 5:32

용서의 하나님
무너진 하나님의 뜻(Vision)

💡 **실마리 풀기**

아담을 부르시며 그에게 이르시되 "네가 어디 있느냐?"(창 3:9)

그렇게 평화롭던 에덴동산에 하나님께 도전하는 피조물이 하나 있었습니다. 그렇습니다. 하나님께서 염려 했던 것은 뱀이라고 표현된 사탄이었습니다. 그는 창조 세계의 모든 권한을 위임받은 인간을 시기하고, 하나님의 자리를 탐내다가 드디어 인간 세상에 죄악과 죽음을 가져왔습니다. 사탄은 먹음직(육신의 정욕)도 하고, 보암직(안목의 정욕)도 할 뿐만 아니라, 사람을 슬기롭게(이생의 자랑 - 요일 2:16)할 만큼이라는 세 가지 계략을 가지고 여자를 유혹하였습니다. 하나님을 거짓말쟁이로 만들고, 하나님의 선하심을 무시했으며, 하나님과 인간이 애초에 서로 다른 존재임을 부정하였습니다.

아담(인간)이 사탄의 꼬임에 빠져 그만 하나님의 명령을 거역하고 말았습니다. 이는 남자와 여자가 하나님의 말씀보다는 사탄의 말을 더 믿었다는 것입니다. 이것이 최초의 불순종이며, 우리가 이해하는 죄의 본질입니다. '완전한 자'로 창조되었고, 하나님의 자상한 보살핌을 받고 있었던 인간이 창조주 하나님께 순종하기를 거부하고 자기 뜻대로, 자기 좋을 대로 행한 것입니다. 결국, 그들은 인간의 정체성과 하나님의 임재를 상실하고 맙니다.

먼저 찾으심, 심판 그리고 용서 - 은혜 그리고 영적 전쟁의 시작(3:1 - 24)

여자가 그 선악과를 먹고, 함께 있는 남편에게도 주니, 그도 그것을 먹었다. 그리고 그들 마음속에 죄가 들어왔다. 죄는 그것을 의식하는 자의 것이다. 남자와 그 아내는 주 하나님이 두려웠다. 양심의 눈으로 죄를 의식하게 된 것이다. 그래서 그들은 하나님의 낯을 피하여서, 동산 나무 사이에 숨었다. 이때로부터 인간들은 **영생의 길(하나님 나라에서의 삶)**을 잃었으며, 에덴동산으로부터 추방당하여 죽는 날까지 선과 악의 갈등 속에서 살아가야 하게 되었다. 그러나 하나님은 그 아들을 "네가 어디 있느냐?"(3:9) 하며 먼저 찾으셨다.

[복음] "내가 너로 여자와 원수가 되게 하고, 너의 자손을 여자의 자손과 원수가 되게 하겠다. 여자의 자손은 너의 머리를 상하게 하고, 너는 여자의 자손의 발꿈치를 상하게 할 것이다"(3:15).

하나님께서는 사탄을 저주하며 여자의 자손(예수 그리스도)을 통한 회복의 날을 기약하심으로써 우리에게 희망을 남겨주셨다. 하나님께서는 인간의 구원을 이루시기 위해 가장 큰 대가를 치를 결심을 이미 하고 계시는 것이다. 그러나 하나님께 대항하는 사탄은 이제나저제나 하나님의 신실한 자들을 '여자의 자손'(3:15)으로 여기고 지속적으로 공격을 하게 될 것이다.

하나님께서 가죽옷을 만들어서, 아담과 그의 아내에게 입혀 주셨다는 것(3:21)은 양의 피를 흘리심으로 인하여 아담의 죄를 사하셨다는 말의 다른 표현이다. 어린 양의 피를 흘림은

제사의 시작이었다. 피 흘림을 통한 죄 사함의 제사를 드리는 것은 하나님의 가르침으로 시작된 인간의 의무이며, 하나님과의 올바른 관계를 유지하겠다는 순종의 표현이다. 하나님의 아들 예수 그리스도의 오심은 바로 이 제사를 통한 **피 흘림의 의식을 완성함**이다. 공의의 하나님은 자신을 내어주면서까지 죄 사함의 길을 분명히 하셨다. 우리에게 죽음과 허무 그리고 죄의 골짜기에서 벗어날 수 있도록 은혜를 내려주신 것이다.

가인과 아벨 - 불순종의 자녀들의 계보와 하나님이 택하신 자녀들의 계보(생명의 책)(4:1 - 5:32)

아담의 불순종은 하나님을 거부하고 싶어 하는 죄의 속성을 가인과 그의 자손들에게 물려주었다. 히브리서 저자는 아벨이 믿음으로 가인보다 더 나은 제사를 드렸다고 한다(11:4). 이런 제물을 드림으로써 그는 의인이라는 증언을 받았으니, 하나님께서는 제물보다는 그것을 바치는 자(마음의 중심)를 받으시는 것이다. 그러나 가인은 이제 하나님의 속을 썩여드리다 못해 아우를 죽이기까지 한다.

홍수의 때가 될 때까지 가인의 자손들은 지속해서 불순종하며 계보를 이어가지만(4:17 - 24), 셋의 자손들은 하나님께서 계속해서 찾으시고 심판과 용서를 반복하시며, 사탄을 이겨내도록 도와주셨다. 셋의 자손의 생명의 연한은 성경에 정확히 기록되어 있는데, 이는 **하나님이 택하신 자녀들의 계보**(5:1 - 32)로 기록되어 순종의 삶을 살아가는 믿음의 사람들을 구별하기 위함이다. (Cf. 생명의 책/ 계 20:11 - 15)

〈여기서 잠시, 하나님이 택하신 자녀들의 계보(5:1 - 32)에 나오는 연한을 잘 계산해 보면 아담으로부터 노아의 홍수 때까지 1656년이라는 세월이 흐른 것을 알 수 있다. 이 긴 기간 동안 일어난 일들을 단지 몇 페이지에 기록한 것을 보면 창세기 1 - 11장의 한 단어, 한 단어가 모두 상징이며, 깊은 뜻을 함유하고 있음을 알 수 있다〉

묻고? 답하기!

오늘 나에게 다가온 사탄의 유혹은 무엇이었나요?

욕망이 강하면 강할수록 사탄의 유혹은 손쉽게 이루어집니다. 심지어는 하나님께 순종하려는 의지가 강한 사람에게 사탄은 그보다 더 치밀한 계략을 가지고 그 사람의 약점을 파고들 것입니다. 사탄이 사용하는 가장 유력한 도구는 먹음직도 하고, 보암직도 할 뿐만 아니라, 사람을 슬기롭게 할 만큼 탐스러운 것들입니다. 오늘 나의 삶이 그러한 유혹을 이겨내기 위한 투쟁의 연속이었다면, 조용히 하나님의 음성에 귀를 기울여 보는 것도 좋을 것입니다. "아무개야, 네가 어디 있느냐?"

1월 5일

한 천사
에덴에서 살았던 또 하나의 창조물

✝ **오늘 말씀** 이사야 14:12 – 17, 에스겔 28:11 – 19, 요한계시록 12:1 – 17

💡 **실마리 풀기**

"사탄아, 물러가라. 성경에 기록하기를 '주 너의 하나님께 경배하고, 그분만을 섬겨라'(신 6:13) 하였다"(마 4:10)

에덴동산에서 가장 밝고 아름다운 천사 - 루시퍼

에스겔서는 태초에 하나님께서 천지와 인간을 창조하시기 이전에 하나님의 동산 에덴에서 살았던 또 하나의 창조물인 한 천사를 소개합니다. "나 주 하나님이 말한다. 너는 정교하게 만든 도장(印)이었다. 지혜가 충만하고 흠잡을 데 없이 아름다운 도장이었다. 너는 옛날에 하나님의 동산 에덴에서 살았다. .... 네가 창조되던 날에 이미 소구와 비파도 준비되어 있었다. 나는 그룹을 보내어 너를 지키게 하였다. 너는 하나님의 거룩한 산에 살면서 불타는 돌들 사이를 드나들었다. 너는 창조된 날부터, 모든 행실이 완전하였다"(겔 28:12 - 15).

그의 이름은 '아침의 아들, 새벽별'(사 14:12)이었습니다. 히브리어로 '밝음'을 뜻하는 'Helel', 라틴어로 'Lucifer'라고 하는 그는 에덴동산에서 가장 밝고 아름다운 천사였습니다. 그러나 그는 자기의 미모를 자랑하다가 마음이 교만하여졌고, 자신의 영화를 자랑하다가 지혜가 흐려졌습니다(겔 28:17). 그는 평소에 "내가 가장 높은 하늘로 올라가겠다. 하나님의 별들보다 더 높은 곳에 나의 보좌를 두고, 저 멀리 북쪽 끝에 있는 산 위에, 신들이 모여 있는 그 산 위에 자리 잡고 앉겠다. 내가 저 구름 위에 올라가서, 가장 높으신 분과 같아지겠다"(사 14:13 - 14)라고 장담하였습니다. 바빌론의 왕처럼 그는 모든 천사 중에서 제일 높은 지위와 권세를 갖고 있었으면서도 가장 높으신 하나님의 자리를 탐내었던 것입니다.

사탄의 유혹 - 아담과 하와의 실패

그는 결국 자기의 거처를 떠나 죄를 지었습니다(유 6). 하나님께서 여섯째 날에 인간을 만드시고 세상을 다스리는 권한을 주시자 그 인간을 타락하도록 유혹하였습니다(창 3장). 아담과 하와는 사탄에게 시험을 당하고 처절한 실패를 하였습니다. 먹음직도 하고, 보암직도 하며, 탐스럽기도 한 것에 마음을 빼앗기고 교만의 길로 빠졌습니다. **아담이 선택한 길은 피조물의 정체성을 상실하고, 가장 높으신 하나님의 자리를 탐내었던 사탄의 길이었던 것입니다.**

본디 천사들은 모두 "구원의 상속자가 될 사람들을 섬기도록 보내심을 받은 영들"(히 1:14)인데도 불구하고 그 명령에 반항한 것입니다. 그래서 하나님께서 그를 더럽게 여겨, 하나님의 거룩한 산에서 쫓아냈습니다(겔 28:16). 그때부터 사탄은 그의 '머리를 상하게 할 여자의 자손'(창 3:15)을 찾아 헤매게 되었습니다. 요한계시록은 이렇게 설명합니다. "큰 용이라고 표현되는 악마, 온 세계를 미혹하던 사탄이 하늘에서 전쟁을 일으켰다. 머리 일곱 개와 뿔 열 개가 달린 커다란 붉은 용 한 마리가 그 꼬리로 하늘의 별(천사) 삼 분의 일을 충동질하여 하나님께 반역하였다. 그 용은 장차 만국을 다스리실 분이 태어나실 것을 알고, 그 아들이 태어나길 기다려 삼켜 버리려고 노리고 있었던 것이다"(계 12:3 - 4).

예수 그리스도 - 하늘에서의 전쟁의 승리

1. 마침내 하늘나라에서 그 아들이 태어났습니다. 그 아기는 장차 쇠 지팡이로 만국을 다스리실 분이었습니다. 그러나 그 아기가 별안간 하나님의 보좌로 이끌려 올라가면서 하늘에서 전쟁이 시작되었습니다. 그리고 그 전쟁에서 천사장 미카엘과 미카엘의 천사들은 용과 맞서서 싸워 그 큰 용과 용의 부하들을 하늘에서 발붙일 자리가 없도록 하여, 땅으로 내쫓았습니다. 그 큰 용은 악마라고도 하고, 사탄이라고도 하는데, 온 세계를 미혹하던 자입니다(계 12:1 - 9).

2. 사탄은 예수님께서 40일 동안 광야에서 금식하시는 동안 교만과 탐욕의 길로 유혹하였습니다. 이는 십자가에서의 죽음을 회피하도록 하는 유혹이었습니다. 그러나 예수님께서는 오직 말씀으로 시험을 이겨내셨습니다. 그렇게 예수 그리스도께서 사탄의 유혹을 물리치시고 아담의 실패를 회복하셨습니다. 그리고 예수님께서는 온 인류의 구원을 위하여 자신의 목숨을 대속 제물로 내어놓으셨습니다. 하나님의 뜻을 따라 십자가에 못 박혀 돌아가셨습니다. **자신의 피를 흘리심으로 사탄과의 영적 전쟁에서 완전한 승리를 이끌어 내신 것입니다.**

영적 전쟁 - 아직도 불순종의 자식들 가운데서 작용하는 영

요한계시록의 〈구원의 노래〉는 우리에게 이렇게 용기를 줍니다. "우리의 동료들은 어린 양이 흘린 피와 자기들이 증언한 말씀을 힘입어서 그 악마를 이겨 냈다. 그들은 죽기까지 목숨을 아끼지 않았다. 그러므로 하늘아, 그리고 그 안에 사는 자들아, 즐거워하여라"(계 12:10 - 12).

그러나 지금도 사탄은 "하나님의 계명을 지키며 예수의 증언을 간직하고 있는 사람들"(계 12:17)을 호시탐탐 노리고 있습니다. 사탄의 유혹은 세상에서 지금도 강한 힘을 발휘하고 있습니다. '공중의 권세를 잡은 통치자, 곧 지금 불순종의 자식들 가운데서 작용하는 영'인 사탄은 우리가 '허물과 죄 가운데서, 이 세상의 풍조를 따라 육신의 정욕대로'(엡 2:2 - 3) 살도록 끊임없이 유혹하고 있습니다. **자, 이제 우리가 어떻게 사탄의 유혹을 물리칠 수 있을까요?**

1

6일

✝ 오늘말씀 창세기 6:1 - 9:17

공의로우신 하나님
하나님의 의로운 선택과 홍수

💡 **실마리 풀기**

"사람의 죄악이 세상에 가득 차고, 마음에 생각하는 모든 계획이 언제나 악한 것뿐임을 보시고서"
(창 6:5)

아벨이 죽은 지 1,500여 년이 지나자, 가인의 자손(악한 세대의 혈통)들뿐만 아니라 셋의 자손(택하신 세대의 혈통)들도 불순종의 길로 다시 빠져들었습니다. 아담과 하와를 유혹하여 하나님의 창조 계획에 도전하였던 사탄의 간악한 계략은 이제 전 인류를 교만에 빠지도록 하여 그들의 영혼을 타락시켰습니다. 온 인류를 죄악에 물들게 하여 약속된 자손을 단절하고자 하는 사탄의 계략은 성공하는 듯하였습니다.

그러나 하나님의 사랑은 사탄의 계략을 뛰어넘는 것이었으니, 타락한 인간의 전면적 홍수 심판과 의로운 자 노아의 선택으로 새로운 출발을 하게 되는 것입니다. 노아의 후손에게 다시 한번 순종할 기회를 주시려는 것입니다. 인류의 역사는 이렇게 다시 시작되었습니다.

홍수 - 세상의 모든 과학과 이치를 이해하는 열쇠(6:1 - 8:14)

⟨성경 속에서 사탄이 승리에 도취하여 만세를 부르는 장면이 세 번 있다. 첫 번째가 아담과 이브를 유혹하여 죄악에 빠뜨렸을 때이며, 두 번째가 홍수 직전에 노아의 가족을 제외한 모든 인류를 죄악에 빠뜨렸을 때, 그리고 세 번째가 예수님을 십자가에 못 박았을 때이다. 그러나 사탄은 하나님의 사랑의 능력을 결코 알지도 이해하지도 못할 것이다.⟩

불순종이 날로 심해지면서 살인, 피의 복수 등으로 사람의 죄악이 세상에 가득 차고, 마음에 생각하는 모든 계획이 언제나 악한 것뿐 이게 되었다. 노아를 제외한 거의 모든 인간이 하나님을 거부하는 총체적 죄에 빠지게 되고 하나님의 창조계획은 실패로 돌아가는 듯하였다. 이로 인해 하나님께서 갖고 계셨던 인간에 대한 축복과 용서는 한계에 도달하였다. 더는 용서할 인간이 남아 있지 않았다. 하나님께서 땅위에 사람 지으셨음을 후회하시고 마음 아파하셨다(6:1 - 6). 이러한 절체절명의 순간에 하나님께서 의로운 선택을 하셨다. "그는 또 옛 세계를 아까워하지 않으시고, 경건하지 않은 자들의 세계를 홍수로 덮으셨습니다. 그 때에 그는 정의를 부르짖던 사람인 노아와 그 가족 일곱 사람만을 살려주셨습니다"(벧후 2:5). 하나님께서 의로운 사람 노아를 선택하시고, 물과 불의 전면적 심판으로 새로운 창조를 시도하시는 것이다.

창조 후 1656년, 하나님께서 택하신 의로운 자 노아가 600세가 되던 해 2월 17일로부터(7:11) 홍수가 시작되었다. 땅속 깊은 곳에서 큰 샘들이 모두 터지고, 하늘에서는 홍수 문들이 열려서 40일 동안 비가 내렸다. 불어난 물에 잠겼던 땅이 드러난 것은 무려 일 년 하고도 10일 후였다(8:14). 노아가 방주에서 나왔을 때, 지구를 둘러쌓고 있던 궁창이라는 보호막도 사라지고, 화산폭발과 대륙의 융기와 갈라짐 그리고 빙하기의 도래로 식물은 빈약하게 되었고, **개체보존과 종족보존이라는 동물적 본능이 지배하는 세상**이 되었다. 이때로부터 인간의 수명은 급격히 줄어들게 된다.

지금 우리가 눈으로 보는 세상은 처음 창조 때의 세상이 아니며, 홍수 이전의 모든 기록도 남아있지 않게 되었다. 그 결과 요즈음 세상 사람들이 배우고 추종하는 모든 과학과 이치들은 **창조와 홍수의 역사**를 알지 못한다. 하지만 홍수가 이 땅에 남겨놓은 수많은 흔적은 오히려 하나님께서 살아 계심을 증명하고 있다. 과학이 발달하면 할수록 그 증거들은 더욱 본래의 모습을 드러내고 창세기의 모든 내용이 **사실이며 진리임을 확증시켜주는 열쇠**가 될 것이다.

새 출발 - 하나님의 피조물들과 맺은 첫 번째 언약(8:15 - 9:17)

방주에서 나온 노아는 정성을 다하여 하나님께 구원에 대한 감사의 예배를 드렸다. 하나님께서는 인간의 감추어진 본성을 보셨다. "다시는 사람이 악하다고 하여서, 땅을 저주하지는 않겠다. 사람은 어릴 때부터 그 마음의 생각이 악하기 마련이다"(창 8:21). 하나님께서 인간이 아담으로 인해 죄를 지을 수밖에 없는 존재라는 사실을 인정하신 것이다. 아울러 아담에게 하신 것처럼 다시 한번 축복하시며 "너희는 생육하고 번성하며 땅에 편만하여, 거기에서 번성하여라"(9:7)고 말씀하심으로 노아가 새로운 창조의 주역이 됨을 선포하신다.

감사와 축복은 언제나 함께 이루어지는 것이다. 하나님께서 언약하셨다. "내가 너희와 언약을 세울 것이니, 다시는 홍수를 일으켜서 살과 피가 있는 모든 것들을 없애는 일이 없을 것이다"(9:11). 이 첫 번째 언약(창 9:8 - 17)은 하나님께서 일방적으로 조건 없는 맹세를 하시는 은혜 언약으로 모든 생물과 우주를 포함하며 무지개라는 언약의 표를 갖고 있다.

묻고? 답하기!

우리가 사는 지구가 홍수로 재창조되었다는 것이 진실일까요?

이 시대의 교회를 다니는 사람들은 '하나님의 창조'를 진리로 믿는 그리스도인과 '진화론'에 뿌리를 둔 종교인으로 나눌 수 있다고 앞에서(1월 2일 본문) 말씀드린 바 있습니다. 현대인이라면 누구나 종교의 교리처럼 '진화론'을 어려서부터 배우며 자라게 되어 있습니다. 하나님께서 살아 계신다고 고백하는 그리스도인들조차 창조에 관하여 확신을 갖지 못하고 머뭇거리는 사람들을 보게 됩니다. 나는 어떤 부류에 속해 살아가고 있는가 생각해 봅시다. 홍수가 역사적 사실이었음을 인정하는 바탕 위에서 세상의 모든 과학과 이치를 이해하고자 한다면, 창세기의 모든 내용이 진실임을 확증할 수 있을 것입니다.

7일

✝ 오늘 말씀 창세기 9:18 - 11:32

모략의 하나님
새로운 경륜으로 출발하는 하나님의 뜻(Vision)

💡 실마리 풀기

"이 사람들이 종족과 언어와 지역과 부족을 따라서 갈라져 나간 셈의 자손이다"(창 10:31)

불순종은 언제나 하나님을 대신하는 그 무엇을 따라가는 것, 스스로 할 수 있다고 생각하는 교만에서 출발합니다. 교만은 피조물인 인간이 창조주 하나님께 대해 독립을 선언하고 홀로서기를 선언하는 것입니다. 이것이 우리가 기억해야 할 죄의 본질입니다. 성경에 자주 등장하는 바빌론 제국은 하나님을 거역하는 자들을 백성으로 삼고, 니므롯과 같은 힘이 센 자들이 주인 행세를 하며, 은밀한 곳이 많은 성곽의 도시를 영토로 삼는 가인의 자손들의 제국입니다.

바빌론 제국은 바벨탑 사건 이후로 오늘날까지 자기의 지혜, 자기의 힘, 자기의 사랑, 자기의 시간 등의 자원만으로 생명과 행복을 추구할 수 있다는 환상에 빠져 들어 있는 자들의 것이며, 하나님을 대적하는 세상 국가들의 상징입니다. 그러므로 이제부터의 성경, 창세기 12장부터는 아브라함 자손들의 역사만 기록될 것입니다. 가인의 후예들에 의한 인간의 제국 역사는 성경에 기록되지 않고 그들 자신의 손으로 탐욕과 멸망의 기록이 되어 '세계사'란 이름으로 전해질 것입니다.

노아의 후손 - 민족과 종족과 백성과 언어의 기원(9:18 - 10:32)

노아는 그 당대에 의롭고 흠이 없는 사람이었으며 하나님과 동행하는 사람이었다. 방주에서 나온 노아의 아들은 셈과 함과 야벳이다. 이 세 사람에게서 인류가 나와서, 온 땅 위에 퍼져 나갔다. 이들이 **온 인류의 육체적 혈통의 기원**을 이루게 되며, 하나님의 은혜 가운데 구원 계획의 큰 틀 안에서 살아갈 것이다. 특히 맏아들 셈의 자손은 '히브리'의 어원이 되는 '에벨'을 비롯하여 아브라함에 이르기까지 하나님의 택하신 백성의 큰 줄기를 이루어 나갈 것이다.

하지만 노아가 아무리 의롭고 흠이 없는 사람이었다 하더라도 그도 역시 연약한 인간이었다. 그의 안에 들어있던 죄성(罪性)이 홍수로 인하여 완전히 사라진 것은 아니라는 말이다. 노아는 홍수의 트라우마를 술로 달래려 하였다. 그리고 그의 후손들은 너무도 쉽게 새로운 악한 세대의 혈통으로 갈라져 나갔다(10:31 - 32), 그들은 결국 힘을 합하여 더욱 지능적이고, 집단적인 불순종의 길을 가게 된다.

저주를 받은 함의 아들 구스가 낳은 니므롯은 시날 지방에 있는 바빌론을 중심으로 세상을 다스렸다. 그는 '주님께서 보시기에도 힘이 센 니므롯과 같은 사냥꾼'(10:9)이라는 속담까지 생길 정도로 사람들 사이에서 영웅으로 추앙을 받았다. 그러나 홍수의 기억을 간직한 그들은 체질적으로 하나님의 징벌을 두려워하고, 스스로 멸망하지 않을 방도를 찾아 머리를 맞대었다. 바벨탑을 쌓고 "우리의 이름을 날리고, 흩어지지 않게 하자"(11:4)고 말하였다. 이는 하나님께서 "너희는 생육하고 번성하며 땅에 편만하여, 거기에서 번성하여라"(창 1:28, 9:7)고 말씀하신 창조계획을 거역하는 것이다.

　그러나 하나님께서는 "자, 우리가 내려가서, 그들이 거기에서 하는 말을 뒤섞어서, 그들이 서로 알아듣지 못하게 하자"(11:7) 하시고 그들을 강제로 온 땅으로 흩으시며, '민족과 종족과 백성과 언어'로 나누셨다. "다시는 홍수를 일으켜서 살과 피가 있는 모든 것들을 없애는 일이 없을 것이다"(창 9:11)고 약속하셨음을 기억하신 것이다. 홍수가 인류의 구원을 향한 하나님의 사랑의 방법이었듯이 **흩으심도 한결같은 사랑의 표현**임이 틀림없다.

아브라함을 선택하심 - 하나님의 뜻(Vision)을 이루시기 위한 출발점(11:10 - 32)

　홍수 이전까지 하나님께서는 소극적이고 수동적으로 인간의 자발적 순종을 기다리셨지만, 이제는 하나님께 끝까지 순종할 자를 적극적으로 선택하신다. 이제 하나님의 관심은 한 사람, 한 사람이 아니라 **독특한 언어와 문화를 지닌 집단으로서의 종족**들이다. 하나님께서 "종족과 언어와 지역과 부족을 따라서 갈라져 나간 셈의 자손"(10:31)가운데 한 민족을 택하셨다. 그 민족은 아브라함을 시조로 하는 히브리 족속으로 이스라엘 그리고 유다의 사람들로 불리 울 것이다. 그들은 제사장 나라가 되고, 거룩한 민족(출 19:5 - 6)이 되게 하실 것이다.

　이는 아브라함의 자손, 유대 민족을 본받아 모든 종족이 하나님 나라의 백성이 되어 하나님과 관계를 회복하는 축복, '모든 민족과 종족과 백성과 언어에서 나온 사람들'(계 7:9)로부터 경배받기 원하는 **하나님 뜻(Vision)을 이루시기 위한 새로운 경륜의 출발점**이 될 것이다.

　[창세기 1-11장의 내용을 하나님과 온 우주에 관한 '보편적 역사(Universal history)'라고 한다면, 창세기 12장부터 전개되는 내용은 아브라함 자손에 의한 '특별한 역사(Particular history)'라고 할 수 있다. 그리고 이 특별한 역사는 사도행전 2장에 성령께서 다시 오심으로 하나님의 뜻을 향한 보편적 역사로 되돌아가게 된다]

**묻고?
답하기!**

　예수님께서 왜 세상 모든 민족을 제자로 삼으라고 하셨을까요?

　마태복음(28:18 - 20)에 예수님께서 세상 모든 민족을 제자로 삼아 세례를 주고, 가르침을 주어 지키게 하라는 지상명령을 내리심을 볼 수 있습니다. 이 말씀은 그저 선교사들이나 유념해야 할 행동강령이 아닙니다. 예수님께서는 하늘의 아버지께서 품고 계신 뜻, '모든 민족과 종족과 백성과 언어에서 나온 사람들'이 드리는 예배를 이루고자 하시는 것입니다. 그 하나님의 뜻의 실현을 위해 나는 무엇을 할 것인가하고 묵상해 봅니다.

～～～～～～～～～～～～～

하나님의 비밀의 경륜(經綸)(1)
어린 양의 피에서 이스라엘의 피로

✝ **오늘 말씀** 에베소서 3:2 - 11, 창세기 3:14 - 21 ; 17:1 - 14

💡 **실마리 풀기**

"주님께서 거기에서 그들을 온 땅으로 흩으셨다. 그래서 그들은 도시 세우는 일을 그만두었다. 주님께서 거기에서 온 세상의 말을 뒤섞으셨다고 하여, 사람들은 그 곳의 이름을 바벨이라고 한다"(창 11:8 - 9)

하나님 나라의 연한 - 성경의 구조적(연대기적) 이해

아래 도표는 성경과 하나님 나라 역사의 구조적(연대기적) 이해를 위한 시도입니다. 창세기 5장과 11장에 나오는 족보를 토대로 아담의 후손들의 연한을 기록하여 분석해 보면, 창세 이후 1,656년이 되었을 때 홍수가 온 세상을 뒤덮었으며, 2,008년이 되었을 때 아브라함이 태어났음을 알 수 있습니다. 다시 말하면 창조시대(창세기 1 - 11장)의 기간이 약 2,000년에 이른다는 사실입니다.

그리고 사람들이 문자를 이용하여 기록하기 시작한 역사 문헌의 서술에 의하면, 아브라함은 B.C.1996년에 태어났다는 것을 알 수 있습니다. 다시 말하면 창세기 12장부터 말라기에 이르는 언약시대(구약)의 기간이 또한 약 2,000년이 된다는 사실입니다. 그리고 예수님께서 이 땅에 오신 후로부터 지금까지 약 2,000년이 됨을 알 수 있습니다. 결국(**성경의 Text에 의한 연대기적 고찰에 의하면**) 성경의 연한은 창세기(1 - 11장)의 창조시대, 구약의 언약시대 그리고 신약의 선교시대가 각각 2,000년, 통합하여 약 6,000년의 연한을 이루고 있음을 알 수 있습니다.

연한	창조시대 2000년	언약시대 2000년	선교시대 2000년	지금 그리고 여기
경륜	제 1 경륜	제 2 경륜	제 3 경륜	제 4 경륜
구조	서론 A	본론 B	본론 B'	결론 C
본문	창 1 - 11장	구약	신약	요한계시록 21 - 22장
내용	창조와 명령	도전과 반응	임재와 구속	비전과 결말

하나님의 경륜 - 하나님의 구원 계획 또는 예정된 구원 방법의 변화

'경륜(Administration: Oikonomia)'이라는 단어는 하나님께서 각 시대에 따라 당신의 뜻을 이루기 위하여 세우신 계획과 그 사역 또는 은혜 안에서 예정된 통치와 구원의 방법을 의미합니다. 하나님 나라 역사의 연대기에서 보이는 각각의 연한은 나름대로 경륜을 드러내고 있는데, 그 경륜은 하나님의 명령과 도전에 인간들이 어떻게 반응하였는가에 따라 변화, 발전하는 것을 알 수 있습니다.

도표에서 보면, 서론(A)에서 제시되는 "하나님의 창조와 명령"이 구약(B)에서 "하나님의 도전과 인간의 반응"으로 발전되고, 결국 신약(B')에서 "하나님의 임재와 구속"으로 성취되는 하나님의 구원 계획의 내력을 기록하고 있습니다. 그리고 결론(C)에서 "지금 그리고 여기" 우리에게 제시되는 "하나님의 비전과 결말"로 마무리되는 것을 알 수 있습니다.

첫 번째, 창조 시대의 경륜 - 어린 양의 피(창 3:21)

"주 하나님이 (어린 양을 잡아) 가죽옷을 만들어서, 아담과 그의 아내에게 입혀 주셨다."

하나님께서 하나님 나라의 창조와 인간을 향한 두 가지 명령을 통하여 하나님 나라를 통치하려 하셨으나, 사탄의 유혹을 받은 아담은 순종의 명령을 거역하였습니다. 심혈을 기울여 창조하신 아담의 불순종으로 하나님께서는 매우 실망하셨을 것입니다. 그러나 하나님은 사랑의 하나님이십니다. "아담아, 네가 어디 있느냐?" 부르시고, 벌을 내리셨습니다. 그리고 어린 양을 잡아 가죽옷을 입혀주셨습니다. 이렇게 용서는 반드시 피 흘림의 희생을 수반합니다. **어린 양의 피 흘림**으로 그의 죄를 용서하신 것입니다. 이는 대속의 피를 흘림으로 죄를 사해주시겠다는 것이며, 제사라는 형식을 통하여 하나님께 순종하는 모습을 바라보시기 원하시는 하나님의 사랑 표현입니다. 이것이 창조시대에 마련하신 첫 번째 경륜입니다.

두 번째, 언약 시대의 경륜 - 이스라엘의 피(창 17:10 - 14)

"너희 가운데서, 남자는 모두 할례를 받아야 한다. 이것은 너와 네 뒤에 오는 너의 자손과 세우는 나의 언약, 곧 너희가 모두 지켜야 할 언약이다."

사람들은 그 수가 기하급수적으로 불어나 집단으로 불순종의 길로 가게 되고, 그에 실망하신 하나님께서 그들을 각 나라와 종족별로 흩으시게 됩니다. (창 10:31, 창 11:8) 그리고 그들 종족 가운데 히브리 족속을 선택하였습니다. 이는 아브라함의 자손, 유대 민족을 본받아 세상 모든 종족이 하나님 나라의 백성이 되어 하나님과 관계를 회복하는 축복, 하나님의 뜻(Vision)을 이루시기 위함입니다. 이를 위하여 이스라엘은 할례라는 **언약의 피 흘림**을 반드시 시행해야 합니다. 이것이 언약시대에 나타나는 두 번째 경륜입니다.

🍃 12월 3일 〈신학 산책 48〉 - 세 번째 경륜 그리고 네 번째 경륜

창조시대 (제 1 정문 : 2000년)

	100	200	300	400	500	600	700	800	900	1000	1100	1200	1300	1400	1500	1600	1700	1800	1900	2000	2100	2200
	BC3900	BC3800	BC3700	BC3600	BC3500	BC3400	BC3300	BC3200	BC3100	BC3000	BC2900	BC2800	BC2700	BC2600	BC2500	BC2400	BC2300	BC2200	BC2100	BC2000	BC1900	BC1800

주요 인물 (창조 후 출생 연도 → 사망 연도):

- 아담 <930 세> 0 … 930
- 셋 <912 세> 130 … 1042
- 에노스 <905 세> 235 … 1140
- 게난 <910 세> 325 … 1235
- 마할랄렐 <895 세> 395 … 1290
- 야렛 <962 세> 460 … 1422
- 에녹 <365 세> 622 … 987
- 므두셀라 <969 세> 687 … 1656
- 라멕 <777 세> 874 … 1651
- 노아 <950 세> 1056 … 2006
- 셈 <602 세> 1558 … 2160
- 아르박삿 <438 세> 1658 … 2096 / 2126
- 셀라 <433 세> 1693 … 2126
- 에벨 <464 세> 1723 … 2187
- 벨렉 <239 세> 1757 … 1996
- 르우 <239 세> 1787 … 2026
- 스룩 <230 세> 1819 … 2049
- 나홀 <148 세> 1849 … 1997
- 데라 <205 세> 1878 … 2083
- 아브라함 <175 세> 2008 … 2183

(홍수 : BC2348 ~ BC2242, 바벨탑)

이담의 후손순의 이름 : <수명> : 출생 연도(창조 후) : 사망 연도(창조 후) 순

그림 <노희정>

언약시대(제2정표 : 2000년)

| BC 2100 | BC 2000 | BC 1900 | BC 1800 | BC 1700 | BC 1600 | BC 1500 | BC 1400 | BC 1300 | BC 1200 | BC 1100 | BC 1000 | BC 900 | BC 800 | BC 700 | BC 600 | BC 500 | BC 400 | BC 300 | BC 200 | BC 100 | BC 0 |

족장 시대 / **애굽 포로 시대** / **사사 시대** / **열왕 시대** / **포로기(BC 536 - 520)** / **침묵 시대**

- 아브라함(BC 1996 - 1821)
- 이삭(BC 1896 - 1716)
- 야곱(BC 1832 - 1685)
- 요셉(BC 1745 - 1635)
- 모세(BC 1527 - 1407?)
- 여호수아(BC 1350 ?)
- 출애굽(BC 1447)
- 사사들(300년간)
- 사울(BC 1020 - 1000)
- 다윗(BC 1010 - 970)
- 솔로몬(BC 970 - 930)
- 이스라엘패망(BC 722)
- 유다패망(BC586)
- 고레스칙령(BC 538)
- 에스라(BC 458)
- 느헤미야(BC 445)
- 마카비반란(BC 445)
- 폼페이우스입성
- (BC 63)
- 헤롯대왕(BC 37 -)

- 메소포타미아(BC 2234 -)
- 앗시리아(BC 1000 - 612)
- 바빌로니아(BC 625 - 539)
- 신왕국
- 페르시아(BC 536 - 324)
- 페르시아전쟁
- 마케도니아(BC 338 - 200)
- 로마(BC 753 - AD 476)

- 이집트(BC 2188 - 525) 셈족/힉소스족지배(BC 1800 - 1400)
- 고왕국 피라미드 중왕국
- 그리스 애게 문명(BC 2089 -) 독립 폴리스(헬레니즘)
- 인도 - 모헨죠다로문명(BC 2000?)
- 중국(은나라BC 1500 -) 주나라 춘추전국시대(공자/유교) 진나라 한나라
- 불교(BC 565 - 486)
- 한반도 고조선(BC 2333 - ?)
- 한사군(BC108)

이스라엘 : 메소포타미아 : 이집트 : 그리스 : 인도 : 중국 : 한반도 순

그림 〈노희정〉

✝ 오늘 말씀 창세기 12:1 - 17:27

창세기

주권자이신 하나님
하나님의 선택과 언약

💡 실마리 풀기

"땅에 사는 모든 민족이 너로 말미암아 복을 받을 것이다"(창 12:3)

아브람(향년 75세)은 하나님께서 주신 언약을 믿고 풍요한 도시에서 메마른 광야로 길을 떠났습니다. 지금 우리처럼 성경도, 교회도, 사도신경도, 성례 의식도, 계명도 없고, 죽은 후의 부활에 관하여 들은 적도 없으면서 오직 하나님의 음성을 듣고, 말씀을 믿고 행하였습니다. 그는 자기 인생, 안위, 부귀와 명성 그리고 미래까지 송두리째 하나님께 맡기고 길을 떠났습니다.

"너는, 네가 살고 있는 땅과, 네가 난 곳과, 너의 아버지의 집을 떠나서, 내가 보여 주는 땅으로 가거라. 내가 너로 큰 민족이 되게 하고, 너에게 복을 주어서, 네가 크게 이름을 떨치게 하겠다. 너는 복의 근원이 될 것이다. 너를 축복하는 사람에게는 내가 복을 베풀고, 너를 저주하는 사람에게는 내가 저주를 내릴 것이다. 땅에 사는 모든 민족이 너로 말미암아 복을 받을 것이다"(12:1 - 3).

아브라함 이야기는 처음부터 아이 못 낳는 여인 사래(11:30)와 함께 출발합니다. 인간의 불가능을 하나님의 가능으로 이끄시는 하나님의 언약, 씨(후손)와 땅(나라)과 축복(인류를 향한 하나님의 구원 근원)을 주시겠다는 하나님의 주권적 언약의 시작은 이처럼 극적인 속마음을 가진 것입니다. 이 언약은 '율법으로 사는 사람들뿐만 아니라 모든 믿음으로 사는 사람들'(롬 4:16)로 인하여 성취될 것입니다.

하나님께서 주도적으로 행하신 언약식 - 모든 삶을 맡긴 자들에게 주시는 사랑의 맹세 (12:1 - 15:21)

아브라함은 결코 남들보다 더 성품이 곧고, 신뢰할 만한 사람이 아니었다. 그는 기근이나 좌절이 올 때마다 하나님의 약속보다는 자기 자신의 판단을 따라 행동했다. 그런데도 하나님의 은혜로 언약은 선포되었다. "너 있는 곳에서 눈을 크게 뜨고, 북쪽과 남쪽, 동쪽과 서쪽을 보아라. 네 눈에 보이는 이 모든 땅을, 내가 너와 네 자손에게 아주 주겠다. 내가 너의 자손을 땅의 먼지처럼 셀 수 없이 많아지게 하겠다"(13:14 - 16).

그리고 10년이 지나, 아들을 얻기 원하는 아브람(향년 85세)에게 하나님께서 "너의 자손이 저 별처럼 많아질 것이다"(15:5)고 하시니 아브람이 그 말씀을 믿었다. 하나님께서는 아브람의 그런 믿음을 보시고 스스로 아브람에게 언약(피의 맹세)을 보여주셨다. 그 언약식은 희생 제물을 몸통 가운데를 쪼개어, 서로 마주 보게 차려 놓고 그 사이로 지나가는 의식이다. 이 언약(15:17 - 21)은 단순한 약속이 아니며, 서로가 서로에게 헌신할 것을 만천하에 고하고 인정받는 것이다. 만약 그 언약을 어기는 자는 그 희생 제물처럼 몸통이 두 쪽으로 갈라질 것이다.

아브라함이 행한 언약식 - 하나님을 만난 자들이 거쳐야 할 자기희생의 맹세(16:1 - 17:27)

아브람은 그의 나이 86세에 사래의 여종, 하갈의 몸을 빌려 아들을 낳았다. 그러나 그 아들은 하나님의 약속의 자녀가 아니었다. 그리고 13년이 지나, 하나님께서 그에게 나타나셔서 그의 이름을 아브람(존귀한 아버지)에서 아브라함(많은 사람의 아버지)으로 바꾸어주셨다. 그를 여러 민족의 어버이가 되게 하시겠다고 언약하시면서, 아브라함도 언약의 표시로 할례를 받을 것을 명령하셨다.

로마서에서 사도 바울은 다음과 같이 해석한다. "아브라함은 희망이 사라진 때에도 바라면서 믿었다. 그는 나이가 백 세가 되어서, 자기 몸이 [이미] 죽은 것이나 다름없고, 또한 사라의 태(胎)도 죽은 것이나 다름없는 줄 알면서도, 그는 믿음이 약해지지 않았다. 오히려 그는 믿음이 굳세어져서 하나님께 영광을 돌렸다. 그는, 하나님께서 스스로 약속하신 바를 능히 이루실 것이라고 확신하였다. 그래서 하나님께서는 그의 믿음을 보시고 그를 의롭다고 여겨 주셨다"(롬 4:18 - 22).

이제는 드디어 '전능한 하나님'(엘 샤다이)과 아브람(향년 99세)의 결혼식이 거행된다. 십여 년 전에 하나님께서 생명을 건 언약(15:17 - 21)에 먼저 동참하셨던 것처럼 이스라엘도 피를 건 맹세를 해야 한다. 그것은 남자들과 또 그 자손들은 대대로 모두 할례를 받아야 한다는 것이다. **할례는 오직 하나님만을 섬기고 따르겠다는 헌신의 공약**이다. 하나님께서 언약(17:4 - 8)을 확증하시니, 아브라함은 바로 그 날 즉시 그대로 할례를 행하였다. 할례를 받지 않은 남자는 하나님과의 언약을 깨뜨린 자이니, 그는 하나님의 백성에게서 끊어질 것이다(17:14). 이것은 하나님을 만난 자들은 누구나 거쳐야 할 자기희생의 맹세이다. 이 맹세는 우리에게 **예수님의 십자가에 동참해야 한다는 의미**를 부여한다.

사도 바울은 육체적 할례를 받았다고 하여도 율법을 어기면 할례를 받지 않은 것으로 되어 버리는 것처럼, 겉모양만 유대 사람인척하는 것보다 속사람으로 유대 사람이 되어야 하나님께 칭찬을 받는다고 가르친다. 성령으로 마음에 받는 할례가 참 할례라는 것이다(롬 2:25-29).

오늘날에도 세례(할례)는 하나님을 만난 자들이 누구나 거쳐야 할 자기희생의 맹세이다. 이 참 할례는 우리를 대신하여 피를 흘리신 예수 그리스도의 말씀대로 살아가겠다는 헌신의 공약으로 행해져야하는 것이다.

**묻고?
답하기!**

아브람은 왜 사래의 말을 따라 하갈을 취했을까요?

아브람은 하나님께서 자녀를 줄 것이라고 믿었으나 확신을 갖지 못하고, 그 자녀의 어머니가 꼭 사래여야 된다고는 생각하지 않은듯합니다. 사래 자신도 당시의 관습에 따라 남편에게 여종과 동침토록 하는 것이 하나님의 언약이 이루어지도록 하는 데 도움이 될 것으로 생각한 듯합니다. 이러한 인간적인 노력은 하나님의 계획과 언약에 대한 오해로부터 비롯된 것입니다. 예수께서 말씀하셨습니다. "사람은 할 수 없는 일이라도, 하나님은 하실 수 있다"(눅 18:27).

1

창세기

10일 ～～～～～～～～～～～～～～～～～～～～～～～～～～

✝ 오늘 말씀 창세기 18:1 - 23:20

신실하신 하나님
언약의 열매

💡 **실마리 풀기**

아브라함이 대답하였다. "얘야, 번제로 바칠 어린 양은 하나님이 손수 마련하여 주실 것이다." 두 사람이 함께 걸었다(창 22:8)

하나님이 말씀하셨습니다. "너의 아내 사라가 너에게 아들을 낳아 줄 것이다. 아이를 낳거든, 이름을 이삭('그가 웃다')이라고 하여라." 그러나 아브라함은 얼굴을 땅에 대고 엎드려, 웃으면서 혼잣말을 하였습니다. "나이 백 살 된 남자가 아들을 낳는다고? 또 아흔 살이나 되는 사라가 아이를 낳을 수 있을까?"(17:17 - 19) 사라도 "나는 기력이 다 쇠진하였고, 나의 남편도 늙었는데, 어찌 나에게 그런 즐거운 일이 있으랴!" 하고, 속으로 웃으면서 중얼거렸습니다(18:10 - 12). 그러나 주의 천사가 "나 주가 할 수 없는 일이 있느냐?"(18:14)는 말씀으로 질책을 겸한 확신을 전하는 극적인 순간을 연출합니다.

마침내 "하나님이 아브라함에게 약속하신 바로 그때가 되니"(21:2) 이삭(웃음)을 주시고, 아브라함은 그를 통하여 "여호와 이레"의 하나님을 만나게 됩니다. 아브라함과 사라는 어린 '웃음'이 자라가는 모습을 보며 얼마나 큰 기쁨을 누렸을까요? 하나님께서 주신 '웃음'은 한 가정뿐만 아니라 온 인류에게 '웃음'을 가져다줄 것입니다.

언약적 성취와 인간적 성취 - 언약의 열매에 대한 사라와 하갈의 반응(18:1 - 21:34)

하나님의 천사들이 나타나 아들을 주시기로 약속을 한 지 1년이 지나, 아브라함(향년 100세)이 아들 이삭을 보았다. 사라는 "하나님이 나에게 웃음을 주셨구나"라고 말하며 신실하신 하나님, 말씀대로 반드시 성취하시는 하나님을 찬양한다. 그러나 사라는 하나님의 언약적 성취를 즉각적으로 인간적 성취로 되돌리고 있다. 사라는 "내가 지금, 늙은 아브라함에게 아들을 낳아 주지 않았는가!"(21:7)라고 큰소리를 치고 있기 때문이다.

사랑의 하나님께서는 이스마엘의 자손들도 이삭의 자손들처럼 하나님의 계획 속으로 받아들이시기로 약속하시고, 이스마엘이 자라는 동안에, 하나님이 그 아이와 늘 함께 계시면서 돌보셨다(17:20.) 그러나 그의 어머니 하갈은 이스마엘에게 이집트 땅에 사는 여인을 아내로 삼게 하였다(21:21). 아브라함의 두 여인도 하나님을 만났으나 그들의 믿음은 아브라함과는 비교될 수 없었다.

여호와 이레 - 예배와 순종의 사람, 아브라함의 믿음(22:1 - 23:20)

아브라함은 자기의 늦둥이 외아들, 이삭을 불살라 바치라는 하나님의 말씀에 다음 날 아침 일찍이 일어나서 갈 길을 서두른다. 마치 기다렸다는 듯이. 무엇이 그에게 그토록 굳은 믿음을 주었을까? 백 년 동안이나 성숙한 아브라함의 믿음의 분량은 믿음의 조상이 되기에 충분한 것이었다. 히브리서 기자는 "아브라함은 시험을 받을 때, 믿음으로 그의 외아들 이삭을 기꺼이 바쳤다. 그는 자신의 모든 것이나 다름없는 아들, 이삭을 하나님께 드렸다. 하나님께서는 이삭을 죽은 사람들 가운데서도 되살리실 수 있다고 아브라함은 생각했던 것이다. 그러므로 비유하자면, 아브라함은 이삭을 죽은 사람들 가운데서 되받은 것이다"(히 11:17)라고 증언한다.

이렇듯 신실하신 하나님, 인격적인 하나님, 전능하신 하나님을 만난 아브라함은 그 어떤 시험도 하나님께서 능히 회복시켜 주실 줄 믿고 있었다. 이삭이 궁금해 하는, 번제로 바칠 어린 양을 하나님이 손수 마련하여 주신 것처럼, 세례 요한이 "세상 죄를 지고 가는 하나님의 어린 양"(요 1:29)이라고 증언한바, 예수 그리스도는 하나님께서 우리를 위하여 미리 준비하신 속죄의 제물이다.

[복음] "주님의 말씀이다. 내가 친히 맹세한다. 네가 이렇게 너의 아들까지, 너의 외아들까지 아끼지 않았으니, 내가 반드시 너에게 큰 복을 주며, 너의 자손이 크게 불어나서, 하늘의 별처럼, 바닷가의 모래처럼 많아지게 하겠다. 너의 자손은 원수의 성을 차지할 것이다. 네가 나에게 복종하였으니, 세상 모든 민족이 네 자손의 덕을 입어서, 복을 받게 될 것이다"(22:16 - 18).

아브라함의 자손은 반드시 **세상 모든 민족을 위한 '이방인의 빛'(사 42:6)**이 되어야 한다. 훗날 베드로는 '너의 자손'(22:17)을 예수 그리스도로 해석하고 있다. "여러분은 예언자들의 자손이며, 하나님께서 여러분의 조상들과 맺은 언약의 자손입니다. 하나님께서 아브라함에게 '너의 자손으로 말미암아 땅 위의 모든 족속이 복을 받을 것이다'하고 말씀하셨습니다. 하나님께서 여러분 한 사람 한 사람을 악에서 돌아서게 하셔서, 여러분에게 복을 내려 주시려고, 먼저 자기의 종을 일으켜 세우시고, 그를 여러분에게 보내셨습니다"(행 3:25 - 26).

나도 이삭과 같은 아들을 바칠 수 있을까요?

말로는 우리도 "그 어떤 시험도 하나님께서 능히 극복하게 하실 줄 믿습니다."라고 할 수 있습니다. 그러나 그것이 나에게 현실로 다가온다면 감당할 수 있을까요? 예수께서 "네가 믿으면 하나님의 영광을 보게 되리라고, 내가 네게 말하지 않았느냐?"(요 11:40)라고 말씀하셨음에도, 나사로의 누이들은 예수님께서 나사로를 다시 살리실 수 있다고 믿지 않았습니다. 우리도 아마 그러할 것입니다. 다만 하나님은 우리를 사랑하시기 때문에 우리 믿음의 분량대로 능히 감당할 만큼만 시험하신다는 말씀에 의지할 수밖에 없겠지요.

11일

✝ 오늘 말씀 창세기 24:1 - 28:9

이삭과 야곱의 하나님
언약의 자손을 택하시는 하나님의 섭리

💡 실마리 풀기

"우리의 누이야, 너는 천만 인의 어머니가 되어라. 너의 씨가 원수의 성을 차지할 것이다"(창 24:60)

오늘 읽을 내용은 아브라함이 아들 이삭의 아내, 리브가를 구하는 장면과 리브가를 통하여 야곱을 택하시는 내력입니다. 리브가는 에서가 아니라 야곱에게 복을 주도록 한 이유를 설명하였습니다. "나는, 헷 사람의 딸들 때문에, 사는 게 아주 넌더리가 납니다"(27:46). 야곱이 형 에서처럼 이 땅에 사는 사람들의 딸들 곧 헷 사람의 딸들 가운데서 아내를 맞아들인다고 하면, 이삭과 리브가에게 또 하나의 근심거리가 될 것이기 때문이었습니다. 그래서 이삭은 야곱에게 복을 빌어 주고, 밧단아람으로 보내어 거기에서 아내감을 찾게 하였습니다. 이는 곧 하나님의 비전을 이어갈 언약의 자손을 택하시는 하나님의 섭리임을 알 수 있습니다.

교활하고, 자기 자신만을 위해 애쓰는 그런 사람, 야곱을 하나님께서 선택하심에 대하여 사람들은 의아해 합니다. 하나님께서는 오히려 그 누구보다 더한 관심을 보이시며, 인생의 굴곡이 있을 때마다 먼저 찾아주시고 축복을 주시기까지 합니다. 생각해보면 아브라함도 그러했고 장차 유다와 요셉의 선택도 그러할 것입니다. 하나님께서는 그 사람의 공로에 의해서가 아니라 하나님의 임의로(주권적으로) 선택한 사람에게 은혜를 베푸신다는 법칙을 보이시는 것입니다. 하나님께서는 야곱을 자신의 거룩한 목적에 맞게 변화되어 갈 사람으로 보신 것입니다.

하나님의 뜻을 발견하는 법 - 아브라함의 종의 기도(24:1 - 67)

아브라함이 하나님께 이렇게 고한 적이 있다. "주님께서 저에게 자식을 주지 않으셨으니, 저의 집에 있는 종 다마스쿠스 녀석 엘리에셀이 저의 상속자가 될 것입니다"(15:2 - 3). 그러나 하나님이 약속하신 아들, 이삭이 상속자가 되어 이제 신붓감을 구해야 할 때가 되었다. 아브라함의 신실함 속에서 종살이하던 엘리에셀은 길을 떠나며 아브라함의 하나님께 기도를 드린다. 자신의 경험과 지혜를 의지하지 않고, 아브라함을 축복하시고 성장시킨 그 하나님만을 의지하여 기도로 도움을 요청한다.

그의 기도는 매우 구체적이었다. 그가 주인의 며느릿감으로 생각하고 기도한 내용은 물 길으러 나오는 부지런한 여성, 나그네의 목마름을 이해하는 사랑의 여성, 낙타에게도 물을 주는 넓은 마음의 여성을 만나게 해 달라는 것이었다. 그의 기도 방법은 하나님의 뜻을 발견하는 바로 그것이었다. 그의 구체적 기도는 그대로 이루어졌다. 리브가는 언제나 하나님을 기쁘게 해드리는 마음으로 사람을 대하는 여인이었다.

믿음의 유산 - 아브라함과 이삭의 연한(25:1 - 28:9)

아브라함(175세)은 이삭을 언약의 계승자로 세워 믿음의 유산을 물려주었다. 그렇게 세대교체를 이룬 아브라함은 천수를 다하고 복되게 죽었다. 하나님께서 이삭에게도 쌍둥이 두 아들을 주셨다. 이삭이 40세에 결혼하여 60세에 얻은(창 25:20, 26) 두 아들은 이상할 정도로 서로 닮지 않았다. 큰아들 에서('털' 또는 '붉은')는 외향적이고 사냥과 취미생활에 빠져서 신앙적 유산이나 장자권에는 관심이 없었다. 이삭이 100세가 되는 해에, 에서(40세)가 헷 사람의 딸들을 아내로 맞았다(창 26:34). 그리고 세월이 흘러 눈이 어두워진 이삭은 리브가의 계략에 의해 속아서 야곱에게 장자의 축복을 내린다. 히브리서 기자는 에서를 '음식 한 그릇에 장자권을 팔아넘긴 속된 사람'(히 12:16)으로 묘사하고 있다.

동생 야곱('사람과 다툼')은 내향적이며 약삭빠르며 주도면밀하고 계산이 빨랐다. 그리고 어머니 리브가의 뜻을 잘 따르며 곁에서 도움을 주었기 때문에 어머니는 야곱을 더 사랑했다. 그래서 리브가(그리고 야곱)는 하나님의 섭리가 이루어지기를 기다리지 못하고, 교활한(실제로는 미련한) 방법을 사용하여 이삭으로부터 장자의 권리를 탈취하였다. 결과적으로 하나님의 언약과는 무관하게 가정이 파괴되었다. 형제들은 원수가 되고, 어머니 리브가는 죽는 날까지 사랑하는 야곱을 볼 수 없었고, 야곱은 머나먼 타향에서 머슴의 삶을 살아야 했다.

이삭은 180세에 죽어서 조상들 곁으로 갔다(창 35:28). 아브라함과 이삭은 모두 하나님의 언약을 받았으나, 그들 생전에 약속된 것을 받지는 못하였다. 그저 약간의 땅을 받았을 뿐이다. 그들은 나그네처럼 **'믿음과 오래 참음으로'**(히 6:12) 하늘의 고향을 동경하고 있었다.

묻고? 답하기!

나에게 주신 언약이 나의 자식에게도 유효할까요?

하나님에게는 아들(딸)만 있고 손자는 없습니다. 사람은 누구나 태어나는 순간부터 하나님의 아들(딸)이 될 자격을 부여받습니다. 그리고 아무리 모태로부터 신앙인이라고 하여도 각 사람은 개인적으로 하나님과의 만남을 통하여 결단하고, 관계를 회복해야 합니다. 이것이 부모 된 자가 자식의 믿음과 구원을 위하여 기도해야 하는 이유입니다.
믿음의 조상 아브라함의 아들, 이삭이 밧단아람으로 떠나는 야곱에게 "전능하신 하나님이 너에게 복을 주셔서, 너로 생육하고 번성하게 하시고, 마침내 네가 여러 민족을 낳게 하실 것이다"(28:3)라고 축복을 합니다. 하나님께서 선물로 주신 자식들에게 매일같이 축복함으로, 하나님께서 그들을 기억해 주시기를 기도하여야겠습니다.

12일

✝ 오늘 말씀 창세기 28:10 - 36:43

이스라엘의 하나님

하나님과 겨루어 축복을 받아 낸 사람

💡 실마리 풀기

"너의 이름이 야곱이었지만, 이제부터 너의 이름은 야곱이 아니라 이스라엘이다"(창 32:28, 35:10)

인간적인 방법을 동원하여 아버지 이삭을 속이고 축복을 받는 야곱의 교활함은 본래 외삼촌인 라반의 혈통에서 나온 것은 아닐까요? 이미 그의 누이 리브가를 시집보낼 때 보였던 라반의 약삭빠름(24:30)은 하나님과도 흥정하는 야곱의 그것과 거의 다름이 없었습니다. 그러한 라반과 함께하는 20년 세월은 고난의 연속이었습니다. 세월의 연륜까지 더한 라반을 야곱은 결코 이겨낼 수가 없었습니다. 혼인 예물이 한 푼도 없는 빈털터리 야곱에게 라반은 무려 14년의 노동을 받아내고, 살림을 챙겨준다고 6년을 더 기거하게 만들었습니다(31:38). 이런 속임수의 혈통은 나중에 요셉을 팔아넘긴 아들들에게도 이어져 피 묻은 채색 옷을 이용한 속임을 야곱이 당하게 되는 것입니다.

연단 - 하나님과 흥정을 하고, 라반을 만나 인고의 세월을 보낸 야곱(28:10 - 29:30)

하나님께서는 리브가를 들어 야곱을 믿음의 자손으로 선택하시고, 할아버지 아브라함의 본향 밧단아람으로 보내셨다. 야곱이 외갓집을 향하여 가다가 베델에 이르러 돌베개를 베고 잠을 잘 때 하나님께서 그를 찾아 축복하셨다. "내가 너와 함께 있어서, 네가 어디로 가든지 너를 지켜 주며, 내가 너를 다시 이 땅으로 데려오겠다. 내가 너에게 약속한 것을 다 이루기까지, 내가 너를 떠나지 않겠다"(28:13 - 15).

그러나 약삭빠른 야곱은 "하나님께서 저와 함께 계시고, 제가 가는 이 길에서 저를 지켜 주시고, 먹을 것과 입을 것을 주시고, 제가 안전하게 저의 아버지 집으로 돌아가게 해주시면"(28:20 - 22) 이라는 서원을 통하여 하나님께 장사꾼과 같은 조건을 내놓는다. 그에게 하나님은 그저 자신의 유익을 위한 거래의 대상이었다. 이것이 **선택받은 자의 첫 번째 반응**이었다. 그러나 하나님께서는 아랑곳하지 않으시고, 늘 그의 편에 계시며 그를 도우셨으며, 자손의 복을 누리게 하셨다.

레아와 라헬 - 언약의 자손들로 인한 하나님의 계획(29:31 - 31:55)

남편이 원치 않는 결혼을 한 레아는 사랑받지 못하는 서러움을 하나님께 하소연하였고, 그때마다 하나님께서는 레아의 기도를 들어 주시니 레아는 아들을 낳았다. 그런데도 늘 남편의 사랑만을 갈구하던 레아는 결국 넷째 아들을 낳자 "이제야말로 내가 주님을 찬양하겠다"고 하면서, 아이 이름을 유다(찬양)라고 하였다(29:35). 드디어 하나님의 은혜를 찬양하는 고백을 하고, 자신의 삶을 하나님 나라에 연결한 것이다. 자비로우신 하나님은 레아를 통하여 제사장과 메시아의 맥을 이어줄 레위와 유다가 태어나도록 하셨다. 레아와 하나님과의 긴밀한 관계를 인식한 야곱은 그녀가 죽었을 때 아브라함과 사라(창 23:19, 창 25:9 - 10), 이삭과 리브가가 묻혀 있는 막벨라 굴에 안장을 하였다(창 49:29 - 31).

용모가 뛰어나고 야곱의 극진한 사랑을 받은 라헬은 레아만큼 하나님과 긴밀한 관계를 유지하지는 않았다. 아들을 낳게 해준다는 속설이 있는 자귀나무를 의지한다든지(창 30:15), 고향을 떠나면서 친정집 수호신의 신상들인 드라빔을 훔친다든지(창 31:19) 하는 행동은 그녀가 전적으로 하나님을 의지하는 자는 아니었음을 보여준다. 야곱의 헌신적인 사랑이 오히려 그녀를 하나님으로부터 멀리하게 한 것은 아닌지 생각하게 한다.

성숙 - 두려움 가운데 하나님을 만나고 변화된 야곱(32:1 - 36:43)

고향이 가까워졌을 때, 형님인 에서가 부하 사백 명을 거느리고, 야곱을 치려고 오고 있다는 소식을 듣고 야곱은 너무도 두려운 나머지 하나님께 기도를 드렸다. 겸손한 표현을 사용하여 '내가 반드시 너에게 은혜를 베풀어서, 너의 씨가 바다의 모래처럼 셀 수도 없이 많아지게 하겠다' 하신 주님을 찾는 기도를 드렸다(창 32:9 - 12). 이것은 **선택받은 야곱의 두 번째 반응**이었다. 그러나 아직도 야곱은 하나님께서 베푸실 축복의 공간을 비우지 못하고, 자기 방식대로 해결하고자 하는 의지가 남아 있었다.

가족들과 모든 소유를 보낸 후, 뒤에 홀로 남은 야곱은 그가 가진 모든 것을 내려놓고 혈혈단신으로 하나님 앞에 나아왔다. 교만과 교활함으로 살아가던 야곱, 심각한 곤경에 처한 그를 하나님께서 만나주셨고, 엉덩이뼈가 어긋나도록 하여 주저앉히셨다. 그리고 간절히 축복받기를 원하는 야곱에게 믿음의 조상을 상징하는 이름을 붙여주셨다. 그의 이름을 야곱('사람과 겨룸')에서 이스라엘('하나님과 겨룸')로 바꾸어주시며, 그 이름 속에 메시아의 언약을 포함하기로 작정하신 것이다. 그리고 자기 잘못을 뉘우친 야곱은 부당하게 취한 장자의 축복을 형 에서에게 돌려주었다(33:11). 이것은 **선택받은 야곱의 마지막 반응**이었다.

내가 만난 라반은 누구였을까요?

우리도 야곱처럼 날마다 하나님과 흥정을 하며 사는 것은 아닌지 모르겠습니다. 하지만 우리의 삶이 우리 뜻대로만 이루어지는 것은 아니지요. 우리의 영적 생활에는 "라반의 법칙"이 적용된다고 합니다. 하나님께서 단련, 훈련 또는 징계의 회초리로 사용하시는 그 어떤 사람을 만난 적이 있는지, 그로 인하여 내가 영적으로 성숙하였다고 고백할 만한 경험이 있는지 돌아봅니다.

13일

✝ 오늘 말씀 창세기 37:1 - 41:57

섭리의 하나님
하나님의 영이 함께하는 사람

💡 실마리 풀기

"주님께서 요셉과 함께 계셔서, 앞길이 잘 열리도록 그를 돌보셨다"(창 39:2)

하나님의 뜻(Vision)은 온 인류의 구원이며, 그 구원을 위해 필요한 나라가 이스라엘이었습니다. 그래서 하나님의 가장 중요한 관심은 이스라엘 백성들을 보존하고 육성하는 것입니다. 그 이스라엘이 심각한 기근을 만나 이집트로 내려가게 되고, 그곳에서 장정만 육 십만에 이르는 백성들로 성장하게 됩니다. 이렇게 하나님은 자신의 택하신 백성들을 구원할 뜻과 능력을 보여주시는 것입니다.

오늘 읽을 내용은 야곱의 아들 요셉이 이집트로 팔려가지만, 하나님이 함께하심으로 이집트의 총리가 되는 내력입니다. 이 이야기는 야곱과 그의 아들들에게는 가정사일 뿐이지만, 하나님이 보시기에는 야곱의 자손을 하나님의 백성으로 키우시기 위한 초석을 놓는 일입니다. 팔려간 요셉이 이집트의 총리가 된 것이나, 요셉을 팔아넘긴 유다가 20여 년 동안이나 죄책감에 시달리다가 변화되고 야곱에 의해 장자의 축복을 받는 것이나 모두가 하나님의 섭리임을 기억합니다.

찬양의 사람 - 다윗의 조상 유다(37:1 - 38:30)

야곱은 늘그막에 그것도 그가 가장 사랑하던 라헬로부터 요셉을 얻었으므로 다른 아들들보다 그를 더 사랑하였다. 그래서 요셉은 어려서부터 자신이 복을 받는 자라는 의식을 갖고 자랐고, 그를 '꿈꾸는 녀석 요셉'이라고 부르는 형들에게는 시기와 질투의 대상이었다. 요셉을 죽이자는 형제들의 말에 맏아들의 책임을 진 르우벤은 살인을 막기 위해 구덩이에 넣었다 건질 생각을 하였지만, 탐욕스러운 유다는 이집트로 가는 이스마엘 상인들에게 팔아넘기자고 제안을 하였다. 이렇게 유다는 애당초 부정적인 이미지를 지닌 인물이었다. 그러나 유다는 자신의 잘못을 뉘우치고(44:18 - 34), 결국에는 축복받는 인물(49:8 - 12)로 변화해 가는 것을 볼 수 있다. 유다는 야곱의 역사에서 또 하나의 주인공이다. 이 또한 하나님의 섭리이다.

요셉을 팔아넘기고 죄의식에 사로잡혀 내내 고통을 받게 된 유다는 형제들에게서 떨어져 나가, 아둘람 사람이 사는 곳으로 가서 살았다. 유다는 거기에서 가나안 사람의 딸을 만나서 결혼하였다. 유다가 자기 맏아들도 가나안 여인이었을 다말과 결혼시켰다. 유다는 자기 아들들과 아내가 죽은 후 우여곡절 끝에 다말을 통하여 베레스를 얻는다.

마태는 "유다는 다말에게서 베레스와 세라를 낳고"(마 1:3)라고 이방 여인 다말을 기록하고 있으며, 이방 여인 룻의 기록에서도 유다의 후손이 전해지고 있다. "다음은 베레스의 계보이다. 베레스는 헤스론을 낳고, 헤스론은 람을 낳고, 람은 암미나답을 낳고, 암미나답은 나손을 낳고, 나손은 살몬을 낳고, 살몬은 보아스를 낳고, 보아스는 오벳을 낳고, 오벳은 이새를 낳고, 이새는 다윗을 낳았다"(룻 4:18 - 22).

꿈꾸는 사람 - 하나님이 함께하시는 요셉(39:1 - 41:57)

형들 때문에 팔려온 노예가 된 요셉은 야곱의 역사에서 첫 번째 주인공으로 등장하게 된다. 그는 하나님을 자기 삶의 중심에 두고, 자신에게서 나타나는 능력을 하나님의 것으로 받아들였으며, 고통 가운데서도 하나님의 계획을 신뢰하였다.

요셉과 관련하여 꿈은 항상 두 번씩 주어진다. 요셉이 묶은 단이 우뚝 일어서고 형들의 단이 둘러서서 절을 하였다는 꿈과 해와 달과 별 열한 개가 절을 했다는 그의 꿈 이야기로부터 요셉의 역사는 시작되었다(37:7 - 9). 요셉과 함께 감옥에 갇힌 두 사람 곧 이집트 왕에게 술잔을 올리는 시종 장과 빵을 구워 올리는 시종 장이 같은 날 밤에 꿈을 꾸었는데 꿈의 내용이 저마다 달랐다(40:5). 바로의 꿈도 두 가지이다. 살이 찐 암소와 흉측하고 야윈 다른 암소에 관한 꿈과 토실토실하고 잘 여문 이삭 일곱 개와 야위고 마른 이삭들에 관한 꿈이다(41:1 - 7).

성경에서 묘사하는 꿈은 예언적 의미를 가지며, 하나님께서 속히 이를 행하실 것(41:32)이라는 믿음을 갖게 한다. 주님께서 요셉과 함께 계셔서 그를 돌보시고, 그가 하는 일은 무엇이나 다 잘 되게 해주셨다. 요셉은 이 사실을 믿었고 늘 사람들 앞에 증명하였다. 그는 꿈을 통하여 하나님의 음성을 들었으며, 그 음성을 그의 삶 속에서 드러내는 사람이었다. 꿈을 꾸는 사람은 결코 절망하거나, 남을 원망하지 않는다. 바로가 요셉에게 말하였다. "하나님이 너에게 이 모든 것을 알리셨는데, 너처럼 명철하고 슬기로운 사람이 어디에 또 있겠느냐? 내가 너를 온 이집트 땅의 총리로 세운다"(41:37 - 41).

아버지께서 나와 함께 하심을 느낄 때가 언제인가요?

아버지들이 가장 속이 상할 때는 자기 아이가 밖에서 친구들에게 얻어맞고 들어올 때가 아닌가 합니다. 그럴 때면 아버지들은 자기 아이들의 편이 되어 위로를 해주기도 하고, 때린 아이를 찾아 나서기도 하고 심지어는 앙갚음을 다짐하기도 합니다. 그처럼 우리의 삶이 고달프고 예측할 수 없는 난항에 빠진다 하더라도 우리 하나님 아버지께서는 나의 편이 되어주시고, 위로해 주시고 때가 되면 전쟁 가운데 앞장서 주실 것입니다. 우리가 아버지 하나님을 신뢰하기만 한다면 말입니다.

14일

✝ 오늘 말씀 창세기 42:1 - 45:28

예비하시는 하나님
마지막 우상을 내려놓는 야곱

💡 실마리 풀기

"자식들을 잃게 되면 잃는 것이지, 난들 어떻게 하겠느냐?"(창 43:14)

야곱은 이스라엘 백성들을 구원하시려는 하나님의 뜻을 이해하지 못하고 고집을 피웁니다. 사랑하는 라헬과 요셉이 곁에 없는데 베냐민마저 떠나가면 그는 삶의 의미가 없다고 생각했습니다. 그러나 그 야곱은 하나님의 사람으로 변화된 유다의 설득에 감동하고 고집을 버리게 됩니다. 결국, 야곱은 베냐민을 떠나보내면서 자신의 마지막 우상을 내려놓게 되는 것입니다. 유다는 요셉 앞에서 자신의 잘못을 뉘우치고, 많은 사람이 보는 앞에서(하나님 앞에서) 죄를 고백합니다. 그의 진정성이 절절히 묻어나는 명대사(44:18 - 34)입니다.

훗날 야곱은 죽기 전에 요셉과 그 아이들을 먼저 축복합니다. 요셉은 그의 첫사랑 라헬의 맏아들이기 때문입니다. 그리고 첫 부인 레아의 넷째 아들, 유다에게 하나님의 축복을 전합니다. 레아의 맏아들 르우벤은 근친상간을 저지른 자였으며(35:22), 둘째와 셋째 아들, 시므온과 레위는 세겜 족속을 대량 학살한 범죄를 저질렀기 때문입니다(34:25). 야비한 자에서 하나님이 축복하신 자로 변화된 야곱처럼, 유다도 모든 것을 내려놓고 하나님의 택하심을 받는 것입니다.

마음의 중심이 바뀌는 은혜 - 회심하는 유다와 마지막 우상을 내려놓는 야곱(42:1 - 43:14)

기근이 온 세상을 뒤덮게 되자, 야곱도 곡식을 사려고 아들 열 명을 이집트로 보냈지만, 요셉의 아우 베냐민만은 딸려 보내지 않았다. 요셉은 곡식을 사려고 이집트로 온 형제들의 속내를 알아보기 위해 그들을 첩자들로 몰아 누명을 씌웠다. 그리고 그들 형제 가운데서 한 사람(시므온)만 갇혀 있고, 나머지는 곡식을 가지고 돌아가서 반드시 막내아우 베냐민을 데려오도록 요구한다. 집으로 돌아온 르우벤이 아버지 야곱에게 말하였다. "제가 베냐민을 다시 아버지께로 데리고 오지 못한다면, 저의 두 아들을 죽이셔도 좋습니다"(42:37). 그러나 이러한 제안은 매우 경솔하고 무책임한 것이었다. 야곱은 절대로 그리할 수 없다고 말하였다.

다시 곡식이 떨어져 이집트로 내려가야 하게 되자, 유다가 아버지에게 말하였다. "제가 그 아이의 안전을 책임지겠습니다. 아버지께서는, 그 아이에 대해서는, 저에게 책임을 물어 주십시오. 제가 그 아이를 아버지께로 다시 데리고 와서 아버지 앞에 세우지 못한다면, 그 죄를 제가 평생 달게 받겠습니다"(43:9). 자기 자식의 목숨을 내어놓은 르우벤과 달리 자기 자신을 내어놓은 유다의 설득에 드디어 야곱은 베냐민을 데리고 가도록 허락한다.

야곱이 말하였다. "너희들이 그 사람 앞에 설 때, 전능하신 하나님이 그 사람을 감동시키셔서, 너희에게 자비를 베풀게 해주시기를 빌 뿐이다. 자식들을 잃게 되면 잃는 것이지, 난들 어떻게 하겠느냐?"(43:13 - 14) 요셉과 베냐민은 야곱이 이 세상 그 무엇보다 사랑하였던 라헬의 아들들이었다. 그러나 오래전 요셉을 잃고 베냐민을 애지중지하며 살아온 야곱에게 막내아들은 하나님보다 더 소중한 것이었는지도 모른다. 하나님께서 지켜보고 계셨던 야곱의 마지막 우상은 이제 사라졌다.

요셉의 첫 번째 깨달음 - 모든 악과 고난에 대한 하나님의 우선적인 뜻(43:15 - 45:28)

아버지 야곱이 베냐민을 데리고 갈 것을 허락하자, 야곱의 아들들은 즉시 선물을 꾸리고, 돈도 갑절을 지니고, 베냐민을 데리고 급히 이집트로 가서 요셉 앞에 섰다. 요셉은 그들을 극진히 대접한 후, 다시 한번 시험에 빠뜨린다. 베냐민에게 은잔을 훔친 누명을 씌워 베냐민을 종으로 두고 가도록 요구한다. 형들은 요셉을 팔고 받았던 돈보다 훨씬 더 많은 돈을 얻고 베냐민을 포기할 기회를 맞았다. 그러나 유다가 대답하였다. "우리가 이 아이를 데리고 가지 못하거나, 소인의 아버지가 이 아이가 없는 것을 알면, 소인의 아버지는 곧바로 숨이 넘어가고 말 것입니다. 저 아이 대신에 소인을 주인어른의 종으로 삼아 여기에 머물러 있게 해주시고, 저 아이는 그의 형들과 함께 돌려보내 주시기를 바랍니다"(44:30 - 34). 유다는 마치 요셉을 팔아넘긴 죗값을 기꺼이 스스로 치르고자 하는 듯하였다. 요셉이 형들에게서 듣고 싶었던 진정한 뉘우침을 듣게 된 것이다.

요셉은 드디어 자기가 누구인지를 형제들에게 밝히고 나서 한참 동안 울었다. 요셉이 형제들에게 말하였다. "하나님이 크나큰 구원을 베푸셔서 형님들의 목숨을 지켜 주시려는 것이고, 또 형님들의 자손을 이 세상에 살아남게 하시려는 것입니다. 그러므로 실제로 나를 이리로 보낸 것은 형님들이 아니라 하나님이십니다"(45:5 - 8). 요셉은 그동안 자신이 겪어야만 하였던 모든 악과 고난이 이스라엘을 구원하시기 위한 하나님의 우선적인 뜻이었다는 확신에 찬 깨달음을 갖게 된 것이다.

나에게 하나님보다 더 소중한 것은 무엇일까요?

하나님을 만나 변화된 삶을 살고 있다고 자부하면서도 나는 하나님보다 더 사랑하는 무엇인가를 갖고 살아갑니다. 나의 아내, 자식들, 나의 재산 또는 나의 명예와 권세를 더욱 사모하며 살아가는 것은 아닌지요? 우리 안에 거하는 마지막 우상은 무엇인지 돌아봅니다. 하나님께서는 야곱에게 하신 것처럼 우리의 허물조차 감싸주시고 돌보아 주실 것입니다.

✝ 오늘 말씀 창세기 46:1 - 50:26

언약의 백성을 이루시는 하나님

이집트로 간 이스라엘

💡 **실마리 풀기**

"권능으로 그 자리에 앉을 분이 오시면, 만민이 그에게 순종할 것이다"(창 49:10)

온 이스라엘이 이집트로 향해 길을 떠나던 날, 하나님께서 그들의 이주가 하나님의 계획하심에 따라 이루어지는 것임을 확신시키기 위해서 다시 한번 야곱을 만나주시고 위로하셨습니다. "나는 하나님, 곧 너의 아버지의 하나님이다. 이집트로 내려가는 것을 두려워하지 말아라. 내가 거기에서 너를 큰 민족이 되게 하고, 나도 너와 함께 이집트로 내려갔다가, 내가 반드시 너를 거기에서 데리고 나오겠다. 요셉이 너의 눈을 직접 감길 것이다"(46:3 - 4). 그렇게 야곱의 자손들이 이집트로 가는 것은 언약의 백성을 이루시려는 하나님의 원대한 계획의 출발이었던 것입니다.

야곱과 함께 이집트로 들어간 사람들은, 며느리들을 뺀 그 직계 자손들이 모두 예순여섯 명이고, 이집트에서 요셉이 낳은 아들 둘, 그리고 야곱, 이렇게 모두 일흔 명입니다. 이들은 모두 남자들만 셈한 것입니다(46:26 - 27). 그 후 사백삼십 년이 지나 이스라엘 자손은 이집트에서 탈출하였습니다. "마침내 이스라엘 자손이 라암셋을 떠나서 숙곳으로 갔는데, 딸린 아이들 외에, 장정만 해도 육십만 가량이 되었다"(출 12:37 - 41).

가장 사랑하는 라헬의 맏아들 요셉을 축복하는 야곱(46:1 - 48:22)

요셉은 이집트의 고센 땅에서 가장 좋은 곳인 라암세스 지역을 자기 아버지와 형제들의 소유지로 주었다. 고센 땅은 언약의 땅, 가나안으로 돌아갈 수 있는 전략적 요충지였다. 그가 그렇게 한 이유는 이집트 땅이 결코 자기 가족들(민족)의 영원한 안식처라고 생각하지 않았기 때문이다. 이스라엘 자손은 거기에서 재산을 얻고, 생육하며 번성하였다. 야곱이 이집트 땅에서 열일곱 해를 살았으니, 그의 나이가 백마흔일곱 살이었다.

"야곱은 죽을 때에, 믿음으로 요셉의 아들들을 하나하나 축복해 주고, 그의 지팡이를 짚고 서서, 하나님께 경배를 드렸습니다"(히 11:21)라고 히브리서 기자는 말한다. 야곱은 그의 가장 사랑하는 아들 요셉의 아들들을 자신의 양자로 받아들여 그들의 삼촌과 함께 유산을 상속받도록 축복을 내려주었다. 하나님께서는 가인 대신에 아벨을, 이스마엘 대신에 이삭을, 에서 대신에 야곱을, 르우벤 대신에 유다를 축복하신 것처럼, 야곱은 므낫세 대신에 에브라임을 먼저 축복하였다. 축복은 언제나 하나님의 주권 안에 있다.

유다를 향한 야곱의 축복 - 언약의 자손들로 인한 하나님의 계획(49:1 - 28)

하나님께서 유다(주님을 찬양)를 선택하심은 언약의 자손으로 아브라함을 선택하심을 훕

족해하시는 마지막 인증이다. 넷째 아들 유다에게 한 축복에는 장차 왕이 나실 것을 언급하고 있다. 이는 장차 오실 메시아를 예언한 것이다. 이 예언은 결국 예수 그리스도로 인하여 성취될 것이다.

[복음] "임금의 지휘봉이 유다를 떠나지 않고, 통치자의 지휘봉이 자손만대에까지 이를 것이다. 권능으로 그 자리에 앉을 분이 오시면, 만민이 그에게 순종할 것이다"(49:8 - 12).

사도 요한은 일곱 봉인을 떼고 두루마리를 펴기에 합당하신 어린 양을 소개하면서 "유다 지파에서 난 사자, 곧 다윗의 뿌리가 승리하였으니, 그가 이 일곱 봉인을 떼고, 이 두루마리를 펼 수 있습니다"(계 5:5)라고 선언한다.

요셉의 두 번째 깨달음 - 하나님의 뜻에 합당한 선함으로 바꾸시는 뜻(49:29 - 50:26)

야곱이 죽자 요셉의 형제들은 요셉이 자기들을 미워하여, 그들에게서 당한 온갖 억울함을 앙갚음하면 어찌하나 하는 생각이 들어서, 요셉에게 용서를 구했다. 그러나 요셉이 그들에게 말하였다. "형님들은 나를 해치려고 하였지만, 하나님은 오히려 그것을 선하게 바꾸셔서, 오늘과 같이 수많은 사람의 생명을 구원하셨습니다. 그러니 형님들은 두려워하지 마십시오"(50:20 - 21). 요셉은 사람들의 악한 계략과 어리석은 욕망도 하나님의 뜻에 합당한 선함으로 바꾸신다는 깨달음을 갖고 있었다.

야곱의 아들들이 야곱의 유언에 따라, 시신을 가나안 땅으로 모셔다가 마므레 앞 막벨라 밭에 있는 굴에 장사하였다. 이로써 막벨라 굴에는 사라(23:19)와 아브라함(25:9 - 10), 이삭(35:29)과 리브가 그리고 레아(49:31)와 야곱(50:13 - 14)이 묻히게 되었다. 430년 후 이스라엘 자손은 이집트에서 나왔으며(출 12:41), 그 후 여호수아가 가나안 땅에 들어가 이집트에서 가져온 요셉의 유해를 세겜에 묻었다. "그곳은 야곱이 세겜의 아버지 하몰의 자손에게 금 백 냥을 주고 산 땅(창 33:19)인데, 요셉 자손의 유산(창 48:22)이 된 곳이다"(수 24:32).

나의 전도로 인하여 내 이웃의 생명이 구해질 수 있을까요?

교회에 다니는 사람들은 늘 전도를 통하여 이웃의 생명을 구할 수 있다고 믿습니다. 그리고 입으로만 예수를 믿으라고 합니다. 그러나 주님께서는 그에 앞서 선한 행동과 친절한 언어 그리고 경제적인 도움의 손길을 먼저 내밀 것을 요청하십니다. 요셉처럼 먼저 하나님을 만나 변화된 모습, 그것이 진정한 교회가 갖추어야 할 전도의 도구가 되고 생명을 구하는 길이 되지 않을까요?

1월 16일

모세(1)
하나님의 영광이 함께 한 사람

✝ 오늘 말씀 출애굽기 19:3 - 20 ; 34:29 - 35

💡 실마리 풀기

"주님과 함께 말씀을 나누었으므로 얼굴에서 그렇게 빛이 났으나, 모세 자신은 전혀 알지 못하였다"(출 34:29)

모세의 어머니 요게벳(하나님은 영광이시다) - 레위의 딸

레위가 이집트에 살면서 딸을 얻었습니다. 레위는 그녀의 이름을 요게벳이라고 지었습니다. 그 이름의 뜻은 '하나님은 영광이시다'입니다. 레위는 그의 딸로 인하여 하나님의 영광을 보고 싶었나 봅니다. 요게벳은 친동생 고핫의 아들, 아므람과 결혼하여 아론과 모세와 그 누이 미리암을 낳았습니다(출 6:16 - 20, 민 26:59).

이스라엘 백성의 융성함을 두려워한 이집트 왕 바로가 갓 태어난 히브리 남자 아이는 모두 강물에 던지라는 명령을 내렸습니다. 그 때 요게벳이 아들을 낳았습니다. 총명한 딸 미리암의 지략으로 요게벳은 자신이 낳은 아이의 유모가 되었습니다. 요게벳은 3년 동안 모세에게 젖을 먹이며 히브리인으로서의 정체성과 하나님을 아는 지식을 불어넣어 주었습니다. 훗날 모세는 히브리인이 그의 동족임을 분명히 알고 있었으며(출 2:11), 하나님을 두려워할 줄 알았습니다. 요게벳의 믿음과 순종은 그녀의 세 자녀인 미리암, 아론 그리고 모세를 하나님의 손과 발이 되도록 하는 터전이 되었던 것입니다.

하나님의 영광을 마주한 모세 - 불이 붙었지만 타서 없어지지 않는 떨기나무

모세는 어머니의 이름을 생각할 때마다 "하나님의 영광"을 기억하였을 것입니다. 그의 앞에 주님의 천사가 나타났습니다. 모세가 하나님의 산 호렙으로 갔을 때에, 거기에서 주님의 천사가 떨기나무 가운데서 흔들리는 불꽃으로 그에게 나타났습니다. 떨기나무에 불이 붙었지만 타서 없어지지 않았습니다. 모세가 그 놀라운 광경을 좀 더 자세히 보려고 다가가자 하나님이 말씀하셨습니다. "이리로 가까이 오지 말아라. 네가 서 있는 곳은 거룩한 땅이니, 너는 신을 벗어라. 나는 너의 조상의 하나님, 곧 아브라함의 하나님, 이삭의 하나님, 야곱의 하나님이다"(출 3:5 - 6). 모세는 하나님을 뵙기가 두려워서, 얼굴을 가렸습니다. 하나님께서 자신의 영광을 모세에게 보이신 것입니다. 모세는 그때부터 그가 경험한 '하나님의 영광'을 열방에게 전해야 하는 불타는 떨기나무가 스스로 되어야 했습니다.

성막에 가득 찬 하나님의 영광 - 구름기둥과 불기둥

모세가 이스라엘 진영 한 가운데에 성막을 세우고, 하나님께 봉헌하였을 때에 구름이 회막을 덮고, 주님의 영광이 성막에 가득 찼습니다. 모세는 회막에 구름이 머물고, 주님의 영광이 성막에 가득 찼으므로 거기에 들어갈 수 없었습니다. 이날로부터 하나님께서 공식적으로 성막에 거하시면서 그들과 함께 언약의 땅으로 이동하셨습니다. 그들이 길을 가는 동안에, 낮에는 주님의 구름이 성막 위에 있고 밤에는 구름 가운데 불이 있어서 이스라엘 온 자손의 눈앞을 밝혀 주었습니다(출 40:34 - 38/ Cf. 출 13:20 - 22, 민 9:15 - 23).

시내 산에서 보여주신 하나님의 영광 - 불 가운데서 내려오신 주님

이스라엘이 시내 광야에 이르러 그곳 산 아래에 장막을 쳤습니다. 하나님께서 산에서 모세를 불러서 말씀하셨습니다. "내가 짙은 구름 속에서 너에게 나타날 것이니, 내가 이렇게 하는 까닭은 내가 너와 말하는 것을 백성이 듣고서, 그들이 영원히 너를 믿게 하려는 것이다..... 너는 백성에게로 가서, 오늘과 내일 이틀 동안 그들을 성결하게 하여라. 그들이 옷을 빨아 입고서, 셋째 날을 맞이할 준비를 하게 하여라. 바로 이 셋째 날에, 나 주가, 온 백성이 보는 가운데서 시내 산에 내려가겠다"(출 19:9 - 11).

마침내 셋째 날 아침 시내 산에 번개가 치고, 천둥소리가 나며, 짙은 구름이 산을 덮은 가운데, 산양 뿔 나팔 소리가 우렁차게 울려 퍼졌습니다. 그때에 주님께서 불 가운데서 그곳으로 내려오셨으므로 온통 연기가 자욱했는데, 마치 가마에서 나오는 것처럼 연기가 솟아오르고, 온 산이 크게 진동하였습니다. 나팔 소리가 점점 더 크게 울려 퍼지는 가운데, 모세가 하나님께 말씀을 아뢰니, 하나님이 음성으로 그에게 대답하셨습니다(출 19:16 - 19).

모세에게 보이신 하나님의 영광 - 하나님의 등과 모세의 얼굴

이스라엘 백성들의 불순종으로 그들과 동행하지 않으시려는 하나님께 모세가 세 번이나 중보기도를 드립니다. 그의 기도를 들으신 하나님께서 그와 친히 함께 가시겠다고 하셨지만, 모세는 하나님께 다시 한 번 요청합니다. "저에게 주님의 영광을 보여 주십시오"(33:18). 주님께서 대답하셨습니다. "내가 나의 모든 영광을 네 앞으로 지나가게 하고, 나의 거룩한 이름을 선포할 것이다. 그러나 내가 너에게 나의 얼굴은 보이지 않겠다. 나를 본 사람은 아무도 살 수 없기 때문이다. 나의 영광이 지나갈 때에, 내가 너를 나의 손바닥으로 가리워 주겠다. 그 뒤에 내가 나의 손바닥을 거두리니, 네가 나의 등을 보게 될 것이다. 그러나 나의 얼굴은 볼 수 없을 것이다"(출 33:19 - 23).

그 후, 모세가 시내 산에 다시 올라가 하나님으로부터 받은 두 증거판을 들고 내려올 때, 모세의 얼굴에서는 빛이 났습니다. 하나님과 함께 말씀을 나누었기 때문입니다(출 34:29).

17일

✝ 오늘말씀 출애굽기 1:1 - 4:31

스스로 계신 하나님

언약의 성취를 위하여 택하신 모세

💡 실마리 풀기
"내가 너와 함께 있겠다"(출 3:12)

하나님께서 아브라함과 언약을 맺으실 때 "이스라엘이 다른 나라에서 사백 년 동안 나그네살이를 하다가, 4대째가 되어서야 이 땅으로 돌아올 것"(창 15:13 - 15)이라고 예비하셨습니다. 그리고 마침내 야곱이 요셉의 초청을 받고 이집트로 내려갈 때도 말씀하시기를 "내가 거기에서 너를 큰 민족이 되게 하고, 나도 너와 함께 이집트로 내려갔다가, 내가 반드시 너를 거기서 데리고 나오겠다"(창 46:3)고 하셨습니다. 이는 이스라엘을 반드시 구해내시겠다는 약속이었습니다. 또한 하나님의 뜻(Vision)을 달성하기 위해 언약을 지켜나가시는 하나님의 신실하심을 드러냄입니다. 그리고 430년이 흐른 후 그들의 후손, 모세가 호렙산(시내산)에서 하나님의 부름을 받았습니다.

모세가 40년간 이집트에서 쌓은 능력과 40년간 광야에서 쌓은 경건함은 하나님의 큰 종으로 쓰임받기에 충분 하였습니다. 그는 이제 하나님의 부르심에 응답함으로 열등의식을 극복하고 하나님의 명령에 순종하여야 합니다.

하나님께서 예비하신 모세 - 하나님의 때와 방법(1:1 - 2:25)

이스라엘 백성들에게서 태어나는 모든 사내아이들을 죽이라는 바로의 명령을 산파들은 거부하였다. 산파들은 바로보다는 하나님을 더 두려워하였다(1:15 - 17). 모세의 부모는 모세가 태어났을 때 믿음으로 석 달 동안 아기를 숨겨두었다가 그를 살려낼 궁리를 하였다(히 11:23). 모세의 누이 미리암은 바로의 딸, 이집트 공주의 성품과 그녀의 일과에 대해서 잘 알고 있어서, 그녀에게 모세를 맡겨 동생을 살리고자 하는 지혜를 짜내었다. 결국, 모세는 이집트의 왕자가 되어 지혜와 능력을 연마함으로 하나님의 일을 감당하기에 충분한 자질을 갖추게 되었다.

믿음으로 모세는 어른(40세)이 되었을 때 이집트공주의 아들이라 불리기를 거절하였다. 오히려 그는 하나님의 백성과 함께 학대받는 길을 택하였으며 보이지 않는 분을 마치 보는 듯이 바라보면서 견디어냈다(행 7:23 - 29, 히 11:24 - 27). 그의 믿음은 어디서 온 것일까? 아마도 모세의 친어머니는 그에게 젖을 먹이며 길러 내는 동안 그가 히브리인이라는 정체성을 심어주었음이 분명하다. 훗날 그는 히브리인이 그의 동족임을 분명히 알고 있었다(2:9 - 12). 모세는 동족을 돕기 위하여 이집트의 관원을 죽이고, 동족들 간의 분쟁을 스스로 해결하려 하였다. 그러나 하나님의 뜻은 오직 하나님의 방법으로 이루어져야 하는 것, 결국 그는 광야로 정처 없이 떠도는 신세로 전락하게 된다. 그렇게 예비 된 그의 궁중 생활 40년과 광야 생활 40년은 하나님께서 모세를 그 뜻에 맞게 빚어내시는 최상의 방법이었다.

그리고 이스라엘 백성들의 탄식 소리를 들으신 하나님께서 아브라함과 이삭과 야곱에게 세우신 언약을 기억하시고 응답하시기로 하셨다. 너무 오랜 세월이 흐른 것 같지만, 그 침묵 속에서 하나님의 백성들은 생육하고 번성하였고 드디어 하나님의 때가 되어 완성된 응답을 받게 된 것이다.

인간의 의식과 존재 방법의 너머에 계신 분 - 스스로 있는 자(3:1 - 4:31)

하나님의 일을 감당하기에 충분한 자질과 겸손함을 연마한 모세에게 하나님께서 자신을 계시하셨다. 모세가 대답하였다. "예, 제가 여기에 있습니다." 하나님께서 "이제 나는 너를 바로에게 보내어, 나의 백성 이스라엘 자손을 이집트에서 이끌어 내게 하겠다." 하셨으나 자존 감을 상실한 체 살아온 모세는 "제가 무엇이라고 감히 바로에게 가서..."라고 반문한다. 하나님께서 대답하셨다. "내가 너와 함께 있겠다"(3:10 - 12).

그러나 동족들에게 거절을 당했던 경험이 있는 모세는 이스라엘 자손들이 '그의 이름이 무엇이냐?'하고 물으면 무엇이라고 대답해야 하는가를 먼저 걱정하였다. 그 물음이 '당신은 우리를 위해 무엇을 해 줄 수 있는가?' 라는 뜻이라는 것을 모세는 알고 있었다. 그들은 이방신에 익숙해져 있었고, 그 이방신들이 인간의 부귀영화를 위하여 존재하는 것만 보아왔기 때문이다.

하나님께서 대답하셨다. "나는 곧 나다(Yahweh ; '나는 스스로 있는 자다'). 너는 이스라엘 자손에게 이르기를, '나'라고 하는 분이 너를 그들에게 보냈다고 하여라"(출 3:14). 이는 **인간의 역사 속에 개입하시는 하나님의 주체성**을 드러냄이다. 하나님은 인간의 의식과 존재 방법 너머에 계신 분이시다. 인간의 의지로 이해 할 수 없는 분, 하나님의 방법대로 무에서 유를 창조하신 분, 스스로 모든 것을 결정하는 분이시다.

〈PS : 사명자의 선결 과제 - 온전한 순종〉 모세가 하나님의 명령을 받들기로 작정하고 이집트로 돌아가려 할 때, 하나님께서 모세를 죽이려하셨다. 설명하기가 혼란스럽지만, 아마도 모세는 아들들에게 할례를 행하여야하는 율례를 간과하고 하나님의 일을 하려고 하였던 것으로 보인다. 아무리 하나님이 사명을 주셨다 해도 그는 스스로 할 도리(온전한 순종)를 먼저 행하고 나서 해야 했다.

₩하나님께서 나를 찾으시면 나는 무어라 대답할까요?

지금 나에게 주어진 일이 하나님께서 맡기신 일이라고 생각하십니까? 아니면 내 의지 대로 하는 일이라고 생각하십니까? 그 일을 맡기 전에 하나님의 음성을 듣고 한 번, 두 번, 세 번 반문해보셨습니까? 하나님께서 세밀한 음성을 들려주실 때, 우리도 모세처럼 온전한 순종의 마음가짐을 갖고 "예, 제가 여기에 있습니다."하고 대답할 수 있기를 소원합니다.

1

18일

✝ 오늘 말씀 출애굽기 5:1 - 11:10

출애굽기

하나님의 뜻(Vision)을 드러내심
나에게 예배하게 하라

💡 **실마리 풀기**

"나의 백성을 보내어 그들이 광야에서 나에게 예배하게 하라"(출 7:16)

하나님께서 모세를 부르실 때 "내가 너와 함께 있겠다. 네가 이 백성을 이집트에서 이끌어 낸 다음에, 너희가 이 산 위에서 하나님을 예배하게 될 때에, 그것이 바로 내가 너를 보냈다는 징표가 될 것이다"(3:12)라고 하셨습니다. 모세와 아론은 바로 그 하나님의 명령을 가지고 바로에게 갔습니다.

모세와 아론이 바로에게 '나의 백성을 보내라. 그들이 광야에서 나의 절기를 지켜야 한다'는 하나님의 말씀을 전하였습니다(5:1 - 6:13), 이적을 보이기도 하며 요청하였으나(6:28 - 7:13) 바로는 고집을 부리고 그들의 말을 듣지 않았습니다. 이제 하나님께서는 이집트의 온갖 잡신들, 나일 강, 태양신, 개구리 여신, 파리 신, 보호의 우상 그리고 바로 왕을 심판하심으로 세상 모든 족속에게 자신을 드러내실 것입니다. 하나님의 백성을 번성케 하신 살아계신 하나님께서 "하나님 나라와 그의 존재"를 선포하시는 것입니다.

바로에게 전하는 주문 - 하나님의 뜻, 나에게 예배드리게 하라(5:1 - 10:29)

경고	나의 백성을 보내라. 그들이 광야에서 나의 절기를 지켜야 한다	5:1
첫 번째 재앙	나의 백성을 보내어 그들이 광야에서 나에게 예배하게 하라	7:16
두 번째 재앙	나의 백성을 보내라. 그들이 나를 예배할 수 있게 하여라	8:1
세 번째 재앙	-	8:16
네 번째 재앙	나의 백성을 보내라. 그들이 나에게 예배를 드리게 하여라	8:20
다섯 번째 재앙	나의 백성을 보내어라. 그들이 나에게 예배드리게 하여라	9:1
여섯 번째 재앙	-	9:8 - 12
일곱 번째 재앙	나의 백성을 보내어라. 그들이 나에게 예배드리게 하여라	9:13
여덟 번째 재앙	나의 백성을 보내서, 나를 예배하게 하여라	10:3
아홉 번째 재앙	바로의 반응 - 너희는 가서 주께 예배하여라	10:24
열 번째 재앙	바로의 반응 - 너희는 가서 너희의 주를 섬겨라	12:31

계속되는 재앙에도 불구하고 바로는 하나님의 요청을 즉시 그리고 끝까지 거절하였다. 그는 하나님을 거역하며 사탄의 길을 따라간 자로서 하나님의 백성들 피를 흘리게 하였으며 하나님을 예배하지 못하게 하였다. 여기서 우리가 기억해야 할 것은 하나님께서 열 가지 재앙을 내리시며 바로에게 전하는 주문이다. 그것은 **백성들이 하나님을 섬기며 예배하게 하라는 것**이었다. 하나님께서는 사랑하는 맏아들, 이스라엘과 함께하시며 그들의 예배를 받고 싶으신 것, 그것은 하나님의 뜻(Vision)이었다.

그리고 또 한 가지 주문은 하나님께서 **세상을 창조하신 유일한 주님이심**을 이스라엘 백성들이 알게 하려는 것이다. 6장 3절에서 "나는 아브라함과 이삭과 야곱에게 '전능한 하나님'으로 는 나타났으나, 그들에게 나의 이름을 '여호와'로는 알리지 않았다"라고 하심으로 이제는 하나님께서 자신의 존재를 백성들에게 알리시겠다는 것이다. 결과적으로 온 세상이 하나님의 존재를 알게 하시려는 것이다. "내가 나의 온갖 재앙을 너와 너의 신하들과 백성에게 내려서, 온 세상에 나와 같은 신이 없다는 것을 너에게 알리겠다"(9:14).

열 번째 재앙의 예고 - 하나님께서 바로가 고집을 부리게 하신 이유(11:1 - 10)

바로가 고집을 부리게 하신 이유는 온갖 재앙을 바로와 그의 신하들과 백성에게 내려서 하나님의 능력을 보여 주어, 언약의 실체, 즉 하나님의 원하시는 것과 하나님과 같은 신이 없다는 것을 온 천하에 드러내고자 하심이다. 또한, 주님이 이집트 사람들을 어떻게 벌하셨는지와 그들에게 어떤 이적을 보여 주셨는지를 이스라엘의 자손에게도 알리고 또 그들의 주님임을 가르치려고 그렇게 한 것이다.

그렇다고 해서 바로가 일방적으로 하나님의 의도의 희생양이라는 것은 아니다. 바로는 스스로 격렬하게 하나님께 저항하였다. 그는 이스라엘 백성을 억압한 점과 하나님에 대한 믿음을 조금도 보이지 않았다는 점에 대하여 무한한 책임을 져야 한다. 바로의 반항에도 불구하고 하나님께서는 자기의 백성들을 구원하시기 위한 계획을 하나하나 이루어 가시는 것이다. 모세가 마지막으로 바로에게 예고하였다. "주님께서 한밤중에 이집트 사람 가운데로 지나갈 것이니, 이집트 땅에 있는 처음 난 것이 모두 죽을 것이다. 임금 자리에 앉은 바로의 맏아들을 비롯하여 맷돌질하는 몸종의 맏아들과 모든 짐승의 맏배가 다 죽을 것이다"(11:4 - 5). 그러나 주님께서 바로의 고집을 꺾지 않으셨으므로 바로가 그 땅에서 이스라엘 자손을 내보내지 않았다.

묻고? 답하기!

내가 드리는 예배가 하나님께서 원하시는 예배일까요?

주일마다 우리는 예배를 드리러 교회로 갑니다. 찬양하고, 기도하며 말씀을 듣습니다. 하나님께서 우리의 찬양에 미소를 지으심을 상상해 봅니다. 우리의 기도에 귀를 기울이심을 기대해 봅니다. 그리고 본문 말씀과 설교를 통하여 나의 심금을 울리고자 하시는 주님을 바라봅니다. 그리고 내가 드리는 예배를 하나님께서 기뻐 받으시며, 저에게도 미세한 음성을 들려주시기를 기원합니다.

19일

✝ 오늘 말씀 출애굽기 12:1 - 15:21

언약의 출발을 기념하는 날
유월절

💡 실마리 풀기

"주님은 나의 힘, 나의 노래, 나의 구원, 주님이 나의 하나님이시니"(출 15:2)

하나님께서 이집트의 모든 잡신을 심판하셨음에도 불구하고 바로는 점증하는 완악함으로 하나님의 설득을 거절하였습니다. 그것은 이스라엘을 주님의 백성으로 삼고, 아브라함과 이삭과 야곱에게 주기로 맹세한 그 땅으로 그들을 데리고 가서 하나님 나라를 이룩하시겠다는 뜻을 가로막는 것이었습니다. 애초에 바로는 이스라엘 백성들, 하나님의 백성들의 번성을 두려워하여 이스라엘의 새로 태어나는 아들들을 죽이려고 하였었습니다. 그러나 이제는 이집트의 모든 맏아들의 죽음을 맞이하게 되었습니다.

이스라엘 자손이 이집트에서 산 기간 즉, 사백삼십 년이 끝나는 바로 그 날 주님의 모든 군대가 이집트 땅에서 나왔습니다. 하나님께서는 그날을 영원히 기억시키시고 싶으셨습니다. 하나님 나라의 출발을 알리는 성대한 의식을 치렀습니다. 어린 양의 피 흘림으로 속죄하며, 이집트의 피 흘림으로 공의를 선포하셨습니다. 이스라엘 민족은 그렇게 탄생하였습니다.

유월절의 의미 - 대속을 통한 구원의 원리(12:1 - 13:16)

유월절은 그 언약의 출발을 기념하는 날이다. 기념식은 제사로 치러지는데, 우선 흠이 없는 제물(한 가족에 한 마리씩 어린 양)이 필요하다. 그것은 일 년 된 수컷으로 하되 양이나 염소 가운데서 골라야 한다(5절). 둘째, 모든 이스라엘 회중(할례를 받은 자들의 공동체를 인정하는 최초의 표현)이 모여서 함께 참여하여야 한다(6절). 그리고 잡은 양의 피를 속죄의 의미로 집의 좌우 문설주와 상인방(문틀의 윗부분)에 발라야 한다(7절). 고기는 그 밤에 불에 구워 무교병, 쓴 나물과 함께 먹어야 한다. 마지막으로 먹다 남은 것은 모두 태워 버려야 한다(10절). 그리고 계속되는 7일 동안 누룩을 넣지 않은 빵을 먹음으로 출애굽 한 그 날을 기억하여야 한다.

이스라엘의 구원자이신 하나님께서 이집트의 심판을 선포하셨다. "그 날 밤에 내가 이집트 땅을 지나가면서, 사람이든지 짐승이든지, 이집트 땅에 있는 처음 난 것을 모두 치겠다. 그리고 이집트의 모든 신을 벌하겠다. 나는 주다"(12:12). 한밤중에 주님께서 이집트 땅에 있는 처음 난 것들을 모두 치셨다. 임금 자리에 앉은 바로의 맏아들을 비롯하여 감옥에 있는 포로의 맏아들과 짐승의 맏배까지 모두 죽이셨다. 이스라엘은 어린 양의 피 흘림으로 구원을 얻었으나 이집트는 그러하지 못하였다. 이스라엘의 아들들을 모두 죽이려 한 대가를 치른 것이다. 그러자 바로는 "너희의 요구대로, 너희는 가서 너희의 주를 섬겨라"(12:29 - 31)고 선언을 하기에 이른다.

사도 바울과 베드로는 "우리들의 유월절 양이신 그리스도"(고전 5:7)께서 우리를 위하여 희생된 제물이심을 상기시킨다. "흠이 없고 티가 없는 어린 양의 피와 같은 그리스도의 귀한 피"(벧전 1:18 - 19)는 우리를 헛된 생활방식과 탐욕의 압제에서 구원하실 것이다. 우리 마음의 문 설주에 주님의 피가 발라져 있는지 한번 돌아볼 일이다.

하나님의 인도 하심과 백성들의 첫 불순종 - 돌아가자(13:17 - 14:14)

하나님께서 바로의 고집을 꺾지 않고 그대로 두셨으니, 이집트가 뒤쫓아 왔다. 그러자 이스라엘 백성들은 탈출 후 처음으로 모세를 원망하며 말하였다. "광야에 나가서 죽는 것보다 이집트 사람을 섬기는 것이 더 나으니, 우리가 이집트 사람을 섬기게 그대로 내버려 두라고 하지 않았습니까?"(14:12) 이는 하나님의 구원을 무시하고 죄악으로 돌아가고자 하는 어리석은 자의 망발이다.

모세의 노래 - 바다를 가르신 주님을 찬송하라(14:15 - 15:21)

바닷물이 갈라지고, 바다 한가운데로 마른 땅을 밟으며 지나가도록 인도하신 주님의 크신 권능을 보고 백성들은 주님을 두려워하고, 주님과 주님의 종 모세를 믿었다. 그들의 불순종은 또다시 반복될 것이지만 지금 그들은 주님을 찬송한다.

"주님은 나의 힘, 나의 노래, 나의 구원, 주님이 나의 하나님이시니, 내가 그를 찬송하고, 주님이 내 아버지의 하나님이시니, 내가 그를 높이련다......... 주님께서 한결같은 사랑으로, 손수 구원하신 이 백성을 이끌어 주시고, 주님의 힘으로 그들을 주님의 거룩한 처소로 인도하여 주십니다"(15:2 - 13).

사도 바울은 이를 두고 "우리 조상들은 모두 구름의 보호 아래 있었고, 바다 가운데를 지나갔습니다. 이렇게 그들은 모두 구름과 바다 속에서 세례를 받아 모세에게 속하게 되었습니다."(고전 10:1 - 2)라고 죄와 속박에서 구원받은 것을 설명하고 있다.

묻고? 답하기!

나의 믿음의 출발일은 언제이던가요?

우리가 살아가는 동안 기념할 날들이 많이 있지만, 그중에서도 내가 세상에 태어난 날은 가장 기쁜 날입니다. 부모님도 그날의 고통과 흥분을 기억하고 함께 즐거워합니다. 그 날은 우리의 육신으로 태어난 날이지만 우리에게는 그리스도인으로 태어난 날이 또 있습니다. 그날은 성령으로 거듭난 날입니다. 그 날이 언제인지 기억하십니까?

1

20일

✝ 오늘 말씀 출애굽기 15:22 - 18:27

출애굽기

능력의 하나님
아직 어린 백성들의 불순종

💡 실마리 풀기

"주님께서 우리 가운데 계시는가, 안 계시는가?"(출 17:7)

이스라엘 자손이 이집트를 떠날 때 다른 여러 민족이 그들을 따라나섰습니다(출 12:37). 출애굽에 동참하기 원하는 많은 족속이 함께 따라나선 것은 하나님의 나라가 순종하는 모든 이에게 열려있었음을 의미하며, 오늘날 이방 선교의 당위성을 증명하는 것이기도 합니다. 그러나 따라나선 여러 민족뿐만 아니라 이스라엘 백성들도 조상의 하나님이 누구신지도 모르고, 이방인에 의해 이방 신의 모습만 보며 살아오던 자들이었습니다. 그들은 미래에 대한 아무런 대책도 없이 광야로 들어섰습니다. 그들은 무작정 모세가 지시하는 대로 따라나섰던 것입니다. 그러나 시내 산에 이르기까지 광야는 너무도 메마르고 험난한 길이었습니다. 결국, 이들 모두는 홍해를 가르신 하나님을 만나 구원의 은혜를 누리고도, 내면에 남아 있던 노예의 근성으로 시시때때로 불평과 불순종을 드러내게 될 것입니다.

여호와 라파 - 치료의 하나님(15:22 - 27)

홍해를 건넌 백성들이 사흘 동안 걸어서 광야로 들어갔으나 물을 찾지 못하였다. 마침내 그들이 마라(히/ '쓰다')에 이르렀다. 이스라엘 백성은 모세에게 "우리가 무엇을 마신단 말입니까?" 하고 불평하였다. 이스라엘 백성이 마라에서 마신 물이 너무 써서 마실 수 없거나, 마시고 병이 난 사람들이 발생하였다. 하나님께서 말씀하셨다. "나의 말을 잘 듣고, 내가 보기에 옳은 일을 하며, 나의 명령에 순종하고, 나의 규례를 모두 지키면, 내가 이집트 사람에게 내린 어떤 질병도 너희에게는 내리지 않을 것이다. 나는 주 곧 너희를 치료하는 하나님이다"(15:26).

메추라기와 만나 - 먹이시는 하나님(16:1 - 36)

이스라엘 자손의 온 회중이 엘림에서 떠나 엘림과 시내 산 사이에 있는 신 광야에 이르렀다. 이스라엘 백성이 모세를 원망하며 "당신들은 지금 우리를 이 광야로 끌고 나와서, 이 모든 회중을 다 굶어 죽게 하고 있습니다"라고 항의하면서 "차라리 우리가 이집트 땅 거기 고기 가마 곁에 앉아 배불리 음식을 먹던 그 때에, 누가 우리를 주님의 손에 넘겨주어서 죽게 했더라면 더 좋을 뻔하였습니다"라고 말도 안 되는 불평을 늘어놓았다. 그러자 자비의 하나님께서 메추라기와 만나(이것이 무엇이냐?)를 가나안 땅 접경에 이를 때까지 사십 년 동안 먹여주셨다(16:35).

이렇게 광야에서 유대인들이 하늘의 만나를 경험한 것처럼, 예수님의 오병이어의 기적을 경험한 유대인들이 예수님께 물었다. "우리에게 무슨 표징을 행하셔서, 우리로 하여금 보고 당신을 믿게 하시겠습니까? 당신이 하시는 일이 무엇입니까? '그는 하늘에서 빵을 내려서, 그들에게 먹게 하셨다'한 성경 말씀대로, 우리 조상들은 광야에서 만나를 먹었습니다." 그러자 예수께서 그들에게 대답하셨다. "내가 진정으로, 진정으로 너희에게 말한다. 하늘에서 너희에게 빵을 내려다 주신 이는 모세가 아니다. 하늘에서 참 빵을 너희에게 주시는 분은 내 아버지시다. 하나님의 빵은 하늘에서 내려와 세상에 생명을 주는 것이다"(요 6:30 - 33).

맛사(히/'시험함') 또는 므리바(히/'다툼') - 우리 가운데 계시는 하나님(17:1 - 7)

백성들은 몹시 목이 말라서 모세를 원망하며, 그들을 목말라 죽게 할 작정이냐고 하면서 대들었다. 이러한 불평은 하나님의 살아계심과 하나님의 모든 계획을 부인하는 것이었다. 그들은 "주님께서 우리 가운데 계시는가, 안 계시는가?" 하면서 주님을 시험한 것이다. 인내의 하나님께서 호렙 산 바위를 지팡이로 치라 하시니 거기에서 마실 물이 터져 나왔다.

예수께서 말씀하셨다. "이 물을 마시는 사람은 다시 목마를 것이다. 그러나 내가 주는 물을 마시는 사람은, 영원히 목마르지 아니할 것이다. 내가 주는 물은, 그 사람 속에서, 영생에 이르게 하는 샘물이 될 것이다"(요 4:13 - 15).

여호와 닛시 - 승리케 하시는 하나님(17:8 - 18:27)

이스라엘 사람들이 르비딤에 있을 때, 아말렉 사람들이 몰려와서 공격하였다. 그때 하나님은 모세의 팔을 깃발처럼 높이 들어 적들을 물리쳤다. 이는 앞으로 가나안 정복을 위한 행군 과정에서 발생하게 될 전쟁에 대한 이스라엘의 불안과 공포를 씻어주고 승리의 확신을 심어주기 위한 하나님의 은혜였다. "모세는 거기에 제단을 쌓고 그곳 이름을 '여호와닛시'(히/ '주님은 나의 깃발')라하고, '주님의 깃발을 높이 들어라. 주님께서 대대로 아말렉과 싸우실 것이다'하고 외쳤다"(17:15 - 16).

주님께서 우리 가운데 계시는가요, 안 계시는가요?

예수를 믿기로 작정하고 교회를 나오지만, 그 믿음이 아직 어린 사람들은 이제 막 홍해를 건넌 사람들입니다. 이들이 가나안으로 들어가려면 아직도 멀고 먼 광야의 길이 남아 있습니다. 그 길을 가는 동안 늘 불안해하며 주님께서 살아계시는가? 하고 반문할 것입니다. 우리는 지금 어디쯤 와 있는 것일까요? 주님께서 우리 안에 계시다면 우리는 이미 요단강을 건넌 사람들입니다.

1월 21일

하나님의 뜻(Vision)

안식

✝ 오늘말씀 창세기 2:1 – 3, 출애굽기 31:12 – 17, 히브리서 4:1 – 11

💡 실마리 풀기

"이렛날에 하나님이 창조하시던 모든 일에서 손을 떼고 쉬셨으므로, 하나님은 그 날을 복되게 하시고 거룩하게 하셨다"(창 2:3)

하나님의 안식 - 영생 그리고 영광

　태초에 하나님께서 손수 만드신 모든 것을 보시니, 보시기에 참 좋았다고 하셨습니다. 그리고 일곱째 날에 쉬셨으므로 하나님은 그 날을 복되게 하시고 거룩하게 하셨습니다. 하나님께서 천지를 창조하신 후 처음 하신 것이 안식이었습니다. 그 안식은 창조를 마무리하는 거룩한 과정이었습니다. 하나님께서는 천지를 창조하시느라 피곤해서 쉬신 것이 아니라, 보시기에 좋은 것에 만족하는 것으로 그치는 것이 아니라 그때부터 시작되는 낙원의 삶을 보고 싶으셨던 것입니다. 하나님이 당신의 형상대로 창조하신 사람(남자와 여자)과 함께 에덴동산에서 살기를 원하셨습니다. 그들이 생육하고 번성하여 땅에 충만하고, 땅을 정복하며, 바다의 고기와 공중의 새와 땅 위에서 살아 움직이는 모든 생물을 다스리는 모습을 보고 싶으셨던 것입니다. 그들이 하나님이 창조하신 모든 피조물 가운데 으뜸이 되어 하나님의 음성을 듣고 순종하며, 즐거운 삶을 살아가는 모습을 보기 원하셨던 것입니다.

　사람들은 동산에서 자유롭게 생명나무의 열매를 먹으며, 하나님과 마음껏 대화를 나누며, 번성을 누리며 살아가야 했습니다. 그것이 **하나님 나라를 이루는 것**이며, **하나님의 안식에 동참하는 것**이었습니다. 그것은 곧 예배이며 영생이었습니다. 그리고 하나님과 함께 하는 영광이었습니다.

하나님의 뜻(vision) - 세상 모든 민족이 주의 영광을 보도록

　그러나 사탄은 그 하나님의 안식을 철저히 파괴하였습니다. 하나님의 사람들을 유혹하여 하나님과의 친밀한 관계를 끊어 놓았고, 생명나무에서 멀어지게 함으로써 영생을 누리지 못하게 하였습니다. 결국, 하나님의 거듭된 용서와 화해의 시도에도 불구하고 사람의 죄악이 세상에 가득 차고, 마음에 생각하는 모든 계획이 언제나 악한 것뿐 이게 되었습니다. 하나님께서 땅 위에 사람 지으셨음을 후회하시며 마음 아파하셨습니다. 그리고 하나님께서 창조하신 보시기에 좋았던 모든 것들을 홍수로 쓸어 버리셨습니다. 노아는 그 홍수의 과정을 통해 재탄생한 사람(아담)입니다.

그러나 홍수가 난 뒤에 사람들이 종족과 언어와 지역과 부족을 따라 갈라져서 세상으로 퍼져 나갔습니다. 하나님의 한결같은 사랑에도 불구하고 사람들의 교만과 하나님을 이겨보려는 죄악은 지속해서 하나님의 마음을 아프게 하였기 때문입니다. 하나님의 안식 가운데 살아가야 할 사람들이 하나님의 뜻을 따라서 온 세상에 흩어져 버리게 된 것입니다. 이제 **하나님의 뜻(vision), 그것은 흩어져 나간 세상 모든 민족이 다시 하나님 앞에 나아와 거룩한 예배를 드리는 것**이 되었습니다.

주님에게 바친 거룩한 날 - 하나님 백성의 자격을 얻은 자들의 동참

다윗은 성막, 즉 하나님의 성전에서의 하나님의 임재를 하나님의 안식과 동일시했습니다. 성전에서의 하나님의 임재와 안식은 백성들에게 하나님의 창조하심을 기억시키며, 하나님의 안식에 동참할 기회를 주는 것입니다. 즉, 하나님 백성의 자격을 얻은 자들은 하나님께서 주실 안식에 들어갈 수 있게 된 것입니다. 성막과 성막 기물을 만드는 동안, 거룩하게 구별한 이(여호와 카데쉬), 하나님께서 이스라엘 자손에게 "엿새 동안은 일을 하고, 이렛날은 주님에게 바친 거룩한 날이므로, 완전히 쉬어야 한다"(출 31:12 - 17) 고 말씀하셨습니다.

마찬가지로 예수 그리스도로 인하여 하나님의 아들들이 된 우리에게도 주일은 안식일입니다. 그 날은 **하나님의 창조를 기억(remind)하고, 그 거룩함에 동참(join)하는 날**입니다. 안식일의 주인이신 하나님께 예배를 드리고, 주님의 영광을 보며 약속하신 영생의 기쁨을 맛보는 날입니다.

영원한 안식의 회복 - 궁극적 문제의 해결

잃어버린 낙원의 회복, 깨어지지 않아야 할 하나님과의 친밀한 관계의 회복, 그것을 위하여 우리는 아무것도 할 수 없었습니다. 오직 하나님의 자비 가운데 손을 내밀어 주심을 기다리는 것뿐이었습니다. 그러한 가운데 하나님께서 드러내시는 모략, 그것은 복음이었습니다. 독생자 예수 그리스도를 보내어 하나님 스스로 문제를 해결하시는 것이었습니다.

우리 곁에 오신 하나님, 예수님께서 "수고하며 무거운 짐을 진 사람은 모두 내게로 오너라. 내가 너희를 쉬게 하겠다"(마 11:28) 고 하셨습니다. 우리는 그리스도를 믿음으로 인하여 안식을 누릴 수 있게 되었으며, 하나님과의 친밀한 관계를 회복할 수 있게 되었습니다. 그리고 히브리서가 권면하는 것처럼 하나님의 나라에서의 영원한 안식에 들어갈 수 있는 자격을 얻었습니다(히 4:9 - 11). 그리스도를 믿는 순간부터 우리에게 주어지는 영원한 안식에의 동참, 그것이 영원한 생명이며 하나님 나라에서의 삶입니다. 하나님께서 흩으셨던 모든 민족과 종족과 백성과 언어에서 나온 사람들, 환난을 겪어 낸 사람들이 드리는 예배에 참여하는 것이 우리가 꿈꾸어야 할 안식입니다.

22일

✝ 오늘 말씀 출애굽기 19:1 - 24:18

하나님이 제시하시는 유일한 조건
이스라엘 축복의 원칙

💡 실마리 풀기

"너희가 정말로 나의 말을 듣고, 내가 세워 준 언약을 지키면"(출 19:5)

언약의 백성, 언약의 땅 그리고 주권의 소재는 하나님 나라의 3요소입니다. 이스라엘 자손이 이집트 땅에서 나온 뒤, 하나님께서 시내 산으로 모세를 불러서 언약의 핵심을 선포하셨습니다. 하나님의 언약은 주권의 소재가 누구에게 있는 것인지를 의미합니다.

시내 산(호렙 산, 거룩한 땅)은 모세가 처음으로 하나님을 만났던 곳입니다. 이스라엘 백성들은 이곳에 베이스 캠프를 치고 언약의 땅으로 가기 위한 준비를 하며 약 일 년 동안 머무를 것입니다. 하나님께서는 그곳에서 그들의 조상들과 맺었던 언약을 갱신(재확인)하시고, 구체적인 계명을 제시하며 언약의 실천을 요구하십니다. 이제부터 이스라엘은 언약의 당사자로서 계명과 율법을 지키며 순종해야 하는 책임을 지게 되었습니다.

하나님 나라 주권의 소재 - 순종의 축복과 불순종 저주의 원칙(신명기적 원칙)(19:1 - 25)

아브라함과 언약을 맺은 하나님, 이삭과 야곱에게도 언약을 갱신하여 주셨던 하나님께서 이스라엘과 언약을 갱신하고자 시내 산에서 모세에게 말씀하신다. "이제 너희가 정말로 나의 말을 듣고, 내가 세워 준 언약을 지키면, 너희는 모든 민족 가운데서 나의 보물이 될 것이다. 온 세상이 다 나의 것이다. 그러므로 너희는 내가 선택한 백성이 되고, 너희의 나라는 나를 섬기는 제사장 나라가 되고, 너희는 거룩한 민족이 될 것이다"(19:5 - 6). 이를 일컬어 **순종의 축복과 불순종 저주의 원칙(신명기적 원칙)**이라 하며 **모세 오경의 결론**이다. 또한, 이 말씀은 이스라엘이 하나님과의 관계를 유지하기 위한 최소한의 조건이다. 그들이 이 언약을 지킴으로 인하여 그들은 하나님의 선택한 백성이 되고, 그들의 나라는 하나님을 섬기는 제사장 나라가 되고, 거룩한 민족이 될 것이다.

십계명 - 하나님과 이웃에 대한 사랑(20:1 - 17)

십계명은 구원받은 백성으로서 감사의 반응으로 행해야 할 공식적인 규범이다. 첫 번째에서 다섯 번째까지의 계명은 하나님에 대한 사랑을 요구한다. 첫 번째, 하나님 대신에 다른 어떤 것을 최우선으로 하지 말아야 한다. 두 번째, 하나님 이외의 피조물에 경배하거나, 입으로만 하나님을 찾지 말아야 한다. 세 번째, 하나님을 입으로만 신뢰하는 척하지 말아야 한다. 네 번째, 안식일은 창조의 하나님이 함께하심을 느껴보는 날이어야 한다. 다섯 번째, 하나님을 대신하여 그 권위를 행사하는 부모님을 공경하여야 한다. 그리고 나머지 여섯 번째부터 열 번째까지는 이웃에 대한 사랑을 요구한다.

이 율법은 하나님 앞에서 의롭게 되기 위하여 지켜야 할 숙제가 아니라 하나님께서 이미 그들을 구원하신 의로운 백성임을 상기시키기 위한 '개인 교사 역할'(갈 3:24)을 하는 것이다. 그러므로 백성들은 출애굽에서 드러난 조건 없는 하나님의 은혜에 감사하는 마음으로 순종하여야 한다. 예수께서 말씀하셨다. "네 마음을 다하고, 네 목숨을 다하고, 네 뜻을 다하여, 주 너의 하나님을 사랑하여라'(신 6:5) 하였으니, 이것이 가장 중요하고 으뜸가는 계명이다. 둘째 계명도 이것과 같은데, '네 이웃을 네 몸과 같이 사랑 하여라'(레 19:18) 한 것이다. 이 두 계명에 온 율법과 예언서의 본뜻이 달려 있다"(마 22:37 - 40).

언약의 책(20:22 - 23:33) - 이스라엘 축복의 원칙(20:18 - 23:33)

언약의 책은 십계명의 구체적인 실천의 내용을 담고 있는 지침서이다. 하나님의 법은 하나님 자신을 위한 것이라기보다는 하나님의 형상을 지닌 인간을 위한 것이라고 볼 수 있다. 그래서 예배하는 법을 가르친 후 즉시 노예제도와 간음, 절도, 인격모독 등과 함께 도덕적인 명령을 지시하고 있다. 이 법은 백성들의 자유와 생명의 법으로 선포된 것이다.

하나님께서 이 모든 언약을 내리신 후 마지막 결론을 말씀하신다. "너희는 주 너희 하나님 나만을 섬겨야 한다. 그러면 내가 너희에게 복을 내려, 빵과 물을 주겠고, 너희 가운데서 질병을 없애겠다"(23:25). 그것은 언약의 백성들이 삼가 그 말에 순종하며, 명하는 모든 것을 따라야 한다는 것이다. 이는 **구약 역사를 이끌어 갈 언약서의 결론이며 이스라엘 축복의 원칙**이다.

시내 산에서 맺은 언약식 - 언약의 비준(24:1 - 18)

모세가 언약의 비준을 위해 제단을 쌓고 번제를 드렸다. 제물의 피를 제단에 뿌리고, 모세가 '언약의 책'(20:22 - 23:33)을 들고 낭독하니, 백성들은 "주님께서 명하신 모든 말씀을 받들어 지키겠다"(24:7)고 응답하였다. 그러자 모세가 나머지 피를 백성들에게 뿌리고 하나님 앞에서 제사 음식을 먹게 하였다.

묻고? 답하기!

내가 가장 지키기 어렵다고 생각하는 십계명은 무엇일까요?

다른 신을 섬기기, 우상 만들기, 하나님 욕하기, 안식일 지키기, 부모님 공경하기, 살인, 간음, 도둑질, 거짓으로 증언하기 그리고 이웃을 탐내기 중에서 어떤 것이 가장 지키기 어려울까요? 아마도 우상 만들기 아닐까요? 사람은 늘 하나님보다 더 사랑하는 것이 있게 마련이지 않은가 생각해 봅니다.

1

출애굽기

23일

✝ 오늘 말씀 출애굽기 25:1 - 31:18

이스라엘을 구별하는 하나님의 방법
이스라엘 축복의 확증

💡 **실마리 풀기**

"내가 거기에서 너희를 만날 것이고, 거기에서 너에게 말하겠다"(출 29:42)

하나님께서 창조 이후 인간을 만나주시던 곳, 그곳은 에덴동산이었습니다. 그곳은 하나님의 뜻(Vision)과 안식의 터전이었습니다. 그러나 인간은 범죄로 말미암아 하나님의 안식을 잃어버렸습니다. 그 하나님의 뜻 (Vision)과 안식에 참여할 자리를 수고와 고통과 죄책이 차지하게 되었습니다.

이제 하나님께 나아갈 방법을 잊어버리고 갈 바를 모르던 백성들에게 새로운 기회를 주셨습니다. 이스라엘을 선택하시고 언약을 주셨습니다. 이제 성막을 지으라고 허락하심을 통해 안식의 축복이 하나님의 임재와 함께 회복되기 시작하였습니다. 성막의 진정한 의미는 에덴동산 이후 소원하였던 하나님께서 그들을 만나 관계를 회복하시겠다는 의지의 표현입니다. 율법으로 주어지는 하나님의 주권 확인 그리고 하나님의 임재는 축복의 약속입니다.

성막 - 관계 회복 의지의 표현(25:1 - 27:21)

모세가 밤낮 사십 일을 그 하나님의 산에 머무는 동안 주님께서 성막과 제사장에 관한 청사진과 규례를 지시하고, 율법과 계명을 몸소 돌판에 기록하여 주셨다. 그리고 하나님께서 "내가 그들 가운데 머물 수 있도록, 내가 머물 성소를 지으라"(출 25:8)고 말씀하셨다. 하나님께서 예배를 받으시고자 하는 곳, 하나님께서 안식하시고 싶으신 그곳으로 내려오셔서 스스로 거하실 지상의 성소, 성막을 지으라고 명하신 것이다.

성막은 예배를 받기 위해 그들을 끌어내셨다는 선언의 증거가 될 것이며, 성소에 거하실 언약의 주권자께서 직접 앞장서서 언약의 백성들을 이끌고 언약의 땅으로 입성하실 것이라는 상징이다. 그러므로 그 성막은 하나님께서 친히 정하신 양식을 따라야 한다. 그리고 지성소에는 만나를 담은 항아리(출 16:33), 아론의 지팡이(민 17:10) 그리고 증거판이 들어 있는 증거궤 (출 25:16, 21)가 있어야 한다.

히브리서에서는 성막을 "하늘에 있는 것들의 모형과 그림자에 지나지 않는, 땅에 있는 성전"(히 8:5)이라고 하였다. 그러므로 대제사장들은 필요할 때마다 희생제물을 가지고 그곳에 들어가서 제사의식을 집행해야 할 필요가 있다. 그러나 예수님께서는 참 성소의 모형에 지나지 않는, 손으로 만든 성소에 들어가신 것이 아니라, 바로 하늘 성소 그 자체에 들어가셨다. 즉, 그리스도께서 단 한 번 자기 몸을 제물로 바치심(히 9:23 - 28)으로 하나님과의 관계를 온전히 회복시키셨다.

제사장 - 관계 회복을 위한 중재자(28:1 - 29:46)

"내가 거기에서 이스라엘 자손을 만날 것이다. 거기에서 나의 영광을 나타내어 그곳이 거룩한 곳이 되게 하겠다. 내가 회막과 제단을 거룩하게 하고, 아론과 그의 아들들을 거룩하게 하여, 나를 섬기는 제사장으로 삼겠다. 내가 이스라엘 자손 가운데 머물면서 그들의 하나님이 되겠다"(출29:43 - 45). 제사장은 백성들이 하나님께 나아가 죄를 자복하고 용서를 구할 수 있도록 연결하는 고리의 역할을 한다. 백성들에게는 거룩하신 하나님을 대신하며, 하나님에게는 이스라엘 백성들을 대신한다. 그러므로 제사장은 거룩하여야 한다.

그러나 오늘날 우리는 대제사장이신 예수 그리스도의 도우심으로 단번에, 영원히 죄 사함을 받고 구원을 얻었다. 그러므로 이제 하나님께서 불러 세우신 '왕과 같은 제사장'(벧전 2:9)은 바로 우리가 된다. **우리 마음속에 하나님을 사모하는 마음이 있다면**, 우리가 바로 하나님이 거하시는 성막(성전)이며(고전 6:19), 죄인들을 하나님께로 인도하기 위해 능력을 입은 제사장임을 늘 기억해야 한다.

성막을 위한 부수적인 지침과 안식일 - 하나님의 임재와 안식(30:1 - 31:18)

하나님께서 브살렐과 오홀리압(31:6)을 지명하여 불러서 그에게 하나님의 영을 채워 주어, 지혜와 총명과 지식과 온갖 기술을 갖추게 하고 성막의 모든 기물을 만들도록 하였다. 그들은 스스로 여러 가지를 생각하고, 온갖 기술을 발휘하여야 한다. 성막과 성막 기물 그리고 제사장들이 입을 거룩한 옷을 만드는 동안 거룩하게 구별한 이(여호와 카데쉬), 하나님께서 이스라엘 자손에게 "엿새 동안은 일을 하고, 이렛날은 주님에게 바친 거룩한 날이므로, 완전히 쉬어야 한다"(31:12 - 17)고 말씀하셨다. **구원받은 백성이라면**, 안식일에 하나님을 만나 상한 마음을 회복하고, 다시 엿새 동안 하나님 나라를 위하여 열심히 일하는 것이 안식에 동참하는 기쁨을 더하게 될 것이다.

하나님의 안식에 동참한다는 것은 어떤 모습일까요?

우리는 안식일 하면 토요일과 함께 여행가는 일요일 또는 정기휴일 등으로 생각하고 있지는 않은가요? 하나님께서 우리보고 7 일째는 쉬라고 했다고요? 네, 안식일은 하나님께서 쉬시며, 복되게 하시고 거룩하게 하신 날입니다. 우리 그리스도인에게 안식일은 하나님의 창조를 기억하고, 그 거룩함에 동참하는 날입니다. 안식일은 내가 아니라 하나님이 주인이십니다. 십계명이 우리에게 이르기를 "엿새 동안 모든 일을 힘써 일하라. 그러나 이렛날은 주 너희 하나님의 안식일이니..." 라고 하셨습니다.

24일

✝ 오늘 말씀 출애굽기 32:1 - 33:23

하나님의 진노와 모세의 중보기도
이스라엘의 불순종

💡 실마리 풀기

"나는 주다. 은혜를 베풀고 싶은 사람에게 은혜를 베풀고, 불쌍히 여기고 싶은 사람을 불쌍히 여긴다"(출 33:19)

"주님께서 명하신 모든 말씀을 받들어 지키겠다"(24:3)고 응답한 백성들의 순종을 확신한 모세가 하나님을 만나기 위해 시내 산으로 올라갔습니다. 그러나 백성들의 약속은 너무나 빈약한 것이었습니다. 모세가 시내 산에 올라간 동안 백성들은 하나님을 망각하고 우상을 만들어 섬기는 결정적 패역을 저지릅니다. 그들이 이렇게 한 것은 아직도 그들이 하나님을 모르기 때문입니다. 그들에게 신적인 존재의 경험은 오직 이집트에서 우상에 절하는 것뿐이었기 때문입니다. 오직 모세의 입술과 지팡이만을 바라보며 시내 산까지 온 그들의 신앙은 젖먹이의 수준일 뿐이었습니다.

출애굽기를 읽는 성도들은 자신의 믿음이 지금 어디까지 와 있는가를 늘 되새겨보아야 합니다. 홍해를 건너 시내 산까지 와 있는지, 가나안 땅으로 진격하라는 명령을 받고 있는지, 또다시 광야생활을 하며 헤매고 있는지, 바야흐로 요단 강을 건너 가나안 땅으로 들어가 있는지 말입니다.

하나님의 진노 - 모세의 세 번의 중보기도(32:1 - 33:14)

이스라엘 백성들이 하나님을 거역하였다. 모세가 사십 일을 시내 산에 머무는 동안, 아론을 부추겨서 금송아지 상을 만들고서 절하고, 제사를 드리며 '이스라엘아! 이 신이 너희를 이집트 땅에서 이끌어 낸 너희의 신이다'(32:4) 하고 외친 것이다. 그뿐만 아니라 그들은 제단 앞에서 음탕한 바알 숭배의식을 자행하였다. 그들에게 하나님이 누구신가. 이는 하나님께서 '질투하는 하나님'(20:5)이라고까지 하시면서 강조한 제1,2 계명의 거절이었다.

첫 번째 중보기도(32:11 - 13) - 진노하신 하나님께서 그들을 쳐서 완전히 없애 버리고, 모세를 통해 새로운 민족을 시작하겠다고 말씀하셨다. 그러나 모세는 세상에 퍼진 선하신 주님의 권능과 주님의 종 아브라함과 이삭과 이스라엘에 주신 언약에 의지하여, 진노를 거두어 주시기를 간절히 구한다.

두 번째 중보기도(32:31 - 32) - 일단 하나님의 진노를 거두시게 한 모세는 레위 자손에게 제멋대로 날뛰는 자신의 자녀와 형제자매 3천여 명을 죽이도록 하고, 이집트 풍습인 몸에 걸치는 장식품을 떼어버리도록 하였다. 그리고 모세는 하나님께 그들의 죄를 용서하여 주시던가, 그렇게 하지 않으시려면, 주님께서 기록하신 책에서 모세 자신의 이름을 지워 주시기를 간절히 구한다.

세 번째 중보기도(33:12 - 14) - 모세의 중보기도를 들으신 하나님께서 그들과 함께 가지 않겠다고 말씀하셨다. 이는 주님의 선택과 언약을 포기하시겠다는 말씀이다. 이에 모세는 "주님께서 우리와 함께 가지 않으시면, 주님께서 주님의 백성이나 저를 좋아하신다는 것을 사람들이 어떻게 알 수 있겠습니까?"(33:16)라고 말하며 세 번째 기도를 드린다. 함께 가주시기를 요청하는 모세의 기도를 하나님께서 응답하시기로 작정하신 이유는 모세가 자기 백성들에게 가장 필요한 것이 '하나님이 함께하심'이라고 고백하였기 때문이다.

모세의 기도는 소돔을 향한 아브라함의 기도(창 18:23 - 32)와 이스라엘 민족을 구원하고자 하는 바울의 기도(롬 9:1 - 5)를 연상하게 한다. 하나님께서는 예수 그리스도의 사랑에 의지하여 거룩하신 하나님의 살아계심을 경험하고 싶어 하는 자들의 중보기도를 응답하실 것이다. 하나님께서는 우리가 매사에 은혜를 바라보기보다는 **주님이 함께 해주시기를 요청하는 기도**를 가장 기뻐하실 것이다. 하나님께서도 자신의 거룩하심을 우리에게 드러내시길 즐거워하시기 때문이다.

기도 응답에 대한 이해 - 하나님의 택하심의 원리(33:15 - 23)

모세의 중보기도가 아니었더라면 이 백성들은 모두 죽었거나, 살았더라도 하나님의 임재 없이 약속의 땅으로 향할 뻔하였다. 하나님께서 모세에게 은총을 베풀고 그가 요청한 모든 것을 다 들어 주기로 하신 다음에 "나는 주다. 은혜를 베풀고 싶은 사람에게 은혜를 베풀고, 불쌍히 여기고 싶은 사람을 불쌍히 여긴다"(출 33:19)라고 하셨다. 주님께서 하신 이 말씀은 역사와 관련한 체험 과정에서 우리가 갖는 많은 의문과 성경의 이해를 어렵게 하는 하나님의 처분들을 이해하는 열쇠가 된다. 이는 하나님께서 에서가 아니라 야곱을 택하신 것처럼 **창조주 하나님의 의도에 따르는 택하심의 원리 - 하나님의 계획은 사람의 행위에 근거하는 것이 아니라 부르시는 분께 달려 있다는 원리**(롬 9:11 - 12)를 하나님께서 직접 고백하신 것이다.

묻고? 답하기!

나의 중보기도가 하나님의 은혜와 자비를 구할 수 있을까요?

아브라함이 소돔을 위하여 기도한 것처럼 모세는 자기 백성들을 위하여 기도합니다. 자기 백성들 때문에 하나님의 이름이 더럽혀질까 걱정하며 기도합니다. 주권자이신 하나님께서 그의 뜻대로 은혜와 긍휼을 베풀어주십니다. 성경에서는 중보기도가 엄청난 위력을 가졌음을 보여줍니다. 교회를 위하여, 국가를 위하여 그리고 이웃과 동료들의 기도 제목을 위하여 기도를 드리면 비록 그 제목이 어리석거나 무리한 것일지라도 그 모든 기도는 천사의 기도 향기와 함께 하나님 앞으로 올라갈 것입니다(계 8:3 - 4).

25일 ~~~~~~~~~~~~~~~~~~~~~~~~~~~~~~~~~~~~~~

✝ 오늘 말씀 출애굽기 34:1 - 40:38

한결같은 사랑(Hesed)과 질투의 하나님
성막의 봉헌

💡 **실마리 풀기**

"자비롭고 은혜로우며, 노하기를 더디 하고, 한결같은 사랑과 진실이 풍성한 하나님"(출 34:6)

모세의 중보기도로 용서를 받은 이스라엘 자손은 다시 시내 산으로 올라간 모세를 40일 동안 기다렸습니다. 모세가 주님과 함께 말씀을 나누고 주님의 영광을 보았으므로, 언약을 새긴 두 증거 판을 손에 들고 내려올 때 그의 얼굴에서 빛이 났습니다. 하나님의 임재 앞에 머물렀던 사실을 감출 수 없었던 것입니다. 주님의 말씀을 묵상하고 주님을 만나는 사람은 누구나 그의 얼굴이 이처럼 빛나게 될 것입니다.

하나님의 자기 정체성 선언 - 한결같은 사랑(Hesed)과 질투의 하나님(34:1 - 35)

"주, 나는 자비롭고 은혜로우며, 노하기를 더디 하고, 한결같은 사랑과 진실이 풍성한 하나님이다. 수천 대에 이르기까지, 한결같은 사랑(Hesed)을 베풀며, 악과 허물과 죄를 용서하는 하나님이다"(34:6). 여기서 '헤세드(Hesed)'란 하나님의 정체성, 즉 속성의 본질이다. 하나님께서 택하신 백성들에게 그들이 어떠한 상황에 처하게 되더라도 "내가 너와 함께 하겠다"는 한결같은 사랑의 언약이다. 히브리어 헤세드(Hesed)라는 표현은 우리말 성경에서 '인자', '선하심', '자비하심', '긍휼', '한결같은, 영원하신 사랑'등의 다양한 의미를 가지고 구약성경에 250번이나 등장한다. "그러나 하나님은 죄를 벌하지 않은 체 그냥 넘기지는 아니하는 분이시다. 또한, 하나님께서는 스스로 "질투'라는 이름을 가지신, '질투하는 하나님"(20:5, 34:14)이라고 별명을 붙이셨다. 언약의 백성들은 다른 신을 섬기는 자들과 언약을 하지 말아야 하며 그들의 신상을 모두 부수어야 한다.

성막의 축조 - 일곱 번 반복하는 '주님께서 모세에게 명하신 대로'(35:1 - 39:43)

하나님의 언약을 다시 받은 이스라엘 백성들은 순종으로 성막의 건립에 나섰다. 성막 기술자들은 '주님께서 모세에게 명하신 대로'(40:19,21,23,25,27,29,32) 모든 성막의 기물들과 성막을 건축하였고, '주님께서 모세에게 명하신 대로'(39:1,5,7,21,26,29,31) 제사장들이 성소에서 예배드릴 때 입는 옷을 정교하게 짜서 만들었다. 그렇게 이스라엘 자손은 '주님께서 모세에게 명하신 대로'모든 것을 그대로 다 하였다. 마침내 출애굽 한지 일 년이 되는, 1월 1일에 성막을 세우고 모든 일을 다 마쳤다.

일곱이라는 숫자 - 일곱 번이나 반복되는 '주님께서 모세에게 명하신 대로'라는 표현은 한치의 오차도 없이 완전하게 만들었음을 의미한다. 이는 철저하고 절대적인 순종을 의미한다. 성경에 나오는 일곱이라는 숫자는 거룩한 수, 완전한 수를 의미한다. 노아에게 보여주셨던 무지개는 일곱 빛깔을 지님으로 하나님의 작품임을 드러내었다. 요한계시록에서 일곱 영(계 1:4, 슥 4:10)은 완전하신 성령을 의미하며, 일곱 촛대, 일곱 교회는 하나님이 통치하고 있는 온 교회를 의미하며, 일곱별은 하나님의 명령을 수행하는 '천사'이며, 일곱 심판은 하나님의 직접적인 의지가 역사를 이끄신다는 의미이다. 일곱이라는 숫자는 성경 속에서 **하나님의 거룩하심이라는 본성을 드러내는 자기표현**을 위해 종종 사용된다.

구름과 불 - 함께 하시는 두 가지 증거(40:1 - 38)

성막 봉헌을 할 때 "구름이 회막을 덮고, 주님의 영광이 성막에 가득 찼다"(40:34). 이는 하나님께서 기쁨과 만족하심을 선언하는 증표를 보이심이다. 이날로부터 하나님께서 공식적으로 성막에 거하시면서 그들과 함께 언약의 땅으로 이동하실 것이다. "그들이 길을 가는 동안에, 낮에는 주님의 구름이 성막 위에 있고, 밤에는 구름 가운데 불이 있어서, 하나님의 영광이 이스라엘 온 자손의 눈앞을 밝혀 주었다"(40:38).

이스라엘 백성들에게는 하나님께서 구름과 불로 함께 하심을 보이셨지만, 우리에게는 "내가 세상 끝날까지 항상 너희와 함께 있을 것이다"(마 28:20)라는 예수 그리스도의 약속과 "성령이 너희에게 내리시면, 너희는 능력을 받고"(행 1:8) 증인이 될 것이라는 성령의 약속이 우리를 인도하실 것이다.

제사장의 기원과 계통 - 최초의 제사장 아론에게는 나답과 아비후와 엘르아살과 이다말이라는 네 아들이 있었다(출 6:23). 그들 중에 나답과 아비후는 하나님이 정해주신 방법을 무시하고 주제넘게 행동하다가 죽게 되고(레 10:1 - 3), 엘르아살과 이다말이 그 뒤를 이어 제사장의 임무를 수행하게 된다. 이다말의 후계에서는 엘리(삼상 22:20), 아비아달(대상 24:3)이 나오게 되지만, 신약시대까지 대대로 이어지는 대제사장의 계통은 엘르아살의 후계 사독(대상 6:4 - 8, 49 - 53)으로부터 확립되게 된다. 사독은 다윗 왕의 대제사장으로서 그 후계가 신약시대까지 이어져서 사두개인들이라는 집단을 이루게 된다.

묻고? 답하기!

하나님의 한결같은 사랑은 무조건적일까요?

아무리 자식들이 잘못하고, 사람들의 징벌을 받는다 하여도 부모는 그들을 사랑으로 감싸 안습니다. 설사 죽을죄를 지었다 하더라도 부모는 그를 용서합니다. 하나님의 사랑도 그와 같습니다. 심지어 죄의 길로 가지 못하도록 성령의 능력을 보여주십니다. 하지만 하나님의 사랑과 용서는 반드시 돌이킴을 전제로 합니다. 하나님의 사랑을 가볍게 여기지 않으시길 빕니다.

1월 26일

하나님의 선택과 언약(1)

조건에 따른 축복과 저주가 있는 행위 언약

✝ 오늘 말씀 출애굽기 19:3 - 8, 레위기 26:3 - 15, 신명기 28:1 - 16

💡 실마리 풀기

"그런데 이 백성은 아담처럼 언약을 어기고 나를 배반하였다"(호 6:7)

성경의 골격을 이루는 언약 - 두 가지 언약

하나님께서 아담(인간)과 맺으신 언약의 성취 과정을 기술한 것이 성경이라면, 성경에 드러나는 언약들은 성경의 이야기(narrative)를 구성하는 골격을 이룬다고 볼 수 있습니다. 크게는 옛 언약과 새 언약으로 구분할 수 있으며, 조건에 따라 은혜 언약과 행위 언약으로 구분할 수 있습니다. **은혜 언약은 하나님께서 일방적으로 조건 없는 맹세를 하신 것**으로써, 심지어는 그 맹세의 대상들이 거절할 경우에도 징벌의 위험을 하나님께서 몸소 무릅쓰실 것입니다. 그러나 **행위 언약은 하나님의 주문(율법)에 순종할 것을 조건으로 하고, 언약을 깨뜨리는 자는 저주를 받을 것입니다.** 오늘 소개할 행위 언약은 아담과 맺으신 생명의 언약과 삼위일체 하나님의 구속 언약 그리고 모세와 맺으신 시내 산 언약입니다.

아담과 맺으신 생명의 언약 - 순종을 조건으로 주신 영원한 생명과 죽음

피조물인 아담(인간)은 전지전능하신 하나님을 두려워할 수밖에 없습니다. 자비로우신 하나님께서 아무런 흠도 없고 의로운 아담(인간)과 언약을 맺으십니다. 첫 번째 언약입니다. "동산에 있는 모든 나무의 열매는, 네가 먹고 싶은 대로 먹어라. 그러나 선과 악을 알게 하는 나무의 열매만은 먹어서는 안 된다. 그것을 먹는 날에는, 너는 반드시 죽는다"(창 2:16 - 17). 아담(인간)은 안심하고 하나님을 의지할 수 있었습니다. 명령에 순종하겠다는 조건을 지키기만 하면, 생명나무의 열매를 먹으며, 에덴에서 영생을 누릴 수 있었습니다.

하나님께서는 아담(인간)에게 완벽한 순종을 요구하셨습니다. 그러나 아담과 하와(인간)는 '선과 악을 알게 하는 나무의 열매'를 따서 먹고, 저주를 받았습니다. 그 결과 아담(인간)은 영적인 죽음뿐만 아니라 육체적인 죽음도 감수해야 하게 되었습니다. 에덴동산으로부터 추방당하여 죽는 날까지 선과 악의 갈등 속에서 살아가야 하게 되었습니다. 아담(인간)이 지은 죄는 인간뿐만 아니라 땅과 지구 위의 모든 생물에게도 고통을 가져왔습니다.

삼위일체 하나님의 구속 언약 - 영적 전쟁을 조건으로 주신 여자의 자손을 통한 구속과 심판

하나님이 뱀에게 말씀하셨습니다. "내가 너로 여자와 원수가 되게 하고, 너의 자손을 여자의 자손과 원수가 되게 하겠다. 여자의 자손은 너의 머리를 상하게 하고, 너는 여자의 자손의 발꿈치를 상하게 할 것이다"(창 3:15).

하나님이 뱀(사탄)을 상대로 저주하시는 와중에 친히 아담(인간)을 구속하시겠다는 약속을 하시는 것입니다. 이 언약은 노아, 아브라함, 다윗과 맺은 언약을 위한 근거가 될 것입니다. 사탄은 여자의 후손들을 유혹하고 죄에 빠뜨리려고 하지만, 인간은 사탄과의 영적 전쟁에서 승리하도록 힘을 내야하며, 결국 그리스도를 믿는 믿음을 조건으로 구원을 얻게 될 것입니다.

모세와 맺으신 시내 산 언약 - 율법의 준수를 조건으로 주신 약속의 땅과 추방

하나님께서 이스라엘을 이집트에서 큰 민족으로 양육하신 후, 시내 산에서 모세를 통하여 말씀하셨습니다. "이제 너희가 정말로 나의 말을 듣고, 내가 세워 준 언약을 지키면, 너희는 모든 민족 가운데서 나의 보물이 될 것이다. 너희는 내가 선택한 백성이 되고, 너희의 나라는 나를 섬기는 제사장 나라가 되고, 너희는 거룩한 민족이 될 것이다"(출 19:5 - 6). 그리고 십계명(출 20:2 - 17)과 언약의 책(출 20:22 - 23:33)을 주셨습니다. 이 율법의 준수는 하나님 나라의 백성이 된 이스라엘이 가나안 땅에서 오래 살기 위해서 반드시 지켜야 할 조건이었습니다.

모세는 이스라엘 백성들이 순종하였을 때에 받을 복과 불순종하였을 때에 받을 저주를 입이 닳도록 강조합니다(레 26:1 - 46). 신명기에서도 세 번씩이나 다짐을 합니다. "어떤 형상의 우상이든, 우상을 만들어 섬기거나, 주 당신들의 하나님의 눈에 거슬리는 행동을 하면, 오늘 내가 하늘과 땅을 증인으로 세울 것이니, 당신들이 요단 강을 건너가 차지하는 땅에서 반드시 곧 멸망할 것입니다"(신 4:1 - 40). "하나님의 명령을 귀담아 듣지 않고, 그들에게 명한 그 길을 떠나, 그들이 알지 못하는 다른 신들을 따르는 사람은 저주를 받을 것이다"(신 11:1 - 30). "내가 오늘 당신들에게 명한 모든 명령과 규례를 지키지 않으면, 주님께서는, 당신들을 다른 민족에게 넘기실 것이니, 당신들이 받들어 세운 왕과 함께, 당신들도 모르고 당신들 조상도 알지 못하던 민족에게로 끌어가실 것이며, 당신들은 거기에서 나무와 돌로 만든 다른 신들을 섬길 것입니다"(신 28:1 - 68).

그러나 이스라엘 백성들은 하나님과의 언약을 거절하고 불순종의 길로 갔습니다. 하나님이 그들을 바빌로니아로 끌려가게 하신 이유를 이사야가 설명합니다. "그들은 속이 빈 믿음, 거짓 믿음을 가지고 있었다. 그들이 주님을 거역하고, 주님을 버렸다. 이스라엘의 거룩하신 분을 업신여기며 배반을 일삼았다. 그러면서 헛된 제물을 가져오고, 수많은 기도를 하였다. 그러나 그들이 스스로 정결하지 않고, 주님 보시기에 악한 행실을 버리지 아니하였다."(이사야 1:1 - 31).

☞ 7월 22일 〈신학산책 29〉 - 하나님의 선택과 언약 (2)

27일

✝ 오늘 말씀 레위기 1:1 - 7:38

하나님께 나아가 용서받는 법

기본 제사

💡 실마리 풀기

"제물을 불에 태워서 그 향기로 나 주를 기쁘게 하는, 살라 바치는 제사"(레 1:9)

이스라엘 백성들이 시내 산에 도착한 지 일 년이 되었을 때 성막이 완성되었습니다. 하나님께서 성막을 건축한 이유는 첫째, 하나님께서 백성들과 함께하시겠다는 의지를 실현함이며, 둘째, 백성들이 하나님께 나아갈 수 있는(소통의) 장치를 마련함이며, 셋째, 백성들의 죄로 그 장치가 훼손될 경우 회복할 방법을 제시하기 위함입니다.

따라서 제사는 지속적 교제, 피 흘림의 대속, 상한 영혼의 치유라는 세 가지의 의미를 지니고 있습니다. 반복하여 죄를 지을 수밖에 없는 이스라엘 백성들이 죄를 지을 때마다 용서받고 관계를 계속 유지할 수 있는 길을 하나님께서 자상하게 열어주신 것입니다. 그러므로 제사 규례는 하나님께서 연약한 인간에게 주신 고결한 선물이며, 함께 하시겠다는 혼인 서약서입니다.

다섯 가지 기본 제사와 그 의미 - 우리가 드려야 할 최선의 예배(1:1 - 6:7)

성막이 완성된 후, 하나님께서 모세를 회막으로 부르시고, 그에게 모든 제사와 제사장에 관한 규례를 말씀하셨다. 처음 세 가지는 하나님과 교제 중에 제물을 불살라 바치는 향기가 있는 제사이며, 나머지 두 가지는 죄로 인해 하나님과의 관계가 깨졌을 때 드리는 향기가 없는 제사이다. 이는 하나님께서 우리가 최선의 것을 드리기를 원하신다는 것을 기억하며 드려야 할 예배이다.

(1:1 - 17) 첫 번째 기본 제사, 번제는 죄의 용서를 위해 희생 제물의 피를 흘리고 불에 태워서 그 향기로 하나님을 기쁘게 하는, 불살라 바치는 희생 제사이다. 그것은 자기 대신에 희생 제물을 불살라 바치는 향기를 통하여 하나님께 대한 온전한 헌신, 즉 '산 제사'(롬 12:1)를 드림을 의미한다.

속죄는 피 흘림을 동반하여야 한다는 하나님 자신의 규칙(창 3:21)은 반드시 지켜져야 한다. 우리의 죄를 속하기 위하여 예수께서 십자가에 피 흘리심은 공의로우신 하나님께서 자신의 규칙을 거스르실 수 없으시기 때문이었다. 그것이 하나님께서 우리에게 보이신 진정한 번제, 한결같은 사랑의 극치인 것이다.

(2:1 - 16) 두 번째 기본 제사, 소제는 곡식 제물을 제단 위에 놓고 불에 태워서 그 향기로 하나님을 기쁘게 하는, 불살라 바치는 헌신 제사이다. 이 곡식 제물은 세상에서 각자 열심히 일하고 수고하여 얻은 것들을 하나님께 가지고 나와서 드리는 제사이다. 목숨을 드린다기보다는

하루하루의 일과를 바치는, 자신의 모든 것이 하나님께 속하는 것임을 인정하는 '받을 만하신 제사'(빌 4:18)를 의미한다.

(3:1 - 17) 세 번째 기본 제사, 화목제는 불타는 장작 위에 올려놓은 번제물을 태워서 그 향기로 주님을 기쁘게 하는, 살라 바치는 제사이다. 화목제는 우리의 서원을 들어주셨거나, 간절한 기도의 응답이 주어졌을 때 또는 번제를 통하여 속죄함을 받은 자들이 하나님과 화목하고 감사하는 축제이다.

그리스도로 인하여 죄 사함을 받은 우리도 늘 감사를 드리는 기쁨으로 참여하여야 할 축제이다. 그것은 예수 그리스도의 이름을 고백하는 입술의 열매, 하나님의 선하심으로 말미암아 끊임없이 하나님께 드리는 '찬미의 제사'(히 13:15)를 의미한다.

(4:1 - 5:13) 네 번째 기본 제사, 속죄제는 실수로 하나님께 지은 죄의 용서를 비는 제사이다. 실수로 지은 죄를 용서받기 위해서는 제물을 제단 위에 놓고 불에 태워서 불살라 바치고 잡은 짐승의 피를 바르는 의식이 필수적이다. 피는 희생으로 받은 죄 사함의 상징이다.

(5:14 - 6:7) 다섯 번째 기본 제사, 속건제는 하나님 앞에서 또는 이웃과의 관계에서 실수로 잘못을 저질렀을 때, 손해배상의 의미를 지니는 제사이다. 죄를 지은 자는 먼저 해당하는 손해를 배상하고, 제사장에게 속건 제물을 바쳐야 한다.

예수 그리스도께서 말씀하셨다. "제단에 제물을 드리려고 하다가, 네 형제나 자매가 네게 어떤 원한을 품고 있다는 생각이 나거든, 너는 그 제물을 제단 앞에 놓아두고, 먼저 가서 네 형제나 자매와 화해하여라. 그런 다음에 돌아와서 제물을 드려라"(마 5:23 - 24).

각 제사를 드릴 때의 제사장들이 지켜야 할 규례 - 우리가 아닌 하나님의 기준(6:8 - 7:38)

제사의 규례가 이처럼 구체적이고 형식을 강조하는 것은 무엇 때문일까. 백성들이 약속의 땅에 들어가게 되면 이방인들의 제사 방식의 영향을 받아 하나님께 드리는 예배가 변질할 가능성이 너무도 높기 때문이다. 제사(예배와 삶)는 처음부터 끝까지 거룩하여야 하며 형식을 준수하여야 한다. 교회 밖에 존재하는 세속문화와 종교적 신념들에 물들어 타락하지 않으려면 제사 규례가 갖는 의미를 레위기를 통하여 늘 음미해 볼 필요가 있다.

묻고? 답하기!

나의 삶에서 나오는 하나님을 기쁘게 하는 향기는 무엇일까요?

이스라엘 백성들은 속죄를 위하여 반드시 제사를 지내야 했습니다. 그러나 우리는 예수님께서 모든 제사를 대신 치르셨습니다. 이는 하나님께서 우리에게 주신 고결한 선물입니다. 용서받고 관계를 유지하며, 거룩함을 유지할 수 있도록 길을 열어주신 하나님께 찬송과 감사를 드립니다. 믿음을 통하여 구원을 얻도록 하신 이유를 생각하며, 내 안에 하나님을 기쁘게 하는 향기는 무엇일까 생각해봅니다.

28일

✝ 오늘 말씀 레위기 8:1 - 10:20

제사장의 책무
기름 부음 받은 왕 같은 제사장

💡 **실마리 풀기**

"너희는 거룩한 것과 속된 것을 구별하여야 하고"(레 10:10)

출애굽기 28 - 29장에는 제사장의 예복을 만드는 일과 제사장 위임식의 절차에 관한 지시사항이 기록되어 있습니다. 제사장의 예복을 만드는 일은 출애굽기 39장에서 실행에 옮겨졌지만, 위임식은 아직 거행되지 않았었습니다. 이제 성막이 완성된 후, 하나님께서 모세에게 아론과 그 아들들을 제사장으로 위임토록 하셨습니다. 거룩하신 하나님께서 '보배로운 소유'로 삼으신 백성들은 '하나님의 형상을 닮은 거룩한 백성'이 되어야 합니다. 그러므로 그들을 이끌어야 할 제사장은 더욱 그러해야 합니다.

주례자 모세 - 아론과 그의 아들들의 제사장 위임식(8:1 - 36)

제사의 규례는 한 치의 어긋남이 없이 주님의 전에서 시행되어야 한다. 그래서 하나님께서는 모세가 아론과 그의 아들들에게만 제사장의 책무, 제사 규례를 위임토록 하셨다. 모세는 아론과 그의 아들들을 데려다가 물로 씻게 하고, 제사장의 옷을 입혀 주고, 거룩하게 구별하는 기름을 머리에 붓고, 발라서 거룩하게 구별하였다. 그리고 제물을 불살라 그 향기로 주님을 기쁘게 하는, 살라 바치는 제사로 속죄제, 번제, 위임제를 드렸다.

이러한 형식과 절차는 하나님을 섬기는 제사장을 거룩하게 구별하기 위한 것이다. 특히 기름을 머리에 붓는 것은 하나님의 종들이 맡겨진 사역을 잘 감당할 수 있도록 성령이 임하심을 상징하는 것이다. 그래야 불경스러운 백성들이 거룩한 하나님에게 이르도록 제사를 드리고, 거룩한 하나님의 뜻을 백성들에게 전하는 일을 감당할 수 있기 때문이다.

이스라엘의 대제사장은 아론과 그의 아들들이었으나 우리에게는 하늘에 올라가신 하나님의 아들 예수 그리스도가 위대한 대제사장이시다. 그는 모든 점에서 우리와 마찬가지로 시험을 받으셨지만, 죄는 없으시다. 그러므로 우리는 담대하게 은혜의 보좌로 나아가서 자비를 받고 은혜를 입어서, 제때에 주시는 도움을 받도록 해야 한다(히 4:14 - 16).

제사장의 역할과 책임 - 보다 높은 기준을 따라야 하는 지도자(9:1 - 10:20)

1. 제사의 주관 - 제사장 아론의 첫 번째 주관(9:1 - 24)

제사장의 첫 번째 책무는 제사를 주관하는 것이다(9:5 - 7). 제사장 아론은 제단으로 나아가서 자기의 죄를 속하는 제사를 드리고, 백성을 위하여 희생 제물을 바쳤다. 이렇게 아론은 속죄제와 번제와 화목제를 다 드리고, 백성에게 복을 빌어 주니 주님의 영광이 모든 백성에게 나타났다.

우리의 대제사장이신 예수는 영원히 계시는 분이므로, 제사장직을 영구히 간직하신다. 따라서 그는 자기를 통하여 하나님께 나아오는 사람들을 완전하게 구원하실 수 있으며, 그는 늘 살아 계셔서 그들을 위하여 중재의 간구를 하신다(히 7:24 - 25).

2. 하나님의 거룩함을 드러냄 - 아론의 두 아들의 방종(10:1 - 7)

제사장의 두 번째 책무는 하나님의 뜻을 분별하여 하나님의 거룩함을 나타내 보이는 것이다(10:3). 이는 하나님의 말씀을 정확하고 철저하게 지키는 것으로부터 출발한다. 아론의 아들 나답과 아비후는 이스라엘의 장로 일흔 명과 함께 백성을 대표해 하나님 앞에 엎드려서 경배를 드리는 특권을 누렸던(출 24:1) 자들이다. 그러나 그들은 독주를 마시고 회막에 들어가 하나님께서 명하신 것과는 다른 금지된 불을 가져가는 경망스러운 행동을 하다가 불에 타 죽고 말았다.

제사장은 이렇게 스스로 흠이 없고 하나님 앞에 온전하여야 한다. 그래야 백성들이 거룩한 하나님에게 이르도록 제사를 드리고, 거룩한 하나님의 뜻을 백성들에게 전하는 일을 감당할 수 있게 되는 것이다.

3. 자손을 가르침 - 아론에게 주신 소명(10:8 - 20)

제사장이 감당하여야 할 세 번째 책무는 거룩한 것과 속된 것, 부정한 것과 정한 것을 구별하여 주님께서 모세를 시켜 말한 모든 규례를 이스라엘 자손에게 가르치는 것이다(10:10 - 11).

사도 베드로와 요한은 우리 믿는 자들에게 "너희는 택하신 족속이요 왕 같은 제사장들"(벧전 2:9)이라고 선포하고, 또한 "하나님께서는 의로우신 분이시며, 우리는 하나님의 자녀이니 그리스도께 이런 소망을 두는 사람은 누구나, 그가 깨끗하신 것과 같이 죄를 멀리하고 의롭고 깨끗하게 하여야 한다"(요일 2:29 - 3:3)고 당부하고 있다. 성령의 인치 심을 받은 우리 그리스도인들의 책무 또한 예배와 거룩함 그리고 가르치는 것에 정성을 다하는 것일 것이다.

묻고? 답하기!

아론의 아들들은 왜 독주를 마시고 나타난 것일까요?

자식들은 부모가 하는 행동을 보고 배우게 되어 있다고 합니다만, 하나님께서 제사장으로 택하신 아론의 아들들이 독주를 마시고 회막에 들어간 이유는 잘 모르겠습니다. 성경에는 이러한 예가 자주 등장합니다. 엘리 제사장의 아들들의 경우(삼상 2:29)도 마찬가지입니다. 자식들의 성품은 부모 맘대로 되는 것이 아닙니다만 그들의 예배와 삶이 온전하도록 기도하고 가르칠 뿐입니다.

29일

✝ 오늘 말씀 레위기 11:1 - 20:27

레위기

하나님의 거룩함에 동참하는 법
정결과 성결

💡 **실마리 풀기**

"내가 거룩하니, 너희도 거룩하게 되어야 한다"(레 11:44 - 45)

하나님께서 온 인류의 구원이라는 청사진 속의 주인공을 선택하실 때에 부르신 백성이 히브리 사람들, 이스라엘이었습니다. 그들은 이집트라는 비옥한 땅을 자궁으로 하여, 한 가족에서 수십만의 대군으로 성장하였습니다. 이집트의 노예생활에서 구원하신 하나님께서 그 이스라엘 백성들에게 기대하시는 것은 하나님의 형상을 닮은 거룩함이며, 하나님을 향한 절대적 순종이었습니다. 그러나 당시 이스라엘 백성들은 아직 하나님을 잘 알지 못하고, 이집트에서의 삶을 아쉬워하며 돌아가고자 하는 욕망이 남아있는 자들이었습니다. 믿음으로 말하면 아직 걸음마도 떼지 못한 자들이었습니다.

그들에게 하나님께서 제사 의식과 제사장을 마련해 주시고, 이제는 험난한 광야 생활 동안 발생할지도 모르는 온갖 재해를 예방할 수 있도록 여러 가지 방책을 마련해 주십니다. 이처럼 상세하고 자상한 규례를 가르치시는 것은 하나님 자신이 거룩하신 분이시기 때문입니다. 그들도 거룩한 삶을 살아내기를 바라시기 때문입니다. 그 바람은 하나님의 뜻(Vision)을 이루어내기 위한 필수 조건이 될 것이기 때문입니다. 오늘은 잠시 눈을 감고 하나님의 따스한 음성과 손길을 느껴보기를 소원해보시기 바랍니다. 감동의 눈물을 흘리게 될 것입니다.

정결하게 사는 법 - 거룩하게 구별됨의 자각(11:1 - 16:34)

하나님의 백성들은 이제부터 거룩한 것과 속된 것을 구별하여야 한다. 또한 먹을 수 있는 것과 없는 것을 구별하고, 부정한 것과 정한 것을 구별하여야 한다. 하나님께서는 그의 백성들이 부정한 먹을 것 때문에, 몸이 더러워지는 것을 염려하시는 것이다. 이는 사랑과 자비의 하나님께서 그의 백성들이 험난한 광야를 이동하는 동안 발생할지도 모르는 각종 질병으로부터의 보호를 위한 염려와 배려의 말씀이며, 스스로 자신을 돌아보아 자신의 몸을 가다듬기를 바라시는 말씀이다. 비유해서 말하면, 그 규례는 내과(11:1 - 47), 산부인과(12:1 - 8), 피부과(13:1 - 14:57), 비뇨기과(15:1 - 33)적인 정결을 위한 것으로써 인자하심이 상상할 수 없을 정도로 깊고 한결같으심을 느끼게 해준다.

우리가 **하나님의 거룩함에 동참하려면**, 첫째로 제사(예배)를 통해 하나님께서 택하신 백성으로서의 관계를 유지하고 하나님의 명령을 기다리는 존재로 남아있어야 한다. 두 번째는 하나님의 요청을 순종함으로 우리에게 요구되는 정결함과 의로움을 삶으로 표현해야 한다. 다시 하나님께서 재차 강조하신다. "내가 거룩하니, 너희도 거룩하게 되어야 한다"(11:44 - 45). 이는 하나님께서 그들과 함께하시고자 하는 임재의 진정한 의미를 인식하여야 가능한 일이다. 그것을 신약에서는 구원을 얻은 자의 정체성의 회복 그리고 선을 행함(엡 2:10)이라고 표현한다.

사도행전에서 보면 베드로에게 "일어나서 잡아먹어라"하시며, "하나님께서 깨끗하게 하신 것을 속되다고 하지 말아라"(행 10:12 - 15)고 하는 장면이 있다. 이 환상은 유대인과 이방인을 가로막는 장벽이었던 음식법이 폐지되었음을 암시하는 것으로, 유대인과 이방인 사이에 구분이 철폐되고 하나님의 복음이 모두에게 전파될 수 있음을 의미한다고 볼 수 있다.

성결하게 사는 법 - 과거와 미래에서의 이방 풍습과의 단절(17:1 - 20:27)

"너희는 너희가 살던 이집트 땅의 풍속도 따르지 말고, 이제 내가 이끌고 갈 땅, 가나안의 풍속도 따르지 말아라. 너희는 그들의 규례를 따라 살지 말아라. 그리고 너희는 내가 명한 법도를 따르고, 내가 세운 규례를 따라 살아라. 내가 주 너희의 하나님이다"(18:1 - 5).

하나님의 백성들은 부모님을 공경하고, 안식일을 지키며, 우상을 의지하지 말고, 제사를 드림에 있어 정성을 다하여야 한다. 음식과 질병으로부터 정결해야 하기도 하지만, 이웃과의 관계에서도 하나님의 규례를 따라야 한다. 이는 백성들이 과거의 잘못된 풍습이나 우상숭배의 길을 감으로 인하여 하나님의 계획이 어긋나지 않게 하기 위함이다. 이는 하나님의 창조 목적과 언약 백성의 선택 목적이 자기의 이름을 위하고, 스스로 영광을 받기를 원하신 것이기 때문이다.

하나님께서 요청하시는 거룩함은 하나님과 이웃을 향한 사랑에 기초한다. 더불어 살아가면서 서로에게 좋지 않은 영향을 주지 않도록 하여야 하기 때문이다. 그래서 하나님께서는 언약 백성들을 성결하게 유지하고, 그들을 음란과 성적인 타락으로부터 보호하기 위하여 모든 정성을 다해 지시하고 계신다. 모든 죄의 근원이 우상 숭배로 인한 성적인 불결함으로부터 시작되기 때문이다.

사도 바울도 우리에게 요청한다. "이 시대의 풍조를 본받지 말고, 마음을 새롭게 함으로 변화를 받아서, 하나님의 선하시고 기뻐하시고 완전하신 뜻이 무엇인지를 분별하도록 하여야 한다"(롬 12:2).

묻고? 답하기!

우리가 먹고, 행하는 것 중에 거룩한 삶을 방해하는 것은 무엇이 있을까요?

요즘에도 낙타나 오소리는 먹지 않지만, 토끼와 돼지는 거리낌 없이 먹습니다. 미꾸라지, 장어도 먹습니다. 타조도, 메뚜기도 먹고 선지도 먹습니다. 지금은 그 음식들이 부정하다고 생각하지도 않고, 거룩하게 사는데 방해가 된다고 생각하지도 않습니다. 이 시대에 나의 거룩한 삶을 방해하는 것은 무엇인지 생각해 봅니다. 주여! 우리를 보호하소서.

30일

✝ 오늘 말씀 레위기 21:1 - 27:34

하나님의 언약에 동참하는 법
하나님의 기준에 대한 완전한 순종

💡 실마리 풀기

"나는 너희 사이에서 거닐겠다. 나는 너희의 하나님이 되고, 너희는 나의 백성이 될 것이다"(레 26:12)

하나님 앞에 스스로 정결하고, 이웃과의 관계에서 성결함을 유지하기로 하는 것은 백성들의 몫이지만 국가적인, 종교적인 준수사항에 관한 규례를 지키며, 하나님의 언약에 동참하는 것은 지도자들의 몫입니다. 제사장들과 지도자들은 백성들이 지켜내야 하는 것보다 더욱 철저히 정결하고 성결해야 합니다. 민족적 절기와 희년은 개인뿐만 아니라 국가도 거룩해야 함을 담보하는 것입니다. 이 모든 규례는 완전한 순종이라는 조건을 필수로 합니다. 그래서 "축복과 저주의 조건"이 "이스라엘이 생명을 유지하기 위한 조건"이 되는 것입니다.

제사장이 지켜야 할 규례 - 모범이 되는 사람(21:1 - 22:33)

하나님이 거룩하시니 제사장도 거룩한 사람이어야 한다. 제사장은 하나님께 거룩하고, 백성들에게도 거룩함으로 모범을 보여야 한다. 하나님께서는 제사장들에게 "내가 이스라엘 자손 가운데서 나의 거룩함을 나타낼 것이니, 너희는 나의 거룩한 이름을 욕되게 해서는 안 된다"(22:32)고 하셨다.

베드로가 "예수 그리스도로 말미암아 하나님께서 기쁘게 받으실 신령한 제사를 드리는 거룩한 제사장"(벧전 2:5)이라고 우리를 칭한 것은 우리도 그와 같이 거룩하기를 소원함일 것이다. 그러므로 우리도 하나님의 이름을 세상 가운데 거룩히 여김을 받으시도록 하여야 할 것이다.

민족이 지켜야 할 제사와 절기 - 집단적 순종의 표(23:1 - 24:23)

가장 기본적이고 중요한 절기는 바로 안식일이다. 이날은 '주의 날'이니 거룩한 모임을 열어 주님을 경배하고, 반드시 쉬어야 한다. 그리고 하나님의 구원을 기억하게 하는 유월절, 무교절, 주가 주신 땅에서 거둔 첫 곡식 단을 드리며 기념하는 초실절, 그리고 오십 일이 지나 두 번째 거둔 햇곡식을 바치는 절기인 오순절이 있다.

이스라엘의 새해의 첫 달인 칠월은 거룩한 달이다. 일곱째 달, 그달 초하루 날은 나팔절, 그달 열흘날은 속죄일이며, 일곱째 달의 보름날부터 이레 동안은 주에게 예배하는 초막절이다. 이는 하나님이 거룩한 왕이시며, 광야에서 주야로 인도하신 것을 새롭게 상기시키는 것이니, 백성들은 그 앞에 정결하고 성결하여야 한다. 백성들이 이 절기 때마다 거룩한 모임을 열고, 주님께 정성스러운 제사를 드려야 하는 것은, 하나님께서 그들에게 베푼 은혜와 구원의 기억들을 새롭게 함으로써 그들의 자손이 언약 백성으로서의 정체성을 잃지 않도록 하기 위함이다. 절기는 백성들에게는 즐거운 축제이며, 하나님께는 기뻐하시는 순종의 표인 것이다.

안식년과 희년 - 모든 이에게 자유를(25:1 - 55)

땅은 하나님의 것이다. 우리는 다만 나그네이며, 하나님에게 와서 사는 임시 거주자일 뿐이다. 일곱째 해마다 땅도 반드시 쉬게 하여야 한다. 이것이 땅의 안식년이다. 사십구 년이 지나 오십 년이 시작되는 이 해는 거룩한 해로, 희년으로 지켜야 하는 해이다. 이 해는 전국의 모든 거민에게 자유를 선포하고 분배받은 땅으로 돌아가는 해이며, 저마다 가족에게로 돌아가는 해이다. 가난한 자와 종된 자들도 이러한 희년의 해방을 맛보아야 한다. 이스라엘 자손은 하나님에게 속한, 하나님께서 이집트 땅에서 이끌어 낸 품꾼이기 때문이다.

축복과 저주의 조건 - 이스라엘이 생명을 유지하기 위한 조건(26:1 - 27:34)

26장은 레위기의 결론이다. 이는 하나님께서 백성들에게 제시하는 두 가지 조건 중의 하나를 선택하도록 하는 도전이다. 그 조건은 "너희가, 내가 세운 규례를 따르고, 내가 명한 계명을 그대로 받들어 지키면"(26:3)이라는 조건과 "그러나 너희가, 내가 하는 말을 듣지 않고, 이 모든 명령을 지키지 않거나, 내가 정하여 준 규례를 지키지 않고, 내가 세워 준 법도를 싫어하여, 나의 모든 계명을 그대로 실천하지 않고, 내가 세운 언약을 어기면"(26:14 - 15)이라는 조건이다.

그들이 하나님의 규례와 계명을 그대로 받들어 지키면 주님의 축복을 받을 것이지만, 하나님을 거역하여 그의 말에 순종하지 않으면 그들의 벌은 그들이 지은 죄보다 일곱 배나 더한 저주를 받을 것이다. 주님의 율법을 지키느냐 거절하느냐에 하나님의 축복과 저주가 선택되리라는 것이다. 이는 이스라엘이 주 안에서 생명을 유지하려면 반드시 지켜내야만 하는 조건이다.

세상 사람들의 풍습을 따르지 않으며 살아갈 수 있을까요?

예를 들면, 불륜을 자랑스럽게 여긴다든지, 이문을 남기기 위하여 거짓을 말하거나 남의 생명을 위태롭게 한다든지, 목소리 큰 의견을 무조건 따라가든지, 남을 헐뜯는 말을 퍼뜨리고 다닌다든지 헛된 풍습들이 너무도 많은 세상입니다. 하지만 우리는 우리 사이에서 거닐겠다고 하신 주님을 기억하며 살 것입니다.

1월 31일

출애굽 여정의 성경적 근거
기존의 가톨릭에서 주장하는 시내 산의 위치가 잘못된 이유

✝ 오늘 말씀 출애굽기 12:37 - 42 ; 13:17 - 14:9

💡 실마리 풀기

"이스라엘 자손이 이집트 땅에서 나온 뒤 셋째 달 초하룻날, 바로 그 날 그들은 시내 광야에 이르렀다"(출 19:1)

야곱이 온 가족을 이끌고 이집트로 내려간 길(지도 1번 길)

야곱은 이스라엘 땅에 가뭄이 들 때까지 아브라함과 이삭이 살던 헤브론에 살고 있었습니다(창 35:27). 야곱은 자식들을 거느리고 이집트로 내려가는 길에 브엘세바에서 하나님께 희생 제사를 드린 후(창 46:1), 이집트의 라암세스 지역, 고센으로 내려갔습니다(창 46:28, 47:11).

가나안으로 가는 가장 빠른 길(지도 2번 길 / 3일 길)

이스라엘 자손이 라암셋을 떠난 것은 첫째 달 십오일, 곧 유월절 다음날이었습니다(민 33:3).

그들은 일단 라암셋을 떠나서 숙곳으로 갔습니다(출 12:37). 거기서 가나안으로 가는 가장 빠른 길은 지중해안을 따라 블레셋 사람의 땅을 거쳐서 가는 것이 가장 가까운 길이었습니다.

온 이스라엘이 라암셋을 떠나 시내산으로 가는 하나님께서 명하신 길(지도 3번 길)

그러나 하나님께서 그들을 홍해로 가는 광야 길로 돌아가게 하셨습니다(출 13:17). 그들은 숙곳을 떠나 광야 끝에 있는(출 13:20), 또는 광야가 시작되는(민 33:6) 에담에 진을 쳤습니다. 그러나 하나님께서 그들에게 오던 길로 되돌아가서, 믹돌과 바다 사이의 비하히롯 앞 곧 바알스본 맞은쪽 바닷가에 장막을 치라고 하셨습니다(출 14:2).

한 달 만에 도착한 신 광야 - 하나님의 능력으로 홍해를 건넌 그들은 수르광야로 3일 동안 들어가서 마라에 이르렀습니다(출 15:22 - 23). 그리고 엘림(출 15:27), 엘림과 시내산 사이에 있는 신 광야에 이르렀습니다(출 16:1). 이 때가 이집트 땅에서 나온 뒤, 둘째 달 보름이 되던 날(한 달 만에 도착함)입니다. 그들이 신 광야를 떠나서 르비딤에 진을 쳤는데, 그때 아말렉 사람들이 몰려와서 이스라엘 사람을 공격하였습니다(출 17:1 - 8).

한 달 반 만에 도착한 시내 산 - 그들은 결국 하나님의 산이 있는 곳, 시내광야에 도착하였습니다(출 18:5). 그때가 이스라엘 자손이 이집트 땅에서 나온 뒤 셋째 달 초하룻날(한 달 반 만에 도착함) 이었습니다(출 19:1 - 2).

기존의 가톨릭에서 주장하는 시내 산으로 가는 출애굽 경로(지도 4번 길)
- 이러한 주장이 잘못되었다고 보는 성경적 근거

첫째, 하나님께서 그들을 **홍해로 가는 광야 길(출 13:17)로 돌아가게 하셨다**고 기록되어 있는데, 가톨릭에서 주장하는 숙곳에서 홍해까지의 여정에는 광야가 없습니다.

둘째, 숙곳을 떠나 광야 끝에 있는(출 13:20) 에담에 진을 쳤지만, 하나님께서 그들에게 **오던 길로 되돌아가서 바닷가에 장막을 치라**고 하셨다(출 14:2)고 기록되어 있는데, 얼마 오지도 않은 길을 되돌아가라는 것이 앞뒤가 맞지 않는 것입니다.

셋째, 홍해를 건넌 후 엘림과 시내산 사이에 있는 신 광야를 떠나서 르비딤에 진을 쳤는데, 그때 **아말렉 사람들이 몰려와서 이스라엘 사람을 공격**하였다(출 17:1 - 8)고 기록되어 있는바, 가톨릭에서 주장하는 경로에 위치한 수에즈만 쪽으로 아말렉 족속들이 쳐들어와 공격하였다는 것도 이치에 맞지 않습니다. (그곳은 아말렉 족속들에게 아무런 위협이 되지 않는 곳이며, 실제로(역사상으로) 그 땅은 여전히 이집트의 영토였기 때문입니다).

마지막으로 무엇보다 **모세가 백성들을 이끌고 이집트를 탈출한 길이 모세가 이집트에서 미디안으로 오간 길(출 2:15)**과 일치한다고 보아야 하는 이유는, 그것이 하나님께서 모세를 미디안의 광야에서 목자 생활을 하도록 이끄신 복안이며, 모세가 하나님을 만난 산, 호렙 산(출 3:1 - 2, 갈 4:24 - 25)이 그 미디안 땅(아라비아)에 있기 때문입니다.

성경에 근거한 출애굽 여정 - 시내산의 위치

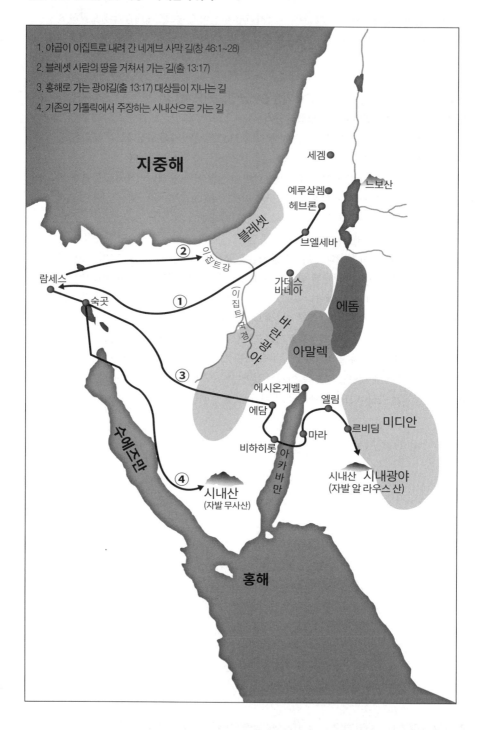

1. 야곱이 이집트로 내려 간 네게브 사막 길(창 46:1~28)
2. 블레셋 사람의 땅을 거쳐서 가는 길(출 13:17)
3. 홍해로 가는 광야길(출 13:17) 대상들이 지나는 길
4. 기존의 가톨릭에서 주장하는 시내산으로 가는 길

지중해

세겜

예루살렘
헤브론

느보산

블레셋

②

브엘세바

람세스

①

가데스
바네아

에돔

숙곳

바
란
광
야

아말렉

③

에시온게벨

엘림

미디안

에담

르비딤

수
에
즈
만

마라

④

비하히롯

아
카
바
만

시내산
(자발 무사산)

시내산 시내광야
(자발 알 라우스 산)

홍해

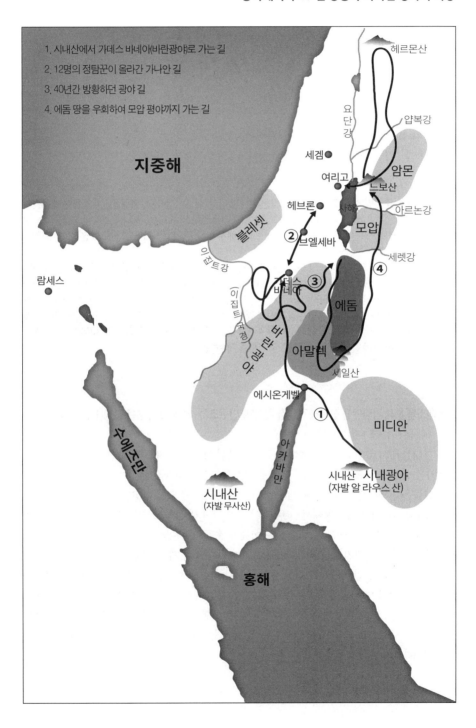

1. 시내산에서 가데스 바네아(바란광야)로 가는 길
2. 12명의 정탐꾼이 올라간 가나안 길
3. 40년간 방황하던 광야 길
4. 에돔 땅을 우회하여 모압 평야까지 가는 길

지중해

헤르몬산

요단강

얍복강

세겜

암몬

여리고

느보산

헤브론

사해

아르논강

블레셋

모압

② 브엘세바

세렛강

의곱트강

람세스

(이집트 국경)

가데스 바네아

③

④

에돔

바란 광야

아말렉

세일산

에시온게벨

①

미디안

수에즈만

아카바만

시내산 시내광야
(자발 알 라우스 산)

시내산
(자발 무사산)

홍해

✝ 오늘 말씀 민수기 1:1 - 4:49

민수기

가나안 정복의 첫 번째 준비
출애굽한 세대의 인구조사

💡 실마리 풀기

"이스라엘 사람 가운데서 스무 살이 넘어 군대에 입대할 수 있는 남자들을, 모두 각 부대별로 세어라"(민 1:3)

언약의 백성, 주권의 소재 그리고 언약의 땅은 하나님 나라의 3요소입니다. 출애굽한 백성들에게 주권의 소재를 확립하신 하나님께서 언약의 땅으로 출발할 준비를 명하십니다. 수차례나 이스라엘 백성들의 반발과 불순종을 겪으셨면서도 하나님께서는 아브라함에게 주신 언약의 땅, 그 땅을 반드시 정복하여 언약을 성취하실 것입니다.

사실 언약의 땅이라고는 하지만 그곳은 실제로 이방 민족 가나안 사람들이 대대로 터를 잡고 사는 곳입니다. 그곳을 정복하라는 말씀은 이제부터 백성들이 직접 전쟁을 수행하라는 명령입니다. 전쟁하려면 군대가 있어야 합니다. 조직적으로 행군하고 마주치는 적군을 물리쳐야 합니다. 그리고 주권자이신 하나님의 성막을 보호해야 합니다. 이동하는 동안 온갖 제사와 절기 의식을 치러야 합니다. 그래서 하나님께서 "이스라엘 사람 가운데서 스무 살이 넘어 군대에 입대할 수 있는 남자들"(민 1:3)을 징집하고 각 지파에서 한 사람씩 지도자를 선발하도록 하며, 아울러 레위 지파 사람을 계수하는 것입니다.

가데스를 통해 가나안을 정복하기 위한 첫 번째 인구조사 - 스무 살이 넘은 장정(1:1 - 2:34)

출애굽기 19장 1절에 보면 이스라엘 자손이 이집트 땅에서 나온 뒤 셋째 달 초하룻날 그들은 시내산에 이르렀다. 이스라엘이 그곳 산 아래에 장막을 친 다음에 하나님으로부터 계시된 언약을 받고, 제사를 드릴 수 있는 장막을 완성하였으며(출애굽기), 하나님께서 제사를 통하여 그들을 거룩하게 하고 그 거룩함을 유지할 수 있는 길을 열어주셨다(레위기). 그리고 이제 이스라엘 자손이 이집트 땅에서 나온 지 이 년이 되던 해 둘째 달 초하루에, 하나님께서 시내 광야의 회막에서 모세에게 말씀하셨다. "이제 모든 준비가 끝났다. 언약의 약속(씨와 땅과 축복에 관하여)을 지키기 위하여 가나안 땅으로 나아가야 할 때가 되었다"고.

가문별, 가족별 인구 조사와 진의 배치를 점검한 결과, 이 백여만 명의 이스라엘 사람가운데서 스무 살이 넘어 군대에 입대할 수 있는 남자들은 모두 603,550명이었다. 이들은 레위지파를 제외한 12지파에서 나온 사람들이다. 이들이 행군을 할 때에는, 하나님의 직접 지시대로 성막을 중심으로 하여 그 둘레에 진을 쳐야 한다. 그리고 진용을 구성하고, 하나님의 약속을 신뢰하며 방어하고 전진해야 한다.

레위 인의 인구조사와 그들의 임무 - 서른 살에서 쉰 살까지의 장정(3:1 - 4:49)

모세가 이스라엘 자손 가운데 있는 모든 맏아들을 다 등록시키니 모두 이만 이천이백칠십삼 명이었다. 주님께서 이들 맏아들(22,273명) 대신 레위 사람을 구별하여 세우고, 제사장 아론 밑에 두어 그를 도와 성막을 보살피도록 하였다. 이렇게 하신 것은 레위 인들이 모든 맏아들을 대신해 하나님을 섬기게 하여, 이스라엘이 온전히 하나님의 것임을 인정하도록 하기 위함이었다.

모세와 아론이 가족별로 등록시킨 레위 사람들은 태어난 지 한 달이 넘은 남자들인데, 모두 이만 이천 명이었다. 또한, 모든 레위 사람을 가문과 가족별로 모두 서른 살에서 쉰 살까지 일을 감당할 수 있는 이들을 회막의 짐을 운반할 사람으로 등록시켰다. 그들은 모두 팔천오백팔십 명이었다.

레위의 아들들 레위의 아들들의 이름은 게르손과 고핫과 므라리이다(3:17). 딸은 요게벳(출 7:20)이다. 참고로 모세와 아론은 고핫의 맏아들 아므람의 아들들이다(출 6:16 - 20).

게르손 자손이 회막에서 맡은 일은, 성막과 장막과 그 덮개와 회막 어귀에 치는 휘장과 뜰의 휘장과 성막과 그 가운데 제단을 둘러싼 뜰의 어귀에 치는 휘장과 이 모든 것에 쓰는 여러 가지 줄들을 보살피는 것이다(3:25 - 26).

고핫 자손은 회막 안에서 가장 거룩한 물건을 보살피는 일을 맡아야 한다. 법궤(또는 '증거궤')와 상과 등잔대와 제단들과 제사지낼 때에 쓰는 거룩한 도구들과 휘장과 이것들에 관련된 모든 예식을 보살피는 것이다(3:31).

므라리 자손에게 부여된 임무는, 성막의 널빤지들과 가로다지들과 기둥들과 밑받침들과 거기에 딸린 모든 기구와 이것들에 관련된 모든 예식을 보살피는 것이다(3:36).

제사장 아론의 아들 엘르아살은 불 켜는 기름과 분향에 쓰이는 향품과 늘 바치는 곡식 제물과 성별하는 데 쓰는 기름을 비롯하여, 온 성막과 그 안에 있는 거룩하게 구별하여 쓰는 모든 것과 거기에 딸린 기구들을 맡는다(4:16).

**묻고?
답하기!**

나는 오늘 주님의 군병으로 승리할 자신감을 느끼고 있을까요?

하나님의 부르심을 받고, 하나님의 주권을 인정하는 자는 이제 하나님 나라의 확장을 위하여 달려 나갈 주님의 군대입니다. 하나님의 계수, 징집은 예외가 없습니다. 사탄과의 영적 전쟁은 이미 진행 중입니다. 나는 주님의 군병으로 끝내 승리를 쟁취할 자신감을 가지고 있는지 생각해 봅니다. 주여! 나를 도우소서. 지혜와 용기를 주소서.

2일

✝ 오늘 말씀 민수기 5:1 - 10:10

가나안 정복의 실질적 준비
마음의 중심 다지기

💡 실마리 풀기

"주님께서 당신들에게 복을 주시고, 당신들을 지켜 주시며"(민 6:24)

인구조사가 끝났습니다. 이제 3주 후면 언약의 땅으로 출발하게 될 것입니다. 모세는 행진에 앞서서 그들 가운데 여러 가지 이유로 육체적, 정신적으로 부정한 사람들을 격리하는 규례를 가르치고, 성결하게 하는 절차를 거치도록 하였습니다. 행진을 함께 하실 하나님의 영광을 가로막을 부정한 일들을 사전에 제거하기 위한 것입니다. 또한, 그렇게 함으로써 행군 도중에 발생할지도 모르는 사소한 다툼조차 부정한 것으로 여기시는 하나님의 세심한 배려로 볼 수 있습니다.

드디어 지도자들이 바친 제물을 봉헌하고, 출애굽한 후 2번째의 유월절을 지켰습니다. 이집트를 떠날 때 그야말로 오합지졸이었던 백성들이 이제 하나님의 군사가 되어 진용을 이루었습니다. 하나님께서는 언약을 지키기 위해 모든 준비를 차분히 그리고 빈틈없이 진행하십니다. 그러나 이스라엘 백성들의 마음의 중심이 하나님 말씀을 따라 반듯한지는 계속 지켜봐야 하겠습니다.

출발의 사전 준비 - 부정함의 격리와 축복 기도(5:1 - 6:27)

출발을 하기에 앞서서 모세가 가르친 규례는 피부병 환자들을 분리함으로 깨끗케 하는 규례(5:1 - 4), 이웃에게 저지른 범죄에 대한 보상으로 깨끗케 하는 규례(5:5 - 10), 부부간의 신뢰감이 상실되었을 때 깨끗케 하는 규례(5:11 - 31), 그리고 나실 사람의 서원에 관한 규례(6:1 - 21)이다. 나실 사람이란 레위인이 아니지만 하나님을 섬기는 일을 하고 싶어서 스스로 자원한 사람이다. 그는 주님께 일정 기간 자기를 온전히 봉헌하기로 서약하고 하나님에게 '거룩하게 구별된 사람'(6:8)이다.

주님께서 모세를 통하여 아론과 그의 아들들에게 행군을 떠날 백성들에게 해주어야 할 축복 기도를 일러주셨다. 제사장들이 주님의 이름으로 이스라엘 자손에게 이렇게 축복하면, 주님께서 친히 이스라엘 자손에게 복을 주겠다고 약속하셨다. '주님께서'가 3번이나 반복되며 하나님의 이름으로 축복하는 것은 하나님 축복의 신실함을 보증하는 것이다. 이스라엘 자손은 이렇게 신실하신 하나님과 함께 행군할 것이다.

"주님께서 당신들에게 복을 주시고, 당신들을 지켜 주시며,

주님께서 당신들을 밝은 얼굴로 대하시고, 당신들에게 은혜를 베푸시며,

주님께서 당신들을 고이 보시어서, 당신들에게 평화를 주시기를 빕니다"(민 6:24 - 26).

성막을 위한 12지파 지도자들의 헌신 - 성막에서 행한 모세의 기도(7:1 - 8:4)

행군을 위한 마음의 중심 다지기는 백성들에게만 해당되는 것이 아니었다. 모세는 성막에 기름을 부어 성막과 그 안에 있는 모든 기구를 거룩하게 하였다. 이제 그 성막이 행군을 위해 유지보수하고 운반할 장구들이 필요하였다. 그래서 12지파의 지도자들에게 황소와 수레 그리고 제단 봉헌 제물을 바치도록 하였다.

모세는 주님께 말씀드릴 일이 있을 때마다 이렇게 잘 마련되고 준비된 회막으로 가서 자기에게 말씀하시는 하나님의 목소리를 듣곤 하였다(7:89). 거룩함과 아낌없는 헌신은 하나님의 음성을 듣고자 하는 이들의 선행조건임을 여기서 알 수 있다. 또한, 하나님께 말씀을 드리기보다는 말씀을 듣는 것이 올바른 기도의 태도임을 늘 상기하여야 할 것이다.

레위 인들의 성결과 백성들의 순종의식 - 두 번째 유월절(8:5 - 9:14)

레위사람들은 몸과 의복을 정결케 하여 번제와 속죄제를 드린 후, 이스라엘 자손이 레위 사람에게 손을 얹고 안수하면, 다시 아론이 이스라엘 자손을 위하여 레위 사람을 하나님께 바치는 제물로 드렸다. 이렇게 레위 사람을 정결하게 하고, 흔들어 바치는 제물로 그들을 바친 다음에야 그들은 맡은 일을 하러 회막에 나아갈 수 있게 하였다. 그리고 온 백성들은 이집트에서 나온 이듬해 첫째 달 십사일에, 시내 광야에서 모세를 시켜 명하신 대로 유월절을 지켰다.

출발을 알리는 징조의 고지 - 구름과 나팔(9:15 - 10:10)

출애굽기(40:34 - 38)에 보면, 증거궤가 보관된 성막이 완성되던 날, 구름이 성막을 덮었다. 구름이 성막 위로 걷혀 올라갈 때면, 이스라엘 자손은 그것을 보고 난 다음에 길을 떠났고, 구름이 내려와 머물면, 이스라엘 자손은 바로 그 자리에 진을 쳤다. 이렇게 그들은 주님의 지시에 따라 진을 쳤고, 주님의 지시에 따라 길을 떠났다. 모세가 은 나팔 두 개를 만들도록 하였다. 나팔은 회중을 불러 모을 때, 행진을 시작할 때, 전쟁에 나설 때 긴요하게 쓰일 것이다.

묻고? 답하기!

부모로서 자식들에게 축복의 말씀을 전해 보았는가요?

예배가 끝나고 목사님들이 하시는 축도는 성부, 성자, 성령의 이름으로 선포됩니다. 축복의 기도는 받는 사람에게 무한한 평안과 은혜를 느끼도록 하여 줍니다. 모세가 전한 축복의 기도는 어린 자녀들에게 무한한 감사와 자신감을 심어줄 것입니다. 오늘 한 번 따라 해 보시렵니까?

3일

✝ 오늘말씀 민수기 10:11 - 14:45

어리석은 자들의 선택
하나님의 진노와 모세의 기도

💡 실마리 풀기

"주님께서 우리와 함께 계시니, 그들을 두려워하지 마십시오"(민 14:9)

이스라엘 백성들은, 이집트 땅에서 나온 지 일 년이 지나 제 이년 둘째 달 이십일, 시내 광야를 떠나서 바란 광야까지 행군을 계속하였습니다. 이제 곧바로 북쪽으로 쳐 올라가면 십 여일 후에는 가데스를 통하여 가나안 땅을 밟을 수 있을 것입니다.

그러나 행군을 시작한 지 3일째부터 백성들의 불신앙이 드러나기 시작합니다. 조건 없는 불평, 먹을 것에 대한 탐욕, 지도자에 대한 비방 그리고 정복의 거절이라는 결정적 불신앙으로 그들은 결국 하나님의 심판을 받아 광야를 떠돌게 되고 말았습니다. 오직 두 명(여호수아와 갈렙)을 제외한 그들 모두는 두려움에 용기를 잃고 가나안 땅으로 들어가기를 거절하였던 것입니다.

첫 번째 불순종 - 행군을 시작한 지 3일 만에(10:11 - 11:3)

언약궤가 행군을 위해 움직일 때 모세가 주님의 이름을 외치며 백성들에게 용기를 북돋웠다. 그러나 백성들이 심하게 불평을 하니 주님께서 불로 심판을 하셨다. **모세가 기도하니 불이 꺼졌다.**

두 번째 불순종 - 하나님의 능력에 대한 불신앙 (11:4 - 35)

이스라엘 백성들과 섞여 살던 무리(이방 족속들)가 먹을 것에 대한 탐욕을 품었다. 만나에 싫증을 내면서 생선과 채소를 그리워하며 고기를 달라고 하였다. **모세가 기도하니** 하나님께서 "나의 손이 짧아지기라도 하였느냐?"고 하시면서 하나님의 말씀이 성취되는 것을 볼 것이라고 하셨다. 하나님께서 땅 위로 두 자나 쌓이게 메추라기를 보내주셨다.

세 번째 불순종 - 지도자에 대한 불신앙(12:1 - 16)

미리암과 아론은 하나님께서 부여하신 모세의 지도자로서의 권위를 불신하였다. 그들이 하나님께서 부여하신 권위에 도전한 것이다. 주님께서 진노하시니 미리암이 악성 피부병에 걸렸다. 그들의 믿음은 아직 사춘기를 못 벗어난 자들이었다. 하지만 이제부터는 출애굽 할 때와 달리 불순종을 용납하지 않으실 것이다. 그만큼 주의 백성들은 성숙한 모습을 보여야 할 때가 된 것이다. **모세가 주님께 기도하니** 미리암의 피부병을 고쳐주셨다.

네 번째 결정적 불순종 - 가데스를 통한 가나안 입성의 거절(13:1 - 14:10)

결정적으로,

그들은 40일 동안 가나안 땅을 정탐하고 돌아온 각 지파 지도자들의 말을 듣고는 가나안으로의 입성을 거절하였다. 심지어는 우두머리를 세우고 이집트로 돌아가자고 하였다(14:4). 이 말은 하나님의 구원을 없던 것으로 하자는 것이고 주님의 존재를 부인하는 말이다. 하나님께서 같이하실 것이라고 그렇게 여러 번 강조하셨음에도 불구하고 그들은 하나님의 능력과 계획을 신뢰하지 않았다. 눈의 아들 여호수아와 여분네의 아들 갈렙이 "주님께서 우리와 함께 계시니, 그들을 두려워하지 말라"고 설득하였음에도, 그들이 믿음을 잃고 자신감을 상실하였다는 것은 하나님보다는 자신들의 능력과 계획을 의지하였다는 증거이다. 그들은 아직도 이집트의 굴레를 벗어버리지 못하였으니, 하나님의 기대를 만족하게 하기엔 너무나도 허약한 존재들이었다.

하나님의 진노와 심판 - 모세의 중보기도(14:11 - 45)

하나님께서 이스라엘을 멸망시키고 새 백성을 일으키겠다고 말씀하시니, 모세가 또다시 자비롭고 은혜로우며, 노하기를 더디 하시는 하나님께 기도하였다. "이방 나라들이 주님께서 '자기 백성에게 주기로 맹세한 땅으로 데리고 갈 능력이 없어서, 그들을 광야에서 죽였다'(14:16)고 하면 어찌할 것인가"하면서 용서를 구하였다.

하나님께서 이렇게 심판을 내리셨다. "나의 영광을 보고도, 내가 이집트와 광야에서 보여준 이적을 보고도, 열 번이나 거듭 나를 시험하고 내 말에 순종하지 않은 사람들은, 어느 누구도, 내가 그들의 조상들에게 주기로 맹세한 그 땅을 못 볼 것이다"(14:22 - 23). 그들이 그 땅을 사십 일 동안 탐지하였으니, 그 날 수대로 하루를 일 년으로 쳐서, 사십 년 동안 광야에서 양을 치면서 죄의 짐을 지고 살게 될 것이다. 그들의 여행은 목적을 상실한 허무한 것이 되었다. 그렇게 이집트로부터 탈출한 세대는 모두, 가나안으로 들어가지 못하고 광야에서 떠돌다 죽게 되었다.

묻고? 답하기!

혹시나 하나님의 존재를 의심하고, 교회를 떠나고 싶었던 적이 있습니까?

사람들은 하나님이 마치 자기 자신을 위하여 존재하는 것처럼 생각하는 경우가 종종 있습니다. 그래서 조금이라도 자신의 기도 제목(개인적 희망이나 욕망)이 들어지지 않으면, 하나님의 존재를 의심하거나 부인하고 싶어 합니다. 하지만 하나님의 때는 우리가 알 수 있는 것이 아닙니다. 아브라함이 "하나님이 약속하신 바로 그때"(창 21:2)를 기다려 이삭을 낳았던 것처럼, 하나님의 인자하심을 바라며 기다리면, 하나님께서 결국 더 좋은 것으로 갚아주시고, 다시 일어날 수 있도록 손잡아주실 것을 믿어야 할 것입니다.

✝ 오늘 말씀 민수기 15:1 - 20:29

40년 동안의 영적 방황
제사장 제도의 확립

💡 실마리 풀기

"우리가 이 바위에서 당신들이 마실 물을 나오게 하리오?"(민 20:10)

가나안으로 진군을 거역한 백성들은 그 후 40년 동안이나 광야를 헤매게 되었습니다. 신학자들은 그 백성들을 이집트에서 살았던 세대, 구세대라고 말합니다. 그들의 광야생활은 불순종과 모세의 중보기도 그리고 용서의 반복입니다. 그들은 모두 가나안 땅을 밟지 못하게 될 것입니다. 아울러 조금은 느닷없지만, 제사와 제사장에 대한 여러 가지 지시를 하시는 것은 백성들이 끊임없이 고의로 하나님의 규례를 어기고, 지도자 모세와 아론에게 반란을 일으켰기 때문입니다. 결국에는 그들의 지속적인 방종으로 인하여 모세와 아론까지도 가나안 땅에 들어가지 못하게 되었습니다.

다섯 번째 불순종 - 제사장에 대한 불신앙(15:1 - 16:50)

하나님께서 이스라엘 백성들에게 주실 땅, 곧 가나안 땅에 들어가게 되면 희생 제사를 드려야 하는데, 그들은 물론 그 땅에 사는 외국인들도 같은 규례를 따라 제사를 지내야 한다. 주님의 명령은 한 치의 오차도 없이 준수하여야 한다.

레위 지파, 곧 아론의 아버지 지파에 속한 친족들은 아론을 돕는 일에만 나설 수 있고, 성소에는 접근할 수 없다. 한번은 광야 생활 도중에 이백오십 명의 레위의 자손들이 모세와 아론에게 반기를 든 적이 있었다. 그들은 제사장직까지도 요구하였다. 그러자 하나님께서 그 이백오십 명을 불로 살라 심판하시고, 주동자인 다단과 아비람의 모든 일족과 모든 소유를 땅속에 묻어버렸다. 그리고 계속 모세와 아론에게 항거하던 회중들은 만 사천칠백 명이나 염병으로 죽었다.

아론의 지팡이 - 제사장의 권위에 대한 하나님의 확증(17:1 - 13)

주님께서 지파별로 우두머리마다 지팡이를 하나씩을 모으고 각자의 이름을 쓰되 레위의 지팡이 위에는 아론의 이름을 쓰라고 말씀하셨다. 하나님께서 하룻밤 사이에 레위 집안 아론의 지팡이에 움이 돋았을 뿐 아니라, 싹이 나고, 꽃이 피고, 감복숭아 열매까지 맺도록 하셨다. 이 아론의 지팡이는 증거궤 앞에 영원히 보존됨으로써 반역하는 사람들에게 표적이 되도록 할 것이다. 주님께서 이러한 기적을 보이심은 제사장들의 권위와 능력을 확증하고, 늘 불평을 일삼는 백성들의 영적인 태만을 일깨우시기 위함이다.

아론 제사장과 레위 사람의 역할과 몫 - 거룩히 구별하여 하나님에게 바치는 것(18:1 - 19:22)

제사장 직무는 하나님께서 아론의 집안에만 봉사하라고 준 선물이다. 즉 성소 안에서 하는 일, 제단에서 하는 속죄의 일은 그들만이 할 수 있다. 아론과 아론에게 딸린 아들들만이 제사장 직분을 할 수 있다는 것이다. 이스라엘 자손이 거룩히 구별하여 하나님에게 바치는 것은, 모두 제사장의 몫이다. 땅에서는 그들에게 아무런 유산도 없지만, 그들이 받은 몫, 차지할 유산은 바로 하나님이다. 그러나 아론을 제외한 레위 지파, 곧 아론의 아버지 지파에 속한 친족들은 아론을 돕는 일에만 나설 수 있고 성소에는 접근할 수 없다. 레위 인들은 성막을 지킴으로써 다른 사람들이 하나님의 진노를 받지 않도록 하는 일을 하는 대가로 십일조를 받았고, 그들은 그것의 십일조를 다시 제사장에게 바치는 것이다.

구세대의 끝 - 모세와 아론의 실패(20:1 - 29)

그러나 가장 먼저 하나님의 선택을 받고 제사장의 직무를 감당하던 모세와 아론도 하나님의 말씀을 정확하고 철저하게 지키는 것에 실패하고 심판을 받게 된다. 이스라엘 자손들이 신 광야에 이르렀을 때 마실 물을 가지고 또다시 불평을 늘어놓았다. 하나님께서 "그들이 보는 앞에서 저 바위에 명령하여라" 하셨는데, 모세는 "반역자들은 들으시오. 우리가 이 바위에서, 당신들이 마실 물을 나오게 하리오?"라고 거만한 말을 하면서 팔을 높이 들고, 그의 지팡이로 바위를 두 번 쳤다. 〈우리가 이 바위에서〉라고 한 이 말은 물을 내는 주체가 모세이며, 〈지팡이로 바위를 두 번〉 친 것은 하나님의 명령을 자신의 행위로 대체한 것이다. 백성들을 이집트로부터 끌어내신 이도 하나님이시고, 그들에게 먹을 것과 마실 것을 주신이도 하나님이시며 그들을 약속의 땅으로 이끌어 들이실 이도 하나님이심을 제대로 전하지 않은 것이다. 그래서 모세와 아론은 가나안 땅으로 들어가지 못하였다. 미리암은 신 광야, 가데스에서 죽었다(20:1). 그리고 아론은 에돔 땅 경계 부근 호르 산에서 죽었다. 모세는 아론의 옷을 벗겨, 그것을 그의 아들 엘르아살에게 입혔다(20:28).

**묻고?
답하기!**

많은 사람들이 보는 앞에서 안수기도를 받아보셨습니까?

일부 목사님들 가운데는 많은 성도들이 보는 앞에서 안수기도하기를 좋아하시는 분들이 있습니다. 이러한 분들을 보면 저는 모세의 실패가 생각납니다. 하나님의 능력을 자신의 능력으로 대체하는 것과 조금도 다름이 없어 보이기 때문입니다. 예수원 설립자이신 대천덕 신부님은 중대한 기도제목이 있을 때면 반드시 모두 모여 중보기도를 하도록 했다고 합니다. 그래야 그 기도가 응답되었을 때, 하나님의 영광을 가리지 않을 테니까요.

2

민수기

5일

📖 오늘 말씀 민수기 21:1 - 25:18

가데스에서 모압 평지까지 40년의 행로
발람의 도전

💡 **실마리 풀기**

"야곱아, 너의 장막이 어찌 그리도 좋으냐"(민 24:5)

40년 동안 광야에서 떠돌아야 했던 어리석은 백성들이 마침내 에돔의 산길을 따라 올라가려 했지만, 에돔 왕이 길을 터주기를 거절하였습니다. 이스라엘은 에돔 땅의 동쪽으로 돌아서, 호르 산에서부터 홍해 길을 따라 올라가 마침내 모압 평지에 당도하였습니다. 그곳은 요단 강 건너, 곧 여리고 맞은편입니다. 그러나 모압의 왕, 발락도 호락호락하지 않았습니다. 예언자 발람을 시켜서 이스라엘을 저주하게 한 것입니다. 발람의 저주는 주님에 의해 오히려 이스라엘 백성들의 미래에 대한 축복이 되어 전해지지만, 발람의 간교로 이스라엘 백성들은 최초의 집단적 불순종을 자행하게 됩니다.

또 한 번의 불순종 - 불 뱀과 구리 뱀(21:1 - 9)

백성들은 또다시 먹을거리를 핑계로 하나님과 모세를 원망하였다. 그러자 주님께서 백성들에게 불뱀을 보내 그것들이 사람을 무니, 이스라엘 백성이 많이 죽었다. 모세가 백성들을 살려 달라고 기도하였다. 그 기도를 들으신 주님께서 뱀이 사람을 물었을 때, 물린 사람은 구리로 만든 뱀을 쳐다보면 살아날 수 있도록 은혜를 베푸셨다.

예수께서 이 장면을 기억하시고 니고데모에게 대답하셨다. "모세가 광야에서 뱀을 든 것 같이, 인자도 들려야 한다. 그것은 그를 믿는 사람마다 영생을 얻게 하려는 것이다"(요 3:14 - 15). 이렇듯 눈을 들어 모세의 놋뱀을 보는 자마다 죽음에서 살리신 것처럼, 하나님께서는 세상을 사랑하셔서 인자를 믿기만 하면 멸망하지 않고 영생을 얻을 수 있도록 외아들을 보내주신 것이다.

40년 동안의 정복 행로 - 호르산 남쪽 홍해 길을 돌아 모압에 이르기까지(21:10 - 35)

주님께서 이스라엘의 간구를 들으시고, 네겝 지방에 살고 있던 가나안의 아랏 왕과 그 가나안 사람들을 정복하게 하셨다. 그리고 호르산 남쪽 홍해 길을 돌아 북쪽으로 진군한 그들은 다시 오봇, 이예아바림, 세렛 골짜기, 아르논 강, 브엘광야, 맛다나, 나할리엘, 바못을 지나 비스가 산 꼭대기를 지나 광야가 내려다보이는 모압 고원에 이르렀다. 그리고 마침내 요단 동편의 아모리 왕 시혼과 아모리 사람의 성읍 그리고 바산 왕 옥과 그의 온 군대와 그의 땅을 그들의 손에 넘기시니, 이스라엘이 그들과 그들의 성읍들을 전멸시켰다. 그렇게 이스라엘 자손이 전투를 거듭하며 요단 동편의 모압 평지에 이르러 진을 쳤다.

114 오늘 말씀

발람의 네 가지 예언 - 하나님의 뜻(Vision)의 제시(22:1 - 24:25)

발람의 예언들은 그의 입놀림일 뿐이지만, 발람의 저주는 오히려 주님의 축복이 되어 전해 졌다. 주님께서 발람의 입에 넣어 주시는 말씀의 첫째는 많은 자손의 약속이다. "티끌처럼 많은 야곱의 자손을 누가 셀 수 있겠느냐? 먼지처럼 많은 이스라엘의 자손을 누가 셀 수 있겠느냐?"(23:10). 둘째는 축복과 보호하심의 약속이다. "주님께서는 야곱에게서 아무런 죄도 찾지 못하셨다"(23:21). 셋째는 땅 위에서 받을 축복의 약속이다. "야곱아, 너의 장막이 어찌 그리도 좋으냐"(24:5). 마지막으로, 넷째는 세상 모든 민족을 향한 통치의 선포이다. "한 별이 야곱에게서 나올 것이다. 한 통치 지팡이가 이스라엘에서 일어설 것이다"(24:17). 예수님께서 증거 하신다. "나 예수는 나의 천사를 너희에게 보내어, 교회들에 주는 이 모든 증언을 전 하게 하였다. 나는 다윗의 뿌리요, 그의 자손이요, 빛나는 샛별이다"(계 22:16).

싯딤에서 일어난 불순종(배교) - 하나님께서 가장 싫어하시는 죄(25:1 - 18)

이스라엘을 저주하는데 실패한 모압의 발락은 '불의의 아들'(벧후 2:15) 발람을 이용하여 이스라엘 백성을 유인하고 그들의 신인 바알브올을 섬기게 했다. 백성들이 어여쁜 모압 여인들의 유혹에 빠져 그들과 먹고 마시고 쾌락을 즐겼다. 이때 제사장 엘르아살의 아들 비느하스가 범법자를 찾아 죽임으로 이스라엘에 대한 하나님의 저주를 그치게 하였다. 이 일로 하나님께서 비느하스와 언약을 맺으시며 그의 뒤를 잇는 자손에게 영원한 제사장 직분을 보장 하셨다(25:1 - 13).

사도 요한은 계시록에서 발람을 "발락을 시켜서, 이스라엘 자손 앞에 올무를 놓게 하고, 우상의 제물을 먹게 하고, 음란한 일을 하게 한 자"(계 2:14)라고 묘사한다. 그렇게 입으로 이스라엘 백성들을 네 번이나 축복하였던 발람은 모세의 군사들에 의해 칼로 쳐 죽임을 당했다(민 31:8).

묻고? 답하기!

주님께서 주신 3가지 축복 중에 어떠한 축복을 가장 선호하십니까?

자손의 축복, 건강의 축복 그리고 재물의 축복 이 세 가지는 누구나 원하는 축복입니다. 이 축복은 본래 하나님께서 인류의 구원을 위한 계획을 성취하기 위하여 택하신 백성들에게 주시는 하나님의 은혜입니다. 그리고 우리는 예수 그리스도를 구주로 믿음으로 그 하나님의 구원 계획에 동참하고 은혜를 입은 자들입니다. 그러니 우리도 때에 따라, 형편에 따라 달라지겠지만, 지금 내가 필요로 하는 축복은 무엇인지 생각해 보면서, 구역 식구들과 그 소망을 한 번 나누어 보는 것도 좋을 것입니다.

6일

✝ 오늘 말씀 민수기 26:1 - 36:13

언약의 땅, 가나안 정복의 두 번째 준비
광야에서 태어난 세대의 인구 조사와 분배

💡 **실마리 풀기**
"너희가 요단 강을 건너 가나안 땅에 들어가거든"(민 33:51)

발람의 농간으로 모압 땅에서 저지른 반역 때문에 염병으로 24,000명이나 죽고 난 후, 하나님께서 모세에게 두 번째 인구조사를 명하셨습니다. 여기서 인구조사를 다시 하는 것은 전쟁을 위한 군사력을 계수하고, 가나안 땅을 각 지파에 적절히 분배하기 위한 기초조사입니다. 사람 수에 근거해서, 땅을 그들의 유산으로 나누어 주고자 하는 것입니다. 아울러 요단 강 동편을 통한 가나안 정복의 지침들, 제사와 각종 규례의 재교육 그리고 분배에 관한 규례를 일러줌으로써 40년의 방황을 마무리하시려는 것입니다.

모세의 마지막 임무 - 두 번째 인구조사와 후계자 여호수아의 임명(26:1 - 27:23)

"모세와 제사장 아론이 시내 광야에서 이스라엘 자손의 인구를 조사할 때에 등록시켰던 사람은 한 명도 들어 있지 않았다. 주님께서, 그들이 광야에서 반드시 죽을 것이라고 말씀하셨기 때문이다. 여분네의 아들 갈렙과 눈의 아들 여호수아를 제외하고는 그들 가운데서 어느 한 사람도 살아남지 못하였다"(26:64 - 65). 이제 여호수아와 함께 가나안으로 들어갈 사람들, 그들을 신학자들은 광야에서 살았던 세대, 신세대라고 말한다. 이들은 모두 육십만 천칠백삼십 명이었다.

젊었을 때부터 모세를 곁에서 모셔온 눈의 아들 여호수아(민 11:28)에게 지도권을 넘겨야 할 시간이 왔다. 하나님께서 "눈의 아들 여호수아를 데리고 오너라. 그는 영감을 받은 사람이다. 너는 그에게 손을 얹어라. 너는 그를 제사장 엘르아살과 온 회중 앞에 세우고, 그들이 보는 앞에서 그를 후계자로 임명하여라"(27:18 - 19)라고 모세에게 명하셨다.

정복을 위한 사전 준비 - 종교의식의 강화(28:1 - 30:16)

약속의 땅에서 지켜야 할 제사 즉, 날마다 바치는 번제와 부어 드리는 제물, 안식일 번제, 매달 바쳐야 하는 초하루 번제 그리고 유월절과 무교절 제사, 칠칠절 제사, 신년 나팔절 제사, 속죄일 제사, 장막절 제사등과 같은 절기 제사에서 바쳐야할 제물들이 무척 다양하고 많은 것을 알 수 있다. 이 모든 제물을 바쳐야 하는 이유는 우리의 속죄를 위함이 아니라 하나님을 기쁘시게 하기 위함이다. "나에게 불살라 바쳐서 나를 기쁘게 하는 향기의 희생 제사"(28:2)를 하나님께서 원하시기 때문이다.

미디안에의 복수 - 행군의 마무리(31:1 - 33:49)

하나님께서 또 "너는 미디안 사람에게 이스라엘 자손의 원수를 갚아라"(25:16, 31:2)라고 말씀하신다. 사실 미디안 족속은 모세의 처가 족속들이었다. 그러나 모세의 군대는 미디안의 남자는 모조리 죽여 버렸다. 물론 미디안의 왕들과 브올의 아들 발람도 죽였다. 하나님께서 그들이 죽이지 않은 여자들도 처녀들을 제외하고 모두 죽이라고 명령하셨다. 그 여자들이야말로 발람의 말을 듣고 이스라엘 자손을 꾀어 주님을 배신하게 한, 바로 그 사람들이기 때문이다.

요단 강 동쪽에 정착한 지파들 - 르우벤 자손과 갓 자손 그리고 므낫세 자손의 절반은 요단 강 동쪽, 야스엘 땅과 길르앗 땅에 정착하기를 원하였다. 그 조건으로 그들은 이스라엘 자손의 선발대가 되어, 그들이 가서 정복해야 할 곳까지 들어가서 적들을 물리칠 것과 각 지파가 받을 몫을 차지하기 전까지는 집으로 돌아오지 않겠으며, 요단 강 서쪽에서는 땅을 재산으로 나누어 받지 않겠다고 서약하였다.

정복과 분배의 지침 - 분배의 마무리(33:50 - 36:13)

마지막으로 정복의 지침을 말씀하셨다. 그들이 가나안 땅에 들어가면 그 땅 주민을 다 쫓아내고, 깎아 만든 우상과 부어 만든 우상을 다 깨뜨려 버리고, 산당들도 다 헐어 버려야 한다. 그리고 그 땅을 지파별로 나누어 가지고 정착하여야 한다.

이렇게 하는 이유는 첫째, 가나안 땅의 정복이 하나님과 백성들 간의 언약의 성취이기도 하지만, 하나님께서 살아계셔서 역사를 주관하신다는 증거를 세상 만민들에게 보여주시고자 하는 원대한 계획의 성취이기도 하기 때문이다. 둘째, 그들과 함께 뒤섞여 살아가게 되면 그들이 눈엣가시가 되고, 옆구리를 찌르는 바늘이 돼서 계속 괴롭힘을 당할 것이기 때문이다. 마지막으로 그들의 이방 풍습이 백성들을 하나님에게서 떨어져 나가게 할 것은 두말할 필요도 없기 때문이다.

그리고 모세가 온 사방의 경계를 세밀히 살피고 유산으로 받을 땅의 지적도를 완성하였다. 레위 사람들은 언약의 땅에서 땅을 분배받지는 못하지만 6개의 도피성을 포함해서 48개의 성읍과 그 주변 목초지를 받았다.

묻고? 답하기!

하나님께서 나에게 요구하시는 정복의 지침은 무엇인가요?

에베소서에 보면, 사도 바울이 우리에게 요청합니다. 옛사람을 벗어버리라고. 주님께서 나에게 요구하는 정복의 지침은 전쟁에 나가 승리하라는 것이 아니라 승리한 후에 우리에게 주어질 재물과 은사들을 어떻게 처분할 것인가에 있습니다. 내 마음을 다스릴 준비가 되셨습니까?

2월 7일 ∼∼∼∼∼∼∼∼∼∼∼∼∼∼∼∼∼∼∼∼∼∼∼∼∼∼∼∼∼∼∼∼∼∼

모세(2)
하나님의 지팡이

✝ **오늘 말씀** 출애굽기 4:1 - 5, 14:15-31, 17:1 - 16, 민수기 20:2 - 13

💡 **실마리 풀기**

"내일 내가 하나님의 지팡이를 손에 들고, 산꼭대기에 서 있겠소"(출 17:9)

목자의 지팡이 - 출애굽을 위한 유용한 준비 과정

모세는 40세까지 이집트의 왕자였습니다. 왕자로 사는 동안 모세는 세상의 모든 학문을 섭렵하고 지도자가 지녀야 할 자질을 갖추게 됩니다. 그러나 히브리인으로서의 정체성을 확인한 후 40년을 미디안 광야에서 양 떼를 치는 지팡이를 들고 목자 노릇을 하였습니다. 광야에서 모세는 자존감을 상실한 체 살아왔지만, 출애굽 한 후 이스라엘 백성을 인도해야 할 그때를 위하여 매우 유용한 준비 과정이 되었습니다. 결국 모세는 하나님의 부르심을 받고 40년을 광야에서 이동하는 동안 이스라엘 백성들을 가르치고 인도하는 역할을 충실히 감당하게 되는 것입니다.

모세의 지팡이 - 하나님의 명령을 이행하는 도구

하나님께서 모세를 부르시고, 그를 바로에게 보내어 이스라엘 자손을 이집트에서 이끌어 내게 하겠다고 설득하실 때에 그의 손에 지팡이가 들려 있었습니다. 모세는 그들이 자신의 말을 믿지 않으면 어찌하느냐고 말씀을 드렸습니다. 하나님께서 "지팡이를 땅에 던져 보아라"고 말씀하셨습니다. 모세가 지팡이를 땅에 던지니, 그것이 뱀이 되었다가 모세가 손을 내밀어서 꼬리를 잡으니, 그것이 그의 손에서 도로 지팡이가 되는 이적을 보이시며 그를 설득하신 것입니다(출 3:1 - 4:5).

모세는 그 지팡이를 가지고 바로에게 가서 하나님이 지시하는 대로 여러 가지 이적을 시행하였습니다(출 7:8 - 10, 7:19 - 20, 8:5 - 7, 8:16 - 17, 9:22 - 24, 10:12 - 14). 모세가 이스라엘 자손을 이끌고 홍해를 건널 때도 그의 손에 들려 있던 지팡이를 사용하셨습니다. 주님께서 모세에게 말씀하셨습니다. "너는 지팡이를 들고 바다 위로 너의 팔을 내밀어, 바다가 갈라지게 하여라." 모세가 바다 위로 팔을 내밀었더니 주님께서 밤새도록 강한 동풍으로 바닷물을 뒤로 밀어내시고 바다가 말라서 바닥이 드러났습니다(출 14:15 - 22). 그렇게 하나님께서 자신의 영광을 드러내시고, 하나님이 주님임을 이집트 사람들이 비로소 알게 하셨던 것입니다.

하나님의 지팡이 - 하나님의 영광을 드러내는 도구

이스라엘 백성들이 르비딤에 진을 쳤는데, 거기에는 백성이 마실 물이 없었습니다. 주님께서 모세에게 말씀하셨습니다. "나일 강을 친 그 지팡이를 손에 들고 가거라. 이제 내가 저기 호렙 산 바위 위에서 너의 앞에 서겠으니, 너는 그 바위를 쳐라. 그러면 거기에서 이 백성이 마실 물이 터져 나올 것이다." 모세가 하나님이 시키신 대로 하니 그곳에서 물이 터져 나왔습니다(출 17:1 - 7).

아말렉 사람들이 몰려와서, 르비딤에 있는 이스라엘 사람을 공격할 때에도 하나님께서 그의 손에 들려 있던 지팡이를 사용하셨습니다. 모세가 지팡이를 들고 언덕 위에서 팔을 들고 있는 동안 여호수아는 아말렉과 그 백성을 칼로 무찔렀습니다. 이때 모세는 자신의 지팡이를 '하나님의 지팡이'라고 말하였습니다(출 17:8 - 13).

잘 못 사용한 지팡이 - 하나님의 영광을 가린 행동

온 회중이 신 광야에 있는 가데스의 므리바에서 먹을 물 때문에 다시 한 번 하나님을 거역하여 반란을 일으켰습니다. 그 때 모세에게 하신 하나님의 명령은 "회중을 불러 모아라. 그들이 보는 앞에서 저 바위에게 명령하라"는 것이었습니다. 그러나 모세는 "반역자들은 들으시오. 우리가 이 바위에서, 당신들이 마실 물을 나오게 하리오?"라고 말하고 나서 팔을 높이 들고, 그의 지팡이로 바위를 두 번 쳤습니다(민 20:1 - 13). 모세와 아론은 마치 자신들이 하나님인 것처럼 행동함으로써 하나님의 영광을 가린 것입니다. 결국, 모세는 가나안 땅에 들어가지 못하였습니다. 무릇 하나님의 말씀을 전하는 자는 그 말씀에 자기 생각을 섞으면 안 됩니다. 특히 **성경 말씀을 자기 마음대로 변용하는 자들**은 하나님 나라에 들어가지 못할 것입니다.

느보 산에 오른 모세 - 변화 산에 오른 모세

모세가 모압 평원, 여리고 맞은쪽에 있는 느보 산의 비스가 봉우리에 올랐습니다. 주님께서 그에게 요단 동편과 서편의 온 땅을 보여 주셨습니다. 그리고 주님께서 그에게 말씀하셨습니다. "이것은 내가 아브라함과 이삭과 야곱에게 맹세하여 그들의 자손에게 주겠다고 약속한 땅이다. 내가 너에게 이 땅을 보여 주기는 하지만, 네가 그리로 들어가지는 못한다"(신 34:1 - 4).

그러나 모세는 결국 약속의 땅에 들어갔습니다. 그는 엘리야와 함께 변화 산에 올라 영광 가운데 계신 예수님을 만나 말씀을 나누었습니다. 비록 가나안 땅을 밟지는 못하였으나 그는 하나님의 영광을 죽어서도 보았습니다. 그 영광은 '하나님의 사랑하는 아들, 하나님이 택한 자'와 함께 하심(마 17:5, 눅 9:35)이었습니다.

📖 1월 16일 〈신학산책 4〉 - 모세 (1)

✝ 오늘 말씀 신명기 1:1 - 4:43

모세의 첫 번째 설교

역사적 회고와 첫 번째 다짐

💡 실마리 풀기

"지금 내가 당신들에게 가르쳐 주는 규례와 법도를 귀담아듣고 그대로 지키십시오"(신 4:1)

모세는 요단 강을 건너 약속의 땅으로 들어갈 수가 없게 되었습니다. 출애굽한 후에도 늘 불평불만을 늘어놓으며 하나님의 명령을 거역하고, 심지어 이방의 음행을 따라 하기도 한 백성들을 생각할 때에 모세는 그 이스라엘 자손이 너무도 마음이 쓰이고 걱정이 되었습니다. 모세는 요단 강 동쪽 모압 땅에서, 자신이 죽고 난 후 약속의 땅에 들어갈 이스라엘 자손을 위해 고별 설교를 합니다.

모세는 먼저 시내 산으로부터 가데스까지의 여정과 40년의 방황과 모압 광야까지의 여정을 회고하면서, 살아계신 하나님과 함께한 체험과 하나님 명령의 핵심을 전함으로써 그들을 준비시키고자 하는 것입니다. 오늘 읽을 내용은 세 번의 설교 중에 그 첫 번째 설교입니다.

서문 - 첫 번째 설교의 배경(1:1 - 5)

이스라엘 자손은 이집트 땅에서 나온 뒤 석 달 만에 시내 광야에 이르렀다(출 19:1). 그리고 열하루 만에 호렙에서 세일 산을 지나 가데스바네아까지 이르렀지만, 백성들은 그곳에서 주님의 명령을 거역하였다. 그리고 사십 년이 흘렀다. 사십 년째가 되는 해의 열한째 달 초하루에 모세는 '아모리 왕 시혼'과 '바산 왕 옥'을 물리치고 차지한 요단 강 동쪽 광야에서 이스라엘 자손에게 말씀을 선포한다.

가데스까지의 역사적 회고(1:6 - 45)

백성들이 호렙 산에 있을 때 하나님이 말씀하셨다. "내가 너희 앞에 보여 주는 이 땅은 나 주가 너희에게 주겠다고, 너희 조상 아브라함과 이삭과 야곱에게 맹세한 땅이니, 너희는 그리로 가서 그 땅을 차지하여라"(1:8). 그 명령을 듣고 가데스까지 진군하여, 모세가 "하나님께서 그들을 대신하여 싸우실 것이고, 마치 아버지가 아들을 돌보는 것과 같이 돌보아 주시며 인도하셨음을 보지 않았느냐"라고 설득하였으나 백성들이 하나님을 믿지 않고 가나안 사람들을 두려워 떨며 진군을 거절하였다. 그 결과 그들은 40년 동안을 광야에서 헤매게 된다. 하나님을 믿지 않은 그들은 약속의 땅으로 들어가지 못할 것이나 모세의 보좌관 '눈의 아들 여호수아'와 갈렙은 그리로 들어갈 것이다.

40년의 방황을 마치고 모압 광야까지의 역사적 회고(1:46 - 3:29)

사십 년 동안 그들이 방황하는 동안 하나님께서 그들이 하는 모든 일에 복을 내려 주시고, 넓은 광야를 지나는 길에서 그들을 보살펴 주셨으며 그들과 함께 계셨다. 그들이 순종하였기 때문이다. 단 한 번 실수하였던 모세가 요단 강 너머 약속의 땅으로 건너가게 해 달라고 요청하였다. 하나님께서는 그가 요단 강을 건너가지는 못할 것이나, 비스가 산꼭대기에 올라가서 약속의 땅을 바라볼 수 있도록 배려하셨다. 그리고 후계자 여호수아에게 그의 직분을 맡겨서 그를 격려하고, 그에게 용기를 주기를 원하셨다.

첫 번째 다짐 - 순종의 축복과 불순종의 저주(4:1 - 43)

이미 우리가 레위기 26장에서 읽어서 알고 있는 이스라엘이 생명을 유지하기 위한 조건, 즉 축복과 저주의 조건을 다시 한 번 제시하면서, 반드시 하나님의 명령을 지킬 것을 주문한다. (신명기에서는 3번에 걸쳐 이러한 다짐을 반복한다)

그 조건은 그들이 모세가 일러주는 모든 〈규례와 법도〉를 귀담아듣고 그대로 지키는 것이다. 그들이 규례와 법도를 귀담아듣고 그대로 지키면, 그들과 그들의 자손이 잘살게 되고, 하나님이 그들에게 영원히 주시는 땅에서 길이 살리라는 것이다(4:1). 그래야만 하는 이유는 하나님은 우리가 기도할 때마다 우리 가까이에 계시는 분이며, 온갖 시험과 표징과 기사와 전쟁과 강한 손과 펴신 팔과 큰 두려움으로 백성들을 다른 민족의 억압에서 이끌어 내시려고 애쓰신 하나님이시기 때문이다(4:34). 주님께서는 위로는 하늘에서도 아래로는 땅에서도 참 하나님이시며, 그 밖에 다른 신은 없기 때문이다(4:39).

그리고 모세가 명령하였다. "주님께서 호렙 산 불길 속에서 당신들에게 말씀하시던 날, 당신들은 아무 형상도 보지 못했다는 사실을 깊이 명심하라"(4:15). 그러므로 그들은 물론이거니와 그들의 자손들도 남자의 형상이든지 여자의 형상이든지, 그들 스스로가 어떤 형상의 우상도 만들어서는 안 된다. 그러지 아니하고 하나님의 눈에 거슬리는 행동을 하면 그들이 차지할 땅에서 반드시 곧 멸망할 것이다. 주 하나님은 삼키는 불이시며, 질투하는 하나님이시기 때문이다.

묻고? 답하기!

나의 삶을 주관하셨던 주님의 가르침을 자식들에게 전하고자 하는 간절함이 있습니까?

안타깝게도 우리가 만난 하나님을 자식들에게 전하기가 쉽지는 않습니다. 그동안 삶의 어려움을 경험하였던 부모의 안타까움은 자식들의 삶을 안락한 환경에 물게 하여 왔기 때문입니다. 아울러 자식들은 경제적 여유와 새로운 지식으로 넘쳐나는 각종 도전과 자극에 노출되어 있기 때문입니다. 이제 유일한 방법이 있다면, 기도와 함께 나의 삶의 모습으로 가르침을 전할 수밖에 없겠지요.

2

9일

신명기

📖 오늘 말씀 신명기 4:44 - 8:20

모세의 두 번째 설교(1)

쉐마 이스라엘(이스라엘아 들으라)

💡 실마리 풀기

"마음을 다하고 뜻을 다하고 힘을 다하여, 주 당신들의 하나님을 사랑하십시오"(신 6:5)

첫 번째 설교를 통하여 그들에게 다짐한 이스라엘이 생명을 유지하기 위한 조건, 즉 축복과 저주의 조건에서 제시한 〈규례와 법도〉(4:1)에 대하여 이제 본격적으로 설명을 시작합니다. 백성들은 그동안 자신들을 인도하시고, 필요한 모든 것을 공급하신 하나님을 경험하였기 때문에 마땅히 그 규례와 법도에 순종하여야 합니다.

오늘 읽을 부분은 모세가 행한 두 번째 설교의 도입 부분의 전반부로써, 십계명의 간략한 해설과 함께 그중에 가장 큰 계명을 제시함으로써 율법의 기본정신을 가르치고자 하는 내용입니다. 모세가 너무나도 간절하게 소리쳐 외칩니다. 쉐마 이스라엘! 이스라엘아 들으라! (6:4).

율법의 기본 정신 - 오늘 여기 살아 있는 우리 모두와 세우신 십계명(4:44 - 5:33)

하나님께서 모세에게 그의 영광과 위엄을 보여 주시고, 하나님의 음성을 구름이 덮인 캄캄한 산 위 불 가운데서 큰 목소리로 들려주셨다. 모세는 하나님께서 인정한 율법의 중재자이다.

하나님 나라의 주권자께서 그의 백성들에게 그 나라의 법, 십계명을 제정하여 주신 것이다. 모세는 하나님과 이스라엘 백성이 호렙 산에서 세운 이 언약이 "우리 조상과 세우신 것이 아니라, 오늘 여기 살아 있는 우리 모두와 세우신 것입니다"(5:3)라고 하면서 그들을 일깨운다. 심지어 모세는 "내가 오늘 당신들에게 명하는 이 말씀을 마음에 새기고, 자녀에게 부지런히 가르치며, 집에 앉아 있을 때나 길을 갈 때나, 누워 있을 때나 일어나 있을 때나, 언제든지 가르치십시오. 또 당신들은 그것을 손에 매어 표로 삼고, 이마에 붙여 기호로 삼으십시오. 집 문설주와 대문에도 써서 붙이십시오"(6:6 - 8)라고 명령한다.

큰 계명 - 쉐마 이스라엘(이스라엘아 들으라)(6:1 - 8:20)

(1) 마음을 다하고 뜻을 다하고 힘을 다하여, 주 당신들의 하나님을 사랑하라(6:4 - 25)

모세는 가장 먼저 하나님을 사랑하라고 강력하게 요구한다. "이스라엘은 들으십시오! 주님은 우리의 하나님이시요, 주님은 오직 한 분뿐이십니다. 당신들은 마음을 다하고 뜻을 다하고 힘을 다하여, 주 당신들의 하나님을 사랑하십시오"(6:4 - 5). 이는 계명 중에 가장 큰 계명이다. 그 사랑을 위하여 이스라엘 백성들은 "하나님을 경외하며, 그를 섬기며, 그의 이름으로만 맹세하고, 이방인들이 섬기는 그 어떤 신도 따라가서는 안 된다"(6:13 - 14).

예수께서 광야에서 시험을 받으실 때 이 구절을 인용하여 악마에게 대답하셨다. "성경에 기록하기를 '주 너의 하나님께 경배하고, 그분만을 섬겨라(신 6:13)' 하였다." "성경에 기록하기를 '주 너의 하나님을 시험하지 말아라. (신 6:16)' 하였다"(눅 4:8 - 12 ; 마 4:7 - 10).

(2) 거룩한 백성들은 가나안을 전멸시키라(7:1 - 26)

하나님 나라의 백성들은 하나님이 넘겨 준 모든 민족을 전멸시켜야 한다. 그들에게 동정을 베풀어도 안 되고, 그들의 신을 섬겨서도 안 된다. 그들의 신상(아세라 신상과 바알 신상)을 불살라버려야 한다. 그것들은 성적인 타락과 재물의 쾌락을 추구하는 인간의 약점을 이용하여 하나님 나라를 파멸시키는 것들이기 때문이다.

하나님은 "주님을 사랑하고 주님의 계명을 지키는 사람에게는, 천 대에 이르기까지 그의 언약을 지키시며, 또 한결같은 사랑을 베푸시는 신실하신 하나님"(7:9)이시며, 하나님 나라의 백성들은 거룩한 백성이요, 주 하나님이 땅 위의 많은 백성 가운데서 선택하셔서 자기의 보배로 삼으신 백성이다. 때문에, 그들이 이 법도를 듣고 잘 지키면 하나님도 그들의 조상에게 맹세하여 세우신 언약을 지키시고 한결같은 사랑을 베푸실 것이다(7:12 - 13).

(3) 이스라엘이 차지할 그 땅에서도 하나님을 기억하라(8:1 - 20)

하나님께서 인도하실 그 땅은 골짜기와 산에서 지하수가 흐르고 샘물이 나고 시냇물이 흐르는 땅이다. 밀과 보리가 자라고 포도와 무화과와 석류가 나는 땅이며, 올리브 기름과 꿀이 생산되는 땅이다. 그 땅에서 주님의 명령과 법도와 규례를 어기는 일이 없도록 하고 하나님을 잊지 않도록 하라. 혹시라도 교만한 마음이 생겨서, 자신의 힘으로 이 모든 것을 이루었다고 자만하거나 하나님을 잊어버린다면 그들은 반드시 멸망할 것이다.

나의 경건함을 사람들에게 보이고자 두르는 띠와 이마에 붙이는 경문 곽은 무엇인가요?

남들이 보기에 경건하지만, 나의 집안 식구들이 보기에 경건하지 않으면 그것이 바로 팔에 두르는 띠요, 이마에 붙이는 경문곽일 것입니다. 교회는 스스로 죄인임을 인정하는 사람들만이 모이는 곳입니다. 그런데 남들에게 보이고자 하는 경건은 웃음거리일 뿐이지요.

✝ 오늘 말씀 신명기 9:1 - 11:32

신명기

모세의 두 번째 설교(2)
두 번째 '쉐마 이스라엘'과 두 번째 다짐

💡 **실마리 풀기**

"하나님이 당신들에게 원하시는 것이 무엇인지 아십니까?"(신 10:12)

오늘 읽을 부분은 모세가 행한 두 번째 설교의 도입부분의 후반부로써, 모세는 다시 한 번 크게 외칩니다. 쉐마 이스라엘! (이스라엘아 들으라!) 본격적인 설교를 하기에 앞서서 모세는 이전에 그들이 호렙 산에서, 광야에서 그리고 가데스바네아에서 하나님의 명령을 거역하고 불순종하기만 하였던 기억을 떠올립니다. 그리고 자신의 중보기도로 인하여 자비를 베풀어주신 것을 다시 한 번 기억시키고자 하며, 〈순종의 축복과 불순종의 저주〉라는 생명의 조건을 다시 반복하여 제시하는 것입니다.

두 번째 쉐마 이스라엘(이스라엘아 들어라) - 율법의 본질(9:1 - 10:22)

(1) 과거의 불순종과 하나님의 자비를 기억하라(9:1 - 10:11)

모세가 다시 한 번 외친다. 너희는 과거의 불순종과 하나님의 자비를 기억하라. 하나님께서 이 좋은 땅을 그들에게 주어 유산으로 차지하게 하신 것은 그들이 착하기 때문이 아니다. 오히려 그 땅에 사는 민족들이 악하기 때문에 그들을 내쫓기 위한 것이다(9:5). 또한 주님께서 그들의 조상 아브라함과 이삭과 야곱에게 맹세하신 그 말씀을 이루려 하시는 것임을 그들은 알아야 한다.

그러나 그들은 고집이 센 백성이다. 그들이 광야에서 주 하나님을 얼마나 노엽게 하였던가. 그들은 늘 주님을 거역하기만 하였으니, 모세가 기억하기로 두 번씩이나 40일을 금식하며 그의 백성들을 진멸하지 말아 달라고 기도하였다. 그 때마다 하나님께서 모세의 기도를 들으시고 자비를 베푸셨다. 모세의 중보기도로 인하여 이 백성을 주님의 소유요 주님의 백성으로 인정하여 주신 것이다.

(2) 하나님만이 참 하나님이시고, 참 주님이심을 기억하라(10:12 - 22)

율법의 본질은 이것이다. 하나님만이 참 하나님이시고, 참 주님이시며, 그분만이 크신 권능의 하나님이시요, 두려우신 하나님이시다. 그러므로 그들은 주 하나님만을 사랑하며 다른 신에게 절하지 아니하고, 그의 직임과 법도와 규례와 명령을 항상 지켜야 한다. "하나님이 당신들에게 원하시는 것이 무엇인지 아십니까? 주 당신들의 하나님을 경외하며, 그의 모든 길을 따르며, 그를 사랑하며, 마음을 다하고 정성을 다하여 주 당신들의 하나님을 섬기며, 당신들이 행복하게 살도록 내가 오늘 당신들에게 명하는 주 당신들의 하나님의 명령과 규례를 지키는 일이 아니겠습니까?"(12 - 13절).

이렇게 하나님을 경외하며, 그의 모든 길을 따르려는 자는 누구나 마음에 할례를 받아야 한다(16절). 사도 바울도 이 할례를 강조한다. "겉모양으로 유대 사람이라고 해서 유대 사람이 아니요, 겉모양으로 살갗에 할례를 받았다고 해서 할례가 아닙니다. 오히려 속사람으로 유대 사람인 이가 유대 사람이며, 율법의 조문을 따라서 받는 할례가 아니라 성령으로 마음에 받는 할례가 참 할례입니다. 이런 사람은, 사람에게서가 아니라, 하나님에게서 칭찬을 받습니다"(롬 2:28 - 29).

두 번째 다짐 - 모세가 가르치는 생명의 조건(순종의 축복과 불순종의 저주)(11:1 - 32)

이 조건은 이미 출애굽기(출 19:5 - 6)와 레위기(레 18:2 - 5, 26:3 - 28)에서도 소개된 바 있다. 모세가 제시하는 이 다짐을 일컬어 축복과 저주의 선언(신명기적 원칙)이라 하며, 이는 구약 역사를 이끌어 갈 언약서의 결론이며, 이스라엘 역사의 원칙이다. "보십시오, 내가 오늘 당신들 앞에 복과 저주를 내놓습니다. 오늘 내가 당신들에게 명하는 주 당신들의 하나님의 명령을 귀담아듣는 사람은 복을 받을 것이며, 주 당신들의 하나님의 명령을 귀담아듣지 않고, 오늘 내가 당신들에게 명한 그 길을 떠나, 당신들이 알지 못하는 다른 신들을 따르는 사람은 저주를 받을 것입니다"(11:26 - 28).

모세가 다시 한 번 주문한다. "그러므로 당신들은 내가 한 이 말을 마음에 간직하고, 골수에 새겨두고, 또 그것을 손에 매어 표로 삼고, 이마에 붙여 기호로 삼으십시오"(11:18). 그리고 마지막으로 너희가 그 땅에 들어가거든 "그리심 산에서는 축복을 선포하고, 에발 산에서는 저주를 선포하십시오"(11:29)라고 주문하였다. 이는 이스라엘 백성들이 그들의 삶 속에서 항상 바라보며 교훈을 얻어야 할, 눈에 보이는 징표로 삼으라는 명령이다.

묻고? 답하기!

하나님이 나에게 원하시는 것이 무엇인지 아시나요?

요한계시록 2장과 3장에 보면, 일곱 교회에 보내는 편지가 있습니다. 그리고 편지마다 마지막으로 이기는 사람에게 주시겠다는 선물이 있습니다. 하나님이 나에게 원하시는 것은 마음을 다하고 정성을 다하여 주 하나님을 섬기는 것입니다. 그리하여 나의 이름이 생명책에서 지워지지 않게 되어, 끝내 나의 이름을 시인하고자 원하시는 것이 아닐까요? 이기는 자가 됩시다.

신명기

✝ 오늘 말씀 신명기 12:1 - 18:22

모세의 두 번째 설교(3)
율법의 해설(십계명의 1 - 5계명과 관련하여)

💡 **실마리 풀기**

"같이 사는 레위 사람과 떠돌이와 고아와 과부까지도 함께 주 당신들의 하나님 앞에서 즐거워해야 합니다"(신 16:11)

12장 1절부터 26장 19절까지는 모세가 가르치고자 하는 율법입니다. 그 내용은 대략 십계명의 순서를 따라 그 적용을 상세하게 제시하는 것으로 볼 수 있습니다. 다만 그 내용이 이 시대를 살아가는 우리와 너무 동떨어진 것들이기 때문에 집중하여 읽기가 매우 힘이 듭니다. 몇 가지 핵심 요절에 집중하되 속독을 권합니다. 오늘 읽을 내용은 그 율법 중에 십계명의 제1 - 5계명과 관련된 규례와 법도입니다.

첫째 계명 - 주님께서 직접 택하신 곳, 단 하나의 성소(12:1 - 28)

백성들이 요단 강을 건너가서, 주 하나님이 유산으로 주시는 땅에 정착하게 되면 이방 신의 제단을 파괴하여야 하고, 하나님을 섬길 때 이방 민족들이 그들의 신들을 섬기는 방식으로 섬겨서는 안 된다. 석상을 부수고, 아세라 목상을 불태우고, 신상들을 부수고, 그들의 이름을 그곳에서 지워서 아무도 기억하지 못하게 하여야 한다.

이스라엘 백성들은 모든 번제물과 화목제물과 십일조와 높이 들어 바치는 곡식 제물과 주님께 바치기로 서원한 모든 서원 제물을 주님께서 그의 이름을 두려고 직접 택하신 곳, 단 하나의 성소로 가지고 가서 드려야 한다(12:10 - 11). 이러한 모든 규례는 하나님께 드리는 예배가 그곳에 사는 이방인들로 인하여 변질할 가능성을 차단하기 위함이다.

둘째 계명 - 누구든지 너희들로 배교자가 되게 하면(12:29 - 13:18)

백성들이 요단 강을 건너가서, 주 하나님이 유산으로 주시는 땅에 정착하게 되면, 그곳에 살던 사람들의 종교적인 관습을 따르다가 올무에 걸리는 일이 없도록 조심하여야 한다.

"예언자나 꿈으로 점치는 사람이나, 당신들의 형제나 아들이나 딸이나 당신들의 품에 안기는 아내나, 당신들이 목숨처럼 아끼는 친구 가운데 누구든지, 당신들에게 은밀히 말하기를 '너희가 지금까지 알지 못하던 다른 신을 따라가, 그를 섬기자'하거나, '우리와 우리 조상이 일찍이 알지 못하던 신들에게 가서, 그 신들을 섬기자' 하고 꾀거나, '우리가 가서, 땅의 이 끝에서 저 끝까지, 사방 원근 각처에 있는 민족들의 신을 섬기자' 하면 그 누구든지, 그 말에 귀를 기울이지도 말고, 듣지도 말고, 그런 사람을 불쌍하게 여기지도 말며, 가엾게 여기지도 말고, 덮어서 숨겨 줄 생각도 하지 말고 반드시 죽여야 합니다"(13:6 - 9).

셋째 계명 - 하나님이 선택하여 삼으신 거룩한 백성(14:1 - 29)

백성들이 요단 강을 건너가서, 주 하나님이 유산으로 주시는 땅에 정착하게 되면, 하나님 나라의 백성들은 주님께서 땅 위에 있는 많은 백성 가운데서 선택하여 자기의 귀중하고 거룩한 백성으로 삼으셨으니, 그들 자신도 거룩하여야 한다.

하나님 나라의 백성들은 해마다 밭에서 거둔 소출의 십일조를 드려야 한다. 요단 강을 건너기 이전에는 십일조가 지역 성소를 유지하는 데 쓰이도록 여호와께 드리는 예물이었다면, 이제는 제물을 바치는 사람 자신이 여호와 앞에서 그 예물을 먹으면서 함께 즐거워하여야 한다(14:22 - 26).

넷째 계명 - 모두 함께 주님 안에서 즐거워하라(15:1 - 16:17)

백성들이 요단 강을 건너가서 주 하나님이 유산으로 주시는 땅에 정착하게 되면, 모든 남자는 한 해에 세 번, 무교절과 칠칠절과 초막절에 성소로 가서 주님을 뵈어야 하며, 아들과 딸과 남종과 여종과 성안에서 같이 사는 레위 사람과 떠돌이와 고아와 과부까지도 함께 즐거워해야 한다. 하나님의 백성들이 모두 함께 주님 안에서 즐거워하도록 마련하신 것이 **진정한 절기와 안식의 의미**이기 때문이다.

다섯째 계명 - 주 하나님이 택하신 사람을 공경하라(16:18 - 18:22)

재판관들은 공정한 재판을 해야 하며, 왕을 세우려거든 반드시 주 하나님이 택하신 사람을 왕으로 세워야 한다(17:15). 백성들은 주님께서 택하신 곳에서 그들이 내려 준 판결에 복종해야 하고 일러준 대로 지켜야 한다.

묻고? 답하기!

나는 나눔에 있어 후한 편인가요, 인색한 편인가요?

신명기에서 제시하는 율법을 읽으며 섬찟 놀라운 것은 가난한 자들과 공동체에서 소외된 자들에 대한 끊임없는 관심입니다. 기회가 될 때마다 그들을 돕고 그들과 나누며, 함께 즐거워하라고 주문합니다. 야고보도 우리에게 신앙의 본질을 제시합니다. "하나님 아버지께서 보시기에 깨끗하고 흠이 없는 경건은, 고난을 겪고 있는 고아들과 과부들을 돌보아 주며, 자기를 지켜서 세속에 물들지 않게 하는 것입니다"(약 1:27).

12일

신명기

모세의 두 번째 설교(4)
율법의 해설(십계명의 6 - 10계명과 관련하여)

💡 **실마리 풀기**

"주검을 나무에 매달아 둔 채로 밤을 지내지 말고, 그 날로 묻으십시오. 나무에 달린 사람은 하나님께 저주를 받은 사람이기 때문입니다"(신 21:23)

오늘 읽을 내용은 두 번째 설교, 율법 중에 십계명의 제6 - 10계명과 관련된 규례와 법도입니다. 이는 오로지 하나님이 택하신 이스라엘 공동체의 순결과 거룩함을 유지하기 위한 최소한의 지침입니다. 앞으로 읽어갈 성경에서 볼 수 있는 독특한 관습들은 모두 이 규례를 근거한 것이라 볼 수 있습니다.

여섯째 계명 - 죄 없는 사람이 살인죄를 지고 죽는 일이 없도록(19:1 - 21:9)

살인은 필시 복수를 낳게 마련이다. 살인은 마땅히 처벌을 받아야 하지만, 만에 하나 죄 없는 사람이 살인죄를 지고 죽는 일이 없도록(무죄한 피를 흘리지 않도록) 도피성을 마련하여야 한다.

살인이나 이웃과의 경계선을 부정하게 탐한 경우와 같은 잘못이나 범죄를 판단할 때, 한 사람의 증언만으로는 판정할 수 없으며 두세 사람의 증언이 있어야만 그 일을 확정할 수 있다. 만일 거짓 증언을 한 자에게는 목숨에는 목숨으로, 눈에는 눈으로, 이에는 이로, 손에는 손으로, 발에는 발로 갚아야 한다.

어떠한 전쟁이든 그 전쟁에서 승리하려면 반드시 하나님께서 함께 싸움터에 나가서 적을 물리치셔야 한다. 그리고 반드시 적에게 먼저 평화를 청하여야 하며, 그들이 거부할 경우에는 그 도시를 정복하고 그곳의 남자들을 모두 죽여야 한다. 그러나 하나님이 유산으로 주신 가나안 땅에 있는 성읍을 점령하는 거룩한 전쟁의 경우에는 정복한 땅에 숨 쉬는 것은 하나도 살려 두면 안 된다. 그렇지 않으면, 그들이 그들의 신을 섬기는 온갖 역겨운 관습과 일을 통하여 하나님께 죄를 짓게 할 것이기 때문이다.

일곱째 계명 - 공동체와 가족의 성결(21:10 - 23:14)

택함을 받아 구분된 거룩한 백성들은 스스로 정결한 삶을 살아내야 한다. 음행하여, 이스라엘 안에서 수치스러운 일을 한 자들은 다 죽여서 이스라엘에서 이런 악의 뿌리를 뽑아야 한다. 진을 치고 적과 맞서고 있는 동안에는 어떤 악한 일도 스스로 삼가야 하며, 진은 오물로 더럽혀지지 않고 깨끗하게 유지되도록 해야 한다.

약속의 땅에서 조직화할 공동체와 그 기초 단위인 가족의 유지와 종속을 위하여 만들어진 기초적인 규례들이다. 예를 들면 이런 조항들이다. 사랑받는 아내와 사랑받지 못하는 아내가 다 같이 아들을 낳았는데, 맏아들이 사랑받지 못하는 아내의 아들일 경우에라도 그는 반드시 맏아들로서의 장자권을 받아야 한다. 아버지의 말이나 어머니의 말을 전혀 듣지 않고 반항만 하며, 고집이 세어서 아무리 타일러도 듣지 않는 아들이 있거든, 성읍의 모든 사람이 그를 돌로 쳐서 죽여서 악을 뿌리 뽑아야 한다.

여덟째, 아홉째, 열째 계명 - 이웃과의 관계에 대한 다양한 규례들(23:15 - 25:16)

이웃이 되어 살아가는 백성들에게 닥치게 될 여러 가지 경우의 상황에 대하여 다양한 법규와 관습들이 적용될 것이다. 그러나 이것들은 반드시 은혜롭고 자비롭게 행해져야 한다. 예를 들어, 어떤 종이 그의 주인을 피하여 도망하여 오거든, 그를 주인에게 돌려보내서는 안 된다. 동족에게 돈을 꾸어 주었거든 이자는 받지 말아야 하며, 곡식을 밟으면서 타작하는 소의 입에 망을 씌우지 말아야 한다.

아말렉을 진멸하라(25:17 - 19)

율법의 가르침을 마무리하면서 특별히 "아말렉 사람을 흔적도 없이 없애버려야 합니다" (25:19)라고 명령하는 것을 볼 수 있다. 그들은 출애굽 한 백성들을 가장 먼저 공격한 종족이었다(출17:8). 훗날 하나님께서 사울에게 "아말렉을 쳐라. 그들에게 딸린 것은 모두 전멸시켜라"(삼상 15:3)고 하셨음에도 사울은 아말렉 왕을 사로잡았고, 값없고 쓸모없는 것들만 골라서 진멸하였다. 그 결과 사울은 하나님으로부터 버림을 받게 된다. 이들은 히스기야 때에 와서야 대부분 멸족되고, 특히 에스더에 의해 아말렉의 후손인 하만과 그 일족을 처단함으로써 주님의 명령은 성취되게 된다.

묻고? 답하기!

죽이고 싶은 저 원수를 어떻게 할 것인가요?

예수님께서는 " '눈은 눈으로, 이는 이로 갚아라'(신 19:21) 하고 말한 것을 너희는 들었다. 그러나 나는 너희에게 말한다. 악한 사람에게 맞서지 말아라. 누가 네 오른쪽 뺨을 치거든, 왼쪽 뺨마저 돌려대어라"(마 5:38 - 39)라고 말씀하셨습니다. 그렇게 사람들 사이의 사소한 원한은 하나님의 은혜와 사랑의 잣대로 판단하는 것이 결국 좋은 결과를 가져옵니다. 하지만, 하나님을 대적하는 사탄의 하수인과의 영적 전쟁이라고 생각될 때는 "아말렉을 전멸시켜라"하신 말씀대로 결코 그 죄를 용납해서는 안 될 것입니다.

2

13일

✝ 오늘 말씀 신명기 26:1 - 28:68

신명기

모세의 두 번째 설교(5)

세 번째 다짐

💡 실마리 풀기

"땅 이 끝에서 저 끝까지, 모든 민족들 가운데 당신들을 흩으실 것이니"(신 28:64)

모세는 이제까지 율법의 내용을 상세히 설명하였습니다. 그리고 다시 세 번째 다짐합니다. 얼마나 안타까웠으며 이렇게 강조하고, 강조하며 또 다짐할까요. 솔직히 자신이 없었던 것은 아닐까요?
모세가 이르기를 '이 율법 가운데 하나라도 실행하지 않는 자는 저주를 받는다.'(27:26)하였으나, 오늘날 사도바울은 그 율법은 아무도 의롭게 하지 못함을 역설하고 있습니다. 오히려 '그리스도께서 우리를 위하여 저주를 받은 사람이 되심으로써, 우리를 율법의 저주에서 속량해 주셨다(갈 3:10 - 13)'고 선언하는 것입니다.

해설의 마무리 - 규례와 법도에 대한 감사와 서약(26:1 - 26:19)

모세는 모든 율법의 해설을 마무리하면서, 하나님 앞에 나아가 드리는 감사의 기도를 드리는 법을 일일이 가르치고 있다. "주님의 거룩한 처소 하늘에서 굽어 살피시고, 주님의 백성 이스라엘에 복을 주시며, 주님께서 우리의 조상에게 약속하신 대로, 우리에게 주신 땅 곧 젖과 꿀이 흐르는 땅에 복을 내려 주십시오"(26:15) 라고.

이제 주님을 하나님으로 모시고 그의 길을 따르며, 그의 규례와 명령과 법도를 지키며, 그에게 순종하겠다고 약속하였으니, 주님께서는 그가 지으신 모든 백성보다 그들을 더욱 높이 세워서 그들이 칭찬을 받고 명예와 영광을 얻게 하시고, 그들을 하나님의 거룩한 백성이 되게 하실 것이다. 이것이 **언약이 품고 있는 본질적 의미**이다.

모세가 요청한 순종의식 - 그리심 산과 에발 산에서의 선포(27:1 - 26)

이제 젖과 꿀이 흐르는 땅에 들어가면 큰 돌들을 에발 산에 세우고, 이 모든 율법의 말씀을 그 위에 기록하라고 모세가 명하였다. 그리고 백성들을 둘로 나누어 여섯 지파는 그리심 산에 서고, 나머지 여섯 지파는 에발 산 위에 서도록 하여 축복과 저주의 선포를 할 것을 지시하였다. 특별히 우상숭배의 죄, 불효의 죄, 사회적 불의, 성적 타락 그리고 살인의 죄들은 저주를 받을 것이다.

모세는 이전에도 두 번째 다짐하면서 "그리심 산에서는 축복을 선포하고, 에발 산에서는 저주를 선포하십시오"(11:29)라고 지시한 바 있다. 저주와 축복을 선포하는 예식을 행해야하는 그리심 산과 에발 산은 세겜이 내려다보이는 곳이다. 이 세겜은 하나님께서 아브라함에게 처음 나타나셨던 신성한 곳으로 그가 처음 제단을 쌓은 곳이다(창 12:7). 또한, 야곱이 가나안 땅의 세겜 성 앞에다가 장막을 치고 그 밭을 은 백 냥을 주고 샀으며(창 33:19), 이 땅은 요셉 자손의 유산이 되었다(창 48:22). 이스라엘 자손들은 무려 400여 년 후 이집트에서 가져온 요셉의 유해를 이곳에 묻었다(수 34:32). 모세는 이처럼 성스러운 곳을 바라보며 이스라엘 자손들을 모두 모아 그들에게 하나님의 약속을 기억시키며, 율법의 준수를 다짐하는 의식을 거행한다.

세 번째 다짐 - 순종의 축복과 불순종의 저주(28:1 - 68)
이제 젖과 꿀이 흐르는 땅에 들어가면, 하나님께 순종하고 그의 명령과 규례를 지키라.

1. 당신들이 주 하나님의 말씀을 귀담아듣고 내가 오늘 당신들에게 명한 그 모든 명령을 주의 깊게 지키면, 주 하나님이 당신들을 세상의 모든 민족 위에 뛰어나게 하실 것입니다.

2. 당신들이 주 하나님의 말씀에 순종하면, 이 모든 복이 당신들에게 찾아와서 당신들을 따를 것입니다.

3. 당신들이 주 하나님의 명령을 지키고 그 길로만 걸으면, 주님께서는 당신들에게 맹세하신 대로 당신들을 자기의 거룩한 백성으로 삼으실 것입니다.

4. 당신들이 주 하나님의 명령을 진심으로 지키면, 주님께서는 당신들을 머리가 되게 할 것이다.

그러나 당신들이 주 하나님의 말씀을 듣지 않고, 또 내가 오늘 당신들에게 명한 모든 명령과 규례를 지키지 않으면, 주님께서는 당신들을 다른 민족에게 넘기실 것이니, 당신들이 받들어 세운 왕과 함께 당신들도 모르고 당신들 조상도 알지 못하던 민족에게로 끌어가실 것이며, 당신들은 거기에서 나무와 돌로 만든 다른 신들을 섬길 것이다. 그리고 당신들이 하늘의 별같이 많아져도 마지막에는 몇 사람밖에 남지 않을 것이다.

묻고? 답하기!

아직도 나를 억누르는 율법의 저주는 무엇인가?

"그리스도께서 우리를 위하여 저주를 받은 사람이 되심으로써, 우리를 율법의 저주에서 속량해 주셨습니다"(갈 3:13). 그런데도 우리의 마음을 갑갑하게 만드는 것, 교회를 열심히 다니는 우리에게 부담으로 다가오는 규제 또는 관습 무엇일까요? 성경의 가르침과 일치하지도 않고, 지키지 않아도 될 것 같은데도, 교회 안에서 또는 믿음 생활을 하면서 반드시 지켜야만 할 것 같은 압박을 받는 그것은 무엇일까요? 한 번 곰곰이 생각해보시기를 바랍니다.

✝ 오늘 말씀 신명기 29:1 - 30:20

모세의 세 번째 설교
언약의 비준

💡 실마리 풀기

"하나님이 당신들의 마음과 당신들 자손의 마음에 할례를 베푸셔서 순종하는 마음을 주실 것입니다"(신 30:6)

모세는 이제 마지막 설교를 통해서 이제까지 언급한 모든 것을 되새겨 봅니다. 아울러 이 언약과 맹세가 앞에 서 있는 이스라엘 백성들하고만 세우는 것이 아니며, 함께 있지 않은 자손과도 함께 세우는 것임을 분명히 합니다. 이는 율법을 문서로 만들고 반드시 지키겠다는 서약을 하는 비준식입니다.

모압 언약의 당사자 - 우리에게 밝히 보이신 율법(29:1 - 15)

모세는 어리석은 백성들을 향하여, 주님께서 그들에게 깨닫는 마음과 보는 눈과 듣는 귀를 주지 않으셨음을 상기하면서, 그들이 이 언약의 말씀을 지키면 그들이 하는 일마다 성공할 것이라고 선언한다.

또한, 이 언약과 맹세는 주님께서 앞에 서 있는 이스라엘 백성들하고만 세우는 것이 아니다. 이 언약은 하나님 앞에 서 있는 사람들만이 아니라, 함께 있지 않은 자손과도 함께 세우는 것이다. 우리를 구원하신 하나님을 만나 그 은혜를 깨달은 자는 그분의 말씀을 충실히 따르고 행할 의무가 있다. 그뿐만 아니라 뒤를 이을 자녀들에게도 이를 전하여 예수님 오실 때까지 언약의 축복이 이어지도록 해야 한다.

예수님께서도(마 13:14 - 15), 사도 바울도(행 28:26 - 28) 깨닫지 못하는 자들을 향하여 이사야의 예언을 인용하여 말씀하신다. "너희가 듣기는 들어도 깨닫지 못하고, 보기는 보아도 알지 못한다. 이 백성의 마음이 무디어지고 귀가 먹고 눈이 감기어 있다. 이는 그들로 하여금 눈으로 보지 못하게 하고 귀로 듣지 못하게 하고 마음으로 깨닫지 못하게 하고 돌아서지 못하게 하여, 내가 그들을 고쳐 주지 않으려는 것이다"(사 6:9 - 10). 그러므로 우리도 하나님의 말씀을 끊임없이 읽고 듣고 되새겨야 한다. 깨달음을 주실 때까지.

순종해야 할 이유 - 그것은 주님의 것, 이것은 우리의 것(29:16 - 29)

마음속에 심은 우상 숭배의 독초나 쓴 열매를 맺는 뿌리는 너무도 쉽게 퍼져간다. 그들은 아무리 달래도 '내 고집대로 하여도 만사가 형통할 것이다'하는 사람이다. 주님께서 그들에게는 분노와 질투의 불을 퍼부으실 뿐만 아니라 이 책에 기록되어 있는 모든 저주를 그에게 내리게 하실 것이다.

이 세상에는 우리의 하나님이 숨기시기 때문에 알 수 없는 일도 많으나 그것은 주님의 것이다. **하나님의 영역에 속한 것을** 추측이나 상상만으로 왈가왈부하는 것은 쓸데없는 짓이다. 그러나 하나님은 그의 뜻이 담긴 율법을 밝히 나타내 주셨으니 이것은 우리의 것이다. 그러므로 우리와 우리의 자손은 길이길이 이 율법의 모든 말씀에 순종해야 한다.

모세가 깨달은 행복의 길 - 하나님의 한결같은 사랑의 비밀(30:1 - 10)

"주 당신들의 하나님이 당신들의 마음과 당신들 자손의 마음에 할례를 베푸셔서 순종하는 마음을 주실 것입니다. 그리하여 당신들이 마음을 다하고 정성을 다하여 주 당신들의 하나님을 사랑하며 살 수 있게 하실 것입니다"(30:6). 하나님께서 우리의 마음에 은혜를 베푸셔서 순종할 수 있도록 인도하시며 도우실 것이다. 그 때 우리는 돌아와서 주님의 말씀을 순종하며 모든 명령을 지킬 수 있을 것이다. 이는 우리에 대한 한결같은 사랑이 **하나님의 속성이며 하나님 나라의 비밀**임을 알려주는 힌트이다.

사도 바울은 "사람은 마음으로 믿어서 의에 이르고, 입으로 고백해서 구원에 이르게 됩니다. 그러므로 유대 사람이나, 그리스 사람이나 주님의 이름을 부르는 사람은 누구든지 구원을 얻을 것입니다"(롬 10:10 - 13)라고 그 비밀을 해설하고 있다. 우리가 주 하나님의 말씀을 잘 듣고, 마음을 다하고 정성을 다하여 주 하나님께로 돌아오면 그런 복을 받게 될 것이다.

언약의 비준 - 모세 설교의 결론(30:11 - 20)

모세는 생명과 사망, 복과 저주를 내놓으니 당신들이 스스로 택하라고 말하며 설교의 끝을 맺는다. "그 명령은 당신들에게 아주 가까운 곳에 있습니다. 당신들의 입에 있고 당신들의 마음에 있으니, 당신들이 그것을 실천할 수 있습니다"(30:14). "당신들이 하나님을 사랑하고, 그의 길을 따라가며, 그의 명령과 규례와 법도를 지키면, 당신들이 잘되고 번성할 것입니다. 그러나 당신들이 마음을 돌려서 순종하지 않고, 빗나가서 다른 신들에게 절을 하고 섬기면, 오늘 내가 당신들에게 경고한 대로, 당신들은 반드시 망하고 맙니다"(30:16 - 18).

묻고?답하기!

말씀이 내게 가까이 있고, 내 입에 있고, 내 마음에 있는지 돌아볼까요?

복을 받으며 살 것인가 아니면 저주를 받으며 죽음에 이르게 될 것인가 스스로 선택하라면 누구나 복을 받으며 살고 싶다고 말할 것입니다. 그러나 대부분의 사람은 복을 받는 방법을 모르고 살아갑니다. 말씀이 있다는 것을 알면서도 그 말씀을 가까이 두고, 입에 두고, 마음에 두는 꺼립니다. 복을 받으며 살고자 한다면, 늘 말씀을 읽고 그 뜻대로 행하여야 할 것입니다.

15일

✝ 오늘 말씀 신명기 31:1 - 34:12

하나님의 도전을 전하는 모세의 간절함
명령과 축복(신명기 부록)

💡 실마리 풀기

"나, 오직 나만이 하나님이다. 나 밖에는 다른 신이 없다"(신 32:39)

이제 모세는 죽음을 앞에 두고 자신의 사역을 마무리합니다. 자신의 후계자 여호수아에게 용기를 주고, 이스라엘의 제사장들과 장로들에게는 율법을 기록하여 전하며, 절기마다 그 율법을 백성들에게 읽어주도록 명령합니다. 그것도 모자라서 율법을 상기시키는 노래를 만들어 이스라엘 백성들에게 들려주었습니다. 이 노래가 백성들이 온갖 재앙과 환란을 당할 때 그들을 일깨워 주기를 바라는 것입니다. 모세는 이어서 이스라엘 자손을 향한 축복을 베푼 후에 모압 평원, 여리고 맞은 편에 있는 느보 산의 비스가 봉우리에 올라 가 나안 땅을 바라본 후에 죽음을 맞이하였습니다.

두 가지 증거 - 여호수아와 이스라엘에게 하는 명령(31:1 - 29)

여호수아에게 - "그대는 마음을 강하게 하고 용기를 내시오. 주님께서 친히 그대 앞에서 가시며, 그대와 함께 계시며, 그대를 떠나지도 않으시고 버리지도 않으실 것이니, 두려워하지도 말고 겁내지도 마시오."

주님의 언약궤를 메는 레위 자손 제사장들과 이스라엘의 모든 장로에게 - "일곱 해가 끝날 때마다, 곧 빚을 면제해 주는 해의 초막절에, 이 율법을 온 이스라엘 백성 앞에서 읽어서 그들의 귀에 들려주십시오. 그들이 율법을 듣고 배워서, 주 당신들의 하나님을 경외하며, 이 율법의 모든 말씀을 지키도록 하십시오."

모세는 이스라엘 백성들에게 율법의 축복과 저주를 상기시키고자 두 가지 증거를 남기고자 한다. 모세는 레위 사람들에게 율법 책을 가져다가 하나님의 언약궤 옆에 두어서, 그들에게 하나의 증거가 되게 하라고 말하였다. 아울러 하나님께서 모세에게 주신 노래는 이스라엘 백성들이 무엇을 배웠으며, 무엇을 지켜야 하는지를 일깨워 줄 것이다. 사람들이 이 노래를 부르는 한, 이 노래가 그들을 일깨워 주는 또 하나의 증거가 될 것이다.

하나님께서 모세의 노래를 통해 주신 명령(31:30 - 32:52)

모세가 한자리에 모인 이스라엘 백성들에게 한 노래를 들려준다. "어리석은 백성아, 이 미련한 민족아, 너희는 어찌하여 주님께 이처럼 갚느냐? 그는 너희를 지으신 아버지가 아니시냐? 너희를 만드시고 일으키신 분이 아니시냐?"(32:6). "태초에 하나님께서 땅을 나누고, 인류를 갈라놓으실 때 주님께서 이스라엘 백성을 주님의 몫으로 삼으시고, 야곱을 그의 유산으로 삼으셨다"(32:8 - 9).

안타깝게도 그의 백성들의 행위는 끝없는 좌절을 불러올 것이지만, 이 세상에 유일하고 독특하신 하나님께서는 그들을 진노와 심판으로 멸하시는 것이 아니라 긍휼과 자비로 그의 '한결같은 사랑(Hesed)'을 보이실 것이다. 모세가 마지막으로 당부한다. "오늘 내가 당신들에게 증언한 모든 말을 당신들은 마음에 간직해 두고, 자녀에게 가르쳐, 이 율법의 모든 말씀을 지키게 하십시오. 율법은 단지 빈말이 아니라 바로 당신들의 생명입니다. 이 말씀을 순종하십시오. 그래야만 당신들이 요단 강을 건너가 차지하는 땅에서 오래오래 살 것입니다"(32:46 - 47).

각 지파를 향한 모세의 축복(33:1 - 29)

이스라엘 자손을 향한 모세의 축복은 마치 야곱이 그의 열두 아들들을 축복하는 모습을 연상케 한다. 야곱은 요셉과 유다를 가장 중요한 지파로 여기고 축복을 부어주지만, 모세는 "주님의 계명에 순종하고, 주님의 언약을 성실하게 지킨"(33:9) 레위 지파에 그 축복을 집중하고 있다.

이 축복은 처음과 끝부분에서 주님의 찬양과 어우러진다. "이스라엘 백성아, 너희의 하나님과 같은 신은 달리 없다. 예부터 하나님은 너희의 피난처가 되시고, 그 영원한 팔로 너희를 떠받쳐 주신다. 이스라엘아, 너희는 복을 받았다. 주님께 구원을 받은 백성 가운데서 어느 누가 또 너희와 같겠느냐? 그분은 너희의 방패이시요, 너희를 돕는 분이시며, 너희의 영광스런 칼이시다"(33:26 - 29).

후기 : 모세의 죽음(34:1 - 12)

주님께서는 얼굴과 얼굴을 마주 대고 모세와 말씀하셨다. 온 이스라엘 백성이 보는 앞에서 모세가 한 것처럼, 큰 권능을 보이면서 놀라운 일을 한 사람은 다시없다. 이스라엘에는 모세와 같은 예언자가 다시는 나지 않았다. 주님의 종 모세는 주님의 말씀대로 모압 땅에서 죽어서 모압 땅 벳브올 맞은쪽에 있는 골짜기에 묻혔는데, 모세가 죽을 때에 나이가 백이십 살이었으나 그의 눈은 빛을 잃지 않았고, 기력은 정정하였다.

묻고? 답하기!

한 마디로 나에게 율법이 무엇이라고 생각하시는가요?

율법이라는 말은 언제나 나를 억누릅니다. 왠지 내가 무언가 잘못을 하는 것은 아닌가 하는 의구심이 듭니다. 잘 지키지 않으면 큰일 날 것만 같은 생각이 듭니다. 하지만 나의 율법은 오직 하나 "오직 나만이 하나님이다. 나 밖에는 다른 신이 없다"하신 그 말씀 뿐입니다. 나는 오직 예수님 한 분, 언제나 나를 용납하시는 한결같은 사랑의 하나님만 생각합니다. 그분만이 나의 피난처이시기 때문입니다.

2월 16일

사람의 모습으로 오셨던 주님(1)
예수 그리스도의 임재

✝ **오늘 말씀** 창세기 18:1 - 19:1 ; 32:22 - 30, 여호수아 5:13 - 15, 사사기 13:2 - 23

💡 **실마리 풀기**

"내가 진정으로, 진정으로 너희에게 말한다. 아브라함이 태어나기 전부터 내가 있다"(요 8:58)

아브라함의 장막으로 - 웬 사람 셋(창세기 18장)

마므레의 상수리나무 곁, 아브라함의 장막으로 주님께서 아브라함에게 나타나셨습니다. 아브라함이 고개를 들고 보니, 웬 사람 셋이 자기의 맞은쪽에 서 있었습니다(창 18:1 - 2). 아브라함이 그들을 영접하고 기름진 송아지 요리를 대접하였습니다. 그 세 사람 중에 한 분이신 주님께서 아브라함에게 "다음 해 이맘때에, 내가 반드시 너를 다시 찾아오겠다. 그 때 너의 아내 사라에게 아들이 있을 것이다"라고 말씀하셨습니다. 그 말을 듣고 사라가 속으로 웃자, 주님께서 "어찌하여 사라가 웃으면서 '이 늙은 나이에 내가 어찌 아들을 낳으랴?' 하느냐?"고 말씀하셨습니다(창 18:10 - 15).

한 사람은 아브라함 앞에 그대로 서 계셨지만 두 사람(천사)은 소돔으로 갔습니다(18:22, 19:1). 남아있던 한사람이 소돔과 고모라를 멸하시겠다고 말씀하시자, 아브라함이 의인 열 명을 찾으신다면 그 성을 용서해주실 것을 간청합니다. 그 때 아브라함과 대화를 나누신 **그 사람은 하나님**이셨습니다.

얍복 나루에서 야곱에게 - 어떤 이(창세기 32장)

야곱이 20년 만에 고향으로 돌아옵니다. 그러나 야곱의 마음속에는 형 에서에 대한 자신의 잘못이 마음에 걸립니다. 혹시라도 형 에서가 자신의 모든 것을 앗아갈까 두렵습니다. 그래서 야곱은 하나님께서 자신에게 베풀어 주신 은혜를 감사하고, 형 에서의 손에서 구해주실 것을 간절히 기원합니다.

야곱이 모든 것을 내려놓고 혈혈단신으로 하나님 앞에 나아 온 그 밤에, 어떤 이가 나타나 야곱을 붙잡고 동이 틀 때까지 씨름하였습니다. 이제부터 하나님만을 의지하겠다는 야곱의 고백을 떨쳐버릴 수 없으셨던 것입니다. 그는 도저히 야곱의 고집을 꺾을 수 없다는 것을 알고서, 야곱의 엉덩이뼈를 쳤습니다(창 32:23 - 25). 야곱이 자기에게 축복해 주지 않으면 보내지 않겠다고 떼를 쓰자, 그 사람이 야곱에게 "네가 하나님과도 겨루어 이겼고, 사람과도 겨루어 이겼으니, 이제 네 이름은 야곱이 아니라 이스라엘('하나님과 겨루다' 또는 '하나님이 겨루시다')이다"라고 말하였습니다. 그리고 야곱은 "내가 하나님의 얼굴을 직접 뵙고도, 목숨이 이렇게 붙어 있구나!" 하면서, 그곳 이름을 브니엘('하나님의 얼굴')이라고 하였습니다(창 32:26 - 30). 그날 밤에 야곱이 만난 **그 어떤 이는 하나님**이셨습니다.

여리고에서 여호수아에게 - 어떤 사람(여호수아 5장)

이스라엘 백성들이 믿음으로 요단 강을 건넜습니다. 이제 여호수아가 여리고를 정복하려고 가까이 갔을 때 어떤 사람이 손에 칼을 빼 들고 나타났습니다. 자신이 주님의 군사령관으로 왔다고 하자 여호수아는 얼굴을 땅에 대고 절을 한 다음에 물었습니다. "사령관님께서 이 부하에게 무슨 말씀을 하시렵니까?" 그는 "네가 서 있는 곳은 거룩한 곳이니, 너의 발에서 신을 벗어라"고 명령하였습니다(수 5:13 - 15/ Cf. 계 19:11 - 16). 그가 선 곳이 거룩한 곳이라 함은 자신이 거룩한 분으로서 그곳에 임재하였다는 뜻입니다. 여호수아는 주님의 명령을 따라 나팔과 언약궤를 든 제사장을 앞세우고 성의 함락을 하나님의 몫으로 이루어 냈습니다. 백성들은 단지 여리고 성을 일곱 번 돌고, 뿔 나팔 소리가 한 번 길게 울리면, 그 나팔 소리를 듣고 모두 큰 함성을 지르기만 하면 되었습니다. 그리고 성벽이 무너져 내렸습니다. 여호수아가 만난 **그 어떤 사람은 하나님**이셨습니다.

단 지파 삼손의 부모에게 - 하나님의 사람, 비밀(기묘자)(사사기 13장)

이스라엘 자손이 다시 주님께서 보시는 앞에서 악한 일을 저질렀습니다. 그래서 주님께서는 그들을 사십 년 동안 블레셋 사람들의 손에 넘겨주셨습니다. 그 때 삼손의 아버지 마노아의 아내에게 하나님 천사의 모습을 한 하나님의 사람이 왔습니다. 그 사람이 여인에게 말하였습니다. "네가 임신하여 아들을 낳을 것인데, 그 아이의 머리에 면도칼을 대어서는 안 된다. 그 아이는 모태에서부터 이미 하나님께 바쳐진 나실 사람이기 때문이다. 바로 그가 블레셋 사람의 손에서 이스라엘을 구하는 일을 시작할 것이다"(삿 13:3 - 5).

아내의 이야기를 들은 마노아가 기도하여 하나님의 사람을 다시 뵙기를 청하니 그 사람이 다시 왔습니다. 자신의 이름을 묻는 마노아에게 그 사람이 자기의 이름은 비밀(기묘자)이라고 하였습니다. 마노아가 번제를 드리고 그 불길이 하늘로 치솟자 주님의 천사가 제단의 불길을 타고 하늘로 올라갔습니다(삿 13:6 - 23). 마노아가 이렇게 고백합니다. "우리가 하나님을 보았으니, 우리는 틀림없이 죽을 것이오." **그들이 만난 그 사람은 하나님**이셨습니다.

그들이 만난 하나님 사람의 이름을 우리는 이사야의 예언에서 다시 볼 수 있습니다. "한 아기가 우리를 위해 태어났다. 우리가 한 아들을 모셨다. 그는 우리의 통치자가 될 것이다. 그의 이름은 '놀라우신 조언자(기묘자, 모사)', '전능하신 하나님', '영존하시는 아버지', '평화의 왕'이라고 불릴 것이다"(사 9:6). 즉 **그분은 예수 그리스도**이셨습니다.

🕮 8월 1일 〈신학산책 31〉 - 사람의 모습으로 오셨던 주님(2)

✝ 오늘말씀 여호수아 1:1 - 5:12

정복의 준비
요단 강을 넘어 약속의 땅으로

💡 실마리 풀기

"그 궤를 멘 제사장들의 발이 요단 물가에 닿았을 때, 위에서부터 흐르던 물이 멈추었다"(수 3:15)

출애굽 당시 아말렉 사람들이 몰려와서 공격하였을 때, 하나님은 모세의 팔을 깃발처럼 높이 들어 적들을 물리쳤습니다. 이때 여호수아는 아말렉과 싸우러 나가서 그들을 무찔렀습니다(출 17:8 - 16). 그때부터 여호수아는 모세의 오른팔 노릇을 하며 백성들을 이끌었습니다. 모세가 십계명을 받으러 하나님의 산으로 올라갈 때도 그는 함께 올라갔습니다(출 24:13). 모세가 여호수아라고 부른 눈의 아들 호세아는 가나안 땅을 탐지하는 책임(민 13:16)을 졌습니다. 그 여호수아가 이제 모세의 뒤를 이어 갈렙과 함께 백성들을 가나안 땅으로 이끌어갈 것입니다.

이스라엘의 지도자가 된 여호수아와 그 백성들이 드디어 요단 강을 건너 가나안 땅으로 들어가려고 첫걸음을 떼었습니다. 하나님의 율법을 받고 순종하기로 서약한 이스라엘 백성들이 가나안 땅을 정복하게 되면 드디어 명실공히 국가의 면모를 갖추게 됩니다.

준비되어 있는 새 지도자 여호수아를 향한 하나님의 약속과 조건 - 굳세고 용감하여라(1:1 - 18)

여호수아는 백성들이 모세를 따랐던 것처럼 자기 자신도 따를지, 또한 하나님이 모세를 도우셨던 것만큼 자기 자신도 도와주실지 궁금해 했을 것이다. 그런 여호수아를 하나님께서 지명하여 불렀다. "내가 모세와 함께하였던 것과 같이 너와 함께 하며, 너를 떠나지 아니하며, 버리지 아니하겠다"(1:5). 그러나 조건이 하나 있으니 이것이다. "굳세고 용감하여라. 오직 너는 크게 용기를 내어, 나의 종 모세가 너에게 지시한 모든 율법을 다 지키고, 오른쪽으로나 왼쪽으로 치우치지 않도록 하여라. 이 율법 책의 말씀을 늘 읽고 밤낮으로 그것을 공부하여, 이 율법 책에 쓰인 대로, 모든 것을 성심껏 실천하여라. 그리하면 네가 가는 길이 순조로울 것이며, 네가 성공할 것이다"(1:6 - 7).

믿음의 여인 라합 - 우리가 들었도다(2:1 - 24)

라합이 정탐꾼을 도운 이유는 근거가 있다. 그녀는 주님께서 그 땅을 그들에게 주신 것을 알았다. 출애굽의 소식을 들었기 때문이다. 그녀는 위로는 하늘에서 아래로는 땅에서, 과연 하나님만이 참 하나님이심을 인정하였다. 전해들은 하나님의 능력을 마치 자신에게 행하신 것처럼 신뢰한 것이다. 히브리서 저자는 그녀의 용기가 그 믿음으로부터 나왔음을 증언한다. "믿음으로 창녀 라합은 정탐꾼들을 호의로 영접해 주어서, 순종하지 않은 사람들과 함께 망하지 아니하였습니다"(히 11:31).

요단 강 물이 마르게 하신 하나님 - 순종의 한 걸음, 믿음의 첫걸음(3:1 - 5:1)

여리고 정탐 결과에 힘을 얻은 여호수아가 백성에게 하나님의 말씀을 전하고, 제사장들이 앞서서 요단 강에 발을 딛는 순간 하나님께서 예비하신 기적을 보여주셨다. 언약궤는 하나님의 임재를 의미한다. 언약궤를 멘 제사장들의 발이 요단 물가에 닿았을 때, 위에서부터 흐르던 물이 멈추었다. 그토록 광야를 떠돌며 하나님의 마음을 속상하게 하였던 그들이 전적인 신뢰함으로 순종의 한 걸음을 뗀 것이다. 이제 온 이스라엘 백성들은 하나님의 기뻐하시는 백성들로 인정받게 된다. 홍해를 건넌 것이 하나님의 은혜로 구원을 얻은 **물 세례**라면, 요단 강을 건넌 것은 하나님의 백성이 순종하고 신뢰함으로 체험하게 되는 **성령 세례**라고 할 수 있다.

지파마다 한 사람씩 세운 열두 사람이 요단 강에서 가져온 돌 열두 개의 기념비를 길갈에 세웠다. 이스라엘 백성이 이 요단 강을 마른 땅으로 건너게 하셨으니 "그렇게 하신 것은, 땅의 모든 백성이 주님의 능력이 얼마나 강하신가를 알도록 하고, 우리가 영원토록 주 우리의 하나님을 경외하도록 하려는 것이다"(4:24).

두 가지 기념식 - 할례와 유월절(5:2 - 12)

이집트에서 나온 다음에 광야를 지나는 동안에 태어난 사람은 아무도 할례를 받지 못하였다. 이제 그들이 할례를 받는 것은 **하나님의 소유가 됨을 확신하는 의식**이다. 하나님의 사람은 몸에 칼을 대는 것으로뿐만 아니라 마음에 칼을 대는 것으로 할례를 행하여야 할 것이다. 그리고 이스라엘 자손은 여리고 근방 평야에서 유월절을 지켰다. 유월절은 **하나님의 구원을 기념하는 의식**이다. 이제 요단 강을 건너 약속하신 그 땅에 이르러 그들은 만나를 먹지 않고, 그 해에 가나안 땅에서 나는 것을 먹었다.

묻고? 답하기!

우리는 보지 못하고, 그 소문을 듣기만 하여도 신뢰하는 자인가요?

라합은 매우 총명하고 지혜로운 여자입니다. 이스라엘 백성들이 이집트에서 나올 때 하나님께서 어떻게 홍해의 물을 마르게 하셨는지를 들어서 알고 있는 것만 가지고 하나님을 신뢰하였습니다. 하나님께서 그녀의 믿음을 보시고, 다윗과 예수님의 조상이 되게 하셨습니다. 듣기만 하여도 믿는 믿음은 우리를 승리의 길로 인도할 것입니다.

18일

✝ 오늘 말씀 여호수아 5:13 - 8:35

승리케 하시는 하나님
여호수아가 행한 모세의 명령

💡 **실마리 풀기**

"이튿날도 그들은 그 성을 한 바퀴 돌고 진으로 돌아왔다. 그들은 엿새 동안 이렇게 하였다"(수 6:14)

오늘 읽을 내용은 첫 번째 정복 전쟁의 이야기입니다. 여리고성 전투에서 하나님께서 보내주신 군대 사령관이 앞장을 서고, 백성들은 그 명령을 신뢰했습니다. 그러나 벌써 자만심이 들은 백성들은 자기들 뜻대로 아이 성을 정복하려 했지만 실패하고 맙니다. "모든 것을 전멸시켜서, 그것을 주님께 제물로 바쳐라"(6:17)는 명령이 그들에게는 불필요한 낭비와 잔혹함으로 느껴졌던 모양입니다.

여리고 성의 정복 - 승리의 비법(5:13 - 6:27)

여리고 성을 일곱 번 돌고, 뿔 나팔 소리가 한 번 길게 울리면, 그 나팔 소리를 듣고 모두 큰 함성을 지르기만 하면 되었다. 그러면 성벽이 무너져 내릴 것이다. 인간적인 생각으로 그것은 불가능한 것이었다. 이는 오직 전능하신 하나님을 믿고, 완전히 내어 맡기는 자에게 주어지는 승리의 비법이다. 히브리서는 "믿음으로 이스라엘 사람들은 이레 동안 여리고 성을 돌았더니, 성벽이 무너졌다"(히 11:30)라고 여리고 성 함락의 비밀을 설명한다.

'헤렘(히: 사람이나 물건을 완전히 파멸시켜 주님께 바치는 것)의 명령 - 모든 것을 전멸시켜라

일찍이 모세는 하나님의 거룩한 백성들에게 가나안을 전멸시키라는 명령(신 7:1 - 26)을 내린 바 있다. 이것은 거룩한 백성들이 치러야 할 거룩한 전쟁이었다. 즉, 하나님 나라의 백성들은 하나님이 넘겨 준 모든 민족을 전멸시켜야 한다. **하나님께서 그렇게 명령하신 이유**는 이스라엘 백성들이 선했기 때문이 아니라 가나안 사람들의 행악이 이미 극에 달하여 있었기 때문이며, 아담의 자손들을 가인의 길(불순종의 길)로 몰아갈 가능성이 너무도 현저하였기 때문이다.

또한, 그들과 어떤 언약도 세우지 말고, 그들을 불쌍히 여기지도 말며, 그들과 혼인관계를 맺어서도 안 된다. 그들에게 동정을 베풀어도 안 되고, 그들의 신을 섬겨서도 안 된다. 그들의 신상(아세라 신상과 바알 신상)을 불살라버려야 한다. 그것들은 성적인 타락과 재물의 쾌락을 추구하는 인간의 약점을 이용하여 세상을 파멸시키는 것들이기 때문이다.

신실한 여호수아가 이 명령을 백성에게 전하였다. "이 성과 이 안에 있는 모든 것을 전멸시켜서, 그것을 주님께 제물로 바쳐라. 너희는, 전멸시켜서 바치는 희생 제물에 손을 댔다가 스스로 파멸 당하는 일이 없도록 주의하여라. 너희가 전멸시켜서 바치는 그 제물을 가지면, 이스라엘 진은 너희 때문에 전멸할 것이다"(6:17 - 19).

아이 성의 정복 - 심판과 은혜의 아골 골짜기(7:1 - 8:29)

여리고성 정복 후, 여호수아는 하나님께 묻지 않고 자신의 지략으로 아이 성에 대한 공격을 감행한다. 그러나 이스라엘 자손은 원수를 대적할 수 없었고 원수 앞에서 패하여 물러섰다. 그 이유는 이스라엘 자손 중에 유다 지파인 세라의 아들인 아간이, 전멸시켜서 주님께 바쳐야 할 물건, 즉 하나님을 위해 구별된 것을 가져갔기 때문이다. "전멸시켜서 바치는 희생제물에 손을 댔다가 스스로 파멸 당하는 일이 없도록 주의하라"(6:18)고 분명히 그리고 이례적으로 경고하였음에도 아간이 도둑질을 하여, 자청하여 저주를 불러들여서 그들 스스로가 전멸시켜야 할 물건이 되었기 때문이다.

온 이스라엘 백성이 아골 골짜기에서 아간의 식구들을 돌로 쳐서 죽이고, 남은 가족과 재산도 모두 돌로 치고 불살랐다. 그리고 주님께서 여호수아에게 "두려워하지 말아라! 겁내지 말아라!"(8:1)라고 말씀하셨다. 용기를 얻고 전쟁에 나간 온 이스라엘 군대는 그 날 아이 성사람 남녀 만 이천 명을 모두 쓰러뜨렸다. 아골 골짜기는 하나님 심판의 엄중함과 새로운 은혜를 통한 승리의 환희를 동시에 보여준다.

여호수아가 행한 모세의 명령 - 축복과 저주의 다짐(8:30 - 35)

이전에 모세는 율법의 원리를 해설하면서 "그리심 산에서는 축복을 선포하고, 에발 산에서는 저주를 선포하십시오"(신 11:29, 27:1 - 26) 라고 지시한 바 있다. 여호수아가 그 명령을 실행하고 있다. 에발 산 위에 제단을 쌓고, 번제와 화목제를 주님께 드렸다. 이스라엘 자손이 보는 앞에서 모세가 쓴 모세의 율법을 그 돌에 새겼다. 백성의 절반은 그리심 산을 등지고 서고, 절반은 에발 산을 등지고 서도록 한 후, 여호수아는 율법 책에 기록된 축복과 저주의 말을 일일이 그대로 낭독하였다(신 27:11 - 26, 31:9 - 13).

묻고? 답하기!

성경 말씀 가운데 비현실적이고, 고루하다고 여겨지는 것이 있습니까?

하나님께서 명령하셨습니다. "모든 은이나 금, 놋이나 철로 만든 그릇은 다 주님께 바칠 것이므로 거룩하게 구별하여, 주님의 금고에 넣도록 하여라"(6:19). 그러나 이스라엘 백성들은 승전의 기쁨에 취하여 그 명령을 하찮게 여겼습니다. 과연 그 말씀이 무의미하고 불필요한 낭비일까요? 성경 말씀이 기록되고 전해지기 시작한 지, 수백, 수천 년이 지난 지금 내가 읽고 있는 성경 말씀 가운데 우리에게 적용하기가 비현실적이고, 고루하다고 느껴지는 구절이 있다면, 그 말씀을 주신 분의 뜻을 한번 생각해 봅니다.

19일

✝ 오늘 말씀 여호수아 9:1 - 11:23

우주를 주관하시는 하나님
정복의 완성

💡 실마리 풀기

"태양아, 기브온 위에 머물러라! 달아, 아얄론 골짜기에 머물러라!"(수 10:12)

오늘 읽을 내용은 7년의 전쟁 동안, 31명의 왕과 가나안의 족속들을 대부분 전멸시킨 내력입니다. 여호수아는 여리고와 아이 성을 함락함으로써 가나안 땅의 허리를 장악하였습니다. 그리고 비록 여호수아의 잠깐 실수로 맺게 된 기브온 사람들과의 화친이었지만, 그 결과 남쪽 아모리의 다섯 왕을 정복하게 됩니다. 그다음 북쪽 지방의 정복은 그리 어려운 일이 아니었습니다. 주님께서 그들도 이스라엘의 손에 넘겨주셨기 때문입니다. 이렇게 여호수아는 이 모든 땅 곧 산간지방과 네겝 지방과 모든 고센 땅과 평지와 아라바와 이스라엘의 산간지방과 평지를 다 점령하였습니다. 기브온 주민인 히위 사람 말고는 이스라엘 자손과 화친한 성읍 주민이 하나도 없었습니다.

기브온 사람들과의 화친 - 하나님의 편이 되고자(9:1 - 27)

히위 사람인 기브온 주민들은 여호수아라는 사람이 여리고 성과 아이 성에서 한 일을 들었다. 주 하나님이 그의 종 모세에게 명하신 것, 즉 하나님이 이 땅을 다 이스라엘 사람에게 주라고 명하셨고, 이스라엘 사람이 보는 앞에서 이 땅에 사는 모든 사람을 다 죽이라고 명하셨다는 것을 알았다. 결국 그들은 하나님의 편이 되기를 갈망하였다. 그 길만이 목숨을 부지할 수 있는 길이었기 때문이다.

여호수아와 이스라엘 사람들은 어떻게 해야 할지를 주님께 묻지도 않은 채, 히위 사람인 기브온 주민들에게 속아 그들과 화친하여 그들을 살려 준다는 조약을 맺고, 회중의 지도자들은 그 조약을 지키기로 엄숙히 맹세하였다. 이스라엘 사람들은 사흘이 지난 뒤에야 그들에게 속은 것을 알았다. 그러나 그들이 맺은 언약은 **하나님의 이름을 두고 맹세한 것**이었으므로 그들을 해칠 수 없었다.

훗날 사울 왕은 그들을 위험스럽게 생각하여 그들과의 약속을 파기하고, 할 수 있는 대로 그들을 다 죽이려고 하였다. 그러나 그 결과 온 이스라엘에 3년간 흉년이 들었다(삼하 21:1 - 9). 하나님을 도외시하고 내린 결정은 이렇게 끝내 좋지 않은 결말을 가져올 수 있다는 것을 기억할 필요가 있다.

아모리의 족속과 남쪽 성읍의 정복 - 태양도 달도 멈추고(10:1 - 43)

아모리의 다섯 왕(예루살렘 왕 아도니세덱, 헤브론 왕 호함과 야르뭇 왕 비람과 라기스 왕 야비아와 에글론 왕 드빌)이 연합하여 기브온을 공격하려고 하자, 주님께서 아모리 사람들을 이스라엘 자손에게 넘겨주셨다. 주님께서 하늘에서 그들에게 큰 우박을 퍼부으셨으므로 많은 사람이 죽었다. 여호수아가 이스라엘 백성이 보는 앞에서 주님께 외쳤다. "태양아, 기브온 위에 머물러라! 달아, 아얄론 골짜기에 머물러라!" 그 결과 백성들이 아모리 족속들을 완전히 정복할 때까지 태양이 멈추고, 달이 멈추어 섰다. 주님께서 사람의 목소리를 이날처럼 이렇게 들어주신 일은 전에도 없었고 뒤에도 없었다. 주님께서는 이처럼 이스라엘을 편들어 싸우셨다(10:12 - 14).

〈이는 실제로 일어났던 역사적 사실임이 현대의 과학적 능력으로 입증되고 있다. 그리니치 천문대의 조사에 의하면, 지구가 24시간 동안 한 바퀴 돌아야 할 것을 48시간 만에 돈 적이 있다고 보고하였으며, 고대 중국과 이집트의 달력에는 만 하루가 빠져 있다고 한다, 이는 이 전쟁이 하나님께 속한 것이라는 사실을 확증하는 것이며, 하나님을 신뢰하는 백성에게는 하나님의 간섭과 능력이 해와 달도 멈추게 하신다는 것을 드러내 보이는 것이다.〉

가나안 북방의 정복 - 여호수아가 원주민들을 전멸시킨 까닭(11:1 - 23)

북방의 왕들은 하솔 왕 야빈, 마돈 왕 요밥과 시므론의 왕과 악삽의 왕과, 북방 산간지방과 긴네롯 남쪽 아라바와 평지와 서쪽으로 도르의 높은 지역에 사는 왕들과 동서쪽의 가나안 사람과 아모리 사람과 헷 사람과 브리스 사람과 산간지방의 여부스 사람과 미스바 땅의 헤르몬 산 밑에 사는 히위 사람의 왕들이다. 여호수아는 이 모든 왕의 도성을 점령하고 그 왕들을 모두 잡아 칼로 쳐서,(주님의 종 모세의 명령을 따라) 그들을 전멸시켜서 희생 제물로 바쳤다.

여호수아는 기브온 주민인 히위 사람들의 성읍 이외의 나머지 성읍은 이스라엘이 싸워서 모두 점령하였다. 여호수아가 이들 원주민을 조금도 불쌍하게 여기지 않고 전멸시켜서 희생 제물로 바친 까닭은, 주님께서 그 원주민들이 고집을 부리게 하시고, 이스라엘에 대항하여 싸우다가 망하도록 하셨기 때문이다. 그래서 여호수아는(주님께서 모세에게 명령하신 대로) 그들을 전멸시킨 것이다.

**묻고?
답하기!**

우리가 스스로 결정하여도 잘 될 것으로 생각하였다가
실패한 경험이 있습니까?

여호수아가 기브온 사람들에게 속아 화친을 맺은 것은 그것이 사소한 문제라고 여겼기 때문입니다. 하나님 나라의 일을 하면서 굳세고 용감한 것도 좋지만 지혜롭기도 하여야 할 것입니다. 이처럼 우리도 주님의 일을 하면서 우리의 생각이 주님의 생각이라고 주장하며, 자기 뜻대로 행하는 일은 없는지 돌아보아야 하겠습니다.

20일

✝ 오늘 말씀 여호수아 12:1 - 19:51

하나님의 뜻 헤아리기
정복한 땅의 분배

💡 **실마리 풀기**

"주님께서 그 날 약속하신 이 산간지방을 나에게 주십시오"(수 14:12)

성경에 열둘이란 숫자는 '생육하고 번성하여 땅에 충만하라'는 하나님의 거룩한 명령을 상징하는 숫자입니다. 이스마엘의 자손이 열둘이고(창 25:16), 야곱의 자손이 열둘이며(창 35:22), 예수님께서 택한 제자도 열둘이었습니다. 정복한 땅을 분배할 때도(레위 지파를 제외하고) 열두 지파를 기준으로 분배하게 됩니다.

모세와 여호수아가 정복한 지역과 정복하지 못한 지역(12:1 - 13:7)

이스라엘 자손이 요단 강 동쪽 해 돋는 쪽 곧 아르논 골짜기에서부터 헤르몬 산까지, 동쪽 온 아라바를 무찌르고 점령하였다. 그 땅을 지배하던 헤스본에 사는 아모리 사람의 왕 시혼, 바산의 왕 옥은 모세와 이스라엘 자손이 무찌른 사람들이다(신 3:1 - 17). 여호수아와 이스라엘 자손이 정복한 왕들은 모두 서른한 명이다.

이스라엘이 요단 강을 건너 땅을 정복하는 동안, 하나님께서 그의 능력을 보이셨고, 함께 해주시겠다고 하셨던 그 약속을 지키셨다. 그러나 여호수아가 늙고 나이가 많아지기까지 아직도 정복해야 할 땅이 남아 있었다. 그런데도 하나님께서 앞으로 정복할 땅을 아홉 지파와 므낫세 반쪽 지파에 나누어 주라고 명령하셨다.

요단 강 동쪽 지역의 분배(13:8 - 33)

여리고 동쪽 곧 요단 강 동쪽의 땅은 이미 모세가 **르우벤 지파**와 **갓 지파**와 **므낫세 반쪽 지파**에 유산으로 나누어 주었었다.

유다와 충성스러운 사람, 갈렙의 땅(14:1 - 15:63)

유다 지파는 요단 강 서안으로부터 지중해에 이르기까지, 지금의 예루살렘 남쪽의 모든 땅을 받았다. 유다 지파 중에서 갈렙이 가장 먼저 땅을 분배받았는데, 이는 모세가 '네가 주 나의 하나님께 충성하였으므로, 너의 발로 밟은 땅이 영원히 너와 네 자손의 유산이 될 것이다'(신 1:36) 하고 맹세한 때문이다. 그는 가데스바네아에서 믿음과 성실을 보였고, 광야에서 생활하며 마흔다섯 해 동안 주 하나님을 충성스럽게(14:8,9,14) 따랐다. 여호수아는 갈렙이 험난하고 정복하기 힘든 산간지방, 헤브론을 달라고 했을 때 그를 축복하며 기꺼이 그 땅을 그에게 주었다.

장자의 권리를 인정받은 요셉 지파의 땅(16:1 - 17:18)

여호수아는 레위 지파에게 거주할 여러 성읍과 그들의 가축과 가축을 기를 목장 외에는 분
깃을 주지 않았다. 그것은 하나님께서 그에게 말씀하신 대로, 이스라엘의 하나님께 불살라
서 드리는 제물이 그들의 유산이기 때문이다. 또한, 그들이 하나님을 섬기는 데에만 전념토
록 하여야 하기 때문이다. 그래서 이스라엘의 장자, 요셉은 레위 인들의 몫까지 차지하게 되
어 있었다. 〈야곱의 장자 르우벤이 과거 아버지의 침상을 더럽혔으므로, 장자의 권리를 상실
한 바 있다. 그래서 야곱의 둘째 부인, 라헬의 맏아들인 요셉이 재산분배에 관한 장자의 권리
를 승계 받았다. 〉(대상 5:1) 그래서 요셉의 두 아들인 에브라임과 므낫세가 각각 12분의 1을
분배 받았다(실제로 그 땅의 크기는 이스라엘의 3분의 1 정도가 된다). 그들의 땅은 요단부터
지중해까지 사이의 예루살렘 북쪽의 산간 지방이다.

나머지 일곱 지파의 땅(18:1 - 19:51)

이렇게 요셉 족속은 북쪽 대부분의 땅을 차지하고, 유다는 남쪽의 땅을 차지하였다. 여호
수아는 그 나머지 땅을 일곱 몫으로 나누도록 하였다.

베냐민 지파는 에브라임과 유다의 사이 땅, 즉 지금의 예루살렘 주변을 받았고, **시므온**은
유다 남쪽의 일부분, 지금의 브엘세바 부근을 받았다. **스불론**은 지금의 므깃도 북쪽 지방을,
잇사갈은 갈릴리 남쪽 지방을, **아셀 지파**는 두로에서 하이파에 이르는 지중해 연안을, **납달리
지파**는 갈릴리 동쪽에서 북쪽 지방을, **단 지파**는 지금의 텔아비브 지역을 분배받았는데 훗날
그들의 땅을 잃게 되었을 때, 지금의 헤르몬 산 지역까지 올라가서 살았다.

〈그러나 안타깝게도 지금의 예루살렘을 기준으로 북쪽 지역에 자리 잡은 지파들은 나중
에 솔로몬 왕국이 분열된 후, 에브라임의 지배를 받게 되고 그 이름도 이스라엘(에브라임)이
되어, 남쪽의 유다(베냐민, 유다 그리고 시므온)와 함께 양분되었다가 멸망의 길을 걷게 될
것이다. 〉

**묻고?
답하기!**

하나님의 뜻을 헤아리기 위하여 어떠한 방법을 사용하십니까?

여호수아는 땅의 분배를 위하여 〈하나님 앞에서 제비를 뽑는〉 방법을 사용하였습니다. 물
론 이는 공개적으로 하나님의 섭리를 드러내는 것이었습니다. 교회공동체의 의사를 결정
할 때에 〈무기명 비밀투표〉를 하는 것과 〈기도 후에 만장일치〉를 요구하는 것 중에 어느
것이 하나님의 섭리를 따르는 것이라 할 수 있을까요? 저는 〈기도 후에 무기명 비밀투표〉
를 선택하겠습니다.

21일

✝ 오늘 말씀 여호수아 20:1 - 22:34

분배의 마무리
함께 살아가야 할 열두 지파

💡 **실마리 풀기**

"이 단을 일컬어 '주님께서 하나님이심을 우리 모두에게 증명함'이라고 하였다"(수 22:34)

이제 하나님께서 이스라엘의 조상에게 주시겠다고 약속하신 모든 땅을 주셨으며, 전쟁을 승리로 이끌어 사방에 평화를 주셨으며, 그들의 모든 원수를 그들의 손에 넘겨주셨습니다. 주님께서 이스라엘 사람에게 약속하신 모든 선한 말씀이 하나도 어긋남이 없이 다 이루어진 것을 여호수아와 그의 백성들은 직접 눈으로 보고 있습니다(수 21:43 - 45). 이제 드디어 왕이신 하나님께서 택하시고 만드신 하나님의 나라가 성립되었습니다. 이제 정복한 땅의 분배를 마무리만 하면 될 것입니다.

분배의 마무리 - 도피성 제도와 레위 사람의 성읍(20:1 - 21:45)

가나안을 정복할 당시 율법(민수기 35:16-19)에는 "살인자는 반드시 죽여야 한다."고 명시하고 있다. 아울러 모세는 (출애굽기 21:13, 신명기 19:5-6)에서 "그가 일부러 죽인 것이 아니라 실수로 죽였으면, 내가 너희에게 정하여 주는 곳으로 피신할 수 있다."고 가르치고 있다. 따라서 실수로 살인을 한 자에 대한 무분별한 복수를 막기 위해 정복한 땅 곳곳에 도피성을 만들도록 하였다. 살인을 한 피의자들은 그곳에서 안전하게 판관의 심리를 받을 수 있게 한 것이다.

그리고 피의자들이 신속히 도피할 수 있도록 요단강 서쪽(갈릴리 북쪽에서 헤브론까지)에 3개, 동쪽(골란에서 사해 동쪽 평지까지)에 3개 총 6개의 도피성을 만들었다. 도피성과 레위 사람의 성읍은 분배가 끝나야만 지정할 수 있다. 각 지파에 할당되어야 하기 때문이다.

이스라엘 자손은 주님의 명을 따라, 그들의 유산 가운데서 모두 마흔여덟 개의 성읍들과 거기에 딸린 목장을 레위 사람에게 주었다. 이처럼 주님께서 이스라엘 백성의 조상에게 주시겠다고 맹세하신 모든 땅을 이스라엘 백성에게 주셨으므로 그들은 그 땅을 차지하여 거기에 자리 잡고 살았다.

요단 강 동쪽으로 돌아가는 지파들 - 믿음을 증명하려고 세운 제단(22:1 - 34)

요단의 동쪽 땅을 받은 르우벤 자손과 갓 자손과 동쪽의 므낫세 반쪽 지파들은 요단 강 서쪽, 가나안 땅의 정복을 위하여 동족들이 싸우는 것을 도왔다. 그래서 그들은 나머지 이스라엘 지파와의 약속을 충족시켰다. 이제 그들이 그들의 땅으로 돌아갈 시간이 되었다. 여호수아가 그들을 축복하여 보내니, 그들이 자기들의 장막으로 돌아갔다. 하지만 요단 강 서쪽과 동쪽 사이에 있는 깊은 단층의 계곡을 지나며 그들은 자신들이 실로에 있는 하나님의 성소로부터 분리될 것만 같은 두려움을 갖게 되었다. 그래서 그들은 요단 강 서쪽 지역의 강 가까운 그릴롯에 단을 쌓았다.

그러나 하나님의 단 외에 함부로 단을 쌓음으로써, 주님을 거역하고 우상을 숭배하려는 것으로 오해한 서쪽 지파가 동쪽 지파들에 대항하여 싸우려고 실로에 모였다. 그러자 그들이 단을 쌓은 것은 훗날 서쪽 지파의 자손이 동쪽 지파의 자손을 막아서, 주님을 경외하지 못하게 할까 봐 염려가 되어서 그런 것이라고 해명하였다.

그들이 말하기를 "오히려 이 단은, 우리와 당신들 사이에, 그리고 우리의 자손 사이에, 우리의 믿음을 증명하려고 세운 것입니다. 우리도 번제물과 다른 제물과 화목제물을 가지고 주님을 진정으로 섬기는 사람들이라는 것을 증명하려는 것입니다. 그래서 먼 훗날에, 당신들의 자손이 우리의 자손에게 '너희는 주님에게서 받을 몫이 없다'고 말하지 못하게 하려는 것입니다"(22:27).

르우벤 자손과 갓 자손은 이 단을 일컬어 '주님께서 하나님이심을 우리 모두에게 증명함'이라고 하였다(22:34). 이로써 함께 살아가야 할 열두 지파의 자리 잡음이 끝났다.

예수 그리스도를 구주로 믿기만 하면 한 형제인가요?

같은 믿음을 가지고 있으면서도 하나님을 섬기는 방법상의 차이점을 가지고 서로 반목하고 질시하는 경우는 우리의 기독교 역사에 셀 수 없이 많습니다. 큰 묶음으로 보아 개신교와 가톨릭 그리고 그리스 정교회는 한 형제인가요? 장로교, 감리교, 순복음 교회, 침례교 등 수많은 종파들이 그리스도 안에 한 몸이며 한 형제인가요? 요즈음에는 겉으로는(간판으로는) 형제인데, 속으로는 형제가 아닌 자들(자기가 구세주인 양 가르치는 자들)이 넘쳐나는 현실을 생각해보면서 안타까움을 금할 수 없습니다. 그들 교회의 진정한 주인은 누구인가요?

22일

✝ 오늘 말씀 여호수아 23:1 - 24:33

여호수아의 고별 설교

영적 유산의 이월

💡 실마리 풀기

"주님께서 이스라엘에게 베푸신 모든 일을 아는 장로들이 살아 있는 날 동안에는 주님을 섬겼다"
(수 24:31)

전쟁이 끝나고 20여 년의 세월이 흘렀습니다. 그동안 여호수아의 영향력은 이스라엘을 하나님께 충성하도
록 이끌었습니다. 여호수아는 이제 나이가 많이 들고 늙어 자기 죽음이 가까워져 왔음을 알았고, 그가 없을
때 이스라엘이 하나님에 대한 충성심을 잃을까 봐 두려워했습니다. 오늘 읽을 내용은 여호수아가 이스라엘
의 지도자들과 백성들에게 전하는 유언입니다.

여호수아와 지도자들의 작별 - 축복과 저주의 근거(23:1 - 16)

여호수아는 이스라엘 사람들에게 도전과 경고의 작별인사를 하고자, 온 이스라엘 곧 장로
들과 우두머리들과 재판장들과 관리들을 불러서 그들에게 말하였다.

"하나님을 기억하고 하나님께 헌신하고, 하나님이 약속하신 대로 우리들의 편을 들어서 몸
소 싸우신 것을 기억하라..... 모세의 율법 책에 기록된 모든 것을 담대하게 지키고 행하기로.
헌신하라. 이웃한 나라들과 사귀지 말며, 그 신들의 이름을 부르거나 섬기거나 경배하지도
말고 오직 주 하나님만 가까이하라.... 하나님이 지키라고 명하신 언약을 어기고, 가서 다른
신을 섬기고 경배하면, 주님의 진노가 내려, 그가 주신 좋은 땅에서 곧 망하게 될 것이다."

이 축복과 저주가 의미 있는 것은 하나님이 약속하신 모든 선한 말씀을 그대로 이루신 것
처럼, 그 반대로 모든 해로운 일도 이스라엘에 미치게 하여 그들을 없애 버리실 수도 있기 때
문이다.

여호수아와 백성들과의 작별 - 누가 하나님을 섬길 것인가?(24:1 - 33)

여호수아를 통해 하나님은 그의 힘과 신의를 보여주셨다. 그가 약속하신 모든 것들을 채워
주셨다. 하나님께서는 싸우신 모든 전쟁을 성공으로 이끄셨다. 죽음을 앞둔 여호수아는 온
백성에게 하나님의 말씀을 전하고, 그들의 선택을 요구한다. 이방 신을 섬길 것인가, 하나님
을 섬길 것인가.

백성들이 대답하였다. "우리는 주님을 섬기겠습니다. 오직 그분만이 우리의 하나님이십니
다." 여호수아는 백성들에게 다시 다짐하였다. 백성들이 말하였다. "아닙니다. 우리는 주님만
을 섬기겠습니다." 여호수아가 세 번째로 다짐하자 그들은 말하였다. "우리가 증인입니다. 우

리가 주 우리의 하나님을 섬기며, 그분의 말씀을 따르겠습니다." 여호수아가 큰 돌을 가져다가 주님의 성소 곁에 있는 상수리나무 아래에 두고 증거로 세웠다.

"이스라엘은 여호수아의 생전에 줄곧 주님을 섬겼고, 여호수아가 죽은 뒤에도 주님께서 이스라엘에게 베푸신 모든 일을 아는 장로들이 살아 있는 날 동안에는 주님을 섬겼다"(24:31).

그러나 여호수아와 장로들이 죽은 후에는 어찌 되었을까?

그리고 그 후 그들은 저마다 자기의 뜻에 맞는 대로 하였다(삿 21:25).

성경에서 찾아보는 고별 설교들 - 하나님의 사람들의 유언장

이 모든 유언장이 전하는 핵심은 이것입니다. 결코 '한결같은 사랑의 하나님'으로부터 떨어져 나가려 하지 말고, 하나님의 자녀의 신분을 유지하고, 하나님의 뜻에 동참하라는 것입니다.

1. 모세가 신명기 전체를 통하여 백성에게 당부합니다. "마음을 다하고 뜻을 다하고 힘을 다하여, 주 하나님을 사랑하라"(신 6:4-5)

2. 여호수아도 백성들의 믿음이 못내 아쉬웠나봅니다. "이웃 나라들과 사귀지 말며, 그 신들의 이름을 부르거나 섬기거나 경배하지도 말고 오직 주 하나님만 가까이 하라"(수 23:6-8)

3. 다윗은 아들 솔로몬에게 간절히 부탁합니다. "주 너의 하나님의 명령을 지키고, 모세의 율법에 기록된 대로, 주님께서 지시하시는 길을 걷고, 주님의 법률과 계명, 주님의 율례와 증거의 말씀을 지켜라. 그리하면, 네가 무엇을 하든지, 어디를 가든지, 모든 일이 형통할 것이다"(왕상 2:3)

4. 사도 바울은 디모데에게 "때가 이르면, 사람들이 건전한 교훈을 받으려 하지 않고, 귀를 즐겁게 하는 말을 들으려고... 진리를 듣지 않고, 꾸민 이야기에 귀를 기울이게 될 것임"을 경고하며, 끝까지 그의 직무를 완수할 것을 주문합니다. (딤후 4:3-5)

5. 베드로와 유다도 거짓 예언자들과 거짓 교사들을 멀리하기를 간절히 소망합니다.

6. 예수 그리스도께서 요한을 통하여 세상의 모든 교회에게 마지막 당부를 전합니다. 거짓 사도들과 니골라당을 미워하며, 사탄의 명령을 대행하는 유대 사람들을 멀리하고, 음행을 일삼는 이세벨을 처단할 것을 선포합니다. 그리하면 세상 끝 날까지 이기는 사람이 되어 그 이름이 생명책에 기록될 것임을 약속합니다. (요한계시록 2-3장)

내가 물려받은 믿음이 나의 아들딸에게 전해질 수 있을까요?

우리의 조상들에게 믿음이 있었더라도 그 믿음이 나의 것이 되려면 내 안에서 늘 새롭게 재정립되어야 합니다. 마찬가지로 지금 내가 가진 믿음을 자손들에게 전하려고 하더라도, 주님께서 그들을 택하지 아니하시면 그들의 삶은 주님으로부터 단절될 것입니다. 우리가 믿음의 가정을 이루고 자녀를 갖도록 허락하신 하나님 아버지께 "주여! 우리의 사랑하는 자들이 올바른 믿음의 길을 갈 수 있도록 하나님의 자비하심을 베풀어주소서"라고 기도할 뿐입니다.

2월 23일 〰〰〰〰〰〰〰〰〰〰〰〰〰〰〰〰〰〰〰〰〰〰〰

단 지파의 결말
구원을 받지 못한 사람들

✝ **오늘 말씀** 창세기 49:16 - 18, 여호수아 19:40 - 48, 사사기 18:1 - 31

💡 **실마리 풀기**

"하나님의 집이 실로에 있는 동안, 내내 미가가 만든 우상을 그대로 두고 섬겼다"(삿 18:31)

단을 향한 야곱의 축복 - 뱀 같고 독사 같은 자

야곱의 유언입니다. "단은 이스라엘의 한 지파 구실을 톡톡히 하여, 백성을 정의로 다스릴 것이다. 단은 길가에 숨은 뱀 같고, 오솔길에서 기다리는 독사 같아서, 말발굽을 물어, 말에 탄 사람을 뒤로 떨어뜨릴 것이다. 주님, 제가 주님의 구원을 기다립니다"(창 49:16 - 18).

야곱이 라헬의 몸종 빌하로부터 얻은 아들 단을 축복하면서, 함께하는 형제를 해칠 뱀과 독사로 묘사하고 있습니다. 뱀이 사탄을 의미한다고 보면 단이 하나님의 대적자가 될 것이라는 의미로 볼 수 있습니다. 그리고 '주님의 구원을 기다린다'는 말은 논리적으로 살펴보면, 단 지파가 하나님의 심판을 받을 것을 염려하여 야곱이 그들의 구원을 위해 기원함을 의미한다고 볼 수 있습니다.

분배받은 땅을 포기하고 임의로 땅을 택한 단 지파 - 하나님이 아닌 우상에게 의지하는 어리석음

단 지파는 민수기(민 26:42 - 43)에 의하면 유다에 이어서 두 번째로 인구가 많은 지파였습니다. 그러나 그들이 분배받은 땅은 북쪽 요셉(에브라임)과 남쪽 유다 그리고 동쪽 베냐민 그리고 서쪽 지중해로 둘러싸인 비교적 작은 땅이었습니다(수 19:40 - 46). 그 땅은 본래 블레셋(팔레스타인) 사람들의 땅으로써, 아직도 팔레스타인(블레셋)의 가장 강한 세력이 있는 〈가자 지구〉의 북쪽입니다. 아쉽게도 단 지파는 용맹한 블레셋 사람들을 물리칠 수가 없었습니다. 단 지파에서 나온 사사 삼손은 이십 년 동안 사사로 있었지만, 블레셋의 저항을 억누르고 그 땅을 차지하지 못하였습니다.

결국, 그들은 자신들의 친동생인 납달리 지파와 인접한 북쪽으로 가서 자리를 잡게 됩니다. 여호수아서는 그곳을 레센(수 19:47)이라고 하고, 사사기에서는 라이스(삿 18:27 - 28)라고 부릅니다. 지금의 갈릴리 호수 북쪽에서 헤르몬 산에 이르는 지역입니다. 여호수아서는 "단 자손은 그들의 땅을 잃었을 때에 레센까지 올라가서, 그 주민들과 싸워 칼로 쳐서 무찌르고, 그곳을 점령하였다. 그들은 거기에 살면서, 그들의 조상 단의 이름을 따라 레센을 단이라고 불렀다"(수 19:47 - 48)라고 기록하였습니다.

단에서 브엘세바까지 - 이스라엘의 공식적 경계

이렇게 하여, 이스라엘 백성들이 가나안 땅에 들어가 점령한 땅은 북쪽의 단에서부터 남쪽의 브엘세바까지 확정되었습니다. 한 레위 인이 자기 첩의 주검을 이스라엘 온 지파에 보낸 사건이 일어났을 때, "북쪽의 단에서부터 남쪽의 브엘세바에 이르기까지, 또 동쪽의 길르앗 땅에서도, 모든 이스라엘 자손이 쏟아져 나와서, 온 회중이 한꺼번에 미스바에서 주님 앞에 모였다"(삿 20:1)고 기록하고 있습니다. 사무엘상에서는 주님께서 사무엘이 한 말이 하나도 어긋나지 않고 다 이루어지게 하심으로, "단에서 브엘세바까지 온 이스라엘은, 사무엘이 주님께서 세우신 예언자임을 알게 되었다"(삼상 3:19 - 20)고 기록하고 있습니다.

단 지파의 우상 숭배 - 미가가 만든 우상과 임의로 세운 제사장

단 지파가 분배받은 땅을 점령하지 못하고 북쪽 라이스 땅으로 옮겨가고 있을 때였습니다. 그 때 단 지파 사람들은 에브라임 산간 지방의 미가라는 사람의 집에서 한 레위 인을 납치하듯이 데려갔습니다. 그 레위 인은 미가가 만든 우상 앞에서 집안 제사장으로 섬기고 있던 자였습니다. 단 사람들은 그 레위 인을 자기 지파의 제사장으로 영입하였습니다(삿 18:1 - 26).

결국, 그 단 지파는 라이스 백성들을 칼로 쳐서 죽이고, 그들의 성을 불살라 버리고 그곳을 그들의 조상 단의 이름을 따라 단이라고 불렀습니다. 그리고 **그곳에서 바빌로니아에 포로로 잡혀갈 때까지, 하나님의 집이 실로에 있는 동안 내내** 미가가 만든 우상을 그대로 두고 섬겼습니다(삿 18:27 - 31). 그 때 이스라엘에 왕이 없었으므로, 사람들은 저마다 자기의 뜻에 맞는 대로 하였던 것입니다(삿 21:25).

이마에 도장을 받지 못한 단 지파 - 십사만 사천 명에 들지 못한 사람들

이러한 이들의 행위는 훗날, 북이스라엘의 첫 번째 왕인 여로보암이 우상 숭배의 악습을 북이스라엘 전역으로 퍼뜨리는 데 중요한 역할을 합니다. 여로보암은 금송아지 둘을 만들어 하나는 '벧엘'에, 또 하나는 '단'에 두고 섬겼습니다(왕상 12:28 - 29). 단 지파가 행한 우상 숭배는 결국 형제들을 멸망의 길로 인도하는 독사의 독이 되었던 것입니다.

요한 계시록 7장에 보면, 천사 하나가 살아 계신 하나님의 도장을 가지고 해 돋는 쪽에서 올라오며 큰소리로 외칩니다. "우리가 우리 하나님 종들의 이마에 도장을 찍을 때까지는, 땅이나 바다나 나무들을 해하지 말아라"(계 7:3). 이와 같이 이마에 도장을 받은 사람들은 이스라엘 자손의 각 지파에서 나온 십사만 사천 명이었습니다. 그들은 하나님과 어린 양에게 드리는 첫 열매로서 구원을 받은 사람들입니다. 그러나 그 명단에 보면 단 지파는 제외되어 있는 것을 알 수 있습니다. 그들 대신에 땅을 분배 받지 못했던 레위 지파가 들어가 있습니다(계 7:5 - 8).

24일

✝ 오늘 말씀 사사기 1:1 - 3:6

죄악의 쳇바퀴의 피상적 원인
불완전한 정복과 승계

💡 실마리 풀기

"그들은 결국 너희를 찌르는 가시가 되고, 그들의 신들은 너희에게, 우상을 숭배할 수밖에 없도록 옭아매는 올무가 될 것이다"(삿 2:3)

이스라엘 백성은 여호수아와 장로들이 살아 있는 동안에는 주님을 잘 섬겼습니다. 그러나 그 세대 사람들이 모두 죽은 뒤에 태어난 새로운 세대들은 주님을 알지 못하고, 주님께서 이스라엘을 돌보신 일도 알지 못하였습니다. 그들은 하나님의 명령을 거역하고, 그 땅에 남아 있는 가나안 사람들과 어울려 살면서 우상을 숭배하고, 악한 일을 행하므로 죄악의 쳇바퀴에 빠져들었습니다. 오늘 읽을 내용은 그들이 죄악의 쳇바퀴에 빠져들게 된 피상적 원인을 보여줍니다.

첫 번째 피상적 원인 - 불완전한 정복으로 남겨둔 가나안 사람들(1:1 - 2:5)

유다 지파는 시므온 지파와 함께 베섹에서 아도니베섹과 싸워, 가나안 사람과 브리스 사람을 무찌르고, 예루살렘으로부터 산간지방까지를 차지할 수 있었다. 유다 지파는 성공적인 정복에도 불구하고 철병거를 가진 가나안 사람을 몰아내지 못하였다.

베냐민 자손, 므낫세 지파, 에브라임 지파, 스불론 지파, 아셀 지파와 납달리 지파는 그 땅의 가나안 사람을 몰아내지 못하고 그들의 지배를 받으며 그들과 섞여서 살았다. 단 지파 자손은 아모리 사람을 몰아내기는커녕 오히려 산간 지방으로 쫓겨났다. 그런데 이스라엘 백성은 점차 강성해진 다음에도 가나안 사람을 모조리 몰아내지 않고 그들을 부역꾼으로 삼았다. 이스라엘 백성들은 다음과 같은 하나님의 경고 말을 들어야 했다.

"'너희는 이 땅의 주민과 언약을 맺지 말고, 그들의 단을 헐어야 한다' 하였으나 너희는 나의 말에 순종하지 않았다. 나는 그들을 너희 앞에서 몰아내지 않겠다. 그들은 결국 너희를 찌르는 가시가 되고, 그들의 신들은 너희에게, 우상을 숭배할 수밖에 없도록 옭아매는 올무가 될 것이다"(2:2 - 3).

두 번째 피상적 원인 - 불완전한 승계 가운데 흩어진 레위 인(2:6 - 10)

조상들에게 믿음의 있었더라도 그 믿음이 후손의 것이 되려면, 그들이 선택하고 헌신하도록 집요하고 끈질긴 교육과 기도가 요구된다. 그것은 그들이 **"주님을 알고, 주님께서 이스라엘을 돌보신 일을 알게 하는 것"**이다.

그러한 사역을 담당하도록 하나님께서 레위 인들을 구별하여 세우고, 각 지파의 여러 성에 흩어져 살도록 하셨다. 그러나 무슨 이유에선지 레위 인들은 그러한 것에 열심을 내지 않은 것(또는 못한 것)으로 보인다. 죄악의 쳇바퀴가 계속되는 동안 제사장은 나타나지 않고 늘 하나님의 일시적인 부름을 받은 사사(예언자)들만이 나타날 뿐이다. 그들은 그들의 후손들이 **"주님을 알고, 주님께서 이스라엘을 돌보신 일을 알게 하는 것"**에 실패하였다.

악순환의 패턴 - 반복되는 불순종(2:11 - 19)

(반역) 새로운 세대가 조상의 하나님을 저버리고, 바알 신과 같은 우상들을 따르며 경배하였다. 주님께서 보시기에 악한 행동을 일삼으며 주님을 진노하시게 하였다.

(심판) 주님께서 그들에게 크게 분노하셔서, 이방인의 손에 넘겨주시고 재앙을 내리셨다.

(구원) 주님께서 그들을 구하여 주시려고 사사들을 일으키셨다. 주님께서는 사사를 세우실 때마다 그 사사와 함께 계셔서, 그 사사가 살아 있는 동안에는 그들을 원수들의 손에서 구하여 주셨다.

(반역) 그러나 사사가 죽으면 백성은 다시 돌아서서 그들의 조상보다 더 타락하여, 다른 신들을 따르고 섬기며 그들에게 경배하였다. 그들은 악한 행위와 완악한 행실을 버리지 않았다.

세 번째 피상적 원인 - 순종하는지 알아보시려는 하나님의 시험(2:20 - 3:6)

주님께서 그 땅에 가나안 민족들을 남겨놓으셨다. 그것은 가나안 전쟁을 전혀 겪어 본 일이 없는 새로운 세대에게 전쟁과 억압의 고통 속에서 하나님께 순종하고, 그의 권능을 체험케 하여 주려는 것이었다. 또한, 주님께서 모세를 시켜 조상들에게 내리신 명령에 그들이 과연 순종하는지 순종하지 않는지를 알아보시려고 한 것이었다. 그러나 이스라엘 자손은 그 땅의 여러 민족의 딸을 데려다가 자기들의 아내로 삼았고, 또 자기들의 딸을 그들의 아들에게 주었으며, 그들의 신들을 섬겼다. 이는 가장 확실히 하나님을 등지는 행위이다.

묻고? 답하기!

자식들에게 "주님을 알게 하는 것"에 실패하는 이유는 무엇일까요?

여호수아와 장로들이 마음은 주님을 섬기는데 열심이었지만, 그들의 분명한 실수는 가나안에 거하는 자들을 완전히 몰아내지 못한 것입니다. 그래서 그 후손들은 가나안과 섞여 살 수밖에 없었고, 가나안의 향락적 생활 방식은 자연스레 이스라엘 백성들을 악의 길로 들어가도록 했습니다.

우리도 입으로는 하나님을 믿는다면서 실제로는 서로 비난하는 말투와 재물을 탐하는 무한 경쟁이라는 세상 풍속에 함께 어울려 살아간다면, 그 모습을 보고 자란 자식들에게 주님을 알게 하는 것은 불가능하지 않을까요? 주님께서 자식들에게 주님을 알게 하려고 고난과 시험으로 연단하시지 않을까 걱정입니다.

2

25일

✝ **오늘말씀** 사사기 3:7 - 5:31

사사기

죄악의 쳇바퀴의 패턴과 실상

분열된 지파와 사사들

💡 **실마리 풀기**

"이스라엘 자손이 주님께 울부짖으니, 주님께서 그들에게 한 구원자를 세우셨는데"(삿 3:15)

이스라엘 백성은 여호수아와 장로들이 모두 죽은 후, 하나님의 명령을 거역하고, 우상을 숭배하고 악한 일을 행하는 죄악의 쳇바퀴를 무려 350년이나 타고 돌았습니다. 그 죄악의 쳇바퀴 속에서 이스라엘 백성들이 회개하고 부르짖을 때마다 하나님께서 사사를 세워 이스라엘을 구원하고 평화를 주셨지만, 그들의 악습은 점점 더 정도가 심해져 갔습니다. 여기서 이스라엘이란 실제로 각 지파를 의미하며, 각 지파는 서로가 어려울 때 도와주기는커녕 반목을 일삼았음을 보여주고 있습니다.

유다 지파의 사사 옷니엘과 메소포타미아(3:7 - 11)

(반역) 이스라엘 자손이 주 하나님을 저버리고 바알과 아세라를 섬겨, 주님께서 보시기에 악한 일을 저질렀다.

(심판) 주님께서 크게 분노하시고, 그들을 메소포타미아 왕 구산리사다임의 손에 넘겨주셨다. 이스라엘 자손이 구산리사다임을 여덟 해 동안 섬겼다.

(구원) 이스라엘 자손이 주님께 울부짖으니, 주님께서 구원자를 세우셨는데, 그가 곧 갈렙의 아우 그나스의 아들인 옷니엘이다. 주님께서 그들에게 억압자, 구산리사다임을 넘겨주셨다. 그 뒤로 그 땅에는 사십 년 동안 전쟁이 없이 평온하였다. 늘 하나님께서 그렇게 기다리시고 승리케 하셨다.

베냐민 지파의 사사 에훗과 모압(3:12 - 30)

(반역) 이스라엘 자손이 다시 주님께서 보시기에 악한 일을 저질렀다.

(심판) 주님께서는 모압 왕 에글론을 강적이 되게 하여서 이스라엘을 대적하게 하셨다. 그래서 이스라엘 자손이 열여덟 해 동안이나 모압 왕 에글론을 섬겼다.

(구원) 이스라엘 자손이 주님께 울부짖으니, 주님께서 그들에게 한 구원자를 세우셨는데, 그가 곧 베냐민 지파 게라의 아들인 왼손잡이 에훗이다. 에훗이 칼로 에글론을 찔러 죽였다. 그 뒤로 그 땅에는 팔십 년 동안 전쟁이 없이 평온하였다.

사사 삼갈과 블레셋(3:31)

에훗 다음에는 아낫의 아들 삼갈이 사사가 되었다. 그는 소를 모는 막대기만으로 블레셋 사람 육백 명을 쳐 죽여 이스라엘을 구하였다.

에브라임 지파의 사사 드보라와 납달리의 바락 그리고 가나안(4:1 - 5:31)

(반역) 에훗이 죽은 뒤에, 이스라엘 자손은 다시 주님께서 보시는 앞에서 악한 일을 저질렀다.

(심판) 그래서 주님께서는 하솔을 다스리는 가나안 왕 야빈과 그의 군지휘관 시스라의 손에 스불론과 납달리를 내주셨다. 야빈은 20년 동안 이스라엘 자손을 심하게 억압하였다.

(구원) 이스라엘 자손이 주님께 울부짖을 때 이스라엘의 사사는 예언자 드보라였다. 사사 드보라는 이스라엘의 장군인 바락과 함께 스불론과 납달리 지파에서 만 명의 병력을 이끌고 나아갔다. 하나님께서 전쟁 가운데 거하시며 승리를 이끄셨다. 주님께서 야빈의 군지휘관 시스라와 그가 거느린 모든 철 병거와 온 군대를 바락의 칼날에 패하게 하시고, 시스라를 한 여자(겐 사람 헤벨의 아내 야엘)의 손에 내주셔서 죽게 하셨다.

드보라는 광야에서 이스라엘 백성을 이끄신 하나님을 알고 있었다. 예언자 드보라가 에브라임 산간지방인 라마와 베델 사이에 있는 '드보라의 종려나무' 아래에 앉아 있으면, 이스라엘 자손은 그에게 나아와 재판을 받곤 하였다. 드보라는 늘 하나님께 기도하고, 음성을 듣고 감사와 찬양을 드렸다. 그리고 그녀의 기도는 하나님의 응답을 받았다.

드보라의 찬양(삿 5:1 - 31) - 드보라의 찬양은 미리암의 노래(출 15:20 - 21)와 더불어 여자 선지자들의 아름다운 승리의 노래로 전해진다. 또한, 이 노래는 전쟁에서 하나님이 하신 능력을 묘사하며, 그러한 큰 능력을 보여주신 하나님을 무한하게 신뢰할 것과 대적들의 패배를 기원한다.

"주님을 찬양하여라. 내가 주님을 노래하련다. 주 이스라엘의 하나님을 찬양하련다. 주님께서 나를 도우시려고 용사들 가운데 내려오셨다. 겐 사람 헤벨의 아내 야엘은 어느 여인보다 더 복을 받을 것이다. 장막에 사는 어떤 여인보다도 더 복을 받을 것이다. 주님, 주님의 원수들은 이처럼 모두 망하고, 주님을 사랑하는 사람들은 힘차게 떠오르는 해처럼 되게 하여 주십시오."

묻고? 답하기!

사소한 것이라도 죄악의 쳇바퀴에 빠져 있지는 않은지 돌아볼까요?

아무리 버리려고 해도 어느새 내 곁에 와 있는 그 버릇은 무엇인가요? 어느새 내 안에 있는 죄의 법이 내 마음의 법과 맞서 싸우며, 나를 포로로 만드는 것을 언제까지 용납할 것인지. 아, 나는 비참한 사람입니다. 하지만 몇 번이고 구원의 손길을 내미시는 주님을 무한하게 신뢰할 것을 다짐합니다.

† 오늘 말씀 사사기 6:1 - 9:57

죄악의 쳇바퀴의 실상(1)

사사 기드온의 영욕

💡 실마리 풀기

"아들이 하나 태어났는데, 그 아들에게는 아비멜렉이라는 이름을 지어 주었다"(삿 8:31)

드보라, 입다, 삼손과 더불어 기드온은 대 사사로 분류합니다. 기드온은 므낫세 지파에서 나온 사사로써 미디안과 아말렉을 대적해서 온 이스라엘을 구원합니다. 하지만 그는 승리에 도취하여 점차 만용을 부리게 되고, 그의 아들 아비멜렉의 포악함은 백성들이 더 강한 죄악에 빠지도록 하고 있습니다.

므낫세 지파의 사사 기드온과 미디안 - '여호와 샬롬(주님은 평화)'(6:1 - 7:25)

기드온은 하나님의 사람이지만 의심도 많았다. 삶의 어려움 속에서 하나님이 함께 계신지 궁금하였고, 가장 약한 지파의 가장 어린 자신을 택하신 이유가 의심스러웠다. 그러나 하나님께서는 마치 모세를 택하실 때처럼 기드온을 찾아 반복해서 말씀하셨다. 드디어 기드온은 확신에 차서 주님께 제단('여호와 샬롬')을 쌓아 바쳤다. 기드온이 바알의 제단을 헐고, 아세라 상을 찍어 버린 것을 알게 된 성읍 사람들이 그를 끌어내어 죽어야 마땅하다고 소리치며, 기드온을 여룹바알('바알이 싸우게 하여라')이라고 불렀다.

소심하고 확신이 부족하며 미리 겁내는 특징을 가진 기드온은 전쟁에 나가기 전에 또 다시 하나님께 승리의 증거를 두 번씩이나 요구한다. 기드온의 관심은 자신의 힘으로 승리할 수 있는지 없는지를 알고자 하는 것이다. 그러나 하나님께서는 이스라엘 백성이 "제가 힘이 세어서 이긴 줄 알고 스스로 자랑할까 염려된다"(7:2)고 하시며, 삼백 명의 용사만을 사용하셔서 미디안 군대를 물리치셨다. 그들은 **군대의 규모나 용사의 능력보다 하나님께 순종하는 것이 더 가치가 있다는 것**을 깨달아야 했다.

기드온의 승전과 불순종의 실마리 - 하나님의 영광과 인간적 욕망의 성취(8:1 - 35)

요단강 동쪽 지파 사람들은 기드온을 돕기를 거절함으로써, 처음 그곳에 자리 잡을 때 맹세한 하나님과의 언약을 파기하였다. 기드온은 결국 그들(동쪽 지파 사람들)을 혹독하게 징계하였으며, 미디안의 두 왕 세바와 살문나를 끝까지 추격하여 자신의 형제들의 원수를 갚았다. 이로써 기드온의 승리는 하나님의 영광을 넘어서는 인간적 욕망의 성취라는 모습으로 결론지어지게 진다.

기드온은 오직 주님께서 왕으로 다스리실 것을 알고 있었지만, 그 믿음은 가슴 깊은 곳으로부터 우러나오는 것 같지는 않았다. 기드온은 이스라엘의 왕이 되어 달라는 백성들의 청을 말로는 거절하였지만, 백성들에게서 받은 금으로 에봇을 만들었다. 온 이스라엘이 그것을 음란하게 섬겼다는 이야기는 그것이 새로운 우상이 되었다는 말이다. 또한, 기드온은 아내가 많아 친아들이 일흔 명이나 되었고, 세겜에는 이방 여인을 첩으로 두기까지 하였다. 그것들은 결국 기드온과 그 집안에 올가미가 되었다.

기드온의 아들 아비멜렉 - 이스라엘의 첫 번째 왕(9:1 - 57)

기드온의 아들, 아비멜렉의 이름은 '나의 아버지는 왕이다' 라는 의미를 지니며, 이는 기드온이 살아있는 동안 왕처럼 행하였음을 은유하고 있다. 기드온이 죽으니, 기드온의 아들, 아비멜렉은 바알브릿 신전에서 취한 은 일흔 냥으로 건달과 불량배를 고용하여, 일흔 명이나 되는 기드온의 친아들을 모두 몰살시키고 왕이 된다. 술수와 살인으로 된 것이지만 어찌되었던 이스라엘의 첫 번째(자칭) 왕이다. 하나님이 사사에게는 주님의 영을 내리셨으나 아비멜렉에게는 악령을 보내서서, 세겜 사람들이 그를 배반하게 하셨다. 아비멜렉은 자기에게 반기를 든 사람들을 모두 살해하다가, 한 여인이 던진 맷돌 위짝에 맞아 죽게 된다.

〈아비멜렉이란 이름은 창세기에서 아브라함의 때에 '그랄 왕 아비멜렉'(창 20:2), 이삭의 때에는 '그랄의 블레셋 왕 아비멜렉'(창 26:1)으로 출현했다. 그때 그 이름을 가진 자는 하나님의 권능을 인정하는 자였으나, 여기에서의 아비멜렉은 하나님을 배반하고 저주를 받는 자의 역할을 한다.〉

묻고? 답하기! 부모의 권력과 영향력이 자식을 망칠 수도 있다는 사실을 아십니까?

기드온은 자기 자식의 이름을 아비멜렉 즉 '나의 아버지는 왕이다'라고 지었습니다. 그는 전쟁에서 승리한 즉시 교만에 빠져 자신의 권력과 영향력을 즐기기 시작한 것입니다. 하나님 보시기에 얼마나 어리석은 짓인지요. 혹시라도 그가 아들의 이름을 '주님은 왕이시다'라고 지었다면 그 아들이 맷돌에 맞아 죽는 일은 없었을 것으로 생각되지 않으요? 기드온의 300 용사는 하나님의 능력을 온전히 의지하라는 의미임에도 불구하고, 그 300 용사에게 주신 엄청난 힘과 용기를 우리에게도 달라고 주문하는 경우를 주변에서 종종 보게 됩니다. 그러나 성경은 우리에게 기드온을 보지 말고 기드온의 아들을 볼 것을 주문합니다. 저는 저의 아들에게 "너에게 아버지는 둘이다. 몸을 낳아주신 분과 생명을 주신 분"이라고 가르칩니다.

✝ 오늘 말씀 사사기 10:1 - 12:15

죄악의 쳇바퀴의 실상(2)

사사 입다의 서원

💡 실마리 풀기

"하나님이 암몬 자손을 내 손에 넘겨주신다면"(삿 11:30)

사사 입다도 기드온처럼 므낫세 지파이지만 요단 강 동쪽, 길르앗에서 나온 사사입니다. 기드온의 아들 아비멜렉의 불순종과 포악함으로 인하여 백성들이 더 강한 죄악에 빠지도록 한 이후, 백성들과 하나님과의 관계는 점점 더 멀어지게 되고, 이스라엘의 운명은 점점 하강 곡선을 그리게 됩니다. 길르앗의 장로들은 국가적 위기의 순간에 하나님을 의지하지 않고, 입다의 무력에 의지하고자 하는 것입니다.

잇사갈 지파의 사사 돌라와 길르앗 지파의 사사 야일(10:1 - 5)

잇사갈 지파 돌라가 일어나 이스라엘의 사사로 이십삼 년 동안 있었다. 그 뒤에 길르앗 사람 야일이 일어나서, 이십이 년 동안 이스라엘의 사사로 있었다.

길르앗 사람 사사 입다와 암몬 - 하나님의 구원을 잘 아는 입다(10:6 - 11:28)

요단강 동쪽 길르앗 지방, 아모리 사람의 땅에 사는 이스라엘 백성들이 하나님 앞에 다시 죄악을 저질렀다. 이번에는 바알 신들, 아스다롯과 시리아의 신들, 모압의 신들, 암몬 사람의 신들 그리고 블레셋 사람들의 신들까지, 아주 종합적으로 우상숭배의 죄악을 저지른 것이다. 이번에도 백성들이 부르짖었으나 하나님께서 외면하셨다. 하나님께서는 그들이 이방신들의 형상을 제거하고 주님을 섬기는 것을 보고나서야 그들의 음성을 들으셨다.

사사 입다는 가족들로부터 가장 큰 마음의 상처를 받고 세상에서 방탕한 삶을 산 사람이었으나 그 아픔 가운데서도 하나님께 의지하며 대화하는 모습을 보인다. 길르앗의 장로들이 그의 무력에 의지하여 암몬 자손을 무찌르고자 찾아 왔을 때에 그들과 나눈 모든 대화의 내용을 일일이 주님께 말씀드리고 있다(11:11).

입다는 또한 하나님께서 이스라엘을 어떻게 인도하셨는지를 잘 알고 있었다. 그는 이스라엘 백성들이 가나안 땅으로 들어가려 했을 때, 에돔과 모압의 거절 때문에 아르논 강으로부터 압복 강과 요단 강 동편으로 지나갈 수밖에 없는 형편이었던 사실과 아모리 왕 시혼이 이스라엘과 싸움을 걸어온 결과 하나님께서 그 땅을 이스라엘에게 차지하게 하신 사실을 암몬 왕에게 전하고 있다.

입다의 담판과 서원 - 하나님과의 흥정(11:29 - 40)

길르앗의 장로들과의 담판으로 통치자가 된 입다는 암몬의 왕과도 담판하여 전쟁을 피하고자 하였으나 암몬 왕은 응하지 않았다. 암몬과의 전쟁이 피할 수 없게 되었을 때, 입다는 하나님께서 함께 하신다는 것을 알면서도 하나님께 말도 안 되는 서원을 고하고 말았다. 그의 서원은 하나님께서 승리하게 하신다면 사람의 목숨을 바치겠다는 것이다. 이는 암몬이 그들의 신들에게 하는 "인신제사"를 드리는 것과 다를 바 없었다. 암몬을 크게 물리친 담판의 달인 입다는 자신의 무남독녀의 목숨을 바칠 수밖에 없었다.

지파의 분열 - 에브라임의 교만과 길르앗의 복수(12:1 - 7)

요단강 서쪽의 에브라임 사람들은 요단 동편 사람들보다 자기들이 더 우월하다고 생각하며, 모든 전쟁에 주도적으로 나아가 승리에 공헌해야 한다고 생각하는 듯하였다. 그들은 평소에 늘 동쪽의 길르앗 사람들을 보고 "너희 길르앗 사람은 본래 에브라임에서 도망친 자들이요, 에브라임과 므낫세에 속한 자들이다!"(12:4)하고 비아냥거리며 지역적 감정을 말하여 왔다.

기드온 때와는 달리 이번 전쟁에는 길르앗 족속들만이 참전하는 것을 볼 수 있다. 에브라임 사람들은 기드온 때와 마찬가지로 입다가 암몬 자손을 치러 건너갈 때 자신들을 부르지 않은 것을 비난한다. 그러자 입다는 자존심이 상하여 에브라임 사람들을 사만 이천 명이나 살육하였다. 그 결과는 내전과 분열로 이어지게 된다. 길르앗 사람 입다는 여섯 해 동안 길르앗의 사사로 있었다.

베들레헴의 사사 입산, 스불론의 사사 엘론 그리고 에브라임의 사사 압돈(12:8 - 15)

그 뒤에 베들레헴의 입산이 일곱 해 동안 이스라엘의 사사로 있었다. 그 뒤에 스불론 사람 엘론이 십 년 동안 사사로 있었다. 그 뒤에 비라돈 사람 압돈이 여덟 해 동안 사사로 있었다.

묻고? 답하기!

우리가 하나님께 드리는 서원이 하나님과 흥정하려는 것은 아닌가요?

사람들은 하나님에게 드리는 모든 서원이 마치 하나님께 드리는 헌신인 것처럼 생각하기가 쉽습니다. 하지만 부모들이 일방적으로 하나님께 드리는 서원으로 인하여, 사사 입다의 경우처럼 그 자식들이 혹간 죽음의 제물이 될 수도 있음을 기억해야 할 것입니다. 서원도 기도와 마찬가지로 하나님께 떼를 쓰기 위한 것이 아니라 하나님의 구원 계획안에서 의미가 있는 것이어야 합니다.

2 28일

사사기

✝ 오늘 말씀 사사기 13:1 - 16:31

죄악의 챗바퀴의 실상(3)

사사 삼손의 외로운 투쟁

💡 **실마리 풀기**

"주님께서 블레셋 사람을 치실 계기로 삼으려고 이 일을 하시는 줄을 알지 못하였다"(삿 14:4)

유다 지역을 블레셋 사람들이 다스리던 시절에 하나님께서 사사로 삼손을 택하셨습니다. 그가 분명 하나님께서 세우신 사사임은 틀림없지만, 아무도, 아무 지파 사람들도 그와 함께 싸우지 않습니다. 그의 부모들도 주님께서 블레셋 사람을 치실 계기로 삼으려고 이 일을 하시는 줄을 알지 못하였습니다. 그는 모든 투쟁에서 홀로 나아가 싸워 승리를 끌어냅니다. 삼손은 블레셋을 추종하지 않았던 유일한 사람이었습니다.

하나님의 도구 - 모태에서부터 이미 하나님께 바쳐진 나실 사람(13:1 - 24)

이스라엘 자손이 다시 주님께서 보시는 앞에서 악한 일을 저질렀다. 그래서 주님께서는 그들을 사십 년 동안 블레셋 사람들의 손에 넘겨주셨다. 그 때 주님의 천사가 단 지파의 가족 가운데 마노아라는 사람의 아내에게 나타나 말하였다. "보아라, 네가 지금까지는 임신할 수 없어서 아이를 낳지 못하였으나, 이제는 임신하여 아들을 낳게 될 것이다." 또한, 그 아이는 모태에서부터 이미 하나님께 바쳐진 나실 사람으로서, 블레셋 사람의 손에서 이스라엘을 구하는 일을 시작할 것이라 하였다. 다만, 그 조건은 그 어미가 포도주와 독한 술을 마시지 말고, 부정한 것은 어떤 것도 먹어서는 안 되며, 평생 그 아이의 머리에 면도칼을 대어서는(머리카락을 잘라서는) 안 된다는 것이었다. 그 아들의 이름은 삼손이었다.

단 지파의 사사 삼손의 투쟁 - 주님의 영이 그에게 임할 때마다(13:25 - 15:20)

주님의 영이 삼손에게 세차게 내리 덮칠 때마다 그는 블레셋을 무너뜨렸다. 주님의 영은 삼손이 블레셋 영토를 돌아다니게 하셔서 딤나의 처녀를 사랑하게 하시고(13:25), 사자를 죽이게 하셨다(14:6). 아스글론의 주민 서른 명을 죽이게 하시고(14:19), 당나귀 턱뼈 하나로 블레셋 사람을 천 명이나 쳐 죽이게 하셨다(15:14). 그렇게 하여 삼손은 이십 년 동안 이스라엘의 사사로 있었다.

하나님 앞에 삼손은 이스라엘을 상징한다. 그는 하나님의 은혜로 부르심을 받고, 그의 약속에 묶이며, 계속 권능과 위대한 능력을 받는다. 하지만 그는 아직 믿음이 없어 타협하기 일쑤이고, 자기 멋대로 잘못을 범하고 어려운 상황을 만들어 내며, 악과 친해지는 것에만 지나치게 준비가 되어 있었다. 삼손의 행동은 그가 받은 소명에 충실한 것이 아니라 늘 성적인 욕망과 개인의 영예에 대한 추구에서 시작되었다. 나실 사람이라면서 사자의 사체에서 나온 꿀을 먹음으로 스스로 부정하게 하며(14:9), 이스라엘 사람이라면서 정욕에 눈이 멀어 블레셋

160 오늘 말씀

여인과 결혼하려고 한다(14:2 - 3).

자기의 뜻에 맞는 대로 하는 삼손 - 그와 함께하시는 하나님의 방법(16:1 - 31)

삼손이 또다시 정욕에 빠져 들릴라를 사랑하게 되었다. 그러나 들릴라는 삼손을 사랑하기보다는 블레셋 사람들에게 돈을 받고 삼손을 팔아넘길 궁리만 하였다. 이때까지 삼손은 주님이 명령하신 대로 머리털을 일곱 가닥으로 땋고 살아왔다. 〈그 일곱 가닥은 **주님이 함께하신다는 상징, 하나님께서 직접 참여하시는 역사**를 의미한다고 이해할 수 있다.〉 그러나 들릴라의 집요한 애교에 굴복한 삼손이 자신의 힘의 비밀을 고백하고, 그의 머리카락은 잘려나갔다.

비록 하나님께서 그의 죽음을 통하여 이스라엘을 구원하셨지만, 그의 인생은 결국 개인적인 복수를 하는 것으로 끝나게 된다. 그의 투쟁은 누구보다 많은 블레셋 사람들을 죽였지만, 결코 이스라엘에 평화를 가지고 오지는 못하였다. 그의 모든 일거수일투족은 자기의 뜻에 맞는 대로 하는 그것이었다. 하나님의 방법은 하나님께서 삼손을 사용하여서 아무것도 없었던 곳에 투쟁을 만들어 내어 블레셋과의 충돌을 일으키는 것이다. 그 충돌로 인한 투쟁이 무기력한 이스라엘을 각성시키고자 하시는 하나님의 유일한 방법으로 남아 있었다는 것은 참으로 슬픈 일이 아닐 수 없다. 그럴 수밖에 없던 것은 "그때에는 이스라엘에 왕이 없었으므로, 사람들은 저마다 자기의 뜻에 맞는 대로 하였다"(21:25)는 사사기 저자의 견해에서 보듯이, 그들의 본래 왕은 하나님이심에도 불구하고 그들이 하나님을 모르는 세대가 되었기 때문이다. 그처럼 이스라엘의 앞날은 초라한 모습으로 계속 진행될 것이다.

삼손처럼 우리의 삶 속에서 실패한 경험을 가지고
하나님을 섬길 수 있을까요?

삼손이 이처럼 자기 뜻대로 하는 모습이었지만, 히브리서(11:32)는 하나님의 영을 받아 투쟁을 승리로 끌어낸 믿음의 영웅으로 간주하고 있습니다. 그가 드린 마지막 기도는 "블레셋 사람들과 함께 죽게 하여 주십시오!"였습니다. 그는 마지막에 이기는 자가 되어 하나님의 영광을 위하여 쓰임을 받았습니다. 우리가 그 어떤 실패를 경험하더라도 결코 좌절하고 주님을 떠나는 일은 없어야 합니다. 주님께서는 늘 거기 그 자리에서 우리의 간절한 기도를 듣기 원하시기 때문입니다.

3
1일

✝ 오늘 말씀 사사기 17:1 - 21:25

사사기

죄악의 쳇바퀴의 근본적 원인
삶의 방편을 잃은 레위 인들의 불순종

💡 **실마리 풀기**

"그때에는 이스라엘에 왕이 없었으므로, 사람들은 저마다 자기의 뜻에 맞는 대로 하였다"(삿 21:25)

가나안 땅을 정복한 후, 여호수아는 모세의 지시대로 레위 지파에게만 땅의 유산을 주지 않았는데, 그것은 하나님께서 말씀하신 대로, 하나님께 불살라서 드리는 제물이 그들의 유산이기 때문입니다(수 13:14). 그래서 각 이스라엘 지파들은 그들의 유산 가운데서 모두 마흔여덟 개의 성읍들과 목장을 레위 인에게 주고, 그들의 후손들이 "주님을 알고, 주님께서 이스라엘을 돌보신 일을 알게 하는 사역"을 담당하도록 하였던 것입니다.

그러나 무슨 이유에선지 레위 인들은 그러한 것에 열심을 내지 않았습니다. 그 결과 백성들은 하나님을 멀리하고 제사를 드리지 않게 되었고, 그 결과 레위 인들은 더는 그들의 삶을 지탱할 근거가 없어졌습니다. 그야말로 백성들과 레위 인들은 서로 주고받는 죄악의 쳇바퀴에 빠지고, 언약공동체였던 각 지파는 분열과 분쟁의 혼돈으로 빠져들게 되었던 것입니다.

레위 인들의 정체성의 상실 - 우상을 섬기며 팔려 다니는 레위 인(17:1 - 18:31)

에브라임 산간지방에 '여호와와 같은 이가 누구인가'라는 뜻의 이름을 가진, 미가라는 사람이 있었다. 미가는 어머니에게 훔친 돈으로 만든 조각한 목상에 은을 입힌 우상과 에봇과 드라빔 신상을 자기 개인의 신당에 섬기고 있었다. 미가는 마침 지나가는 레위 사람을 맞아들여 일 년에 은돈 열 냥 그리고 옷과 먹을 것을 주기로 하고, 그 레위 인을 자기 집안의 제사장으로 삼았다. 그 레위 인은 그곳에서 신상을 섬기면서 주님께서 미가에게 복을 주시기를 빌어주었다.

한편, 이스라엘의 지파들 가운데서 단 지파는 아직 그들이 유산으로 받을 땅을 얻지 못하였으므로, 그들이 자리 잡고 살 땅을 찾아 가나안의 북쪽으로 이주하고 있었다. 그때 단 지파 사람들이 미가의 신당을 지나가다가 미가가 만든 에봇과 드라빔과 은을 입힌 신상을 빼앗고 그에게 딸린 제사장을 데리고 갔다. 그 레위 인은 "한 가정의 제사장이 되는 것보다야 이스라엘의 한 지파와 한 가문의 제사장이 되는 것이 더 낫지 않겠습니까?" 하는 제안이 마음에 들어 그 무리를 따라갔다.

단 지파 사람들은 한가하고 평화롭게 사는 라이스 성읍에 가서 라이스 백성들을 칼로 쳐서 죽이고, 그들의 성을 빼앗아 그곳에서 살았다. 그들은 그 후, 그곳에 자기들이 섬길 신상을 세워놓고, (아론의 자손이 아니라) 모세의 손자이며 게르손의 아들인 요나단과 그의 자손을 단 지파의 제사장으로 삼아, 그 땅 사람들이 포로로 잡혀갈 때까지 그 일을 맡겼다. 단 지파의 사람들은 하나님의 집이 실로에 있는 동안, 계속해서 미가가 만든 우상을 그대로 두고 섬겼다.

각 지파의 분열 - 한 레위 인으로 인한 언약 공동체의 붕괴(19:1 - 21:25)

에브라임의 산골에 사는 한 레위 남자가 유다 땅의 베들레헴에 도망가 있던 자신의 첩을 찾아 데리고 돌아가는 중에 기브아에 머물게 된다. 그곳에서 그 첩은 그 성읍의 불량한 베냐민 사내들에 의해 강간을 당해 죽게 된다. 실은 그 레위 사람이 그 불량배들로부터 자신을 지키기 위해 자기 첩을 그 남자들에게 내주었던 것이다. 그 레위 인은 사람들의 동정을 얻고 자기 합리화를 하려하였다. 그 레위 인은 그 첩의 주검을 12조각으로 토막 내어 이스라엘의 각 부족에게, 공정하게 일을 처리하자는 메시지와 함께 보냈다. 이 일로 인해서 기브아 사람들뿐 아니라 이스라엘의 모든 부족이 서로 전쟁을 일으키는 계기가 되었다.

베냐민 자손과 나머지 모든 이스라엘 자손 간의 세 번의 전투에서 살아남은 베냐민의 용사는 육백 명밖에 되지 않았다. 전쟁이 끝나자, 이스라엘 백성은 언약 공동체의 한 지파가 끝내 이스라엘에서 없어지고 말았음을 깨닫고, 하나님 앞에 앉아 소리를 높여 크게 통곡하였다. 여타 이스라엘 자손은 베냐민 자손에 대하여 측은한 마음이 생겨서 그 살아남은 사람들에게 아내를 구해 주고자 하였다. 그들은 전쟁에 참여하지 않은 길르앗의 야베스 주민을 쳐 죽이고, 그들의 처녀 사백명을 베냐민 자손들에게 주었고, 실로에서 해마다 열리는 주님의 축제에서 춤을 추러 나온 처녀 이백명을 납치하여 아내로 삼도록 허락하였다. 한 여인의 강간으로 시작된 이 사건은 한 지파의 붕괴, 야베스 주민의 목적이 있는 살상과 이백명의 새로운 강간으로 막을 내린다.

그 때는 이스라엘에 왕이 없었으므로, 사람들은 저마다 자기의 뜻에 맞는 대로 하였다(25절).

주님이 내 삶의 왕이신가요 아니면 나의 뜻에 맞는 대로 하고 있는가요?

지금 한국사회가 처한 현실이 사사기 때와 진배없는 듯합니다. 교회의 영향력은 도무지 찾아볼 수 없는 사회 분위기 때문입니다. 하나님의 음성은 전혀 들으려고 하지 않고, 저마다 자기 좋을 대로 목청을 높이기 때문입니다. 일부 성도들은 하나님과 하나님의 역사하심에 대하여 배우려 하지 않고, 세상에서 잘 먹고 잘살게 해달라고 간절히 구하는 것에 진력합니다. 그들이 구원을 받았으니 이제는 방종한 삶을 살아도 된다고 생각하는 것은 아닌지 궁금합니다. 그러나 우리는 그러한 분위기 탓만 하고 있을 수는 없습니다. 나 자신부터 내 삶의 왕이신 하나님 앞에 조용히 엎드려 묵상해야겠습니다.

다윗
장차 오실 더욱 위대한 왕에 대한 모형과 징조

✝ 오늘 말씀 룻기 4:13 - 22, 시편 18편

💡 실마리 풀기

"주님은 손수 세우신 왕에게 큰 승리를 안겨 주시는 분이시다. 손수 기름을 부어 세우신 다윗과 그 자손에게, 한결같은 사랑을 영원무궁하도록 베푸시는 분이시다"(시 18:50)

구약의 주인공, 다윗의 족보 - 세 이방 여인

믿음의 사람 아브라함, 겸손한 사람 모세 그리고 하나님 앞에 순전한 사람 다윗은 구약 역사를 이끌어 나가는 중심인물들입니다. 그중에 다윗은 하나님께서 디자인하신 제사장 나라의 약속을 성취하도록 함으로써 구약의 주인공으로 우뚝 서게 됩니다. 다윗은 가나안 땅의 정복을 완성하고, 그 권세가 지중해에서 요단 강 동편까지, 남쪽 광야에서 유프라테스 강까지 이르렀습니다. 다윗은 정복한 나라들이 가져온 재물을 온전히 하나님께 바쳤으며, 백성 모두를 공평하고 의로운 법으로 다스렸습니다(삼하 8:11 - 15).

마태복음과 룻기(마 1:2 - 6, 룻 4:18 - 22)에 기록된 다윗의 족보에는 세 이방 여인이 등장합니다. 처음은 유다의 쌍둥이 아들을 낳은 다말이고, 둘째는 여호수아가 여리고에 보낸 정탐꾼 두 명 중에 한 명인 살몬(?)을 사랑한 라합입니다. 그리고 보아스를 만나 다윗의 할아버지를 낳은 룻입니다. 성경은 이 세 이방 여인의 사연을 비교적 상세하게 기록하고 있습니다. 창세기 38장의 유다와 며느리 다말의 이야기, 여호수아 2장과 6장의 기생 라합의 이야기 그리고 모압 여인 룻의 이야기가 그것입니다. 이 이야기들은 다윗의 혈통을 이어가는 매듭이 되는 상황을 잘 설명하고 있습니다. 이들의 내력이 이토록 상세히 기록되어 있는 것은 하나님께서 결국 다윗과 변하지 않는 언약을 세우시고, 그에게 영원한 나라를 약속하실 것(삼하 7장)이기 때문입니다. 그리고 그 언약은 다윗의 자손 예수 그리스도 안에서 성취되었습니다.

누가는 천사의 말을 이렇게 전합니다. "보아라, 그대가 잉태하여 아들을 낳을 터이니, 그의 이름을 예수라고 하여라. 그는 위대하게 되고, 더없이 높으신 분의 아들이라고 불릴 것이다. 주 하나님께서 그에게 그의 조상 다윗의 왕위를 주실 것이다. 그는 영원히 야곱의 집을 다스리고, 그의 나라는 무궁할 것이다"(눅 1:31 - 33).

하나님께서 선택하신 왕 다윗 - 하나님의 마음에 드는 사람

하나님께서 하락하신 이스라엘의 첫 번째 왕은 사울이었습니다. 그러나 그는 두 가지 마음을 품은 사람이었습니다. 그는 이스라엘의 하나님께 순종하고자 하면서도 동시에 자신의 능력을 과시하고 싶어 하는 사람이었습니다. 그러나 다윗은 **하나님께서 선택하신** 왕이었습니다. 하나님께서 사무엘에게 말씀하셨습니다. "사람은 겉모습만을 따라 판단하지만, 나 주는 중심을 본다"(삼상 16:1 - 7). 다윗을 보신 하나님께서 "내가 이새의 아들 다윗을 찾아냈으니, 그는 내 마음에 드는 사람(삼상 13:14)이다. 그가 내 뜻을 다 행할 것이다"(행 13:22)라고 증언하셨다.

하나님이 다윗의 삶을 주권적으로 정하신 이유 - 순전한 사람

하나님께서는 다윗이 장차 오실 더욱 위대한 왕에 대한 모형과 징조가 되게 할 의도를 품고 계셨습니다. 그것은 다윗이 순전한 사람이었기 때문에 가능한 일입니다. 그는 스스로 이렇게 고백합니다. "진실로 나는, 주님께서 가라고 하시는 그 길에서 벗어나지 아니하고, 무슨 악한 일을 하여서 나의 하나님으로부터 떠나지도 아니하였다. 주님의 모든 법규를 내 앞에 두고 지켰으며, 주님의 모든 법령을 내가 버리지 아니하였다. 그 앞에서 나는 흠 없이 살면서 죄짓는 일이 없도록 나 스스로를 지켰다. 그러므로 주님께서는 내가 의롭게 산다고 하여 나에게 상을 주시며, 나의 손이 깨끗하다고 하여 나에게 상을 주셨다"(시 18:20 - 24). 그는 왕이면서도 자신이 하나님의 양들 가운데 하나임을 절대 잊지 않았습니다. 물론 다윗도 실패한 경험이 있습니다. 그러나 나단의 책망을 들은 다윗은 단 한마디로 자신의 죄를 자백합니다. "내가 주님께 죄를 지었습니다." 그렇게 다윗은 회복되었습니다.

유대인들이 기대하였던 메시아 - 다윗의 자손

아모스는 "그날이 오면, 내가 무너진 다윗의 초막을 일으키고 그 터진 울타리를 고치면서 그 허물어진 것들을 일으켜 세워서, 그 집을 옛날과 같이 다시 지어 놓겠다"(암 9:11)라는 말로 다윗의 자손으로 태어나신 예수님의 메시아 왕국 건설이 실현될 것을 예언하였습니다. 예수님의 동생 야고보도 아모스의 예언을 인용하여 "그래서 남은 사람이 나 주를 찾고, 내 백성이라는 이름을 받은 모든 이방 사람이 나 주를 찾게 하겠다"(행 15:16 - 17)고 설교하였습니다. 세상 모든 민족이 하나님 앞에 나아와 예배를 드리며 찬양을 올려드리는 그 나라가 임할 것을 예견하는 것입니다.

신약시대 유대인들은 그 메시아가 다윗의 자손일 것이며(마 21:9, 22:42), 베들레헴에서 태어날 것이라고 믿고 있었습니다(마 2:5, 요 7:40 - 42). 하지만 그들은 예언과는 전혀 다른 메시아의 출현을 기대하고 있었습니다. 그들이 기대했던 메시아는 로마와 같은 이방 민족들의 압제로부터 해방해 줄 새로운 다윗입니다. 즉 다윗 시대와 같은 경제적 풍요와 사회적 정의, 평등과 평화를 가져다줄 메시아를 기다려 온 것이었습니다. 지금도 이스라엘에 가면 다윗 성, 다윗의 무덤, 다윗의 도피처였던 엔게디 등에는 기도하는 유대인들로 넘쳐납니다. 하나님께 다윗 같은 왕을 보내달라고 기도 하는가 봅니다.

3

룻기

한결같은 사랑(Hesed)의 경험

순종하는 자들

💡 **실마리 풀기**

"어머님의 겨레가 내 겨레이고, 어머님의 하나님이 내 하나님입니다"(룻 1:16)

사사기 마지막 절에 "그때에는 이스라엘에 왕이 없었으므로, 사람들은 저마다 자기의 뜻에 맞는 대로 하였다"라고 하였습니다. 부도덕과 정욕, 불순종과 우상 숭배가 난무하던 사사기를 읽으며 우리의 머릿속은 혼란스럽고 가슴은 답답한 느낌을 받게 되었습니다. 그런데 그 사사 시절을 배경으로 한 룻의 이야기는 황량한 사막의 오아시스 같은 맑은 내용을 담고 있습니다.

룻의 효심과 충성스러운 사랑, 보아스의 친절과 헌신은 나오미가 온전한 유업을 계승할 수 있게 하고, 메시아의 선조가 되게 하였습니다. 이는 순종하는 자들이 받는 놀라운 하나님의 한결같은 사랑(Hesed)을 나타내기에 충분한 것 입니다.

모압 여인 룻과 시어머니 나오미 - 두 며느리의 한결같은 사랑과 결단(1:1 - 22)

나오미와 그녀의 남편 엘리멜렉, 두 사람의 이름의 뜻은 '기쁨'과 '나의 하나님이 왕이시다'이다. 그렇게 좋은 의미의 이름을 가진 부부가 두 아들의 이름을 말론('질병')과 기룐('황폐')이라고 지었다. 어찌하여 아들들의 이름을 그렇게 지었는지 상상해 보면, 그들을 낳을 때 질병이 만연하고, 가뭄이 심하여 그런 것으로 보인다. 결국, 그 기근 때문에 그들은 베들레헴에서 모압 지방으로 이주하였다. 그러나 그곳에서 남편과 두 아들까지 잃게 된 나오미는 삶의 근거를 완전히 상실하였다. 당시에는(지금까지도 중동이나 아프리카 지방에서는 그렇다지만) 남편과 아들이 없는 과부는 빌어먹는 수밖에 없는 것이다.

그때 나오미에게 주님께서 고향에 풍년이 들게 하셨다는 말이 들려왔다. 그녀는 즉시 두 며느리와 함께 유다 땅으로 돌아가려고 결단하였다. 길을 가다가 문득 깨달은 나오미가 두 며느리에게 제각기 친정으로 돌아가라고 명하였다. 두 며느리가 죽은 아들들과 자신에게 보여준 한결같은 사랑(1:8)을 깨달은 나오미는 그들이 새 남편을 만나 행복한 가정을 이루도록 해 주어야 한다고 생각한 것이다.

나오미의 결단은 주님의 소식을 들음(1:6)으로부터 왔으며, 시어머니 나오미와 나오미의 하나님을 섬기기로 한 룻의 결단은 함께 사는 동안 나오미의 순종을 눈으로 보고, 함께 경험함으로부터 나왔다. 룻의 동서는 그의 겨레와 신에게로 돌아갔으나(1:15) 룻은 시어머니와 이스라엘의 하나님에게 헌신을 맹세하였다. "어머님의 겨레가 내 겨레이고, 어머님의 하나님이 내 하나님입니다. 어머님이 숨을 거두시는 곳에서 나도 죽고, 그곳에 나도 묻히겠습니다"(1:16 - 17).

믿음을 가진 자의 삶은 이처럼 믿음이 없던 자의 삶을 송두리째 뒤집어 놓을 수 있어야 한다. 룻이 이방 여인으로서 유대인 중에 살았으며, 유대사람과 결혼한 믿음과 충성의 여인이었다면, 에스더는 유대 여인으로서 이방인들 중에 살았으며, 이방사람과 결혼한 믿음과 축복의 여인이었다. 유대인이거나 이방인이거나 하나님의 은혜는 다만 순종하는 자의 것이다.

효심이 깊은 룻과 친척 보아스 - '힘이 있는 자의 한결같은 자비(2:1 - 23)

어머니 나오미와 함께 겨울을 나기 위하여, 곡식 단 사이에서 떨어진 이삭을 줍도록 허락해 달라고 간청하는 룻의 품성은 일꾼들의 감독에게도 인상적이었나 보다. 보아스가 그 감독에게 "저 젊은 여인은 뉘 집 아낙인가?"하고 물으니, '밭 집에서 잠깐 쉬었을 뿐 아침부터 와서 지금까지 저렇게 서 있었다'고 말을 함으로써 룻의 성실, 부지런함을 표현한다. 그러나 보아스는 룻의 성품을 이미 들어서 알고 있었다.

보아스가 그를 축복하며 기도한다. "남편을 잃은 뒤에 댁이 시어머니에게 어떻게 하였는지를 자세히 들어서 다 알고 있소. 댁은 친정아버지와 어머니를 떠나고, 태어난 땅을 떠나서 엊그제까지만 해도 알지 못하던 다른 백성에게로 오지 않았소? 댁이 한 일은 주님께서 갚아 주실 것이오. 이제 댁이 주 이스라엘의 하나님의 날개 밑으로 보호를 받으러 왔으니, 그분께서 댁에게 넉넉히 갚아 주실 것이오"(2:12).

보아스는 룻에게 볶은 곡식을 배불리 먹고도 남도록 주었다. 젊은 남자 일꾼들에게는 괴롭히지 말고, 오히려 곡식 단에서 조금씩 이삭을 뽑아 흘려서 돕도록 해주었다. 룻의 보고를 들은 나오미가 보아스를 위해 축복하며 기도한다. "그는 틀림없이 주님께 복 받을 사람이다. 그 사람은, 먼저 세상을 뜬 우리 식구들에게도 자비를 베풀더니, 살아 있는 우리에게도 한결같이 자비를 베푸는구나"(2:20). 나오미가 직감적으로 그 사람이 집안의 친척으로서 우리를 맡아야 할 사람이라고 말하는 것은 이미 앞으로 전개될 상황을 예견하게 한다.

나는 내 주변의 누구에게까지 나 자신을 아낌없이 줄 수 있을까?

사람들은 누구나 고통스러운 환경에 처하게 되는 것을 원치 않습니다. 더구나 남의 고통에 동참한다는 것은 생각하기도 싫을 것입니다. 만일 그러한 결단을 할 수 있으려면, 그 상대방에 대한 사랑이 그 고통을 넘어설 수 있을 정도가 되어야 할 것입니다. 아마도 겨우 우리 가족, 아내와 자식들만이 그에 해당할 것입니다. 하지만 사람이 누군가를 진정 사랑한다 해도, 목숨을 내어놓는다는 것은 불가능할 것입니다. 모르는 남을 위해서는 더더욱 그러하겠지요. 우리를 위하여 목숨을 내어놓으신 주님의 사랑이 가슴에 다가옵니다.

3 4일

롯기

✝ 오늘 말씀 룻기 3:1 - 4:22

이방인을 통하여 이어가는 구원의 역사
다윗의 선조 이야기

💡 **실마리 풀기**

"살몬은 보아스를 낳고, 보아스는 오벳을 낳고, 오벳은 이새를 낳고, 이새는 다윗을 낳았다"(룻 4:21 - 22)

롯기에서 '모압'이라는 지명이 무려 열네 번이나 나옵니다. 굳이 사용할 필요가 없는 부분에까지 반복해서 나옵니다. 롯이 이방 여인임을 강조하면서, 심지어 글 끝 부분에서 온 마을 사람들과 원로들의 입을 빌려 "그대의 집안이 다말과 유다 사이에서 태어난 아들 베레스의 집안처럼 되게 하시기를 빕니다"라고 표현합니다. 게다가 보아스의 아버지 살몬은 기생 라합의 남편이었습니다. 하나님께서는 세상 모든 민족을 구원하시고자, 유대인뿐만 아니라 이방인을 통해서도 구원의 역사를 이어가실 것임을 강조하고 있습니다.

이제 곧 이어지는 〈사무엘 상, 하〉를 통하여 다윗의 내력을 읽게 될 것입니다.

분별력 있고 치밀한 사람 보아스 - 시어머니 나오미의 지략(3:1 - 18)

롯은 시어머니 나오미가 가르친 대로 보아스가 누워있는 발치 쪽의 이불을 들치고 누워 있다가 한밤중이 되었을 때 보아스에게 발견되었다. 롯이 말하였다. "어른의 종 룻입니다. 어른의 품에 이 종을 안아 주십시오. 어른이야말로 집안 어른으로서 저를 맡아야 할 분이십니다"(3:9). 이는 "이스라엘 하나님의 날개 밑으로 보호를 받으러 온"(2:12) 자신을 보호해 주기를 요청하는 것이다. 보아스는 그 언행이 룻의 시어머니를 향한 헌신임을 알고, 그 갸륵한 마음씨가 이제까지 보여 준 것보다 더욱더 값진 것임과 그가 집안 간으로서 그녀를 맡아야 할 책임이 있다는 것을 인정하였다.

그러나 보아스는 룻을 맡아야 할 사람으로, 그보다 더 가까운 친족이 한 사람 있다는 것과 그가 룻을 돌보지 않겠다고 하는 경우에만 자신이 룻을 맡을 수 있음을 밝히고, 조심스럽게 새벽에 남들의 눈을 피해 돌아가도록 배려하였다.

룻을 구속하기 위해 헌신하는 보아스 - 이스라엘의 독특한 두 가지 관습(4:1 - 12)
1. 죽은 자의 후손을 잇기 위한 수혼법(신명기 25:5 - 10)

고대 이스라엘에서 만약 한 남자가 자식이 없이 죽으면 "그 이름을 이스라엘 중에서 끊어지지 않게" 하기 위하여 그 과부와 결혼해 아들을 생산할 책임이 그 남자의 친족에게 주어졌다. 수혼법에는 우선권이 있는데 형제, 삼촌, 삼촌의 아들, 가장 가까운 친족의 순서가 있다.

2. 재산권을 무르는 고엘법(레위기 25:25 - 34)

히브리어 '고엘'은 '되찾다', '무르다'라는 뜻을 지니고 있으며, 고엘된 자는 땅을 팔 사람의 친족이어야 한다. 또한, 그 값을 스스로 치를 수 있어야 한다. 그리고 그는 마음의 자유로움 속에서 그것을 기쁨으로 하여야 한다. 이는 마치 예수 그리스도께서 우리의 중보자가 되신 것과 마찬가지의 개념을 보여준다.

보아스는 이러한 두 가지 제도를 통하여 나오미의 땅과 자손의 생산 의무를 행할 우선권이 있는 친족에게 두 가지 의무를 동시에 충족할 수 있는지를 물어본다. 사실 두 가지 의무를 동시에 진다는 것은 죽은 자의 땅을 사서 죽은 자의 자손에게 되 물려준다는 의미가 되는 것이다. 또한, 보아스는 룻과의 결혼을 통하여 나오미의 자손과 재산을 이어줄 책임을 지지 않을 수도 있었다. 그러나 보아스가 이러한 부담을 감당하고자 한 이유는 그의 인품이 진실하고 관용이 넘치기 때문이기도 하지만, 룻의 신실함과 헌신 속에서 내면의 아름다움을 발견했기 때문이 아닐까 한다.

결국 보아스는 모압 여인 룻을 아내로 맞아들여서 그 유산이 나오미의 남편과 아들의 이름으로 남아 있도록 하여, 고인의 이름이 그의 고향 마을과 친족들 사이에서 끊어지지 않도록 하겠다고 원로들과 온 마을 사람들에게 선언하였다. 이에 온 마을 사람들과 원로들이 대답하였다. "우리가 증인입니다. 에브랏 가문에서 그대가 번성하고, 또한 베들레헴에서 이름을 떨치기를 빕니다"(4:11).

오벳을 낳은 룻과 보아스 - 다윗과 메시아의 선조(4:13 - 22)

룻이 임신을 하여 아들을 낳자, 이웃 여인들이 나오미에게 말하였다. "주님께 찬양을 드립니다. 주님께서는 오늘 이 집에 자손을 주셔서, 대가 끊어지지 않게 하셨습니다. 그의 이름이 이스라엘에서 늘 기려어지기를 바랍니다"(4:14).

온 마을 사람들이 나오미와 룻에게 한 축복은 단순히 개인의 결혼을 축하하는 것을 넘어 그들로부터 태어날 후손, 다윗과 메시아로 말미암아 온 이스라엘과 세상 모든 민족이 받게 될 복을 기원하는 것이다. 그렇게 하여 룻과 보아스는 다윗의 할아버지 오벳을 낳았다.

묻고? 답하기!

우리 집안에 흑인 며느리나 사위가 들어오면 용납할 수 있을까요?

외국인이 출현하는 방송 프로에서 한국말을 아주 잘하는 흑인 청년을 볼 때마다 나는 기존에 갖고 있던 흑인에 대한 편견을 조금씩 씻어 냅니다. 미국에서 겪었던 쌀쌀맞은 백인들보다 더 정감이 갑니다. 그러나 우리 아들이나 딸이 흑인을 좋아한다면 용납할 수 있는지 궁금해집니다.

✝ 오늘 말씀 사무엘상 1:1 - 4:1a

사무엘 # 들으시는 하나님

한나와 어린 사무엘

💡 **실마리 풀기**

"평안한 마음으로 돌아가시오. 이스라엘의 하나님이, 그대가 간구한 것을 이루어 주실 것이오"(삼상 1:17)

사사들의 시대가 끝나 갈 무렵, 다른 레위 인들과 달리 엘가나의 가족은 신실함과 경건함을 보입니다. 이제 그 가문으로부터 새로운 지도자(사사) 사무엘이 등장합니다. 그로 인하여 죄악의 쳇바퀴로 인한 하강 곡선에서 벗어나는 이스라엘의 모습을 보게 될 것입니다.

엘가나의 경건과 한나의 기도 - 하나님께서 들으셨다(1:1 - 19)

사무엘의 아버지 엘가나는 매년 한 번씩 회막과 언약궤가 있는 실로로 올라가서, 만군의 주님께 경배하며 제사를 드리는 신실한 자였다. 사무엘의 어머니 한나는 불임의 절망 속에서도 기도하며 하나님의 응답이 오기를 기다리는 헌신적인 여인이었다.

제사장 엘리가 "평안한 마음으로 돌아가시오. 이스라엘의 하나님이, 그대가 간구한 것을 이루어 주실 것이오"라고 말한 것은 제사장이 늘 하던 대로의 그저 상투적인 표현의 위로였다. 그런데도 주님께서 한나의 얼굴에서 슬픈 기색을 없애주었다. 이는 즉각적인 기도의 응답이다.

한나의 찬가 - 하나님께서 채워주셨다(1:20 - 2:11)

한나는 주님께 구하여 얻은 아들이라고 하여, 그 아이의 이름을 사무엘(하나님께서 들으셨다)라고 지었다. 한나는 그가 서원한 대로 사무엘의 한평생을 주님께 바치며 감사의 제사를 드렸다. 그리고 찬양의 기도를 드렸다. "주님께서 나의 마음에 기쁨을 가득 채워 주셨습니다. 주님처럼 거룩하신 분은 없습니다. 우리 하나님 같은 반석은 없습니다. 참으로 주님은 모든 것을 아시는 하나님이시며, 사람이 하는 일을 저울에 달아 보시는 분이시다. 주님께서 땅끝까지 심판하시고, 기름 부어 세우신 왕(메시아)에게 승리를 안겨 주실 것이다"(2:1 - 10).

Cf. 마리아의 찬가 "내 영혼이 주님을 찬양하며 내 마음이 내 구주 하나님을 좋아함은, 그가 이 여종의 비천함을 보살펴 주셨기 때문입니다. 그의 이름은 거룩하고, 그의 자비하심은, 그를 두려워하는 사람들에게 대대로 있을 것입니다. 그는 그 팔로 권능을 행하시고 마음이 교만한 사람들을 흩으셨으니, 그 자비는 아브라함과 그 자손에게 영원토록 있을 것입니다"(눅 1:46 - 55).

엘리 가문에 대한 예언 - 하나님께서 말씀하셨다(2:12 - 36)

엘리의 아들들은 사사기 시대의 레위 인들처럼 주님을 무시하였다. 제사장이 백성에게 지켜야 하는 규정도 무시하고, 주님께 바치는 제물을 함부로 대하는 큰 죄를 저질렀다.

하나님의 사람이 엘리를 찾아와서 말하였다. "지난 날 나는, 너의 집과 너의 조상의 집이 제사장 가문을 이루어 언제까지나 나를 섬길 것이라고 분명하게 약속하였지만, 이제는 더 이상 그렇게 하지 않겠다. 나는 나의 마음과 나의 생각을 따라서 행동하는 충실한 제사장을 세우겠다. 내가 그에게 자손을 주고, 그들이 언제나 내가 기름 부어 세운 왕 앞에서 제사장 일을 보게 하겠다"(2:30).

한편, 어린 사무엘은 어머니가 해마다 만들어서 가져다주는 모시 에봇을 입고 주님을 섬겼다. 어린 사무엘은 주님 앞에서 잘 자라서, 커 갈수록 주님과 사람들에게 더욱 사랑을 받았다.

주님께서 세우신 예언자 사무엘 - 하나님께서 부르셨다(3:1 - 4:1a)

하나님의 음성을 듣는 것이 얼마나 힘든 것인가. 사무엘은 하나님의 음성을 세 번이나 듣고도 인식하지 못하였다. 그러나 엘리는 주님께서 그 소년을 부르신다는 것을 깨닫고, "주님, 말씀하십시오. 주님의 종이 듣고 있습니다"라고 대답하라고 이른다. 엘리가 그 말씀 속에 주님께서 사무엘에게 제사장의 권위를 입혀주시는 것임을 인식하고 선언한다. "그분은 주님이시다! 그분께서는 뜻하신 대로 하실 것이다"(3:18).

주님께서 사무엘을 부르셔서 '이스라엘에서 어떤 일을 하려고 한다'(3:11)고 말씀하셨다. 그리고 엘리에게는 그의 집을 심판하여 영영 없애 버리겠다고 선언하셨다. 사무엘이 자랄 때, 주님께서는 실로에서 계속하여 자신을 나타내시고 그와 함께 계셔서, 사무엘이 한 말이 하나도 어긋나지 않고 다 이루어지게 하셨다. 그리하여 단에서 브엘세바까지 온 이스라엘은 사무엘이 주님께서 세우신 예언자임을 알게 되었다.

묻고? 답하기!

기도하고 난 후에 마음이 평안해지고, 기쁨이 찾아오는 때가 있었던가요?

마음이 편하고, 삶이 고단하지 않으면 기도가 간절하지 않습니다. 내가 편하고 안락하면 남들을 위한 기도도 간절하지 않습니다. 지금 나에게 무엇이 그리 간절한가요? 나를 몰아세우는 긴장과 간절함은 무엇인가요? 우리가 드리는 간절한 기도를 들으신 하나님께서 지금 그 때가 아니라고, 좀 더 기다려보라고 하시더라도 우리의 마음에 평안과 기쁨이 느껴진다면 그것이 주님의 응답임을 경험해보시기 바랍니다.

✝ 오늘 말씀 사무엘상 4:1b - 7:17

에벤에셀의 하나님
하나님 영광의 상실과 회복

💡 실마리 풀기

"우리가 여기에 이르기까지 주님께서 우리를 도와주셨다"(삼상 7:12)

이스라엘의 지도력이 엘리로 부터 새로운 지도자 사무엘로 이관되었습니다. 이스라엘의 지도자 엘리와 그의 아들들은 하나님께 기도조차 하지 않고, 전쟁을 수행하도록 백성들을 이끌었습니다. 하나님의 능력을 의지하지 않는 자들에게 '그룹들 사이에 앉아 계시는 만군의 주님의 언약궤'(4:4)는 아무런 의미가 없습니다. 하나님의 영광은 그것을 신뢰하고 순종하는 자들에게 드러내시는 것이지, 필요할 때만 찾는 자들에게는 보이지 않는 것입니다. 결국, 주님의 영광은 사무엘의 지도로 이스라엘의 온 족속이 미스바에 모여 기도함으로 회복되었습니다.

하나님의 주권 - 하나님의 언약궤를 우상화한 이스라엘(4:1b - 22)

이스라엘은 하나님의 능력에 의지하지 않고 자기들 마음대로 블레셋과의 전쟁에 나갔다가 지고 돌아왔다. 그리고 자기들 뜻대로 언약궤를 모셔다가 원수의 손에서 구하여 주시도록 요구를 하였다. 그들은 언약궤를 마치 이방인의 신들처럼 여긴 것이다. 결국 다음 전투에서 이스라엘은 하나님의 궤를 빼앗겼고, 하나님의 전에서 온갖 악행을 저지른 엘리의 두 아들, 홉니와 비느하스가 전사하였다. 그 소식을 듣고 사십년 동안 이스라엘의 사사로 있었던 엘리도 쓰러져서 목이 부러져 죽었다.

이렇게 하나님의 예언대로 레위의 자손 엘리 가문은 몰락하였고, 하나님의 마음과 생각을 따라서 행동하는 충실한 지도자를 새로 세우셨다. 이제까지 이스라엘은 하나님을 이스라엘의 왕으로 여기지 않고, 사람들은 저마다 자기의 뜻에 맞는 대로 하였다. 그러나 하나님의 주권은 인간의 목적대로 움직일 수 있는 것이 아니다. 언제나 **기도는 나의 원대로가 아니라, 아버지의 원대로 이루어지기를 간절히 구하는 것**이어야 한다.

하나님의 임재 - 하나님의 언약궤를 경솔히 대한 이스라엘(5:1 - 7:1)

블레셋 사람들은 하나님의 궤를 빼앗아서, 그들의 신전으로 가지고 들어가서 신상 곁에 세워 놓는 불경을 저질렀다. 블레셋 통치자들이 하나님의 궤를 옮기는 곳마다 주님께서 악성 종양과 재앙을 내리셔서 온 성읍에서 비명이 하늘에 사무쳤다.

블레셋 사람들이 주님의 궤를 돌려보냈으나, 벳세메스 사람들이 주님의 궤 속을 들여다보았기 때문에 주님께서는 그 백성 가운데서 오만 칠십 명이나 쳐서 죽이셨다. 결국, 기럇여아림 사람들이 와서 주님의 궤를 옮겨서 언덕 위에 있는 아비나답의 집에 들여놓고, 그의 아들 엘리아살을 거룩히 구별해 세워서 주님의 궤를 지키게 하였다. 하나님의 궤는 하나님의 임재를 상징하는 것으로 접근이 금지되었는데, 이는 마치 모세의 백성들이 하나님의 얼굴을 보기를 두려워하는 것과 같은 이유 때문이다. 하나님의 성물은 그것을 대하는 자들의 마음에 경건과 경외심이 가득하여야 한다.

훗날 다윗이 예루살렘을 정복하고 아비나답의 집에서 하나님의 궤를 다윗성으로 옮겨올 때도 아비나답의 아들 웃사가 손을 내밀어 하나님의 궤를 붙들었다가 죽임을 당하였다. 그 일로 다윗은 주님의 궤를 가드 사람 오벳에돔의 집에 석 달 동안 두었다가 '다윗 성'으로 가지고 올라왔다(삼하 6:1 - 15). 본래 언약궤는 레위 지파의 고핫 자손만이 옮길 수 있으며, 반드시 어깨에 메고 옮겨야 하며, 손으로 만지면 죽는다는 것이 하나님의 율법(민 4:15)이다. 그래서 레위 지파의 고핫 자손인 기럇여아림의 아비나답과 오벳에돔(대상 15:24)이 주님의 궤를 관장하는 것이다.

하나님의 도우심 - 사사 시대에서 미스바 시대로(7:2 - 17)

드디어 사무엘의 진정한 리더십이 시작되었다. 궤가 기럇여아림에 머문 날로부터 약 20년 동안 사무엘의 지도로 이스라엘의 온 족속은 주님을 사모하였다. 사무엘의 인도에 따라 이스라엘 자손이 바알과 아스다롯 신상들을 없애 버리고 진정으로 주님만을 섬겼다. 그리고 미스바에 모여 그들의 죄를 용서하여 달라고 주님께 기도를 드렸다.

블레셋이 이스라엘을 치려고 올라올 때마다 주님께서 그의 기도를 들어 주셨다. "사무엘이 돌을 하나 가져다가 미스바와 센 사이에 놓고 "우리가 여기에 이르기까지 주님께서 우리를 도와주셨다!" 하고 말하면서, 그 돌의 이름을 에벤에셀이라고 지었다"(7:12). 그렇게 350년 동안 (무력으로 유지되던) 사사 시대는 막을 내리고, (기도로 유지되는) 미스바 시대로 접어들었다. 사무엘은 해마다 베델과 길갈과 미스바 지역을 돌면서, 그 모든 곳에서 이스라엘의 선지자요, 사사로 활동하였고, 라마에 주님의 제단을 쌓고 제사장의 역할도 감당하였다.

묻고? 답하기!

교회 안에서 누가 하나님의 후견을 받는 진정한 지도자인가?

하나님의 후견을 받아 교회의 지도자가 될 사람은 사무엘처럼 회개의 기도를 드리며, 전적으로 의지하는 고백을 통하여 능력을 받는 자입니다. 그는 인간적 승리를 얻은 후 자신을 스스로 왕위에 올려놓는 어리석음을 꾀하는 자들과는 차원이 다른 승리, 하나님 나라에 기록되는 승리를 얻고자 달려 나가는 자입니다. 그리고 마침내 주님을 섬기듯이 성도들을 섬기는 자일 것입니다.

✝ 오늘 말씀 사무엘상 8:1 - 12:25

사무엘

백성들이 요구하는 왕
실패한 사무엘과 겸손한 사울

💡 실마리 풀기

"모든 이방 나라들처럼, 우리에게 왕을 세워 주셔서, 왕이 우리를 다스리게 하여 주십시오"(삼상 8:5)

오늘 읽을 내용은 이스라엘에 왕이 등장하게 되는 내력입니다. 이스라엘은 하나님께서 택하신 선민이며, 거룩한 백성이었습니다. 지상에 존재하는 하나님의 나라였던 것입니다. 그래서 그 나라의 왕은 하나님이셨으며, 그의 인도하심을 의지하고, 신뢰하며, 관계를 유지하여야 했습니다. 그러나 백성들이 저마다 자기의 뜻대로 하며, 마음의 중심으로부터 불신앙의 길로 가기 시작하였습니다. 그들에게 보이지 않는 하나님을 의지한다는 것이 불가능하게 된 것입니다. 더구나 하나님의 선지자, 사무엘 아들들의 방종은 백성들의 요구에 정당성을 더하였습니다. 이방 나라들처럼 왕을 세우는 것은 하나님의 뜻에 반하는 것이었지만, 하나님께서는 그들의 요청을 마침내 수락하시는 것을 볼 수 있습니다.

백성들이 왕을 요구하는 이유 - 사무엘의 실패와 하나님의 허락(8:1 - 22)

사무엘이 늙자, 사무엘의 아들들을 이스라엘의 사사로 세웠으나 그들은 아버지의 길을 따라 살지 않았다. 그래서 이스라엘은 그 아들들을 지도자로 받아들이지 않음과 동시에 하나님을 왕으로 받아들이지 않으려고 하였다.

사무엘이 왕의 권한이 어떠한 것인지를 알려 주며, 마침내 그들이 세운 왕의 억압을 받는 종이 될 것이라며 설득하였으나, 백성들은 "모든 이방 나라들처럼, 우리의 왕이 우리를 다스리며, 그 왕이 우리를 이끌고 나가서, 전쟁에서 싸워야 할 것입니다"(8:20)라고 주장하였다. 그들이 사무엘을 버린 것이 아니라 하나님을 버려서 자기들의 왕이 되지 못하게 한 것이다. 끝내 백성들이 모든 이방 나라들처럼 그들을 다스리며 이끌고 나가 싸울 왕을 원하자, 주님께서 사무엘에게 그들의 말을 받아들여서 그들에게 왕을 세워 주라고 말씀하셨다.

사무엘이 기름 부어 왕으로 추대한 사울 - 신중하고 사려 깊은 사람(9:1 - 10:16)

사울은 준수한 외모도 갖추었으며, 하나님의 사람에게 드릴 예물을 챙기는 선한 사람이었다. 사울은 그의 지파가 이스라엘 지파들 가운데서도 가장 작은 베냐민 지파이며, 그의 가족은 베냐민 지파의 모든 가족 가운데서도 가장 보잘것없다고 생각하는 겸손한 마음을 가진 사람이었다. 또한, 사울은 삼촌에게도 사무엘이 자신에게 왕이 될 것이라고 말한 것을 알려 주지 않는 신중하고 사려 깊은 사람이었다. 그의 출발은 이렇게 순종하며 따르고자 하였으니,

하나님이 사울에게 새 마음을 주셨다. 또한, 하나님의 영이 그에게 세차게 내리니, 사울이 예언자들과 함께 춤추며 소리를 지르면서 예언을 하였다. 이는 하나님이 함께 계시는 증거를 주신 것이다.

백성들의 인정을 받은 왕 사울 - 겸손하고 영광스러운 출발(10:17 - 11:15)

사무엘이 이스라엘 백성을 미스바로 불러 주님 앞에 모아 놓고, 제비를 뽑아 하나님께서 택하신 그들의 왕을 소개하였다. 사울은 자신이 왕으로 뽑힌 결과를 알면서도 조용히 숨어 있었다. 그리고 자신이 왕이 된 것을 인정하지 않는 자들의 말을 못 들은 척하였다. 사울은 이처럼 겸손하게 출발하였다.

그 후, 암몬 사람 나하스가 요단강 동쪽의 길르앗의 야베스를 포위하고, 굴욕적인 조건을 포함한 조약을 맺겠다며 전쟁을 일으켰다. 그러자 사울이 이스라엘 모든 지역에서 장정을 모아 암몬 사람들을 쳐서 전멸시켰다. 사울이 암몬 사람들과의 전쟁을 승리로 이끌자, 백성들이 모두 그가 왕이라는 것을 인정하게 되었다. 사무엘이 백성들과 함께 길갈로 가서, 사울이 이스라엘의 왕이라는 것을 새롭게 선포하고, 주님 앞에서 사울을 왕으로 세웠다. 그들은 거기에서 짐승을 잡아서 주님께 화목제물로 바쳤다. 사울은 이처럼 영광스럽게 출발하였다.

지도자 사무엘의 고별사 - 축복과 저주의 언약의 다짐(12:1 - 25)

이제 사사의 시대는 가고 왕이 다스리는 시대가 되었다. 사무엘은 백성들과의 고별사에서 언약의 축복과 저주에 대하여 세 번씩이나 반복해서 다짐한다. 백성들이 주님을 거역하고, 왕을 구하는 악을 더하였음을 상기시키면서 더는 주님을 따르는 길에서 벗어나지 말기를 바라는 것이다.

"만일 당신들이 주님을 두려워하여 그분만을 섬기며, 그분에게 순종하여 주님의 명령을 거역하지 않으며, 당신들이나 당신들을 다스리는 왕이 다 같이 주 하나님을 따라 산다면"(12:14 - 15). "주님만을 두려워하며, 마음을 다 바쳐서 진실하게 그분만을 섬기십시오"(12:24 - 25).

묻고? 답하기!

우리나라가 필요로 하는 지도자는 어떤 사람이어야 할까요?

왕이 되기 전의 사울처럼 선한 사람, 겸손한 마음을 가진 사람, 신중하고 사려 깊은 사람이었으면 좋겠습니다. 눈을 크게 뜨고 전체를 볼 줄 알며, 사리사욕보다 온 국민의 유익을 위하여 헌신하는 사람이었으면 좋겠습니다. 그러나 무엇보다 끝까지 변하지 않는 마음을 가진 사람이었으면 더 좋겠습니다.

✝ 오늘 말씀 사무엘상 13:1 - 15:35

사무엘 # 불순종의 길로 가는 사울
조급하고, 무모하고, 교만한 사울

💡 **실마리 풀기**

"순종이 제사보다 낫고, 말씀을 따르는 것이 숫양의 기름보다 낫습니다"(삼상 15:22)

왕위에 오른 지 20년이 되었을 때부터 사울은 왕의 권력을 즐기기 시작하였습니다. 하나님의 명령을 거역하고 자기 의지대로 전쟁을 이끌어나가기 시작한 것입니다. 사무엘의 경고성 진언을 들은 후에 사울은 더욱더 어긋나가게 되자 주님께서 사울의 왕권을 거두어들이셨습니다.

사울의 첫 번째 거역 - 제사장의 직무를 대행한 사울의 조급함(13:1 - 23)

하나님이 주신 왕권의 조건은 순종이었다. 일찍이 모세가 가나안 땅을 밟지 못하게 된 것도 그가 하나님의 명령을 그대로 지키지 않았기 때문이다. 백성들이나 백성들을 다스리는 왕이 다 같이 주 하나님의 명령을 지켜야 함에도 사울은 그 명령을 지키지 않았다. 왕은 주님께 제사를 드리지 않고는 그 어떤 전쟁도 지휘할 수가 없으며, 그 제사는 사사 사무엘의 몫이었다. 그러나 사울은 전쟁 중에 백성들이 두려워하며 흩어지기 시작하자 자신이 직접 번제를 올렸다.

그가 명령을 어기지 않았더라면, 그와 그의 자손이 언제까지나 이스라엘을 다스리도록 주님께서 영원토록 굳게 세워 주셨을 것이었으나, 이제는 사울의 왕조가 더 이상 계속되지 못할 것이다. 사울은 그 시작이 매우 은혜로웠음에도 하나님을 의지하기보다는 자신의 힘과 자신의 병력을 더 의지하는 왕으로 변해가기 시작하였다. 결국, 주님께서 마음에 맞는 새로운 사람을 찾아서 백성을 다스릴 영도자로 세우셨다. 그는 다윗이다.

사울의 두 번째 거역 - 하나님의 뜻보다는 자기 뜻에 따라 행하는 사울의 무모함(14:1 - 52)

"주님께서 도와주시면 승리를 거둘 수도 있다. 주님께서 허락하시는 승리는 군대의 수가 많고 적음에 달려 있지 않다"(14:6)라는 믿음으로 요나단이 임한 전투에서, 하나님이 보내신 크나큰 공포가 블레셋 군인들을 휘감았다. 전쟁은 점점 크게 확대되어 큰 승리를 거두게 되었다.

그러나 사울은 당일에 더 많은 적군을 죽여 모든 전쟁의 끝을 보려고, 자신의 군인들에게 해가 떨어져 어둠이 올 때까지 아무것도 먹지 못하게 하였다. 그래서 그 날 허기에 지쳐 있던 군인들은 약탈하여 온 고기를 피가 묻은 채로 먹어서 주님께 범죄를 저지르게 되었다. 또한, 사울은 그 밤에 블레셋 군대를 쫓아 내려가서 동이 틀 때까지 그들을 약탈하고, 한 사람도 남김없이 모조리 죽이도록 하였다. 그러나 이는 주님의 뜻에 반하는 것이었다. 또한, 그는 하나님과 함께 일을 이루어 놓은 사람인, 자기 아들 요나단을 죽이려고 하였다. 그는 늘 이렇게 하나님의 뜻보다는 자기 뜻에 따라 행하였다.

사울의 세 번째 거역 - 아말렉을 진멸하라는 하나님의 명령을 무시한 사울의 교만함(15:1 - 35)

주님께서 사울에게 이스라엘이 이집트에서 나올 때, 길을 막고 대적한 아말렉(출 17:8 - 16)을 치라고 명하셨다. 그들에게 딸린 것은 모두 전멸시키되, 남자와 여자, 어린아이와 젖먹이, 소 떼와 양 떼, 낙타와 나귀 등 무엇이든 가릴 것 없이 죽이라고 명하셨다. 그러나 사울과 그의 군대는, 아말렉의 왕, 아각뿐만 아니라 양 떼와 소 떼 가운데서도 가장 좋은 것들과 가장 기름진 짐승들과 어린 양들과 좋은 것들은 무엇이든지 모두 아깝게 여겨 진멸하지 않고, 다만 쓸모없고 값없는 것들만 골라서 진멸하였다. 사무엘은 사울이 주님의 말씀을 순종하지 않고 약탈하는 데만 마음을 쏟으면서, 주님께서 보시는 앞에서 악한 일을 한 것을 나무랐다. 그러자 사울은 주 하나님께 제물로 바치려고, 진멸할 짐승들 가운데서 가장 좋은 것으로 골라온 것이라고 변명하였다.

순종이 제사보다 낫고 - 사무엘이 대답하였다. "주님께서 어느 것을 더 좋아하시겠습니까? 주님의 말씀에 순종하는 것이겠습니까? 아니면, 번제나 화목제를 드리는 것이겠습니까? 잘 들으십시오. 순종이 제사보다 낫고, 말씀을 따르는 것이 숫양의 기름보다 낫습니다."(15:22 - 23).

그러나 사울이 잠시 회개하는 마음으로 사무엘에게 요청하는 바는 백성과 장로들 앞에서 자신의 체면을 세워 줄 것과 (자신이 섬기는 하나님이 아니라) 사무엘이 섬기는 하나님께 경배할 수 있도록 해 달라는 것이었다. 그는 이제 입으로도 하나님을 주님으로 인정하지 않는 것이었다. 그리고 사무엘은 길갈 성소의 주님 앞에서 아말렉의 아각 왕을 칼로 난도질하여 죽였다. 사무엘은 사울 때문에 마음이 상하여 죽는 날까지 다시는 사울을 만나지 않았고, 주님께서도 사울을 이스라엘의 왕으로 세우신 것을 후회하셨다.

묻고? 답하기!

하나님을 기쁘시게 하려고 노심초사한 일이 있었던가요?

무슨 짓을 하든지 돈을 많이 벌어 교회 일을 위하여 헌금하고, 가정일이야 어찌 되든 간에 교회 일을 위하여 온종일 시간을 보내는 것이 하나님을 기쁘게 한다고 생각해 본 적이 있습니까? 그리하면 하나님께서 나의 다른 잘못을 용서해주실 것으로 생각하십니까? 내가 생각해 낸 그 일이 순종인가, 아니면 제사인가 한 번쯤 뒤돌아보기를 바랍니다.

✝ 오늘 말씀 사무엘상 16:1 - 20:42

사무엘

중심을 보시는 하나님
주님의 영이 임한 다윗과 주님의 영이 떠난 사울

💡 실마리 풀기

"너는 칼을 차고 창을 메고 투창을 들고 나에게로 나왔으나, 나는 네가 모욕하는 이스라엘 군대의 하나님 곧 만군의 주님의 이름을 의지하고 너에게로 나왔다"(삼상 17:45)

오늘 읽을 내용은 사울을 대신하여 이스라엘을 다스릴 새 왕, 다윗에게는 주님의 영이 임하고, 사울에게서는 주님의 영이 떠나는 내력입니다. 이때에는 이미 사무엘이 자신의 목숨을 위하여 사울의 눈을 피해 길을 떠나야 할 정도로 사울이 폭군의 모습으로 묘사되고 있습니다. 사울은 하나님의 예언자를 두려워하지 않는 불순종의 길로 깊이 빠져 있었던 것입니다.

첫 번째 기름 부음 받은 다윗 - 중심을 보시는 주님(16:1 - 23)

주님께서 사무엘에게 사울 때문에 괴로워하지 말고, 베들레헴 사람 이새의 아들 가운데서 왕이 될 사람을 한 명 골라 놓았으니 그에게 기름을 부어 주라고 명하셨다. 주님께서 선택하시는 기준은 겉모습이 아니라 그 사람의 중심이다. 주님께서 택하신 이새의 막내아들은 용사가 아니라 눈이 아름답고 외모도 준수한 홍안의 소년이었다. 사무엘이 다윗에게 기름을 붓자 주님의 영이 그 날부터 계속 다윗을 감동하게 했다. 반면에 사울에게서는 주님의 영이 떠났고, 그 대신에 주님께서 보내신 악한 영이 사울을 괴롭혔다.

〈하나님이 보내신 악한 영이 사울을 괴롭힐 때, 양치기 소년 다윗을 불러 시중을 들게 하고, 수금을 타게 할 때마다 사울에게 내린 악한 영이 떠났고, 사울은 제정신이 들었다는 이야기(16:14 - 23)는 훗날 삽입된 내용으로 보인다. 〉

구원의 하나님을 알린 다윗 - 전쟁에서 이기고 지는 것은 주님께 달린 것(17:1 - 54)

블레셋의 장수 골리앗은 키가 여섯 규빗 하고도 한 뼘(약 3m)이나 되었다. 그가 이스라엘 군대를 모욕하며, 일대일로 맞붙어 싸울 장수를 보내라고 소리쳤다. 다윗은 그 할례도 받지 않은 이방인, 블레셋 녀석이 살아 계시는 하나님의 군대를 모욕하는 것에 대하여 심히 분개하였다. 다윗은 하나님을 모욕하는 골리앗을 향하여 말하였다.

"너는 칼을 차고 창을 메고 투창을 들고 나에게로 나왔으나, 나는 네가 모욕하는 이스라엘 군대의 하나님 곧 만군의 주님의 이름을 의지하고 너에게로 나왔다. 주님께서 너를 나의 손에 넘겨주실 터이니, 내가 오늘 너를 쳐서 네 머리를 베고, 블레셋 사람의 주검을 모조리 공중의 새와 땅의 들짐승에게 밥으로 주어서, 온 세상이 이스라엘의 하나님을 알게 하겠다........

전쟁에서 이기고 지는 것은 주님께 달린 것이다. 주님께서 너희를 모조리 우리 손에 넘겨주실 것이다"(17:45 - 47). 이렇게 다윗은 칼도 들고 가지 않고 무릿매로 돌을 날려서 그 블레셋 사람을 죽였다.

사울의 사위가 된 다윗 - 다윗을 시기하는 사울(17:55 - 18:30)

사울의 아들 요나단은 다윗에게 마음이 끌려 제 목숨을 아끼듯이 다윗을 아꼈다. 또, 그와 가까운 친구로 지내기로 굳게 언약을 맺고, 자기가 입고 있던 겉옷과 칼과 활과 허리띠까지 모두 다윗에게 주었다. 그런데 사울은 백성들이 "사울은 수천 명을 죽이고, 다윗은 수만 명을 죽였다"며 다윗을 칭송하는 노래를 부르자 몹시 언짢아했다. 그 날부터 사울은 다윗을 시기하고 의심하기 시작하였다. 사울은 주님께서 다윗과 함께 계시다는 것을 알았고, 자기의 아들 요나단이 제 목숨을 아끼듯이 다윗을 아끼고, 자기 딸 미갈마저도 다윗을 사랑하는 것을 알게 되었다. 주님의 영이 떠난 사울은 다윗을 더욱더 두려워하게 되어 마침내 다윗과 평생 원수가 되었다.

요나단과 언약을 맺은 다윗 - 그의 자식들까지 떠난 사울(19:1 - 20:42)

사울에게서 주님의 영이 떠나고, 이제는 자식들과 예언자 사무엘마저 그에게 등을 돌렸다. 사울의 나머지 생애는 이제 하나님 나라에 무의미한 것이 되었다. 사울의 위협을 받은 다윗은 고난의 길을 떠나면서 서울의 아들 요나단과 언약을 맺었다. "주님께서 나의 아버지와 함께 계셨던 것처럼, 자네와도 함께 계시기를 바라네. 그 대신 내가 살아 있는 동안은, 내가 주님의 인자하심을 누리며 살 수 있게 해주게. 내가 죽은 다음에라도, 주님께서 자네 다윗의 원수들을 이 세상에서 다 없애 버리시는 날에라도, 나의 집안과 의리를 끊지 말고 지켜 주게"(20:12 - 15). 훗날 다윗은 요나단의 이 언약을 기억하고 그의 아들 므비보셋을 살려두게 된다(삼하 9장).

10일

✝ 오늘 말씀 사무엘상 21:1 - 26:25

연단 받는 예비 지도자
고난 속에서 주님을 의지하는 다윗

💡 **실마리 풀기**

"하나님이 오늘 그대를 보내어 이렇게 만나게 하여 주셨으니, 주님께 찬양을 드리오"(삼상 25:32)

다윗은 하나님께서 택하신 위대한 인물이었습니다. 늘 사울의 위협으로 목숨이 위태로울 때도 다윗은 하나님에 대한 확신을 절대 잃지 않음을 볼 수 있습니다. 블레셋이나 모압으로 피신할 때에는 예언자를 통하여, 나발을 죽이고자 할 때에는 아비가일을 통하여 하나님의 음성을 듣고, 사울의 목숨을 취할 수 있을 때도 주님의 뜻을 구합니다. 다윗은 고난 가운데 주님을 만나고 있습니다.

고난 속에서 주님을 만나는 다윗 - 떠돌이 방랑자(21:1 - 22:5)

다윗은 제사장 아히멜렉에게 이르러 그에게 거짓말을 하고 빵을 구걸하였고, 너무도 두려운 나머지 스스로 의지하기 위해 칼을 구하였다. 그는 다시 가드 왕 아기스에게로 도망을 하였다. 그러나 그의 곁에 있는 것도 안전하지 못하다는 생각이 들자 그가 보는 앞에서는 미친 척을 하였다. 다윗은 거기에서 떠나 아둘람 굴속으로 몸을 피하였다가, 모압의 미스바로 가서 모압 왕에게 간청하여 자신의 부모를 부탁하였다. 그곳은 다윗의 조상 룻의 나라였다.

이렇게 다윗은 아무 곳에도 의지할 수 없는 떠돌이 방랑자가 되어 끊임없이 두려움과 외로움에 시달려야 했다. 그에게 의지할 곳이라고는 오직 주님뿐이었으니, 그의 입에는 늘 주님을 찬양하고, 주님께 원망을 쏟아 놓으며 하소연하는 시가 끊일 날이 없었다.

제사장을 죽이는 사울과 제사장을 얻는 다윗 - 제사장을 통해 주님의 뜻을 묻는 자(22:6 - 23:13)

다윗이 제사장 아히멜렉에게 먹을 것을 구걸할 때 그곳에 있던 사울의 신하 에돔 사람 도엑이 그 사실을 사울에게 고자질하였다. 그러자 사울 왕은 에돔 사람 도엑을 시켜 제사장 아히멜렉은 물론, 모시 에봇을 입은 제사장만도 여든다섯 명이나 죽였다. 그 결과 다윗은 자신의 속임수 결과이지만 아히멜렉의 아들인 제사장 아비아달을 얻게 되고, 사울에게는 제사장이 한 사람도 안 남았다. 그때부터 다윗은 중요한 일이 있을 때마다 제사장을 통하여 주님의 의견을 여쭈었다.

선으로써 악을 갚는 다윗 - 틀림없이 왕이 될 자(23:14 - 25:1)

다윗은 육백 명쯤 되는 부하를 거느리고, 십 광야의 산간지역, 엔게디 광야 등을 떠돌아다녔다. 사울은 끊임없이 다윗을 죽이려고 찾았지만, 사울이 출동할 때마다 다윗이 그것을 다 알고서 피하였다. 오히려 사울을 죽일 기회가 올 때마다 그가 주님의 기름 부은 자임을 들어 그를 살려 보낸다.

지혜로운 여인 아비가일과 다윗 - 이스라엘의 영도자가 될 자(25:2 - 44)

다윗과 그의 육백 명쯤 되는 부하들은 그들의 필요를 채우기 위해, 머무는 주변 지역의 거민들을 보호하고 침입자들로부터 지켜주며 지냈다. 그러나 그 지역의 부호인 나발이 어리석게도 다윗의 지원 요청을 거절하였다. 순간적으로 불같은 분노에 사로잡힌 다윗이 하나님의 뜻을 물으려 하지 않고 복수를 하려 하였다. 그러나 지혜가 충만하고 아름답고 이해심 많은 여인 아비가일이 서둘러 다윗의 발 앞에 엎드려 애원하였다. "이제 곧 주님께서 장군께 약속하신 대로, 온갖 좋은 일을 모두 베푸셔서, 장군님을 이스라엘의 영도자로 세워 주실 터인데, 지금 공연히 사람을 죽이신다든지, 몸소 원수를 갚으신다든지 하여, 왕이 되실 때 후회하시거나 마음에 걸리는 일이 없도록 하시기 바랍니다"(25:30 - 31).

하나님께서 다윗에게 한 여인을 보내시어 그가 잘못된 길로 가지 못하게 하셨다. 다윗은 그녀의 지혜와 용기를 통하여 주님의 긍휼히 여기심과 선하심을 보았다. 그녀는 결국 다윗의 부인이 된다.

또다시 사울을 살려 보낸 다윗 - 참으로 일을 해낼 만한 자(26:1 - 25)

다윗은 다시 한 번 주님의 기름 부은 자임을 들어 사울을 살려 보낸다. 그리고 다윗이 고백한다. "내가 오늘 임금님의 생명을 귀중하게 여겼던 것과 같이, 주님께서도 나의 생명을 귀중하게 여기시고, 어떠한 궁지에서도 나를 건져 내어 주실 것입니다"(27:24). 그의 믿음은 전적으로 하나님의 신실하심에 의지하는 것이었다.

하나님께서는 다윗의 내면에 기생하는 사울 즉 교만함을 제거하기 위하여, 다윗의 외부에 괴롭히는 사울을 두시고, 그의 심령 속으로 끊임없이 성령의 능력을 부어주심으로, 그가 전적으로 하나님만을 의지하게 하셨다.

묻고? 답하기!

내가 하고자 하는 일 가운데 어떠한 것을 하나님께 맡길 수 있을까요?

우리는 일을 할 때 어떠한 것을 하나님께 맡기고 어떠한 것을 우리가 알아서 해야 하는지를 어떻게 결정할 수 있을까요? 사울은 자신의 부하들과 첩자들에 의존하여 판단을 내렸습니다. 그러나 다윗은 늘 제사장 아비아달을 통해 하나님께 묻고 응답을 구하며, 왕이신 주님의 계획에 도움이 될 것인지를 가지고 판단하였습니다. 세상 사람들에게 어리석은 것처럼 보여도 그 결과는 늘 더 좋은 것이 되었습니다. 우리도 오직 기도를 통하여 주님의 뜻을 묻는 습관을 들여야 하겠습니다.

3 11일

✚ 오늘말씀 사무엘상 27:1 - 31:13

사무엘

이스라엘의 초기 왕권
인내하는 다윗과 몰락하는 사울

💡 **실마리 풀기**

다윗이 혼자서 생각하였다. "이제 이러다가, 내가 언젠가는 사울의 손에 붙잡혀 죽을 것이다"(삼상 27:1)

오늘 읽을 내용은 사울을 피해 블레셋 지역으로 도피한 다윗과 블레셋의 공격을 받아 최후를 맞이하는 사울의 내력입니다. 사울은 30세에 왕위에 올라 40년간 이스라엘을 다스렸습니다(행 13:21).

끝까지 하나님께 의지하지 못한 다윗 - 블레셋으로의 망명(27:1 - 29:11)

집요하고 끝없이 이어지는 사울의 위협에 주눅이 든 다윗이 드디어 좌절하였다. 자신을 죽이려 하는 사울의 손에서 벗어나 살아나는 길은 블레셋 사람의 땅으로 망명하는 것뿐이라고 생각한 것이다. 다윗은 자기를 따르는 부하 육백 명을 거느리고, 블레셋 사람의 지역으로 넘어가 가드 왕 마옥의 아들 아기스에게로 갔다. 다윗이 가드로 도망갔다는 소식이 사울에게 전하여지니, 그가 다시는 다윗을 찾지 않았다(27:4). 다윗이 블레셋 사람의 지역에서 거주한 기간은 1년 4개월이었다.

사무엘의 영의 예언 - 늘 자신의 지략과 힘에 의존하던 사울이 블레셋 군의 진을 보고, 두려워서 무당을 찾아 사무엘의 영을 불러올리라고 명령하였다. 사무엘의 영이 말하였다. "당신은 주님께 순종하지 아니하고, 주님의 분노를 아말렉에게 쏟지 아니하였소.... 당신은 내일 당신 자식들과 함께 내가 있는 이곳으로 오게 될 것이오. 주님께서는 이스라엘 군대도 블레셋 사람의 손에 넘겨주실 것이오"(28:18 - 19).

블레셋으로부터 다윗을 끌어내신 하나님 - 이 때 블레셋 사람이 이스라엘에 쳐들어가려고 모든 부대를 집결시켰다. 그리고 아기스가 다윗에게 함께 출정할 것을 요청하였다. 이스라엘의 왕이 되어야 할 사람이 자기 민족을 치러가야 하는 곤혹스러운 상황에 빠지게 된 것이다. 급기야 다윗이 부하를 거느리고 이스라엘과의 전쟁에 참여하려고 하였으나, 블레셋 족속의 지휘관들이 다윗을 불신하여 돌려보내기를 원하였다. 그리하여 다윗은 다음날 부하들과 함께 출발하여 블레셋 사람의 땅, 시글락으로 돌아오게 되었다. 하나님께서는 다윗을 사울과 이스라엘 민족과의 전쟁에 참여하지 않도록 인도하셨으며, 그 마음의 근심을 통하여 하나님만을 의지하도록 인도하신 것이다.

아말렉을 응징한 다윗 - 전리품의 분배에 대한 다윗의 관용(30:1 - 31)

다윗은 아기스가 준 시글락에 거처를 두고 있었는데, 다윗이 출정한 사이에 그 시글락을 아말렉이 습격하여 모든 가족과 재물을 탈취하여갔다. 다윗을 따르는 자들까지 다윗을 원망할 정도로 다윗은 큰 곤경에 빠졌다. 그러나 다윗은 아히멜렉의 아들 제사장 아비아달에게 에봇을 가져오게 한 뒤에 그것을 입고 주님께 문의하였다. (에봇은 대제사장들이 입는 예복인데, 다윗과 사무엘에게는 예외적으로 에봇이 있었다) 주님께서 그들을 추격하라고 응답하시니 다윗이 아말렉을 습격하였다. 결국, 다윗은 아말렉 사람에게 약탈당하였던 모든 것을 되찾았고 두 아내도 되찾았다. 다윗의 부하들도 잃어버린 것을 모두 찾았다. 시글락으로 돌아온 다윗은 전리품을 전쟁에 나갔던 사람의 몫이나, 남아서 물건을 지킨 사람의 몫이나, 모두 똑같은 몫으로 나누었다. 그리고 주님의 원수들에게서 약탈한 전리품 가운데서 얼마를 떼어, 그의 친구들 곧 유다의 장로들에게 선물로 보냈다. 다윗이 이 때 정한 것이 율례와 규례가 되어, 그때부터 전리품을 나누는 관례로 지켜지게 되었다.

하나님께서 이스라엘이 이집트에서 나올 때 길을 막고 대적한 아말렉(출 17:8 - 16)을 치되, 그들에게 딸린 것은 모두 전멸시키라고 명하신 적이 있다. 그러나 사울은 주님의 명령을 듣지 않았었다(15:1 - 9). 그 아말렉을 오늘에서야 다윗이 철저히 응징하게 된 것이다.

사울과 요나단의 최후 - 야베스의 주민들의 보은(31:1 - 13)

블레셋과의 전쟁에서 블레셋 사람들은 사울과 그의 아들들을 바싹 추격하여, 사울의 아들 요나단과 아비나답과 말기수아를 죽였다. 사울도 화살을 맞고 중상을 입었다. 사울은 자기의 칼을 뽑아서 그 위에 엎어졌다. 그는 그렇게 죽었다. 길르앗 야베스의 주민들은 일전에 사울이 암몬으로부터 야베스를 구해준 사실(11:1 - 11)을 잊지 않고, 사울의 주검과 그 아들들의 시체를 가지고 야베스로 돌아와 화장하고 장례를 지내주었다(31:11 - 13).

한편, 사울의 네 아들 중 이스보셋이 혼자 살아남아 후에 사울의 군대 사령관 아브넬에 의해 이스라엘 왕으로 추대되어, 길르앗과 아술과 이스르엘과 에브라임과 베냐민과 온 이스라엘을 다스리게 된다(삼하 2:8 - 9).

묻고? 답하기! 나는 나의 꿈을 이루기 위해 이처럼 절실한 인내를 발휘할 수 있을까요?

다윗은 자신이 왕이 될 거라는 하나님의 약속을 믿고 있었지만, 왕이 되기 위하여 무력을 행사하거나 초조해하지 않았습니다. 사울의 집요한 추적에 절망하여 블레셋으로 망명한 적도 있지만, 그는 단지 때를 기다리며 살아남기 위하여 처절한 투쟁을 하는 것입니다. 결국, 그는 왕이 되었습니다. 얼마나 끈기 있게 기다린 하나님의 때였던가요. 나는 나의 꿈을 이루기 위해 하나님을 신뢰하며, 이처럼 절실한 인내를 발휘할 수 있는가 생각해 봅니다.

3월 12일

하나님의 사람들

그들의 의로운 삶과 불순종

✝ 오늘 말씀 사무엘하 12:1 – 14 ; 24:1 – 25

💡 실마리 풀기

"다윗은 은 쉰 세겔을 주고 그 타작 마당과 소를 샀다. 거기에서 다윗은 주님께 제단을 쌓아 번제와 화목제를 드렸다"(삼하 24:24 – 25)

노아와 다니엘과 욥 - 하나님이 인정한 의인

노아와 다니엘과 욥, 이 세 사람은 하나님께서 직접 의인으로 지목한 사람이었습니다(겔 14:14). 노아는 당대에 흠이 없는 의인으로 홍수 때 유일하게 살려놓으신 가족의 가장이었습니다(창 6:9). 그러나 노아는 홍수의 트라우마(Trauma)를 이겨 내지 못하고 술에 취하는 실수를 범하였습니다(창 9:21). 다니엘은 이방 나라의 왕, 다리우스가 자기 백성들에게 "다니엘이 섬기는 하나님을 공경하고, 두려워해야 한다"고 공포할 정도로 신실하였습니다(단 6:26). 그러나 다니엘은(비록 이스라엘을 대변하는 말이긴 하지만) 스스로 "악한 일을 저지르며, 반역하며, 주님의 계명과 명령을 떠나서 살았습니다"(단 9:5)라고 기도합니다. 또한, 하나님께서 "흠이 없고, 정직한 사람, 그렇게 하나님을 경외하며 악을 멀리하는 사람은 없다"(욥 1:8)라고 할 정도로 의인이었던 욥은 하나님께서 자신을 이렇게 대할 수는 없다고 항변하다가 하나님의 음성을 듣고, 그 죄를 회개하였습니다(욥 42:6).

에녹과 모세와 엘리야 - 하나님이 데리고 올라가신 의인

에녹은 삼 백 년 동안 하나님과 동행하다가 사라졌습니다. 하나님이 그를 데려갔습니다(창 5:22 – 24). 히브리서 저자는 하나님과 동행하였다는 것의 의미를 하나님을 믿음으로 기쁘시게 해드림이라고 증언합니다(히 11:5 – 6).

모세는 생전에 하나님의 큰 권능을 보이면서 놀라운 일을 하였습니다. 그러나 그는 언약의 땅에 들어가지 못하였습니다. 그가 가데스의 므리바 샘에서 물이 터질 때에 이스라엘 자손이 보는 앞에서 믿음 없는 행동을 하고, 하나님의 거룩함을 나타내지 않았기 때문입니다(신 32:51 – 52). 모세는 백스무 살까지 눈이 빛을 잃지 않고 기력은 정정하게 살았습니다. 그리고 주님의 말씀대로 모압 땅에 묻혔으며, 그의 무덤을 아는 사람이 아무도 없었습니다(신 34:5 – 7). 훗날 그가 엘리야와 함께 예수님을 수행하는 모습을 보이는 것(마 17:3)으로 보아 하나님께서 그를 데려가신 것으로 보입니다.

바알의 예언자들을 모두 죽인 엘리야는 복수하겠다는 이세벨의 협박이 두려워 호렙 산의 동굴로 도망하였습니다. 그리고 자신이 하나님의 유일한 예언자라는 자만심을 드러냈습니다. 그러나 바알에게 무릎을 꿇지도, 입을 맞추지도 아니한 사람들을 칠천 명이나 남겨 놓으셨음을 하나님께서 상기시킵니다(왕상 19:8 - 18). 엘리야는 살아서 여러 가지 기적을 베풀었으며, 우상숭배와 악한 무리에 대항하였습니다. 그는 죽을 때가 되어 회오리바람에 실려 하늘로 올라갔습니다(왕하 2:11).

다윗(사랑스러운 자) - 하나님께서 지명하여 기름 부으신 왕의 교만과 용서

하나님이 택하신 다윗은 그 무엇보다 더 주님을 원하는 왕, 쾌락이나 권력보다 주님과의 동행을 더 원하는 왕, 자신의 계획보다는 하나님의 뜻을 더 추구하는 왕이었습니다. 그의 성품은 끝까지 순전함을 유지하였습니다. 그런데도 그의 행위가 하나님의 뜻에 온전히 부합하지 못한 적도 있습니다. 다윗은 언약궤는 반드시 레위인중에 고핫 자손이 메고 날라야 한다는 주님의 명령(민 4:15)을 어기고, 아비나답의 집에서 언약궤를 옮길 때, 수레에 실어 날랐습니다(삼하 6:3 - 9). 하나님의 방식이 아닌 자신의 편리를 따라 행한 것입니다.

훗날 그는 언약궤를 오벳에돔의 집에서 '다윗 성'으로 가지고 올라올 때 하나님의 방식대로 레위 인이 메고 오도록 하였습니다. 다윗은 언약궤가 '다윗 성'으로 들어올 때, 몸을 드러내며 뛰면서 어린아이처럼 춤을 추었습니다. 그의 신실함을 보신 하나님께서 다윗에게 약속(삼하 7:5 - 16)하셨습니다. 하나님께서 다윗의 집안을 한 왕조로 만들고, 그의 나라의 왕위를 영원토록 튼튼하게 하여 주겠다는 것입니다(삼하 11:1 - 27).

그러나 결정적으로 다윗은 "많은 아내를 둠으로써 그의 마음이 다른 데로 쏠리게 하는 일이 없어야 한다"는 주님의 명령(신 17:17)을 어기며 더 많은 후궁과 아내들을 맞아들였습니다(삼하 5:13). 다윗의 성적 탐욕은 그의 말년을 매우 불행하게 합니다. 부하의 아내를 빼앗기 위하여 살인을 저질렀으며, 살아계신 하나님의 눈을 속였습니다. 주님께서 나단의 입을 빌려 다윗에게 말씀하셨습니다. "주님을 무시하여 헷 사람 우리야를 죽이고 그의 아내를 빼앗았으므로, 이제부터는 영영 다윗의 집안에서 칼부림이 떠나지 않을 것이다." 그 때 다윗이 즉시 회개하고 "내가 주님께 죄를 지었습니다"하며 자백하였습니다. 그러한 다윗을 주님께서 용서하셨습니다(삼하 12:1 - 14).

또 다윗은 말년에 군대의 숫자를 세었습니다. 자신의 능력으로 권력을 계속 유지할 수 있는지 확인하고 싶었던 것입니다. 그것은 겸손하게 하나님의 능력에 의지하기보다는 자기의 군사력을 의지하는 교만한 태도였습니다. 하나님을 삶의 최우선 순위에 두어야 함을 잊어버린 것입니다. 그러나 다윗은 스스로 양심의 가책을 받고, 하나님께 자백하며 용서를 빌었습니다. 그래서 그는 심판을 받았고, 성전이 세워질 바로 그 자리에서 회개의 예배를 올렸습니다(삼하 24:1 - 25).

그러나 하나님께서는 다윗에게 하신 약속을 어기지 않았습니다. 하나님께서 다윗의 자손, 예수 그리스도로 인하여 영원한 나라를 만드시고, 그 아들과 그 나라의 왕위를 영원토록 튼튼하게 하여 주셨습니다.

3

13일

✝ 오늘 말씀 사무엘하 1:1 - 4:12

사무엘

유다의 왕 다윗
왕권을 공고히 하는 다윗

💡 **실마리 풀기**

"하나님이 다윗을 이스라엘과 유다의 왕으로 삼으셔서, 북쪽 단에서부터 남쪽 브엘세바에 이르기까지 다스리게 하실 것입니다"(삼하 3:10)

드디어 사울이 죽었습니다. 다윗은 사울 집안으로 인한 권력의 분열을 막고, 자신의 왕권을 공고히 하기 위하여 온갖 지략을 펼치며 처절한 전쟁을 하였습니다. 그러나 앞으로 계속되는 남 유다와 북이스라엘의 반목은 사울과 다윗 집안의 왕권 다툼에서 시작되었음을 볼 수 있습니다.

사울의 죽음을 접한 다윗 - 사울을 위한 애도의 노래(1:1 - 27)

사울과 요나단의 죽음을 전해들은 다윗은 심히 슬퍼하여 조가를 지어서 부른다. 한평생을 따라다니며 목숨을 위협하던 사울이었지만, 이스라엘의 지도자이며 가장 용감한 군인이었던 그의 죽음이 할례 받지 못한 자들, 이방인들의 기쁨이 될까 염려가 되었다. 더구나 여인의 사랑보다도 더 진한 사랑을 베풀어 준 요나단을 생각해 보면 가슴이 미어지는 슬픔을 억누를 길이 없었다. 다윗은 진심으로 죽은 자들을 위해 애도의 노래를 부른다. 이는 **다윗 가문의 왕권**을 공고히 하는 데 도움이 될 것이다.

두 번째 기름 부음 받은 유다의 왕 다윗 - 유다와 이스라엘의 반목의 불씨(2:1 - 3:1)

사울이 죽고 이스라엘 공동체는 둘로 갈라졌다. 다윗은 주님의 허락을 받고 헤브론에서 유다의 왕이 되었다. 유다 사람들이 그곳에서 다윗에게 기름을 부어서, 유다 사람의 왕으로 삼았다. 한편 사울의 군대 사령관 아브넬이 사울의 아들 이스보셋을 왕으로 삼아서, 길르앗과 아술과 이스르엘과 에브라임과 베냐민과 온 이스라엘을 다스리게 하였다. 이스보셋이 이스라엘의 왕이 될 때 마흔 살이었다. 그는 두 해 동안 다스렸다. 이로부터 온 이스라엘이 멸망할 때까지 유다와 이스라엘의 반목은 지속적으로 반복될 것이다.

사울 집안과 다윗 집안 사이의 전쟁 - 아브넬을 위한 통곡(3:2 - 39)

사울의 군대 사령관 아브넬은 사울의 아들 이스보셋의 육촌 할아버지이다. 다윗의 군대 사령관 요압은 다윗의 누이 스루야의 아들이다. 이들 두 가문의 장군들이 기브온 연못을 사이에 두고, 서로 맞붙게 되었다. 이날 요압의 동생 아사헬이 아브넬의 창을 맞고 죽게 되었다.

사울 집안과 다윗 집안 사이에 전쟁이 오래 계속될수록 다윗 집안은 점점 더 강해지고, 사울 집안은 점점 더 약해졌다. 그러한 상황을 파악한 사울의 군대 사령관 아브넬이 이스보셋을 배반하고 다윗의 편이 되어서, 이스라엘의 민심을 다윗에게 돌리겠다고 언약을 맺었다. 아브넬이 이스라엘의 장로들과 상의하면서 "주님께서 이미 다윗을 두고 '내가 나의 종 다윗을 시켜서, 나의 백성 이스라엘을 블레셋 사람의 지배와 모든 원수의 지배에서 구하여 내겠다' 하고 약속하여 주셨기 때문"(3:18)이라고 역설하는 것을 보면, 그는 블레셋과 다른 적들의 공격에 취약한 북쪽 이스라엘의 실체를 잘 파악하고 있었다고 보인다.

그러나 기브온 전투에서 아브넬에게 동생 아사헬을 잃은 요압은 그 원수를 갚고자 아브넬을 뒤쫓아 가서 죽였다. 사울의 군대 사령관 아브넬의 죽음을 전해들은 다윗 왕은 금식 하며 목을 놓아 울었다. 이로써 다윗은 적장 아브넬을 죽였지만, 오히려 온 백성과 온 이스라엘로부터 신뢰를 얻게 되었으며, 사울의 딸 미갈을 데려옴으로써 자신이 사울의 계승자임을 분명히 하였다. 이는 **다윗 가문의 왕권**을 공고히 하는 데 도움이 되었다.

사울의 아들 이스보셋의 죽음 - 이스보셋을 위한 복수(4:1 - 12)

아브넬이 헤브론에서 죽었다는 소식을 듣고서, 사울의 아들 이스보셋 뿐만 아니라 북이스라엘 온 백성도 두려움에 사로잡혔다. 그러자 이스보셋의 군지휘관 바아나와 레갑이 그들의 왕 이스보셋을 죽여, 그의 머리를 다윗에게로 들고 갔다. 그러나 다윗은 이 두 사람을 살인자로 여겨 사형에 처하였다. 이처럼 아브넬과 이스보셋의 죽음과 무관하다는 것을 애써 드러내는 다윗의 노력은 이스라엘의 모든 지파가 그의 왕권을 인정하게 하였다. 이는 **다윗 가문의 왕권**을 공고히 하는 데 도움이 되었다.

〈바아나와 레갑은 '브에롯 사람 림몬의 아들'이다. 브에롯은 과거 여호수아를 속이고 이스라엘 사람들과 화친을 맺고 목숨을 구한 기브온 사람들이다(수 9:17). 그러나 훗날 사울 왕은 그들을 위험스럽게 생각하여 그들과의 약속을 파기하고, 할 수 있는 대로 그들을 다 죽이려고 하였었다(삼하 21:1 - 9). 바아나와 레갑은 이러한 사울의 박해에 대한 원수를 갚기 위하여 이러한 짓을 한 것으로 보인다. 〉

내가 가장 싫어하던 사람이 죽었다는 소식에 눈물을 흘릴 수 있을 것인가?

다윗은 자신의 생명을 노리던 원수 사울과 그의 아들 그리고 군사령관 아브넬까지 손에 피를 묻히지 않고 모두 없앴습니다. 그의 왕권은 이제 공고하게 되었습니다. 그런데 다윗은 진심으로 슬픔의 눈물을 흘립니다. 다윗처럼 목을 놓아 울지는 못해도, 원수를 긍휼히 여기는 마음을 품어 봅니다.

3

사무엘

14일

✝ 오늘 말씀 사무엘하 5:1 - 8:18

온 이스라엘의 왕 다윗
가나안 정복의 완성

💡 실마리 풀기

"나는 주님을 찬양할 수밖에 없소. 나는 언제나 주님 앞에서 기뻐하며 뛸 것이오"(삼하 6:21)

이제 다윗은 유다를 넘어, 온 이스라엘의 왕이 되어 하나님께서 약속하시고 계획하셨던 나라를 완성할 것입니다. 구약 성경 가운데 역사서를 읽다 보면 그 중심에 다윗이 있음을 알게 됩니다. 여호수아가 죽은 후에 이스라엘 백성들이 하나님을 멀리하기 시작하면서부터 바빌론으로 유배를 당하기까지의 역사에서 그리고, 지금도 유대인들의 메시아는 다윗입니다. 그가 이스라엘을 가장 풍요롭고 강성하게 다스렸기 때문입니다.

세 번째 기름 부음 받은 온 이스라엘의 왕 다윗 - 예루살렘과 블레셋의 정복(5:1 - 25)

이스라엘의 모든 지파, 모든 장로가 다윗의 순수성을 인정하고 주님께서 그를 이스라엘의 통치자로 세워 주신 것도 인정하였다. 그들은 다윗 왕을 찾아와 언약을 세우고 그에게 기름을 부어서, 이스라엘의 왕으로 삼았다. 하나님께서 일찍이 아브라함에게 약속한 것들이 이제 성취될 것이다. 땅을 주실 것에 대한 약속, 복과 번영에 대한 약속을 다윗을 통하여 이루실 것이다.

다윗 왕이 예루살렘을 점령하고 그 이름을 '다윗 성'이라고 하였다. 다윗은 주님께서 자기를 이스라엘의 왕으로 굳건히 세워 주신 것과 그의 백성 이스라엘을 번영하게 하시려고 자기의 나라를 높여 주신 것을 깨달아 알았다. 만군의 주 하나님이 다윗과 함께 계시므로 다윗이 점점 강대해졌다. 오랜 세월 이스라엘을 괴롭히던 블레셋을 홍수가 모든 것을 휩쓸어 버리듯이 주님께서 휩쓸어 버리셨다. 다윗도 사울처럼 서른 살에 왕이 되어서 사십 년 동안 다스렸다.

하나님과 이스라엘의 관계 회복 - 예루살렘 성으로 들어온 하나님의 궤(6:1 - 23)(Cf. 시 132편)

다윗이 주님의 도우심으로 블레셋 군대를 무찌르자 하나님의 궤를 옮겨 올 생각을 하였다. 사사 사무엘과 사울이 이스라엘은 다스리고 있는 동안, 하나님의 궤는 기럇여아림의 아비나답의 집에 머무르고 있었다(삼상 7:1). 이제 하나님의 궤가 예루살렘 성으로 들어온 것은 하나님과 이스라엘의 관계가 드디어 온전하게 회복된 것을 의미한다. 또한, 다윗 자신이 하나님이 택하신 왕임을 입증하는 상징이 되기도 한다.

그러나 이 과정에서 하나님의 방법이 얼마나 중요한지를 고통 가운데 경험한다. 하나님의 궤는 사람들이 어깨에 메고 옮기도록 규정되어 있는데, 그들은 이를 어기고 수레에 실어 옮기려 하다가 큰 변을 당하였다. 다윗은 하나님의 궤가 오벳에돔의 집에 머무르는 동안, 레위인들이 궤를 메지 않고 규례대로 하지 않아서 그렇게 된 것임을 깨달아 알고(대상 15:13), 석 달 동안 머무르던 하나님의 궤를 어깨에 메고 '다윗 성'으로 가지고 올라왔다.

이때, 어린아이처럼 춤을 추며 기뻐하는 다윗을 비난하던 사울의 딸 미갈은 죽는 날까지 자식을 낳지 못하였다. 이로써 사울의 모든 후사가 다 죽어 없어졌고(21:1 - 14), 사울의 가계는 더는 계속되지 않을 것이며(삼상 13:14), 이는 **다윗 가문의 왕권**을 공고히 하는 데 도움이 되었다.

나단을 통해 주신 언약과 다윗의 감사기도 - 영원토록 이어져 갈 왕권(7:1 - 29)

하나님께서 다윗의 이름을 세상에서 위대한 사람들의 이름과 같이 빛나게 해주고, 그의 집안을 한 왕조로 만들겠다고 선언하신다. 그리고 그의 자식을 후계자로 세워서 그의 나라를 튼튼하게 하겠으며, 바로 그 아들이 주님의 집을 지을 것이며, 그의 나라의 왕위를 영원토록 튼튼하게 하여 주겠다는 언약을 주신다.

이에 다윗이 감사의 기도를 올려드린다. 자신과 그의 집안에 약속하여 주신 말씀이 영원히 변하지 않게 하여 주셔서 영원토록 주님께서 내리시는 복을 받게 해달라고. 그래서 사람들이 '만군의 주님께서 이스라엘의 하나님이시다!'(7:26)하고 외치며, 주님의 이름을 영원토록 높이게 하시기를 바라고 있다.

하나님 약속의 성취 - 가나안 정복의 완성(8:1 - 18)

다윗이 어느 곳으로 출전하든지, 주님께서 함께하시며 그에게 승리를 안겨 주셨다. 다윗 왕은 모든 전리품들과 진상품들을 **따로 구별하여 바쳐서 주님을 기쁘시게 하였다.**

이제 드디어 하나님의 약속이 성취되었다. 하나님이 사랑하는 종, 다윗이 약속의 땅을 다스릴 것이다. 그의 권세는 지중해에서 요단 강 동편까지, 남쪽 광야에서 유프라테스 강까지 이를 것이다. 다윗은 언제나 자기의 백성 모두를 **공평하고 의로운 법으로 다스렸다.**

묻고? 답하기!

나의 간절한 소망이 반드시 내 뜻대로 성취될 것이라고 믿으십니까?

다윗은 하나님의 궤를 자신이 점령한 예루살렘 성으로 옮겨와서 자신이 건축한 거룩한 성전에 안치하고자 하였습니다. 그러나 그 성전의 건축은 다윗의 아들 솔로몬이 하게 됩니다. 나의 계획이 아무리 원대한 것이라도 그 성취는 하나님이 정하신 때에 하나님께서 선택하신 사람을 통하여 이루시는 것을 기억합니다.

15일

✝ 오늘 말씀 사무엘하 9:1 - 12:31

다윗의 불순종
가문의 재앙 시작

💡 **실마리 풀기**

"그 때에 다윗이 나단에게 자백하였다. 내가 주님께 죄를 지었습니다"(삼하 12:13)

하나님은 다윗에게 지혜와 능력을 주시고, 다윗은 검을 들고 나가 싸웠습니다. 내부의 적들을 모두 잠재우고, 이제 외부의 적들을 무찌르기 시작합니다. 하나님과 협력하여 백전백승을 거두던 다윗이 한 번 게으름을 피웠습니다. 그리고 악한 짓을 저질렀습니다. 그로부터 가문의 재앙이 시작됩니다.

요나단의 아들 므비보셋 - 다윗 왕의 긍휼과 왕권(9:1 - 13)

사무엘하 21장에 보면 "다윗은 사울의 아들인 요나단과 그들 사이에 계시는 주님 앞에서 맹세한 일을 생각하여, 사울의 손자요 요나단의 아들인 므비보셋은 아껴서 빼놓았다"(21:7)라는 내용의 이야기가 나온다. 그렇게 다윗이 살려준 요나단의 아들 므비보셋은 예루살렘의 다윗왕의 식탁에서 먹으며 살게 된다.

이로써 사울의 모든 후사는 다 죽어 없어졌고, 두 다리를 저는 므비보셋만이 다윗 곁에서 지내면서 여생을 보내게 된다. 이는 **다윗 가문의 왕권**을 공고히 하는데 도움이 될 것이다. 혹시 있을지도 모르는 역모의 구심점이 될지도 모르는 그를 감시할 수 있기 때문이다. 그러나 역모는 오히려 자기 자신의 피붙이로부터 시작되는 아이러니가 이제 시작될 것이다.

하나님의 전쟁에 출전하지 않은 다윗 - 그리고 간음과 살인(10:1 - 11:27)

암몬의 용병 시리아와의 전쟁 - 암몬의 왕이 시리아에서 용병을 고용하여 싸움을 걸어왔다. 암몬 사람들과의 첫 번째 전쟁에서는 다윗이 출전을 하지 않았으나 시리아와의 두 번째 전쟁에서는 다윗이 크게 승리하였다. 그 뒤로 시리아는 이스라엘이 두려워서 다시는 암몬 사람을 돕지 못하였다.

다윗의 불순종 - 그리고 그다음 해 봄에, 암몬과 다시 전투를 시작할 때에 왕들이 출전하여야 함에도 다윗은 요압을 출전시키고 예루살렘에 머물러 있었다. 유혹은 늘 혼자 있을 때 찾아온다. 혼자 있던 다윗은 자신의 용사인 헷 사람 우리야의 아내 밧세바를 유혹하였다. 다윗이 악한 의도를 가지고 우리야를 전쟁터에서 죽게 하니, 그 여인이 다윗의 아내가 되었고, 그들 사이에서 아들이 태어났다.

밧세바의 욕망 - 다윗이 잠시 정욕에 눈이 멀었던 것은 사실이지만, 그녀와 결혼까지 할 생각은 없었다. 다윗의 죄는 저질의 정욕과 살인이다. 그런데 밧세바는 이미 마음속에 다윗 왕을 유혹하고픈 음심을 품고 있었다. 받아들이기 쉽지 않지만, 벌건 대낮에 다윗성에서 내려다보이는 집, 옥상에서 목욕을 하는 그 행위는 정치적인 야망을 포함한다. (삼하 11:4)에 보면 밧세바가 다윗에게로 처음 불려올 때, 그 여인은 마침 부정한 몸을 깨끗하게 씻고 난 다음이었다. 그리고 얼마 뒤에 그 여인은 다윗에게 자기가 임신하였다는 사실을 알렸다. 밧세바가 의도적으로 다윗을 유혹한 것이라고 볼 수도 있는 이유이다. 그래서 훗날 솔로몬은 자기 어머니의 음심을 본받아 이집트 공주와 결혼을 하고, 주변의 모든 나라에서 영향력 있는 가문의 딸들을 후궁으로 맞이하는 것이다.

충직한 우리야 - 헷 사람 우리야는 다윗의 삼십인 특별부대에 들어 있는 용사였다. 그는 비록 이방 사람이었으나, 그의 말을 들어보면, 주님과 그의 상전에게 너무도 충직한 사람이었다. 다윗의 권유를 거절하는 우리야의 대답이다. "언약궤와 이스라엘과 유다, 그리고 모든 신하가 벌판에서 진을 치고 있는데 어찌, 저만 홀로 집으로 돌아가서, 먹고 마시고, 나의 아내와 잠자리를 같이 할 수가 있겠는가"(삼하 11:11). 먼 훗날 하나님께서 그를 기억하시고 예수님의 족보에 그의 이름을 기록하셨다. "다윗은 우리야의 아내였던 이에게서 솔로몬을 낳고"(마 1:6).

나단의 예언과 다윗의 회개 그리고 하나님의 용서 - 주저함이 없는 회개(12:1 - 31)

주님께서 나단의 입을 빌려 다윗에게 말씀하셨다. "주님을 무시하여 헷 사람 우리야를 죽이고 그의 아내를 빼앗았으므로, 이제부터는 영영 다윗의 집안에서 칼부림이 떠나지 않을 것이다. 또한 그의 집안에 재앙을 일으키고, 그가 보는 앞에서 그의 아내들도 빼앗아 대낮에 온 이스라엘이 바라보는 앞에서 욕보이게 하겠다. 그리고 밧세바와 다윗 사이에서 태어난 아들은 죽을 것이다."

그 때 다윗이 즉시 회개하고 "내가 주님께 죄를 지었습니다"라고 자백하였다. 그러한 다윗을 주님께서 용서하셨다. 그 뒤에 다윗이 자기의 아내 밧세바를 위로하고 동침하니, 그 여인이 아들을 낳았다. 다윗이 그의 이름을 솔로몬이라고 하였다.

묻고? 답하기!

나에게 하나님께서 주신 권위가 있다면 그 것을 어떻게 사용할까요?

교회에는 장로, 권사, 집사라는 직분 그리고 교사, 부장 등과 같은 여러 사역이 있습니다. 그리고 각각 그에 걸맞은 권위와 능력도 있어야 합니다. 우리는 그러한 권위와 능력을 게을리 사용하고 있는지 돌아보아야 합니다. 아울러 자신의 유익이나 드러남을 위하여 사용하고 있지는 않은지 돌아보고, 나의 결정이 진정 하나님의 뜻인지 한 번쯤 생각해보면서 늘 기도하며 깨어 있어야 합니다.

3 16일

✝ 오늘 말씀 사무엘하 13:1 - 16:14

사무엘 압살롬의 반역
동조하는 북이스라엘

💡 **실마리 풀기**

"압살롬은 이렇게 하여 이스라엘 사람의 마음을 사로잡았다"(삼하 15:6)

다윗이 즉각적으로 회개하고 용서를 빌었지만, 나단의 예언대로 다윗의 집안에서 칼부림이 시작되었습니다. 다윗의 아들로 인하여 집안에 재앙이 일어났습니다. 맏아들 암논은 자신의 이복 누이동생을 욕보였으며, 셋째 아들 압살롬은 아버지의 후궁들을 욕보였습니다. 더구나 북방 이스라엘 사람들이 압살롬을 지지하며, 왕국이 남과 북으로 갈라져 전쟁의 소용돌이로 빠져듭니다.

맏아들 암논과 셋째 아들 압살롬의 불순종 - 왕세자가 된 압살롬(13:1 - 14:33)

다윗이 범죄를 하고 하나님으로부터 용서를 받았지만, 그의 범죄는 결국 자식들에게 영향을 끼치게 된다. 암논은 배다른 형제인 동생 압살롬의 친누이 다말을 욕보이지만, 다윗은 자신의 경우를 돌아보며 아무런 조처를 하지 못한다. 결국, 압살롬은 복수심에 불타서 (또는 세자의 자리를 노리고) 암논을 죽이고 도망을 치고 만다. 압살롬은 도망한 뒤에 그술로 가서, 그곳에 3년 동안 머물러 있었다.

그 후 요압의 술책으로 마음을 돌린 다윗 왕이 압살롬의 귀환을 허락하였다. 압살롬이 예루살렘으로 돌아왔지만 또 2년을 근신하며 지내었다. 압살롬은 다윗의 인정을 받고자 왕의 군사령관 요압에게 중재를 해 달라고 요청하였다. 압살롬은 요압의 밭에 불을 질러 그의 의도를 관철했다. 결국, 왕이 압살롬을 불러 왕자의 지위를 회복시켜 주고, 그를 왕위의 계승자로 인정하였다. 이제 그는 다윗 왕국의 세자로 행세할 수 있게 된 것이다.

압살롬의 반역 - 북이스라엘의 동조(15:1 - 12)

바야흐로 다윗 왕국의 세자로 행세할 수 있게 된 압살롬은 아버지인 다윗 왕의 자리를 넘보기 시작하였다. 압살롬은 재판을 받으려고 오는 모든 이스라엘 사람에게 왕의 판결이 공정하지 못함을 내비쳤다. 그리고 그들과 손을 잡고 뺨에 입맞춤을 하며, 북방 이스라엘 사람들의 마음을 사로잡았다. 왕이 암논의 범죄에 대해 공정하게 처신하지 못하였기 때문이다. 이렇게 또 4년이 지났을 때 압살롬이 헤브론으로 내려가서 이스라엘의 모든 지파에게 첩자들을 보내서, 자신이 헤브론에서 왕이 되었다고 선언하였다. 압살롬은 또 다윗의 참모이던 아히도벨을 그의 수하로 불러드렸다.

자신의 범죄가 마침내 그 열매를 맺는 모습을 본 다윗 - 주위 수하들의 반응(15:13 - 16:14)

이스라엘 백성의 마음이 모두 압살롬에게로 기울어졌다고 생각한 다윗 왕은 예루살렘에서 파국을 맞느니 조용히 도피하는 길을 택하였다. 왕은 왕궁을 지킬(?) 후궁 열 명만 남겨 놓고, 온 가족을 거느리고 예루살렘을 떠났다. 그러자 가드 사람 잇대와 그의 수하 육백 명이 "임금님께서 가시는 곳이면, 살든지 죽든지, 이 종도 따라가겠습니다"라고 하면서 기드론 시내를 건너갔다. 제사장 사독도 하나님의 언약궤를 메고 따라나섰다. 그러나 하나님을 늘 신뢰하며 사랑하는 다윗은 "주님께서 바라시는 대로 이루시기를 빌 수밖에 없지만, 주님께서 은혜를 주시면, 나를 다시 돌려보내 주셔서 이 궤와 이 궤가 있는 곳을 다시 보게 하실 것"임을 고백하면서 사독을 설득한다. 그리하여 사독은 아비아달과 함께 하나님의 궤를 다시 예루살렘으로 옮겨다 놓고서, 그곳에 머물러 있었다.

다윗의 친구인 후새도 따라나섰으나, 그는 돌아가서 남아 있는 두 제사장 사독과 아비아달과 합세하여 아히도벨의 계획을 실패로 돌아가게 하도록 계략을 세웠다. 압살롬과 함께 반역한 사람들 가운데는 다윗의 참모이던 아히도벨도 끼어 있었기 때문이다. 다윗이 "주님, 부디, 아히도벨의 계획이 어리석은 것이 되게 하여 주십시오"(15:31)라고 기도하였다.

사울의 아들, 므비보셋의 재산을 관리하던 시바는 다윗을 따라나서며 므비보셋을 모함하였다. 시바가 왕에게 말하기를, 므비보셋이 예루살렘에 머물러 있으며 이제야 이스라엘 사람이 자기 할아버지의 나라를 자기에게 되돌려 준다고 생각하고 있다는 것이었다. 그러나 나중에 므비보셋은 오히려 다윗의 도피를 슬퍼한 것으로 드러나게 된다.

사울 집안의 친척인 시므이는 도피하는 다윗에게 돌을 던지며 줄곧 저주를 퍼부었다. 다윗이 사울의 자손 일곱을 기브온 사람의 손에 넘겨 죽게 하였기 때문이다(21:1 - 14). 다윗과 동행하던 요압의 동생, 아비새가 시므이를 죽이자고 하였으나, 다윗은 "주님께서 그에게 그렇게 하라고 시키신 것이니, 그가 저주하게 내버려 두시오"라고 하면서 훗날을 기약하였다.

**묻고?
답하기!**

부모님들로부터 받은 마음의 상처가 아직 남아있나요?

아들들은 아버지에게, 딸들은 어머니에게 또는 두 분 모두에게 마음의 상처를 입기 쉬운 것이 현실입니다. 물론 부모들이 의도적으로 그러지는 않았겠지만, 세상에서 가장 관심도 많고 기대치도 높으므로 그들이 주는 상처는 치명적일 수도 있습니다. 지금 조용히 어린 시절부터 지금까지 내 마음 속에 간직하고 있는 서러움을 한자 한자 적어 봅시다. 그리고 하나하나 주님 앞에 내어놓고 기도합시다. 치유하는 일은 주님의 장기입니다.

17일

✝ 오늘 말씀 사무엘하 16:15 - 20:26

압살롬의 반역의 결과
남 유다와 북이스라엘의 반목

💡 실마리 풀기

"우리는 임금님께 요구할 권리가 너희보다 열 갑절이나 더 있다"(삼하 19:43)

아들 압살롬에게 반역을 당한 다윗은 아무런 대응도 하지 못하고 예루살렘에서 쫓겨났습니다. 그러나 다윗에게는 좋은 조언자들이 있었습니다. 그들의 현명한 지략을 따라 압살롬과의 전투에서 다윗은 승리하고 반역은 평정되었습니다. 그러나 이렇게 노골화된 남과 북의 반목은 솔로몬의 통치 이후에 이스라엘의 붕괴를 가속할 것입니다.

압살롬의 아히도벨과 다윗의 후새와의 투쟁 - 모략가의 뜻과 주님의 뜻(16:15 - 17:23)

압살롬은 그를 따르는 이스라엘 백성의 큰 무리를 거느리고 예루살렘으로 입성하였으며, 아히도벨도 그와 함께 들어왔다. 모략가로 명성이 높은 아히도벨은 압살롬에게 부왕의 후궁들과 동침하도록 하였다. 다윗 왕은 왕궁을 지킬 후궁 열 명만 남겨 놓고 예루살렘을 떠났었는데. 이 후궁들은 아히도벨의 계략으로 온 이스라엘이 보는 앞에서, 압살롬과 동침하는 치욕을 당하였다. 이렇게 "너의 아내들도 빼앗아 대낮에 온 이스라엘이 바라보는 앞에서 욕보이게 하겠다"는 나단의 예언(12:11 - 12)이 성취되었다.

또한, 아히도벨은 스스로 용사들을 뽑아서 출동하여, 오늘 밤으로 당장 뒤쫓도록 하여 지쳐 있는 다윗을 쳐서 죽이겠다고 하였다. 그러나 후새는 압살롬에게 아히도벨이 베푼 모략이 좋지 않다고 말하고, 단에서부터 브엘세바에 이르기까지 온 이스라엘을 불러 모아서, 압살롬이 친히 싸움터로 나가도록 권하였다. 이렇게 할 경우에는 시간이 많이 소요되어 다윗이 도피할 시간을 충분히 얻게 될 것이다. 후새는 곧 다윗 왕께 사람을 보내서, 오늘 밤을 광야의 나루터에서 묵지 말고 빨리 강을 건너가시라고 전하였다. 아히도벨은 자기의 계략대로 이루어지지 않자 반란이 성공하지 못할 것을 예견하고, 자기의 고향 집으로 돌아가서 목을 매어서 죽었다. 이렇게 주님께서 압살롬이 재앙을 당하게 하시려고 아히도벨의 좋은 계략을 좌절시키셨다.

스스로 왕이 된 압살롬의 패전과 죽음 - 압살롬을 위한 통곡(17:24 - 19:8a)

다윗이 마하나임에 이르렀을 때야, 압살롬이 비로소 이스라엘의 온 군대를 직접 거느리고 요단 강을 건너 길르앗 땅에 진을 쳤다. 다윗은 군사들을 요압과 요압의 동생인 아비새 그리고 가드 사람 잇대에게 맡기면서 그들에게 압살롬을 살려 달라고 요청하였으나, 요압은 매정하게도 상수리나무의 한가운데 산 채로 매달려 있는 압살롬을 쳐서 죽였다. 다윗은 압살롬이 죽었다는 말을 듣고, 성문 위의 다락방으로 올라가서 "내 아들 압살롬아, 내 아들아, 내 아들 압살롬아, 너 대신에 차라리 내가 죽을 것을!" 하고 울부짖었다. 이렇게 왕이 목 놓아 울면서 압살롬의 죽음을 슬퍼하고 있다는 소문이 요압에게 전해지자 요압이 왕을 찾아가서 항의하였다. 다윗 왕이 어찌하여 반역한 무리는 사랑하고, 충성을 바친 부하들은 미워하는 것처럼 슬퍼하는지 묻고 있다. 그는 다윗 왕에게 그의 부하들을 위로의 말로 격려해 주기를 요청한다. 요압은 이렇게 절망에 빠진 다윗에게 항의와 충고를 함으로써 측근 장수들의 이반을 막았다.

남 유다와 북이스라엘의 반목의 재현 - 이스라엘 사람 세바와 유다의 요압(19:8b - 20:26)

북이스라엘 지파가 자신들의 반역이 실패하자 다윗 왕을 다시 왕궁으로 모셔 오는 일을 서둘렀다. 유다 사람들도 다윗이 속히 돌아오기를 원하였다. 다윗 왕이 돌아오는 길에 요단 강 가에 이르렀는데, 도피하던 다윗을 저주하던 시므이가 나아와 용서를 빌었다. 사울 집안의 종 시바와 사울의 손자 므비보셋도 왕을 맞으러 내려왔다. 다윗 왕이 마하나임에 머물러 있는 동안에 왕에게 음식을 공급하였던 길르앗 사람 바르실래도 따라와 자기 아들 김함을 다윗에게 맡기고 자기의 고장으로 돌아갔다.

이때 이후로, 이스라엘 사람들과 유다 사람들은 왕을 모시는 문제로 서로를 질시하기 시작하였다. 유다 사람들은 다윗 왕과 혈연관계로 더 가까운 것을 강조하고, 이스라엘 사람은 열 지파나 되는 지분을 들어 자신들의 권리가 열 곱절이나 더 있음을 주장하였다. 결국, 이스라엘의 불량배인 세바가 유다 지파인 다윗에게서 얻을 몫은 아무것도 없다고 선동을 하니, 온 이스라엘 사람들이 또 다시 다윗을 버리고 그를 따라갔다. 다윗이 흩어진 유다의 민심을 통합시키려고 압살롬의 군대 사령관이었던 아마사에게 군권을 주었으나 그는 명령의 시한을 지키지 못하였다. 이를 불순하게 여긴 요압은 자신의 친척이자(7:25), 경쟁자인 아마사를 참혹하게 죽이고 군대 사령관이 되어 군권을 장악한다. 요압이 이스라엘의 불량배인 세바를 제거하자 온 이스라엘이 다윗의 통치 아래에 있게 되었다.

묻고? 답하기!

나에게 후새와 같은 좋은 조언자(멘토)들이 있습니까?

어떠한 지위에 있든지 사람에게 가장 필요한 것은 좋은 조언자(멘토)입니다. 모든 사항을 올바르게 결정하기 힘든 경우에 이르거나, 두 갈래의 길에 섰을 때 필요한 것이 현명하고 지혜로운 충고입니다. 그 충고는 하나님의 말씀과 뜻에 충실하고, 눈앞의 유익만을 추구하지 않아야 합니다. 나에게 때마다 조언해 줄 그런 사람이 있는지 돌아봅니다.

3 18일

오늘 말씀 사무엘하 21:1 - 24:25

사무엘 **다윗 통치의 마무리**

하나님을 두려워하면서 다스리는 왕

💡 **실마리 풀기**

"진실로 나의 왕실이 하나님 앞에서 그와 같지 아니한가?"(삼하 23:5)

오늘 읽을 내용은 다윗의 통치 이력에 대한 일종의 부록입니다. 다윗이 통치하기 시작한 초기의 일과 블레셋과의 전쟁 그리고 승전가와 헌신의 고백, 다윗의 용사들 이름 그리고 인구조사를 한 다윗의 잘못과 예루살렘 성전 터의 유래를 기록하고 있습니다.

다윗이 통치하기 시작한 초기의 일 - 반역의 실마리, 사울 집안의 멸족(21:1 - 14)

기브온 사람은 본래 이스라엘 백성의 자손이 아니라, 여호수아를 속이고 이스라엘 사람들과 화친을 맺고 살아남은 사람들이다. 이스라엘 백성들이 비록 실수로 맺은 것이긴 해도 하나님 앞에 거룩하게 행한 언약이었다(수 9:3 - 26). 그러나 훗날 사울 왕은 그들을 위험스럽게 생각하여 그들과의 약속을 파기하고, 할 수 있는 대로 다 죽이려고 하였었다.

다윗이 통치하기 시작한 초기에 세 해 동안이나 흉년이 들었다. 이에 다윗은 주님께서 사울과 그의 집안이 기브온 사람을 죽여 범한 살인죄를 정죄하기를 원하시는 것으로 받아들였다. 다윗은 사울의 자손 일곱을 기브온 사람의 손에 넘겨 죽게 하였다. 그리고 사울의 뼈와 그의 아들 요나단의 뼈와 함께, 사울의 자손 일곱의 뼈를 사울의 아버지 기스의 무덤에 합장하여 장례를 치러 줌으로써 과거의 사울 집안의 죄를 마무리 지어 주었다. 사울 집안의 후사가 완전히 끊긴 후에 흉년이 멈추었다.

이렇게 다윗은 반역의 실마리를 없애버렸다. 이 사건은 사울 집안의 친척인 시므이로 하여금 다윗을 저주하게 하는 이유가 된다(16:5 - 14). 다윗이 살려준 유일한 사울의 손자, 요나단의 아들 므비보셋은 예루살렘 다윗왕의 식탁에서 먹으며 살게 된다(9:1 - 13).

이스라엘의 등불로 추앙받는 지도자, 다윗(21:15 - 23:7)

다윗은 자신을 따르는 용사들을 지휘하는 사령관이다. 그 용사들은 충성을 다해 다윗을 돌보고 따른다. 다윗은 이스라엘의 등불이다. 용사들은 그 등불이 꺼지지 않도록 지키고자 한다. 하나님 앞에 성실한 다윗은 자신의 부하들에게도 성실하고 바른 관계를 유지하였다. 그렇게 하나님의 전쟁에 나가는 용사들도 하나같이 용맹하고 충성스러웠다.

다윗의 승전가(22:1 - 51) - 찬양을 받으실 주님(22:1 - 4) 나의 힘이신 주님, 내가 주님을 사랑합니다. 진노하신 주님(22:5 - 16) 주님께서 하늘로부터 천둥소리를 내시며, 그 목소리를 높이셨다. 나를 건져 주신 주님(22:17 - 25) 주님께서 나를 움켜잡아 주시고, 깊은 물에서 나를 건져 주셨다. 승리케 하시는 주님(22:26 - 46) 주님 밖에 그 어느 누가 하나님이며, 그 어느 누가 구원의 반석인가? 살아 계신 주님(22:46 - 51) 주님은 살아 계신다! 나의 반석이신 주님을 찬양하여라.

다윗의 마지막 헌신의 고백(23:1 - 7) - 하나님이 나로 더불어 영원한 언약을 세우시고, 만사에 아쉬움 없이 잘 갖추어 주시고 견고하게 하셨으니 어찌 나의 구원을 이루지 않으시며, 어찌 나의 모든 소원을 들어주지 않으시랴?

목숨을 걸고 싸우는 용사들 - 헷 사람 우리야까지 모두 합하여 서른일곱 명(23:8 - 39)

다윗이 거느린 용사들은 요셉밧세벳, 엘르아살, 삼마 그리고 아비새와 브나야를 비롯하여 헷 사람 우리야까지 모두 합하여 서른일곱 명이다. 이들이 전쟁에 나갈 때마다 주님께서 큰 승리를 안겨 주셨다.

예루살렘 성전 터의 유래 - 하나님의 심판을 초래한 다윗의 잘못(24:1 - 25)

주님께서 '다윗을 부추기셨다'는 기록은 왕의 권력을 지닌 인간, 다윗의 마음에 악한 발상이 일었다는 것을 의미한다. '이스라엘과 유다의 인구를 조사한다'는 것은 그들이 지닌 용사들의 수를 조사하는 것으로, 하나님의 힘을 의지하기보다는 그들 자신의 힘을 믿고 과시하기 위한 것임을 나타낸다. 이는 하나님의 전쟁 법칙을 위반하는 것으로 주님의 왕권을 무시하는 매우 악한 반역의 측면이 있다.

그러나 다윗은 이렇게 인구를 조사하고 난 다음에 스스로 양심의 가책을 받고, 하나님께 자백하며 용서를 빌었다. 그 심판으로 주님께서 이스라엘에 전염병을 내리시니, 단에서부터 브엘세바에 이르기까지의 백성 가운데서 죽은 사람이 칠만 명이나 되었다. 다윗이 백성에게 내리는 재앙을 그치게 하려고, 선지자 갓의 조언을 받아 여부스 사람 아라우나의 타작마당을 은 쉰 세겔을 주고 사서, 주님께 제단을 쌓아서 희생 제사를 드렸다. 이 타작마당은 결국 솔로몬이 건축할 성전의 터(지금의 예루살렘 성전 터)가 되었다.

묻고? 답하기!

나의 잘못을 하나님께 들고 갈 것인가요, 사람들에게 들고 갈 것인가요?

죄를 짓고도 잘못을 깨닫지 못하면 회개와 용서도 따르지 아니합니다. 우리에게 죄를 깨닫게 하시는 분은 하나님이시지, 우리를 책망하는 사람들이 아닙니다. 내가 지금 나의 죄를 깨달았다면 그 죄는 이미 하나님의 손 위에 놓인 것입니다. 깨달음을 주신 주님께 엎드려 감사와 찬양을 드립니다.

3월 19일

솔로몬

여호와의 사랑을 받은 자에서 왕권의 안정을 추구하는 자로

✝ 오늘 말씀 열왕기상 3:1 - 14 ; 9:15 - 21 ; 11:1 - 8

💡 실마리 풀기

"지혜가 많으면 번뇌도 많고, 아는 것이 많으면 걱정도 많더라"(전 1:18)

왕권의 안정을 위해 지혜를 구한 솔로몬

아버지 다윗(사랑스러운 자)이 솔로몬(여호와의 사랑을 받은 자)에게 유언을 남겼습니다. 가장 먼저는 "하나님의 명령을 지키고, 모세의 율법에 기록된 대로 주님께서 지시하시는 길을 걷고, 주님의 법률과 계명, 주님의 율례와 증거의 말씀을 지켜라"(왕상 2:3)는 것입니다. 아울러 다윗은 자신의 군대장관 요압과 정적 시므이를 죽여서 정권의 안정을 추구하라고 유언하였습니다. 솔로몬은 아버지의 유언을 잘 지켰습니다. 왕권을 노리던 이복 형, 아도나이까지 죽임으로써 권력을 완전히 장악하였습니다(왕상 2:46). 그리고 솔로몬은 이집트 왕 바로의 딸을 아내로 맞았습니다(왕상 3:1). 인접한 나라 중에 가장 강한 나라, 이집트와 첫 번째 혼인 동맹을 맺음으로써 그의 왕권을 확고히 하였습니다.

하지만 솔로몬은 자신이 너무 어린 나이에 왕이 된 것에 무척 부담감을 가진 듯합니다. 그래서 그는 주님께 간절히 구합니다. "나는 아직 나가고 들어오고 하는 처신을 제대로 할 줄 모릅니다. 주님의 종에게 지혜로운 마음을 주셔서, 주님의 백성을 재판하고, 선과 악을 분별할 수 있게 해주시기를 바랍니다"(왕상 3:7 - 9). 그의 간구를 선하게 보신 하나님께서 그에게 지혜롭고 총명한 마음뿐만 아니라 부귀와 영화도 모두 주었습니다. "하나님께서 솔로몬에게 지혜와 총명과 넓은 마음을 바닷가의 모래알처럼 한없이 많이 주시니, 솔로몬의 지혜는 동양의 어느 누구보다도, 또 이집트의 어느 누구보다도 더 뛰어났다"(4:29 - 30). 다만 그의 아버지 다윗이 한 것과 같이 주님의 길을 걸으며, 주님의 법도와 명령을 지키는 것이 유일한 조건이었습니다.

왕권의 안정을 위해 성벽을 쌓은 솔로몬

솔로몬이 하나님의 성전을 건축하기까지 7년이 걸렸습니다. 하나님의 성전을 짓는 모든 일이 완성되자, 솔로몬은 하나님의 이름을 기릴 성전을 지은 것이 주님께서 하신 약속을 이루신 것임을 고백하고, 백성들을 축복하며 주님께 감사와 간구의 기도를 드렸습니다. 솔로

몬은 하나님이 이스라엘과 맺으신 언약을 잘 알고 있었던 것으로 보입니다. 솔로몬은 처음부터 하나님의 총애와 인간적인 온갖 특권을 가지고 왕이 되었습니다.

그러나 그는 점차 하나님과 동행하는 길을 버리고 자신의 욕망을 채우는 길로 가기 시작하였습니다. 솔로몬은 왕권의 안정을 위하여 성벽을 쌓기 시작합니다. 자신의 안위를 주님께 의지한다고 하면서도 한 편으로는 자신의 능력에도 의지하기 시작하는 것입니다. 솔로몬이 자신의 왕궁을 건축하기까지 13년이 걸렸습니다. 그 왕궁 안에는 자그마치 칠백 명의 후궁과 삼백 명의 첩(왕상 11:3)들이 기거할 수많은 방과 연회장을 포함하고 있습니다. 그 처첩들은 솔로몬이 다른 나라 왕들과 맺은 협약을 통하여 유지하고자 하는 평화에 대한 담보였습니다. 또한, 솔로몬은 군마 만 이천 필을 가지고 있었습니다. 그 거대한 왕궁을 유지하기 위해 쓰는 하루 먹거리는 밀가루 아흔 섬과 소 삼십 마리와 양 백 마리이고, 그 밖에 수사슴과 노루와 암사슴과 살진 새들이었습니다. 솔로몬의 관리들은 솔로몬 왕과 솔로몬 왕의 식탁에 참석하는 모든 사람이 먹을 수 있도록 먹거리를 조달하였으며, 군마와 역마에 먹일 사료도 조달하였다고 합니다(왕상 4:22 - 28).

솔로몬의 정권은 그러한 사치를 유지하기 위하여, 온 이스라엘 지역에다가 관리를 지휘하는 장관 열둘을 두었는데, 그들에게 각각 한 사람이 한 해에 한 달씩, 왕과 왕실에서 쓸 먹거리를 대는 책임을 지게 했습니다(왕상 4:7). 그들이 할 방법은 백성들에게 무거운 세금을 부과하여 거두어들이는 것이었습니다.

왕권의 안정을 위해 아내들과 타협한 솔로몬

솔로몬은 하나님이 주신 지혜로 명성이 자자했습니다. 그의 지혜는 원근 각지의 모든 철학자와 지혜자를 불러 모으기도 했습니다. 그러나 솔로몬은 점차 그 지혜가 어디에서 왔는지를 망각하고, 하나님의 은혜를 잊어버리기 시작했습니다. 그는 스스로 왕이 된 것으로 착각하기 시작하였습니다. 자신의 권력을 온전히 하는 데에 총력을 기울였습니다. 그의 영혼은 점차 허무함으로 채워지기 시작했습니다. 하나님과 동행하는 거룩함을 상실한 솔로몬은 곁에 있는 아내들의 욕망과 타협하는 길을 택하였습니다.

열왕기 기자는 이렇게 솔로몬의 말년을 기록하고 있습니다. "솔로몬이 늙으니, 그 아내들이 솔로몬을 꾀어서, 다른 신들을 따르게 하였다. 그래서 솔로몬은, 자기의 주 하나님께 그의 아버지 다윗만큼은 완전하지 못하였다. 솔로몬이 시돈 사람의 여신 아스다롯과 암몬 사람의 우상 밀곰을 따라가서, 주님 앞에서 악행을 하였다. 그의 아버지 다윗은 주님께 충성을 다하였으나, 솔로몬은 그러하지 못하였다. 솔로몬은 예루살렘 동쪽 산에 모압의 혐오스러운 우상 그모스를 섬기는 산당을 짓고, 암몬 자손의 혐오스러운 우상 몰렉을 섬기는 산당도 지었는데, 그는 그의 외국인 아내들이 하자는 대로, 그들의 신들에게 향을 피우며, 제사를 지냈다"(왕상 11:4 - 8).

결국, 하나님은 솔로몬에게 진노하셨습니다. 주님께서는 이스라엘의 열 지파가 떨어져 나가 대적하도록 하겠다고 선포하시는 것입니다.

3

열왕기

✝ 오늘 말씀 열왕기상 1:1 - 4:34

지혜로운 왕 솔로몬의 통치
출발이 온전한 솔로몬 왕국

💡 실마리 풀기

"하나님께서 솔로몬에게 지혜와 총명과 넓은 마음을 바닷가의 모래알처럼 한없이 많이 주시니"(왕상 4:29)

열왕기라는 제목은 이스라엘에 수많은 왕이 출현할 것임을 예고합니다. 그리고 그 출발은 솔로몬으로부터 시작됩니다. 아버지 다윗과 어머니 밧세바의 정치적 결단이기도 하지만, 하나님의 약속의 자손인 솔로몬은 자신이 가장 필요로 하는 것이 무엇인지 아는 지혜로운 왕으로 출발합니다.

넷째 아들 아도니야의 오해 - 기름 부음 받고 왕이 된 솔로몬(1:1 - 53)

셋째 아들 압살롬이 죽은 후, 넷째아들 아도니야는 서열상 왕가의 세자가 된다. 다윗 왕도 그가 후계자처럼 행세하며, 기병과 호위병 쉰 명을 데리고 다녀도 꾸짖지도 않았다. 그래서 원칙주의자인 요압 장군과 아비아달 제사장은 아도니야를 지지하였다. 그러나 여호야다의 아들 브나야 장군과 사독 제사장과 나단 예언자와 다윗을 따라다닌 장군들은 동조하지 않았다.

이에 나단 예언자가 솔로몬의 어머니 밧세바와 함께, 다윗으로 하여금 아들 솔로몬이 임금이 될 것을 선언하도록 강권하였다. 그러자 다윗 왕이 솔로몬을 이스라엘과 유다의 통치자로 공식 선언을 하였다. 사독 제사장과 나단 예언자와 여호야다의 아들 브나야를 불러 솔로몬에게 기름을 부어 이스라엘의 왕으로 삼으라고 명한 것이었다. 그 소식을 들은 백성들과 다윗 왕의 신하들이 열광적으로 기뻐하며 축복의 말을 하였다. 그러자 아도니야를 지지하던 자들은 모두 제 갈 길로 가 버리고, 아도니야도 솔로몬이 두려워서 주님의 장막에 있는 제단 뿔을 붙잡고 떨었다.

왕권의 확립을 위한 다윗의 유언 - 솔로몬 왕의 정적 제거(2:1 - 46)

임종하기 직전 다윗은 다시 한 번 아들 솔로몬에게 영적인 권면을 하였다. "너는 군세고 장부다워야 한다. 그리고 너는 주 너의 하나님의 명령을 지키고, 모세의 율법에 기록된 대로, 주님께서 지시하시는 길을 걷고, 주님의 법률과 계명, 주님의 율례와 증거의 말씀을 지켜라"(2:2 - 3).

그리고 다윗은 요압과 시므이의 처형을 당부한다. 그들이 솔로몬의 앞날에 걸림돌이 되는 것을 염려했기 때문이다. 그래서 솔로몬은 요압과 사울 집안의 권력자 시므이를 처형하였다.

요압은 과거 다윗왕의 명령을 거역하고 이스라엘의 군사령관 아브넬과 유다의 군사령관 아마사를 임의로 죽이고, 군사력을 장악했던 사람이었다. 한편 아도니야는 어리석게도 선왕의 후궁 아비삭을 아내로 맞이하도록 밧세바를 통하여 솔로몬에게 요청하였다. 이는 당시의 관행으로 보면 자신이 왕이 되어야 한다는 의미였다. 그래서 솔로몬은 아도니야를 죽이고 그를 따르던 아비아달을 추방하였다. 이렇게 하여 솔로몬은 권력을 완전히 장악하였다.

지혜를 구한 솔로몬 - 출발이 온전한 솔로몬의 부귀영화(3:1 - 4:34)

솔로몬은 강대국 이집트와 정략적 결혼을 함으로써 정치적 안정을 취하였다. 그리고 솔로몬은 자기 아버지 다윗의 법도를 따라 하나님께 제사를 드림으로 하나님과도 연합하였다. 그러나 주님께 예배드릴 성전이 그때까지도 건축되지 않았으므로, 기브온에 있는 제일 유명한 산당에 가서 제사를 드렸다. 또한, 온 이스라엘 지역에다가 관리를 지휘하는 장관을 두고 공의롭고, 지혜롭게 다스리게 하니 백성들도 솔로몬을 두려워하며 잘 따랐다.

그는 지혜로운 사람이었다. 하나님께서 솔로몬에게 원하는 것을 구하라고 말씀하시니, 그는 겸손하게 "풍요한 재물"보다는 '지혜로운 마음'을 주시기를 원하였다. 하나님께서 그에게 지혜롭고 총명한 마음뿐만 아니라 부귀와 영화도 모두 주었다. 그 결과 솔로몬은 유프라테스 강에서부터 이집트의 국경에 이르기까지, 모든 왕국이 솔로몬이 살아 있는 동안 조공을 바치면서 솔로몬을 섬겼다. 그래서 솔로몬의 일생에 유다와 이스라엘의 모든 사람이 평화를 누리며 살았다.

하나님께서 솔로몬에게 지혜와 총명과 넓은 마음을 바닷가의 모래알처럼 한없이 많이 주시니, 솔로몬의 지혜는 동양의 누구보다도, 또 이집트의 누구보다도 더 뛰어났다. 그는 삼천 가지의 잠언을 말하였고, 천다섯 편의 노래를 지었고, 레바논에 있는 백향목으로부터 벽에 붙어서 사는 우슬초에 이르기까지 모든 초목을 놓고 논할 수 있었고, 짐승과 새와 기어 다니는 것과 물고기를 두고서도 가릴 것 없이 논할 수 있었다. 그래서 그의 지혜에 관한 소문을 들은 지상의 모든 왕은 솔로몬의 지혜를 들어서 배우려고 몰려 왔다.

묻고?
답하기!

지금 내가 기도하며 구하는 것은 내가 쓰기 원하는 것인가요?
남에게 베푸는 데 필요한 것인가요?

사람이라면 누구나 가장 원하는 것은 건강과 재물의 풍요함일 것입니다. 그러나 왕위에 오른 솔로몬이 구한 것은 왕으로서 백성들을 잘 다스릴 지혜를 구하는 것이었습니다. 그가 처한 위치에서 얼마나 겸손한 기도입니까? 나는 지금 내가 처한 상황에서 무엇을 구하고 있는지 돌아보게 됩니다. 내가 욕심을 내어 원하는 것인지 남에게 베푸는 데 필요한 것인지.

✝ 오늘 말씀 열왕기상 5:1 - 9:9

열왕기

솔로몬이 지은 성전
건축과 봉헌

💡 **실마리 풀기**

"하나님, 하나님께서 땅 위에 계시기를, 우리가 어찌 바라겠습니까?"(왕상 8:27)

그토록 하나님의 이름을 기릴 성전을 짓기 원했던 다윗에게 "그 집을 지을 사람은 네가 아니고 네 몸에서 태어날 네 아들이 지을 것이다"하셨습니다. 솔로몬은 그 하나님의 말씀을 가슴 깊이 간직하고 있었습니다. 그래서 그 아들 솔로몬이 성전을 건축합니다.

주님의 성전과 솔로몬의 왕궁 - 준비와 건축(5:1 - 7:51)

성전 건축을 위한 준비 - 솔로몬의 통치로 인한 주변국들과의 평화는 하나님께서 그에게 맡기신 성전 건축의 착수를 순조롭게 한다. 이는 하나님께서 다윗 가문의 정통성을 인정하심을 온 세상에 선포하는 상징적 의미를 주게 될 것이다. 지혜로운 솔로몬은 두로의 히람 왕에게 성전 건축에 쓸 레바논의 백향목을 공급받는 대신, 히람의 왕실에서 쓸 먹거리를 제공하여 주기로 하는 무역 협정을 체결하였다. 그리고 성전 건축을 위하여 이스라엘 전국에서 노무자를 불러 모으고, 목재와 석재를 준비하였다.

솔로몬이 지은 성전 - 이스라엘 자손이 이집트 땅에서 나온 지 480 년(B.C. 967년), 솔로몬이 이스라엘의 왕이 된 지 4년째 되는 해 둘째 달에, 솔로몬은 주님의 성전을 짓기 시작하였다. 성전 건축에는 일곱 해(6:38) 그리고 왕궁의 건축에는 열세 해(7:1), 그렇게 솔로몬이 주님의 성전과 왕궁, 이 두 건물을 다 짓는 데 스무 해가 걸렸다(9:10).

〈여기서 열왕기 저자는 잠시 왕궁의 건축에 대하여 언급하는데, 성전과 왕궁의 규모와 건축 양식을 비교함으로써 열왕기 곳곳에 기록되어 있는 왕권의 교만에 대한 우려를 은유하고자 하는 것으로 보인다. 〉

주님의 영광 중에 행한 성전 봉헌 - 감사와 간구의 기도 그리고 제사(8:1 - 66)

주님의 성전이 완성되자, 솔로몬이 하나님의 이름을 기릴 성전을 지은 것이 주님께서 하신 약속을 이루신 것임을 고백하고, 백성들을 축복하며 주님께 감사와 간구의 기도를 드렸다.

"주님의 종이 이곳을 바라보면서 기도할 때에, 이 종의 기도를 들어주십시오. 그리고 주님의 종인 나와 주님의 백성 이스라엘이 죄를 지은 후, 이곳을 바라보며 기도할 때에, 그 기도를 들어주십시오. 주님께서 계시는 곳, 하늘에서 들으시고, 들으시는 대로 용서해 주십시오"(8:29 - 30).

아울러 <주님은 찬양을 받으실 분이시니, 하나님께서 우리와 함께 계시며 버리지 마시기를, 우리의 마음을 주님께 기울이게 하셔서, 주님께서 지시하신 그 길을 걷게 하시며, 주님께서 우리 조상에게 내리신 계명과 법도와 율례를 지키게 하여 주시기를, 오늘 주님 앞에 드린 이 간구와 기도를 주 우리의 하나님께서 낮이나 밤이나 늘 기억해 주시기를, 하나님께서 주님의 종과 주님의 백성 이스라엘에, 날마다 그 형편에 맞게 자비를 베풀어 주시기를, 세상의 모든 백성이 주님만이 하나님이시고 다른 신은 없다는 것을 알게 되기를> 하나님께 간절히 구한다(8:56 - 60).

그리고 솔로몬이 성대한 성전 봉헌 제사를 드렸다. 화목제로 드린 소가 이만 이천 마리이고, 양이 십 이만 마리였다니 그 제사에 참여한 백성들이 충분히 먹을 수 있었을 것이다.

하나님께서 주신 언약과 축복의 조건 - 내 눈길과 마음이 항상 이곳에 있을 것이다(9:1 - 9)

"네가 나에게 한 기도와 간구를 내가 들었다. 그러므로 나는 네가 내 이름을 영원토록 기리려고 지은 이 성전을 거룩하게 구별하였다. 따라서 내 눈길과 마음이 항상 이곳에 있을 것이다. 너는 내 앞에서 네 아버지 다윗처럼 살아라. 그리하여 내가 네게 명한 것을 실천하고, 내가 네게 준 율례와 규례를 온전한 마음으로 올바르게 지켜라.......그러나 너와 네 자손이 나를 따르지 아니하고 등을 돌리거나, 내가 네게 일러준 내 계명과 율례를 지키지 아니하고, 곁길로 나아가서, 다른 신들을 섬겨 그들을 숭배하면, 나는, 내가 준 그 땅에서 이스라엘을 끊어 버릴 것이고, 내 이름을 기리도록 거룩하게 구별한 성전을 외면하겠다"(9:3 - 7).

예루살렘의 성전은 그때로부터 오래도록 하나님을 신뢰하는 자들이 바라보며 기도할 곳이다. 이 성전을 바라보면서 기도하면, 주님께서는 주님께서 계시는 곳인 하늘에서 그들의 기도와 간구를 들으시고, 그들의 사정을 살펴보아 주실 것이기 때문이다(8:49). 그러나 예수님께서 부활 승천하신 후, 그리스도인들이 진정으로 바라보며 기도할 곳은 하나님께로부터 내려오는 그의 나라, 거룩한 도성 예루살렘이 될 것이다(계 21:10).

과연 우리의 교회가 주님이 거하시는 거룩한 성전일까요?

솔로몬의 기도는 참으로 은혜롭습니다. "하나님께서 땅 위에 계시기를, 우리가 어찌 바라겠습니까? 저 하늘, 저 하늘 위의 하늘이라도 주님을 모시기에 부족할 터인데 제가 지은 이 성전이야 더 말하여 무엇하겠습니까? 그러나 주 나의 하나님, 주님의 종이 드리는 기도와 간구를 돌아보시며, 오늘 주님의 종이 주님 앞에서 부르짖으면서 드리는 이 기도를 들어주십시오"(8:27 - 28). 이 기도가 우리의 기도가 되길 빌어봅니다.

✝ 오늘 말씀 열왕기상 9:10 - 11:43

열왕기

솔로몬 말년의 불순종
결말이 불안한 솔로몬 왕국

💡 **실마리 풀기**

"그는 자그마치 칠백 명의 후궁과 삼백 명의 첩을 두었는데, 그 아내들이 그의 마음을 사로잡았다"
(왕상 11:3)

솔로몬의 지혜와 지략은 아버지 다윗이 통치하던 영역의 다섯 배까지 영토를 넓히는 결과를 가져왔으며, 거두어들인 공물과 세금은 엄청난 부를 누리게 합니다. 그러나 그러한 물질적 부유함은 영적인 퇴락을 여는 지름길입니다. 솔로몬의 불순종은 재물과 정욕에 눈이 멀게 됨으로부터 시작됩니다.

성전 건축의 후유증 - 과다한 부채와 남겨 둔 백성들의 노역(9:10 - 28)

주님의 성전과 왕궁, 이 두 건물을 다 짓는 데 스무 해가 걸렸다. 두로의 히람 왕이 백향목과 잣나무와 금을 솔로몬이 원하는 대로 모두(금 백이십 달란트 어치) 보내왔으므로, 건축비가 늘어나자 솔로몬 왕은 두로의 히람 왕에게 갈릴리 땅에 있는 성읍 스무 개를 주었으며, 처음으로 국세제도를 확립하였다. 그러나 히람은 섭섭하게 생각하였고 백성들도 불만을 토로했다.(훗날 솔로몬이 죽은 후, 그의 아들 르호보암이 백성들에게 더 무거운 세금을 물리려고 하는 모습을 보게 될 것이다.)

솔로몬 왕이 성전과 왕궁의 건축을 위하여, 이스라엘 자손이 아닌 아모리 사람과 헷 사람과 브리스 사람과 히위 사람과 여부스 사람들을 노예로 삼아서 강제 노역에 동원하였다. 이들은 이스라엘 백성들 사이에 살아가면서 우상 숭배의 관습을 수시로 되살리는 역할을 하게 될 것이다.

솔로몬의 지혜와 부귀영화 - 물질적인 영화의 불안한 결말(10:1 - 29)

스바 여왕이 주님의 이름 때문에 유명해진 솔로몬의 명성을 듣고서, 여러 가지 어려운 질문으로 시험해 보려고 솔로몬을 찾아왔다. 스바의 여왕은 솔로몬이 온갖 지혜를 갖추고 있는 것을 확인하고 주 하나님께 찬양을 돌렸다. 솔로몬 왕은 재산에 있어서나, 지혜에 있어서나, 이 세상의 그 어느 왕보다 훨씬 뛰어났다. 그래서 온 세계 사람은 모두, 솔로몬을 직접 만나서 하나님께서 그의 마음에 넣어 주신 지혜의 말을 들으려고 하였다. 그래서 그들은 각각 은 그릇과 금 그릇과 옷과 갑옷과 향료와 말과 노새를 예물로 가지고 왔는데, 해마다 이런 사람의 방문이 그치지 않았다.

이제 백성들에게 이스라엘의 왕은 하나님이 아니고 솔로몬이었다. 백성들의 마음속에 하나님은 존재하지 않게 되고, 솔로몬의 부귀영화는 물질적인 것으로 변모되었다. 그의 왕궁은 모든 집기를 금으로 만들었고, 군사적으로는 쓸모가 없는 금 방패를 300개나 만들었고, 그의 보좌는 상아로 만들어 금을 입혔다.

솔로몬의 불순종의 실마리 - 이방인 부인들과 그들의 우상 섬기기(11:1 - 13)

솔로몬이 이집트 왕 바로와 혼인 관계를 맺고, 바로의 딸을 아내로 맞은 것(3:1)은 정치적 안정을 위하여 강대국 이집트와 정략적 결혼을 한 것으로 이해할 수 있다. 그러나 여기서 솔로몬이 외국 여자들을 좋아하여 칠백 명의 후궁과 삼백 명의 첩을 두었다는 것은 그가 정욕에 눈이 멀게 되었음을 보여준다. 그의 음행은 결국 그 아내들을 즐겁게 하려고 그들의 이방신을 섬기는 불순종의 길로 이끌었다. 끝내 솔로몬은 시돈 사람의 여신 아스다롯과 암몬 사람의 우상 밀곰, 모압의 혐오스러운 우상 그모스 그리고 암몬 자손의 혐오스러운 우상 몰렉을 섬기며 주님 앞에서 악행을 하였다. 이는 결국 저주의 결과를 낳고, 아들 대에 이르러 멸망의 길로 가게 될 것이다. 그토록 전심으로 주님을 섬기던 지혜의 왕이 이토록 철저하게 반심의 길로 돌아설 줄 누가 알았으랴.

솔로몬 통치의 말년 - 국력의 쇠퇴와 대적자들(11:14 - 43)

이렇게 솔로몬의 마음이 주님이신 이스라엘의 하나님을 떠나게 되자 국가의 기강이 해이해지고 국력이 쇠퇴하기 시작하였다. 결국에는 주님께서 실로의 아히야 예언자를 통하여 느밧의 아들 여로보암을 북쪽 열 지파를 다스릴 이스라엘의 왕으로 삼았다. 그리고 그에게도 축복과 저주의 약속을 내리시며, 주님의 명령과 가르침을 따르고 율례와 명령을 지켜서, 주님이 보는 앞에서 바르게 살 것을 요청하셨다.

솔로몬은 예루살렘에서 사십 년 동안 온 이스라엘을 다스리다가 죽어서 그의 아버지 다윗의 성에 묻혔다. 그의 아들 르호보암이 그의 뒤를 이어 왕이 되었다.

묻고? 답하기!

솔로몬처럼 모든 것을 가지고 출발한다면 어느 누가 실패할까요?

솔로몬은 아버지의 경건함, 어머니의 정략적 감각, 왕가의 전통과 재정적 풍요 그리고 하나님의 편애까지 모두 가지고 출발합니다. 게다가 하나님의 정통성 인증이 필요한 자신의 정치적인 약점(정실부인의 맏아들이 아니라는)까지 지혜를 얻음으로 겸손한 출발을 합니다. 그런 그가 말년에 실패하리라고 누가 생각이나 했겠습니까. 그의 치명적인 약점은 그의 어머니로부터 나왔습니다. 그것은 정욕입니다. 하나님 보시기에 참으로 부끄러운 일입니다.

3

23일

✝ 오늘 말씀 열왕기상 12:1 - 16:28

열왕기

솔로몬이 죽은 후
남과 북으로 분열되는 왕국

💡 실마리 풀기

"주님께서 보시기에 악한 일을 하였고, 여로보암의 길을 그대로 걸었으며"(왕상 15:34)

솔로몬이 죽자 그의 아들 르호보암이 그의 뒤를 이어 왕이 되었습니다. 안타깝게도 이번에도 영적인 유산의 승계가 이루어지지 않은 모습을 보는 것에 한숨이 나옵니다. 이제부터 열왕기는 남과 북으로 갈린 두 나라의 역사를 기록할 것인데, 오직 그들의 왕들의 영적 상태를 기록할 뿐입니다. 이는 솔로몬 이후 백성들의 왕이 하나님이 아니었기 때문입니다.

유다 왕 르호보암의 어리석음 - 오 년 만에 끝난 부귀영화(12:1 - 24)

말년의 솔로몬은 성전 건축비를 충당하려고, 백성들에게 과한 세금을 거두어들이며 힘들게 하였다. 그래서 온 이스라엘 지파의 대표자들과 부왕을 섬긴 원로들은 하나같이 백성들의 멍에를 덜어주고, 그들을 섬기는 왕이 될 것을 르호보암에게 요구한다. 그러나 르호보암은 원로들의 충고는 무시하고, 자신을 따르는 젊은이들의 충고대로 백성에게 더 무거운 멍에를 메우겠다고 대답하였다. 이 결과 이스라엘은 남과 북으로 분열되게 되었다.

주님께서 실로의 예언자, 아히야를 시켜서 하신 말씀대로, 느밧의 아들 여로보암이 북이스라엘 열 지파의 왕으로 추대되었고, 유다와 베냐민 지파는 르호보암의 다윗 가문을 따르기로 하였다. 그리고 르호보암의 즉위 5년에 이집트의 시삭 왕이 쳐들어와서 주님의 성전에 있는 보물과 왕궁의 보물을 하나도 남기지 않고 다 털어 갔다(14:25 - 26).

이스라엘 왕 여로보암의 불순종 - 우상 숭배의 전형(12:25 - 14:20)

여로보암은 이스라엘 백성들이 예루살렘에 있는 주님의 성전으로 제사를 드리려고 올라갔다가 변심할까 두려워, 주님을 배반하는 전혀 새로운 예배를 만들어 내었다. 그것은 금송아지 상 두 개를 만들어 베델과 단의 두 성소에 두고 그것을 섬기는 것이었다. 여로보암은 또 여러 높은 곳에 산당들을 짓고, 레위 자손이 아닌 일반 백성 가운데서 제사장을 임명하여 세웠다.

한때 여로보암의 등극을 예언했던(11:30 - 39) 실로의 예언자 아히야가 그에게 다시 예언하였다. 여로보암이 이스라엘까지 죄를 짓게 하였으므로, 여로보암 가문에 속한 남자는 누구나 이스라엘 가운데서 모두 끊어 버릴 것이며, 여로보암의 죄 때문에 이스라엘도 버리실 것이다(이는 결국 이스라엘이 멸망하여 바빌론의 포로가 되는 것으로 실현될 것이다).

유다 왕들의 내력 - 다윗의 길과 여로보암의 길(14:21 - 15:24)

다윗은 주님 명령을 지키고, 주님이 보기에 올바르게 행동하였으며 마음을 다해서 주님을 따랐다. 성경은 이를 다윗의 길이라고 하고, 부어 만든 우상을 섬김으로 주님을 배반하는 불순종은 여로보암의 길이라고 기록하면서 유다 왕들의 영적 상태를 표현하고 있다.

유다 왕 르호보암(14:21 - 31) : 다윗의 길에서 벗어남 - 솔로몬의 아들 르호보암은 그 어머니가 암몬 여자인데, 그도 산당과 돌 우상과 아세라 목상을 만들어 섬겼다.

유다 왕 아비야(15:1 - 8) : 여로보암의 길로 감 - 르호보암의 아들 아비야는 그의 아버지가 지은 죄를 모두 그대로 따라 갔으며, 여로보암의 길을 갔다.

유다 왕 아사(15:9 - 24) : 다윗의 길에서 벗어남 - 아비야의 아들 아사가 유다 왕이 되어서, 예루살렘을 마흔한 해 동안 다스렸다. 아사는 그의 조상 다윗과 같이 주님께서 보시기에 정직하게 행하였으나, 말년에 시리아의 벤하닷을 의지하여 반심의 길을 갔다.

근본도 없는 이스라엘 왕들의 내력 - 모두 여로보암의 길로 감(15:25 - 16:28)

이스라엘의 왕 나답(15:25 - 15:32) - 여로보암의 아들 나답이 두 해 동안 이스라엘을 다스렸다. 그러나 그도 그의 부친이 걷던 그 악한 길을 그대로 걸었다.

이스라엘 왕 바아사(15:33 - 16:7) - 출신 근본도 알 수 없는 바아사는 나답을 죽이고 왕이 되자, 여로보암 가문의 사람들은 모두 전멸시켰다. 이는 주님께서 주님의 종 아히야에게 말씀하신 대로(14:10 - 11) 이루어진 것이다. 그는 24년 동안 다스렸다.

이스라엘 왕 엘라(16:8 - 14) - 바아사의 아들 엘라가 이스라엘의 왕이 되어 두 해 동안 다스렸다.

이스라엘 왕 시므리(16:15 - 20) - 엘라의 신하인 시므리는 엘라를 죽이고 왕위에 올라서, 주님께서 예후 예언자를 시키셔서 바아사에게 말씀하신 대로 바아사 가문의 모든 사람을 멸망시켰다.

이스라엘 왕 오므리(16:21 - 28) - 시므리에 이어 군사령관인 오므리 장군이 왕이 되었다. 전략에 능한 군인인 그는 사마리아 산지를 사들이고 그 산에다가 도성을 건설하였는데, 그 도성의 이름을 사마리아라고 하였다. 사마리아는 교통 환경이 좋고 전망 좋은 고지대 요충지였다.

묻고? 답하기!

반복되는 영적 유산의 이월 실패를 어떻게 볼 것인가요?

아브라함을 제외하고, 야곱, 유다, 여호수아, 엘리, 사무엘에 이어 솔로몬까지 반복되는 영적 유산의 이월 실패에 가슴이 저립니다. 두려움이 엄습해 옵니다. 하나님이 우리의 왕이라고 가르치는데 실패한다면 언제나 그런 결과를 얻을 것입니다.

기도의 사람 엘리야와 아합

바알과의 전면 전쟁

💡 **실마리 풀기**

"바알에게 무릎을 꿇지도 아니하고, 입을 맞추지도 아니한 사람이다"(왕상 19:18)

이제까지 유다와 이스라엘의 왕들은 이름 없는 우상을 만들고, 산당에서 제사를 지내는 정도였지만, 아합은 이세벨을 아내로 맞아서 본격적으로 이방신의 전형인 바알을 섬겼습니다. 바알은 농경시대의 가장 전형적인 풍요의 신, 농업의 신이었습니다. 엘리야 선지자는 그 바알과의 전쟁을 승리로 이끌 것입니다.

엣바알의 딸을 아내로 맞은 이스라엘 왕 아합 - 바알의 딸, 이세벨(16:29 - 34)

군사령관인 오므리의 아들 아합이 이스라엘의 왕이 되어서, 사마리아에서 이스라엘을 스물두 해 동안 다스렸다. 아합은 시돈 왕 엣바알(바알과 함께한 자)의 딸인 이세벨을 아내로 맞아들였다. 또 그는 사마리아에 세운 신전에다가 바알을 섬기는 제단을 세우고, 아세라 목상도 만들어 세웠다. 그래서 그는 그 이전의 이스라엘 왕들보다 더 심하게 주 이스라엘의 하나님을 진노하시게 하였다.

엘리야와 시돈의 과부 - 살아계신 하나님 말씀의 능력(17:1 - 24)

주님께서 이스라엘에 비를 멈추게 하시니 엘리야('나의 하나님은 여호와시다')가 아합에게 경고하였다. 농업의 신, 바알과의 전면전을 선포한 것이다. 시냇물까지 말라 버리는 가뭄 속에서 엘리야는 시돈에 있는 사르밧의 한 과부에게 보내졌다. 그 과부는 마지막 남은 밀가루한 줌과 기름 몇 방울을 가지고 엘리야를 대접하였다. 주님께서 그 땅에 다시 비를 내려 주실때까지 그 과부의 뒤주의 밀가루가 떨어지지 않고, 병의 기름도 마르지 않게 하셨다.

또한, 그 여인의 아들이 병들어 죽자, 엘리야는 그 아이의 호흡이 되돌아오게 하여 달라고주님께 부르짖었다. 주님께서 엘리야가 부르짖는 소리를 들으시고, 그 아이의 호흡을 되돌아오게 하여 주셔서 그 아이가 살아났다. 그 여인은 엘리야가 하나님의 사람이시라는 것과 그말씀이 참으로 주님의 말씀이라는 것을 알았다고 고백하면서 하나님을 찬양한다.

엘리야와 바알 예언자들 - 살아계신 하나님의 주권(18:1 - 46)

가뭄이 시작된 지 삼 년이 되던 해에, 주님께서 땅 위에 비를 내리겠다고 엘리야에게 말씀하셨다. 이에 엘리야가 아합을 만나 살아계신 하나님의 주권을 증언하고자 한다. 온 이스라엘 백성들과 바알 예언자 사백 쉰 명과 아세라 예언자 사백 명 앞에서, 엘리야의 기도를 들으신 하나님께서 불을 내리셔서 제물과 나뭇단과 돌들과 흙을 태웠고, 도랑 안에 있는 물을 모두 말려 버렸다. 그러자 온 백성이 이것을 보고, 땅에 엎드려서 주님이 주 하나님이시며 그들의 마음을 돌이키게 하시는 하나님이심을 고백하였다.

백성들과 엘리야는 곧 바알 예언자와 아세라 예언자들을 사로잡아 모두 죽였다. 엘리야가 갈멜 산꼭대기로 올라가서, 그의 얼굴을 무릎 사이에 넣고 기도를 드리니 가뭄이 멈추고 비가 왔다.

엘리야의 마지막 과업 - 살아계신 하나님께서 남겨놓으신 자들(19:1 - 21)

아합의 아내 이세벨이 엘리야를 죽이고자 하였다. 엘리야가 이세벨의 모든 예언자를 죽인 때문이다. 이에 엘리야는 도망하여 유다의 브엘세바로 갔다. 그리고 광야의 어떤 로뎀 나무 아래에 앉아서 죽기를 간청하며 기도하였다. 그는 죽음의 두려움 때문에 하나님에 대한 믿음과 사명을 상실하고 있었다. 그러나 그의 기도는 그의 영혼을 소생시키고, 죽음의 시험을 이겨내며 능력 있게 사명을 감당할 수 있게 하였다. 그는 기도로 온전히 문제 해결을 받았다.

하나님의 산인 호렙 산에서 부드럽고 조용한 소리 가운데 하나님의 음성을 들은 엘리야는 이제까지 만군의 하나님만 열정적으로 섬겼으나, 혼자 남은 자신을 이세벨이 죽이려 한다고 고백하였다. 그러나 하나님께서는 엘리야에게 하사엘에게 기름을 부어서 시리아의 왕으로 세우고, 예후를 이스라엘의 왕으로 세우라고 하셨다. 그리고 사밧의 아들 엘리사에게 기름을 부어서, 그의 뒤를 이을 예언자로 세우라고 하셨다. 이제 그는 전혀 외롭지 않다. 하나님께서 바알에게 무릎을 꿇지도 아니하고 입을 맞추지도 아니한 이스라엘 사람 칠천 명을 남겨 놓으실 것이니, 엘리야는 홀가분한 마음으로 마지막 과업을 완수하여야 한다. 이제 하나님의 일은 하나님이 주관하심을 인정하여야 한다.

엘리야가 밭을 갈고 있는 사밧의 아들 엘리사와 마주쳤다. 엘리야가 엘리사의 곁으로 지나가면서 자기의 외투를 그에게 던져 주었다. 그러자 엘리사는 밭을 갈던 겨릿소를 잡고, 소가 메던 멍에를 불살라 그 고기를 삶아서 그것을 백성에게 주어서 먹게 하였다. 그런 다음에 엘리사는 곧 엘리야를 따라가서 그의 제자가 되었다.

묻고? 답하기!

지금 이 땅에도 주님께서 남겨놓으신 칠천 명이 있을까요?

네 있습니다. 하나님의 일을 성실히 순종하며 행하는 자들이 분명히 있습니다. 우리는 살아계신 하나님께서 모든 것을 주관하심을 인정해야합니다. 오늘도 무릎이 닳도록 기도하는 사람들, 남들이 무어라 하든 상관하지 않고 고아와 과부를 돌보는 사람들 그리고 조용히 하나님의 부르심을 기다리는 사람들이 우리 교회에도 남겨져 있음을 보아야 합니다.

열왕기

아합
하나님을 모르는 자보다 더 악한 자

💡 **실마리 풀기**
"내가 오늘 그들을 네 손에 넘겨 줄 것이니, 너는, 내가 주인인 줄 알게 될 것이다"(왕상 20:13)

군사령관인 오므리의 아들 아합이 이스라엘의 왕이 되어서 사마리아에서 이스라엘을 스물두 해 동안 다스리는 동안 시리아와의 전쟁이 세 번 있었습니다. 주님께서 보시기에 악한 일을 하는 아합의 치세 가운데에서도 하나님의 이스라엘을 향한 역사하심은 계속됩니다.

시리아(아람)와의 첫 번째 전쟁 - 너는, 내가 주인 줄 알게 될 것이다(20:1 - 22)

시리아 왕 벤하닷이 이스라엘을 공격하였다. 그는 성안에 있는 이스라엘 왕 아합에게 그의 은과 금과 아내들과 자녀들을 모두 보내라고 협박하였다. 아합이 정중히 거절하자, 벤하닷은 곧 사마리아 성을 공격할 준비를 하였다. 그 때에 예언자 한 사람이 이스라엘 왕 아합에게 와서 말하였다. "나 주가 말한다. 네가 이렇게 큰 군대를 본 적이 있느냐? 그러나 내가 오늘 그들을 네 손에 넘겨 줄 것이니, 너는, 내가 주인 줄 알게 될 것이다"(20:13).

그 말씀대로 이백서른두 명의 젊은 부하들과 그들을 뒤따르는 칠천 명의 군대가 술에 취해 있던 벤하닷의 군대를 습격하여 무찔렀다. 그렇게 시리아 군인들은 다 도망하였고, 이스라엘 왕은 첫 싸움에서 많은 말과 병거를 격파하고 시리아 군대를 크게 무찔렀다.

시리아와의 두 번째 전쟁 - 너는 그 목숨을 대신하여서 죽게 될 것이고(20:23 - 43)

시리아 왕 벤하닷은 평지에서 싸우면 틀림없이 이길 것이라는 말을 듣고, 군대를 소집하여 이스라엘과 싸우려고 올라갔다. 이에 주님께서 "시리아 사람이 말하기를, 내가 산의 신이지, 평지의 신은 아니라고 하니, 내가 이 큰 군대를 모두 네 손에 내주겠다. 이제 너희는 곧, 내가 주인 줄 알게 될 것이다"(20:28)고 말씀하셨다.

그 말씀대로 이스라엘이 시리아 군대를 쳐서 하루 만에 보병 십만 명을 무찔러 큰 승리를 거두고, 벤하닷도 도망하여 잡혀 죽게 되었다. 그러나 벤하닷이 목숨만은 살려 달라고 애원하자, 아합이 그와 조약을 맺고 살려 보내 주었다. 아합은 전쟁에 승리케 하신 주님을 인정하지 아니하고 주님의 뜻을 거절한 것이다. 주님께서 어떤 예언자를 통해 말씀하셨다. "내가 멸망시키기로 작정한 사람을 네가 직접 놓아주었으니, 너는 그 목숨을 대신하여서 죽게 될 것이고, 네 백성은 그의 백성을 대신하여서 멸망할 것이다"(20:42).

이세벨과 나봇의 포도원 - 엘리야의 예언(21:1 - 29)

아합이 왕궁 근처에 있는 이스르엘 사람 나봇의 포도원을 탐내어 양도를 요청하였다. 그러나 나봇은 그 포도원을 조상의 유산이라는 이유로 양도하기를 거절하였다. 그 소식을 들은 아합의 아내 이세벨이 나봇의 포도원을 빼앗아 사마리아의 왕 아합에게 주기 위해, 나봇이 하나님과 임금님을 욕하였다고 백성 앞에서 거짓 증언을 하여 돌로 쳐 죽였다.

이를 보신 주님께서 엘리야를 통하여 아합에게 말씀하셨다. "내가 아합 가문에 속한 남자는 종이든지 자유인이든지, 씨도 남기지 않고, 이스라엘 가운데서 없애 버리겠다.... 네가 이스라엘 사람에게 죄를 짓게 해서 나를 분노하게 하였으니, 내가 네 가문을, 느밧의 아들 여로보암의 가문처럼, 또 아히야의 아들 바아사의 가문처럼 되게 하겠다....... 그리고 개들이 이스르엘 성 밖에서 이세벨의 주검을 찢어 먹을 것이다"(22:21 - 23)

그러나 아합이 잠시 주님 앞에서 겸손해졌기 때문에, 그가 살아 있는 동안에는 그에게 재앙이 내리지 않고 그의 아들 대에 가서 그 가문에 재앙이 내려질 것이다(왕하 9장). 바로 그 나봇의 포도원에서.

시리아와의 세 번째 전쟁과 아합의 죽음 - 미가야의 예언(22:1 - 40)

길르앗에 있는 라못 땅을 시리아 왕의 손에서 다시 찾아올 요량으로 아합이 먼저 전쟁을 일으켰다. 이에 유다 왕 여호사밧은 먼저 주님의 뜻을 알아보는 것이 좋겠다고 하였다. 그러나 이스라엘의 예언자들이 모두 하나같이 왕의 승리를 예언하였다. 이는 거짓말하는 영이 아합의 모든 예언자의 입에 들어가서, 그들이 모두 거짓말을 하게 시킨 때문이다. 그러나 미가야 만이 아합의 죽음을 예언하였다.

미가야의 예언이 사실일까 두려워 시리아와의 전쟁에 변장하고 출전한 아합은 시리아 군인 한 사람이 무심코 당긴 화살을 맞고 죽었다. 예언자 미가야의 말처럼 주님께서 하늘의 모든 군대에게 아합을 꾀어내어서, 그로 하여금 길르앗의 라못으로 올라가서 죽게 하라고 하셨기 때문이다.

묻고? 답하기!

이 시대에 아합은 누구일까요?

아합은 시리아의 왕 벤하닷처럼 완전히 하나님을 모르는 자가 아니었습니다. 나름대로 엘리야를 비롯한 수많은 예언자를 만나고 주님의 음성을 들을 수 있는 자였습니다. 그러나 그는 본심으로부터 하나님을 모르는 자보다 더 악한 자였습니다. 하나님을 알지만 신뢰하지 않는 사람들, 이 시대에 교회 안에서 그러한 자는 누구일까요?

3월 26일

온전한 십일조
율법의 요구와 예수님의 요구

✝ **오늘 말씀** 신명기 14:22 - 29, 민 18:21 - 26, 말라기 3:6 - 12, 롬 12:1 - 2

 실마리 풀기

"여러분의 몸을 하나님께서 기뻐하실 거룩한 산 제물로 드리십시오. 이것이 여러분이 드릴 합당한 예배입니다"(롬 12:1)

십일조의 유래 - 회막을 돌보는 제사장과 떠돌이나 고아나 과부들을 위하여

레위기에 의하면, 이스라엘 백성들은 곡식이든지 열매이든지, 땅에서 난 것의 십 분의 일과 소 떼와 양 떼에서도, 십 분의 일을 하나님에게 거룩하게 바쳐야 했습니다. 그것은 모두 주님에게 속한 것으로서 주님에게 바쳐야 할 거룩한 것이기 때문입니다(레 27:30 - 32).

민수기에 의하면, 그 십일조는 레위 사람들의 몫이었습니다. 레위 사람들은 이스라엘 자손 사이에서 아무런 유산이 없이 오직 회막을 돌보는 일에 전념하여야 했기 때문입니다. 그리고 레위 인들은 다시 그중의 십 분의 일을 하나님께 제물로 드렸습니다(민 18:21 - 26). 이렇게 백성들이 요단 강을 건너기 이전에는 십일조가 지역 성소를 유지하는 데 쓰이도록 여호와께 드리는 예물이었습니다.

신명기에 의하면, 이집트를 탈출한 백성들이 요단 강을 건너가서 가나안 땅에 정착하게 되면, 해마다 밭에서 거둔 소출의 십일조를 바치는 사람 자신이 여호와 앞에서 그 예물을 먹으면서 즐거워하여야 했습니다. 그리고 유산도 없고 차지할 몫도 없는 사람들인 레위 사람을 돌보아야 하며, 매 3년마다 특별한 십일조를 드려 레위 사람이나 떠돌이나 고아나 과부들이 와서 배불리 먹도록 구제에 사용하도록 하였습니다(신 14:22 - 29).

구약 시대의 온전한 십일조 - 하나님께서 원하시는 것

하나님께서 자신의 선택으로 거룩한 백성이 된 이스라엘에 심판을 내리시며 그들의 잘못을 이렇게 드러냅니다. "내가 바라는 것은 변함없는 사랑이지, 제사가 아니다. 불살라 바치는 제사보다는 너희가 나 하나님을 알기를 더 바란다. 그런데 이 백성은 아담처럼 언약을 어기고 나를 배반하였다"(호 6:4 - 7).

심판의 결과, 그 길고 긴 유배에서 돌아 온 이스라엘 백성들은 여전히 하나님이 원하시는 길에서 벗어나 있었습니다. 그들이 이렇게 묻습니다. "돌아가려면, 우리가 무엇을 하여야 합니까? 우리가 주님의 무엇을 훔쳤습니까?" 하나님께서 그들의 질문에 이렇게 대답하십니다. "십일조와 헌물이 바로 그것이 아니냐! 너희 온 백성이 나의 것을 훔치니, 너희 모두가 저주를 받는다"(말 3:9 - 10).

예수 그리스도께서 오시기 전에 율법을 지켜야 하는 이스라엘 사람들은 십일조와 헌물을 드려야 했습니다. 그러나 그들은 그저 형식적인 제사와 십일조를 드림으로써 하나님과의 진정한 관계를 무너뜨렸습니다. 인간관계에서도 겉과 속이 다른 사람은 신뢰를 받기 어려운데 하물며 하나님과의 관계에서 그러한다면 그들은 하나님의 존재조차도 부인하는 자들입니다. 그들은 하나님 앞의 위선자들이며 배반자들입니다. 그들이 드려야 하는 **온전한 십일조는 순종하는 속마음**입니다.

신약시대의 온전한 십일조 - 하나님께서 기뻐하실 거룩한 산 제물

예수님께서 예루살렘의 지도자들, 율법학자들과 바리새파 사람들을 책망하십니다. "위선자들아! 너희에게 화가 있다! 너희는 박하와 회향과 근채의 십일조는 드리면서, 정의와 자비와 신의와 같은 율법의 더 중요한 요소들은 버렸다"(마 23:23). 그러나 가난한 한 과부는 가난한 가운데서 가진 것 모두 곧 자기 생활비 전부를 헌금함에 털어 넣었습니다. 율법에 매어 사는 예루살렘의 지도자들은 여전히 거짓된 믿음을 가지고 하나님을 멸시하고 있었던 것입니다.

그 초대교회에서는 성령을 받은 사도들이 큰 능력으로 주 예수의 부활을 증언하였습니다. 성령을 받은 신도들은 한마음과 한 뜻이 되어서, 아무도 자기 소유를 자기 것이라고 하지 않고, 모든 것을 공동으로 사용하였습니다. 사도들에게서 바나바 곧 '위로의 아들'이라는 뜻의 별명을 받은 요셉은 밭을 팔아서, 그 돈을 가져다가 사도들의 발 앞에 놓았습니다(행 4:32 - 37). 그들이 드린 것은 십일조라는 형식이 아니라 **자신들의 모든 것, 모든 마음**이었습니다.

베드로는 그리스도를 믿는 믿음을 가진 우리에게 다음과 같이 선포합니다. "살아 있는 돌과 같은 존재로서 여러분도 집 짓는 데 사용되어 신령한 집이 됩니다. 그래서 여러분은 예수 그리스도로 말미암아 하나님께서 기쁘게 받으실 신령한 제사를 드리는 거룩한 제사장이 되십니다"(벧전 2:5). 사도 요한도 이에 동의합니다. "예수 그리스도께서는 우리를 사랑하시며, 자기의 피로 우리의 죄에서 우리를 해방하여 주셨고, 우리로 하여금 나라가 되게 하시어 자기 아버지 하나님을 섬기는 제사장으로 삼아 주셨습니다"(계 1:5 - 6). 그렇습니다. 예수님을 믿는 우리는 하나님을 섬기는 제사장입니다. 제사장이 된 자들이 하나님께 바칠 **온전한 십일조는 자신의 삶 전부입니다. 온전한 순종과 온전한 헌신으로 하나님을 섬기고, 이웃을 위해 베푸는 데 사용하는 것**이 바로 진정한 십일조라는 것입니다.

사도 바울의 가르침은 하나님의 음성입니다. "형제자매 여러분, 그러므로 나는 하나님의 자비하심을 힘입어 여러분에게 권합니다. 여러분의 몸을 하나님께서 기뻐하실 거룩한 산 제물로 드리십시오. 이것이 여러분이 드릴 합당한 예배입니다. 여러분은 이 시대의 풍조를 본받지 말고, 마음을 새롭게 함으로 변화를 받아서, 하나님의 선하시고 기뻐하시고 완전하신 뜻이 무엇인지를 분별하도록 하십시오"(롬 12:1 - 2).

3

27일

열왕기

☩ 오늘 말씀 열왕기상 22:41 - 열왕기하 3:27

엘리야의 승천과 엘리사의 승계
모세와 여호수아처럼

💡 실마리 풀기

"너희가 에그론의 신 바알세붑에게 물으러 가다니, 이스라엘에 하나님이 계시지 않느냐?"(왕하 1:3)

성경 중에 사무엘 상하, 열왕기 상하, 역대기 상하 그리고 누가복음과 사도행전은 본래 한 권의 책이었습니다. 그러나 당시 기록을 감당할 두루마리의 규격이 한정되어 있어서 두 권으로 나뉘어 기록되거나, 기록하여 전해진 것입니다. 오늘은 그 느낌대로 열왕기 상하를 연결하여 읽어보겠습니다.

유다 왕 여호사밧 - 다윗의 길에서 벗어남(왕상 22:41 - 50)

다윗의 길을 간 유다 왕, 아사의 아들 여호사밧은 자기의 아버지 아사가 걸어간 길에서 벗어나지 아니하고 그 길을 그대로 걸어서, 주님께서 보시기에 정직하게 행하였으나, 그도 불신앙의 길에서 크게 벗어나지 못하였다. 그가 산당만은 헐어 버리지 않아서, 백성은 여전히 산당에서 제사를 드리며 분향하였다.

이스라엘 왕 아하시야 - 여로보암의 길로 감(왕상 22:51 - 왕하 1:18)

아합의 아들 아하시야도 2년 동안 이스라엘을 다스렸다. 그도 여로보암이 걸은 길을 그대로 따라갔다.

아하시야가 자기의 병이 나을 수 있을지를 에그론의 신 바알세붑('파리들의 신')에게 물어보려고 하였다. 이는 전능하신 하나님을 모욕하는 행위이다. 하나님께서 그를 악하게 보시고, 누운 그 병상에서 일어나 내려오지 못하고 죽고 말 것이라고 엘리야를 통해서 말씀하셨다. 엘리야가 전한 주님의 말씀대로 아하시야는 병상에서 죽었다.

엘리야(내 하나님은 여호와시다)의 승천과 엘리사(하나님은 구원이시다)의 승계(왕하 2:1 - 25)

엘리야는 갈멜 산에서 능력을 발휘하듯이 늘 홀로서기를 좋아하며, 하나님의 말씀을 담대히 전하는 예언자였다. 엘리야는 벧엘로, 여리고로 그리고 요단 강으로 갈 때에도 엘리사를 두고 혼자 가려 했으나, 엘리사는 다른 제자들과 함께 엘리야를 끝까지 따라갔다. 엘리사는 주변 사람들과 함께 섬기며 소통하는 예언자였다. 엘리야가 모세라면 엘리사는 여호수아라고 볼 수 있다. 모세처럼 엘리야도 하나님의 극진한 사랑하심 가운데 하나님의 사역을 감당했다. 그들이 요단 강을 건너갔을 때, 엘리사가 엘리야의 수제자로서 스승의 모든 능력을 갑절이나 받기를 소원하자(2:9), 주님께서 엘리야를 데려가시는 것을 엘리사가 보면, 그의 소원이 이루어질 것이라고 하였다. 그리고 하늘로부터 불 병거와 불 말이 나타나서 그들 두 사람을 갈라놓더니 엘리야만 회오리바람에 싣고 하늘로 올라갔다.

마침내 엘리야가 승천한 후 그의 능력이 엘리사 위에 내렸다. 엘리야가 떨어뜨리고 간 겉옷으로 강물을 치면서 "엘리야의 주 하나님, 주님께서는 어디에 계십니까?"(2:14)하고 외치는 것은 하나님을 신뢰한다는 자기 확신에 찬 외침이다. 여호수아처럼 엘리사도 강물을 가르고 요단 강을 건넜다. 이를 본 다른 제자들이 엘리사를 엘리야의 후계자로 받아들였다.

신학자들은 엘리사가 한 성읍의 우물을 소금으로 정화하여 그 물로 인하여 사람들이 죽거나 유산하는 일을 없앤 것(2:19 - 22)과 엘리사를 보고 "대머리야, 꺼져라. 대머리야, 꺼져라" 하고 놀려대다가 엘리사의 저주를 받아, 곰에게 찢겨 죽은 마흔두 명의 아이들 이야기(2:23 - 25)가 연이어 기록되어 있는 것을 유의하여야 한다고 주장한다. 이는 엘리사의 사역과 예언을 따르는 자와 이를 거절하고 조롱하는 자들의 결말을 예시하는 것이라고 받아들여야 한다는 것이다.

이스라엘 왕 요람(여호람) - 여로보암의 길로 감(3:1 - 27)

아하시야에게 아들이 없었으므로, 그의 동생 요람이 사마리아에서 이스라엘을 열두 해 동안 다스렸다. 그는 주님 보시기에 악을 행하였지만, 그의 부모처럼 악하지는 않았다. 그는 아버지가 만든 바알의 우상들을 철거하였다. 그러나 여로보암이 저지른 것과 같은 죄에서는 벗어나지 못하고, 그로부터 완전히 돌아서지도 못하였다.

아합에게 조공을 바치던 모압 왕 메사가 아합이 죽은 후 이스라엘을 배반하자, 이스라엘 왕 요람이 모압을 치려고 하였다. 요람은 유다의 여호사밧 왕과 함께 모압을 치러 올라가는 동안 마실 물이 떨어지자, 주님의 말씀을 듣고자 엘리사를 찾았다. 엘리사는 유다 왕 여호사밧의 체면을 생각해서 주님의 권능을 받고 예언을 하기 시작하였다. 그리고 주님께서 모압을 이스라엘 왕의 손에 넘겨주실 것을 예언하니 모두 그렇게 이루어졌다.

묻고? 답하기!

서로 다른 우리 모두의 기질과 취향과 능력을 인정하십니까?

사람들 가운데에는 홀로 서서 "나를 따르라"고 하여 능력을 발휘하는 자도 있지만, 여러 사람을 불러 모아 둘러앉아서 쑥덕쑥덕 궁리하여 이것저것 이뤄내는 자도 있습니다. 나는 어느 취향일까요? 주님께서는 모두가 좋다고 하십니다. 사사로운 욕심을 위해서만 아니라면 그리고 하나님의 도우심을 구하고 하나님께 영광을 돌리고자 하는 것이라면.

3

28일

열왕기

✝ 오늘 말씀 열왕기하 4:1 - 8:15

하나님의 사람, 엘리사의 사역

소망을 일깨운 여덟 번의 기적

💡 **실마리 풀기**

"그 예언자가 이보다 더한 일을 하라고 하였다면, 하지 않으셨겠습니까?"(왕하 5:13)

소멸하여가는 이스라엘의 생명의 불꽃을 살리고자 노력하는 엘리야의 후계자 엘리사는 기적과 소통의 예언자였습니다. 하나님의 사람, 엘리사가 행한 기적들은 하나님의 살아계심을 증명하며, 이스라엘이 하나님께 돌아서기를 바라는 소망이었지만, 그 소망은 점차 기력을 잃어갑니다. 하나님께서 시리아의 벤하닷을 철저히 응징하시지만, 결국 그의 후계 하사엘을 시리아의 왕으로 삼아 이스라엘을 파멸시키실 것이라는 사실을 엘리사가 예언하며 눈물을 흘리게 됩니다(8:1 - 15).

하나님의 사람, 엘리사의 네 가지 기적 - 생명의 소망(4:1 - 44)

(1) 예언자 수련생들(?)의 한 아내가 남편을 잃고, 빚을 갚을 길이 없자 엘리사에게 호소하였다. 엘리사는 그 여인의 집 안에 있는 기름 한 병을 그릇마다 가득 차도록 기적을 베풀었다. 그 여인은 그 기름을 팔아 빚을 갚고, 그 나머지는 생활비로 쓰게 되었다. 그 여인은 엘리사를 "예언자님"이라고 부르더니 나중에는 "하나님의 사람"이라고 부르고 있다.

(2) 엘리사에게 늘 음식과 잠자리를 베풀고 환대를 아끼지 않는 한 부유한 수넴 여인이 있었다. 그 여인은 처음부터 엘리사를 "하나님의 사람"이라고 불렀다. 그 여인에게 엘리사가 기적을 베풀어 한 아들을 낳게 해주었다. 그러나 그 아이가 어느 날 갑자기 죽고 말았다. 이 여인이 하나님의 사람, 엘리사에게 매달리니, 엘리사는 주님께 기도를 드림으로써 그 아이를 살려냈다. 그 여인이 훗날 그 땅에 기근이 들자 온 가족과 함께 일곱 해 동안 블레셋 땅에 가서 살다가 돌아왔을 때, 엘리사의 시종, 게하시의 증언으로 잃었던 재산과 그동안의 소출을 모두 돌려받게 되는 것을 볼 수 있다.

(3) 그 땅에 흉년이 들었을 때, 예언자 수련생들이 먹을 국에 들포도 덩굴을 썰어 넣었다. 그러나 그것은 사람을 죽게 하는 독을 품고 있었던 모양이다. 그러자 엘리사가 밀가루를 국에 풀어 해독을 하는 기적을 보였다.

(4) 그 흉년에 어떤 사람이 맨 먼저 거둔 보리로 만든 보리빵 스무 덩이와 자루에 가득 담은 햇곡식을 하나님의 사람에게 가지고 왔다. 엘리사가 그것을 백 명이나 되는 사람들 앞에 내놓으니, 주님의 말씀처럼 사람들이 배불리 먹고도 남았다. 구약에서 보는 오병이어의 기적이다.

시리아 왕의 군사령관 나아만에게 임한 기적 - 치유의 소망(5:1 - 27)

시리아 왕의 군사령관 나아만 장군이 나병(악성 피부질환)에 걸렸다는 소식을 듣고, 이스라엘 땅에서 온 한 소녀가 사마리아에 있는 한 예언자를 소개해주었다. 그 소녀는 하나님의 사람, 엘리사를 알고 있었던 것이다. 나아만은 내키지 않았지만, 부하들의 말을 듣고 하나님의 사람이 시킨 대로, 요단 강으로 가서 일곱 번 몸을 씻었다. 그러자 그의 살결이 어린아이의 살결처럼 새 살로 돌아와 깨끗하게 나았다.

시리아 사람 나아만이 하나님께서 자신을 고쳐주셨음을 인정하고, 주님 이외에 다른 신들에게는 번제나 희생제를 드리지 않겠다고 맹세한다. 다만 자신의 왕 때문에 참여하는 우상숭배의식이 본의가 아님을 고백하고 용서를 구한다. 그러나 엘리사의 시종인 게하시는 탐욕에 눈이 멀어 나아만에게서 온갖 재물을 취하다가 나병에 걸려, 피부가 눈처럼 하얗게 되었다. 주님의 편에 있던 사람들도 하나님께서 일하심을 망각하고 탐욕에 빠지면 세상 어둠의 늪에 함께 빠질 것이다.

하나님의 사람, 엘리사의 세 가지 기적 - 승리의 소망(6:1 - 8:15)

(1) 예언자 수련생들이 집을 지을 들보 감으로 쓸 나무를 찍다가 물에 도끼를 빠뜨렸다. 엘리사가 나뭇가지를 하나 꺾어서 그곳에 던져 도끼가 떠오르게 하는 기적을 보였다.

(2) 시리아 왕이 이스라엘과 전쟁을 하고 있던 무렵, 벤하닷이 전쟁의 작전을 수립할 때마다 엘리사는 그의 마음을 읽고 이스라엘에게 대처를 할 수 있도록 하였다. 벤하닷이 엘리사를 잡으러 오자 엘리사가 주님께 기도하니, 불 말과 불 수레가 엘리사를 에워싸고 보호하는 모습을 시종의 눈을 열어 보게 하였다. 또 그가 기도하니, 시리아 군대들이 산에서 내려올 때 눈을 멀게 하셨다. 다시 그가 기도하니, 시리아 군대들의 눈을 열어서 그들이 사마리아 한가운데에 포위되어 있다는 것을 알게 해주었다.

(3) 또다시 시리아 왕 벤하닷이 사마리아를 포위하였을 때에, 사마리아 성 안에는 먹거리가 떨어져 자식을 잡아먹는 참사가 벌어졌다. 그래서 주님께서 시리아 진의 군인들에게 병거 소리와 군마 소리와 큰 군대가 쳐들어오는 소리를 듣게 하시니, 그들은 장막과 군마와 나귀들을 모두 진에 그대로 남겨 놓은 채 목숨을 건지려고 도망치도록 하였다.

림몬의 신당에서 몸을 굽히는 나아만을 하나님께서 용서하실까요?

나아만은 자신의 왕이 신당에서 절을 할 때 자신의 손을 의지하므로 자신도 절을 하는 듯 몸을 굽힐 수밖에 없는 점을 설명하며 주님의 용서를 빌고 있습니다. 다른 신을 섬기지 말고, 우상을 만들어 그것에 절하지도, 섬기지도 말라고 하신 하나님께서 과연 그를 용서하실까요?

29일

📖✝ 오늘 말씀 열왕기하 8:16 - 10:36

유다와 이스라엘의 왕들(1)

악행으로 하나 된 남과 북

💡 실마리 풀기

"아합의 딸을 아내로 맞아들였기 때문에, 아합 가문이 한 대로, 이스라엘 왕들이 간 길을 갔다"(왕하 8:18)

하나님의 사람, 엘리사가 이스라엘의 회복을 위하여 그토록 간절하게 하나님의 말씀과 능력을 전하였음에도 불구하고, 이스라엘의 악행은 남 유다로 전파되어, 하나같이 하나님의 심판을 자초하는 모습을 볼 수 있습니다. 아합 가문을 멸망시키고, 바알 종교를 쓸어 낸 이스라엘 왕 예후도 전심을 다 하지 못하는 모습을 보이므로, 하나님께서 이스라엘을 포기하기로 마음을 굳히셨습니다.

아합의 사위가 된 유다 왕 여호람 - 이세벨의 딸(아달랴)의 남편(8:16 - 24)

유다 왕 여호사밧이 시리아와의 전쟁을 위하여 이스라엘 왕 아합과 맺은 동맹(왕상 22:1 - 5)은 하나님 보시기에 얼마나 어리석은 짓이었는지 모른다. 그 행위는 북이스라엘의 악행을 남 유다에 퍼뜨리는 계기를 만든 것이다.

여호사밧의 아들 여호람이 근본 없는 장군 오므리의 손녀이며, 아합과 이세벨의 딸인 아달랴를 아내로 맞아들였다. 그는 아합의 딸을 아내로 맞아들였기 때문에, 아합 가문이 이스라엘 땅에 한 것처럼 유다 땅에 우상숭배와 악의 원천을 퍼뜨리는, 주님 보시기에 악한 일을 하였다.

아합 가문의 유다 왕 아하시야 - 이세벨의 딸(아달랴)의 아들(8:25 - 29)

여호람의 아들 아하시야가 유다 왕이 되어 한 해 동안 예루살렘에서 다스렸다. (이는 아합의 아들 아하시야와 다른 사람임) 아하시야도 아합 가문의 사람이었으므로, 아합 가문의 길을 걸었으며 주님 보시기에 악한 일을 하였다.

아하시야의 어머니, 아달랴는 훗날 자기 아들이 예후에게 처형을 당하자, 분노에 휩싸여 유다의 모든 왕족(자기 친손자들 포함)들을 죽이고 유다의 왕 노릇을 하게 된다.

아합의 가문을 멸망시킨 예후 - 엘리야에게 주신 예언의 성취(9:1 - 10:17)

시리아와의 싸움에서 상처를 입은 이스라엘 왕 요람이 그의 본거지인 이스르엘로 가고, 유다 왕 아하시야도 그를 문병하러 이스르엘로 내려갔다. 그 때 엘리사가 그의 제자를 보내어 이스라엘의 군대 장군인 예후에게 기름을 부어 이스라엘의 왕으로 세우고, 아합의 가문을 모두 다 멸망시킬 것을 주문하였다. 예후는 아합의 가문을 두고 하신 주님의 말씀이 그 어느 것 하나도 땅에 떨어지지 않았다는 사실을 알고 있었으며, 자신에게 그 일을 행하라고 하신 것을 받아들였다. 그리고 그것을 백성들이 알아주기를 원했다.

예후는 그 즉시 이스르엘로 달려가서 요람을 죽이고 그의 시체를 나봇의 포도원에 던져버렸다. 예후는 유다의 아하시야 왕까지 죽이도록 지시하고, 이스르엘에 남아 있는 이세벨 왕후도 죽여 버렸다. 이는 아합의 아들 대에 가서 그 가문에 재앙이 내려질 것이라는 예언(왕상 21장)의 성취였다.

그런 다음에 예후는 사마리아에 사는 아합의 아들 일흔 명과 아합 가문에 속한 사람을 모두 쳐 죽였다. 또 아합 가문의 관리들과 친지들과 제사장들을 하나도 남기지 않고 모두 죽였다. 마지막으로 유다의 아하시야 왕의 친족들과 아합의 나머지 친족들까지 모두 죽였다. 모두가 주님께서 엘리야에게 말씀하신 대로 이루어진 것이다.

바알 종교를 쓸어 낸 이스라엘 왕 예후 - 이스라엘을 조금씩 찢어 내기 시작하시는 주님 (10:18 - 36)

예후는 바알의 예언자들과 종들과 제사장들을 모두 불러다 그들을 진멸할 계책을 꾸몄다. 예후가 온 이스라엘의 바알의 종들을 모두 불러 모아 바알의 신전으로 들여보낸 후, 자신의 호위병들과 시종 무관들이 그들을 칼로 쳐서 바깥으로 내던지도록 하였다. 그리고는 바알 신전의 지성소에까지 들어가서 바알 신전의 우상들을 끌어내어 불태웠다. 이렇게 하여 예후는 바알 종교를 이스라엘로부터 모두 쓸어 버렸다.

예후는 사마리아에서 스물여덟 해 동안 이스라엘을 다스렸다. 그러나 그는 주, 이스라엘의 하나님의 율법을 지키는 일에 마음을 다 기울이지는 못하였고, 여로보암의 죄로부터 돌아서지는 못하였다. 예후의 이러한 어정쩡한 태도에 하나님께서 이들을 포기하기로 마음을 굳히셨다. "이때부터 주님께서는 이스라엘을 조금씩 찢어 내기 시작하였다"(10:32)는 표현은 온 열왕기를 한마디로 설명하는 말이다. 이제부터 그들의 왕들이 아무리 애교를 떨어도 그들은 이웃 나라의 먹이가 될 것이다.

전형적인 유교적 풍습을 지닌 가문과 혼사를 치른다면 어떻게 해야 할까요?

믿음이 연약한 나의 딸이 전형적인 유교적 풍습을 따라 일 년에 다섯 번의 제사를 치르고, 반드시 그 행사에 적극적으로 참여해야 하는 집안의 아들과 결혼을 한다고 하면 어떻게 해야 할까? 나의 딸의 믿음이 굳건하다면 그 때에는 또 어찌할 것인가? 또는 그런 상황에 부닥친 가족들에게 내가 조언을 한다면 어떻게 말할 것인가? 저는 우선 그들이 성품이 착한 사람들이기를 위해 기도하렵니다. 그들의 성품이 온전하다면, 하나님께서 반드시 그들을 주님 앞으로 인도해 내실 것입니다.

열왕기

유다와 이스라엘의 왕들(2)
어정쩡하거나, 악을 행하거나 하는 왕들

💡 **실마리 풀기**

"다만 산당을 제거하지 않아서, 백성이 여전히 산당에서 제사를 지내고 향을 피웠다"(왕하 12:3)

유다 왕 여호사밧이 이스라엘 왕 아합과 동맹을 맺고, 자기 아들, 여호람을 아합의 딸, 아달랴와 결혼을 시켜서 사돈지간이 되었습니다. 이제 남 유다와 북이스라엘은 하나님 보시기에 악행으로 하나가 되었습니다. 여호야다 제사장의 노력으로 주님과의 관계가 잠시 회복되는 듯하였으나 유다의 왕들은 어정쩡한 반심의 길로 갔습니다. 이스라엘의 왕들은 모두가 하나같이 조상이 한 것처럼 주님께서 보시기에 악을 행하고, 여로보암의 죄에서 떠나지 아니하고 그것을 그대로 본받았습니다.

유다의 아달랴 여왕과 여호야다 제사장의 개혁(11:1 - 21)

예후에 의해 아들 아하시야가 죽는 것을 보자, 그의 어머니 아달랴는 나머지 왕족들도 모두 죽이고 스스로 여왕이 되어 여섯 해 동안 유다를 다스렸다. 그러나 아달랴의 손자, 아하시야의 아들 요아스는 구사일생으로 살아나 주님의 성전에서 숨어 지냈다.

숨어 지낸 지 일곱째 해가 되자, 여호야다 제사장이 왕세자 요아스를 데리고 나와서 그에게 왕관을 씌우고 기름을 부어 왕으로 삼으니, 그 땅의 모든 백성이 기뻐하였다. 여호야다 제사장은 아달랴를 죽이고, 이스라엘 백성이 주님의 백성이 되고자 하는 언약을 주님과 맺게 하고, 동시에 왕과 백성 사이에도 언약을 맺게 하였다. 그렇게 하고 난 다음에 바알의 신전을 허물고, 제단을 뒤엎고 신상들을 완전히 부수어 버렸다.

반심의 길을 간 유다 왕들 - 산당만은 제거하지 않아서(12:1 - 15:7)

요아스(12:1 - 21) - 요아스는 여호야다 제사장이 가르쳐 준 대로 하였으므로, 일생 동안 주님께서 보시기에 올바른 일을 하였다. 요아스는 주님의 성전에 헌납된 헌금으로 주님의 성전을 수리하는 데 진력하였다. 그러나 요아스는 시리아의 공격이 두려워 성전의 보물을 시리아 왕에게 공납하고, 결국 신하들에게 살해당했다.

아마샤(14:1 - 22) - 아마샤는 주님께서 보시기에 올바른 일을 하기는 하였으나, 그의 조상 다윗만큼은 하지 못하였고, 아버지 요아스가 한 것만큼 하였다. 아마샤는 교만하게 이스라엘에 싸움을 걸었다가 사로잡히는 굴욕을 당하고 온갖 보물을 빼앗겼다.

아사랴(웃시야)(15:1 - 7) - 아마샤 왕의 아들 아사랴는 무려 52년간을 다스렸는데, 이시기에는 주변 국가들이 매우 악했던 것이 원인이었다. 그는 자기의 아버지 아마샤를 본받아 주님께서 보시기에 올바른 일을 하였다. 그러나 아사랴는 산당만은 제거하지 않아서, 그때까지 백성은 여전히 산당에서 제사를 드리고 분향을 하였다. 그리하여 주님이 징벌을 내리시니 아사랴는 죽을 때까지 나병 환자로 살았다.

여로보암의 길로 간 이스라엘 왕들 - 예후의 자식들과 엘리사의 죽음(13:1 - 15:16)

바알 숭배의 박멸이라는 예후의 역할에도 불구하고 그가 하나님의 율법을 온전히 따르지 않았기 때문에 하나님께서 **예후의 4대까지만** 왕권을 보장하셨다(10:30 - 31). 이들은 하나같이 주님께서 보시기에 악을 행하였고, 여로보암의 모든 죄로부터 돌아서지 않고 그것을 그대로 본받았다.

예후의 1대, 이스라엘 왕 여호아하스(13:1 - 9) - 여호아하스는 주님 보시기에 악한 행동을 하였으나, 주님께서 그의 간구를 들으시고 시리아의 손에서부터 벗어나게 하셨다. 그런데도 그는 사마리아에 아세라 목상까지도 그냥 세워 두었다.

예후의 2대, 이스라엘 왕 여호아스와 엘리사의 죽음(13:10 - 13) - 여호아하스의 아들 여호아스 시절에 엘리사가 병이 들어 죽었다. 엘리사는 그의 열심에도 불구하고 이스라엘의 상황은 근본적으로 변화되지 않았다. 그는 후계자도 남겨놓지 않았으며, 그가 죽은 후 이스라엘 왕들은 단 한 명도 그들의 나라를 올바로 이끌어가기 위해 하나님을 찾지 않았다. 그들은 이미 하나님 나라에서 축출된 자들이었다.

예후의 3대, 이스라엘 왕 여로보암(14:23 - 29) - 여호아스 왕의 아들 이름은 유다의 초기 여로보암 왕과 같다.

예후의 4대, 이스라엘 왕 스가랴와 역모자 살룸(15:8 - 16) - 여호아스 왕의 손자이며, 여로보암의 아들 스가랴는 역모를 꾀한 야베스의 아들 살룸에게 살해당했다. 예후의 자손은 여기까지이며, 살룸은 이스라엘 왕이 되어 사마리아에서 겨우 한 달 동안 다스렸다.

전심으로 주님을 섬기거나 반심으로 섬기거나 아니면 전심으로 악을 행하거나 중에 어느 것이 나의 믿음일까요?

〈주님께서 보시기에 올바른 일을 하였으나, 산당을 제거하지 않아서, 여전히 산당에서 제사를 지내고 향을 피우는 것〉을 반심으로 섬기었다고 말합니다. 섬기려면 전심으로 하고, 안 섬기려면 전심으로 돌아서야 하는데, 이도 저도 아닌 행동을 보였다는 것입니다. 나에게 주어지는 이런저런 일들로 가슴이 아파지는 것을 느낄 때면 나의 믿음이 반쪽짜리는 아닌지 돌아보게 됩니다.

북이스라엘의 멸망

앗시리아와 사마리아인

💡 **실마리 풀기**

"그리하여 주님께서는 이스라엘의 모든 자손을 내쫓으시고, 그들을 징계하여"(왕하 17:20)

드디어 이스라엘 역사에 앗시리아가 등장합니다. 나라를 다스리는 지도자, 왕의 정통성이 소실되고 하나님의 섭리도 사라졌습니다. 그들의 행실 또한 백성들의 지지를 받지 못하는 혼란 가운데 앗시리아가 등장합니다. 주님께서 이스라엘의 모든 자손을 내쫓으시고, 침략자들의 손에 넘겨주셔서, 마침내는 주님의 면전에서 내쫓고자 하시는 것입니다.

이스라엘 왕 므나헴 - 앗시리아의 침공(15:17 - 22)

가디의 아들 므나헴이 야베스의 아들 살룸을 쳐 죽이고 이스라엘의 왕이 되어, 사마리아에서 열 해 동안 다스렸다. 므나헴도 여로보암의 죄에서 일생 떠나지 아니하고 그것을 그대로 본받았다. 그의 통치 기간에 앗시리아가 침공하였다. 므나헴은 앗시리아 왕에게 조공을 바치면서 자신의 왕권을 공고히 하려고 그 속국이 되었다.

이스라엘 왕 브가히야와 베가 - 앗시리아의 재침공(15:23 - 31)

므나헴의 아들 브가히야도 주님께서 보시기에 악을 행하고, 여로보암의 죄에서 떠나지 아니하였다. 브가히야를 죽이고 이스라엘의 왕이 된 르말리야의 아들 베가도 마찬가지로 주님께서 보시기에 악을 행하였으며, 여로보암의 죄에서 떠나지 아니하고 그것을 그대로 본받았다. 이때 앗시리아의 디글랏빌레셀 왕이 쳐들어와서, 이스라엘의 온 지역을 점령하고 주민들을 앗시리아로 사로잡아 갔다.

유다 왕 요담과 아하스 - 앗시리아와의 동맹(15:32 - 16:20)

웃시야(아사랴)의 아들 요담은 아버지 웃시야가 한 것을 그대로 본받아, 주님께서 보시기에 올바른 일을 하였으나 산당만은 제거하지 않아서, 백성들이 여전히 산당에서 제사를 지내고 분향을 하였다. 요담 왕의 아들 아하스는 여로보암의 길을 걸어갔고, 이방 민족의 역겨운 풍속을 본받으며 직접 산당과 언덕과 모든 푸른 나무 아래에서 제사를 지내고 분향하였다.

아하스에게 하나님은 안중에도 없었으니, 시리아와 이스라엘의 공격을 피하기 위해 앗시리아에게 조공을 바치며 도움을 청하였다. 그는 주님의 성전과 왕궁에 있는 금과 은을 모두 꺼내어 앗시리아 왕에게 선물로 보냈다. 그리고 다마스쿠스에 있는 이방 제단을 그대로 본떠서 새로운 제단을 만들고 그곳에서 제사를 드렸다. 모세로부터 내려온 유대 고유의 제사 의식을 말살하는 만행을 주님 앞에서 저지른 것이다.

이스라엘의 마지막 왕 호세아 - 앗시리아의 점령(17:1 - 4)

엘라의 아들 호세아가 르말리야의 아들 베가를 살해하고, 이스라엘의 마지막 왕이 되었다. 호세아는 앗시리아의 살만에셀 왕이 쳐들어오자 그에게 조공을 바치고 항복하였다. 그러나 호세아가 이집트의 힘을 의지하여 조공을 바치지 않자 앗시리아 왕은 그를 감옥에 가두어 버렸다. 이제 이스라엘에 왕이 없어진 것이다. 북이스라엘의 역사는 여기까지이다.

이스라엘의 멸망과 사마리아인의 기원 - 이스라엘과 앗시리아의 혼혈(17:5 - 41)

앗시리아로 이주시킴 - 호세아 제 구 년에 앗시리아 왕은 사마리아를 점령하고, 이스라엘 사람들을 앗시리아로 끌고 가서 자신들의 땅, 여러 성읍에 이주시켰다. 이렇게 된 것은 이스라엘 자손이 주 하나님을 거역하여 죄를 짓고 다른 신들을 섬겼기 때문이며, 또 주님께서 이스라엘 자손의 앞에서 내쫓으신 이방 나라들의 관습과 이스라엘의 역대 왕들이 잘못한 것을 그대로 따랐기 때문이다. 그들 때문에 유다도 주님의 명령을 거역하고 이스라엘의 악한 관습을 따르게 되자, 이스라엘을 다윗의 집에서 완전히 갈라내어서 쫓아내신 것이다. 그래서 유다 백성들이 바빌론에 포로로 잡혀갔다가 돌아오는 날까지 이스라엘은 자기들의 땅에서 앗시리아로 사로잡혀 가 있게 된 것이다.

앗시리아에서 이주해 옴 - 또 한편, 이스라엘 자손을 사마리아에서 쫓아낸 앗시리아 왕은 바빌론과 구다와 아와와 하맛과 스발와임으로부터 사람들을 데려와서, 이스라엘 자손을 대신하여 사마리아 성읍에 살게 하였다. 이주해 온 그들은 그 땅에 살면서 주님을 그들 자신이 섬기던 신과 함께 섬겼다. 하지만 그들은 당연히 주님께서 명하신 율례와 법도와 율법과 계명을 지키지 않았다. 그들은 유다 백성들이 바빌론에서 돌아오는 날까지도 그들의 옛 관습을 따르고 있어서, 주님을 바르게 경외하는 사람이 없었다.

묻고? 답하기!

사마리아 여인을 기억하십니까?

예수께서는 유대를 떠나, 다시 갈릴리로 가실 때 사마리아에 있는 수가라는 마을(요 4:3 - 5)을 거쳐 가신 적이 있습니다. 자신이 하나님의 은혜를 받을 수 있다고 여기며 살았던 사마리아 여인에게 예수께서 "참되게 예배를 드리는 사람들이 영과 진리로 아버지께 예배를 드릴 때가 온다. 지금이 바로 그때다"라고 하셨습니다. 어디서든 예배를 드릴 수 있도록 우리를 인도하신 주님께 감사를 드립니다.

✝ **오늘 말씀** 열왕기하 18:1 - 20:21

열왕기

유다 최고의 왕 히스기야
히스기야의 기도와 주님의 응답

💡 **실마리 풀기**

"나는 내 명성을 지키기 위해서라도 이 도성을 보호하여 구원하고"(왕하 19:34)

히스기야는 여로보암의 길을 간 아버지 아하스와는 달리 조상 다윗이 한 모든 것을 그대로 본받아, 주님께서 보시기에 올바른 일을 하였습니다. 그러나 히스기야의 아들 므낫세는 주님께서 보시기에 가장 악한 일을 자행하게 될 것입니다. 이해하기 힘든 3대의 내력이지만, 히스기야는 다윗 이후 유다의 왕 중에 가장 주님의 마음에 흡족한 자였습니다.

다윗의 길을 간 유다 왕 히스기야 - 어디를 가든지, 주님께서 그와 같이 계시므로(18:1 - 12)

히스기야는 산당을 헐어 버렸고, 돌기둥들을 부수었으며, 아세라 목상을 찍어 버렸다. 그는 주님이신 이스라엘의 하나님만을 신뢰하였는데, 유다 왕 가운데는 전에도 후에도 그만한 왕이 없었다. 그는 주님에게만 매달려, 주님을 배반하는 일이 없이 주님께서 명하신 계명들을 준수하였다. 어디를 가든지, 주님께서 그와 같이 계시므로 그는 늘 성공하였다.

앗시리아의 위협 - 하나님을 모욕하는 산헤립 왕의 장군 랍사게(18:13 - 37)

사마리아의 함락 이후 - 히스기야 제 육 년과, 이스라엘의 호세아 왕 제 구 년에 앗시리아의 산헤립 왕이 사마리아를 함락시켰다. 그리고 팔 년 후, 산헤립 왕이 유다의 모든 성읍을 공격하여 점령하였다. 그리하여 히스기야는 주님의 성전과 왕궁의 보물 창고에 있는 은을 있는 대로 다 내주었다.

예루살렘의 위협 - 그런데도 앗시리아 왕은 또다시 유다를 공격하였다. 산헤립 왕의 장군 랍사게가 유다의 장군들과 백성들에게 소리쳤다. "여러 민족의 신들 가운데서, 그 어느 신이 내 손에서 자기 땅을 구원한 일이 있기에, 주 너희의 하나님이 내 손에서 예루살렘을 구원해 낸다는 말이냐?"(19:35) 이는 주님을 극단적으로 모욕하는 말이다.

히스기야의 기도와 주님의 응답 - 내 명성을 지키기 위해서, 내 종 다윗을 보아서(19:1 - 37)

이사야의 예언 - 히스기야 왕이 랍사게의 말을 듣고, 이사야 예언자에게 기도 요청과 함께 주님의 음성을 듣고자 하였다. 이사야는 "내가 그에게 한 영을 내려 보내어, 그가 뜬소문을 듣고 자기의 나라로 돌아가게 할 것이며, 거기에서 칼에 맞아 죽게 할 것이다"(19:7)

라는 하나님의 말씀을 전해주었다. 그 말을 들은 앗시리아 왕이 다시 위협의 편지를 보내오자, 히스기야는 주님의 성전으로 올라가서 주님께 기도하였다.

히스기야의 기도 - "그룹들 위에 계시는 주 이스라엘의 하나님, 주님만이 이 세상의 모든 나라를 다스리시는 오직 한 분뿐인 하나님이시며, 하늘과 땅을 만드신 분이십니다.…… 주 우리의 하나님, 이제 그의 손에서 우리를 구원하여 주셔서, 세상의 모든 나라가, 오직 주님만이 홀로 주 하나님이심을 알게 하여 주십시오"(19:15 - 19).

이사야를 통한 주님의 응답 - 주님께서 그 기도를 들으셨다. "유다 사람들 가운데서 환난을 피하여 살아남은 사람들이 예루살렘과 시온 산에서부터 나올 것이다.…… 나는 내 명성을 지키기 위해서라도 이 도성을 보호하여 구원하고, 내 종 다윗을 보아서라도 그렇게 하겠다"(19:30 - 34). 그 날 밤에 앗시리아 군 십팔만 오천 명이 죽고, 산헤립 왕은 그의 아들들의 칼로 쳐죽임을 당하였다.

히스기야의 두 번째 기도와 교만 - 모든 보물이 남김없이 바빌론으로 옮겨 갈 것(20:1 - 21)

히스기야의 기도 - 히스기야가 병이 들어 거의 죽게 되자 주님께 기도하였다. "주님, 주님께 빕니다. 제가 주님 앞에서 진실하게 살아온 것과, 온전한 마음으로 순종한 것과, 주님께서 보시기에 선한 일을 한 것을, 기억해 주십시오"(20:3). 그의 기도를 들으시고 주님께서 그의 목숨을 열다섯 해 더 연장해주시고, 아하스의 해시계 위로 드리운 그 그림자를 뒤로 십도 물러나게 하였다. 우주 운행의 법칙도 주님이 허락하시면 잠시 멈출 수 있다.

이사야의 예언 - 그러나 히스기야를 문병하러 온 바빌로니아의 므로닥발라단 왕의 사신들이 왔을 때, 히스기야는 그들에게 궁궐과 나라 안에 있는 것을 하나도 빠짐없이 모두 다 보여 주었다. 히스기야의 마음에 앗시리아를 물리친 것이 마치 자신의 무기와 용사들에 의한 것인 것처럼 교만을 보인 것이다. 이사야가 히스기야의 교만을 보고 유다가 바빌론에 포로가 될 그 날을 예언하였다. "그 날이 오면, 네 왕궁 안에 있는 모든 것과, 오늘까지 네 조상이 저장하여 놓은 모든 보물이, 남김없이 바빌론으로 옮겨 갈 것이다"(20:17).

묻고? 답하기!

나는 히스기야와 같은 기도를 할 수 있을까요?

히스기야의 첫 번째 기도는 하나님을 찬양하고 영광을 올려드리는 최고의 모범이 되는 기도이며, 두 번째 기도는 자신의 참다운 믿음을 하나님 앞에 내어놓는 담대한 기도입니다. 나도 이러한 기도를 할 수 있겠느냐고 생각해 봅니다. 우선 이 두 가지 기도를 외우는 일부터 시작해야겠습니다.

2일

✝ 오늘말씀 열왕기하 21:1 - 23:30

유다 왕 므낫세와 요시야
악행을 하는 일과 말씀을 잃어버린 일

💡 **실마리 풀기**

"이스라엘을 내가 외면하였듯이, 유다도 내가 외면할 것이요, 내가 선택한 도성 예루살렘과 나의 이름을 두겠다고 말한 그 성전조차도, 내가 버리겠다"(왕하 23:27)

히스기야가 그토록 주님의 마음에 흡족한 자로 살았으나, 그 아들 므낫세는 주님께서 보시기에 더는 악할 수가 없었습니다. 더는 하나님의 인내는 바랄 수조차 없게 되었습니다. 요시야의 개혁에도 불구하고 이제부터 유다의 바빌로니아로의 유배가 진행될 것입니다.

주님을 진노케 한 유다 왕 므낫세와 그의 아들 아몬 - 악행의 극치를 보인 왕(21:1 - 26)

히스기야의 아들 므낫세는 유다의 왕 중에 가장 오랫동안(쉰다섯 해) 다스렸다. 그러나 므낫세는 주님께서 보시기에 가장 악한 일을 하였다. 그는 아버지 히스기야가 헐어 버린 산당들을 다시 세우고, 바알을 섬기는 제단을 쌓았으며, 이스라엘 왕 아합이 한 것처럼 아세라 목상도 만들었다. 그는 또 하늘의 별을 숭배하고 섬겼다. 또 그는 주님의 성전 안에도 이방신을 섬기는 제단을 만들고, 주님의 성전 안팎 두 뜰에도 하늘의 별을 섬기는 제단을 만들어 세웠다. 므낫세는 유다가 악한 일을 하도록 잘못 인도하는 죄를 지었으며, 죄 없는 사람을 너무 많이 죽여서, 예루살렘의 이 끝에서부터 저 끝에 이르기까지, 죽은 이들의 피로 흠뻑 젖도록 하였다.

그래서 주님께서 예언자들을 시켜서 이렇게 말씀하셨다. "유다의 므낫세 왕이 이러한 역겨운 풍속을 따라, 그 옛날 아모리 사람이 한 것보다 더 악한 일을 하고, 우상을 만들어, 유다로 하여금 죄를 짓도록 잘못 인도하였으므로, 내가 예루살렘과 유다에 재앙을 보내겠다. 내가 사마리아를 잰 줄과 아합 궁을 달아 본 추를 사용하여, 예루살렘을 심판하겠다. 내가 내 소유인, 내 백성 가운데서 살아남은 사람을 모두 내버리겠고, 그들을 원수의 손에 넘겨주겠다"(21:10 - 14).

므낫세의 아들 아몬도 아버지 므낫세처럼 주님께서 보시기에 악한 일을 하였고, 그의 아버지가 걸어간 길을 모두 본받았으며, 그의 아버지가 섬긴 우상을 받들며 경배하였다. 그리고 조상 때부터 섬긴 주 하나님을 잊어버리고, 주님의 길을 따르지 아니하였다.

다윗의 길을 간, 유다 왕 요시야 - 재앙을 유보한 왕(22:1 - 20)

아몬의 아들 요시야는 왕이 되어 서른한 해 동안 다스렸다. 요시야는 주님께서 보시기에 올바른 일을 하였고, 그의 조상 다윗의 모든 길을 본받아, 곁길로 빠지지 않았다. 요시야 왕 때에 주님의 성전에 파손된 곳을 수리하게 하다가 그곳에서 율법 책을 발견하였다. 학자들에 의하면 이것은 신명기였을 것으로 추정한다.

요시야 왕이 이 두루마리의 말씀에 관하여 훌다 예언자에게 주님의 뜻을 여쭈어 보도록 지시하였다. 왕의 말을 전해들은 훌다가 주님의 뜻을 전하였다. "내가 이곳과 여기에 사는 주민에게 재앙을 내리겠다. 그들이 나를 버리고 다른 신들에게 분향하고, 그들이 한 모든 일이 나의 분노를 격발하였기 때문이다. 그러므로 나의 분노를 이곳에 쏟을 것이니, 아무도 끄지 못할 것이다"(22:16 - 17). 그러나 요시야가 주님의 말을 들었을 때 깊이 뉘우치고, 주 앞에 겸손하게 무릎을 꿇고 옷을 찢고 주님 앞에서 통곡하였으므로, 그가 죽을 때까지는 모든 재앙을 내리지 않으셨다.

요시야의 개혁 - 잃어버린 말씀을 다시 찾은 왕(23:1 - 30)

요시야 왕이 유다의 모든 백성과 제사장들과 예언자들에게 언약 책에 적힌 모든 말씀을 들려주도록 하였다. 왕은 주님을 따를 것과 온 마음과 목숨을 다 바쳐 그의 계명과 법도와 율례를 지킬 것과 이 책에 적힌 언약의 말씀을 지킬 것을 맹세하는 언약을 주님 앞에서 세웠다. 온 백성도 그 언약에 동참하였다. 또한, 유다 땅과 예루살렘에서 신접한 자와 박수와 드라빔과 우상과 모든 혐오스러운 것들을 눈에 보이는 대로 다 없애 버렸다. 이처럼 마음을 다 기울이고 생명을 다하고, 힘을 다 기울여 모세의 율법을 지키며 주님께로 돌이킨 왕은 이전에도 없었고 그 뒤로도 다시 나타나지 않았다.

그러나 주님께서는 유다에게 쏟아 부시려던 그 불타는 진노를 거두어들이시지는 않으셨다. 므낫세가 주님을 너무나도 격노하시게 하였기 때문이다. 그래서 주님께서는 이렇게 말씀하셨다. "이스라엘을 내가 외면하였듯이 유다도 내가 외면할 것이요, 내가 선택한 도성 예루살렘과 나의 이름을 두겠다고 말한 그 성전조차도 내가 버리겠다"(23:27).

묻고? 답하기!

잃어버린 성경책을 다시 찾기 위해 백방으로 알아본 적이 있습니까?

교회에서 주인을 잃은 성경책을 자주 볼 수가 있습니다. 매주 교회에 출석하는 분의 것이기도 하고, 최근에 잘 안 보이는 분의 것이기도 합니다. 그토록 하나님께서 읽고, 듣고, 전하라 하신 말씀을 잃어버리거나 말거나 아무런 관심도 없었던 요시야 시절의 분위기가 얼마나 주님의 마음을 아프게 했을까 생각하니 가슴이 먹먹해집니다. 지금 우리는 어떠한가요? 말씀이 내 가슴에 있나요, 아니면 교회 어딘가에 있나요?

3일

✚ 오늘 말씀 열왕기하 23:31 - 25:30

남 유다의 멸망
바빌로니아 느부갓네살 왕의 침공

💡 실마리 풀기

"이렇게 유다 백성은 포로가 되어서 그들의 땅에서 쫓겨났다"(왕하 25:21)

므낫세에 의해 최악의 나락으로 떨어져 간 유다에 경건한 왕 요시야가 무려 10년 동안이나 말씀을 회복하기 위하여 애를 썼습니다. 그러나 그뿐이었습니다. 하나님께서 이루시려고 계획한 일들을 돌이킬 수는 없었습니다. 앗시리아와 이집트 그리고 바빌로니아의 각축의 소용돌이 가운데 유다가 휩쓸려 들어갑니다.

유다 왕 여호아하스 - 이집트로 끌려가 죽은 왕(23:31 - 34)

요시야 왕 때에, 이집트의 바로 느고 왕이 앗시리아를 도우려고 이스라엘을 지나 유프라테스로 가려 하자, 요시야 왕은 그를 맞아 싸우려고 하다가 죽고 말았다. 그 후 요시야의 아들 여호아하스가 왕이 되어 예루살렘에서 석 달 동안 다스렸지만 이집트의 바로 느고 왕에게 이집트로 끌려가 그곳에서 죽었다.

유다 왕 여호야김 - 바빌로니아의 느부갓네살 왕의 침공(23:35 - 24:7)

이집트의 바로 느고 왕이 요시야의 다른 아들 엘리야김을 왕으로 삼고, 그의 이름을 여호야김으로 바꾸게 하였다. 여호야김이 이집트에 조공하며 왕권을 연명할 때에, 바빌로니아의 느부갓네살 왕이 쳐들어 왔다. 느부갓네살은 이집트의 강에서부터 유프라테스 강까지, 이집트 왕에게 속한 땅을 모두 점령하고, 유다를 강제로 자신의 영토로 만들고 여호야김을 신하로 삼았다. 주님께서 그들을 보내신 것은 자기의 종 예언자들을 시켜서 하신 말씀대로, 유다를 쳐서 멸망시키려는 것이었다.

이것은 므낫세가 지은 그 죄 때문에 그들을 주님 앞에서 내쫓으시겠다고 하신 주님의 말씀이 유다에게서 성취된 일이었다. 더욱이 죄 없는 사람을 죽여 예루살렘을 죄 없는 사람의 피로 가득 채운 그의 죄를 주님께서는 결코 용서하실 수 없으셨기 때문이다.

유다 왕 여호야긴 - 예루살렘의 함락(24:8 - 17)

바빌로니아를 섬기던 여호야김은 3년이 지나자 느부갓네살에게 반역을 하다가 목숨을 잃었다. 그 후 여호야김의 아들 여호야긴이 그의 뒤를 이어 왕이 되어 예루살렘에서 석 달 동안 다스렸지만, 바빌로니아 느부갓네살 왕은 여호야긴 왕과 예루살렘의 모든 주민과 관리와 용사 만 명뿐만 아니라, 모든 기술자와 대장장이까지 사로잡아 갔다. 그리고 주님의 성전 안에 있는 보물과 왕궁 안에 있는 보물들을 모두 탈취하여 갔다(BC 597년).

유다 왕 시드기야 - 예루살렘의 멸망(24:18 - 25:26)

바빌로니아 왕이 여호야긴의 삼촌 맛다니야를 여호야긴 대신에 왕으로 세우고, 그의 이름을 시드기야로 고치게 하였다. 시드기야가 왕이 되어 예루살렘에서 열한 해 동안 다스렸다. 그는 여호야김이 하였던 것과 똑같이 주님께서 보시기에 악한 일을 하였다.

시드기야가 어설프게 바빌로니아 왕에게 반기를 들었다. 느부갓네살 왕이 그의 모든 군대를 거느리고 예루살렘을 치러 올라와서 시드기야 왕을 체포하였다. 시드기야가 보는 앞에서 그의 아들들을 처형하고, 시드기야의 두 눈을 뺀 다음에 쇠사슬로 묶어서 바빌론으로 끌고 갔다. 또한, 주님의 성전과 왕궁과 예루살렘의 모든 건물 곧 큰 건물은 모두 불태워 버리고, 예루살렘의 사면 성벽을 헐어 버렸다. 그의 군대는 솔로몬이 주님의 성전에 만들어 놓은 모든 기구와 장식물들을 모두 가져갔다. 그리고 유다 땅을 다스릴 총독 그달리야를 임명하였다. 이때 유다의 왕족인 이스마엘이 그달리야를 살해한 것으로 보면 아마도 유다 땅에서 지속적인 반발이 있었던 것으로 보인다.

여호야긴의 석방 - 바빌로니아의 인질로 남은 왕(25:27 - 30)

예루살렘의 멸망하고 십팔 년이 지난 후(BC 562년) 느부갓네살 왕이 죽었다. 그리고 먼저 잡혀갔던 유다 왕 여호야긴이 서른일곱 해 만에 바빌로니아의 에윌므로닥 왕에게 특사를 받고 감옥에서 석방되었다. 그는 남은 생애 동안 바빌로니아 왕과 한 상에서 밥을 먹었다. 그의 자손들은 결국 스룹바벨의 인도하에 조국으로 돌아오게 될 것이다.

묻고? 답하기!

아브라함의 아비의 고향이 어디인지 아십니까?

"데라는, 아들 아브람과, 하란에게서 난 손자 롯과, 아들 아브람의 아내인 며느리 사래를 데리고, 가나안 땅으로 오려고 바빌로니아의 우르를 떠나서, 하란에 이르렀다"(창 11:31). 그런데 하나님의 언약을 받았던 그 아브라함의 자손들이 이제 아브라함의 본향, 바빌로니아로 잡혀가고 있습니다. 인류를 흩으신 바벨탑 사건이 하나님의 자비하심의 표현이라면, 유다의 바빌로니아로의 유배도 그들을 정화하고, 다시 한 번 기회를 주시기 위한 자비하심이라는 것을 기억하시기 바랍니다. 그래야 에스라와 느헤미야의 사역을 이해할 수 있을 것입니다.

분열 왕국(북이스라엘과 남 유다)의 왕조와 선지자

남유다(B.C. 931 - 586)			북이스라엘(B.C. 931 - 772)		
왕	관련 성경 구절	선지자	왕	관련 성경 구절	선지자
르호보암	왕상 14:21 - 31 대하 9:31 - 12:16	스마야	여로보암 1세	왕상 11:26 - 40, 12:1 - 14:20 대하 10:1 - 11:16, 13:2 - 20	아히야 잇도
아비얌 (아비야)	왕상 15:1 - 8 대하 13:1 - 14:1	잇도	나답	왕상 15:25 - 31	
아사	왕상 15:9 - 24, 대하 14:1 - 16:14	아사랴 하나니	바아사	왕상 15:16 - 29	예후
			엘라	왕상 16:8 - 14	
			시므리	왕상 16:9 - 20	
			오므리	왕상 16:16 - 28	
여호사밧	왕상 22:41 - 50, 대하 17:1 - 21:1	예후 야하시엘 엘리에셀	아합	왕상 16:29 - 22:40 대하 18:1 - 34	엘리야 엘리사 미가야
여호람 (요람)	왕하 8:16 - 24 대하 21:1 - 20	오바댜 엘리야	아하시야	왕상 22:51 - 왕하1:18 대하 20:35 - 37	엘리야 엘리사
아하시야 (여호아하스)	왕하 8:25 - 9:29, 대하 22:1 - 9		요람	왕하 3:1 - 9:26	엘리사
아달랴 여왕	왕하 11:1 - 20, 대하 22:10 -		예후	왕하 9:1 - 10:36	
요아스	왕하 11:21 - 12:21, 대하 24:1 - 27	요엘	여호아하스	왕하 13:1 - 9	
아마샤	왕하14:1 - 20, 대하25:1 - 28		여호아스(요아스)	왕하13:10 - 13,25, 14:8 - 16 대하 25:17 - 24	엘리사
웃시야(아사랴)	왕하 15:1 - 7, 대하26:1 - 23	이사야 스가랴	여로보암 2세	왕하 14:23 - 29	요나
요담	왕하 15:32 - 38, 대하 27:1 - 9		스가랴	왕하 15:8 - 12	아모스
			살룸	왕하 15:10, 13 - 15	호세아
아하스	왕하16:1 - 20, 대하28:1 - 27	이사야 미가	므나헴	왕하 15:14, 16 - 22	호세아
			브가히야	왕하 15:23 - 26	
히스기야	왕하 18:1 - 20:21 대하 29:1 - 32:33 사 36:1 - 39:8		베가	왕하15:25, 27 - 31, 16:5 대하 28:5,6 사 7:1	
므낫세	왕하21:1 - 18, 대하33:1 - 20	나훔	호세아	왕하 15:30, 17:1 - 6, 18:9 - 10	
아몬	왕하21:19 - 26, 대하33:21 - 25				
요시야	왕하 22:1 - 23:30, 대하 34:1 - 35:27	예레미야 스바냐 훌다			
여호아하스	왕하 23:31 - 34, 대하 36:1 - 4 렘 22:1 - 12	예레미야			
여호야김	왕하 23:31 - 34, 대하 36:1 - 4 렘 22:13 - 23, 26,36	예레미야 하박국 다니엘			
여호야긴	왕하 24:8 - 17, 대하 36:9 - 10 렘 22:24 - 30, 52:31 - 34	예레미야 다니엘			
시드기야	왕하 24:17 - 25:7, 대하 36:11 - 21 렘 39:1 - 10, 52:1 - 11	예레미야 다니엘 에스겔			
B.C. 586 바빌로니아에 의해 멸망			B.C. 722 앗시리아에 의해 멸망		

분열 왕국(북이스라엘과 남 유다)의 지도

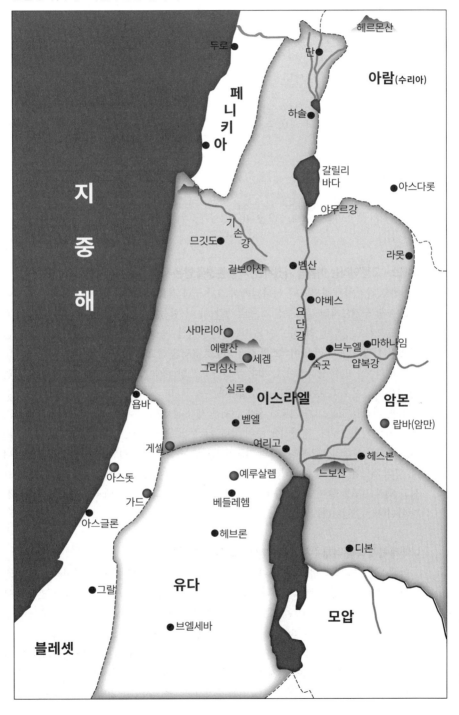

헤르몬산

두로

단

아람 (수리아)

페니키아

하솔

갈릴리 바다

아스다롯

야무르강

지중해

기손강

므깃도

길보아산

라못

벧산

야베스

요단강

사마리아

에발산
세겜
그리심산

브누엘
마하나임
숙곳
얍복강

실로

이스라엘

암몬

욥바

벧엘

랍바(암만)

게셀

여리고

헤스본

아스돗

예루살렘

느보산

가드

베들레헴

아스글론

헤브론

디본

그랄

유다

모압

브엘세바

블레셋

4월 4일 ～～～～～～～～～～～～～～～～～

야베스의 기도

본래 존귀한 자의 기도

✝ 오늘말씀 역대기상 4:9 - 10, 눅 11:1 - 4

💡 실마리 풀기

"야베스는 그의 가족들 중에서 가장 존경을 받았는데, 그의 어머니는 고통을 겪으면서 낳은 아들이라고 하여 그의 이름을 야베스('고통')라고 불렀다"(대상 4:9 - 10)

야베스 - '고통'이라는 이름을 가졌지만, 가장 존경을 받은 사람

"~하고 간절히 구하였더니, 하나님께서 그가 구한 것을 이루어 주셨다"고 한 것으로 보아 나도 이렇게 기도하면 들어주실 것으로 생각하는 사람들이 있을 것입니다. 그러나 그의 기도를 들으시고 응답을 하시는 하나님이 어떤 분이신지를 먼저 생각하는 사람들은 그리 많지 않을 듯합니다. 우리가 **야베스와 같은 기도로 응답을 받고자 한다면** 〈하나님의 나라와 하나님의 의〉를 먼저 생각해야 합니다. 우리는 기도할 때에 자신의 욕망과 유익에만 집착하는 것은 아닌지 돌아보아야 한다는 것입니다.

또한, 기억할 것은 그가 기도한 후에 존귀한 자가 된 것이 아니라, 그는 본래 가족 중에 가장 존귀한 자였습니다. 평상시에 주위 사람들로부터 존경을 받는 사람은 하나님이 보시기에도 흡족한 사람일 것입니다. 그의 기도가 응답받는 것은 그의 기도 내용에 달린 것이 아니라, 그의 기도를 들으신 하나님께 달려있습니다. 바꿔 말하면, 하나님께서는 그의 중심을 보시고 그의 기도를 들어주시고자 해서 들어주신 것이지, 그의 기도 내용이 바르고 훌륭해서가 아니라는 것입니다.

나에게 복에 복을 더해 주시고 - 언약(브라트)과 복(브라카)

야베스는 주님께 복을 기원합니다. 그가 원하는 복은 어떤 것일까요? 복이라 하면 가장 먼저 아브라함이 생각납니다. 하나님께서 "아브라함으로 인하여 땅에 사는 모든 민족이 복을 받을 것"(창 12:3)이라고 언약(브라트)하셨기 때문입니다. 그 복은 결국 "그의 자손, 예수 그리스도로 말미암아 땅 위의 모든 족속이 복을 받을 것"(창 22:18; 26:4)을 의미합니다.

또 한 가지 생각나는 것은 시편 1편에 나오는 복 있는 사람입니다. "그는 악인의 꾀를 따르지 아니하며, 죄인의 길에 서지 아니하며, 오만한 자의 자리에 앉지 아니하며, 오로지 주님의 율법을 즐거워하며, 밤낮으로 율법을 묵상하는 사람"(시 1:1 - 2)입니다. 우리는 우리가 받을 하늘의 복을 생각할 때에 세상에서의 물질적 풍요와 정신적 행복과 건강한 삶을 추구하는 것으로 오해하기 쉽습니다. 그러나 히브리어로 '복(브라카)'이란 **하나님께서 나를 기억하시고 알아주시는 것**을 의미한다고 합니다. 하고자 하는 일마다 하나님의 뜻에 의지하고, 성경에서 가르치는 진리대로의 삶을 사는 사람은 날마다 형통함을 경험하게 될 것입니다. 복 있는 사람은 세상 끝날까지 주님께서 그를 기억하실 것입니다.

내 영토를 넓혀 주시고 - 하나님의 나라와 하나님의 의를 위하여

하나님께서 이스라엘에 가나안 땅을 주시면서 정한 토지법에 의하면, 땅은 하나님의 것이며, 각 지파에 분배된 땅은 자손들에게 상속되게 되어 있습니다. 다시 말하자면, 야베스가 간절히 구한 영토는 실제적 땅을 의미하는 것이라기보다는 그의 소망과 그의 사역의 성취와 범위에 관한 간구가 아니었나 합니다.

기억하십시오. 기도는 〈하나님의 나라와 하나님의 의〉와 연관되게 하여야 합니다. 부자가 되고 싶으면 부자가 되어 하나님 나라에 무슨 보탬이 되게 할 것인지, 자식을 많이 낳고 싶으면 그 자식들이 하나님 나라에 무슨 이바지를 하게 할 것인지, 오래 살고 싶으면 오래 살면서 하나님의 의를 위하여 무슨 소명을 성취할 것인지 간절히 구해야 합니다. 그것이 **나의 영토를 넓히는 것**이며, 동시에 **하나님 나라의 영토를 넓히는 것**이기 때문입니다.

주님의 손으로 나를 도우시어 - 하나님의 임재를 경험하고 싶은 꿈

야베스가 주님의 도우심을 구하는 것은 보이지 않고 멀리 계시는 주님의 손길을 구하는 막연한 소망이 아닙니다. 그가 구하는 것은 그의 곁에 주님이 함께 해주시기를 바라는 것입니다. 오히려 그가 스스로 주님의 길에 동행하고자 하는 헌신과 결단의 소망을 표현하는 것입니다. 주님께서는 우리가 원하기만 하면 언제든 달려오는 종이 아닙니다. 주님은 우리의 주인이십니다. 주님이 우리와 함께하시려면 우리가 그의 곁으로 다가가야 합니다. 우리가 주님과 함께하기만 하면 **우리의 길이 주님의 길**이 될 것이며, **우리의 꿈이 주님의 꿈**이 될 것입니다.

불행을 막아 주시고, 고통을 받지 않게 하여 주십시오 - 다만 악에서 구하옵소서

우리가 세상을 사는 동안 고난을 겪는 것은 정해진 이치입니다. 우리가 주님의 아들들로서 살아가지만, 하나님 나라를 향한 길고 긴 여정 가운데 있는 한 사탄의 유혹은 끊임없을 것이기 때문입니다. 연약한 인간의 몸으로 그 유혹을 완벽하게 피할 길이 없으니, 불행과 고통도 간혹 찾아올 것이기 때문에 우리는 "다만 악에서 구하옵소서"라고 기도하는 수밖에 없습니다.

4 역대기

✞ 오늘말씀 역대기상 1:1 - 9:34

유다의 왕 다윗의 조상들
하나님의 택하신 거룩한 백성

💡 **실마리 풀기**

"그때에 세계인종이 나뉘었다고 해서, 한 아들의 이름을 벨렉이라고 하였다"(대상 1:19)

사람들은 역대기를 잘 읽지 않습니다. 사무엘(하)로부터 열왕기(하)까지의 내용이 거의 중복되기 때문이며, 다윗 가문의 족보가 너무 지루하게 기록되어 있기 때문입니다. 역대기는 다윗 왕가의 기록을 통하여 그들이 그토록 흠모하는 가장 위대한 왕 다윗에게 약속하신, 후손과 번영에 대한 하나님의 언약이 신실하게 지켜졌음을 보여주고자 하는 책입니다.

유대인들이 새삼스럽게 다윗의 일생을 다시 정리하여 전하는 것은 70년 동안 바빌로니아에 포로로 잡혀갔다 돌아온 백성들에게 이스라엘의 과거를 통하여 미래를 바라보고자 함이었습니다. 그들이 하나님과 공유하는 것들, 예루살렘과 하나님의 성전 그리고 레위 지파와 제사장을 통하여 하나님과의 관계를 회복하고 새 힘을 얻기 위함이었습니다. 그래서 역대기는 하나님을 경배하는 것을 통치의 첫 번째로 여겼던 다윗 왕과 그 후손들의 업적만을 기록하고, 개인적인 삶의 기복은 기록하지 않습니다.

아담에서 야곱의 열두 자손들까지 - 하나님의 택하신 거룩한 백성(1:1 - 2:2)(cf. 창 5:1 - 32; 10:1 - 32; 11:10 - 26)

지금은 포로로 잡혀갔다 돌아왔지만, 그들의 조상이 하나님에 이르는 거룩한 백성들이라는 것을 역대기 저자는 상기시키고자 한다. 아담의 아들은 셋으로 기록되며, 노아의 아들들은 셈과 함과 야벳이다. 그리고 셈의 자손은 '히브리'의 어원이 되는 '에벨'을 비롯하여 아브라함, 이삭 그리고 야곱에 이르기까지 하나님의 택하신 백성의 큰 줄기를 이룬다. 그리고 야곱 즉, 이스라엘의 열두 아들이 하나님 나라의 열두지파를 이룰 것이다.

노아의 다른 아들, 야벳과 함의 자손들 그리고 이스마엘과 에서의 자손들도 간략하게 기록되어 있는 것은 균형 잡힌 족보가운데 유다를 향한 하나님의 섭리를 보여주고 있다.

유다에서 다윗 솔로몬 그리고 여호야긴 왕의 자손들까지 - 유다왕국의 왕들(2:3 - 3:24)

역대기의 저자는 유다의 손자 헤스론의 또 다른 자손들을 길게 언급한 후에, 다윗 왕의 자손들을 기록한다. 마지막으로 바빌론에 포로로 잡혀간 여호야긴 왕의 자손들까지 열거하고 있다. 여기에 기록된 유다의 자손들은 다윗의 정통 계보를 기록한 것으로 보인다. 유다, 베레스, 헤스론, 람, 암미나답, 나손, 살몬, 보아스, 오벳, 이새 그리고 다윗에 이르는 계보이다.

다윗 왕의 아들들은 기록된 이름만 열아홉이고, 그 밖에도 첩들이 낳은 많은 아들이 있음을 알 수 있다. 특히 다윗의 아들, 솔로몬 왕의 자손들의 목록은 모두 유다왕국의 왕들을 거론하고 있음을 알 수 있다. 이는 하나님께서 다윗의 이름을, 세상에서 위대한 사람들의 이름과 같이 빛나게 해주고 다윗의 집안을 한 왕조로 만들겠다는 선언 그리고 그의 자식을 후계자로 세워서 그의 나라의 왕위를 영원토록 튼튼하게 하여 주겠다는 언약(삼하 7:11 - 16)을 군건히 지켜주신 것을 입증한다.

유다 지파의 다른 자손들 - 야베스의 기도(4:1 - 23)

여기에 기록된 유다의 자손들은 앞의 기록(대상 2:3 - 54)에서와 사뭇 다른데, 아마도 다윗의 정통 계보가 아닌 다른 아들들의 계통을 기록한 것으로 보인다. 역대기의 저자는 여기서 특별히 존경받는 야베스에 대하여 기술하고 있는데, 그가 이스라엘 하나님께 "나에게 복에 복을 더해 주시고, 내 영토를 넓혀 주시고, 주님의 손으로 나를 도우시어 불행을 막아 주시고, 고통을 받지 않게 하여 주십시오" 하고 간절히 구하였더니, 하나님께서 그가 구한 것을 이루어 주셨다는 것이다.

다른 지파들의 자손들 - 맏아들의 권리(4:24 - 9:34)

역대기의 저자는 특별히 르우벤의 자손들을 소개하면서, "르우벤은 맏아들이지만, 그의 아버지의 잠자리를 더럽혔으므로, 그의 맏아들의 권리가 이스라엘의 아들인 요셉의 아들들에게 넘어갔고, 족보에 맏아들로 오르지 못하였다. 유다는 그의 형제들보다 세력이 크고, 그에게서 영도자가 났으나, 맏아들의 권리는 요셉에게 있었다"(5:1 - 2)고 기술하고 있다.

역대기의 저자는 레위의 대제사장의 자손들과 레위의 다른 자손들, 다윗이 임명한 찬양대의 자손들과 아론의 자손들 그리고 레위 자손들의 정착지에 대하여 길게 서술하고 있다. 또한, 각 지파들의 계보를 마무리하면서, 바빌론에 끌려갔다가 돌아온 사람들 특히 제사장과 레위 인들의 계보를 기록하고 성전의 재건과 유지에 관심을 나타냄으로, 향후 성전을 섬길 제사장들의 합법성을 부여하고자 한다.

묻고? 답하기!

나는 야베스의 기도를 읽으며 무엇을 간절히 구할까요?

야베스는 복에 복을 더하고 지경을 넓혀주시기를 원하고, 불행과 고통은 멀리하게 해달라고 빌었습니다. 저는 저뿐만 아니라 저의 자식들에게도 지경을 넓혀주시는 것을 소망합니다. 오직 주님 나라를 위한 쓰임을 위하여 온 세상이 우리의 지경이 되기를 소망합니다.

역대기

온 이스라엘의 왕 다윗
하나님의 궤의 안치

💡 **실마리 풀기**

"너희는 주님께 감사하면서, 그의 이름을 불러라. 그가 하신 일을 만민에게 알려라"(대상 16:8)

다윗은 세 번이나 기름 부음을 받습니다. 처음 사무엘에 의해(삼상 16:13), 두 번째는 유다의 왕으로서(삼하 2:4) 그리고 이제 온 이스라엘의 왕으로 기름 부음을 받습니다(11:3). 하나님의 궤를 옮기며 춤을 추며 기뻐하는 다윗의 모습 그리고 그의 감사 찬송은 그가 얼마나 하나님을 사랑하고 신실한 마음으로 섬기고 있는지 보여줍니다.

다윗의 선대 왕 사울의 계보와 죽음 - 주님을 배신한 자(9:35 - 10:14)

역대기의 저자가 부각하고자하는 주인공은 다윗이다. 저자는 여기서 다윗의 선대 왕이었던 사울의 내력과 그의 죽음에 관하여 기술함으로써 다윗과 비교하려 한다. 사울은 베냐민의 후손으로 베냐민은 야곱의 막내아들이다. 블레셋을 무찌른 다윗에 비하여 사울은 불레셋과의 싸움에서 지고 죽음을 맞이한다. 사울이 주님을 배신하였으며, 주님의 말씀을 지키지 않았고, 오히려 점쟁이와 상의하며 점쟁이의 지도를 받았기 때문이다(10:13 - 14).

온 이스라엘의 왕 다윗과 그의 용사들 - 이스라엘의 목자, 이스라엘의 통치자(11:1 - 12:40)

이스라엘의 모든 장로가 헤브론으로 다윗 왕을 찾아와 언약을 세우고, 다윗에게 기름을 부어 이스라엘의 왕으로 삼았다. 그들이 하나님께서 "네가 나의 백성 이스라엘의 목자가 될 것이며, 네가 나의 백성 이스라엘의 통치자가 될 것이다"(11:2)하고 말씀하신 것은 바로 다윗을 가리켜 말씀하신 것이라고 증언하였다. 다윗이 거느린 용사들은 다윗이 왕이 될 수 있도록 그를 적극적으로 도와, 온 이스라엘과 함께 그를 왕으로 세운 사람들이다.

하나님의 궤를 옮기고자 한 다윗 - 올바른 동기와 올바른 방법(13:1 - 14)(cf. 삼하 6:1 - 11)

민수기(민 4:1 - 15)에 보면 회막의 거룩한 물건들을 옮기는 일은 레위 지파의 고핫 자손이 맡게 되어 있다. 또한, 하나님의 궤를 옮길 때는 어깨에 메고 옮겨야만 한다. 다윗이 하나님의 궤를 수레에 옮기고자 했으나 그 수레를 몰던 웃사가 궤를 붙들었다가 죽었다. 웃사의 죽음은 하나님의 궤가 갖는 상징이 너무도 커서, 사명을 받지 않은 인간이 그것을 만지거나 함부로 다룰 수 있는 것이 아니기 때문이다. 올바른 동기도 중요하지만 올바른 방법은 더욱 중요하다.

다윗 왕권의 확립 - 블레셋을 무찌름(14:1 - 17)(cf. 삼하 5:11 - 16)

다윗은 주님께서 자기를 이스라엘의 왕으로 굳건히 세워 주신 것과 그분의 백성 이스라엘을 번영하게 하시려고 그의 나라를 크게 높이신 것을 깨달아 알았다. 다윗은 하나님이 명하신 대로 블레셋 군대를 무찔렀다. 다윗의 명성이 온 세상에 널리 퍼졌고, 주님께서 모든 나라가 다윗을 두려워하게 하셨다.

기쁨으로 하나님의 궤를 옮긴 다윗 - 오직 레위 인만이(15:1 - 29)

하나님의 궤는 이스라엘이 광야를 돌아 가나안 땅으로 들어올 때까지 늘 하나님의 백성들을 인도하고, 한 나라를 이룰 것이라는 언약의 상징이었다. 하나님이 늘 함께하신다는 임재의 상징이었고, 전쟁에서 승리케 하시는 하나님의 능력이었다. 그 하나님의 궤가 이제 안식을 위해 예루살렘으로 들어왔다. 역대기의 저자가 하나님의 궤를 옮겨 온 이들의 명단을 기록하여 보여주는 것은 바빌론에서 돌아온 후손들이 그 영광에 동참하고자 하는 욕망을 불러일으키고자 하는 것이다.

하나님의 언약궤 앞에서 드린 예배와 감사 찬송(16:1 - 43)
(Cf. 시 105:1 - 15, 96:1 - 13, 106:47 - 48)

다윗이 레위 사람을 임명하여 주님의 궤 앞에서 섬기며, 주 이스라엘의 하나님을 기리며, 감사하며, 이렇게 찬양하게 하였다. 첫째, 주님께서 이루신 놀라운 일들을 전하고, 감사하며, 기뻐하고, 찬양하라. "내가 이 가나안 땅을 너희에게 줄 것이다"라고 말씀하신 언약이 이루어졌다(8 - 22). 둘째, 그의 영광을 만국에 알리고, 그가 일으키신 기적을 만민에게 알려라. 주님은 위대하시니, 그지없이 찬양받으실 분이시다(23 - 33).

묻고? 답하기!

우리는 그날, 주님이 승리하신 그날이 이미 와있음을 알고 있습니다. 우리도 춤추며 찬양을 올려드립시다.

맨살에 모시옷만 입고 춤을 추며, 기뻐 뛰며 찬양을 드리는 다윗을 보며, 미갈이 빈정대는 말을 합니다. 하지만 다윗은 찬양할 수밖에 없고 기뻐 뛸 수밖에 없음을 고백합니다. 지금 우리는 우리를 구원하신 주님이 살아계셔서 승리케 하셨음을 알고 있습니다. 그러므로 우리도 이제 하나님께 감사하면서 그의 이름을 부르며, 하나님께서 하신 일을 만민에게 알려야 합니다.

4

7일

✝ 오늘 말씀 역대기상 17:1 - 20:8

나단을 통해 주신 언약

그리고 다윗의 승전과 통치

💡 **실마리 풀기**

"주님, 주님께서는 참으로 하나님이십니다"(대상 17:26)

드디어 하나님이 원하시던 하나님 나라가 이 땅에 자리 잡는 순간입니다. 하나님을 대신하여 하나님의 마음에 꼭 드는 다윗이 왕이 되어 정의와 공평으로 나라를 다스릴 것입니다. 하나님께서 그에게 말씀하십니다. "너의 집안을 한 왕조로 세우고, 그 왕위가 영원히 튼튼하게 서게 하겠다. 그러나 성전의 건축은 네가 할 일이 아니다."

나단을 통해 주신 언약과 다윗의 감사 기도 - 내가 누구이며 내 집안이 무엇이기에(17:1 - 27)

다윗에게 주시는 언약 - 백향목으로 지은 왕궁에서 평안을 누리던 다윗이 하나님의 성전을 세우고자 계획하였다. 비록 그 계획이 하나님을 경외하는 마음으로부터 나온 것이더라도 그것은 인간의 계획일 뿐이다. 하나님의 집을 세우는 것은 하나님께서 하신 언약을 이루는 것이다. 그 언약은 하나님께서 스스로 계획하시고 이루실 것이다. 다윗은 많은 피를 흘려 가며 큰 전쟁을 치르고, 많은 피를 땅에 흘렸기 때문에 주님의 이름을 위하여 성전을 건축할 수 없다. 그러나 주님께서 다윗의 이름을 이 세상에서 위대한 사람들의 이름과 같이 빛나게 해주겠다고 위로하셨다. 하나님의 집은 다윗의 아들, 솔로몬('평화')이 지을 것이다.

주님께서 그를 주님의 집과 그 나라 위에 영원히 세워서, 그의 왕위가 영원히 튼튼하게 서게 하겠다는 언약을 주셨다. "나는 그의 왕위를 영원토록 튼튼하게 해주겠다. 나는 그의 아버지가 되고, 그는 나의 아들이 될 것이다"(17:11 - 12) 라는 이 언약은 우리의 구원자이신 예수 그리스도를 통하여 영원히 기억될 것이다. 그리스도를 믿는 우리는 "그리스도 안에서 서로 연결되어서, 주님 안에서 자라서 성전이 됩니다. 그리스도 안에서 함께 세워져서 하나님이 성령으로 거하실 처소가 됩니다"(엡 2:21 - 22).

다윗의 감사 기도 - 다윗 왕이 주님 앞에 꿇어앉아, 이렇게 기도하였다. "주 하나님, 내가 누구이며 내 집안이 무엇이기에, 주님께서 나를 이러한 자리에까지 오르게 해주셨습니까?... 주님께서 주님의 종과 이 종의 집안에 약속하여 주신 말씀이 영원토록 이루어지게 해주십시오.... 그리하여 사람들이 '이스라엘의 하나님은 만군의 주요, 이스라엘을 지키시는 하나님이시다!' 하고 외치며, 주님의 이름을 굳게 세우고, 영원토록 높이게 하시고, 주님의 종 다윗의 집안도 주님 앞에서 튼튼히 서게 해주시기 바랍니다"(17:16, 23 - 24).

이스라엘의 평화를 위한 다윗의 피 흘림 - 블레셋, 모압, 소바, 시리아, 에돔에 대한 승전(18:1 - 20:8)(cf. 삼하 8:1 - 18, 10:1 - 19, 12:26 - 31, 21:15 - 22)

다윗이 치른 전쟁 - 다윗이 블레셋 사람을 쳐서 그들을 굴복시켰다. 다윗이 또 모압을 치니, 모압 사람들이 다윗의 종이 되어 그에게 조공을 바쳤다. 다윗이 하맛까지 가면서 소바 왕 하닷에셀을 무찔렀다. 다윗은 다마스쿠스의 시리아 사람들이 소바 왕 하닷에셀을 도우려고 군대를 보내자, 시리아 사람 이만 이천 명을 쳐 죽였다. 하맛 왕 도이는 자기의 아들 요람을 다윗 왕에게 보내어 문안하게 하고, 금과 은과 놋으로 만든 물건들을 가져 왔다. 다윗의 장군, 아비새가 '소금 골짜기'에서 에돔 사람 만 팔천 명을 쳐 죽이고 마침내 온 에돔 사람이 다윗의 종이 되었다. 다윗이 암몬 왕의 머리에서 금관을 벗겨 왔는데 그 무게가 금 한 달란트나 나갔고, 금관에는 보석이 박혀 있었다. 다윗은 그 금관을 가져다가 자기가 썼다. 다윗은 에돔, 모압, 암몬, 블레셋, 아말렉 등 여러 민족에게서 가져온 은, 금과 함께 하맛에서 온 놋으로 만든 물건까지 주님께 구별하여 바쳤다. 그는 늘 전쟁에 승리케 하신 주님을 주인으로 여겼다.

다윗이 수많은 전쟁을 치르는 동안 하나님의 도우심으로 승리를 거둘 수 있었던 것은 그 땅에 평화를 내려주시려는 하나님의 뜻이다. 전쟁으로 인한 피 흘림은 온전히 다윗의 몫이지만, 주님께서 다윗에게 주실 아들, 솔로몬('평화')은 평안을 누리는 사람이 될 것이다. 주님께서 사방에 있는 그의 모든 적들을 잠잠하게 하시고, 그가 사는 날 동안 이스라엘에 평화와 안정을 줄 것이다(22:9). 그러나 그 평화는 주님께서 모세를 시켜 이스라엘에 명하신 율례와 규례를 지켜야만 주어질 것이다(22:13). 그가 주님을 찾으면 그를 만나 주시겠지만, 그가 주님을 버리면 주님께서도 그를 영원히 버리실 것이다(28:9).

다윗의 통치 방법 - 다윗은 백성들의 왕으로서 온 이스라엘을 다스릴 때, 언제나 공평하고 의로운 법으로 다스렸다(18:14). 그의 통치 방법은 **주님과 백성에게 늘 기쁨과 평안을 주는 것**이었다.

묻고? 답하기!!

주님, 내가 누구이기에 나를 여기까지 인도하셨습니까?

나는 지금 이 순간, 나에게 주어진 모든 것들에 만족하는가? 내가 하고 싶었으나 속절없이 무너져 버린 꿈들이 있었던가? 그리고 그것을 감사함으로 받아들였는가? 조금은 아쉽고 섭섭한 점이 있다 하여도 그것을 이루시는 분은 하나님이심을 기억하는가?

"하나님 아버지, 내가 누구이기에 나를 여기까지 인도하셨는지요. 주여! 나의 입술로 주님을 찬양하게 하시고, 주님을 무한히 신뢰하며 감사할 수 있도록 인도하소서."

4 8일

✝ 오늘 말씀 역대기상 21:1 - 26:32

역대기

다윗이 마련하는 유언장
성전 건축을 위한 청사진

💡 **실마리 풀기**

"바로 이곳이 주 하나님의 성전이요, 이곳이 이스라엘의 번제단이다"(대상 22:1)

하나님께서 네가 할 일이 아니라고 말씀하셨다고 해서 즉시 손을 털고 나 몰라라 할 다윗이 아니었습니다. 그의 성전 건축을 향한 열정은 하나도 식지 않았습니다. 그는 자신이 직접 짓지는 못해도 자신이 가지고 있던 청사진과 인적 자원의 조직화를 위한 계획을 철저히 준비해 갔습니다.

다윗의 불순종의 결과 - 주님께서 마련하신 성전 터(21:1 - 22:1)
(cf. 삼하 24:1 - 25)

다윗의 인구조사에 관하여 사무엘(하)에서와는 달리 여기서는 사탄의 유혹에 의한 것이라고 기술하고 있다(21:1). 사탄의 관심은 늘 하나님의 사람들이 하나님에게서 멀어지게 만드는 것이다. 다윗이 모든 전쟁에서 승리하고 그의 왕국이 가장 왕성한 힘을 지니게 되었을 때, 그에게 다가온 사탄은 그의 능력을 측정해 보고자 하는 마음을 일으킨다. 다윗이 인구조사를 한 것은 하나님의 힘을 의지하기보다는 그들 자신의 힘을 믿고자 하는 마음이며, 우상을 섬기는 것과 다르지 않다.

다윗의 회개 - 그러나 다윗은 즉시 하나님께 자백하였다. "내가 이런 일을 하여, 큰 죄를 지었습니다. 그러나 이제, 이 종의 죄를 용서해 주시기를 빕니다. 참으로 내가 너무나도 어리석은 일을 하였습니다"(21:8). 다윗은 우리아의 아내를 범한 죄를 지었을 때도 죄를 깨닫는 순간 즉시 돌아섰었다. 그가 범한 죄를 다른 사람들이 지었다면, 그들은 즉시 죽임을 당하였을 것이다. 그러나 주님께서는 다윗의 중심에 늘 하나님의 마음이 거 하고 있다는 것을 알고 계셨다. 그래서 그의 즉각적 회개는 하나님의 자비를 얻을 수 있었다.

성전이 세워질 곳 - 하나님께서 자비를 베푸셨으나 그 죗값은 반드시 치러야 한다. 다윗은 삼 년 동안의 기근, 석 달 동안의 원수로부터의 쫓김과 사흘 동안의 전염병 중에 세 번째 징계를 택하였다. 결국, 백성들 칠만 명이 대신 죽임을 당하였다. 다윗은 천사의 명령에 따라, 여부스 사람 오르난의 타작마당을 금 육 백 세겔을 주고 사서 그곳에 제단을 쌓고 말하였다. "바로 이곳이 주 하나님의 성전이요, 이곳이 이스라엘의 번제단이다"(22:1). 다윗의 회개와 제사를 받으신 하나님은 그 제단을 성전이 세워질 곳으로 인정하셨다.

성전 건축을 위한 준비와 첫 번째 권면 - 솔로몬과 지도자들에게(22:2 - 23:1)

어린 솔로몬이 성전을 건축해야 한다는 하나님의 말씀에 다윗은 내심 걱정이 되었다. 그래서 그는 자기가 살아있는 동안 모든 역량을 동원하여 성전 건축을 위한 자재와 인적 준비를 해놓기로 마음먹었다. 그리고 네모난 돌, 문짝에 쓸 못과 꺾쇠를 만들 철, 놋쇠 그리고 백향목을 셀 수 없을 만큼 준비하였다. 금은 무려 10만 달란트(3,750톤), 은은 100만 달란트(37,500톤)을 준비하였다.

다윗이 아들 솔로몬에게 한 권면은 마치 신명기에서 모세가 온 이스라엘에 한 순종의 축복과 불순종의 저주 선언(신 28:1 - 68)과 여호수아에게 한 주님의 말씀(수 1:2 - 9)을 기억하게 한다. 다윗이 솔로몬에게 "주님께서 모세를 시켜 이스라엘에게 명하신 율례와 규례를 지키면, 성공할 것이다. 강하고 굳건하여라. 두려워하지 말고, 겁내지 말아라"(22:13)고 말하고, 이어서 이스라엘 모든 지도자에게 "마음과 정성을 다하여 주 당신들의 하나님을 찾고, 일어나서 주 하나님의 성전을 건축하십시오"(22:19)라고 부탁을 한다. (이 부분은 28장에서 다시 한 번 반복될 것이다)

성전 건축을 위한 레위 인들의 조직화 - 구분과 임무(23:2 - 26:32)

성전은 하나님의 궤를 모시며 하나님께 예배를 드리는 곳이다. 그곳에서 직무를 담당하는 자는 하나님께서 미리 정해 놓으셨다. 성별 되지 아니한 자들은 결코 하나님의 전에서 일할 수 없다. 아론과 그의 아들들은 가장 거룩한 물건들을 맡아서, 주님 앞에서 분향하여 섬기며 영원히 주님의 이름으로 복을 빌게 하려고 성별하였다(23:13; cf. 출 28:1). 그들은 대제사장의 사명을 받고 성소 안으로 들어갈 수 있게 될 것이다.

나머지 레위 인들은 회막과 성소를 보살피는 책임과 그들의 친족 아론 자손을 도와 주님의 성전에서 섬기는 책임을 졌다. 그 밖에 서기관, 재판관, 성전 문지기와 관리인도 따로 구별하여 두었다. 성전에는 찬양대도 있었는데, 이들은 모두 그들의 아버지의 지도를 받으며 심벌즈와 거문고와 수금을 타면서 주님의 성전에서 노래를 불렀다. 이들은 하나님의 성전에서 맡은 일을 할 때, 왕과 아삽과 여두둔과 헤만의 지도를 받았다.

묻고? 답하기!

비록 주님께서 허락하지 않으셔도 나의 꿈을 이루기 위한 노력은 계속되어야 할까요?

다윗은 서두르지 않고, 차근차근 성전 건축을 위한 준비를 해 나갔습니다. 비록 자신이 성취할 수는 없었지만, 그는 자신을 통해 하나님이 성취하시고자 하는 일에 충실하였습니다. 지금 나의 꿈을 주님께서 허락하셨는지 않으셨는지는 알 수 없습니다. 그저 열심히 계획하고 준비하는 것입니다. 그리하면 이루게 하실 것입니다. "선한 일을 하다가, 낙심하지 맙시다. 지쳐서 넘어지지 아니하면, 때가 이를 때에 거두게 될 것입니다"(갈 6:9).

9일

✝ 오늘 말씀 역대기상 27:1 - 29:30

다윗의 마무리
국가 경영과 미래를 위한 권면

💡 **실마리 풀기**

"주님, 위대함과 능력과 영광과 승리와 존귀가 모두 주님의 것입니다. 하늘과 땅에 있는 모든 것이 다 주님의 것입니다"(대상 29:11)

다윗은 끝까지 자신에게 주어진 사명을 완수했습니다. 영적 유산의 이월도 성공할 것입니다. 다윗은 아들에게 성전 건축의 사명과 청사진을 넘겨주면서, 국가 경영과 통치를 위한 청사진까지 넘겨주었습니다. 그는 "사는 동안 하나님의 뜻을 받들어 섬기고, 잠들어서"(행 13:36) 조상들 곁으로 갔습니다. 얼마나 멋진 묘비명입니까?

국가의 경영을 위한 백성들의 조직화 - 왕권의 확립(27:1 - 27:34)

다윗은 국가 경영을 위하여 온 이스라엘 자손을 각 갈래의 일을 하도록 조직화 하였다. 이들 자손 가운데서 왕을 섬기는 각 가문의 족장과 천부장과 백부장과 서기관들이 한 해에 한 달씩 번갈아 가며 근무를 하였는데 그 수가 한 달에 이만 사천 명씩이다. 각 가문의 헌신적 충성은 하나님과 다윗왕의 사랑과 믿음에 기초한 것인지 모른다.

그러나 이러한 거대한 조직과 인력을 보면서 기억나는 것은 왕을 세워 달라고 요구하는 백성들에게 주님께서 사무엘을 통하여 하신 말씀이다. "당신들을 다스릴 왕이 당신들의 아들들을 데려다가 병거와 말을 다루는 일을 시키고, 딸들을 데려다가 요리도 시키고, 마침내 당신들까지 왕의 종이 될 것입니다"(삼상 8:11 - 17).

성전 건축을 위한 두 번째 권면 - 이스라엘과 솔로몬에게(28:1 - 21)

다윗이 이스라엘의 모든 지도자, 곧 각 지파의 지도자와 왕을 섬기는 여러 갈래의 지휘관과, 천부장과, 백부장과, 왕과 왕자의 재산과 가축을 관리하는 사람과, 환관과, 무사와, 모든 전쟁 용사를 예루살렘으로 불러 모았다. 다윗은 그들에게 주님께서 다윗의 아들 솔로몬을 택하여, 주님의 나라 왕좌에 앉아 이스라엘을 다스리게 하신 것과 솔로몬이 하나님의 성전을 짓고 뜰을 만들 것임을 확신시키고자 하였다.

이스라엘에게 - "이제 여러분은 온 이스라엘, 곧 주님의 회중이 보는 앞에서, 그리고 우리의 하나님이 들으시는 가운데서, 주 당신들의 하나님의 모든 계명을 열심히 따르고 지키십시오. 그러면 이 아름다운 땅을 차지할 수 있을 것이고, 이 땅을 당신들의 자손에게 길이길이 물려줄 수 있을 것입니다"(28:8).

솔로몬에게 - "나의 아들 솔로몬아, 너는 네 아버지의 하나님을 바로 알고, 온전한 마음과 기쁜 마음으로, 정성을 다하여 섬기도록 하여라. 주님께서는 모든 사람의 마음을 살피시고, 모든 생각과 의도를 헤아리신다. 네가 그를 찾으면 너를 만나 주시겠지만, 네가 그를 버리면 그도 너를 영원히 버리실 것이다. 주님께서 성소가 될 성전을 짓게 하시려고 너를 택하신 사실을 명심하고, 힘을 내어 일을 하여라"(28:9 - 10). "너는 힘을 내고, 담대하게 일을 해 나가거라. 두려워하지 말고 염려하지 말아라. 네가 주님의 성전 예배에 쓸 것들을 다 완성하기까지, 주 하나님, 나의 하나님이 너와 함께 계시며, 너를 떠나지 않으시며, 너를 버리지 않으실 것이다"(28:20).

성전 건축을 위한 세 번째 권면 - 온 회중에게(29:1 - 9)

다윗은 온 힘을 기울여 하나님의 성전을 지으려고 준비하며, 자신이 가진 모든 것을 바쳤다. 그리고 온 회중을 향하여 "오늘 기꺼이 주님께 예물을 바칠 분은 안 계십니까?"(29:5)하고 권면하였다. 그러자 각 가문의 장들과 이스라엘 각 지파의 족장과 천부장과 백부장과 왕실 업무 관리자들도 기꺼이 주님께 예물을 바쳤다.

다윗의 마지막 감사기도 - 왕권의 이양(29:10 - 30)

"주, 우리 조상 아브라함과 이삭과 이스라엘의 하나님, 주님의 백성이 마음 가운데 품은 이러한 생각이 언제까지나 계속되도록 지켜 주시고, 그들의 마음이 항상 주님을 향하게 해주십시오. 또 나의 아들 솔로몬에게 온전한 마음을 주셔서, 주님의 계명과 법도와 율례를 지키고, 이 모든 일을 할 수 있게 하시며, 내가 준비한 것으로 성전을 건축하게 해주십시오"(29:18 - 19).

온 이스라엘 백성들은 다윗의 아들 솔로몬에게 기름을 부어 주님께서 쓰실 지도자로 인정하고, 주님께서도 솔로몬이 왕이 되도록 허락하셨다. 사십 년 동안 온 이스라엘을 다스리던 이새의 아들 다윗은 성전을 건축할 그의 아들이 온 이스라엘로부터 왕으로 인정받게 되기를 기원한 후, 수명이 다하여 죽었다.

묻고? 답하기!

우리도 다윗처럼 이기는 자의 삶을 살 수 있을까요?

목동 다윗은 골리앗에게 다가가면서, 살아계신 하나님, 만군의 주님의 이름을 증거 하였습니다. 이제 이스라엘의 왕 다윗은 죽음을 앞두고 주님의 영광스러운 이름을 찬양합니다. 그는 주님과 백성을 섬기며 살았습니다. 하나님께 순종하며 기쁘시게 하고, 하나님께서 맡겨주신 일을 충실히 수행하였습니다. 그는 처음과 끝이 일관된 삶을 살았습니다. 참으로 본받을만한 성품입니다.

4월 10일

돌아온 자들이 원하는 역사
하나님의 인정을 받고 싶은 순간

✝ 오늘 말씀 역대기하 6:12 - 42

💡 실마리 풀기

"주님께서 그들의 조상에게 주신 땅과 주님께서 선택하신 이 도성과 내가 주님의 이름을 기리려고 지은 이 성전을 바라보면서 기도하거든"(대하 6:38)

하나님의 계획에 초대받은 사람들 - 징계를 받고 돌아온 자들에게 주시는 각성

역대기는 끝없이 이어지는 족보로 시작합니다. 1장부터 9장까지 이어지는 족보는 아담으로부터 포로에서 돌아온 백성들까지 포함하고 있습니다. 그들은 원래 하나님께서 하나님 나라를 이루기 위하여 마련하신 계획에 주인공 노릇을 하여야 하는 종족이었습니다. 그러나 그들은 하나님과의 언약을 배신하였습니다. 하나님의 명령을 따르기보다는 우상을 섬기며 자기들의 안위만을 추구하는 길로 갔습니다. 결국, 하나님께서 백성들을 아브라함의 조상의 땅, 바빌로니아로 보내셨습니다. 그것은 그들을 되돌려 세우시기 위한 하나님의 사랑 표현이었습니다. 그리고 70년의 포로생활 끝에 다시 언약의 땅으로 돌아왔습니다.

하나님께서 그들에게 원하시는 것은 아브라함과 맺은 언약의 정신으로 돌아와 오직 하나님만을 주인으로 여기는 길에서 벗어나지 않는 것입니다. 그래서 그들은 과거의 잘못을 뉘우치고 주님의 뜻을 따르는 방법을 찾았습니다. 그들은 자신들이 거룩한 족보에 기록되어 있는 조상들의 뒤를 이어갈 후손임과 하나님의 계획에 초대받은 자들임을 확인하며 힘을 얻고자 합니다. **하나님께서 역대기를 통하여 우리에게 주시는 각성은 거룩한 조상들의 족보처럼 "생명의 책"에 우리의 이름이 기록될 것인가 돌아보며 살아가라는 것입니다.**

오랜 방황에서 돌아온 순간 - 하나님께서 우리에게 요청하는 것

하나님을 믿는 믿음을 가지고 살아가는 사람들에게, 불현듯 다가오는 고난(재난)은 마음에 낙심을 가져다주며, 혹시나 하나님이 계시기는 한 것인가 하는 혼란에 빠지게 합니다. 이스라엘 백성들은 무려 70년이나 바빌로니아에 포로로 잡혀가 있다가 돌아왔습니다. 오랜 시간 그들을 방황하게 한 것은 하나님의 징계가 언제까지인가 하는 것과 자신들의 회개와 자복을 하나님께서 받아주시거나 할 것인가 하는 것입니다.

바빌로니아에서 돌아온 자들이 처음으로 한 일은 하나님의 성전 재건이었습니다. 하나님께서 요청하는 단 한 가지, 진정한 예배의 회복을 위해 성전의 재건은 필수불가결한 것이었습니다. 그들은 주님을 향한 사랑과 예배를 회복하고자 하는 열망을 드러내었던 것입니다. 죄악에 빠져 주님의 길에서 벗어나 방황하던 영혼은 그 마음속에 하나님의 성전을 다시 세우고, 진실한 예배를 드리기를 갈망하여야 합니다. 때로는 우리의 삶이 허무함의 그늘 속으로 들어간다 하더라도, 주님을 떠나 적당히 예배를 드리려는 유혹에 사로잡힌다 하더라도 주님께서 다시 돌아올 기회를 주실 것이기 때문입니다. 역대기 저자는 **우리의 마음속에 하나님의 성전을 짓고 주님을 모시며 예배를 드리듯 살아가도록 초청하는 것**입니다.

기억해야 할 다윗의 죄악 - 우리의 삶의 우선순위에 대한 예시

역대기에는 다윗의 치명적인 죄악들이 모두 기록되어 있지는 않습니다. 역대기에는 단지 두 가지 죄악이 기록되어 있습니다. 하나는 하나님의 규례를 어기고 언약궤를 새 수레에 실어 나른 일입니다. 다윗은 하나님의 방식대로 하지 않은 불순종의 죄에 대하여 회개하였습니다. 또 하나는 자신의 군대의 규모를 가늠하기 위해서 인구조사를 시행한 것입니다. 하나님의 능력을 의지하지 않고 자신의 능력을 의지하고자 하는 교만의 죄입니다. 이 또한 다윗의 회개는 하나님께서 주인이심을 인정하는 고백이었습니다. 하나님께서는 사소한 인간적 악행은 물론이지만, 반복되는 불순종의 죄악 가운데서도 다윗의 순전함을 보고 계셨습니다. 다윗의 후손으로 구원자를 보내시겠다는 그 언약을 기억하고 계셨습니다. 하나님께서 우리에게 제시하는 모델, 그는 바로 다윗입니다. 그는 **인간의 죄악 본성을 가지고 있으면서도, 창조주 하나님의 뜻을 살피고 받아들이는 것에 집중하는 삶을 추구**하며 살았습니다.

기억해야 할 솔로몬의 죄악 - 우리를 유혹하는 것들

그러나 성전을 건축한 후, 점차 멀어져가는 솔로몬을 바라보는 하나님의 마음은 참으로 슬프셨을 것 같습니다. 그토록 완벽한 배경을 바탕으로, 더는 바랄 것이 없는 상황에서 겸허하게 지혜를 구하였던 솔로몬이었습니다. 그러나 그가 제일 먼저 한 일은 이집트 바로 왕의 딸과 정략결혼을 하는 것이었습니다. 비록 그의 아버지 다윗의 치밀한 준비에 힘입어 하나님의 성전을 완성하였지만, 그의 마음속에는 늘 채워지지 않는 욕망이 자리 잡고 있었습니다. 자신의 왕권, 성적인 쾌락과 권력의 과시를 위한 추구였습니다.

솔로몬은 "'다윗 성'은 주님의 궤를 모신 거룩한 곳이므로, 그의 이방인 아내가 거기에서 살아서는 안 된다고 생각하고 그녀가 살 궁을 따로 세우고 그 궁에서 살게 하였다"(대하 8:11)고 말합니다. 겉으로는 마치 주님의 거룩한 곳을 구별하는 것처럼 말하지만, 실지로는 자신의 쾌락을 도모하는 것이면서 말입니다. 우리 모두를 유혹하는 것이 이와 같습니다. **겉으로는 주님을 믿는다고 하면서, 예배는 적당히 드리고 쾌락을 위해서는 심혈을 기울이며 타협하는 태도**입니다. 안타까운 인간의 모습입니다.

솔로몬의 성전 건축
하나님의 임재에의 열망

💡 **실마리 풀기**

"하늘도, 하늘 위의 하늘마저도 그분을 모시기에 좁을 터인데"(대하 2:6)

다윗의 철저한 준비와 청사진을 기초하여 솔로몬이 성전을 건축하였습니다. 지혜로운 솔로몬은 두로의 히람 왕으로부터 레바논의 백향목과 건축공예 기술자를 조달받기 위해 무역 및 일괄 수주 협정을 체결하였습니다. 디자인은 하나님이 하시고, 자재는 다윗이, 감독은 솔로몬이, 작업은 두로의 히람 왕과 이스라엘 땅에 살던 이방인 십오만 삼천육백 명이 하였습니다. 그리고 7년 만에 성전은 완공되었습니다.

지혜를 구한 솔로몬 - 하나님의 축복(1:1 - 17)

하나님께서 다윗의 아들 솔로몬과 함께 계시며 그를 크게 높여 주셨다. 솔로몬이 온 회중을 데리고 기브온에 있는 하나님의 회막으로 나아가 제사를 드림으로 하나님과 연합하였다. 하나님께서 솔로몬에게 원하는 것을 구하라고 말씀하시니, 솔로몬이 겸손하게 '지혜와 지식'을 주시기를 원하였다. 하나님께서 솔로몬이 부와 재물과 영화를 달라고 하지 않고, 그를 미워하는 자들의 목숨을 달라고 하지도 않고, 오래 살도록 해 달라고 하지도 않고, 오직 백성을 다스릴 지혜와 지식을 달라고 하니, 그에게 지혜와 지식뿐만 아니라 부와 재물과 영화도 주셨다.

성전 건축을 위한 준비 - 두로의 히람 왕과의 무역 및 일괄 수주 협정(2:1 - 18)

솔로몬은 두로의 히람 왕에게 사람을 보내서 다음과 같이 부탁을 하였다. "하늘도, 하늘 위의 하늘마저도 그분을 모시기에 좁을 터인데, 누가 하나님을 모실 성전을 지을 수 있겠습니까? 하물며, 내가 무엇이기에 그분께 성전을 지어 드릴 수 있겠습니까? 다만 그분 앞에 향이나 피워 올리려는 뜻밖에 없습니다"(2:6). 이는 솔로몬의 고백이다. 솔로몬은 하나님을 모실 성전을 지어 드리는 이유가 다만 그분 앞에 향이나 피워 올리려는 뜻밖에 없다고 하나, 이는 하나님께서 다윗 가문의 정통성을 인정하심을 온 세상에 선포하는 상징적 의미를 주게 될 것이다. 또한, 하나님께 드리는 온전한 제사를 상징하는 지상의 좌표가 될 것이다.

두로의 히람 왕이 솔로몬에게 하늘과 땅을 만드신 주 이스라엘의 하나님을 찬양한다면서(3:11 - 12), 금은과 놋쇠와 쇠를 다룰 줄 알며, 자주색이나 홍색이나 청색 천을 짤 줄 알며, 조각도 할 줄 아는 전문가인 후람이라는 사람을 보내주었다. 또한, 성전 건축에 쓸 레바논의 백향목을 공급하는 대신 히람의 왕실에서 쓸 먹거리를 받기로 하는 무역 협정을 체결하였다. 그리고 솔로몬은 성전 건축을 위하여 이스라엘 전국에서 짐꾼 칠만 명, 산에서 돌을 떠낼 사람 팔만 명, 그들을 감독할 사람 삼천육백 명을 불러 모으고, 목재와 석재를 준비하였다.

솔로몬이 지은 성전 - 그(하나님)의 힘으로, 그(하나님)가 세우신 성전(3:1 - 5:1)

이스라엘 자손이 이집트 땅에서 나온 지 사백팔십 년(B.C. 967년), 솔로몬이 이스라엘의 왕이 된 지 사 년째 되는 해 둘째 달에, 주님의 성전을 짓기 시작하였다. 그 성전 터는 아브라함이 이삭을 바쳤던(창 22:2) 곳, 예루살렘 모리아 산이며, 솔로몬의 아버지 다윗이 주님을 만나 죄 사함을 받고, 여부스 사람 오르난에게서 산 타작 마당(삼하 24:18)이다.

성소 내부의 기물들은 모두 금으로 장식되거나 도금되었다. 순수하며 불변하는 성질을 지닌 금으로 성전을 장식하는 것은 영원하시며, 순결하신 하나님의 성품을 나타내는데 금상첨화 일 것이다. 역대기 기자는 성전의 규모와 설계 그리고 비품들의 내용을 매우 상세하게 기록하고 있다. 바빌로니아에서 귀환한 백성들이 기억하고 재건하여야 할 성전을 위해서 그렇게 한 것으로 보인다.

외형을 간략히 돌아보면, 솔로몬이 짓는 하나님의 성전의 규모는 길이가 예순 자, 너비가 스무 자이다. 성전 앞 현관은 길이가 스무 자이고, 높이는 백스무 자인데, 현관 안벽은 순금으로 입혔다. 지성소의 길이는 성전의 너비와 같이 스무 자이고, 너비도 스무 자인데, 육백 달란트의 순금 금박을 내부에 입혔다. 지성소 안에 두 개의 그룹 형상을 만들어 놓고 금으로 입혔다. 성전 본관 앞에 높이 서른다섯 자짜리 두 기둥을 세웠는데, 그것들의 꼭대기에는 다섯 자 높이의 기둥머리를 얹었으며, 하나는 오른쪽에 다른 하나는 왼쪽에 세웠다. 오른쪽에 세운 것은 야긴(그(하나님)가 세우다)이라고 부르고, 왼쪽에 세운 것은 보아스(그(하나님)의 힘으로)라고 불렀다.

묻고? 답하기!

하나님께서 구하라 하시면 나는 무엇을 달라고 요구할까요?

하나님께서 구하라 하실 때, 부와 재물과 영화를 달라고 하지 않고, 나를 미워하는 자들의 목숨을 달라고 하지도 않고, 오래 살도록 해 달라고 하지도 않을 자신이 있을까요? 마음 속에 감추어 둔 하나님 나라를 향한 나의 소원을 조용히 내놓아 보렵니다. 저는 우선 하나님께서 나로 인하여 기뻐하실 만한 것이 무엇인가를 찾아보겠습니다. 그리고 그것이 내 안에 능력으로 자라나길 빌겠습니다.

12일

✝ 오늘말씀 역대기하 5:2 - 9:31

성전 봉헌
솔로몬의 봉헌 기도와 하나님의 축복

💡 **실마리 풀기**

"스스로 겸손해져서 기도하며 나를 찾고, 악한 길에서 떠나면, 내가 하늘에서 듣고 그 죄를 용서하여 주며"(대하 7:14)

드디어 성전을 완공한 솔로몬이 봉헌 기도를 드립니다. 그리고 하나님께서 그를 축복해주십니다. 내용은 (열왕기상 8:1 - 9:9)과 같습니다. 그러나 말년에 솔로몬이 하나님으로부터 멀어져간 내용은 없습니다. 오직 유대인들이 되돌리고 싶은 부분만 기록되어 있습니다.

주님의 영광중에 행한 성전 봉헌 - 이 성전을 바라보면서 기도하면(5:2 - 7:10)

주님의 성전을 짓는 모든 일이 완성되자, 솔로몬은 주님의 언약궤와 거룩한 기구들을 모두 옮겨 왔다. 제사장들은 주님의 언약궤를 제자리, 곧 성전 내실 지성소 안, 그룹들의 날개 아래에 가져다가 놓았다. 궤 속에는 호렙에서 모세가 넣어 둔 두 판 말고는 아무것도 없었다. 이 두 판은, 이스라엘 자손이 이집트에서 나온 다음에 주님께서 호렙에서 그들과 언약을 세우실 때 모세가 거기에 넣은 것이다(출 16:33 - 34, 25:21)(민 17:10)(신 10:1 - 5)(왕상 8:9).

〈그런데....유독 히브리서에는 "그 안에 만나를 담은 금 항아리와 아론의 싹난 지팡이와 언약의 돌판들이 있고"(히 9:4) 라고 기록하고 있다. 히브리서 저자가 무슨 연유로 그렇게 기술하였는지 알려주는 신학자들이 별로 없다. 〉

제사장들이 주님의 언약궤를 제자리 곧 지성소 안에 가져다가 놓고 나올 때, 주님의 영광이 주님의 성전을 가득 채웠다. 이는 하나님께서 그들과 함께하신다는 징표이다. 그런 가운데 솔로몬이 하나님의 이름을 기릴 성전을 지은 것이 주님께서 하신 약속을 이루신 것임을 고백하고, 백성들을 축복하며 주님께 감사와 간구의 기도를 드렸다. 솔로몬이 기도를 마치니, 하늘에서 불이 내려와 번제물과 제물들을 살라 버렸고, 주님의 영광이 그 성전에 가득 찼다. 이렇게 하나님께서 성전 봉헌 제사를 받으셨으니, 이스라엘 모든 자손이 주님께 감사하여 주님은 선하시며, 그 인자하심이 영원하심을 찬양하였다.

역대기는 솔로몬이 기도하기를 "이 백성이 주님께 죄를 지어서... 남의 나라로 사로잡혀 가더라도, 그들이 사로잡혀 간 그 땅에서라도, 마음을 돌이켜 회개하고, 그들을 사로잡아 간 사람의 땅에서 주님께 자복하여 이르기를 '우리가 죄를 지었고, 우리가 악행을 저질렀으며, 우리가 반역 하였습니다' 하고 기도하거든...... 마음을 다하고 정성을 다하여 주님께 회개하고, 주님께서 그들의 조상에게 주신 땅과 주님께서 선택하신 이 도성과 내가 주님의 이름을 기리려고 지은 이 성전을 바라보면서 기도하거든, 주님께서는, 주님께서 계시는 곳인 하늘에서, 그들의 기도와 간구를 들으시고, 그들의 사정을 살펴보아 주십시오. 주님께 죄를 지은 주님의 백성을 용서하여 주십시오"(6:36 - 39)라고 하였다고 기록하였다. 이는 바빌로니아에서 돌아온 백성들에게 큰 위로가 되었을 것이다.

하나님께서 주신 언약과 축복의 조건 - 비록 내가 내 이름을 위하여 이 성전을 거룩하게 구별하였지만(7:11 - 22)

예루살렘의 성전은 이제부터 오래도록 하나님을 신뢰하는 자들이 바라보며 기도할 곳이다. 이 성전을 바라보면서 기도하면 주님께서는 그들의 기도와 간구를 들으시고, 그들의 사정을 살펴보아 주실 것이기 때문이다. 그러나 주님께서 백성들에게 엄중한 경고를 하신다.

"내가 이제, 내 이름이 이 성전에 길이길이 머물게 하려고, 이 성전을 선택하여 거룩하게 하였으니, 내 눈길과 마음이 항상 이곳에 있을 것이다. 너는 내 앞에서 네 아버지 다윗처럼 살아라. 그래서 내가 네게 명한 것을 실천하고, 내가 네게 준 율례와 규례를 지켜라…… 그러나 내가 너희가 마음이 변하여 내가 너희에게 일러준 나의 율례와 계명을 버리고 다른 신들을 섬겨 숭배하면, 비록 내가 내 이름을 위하여 이 성전을 거룩하게 구별하였지만, 이 성전도 내가 버리겠다"(7:16 - 20).

솔로몬의 통치와 지혜 - 아버지 다윗처럼(8:1 - 9:31)

주님의 성전과 왕궁, 이 두 건물을 다 짓는 데 스무 해가 걸렸다. 솔로몬 왕은 이스라엘 자손이 다 멸하지 않고 그 땅에 남겨 둔 사람들을 노예로 삼아서 강제 노역에 동원하였다. 그러나 이스라엘 자손은 아무도 노예로 삼아 일을 시키지 않았다(8:9).

스바 여왕이 주님의 이름 때문에 유명해진 솔로몬의 명성을 듣고서, 여러 가지 어려운 질문으로 시험해 보려고 솔로몬을 찾아왔다. 스바의 여왕은 솔로몬이 온갖 지혜를 갖추고 있는 것을 확인하고 주 하나님께 찬양을 돌렸다. 솔로몬 왕은 재산에 있어서나 지혜에 있어서나, 이 세상의 그 어느 왕보다 훨씬 뛰어났다. 솔로몬도 아버지 다윗처럼 40년 동안 이스라엘을 다스렸다.

묻고? 답하기! 우리는 어디를 바라보며 기도를 할까요?

솔로몬을 비롯한 유대인들은 예루살렘을 바라보며 기도합니다. 무슬림들은 사우디의 메카를 향하여 기도합니다. 우리는 주님께서 계시는 곳, 하늘(6:21)을 향하여 기도합니다. 주여! 우리가 그곳을 바라보며 기도할 때에 그 기도를 들어주십시오. 하늘에서 들으시고 들으시는 대로 용서해 주십시오.

13일 ~~~~~~

✚ 오늘 말씀 역대기하 10:1 - 16:14

유다의 왕들
르호보암, 아비야, 아사

💡 **실마리 풀기**

"너희가 나를 버렸으니, 나도 너희를 버려, 시삭의 손에 내주겠다"(대하 12:5)

열왕기에서는 남과 북으로 갈린 두 나라 왕들의 영적 상태를 기록하였습니다만 역대기에서는 북이스라엘의 왕들의 기록은 일절 등장하지 않습니다. 역대기의 저자는 앗시리아와 혼혈이 된 북이스라엘을 이미 하나님의 백성에서 제외된 것으로 취급합니다. 이제부터 살펴볼 남 유다 왕들의 내력에는 그들의 영적 상태보다는 그들의 업적, 본받고 싶은 점들만 기록되어 있습니다.

유다왕 르호보암의 어리석음 - 남과 북의 분열(10:1 - 11:4)

온 이스라엘 지파의 대표자들과 부왕 솔로몬을 섬긴 원로들은 하나같이 백성들의 멍에를 덜어주고, 그들을 섬기는 왕이 될 것을 요구한다. 그러나 르호보암은 하나님의 지혜를 구하거나 원로들의 충고를 듣지 아니하고, 젊은 신하들의 충고대로 백성에게 더 무거운 멍에를 메우겠다고 대답하였다. 이 결과 북이스라엘 백성은 여로보암을 온 이스라엘을 다스리는 왕으로 추대하였고, 남 유다의 가문과 베냐민 지파는 르호보암의 다윗 가문을 따르기로 하였다.

- "이렇게 이스라엘은 다윗 왕조에 반역하여 오늘에 이르렀다"(10:19).

유다 왕 르호보암의 범죄 - 유다를 향한 하나님의 첫 번째 경고(11:5 - 12:16)

르호보암은 유다 지방의 성읍들을 요새로 만들었고, 유다와 베냐민은 르호보암의 통치하에 들어갔다. 이스라엘 전국에 있던 제사장들과 레위 사람들 그리고 주 하나님의 뜻을 찾기로 마음을 굳힌 이들이 모두 자기들이 살던 지역을 떠나 르호보암에게로 왔다. 레위 사람들이 목장과 소유지를 버리고 유다와 예루살렘으로 온 것은 여로보암과 그의 아들들이 그들에게 주님을 섬기는 제사장 직분을 수행하지 못하게 하고, 따로 제사장들을 세워서 여러 산당에서 숫염소 우상과 자기가 만든 송아지 우상을 섬기게 하였기 때문이다. 제사장들과 레위 사람들은 유다 나라를 강하게 하고, 솔로몬의 아들 르호보암의 왕권을 확고하게 하여 주었다. 그러나 그것은 삼 년 동안뿐이었다.

르호보암의 어머니 나아마는 암몬 사람이다. 그 어머니가 암몬 여자인 것은 그들이 우상을 섬길 확률이 높음을 암시한다. 르호보암은 주님의 뜻을 찾는 일에 마음을 쓰지 않고 악한 일을 하였다. 르호보암은 왕위가 튼튼해지고 세력이 커지자 주님의 율법을 저버렸다. 그들이 주님께 죄를 범한 결과로 르호보암 왕이 즉위한 지 오 년째 되던 해에 이집트의 시삭 왕이 예루살렘을 치러 올라와서 주님의 성전 보물과 왕실 보물을 하나도 남기지 않고 다 털어 갔다.

- 그러나 "르호보암이 잘못을 뉘우쳤기 때문에, 주님께서는 그에게서 진노를 거두시고, 그를 완전히 멸하지는 않으셨다. 그래서 유다 나라는 형편이 좋아졌다"(12:12).

유다 왕 아비야의 승리 - 여로보암을 크게 무찌른 왕(13:1 - 14:1a)

여로보암과 르호보암 사이에는 그들이 살아 있는 동안 늘 전쟁이 있었고, 르호보암의 아들 아비야와 여로보암 사이에도 전쟁이 있었다. 아비야가 주님께 부르짖고, 제사장들은 나팔을 불고, 유다 군이 함성을 지르니 하나님께서 여로보암과 온 이스라엘을 물리치셨다. 열왕기에서와 달리 역대기는 아비야가 여로보암과의 전투에서 하나님을 의지하고, 이스라엘군을 크게 무찌른 왕으로 전하고 있다.

- "이스라엘군이 항복하고 유다 군이 이긴 것은 유다가 주 조상의 하나님을 의지하였기 때문이다"(13:18).

유다 왕 아사의 변심 - 시리아 왕을 의지한 왕(14:1b - 16:14)

아비야의 아들 아사는 주 하나님이 보시기에 좋은 일, 올바른 일을 하였다. 그는 이방 제단과 산당을 없애고, 석상을 깨뜨리고, 아세라 목상을 없애 버렸다. 아세라를 섬기는 자기 할머니 마아가를 왕 대비의 자리에서 물러나게 하였다. 온 유다 백성은 마음을 다해 주님께 맹세하고, 정성을 다해 주님을 찾았으므로 주님께서 그들을 만나 주셨고, 사방으로 그들에게 평안을 주었다. 그러나 아사는 통치 삼십육 년에 이스라엘 왕 바아사의 공략을 멈추려고 시리아 왕 벤하닷과 동맹을 맺었다. 아사는 끝내 시리아 왕을 의지하고, 하나님을 의지하지 않았다.

- "주님께서는 그 눈으로 온 땅을 두루 살펴서, 전심전력으로 주님께 매달리는 이들을 힘 있게 해주십니다"(16:9).

묻고? 답하기!

희망이 전혀 없어 보일 때 나는 무엇에 의지하여야 할까요?

아비야는 하나님을 의지하며 무력으로 북이스라엘을 무찔렀습니다. 아사는 우상들을 모두 없애버렸습니다. 영적으로는 아사가 더 의로운 것처럼 보였는데, 아사는 희망이 전혀 없어 보일 때 하나님을 의지하기보다는 이웃 나라 시리아를 의지하였습니다. 그는 당장 눈앞의 두려움을 이기지 못한 것입니다. 우리에게 강한 도전이 닥쳐오고 두려움이 엄습할 때라도, 인간적인 지략을 짜기보다는 하나님의 지혜를 구하는 기도를 하기를 원합니다.

4

역대기

14일

✝ 오늘 말씀 역대기하 17:1 - 22:9

유다의 왕들

여호사밧, 여호람, 아하시야

💡 **실마리 풀기**

"악한 자를 돕고 주님을 싫어하는 자들의 편을 드는 것이 옳다고 생각하십니까?"(대하 19:2)

르호보암의 아들 아비야, 아비야의 아들 아사, 아사의 아들 여호사밧, 여호사밧의 아들 여호람 그리고 여호람의 막내 아들 아하시야가 유다의 왕이 되어 유다를 다스렸습니다. 그러나 그 어느 하나도 주님 보시기에 온전한 믿음의 조상은 없었습니다.

유다 왕 여호사밧의 순종과 불순종(1) - 율법을 가르침과 아합과의 혼인(17:1 - 19:3)

아사의 아들 여호사밧이 유다의 왕이 되어 예루살렘에서 스물다섯 해 동안 다스렸다. 여호사밧은 오직 주님께서 지시하신 대로 살기로 다짐하고, 유다에서 산당과 아세라 목상을 없애 버렸다. 그리고 여호사밧은 지도자들과 함께 레위 사람들 그리고 제사장 엘리사마와 여호람을 여러 성읍에 보내어, 주님의 율법책을 가지고 유다 전국을 돌면서 백성을 가르치게 하였다.

그러나 여호사밧이 아합 가문과 혼인의 유대를 맺고, 아합이 일으킨 시리아 왕과의 전쟁에 참여하였다. 인간 여호사밧의 소견에 이스라엘과의 화해가 세상의 평화를 도모하는 선한 일이라고 착각을 하였던 것이다. 이에 대해 선지자 예후는 악한 자를 돕고 주님을 싫어하는 자들의 편을 드는 것이 옳지 않으나, 여호사밧이 그렇게 하였으므로 주님의 진노가 그에게 내릴 것이라고 예언하였다.

- "여호사밧은 재물을 많이 모으고, 큰 영예를 얻었다. 그는 아합 가문과 혼인의 유대를 맺었다"(18:1).

유다 왕 여호사밧의 순종과 불순종(2) - 공의로운 재판과 산당(19:4 - 21:1)

여호사밧은 온 유다의 요새화된 성읍에 재판관들을 임명하여 세웠다. 그는 재판이 단순히 사람을 기쁘게 하는 것이 아니라, 재판할 때에 그들과 함께 계시는 주님을 기쁘시게 하는 것임과 주님께서는 공의를 이루는 사람들의 편을 드신다는 것을 명심하도록 지시하였다.

모압 자손과 암몬 자손이 싸움을 걸어왔다. 주님께서 여호사밧의 기도를 들으신 후 말씀하셨다. "너희는 대열만 정비하고 굳게 서서, 나 주가 너희에게 승리를 가져다주는 것을 보아라"(20:17). 여호사밧이 찬양대를 군대 앞에서 행진하게 하니, 암몬 자손과 모압 자손이 서로 쳐 죽임으로 큰 승리를 하였다. 하나님께서 여호사밧이 다스리는 동안 평안함을 주셨다.

- "여호사밧은 자기의 아버지 아사가 걸어간 길에서 벗어나지 아니하고, 그 길을 그대로 걸어서, 주님께서 보시기에 정직하게 행하였으나, 그가 산당만은 헐어 버리지 않아서, 백성이 조상의 하나님만을 섬기게 하지는 못하였다"(20:32 - 33).

불순종의 길을 간 유다 왕 여호람 - 아합의 사위(21:2 - 20)

여호사밧의 아들 여호람은 아합의 사위가 되어, 아합 가문이 한 대로 유다의 여러 산에 산당을 세우고, 예루살렘 주민에게 음행하게 하였고, 유다 백성을 그릇된 길로 가게 하였다. 그래서 주님께서 블레셋 사람과 아라비아 사람들이 여호람을 치게 하셨다.

- "그들이 유다로 쳐 올라와서 왕궁의 모든 재물을 탈취하였고, 여호람의 아들들과 아내들까지 잡아갔다. 막내아들 아하시야 이외에는 아무도 남겨 두지 않았다"(21:17).

불순종의 길을 간 유다 왕 아하시야 - 아합의 딸, 아달랴의 아들(22:1 - 9)

여호람의 막내아들 아하시야(이는 아합의 아들 아하시야와 다른 사람임)가 유다 왕이 되어 한 해 동안 예루살렘에서 다스렸다. 아하시야도 아합 가문의 사위였으므로, 아합 가문처럼 주님 보시기에 악한 일을 하였다. 그의 어머니 아달랴가 그를 꾀어 악을 행하게 하였기 때문이다.

그는 이스라엘의 아합의 아들 요람 왕과 함께 시리아와의 싸움에 출전하였다. 그는 시리아와의 싸움에서 상처를 입은 아합의 아들 요람의 병문안을 하러 갔다가, 주님께서 아합 왕가를 멸망시키려고 기름 부어 뽑아 세운 사람, 예후에 잡혀 죽었다. 그가 죽은 후, 아하시야의 어머니, 아달랴가 유다의 남은 왕족을 모두 죽이고, 자신이 여왕이 되었다.

- "그리고 나니, 아하시야의 가문에는 왕국을 지켜갈 만한 능력을 가진 사람이 아무도 없었다"(22:9).

**묻고?
답하기!**

세상의 모든 재판관에게 다음과 같은 여호사밧의 말을 들려주고
싶지 않으십니까?

"그대들이 하는 재판은 단순히 사람을 기쁘게 하는 것이 아니라, 그대들이 재판할 때에 그대들과 함께 계시는 주님을 기쁘시게 하는 것임을 명심하시오. 주님을 두려워하는 일이 한순간이라도 그대들에게서 떠나지 않도록 하시오. 주 우리의 하나님께서는 불의하지도 않으시며, 치우침도 없으시며, 뇌물을 받지도 않으시니, 재판할 때에 삼가 조심하여 하도록 하시오"(19:6 - 7).

15일

✝ **오늘 말씀** 역대기하 22:10 - 26:23

유다의 왕들

아달랴, 요아스, 아마샤, 웃시야

💡 **실마리 풀기**

"여호야다 제사장이 죽으니, 유다 지도자들이 왕을 부추겨서 자기들의 말을 듣도록 하였다"(대하 24:17)

예후에 의해 아하시야가 죽임을 당하자, 그의 어머니 아달랴는 유다 집안의 왕족을 모두 죽이고 스스로 여왕이 되었으나 손자 요아스는 죽이지 못하였습니다. 다윗의 혈통에 의한 왕권의 승계는 계속되지만, 여호사밧 이후 악한 길로 간 여호람, 아하시야, 아달랴, 요아스, 아마샤 그리고 웃시야(아사랴)에 이르기까지 모두는 하나님께 급살을 맞거나, 주위 사람들에게 살해를 당하게 됩니다.

아하시야의 어미 아달랴의 통치와 여호야다 제사장의 개혁(22:10 - 23:21)

예후에 의해 죽은 아하시야의 어머니 아달랴는 유다 집의 왕족을 모두 죽이고 스스로 여왕이 되어 여섯 해 동안 유다를 다스렸다. 그때 아하시야의 아들 요아스는 고모이며 여호야다 제사장의 아내인 여호세바에 의해 화를 면하고 주님의 성전에 숨어 지냈다. 숨어 지낸 지 일곱째 해가 되자, 여호야다 제사장이 왕세자 요아스를 데리고 나와서 그에게 왕관을 씌우고 기름을 부어 왕으로 삼으니, 그 땅의 모든 백성이 기뻐하였다. 여호야다 제사장은 아달랴를 죽이고, 이스라엘 백성이 주님의 백성이 되는 언약을 주님과 왕과 백성 사이에 맺게 하고, 동시에 왕과 백성 사이에도 언약을 맺게 하였다.

- "그렇게 하고 난 다음에, 모든 백성이 바알 신전으로 몰려가서, 그 신전을 허물고, 제단을 뒤엎고, 신상들을 완전히 부수어 버렸다"(23:17).

유다 왕 요아스 - 여호야다 제사장이 죽은 후(24:1 - 27)

일곱 살에 왕위에 오른 요아스는 마흔 해 동안을 예루살렘에서 다스렸다. 요아스는 여호야다 제사장이 가르쳐 준 대로 하였으므로, 일생 주님께서 보시기에 올바른 일을 하였다. 요아스는 주님의 성전에 헌납된 헌금으로 주님의 성전을 수리하는 데 진력하였다. 여호야다 제사장이 죽으니, 유다 지도자들이 왕을 부추겨서 자기들의 말을 듣도록 하였다. 결국 요아스는 하나님의 성전을 버리고 아세라 목상과 우상을 섬기기 시작하였다. 이러한 죄 때문에 유다와 예루살렘에 하나님의 진노가 내렸다. 요아스 왕은 주님의 명을 거역하는 것을 나무라는 여호야다의 아들 사가랴를 주님의 성전 뜰에서 돌로 쳐 죽였다. 그러나 이에 반감을 품은 요아스의 신복들은 요아스가 잠을 자는 동안에 그를 죽이고 말았다.

- 예수님께서 율법학자들과 바리새파 사람들이 예언자들을 죽인 자들의 자손임을 입증하는 근거로 '의인 아벨의 피로부터, 너희가 성소와 제단 사이에서 살해한 사가랴의 피에 이르기까지, 땅에 죄 없이 흘린 모든 피가 너희에게 돌아갈 것'이라고 말씀하신다(마 23:31 - 35, 눅 11:51).

유다 왕 아마샤 - 예루살렘 성벽의 붕괴(25:1 - 28)

요아스의 아들 아마샤가 유다 왕이 되어 스물아홉 해 동안 다스렸다. 아마샤는 주님께서 보시기에 올바른 일을 하기는 하였으나, 그의 조상 다윗만큼은 하지 못하였다. 에돔과의 전쟁에서 아마샤는 초기에 주님께 의지하기 보다는 군대의 수에 의지하여 악한 이스라엘의 군인을 고용하려고 하였다. 그러나 어떤 하나님의 사람이 그것이 옳지 않다고 하자, 용기를 내어 전쟁에 나아가 크게 이겼다.

아마샤는 에돔 사람들을 학살하고 돌아올 때, 세일 자손의 신상들을 가져 와서 자기의 신으로 모시고 그것들 앞에 경배하며 분향하였다. 이 일로 주님께서 아마샤에게 크게 진노하셔서 그를 망하게 하시기로 하셨다. 이스라엘이 유다를 치러 오자 아마샤가 에돔 신들의 뜻을 물으므로, 하나님께서 이스라엘 왕 여호아스를 시켜 예루살렘 성벽을 에브라임 문에서부터 성 모퉁이 문에 이르기까지 사백 자 길이의 성벽을 허물어 버렸다. 아마샤는 자기 아버지처럼 부하들에 의해 죽임을 당했다.

유다 왕 웃시야(아사랴) - 나병에 걸린 왕(26:1 - 23)

유다의 아마샤 왕의 아들 아사랴가 왕이 되었다. 그는 무려 52년간을 다스렸다. 그의 곁에는 하나님을 경외하도록 가르쳐 주는 스가랴가 있었는데, 스가랴가 살아 있는 동안에 웃시야는 하나님의 뜻을 찾았다. 하나님께서 그를 도우셨으므로 그는 매우 강한 왕이 되었다. 그러나 웃시야 왕은 힘이 세어지면서 교만하게 되더니,(제사장들만이 할 수 있는) 주님의 성전 안에 있는 분향단에 분향을 하려고 하였다. 주님께서 그를 치셔서 죽을 때까지 나병 환자가 되었다.

묻고? 답하기!

왜 왕들은 주변의 조언자들보다 간신들의 말을 더 들으려 할까요?

왕년에 르호보암도 하나님의 지혜를 구하거나 원로들의 충고를 듣지 아니하고, 젊은 신하들의 충고를 들었습니다. 요아스도 여호야다 제사장이 죽으니, 유다 지도자들의 부추기는 말을 들었습니다. 내가 왕이라면 나도 그렇게 될까요? 어떻게 하면 흔들리지 않고, 중심을 잡을 수 있을까요? 작은 자리라도 그곳에 올라앉는 사람은 탐욕과 교만한 마음을 멀리하여야 할 것입니다.

유다의 왕들
요담, 아하스, 히스기야

💡 **실마리 풀기**

"히스기야 왕과 아모스의 아들 이사야 예언자가 함께 하늘을 바라보며 부르짖어 기도하니"(대하 32:20)

유다의 왕권은 계속 이어집니다. 웃시야(아사랴)의 아들 요담, 요담의 아들 아하스 그리고 아하스의 아들 히스기야가 유다 왕이 되어 예루살렘에서 다스립니다. 어쩌면 이렇게 이어지는 대물림으로 순종과 불순종이 반복되는지 모르겠습니다.

유다 왕 요담 - 다윗의 길을 간 왕(27:1 - 9)

웃시야(아사랴)의 아들 요담은 아버지 웃시야가 한 것을 그대로 본받아, 주님께서 보시기에 올바른 일을 하였으나, 백성들은 계속하여 악한 일을 저질렀다.

유다 왕 아하스 - 여로보암의 길을 간 왕(28:1 - 27)

유다의 요담 왕의 아들 아하스가 왕이 되어 열여섯 해 동안 다스렸다. 그는 주 하나님께서 보시기에 올바른 일을 하지 않았다. 오히려 그는 이스라엘의 왕들이 걸어간 길을 걸어갔고, 자기 아들을 불에 태워 제물로 바치는 이방 민족의 역겨운 풍속을 본받으며, 산당과 언덕과 모든 푸른 나무 아래에서 직접 제사를 지내고 분향하였다. 그뿐만 아니라 시리아와 이스라엘의 공격을 피하고자 앗시리아에게 조공을 바치며 도움을 청하였다. 그리고 다마스쿠스에 있는 제단을 그대로 본떠서 새로운 제단을 만들고 다마스쿠스 사람들이 섬기는 신들에게 제사를 드렸다.

다윗의 길을 간 왕 히스기야 - 제사장들의 성결과 예배의 회복(29:1 - 36)

아하스의 아들 히스기야는 조상 다윗이 한 모든 것을 그대로 본받아, 주님께서 보시기에 올바른 일을 하였다. 그는 조상이 죄를 지어 주 하나님 앞에서 악한 일을 한 것과 하나님을 버리고 얼굴을 돌이켜서 주님께서 거하시는 성소를 등진 것을 회개하였다.

히스기야는 제사장들과 레위 사람들이 성결 예식을 하고, 성전 안으로 들어가서 주님의 율법에 따라 주님의 성전을 깨끗하게 하였다. 그리고 제물을 잡아 번제와 속죄제를 드리고, 그 피를 속죄 제물로 제단에 부어서 온 이스라엘의 죄에 대해 속죄하였다. 그리고 주님의 성전에서의 예배를 회복하였다.

히스기야의 개혁 - 유월절과 레위 사람들의 회복(30:1 - 31:21)

히스기야는 브엘세바에서 단에 이르기까지 이스라엘 전역에 명령을 선포하여, 모두 함께 예루살렘으로 와서 주 이스라엘의 하나님 앞에서 유월절을 지키도록 하였다. 이는 스스로 존재의 근원을 일깨우는 것이었다. 히스기야는 제사장들과 레위 사람들이 각자 맡은 임무를 전념할 수 있도록 그들의 몫을 백성들이 감당하도록 하였다.

그리고 모든 기둥 석상을 산산이 부수고, 아세라 목상을 찍어 버리고, 유다와 베냐민과 에브라임과 므낫세 온 땅에서 산당과 제단을 하나도 남기지 않고 없애 버렸다. 그는 하나님의 성전을 관리하는 일이나, 율법을 지키는 일이나, 하나님을 섬기는 일이나, 하는 일마다 최선을 다하였으므로 하는 일마다 잘 되었다.

히스기야의 기도와 교만 - 앗시리아의 쇠퇴와 바빌로니아의 등장(32:1 - 33)
(Cf. 왕상18 - 19장; 왕하 18:1 - 20:21; 사 36:1 - 22; 37:8 - 38, 38:1 - 3; 39:1 - 8)

히스기야 왕이 이렇게 하나님을 성실하게 섬기고 있을 때, 앗시리아의 산헤립 왕이 유다로 쳐들어왔다. 산헤립이 히스기야의 하나님도 그의 백성을 자기 손에서 구원해 내지 못할 것이라며 하나님을 모욕하였다. 그러나 히스기야 왕과 이사야 예언자가 함께 하늘을 바라보며 부르짖어 기도하니, 주님께서 히스기야와 예루살렘 주민을 앗시리아의 왕 산헤립과 모든 적국의 손에서 구하여 내셨다.

히스기야가 병이 들어 거의 죽게 되자 주님께 또 한 번 부르짖어 기도하니, 주님께서 그에게 응답하셔서 회복될 것이라고 하는 징조를 보여 주셨다. 그러나 히스기야는 바빌로니아의 사절단에게 궁궐과 나라 안에 있는 것을 하나도 빠짐없이 모두 다 보여주었다. 히스기야의 마음에 앗시리아를 물리친 것이 마치 자신의 무기와 용사들에 의한 것인 것처럼 교만을 보인 것이다.

묻고? 답하기!

하나님의 은혜가 충만할 때 나의 언행을 돌아보았습니까?

주님의 도우심으로 대단히 부유하게 되었고, 온 천하의 영화를 한 몸에 누리게 되었으며, 하는 일마다 다 잘 되었으면서도 교만에 빠진 히스기야를 돌아봅니다. 나도 그와 같은 온갖 부요와 건강과 영화를 누린다면 감히 하나님 앞에서 내가 스스로 이룬 것이라고 자만하기 쉬울 것입니다. 교만은 받은 것에 만족하지 못하거나, 받은 은혜를 나누지 못하고 자기 자신만을 위하여 사용하는 것입니다. 내가 그리스도인이라면, 나에게 주어진 모든 것이 오직 주님으로부터 온 것임을 마음속에 깊이 간직하고 살게 되기를 소망합니다.

17일

유다의 왕들
므낫세에서 시드기야까지

💡 실마리 풀기

"주님께서는 예레미야를 시켜서 하신 말씀을 이루시려고, 페르시아의 고레스 왕의 마음을 움직이셨다"(대하 36:22)

드디어 히스기야의 아들 므낫세가 등장합니다. 그의 악행은 하늘을 찔러, 더는 하나님의 자비가 유다에 임하지 못하게 됩니다. 그의 손자, 요시야가 그토록 간절하게 하나님을 섬기려 하였지만, 이제 유다는 돌이킬 수 없는 나락으로 떨어져 가게 될 것입니다.

유다 왕 므낫세와 아몬 - 주님을 격노하시게 한 왕과 그 아들(33:1 - 25)

히스기야의 아들 므낫세는 유다의 왕 중에 가장 오랫동안(쉰다섯 해) 다스렸다. 그러나 므낫세는 주님께서 보시기에 가장 악한 일을 하였다. 그는 아버지 히스기야가 헐어 버린 산당들을 오히려 다시 세우고, 바알들을 섬기는 제단을 쌓고, 아세라 목상들을 만들고, 주님의 성전 안에도 이방 신을 섬기는 제단을 만들고, 하늘의 별을 숭배하여 섬겼다. 그가 저지른 악은, 본래 이 땅에 살다가 이스라엘 자손이 보는 앞에서 주님께 멸망당한 여러 민족이 저지른 악보다 더욱 흉악하였다. 결국, 주님께서 앗시리아 왕의 군대가 므낫세를 사로잡아 쇠사슬로 묶어 바빌론으로 끌어가도록 하였다.

므낫세는 고통을 당하여 주 하나님께 기도하니, 주님께서 그 기도를 받으시고 그를 예루살렘으로 돌아오게 하시고 다시 왕이 되어 다스리게 하셨다. 그러나 열왕기하에서는 므낫세의 회개를 인정하지 않는다(왕하 23:26, 24:3 - 4).

유다 왕 요시야 - 유다의 멸망을 유보한 왕(34:1 - 35:27)

므낫세의 손자 요시야는 주님께서 보시기에 올바른 일을 하였고, 그의 조상 다윗의 모든 길을 본받아 곁길로 빠지지 않았다.

요시야 왕이 주님의 성전에 파손된 곳을 수리하게 하였다가 그곳에서 율법 책을 발견하였다. 그리고 훌다 예언자가 주님의 뜻을 전하였다. "그를 버리고 다른 신들에게 분향하고, 그들이 한 모든 일이 나를 노엽게 하였기 때문에 그들에게 내 분노를 여기에다 쏟을 것이니, 아무도 끄지 못할 것이다"(34:25). 그러나 요시야가 주님의 말을 들었을 때 깊이 뉘우치고, 주 앞에 겸손하게 무릎을 꿇고, 옷을 찢고 주님 앞에서 통곡하였으므로, 그가 죽을 때까지는 재앙을 내리지 않으실 것이다.

유다 왕 여호아하스, 여호야김, 여호야긴, 시드기야 - 마지막 왕들(36:1 - 21)

여호아하스 - 요시야 왕이 이집트의 바로 느고 왕을 맞아 싸우려고 하다가 죽고 말았다. 그 후 요시야의 아들 여호아하스가 왕이 되어 예루살렘에서 석 달 동안 다스렸지만, 이집트의 느고 왕이 예루살렘에서 여호아하스를 폐위시키고 붙잡아서 이집트로 데려갔다.

여호야김(제1차 포로) - 이집트의 느고 왕이 요시야의 다른 아들 엘리야김을 왕으로 삼고, 그의 이름을 여호야김으로 바꾸어 왕으로 삼았다. 여호야김도 주 하나님께서 보시기에 악한 일을 하니, 바빌로니아의 느부갓네살 왕이 올라와서 그를 치고 쇠사슬로 묶어서 바빌로니아로 잡아갔다.

여호야긴(BC 597년 : 제2차 포로) - 여호야김의 아들 여호야긴도 조상이 하였던 것처럼, 주님께서 보시기에 악한 일을 하였다. 바빌로니아 느부갓네살 왕은 여호야긴 왕도 사로잡아 갔다. 그리고 주님의 성전 안에 있는 보물과 왕궁 안에 있는 보물들을 모두 탈취하여 갔다.

시드기야(제3차 포로) - 바빌로니아 왕이 여호야긴의 삼촌 맛다니야를 여호야긴 대신에 왕으로 세우고, 그의 이름을 시드기야로 바꾸어 왕으로 삼았으나, 그는 주님의 말씀을 선포하는 예레미야 예언자의 말씀을 겸손하게 받아들이지 않았다. 결국 하나님께서 바빌로니아 왕 느부갓네살을 들어 유다를 치게 하셨다. 시드기야가 반역을 하고 저항하자 바빌로니아 왕은 또다시 하나님의 성전을 불사르고, 예루살렘 성벽을 헐고, 궁궐들을 다 불사르고, 값진 그릇들을 다 부수어 버렸다. 살아남은 자들은 바빌로니아로 데리고 가서 왕과 왕자들의 노예로 삼았다.

고레스의 칙령 - 유대인들의 귀환(36:22 - 23)(cf. 스 1:1 - 4)

유대인들은 바빌로니아가 패망하고 페르시아 제국이 일어서기까지 칠십 년 동안 거기서 노예 생활을 하였다. 페르시아의 고레스 왕이 왕위에 오른 첫 해에, 페르시아의 고레스 왕은 유다의 예루살렘에 그들의 성전을 짓도록 하고, 유다를 고향으로 돌아가도록 허락하였다.

〈역대기는 이렇게 이스라엘의 과거를 돌아보면서, 백성들에게 하나님의 율법에 충실해야 함을 가르치고자 합니다. 하지만 그들은 여전히 선택된 민족이라는 자만심을 가지고 있었으니, 이사야를 비롯한 예언자들이 그토록 강조하였던 이스라엘의 미래, 다가올 하나님 나라와 메시아에 대한 언급은 찾아 볼 수 없습니다.〉

묻고? 답하기! 우리가 역대기를 읽어야 하는 것은 무슨 의미일까요?

역대기는 이스라엘 백성들에게 자기들의 역사를 되돌아보게 함으로써 다시는 그와 같은 잘못을 저지르지 못하게 하려는 의도가 있습니다. 그들은 오직 하나님만을 의지하여야 살 수 있다는 것을 깨우칠 필요가 있었던 것입니다. 우리도 그와 같습니다. 성경을 읽음으로써 하나님을 믿는 백성들이 가야할 길을 기억하여야 합니다.

4월 18일

바리새인들
하나님의 뜻(Vision)을 깨닫지 못한 사람들

✝ 오늘말씀 신명기 28:15 - 37, 에스라 9:6 - 15

💡 실마리 풀기

"우리가 당한 일은 모두 우리가 지은 죄와 우리가 저지른 크나큰 잘못 때문입니다. 그렇지만 주 우리의 하나님은, 우리가 지은 죄에 비하여 가벼운 벌을 내리셔서, 우리 백성을 이만큼이나마 살아남게 하셨습니다. 그러므로 다시는 주님의 계명을 어기지 않아야 하였습니다"(스 9:13 - 14)

하나님의 경륜 - 택하신 족속, 유대인들을 향한 예언과 경고

우리의 죄를 구속하시고, 경배와 찬양을 받고자 하시는 뜻(Vision)을 향한 하나님의 은밀한 계획 또는, 우리와 하나님과의 올바른 관계로의 복원을 향한 예정을 우리는 '하나님의 경륜'(엡 3:2,9)이라고 합니다. 하나님께서 이스라엘 족속을 선택하신 것은 세상 모든 민족을 구원할 당신의 경륜가운데, 그들이 하나님의 맏아들의 역할, 즉 모든 나라가운데 제사장의 역할을 해주길 원하셨기 때문입니다.

하나님께서는 다윗 왕의 아들 솔로몬이 예루살렘 성전을 건축하였을 때, 친히 그곳에 임재하심으로 이스라엘 족속에게 하나님의 돌보심에 대한 굳건한 믿음을 주셨습니다. 그래서 그들은 아무리 강력한 나라들이 침략해 온다 하더라도 그들의 도성 예루살렘은 절대로 함락되지 않으리라고 믿었습니다. 하나님의 날개 아래 그들의 다윗 언약은 계속될 줄 알았습니다. 그들 스스로 그렇게 오랜 세월 동안 하나님의 도전과 명령을 거역하여 왔으면서도 그들의 선민의식은 변함이 없었던 것입니다.

그러나 솔로몬 이후 이스라엘은 급격히 우상숭배와 패역의 길로 들어섭니다. 그 이스라엘에 주시는 경고의 메시지, 그 메시지는 백성들의 멸망을 돌이켜보고자 하는 하나님의 갈망입니다. 예언자들을 통하여 끝까지 설득하시고 새로운 도전을 제시하시는 것입니다. 그러나 그들은 결국 멸망하였습니다. BC 587년, 예루살렘은 파괴되고 그들 민족은 바빌로니아의 포로로 잡혀가는 재앙이 발생하였습니다. 그것은 **정치적 몰락일 뿐만 아니라 영적인 몰락**이기도 하였습니다. 그들의 신앙은 송두리째 무너져 내렸습니다. 도저히 받아들일 수 없는 이러한 현실을 누가 신학적으로 설명해 줄 수 있을 것인가요?

분리된 자(페루쉼/ perushim), 바리새인들 - 바빌로니아에서 돌아 온 유대인들의 각성

B.C. 538년 페르시아 왕 고레스는 유대인 포로들이 원하면 고향으로 돌아갈 수 있다는 칙령을 공포합니다. 포로로 잡혀가 있던 백성들 가운데 많은 사람이 고레스의 칙령을 따라 서둘러 귀환하게 됩니다. 그들의 귀환은 세 명의 지도자가 각자의 소명을 따라 인도하는 대로 세 번에 걸쳐 진행됩니다. 처음에는 스룹바벨을 따라 파괴된 성전을 재건합니다. 이어서 제사장 에스라는 성전 재건과 함께 하나님의 백성들을 다시 추슬러서 예배공동체로 이끌고자 합니다. 마지막으로 느헤미야는 예루살렘 성벽과 그 문들을 재건하는 데 집중합니다. 이제 드디어 이스라엘 백성들은 다시는 이방의 우상을 섬기는 일에 빠지지 않을 것입니다. 튼튼한 성벽으로 둘러싸인 성전에서 제사장 에스라의 인도를 따라 예배를 드리며, 그의 가르침을 따라 경건한 삶을 살아갈 것이기 때문입니다.

에스라는 70여 년간의 포로 생활로 인해 잊힌 율법을 백성들에게 다시 가르쳤습니다. 그리고 백성들 사이에 광범위하게 퍼져 있는 이방인들과의 혼인으로 인한 이교도적인 삶의 요소들을 제거하려 하였습니다. 그렇게 하여 여호와를 향한 신앙을 회복하고자 하는 것입니다. 유대 민족은 이제 **정치적 공동체가 아니라 신앙적 공동체**로 거듭나게 되었습니다.

포로로 잡혀가 있던 70여 년 동안 그들의 지도자들은 자신들, 즉 유다의 잘못이 무엇이었는가를 심사숙고하였습니다. 그리고 얻은 결론은 바로 "율법 준수"였습니다. 다시는 그러한 실수를 되풀이하지 않으리라고 다짐하였습니다. 바리새인이라는 말은 **"율법에서 깨끗하지 않다고 하는 것들로부터 분리된 자"**라는 의미가 있습니다. 이들은 바빌로니아에서 돌아온 이후, 오직 율법에 집착하며 율법을 가장 엄격하게 지키는 사람들입니다. 이들은 형식이나 관습을 중요시하였고, 금식과 레위기의 정결 의식(레 11장)도 철저히 지켰습니다.

하나님의 임재를 상실한 이스라엘 - 회복된 예배공동체의 실상

그러나 그들의 반응은 여전히 하나님의 도전을 충족시키는 것이 되지 못하였습니다. 율법을 준수한다면서, 점차 전통이나 장로들의 유전(자의적인 가르침)을 더 중요하게 여겨 거의 하나님의 말씀과 동등하게 생각하였습니다. 이들은 너무 철저하게 외적인 면을 중요시한 결과 안식일 준수에 얽매어 안식일에 환자를 돌보거나 이삭을 잘라 먹는 것까지 죄로 간주하였습니다. 그들은 하나님의 도전과 명령이 그들의 마음의 중심을 향하고 있다는 것을 알지 못하고 오직 율법의 행위에 집중하였습니다. 그렇게 오랜 세월 동안 예언자들을 보내시어 하나님의 비전을 전하였음에도 그들은 깨달음을 얻지 못하였던 것입니다.

더군다나 이스라엘은 여전히 죄악 된 분위기에서 벗어나지 못합니다. 극심한 빈부의 격차로 인한 사회적 갈등, 불의의 만연이 그들 공동체의 분위기를 주도합니다. 물론, 예배를 드리기는 하지만 대부분 형식적인 의식을 치르는 데 그칩니다. 결정적으로 에스라, 느헤미야서 어디에도 예루살렘 성전으로 하나님의 임재가 회복되었다는 언급이 없다는 점이 우리를 당황스럽게 합니다. 이제는 그들 중에 거하시는 **하나님과 더불어 약속의 땅에 살 것이라는 언약과 강하고 부유한 제사장 나라가 될 것이라는 축복**은 그 어디에도 찾아볼 수가 없게 된 것입니다.

19일

✝ 오늘 말씀 에스라 1:1 - 3:13

70년만의 귀환
하나님과의 재출발

💡 실마리 풀기

"하나님을 섬기는 모든 사람은 유다에 있는 예루살렘으로 올라가서"(스 1:3)

BC 539년, 세계 최강을 자랑하던 바빌로니아제국은 페르시아제국의 고레스 왕에게 멸망합니다. 앗시리아와 바빌로니아제국의 왕들은 피정복국의 문화를 말살하기 위해 그 나라의 백성들을 모두 포로로 끌고 왔었으나, 고레스 왕은 포로들의 문화와 종교를 존중하여 그들의 조국으로 돌려보냄으로써 더욱 존경을 받을 것으로 생각하였습니다. 이스라엘 백성들이 처음 포로로 잡혀간 후 67년만입니다.

고레스의 이러한 관대한 정책 덕분에 스룹바벨을 선두로 4만 명이 4개월에 걸쳐 이스라엘로 돌아와 성전을 재건하였고(BC538), 아닥사스다 왕 시절에 에스라가 돌아와 율법을 회복하였습니다(BC 458). 그리고 느헤미야의 귀환을 마지막으로 3차에 걸친 귀환이 이루어졌습니다(BC445).

고레스의 칙령 - 이사야가 200년 전에 예언한 하나님의 계획을 위한 선포(1:1 - 11)

주님께서는 예레미야를 시켜서 하신 말씀(렘 50 - 51장)을 이루시려고 페르시아의 고레스 왕의 마음을 움직이셨다. 그 말씀은 바빌로니아가 멸망하고 이스라엘 백성이 귀환할 것이라는 예언이었다. 페르시아 왕 고레스는 하나님께서 이미 200 년 전에 이사야 선지자를 통하여 '하나님의 기름 부음 받은 자'로서 하나님의 계획을 위한 도구가 될 것이라고 말씀하신 바 있다(사 44:28 - 45:13).

고레스 왕은 바빌로니아를 점령한 이듬해에 모든 포로 된 자들이 고향으로 돌아가도록 허락하고, 각 나라의 신상들을 그 회복된 신전으로 복구시켰다. 포로로 잡혀 온 사람들 가운데 "하나님을 섬기는 모든 사람은 유다에 있는 예루살렘으로 올라가서, 그곳에 계시는 하나님 곧 주 이스라엘의 하나님의 성전을 지어라"(1:3)고 명령하였다. 유대인들은 성전에 신상을 가지고 있지 않으므로, 대신에 느부갓네살이 예루살렘에서 약탈하여 자기들의 신전에 쌓아둔 성전 기물들을 찾아서 돌려주었다.

〈성전 기물을 돌려받은 세스바살은 고레스가 유다의 귀환을 이끌도록 임명한 유다의 왕자, 여호야긴의 아들(대상 3:18) '세낫살'이라는 설과 또는 여호야긴의 손자(대상 3:19), 스룹바벨의 바빌론식 이름이라는 등 여러 가지 학설이 있으나, 후자가 더 유력한 것으로 보인다.〉

포로에서 풀려 난 사람들(1차 귀환) - 예루살렘을 사모하는 사람들(2:1 - 70)

바빌로니아로 끌려간 사람들의 11명의 지도자중 제사장 예수아 그리고 여호야긴 왕의 손자이며 총독인 스룹바벨은 성전의 기초를 닦은 실질적인 지도자였다. 이들 돌아온 자들의 명단은 유다의 혈통을 확증하는 자료로서 나중에 느헤미야가 재확인(느 7:4 - 73) 할 정도로 소중하게 생각한 족보이다.

스룹바벨과 예수아 - 성전의 기초를 세움(3:1 - 13)

이스라엘 자손이 귀환하여 자리를 잡은 지 일곱째 달이 되었을 때에(BC 537), 일제히 예루살렘으로 모였다. 지도자들은 예루살렘에 모여 번제를 드리고 초막절을 지켰다. 이는 성전을 건립키 위해 하나님께 올려드리는 첫 번째 행사였다.

백성이 하나님의 성전 터가 있는 예루살렘으로 돌아온 지 두 번째 해가 되는 해 둘째 달에, 스알디엘의 아들 스룹바벨과 요사닥의 아들 예수아와 그들의 나머지 동료 제사장과 레위 사람과 사로잡혀 갔다가 예루살렘으로 돌아온 모든 사람이 공사를 시작하고, 스무 살이 넘은 레위 사람을 성전 건축 감독으로 세웠다. 드디어 주님의 성전 기초가 놓인 것을 본 온 백성이 목청껏 소리를 높여서 주님을 찬양하였다. 나이 많은 제사장들과 레위 사람들과 가문의 우두머리들은 성전 기초가 놓인 것을 보고 크게 통곡하였다. 그 소리는 멀리서도 들을 수 있었으나 누구도 환성인지 통곡인지 구별할 수 없었다.

그들에게 성전은 하나님의 임재를 상징한다. 오직 자기들만 하나님의 선택을 받았다고 믿었던 그들이었다. 그러므로 무려 70년 동안을 이국땅에서 포로생활을 하다가 돌아온 그들이 의지할 곳은 오직 주님의 성전뿐이었다. 그들은 주님의 성전에 올라가는 자의 찬양을 15편이나 기록하여 전하고 있다(시편 120 - 134편).

하나님의 계획을 위한 도구로 쓰임 받는 사람은 어떤 사람일까요?

이스라엘 자손이 바빌로니아로 끌려간 지 무려 70년이나 지났습니다. 그들 가운데 목숨을 걸고라도 예루살렘으로 돌아와 하나님의 성전을 재건하고, 그곳에서 예배를 드려야 한다는 믿음을 놓치지 않은 사람들이 있었습니다. 시편 137편에서 그들은 이렇게 노래합니다. "예루살렘아, 내가 너를 잊는다면, 내 오른손아, 너는 말라비틀어져 버려라. 내가 너를 기억하지 않는다면, 내가 너 예루살렘을 내가 가장 기뻐하는 것보다도 더 기뻐하지 않는다면, 내 혀야, 너는 내 입천장에 붙어 버려라."

하나님의 계획을 위한 도구로 쓰임 받는 사람들은 평생에 하나님의 성전을 그리워하는 사람입니다. 하나님의 뜻이 무엇이었던가 생각하는 사람입니다. 자기의 뜻이 아니라.

20일

✚ 오늘말씀 에스라 4:1 - 6:22

70년만의 재건
하나님의 성전, 교회의 회복

💡 **실마리 풀기**

"어떤 왕이나 어떤 민족이 나의 칙령을 거역하여, 이것을 고치거나 예루살렘 성전을 파괴하면"(스 6:12)

어느 날 난데없이 바빌로니아에서 돌아온 이스라엘 백성들이 성전을 재건한다고 하니, 그 땅에 터를 잡고 살고 있던 사마리아인들이 조직적으로 방해를 일삼았습니다. 이에 하나님께서 페르시아의 관리들에게 고레스 왕의 칙령을 생각나게 하시고, 예루살렘 성전의 재건을 완성하도록 도우셨습니다.

그 땅에 살고 있던 이방인들의 방해 - 사마리아인들(4:1 - 24)

그 땅에 살고 있던 사람들은 자신들도 하나님을 섬기며 줄곧 제사를 드려 왔다고 주장하면서 성전 재건에 동참하겠다는 의사를 보인다. 그러나 그들의 속내가 자신들의 합법성과 이익을 도모하기 위한 것으로 판단한 유다의 지도자들은 이를 거절한다. 사실 그들은 앗시리아에 의해 이곳으로 강제 이주를 당한 이방인들로서(왕 17:24), 유대인들처럼 하나님을 섬기며 줄곧 제사를 드려 왔다고는 하나, 그들은 그들이 잡혀 오기 전에 살던 지역의 관습을 따라 자신들이 섬기던 신도 함께 섬겼으니, 주님을 바르게 경외하는 사람이 없었다. 그들은 주님께서 이스라엘이라고 이름을 지어 주신 야곱의 자손에게 명하신 율례와 법도와 율법과 계명을 지키지 않았다(왕하 17:33 - 34).

그들의 이러한 방해는 페르시아 왕 고레스가 다스리던 모든 기간(BC 538 - 530)뿐만 아니라 다리우스가 통치하던 때(BC 522 - 486)까지 이어졌다. 그래서 예루살렘에서의 하나님의 성전 재건축공사는 페르시아 왕 다리우스 이년에 이르기까지 중단되었다. 그 후에도 그들은 에스라의 귀환 때까지 성전의 건축을 방해하고 상소를 일삼았다.

〈4장 6절부터 23절까지는 다리우스 왕 이후에도 이러한 방해가 계속되었음을 기록하여 삽입한 내용으로써, 아하수에로(BC 486 - 464)와 아닥사스다(BC 464 - 424)때에도 그들이 페르시아의 왕에게 편지를 써서 상소한 내용이 들어 있다. 따라서 읽는 동안 문맥상 역사적 오해를 하지 않아야 한다. 〉

성전의 재건축을 위한 주님의 도우심 - 고레스의 칙령의 재확인(5:1 - 6:12)

성전의 기초를 놓은 지 16년이 지난 후(BC 520), 학개와 스가랴 선지자가 이스라엘 하나님의 이름으로 유다와 예루살렘에 사는 유다 사람들에게 예언하여 성전 재건축을 독려하였다.

그들은 성전을 사실상 하나님께서 임재하시는 전제조건으로 생각할 정도로 중요시하였다. 이들의 독려로 스룹바벨과 예수아는 다시 성전 건축 공사에 착수하게 된다.

그러나 또다시 페르시아 관리들의 상소로 인하여 4년여의 세월을 흘려보내지만, 그 상소에는 예루살렘에다가 하나님의 성전을 다시 지으라고 허락한 고레스 왕의 칙령을 재확인해 주기를 요청하는 내용이 들어 있었다. 결국, 다리우스 왕은 고레스가 20년 전에 행한 칙령을 발견하고는 총독과 관리들에게 성전 짓는 일을 막지 말고, 유다의 총독과 원로들이 자기들의 성전을 옛터에 짓도록 도와주도록 명령을 내렸다.

다리우스 왕의 명령 - 다리우스 왕이 상소를 올린 관리들에게 명령하였다. 이 명령은 마치 하나님께서 다리우스의 입을 빌려 말씀하신 것 같았다.

"첫째, 총독과 관리들은 건축 공사 지역에 접근하지 않도록 하여라. 둘째, 성전 짓는 일을 막지 말고, 유다의 총독과 원로들이 자기들의 성전을 옛 터에 짓도록 그대로 두어라. 셋째, 성전을 짓는 유다의 원로들을 도와라. 넷째, 성전 공사에 드는 비용을 어김없이 주어서 일이 중단되지 않게 하여라. 다섯째, 예루살렘의 제사장들이 하늘의 하나님께 번제를 드리는 데 필요하다고 하는 것들은 무엇이든지 내주어라. 여섯째, 그래서 그들이 하늘의 하나님이 기뻐하시는 희생 제사를 드리게 하고, 왕과 왕자들이 잘살 수 있도록 기도하게 하여라"(6:6 - 10).

학개와 스가랴 선지자 - 성전의 재건축과 봉헌(6:13 - 22)

그들은 학개와 스가랴 예언자가 성전 공사를 격려함에 힘입고, 이스라엘 하나님의 명과 페르시아 왕 고레스와 다리우스의 칙령을 따라서 성전 짓는 일을 끝낼 수 있었다. 그렇게 다리우스왕 6년(BC 515)에 성전의 재건을 마무리하였는데, 이는 **솔로몬의 성전이 파괴된 지 꼭 70년 만의 일**이다. 그리고 하나님의 성전 봉헌식을 올린 그들은 역사 속에서 기념할 만한 사건이 있을 때마다 행하던 대로, 제사장들과 레위 사람들은 정결 예식을 치르고 유월절 양을 잡아 유월절 절기를 성대하게 지켰다.

묻고? 답하기!

조직적으로 방해를 일삼는 사람들 때문에 하나님의 일을 중단하여야 할까요?

교회를 올바른 길로 인도하는데 동참하는 것은 하나님의 일을 감당하는 것입니다. 교회는 하나님 나라의 백성들이 모여서 주님을 만나고 예배를 드리는 곳이며, 교제를 나누며 서로의 믿음을 북돋우는 곳이며, 힘을 모아 세상을 향해 손을 내밀어야 하는 곳입니다. 그러므로 교회 안에 침투하여 자기만의 유익을 도모하고, 사역을 방해하는 자들과의 영적 전쟁은 결코 중단할 수 없을 것입니다.

4

21일

에스라

➕ 오늘 말씀 에스라 7:1 - 10:44

나(에스라)의 영적 전쟁

이방인들과의 통혼과 신앙의 타협에 대한 처방

💡 **실마리 풀기**

"그들은 모두 손을 들어서, 아내를 내보내겠다고 서약하고"(스 10:19)

예루살렘으로의 귀환이 시작된 지 80년가량 지났을 무렵 또는 성전이 재건 된 지 58년가량 지났을 무렵 (BC 458), 당시의 유대인들은 주변의 이방인들과 통혼을 하며 신앙을 타협하고 있었습니다. 아닥사스다 왕 시절에 예루살렘으로 돌아온 제사장 에스라는 이스라엘 공동체의 정체성을 유지하고, 이스라엘의 전승들을 보존하기 위하여 혈통을 정화하는데 모든 관심을 기울였습니다. 그것은 가문의 족보를 작성하고 이방인과 결혼한 자들의 이혼을 강제하는 것으로 나타났습니다.

또한, 에스라는 모세의 율법을 백성들에게 전수하고 언약 갱신을 하는데, 이는 이스라엘 백성들의 삶을 하나님의 저주를 모면하기 위한 규범에 맞추도록 한 것입니다. 이제 그들의 삶과 신앙은 전적으로 율법의 그늘 아래 있게 되었으며, 그에 의해 이스라엘은 "언약공동체"에서 "율법공동체"로 그 성격이 바뀌게 되는 것입니다.

에스라의 귀환(2차 귀환) - 아닥사스다 왕의 칙령(7:12 - 26은 아람어로 기록됨)(7:1 - 26)

에스라를 예루살렘으로 돌려보낼 때 아닥사스다 왕은 칙령을 통하여, 하나님의 성전과 관련하여 하나님이 정하신 것은 하나도 어기지 말고 그대로 지키라고 분명히 언급한다. 그래서 율법을 잘 아는 사람들 가운데서 법관들과 판사들을 뽑아 세워 재판을 맡아 보게 하고, 율법을 잘 알지 못하는 사람들은 가르쳐서 하나님의 율법을 잘 따르도록 하라고 명하였다. 에스라는 독특하게도 페르시아 왕으로부터 정치적 직책을 받은 것이 아니고, 예루살렘과 유다의 종교적 문제를 위하여 파견된 것이다. 에스라는 대제사장 아론의 후손으로 주님의 율법을 깊이 연구하고 지켰으며, 율례와 규례를 가르치는 일에 헌신하였다.

에스라의 귀환 회고 - 아하와 강가에서의 기도(Cf. 시편 137편)(7:27 - 8:36)

에스라는 페르시아 아닥사스다 왕의 후원을 받아내고, 이스라엘의 지도자들을 동참하게 유도하였다. 아하와 강가는 바빌로니아에 끌려간 사람들이 모일 수 있는 지금의 광장과 같은 곳이었다. 에스라는 이곳에서 성전의 적절한 기능과 예배를 위해 꼭 필요한 레위 자손과 하나님의 성전에서 일할 성전 일꾼들을 소집하였다. 그들은 함께 금식하면서, 안전하게 귀국할 수 있도록 보살펴 주시기를 하나님께 간절히 기도드렸다. 하나님께서 그 기도를 들어주셨다.

에스라가 이렇게 고백한다. - (7:27 - 9:15까지 에스라가 1인칭으로 자신의 회고를 기술한다) "나에게 자비를 베푸셔서, 내가, 왕과 보좌관들과 권세 있는 고관들에게 총애를 받게 하여 주셨다. 주 나의 하나님이 이처럼 나를 돌보아 주시므로, 나는 힘을 얻어서, 이스라엘 백성 가운데서 지도자들을 불러 모아, 함께 예루살렘으로 올라올 수 있었다"(7:28).

백성들의 성결을 위한 에스라의 극단적인 처방 - 이방인과의 파혼(9:1 - 10:44)

에스라가 가장 심각하게 생각한 이스라엘의 영적인 문제는 이방인들과의 혼인으로 인한 혈통의 혼합이었다. 그들이 이방인들의 배교행위를 따르게 되기 때문이다. 특히 기록된 목록(10:18 - 44)에 보듯이 제사장들과 레위인들 조차 이방인들과 통혼한 것으로 보인다. 이미 그곳에 와 있던 유대의 지도자들이 이방인과의 통혼과 그들의 관습을 따르는 문제에 관하여 에스라에게 조언을 구했다. 에스라는 이스라엘이 당한 일들이 모두 그들이 지은 죄와 잘못 때문이므로 이방 백성과 관계를 끊고, 이방인 아내들과도 인연을 끊어야 한다고 명령하였다. 그러자 제사장이나 레위 사람들을 포함하여 모든 백성은 손을 들어서 아내를 내보내겠다고 서약하였다.

〈에스라가 이방인들과 결혼한 사람들을 조사해 내고, 이혼을 하도록 한 조치는 하나님 보시기에 올바른 처방이 아닐 듯하다. 이사야서, 룻기, 요나서와 같은 성경에서 보이는 하나님의 관심은 세상 모든 민족에게 있기 때문이다. 따라서 아내들을 내보내기보다는 아내들이 온전히 주님을 섬기도록 일깨우고, 이끌어야 했지 않은가 생각되는 것이다. 하지만 당시 이스라엘 공동체의 순수성을 생각하는 에스라는 극단적인 처방을 통하여 문제를 해결하고자 한 것으로 보인다. 이 처방이 온전히 지켜지고 유지되었다면 좋았겠지만, 온 백성들의 마음이 에스라와 같지 않음으로 끝내 에스라의 소망은 허망한 것이 되고 말았음을 느헤미야서(13:23 - 27)에서 볼 수 있을 것이다. 〉

비기독교인과의 혼사를 어떻게 생각하십니까?

에스라가 백성들의 이방인과의 통혼을 염려한 것은 이방인들에게 줄 영향을 걱정한 것이 아니고 그들로부터 받을 영향을 걱정한 것입니다. 기독교인 부모가 비기독교인 가정과의 혼사를 걱정하는 것도 마찬가지입니다. 그 혼사를 통하여 복음이 흘러가는 통로가 될 것인가? 아니면 그들의 우상 속으로 빨려 들어가 타협하는 삶을 살 것인가? 자녀들이 아직 미혼이라면, 장차 자녀들의 배우자가 될 아이들을 위하여 기도하며 준비하기를 권유합니다.

4월 22일

포로기 후의 지도자들
예배에 열심을 내는 자와 적당히 예배드리는 자

✝ 오늘말씀 에스라 3:8-13 ; 9:6 - 15, 느헤미야 1:5 - 11, 에스더 4:1 - 17

 실마리 풀기

"슬픔에 잠긴 채로 며칠 동안 금식하면서, 하늘의 하나님께 기도하여 아뢰었다"(느 1:4)

성전의 기초를 닦은 실질적인 지도자, 스룹바벨 - 예배를 회복하고자 하는 열망

바빌로니아에서 돌아온 제사장 예수아와 총독 스룹바벨(여호야긴 왕의 손자)은 폐허가
된 예루살렘 성전을 바라보며 하나님의 성전을 재건하려는 열망을 키워갔습니다. 조촐한
제단을 쌓고 번제를 드리던 그들은 예루살렘으로 돌아온 지 2년째가 되는 해에 성전의 기초
를 놓기 시작하였습니다(스 3:8). 그들은 **주님을 향한 믿음**과 **예배를 회복하고자 하는 열정**과
하나님께서 함께 하시는 **거룩한 삶으로 돌아가고자 하는 소망**을 성전의 회복으로 표출한 것
입니다. 그러나 그 땅에 자리 잡고 살던 자들은 성전 짓는 일을 방해하고, 고문관들을 매수
하면서까지 성전을 짓지 못하게 하였습니다. 결국, 성전의 기초만 놓은 지 16년이 지난 후
(BC 520) 하나님께서 도우셨습니다. 학개와 스가랴 선지자를 보내주신 것입니다.

교회 지도자들이 할 일은 하나님의 백성들을 주님 앞으로 인도하며, 하나님께서 우리를 사
랑하신다는 것을 세상에 알려야 합니다. 우리의 삶을 주님의 형상대로 만들어 가야 합니다.
주위의 방해와 위협에도 불구하고 하나님께서는 우리가 선한 싸움을 잘 싸우고 잘 마칠 수
있도록 힘을 주시고, 결국 끝까지 이기는 자가 되게 도우실 것입니다.

울면서 기도하며 죄를 자백하는 지도자, 에스라 - 세상과 타협한 백성들로 인한 고뇌

성전이 재건 된 지 58년가량 지났을 무렵(BC 458), 바빌로니아에 거하던 제사장 에스라가
유대 땅으로 돌아왔습니다. 그는 대제사장 아론의 후손으로 하나님이 주신 모세의 율법에
능통한 학자입니다. 에스라는 주님의 율법을 깊이 연구하고 지켰으며, 또한 이스라엘 사람
들에게 율례와 규례를 가르치는 일에 헌신하였습니다(스 7:6 - 10).

에스라는 세상과 타협하는 지도자, 축복에 대한 기대감을 불어 넣어 우리를 유혹하는 지
도자가 아니었습니다. 하나님이 우리를 사랑한다면 영원한 기쁨보다 현세의 편안함을 주
어야 한다는 생각을 불어 넣어주는 그런 지도자가 아니었습니다. 그는 백성들의 거룩함의

회복을 위하여 하나님의 성전 앞에 엎드려 울면서 기도하며 죄를 자백하였습니다(스 9:6 -
15). 결국, 이스라엘 사람들이 에스라 주변에 모여서, 큰소리로 슬피 울며 회개하였습니다.

작은 것에 충성을 다하는 지도자, 느헤미야 - 하나님의 백성으로서의 정체성 회복을 위한 시도

에스라와 이스라엘 백성들의 귀환이 있었던 13년 후(BC 445), 느헤미야는 예루살렘 성벽
파괴의 소식을 들었습니다. 이 말을 들은 느헤미야는 슬픔에 잠긴 채로 며칠 동안 금식하면
서, 하나님께 기도하였습니다(느 1:3 - 4). 성벽이 없으면, 백성들은 주변의 공격과 약탈을
막아낼 수 없습니다. 결국, 그들은 이방인들과 함께 섞여서 살아가야 하며, 그들이 지켜내야
할 하나님의 백성으로서의 정체성을 상실하게 되는 것입니다. 성벽을 쌓는 일은 어찌 보면
매우 하찮은 것처럼 생각됩니다. 그러나 느헤미야는 그 일에 자신의 모든 열정을 바쳤습니
다. 하나님께서는 그 열정을 좋아하시며 들어 쓰셨습니다. 방해하는 자들로 인해 겪는 모든
고난을 물리치도록 느헤미야의 기도를 들어주셨습니다.

성벽 재건이 마무리되고 백성들이 하나님 앞에 나아와 언약 갱신을 하였습니다. 그렇게
백성들은 이방인들과 구분되었습니다. **하나님께서 우리에게 요구하시는 것**은 그 어떤 것보
다 예배를 즐거워하라는 것입니다. 그러나 우리에게 영적인 성벽이 없으면, 성심이 없이 적
당히 예배를 드리며 거룩함을 추구하지도 않고, 각자의 이익을 위해 정성을 기울이게 됩니
다. 느헤미야는 우리가 **영적인 성벽 너머에 와있는 것은 아닌지, 하나님께로부터 멀어져 있는
것은 아닌지** 돌아보는 기도를 하게 합니다.

뒤늦게 주님의 계획을 깨달은 지도자, 에스더 - 종교인으로 살아가는 자들을 위한 하나님의 섭리

에스더를 비롯한 수백만의 유대인들은 예루살렘으로 돌아올 생각을 하지 않고 페르시아
에 남았습니다. 그들은 그들이 유대인이라는 정체성을 지키는 정도의 유대종교의식을 이어
가면서 살고 있었습니다. 하나님이 자신들과 함께하신다는 착각 속에서 실제로는 자기들
편리한 대로 살고 있었습니다. 탐욕과 권력에 심취해 있는 아하수에로 왕, 말도 안 되는 이
유로 폐위된 와스디 왕후와 아름다운 용모 때문에 왕후가 된 에스더, 우연히 반역을 무산시
킨 모르드개와 특별한 이유 없이 등용된 하만의 이야기 전개는 그저 이 세상 어디에서나 있
을 법한 이야기입니다.

그러나 이 모든 일이 하나님의 뜻임을 깨달은 모르드개가 "왕후께서 이처럼 왕후의 자리
에 오르신 것이 바로 이런 일 때문인지를 누가 압니까?"(에 4:14)라고 말하는 것을 보아도 그
의 평소의 믿음이 어떠했는지 알 수 있는 것입니다. 그런데도 하나님은 섭리 가운데 그들을
보살펴주셨습니다. 그들은 우연히 주님의 돌보심을 경험하게 되겠지만, 스룹바벨, 에스라,
느헤미야와 같은 놀라운 은혜를 경험하지는 못할 것입니다. 에스더기에는 하나님이 행하신
그 어떤 기적도 없고, 심지어는 하나님의 이름조차 언급되지 않습니다.

4

느헤미야

23일

✝ **오늘 말씀** 느헤미야 1:1 - 3:32

예루살렘 성벽 재건의 소명
비전을 품은 지도자 느헤미야

💡 **실마리 풀기**

"나의 하나님이 선하신 손길로 나를 잘 보살펴 주셔서, 왕이 나의 청을 들어주었다"(느 2:8)

고대에 있어서 성벽은 성을 보호하는 유일한 수단입니다. 성벽이 무너지면 그 안에 있는 모든 재물과 건물들은 약탈자들의 손에 들어가게 마련입니다. 스룹바벨의 인도로 성전이 재건되었지만 예루살렘 성벽이 무너졌다는 것은 하나님의 성전이 다시 무너진 것과 다름없었습니다. 하나님께서 느헤미야에게 소명을 주시니 그가 기도하였습니다.

느헤미야는 주위 사람들의 필요에 민감했고, 사는 방식과 성품이 신실하였으며, 하나님을 신뢰하는 믿음이 본받을 만한 지도자였습니다. 그는 문제점이 무엇인지 정확히 파악하고, 신속하고 명확하게 반응하였습니다. 하나님의 지혜로 페르시아 제국의 2인자의 자리에 오른 경험이 이를 가능하게 한 것입니다. 주님께서 그의 기도를 통하여 구체적 실천의 지혜와 그것을 선택할 수 있는 용기를 주신 것입니다.

〈느헤미야서는 나와 우리가 주어인 느헤미야의 1인칭 고백록입니다.〉

비전을 품고 기도하는 지도자(3차 귀환) - 하나님께 기도를 먼저 드리고 나서(1:1 - 2:10)

에스라와 이스라엘 백성들의 귀환이 있었던 13년 후(BC 445), 느헤미야는 예루살렘 성벽이 허물어지고, 성문들은 다 불에 탔다는 소식을 들었다. 아마도 이 소식은 에스라서(스 4:6 - 23)에 기록된 내용을 말하는 것으로 보인다. 이 소식을 들은 느헤미야는 주저앉아 울면서 하나님께 기도하였다. 느헤미야의 기도는 에스라의 회개기도(스 9:5 - 15), 다니엘의 기도(단 9:4 - 19)와 그 양식이 일맥상통한다. 먼저 하나님을 향한 신앙 고백을 하고, 백성들의 죄를 자신의 죄처럼 고백한다. 이어서 하나님의 언약과 경고에 의지하여 주님의 보호와 기도 응답을 요청하는 것이다.

왕의 음식과 술을 관리하는 일은 왕의 목숨을 지키는 수행비서가 하는 일로써 이는 당대의 제2인자가 하는 일이다. 그러한 그가 예루살렘으로 떠날 방법은 하나님께서 왕을 설득해 주시는 것밖에 없다고 생각했다. 4개월 동안의 근신 후에, 느헤미야는 하나님께 기도를 먼저 드리고 나서 겸손하게 왕의 의견을 물었다. 결국, 하나님이 선하신 손길로 잘 보살펴 주셔서 왕이 그의 청을 들어주었다. 이렇게 기도의 응답이 이루어졌다. 느헤미야가 예루살렘의 총독으로 임명을 받고, 장교들과 기병대의 호위를 받으며 이스라엘 땅으로 돌아왔다. 많은 유대인이 느헤미야와 함께 3차이자 마지막 귀환을 이루게 된 것이다.

계획하고 행동하는 지도자 - 이제 예루살렘 성벽을 다시 쌓읍시다(2:11 - 20)

예루살렘에 도착한 느헤미야는 성벽 재건을 위하여 예루살렘 성벽을 은밀히 살펴보았다. 치밀한 계획을 세우는 지도자의 첫 번째 시도이다. 그리고 자신의 부하들에게 "예루살렘은 폐허가 되고, 성문들은 불탔습니다. 이제 예루살렘 성벽을 다시 쌓읍시다. 남에게 이런 수모를 받는 일이 다시는 없어야 할 것입니다"(2:17)라고 말함으로써 그 일의 당위성을 역설한다. 그리고 하나님께서 도우시리라는 순종과 하나님을 의지코자 하는 간절한 마음을 통해 대적자들에 대한 다짐을 스스로 선언한다.

사마리아의 권력자 산발랏과 암몬 사람 도비야와 아랍 사람 게셈과 같은 대적자들의 방해를 생각하면 이 과업은 시급하고도 중대한 일이었다. 느헤미야는 총독으로서 대적자들에게 하늘의 하나님이 이 일을 꼭 이루어 주실 것임을 선포하였다. 또한, 그들에게는 예루살렘을 차지할 몫(소유권)이나 주장할 권리나 기억할 만한 전통이 없음을 분명히 하였다.

세밀한 지략의 지도자 - 성벽 재건을 위한 분업과 협업(3:1 - 32)

성벽 재건은 느헤미야와 같은 경험과 능력이 있는 지도자의 신중한 계획과 지도력이 필요하였다. 그러나 그의 능력보다 주님을 의지하는 믿음이 더욱 큰 힘을 발휘하게 될 것이다. 그의 계획은 7개의 성문과 4개의 망대로 나누어진 성벽의 각 구간을 각기 다른 성읍과 문중들에 할당해 주는 것이었다.

예루살렘 성벽에 있는 성문들은 가장 북쪽의 '물고기 문'으로부터 시계 반대 방향으로 '옛 문', '골짜기 문', '거름 문', 가장 남쪽의 '샘 문' 그리고 '말 문', '점호 문'이다. '양 문'은 주님의 성전을 드나드는 문이다. 느헤미야는 그 성문 사이의 전 구간을 45개 지역을 나누고, 약 40명의 지도자에게 할당하여 동시에 각각 성벽을 축조하도록 지시하였다. 그래야 대적자들의 방해를 피하고, 신속하게 성벽을 재건할 수 있기 때문이었다. 결국, 느헤미야는 52일 만에 그 일을 완수하였다.

묻고? 답하기!

주님께서 주신 기도의 응답을 온전히 이루기 위한 바른 길은 무엇인가요?

느헤미야가 예루살렘으로 떠날 방법은 하나님께서 왕을 설득해 주시는 것밖에 없다고 생각했습니다. 느헤미야는 4개월 동안의 기도와 근신으로 알게 모르게 왕의 마음이 움직이도록 노력을 하였을 것입니다. 그러나 기도는 계속되어야 했습니다. 방해꾼들이 곳곳에 널려있기 때문입니다. 또한, 그는 자기의 온갖 능력과 지혜를 다 짜내며, 주님께서 주신 기도의 응답이 온전히 이루어지도록 공을 들였습니다. 그 길이 하나님께서 그에게 주신 소명을 완수하는 길이기 때문입니다.

24일 ～～～～～～～～～～～～～～～～～～～～～～～～

✝ 오늘 말씀 느헤미야 4:1 - 7:73a

성벽 재건의 완성
기도하는 지도자 느헤미야

💡 실마리 풀기

"그들을 두려워하지 말아라. 위대하고 두려운 주님을 기억하고"(느 4:14)

성벽을 다시 쌓아 올리는 동안 주변의 대적자들은 물리적 위협을 가했습니다. 내부에서는 부도덕한 지도자들 때문에 백성들의 마음이 흩어졌습니다. 그리고 주변 나라의 지도자들은 모함과 매수를 통하여 정치적 위협을 가하였습니다. 그러나 느헤미야는 외부와 내부의 온갖 도전과 위협을 물리치고 성벽을 재건하였습니다. 그가 52일 만에 성벽 재건을 마칠 수 있었던 것은 그의 믿음 덕분입니다. 그는 하나님께서 반드시 그일을 이루시기를 원하신다는 믿음을 절대로 놓치지 않았으며 순간마다 하나님의 이름을 부르며 기도했습니다.

기도하고 전략을 세우는 지도자 - 외부의 물리적 위협(4:1 - 23)

사마리아의 권력자 산발랏은 유대가 다시 독립국으로 재건되는 것을 원치 않았다. 게셈은 아랍 부족의 강력한 지도자였고, 도비야는 암몬의 통치자였던 것 같다. 그들 대적자는 처음에는 빈정거리는 말로 위협을 하더니, 급기야는 합심하여 성벽을 무력으로 무너뜨리고, 백성들을 죽여 혼란에 빠뜨리려는 음모를 꾸몄다. 그러나 느헤미야는 한편으로는 하나님께 기도를 드리고 다른 한편으로는 경비병을 세워 밤낮으로 지키게 하였다. 귀족들과 관리들과 그 밖의 백성들에게 그들을 두려워하지 말고, 위대하고 두려운 주님을 기억하라고 격려하였다. 하나님께서 그들의 기도를 들으시고 대적자들의 음모를 헛되게 하셨다. - **우리의 하나님, 들어주십시오(4:4).**

모범을 보이는 지도자 - 내부의 도덕적 위협(5:1 - 19)

지도자는 모름지기 청렴을 가장 큰 덕목으로 한다. 물질적, 영적 청렴성은 지도자의 제일 조건이다. 느헤미야는 자신이 거느리는 백성들의 아픈 곳이 어딘지를 잘 알고 있었다. 기근으로 인한 유대 동족끼리의 고리대금업은 사람들의 생활을 피폐하게 만들었고, 동족 간의 갈등을 유발하여 일체감과 다스리는 자들의 도덕성이 훼손되었다. 그로 인하여 성벽을 쌓는 일도 타격을 받을 수밖에 없었다.

느헤미야는 귀족들과 관리들에게, 백성에게서 이자 받는 것을 그만두고 밭과 포도원과 올리브밭과 집을 원주인들에게 돌려주라고 명하였다. 그가 그렇게 할 수 있었던 것은 그가 총독으로서 받아야 할 사례를 받지 않았고 성벽 쌓는 일에만 힘을 기울였기 때문이다. 그는 하나님이 두려워서라도 그렇게 하였으며, 늘 하나님께 이 백성을 위하여 하는 모든 일을 기억하시고 은혜를 베풀어 달라고 기도하였기 때문이다. - **나의 하나님, 은혜를 베풀어 주십시오** (5:19).

의지가 굳은 지도자 - 외부의 정치적 위협(6:1 - 19)

산발랏과 도비야는 느헤미야와 백성들이 성벽을 쌓는 것이 반역을 위한 것이라고 페르시아 왕에게 모함하였다. 그리고 거짓 예언자 스마야를 매수하여 겁을 주고, 함부로 성소에 들어가는 죄를 짓게 하여 느헤미야의 명예를 떨어뜨리고 헐뜯으려는 속셈을 보였다. 또한, 도비야는 자녀들의 통혼으로 동맹을 맺은 유다의 귀족들을 통하여 여러 차례 느헤미야를 위협하였다. 그 유다의 귀족들은 느헤미야 앞에서도 서슴없이 도비야를 칭찬하고, 느헤미야가 하는 말은 무엇이든지 다 그에게 일러바쳤다. 그러나 하나님의 도움으로 성벽을 쌓아 올려 무너진 곳의 복원이 완성되자 유다의 원수들은 기가 꺾였다. 느헤미야는 위협이 있을 때마다 하나님께서 힘을 주시고 대적자들을 물리쳐주시기를 기도하였기 때문이다. - **하나님, 나에게 힘을 주십시오**(6:9).

후유증을 방비하는 지도자 - 성벽 공사의 마무리(7:1 - 73a)

성벽 공사는 오십이 일 만에 끝났다. 성문을 제자리에 단 다음, 성전 문지기와 노래하는 사람과 레위 사람을 세우고 예루살렘 경비도 맡겼다. 이제 예루살렘은 안정과 평화를 찾았다. 그러나 그 성읍은 크고 넓으나 인구가 얼마 안 되었다. 그래서 하나님이 그의 마음을 감동하게 하시니, 느헤미야는 1차로 돌아온 사람들의 명단을 다시 확인하였다. 성읍의 안전을 위해 성안에 거주시킬 사람들을 정하기 위한 것이다. - **나의 하나님이 나의 마음을 감동하게 하셨다** (7:5).

〈기록에 의하면, 많은 사람이 바빌로니아를 떠나 제 고향인 예루살렘과 유다로 돌아왔는데, 돌아온 회중의 수는 모두 사만 이천삼백육십 명이다. 내용상 언약의 갱신이 이루어진 후 백성들의 재배치(느 11장)로 이어지게 된다.〉

묻고? 답하기!

우리가 가장 원하는 지도자는 어떤 지도자일까요?

세상에는 각종 지위와 권한을 가진 지도자들이 존재합니다. 그들 가운데 그들이 이끄는 사람들로부터 가장 칭송받는 지도자는 누구이겠습니까? 그는 청렴한 자입니다. 맡은 바 임무를 위하여 순수함과 정직함이 유지되는 지도자입니다. 그리고 마무리를 잘하는 자입니다. 때가 되면 내려놓을 줄 아는 지도자입니다. 그가 기도하는 지도자라면 더는 바랄 것이 없겠지요.

25일

✝ 오늘 말씀 느헤미야 7:73b - 10:39

언약의 갱신
진정한 회개의 신앙고백

💡 실마리 풀기

"이것은 주님의 잘못이 아닙니다. 잘못은 우리가 저질렀습니다"(느 9:33)

본래 히브리 성경에는 에스라와 느헤미야가 한 권의 책으로 엮어져 있다고 합니다. 에스라 7장에 등장하였던 에스라가 느헤미야 8장에서 다시 등장합니다. 이스라엘 백성들의 힘의 원천은 하나님이며, 그 하나님을 인식하게 하는 세 가지는 율법과 성전 그리고 지도자들이었습니다. 이때 느헤미야가 정치적 지도자였다면 에스라는 영적 지도자였습니다. 두 지도자는 이스라엘이 하나님 앞에 온전히 무릎을 꿇고 언약을 지키기로 서약하게 하였습니다.

첫 번째 언약 갱신 의식 - 제사장 에스라의 율법 낭독과 초막절(7:73b - 8:18)

느헤미야의 업적은 우선 성벽의 재건에 있으나 실로 그의 진정한 업적은 이스라엘 백성들이 언약갱신을 하고, 스스로 성결케 되도록 개혁한 것에 있다. 백성들의 정신은 아직도 피폐하고 궁핍하였으나 성벽이 중건되자 그들 스스로 **영적 회복운동**을 시작하였다.

이스라엘의 새해 첫날, 그들은 율법학자이자 제사장인 에스라에게 율법 책을 읽어주기를 청하였다. 그 율법 책은 모세 오경이거나 신명기(신 31:24 - 26)이었을 것이다. 에스라는 수문 앞 광장에서, 남자든 여자든, 알아들을 만한 모든 사람에게 새벽부터 정오까지, 큰소리로 율법 책을 읽어 주었다. 백성은 모두 율법 책 읽는 소리에 귀를 기울였다. 학자 에스라는 높은 단 위에 서 있었으므로, 백성들은 모두 그가 책 펴는 것을 볼 수 있었다. 에스라가 책을 펴면 백성들은 모두 일어섰다. 에스라가 위대하신 주 하나님을 찬양하면 백성들은 모두 손을 들고 "아멘! 아멘!" 하고 응답하고, 엎드려 얼굴을 땅에 대고 주님께 경배하였다.

그리고 그들은, 이스라엘 자손은 일곱째 달 축제에는 초막에서 지내도록 하라는 말씀이 율법(신 16:13 - 17)에 기록되어 있는 것을 발견하였다. 그래서 모든 사람이 초막을 세우고 거기에 머물며 초막절을 성실히 지켰다. 에스라는 첫날로부터 마지막 날까지, 날마다 하나님의 율법 책을 읽어 주었다. 백성은 이레 동안 절기를 지키고, 여드레째 되는 날에는 규례대로 성회를 열었다. 모든 백성은 배운 바를 밝히 깨달았으므로, 돌아가서 먹고 마시며, 없는 사람들에게는 먹을 것을 나누어 주면서 크게 기뻐하였다.

두 번째 언약 갱신 의식 - 이스라엘의 신앙고백 기도(9:1 - 37)

에스라 시대의 언약 갱신 의식에서 두 번째는 자신들의 허물과 조상의 죄를 자복하는 '신앙

고백의 기도'였다. 그달 이십사 일에, 이스라엘 자손이 다 모여서 금식하면서 굵은 베 옷을 입고 먼지를 뒤집어썼다. 그들은 제자리에 선 채로 자신들의 허물과 조상의 죄를 자백하였다. 모두 제자리에서 일어나서 낮의 사 분의 일은 주 하나님의 율법 책을 읽고, 또 낮의 사 분의 일은 자기들의 죄를 자백하고 주 하나님께 경배하였다.

레위인들이 언약갱신으로 이끄는 기도 - 영원 전부터 영원까지, 주님의 영화로운 이름을 찬양한다. 주님의 인도를 기억하며, 조상이 거만하여, 목이 뻣뻣하고 고집이 세어서, 주님의 명령을 지키지 않았음을 역사를 반추하며 고백한다. 그들은 돌이켜 주님의 율법대로 살라고 주님께서 엄하게 타이르셨지만, 거만하여 주님의 명령을 따르지 않았고, 지키기만 하면 살게 되는 법을 거역하여 죄를 지었으며, 주님께 등을 돌리고 복종하지 않았다. 그래서 오늘날 이처럼 다른 곳도 아니고, 좋은 과일과 곡식을 먹고 살라고 그들의 조상에게 주신 바로 그 땅에서 종이 되었다고 고백한다.

세 번째 언약갱신 의식 - 서명으로 하나님께 맹세한 언약 규정(9:38 - 10:39)

신앙고백의 기도를 통해 언약을 굳게 세우고 그것을 글로 적어, 지도자들과 레위사람들과 제사장들이 그 위에 서명하였다. 총독 느헤미야와 시드기야와 스라야와 아사랴와 예레미야를 비롯하여 레위사람, 백성의 지도자들과 나머지 백성들이 하나님의 종 모세가 전하여 준 하나님의 율법을 따르기로 하고, 하나님의 모든 계명과 규례와 율례에 복종하기로 하였으며, 그것을 어기면 저주를 받아도 좋다고 맹세하였다.

하나님께 맹세한 언약 규정에는 이 땅의 백성과 통혼하지 않는다는 규정이 제일 우선이다. 그리고 안식일과 하나님의 성전 비용으로 쓸 헌물과 주님의 성전에 바칠 첫 열매에 관한 규정과 밭에서 나는 소출 가운데서 열의 하나는 레위 사람들의 몫으로 가져오게 하는 등의 규정이 있었다.

묻고? 답하기!

진정한 회개는 어떻게 하는 것일까요?

느헤미야와 에스라는 그들이 잃어버린 하나님의 율법을 읽고 가르침으로서 모든 백성이 배운 바를 밝히 깨닫도록 했습니다. 그리고 가슴에서 우러나오는 고백의 대표기도를 했습니다. 그리고 지도자들이 솔선수범해서 맹세하고 서명을 했습니다. 진정한 회개는 첫째, 스스로 무엇이 잘못되었는지 깨달아야 하며, 둘째, 우리를 살펴보시는 주님께 고백해야 합니다. 셋째, 주변의 모든 사람이 인정할 수 있도록 자복의 맹세를 해야 합니다. 이제 그가 자기 맹세를 잘 지켜나가는지는 두고 볼 일입니다.

4
26일

느헤미야

✝ 오늘 말씀 느헤미야 11:1 - 13:31

성벽의 봉헌과 개혁
느헤미야의 마무리

💡 실마리 풀기

"이스라엘 왕 솔로몬이 죄를 지은 것도, 바로 이방 여자와 결혼한 일이 아니오?"(느 13:26)

스룹바벨에 의해 성전은 재건되었지만, 대부분의 유대인은 예루살렘 성보다는 성벽이 튼튼한 예루살렘 성 주변의 읍에 흩어져 살고 있었습니다. 그래야만 강도들로부터 위협과 약탈에서 안전하기 때문입니다. 그들은 그렇게 이방인들과 섞여 살면서 그들만의 믿음의 정체성을 잃을 위기에 처해있었습니다. 느헤미야는 이것이 성벽이 없었기 때문이라고 생각했습니다. 성벽의 재건을 완성하고, 1차 귀환자의 명단(7장)을 확인한 그는 이제 흩어져 살던 백성들을 불러 모으기 시작합니다.

귀환한 백성들의 재배치 - 예루살렘에 자리를 잡은 제사장들과 레위인들(11:1 - 12:26)

성벽은 완성되었으며 그 성읍은 크고 넓지만, 인구가 얼마 안 된다고 앞서 말하였다(7:4). 그래서 느헤미야는 돌아온 사람들의 명단을 다시 확인하고 백성의 지도자들을 예루살렘 성안으로 이주하도록 종용하였다. 나머지 백성은 주사위를 던져서 십분의 일은 거룩한 성 예루살렘에서 살게 하고, 십 분의 구는 저마다 자기의 성읍에서 살게 하였다. 스스로 성안으로 들어온 사람들도 있었지만 대부분의 지방 지도자들은 의무적으로 이주하도록 하였다. 여호와께 드리는 제사가 적절한 절차를 따라 이루어지려면 성전에서 섬기는 사람들도 필요하였다. 그래서 느헤미야는 제사장들과 레위 인들도 재배치를 시행하였다.

성벽 봉헌식 - 레위 인의 받을 몫과 이방인의 퇴출(12:27 - 13:3)

예루살렘 성벽이 완성되어서 봉헌식을 하게 되었다. 사람들은 곳곳에서 레위 사람을 찾아내어 예루살렘으로 데려왔다. 감사의 찬송을 부르며, 심벌즈를 치며, 거문고와 수금을 타며 즐겁게 봉헌식을 하였다. 제사장들과 레위 사람들은 몸을 깨끗하게 하는 예식을 치른 다음에 백성과 성문들과 성벽을 깨끗하게 하는 예식을 올렸다. 찬양대와 함께 느헤미야도 백성의 지도자 절반과 함께 하나님의 성전에 들어가 섰다. 찬양대의 찬양과 사람들이 많은 제물로 드린 제사를 하나님이 기쁘게 받으셨으므로 예루살렘에서 기뻐하는 소리가 멀리까지 울려 퍼졌다.

이제 하나님을 섬기는 일과 정결 예식을 베푸는 일을 위하여 먼저 취할 조치가 두 가지 있다. 첫 번째는 그 일을 맡은 제사장들과 레위 사람들의 물질적 필요가 그들에게 의존하는 공동체에 의해 채워져야 했다. 그래서 백성들은 레위 사람들에게 돌아갈 거룩한 몫을 떼어 놓았고, 레위 사람들은 다시 거기에서 아론의 자손에게 돌아갈 몫을 구별하여 놓았다. 또 하나는 율법에 따라 이방인들과 이스라엘은 분리되어야 했다. 이는 하나님의 총회를 정화함으로써 성전 제사에 이방 무리가 끼어드는 것을 사전에 차단하고자 하는 것이다.

느헤미야의 마무리 개혁 - 레위 인의 성별과 이방인과의 통혼 금지(13:4 - 31)

12년간의 총독 정치를 일단락 시킨 후(BC 433) 느헤미야는 페르시아로 돌아갔다. 그리고 일 년 만에 다시 돌아온 느헤미야는 재연되고 있는 이스라엘의 타락을 보고 강력한 개혁을 단행한다.

1. 성전의 정결화 - 느헤미야의 개혁이 오래가지 못한 것은 이방인들의 훼방 때문이 아니라 유대 지도자들의 타락에 기인한 것으로 볼 수 있다. 예를 들면, 어처구니없게도 엘리아십 제사장은 권력자 도비야와 친분을 맺고, 십일조를 저장하는 용도의 성전 뜰 안의 방을 그에게 제공하였다. 엘리아십 제사장 가문의 자손 가운데는 권력자 산발랏의 사위가 된 자도 있었다(13:28). 느헤미야는 도비야가 쓰는 방의 세간을 다 바깥으로 내던지고 그 방을 깨끗하게 치운 다음에 하나님의 성전 그릇들과 곡식제물과 유향을 다시 그리로 들여다 놓았다.

2. 십일조의 개혁 - 일 년밖에 안 되는 기간임에도 레위 사람들은 받을 몫을 받지 못하고 있었다. 느헤미야는 흩어져 버린 레위 인들을 다시 불러 모으고 성전을 정결하게 하며, 백성들에게 십일조를 다시 시행하도록 하였다.

3. 안식일의 개혁 - 예루살렘 성안에서 물건을 팔면서 안식일을 더럽히지 못하도록, 레위 사람들에게 몸을 깨끗하게 하고 와서 안식일을 거룩하게 지내라고 하였다.

4. 이방인과의 통혼 금지 - 느헤미야는 에스라처럼 이혼을 강요한 것 같지는 않다. 다만 야단을 치고, 그들 가운데 몇몇을 때리기도 하였으며, 머리털을 뽑기까지 하고, 제사장의 집안인 경우는 쫓아냈다. 그것은 아마도 에스라의 이혼 강요 방법이 그 결과가 오래가지 않았거나 총체적으로 적용되기 어려웠기 때문일 것으로 보인다.

묻고? 답하기!

엘리아십 제사장과 같은 자들이 끊임없이 나타나는 이유가 무엇일까요?

엘리아십은 대제사장이었습니다. 성소에 들어가 하나님께 제사를 올려드리는 일을 맡은 자였습니다. 하지만 그는 주변의 권력자인 도비야와 친분을 맺고 이권을 주고받으며, 권력자 산발랏의 가문과 통혼을 하여 천박한 영향력을 행사했습니다. 오늘날에도 이처럼 하나님의 말씀을 전하고 백성들을 선한 길로 인도하기보다는 자신의 입신양명을 위해 목숨을 거는 자들이 즐비합니다. 왜일까요?

느헤미야가 재건한 성벽(느 3:1~32)

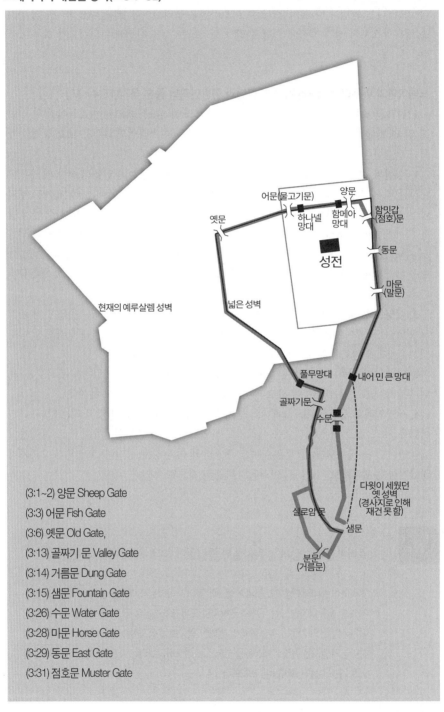

어문(물고기문) 양문
옛문 하나넬 함메아 함밀갑
망대 망대 (점호)문
성전 동문
마문
(말문)
현재의 예루살렘 성벽
넓은 성벽
풀무망대 내어 민 큰 망대
골짜기문
수문
다윗이 세웠던
옛 성벽
(경사지로 인해
재건 못 함)
실로암문
샘문
분문
(거름문)

(3:1~2) 양문 Sheep Gate

(3:3) 어문 Fish Gate

(3:6) 옛문 Old Gate,

(3:13) 골짜기 문 Valley Gate

(3:14) 거름문 Dung Gate

(3:15) 샘문 Fountain Gate

(3:26) 수문 Water Gate

(3:28) 마문 Horse Gate

(3:29) 동문 East Gate

(3:31) 점호문 Muster Gate

예루살렘 성의 변천사

1 다윗 성(삼하 5:6-10)
다윗이 여부스 사람의 시온성을 점령하고, 그 성을 다윗 성이라 칭하고 밀로에서부터 안쪽으로 성을 쌓았다.

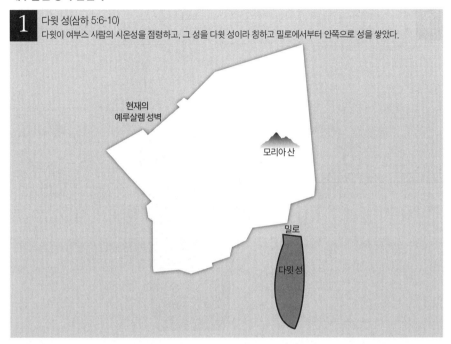

2 솔로몬의 성전과 왕궁(왕상 6:37-7:1)
솔로몬이 성전을 건축하는데는 일곱 해가 걸렸고, 자기의 왕궁을 건축하기 시작하여 완공하는데 열 세 해가 걸렸다.

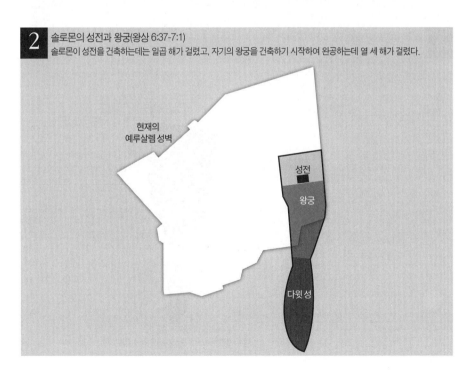

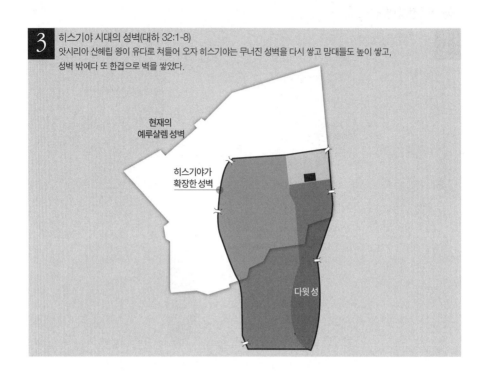

3 히스기야 시대의 성벽(대하 32:1-8)

앗시리아 산헤립 왕이 유다로 쳐들어 오자 히스기야는 무너진 성벽을 다시 쌓고 망대들도 높이 쌓고, 성벽 밖에다 또 한겹으로 벽을 쌓았다.

현재의
예루살렘 성벽

히스기야가
확장한 성벽

다윗 성

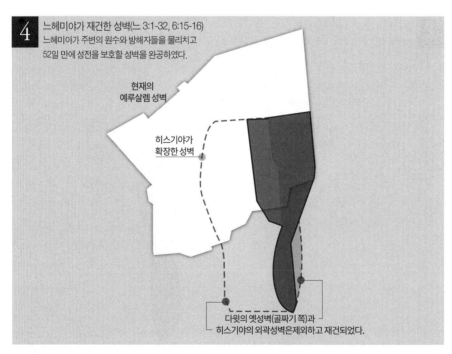

4 느헤미야가 재건한 성벽(느 3:1-32, 6:15-16)

느헤미야가 주변의 원수와 방해자들을 물리치고
52일 만에 성전을 보호할 성벽을 완공하였다.

현재의
예루살렘 성벽

히스기야가
확장한 성벽

다윗의 옛성벽(골짜기 쪽)과
히스기야의 외곽성벽은제외하고 재건되었다.

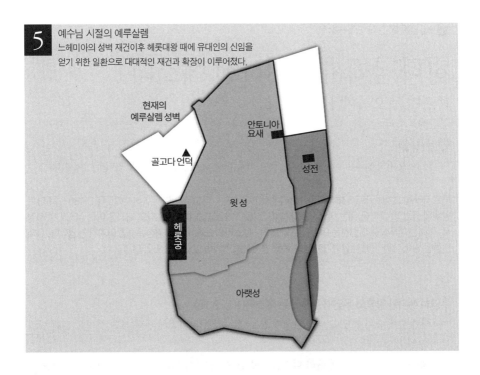

5 예수님 시절의 예루살렘
느헤미아의 성벽 재건이후 헤롯대왕 때에 유대인의 신임을
얻기 위한 일환으로 대대적인 재건과 확장이 이루어졌다.

현재의
예루살렘 성벽

안토니아
요새

골고다 언덕

성전

헤롯궁

윗 성

아랫성

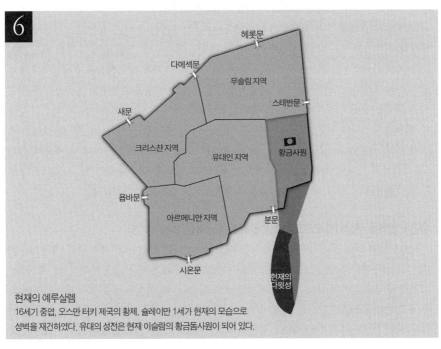

6

헤롯문

다메섹문

무슬림 지역

새문

스테반문

크리스챤 지역

유대인 지역

황금사원

욥바문

아르메니안 지역

분문

시온문

현재의
다윗성

현재의 예루살렘
16세기 중엽, 오스만 터키 제국의 황제, 슐레이만 1세가 현재의 모습으로
성벽을 재건하였다. 유대의 성전은 현재 이슬람의 황금돔사원이 되어 있다.

27일

✝ 오늘 말씀 에스더 1:1 - 4:17

하나님께서 예비하신 에스더
죽으면, 죽으리이다

💡 **실마리 풀기**

"왕후께서 이처럼 왕후의 자리에 오르신 것이 바로 이런 일 때문인지를 누가 압니까?"(에 4:14)

페르시아 왕 고레스(BC 538 - 530), 다리우스(BC 522 - 486)에 이어서 아하수에로(BC 486 - 465)가 왕위에 올랐고, 그다음 대는 아닥사스다 왕(BC 464 - 424)입니다. 에스더의 배경은 아하수에로 왕 시절로, 이때는 예루살렘에 성전은 이미 재건되었으나 에스라와 느헤미야의 귀환은 이루어지기 전입니다. 유대인들은 남의 나라 땅에서 살아가지만, 민족적 정체성을 지키며 살아가고 있었습니다.

우연히 폐위된 왕후와 우연히 왕후가 된 에스더(1:1 - 2:18)

〈아래 요약에서 괄호의 부분은 성경 본문에는 없으나 섭리에 관한 부연 설명을 위해 임의로 첨부한 것입니다.〉

아하수에로 왕이 왕위에 올라 나라를 다스린 지 삼 년째 되던 해에,(자기 왕국이 지닌 영화로운 부유와 찬란한 위엄을 과시하기 위해) 모든 총독과 신하들을 불러서, 궁궐 안에서 성대한 잔치를 무려 백팔십 일 동안이나 베풀었다. 이 잔치가 끝난 후에도, 왕은 도성 수산에 있는 백성을 빈부귀천 가리지 않고 모두 왕궁으로 불러들여서 이레 동안 잔치를 계속 베풀었다. 그 잔치의 마지막 날, 술을 마시고 흥이 난 왕이(느닷없이) 왕후의 아름다움을 사람들에게 자랑하고 싶어 했다. 그러나 와스디 왕후는(이유 없이) 왕의 명령을 거부하는 불충을 저질렀다. 왕은 그녀를 왕후의 자리에서 폐위하였다. 그 일 때문에 나라 안의 모든 여인이 와스디 왕후의 행동에 의지하여 남편들을 업신여기게 될까 보아 그렇게 한 것이다. 이러한 일이 있은 지 얼마 뒤에, 유대인 모르드개의 조카, 에스더는(몸매도 아름답고 얼굴도 예뻐서) 후궁에 뽑히고,(아름답고 지혜로워서) 궁녀를 맡아보는 헤개에게 남다른 대우를 받는다. 그리고(누가 보아도 아리따워서) 왕의 귀여움과 사랑을 독차지하면서 왕후로 간택되었다.

우연히 반역을 무산시킨 모르드개와 우연히 등용된 하만(2:19 - 3:15)

모르드개가 대궐 문에서 근무하고 있을 때, 문을 지키는 왕의 두 내시 빅단과 데레스의 반역 음모를(우연히) 알게 되었다. 모르드개는 에스더 왕후에게 이 사실을 알리고, 또 에스더는 그것을 왕에게 말하여 이 음모를 무산시킨 공을 세웠다. 이 사실은 궁중 실록에 기록되어 차후에 하만의 음모를 차단하는 큰 힘이 될 것이다. 그런데 아하수에로 왕은(특별한 이유 없이) 아각 사람 함므다다의 아들 하만을 등용하여, 큰 벼슬을 주었다. 대궐 문에서 근무하는 신하들은 하만이 드나들 때마다 모두 꿇어 엎드려 절을 하였으나, 모르드개는(유대인의 율법에 따라) 하만에게 무릎을 꿇지도 않고 절을 하지도 않았다. 교만이 극에 달한 하만은 모르드개의 이러한 행동에 앙심을 품고, 모르드개와 같은 유대인들을 모두 없앨 방법을 찾았다. 하만은 아하수에로 왕에게(유다 사람들이 자신들의 율법과 관습 때문에 왕의 법을 지키지 않으므로) 그들을 모두 없애도록 조서를 내려 주시도록 요청하였다. 그래서 경솔한 왕은(아무 생각 없이) 유다 사람들을 모두 죽이고, 그들의 재산을 빼앗으라는 조서를 법령으로 공포하여 각 민족에게 알렸다.

우연이 아님을(하나님의 뜻임을) 깨달은 모르드개와 에스더(4:1 - 17)

모르드개는 이 모든 일을 알고서 옷을 찢고 굵은 베 옷을 걸치고, 재를 뒤집어쓴 채로 대궐 문밖에 주저앉아 대성통곡을 하였다. 에스더는(모르드개가 무슨 일로 그러는지를 알아보니) 하만이 유다 사람을 모조리 없애려고 한다는 사실을 알았다. 모르드개는 에스더가 직접 어전에 나아가서 왕에게 자비를 구하고 최선을 다하여 자기 겨레를 살려 달라고 탄원하도록 부탁하였다. 그러나 에스더는 임금님이 부르시지 않는데 왕에게 다가가는 자는 모두 죽임을 당하게 되어 있는 법을 상기하면서 손사래를 쳤다.

(아버지 하나님을 기억한) 모르드개는 에스더에게 "이런 때에 왕후께서 입을 다물고 계시면, 유다 사람들은 다른 곳에서라도 도움을 얻어서, 마침내는 구원을 받고 살아날 것이지만, 왕후와 왕후의 집안은 멸망할 것입니다. 왕후께서 이처럼 왕후의 자리에 오르신 것이 바로 이런 일 때문인지를 누가 압니까?"(4:14)라고 말하였다. 이에 신실한 여인 에스더는(아버지 하나님을 의지하기로) 중대한 결심을 한다. 에스더는 수산에 있는 유다 사람들에게 그녀를 위하여 금식(기도)을 하게 하고, 그 자신과 시녀들도 그렇게 금식(기도)을 하였다. 그렇게 하고 난 다음에, 에스더는 "법을 어기고서라도, 내가 임금님께 나아가겠습니다. 그러다가 죽으면, 죽으렵니다"(4:16)하고 결심하였다.

묻고? 답하기! 우리의 삶 속에 반복되는 사건들이 단순히 우연의 연속이라고 생각하십니까?

아마도 믿음이 없는 사람들은 단순히 우연이라고, 운명의 장난이라고 생각할 것입니다. 좋은 결과에는 기뻐하고 나쁜 결과에는 두려움에 싸여서 영문도 모른 채 살아갈 것입니다. 그러나 하나님의 약속을 알고, 그 믿음을 가진 사람들은 그 일들이 절대 우연이 아님을 알고 살아갑니다. 모든 것이 하나님의 한결같은 사랑과 섭리 가운데 진행되고 있다는 것을 믿고 담대하게 살아갑니다.

✝ **오늘말씀** 에스더 5:1 - 10:3

금식기도를 들으신 하나님
유대인만의 명절

 실마리 풀기

"나의 목숨을 살려주십시오. 이것이 나의 간청입니다. 나의 겨레를 살려주십시오"(에 7:3)

에스더서에는 하나님이 한 번도 언급되지 않지만, 하나님께서는 언제나 지켜보시고, 예비하시고, 기도를 들어주시는 존재이신 것입니다. 사람들이 우연이라고 표현하지만, 그것은 주님이 예비하신 필연이었던 것입니다. 자기가 선택한 백성, 아직은 미련이 남아 있는 유대인들을 향한 하나님의 한결같은 사랑이 눈앞에 파노라마처럼 펼쳐지게 되는 것입니다.

주변의 하찮은 조언에 영향을 받는 아하수에로 왕과는 달리 에스더는(기도를 들어주실) 하나님에 의지하여, 목숨을 걸고 왕 앞에 나아가고, 왕은(우연히) 궁중실록을 보게 됩니다. 결과적으로 모르드개와 유대인들을 죽이고자 한 처형대에 오히려 하만과 그의 가족이 처형되고, 유대인들의 재산을 몰수하려는 하만의 계략은 오히려 자신의 재산이 유대인들에게 넘어가는 반전이 이루어집니다. 마치 동화의 한 장면처럼 좋은 결말을 이룹니다.

〈아각 사람 하만〉은 아말렉 족속인 듯합니다. 사무엘 상 15장에 보면 사울이 〈아말렉 왕 아각〉을 사로잡는 장면이 나옵니다. 하나님께서 〈베냐민 사람 사울〉에게 아말렉을 전멸시키라고 하셨음에도 사울은 쓸모없고 값없는 것만 골라서 진멸하였던 것입니다. 그런데 여기서 〈베냐민 사람 모르드개〉를 통하여 〈아말렉 족속인 하만〉과 그의 동조자들을 처단하는 역사적 반전을 읽어볼 수 있습니다.

금식 기도를 들으신 주님 - 목숨을 건 에스더와 우연히 실록을 보게 된 왕(5:1 - 7:10)

금식한 지 사흘째 되는 날에, 에스더 왕후는(목숨을 걸고) 대궐 안뜰로 가서 왕을 접견하였다. (다행히) 왕은 에스더에게 호의를 베풀었고, 소원을 들어주겠다는 왕에게 에스더는 왕과 하만을 초청하여 잔치를 차리고 싶다고 말하였다. 에스더는 잔치의 둘째 날에 하만을 고발할 계획을 세우고, 하만은 그 잔치에서 모르드개를 높이 쉰 자짜리 장대 위에 매달도록 하는 허락을 받을 계략을 세운다.

(유다 사람들과 에스더의 금식 기도를 주님께서 들으시고) 그 날 밤, 잠이 오지 않은 왕이 (우연히) 궁중 실록을 읽게 하셨다. 실록을 통해 반역을 무산시킨 모르드개의 충성을 기억해 낸 왕은(모르드개를 장대 위에 매달도록 하는 허락을 받으러 온) 하만이 모르드개에게 영예로운 대우를 해 주도록 하였다. (느닷없는 왕의 명령에) 하만은 아무 소리도 못 하고 그대로 시행하였다. 바로 그날, 에스더 왕후는 잔치 자리에서 자신이 유다 사람임을 드러내고, 왕후와 그 겨레를 다 죽이려는 음모를 꾸민 자가 바로 하만임을 밝힌다. 왕은 하만이 모르드개를 매달려고 세운 바로 그 장대에 하만을 매달았다.

뒤바뀐 조서 - 피해자에서 가해자로(8:1 - 9:19)

아하수에로 왕이 하만 대신에 에스더의 삼촌(양아버지)이며, 반역을 무산시킨 모르드개에게 자기의 인장 반지를 맡겼다. 그러나 왕이 각 지방에 내린 조서는 아직 유효하므로, 에스더는 다시 한 번 왕 앞에 나아가 흉계를 꾸며 쓴 여러 문서가 무효가 되도록 조서를 내려달라고 요청한다. 이제 하만의 권력은 완전히 모르드개에게 넘어왔다. 왕은 그들에게 유리한 내용으로 조서를 하나 더 만들고, 그 조서에 왕의 인장 반지로 도장을 찍으라고 명하였다. 그래서 하만이 각 지방과 각 민족에게 내린 조서는 오히려 유다 사람이 자기들을 미워하는 자들을 없애 버리도록 하는 조서로 바뀌었다. 유다 사람들에게는 영광이 넘치는 기쁘고 즐겁고 존귀한 날이었다.

열두째 달인 아달월 십삼일, 드디어 왕이 내린 명령과 조서대로 시행하는 날이 되었다. 유다 사람들은 그들의 원수를 다 칼로 쳐 죽여 없앴으며, 자기들을 미워하는 자들에게 하고 싶은 대로 다 하였다. 그 날에 유다 사람이 원수들을 칠만 오천 명이나 죽였으며, 에스더의 추가 요청으로 도성 수산에서만 이틀 동안 8백 명이 죽었다.

부림절의 유래 - 유대인만의 명절(9:20 - 10:3)

모르드개는 그 날을 잔치를 벌이면서 기뻐하는 명절로 정하고, 서로 음식을 나누어 먹고, 가난한 사람들에게 선물을 주는 날로 지키도록 지시하였다. 그래서 에스더 왕후는 유다 사람 모르드개와 함께 전권을 가지고 두 번째로 편지를 써서, 부림절을 확정하였다. 그 날이 유다 사람에게는 기쁜 날이었으나 다른 민족에게는 악몽의 날이었다. 당시 모르드개는 왕궁에서 실권을 잡고 있었고, 그의 세력은 날로 더하여 갔다. (그러나 그의 권력은 10년 만에 끝을 맺게 될 것이다.)

나는 금식기도를 어떠한 때에, 어떠한 이유로 하고 있을까요?

금식기도는 사역이나 중대한 결정을 내리기 전에, 육신의 욕망을 내려놓고 성령의 역사를 예민하게 받아들이기 위한 기도입니다. 에스더는 목숨이 위태로울 지경에 금식기도를 하였습니다. 자기뿐만이 아니라 자신의 동족들이 모두 죽게 되었기에 그 마음의 간절함은 극에 달하였습니다. 이처럼 공동체를 위하여 하는 금식기도는 늘 하나님의 응답을 받았습니다. 그러나 개인적인 목적을 위하여 하나님께 떼를 쓰는 금식기도는 응답받지 못합니다. 몸만 축날 뿐입니다.

4월 29일

하나님의 뜻을 찾아가기 위한 전제 조건(2)
자기 정체성의 확인

✝ **오늘말씀** 창세기 1:24 – 31, 욥기 38:1 – 41, 예레미야 10:6 – 16

💡 **실마리 풀기**

"사람이 무엇이기에 주님께서 이렇게까지 생각하여 주시며, 사람의 아들이 무엇이기에 주님께서 이렇게까지 돌보아 주십니까? 주님께서는 그를 하나님보다 조금 못하게 하시고, 그에게 존귀하고 영화로운 왕관을 씌워 주셨습니다. 주님께서 손수 지으신 만물을 다스리게 하시고, 모든 것을 그의 발아래에 두셨습니다"(시 8:4 – 6)

하나님께서 주인이시라는 인식 - 성경적 세계관

우리가 성경을 읽으면서 찾아내야 할 하나님의 뜻(Vision)은 한마디로 '이거다'라고 요약하기가 매우 힘이 듭니다. 복음서를 저술한 마가, 마태, 누가, 요한 그리고 사도 바울도 그 하나님의 뜻(Vision)을 각자 다르게 표현하였듯이, 예수 그리스도를 만난 각 사람의 경험과 인식에 따라 그 모습이 달라지게 마련이기 때문입니다. 또한 그 모습은 각 사람의 성품과 지식에 따라 바로 보이기도 하고 왜곡되어 보이기도 하는 것을 알 수 있습니다. 긍정적인 사고와 상식적인 세계관을 지닌 사람들은 순순히 하나님의 말씀에 적응해 가지만, 이기적인 사람들은 하나님의 뜻과 자기 개인적인 소망을 혼동하기도 하고, 진보적인 사람들은 자신의 정치적인 이상과 일치시키기도 합니다.

그러므로 성경을 읽으면서 우리가 분명히 정립하고 넘어가야 할 것이 있습니다. 그것은 '인생의 의미는 무엇인가'와 같은 몇 가지 철학적 질문을 전제로 한 세계관과 신학적 관점들입니다. 그것은 자신이 주인이 되어 바라보던 세상에 대한 인식을 완전히 뒤집어엎고, 우리 삶의 주인이신 하나님의 입장이 되어 하나님의 마음을 되짚어가면서 성경을 읽어보겠다는 관점을 가져야 한다는 것입니다. 성경을 올바로 이해하며 읽고자 하는 사람들은 이제 **하나님께서 주인이시라는 인식, 성경적 세계관**을 갖도록 성령께서 도와주시기를 기원하여야 할 것입니다.

하나님은 누구신가? - 땅의 기초를 놓으신 창조주

"태초에 하나님이 천지를 창조하셨다"(창 1:1). 이는 그 어떤 반론도, 이의도 용납하지 않는 단호한 선언입니다. **이 선언을 믿지 못한다면** 더는 아버지 하나님의 편지를 읽을 필요도 없고, 예수 그리스도의 이적과 예표들을 믿는다고 고백할 필요도 없습니다. 전능하신 하나님께서는 눈에 보이는 물질들뿐만 아니라 시간과 공간도 창조하셨습니다. 이 선언은 무에서 유를 창조하신 하나님의 능력과 불가능이 없으신 하나님의 전능하심을 증언합니다. 주님께서 욥에게 말씀하셨습니다. "내가 땅의 기초를 놓을 때, 네가 거기에 있기라도 하였느냐? 네가 그처럼 많이 알면, 내 물음에 대답해 보아라. 누가 이 땅을 설계하였는지, 너는 아느냐? 누가 그 위에 측량 줄을 띄웠는지, 너는 아느냐? 무엇이 땅을 버티는 기둥을 잡고 있느냐? 누가 땅의 주춧돌을 놓았느냐?"(욥 38:4 - 6)

이제 욥처럼 주님께 대답하기를 원합니다. "주님께서는 못하시는 일이 없으시다는 것을, 이제 저는 알았습니다. 주님의 계획은 어김없이 이루어진다는 것도, 저는 깨달았습니다"(욥 42:1 - 2). 그렇습니다. 하나님의 창조에 대하여 인간이 이러쿵저러쿵 논쟁을 벌인다는 것은 질그릇이 토기장이를 고르려는 것과 다름이 없습니다.

나는 누구인가? - 하나님의 형상대로' 창조된 피조물

"하나님이 당신의 형상대로 사람을 창조하셨으니, 곧 하나님의 형상대로 사람을 창조하셨다. 하나님이 그들을 남자와 여자로 창조하셨다. 하나님이 그들에게 복을 베푸셨다. 하나님이 그들에게 말씀하시기를 "생육하고 번성하여 땅에 충만하여라. 땅을 정복하여라. 바다의 고기와 공중의 새와 땅 위에서 살아 움직이는 모든 생물을 다스려라" 하셨다"(창 1:27 - 28).

인간은 동식물과는 차원이 다른 존재입니다. **동식물들은 '그 종류대로' 창조**하셨지만, **인간은 '하나님의 형상대로' 창조**하셨습니다. 인간의 정체성은 하나님의 피조물로서 하나님의 주권에 순종할 뿐만 아니라, 하나님을 대신해서 세상 만물을 다스려야 하는 데 있습니다. 하나님께서는 세상 만물에 대해 전적인 주권과 능력을 갖추고 계십니다. 그 분은 스스로 만드신 자, 스스로 있는 자입니다. 그 하나님을 대하는 피조물의 태도는 어떠해야 할까요? 만들어진 자, 만들어져 가는 자인 우리는 삶의 모든 영역에서 만드신 자의 주권을 인정해야 합니다. 그것이 피조물인 인간의 도리이고, 하나님께서 원하시는 것입니다. **삶의 모든 영역에서 하나님의 주권을 인정한다는 것은 우리가 무엇을 하고자 할 때마다 '주님께서는 어떻게 하실까?' 라는 물음을 갖는 것입니다.** 자기 뜻대로 다 저질러 놓고 해결책을 간절히 구하는 것이 아니라 시작하기 전에 여쭈어 보는 것입니다.

이제 욥처럼 주님께 대답하기를 원합니다. "주님이 어떤 분이시라는 것을, 지금까지는 제가 귀로만 들었습니다. 그러나 이제는 제가 제 눈으로 주님을 뵙습니다. 그러므로 저는 제 주장을 거두어들이고, 티끌과 잿더미 위에 앉아서 회개합니다"(욥 42:5 - 6). 이는 **나 중심의 사고에서 하나님 중심의 사고로 전환하는 것**입니다. 이것이 **진정한 영성**이며, **그리스도인의 세계관**이어야 합니다. 다시 말하면, 사랑의 편지를 쓰신 아버지 하나님의 뜻(Vision)을 호기심을 가지고 궁금해 할 줄 알아야 성경 말씀도 이해가 가능하다는 말입니다.

🖋 1월 2일 〈신학산책 1〉 - 하나님의 뜻을 찾아가기 위한 전제 조건 (1)

30일

하나님이 허락하신 고난
흠이 없고 정직한 사람 욥

💡 실마리 풀기
"욥이, 아무것도 바라는 것이 없이 하나님을 경외하겠습니까?"(욥 1:9)

[욥기의 문학적 구성]
욥기는 매우 아름다운 문장과 심오한 내용을 지닌 문학적인 성경입니다. 그 구성은 마치 연극의 각본처럼 꾸며져 있는데, 하나님 그리고 사탄이 등장하여 욥을 향한 고난의 시험을 시작하는 도입부는 간략한 〈서술문: 1:1 - 2:13〉으로 되어 있습니다. 그리고 욥과 그의 고난을 바라보는 세 친구의 길고 긴 논쟁과 엘리후의 인간적 판결에 이어 마지막 하나님의 말씀이 이어지는데, 이는 〈시문: 3:1 - 42:6〉으로 구성되어 있어서 마치 출연자들 간의 대사를 듣는 듯합니다. 결론은 욥이 하나님을 만나 회복의 축복을 받는 내용의 〈서술문: 42:7 - 17〉으로 끝맺음을 하게 됩니다.

[욥기의 주제]
일반적으로 사람들은 고난(고통)이 닥쳐오게 되면 내가(그가) 무엇을 잘못했던가 하고 인과응보의 원칙을 생각해봅니다. 무슨 원인이 있으니까 그러한 결과가 닥쳐온 것이 아닌가 하는 것입니다. 인과응보의 원칙이 무너지면 "순종하면 축복을, 불순종하면 저주를 내릴 것"이라고 하신 하나님의 도전이 무색해지며, 아이들에게 "무릇 사람은 착하게 살아야 한다"라고 권면을 할 수도 없을 것입니다. 이러한 틀에 박힌 생각이 인간의 지혜입니다. 그러나 욥은 하나님께서 "흠이 없고 정직한 사람, 하나님을 경외하며 악을 멀리하는 사람"이라고 인정하시는 사람이었습니다. 그런데도 하나님께서 욥에게 고난을 허락하시되, 그 고난의 한계를 정하시고 허락하셨습니다. 왜일까요?
한마디로 [욥기의 주제]는 "왜 의인이 고난을 받는가?"에 있지 아니하고, 사단의 도전과 하나님의 허락하심으로 겪게 된 고난 가운데 "과연 하나님께서 우리의 주인(주권자)이신가? 우리가 고난을 받으면서도 섬겨야 할 만한 가치가 있는 분이신가? 그리고 그 근거는 무엇인가?"에 있습니다. 인간적인 지혜를 가지고 고난을 해석하고자 하는 친구들과 달리 욥은 줄기차게 하나님께 의문을 제기합니다. 그리고 결국 욥은 하나님의 지혜를 깨닫고 하나님을 만나는 극적인 장면을 연출합니다. 욥기는 하나님의 지혜를 알고 하나님을 만나는 것이 우리의 궁극적 목표임을 알려주고자 하는 것입니다.

하나님(주권자)과 사탄(고소하는 자, 반대하는 자) 그리고 욥(흠이 없고 정직한 사람)(1:1 - 12)

하나님은 욥을 알고 계셨다. 욥은 흠이 없고 정직하였으며, 하나님을 경외하며 악을 멀리하는 사람이었다. 그는 하나님 앞에 모든 것을 내려놓고 살며(1:21), 다른 사람들을 자비롭게 대하는 사람이었다(29:12 - 17). 에스겔도 욥을 노아처럼 의로운 사람이라고 불렀다(겔 14:14 - 20).

사탄은 사람들의 잘못을 하나님께 고자질하는 일을 하는 천사였다. 하나님께서 "이 세상에는 그 사람만큼 흠이 없고 정직한 사람, 그렇게 하나님을 경외하며 악을 멀리하는 사람은 없다"(1:8)고 욥을 평가하자, 사탄은 그러한 욥의 동기에 의문을 제기하며 그를 시험해 보아야 한다고 주장한다. 사탄의 항변은 하나님께서 욥에게 모든 것으로 보상해 주시기 때문에 그가 하나님을 섬기고 경배하는 것이 아닌가 하는 것이었다. "이제라도 주님께서 손을 드셔서, 그가 가진 모든 것을 치시면, 그는 주님 앞에서 주님을 저주할 것입니다"(1:11)라는 말은, 뒤집어 말하면 하나님은 인간이 찬양하고 순종할 합당한 대상이 아니므로, 하나님께서 그들에게 보상을 주고 예배를 받으시는 것이 아닌가 하는 뜻을 갖는다. 사탄은 분명히 하나님의 주권과 영광에 도전을 하는 것이다.

사탄의 도전과 하나님의 허락 - 주님의 이름을 찬양할 뿐입니다(1:13 - 2:13)

사탄의 첫 번째 시험은 욥이 가진 모든 것, 재산과 자식들을 앗아가는 것이었다. 하나님께서는 그의 몸에는 손을 대지 않는 조건으로 사탄의 도전을 허락하셨다. 그러나 욥은 이 모든 어려움을 당하고서도 죄를 짓지 않았으며, 어리석게 하나님을 원망하지도 않았다. 이렇게 욥이 고백하였다. "모태에서 빈손으로 태어났으니, 죽을 때에도 빈손으로 돌아갈 것입니다. 주신 분도 주님이시오, 가져가신 분도 주님이시니, 주님의 이름을 찬양할 뿐입니다"(1:21).

사탄의 두 번째 시험은 욥의 죽지 않을 정도로 질병의 고통을 안기는 것이었다. 하나님께서는 그의 생명만은 건드리지 않는 조건으로 사탄의 도전을 허락하셨다. 사탄의 입술을 대신하는 욥의 아내는 욥에게 하나님을 저주하고서 죽는 편이 낫겠다고 독설을 퍼부었다. 그러나 욥은 이 모든 어려움을 당하고서도 말로 죄를 짓지 않았다. 이렇게 욥이 고백하였다. "우리가 누리는 복도 하나님께로부터 받았는데, 어찌 재앙이라고 해서 못 받는다 하겠소?"(2:10).

욥의 본능적인 하소연 - 어찌하여 내가 모태에서 죽지 않았던가?(3:1 - 26)

하지만 욥은 친구들을 만나자 가슴 속에 묻어두었던 회한을 늘어놓았다. 우리는 누구나 고난을 겪을 수 있지만 욥처럼 처절한 고난을 만나기는 힘들 것이다. 그래서 욥은 자신이 태어나지 않았어야 한다고 하면서 자신의 생명을 거두어 가주시기를 바란다.

묻고? 답하기!

나에게 욥의 친구들과 같은 친구가 있는지 생각해 볼까요?

욥의 친구 세 사람, 곧 엘리바스와 빌닷과 소발은 욥을 위로하려고 달려왔습니다. 그러나 그들은 욥이 겪는 고통을 보고, 밤낮 이레 동안을 아무 말도 못 하고 함께 땅바닥에 앉아 있었습니다. 이들처럼 나의 고통을 함께 나누고 위로해 줄 친구들이 어디에 있을까요?

엘리바스와의 첫 번째 논쟁
고난에 대한 인간의 지혜와 하나님의 지혜

💡 실마리 풀기

"어찌하여 나를 주님의 과녁으로 삼으십니까?"(욥 7:20)

욥기는 인간의 삶에 있어서 용납하기 힘든 고난의 문제들을 향하여 다양한 질문들을 던져줍니다. 욥의 친구들은 욥이 겪게 된 고난이 하나님의 사역임을 인식하지 못하고, 욥의 잘못에 기인하는 것으로 여깁니다. 욥의 하소연을 들은 친구, 엘리바스는 하나님은 의로우시므로 사람의 고난은 반드시 죄로부터 오는 것이니어서 하나님 앞에 회개하라는 것입니다. 엘리바스의 첫 번째 권면은 인과응보의 원칙을 확인하는 수준입니다. 결국, 원칙이라는 틀에 갇힌 엘리바스는 욥의 마음을 위로할 수가 없었으며, 더욱이나 하나님의 마음을 가늠해 볼 여유도 없었습니다. 하나님의 의로우심만을 생각하다가 하나님의 자유로우심을 간과하고 있는 것입니다.

그러나 욥은 자신이 하나님의 의를 훼손했던가를 생각하기보다는 하나님의 본심이 무엇인가에 의문을 제기하고 있습니다. 이는 친구들과 달리 인간의 지혜를 벗어나 하나님의 지혜를 묻고자 하는 것으로, 욥기의 주제를 향한 핵심적인 질문이라고 할 수 있습니다.

엘리바스의 첫 번째 발언의 첫 번째 논지 - 고난을 내리신 하나님은 의로우시다(4:1 - 21)

엘리바스가 욥에게 묻는다. "하나님을 경외하는 것이 네 믿음이고, 온전한 길을 걷는 것이 네 희망이 아니냐?"(4:6) 그런데 왜 이렇게 낙담하느냐고 하면서, 사람이 고난을 받는 이유가 죄와 악한 행실 때문이라고 주장한다. 그러므로 의로우신 하나님, 창조주 하나님 앞에 잠잠하고 회개하라는 것이다. 그는 욥이 무슨 죄를 저질렀는지 알지도 못하면서, 욥을 더 깊이 이해하려는 노력은 하지는 않고 인간의 지혜를 적용하고 있다.

엘리바스의 첫 번째 발언의 두 번째 논지 - 전능하신 분의 훈계를 거절하지 말아라(5:1 - 27)

엘리바스는 욥에게 "재앙이 흙에서 일어나는 법도 없고, 고난이 땅에서 솟아나는 법도 없다"(5:6)라고 하면서, 하나님을 찾아서 너의 사정을(죄를) 하나님께 털어놓으라는 것이다. 욥이 불의를 저지른 것이 확실하니, 어리석게 항변하지 말고 입을 다물어라, 하나님께 징계를 받는 사람은 그래도 복된 사람이니 전능하신 분의 훈계를 거절하지 말라고 권면한다. 그러나 비통에 빠진 욥에게 해답을 주지도, 위로가 되지도 못하였다.

엘리바스를 향한 욥의 대답 - 나는 거룩하신 분의 말씀을 거역하지 않았다(6:1 - 7:6)

그 누구도 하나님 앞에 결백한 사람은 없으니 너도 하나님께 용서를 구하라는 엘리바스의 말은 욥에게는 받아들일 수 없는 궤변이었다. 욥은 자신이 겪고 있는 고난이 바다의 모래보다 더 무거울 것으로 생각하고 있다. 그러나 욥은 스스로 거룩하신 분의 말씀을 거역하지 않았다고 주장한다. 그가 이러한 절망 속에 허덕일 때야말로 친구가 필요한데, 친구라는 것들은 물이 흐르다가도 마르고 말랐다가도 흐르는 개울처럼 미덥지 못하고, 배신감만 느끼게 한다고 항변하고 있다. 그래서 욥은 엘리바스에게 막연히 내가 죄를 지었다고 하지 말고, 내 잘못이 무엇인지 구체적으로 말해 보라고 항변한다.

하나님을 향한 욥의 첫 번째 항변 - 나를 좀 내버려 두실 수 없습니까?(7:7 - 21)

욥은 자신이 그럴만한 죄를 지은 적이 없다고 하였다. 사실 욥은 하나님이 내려주신 은혜와 복이 넘치기 때문에 하나님을 경외하며 악을 멀리하는 사람이 아니었다. 그는 본디 흠이 없고 정직한 사람이었다. 욥은 친구들과의 논쟁 가운데 고난의 원인이 자신에게 있지 않음을 깨닫고 하나님께 질문을 던진다. "사람이 무엇이라고, 주님께서 그를 대단하게 여기십니까? 어찌하여 사람에게 마음을 두십니까? 어찌하여 아침마다 그를 찾아오셔서 순간순간 그를 시험하십니까? ..... 사람을 살피시는 주님, 내가 죄를 지었다고 하여 주님께서 무슨 해라도 입으십니까? 어찌하여 나를 주님의 과녁으로 삼으십니까? 어찌하여 나를 주님의 짐으로 생각하십니까? 어찌하여 주님께서는 내 허물을 용서하지 않으시고, 내 죄악을 용서해 주지 않으십니까?"(7:17 - 18, 20). 욥의 항변은 그의 고난을 이해할 수 없기 때문이다. 그는 아직 스스로 의롭다고 여기고 있었으며, 그의 마음속에도 죄의 결과 고난이 올 수 있다는 인간의 지혜가 자리 잡고 있었기 때문이다.

묻고? 답하기!

우리는 무엇 때문에 하나님을 사랑할까요?

나에게 또는 내가 사랑하는 사람에게 큰 고난이 닥쳐왔을 때, 나는 그 하나님을 원망할 것인가. 아니면 더욱 사랑할 것인가. 나는 과연 계속해서 삶의 순간마다 자신의 판단이 아닌 하나님의 뜻을 묻고 그 뜻에 따라 행하는 삶을 살아갈 수 있을 것인가. 우리는 하나님께서 우리에게 주실 것으로 생각하는 복(福) 때문에 하나님을 사랑하는가, 아니면 그분이 하나님이시기 때문에 사랑하는가. 주여! 긍휼을 베풀어주시옵소서.

✝ 오늘말씀 욥기 8:1 - 10:22

빌닷과의 첫 번째 논쟁

하나님과 욥 사이의 중재자

💡 실마리 풀기

"하나님과 나 사이를 판결해 줄 이가 없구나!"(욥 9:33)

욥의 하소연을 들은 친구, 빌닷의 의견도 마찬가지였습니다. "자식들이 주님께 죄를 지으면, 주님께서 그들을 벌하시는 것은 당연한 일이 아니냐?"고 원칙에 근거한 반문을 합니다. 전능하신 하나님께서 공의를 거짓으로 판단하실 리 없으며, 하나님의 지혜는 무한하시므로 정직한 사람에게 벌을 주실 리 없다는 것입니다.

그러나 욥은 자신이 옳다고 해도 무슨 대답을 하겠느냐면서, 다만 자신을 심판하실 그분께 은총을 비는 것뿐이라고 합니다. 아울러 하나님께 어찌하여 선한 자와 악인을 모두 벌하시느냐고 반문합니다. 욥은 자신이 무죄하다는 것을 강변하면서, 순간적으로 하나님과 자신과의 사이에 중재해줄 사람이 없는 것을 깨닫고 한탄합니다. 이는 욥기의 주제를 향해 한 발 더 다가가는 시도라고 할 수 있지만, 욥은 아직 자신의 무죄를 확신하지는 못하고 항변에 그치고 있습니다. 죄가 없는 욥이 찾는 그러한 중재자는 어디에 있을까요?

빌닷의 첫 번째 발언의 논지 - 하나님을 간절히 찾으며 전능하신 분께 자비를 구하라(8:1 - 22)

빌닷은 구구절절이 옳은 말만 한다. "너는, 하나님이 심판을 잘못하신다고 생각하느냐? 전능하신 분께서 공의를 거짓으로 판단하신다고 생각하느냐? 네 자식이 주님께 죄를 지으면, 주님께서 그들을 벌하시는 것은 당연한 일이 아니냐?"(8:3 - 4) 그러니 "하나님을 간절히 찾아 자비를 구하면, 또 그가 정말 깨끗하고 정직하기만 하면, 주님께서 그를 살리시고 회복시켜 주실 것"(8:5 - 6)이라고 권고한다. 그러나 빌닷은 이미 하나님께서 욥에게 〈흠이 없고 정직한 사람〉이라고 인정하셨다는 것을 알지 못하였다. 따라서 악한 죄를 자복하고 용서를 빌라는 빌닷의 발언은 욥에게 전혀 위로가 되지 못하였다.

하나님을 간절히 찾으며 전능하신 분께 자비를 구하면 "처음에는 보잘 것 없겠지만, 나중에는 크게 될 것이다"(8:7)라는 구절은 개업식에서 늘 읽혀지는 성경 말씀이다. 인과응보의 원칙을 맹신하는 사람들의 신조와 같은 표어이며, 하나님께 복을 강요하는 기복신앙의 절정이다. 그러나 고난을 주시는 것도 복을 주시는 것도 오직 **하나님의 자유로운 선택의 원리**에 따른 것이라는 사실을 기억해야 할 것이다.

빌닷에 대한 욥의 대답 - 하나님과 나 사이를 판결해 줄 이가 없구나!(9:1 - 35)

욥은 빌닷이 주장한 "하나님이 공의로우시며, 자비하신 분이시라는 사실"은 잘 알고 있다고 하면서, "사람이 어떻게 하나님 앞에서 의롭다고 주장할 수 있겠느냐?.... 하나님이 전지전능하시니, 그를 거역하고 온전할 사람이 있겠느냐?.... 내가 어찌 감히 그분에게 한 마디라도 대답할 수 있겠으며, 내가 무슨 말로 말대꾸를 할 수 있겠느냐?"(9:2, 4, 14)고 인정을 한다.

욥은 그로서 할 수 있는 일은 그를 심판하실 하나님께 은총을 비는 것밖에 없다고 말하면서도 내심으로는 "비록 내가 옳다 해도, 비록 내가 흠이 없다고 하더라도"라는 표현으로, 하나님께서 자신을 벌하신 이유를 모르겠다고 하는 것이다. 그래서 욥은 하나님께서 "흠이 없는 사람이나, 악한 사람이나, 다 한 가지로 심판하신다"(8 - 9:22)하고 주장한다. 결국, 욥은 하나님께 직접 하소연을 하거나 함께 법정에 서서 이 논쟁을 끝내고 싶은데, 자신의 억울함을 들어 줄 사람, 하나님과 욥의 사이를 중재할 사람이 없고, 하나님과 욥 사이를 판결해 줄 이가 없는 것을 한탄한다.

- 그러나 우리에게는 하나님과 사람 사이의 중보자이신 분, 곧 '사람이신 그리스도 예수'(딤전 2:5)가 계신다. 그는 자기를 통하여 하나님께 나아오는 사람들을 완전하게 구원하실 수 있으며, 그는 늘 살아 계셔서 우리를 위하여 중재의 간구를 하신다(히 7:25). 우리를 대신하여 하나님 앞에 나아가실 예수 그리스도를 신뢰하고, 의지하며 감사하는 것만이 우리가 행하여야 할 길이다.

하나님을 향한 욥의 두 번째 항변 - 내게 죄가 없다는 것을 주님께서도 아시지 않습니까?(10:1 - 22)

중보자가 없음을 한탄하던 욥은 스스로 하나님께 항변하고 있다. "나를 죄인 취급하지 마십시오. 무슨 일로 나 같은 자와 다투시는지 알려 주십시오. 내게 죄가 없다는 것과, 주님의 손에서 나를 빼낼 사람이 없다는 것은, 주님께서도 아시지 않습니까?"(10:2, 7).

**묻고?
답하기!**

우리에게 평판이 더 중요할까요? 아니면 성품이 더 소중할까요?

사람들은 남들을 겉을 보고 판단합니다. 빌닷도 욥이 처한 고난만을 바라보며 야단을 칩니다. 하지만 욥은 반박도 못 하고 오직 하나님께서 자신의 내면을 보시고 중재해 주시기만을 바랍니다. 평판은 주위 사람들의 생각이지만, 성품은 내 안에 감추어진 생각입니다. 성품은 하나님께서 우리를 알고 계시는 것이 드러나는 것입니다. 평판은 한순간에 무너져 내릴 수 있지만, 성품은 오랜 연륜 때문에 쉽게 무너지지 않습니다. 우리의 성품이 끊임없이 성장하기를 기원합니다. 하나님의 훨씬 더 큰 목적을 위하여 쓰임 받기 위하여.

3일

✝ 오늘말씀 욥기 11:1 - 14:22

소발과의 첫 번째 논쟁
욥이 인정할 수 없는 죄와 고난

💡 **실마리 풀기**

"내가 지은 죄가 무엇입니까? 내가 무슨 잘못을 저질렀습니까?"(욥 13:23)

욥의 하소연을 들은 친구, 소발은 매우 성격이 열정적인 사람인가 봅니다. 소발은 스스로 흥분하여 비판을 넘어 헛소리하지 말라고 욕을 합니다. 악에서 손을 떼고, 집안에 불의가 깃들지 못하게 하라는 경고는 마치 욥이 무슨 악한 음모라도 꾸미다가 발각된 듯합니다. 친구들의 발언은 결국 사탄의 의견과 조금도 다를 바가 없는 것입니다. 그들의 조언은 전혀 욥의 마음에 평안을 주지 못하며, 잘 알지도 못하고 있지도 않은 사실을 추측하여 욥을 나무라며 마음에 상처를 주고 있습니다.

그러나 욥은 그들의 지혜가 자신이 이해하고 있는 하나님의 지혜와 거리가 있음을 지적하면서, 친구들에게 진단을 잘 못하고 처방도 할 줄 모르는 돌팔이 의사라고 받아칩니다. 그리고 하나님께 정식으로 질문합니다. "내가 지은 죄가 무엇입니까? 내가 무슨 잘못을 저질렀습니까?" (13:23).

소발의 첫 번째 발언의 논지 - 하나님이 네게 내리시는 벌이 네 죄보다 가볍다(11:1 - 20)

욥의 태도에 소발은 위로나 권면을 넘어 야단을 치며 저주를 퍼붓는다. 그가 보기에 욥의 발언은 하나님을 무시하고 대항하는 듯했기 때문이다. "너는 네 생각이 옳다고 주장하고 주님 보시기에 네가 흠이 없다고 우기지만, 이제 하나님이 입을 여셔서 네게 말씀하시고, 지혜의 비밀을 네게 드러내어 주시기를 바란다. 지혜란 우리가 이해하기에는 너무나도 어려운 것이다. 너는, 하나님이 네게 내리시는 벌이 네 죄보다 가볍다는 것을 알아야 한다"(11:4 - 6).

소발은 욥에게 "하나님은, 어떤 사람이 잘못하는지를 분명히 아시고, 악을 보시면 곧바로 분간하신다. ... 네가 마음을 바르게 먹고, 팔을 그분 쪽으로 들고 기도하며, 악에서 손을 떼고, 집안에 불의가 깃들지 못하게 하면, 너도 아무 부끄러움 없이 얼굴을 들 수 있다"(11:11, 14 - 15)라고 충고한다. 그러나 과연 욥이 마음을 악하게 먹은 적이 있으며, 기도를 게을리 한 적이 있으며, 집안에 불의를 행한 적이 있었던가를 생각해 보면 소발의 충고는 참으로 어이가 없는 것이었다.

소발에 대한 욥의 대답 - 너희는 모두가 돌팔이 의사나 다름없다(12:1 - 13:19)

실제로 하나님의 지혜가 무엇인지도 모르면서 소발이 하나님의 지혜를 거론했다. 그러나 욥은 그의 발언을 무시하고, 조롱하기까지 하면서 자신이 알고 있는 하나님의 지혜를 말한다. "지혜와 권능은 본래 하나님의 것이며, 슬기와 이해력도 그분의 것이다. 하나님이 헐어 버리시면 세울 자가 없고, 그분이 사람을 가두시면 풀어 줄 자가 없다. 하나님이 물길을 막으시면 땅이 곧 마르고, 물길을 터놓으시면 땅을 송두리째 삼킬 것이다. 능력과 지혜가 그분의 것이니, 속는 자와 속이는 자도 다 그분의 통치 아래에 있다"(12:13 - 16).

욥은 그들이 아는 것만큼 하나님의 지혜를 잘 알고 있지만, 지금은 전능하신 하나님을 찾아 그 분께 말씀드리고 싶고, 속마음을 다 털어놓고 싶다고 하소연하고 있다. 욥이 볼 때 친구들은 무식을 거짓말로 때우는 사람들이며 모두가 돌팔이 의사나 다름없다.

이제 욥은 "나라고 해서 어찌 이를 악물고서라도 내 생명을 스스로 지키려 하지 않겠느냐?" (13:23)면서, 하나님이 나를 죽이려고 하셔도 나로서는 잃을 것이 없으니, 자신의 사정만은 그분께 아뢰겠다고 주장한다. 적어도 이렇게 하는 것이 욥에게는 구원을 얻는 길이 될 것이기 때문이다. 아무리 둘러보아도 욥에게는 스스로 죄가 없다는 확신만이 드러날 뿐이기 때문이다.

하나님을 향한 욥의 기도 - 내가 지은 죄가 무엇입니까?(13:20 - 14:22)

하나님을 경외하며 악을 멀리하는 사람 욥은 자신의 순전함에 의지하여 하나님께 억울함을 호소한다. 아무리 되돌아보아도 친구들의 조언이 이해되지 않기 때문이다. 그들의 말은 도덕적으로 맞는 것 같지만 자신에게 적용하기에는 어울리지 않는 궤변이었다.

욥이 하나님께 하지 마시라고 구한 두 가지는 그를 치시는 그 손을 거두어 주시고, 그렇게 두려워 떨지 않게 해달라는 것이었다. 그리고 또한 구한 것은 그가 지은 죄가 무엇인지, 그가 무슨 잘못을 저질렀는지 말씀해 달라는 것이었다. 마지막으로 욥은 그렇게 고통 가운데 지내느니 하나님께서 차라리 자신을 죽여주시기를 간절히 구한다.

내가 죽을병에 걸렸다면 내 친구들은 어떤 위로의 말을 할까요?

친구들이 위로라고 하는 말들이 오히려 욥에게 상처를 주었습니다. 나의 친구들도 내가 그러한 고난에 처하게 되면 나를 정죄하고 판단하려 할까요? 내가 그러한 고난에 들었을 때, 내가 친구들로부터 듣고 싶은 위로는 하나님의 사랑과 은혜를 느끼도록 함께 울어주고, 먹여주고, 웃겨주며, 기도해주는 것입니다. 나에게 감히 '구원의 확신'이 있냐고 묻는 자에게는 저주를 퍼부을 것입니다.

5

욥기

4일

✝ 오늘 말씀 욥기 15:1 - 21:34

세 친구와의 두 번째 논쟁
인간의 지혜를 벗어나지 못하는 친구들

💡 실마리 풀기

"그러나 나는 확신한다. 내 구원자가 살아 계신다"(욥 19:25)

세 친구는 처음 발언에서 "선한 사람 욥이 무언가 죄를 저질렀기 때문에 이러한 고통을 당하는 것이 아닌가?"라고 주장을 하였습니다. 그러나 욥이 강력하게 반발을 하자 세 친구는 사람의 악함과 그 말로에 대하여 설명하면서 욥을 비난합니다. 이 세 친구들의 머릿속에는 하나님에 대한 지식은 있으나, 하나님의 마음에 대한 깊은 경험은 없는 듯합니다. 한 번도 하나님의 자비하심에 의지한 상상을 하지 않는 것으로 보아서 그런 생각이 듭니다. 그러나 욥은 친구들의 공박에 반박하는 과정에서 스스로 하나님께 의지하고 호소하는 자신을 발견합니다. 욥은 주님께서 친히 내 보증이 되어 달라고 요청하면서, 살아계신 하나님을 직접 뵙겠다고 큰소리를 칩니다.

엘리바스의 두 번째 발언의 논지 - 여인에게서 태어난 사람이 무엇이기에(15:1 - 35)

엘리바스는 이제 욥에게 대놓고 정죄하며 공격적인 말을 쏟아낸다. 그가 볼 때에 욥이야말로 하나님을 두려워하지 않고, 하나님 앞에서 뉘우치며 기도하는 일조차도 팽개쳐 버리며, 그 혀로 간사한 말만 골라서 한다는 것이다.

엘리바스는 욥에게 "어찌하여 너는 하나님께 격한 심정을 털어놓으며, 하나님께 함부로 입을 놀려 대느냐? 인생이 무엇이기에 깨끗하다고 할 수 있겠으며, 여인에게서 태어난 사람이 무엇이기에 의롭다고 할 수 있겠느냐?"(15:13 - 14)고 추궁하면서, 하나님을 두려워하지 않는 자는 반드시 멸망할 것이라고 하였다.

엘리바스에 대한 욥의 대답 - 주님께서 친히 내 보증이 되어 주십시오(16:1 - 17:16)

친구의 독설에 욥의 마음은 갈기갈기 찢어진다. 더구나 욥이 볼 때 하나님께서 자신에게 분노하시고 미워하시는 것으로 여겨지기 때문이다. 그래서 욥이 울부짖는다. "땅아, 내게 닥쳐온 이 잘못된 일을 숨기지 말아라! 애타게 정의를 찾는 내 부르짖음이 허공에 흩어지게 하지 말아라! 하늘에 내 증인이 계시고, 높은 곳에 내 변호인이 계신다!"(16:18 - 19) 욥의 울부짖는 소리는 그의 기도가 되었다. 욥은 눈물을 흘리며 자신이 의지하고, 결백을 호소할 분을 찾고 있다. "주님, 주님께서 친히 내 보증이 되어 주십시오"(17:3).

빌닷의 두 번째 발언의 논지 - 악한 자의 빛은 꺼지게 마련이고(18:1 - 21)

빌닷은 더는 욥을 설득할 수 없었다. 그가 볼 때 욥은 "제 발로 그물에 걸리고, 스스로 함정으로 걸어 들어가는 자, 악한 자, 하나님을 알지 못하는 자"였다. 그의 결론은 결국 악한 자의 빛은 꺼지게 마련이고, 그 불꽃도 빛을 잃고 말게 되리라는 것이다.

빌닷에 대한 욥의 대답 - 나는 하나님을 뵈올 것이다(19:1 - 29)

이러한 궁지로 몰아넣으신 분이 하나님이심을 깨달은 욥에게는 위로할 자가 없었다. 그래서 욥은 오직 하늘에 계신 아버지께 호소할 뿐이다. "아, 누가 있어 내가 하는 말을 듣고 기억하여 주었으면! 누가 있어 내가 하는 말을 비망록에 기록하여 주었으면! …… 그러나 나는 확신한다. 내 구원자가 살아 계신다. 나를 돌보시는 그가 땅 위에 우뚝 서실 날이 반드시 오고야 말 것이다. 내 살갗이 다 썩은 다음에라도, 내 육체가 다 썩은 다음에라도, 나는 하나님을 뵈올 것이다. 내가 그를 직접 뵙겠다. 이 눈으로 직접 뵐 때, 하나님이 낯설지 않을 것이다"(19:23 - 27).

소발의 두 번째 발언의 논지 - 악한 자의 승전가와 경건하지 못한 자의 기쁨(20:1 - 29)

소발의 발언도 여전하였다. "하나님이 진노하시는 날에, 그 집의 모든 재산이 홍수에 쓸려 가듯 다 쓸려갈 것이다. 이것이, 악한 사람이 하나님께 받을 몫이며, 하나님이 그의 것으로 정해 주신 유산이 될 것이다"(20:28 - 29).

소발에 대한 욥의 대답 - 어찌하여 너희는 빈말로만 나를 위로하려 하느냐?(21:1 - 34)

욥이 친구들에게 반문한다. 그렇다면 "어찌하여 악한 자들이 잘사느냐? 어찌하여 그들이 늙도록 오래 살면서 번영을 누리느냐?"(21:7)는 것이다. 그러므로 그들이 하는 말은 온통 거짓말뿐이다.

왜 악한 사람들이 더 잘되고 부유하게 살까요?

욥도 그러한 일들이 불공평한 것은 아니냐고 말합니다. 시편 73편이나 하박국 선지자도 똑같은 고민과 질문을 했습니다. 성경은, 하나님께서 이 모든 것을 살펴보고 계시며(시 33:13), 이에 대한 심판도 미리 예비해 두셨다는 것(딤후 4:14)을 알려줍니다. 우리가 알지 못하는 순간에도 축복과 심판은 계속되고 있음을 신뢰해 봅니다.

5

5일

욥기

+ 오늘 말씀 욥기 22:1 - 24:25

엘리바스와의 세 번째 논쟁
욥이 궁금해 하는 하나님의 계획

💡 **실마리 풀기**

"그러나 그분이 한번 뜻을 정하시면, 누가 그것을 돌이킬 수 있으랴?"(욥 23:13)

엘리바스가 드디어 인내심을 잃고 직설적으로 욥에게 "네가 죄를 많이 지어서 이렇게 된 것이 아니냐?"고 말합니다. 죄 때문에 고난이 온다는 그의 인식은 처음부터 변함이 없이 계속됩니다. 욥의 친구들은 처음에 고난 가운데 있는 욥을 위로하기 위하여 달려왔습니다. 그런데 그들은 고난을 주신 분, 하나님을 생각하지 않고, 알량한 자신들의 지혜를 앞세워 욥을 위로하려 하였습니다. 그러나 그들의 발언은 위로가 되기는커녕, 더욱 깊은 마음의 상처를 주고 있습니다. 오히려 아무 말도 하지 않고 그냥 곁에 있어 주기만 해도 좋았을 것인데 말입니다.

그러나 욥은 자신의 과거와 현재를 돌아볼 때 자신이 원하였던 중재자, 하나님께서 무언가 일하고 계신다는 것, 즉 하나님께서 욥을 두고 세우신 계획이 있으리라는 것을 직감하고 두려움을 나타냅니다.

엘리바스의 세 번째 발언의 논지 - 네 죄악이 끝이 없으니, 그러한 것이 아니냐?(22:1 - 30)

엘리바스의 발언은 일면 논리 정연하다. 그러나 그의 말은 하나님을 언급하고 있지만, 하나님의 마음과는 전혀 상관이 없는 허망한 것이다. 〈그러므로 친구들의 말은 깊이 생각하지 말고, 가볍게 읽고 지나가야 할 것이다. 그저 인간의 지혜일뿐이기 때문이다.〉

"사람이 하나님께 무슨 유익을 끼쳐드릴 수 있느냐? 아무리 슬기로운 사람이라고 해도, 그분께 아무런 유익을 끼쳐드릴 수가 없다. 네가 올바르다고 하여 그것이 전능하신 분께 무슨 기쁨이 되겠으며, 네 행위가 온전하다고 하여 그것이 그분께 무슨 유익이 되느냐? 네가 하나님을 경외한 것 때문에, 하나님이 너를 책망하시며, 너를 심판하시겠느냐? 오히려 네 죄가 많고, 네 죄악이 끝이 없으니, 그러한 것이 아니냐?"(22:2 - 5).

"그러므로 너는 하나님과 화해하고, 하나님을 원수로 여기지 말아라. 그러면 하나님이 너에게 은총을 베푸실 것이다. 하나님이 친히 말씀하여 주시는 교훈을 받아들이고, 그의 말씀을 네 마음에 깊이 간직하여라. 전능하신 분에게로 겸손하게 돌아가면, 너는 다시 회복될 것이다. 온갖 불의한 것을 네 집 안에서 내버려라..... 그분은 죄 없는 사람을 구원하신다. 너도 깨끗하게 되면, 그분께서 구해 주실 것이다"(22:21 - 24,30).

엘리바스에 대한 욥의 대답 - 하나님이 나를 두고 세우신 계획이 있으실 것이다(23:1 - 24:25)

욥은 엘리바스의 말에 들은 척도 안 한다. 다만 그가 원하는 바를 고백한다. "아, 그분이 계신 곳을 알 수만 있다면, 그분의 보좌까지 내가 이를 수만 있다면, 그분 앞에서 내 사정을 아뢰련만, 내가 정당함을 입이 닳도록 변론하련만. 그러면 그분은 무슨 말로 내게 대답하실까? 내게 어떻게 대답하실까? 하나님이 힘으로 나를 억누르실까? 그렇지 않을 것이다. 내가 말씀을 드릴 때, 귀를 기울여 들어 주실 것이다. 내게 아무런 잘못이 없으니, 하나님께 떳떳하게 말씀드릴 수 있을 것이다. 내 말을 다 들으시고 나서는, 단호하게 무죄를 선언하실 것이다"(23:3 - 7).

그러나 욥은 어디에서도 하나님을 찾을 수가 없는 것에 한탄한다. 그러면서 신실하신 하나님을 향하여 은밀한 독백을 하고 있다. "하나님은 내가 발 한 번 옮기는 것을 다 알고 계실 터이니, 나를 시험해 보시면 내게 흠이 없다는 것을 아실 수 있으련만! .... 그러나 그분이 한번 뜻을 정하시면, 누가 그것을 돌이킬 수 있으랴? 한번 하려고 하신 것은, 반드시 이루고 마시는데, 하나님이 가지고 계신 많은 계획 가운데, 나를 두고 세우신 계획이 있으면, 반드시 이루고야 마시겠기에 나는 그분 앞에서 떨리는구나. 이런 것을 생각할 때마다, 그분이 두렵구나"(23:10, 13 - 15).

또한 욥에게 남아있는 고민은 한둘이 아니었다. 세상에는 악하고 악한 사람들도 많고, 살인하고 간음하며, 도적질하는 사람들로 넘쳐나는데 어찌하여 전능하신 분께서는 심판하실 때를 정하여 두지 않으셨으며, 어찌하여 그를 섬기는 사람들이 정당하게 판단 받을 날을 정하지 않으셨을까? 하는 점이다. 그리고 마침내 욥이 깨달은 바는 "하나님이 악한 자들에게 안정을 주셔서 그들을 평안하게 하여 주시는 듯하지만, 하나님은 그들의 행동을 낱낱이 살피신다. 악인들은 잠시 번영하다가 곧 사라지고, 풀처럼 마르고 시들며, 곡식 이삭처럼 잘리는 법"(24:23 - 24)이라는 것이다.

묻고?
답하기!

나의 문제가 고통일까요, 고난일까요?

많은 사람이 스스로 자기 자신을 궁지로 몰아넣었으면서도 하나님을 원망할 때가 있습니다. 간단한 예를 들면, 담배를 수십 년 동안 피우다가 폐암에 걸린 경우입니다. 우리가 살면서 겪는 문제점들을 잘 살펴보면, 나의 계획이나 방종으로 인한 것은 고통이라고 말할 수 있고, 진정 우리가 알 수 있는 아무런 원인이 없이 일방적으로 일어나는 것은 고난이라고 볼 수 있습니다. 지금 나에게 닥친 문제점들을 하나님께 하소연하기 전에 그것이 고통인지, 고난인지 한번쯤 생각해 볼 필요가 있습니다. 그리고 그것이 고난이라고 확신이 들면, 그 고난 가운데 주님께 묻고, 주님을 알아가고자 하는 노력을 해야겠습니다. 욥처럼.

5월 6일 〰〰〰〰〰〰〰〰〰〰〰〰〰〰〰〰〰〰〰〰〰

하나님과의 만남
깨달음을 얻는 길

✝ 오늘 말씀 욥기 40:1-5 ; 42:1-6

 실마리 풀기

"주님이 어떤 분이시라는 것을, 지금까지는 제가 귀로만 들었습니다. 그러나 이제는 제가 제 눈으로 주님을 뵙습니다. 그러므로 저는 제 주장을 거두어들이고, 티끌과 잿더미 위에 앉아서 회개합니다"(욥 42:5 - 6)

중보자가 없는 욥의 간구 - 하나님과 나 사이를 판결해 줄 이가 없구나!

감당하기 어려울 정도의 고난을 겪게 된 욥은 친구들과의 논쟁 가운데 고난의 원인이 자신에게 있지 않음을 깨닫고 하나님께 첫 번째 항변을 합니다. "어찌하여 주님께서는 내 허물을 용서하지 않으시고, 내 죄악을 용서해 주지 않으십니까?"(욥 7:21).

욥의 친구 빌닷이 "하나님을 간절히 찾으며 전능하신 분께 자비를 구하라"고 권고합니다. 그러나 욥은 "내가 어찌 감히 그분에게 한 마디라도 대답할 수 있겠으며, 내가 무슨 말로 말대꾸를 할 수 있겠느냐?"(욥 9:14)라고 말할 수밖에 없습니다. 너무도 억울한 심정을 하나님께 직접 하소연하고 싶어도 왜 하나님께서 자신을 벌하시는지 알 수가 없기 때문입니다. 하나님께 직접 하소연을 하거나 함께 법정에 서서 이 논쟁을 끝내고 싶어도, 자신의 억울함을 들어 줄 사람, 하나님과 욥의 사이를 중재할 사람이 없고, 하나님과 욥 사이를 판결해 줄 이가 없기 때문입니다. 만약 하나님과 욥 사이에 중보자가 있었더라면, 욥은 한걸음에 그에게 달려갔을 것입니다.

중보자가 없음을 한탄하던 욥은 하나님께 두 번째 항변하고 있습니다. "나를 죄인 취급하지 마십시오. 무슨 일로 나 같은 자와 다투시는지 알려 주십시오.... 내게 죄가 없다는 것과, 주님의 손에서 나를 빼낼 사람이 없다는 것은, 주님께서도 아시지 않습니까?"(욥 10:2, 7).

친구들의 계속되는 조언을 듣다 못 한 욥은 하나님께 기도합니다. "주님께서 내게 대답해 주십시오. 내가 지은 죄가 무엇입니까?"(욥 13:22 - 23). 그리고 마지막으로 "이제는, 전능하신 분께서 말씀하시는 대답을 듣고 싶다"(욥 31:35)고 감히 하나님께 요청하고 있습니다. 드디어 하나님의 음성을 간절히 듣기를 원하는 것입니다.

하나님을 찾는 욥에게 주시는 지혜 - 내가 땅의 기초를 놓을 때, 네가 거기에 있기라도 하였느냐?

욥이 '중재해 줄 사람' 또는 '판결해 줄 이'를 간절히 찾으니 하나님께서 그를 만나주셨습니다. 사랑의 하나님은 말씀으로 자신을 드러내시고 지혜와 권능을 보여주셨습니다. 하나님께서 그에게 찾아와 물으셨습니다. "네가 누구이기에 무지하고 헛된 말로 내 지혜를 의심하느냐? 이제 허리를 동이고 대장부답게 일어서서, 묻는 말에 대답해 보아라. 내가 땅의 기초를 놓을 때, 네가 거기에 있기라도 하였느냐?"(욥 38:2 - 3). 욥은 자신의 무죄를 주장하다가 하나님을 대면하고 아무런 말도 할 수 없었습니다. 욥이 주님께 대답하였습니다. "저는 비천한 사람입니다. 제가 무엇이라고 감히 주님께 대답할 수 있겠습니까? 다만 손으로 입을 막을 뿐입니다. 이미 말을 너무 많이 했습니다. 더 할 말이 없습니다"(욥 40:4 - 5).

욥은 처음에 자신의 의로 하나님 앞에 설 수 있다고 생각하였습니다. 하나님 앞에 서서 자신의 무죄를 항변하고 싶어 했습니다. 그러나 욥은 이미 친구들과 지혜에 관하여 논할 때 "지혜와 권능은 본래 하나님의 것이며, 슬기와 이해력도 그분의 것이다. 하나님이 헐어 버리시면 세울 자가 없고, 그분이 사람을 가두시면 풀어줄 자가 없다"(욥 12:13 - 14)고 입으로 고백한 바 있습니다. 이제 그 고백은 욥이 확신하는 바가 되었습니다. 축복도 고난도 선함과 악함도 모두 하나님의 주권 아래에 있음을 깨달았습니다. 하나님은 의인에게 복을 베푸시고 악인을 벌하시는 분이 아니라 하나님께서 인간에게 약속하신 언약을 틀림없이 이루시는 하나님이심을 깨달았습니다. "잘 알지도 못하면서, 감히 주님의 뜻을 흐려 놓으려 한 자가 바로 저입니다"(욥 42:3).

고난이 주는 축복 - 언제 우리가 하나님을 만났는가?

욥기는 참된 지혜가 하나님을 경외하며 하나님 중심에서 생각하고 행동하는 것임을 보여줍니다. 하나님을 만난 사람은 하나님의 뜻과 하나님 나라의 계획에 동참하는 사람이 되기 때문입니다. 또 한 가지는 고난을 통하여 하나님을 만나게 된 것이 축복이 됨을 보여줍니다. 그리스도인들 간의 흔히 주어지는 "주님을 만나 보았는가?"라는 질문은 "얼마나 간절히 주님을 찾았는가?"라는 질문에 불과하며, 고난이 깊으면 깊을수록 하나님을 향한 간절함이 강해지기 때문입니다.

< QT : 새삼스레 "내가 하나님을 처음 만났을 때가 언제이던가. 그때 나는 무슨 말을 할 수 있었던가"라는 질문을 스스로 해봅니다. 나는 성경을 읽는 동안 늘 하나님의 마음을 경험해봅니다. 성경 속에서 하나님의 사랑의 흔적들을 찾아낼 때마다 가슴이 뜨거워짐을 경험합니다. 지식과 논리 가운데 막혀 있던 의문점들이 사라지고, 하나님의 말씀이 진리가 되어 하나하나 가슴 속에 솟아오르기도 합니다. 이스라엘 백성들에게 주신 레위기를 읽으면서 하나님의 자상함을 느껴봅니다. 그리고 디모데를 생각하며 쓴 바울의 편지를 읽으면서 나는 아무 말도 못하고 감동의 눈물만 하염없이 흘렸습니다. 이스라엘 여행을 하는 동안 갈릴리 해변의 숙소에서 아침 큐티를 하면서 "네가 나를 사랑하느냐"고 물으시는 주님의 음성을 듣고 또 눈물을 흘렸습니다. 내가 깨달음을 얻는 길은 바로 성경 말씀 속에서 하나님을 만나는 것입니다. 여러분들도 그와 같은 경험을 할 수 있기를 소망합니다. >

7일

빌닷과의 세 번째 논쟁과 욥의 첫 번째 자기변호
욥이 이해하는 하나님의 지혜

💡 **실마리 풀기**

"지혜는 어디에서 얻으며, 슬기가 있는 곳은 어디인가?"(욥 28:12)

빌닷은 더 이상 욥과 논쟁을 하지 못합니다. 다만 자신이 알고 있는 지혜로 두 가지 원리를 이야기합니다. 크신 하나님 앞에 인간은 벌레 같은 존재이며, 하나님의 공의는 궁극적으로 균형을 이루리라는 것입니다. 그러나 욥은 친구들의 조언이 궤변으로 인식되기 시작하면서, 점차 하나님께서 자기와 함께 하실 것이라는 확신을 얻어갑니다. 하나님의 주권을 생각하더라도 자기는 결백하며, 하나님께서 궁극적으로 공의로운 판결을 내려주실 것이라고 확신하고 있습니다.

이 세상을 창조하신 하나님의 지혜는 우리가 이해하고 인식할 수 있기도 하지만, 우리가 이해할 수 없는 부분도 있습니다. 우리의 고난이 사람들에 의해 유발된 것이 확실할 때에는 이해할 수 있지만, 하나님에 의해 유발된 것일 경우에는 전혀 이해할 수 없기도 합니다. 그러므로 때로는 이해할 수 없는 상황에 부닥치더라도 하나님의 살아계심과 의로우심 그리고 자비하심에 의지하여 전적인 신뢰를 잃지 않도록 해야 합니다.

빌닷의 세 번째 발언의 논지 - 어찌 사람이 하나님 앞에서 의롭다고 하겠느냐(25:1 - 6)

빌닷의 일관된 주장은 사람은 하나님 앞에서 의롭다고 할 수 없으며, 여자에게서 태어난 사람은 깨끗할 수 없다는 것이다. 비록 달이라도 하나님에게는 밝은 것이 아니며 별들마저 하나님이 보시기에는 청명하지 못하거늘, 하물며 구더기 같은 사람, 벌레 같은 인간이야 말할 나위가 있겠는가? 라는 것이다. 그의 발언은 너무나 원론적인 것이어서 의인 욥에게는 하나 마나 한 말이었다.

빌닷에 대한 욥의 대답 - 네 지혜는 누구에게 영감을 받은 것이냐(26:1 - 14)

욥은 빌닷에게 간략하게 대답하며 "그런데 누가, 네가 한 그런 말을 들을 것이라고 생각하느냐? 너는 누구에게 영감을 받아서 그런 말을 하는거냐?"(26:4)라고 되묻는다. 욥은 우리가 알 수 있는 하나님의 능력은 그분이 하시는 일의 일부에 지나지 않고, 우리가 그분에게서 듣는 것도 가냘픈 속삭임에 지나지 않는다는 것을 알고 있었다.

세 친구를 향한 욥의 역설적인 자기변호 - 죽기까지 나는 결백하다(27:1 - 23)

욥의 독백이 시작된다. "내가 살아 계신 하나님 앞에서 맹세한다. 그분께서 나를 공정한 판결을 받지 못하게 하시며, 전능하신 분께서 나를 몹시 괴롭게 하신다. 내게 호흡이 남아 있는 동안은, 하나님이 내 코에 불어 넣으신 숨결이 내 코에 남아 있는 한, 내가 입술로 결코 악한 말을 하지 않으며, 내가 혀로 거짓말을 하지 않겠다. 나는 결코 너희가 옳다고 말할 수 없다. 나는 죽기까지 내 결백을 주장하겠다. 내가 의롭다고 주장하면서 끝까지 굽히지 않아도, 내 평생에 양심에 꺼림칙한 날은 없을 것이다"(27:2 - 6).

이어서 욥은 그들만큼이나 자신이 악한 자의 결말에 대하여 잘 알고 있음을 말함으로써, 오히려 자신은 그와 같은 죄악을 저지른 적이 없다는 것을 강조하고, 그들이 그처럼 터무니없는 말을 하는 것을 책망하고 있다.

욥의 본질적인 의문 - 하나님은 지혜가 있는 곳에 이르는 길을 아신다(28:1 - 28)

이제까지 친구들의 관심은 무슨 잘못, 죄를 저질렀기에 욥이 이처럼 처절한 고난을 받는가 하는 것이었다. 그러나 욥의 화두는 친구들과의 논쟁 가운데 점차 지혜로 옮겨간다. 욥은 이제 자신의 고난에 대하여 논쟁을 하기보다는 지혜에 대하여 말하고자 한다. 지혜만이 그와 친구들이 가진 의문을 해결해 줄 수 있다고 생각했기 때문이다.

"하나님은, 지혜가 있는 곳에 이르는 길을 아신다. 그분만이 지혜가 있는 곳을 아신다. 오직 그분만이 땅끝까지 살피실 수 있으며, 하늘 아래에 있는 모든 것을 보실 수 있다. 그분께서 저울로 바람의 강약을 달아 보시던 그 때......바로 그 때에 그분께서, 지혜를 보시고, 지혜를 칭찬하시고, 지혜를 튼튼하게 세우시고, 지혜를 시험해 보셨다. 그런 다음에, 하나님은 사람에게 말씀하셨다. 주님을 경외하는 것이 지혜요, 악을 멀리하는 것이 슬기다"(28:23 - 28).

묻고? 답하기!

우리가 아는 지혜는 어떤 모습일까요?

우리가 알기로 지혜는 자신이 처한 상황을 객관적으로 보고, 가장 적절한 행동을 취하도록 돕는 판단을 의미합니다. 그리고 그 판단에 의한 결정이 나에게 이로운 것이 되어야 올바른 지혜라고 생각을 합니다. 그래서 나에게 이롭지 않으면 몸을 움직이려고도 하지 않습니다. 그러나 성경은 오직 "주님을 경외하는 것이 지혜"라고 말합니다. 하나님 중심에서 생각하고 행동하는 것, 하나님의 뜻을 구하고 하나님의 요청에 순응하는 것입니다. 내가 판단하고 한 것이 하나님께 이로운 것일 때 그것이 진정한 지혜라는 것입니다. 나에게 이롭지 않더라도 하나님 나라와 이웃을 위하여 몸을 움직이는 것, 그것이 진정한 지혜입니다.

5

8일

✝ 오늘 말씀 욥기 29:1 - 31:40

욥기

욥의 독백

하나님을 향한 마지막 자기변호

💡 **실마리 풀기**

"하나님이 내 정직함을 공평한 저울로 달아 보신다면, 내게 흠이 없음을 아실 것이다"(욥 31:6)

욥의 친구 소발은 더 이상 할 말을 잃었습니다. 고난이 죄 때문이라는 단순 논리 이외에 아무런 설득력을 갖고 있지 않았기 때문입니다. 침묵하는 친구들에게 욥은 논쟁을 잠시 멈추고, 자신의 과거를 회상하면서 지금의 자신이 겪고 있는 고난의 이유를 찾아보고자 합니다. 그러나 욥은 확신에 차서 자신에게 가해진 형벌은 정당한 것이 아니라는 결론을 내립니다. 그리고 하나님께 이제는 대답해달라고 마지막 요청을 합니다. 그리고 잠잠히 하나님의 말씀을 기다립니다.

상실감 속에서 과거의 회고 - 지나간 세월로 되돌아갈 수만 있으면(29:1 - 25)

욥은 전혀 예상치 못한 순간에 자신의 모든 것을 잃었다. 얼마 전만 하더라도 그에게는 예쁜 아내와 착한 자식들 그리고 엄청난 재물이 그의 눈앞에 있었다. 그러나 지금은 아무것도 찾을 수 없었다. 이러한 상황에 부닥치게 되어 찾아오는 상실감은 거의 죽음과도 같았으리라. 욥은 하나님이 보호해 주시던 그 지나간 날로 되돌아갈 수 있으면 좋겠다고 고백한다.

욥은 늘 가난한 사람들과 고아들을 보살펴주고, 정의를 실천하며, 매사를 공평하게 처리하였기 때문에"나는 죽을 때까지 이렇게 건강하게 살 것이다. 소털처럼 많은 나날 불사조처럼 오래 살 것이다. 나는, 뿌리가 물가로 뻗은 나무와 같고, 이슬을 머금은 나무와 같다. 사람마다 늘 나를 칭찬하고, 내 정력은 쇠하지 않을 것이다"(29:18 - 20)하고 생각하였다.

절망감 속에서 느끼는 고통과 수치 - 주님께서는 어찌하여 망할 수밖에 없는 연약한 이 몸을 치십니까?(30:1 - 31)

모든 것을 잃은 것도 억울한데, 친구들이라고 찾아온 자들은 하나같이 자신을 비난하며, 없는 죄를 자복하라고 들쑤신다. 이때 욥이 느끼는 고통과 수치심은 온 몸을 뒤덮고 있는 악성 종기보다 더 고통스러웠을 것이다.

욥이 기도하며 부르짖었다. "주님, 내가 주님께 부르짖어도, 주님께서는 내게 응답하지 않으십니다. 내가 주님께 기도해도, 주님께서는 들은 체도 않으십니다. 주님께서는 내게 너무 잔인하십니다. 힘이 세신 주님께서, 힘이 없는 나를 핍박하십니다. 나를 들어 올려서 바람에 날리게 하시며, 태풍에 휩쓸려서 흔적도 없이 사라지게 하십니다. 나는 잘 알고 있습니다. 주님께서는 나를 죽음으로 몰아넣고 계십니다"(30:20 - 23).

의로운 사람 욥의 자기 과시 - 하나님이 내 정직함을 공평한 저울로 달아 보신다면(31:1 - 34)

욥은 자신이 의로운 사람임에도 고난을 받고 있다고 생각하였다. 그러나 하나님을 어디 가서 만난단 말인가? 욥이 하소연하는 이유는 단순하였다. 불의한 자에게는 불행이 미치고, 악한 일을 하는 자에게는 재앙이 닥치는 법이거늘, 어찌하여 자신에게 이러한 재앙이 닥쳤는가 하는 것이다. 욥은 하나님이 자신이 하는 일을 낱낱이 알고 계시며, 모든 발걸음을 하나하나 세고 계신다고 믿었다. 그래서 욥은 그동안 자신이 행한 모든 선한 일들을 돌아보며, 감히 하나님 앞에 맹세할 수 있다고 말한다.

"나는 맹세할 수 있다. 여태까지 나는 악한 일을 하지 않았다. 다른 사람을 속이려고도 하지 않았다. 하나님이 내 정직함을 공평한 저울로 달아 보신다면, 내게 흠이 없음을 아실 것이다....... 가난한 사람들이 도와 달라고 할 때, 나는 거절한 일이 없다. 앞길이 막막한 과부를 못 본 체 한 일도 없다. 나는 배부르게 먹으면서 고아를 굶긴 일도 없다. 일찍부터 나는 고아를 내 아이처럼 길렀으며, 철이 나서는 줄곧 과부들을 돌보았다"(31:5 - 6, 16 - 18).

마지막 호소 - 이제는, 전능하신 분께서 말씀하시는 대답을 듣고 싶다(31:35 - 40)

욥이 하나님께 듣고 싶은 것은 그를 고발한 자가 무엇이라고 하면서 고발하였는지, 그의 죄과를 기록한 고소장에 무엇이라고 기록되어 있는지 하는 것이었다. 그것만이라도 속 시원히 알 수 있다면 그는 오히려 그것을 자랑스럽게 어깨에 메고 다니고, 그것을 왕관처럼 머리에 얹고 다닐 것이다. 그렇게만 된다면 욥은 그가 한 모든 일을 그분께 낱낱이 말씀드리고 나서, 그분 앞에 떳떳이 서겠다고 말한다. 이것으로 욥의 말이 모두 끝났다. 이제 욥은 하나님의 음성을 기다린다.

묻고? 답하기!

하나님이 내 정직함을 공평한 저울로 달아 보신다면, 내게 흠이 없음을 아실까요?

감히 하지 못할 질문을 하였나요? 아니면 자신 있게 하나님 앞에 나아갈 수 있으신가요? 아마 아무도 그럴 사람은 없을 것입니다. 그래서 욥의 친구들도 욥을 정죄하고자 한 것이지요. 그런데도 우리는 하나님께 "우리는 죄가 없습니다"라고 주장하여야 합니다. 우리에게는 구원자, 중보자, 예수님이 계시니까요. 할렐루야!!!

✝ 오늘 말씀 욥기 32:1 - 37:24

욥기

엘리후의 발언

하나님을 대변하고 중재하려는 어리석은 시도

💡 **실마리 풀기**

"내가 이제 욥 어른으로 하여금 하나님의 대답을 들으시도록 하겠습니다"(욥 32:13)

욥이 이렇게 자기가 옳다고 주장하면서 모든 잘못을 하나님께 돌리므로, 옆에 서서 듣기만 하던 엘리후가 드디어 자신 있게 입을 뗍니다. 젊은 엘리후는 자신이 앞의 세 사람보다 더 지혜롭다고 생각하는 듯합니다. 엘리후는 하나님께서 더욱 악한 길로 빠지지 않도록 지켜 주기 위해, 즉 고난을 통해 의로운 자를 깨끗하게 정화하기 위해 시련을 주신 것이라고 주장합니다. 그러므로 욥은 그 고난을 기꺼이 수용해야 한다는 것입니다. 엘리후의 말도 일리는 있지만, 욥을 고난에서 자유롭게 하지는 못할 것이며, 하나님을 그저 지혜로운 교사 정도로 만들고 있을 뿐입니다.

엘리후의 등장 - 그러고서도 어떻게 지혜를 발견했다고 주장하실 수 있으십니까?(32:1 - 22)

엘리후는 욥의 친구들이 하는 말을 주의 깊게 잘 듣고 결론이 나기를 기다렸다. 그러나 욥은 한결같이 자신의 무죄를 주장하고, 친구들은 욥의 말에 즉각 반론을 제기하거나 이해할 만한 답변을 주지 못하였다. 그래서 엘리후는 나서서 답변하겠다면서 이렇게 말한다. "내가 이제 욥 어른으로 하여금 하나님의 대답을 들으시도록 하겠습니다"(32:13). 욥기의 독자들은 엘리후의 이 말만으로도 그가 얼마나 교만한 자인지를 알 수 있을 것이다.

엘리후의 첫 번째 발언 - 하나님께 원망할 수 있습니까?(33:1 - 33)

엘리후는 욥이 "내게는 잘못이 없다. 나는 잘못을 저지르지 않았다. 나는 결백하다. 내게는 허물이 없다"(33:9)하고 말한 것에 대하여

- 어찌하여 하나님께 불평하면서 대들고 원망을 할 수 있느냐고 묻는다. 오히려 하나님께 기도를 드리면 하나님은 그에게 응답하여 주실 것이고, 그를 다시 정상적으로 회복시켜 주시리라는 것이다. 그리고 하나님이 사람에게 그렇게 하시는 것은 사람의 생명을 무덤에서 다시 끌어내서 생명의 빛을 보게 하시려는 것이라는 것이다.

엘리후의 두 번째 발언 - 자신이 지은 죄에다가 반역까지 더하였으며(34:1 - 37)

엘리후는 욥이 "내가 옳으면서도, 어찌 옳지 않다고 거짓말을 할 수 있겠느냐? 나는 심하게 상처를 입었다. 그러나 나는 죄가 없다"(34:6)하고 말한 것에 대하여

- 하나님이 침묵하신다고 하여 누가 감히 하나님을 비난할 수 있겠으며, 하나님이 숨으신

다고 하여 누가 그분을 비판할 수 있겠느냐고 묻는다. 따라서 그가 볼 때 욥은 자신이 지은 죄에다가 반역까지 더하였으며, 모두가 보는 앞에서도 하나님을 모독하였다는 것이다.

엘리후의 세 번째 발언 - 악한 자들의 울부짖음에는 아무런 힘이 없다(35:1 - 16)

엘리후는 욥이 "하나님께서도 나를 옳다고 하실 것"이라고 하고, 또 하나님께 "내가 죄를 짓는다고 하여, 그것이 하나님께 무슨 영향이라도 미칩니까? 또 제가 죄를 짓지 않는다고 하여, 내가 얻는 이익이 무엇입니까?"(35:3)하고 말한 것에 대하여

- 비록 욥이 죄를 지었다고 해도 욥과 다름없는 사람에게나 손해를 입히며, 욥이 의로운 일을 했다고 해도 그것은 다만 사람에게나 영향을 미칠 뿐이다. 전능하신 하나님은 악한 자들을 보지도 않으시고, 그들의 호소를 들어 주지도 않으시므로 그 악한 자들의 울부짖음에는 아무런 힘이 없다는 것이다.

엘리후의 결론 - 사람이 받는 고통은, 하나님이 사람을 가르치시는 기회이기도 하다(36:1 - 37:24)

엘리후는 말이 이어질수록 하나님 흉내를 내며, 하나님을 대신하여 말을 하는 것처럼 하였다. 하나님은 큰 힘을 가지고 계시지만 흠이 없는 사람을 멸시하지 않으신다. 사람이 받는 고통은 하나님이 사람을 가르치시는 기회이기도 하다. 사람이 고통을 받을 때 하나님은 그 사람의 귀를 열어서 경고를 듣게 하신다. 그러므로 이제 욥은 마땅히 받아야 할 형벌을 받는 것이다. 욥이 당하고 있는 이 고통이 욥을 악한 길로 빠지지 않도록 지켜 줄 것이다. 그러므로 사람이 하나님을 경외해야 하는 것은 당연하다는 것이다.

하나님은 우리에게 무엇을 기대하고 계실까요?

기억해야 합니다. 하나님은 그 어떤 상황에서도(흉년이 들더라도, 병이 걸리더라도, 시한부 삶을 살더라도, 행복한 삶을 살지 못하더라도, 우울증에 빠지거나, 사업이 오늘내일하더라도, 쫓기는 삶을 살더라도) '변하지 않는 하나님을 향한 마음'에 관심이 있으시다는 사실. 하나님께서는 한결같은 사랑에 걸맞은 한결같은 믿음을 기대하실 것입니다. 하나님께서 우리에게 기대하고 계시는 것은 순금처럼 뜨겁고, 순수하고, 어떤 모습으로 정형을 하더라도 그 빛을 발하는 자로 살아가는 것입니다.

5

10일

✝ 오늘 말씀 욥기 38:1 - 40:5

하나님의 첫 번째 말씀과 욥의 침묵

질서를 부여하시는 하나님의 주권과 지혜

💡 **실마리 풀기**

"네가 누구이기에 무지하고 헛된 말로 내 지혜를 의심하느냐?"(욥 38:2)

욥이 '중재해 줄 사람' 또는 '판결해 줄 이'를 간절히 찾으니 하나님께서 그를 만나주셨습니다. 사랑의 하나님은 말씀으로 자신을 드러내시고 지혜와 권능을 보여주셨습니다. 욥은 처음에 자신의 의로 하나님 앞에 설 수 있다고 생각하였습니다. 하나님 앞에 서서 자신의 무죄를 항변하고 싶어 했습니다. 그렇게 욥은 자신의 무죄를 주장하다가 하나님을 대면하였습니다.

하나님께서는 욥의 고난 이유를 설명하지 않으셨습니다. 그저 그의 지혜에 대해 책망하셨습니다. 대신에 하나님께서 창조하신 세상과 행하신 일들을 나열하시며 오직 하나님만이 주권자이심을 말씀하셨습니다. 고난의 이유는 하나님 자신이기 때문입니다. 피조물인 우리는 그 어떠한 상황에서도 하나님만을 신뢰하고 섬겨야 합니다. 하나님은 우리의 뜻에 상관없이 늘 거기 계시는 분이시며, 늘 섬김을 받으셔야 하는 분이시기 때문입니다.

하나님의 첫 번째 말씀 - 인간의 지혜에 대한 기본적인 질문(38:1 - 39:30)

주님께서 욥에게 말씀하셨다. "네가 누구이기에 무지하고 헛된 말로 내 지혜를 의심하느냐? 이제 허리를 동이고 대장부답게 일어서서, 묻는 말에 대답해 보아라"(38:2 - 3). 하나님께서 욥에게 하시는 이 질문은 바로 우리에게도 하시는 것이다. 이미 알고 있는 지식이라거나 그저 성경에 기록된 거룩한 말씀이라고 여기지 말고, 진지하게 호기심을 가지고 묵상하고 대답해 보자.

[지구의 기원] 내가 땅의 기초를 놓을 때 네가 거기에 있기라도 하였느냐? 누가 이 땅을 설계하였는지 너는 아느냐? 누가 그 위에 측량줄을 띄웠는지 너는 아느냐? 무엇이 땅을 버티는 기둥을 잡고 있느냐? 누가 땅의 주춧돌을 놓았느냐? 그 날 새벽에 별들이 함께 노래하였고, 천사들은 모두 기쁨으로 소리를 질렀다.

[바다의 기원] 바닷물이 땅속 모태에서 터져 나올 때, 누가 문을 닫아 바다를 가두었느냐?

[빛의 기원] 빛이 어디에서 오는지 아느냐? 어둠의 근원이 어디에 있는지 아느냐? 빛과 어둠이 있는 그곳이 얼마나 먼 곳에 있는지, 그곳을 보여 줄 수 있느냐? 빛과 어둠이 있는 그곳에 이르는 길을 아느냐?

[날씨의 기원] 네 소리를 높여서 구름에까지 명령을 내릴 수 있느냐? 구름에 명령하여 너를 흠뻑 적시게 할 수 있느냐?

[우주의 기원] 네가 북두칠성의 별 떼를 한데 묶을 수 있으며, 오리온 성좌를 묶은 띠를 풀

수 있느냐? 하늘을 다스리는 질서가 무엇인지 아느냐? 또 그런 법칙을 땅에 적용할 수 있느냐?

[만유인력의 기원] 누가 지혜로워서 티끌을 진흙 덩이로 만들고, 그 진흙 덩이들을 서로 달라붙게 할 수 있느냐?

욥의 첫 번째 대답 - 제가 무엇이라고 감히 주님께 대답할 수 있겠습니까?(40:1 - 5)

하나님께서 욥에게 말씀하셨다. "전능한 하나님과 다투는 욥아, 네가 나를 꾸짖을 셈이냐? 네가 나를 비난하니, 어디, 나에게 대답해 보아라"(40:2). 그 때 욥이 주님께 대답하였다. "저는 비천한 사람입니다. 제가 무엇이라고 감히 주님께 대답할 수 있겠습니까? 다만 손으로 입을 막을 뿐입니다. 이미 말을 너무 많이 했습니다. 더 할 말이 없습니다"(40:4 - 5).

욥의 대답은 그의 친구들에게 하던 것과는 전혀 다른 모습이었다. 세상 만물을 창조하시고 운행하시는 하나님의 지혜를 하나님께 직접 들었기 때문이다. 하나님이 욥의 고난을 모르실 리가 없다는 것을 알았기 때문이다. 욥의 대답은 그 자신이 품고 있던 모든 오해와 감정을 내려놓음을 의미하며, 느닷없는 고난으로 인한 몸과 마음의 상처를 온전히 치유 받은 결과이다.

[깨달음을 얻는 길 - 하나님의 지혜를 아는 것]

욥의 본질적인 의문 "지혜는 어디에서 얻으며, 슬기가 있는 곳은 어디인가?"(28:12)에 대하여 하나님께서 답변을 주셨다. 단호하게 "내 말을 들어보아라"고 말씀하셨다. 그리고 욥은 입을 다물고 침묵할 수밖에 없었다.

욥에게 말씀하셨던 그 하나님의 음성을 우리는 성경을 통하여 들어야 한다. 하나님께서 예수님을 통하여 더 많이 더 상세하게 자신을 드러내셨기 때문이다. 그리하면 우리를 위해 중보하시는 예수님에 대한 깊은 신뢰를 바탕으로 하나님께 더욱 가까이 다가갈 수 있을 것이다.

묻고? 답하기!

언젠가 욥처럼 하나님 앞에 섰을 때 나는 무슨 말을 할 수 있을까요?

나의 이름은 아무개이며, 어디서 태어나, 어떤 삶을 살았으며, 누구누구를 도와주었으며, 주일성수를 열심히 하였으며, 누구누구를 전도하여 주님 앞에 데려왔으며, 이러저러 악한 짓도 해 보았고, 때마다 회개하였으며, 주님의 나라를 위하여 영적 전쟁도 열심히 하였다고 말을 할까요? 아! 제가 무엇이라고 감히 주님께 대답할 수 있겠습니까? 무슨 할 말이 있겠습니까?

11일

✝ 오늘 말씀 욥기 40:6 - 42:17

하나님의 두 번째 말씀과 욥의 회복
피조물을 통해 드러난 하나님의 권능

💡 실마리 풀기
"아직도 너는 내 판결을 비난하려느냐?"(욥 40:8)

욥이 하나님의 말씀을 모두 듣고 "잘 알지도, 깨닫지도 못하면서 함부로 말하였습니다"(42:3)라고 고백합니다. 이는 욥이 친구들의 요구대로 하나님께 죄를 고백하고 회개를 하는 것이 아닙니다. 그가 이전에는 하나님에 대해 잘 모르고 있었음을 인정하고 있는 것입니다. 그는 전체적으로 새롭고 더 깊게 하나님을 경험한 후 자신을 스스로 낮추고 있는 것입니다.
"욥이, 아무것도 바라는 것이 없이 하나님을 경외하겠습니까?"(1:9)라는 사탄의 도전에 대하여 하나님께서 은밀한 음성으로 답변을 주셨습니다. 단호하게 "그렇다. 그래야 한다"고. 결국, 욥은 자신의 주장을 거두어들이고, 티끌과 잿더미 위에 앉아서 회개하였습니다. 욥은 하나님이 허락하신 고난을 통하여 하나님과 자신을 더욱 잘 알게 되었으며, 더욱 성숙한 신앙과 인격을 얻은 것입니다.

하나님의 두 번째 말씀 - 두 피조물, 베헤못과 리워야단(40:6 - 41:34)

주님께서 폭풍 가운데서 다시 말씀하셨다. "이제 허리를 동이고 대장부답게 일어서서, 내가 묻는 말에 대답하여라. 아직도 너는 내 판결을 비난하려느냐? 네가 자신을 옳다고 하려고, 내게 잘못을 덮어씌우려느냐?........ 베헤못(하마나 코끼리와 같은 짐승)을 보아라. 내가 너를 만든 것처럼, 그것도 내가 만들었다. 그것이 소처럼 풀을 뜯지만, 허리에서 나오는 저 억센 힘과, 배에서 뻗쳐 나오는 저 놀라운 기운을 보아라........ 네가 낚시로 리워야단(악어처럼 생긴 바다 괴물/ 사 27:1, 시 74:13)을 낚을 수 있으며, 끈으로 그 혀를 맬 수 있느냐? 그 코를 줄로 꿸 수 있으며, 갈고리로 그 턱을 꿸 수 있느냐?"(40:7 - 8, 15 - 16, 41:1).

욥의 두 번째 대답 - 귀로만 듣던 하나님을 눈으로 뵙습니다(42:1 - 6)

욥이 주님께 대답하였다. "잘 알지도 못하면서, 감히 주님의 뜻을 흐려 놓으려 한 자가 바로 저입니다. 깨닫지도 못하면서, 함부로 말을 하였습니다. 제가 알기에는, 너무나 신기한 일들이었습니다. 주님께서 말씀하셨습니다. '들어라. 내가 말하겠다. 내가 물을 터이니, 내게 대답하여라' 하셨습니다. 주님이 어떤 분이시라는 것을, 지금까지는 제가 귀로만 들었습니다. 그러나 이제는 제가 제 눈으로 주님을 뵙습니다. 그러므로 저는 제 주장을 거두어들이고, 티끌과 잿더미 위에 앉아서 회개합니다"(42:2 - 6).

중재와 회복 - 세 친구와 욥(42:7 - 17)

친구들에게 - 주님께서는 욥에게 말씀을 마치신 다음에, 데만 사람 엘리바스에게 이렇게 말씀하셨다. "내가 너와 네 두 친구에게 분노한 것은, 너희가 나를 두고 말을 할 때, 내 종 욥처럼 옳게 말하지 않고, 어리석게 말하였기 때문이다"(42:7).

욥에게 - 욥이 주님께 자기 친구들을 용서해 달라고 기도를 드리고 난 다음에, 주님께서 욥의 재산을 회복시켜 주셨는데 욥이 이전에 가졌던 모든 것보다 배나 더 돌려주셨다. 그리고 그는 아들 일곱과 아리따운 딸 셋(여미마, 굿시아, 게렌합북)을 낳았다. 그 뒤에 욥은 백사십 년을 살면서 그의 아들과 손자 4대를 보았다. 욥은 이렇게 오래 살다가 세상을 떠났다.

[깨달음을 얻는 길 - 하나님을 만나는 것]

욥기를 읽기 시작하면서 욥기의 주제는 "왜 의인이 고난을 받는가?"에 있지 아니하고, 사단의 도전과 하나님의 허락하심으로 겪게 된 고난 가운데 "과연 하나님께서 우리의 주인(주권자)이신가? 우리가 고난을 받으면서도 섬겨야 할 만한 가치가 있는 분이신가? 그리고 그 근거는 무엇인가?"에 있다고 하였습니다.

사람들은 매사에 그러하지만, 성경을 읽고 하나님을 바라보는 시각도 늘 자기중심적입니다. 창조주의 주권을 인정하기보다는 자기 자신의 유익과 안녕을 먼저 생각하는 것입니다. 그러한 우리가 깨달음을 얻는 길은 바로 하나님을 만나는 것입니다. 물론 그 순간에 너무 놀라서 할 말이 없겠지만, 찾아와 만나주시는 주님을 뵙는 것처럼 영광스러운 시간은 없을 것입니다.

묻고? 답하기!

지금 하나님께서 나와 함께 계시지 않는다고 느껴지는 어려움이 있습니까?

하나님은 때때로 우리가 이해할 수 없는 방법으로 일하시는 분이시라는 것을 알면서도, 과연 하나님께서 나를 돌보고 계신 것인지 궁금할 때가 있습니다. 갑작스럽게 찾아온 질병, 원하지 않던 실직, 사랑하는 사람의 죽음 또는 자녀들의 방종 등의 어려움과 이겨내기 힘든 고통을 겪고 있지는 않은가요? 그 고통이 왜 나에게 주어졌는지 이해할 수 없을 때 우리는 욥처럼 하나님을 원망하고 하소연할 수밖에 없습니다. 그러나 욥과는 달리 우리에게는 거룩하신 중재자, 예수 그리스도가 계십니다. 예수님을 통하여 하나님의 마음, 하나님의 지혜를 깨달으면 깨달을수록 우리는 하나님을 신뢰하는 수밖에 없습니다. 그러므로 이 세상 그 무엇도 하나님의 사랑에서 우리를 갈라놓을 수 없다는 것(롬 8:35 - 39)을 기억하며 끝까지 달려가기를 기원합니다.

5월 12일

하나님의 편지
성경의 문학적 양식

✝ 오늘말씀 시편 19:1 - 14

💡 실마리 풀기

"하늘은 하나님의 영광을 드러내고, 창공은 그의 솜씨를 알려 준다. 낮은 낮에게 말씀을 전해 주고, 밤은 밤에게 지식을 알려 준다. 그 이야기 그 말소리, 비록 아무 소리가 들리지 않아도 그 소리 온 누리에 울려 퍼지고, 그 말씀 세상 끝까지 번져 간다"(시 19:1 - 4)

한글 성경의 문학적 오류 - 산문과 시문의 구분 없는 배열

성경의 내용은 대부분 산문의 형식으로 기록되어 있습니다. 성경은 하나님께서 우리에게 전하고픈 사연을 구구절절 기록한 것이기 때문입니다. 그 내용은 가족과 종족의 이야기, 자서전, 역사적 기록, 예언, 서신 등으로 이루어져 있습니다. 특히 모세오경(출애굽기, 레위기, 민수기, 신명기)에서는 법전과 같은 표현 양식을 볼 수 있는데, 언약규정, 법 조항들, 제사규정 등으로 이루어져 있습니다.

아울러 성경에는 하나님을 만난 사람들이 드리는 간증과 찬양도 기록되어 있습니다. 그 기록들은 너무도 당연하게 시와 노래로 표현할 수밖에 없습니다. 그러한 찬양과 시문들은 과거의 역사가 아니라 지금 이 순간 우리와 함께 호흡하며 살아가는 하나님 사람들의 고백으로 살아나야 합니다. 4 세기 그리스도교 지도자인 아타나시우스는 "대부분 성경은 우리에게 말하지만, 시편은 우리를 위하여 말한다"고 하였습니다. 시편은 하나님과 동행하며 느낀 감동을 노래하며, 심각한 난관에 봉착하였을 때의 탄식을 부르짖으며, 다시 하나님의 응답을 듣고 우러나오는 감사를 표현하는 순간을 기록하고 있습니다. 그 순간은 바로 지금 우리가 겪고 있는 것과 다를 바가 없습니다. 시는 시로써 읽혀야 합니다. 그래야만 성경의 가장 깊은 감동이 우리를 감쌀 것이기 때문입니다. 그러나 아쉽게도 우리말 성경들은 이러한 다양한 형식의 문장들을 장과 절에 따라 일률적으로 배열하여 놓았기 때문에 시문과 산문의 구분이 안 되어 있어서 성경을 이해하는 데 걸림돌이 되고 있습니다.

대부분이 서술적인 산문체인 본문 - 그 가운데 간혹 볼 수 있는 "하나님의 음성과 찬양의 시"

구약성경의 50%가 넘는 분량과 신약성경 대부분은 서술적인 산문체로 되어 있습니다. 그러나 그 산문체 가운데에 간혹 "하나님의 음성과 찬양의 시"들이 자리를 차지하고 있는 것을 볼 수 있습니다.

예를 들어 구약에서는 하나님의 심판 선언(창 3:14 - 19), 야곱의 유언(창 49:1 - 28), 모세의 노래(출 15:1 - 18), 발람의 예언(민 23:7 - 10, 18 - 24, 24:4 - 9), 모세의 노래와 축복(신 32:1 - 43, 33:2 - 29), 드보라와 바락의 노래(삿 5:2 - 24), 한나의 기도(삼상 2:1 - 10), 다윗의 조가(삼하 1:19 - 27), 다윗의 승전가(삼하 22:2 - 23:7), 이사야의 예언(왕하 19:21 - 34), 다윗의 찬송(대상 16:8 - 36)등이 그것입니다. 신약에서는 마리아의 찬가(눅 1:46 - 55), 사가랴의 예언(눅 1:68 - 79), 사도 바울의 사랑 예찬(고전 13:1 - 13)등이 그것입니다. 그리고 요한계시록에서 지속해서 반복되는 천사의 음성은 대부분 시문인 것을 알 수 있습니다.

시가서(욥기, 시편, 잠언, 전도서, 아가서) - 하나님의 '한결같은 사랑'을 경험한 자들의 찬양

욥기는 프롤로그와 에필로그(1:1 - 2:13, 42:7 - 17)는 산문으로 구성되어 있고, 본문(3:1 - 42:6)은 시문으로 구성되어 있습니다. 이는 마치 해설자가 존재하는 연극의 각본 같고, 본문을 구성하는 시문은 마치 출연자들의 대사처럼 들립니다. 시편과 아가서는 시문으로만 기록되어 있습니다. 잠언도 형식상 시문으로 분류가 되며, 전도서는 시문과 산문이 번갈아 기록되면서 이해를 돕고 있습니다.

아무튼, 이 시가서 들은 하나님을 만나고 하나님의 은혜를 경험한 욥과 다윗 그리고 솔로몬과 같은 사람들의 간증과 찬양을 들려줍니다. 욥기는 하나님의 지혜와 권능을, 시편은 하나님의 신실하심을, 잠언은 지혜의 의미를, 전도서는 하나님의 영원하심을 그리고 아가서는 사랑의 숭고함을 찬양하고 있습니다. 이는 미래의 소망을 꿈꾸면서 하나님의 한결같은 사랑을 바라보는 이들에게 하나님의 손길을 느낄 수 있도록 해주는 것입니다.

예언서들 - 단호한 하나님의 음성 그리고 난해한 천사의 전언

예언자들은 이스라엘의 특수한 상황에서 하나님의 심판과 예언을 대언합니다. 즉 그들의 예언은 이스라엘의 불순종에 대한 역사적 회고, 경고와 회개에의 촉구, 그리고 열방과 개인 심판의 메시지와 그런데도 장차 구원을 이루실 소망과 위로의 메시지로 이루어져 있습니다.

살펴보자면 이사야서(1 - 5장, 9 - 35장, 40 - 66장)는 대부분, 예레미야서는 전 후반(1 - 17장, 46 - 51장)에서 시문으로 기록되어 있습니다. 그리고 에스겔, 다니엘, 요나와 스가랴서를 제외한 나머지 예언들은 모두 시문의 형식으로 기록되어 있습니다. 특히 주의를 기울여 읽어보아야 할 것은 '음성과 환상으로 된 말씀'인 에스겔, 다니엘 그리고 요한계시록입니다. 그 안에는 매우 난해한 시적인 표현들이 산재해 있습니다. 이 표현들은 하나님 또는 천사들의 음성을 들려주고 있는데, 읽는 이로 하여금 무한한 상상력을 자극합니다. 추상화처럼 난해한 시문들은 읽는 이들의 정신의 자유로움을 자극하여, 복음의 틀 안에서 다양한 반응과 감동을 끌어내고자 하는 것입니다.

5

13일

✝ 오늘말씀 시편 1 - 5편

주님과 동행하는 삶

💡 **실마리 풀기**

"복 있는 사람은 악인의 꾀를 따르지 아니하며"(시 1:1)

시편(수금을 치며 부르는 노래)은 유대인들의 성경인 모세오경의 주제와 편제를 따라 5권으로 편집되어 있습니다. 시편의 편집자는 독자들이 시편을 모세오경처럼 인식하고 암송해주기를 바랐던 것으로 보입니다. 각 권은 나름대로 특징을 갖고 있는데, 1 - 2권은 주로 다윗의 탄식 시가 많고, 3권은 바빌론 포로 생활의 경험을 반영하는 공동체 탄식 시들로 구성되어 있으며, 4 - 5권은 대부분 감사와 찬양의 시들로 구성되어 있습니다. 그리고 각 권은 영광송으로 끝맺음을 하고 있습니다.

시편 제1권(1 - 41편)은 서시(1 - 2편)를 제외하고 모두 다윗의 시로써 고난을 받는 가운데 하나님께 회개하고 탄원하면서도 하나님의 도우심을 확신하고 있습니다. 이 확신은 하나님의 위대하시고 신실하심에 근거를 두고 있습니다.

시편 1편 - 작자 미상 / 율법을 묵상하는 지혜의 시(서시 1)

그리스도인에게 주는 시편의 첫 번째 주제 - 시편을 한 권의 책으로 엮으면서 150편 전체의 중심 사상을 밝히려고 의도적으로 쓴, 오직 율법(하나님 지혜의 말씀)을 순종하라는 첫 번째 주제를 나타내는 서시(序詩)이다. 복 있는 삶을 살고자 한다면 하나님 나라의 복의 의미를 이해해야 한다.

(1 - 2절) 복 있는 사람은 악인의 꾀를 따르지 아니하며, 죄인의 길에 서지 아니하며, 오만한 자의 자리에 앉지 아니하며, 오로지 주님의 율법을 즐거워하며, 밤낮으로 율법을 묵상하는 사람이다.

시편 2편 - 작자 미상 / 하나님이 택하신 왕을 찬양하는 왕조의 시(서시 2)

〈 메시아 시편 - 그리스도의 수난을 묘사하는 복음서에 인용되거나 암시되어 있는 시편〉

그리스도인에게 주는 시편의 두 번째 주제 - 주님이 기름 부어 세우신 이(그리스도)를 섬김으로 하나님만을 의지하라는 두 번째 주제를 나타내는 시편 전체의 또 하나의 서시이다.

(1 - 2절) 어찌하여 뭇 나라가 술렁거리며, 어찌하여 뭇 민족이 헛된 일을 꾸미는가? 어찌하여 세상의 임금들이 전선을 펼치고, 어찌하여 통치자들이 음모를 함께 꾸며 주님을 거역하고, 주님과 그의 기름 부음 받은 이를 거역하면서 이르기를 이 사슬을 끊어 버리자 하는가? [행 4:25 - 26]

(7 - 9절) 주님께서 나에게 이르시기를 "너는 내 아들, 내가 오늘 너를 낳았다. 내게 청하여라. 뭇

나라를 유산으로 주겠다. 땅 이 끝에서 저 끝까지 너의 소유가 되게 하겠다. 네가 그들을 철퇴로 부수며, 질그릇 부수듯이 부술 것이다" 하셨다. [마 3:17, 막 1:11, 행 13:33, 히 1:5, 히 5:5, 계 2:27]

시편 3편 - 다윗 / 고난 속에서 하나님을 찾는 개인 탄식의 시

고난 가운데 아침에 드리는 기도 : 배경 [삼하 15:13 - 16] - 환난 중에도 구원의 확신에 차서 하나님께 구원을 호소하는 다윗의 시로써, 절망가운데 용기를 얻고 축복을 기원하기 위하여 아침에 드리는 기도이다.

(3 - 5절) 주님은 나를 에워싸 주는 방패, 나의 영광, 나의 머리를 들게 하시는 분이시니, 내가 주님을 바라보며 소리 높여 부르짖을 때, 주님께서는 그 거룩한 산에서 응답하여 주십니다. (셀라)

시편 4편 - 다윗 / 고난 속에서 하나님을 찾는 개인 탄식의 시

주님의 은혜를 감사하며 저녁에 드리는 기도 : 배경 [삼하 18:1 - 5] - 압살롬의 반역이라는 환난이 지나간 후 신뢰를 촉구하는 다윗의 시로서, 제사장들이 예배에 참석한 회중의 축복을 기원할 때 사용하는 저녁에 드리는 기도이다. 우리가 부르짖을 때 하나님께서 어떻게 응답하시는지 확신을 얻을 것이다.

(1 - 5절) 너희는 분노하여도 죄짓지 말아라. 잠자리에 누워 마음 깊이 반성하면서, 눈물을 흘려라. (셀라) 올바른 제사를 드리고, 주님을 의지하여라. [엡 4:26]

시편 5편 - 다윗 / 고난 속에서 하나님을 찾는 개인 탄식의 시

하루를 의탁하며 새벽에 드리는 기도 - 극심한 고난으로 기도조차 할 수 없을 때, 매일 새벽에 하나님께 나아가기를 원하며 드리는 다윗의 기도이다. 하나님께 전적으로 의지하는 길만이 살길이다.

(9절) 그들의 입은 믿을 만한 말을 담는 법이 없고, 마음에는 악한 생각뿐입니다. 그들의 목구멍은 열린 무덤 같고, 혀는 언제나 아첨만 일삼습니다. [롬 3:13]

(11절) 그러나 주님께로 피신하는 사람은 누구나 기뻐하고, 길이길이 즐거워할 것입니다.

묻고? 답하기!

나는 복 있는 사람인가? 내가 원하는 복은 무엇인가?

우리가 받을 하늘의 복을 생각할 때에 세상에서의 물질적 풍요와 정신적 행복을 추구하는 것으로 오해하기 쉽습니다. 그러나 히브리로 '복'이란 하나님께서 나를 기억하시고 알아주시는 것을 의미한다고 합니다. 이제 우리의 하고자 하는 일마다 하나님의 뜻에 의지하고, 성경에서 가르치는 진리대로 삶을 사는 사람은 복 있는 사람이 되어 날마다 형통함을 경험하게 될 것입니다. 복 있는 사람은 세상 끝 날까지 주님께서 그를 기억하실 것입니다.

5

14일 〰〰〰〰〰〰〰〰〰〰〰〰〰〰〰〰〰〰〰〰〰〰〰〰〰

✝ 오늘 말씀 시편 6 - 10편

시편 **의인의 탄식**

 실마리 풀기

"사람이 무엇이기에 주님께서 이렇게까지 생각하여 주시며"(시 8:4)

시편 6편 - 다윗 / 고난 속에서 하나님을 찾는 개인 탄식의 시

7대 참회시편<6, 32, 38, 51, 102, 130, 143편>가운데 하나로써 하나님의 용서를 구하는 기도 - 이 참회 시는 다윗이 하나님의 은혜를 통하여 용서와 속죄를 확신하고 드리는 회개의 기도이다. 우리가 죄를 범함으로 주님으로부터 멀어져 있다는 생각이 들 때에 성령의 도우심으로 하나님 앞에 다시 나아와야 한다.

(1 - 5절) 주님, 분노하며 나를 책망하지 마십시오. 주님의 자비로우심으로 나를 구원하여 주십시오.

(8 - 10절) 악한 일을 하는 자들아, 모두 다 내게서 물러가거라.

주님께서 내 탄원을 들어 주셨다. 주님께서 내 기도를 받아 주셨다. [마 7:23]

시편 7편 - 다윗 / 고난 속에서 하나님을 찾는 개인 탄식의 시

중상모략을 당하여 정의를 구하는 기도 : 배경 [삼하 16:5 - 13] - 구시(사울의 사주를 받고 다윗을 넘기려 했던, 사울과 같은 베냐민 지파의 첩자)의 중상모략에 대하여 하나님께 호소하며 정의를 구하는 다윗의 기도이다.

(1 - 5절) 주 나의 하나님, 내가 주님께로 피합니다.

(10 - 17절) 하나님은 나를 지키시는 방패시요, 마음이 올바른 사람에게 승리를 안겨 주시는 분이시다. 하나님은 공정한 재판장이시요, 언제라도 악인을 벌하는 분이시다.

나는 주님의 의로우심을 찬송하고 가장 높으신 주님의 이름을 노래하련다.

시편 8편 - 다윗 / 창조주 하나님을 찬양하는 시

인간으로서의 정체성을 깨닫고 감사하며 드리는 기도 - 이 시는 자연계에 드러난 창조주 하나님의 능력과 영광 그리고 인간을 돌보아 주심에 대한 은총을 감사, 찬양한 시이다. 사람의 몸으로 이 땅에 오신 예수님으로 인하여 하나님께서 얼마나 우리를 사랑하시는지 알 수 있게 되었다.

(1 - 2절) 주 우리 하나님, 주님의 이름이 온 땅에서 어찌 그리 위엄이 넘치는지요? 어린이와 젖먹이들까지도 그 입술로 주님의 위엄을 찬양합니다. [마 21:16]

(4 - 6절) 사람이 무엇이기에 주님께서 이렇게까지 생각하여 주시며, 사람의 아들이 무엇이기에 주님께서 이렇게까지 돌보아 주십니까? 주님께서는 그를 하나님보다 조금 못하게 하시고, 그에게 존귀하고 영화로운 왕관을 씌워 주셨습니다. 주님께서 손수 지으신 만물을 다스리게 하시고, 모든 것을 그의 발 아래에 두셨습니다. [엡 1:22 - 23], [고전 15:27 - 28], [히 2:6 - 8], [욥 7:17]

시편 9편 - 다윗 / 고난 속에서 하나님을 찾는 개인 탄식의 시

〈각 절의 첫 글자가 히브리어 자음 순서로 되어 있는 '알파벳 시편(Acrostic poem)'〉

힘들고 억울할 때 주님의 공정한 심판을 바라며 드리는 기도 - 하나님을 믿고 의지하며 사는 사람들에게도 고난이 올 때가 있다. 다윗은 그 이유를 우리에게 알려주고 있다. 시편 9 - 10편은 칠십인 역에서 한 편의 시로 묶여 있다.

(1 - 6절) 가장 높으신 주님, 내가 주님 때문에 기뻐하고 즐거워하며, 주님의 이름을 노래합니다. 주님은 공정하신 재판장이시기에, 보좌에 앉으셔서 공정하고 정직한 판결을 나에게 내려 주셨습니다.

(8 - 9절) 그는 정의로 세계를 다스리시며, 공정하게 만백성을 판결하신다. (Waw) 주님은 억울한 자들이 피할 요새이시며, 고난 받을 때 피신할 견고한 성이십니다.

시편 10편 - 다윗 / 고난 속에서 하나님을 찾는 개인 탄식의 시

세상의 죄악에 당면하였을 때 드리는 기도 - 사회적 불의로 고통당하고 무기력한 자들을 향한 악인들(여기서는 사악한 동족들)의 탐욕과 교만에 대해 의분을 토하며 신앙고백을 하는 탄식의 시이다. 우리 눈에 악인들이 잘되는 것처럼 보일지라도 하나님의 뜻은 그곳에 있지 않음을 알려주고 있다.

(1 - 10절) 주님, 어찌하여 우리가 고난을 받을 때 숨어 계십니까? 악인들이 하는 일은 언제나 잘되고, 주님의 심판은 너무 멀어서 그들에게 보이지 않으니, 악인은 오히려 그의 대적을 보고 코웃음만 칩니다.

(11 - 18절) 악인은 마음속으로 이르기를 "하나님은 모든 것에 관심이 없으며, 얼굴도 돌렸으니, 영원히 보지 않으실 것이다" 합니다. 주님, 일어나십시오. 하나님, 손을 들어 악인을 벌하여 주십시오. 고난받는 사람을 잊지 말아 주십시오.

묻고? 답하기!

세상 사람들의 완악함을 보고 나는 무슨 기도를 드렸던가?

사회적 불의에 고통을 당하거나, 저항할 힘없는 사람들을 향한 악인들의 탐욕과 교만은 아무리 세월이 흘러도 변함이 없는 것 같습니다. 지금도 악한 사람들은 자기보다 약한 사람들을 이용하여 개인의 욕망과 부유함을 성취하기 위해 온갖 협잡을 벌입니다. 우리도 이처럼 기도하길 원합니다. "하나님은 공정한 재판장이시오, 언제라도 악인을 벌하는 분이시니, 주님! 일어나십시오. 손을 들어 악인을 벌하여 주십시오. 고난 받는 사람을 잊지 말아 주십시오."

5

15일

시편

☩ 오늘 말씀 시편 11 – 15편

고난으로 깨닫는 하나님의 존재

💡 실마리 풀기

"누가 주님의 장막에서 살 수 있겠습니까"(시 15:1)

시편 11편 다윗 / 하나님에 대한 믿음을 확신하는 신뢰의 시

주님의 일을 하며 세상의 핍박을 받을 때 드리는 기도 - 사울의 핍박을 받고 있을 때, 오직 하나님만을 의지하고자 하는 다짐을 하며 지은 다윗의 시이다. 하나님을 사모하고 의롭게 살려는 사람들에게도 고난은 닥쳐오게 마련이다. 그리고 성령께서 그들을 단련하신 후에 성숙한 믿음을 주시며, 살아계신 하나님의 관점에서 고난을 바라보게 하실 것이다.

(1-3절) 내가 주님께 피하였거늘, 어찌하여 너희는 나에게 이렇게 말하느냐?

(4-7절) 주님께서 그의 성전에 계신다. 주님은 그의 하늘 보좌에 앉아 계신다. 주님은 그의 눈으로 사람을 살피시고 눈동자로 꿰뚫어 보신다. 주님은 의로우셔서, 정의로운 일을 사랑하는 분이시니, 정직한 사람은 그의 얼굴을 뵙게 될 것이다.

시편 12편 다윗 / 고난 속에서 하나님을 찾는 공동체 탄식의 시

세상 사람들의 거짓말로부터 지켜주시기를 원하며 드리는 기도 - 하나님께서는 구원을 바라는 사람을 반드시 구원하신다는 확신에 찬 기도이다. 악인들이 우리를 향해 험담을 늘어놓아도 오직 주님 편에 서 있기만 한다면, 영원한 안전이 보장될 것이다. 하나님께서는 우리에게 "이제 내가 일어나서 너희들이 갈망하는 구원을 베풀겠다"고 약속하시며, 그 약속을 지키실 것이다.

(3-6절) 주님은, 간사한 모든 입술과 큰소리치는 모든 혀를 끊으실 것이다. 비록 그들이 말하기를 "혀는 우리의 힘, 입술은 우리의 재산, 누가 우리를 이기리오" 하여도, 주님은 말씀하신다.

주님의 말씀은 순결한 말씀, 도가니에서 단련한 은이요, 일곱 번 걸러 낸 순은이다.

시편 13편 다윗 / 고난 속에서 하나님을 찾는 개인 탄식의 시

절망의 늪에 빠져 하나님의 한결같은 사랑을 구하는 기도 - 고난을 받을 때 갈등과 좌절 속에서 신실하신 하나님의 구원과 한결같은 사랑을 확신하는 기도이다. 어느 날 자신이 하나님에게서 멀리 떨어져 있다고 느껴진다면, 우리가 어떻게 해야 할 것인가? 우리는 오직 주님의 한결같은 사랑을 의지하는 수밖에 없을 것이다.

(1 - 2절) 주님, 언제까지 나를 잊으시렵니까? 영원히 잊으시렵니까? 언제까지 나를 외면하시렵니까? 언제까지 나의 영혼이 아픔을 견디어야 합니까? [계 6:10]

(5 - 6절) 그러나 나는 주님의 한결같은 사랑을 의지합니다. 주님께서 구원하여 주실 그 때, 나의 마음은 기쁨에 넘칠 것입니다.

시편 14편 다윗 / 고난 속에서 하나님을 찾는 개인 탄식의 시

- 〈시편 53편과 내용이 같다〉

하나님을 믿지 않는 사람들에게 어려움을 당할 때 드리는 기도 - 어리석은 사람(히브리어 '나발' = 악인, 죄인)들이 의인을 공략하고, 하나님은 나를 외면하시는 것 같이 생각될 때 드리는 기도이다. 주변의 많은 사람이 하나님이 어디에 있느냐고 교회를 다니는 사람들을 조롱한다. 안타깝지만 그들은 눈에 두꺼운 장막이 드리워져서 하나님을 볼 수 없는 어리석은 사람들이다. 그들은 자신들이 총명하다고 생각할지 몰라도 실제로는 하는 일마다 안개 속을 걷는 기분일 것이다. 우리의 눈을 밝혀주신 하나님을 찬양하라.

(1 - 3절) 어리석은 사람은 마음속으로 "하나님이 없다" 하는구나. 그들은 한결 같이 썩어서 더러우니, 바른 일을 하는 사람이 아무도 없구나. 주님께서는 하늘에서 사람을 굽어보시면서, 지혜로운 사람이 있는지, 하나님을 찾는 사람이 있는지를, 살펴보신다. 너희 모두는 다른 길로 빗나가서 하나같이 썩었으니, 착한 일을 하는 사람이 하나도 없구나. [롬 3;10 - 12, 23]

시편 15편 다윗 / 축제와 제의에서 읽히는 입장기도문

예배에 참여하면서 하나님과 동행하는 삶을 살기 원할 때 드리는 기도 - 이스라엘 사람들의 공적 예배에서 사용된 찬양 시로써, 다윗의 십계명이라고도 한다. 시편의 편집자는 주님의 장막에 거하려면 반드시 할례를 받고, 율법을 지켜야 한다고 생각하였을 것이다. 그러나 다윗은 우리에게 영원히 흔들리지 않고 주님의 장막에 거할 수 있으려면, 전혀 새로운 관점, 새로운 언약의 원리를 따르도록 요청한다. 따라 할 수 있겠는가?

(1절) 누가 주님의 장막에서 살 수 있으며, 누가 주님의 거룩한 산에 머무를 수 있겠습니까?

묻고? 답하기!

누가 주님의 장막에서 살 수 있으며, 누가 주님의 거룩한 산에 머무를 수 있겠습니까?

그는 "깨끗한 삶을 사는 사람, 정의를 실천하는 사람, 마음으로 진실을 말하는 사람, 혀를 놀려 남의 허물을 들추지 않는 사람, 친구에게 해를 끼치지 않는 사람, 이웃을 모욕하지 않는 사람, 하나님을 업신여기는 자를 경멸하고 주님을 두려워하는 사람을 존경하는 사람입니다. 맹세한 것은 해가 되더라도 깨뜨리지 않고 지키는 사람입니다. 높은 이자를 받으려고 돈을 꾸어 주지 않으며, 무죄한 사람을 해칠세라 뇌물을 받지 않는 사람"(15:2 - 5)입니다.

✝ 오늘 말씀 시편 16 – 19편

하나님의 임재를 경험한 자의 기도

💡 **실마리 풀기**

"나의 힘이신 주님, 내가 주님을 사랑합니다"(시 18:1)

시편 16편 - 다윗 / 하나님에 대한 믿음을 확신하는 신뢰의 시

〈메시아 시편 - 그리스도의 수난을 묘사하는 복음서에 인용되거나 암시되어 있는 시편〉

하나님의 임재를 경험하였을 때 드리는 기도 - 고난 가운데 보호하여주시기를 기원하는 기도로 시작하고 있긴 하지만, 이 시편은 하나님만이 생명의 길임을 확신하는 자의 하나님에 대한 내면적 신앙고백이다. 갈급한 심령을 가지고 하나님을 찾아 헤매는 사람들은 이 시편을 암송하므로 힘을 얻어야 할 것이다.

(8 - 11절) 주님은 언제나 나와 함께 계시는 분, 그가 나의 오른쪽에 계시니, 나는 흔들리지 않는다. 주님, 참 감사합니다. 이 마음은 기쁨으로 가득 차고, 이 몸도 아무 해를 두려워하지 않는 까닭은, 주님께서 나를 보호하셔서 죽음의 세력이 나의 생명을 삼키지 못하게 하실 것이며 주님의 거룩한 자를 죽음의 세계에 버리지 않으실 것이기 때문입니다.

주님께서 몸소 생명의 길을 나에게 보여 주시니, 주님을 모시고 사는 삶에 기쁨이 넘칩니다. 주님께서 내 오른쪽에 계시니, 이 큰 즐거움이 영원토록 이어질 것입니다. [행 2:25 - 28, 13:35]

시편 17편 - 다윗 / 고난 속에서 하나님을 찾는 개인 탄식의 시

악의 길로 가지 않은 정직한 자가 믿음으로 드리는 기도 - 경건하고 의로운 신앙생활 때문에 봉착하는 괴로움, 그것을 공격하는 악인들의 위협으로부터 구원과 보호를 의뢰하는 기도이다. 오직 주님만을 섬기며 살아가는 사람은 하나님과 사람들 앞에서 담대하고 의롭게 살아갈 수 있을 것이다.

(6 - 12절) 하나님, 내가 주님을 부르니, 내게 응답하여 주십시오. 귀 기울이셔서, 내가 아뢰는 말을 들어 주십시오. 주님의 미쁘심을 크게 드러내 주십시오. 주님께로 피하는 사람을 오른손으로 구원하여 주시는 주님, 나를 치는 자들의 손에서 나를 건져 주십시오. 주님의 눈동자처럼 나를 지켜 주시고, 주님의 날개 그늘에 나를 숨겨 주시고, 나를 공격하는 악인들로부터 나를 지켜 주십시오.

(15절) 주님, 나는 떳떳하게 주님의 얼굴을 뵙겠습니다. 아침에 잠에서 깨어나서 주님의 모습 뵈올 때에 주님과 함께 있는 것만으로도 내게 기쁨이 넘칠 것입니다. [요일 3:2]

시편 18편 - 다윗 / 곤궁할 때 하나님을 체험한 개인 감사의 시

- 〈삼하 22:1 - 51 에 나오는 시〉

하나님의 살아계심을 알기 원할 때 드리는 기도(1) - 주님께서 다윗을 그의 모든 원수의 손에서 건져 주셨을 때, 하나님을 찬양하며 신실하신 하나님의 구원과 한결같은 사랑을 확신하는 노래이다. 비록 우리의 삶 가운데 그토록 기쁨과 감사가 넘치는 순간을 만나기 힘들더라도 우리는 다윗처럼 하나님의 이름을 부르고, 그분의 능력을 찬양하여야 할 것이다.

(1 - 2절) 나의 힘이신 주님, 내가 주님을 사랑합니다. 주님은 나의 반석, 나의 요새, 나를 건지시는 분, 나의 하나님은 내가 피할 바위, 나의 방패, 나의 구원의 뿔, 나의 산성이십니다.

(21 - 23절) 진실로 나는, 주님께서 가라고 하시는 그 길에서 벗어나지 아니하고, 무슨 악한 일을 하여서 나의 하나님으로부터 떠나지도 아니하였다. 주님의 모든 법규를 내 앞에 두고 지켰으며, 주님의 모든 법령을 내가 버리지 아니하였다.

(46 - 49절) 주님은 살아 계신다! 나의 반석이신 주님을 찬양하여라. 나를 구원하신 하나님을 높여라. 그러므로 주님, 뭇 백성이 보는 앞에서 내가 주님께 감사를 드리며, 주님의 이름을 찬양하겠습니다. [롬 15:9]

시편 19편 - 다윗 / 창조주 하나님을 찬양하는 시〈1 - 6〉, 율법을 묵상하는 지혜의 시〈7 - 14〉

하나님의 살아계심을 알기 원할 때 드리는 기도(2) - 온 우주에 드러난 하나님의 권능과 위엄 그리고 온 인류의 구원을 위한 하나님의 뜻을 발견하고, 말씀을 통해 드러내심과 우리 개개인에게 보여주신 구원의 하나님이심을 찬양하는 내용의 시이다.

(1 - 4절) 하늘은 하나님의 영광을 드러내고, 창공은 그의 솜씨를 알려 준다. 낮은 낮에게 말씀을 전해 주고, 밤은 밤에게 지식을 알려 준다. 그 이야기 그 말소리, 비록 아무 소리가 들리지 않아도 그 소리 온 누리에 울려 퍼지고, 그 말씀 세상 끝까지 번져 간다. - **일반 계시** [롬 10:18]

(7 - 10절) 주님의 교훈은 완전하여서 사람에게 생기를 북돋우어 주고, 주님의 증거는 참되어서 어리석은 자를 깨우쳐 준다. 주님의 교훈은 정직하여서 마음에 기쁨을 안겨 주고, 주님의 계명은 순수하여서 사람의 눈을 밝혀 준다. - **특별 계시**

묻고? 답하기!

하늘의 별들을 볼 때 하나님의 권능과 위엄을 느껴보았는가?

높은 산, 깊은 곳에서 밤하늘을 수놓은 수많은 별을 찾아보았습니까? 그 한계를 추측할 수 없는 우주를 상상해보았습니까? 그 모든 것이 하나님의 전능하심과 지혜로우심으로부터 이루어진 것임을 인정해 보았습니까? 오늘도 그 하나님께서 우리에게 주시는 송이 꿀보다 더 달콤한 말씀을 받아먹으며, 하루를 보내고자 합니다.

17일

✝ 📖 오늘말씀 시편 20 – 24편

영적 전쟁의 승리를 위한 기도

💡 **실마리 풀기**

"진실로 주님의 선하심과 인자하심이 내가 사는 날 동안 나를 따르리니"(시 23:6)

시편 20편 - 다윗 / 하나님이 택하신 왕을 찬양하는 왕조의 시

세상과의 싸움에서 승리하기를 원할 때 드리는 기도(1) - 21편과 한 쌍을 이루며, 전쟁의 승패가 하나님께 달려있음을 고백하며, 승리를 위해 제사장과 백성들이 합심하여 기원하는 시이다. 전쟁을 앞두고 걷잡을 수 없는 감정을 진정시키는 방법은 오직 하나님만을 의지하는 것이다.

(5 - 7절) 우리 하나님의 이름으로 깃발을 높이 세워 승리를 기뻐할 수 있도록, 주님께서 임금님의 모든 소원을 이루어 주시기를 원합니다. 어떤 이는 전차를 자랑하고, 어떤 이는 기마를 자랑하지만, 우리는 주 우리 하나님의 이름만을 자랑합니다.

시편 21편 - 다윗 / 하나님이 택하신 왕을 찬양하는 왕조의 시

세상과의 싸움에서 승리하게 하신 주님께 드리는 감사의 기도(2) - 전쟁에서의 승리를 기원한 20편과 한 쌍을 이루고 있으며, 하나님께서 함께하심으로 인하여 전쟁에서 승리를 베푸신 것에 대하여 왕과 백성들이 모여 예배드리는 감사 찬양의 시이다.

(13절) 주님, 힘을 떨치시면서 일어나 주십시오. 우리가 주님의 힘을 기리며, 노래하겠습니다.

시편 22편 - 다윗 / 고난 속에서 하나님을 찾는 개인 탄식의 시

〈 **메시아 시편 - 그리스도의 수난을 묘사하는 복음서에 인용되거나 암시되어 있는 시편** 〉

선한 목자이신 하나님의 도우심을 구할 때 드리는 기도 - 고난 가운데 구원을 호소하지만 하나님은 고통 가운데 임재하시니, 우리의 찬양도 고통 가운데 나오는 것이다. 결국, 여호와에 대한 신뢰를 보이는 시로써 그리스도의 고난과 찬란한 부활의 영광을 상기시키고 있다. 이 시는 예수님께서 십자가상에서 돌아가심으로 사탄과의 전쟁에서 승리하신 그 모습을 예언하며, 구원의 확신을 가르치고 있다.

(1절) 나의 하나님, 나의 하나님, 어찌하여 나를 버리십니까? [마 27:46, 막 15:34]

(7절) 나를 보는 사람은 누구나 나를 빗대어서 조롱하며 입술을 비쭉거리고 머리를 흔들면서 얄밉게 빈정댑니다. [마 27:39, 막 15:29, 눅 23:35]

(8절) "그가 주님께 그토록 의지하였다면, 주님이 그를 구하여 주시겠지. 그의 주님이 그토록 그를 사랑하신다니, 주님이 그를 건져 주시겠지" 합니다. [마 27:39, 막 15:30, 눅 23:35]

(10 - 11절) 나는 태어날 때부터 주님께 맡긴 몸, 모태로부터 주님만이 나의 하나님이었습니다. 나를 멀리하지 말아 주십시오. 재난이 가까이 닥쳐왔으나, 나를 도와줄 사람이 없습니다. [눅 23:21 - 24, 마 27:40 - 43]

(18절) 나의 겉옷을 원수들이 나누어 가지고, 나의 속옷도 제비를 뽑아서 나누어 가집니다. [마 27:35 - 36, 막 15:24, 눅 23:34, 요 19:24]

시편 23편 - 다윗 / 하나님에 대한 믿음을 확신하는 신뢰의 시

좋은 목자이신 하나님께 위로와 영적인 양식의 공급을 원할 때 드리는 기도 - 하나님은 세상의 창조주이시며 통치자이시니 그를 전적으로 신뢰함으로 인격적 관계를 유지하는 것이 은혜를 입는 길이다. 여호와에 대한 신뢰와 여호와의 임재로 인한 기쁨을 드러내는 시이다. 이보다 더 아름다운 감사의 찬양이 또 있을까?

(1 - 6절) 주님은 나의 목자시니, 내게 부족함 없어라. [히 13:20]

나를 푸른 풀밭에 누이시며 쉴 만한 물가로 인도하신다. 진실로 주님의 선하심과 인자하심이 내가 사는 날 동안 나를 따르리니, 나는 주님의 집으로 돌아가 영원히 그곳에서 살겠습니다.

시편 24편 - 다윗 / 왕이신 하나님의 통치를 찬양하는 시

주인 목자이신 하나님과 동행하는 삶을 살기 원할 때 드리는 기도 : 배경 [삼하 6:12 - 19] - 다윗이 주님의 궤를 오벧에돔의 집으로부터 예루살렘의 장막 안 제자리에 옮겨 놓은 사건을 기념하여 지은 것으로써, 모든 것을 지으시고 다스리시는 영광의 왕, 만군의 주님을 찬양하는 시이다.

(1 - 3절) 땅과 그 안에 가득 찬 것이 모두 다 주님의 것, 온 누리와 그 안에 살고 있는 모든 것도 주님의 것이다. [고전 10:26 - 28] 누가 주님의 산에 오를 수 있으며, 누가 그 거룩한 곳에 들어설 수 있느냐?

(7 - 10절) 문들아, 너희 머리를 들어라. 영원한 문들아, 활짝 열려라. 영광의 왕께서 들어가신다. 영광의 왕이 뉘시냐? 힘이 세고 용맹하신 주님이시다.

묻고? 답하기!

여호와는 나의 목자시니 내게 부족함이 없으리로다.

하나님은 승리케 하시는 분이시며(20 - 21편), 자기 목숨을 내어주시는 목자이시며(22편), 인도하시는 목자이시며(23편), 주인이시며 다스리시는 목자(24편)이십니다. 오늘은 찬송가 570장이나 나운영 작곡의 "여호와는 나의 목자시니" 곡을 찾아 듣고 따라서 불러보는 것이 어떨지요. 참으로 하나님의 선하심과 인자하심이 내가 사는 날 동안 나를 따르기를 기원하면서.

† 오늘 말씀 시편 25 - 30편

시편

절망 가운데 구하는 하나님의 도우심

💡 실마리 풀기

"주님의 자비로우심과 선하심으로 나를 기억하여 주십시오"(시 25:7)

시편 25편 - 다윗 / 고난 속에서 하나님을 찾는 개인 탄식의 시

〈각 절의 첫 글자가 히브리어 자음 문자 순서로 되어 있는 '알파벳 시편(Acrostic poem)'이다〉

하나님께 더욱 가까이 나아가기 원하며 드리는 기도 - 대적의 핍박과 자신의 죄과 때문에 당한 수난에 대해 보호와 용서를 빌며, 신실하신 하나님의 구원과 사랑을 확신하는 기도이다. 조용히 하나님을 묵상하며, 교제하고자 할 때 이 시편을 읽어야 하리라.

(4 - 7절) 주님의 길을 나에게 보여 주시고, 내가 마땅히 가야 할 그 길을 가르쳐 주십시오. 내가 젊은 시절에 지은 죄와 반역을 기억하지 마시고, 주님의 자비로우심과 선하심으로 나를 기억하여 주십시오.

(11 - 21) 주님, 주님의 이름을 생각하셔서라도, 내가 저지른 큰 죄악을 용서하여 주십시오. 나의 피난처는 오직 주님뿐입니다. 선하고 올바르게 살아가도록, 지켜 주십시오. 주님, 나는 주님만 기다립니다.

시편 26편 - 다윗 / 고난 속에서 하나님을 찾는 개인 탄식의 시

하나님과 동행하는 삶 가운데 겪게 되는 억울함을 탄원하는 기도 - 여호와의 언약법 앞에서 '무죄한 자', 즉 욥처럼 순전하고 흠이 없는 자가 자신의 의로운 삶을 하나님께서 알아주시기를 간절히 구하며 드리는 기도이다. 이때의 기도는 하나님께서 우리의 영혼과 깨끗한 삶을 보장하여 주실 것을 바라며, 하나님께 지속적인 충성을 약속하는 것이어야 한다.

(6 - 8절) 주님의 영광이 머무르는 그 곳을 내가 사랑합니다.

(9 - 12절) 나는 깨끗하게 살려고 하오니, 이 몸을 구하여 주시고, 은혜를 베풀어 주십시오.

시편 27편 - 다윗 / 하나님에 대한 신뢰의 시〈1 - 6〉, 하나님을 찾는 개인 탄식의 시 〈7 - 14〉

하나님께서 길을 열어주시기를 기다리며 드리는 기도 - 압살롬의 반란에 직면한 다윗이 하나님의 구원과 도움을 확신하는 강한 의지의 시이다. 주의 이름을 부르는 자에게 하나님께서 무한한 도움을 베푸실 것이다.

(1 - 6절) 주님이 나의 빛, 나의 구원이신데, 내 생명의 피난처이신데, 내가 누구를 무서워

하랴?

(7 - 14절) 내가 주님을 애타게 부를 때에, 들어 주십시오. 나를 불쌍히 여기시고, 응답하여 주십시오. 주님의 얼굴을 내게 숨기지 말아 주십시오. 주님은 나의 도움이십니다.

시편 28편 - 다윗 / 고난 속에서 하나님을 찾는 개인 탄식의 시

악을 행하는 자들로부터 구분하여 주실 것을 바라며 드리는 기도 - 환란에 직면하였을 때, 하나님께 침묵하지 마시고 그들을 응징해 주시기를 기원하며 부르짖는 다윗의 시이다. 이 시를 통하여 우리도 어떻게 하나님께 간절히 구해야 할 것인가 알 수 있다.

(1 - 7절) 반석이신 나의 주님, 내가 주님께 부르짖으니, 나의 애원하는 소리를 들어 주십시오. 애원하는 나의 간구를 들어 주셨으니, 주님을 찬양하여라. 주님은 나의 힘, 나의 방패이시다. 내 마음 다하여 주님을 기뻐하며 나의 노래로 주님께 감사하련다.

시편 29편 - 다윗 / 왕이신 하나님의 통치를 찬양하는 시

자연 속에 드러나는 하나님의 영광을 경험하며 드리는 기도 - 온 우주를 다스리시는 하나님의 위엄과 주권, 권능을 찬양하는 시이며, 복음서에서 "하늘에는 영광이요, 땅에는 평화"(눅 2:14) 라며 예수님의 탄생을 경축하는 것은 하나님의 통치를 몸소 실현하기 위해 오신 것을 알리는 것이다.

(1 - 2절) 하나님을 모시는 권능 있는 자들아, 영광과 권능을 주님께 돌려드리고 또 돌려드려라. 그 이름에 어울리는 영광을 주님께 돌려드려라. 거룩한 옷을 입고 주님 앞에 꿇어 엎드려라.

시편 30편 - 다윗 / 곤궁할 때 하나님을 체험한 개인 감사의 시

살아계신 하나님을 경험하였을 때 드리는 기도 - 죽음의 문턱까지 내려갔던 다윗을 보호하고 인도해주신 하나님의 사랑과 신실하심을 감사하며 드리는 기도이다. 절망스러운 질병가운데 낙심하고 있는 사람들은 이 시편을 읽으며, 하나님의 도우심을 구해야 할 것이다.

(1 - 5절) 주, 나의 하나님, 내가 주님께 울부짖었더니, 나를 회복시켜 주셨습니다. 주님의 진노는 잠깐이요, 그의 은총은 영원하니, 그 거룩한 이름을 찬양하여라.

묻고? 답하기!

주님의 이름을 생각하셔서라도, 내가 저지른 큰 죄악을 용서하여 주십시오.

내가 감히 이러한 기도를 할 수 있을까? 내가 주님의 나라를 위해 무슨 일을 하였던가? 내가 저지른 죄악이 하나님 보시기에 용서받을 만한 것이기 라도 한 것일까? 내 영혼이 이제는 오직 주님만을 바라볼 것이며, 내가 오직 주님이 보여주시는 그길로 가고자 하는 가? "주여, 나는 종일 주님만을 기다립니다"라고 고백하게 하소서.

5
시편

19일

☩ 오늘 말씀 시편 31 – 35편

우리가 의탁해야 할 분

💡 **실마리 풀기**
"주님, 주님과 같은 분이 누굽니까?"(시 35:10)

시편 31편 - 다윗 / 고난 속에서 하나님을 찾는 개인 탄식의 시

그 어떤 도움도 받을 수 없는 죽음을 맞이하게 되었을 때 드리는 기도 - 예수님께서 "아버지, 내 영혼을 아버지 손에 맡깁니다"라고 십자가에서 말씀하시며 하나님을 찾았던 것처럼 역사상 많은 이들이 성스러운 죽음을 맞을 때마다 이 구절을 외우곤 했다고 한다. 우리의 삶을 망치려고 유혹하며, 생명을 위협하는 순간에 기억하여야 할 귀중한 고백이다.

(3 - 5절) - 주님은 진정 나의 바위, 나의 요새이시니, 주님의 이름을 위하여 나를 인도해 주시고 이끌어 주십시오. 그들이 몰래 쳐 놓은 그물에서 나를 건져내어 주십시오. 주님은 나의 피난처입니다. 주님의 손에 나의 생명을 맡깁니다. [눅 23:46]

시편 32편 - 다윗 / 용서받고 하나님을 체험한 개인 감사의 시

7대 참회시편〈6, 32, 38, 51, 102, 130, 143편〉가운데 하나로써 하나님의 용서를 구하는 기도 - 밧세바를 범한 다윗이 죄를 용서받은 후 신실하신 하나님의 구원과 한결같은 사랑을 확신하며 지은 참회 시로써, 다윗은 자신의 회개와 자백을 통하여 얻은 용서의 경험을 고백하고 있다.

(1 - 2절) - 복되어라! 거역한 죄 용서받고 허물을 벗은 그 사람! 주님께서 죄 없는 자로 여겨 주시는 그 사람! 마음에 속임수가 없는 그 사람! 그는 복되고 복되다! [롬 4:7 - 8]

(5 - 6절) - "내가 주님께 거역한 나의 죄를 고백합니다" 하였더니, 주님께서는 나의 죄악을 기꺼이 용서하셨습니다. (셀라) 경건한 사람이 고난을 받을 때에, 모두 주님께 기도하게 해주십시오.

시편 33편 - 작자 미상 / 창조주 하나님을 찬양하는 시

하나님의 한결같은 사랑을 경험하였을 때 드리는 기도 - 창조의 하나님에 대한 감사와 찬양, 역사를 주관하시는 주님께 순응하고자 하는 심정을 노래한 시로써, 주님을 경외하는 사람들을 살펴보시는 한결같은 사랑의 하나님을 찬양하고 있다. 우리의 마음이 우울하고 실망스러운 일이 생기더라도 하나님을 찬양하여야 할 이유는 그분은 한결같은 사랑의 하나님이시기 때문이다.

(11절) - 주님의 모략은 영원히 흔들리지 않으며, 마음에 품으신 뜻은 대대로 끊어지지 않는다.

(18 - 19절) - 주님의 눈은 주님을 경외하는 사람들을 살펴보시며, 한결같은 사랑을 사모하는 사람들을 살펴보시고, 그들의 목숨을 죽을 자리에서 건져내시고, 굶주릴 때에 살려 주신다.

시편 34편 - 다윗 / 곤궁할 때 하나님을 체험한 개인 감사의 시

〈각 절의 첫 글자가 히브리어 자음 문자 순서로 되어 있는 '알파벳 시편(Acrostic poem)'〉

하나님의 놀라운 구원을 경험하였을 때 드리는 기도 : 배경 [삼상 21:13 - 15] - 다윗이 사울을 피해 가드(골리앗의 고향) 왕 아기스에게로 갔다가 유대광야로 쫓겨 간 후, 그곳에서 지은 시로써 하나님께 간절히 구함으로 구원을 얻은 다윗이 그의 체험을 젊은이들에게 권면하는 내용이다.

(12 - 16절) - 악한 일은 피하고, 선한 일만 하여라. 평화를 찾기까지, 있는 힘을 다하여라. 주님의 눈은 의로운 사람을 살피시며, 주님의 귀는 그들이 부르짖는 소리를 들으신다. [벧전 3:10 - 12]

(19 - 20절) - 의로운 사람에게는 고난이 많지만, 주님께서는 그 모든 고난에서 그를 건져 주신다. 뼈마디 하나하나 모두 지켜 주시니, 어느 것 하나도 부러지지 않는다. [요 19:36]

시편 35편 - 다윗 / 고난 속에서 하나님을 찾는 개인 탄식의 시

믿었던 사람의 배반으로 깊은 좌절에 빠졌을 때 드리는 기도 - 다윗이 평소 믿고 사랑으로 대하던 자들이 대적자가 되어 목숨을 노리던 환란 중에 지은 시. 그런 고난이 온다고 하여도 언제나 하나님만을 의탁한다면, 주님께서 우리를 위해 일하실 것이다. 예수님께서 "세상이 나와 내 아버지를 미워하였다. 그래서 그들의 율법에 '그들은 까닭 없이 나를 미워하였다'고 기록한 말씀(시 35:19)이 이루어진 것이다"라고 인용하셨다. [요 15:24 - 25]

(10절) - 주님, 주님과 같은 분이 누굽니까? 주님은 약한 사람을 강한 자에게서 건지시며, 가난한 사람과 억압을 받는 사람을 약탈하는 자들에게서 건지십니다.

(19절) 거짓말쟁이 원수들이 나를 이겼다면서 기뻐하지 못하게 해주십시오. 까닭 없이 나를 미워하는 자들이 서로 눈짓을 주고받으며 즐거워하지 못하게 해주십시오.

문고?답하기!

하나님을 믿는 자에게 닥치는 고난을 어찌할 것인가?

하나님을 믿는 자에게 닥치는 고난은 이미 하나님께서 예비하신 것이며, 오히려 주님 안에서 평안을 누리게 하려 함이니 "너희는 세상에서 환난을 당할 것이다. 그러나 용기를 내어라. 내가 세상을 이겼다" (요 16:33)고 하십니다. 그러나 그러함에도 불구하고 나는 두렵습니다. "주님, 주님과 같은 분이 누굽니까? 나를 건지소서. 환란에 들지 않게 하소서."

5

시편

20일

✝ 오늘 말씀 시편 36 – 41편

하나님의 사랑과 용서를 구할 때

💡 **실마리 풀기**

"주님의 한결같은 사랑은 하늘에 가득 차 있고"(시 36:5)

시편 36편 - 다윗 / 주님을 묵상하는 지혜의 시

하나님의 한결같은 사랑을 원할 때 드리는 기도 - 주님의 한결같은 사랑을 받는 것이 가장 가치 있는 삶인 것을 교훈하는 다윗의 지혜 시이다.

(5 - 9절) 주님, 주님의 한결같은 사랑은 하늘에 가득 차 있고, 주님의 미쁘심은 궁창에 사무쳐 있습니다. 하나님, 주님의 한결같은 사랑이 어찌 그리 값집니까? 사람들이 주님의 날개 그늘 아래로 피하여 숨습니다. 생명의 샘이 주님께 있습니다. 우리는 주님의 빛을 받아 환히 열린 미래를 봅니다.

시편 37편 - 다윗 / 주님을 묵상하는 지혜의 시

혈기 왕성한 젊은이들에게 주는 기도(해야 할 일 8가지와 하지 말아야 할 일 4가지) - 이 시는 잠언과 같은 지혜의 시로써 악인의 번영을 보고 회의하는 젊은이들에게 자신의 신앙과 경험에 따라 위로와 권면을 주는 시이다.

(1 - 7절) 악한 자들이 잘 된다고 해서 속상해 하지 말며, 네 갈 길을 주님께 맡기고, 주님만 의지하여라. 주님께서 이루어 주실 것이다. 너의 의를 빛과 같이, 너의 공의를 한낮의 햇살처럼 빛나게 하실 것이다. 잠잠히 주님을 바라고, 주님만을 애타게 찾아라.

(8 - 10절) 노여움을 버려라. 격분을 가라앉혀라. 불평하지 말아라. 조금만 더 참아라.

(30 - 40절) 의인의 입은 지혜를 말하고, 그의 혀는 공의를 말한다. 그의 마음속에 하나님의 법이 있으니, 그의 발걸음이 흔들리지 않는다. 주님을 기다리며, 주님의 법도를 지켜라. 의인의 구원은 주님께로부터 오며, 재난을 받을 때, 주님은 그들의 피난처가 되신다.

시편 38편 - 다윗 / 고난 속에서 하나님을 찾는 개인 탄식의 시

7대 참회 시편<6, 32, 38, 51, 102, 130, 143편>가운데 하나로써 하나님의 용서를 구하는 기도 - 다윗이 죄를 회개한 후, 하나님의 진노와 긍휼을 동시에 기념하기 위해 지은 시이다.

(1 - 8절) 주님, 주님의 분노로 나를 책망하지 마시고, 주님의 진노로 나를 벌하지 말아 주십시오.

(21 - 22절) 주님, 나를 버리지 말아 주십시오. 나의 하나님, 나를 멀리하지 말아 주십시오.

시편 39편 - 다윗 / 고난 속에서 하나님을 찾는 개인 탄식의 시

늙고 병들어 허무한 인생을 회고하며 용서를 구하며 드리는 기도 - 인생 말년에 다윗이 자신의 삶을 회고하는 가운데 지난날의 잘못을 뉘우치며 지은 시이다.

(7 - 11절) 주님, 이제, 내가 무엇을 바라겠습니까? 내 희망은 오직 주님뿐입니다. 내가 지은 그 모든 죄악에서 나를 건져 주십시오. 나로 어리석은 자들의 조롱거리가 되지 않게 해주십시오. 내가 잠자코 있으면서 입을 열지 않음은, 이 모두가 주님께서 하신 일이기 때문입니다.

시편 40편 - 다윗 / 곤궁할 때 하나님을 체험한 개인 감사의 시(1 - 10), 고난 속에서 하나님을 찾는 개인 탄식의 시(11 - 17)

절망적 상황에서 구원의 하나님을 만났을 때 드리는 기도 - 죄로 인한 영적인 침체나 육체적 질병으로 인하여 절망적 상황에 빠지게 되었을 때, 과거에 멸망의 구덩이에서 건져 주셨던 기억(1 - 3절)을 떠올리며, 예배와 순종(4 - 8) 그리고 증인(9 - 10)의 역할을 통해 하나님의 신실하심에 의지하면서 한결같은 사랑으로 구원해주시기를 간절히 구하는 시이다.

(11절) 하나님은 나의 주님이시니, 주님의 긍휼하심을 나에게서 거두지 말아 주십시오. 주님은 한결같은 사랑과 미쁘심으로, 언제나 나를 지켜 주십시오.

시편 41편 - 다윗 / 고난 속에서 하나님을 찾는 개인 탄식의 시

질병에 걸려 절망에 빠졌을 때 드리는 기도 - 소외되고 고통 받는 자에게 자비를 베풀어라. 그리하면 그에게 재난이 닥칠 때 주님께서 그를 구해 주실 것이라는 내용이다.

(4 - 9절) 내가 드릴 말씀은 이것입니다. "주님, 나에게 은혜를 베풀어 주셔서, 나를 고쳐 주십시오. 내가 주님께 죄를 지었습니다." 나와 한 상에서 밥을 먹던 친구조차도, 내게 발길질을 하려고 뒤꿈치를 들었습니다. [요 13:18]

시편 1권의 마지막 영광송 - (13절) 이스라엘의 하나님이신 주님, 찬양을 받으십시오. 영원에서 영원까지 찬양을 받으십시오. 아멘, 아멘.

묻고? 답하기!

나는 잠잠히 주님을 바라고, 주님만을 애타게 찾고 있는가?

다윗이 주는 조언입니다. 가는 길이 평탄하다고 자랑하는 자들과 악한 계획도 언제나 이룰 수 있다는 자들 때문에 마음 상해하지 말라고 합니다(37:7). 그러나 나는 늘 그들을 부러워하며, 그들의 길을 궁금해 합니다. 주여! 내가 잠잠히 주님만 바라고 애타게 찾도록 인도하소서. 주님의 한결같은 사랑과 미쁘심으로 언제나 나를 지켜 주소서.

5월 21일 ~~~~~~

시편과 예수 그리스도(1)
예수님의 탄생과 시험

✝ **오늘말씀** 시편 29, 2, 45, 102, 91편

💡 **실마리 풀기**

"내가 나의 거룩한 산 시온 산에 나의 왕을 세웠다"(시 2:6)

예수님께서 가르치신 성경(구약) - 시편을 바라보는 관점

예수님께서 부활하신 후 엠마오로 가고 있는 두 제자에게 나타나셨습니다. 그리고 예수님의 고난과 부활을 믿지 못하는 두 제자에게 "모세와 모든 예언자에서부터 시작하여 성경 전체에서 자기에 관하여 써 놓은 일"을 그들에게 설명하여 주셨습니다(눅 24:27). 이 말씀을 미루어 보면, 예수님께서는 성경(구약) 전체가 새로운 언약, 즉 예수님 자신을 바라보며 기록한 내용임을 잘 알고 있었습니다. 또한, 자신이 이 땅에 왔다가 십자가에서 죽고, 부활하신 것이 하나님 아버지의 뜻(vision)을 이루어 드리는 것임도 잘 알고 있었습니다. 예수님께서는 스스로 하나님의 아들이심과 그리스도이심을 증언하시는 것입니다.

예수님께서는 고난을 겪으시기 전, 제자들에게 성경(구약)에서 드러나는 그리스도를 바라보도록 가르치셨습니다. 성경(구약) 중에서 특히 시편을 인용하기를 좋아하셨습니다. 말라기(3:1)에서 예언한 바로 그 엘리야가 세례 요한이라고 소개하면서 동시에 자신은 그들이 고대하던 메시아라고 소개하였습니다(마 11:2 - 15). 대제사장에게는 "내가 바로 그이요, 당신들은 인자가 전능하신 분의 오른쪽에 앉아 있는 것과 하늘의 구름을 타고 오는 것을 보게 될 것이오"라고 고백합니다(막 14:61 - 62). 이제 우리는 시편을 예수 그리스도에 관한 계시의 관점에서 바라보고 이해하는 것이 정당함을 인정할 수밖에 없습니다.

(시편 29편) 예수님의 탄생 - 영원토록 다스리실 왕이 주시는 평화

"주님께서 영원토록 왕으로 다스리신다. ... 주님은 당신을 따르는 백성에게 평화의 복을 내리신다"(시 29:10 - 11). 다윗이 온 우주를 다스리시는 하나님의 위엄과 주권, 권능을 찬양합니다. 예수님께서 왕으로 오셔서 하나님의 통치를 선포하고 실현하실 것임을 확증하는 것입니다.

누가복음서에서 한 천사가 목자들에게 예수님의 탄생을 알리며 찬양을 하였습니다. "더없이 높은 곳에서는 하나님께 영광이요, 땅에서는 주님께서 기뻐하시는 사람들에게 평화로

다"(눅 2:14). 천사가 예수님의 탄생을 경축하는 것은 하나님의 통치를 몸소 실현하기 위해 오신 것을 알리는 것입니다.

(시편 2, 45, 102편) 예수님의 세례 - 직접 기름 부으심과 아들이심의 확증

무릇 그리스도인이라면 주야로 주님의 말씀을 묵상할 뿐 아니라, 주님이 기름 부어 세우신 이(그리스도)를 섬김으로써 하나님만을 의지하여야 합니다. 하나님께서 그에게 직접 기름 부으셨음을 선포하시며, 아들이심을 확증하셨기 때문입니다.

마태, 마가, 바울, 요한 그리고 히브리서 저자까지도 다음 시편의 구절을 인용하여 예수님께서 하나님의 아들이심을 확인합니다(마 3:17, 막 1:11, 행 13:33, 히 5:5, 계 2:27). "주님께서 나에게 이르시기를 '너는 내 아들, 내가 오늘 너를 낳았다. 내게 청하여라. 뭇 나라를 유산으로 주겠다. 땅 이 끝에서 저 끝까지 너의 소유가 되게 하겠다. 네가 그들을 철퇴로 부수며, 질그릇 부수듯이 부술 것이다' 하셨다"(시 2:7 - 9). 이사야도 예언하였습니다. "나의 종을 보아라. 그는 내가 붙들어 주는 사람이다. 내가 택한 사람, 내가 마음으로 기뻐하는 사람이다. 내가 그에게 나의 영을 주었으니, 그가 뭇 민족에게 공의를 베풀 것이다"(사 42:1).

히브리서는 하나님께서 아들을 통하여 말씀하셨다고 단언합니다. 하나님께서 누구에게 "너는 내 아들이다. 내가 오늘 너를 낳았다"(시 2:7) 하고, 누구에게 "내가 네 원수들을 네 발아래에 굴복시킬 때까지, 너는 내 오른쪽에 앉아 있어라"(시 110:1)하고 말씀하신 적이 있느냐는 것입니다. 또한, 시편 말씀을 인용하여 하나님의 아들, 예수 그리스도를 소개합니다. 성경에 이르기를 "하나님, 주님의 보좌는 영원무궁하며, 공의의 막대기는 곧 주님의 왕권입니다. 주님께서는 정의를 사랑하시고, 불법을 미워하셨습니다. 그러므로 하나님 곧 주님의 하나님께서는 주님께 즐거움의 기름을 부으셔서, 주님을 주님의 동료들 위에 높이 올리셨습니다"(시 45:6 - 7) 하였습니다. 또 이렇게 말하였습니다. "주님, 주님께서는 태초에 땅의 기초를 놓으셨습니다. 하늘은 주님의 손으로 지으신 것입니다. 그것들은 없어질지라도, 주님께서는 영원히 존재하십니다"(시 102:25 - 27),(히 1:1 - 14).

(시편 91편) 예수님의 시험 - 사탄의 도전과 말씀의 승리

사탄이 시편 말씀(시 91:11 - 12)을 인용하여 예수님을 시험하였습니다. 사탄이 예수를 예루살렘 성으로 데리고 가서, 성전 꼭대기에 세우고 말하였습니다. "네가 하나님의 아들이거든, 여기에서 뛰어내려 보아라. 성경에 기록하기를 '하나님이 너를 위하여 자기 천사들에게 명하실 것이다.' 그리고 '그들이 손으로 너를 떠받쳐서, 너의 발이 돌에 부딪히지 않게 할 것이다'(시 91:11,12) 하였다"(마 4:5 - 6).

그러나 예수님께서 "또 성경에 기록하기를 '주 너의 하나님을 시험하지 말아라'(신 6:16)하였다"고 말씀하심으로 그를 물리치셨습니다(마 4:7, 눅 4:12). 사탄은 하나님의 말씀을 사사로운 충족을 위하여 사용하도록 유혹한 것입니다. 그러나 예수님께서는 성경(구약)의 말씀을 오직 하나님의 뜻에 합치할 때만 인용하셨습니다.

5

시편

22일

✝ 오늘 말씀 시편 42 - 45편

영적 침체 가운데 드리는 간구

💡 실마리 풀기

"내 영혼아, 네가 어찌하여 그렇게 낙심하며"(시 42:5)

시편 제2권(42 - 72편)은 고라 자손의 노래(42 - 49편)와 다윗(51 - 65편), 아삽 그리고 솔로몬의 시들로 구성되어 있습니다. 고라 자손들은 모세에게 대항하던 레위 지파 고라의 후손으로서, 성전에서 노래하는 자들, 음악가들입니다. 제2권의 시들은 무너져 버린 성전을 바라보며 하나님께서 용서하시고 회복시켜 주실 것을 기대하는 기도와 함께, 결국 만민들로부터 찬양과 예배를 받으시게 될 것을 노래하고 있습니다.

시편 42편 - 고라 자손 / 고난 속에서 하나님을 찾는 개인 탄식의 시(I)

영적인 침체에 빠져 마음이 괴로울 때 드리는 기도 - 믿음을 가지고 있는 사람들도 때로는 "네 하나님이 어디에 있느냐?"는 불신자들의 조롱을 들을 때, 위로해주시는 하나님을 뵈올 수 없을 때 영적인 침체를 경험하게 마련이다. 이 시편은 그러한 영적 침체로부터 회복되기를 바라며 살아계신 하나님을 갈망하는 시편이다. 우리가 때로는 하나님이 살아계심을 느끼지 못하고, 가슴이 허전하며 잠을 못 이룰 때가 있다. 이럴 때 어떻게 하나님께 우리의 간절함을 호소해야 하는지 잘 보여주고 있다.

(1 - 2절) 하나님, 사슴이 시냇물 바닥에서 물을 찾아 헐떡이듯이, 내 영혼이 주님을 찾아 헐떡입니다. 내 영혼이 하나님, 곧 살아계신 하나님을 갈망하니, 내가 언제 하나님께로 나아가 그 얼굴을 뵈올 수 있을까?

(5절) 내 영혼아, 네가 어찌하여 그렇게 낙심하며, 어찌하여 그렇게 괴로워하느냐? 너는 하나님을 기다려라. 이제 내가, 나의 구원자, 나의 하나님을, 또다시 찬양하련다.

시편 43편 - 고라 자손 / 고난 속에서 하나님을 찾는 개인 탄식의 시(II)

영적인 침체를 극복할 지혜를 구할 때 드리는 기도 - 히브리어 사본에서 시편 43편은 42편과 한 편의 시로 묶여 있다.

(3절) 주님의 빛과 주님의 진리를 나에게 보내 주시어, 나의 길잡이가 되게 하시고, 주님의 거룩한 산, 주님이 계시는 그 장막으로, 나를 데려가게 해주십시오.

(5절) 내 영혼아, 어찌하여 그렇게도 낙심하며, 어찌하여 그렇게도 괴로워하느냐?

시편 44편 - 고라 자손 / 위기 속에서 하나님을 찾는 공동체 탄식의 시

하나님께서 침묵하실 때 드리는 기도 - 곤경에 빠진 공동체를 향한 조상의 하나님의 돌보심을 떠올리면서, 다시 한 번 주님의 한결같은 사랑에 의지하여 용기를 내고자 하는 기도이다. 지금 우리의 교회를 위하여 기도할 때에 모범이 되는 시편이다.

(1 - 4절) 하나님, 우리는 두 귀로 들었습니다. 그 옛날 우리 조상이 살던 그 때에 하나님께서 하신 그 일들을, 우리의 조상이 우리에게 낱낱이 일러주었습니다. 오직, 하나님의 오른손과 오른팔과 하나님의 빛나는 얼굴이 이루어 주셨으니, 참으로 이것은 하나님께서 그들을 사랑하셨기 때문입니다. 주님이야말로 나의 왕, 나의 하나님. 야곱에게 승리를 주시는 분이십니다.

(9절) 그러나 이제는 주님께서 우리를 버려, 치욕을 당하게 하셨습니다.

(22 - 26절) 우리가 날마다 죽임을 당하며, 잡아먹힐 양과 같은 처지가 된 것은, 주님 때문입니다. [롬 8:36] 일어나십시오. 우리를 어서 도와주십시오. 주님의 한결같은 사랑으로, 우리를 구하여 주십시오.

시편 45편 - 고라 자손 / 하나님이 택하신 왕을 찬양하는 왕조의 시

〈메시아 시편 - 그리스도의 수난을 묘사하는 복음서에 인용되거나 암시되어 있는 시편〉

하나님께서 세우신 왕(솔로몬)의 결혼식을 축하하는 사랑의 노래 - 이 시편의 배경은 실제 솔로몬 왕의 결혼식인 것으로 보인다. 히브리서에 의하면 그리스도와 교회의 혼인을 예견하는 시로 묘사되어 있다. 교회는 신랑이신 예수님과 함께 영원한 왕국이 되어 우리에게 영화를 누리게 할 것이다.

(6 - 7절) 오 하나님, 하나님의 보좌는 영원무궁토록 견고할 것입니다. 주님의 통치는 정의의 통치입니다. 임금님은 정의를 사랑하고, 악을 미워하시니, 그러므로 하나님, 곧 임금님의 하나님께서 기름 부어 주셨습니다. 임금님의 벗들을 제치시고 임금님께 기쁨의 기름을 부어 주셨습니다. [히 1:8 - 9]

(17절) 내가 사람들로 하여금 임금님의 이름을 대대로 기억하게 하겠사오니, 그들이 임금님을 길이길이 찬양할 것입니다.

묻고? 답하기!

때때로 우리에게 찾아오는 영적인 갈증을 어찌할 것인가?

사슴이 물을 찾는 것은 더위와 갈증에 약한 본능적인 행동입니다. 건강한 육체도 늘 물을 마셔야 하듯이 우리의 영혼도 하나님을 향한 본능적인 갈증, 영적인 갈증이 새로 생기게 마련입니다. 그 갈급함을 채우려면 저절로 되는 것이 아니라 우리 스스로 의도적으로, 필사적으로 물가로 나아가야 합니다. 낙담하여 나에게 주어진 상황에 더욱 골몰할 것이 아니라 눈을 들어 하나님을 바라보고, 간절히 기도하여야 합니다. "주여! 주님의 빛과 주님의 진리를 나에게 보내 주소서."

5

23일 ~~~~~~

시편

✝ 오늘 말씀 시편 46 – 50편

기쁨 가운데 드리는 찬양

💡 **실마리 풀기**

"온 누리와 거기 가득한 것이 모두 나의 것이 아니더냐?"(시 50:12)

시편 46편 - 고라 자손 / 함께하시는 하나님을 찬양하는 시온의 시

임마누엘 하나님을 찬양하고 싶을 때 드리는 기도 - 히스기야 통치 당시(B.C 701년), 유다가 앗수르왕 산헤립의 침략을 당한 사건을 배경으로 한 시로써, 해마다 시온에서 드리는 "야웨 하나님의 대관식 축제"에서 민족의 자긍심을 각성시키고 심화시키는 노래이다. 마틴 루터는 이 시편을 통하여 "내 주는 강한 성이요"라는 찬송을 작사, 작곡하였다.

(1 - 2절) 하나님은 우리의 피난처, 우리의 힘이시며, 언제나 우리 곁에 계시는 구원자이시니, 땅이 흔들리고 산이 무너져 바다 속으로 빠져들어도, 우리는 두려워하지 않는다.

(10 - 11절) 너희는 잠깐 손을 멈추고, 내가 하나님인 줄 알아라. 내가 뭇 나라로부터 높임을 받는다. 만군의 주님이 우리와 함께 계신다. 야곱의 하나님이 우리의 피난처시다. (셀라)

시편 47편 - 고라 자손 / 왕이신 하나님의 통치를 찬양하는 시

매년, 초하루 하나님의 통치하심을 기념하는 예배 때 불리는 찬양 - 예배라는 신앙생활에 모든 것을 의지하며 만족해하는 성도들이여, 월요일부터 토요일까지 가정에서, 직장과 학교에서 온 세상을 향해 외쳐라 기쁨의 함성을, 하나님께서 온 땅의 왕이시다.

(1 - 2절) 만백성아, 손뼉을 쳐라. 하나님께 기쁨의 함성을 외쳐라. 주님은 두려워할 지존자이시며, 온 땅을 다스리는 크고도 큰 왕이시다.

(5 - 9절) 시로 하나님을 찬양하여라. 시로 찬양하여라. 하나님은 온 땅의 왕이시니, 정성을 다하여 찬양하여라. 하나님은 지존하시다.

시편 48편 - 고라 자손 / 하나님이 택하신 장소를 찬양하는 시온의 시

거룩한 도성 예루살렘을 찬양하며 신실하신 하나님의 구원과 한결같은 사랑을 확신하는 기도 - 하나님이 거하시는 성전 안에 들어온 자들은 하나님의 백성으로 변화하지 않고는 살아갈 수 없다. 그곳에서 영원히 하나님께서 다스리시기 때문이다. 그처럼 예수 그리스도의 복음을 들은 자들은 하나님의 한결같은 사랑을 체험하게 될 것이다.

(1절) 주님은 위대하시니, 그의 거룩한 산에서 그지없이 찬양을 받으실 분이시다.

(8 - 9절) 우리는 만군의 주님께서 계신 성, 우리 하나님의 성에서 보았다. 하나님께서 이 성을 영원히 견고하게 하신다. (셀라) 하나님, 하나님의 성전 안에서 우리가 하나님의 한결같은 사랑을 되새겨 보았습니다.

(14절) "하나님께서 영원토록 우리의 하나님이시니, 영원토록 우리를 인도하여 주신다" 하여라.

시편 49편 - 고라 자손 / 주님의 전지전능하심을 묵상하는 지혜의 시

오직 주님을 의지하는 자에게 생명을 주실 것을 믿는 소망의 기도 - 하나님을 만난 사람들은 그 세계관이나 재물에 관한 인식이 달라질 수밖에 없다. 오직 주님만을 의지하고 찬양하라.

(6 - 7절) 자기의 재물을 의지하는 자들과 돈이 많음을 자랑하는 자들을, 내가 어찌 두려워하리오. 아무리 대단한 부자라 하여도 사람은 자기의 생명을 속량하지 못하는 법, 하나님께 속전을 지불하고 생명을 속량할 사람은 아무도 없다.

(18 - 20절) 비록 사람이 이 세상에서 흡족하게 살고 성공하여 칭송을 받는다 하여도, 그도 마침내 자기 조상에게로 돌아가고 만다. 영원히 빛이 없는 세상으로 돌아가고 만다. 사람이 제아무리 위대하다 해도, 죽음을 피할 수는 없으니, 미련한 짐승과 같다.

시편 50편 - 아삽 / 축제와 제의에서 읽히는 기도문

하나님이 기뻐 받으시는 예배 즉, 제사와 헌신을 위해 드리는 기도 - 우리의 헌금과 헌신이 주님께 감사를 드리는 것인가 아니면 어떤 문제로 하나님을 부르기 원해서 하는 것인가?

(1 - 6절) 전능하신 분, 주 하나님께서 말씀하시어, 해가 돋는 데서부터 해 지는 데까지, 온 세상을 불러 모으신다. 하늘이 주님의 공의를 선포함은, 하나님, 그분만이 재판장이시기 때문이다.

(12 - 15절) 온 누리와 거기 가득한 것이 모두 나의 것이 아니더냐? 감사 제사를 하나님께 드리며, 너희의 서원한 것을 가장 높으신 분에게 갚아라. 재난의 날에 나를 불러라. 내가 너를 구하여 줄 것이요, 너는 나에게 영광을 돌리게 될 것이다.

묻고? 답하기!

우리가 드려야 할 진정한 예배와 헌신은 어떤 것인가?

하나님은 제물을 많이 드려야 복을 주는 하찮은 우상이 아닙니다. 모든 것이 하나님의 것인데도 하나님이 세우신 공의를 위하여 독생자를 희생시키면서까지 죄의 값을 치르신 주님이십니다. '많이 드리느냐, 적게 드리느냐'의 문제는 드리는 자의 감사하는 마음의 문제이지, 드리고 나서 받을 축복의 문제가 아닙니다. 우리가 하나님께 드릴 진정한 예배는 마음의 중심에 감사함을 품는 것으로부터 시작됨을 기억합니다.

24일

주변 사람들 때문에 당하는 고난

💡 **실마리 풀기**

"주님의 한결같은 사랑으로 내게 자비를 베풀어 주십시오"(시 51:1)

시편 51편 - 다윗 / 고난 속에서 하나님을 찾는 개인 탄식의 시

　7대 참회시편〈6, 32, 38, 51, 102, 130, 143편〉가운데 하나로써 하나님의 용서를 구하는 기도 : 배경 [삼하 12:13] - 밧세바를 범한 다윗이 예언자 나단의 질책을 듣고 뉘우치며, 주님의 한결같은 사랑으로 자비와 긍휼을 베풀어주시기를 간절히 구하며 지은 참회의 시이다. 죄를 짓고 주님을 떠나게 되면, 의지할 곳을 잃고 삶의 의미도 잃고 예배드릴 대상도 잃게 될 것이다.

　(1 - 4절) 하나님, 주님의 한결같은 사랑으로 내게 자비를 베풀어 주십시오. 주님의 크신 긍휼을 베푸시어 내 반역죄를 없애 주십시오. 내 죄악을 말끔히 씻어 주시고, 내 죄를 깨끗이 없애 주십시오. 나의 반역을 내가 잘 알고 있으며, 내가 지은 죄가 언제나 나를 고발합니다.

　(15 - 17절) 하나님께서 원하시는 제물은 찢겨진 심령입니다 오, 하나님, 주님은 찢겨지고 짓밟힌 마음을 멸시하지 않으십니다.

시편 52편 - 다윗 / 고난 속에서 하나님을 찾는 개인 탄식의 시

　삶 가운데 억울한 고통을 당하였을 때 드리는 기도 : 배경 [삼상 21 - 22장] - 자신을 도와준 제사장 아히멜렉을 에돔 사람 도엑이 사울에게 밀고하여 희생당하게 하자, 다윗이 통분을 감추지 못하고 하나님께 호소하는 기도이다. 선한 사람을 음해하고 악을 행하는 자는 반드시 하나님이 심판하실 것이다.

　(4 - 5절) 너, 간사한 인간아, 너는 남을 해치는 말이라면, 무슨 말이든지 좋아하는구나. 하나님께서 너를 넘어뜨리고, 영원히 없애 버리실 것이다. 너를 장막에서 끌어내어 갈기갈기 찢어서, 사람 사는 땅에서 영원히 뿌리 뽑아 버리실 것이다. (셀라)

　(8 - 9절) 그러나 나는 하나님의 집에서 자라는 푸른 잎이 무성한 올리브 나무처럼, 언제나 하나님의 한결같은 사랑만을 의지하련다. 주님께서 하신 일을 생각하며, 주님을 영원히 찬양하렵니다.

시편 53편 - 다윗 / 고난 속에서 하나님을 찾는 개인 탄식의 시

　하나님을 믿지 않는 사람들에게 어려움을 당할 때 드리는 기도 - 〈시편 14편과 내용, 구조가

일치〉

(1 - 3절) 어리석은 사람은 마음속으로 "하나님이 없다" 하고, 그들은 한결같이 썩어서 더러우니, 바른 일 하는 사람 아무도 없다. 하나님께서는 하늘에서 사람을 굽어보시면서, 지혜로운 사람이 있는지, 하나님을 찾는 사람이 있는지를 살펴보신다. "너희 모두는 다른 길로 빗나가서 하나같이 썩었으니, 착한 일 하는 사람이 하나도 없구나."

시편 54편 - 다윗 / 고난 속에서 하나님을 찾는 개인 탄식의 시

악한 자들로 인해 곤경에 처했을 때 드리는 기도 : 배경 [삼상 23:19] - 사울에게 쫓기던 바울이 목숨이 위태로울 때 하나님께 간절히 구하는 내용이다. 하나님께서는 언제나 우리와 함께 계시며 우리의 간구를 들으시는 분이시다.

(1 - 2절) 하나님, 주님의 이름으로 나를 구원하시고, 주님의 권세로 나의 정당함을 변호하여 주십시오. 하나님, 나의 기도를 들으시고, 이 입으로 아뢰는 말씀에 귀를 기울여 주십시오.

시편 55편 - 다윗 / 고난 속에서 하나님을 찾는 개인 탄식의 시

〈복수의 시편 - 악한 짓을 한 원수들을 멸망시켜주시기를 기원하는 시편〉

친구에게 배신을 당하여 곤경에 빠져 하나님께 도움을 간절히 구하는 기도 - 하나님은, 의로운 사람이 망하도록, 영영 그대로 버려두지 않으실 것이기 때문에 주님만 의지하려는다윗의 고백이다. 이 고백은 반드시 그렇게 이루어지기를 간절히 기도하도록 용기를 준다.

(12 - 13절) 나를 미워하는 자가 차라리, 자기가 나보다 잘났다고 자랑하는 내 원수였다면, 나는 그들을 피하여서 숨기라도 하였을 것이다. 그런데 나를 비난하는 자가 바로 너라니! 나를 미워하는 자가 바로, 내 동료, 내 친구, 내 가까운 벗이라니!

(16절) 나는 오직 하나님께 부르짖을 것이니, 주님께서 나를 건져 주실 것이다.

(22 - 23절) 너희의 짐을 주님께 맡겨라. 주님이 너희를 붙들어 주실 것이니, 주님은, 의로운 사람이 망하도록, 영영 그대로 버려두지 않으실 것이다. 그러기에 나는 주님만 의지하렵니다.

묻고? 답하기!

우리가 드리는 회개의 기도가 일시적 용서를 구하는 것은 아닌가?

사람들은 나름대로 살면서 또 나름대로 죄를 짓습니다. 그리고 다시 회개하고 용서를 구합니다. 우리의 간구는 하나님의 용서로 인한 우리의 의가 아니라 하나님의 무궁한 자비 그 자체에 있습니다. 기억하십시오. 우리의 삶에 있어서 최대위기는 〈우리의 신앙생활이 일시적인 용서를 의지하는 결과 때문에, 형식으로 치우쳐서 우리들의 열정이 식는 것〉이라는 것을. 그래서 우리도 다윗처럼 기도해야 합니다. "주님의 한결같은 사랑으로 내게 자비와 긍휼을 베푸시어 내 반역, 내 죄악과 죄를 깨끗이 없애 주십시오."

5

25일

✝ 오늘 말씀 시편 56 - 60편

시편 **구원의 노래**

💡 **실마리 풀기**

"내가 재난을 당할 때에, 주님은 나의 요새, 나의 피난처가 되어 주시기에"(시 59:16)

시편 56편 - 다윗 / 고난 속에서 하나님을 찾는 다윗의 믹담 시(구원의 노래)

악인의 위협 가운데에서도 오직 주님만을 의지하고자 하는 소망의 기도 : 배경 [삼상 21장] - 다윗이 사울을 피해 블레셋에 망명한 때 지은 시이며, 이스라엘이 바빌론 포로가 되었을 때 예루살렘을 그리며 슬픔을 달랬던 노래이다.

(3 - 4절) 두려움이 온통 나를 휩싸는 날에도, 나는 오히려 주님을 의지합니다. 나는 하나님의 말씀만 찬양합니다. 내가 하나님만 의지하니, 나에게는 두려움이 없습니다.

(9 - 11절) 내가 주님을 부르면, 원수들이 뒷걸음쳐 물러갈 것입니다. 하나님은 나의 편이심을 나는 잘 알고 있습니다. 하나님을 의지하며 나는 하나님의 말씀만 찬양합니다. 하나님을 의지하며 나는 주님의 말씀만을 찬양합니다. 내가 하나님을 의지하니, 내게 두려움이 없습니다. 사람이 나에게 감히 어찌하겠습니까?

시편 57편 - 다윗 / 고난 속에서 하나님을 찾는 다윗의 믹담 시(구원의 노래)

급박한 위협 속에서 하나님이 자신을 지켜주실 것을 믿는 신앙과 감사의 찬양 : 배경 [삼상 22,24장] - 다윗이 사울을 피하여 아둘람 동굴이나 엔게디 동굴에서 숨어 지내던 때에 지은 시이다.

(2 - 3절) 가장 높으신 하나님께 내가 부르짖습니다. 나를 위하여 복수해 주시는 하나님께 내가 부르짖습니다. 하늘에서 주님의 사랑과 진실을 보내시어, 나를 구원하여 주십시오. 나를 괴롭히는 자들을 꾸짖어 주십시오. (셀라) 오, 하나님, 주님의 사랑과 진실을 보내어 주십시오.

(9 - 11절) 주님, 내가 만민 가운데서 주님께 감사를 드리며, 뭇 나라 가운데서 노래를 불러, 주님을 찬양하렵니다. 주님의 한결같은 그 사랑, 너무 높아서 하늘에 이르고, 주님의 진실하심, 구름에까지 닿습니다. 하나님, 주님은 하늘 높이 높임을 받으시고, 주님의 영광 온 땅 위에 떨치십시오.

시편 58편 - 다윗 / 고난 속에서 하나님을 찾는 다윗의 믹담 시(구원의 노래)

〈복수의 시편 - 악한 짓을 한 원수들을 멸망시켜주시기를 기원하는 시편〉

악인들의 불의에 의분을 토로하며 정의의 승리를 구하는 기도 - 자신을 공격하고 하나님을 부인하는 자들이 망하는 꼴을 보고 기뻐하게 해달라는 다윗의 기도는 바로 우리의 기도가 될 것이다.

(6 - 7절) 하나님, 그들의 이빨을 그 입 안에서 부러뜨려 주십시오. 주님, 젊은 사자들의 송곳니를 부수어 주십시오. 그들을 급류처럼 흔적도 없이 사라지게 해주십시오.

(10 - 11절) 의로운 사람이 악인이 당하는 보복을 목격하고 기뻐하게 하시며, 악인의 피로 의인의 발을 씻게 해주십시오. 그래서 사람들이 "과연, 이 땅을 심판하시는 하나님은 살아 계시는구나!" 하고 말하게 해주십시오.

시편 59편 - 다윗 / 고난 속에서 하나님을 찾는 다윗의 믹담 시(구원의 노래)

재난이 닥쳐왔을 때 주님의 도움을 확신하며 찬양하는 기도 - 배경 [삼상 19:11 - 17] - 사울이 사람을 보내어서 다윗을 죽이려 할 때 아내의 도움으로 도피하면서 다윗이 지은 시이다.

(1 - 9절) 나의 하나님, 내 원수들에게서 나를 구원해 주시고, 나를 치려고 일어서는 자들에게서 나를 지켜 주십시오. 나의 힘이신 주님, 주님은, 내가 피할 요새이시니, 내가 주님만을 바라봅니다.

(16절) 그러나 나는 나의 힘 되신 주님을 찬양하렵니다. 내가 재난을 당할 때, 주님은 나의 요새, 나의 피난처가 되어 주시기에, 아침마다 주님의 한결같은 사랑을 노래하렵니다.

시편 60편 - 다윗 / 고난 속에서 하나님을 찾는 다윗의 믹담 시(구원의 노래)

주권자이신 하나님께 전쟁에서의 승리를 간절히 구하는 기도 : 배경 [삼하 8:13 - 14], [왕상 11:15 - 16] - 다윗과 요압 그리고 아비새가 소금 골짜기에서 에돔을 격파한 후 이스라엘의 승리를 노래한 시이다.

(1 - 5절) 하나님, 주님께서 우리에게 노하셨으나, 이제는 우리를 회복시켜 주십시오. 주님의 오른손을 내미셔서, 주님께서 사랑하시는 사람을 구원하여 주십시오. 우리에게 응답하여 주십시오.

(6 - 12절) 사람의 도움이 헛되니, 어서 우리를 도우셔서, 원수들을 물리쳐 주십시오. 하나님께서 우리와 함께 계시면, 우리는 승리를 얻을 것이다.

묻고? 답하기!

우리의 삶 속에서 최선의 노력은 무엇으로 마무리되는가.

우리가 믿음을 가지고 전력을 다하여 성취하고자 하는 일이라도, 오직 사람의 도움만으로 이룩하려고 하면 끝내 곤경에 처할 수 있습니다. 그래서 믿음을 가진 자들은 기도로 그 일을 시작하고 기도로 마무리하는 것입니다. 하루의 일상도 마찬가지입니다. 하나님의 도우심을 구하려면 하루의 시작을 하나님의 말씀을 묵상함으로 시작하여야 하며, 세상에 나아가 살면서도 하나님의 음성에 귀를 기울이는 수고와 그 음성에 대해 감사하는 수고를 아끼지 말아야 합니다. 그리하면 모든 것이 하나님의 도우심으로 마무리될 것입니다.

5
시편

26일

✝ 오늘말씀 시편 61 – 66편

구원의 확신

💡 실마리 풀기
"내 영혼이 잠잠히 하나님만을 기다림은"(시 62:1)

시편 61편 - 다윗 / 고난 속에서 하나님을 찾는 개인 탄식의 시

하나님께서 반드시 지켜주실 것을 확신하며 드리는 찬양 - 압살롬의 반역으로 피신했다 돌아온 후에 기록했음을 암시하기도 하는 시이다.

(1 - 5절) 하나님, 내가 부르짖는 소리를 들으시고, 내 기도 소리를 귀담아 들어 주십시오. 내가 영원토록 주님의 장막에 머무르며, 주님의 날개 아래로 피하겠습니다. 주님은 나의 하나님, 주님께서 내 서원을 들어주시고, 주님의 이름을 경외하는 사람이 받을 유업을 내게 주셨습니다.

시편 62편 - 다윗 / 하나님에 대한 믿음을 확신하는 신뢰의 시

어떠한 상황에서도 하나님만을 의지할 것을 다짐하며 신실하신 하나님의 구원과 한결같은 사랑을 확신하는 기도 : 배경 [삼하 15:23 - 28, 17:16 - 29] - 압살롬의 반역을 역사적 배경으로 한 이 시는 경험을 바탕으로 하나님에 대한 신뢰를 보여주고 있다.

(1 - 2절) 내 영혼이 잠잠히 하나님만을 기다림은 나의 구원이 그에게서만 나오기 때문이다. 하나님만이 나의 반석, 나의 구원, 나의 요새이시니, 나는 결코 흔들리지 않는다.

(10 - 12절) 억압하는 힘을 의지하지 말고, 빼앗아서 무엇을 얻으려는 헛된 희망을 믿지 말며, 재물이 늘어나더라도 거기에 마음을 두지 말아라. 하나님께서 한 가지를 말씀하셨을 때에, 나는 두 가지를 배웠다. '권세는 하나님의 것'이요, '한결같은 사랑도 주님의 것'이라는 사실을. 주님, 주님께서는 각 사람에게 그가 행한 대로 갚아 주십니다. [롬 2:6, 딤후 4:14]

시편 63편 - 다윗 / 하나님에 대한 믿음을 확신하는 신뢰의 시

고난 가운데 하나님의 임재를 그리워하며 지은 찬양 : 배경 [삼하 15:17 - 23] - 시편 61, 62편과 함께 압살롬의 반역으로 예루살렘에서 유대 광야로 쫓겨나 성소를 그리워하던 그때를 회상하며 지은 시이다.

(2 - 7절) 주님의 한결같은 사랑이 생명보다 더 소중하기에, 내 입술로 주님께 영광을 돌립니다. 잠자리에 들어서도 주님만을 기억하고 밤을 새우면서도 주님만을 생각합니다. 주님께서 나를 도우셨기에 나 이제 주님의 날개 그늘 아래에서 즐거이 노래하렵니다.

시편 64편 - 다윗 / 고난속에서 하나님을 찾는 개인 탄식의 시

악인에게 모함과 폭력을 당할 때 하나님의 능력을 구하는 기도 - 의인의 고난을 돌보아주시고, 악인의 심판을 이루실 하나님으로 인하여 신뢰와 찬양을 드리고자 하는 시이다.

(1 - 2절) 하나님, 내가 탄식할 때에 내 소리를 들어 주십시오. 원수들의 위협에서 내 생명을 지켜 주십시오. 악인들이 은밀하게 모의할 때에 나를 숨겨 주시고, 악한 일을 저지르는 자들의 폭력에서 나를 지켜 주십시오.

(10절) 의인은 주님께서 하신 일을 생각하면서 기뻐하고, 주님께로 피할 것이니, 마음이 정직한 사람은 모두 주님을 찬양할 것이다.

시편 65편 - 다윗 / 하나님의 능력을 체험한 공동체 감사의 시

세상 모든 것을 친히 주장하시는 창조주 하나님의 능력과 은혜를 감사하며 드리는 찬양 - 하나님의 은혜와 선하심을 경험한 다윗의 고백 시이다.

(4절) 주님께서 택하시고 주님의 뜰에 머물게 하신 그 사람은, 복이 있는 사람입니다.

(5 - 8절) 우리를 구원하시는 하나님, 주님께서 그 놀라운 행적으로 정의를 세우시며, 우리에게 응답하여 주시므로 땅 끝까지, 먼 바다 끝까지, 모든 사람이 주님을 의지합니다. 해 뜨는 곳과 해 지는 곳까지도, 주님께서는 즐거운 노래를 부르게 하십니다.

시편 66편 - 작자 미상 / 하나님을 찬양하는 시〈1 - 12〉, 하나님을 체험한 개인 감사의 시 〈13 - 20〉

하나님 구원의 은혜를 기억하며 드리는 찬양 - 곤경에서 붙잡아 주시고, 회복의 기쁨을 맛보게 하신 하나님께 제사를 드릴 것을 약속하며, 하나님의 선하심을 간증하는 기도이다.

(1 - 3절) 온 땅아, 하나님께 환호하여라. 그 이름의 영광을 찬양하고 영화롭게 찬송하여라. 하나님께 말씀드려라. 주님께서 하신 일이 얼마나 놀라운지요?

(19 - 20절) 하나님은 나에게 응답하여 주시고, 나의 기도 소리에 귀를 기울여 주셨다. 내 기도를 물리치지 않으시고, 한결같은 사랑을 나에게서 거두지 않으신 하나님, 찬양받으십시오.

묻고? 답하기!

하루에 단 몇 분이라도 잠잠히 하나님만을 기다리시렵니까?

세상 사람들은 혼자 있는 시간이 두렵고 초조해합니다. 그러나 주님의 한결같은 사랑과 능력을 믿는 사람은 하루에 단 몇 분이라도 주님께 우리의 속마음을 털어놓고 귀를 열어 놓아야 합니다. 그렇게 잠잠히 기다리는 시간이 오면 드디어 활동하시는 주님을 뵙게 될 것입니다. 우리가 주님만을 의지하고 우리의 속마음을 털어놓는 순간 주님께서 일어나 우리의 일을 도우실 것입니다.

✝ 오늘 말씀 시편 67 - 72편

선택받은 자의 찬양

💡 실마리 풀기

"온 세상이 주님의 뜻을 알고 모든 민족이 주님의 구원을 알게"(시 67:2)

시편 67편 - 작자 미상 / 하나님의 능력을 체험한 공동체 감사의 시

하나님께 축복을 간절히 구할 때 드리는 기도 - 이 시편의 언어들은 하나님께서 모세에게 주신 축복의 말씀(민 6:24 - 26)에서 유래한 것으로, 이스라엘의 장막절에 주로 낭송되는 시이다. 우리가 원하는 축복은 결국 모든 민족이 주님의 구원을 알고, 함께 하나님께 예배드리게 되는 것이다.

(1 - 2절) 주님의 얼굴을 환하게 우리에게 비추어 주시어서, 온 세상이 주님의 뜻을 알고 모든 민족이 주님의 구원을 알게 하여 주십시오.

시편 68편 - 다윗 / 축제와 제의에서 읽히는 기도문

우리의 보호자이신 하나님의 영광과 능력을 기억하고 드리는 찬양 - 하나님의 위대한 구원과 통치행위를 찬양하며, 세상 모든 통치자가 하나님을 찬양할 것을 요청하고 있다. [엡 4:8]

(34 - 35절) 너희는 하나님의 능력을 선포하여라. 그의 위엄은 이스라엘을 덮고, 그의 권세는 구름 위에 있다. 성소에 계시는 하나님, 이스라엘의 하나님은 두려운 분이시다. 그는 당신의 백성에게 힘과 능력을 주시는 분이시다.

시편 69편 - 다윗 / 고난 속에서 하나님을 찾는 개인 탄식의 시

〈메시아 시편 - 그리스도의 수난을 묘사하는 복음서에 인용되거나 암시되어 있는 시편〉

하나님께 신실함으로 겪게 되는 고난 가운데 오히려 하나님을 옹호하며 드리는 찬양 - 압살롬(삼하15장)이나 아도니야(왕상1장)의 반역 때 노래한 저주의 의미를 가진 탄원시이다.

(4절) 까닭도 없이 나를 미워하는 자들이 나의 머리털보다도 많고, 나를 없애버리려고 하는 자들, 내게 거짓 증거하는 원수들이 나보다 강합니다. [요 15:25]

(9절) 주님의 집에 쏟은 내 열정이 내 안에서 불처럼 타고 있습니다. 그러나 주님을 모욕하는 자들의 모욕이 나에게로 쏟아집니다. [요 2:17, 롬 15:3]

(21절) 배가 고파서 먹을 것을 달라고 하면 그들은 나에게 독을 타서 주고, 목이 말라 마실 것을 달라고 하면 나에게 식초를 내주었습니다. [마 27:34, 막 15:36, 눅 23:36]

(22 - 23절) 그들 앞에 차려 놓은 잔칫상이 도리어 그들이 걸려서 넘어질 덫이 되게 해주십시오. 그들이 누리는 평화가 도리어 그들이 빠져드는 함정이 되게 해주십시오. 그들의 눈이 어두워져서, 못 보게 해주시며, 그들의 등이 영원히 굽게 해주십시오. [롬 11:9 - 10]

(25절) 그들의 거처를 폐허가 되게 하시며, 그들의 천막에는 아무도 살지 못하게 해주십시오. [행 1:20]

시편 70편 - 다윗 / 고난 속에서 하나님을 찾는 개인 탄식의 시
하나님의 도우심을 간청하는 시 - 시편 40:13 - 17과 내용이 일치한다.

(1절) 주님, 너그럽게 보시고 나를 건져 주십시오. 주님, 빨리 나를 도와주십시오.

시편 71편 - 작자 미상 / 고난 속에서 하나님을 찾는 개인 탄식의 시
위기상황에서 하나님께 절대적 소망을 두고 구원을 간절히 구하는 기도 - 부활 신앙의 소망을 담고 있으며, 시편 31편, 35편과 유사한 내용을 가지고 있다. (cf. 31:1 - 3, 35:4, 35:28)

(3절) 주님은 나의 반석, 나의 요새이시니, 주님은, 내가 어느 때나 찾아가서 숨을 반석이 되어 주시고, 나를 구원하는 견고한 요새가 되어 주십시오.

(15절) 내가 비록 그 뜻을 다 헤아리지는 못하지만, 주님의 의로우심을 내 입으로 전하렵니다.

시편 72편 - 솔로몬 / 하나님이 택하신 왕을 찬양하는 왕조의 시
온 우주를 영원히 다스리시는 하나님의 위임을 받은 왕에게 드리는 찬양 - 성전을 지은 솔로몬의 영광이(하나님 아들의 영광이) 이스라엘에 다시 임할 것을 소망하는 지혜의 시이다.

(1 - 7절) 하나님, 왕에게 주님의 판단력을 주시고 왕의 아들에게 주님의 의를 내려 주셔서, 왕이 주님의 백성을 정의로 판결할 수 있게 하시고, 공의로 판결할 수 있게 해주십시오. 그가 다스리는 동안, 정의가 꽃을 피우게 해주시고, 저 달이 다 닳도록 평화가 넘치게 해주십시오.

시편 2권의 마지막 영광송 - (18 - 19절) 주 하나님을 찬양합니다. 영광스러운 그 이름을 영원토록 찬송합니다. 그 영광을 온 땅에 가득 채워 주십시오. 아멘, 아멘.

묻고? 답하기!

하나님께서 우리를 택하시고 자녀로 삼으신 이유는 무엇일까요?

하나님께서 우리를 택하시고 자녀로 삼으신 그 이유는 우리가 세상 사람들에게 흘러갈 축복의 통로가 되게 하고자 하심입니다. 그 축복은 오로지 하나님 자신의 영광을 위한 것이며, 우리 피조물과 함께 기뻐하며 노래하고자 함입니다. 하나님께서 그 얼굴을 환하게 우리에게 비춰주시기만 한다면, 온 세상이 주님의 뜻을 알고 모든 민족이 주님의 구원을 알게 하도록 달려갈 것입니다.

✝ 오늘말씀 시편 73 - 76편

악인의 형통함을 보고 드리는 질문

💡 **실마리 풀기**

"하나님께 가까이 있는 것이 나에게 복이니"(시 73:28)

시편 제3권은 대부분 아삽의 시(시편 73 - 83편)이며, (84 - 89편)은 다윗과 고라 자손, 에단의 시들로 구성되어 있습니다. 세상에서 악인이 형통하고 의인이 고난을 받는 것에 대한 탄식과 함께 결국 하나님께서 승리를 안겨주실 것이라는 확신 가운데 신뢰의 찬양을 올려드립니다.

시편 73편 - 아삽 / 주님을 묵상하는 지혜의 시

악인의 형통함에 유혹을 받을 때 하늘에 소망을 두고자 하는 기도 - 시편 1편과 비슷한 주제를 지닌 지혜시로써 제3권을 시작하고 있다. 즉, 하나님이 다스리신다는 것, 우리는 하나님께 속해 있다는 것, 어떠한 경험도 우리를 하나님으로부터 갈라놓지 않는다는 것, 그리고 선이란 자신을 의지하며 사는 것이 아니라 하나님을 피난처로 삼고 사는 것임을 고백하고 있다. 악인이 형통한 모습을 보고, 우리는 비탄에 빠지며 억울해하지만, 하나님께서는 그 모든 것을 알고 계셔서, 반드시 공의로운 심판을 내리실 것이다. 하나님의 살아계심을 깨달은 사람은 계속 의롭게 살 수 있게 될 것이다.

(1 - 3절) 하나님은, 마음이 정직한 사람과 마음이 정결한 사람에게 선을 베푸시는 분이건만, 나는 그 확신을 잃고 넘어질 뻔했구나. 그 믿음을 버리고 미끄러질 뻔했구나. 그것은, 내가 거만한 자를 시샘하고, 악인들이 누리는 평안을 부러워했기 때문이다.

(12 - 13절) 그런데 놀랍게도, 그들은 모두가 악인인데도 신세가 언제나 편하고, 재산은 늘어만 가는구나. 이렇다면, 내가 깨끗한 마음으로 살아온 것과 내 손으로 죄를 짓지 않고 깨끗하게 살아온 것이 허사라는 말인가?

(17절) 그러나 마침내 내가 하나님의 성소에 들어가서야(내가 하나님의 백성임을 깨달은 후에야), 악한 자들의 종말이 어떻게 되리라는 것을 깨닫게 되었습니다.

(27 - 28절) 주님을 멀리하는 사람은 망할 것입니다. 주님 앞에서 정절을 버리는 사람은, 주님께서 멸하실 것입니다. 하나님께 가까이 있는 것이 나에게 복이니, 내가 주 하나님을 나의 피난처로 삼고, 주님께서 이루신 모든 일을 전파하렵니다.

시편 74편 - 아삽 / 위기 속에서 하나님을 찾는 공동체 탄식의 시

(환난 중에) 하나님의 언약을 기억하고 소망을 떠올리는 기도 - 적국의 침략을 당하여 포로로

끌려와 있는 가운데 하나님께서 이루신 일들을 기억하며 다시 돌보아 주실 것을 간절히 구하고 있다.

(1절) 하나님, 어찌하여 우리를 이렇게 오랫동안 버리십니까?

(10절) 주님의 이름을 모독하는 저 원수를 언제까지 그대로 두시렵니까?

(20 - 21절) 주님께서 세워 주신 언약을 기억하여 주십시오. 억눌린 자가 수치를 당하고 물러가지 않게 해주십시오. 가련하고 가난한 사람이 주님의 이름을 찬송하게 해주십시오.

시편 75편 - 아삽 / 하나님의 능력을 체험한 공동체 감사의 시

(환난 중에) 하나님이 하신 일을 기억하며 감사하며 드리는 찬양 - 하나님의 공의로운 심판을 기억하며 오직 주님만을 찬양하리라는 고백을 올려드리고 있다.

(1절) 하나님, 우리가 주님께 감사하고 또 감사합니다. 주님의 이름을 부르는 이들이 주님께서 이루신 그 놀라운 일들을 전파합니다.

(7절) 오직 재판장이신 하나님만이, 이 사람을 낮추기도 하시고, 저 사람을 높이기도 하신다.

(9절) 그러나 나는 쉬지 않고 주님만을 선포하며, 야곱의 하나님만을 찬양할 것이다.

시편 76편 - 아삽 / 하나님이 택하신 장소를 찬양하는 시온의 시

(환난 중에) 과거에 환란을 극복하도록 도우신 하나님께 감사와 찬양을 돌리는 시 : 배경 [왕하 18,19장] - 거룩한 도성 예루살렘을 찬양하는 시로써 히스기야 당시 앗수르왕 산혜립의 군대가 예루살렘을 침략했으나 도리어 멸망한 사건을 배경으로 하고 있다.

(1 - 2절) 유다에서 하나님을 모르는 사람이 누구랴. 그 명성, 이스라엘에서 드높다. 그의 장막이 살렘에 있고, 그의 거처는 시온에 있다.

(7 - 10절) 주님, 주님은 두려우신 분, 주님께서 한 번 진노하시면, 누가 감히 주님 앞에 설 수 있겠습니까? 진실로, 사람의 분노는 주님의 영광을 더할 뿐이요, 그 분노에서 살아남은 자들은 주님께서 허리띠처럼 묶어버릴 것입니다.

묻고? 답하기!

나는 지금 하나님께 가까이 있는 주님의 백성인가?

저는 거만한 자를 시샘하고, 악인들이 누리는 평안을 부러워합니다. 그들은 모두가 악인인데도 신세가 언제나 편하고, 재산은 늘어만 가기 때문입니다. 저의 마음이 평안을 잃고 넘어질 것 같습니다. 하지만 저는 시편이 전하는 〈하나님께서 마음이 정직한 사람과 마음이 정결한 사람에게 선을 베푸시는 분이시며, 영원한 분이시니 하나님께서 인정할 때만 그 평안함이 영원할 것이라는 사실〉을 기억하렵니다. 주여! 제 곁에 늘 계시옵소서.

29일

✝ 오늘 말씀 시편 77 - 80편

하나님의 심판 가운데 구원을 간절히 원하는 시

💡 **실마리 풀기**

"주님의 영광스러운 이름을 생각해서라도 우리를 도와주십시오"(시 79:9)

시편 77편 - 아삽 / 고난 속에서 하나님을 찾는 개인 탄식의 시

(환난 중에) 역사의 회상을 통해 하나님의 권능과 신실하심을 확신하는 시 - 온갖 절망적인 상황 가운데에서도 출애굽의 기적을 보이신 하나님의 권능을 상상하면서 위로와 소망을 확신하고 있다.

(1절) 내가 하나님께 부르짖는 이 소리를 들으시고, 나에게 귀를 기울여 주십시오.

(6-9절) 내 영혼이 속으로 묻기를 "주님께서 나를 영원히 버리시는 것일까? 다시는, 은혜를 베풀지 않으시는 것일까? 한결같은 그분의 사랑도 이제는 끊기는 것일까? 그분의 약속도 이제는 영원히 끝나 버린 것일까? 하나님께서 은혜를 베푸시는 일을 잊으신 것일까? 그의 노여움이 그의 긍휼을 거두어들이신 것일까?" 하였습니다. (셀라)

(13절) 하나님, 주님의 길은 거룩합니다. 하나님만큼 위대하신 신이 누구입니까?

시편 78편 - 아삽 / 하나님의 구속사역을 기억시키는 구속 역사의 시

(환난 중에) 하나님이 당신의 백성을 위해 하신 일을 회상하는 시 - 하나님께서는 늘 자신의 백성들을 위하여 일하고 계시나 백성들은 깨닫지 못하고 불순종의 늪에 빠진다. 그런데도 긍휼이 많으신 하나님이시기에 우리를 구원하셨다.

(1절) 내 백성아, 내 교훈을 들으며, 내 말에 귀를 기울여라.

(4절) 우리가 이것을 숨기지 않고 우리 자손에게 전하여 줄 것이니, 숨겨진 옛 비밀을 곧 주님의 영광스러운 행적과 능력과 그가 이루신 놀라운 일들을 미래의 세대에게 전하여 줄 것이다.

(7절) 그들이 희망을 하나님에게 두어서, 하나님이 하신 일들을 잊지 않고, 그 계명을 지키게 하셨다.

(17-18절) 그러나 그들은 계속하여 하나님께 죄를 짓고, 가장 높으신 분을 광야에서 거역하며, 마음 속으로 하나님을 시험하면서, 입맛대로 먹을 것을 요구하였다.

(38-39절) 그런데도 그는 긍휼이 많으신 하나님이시기에, 그들의 죄를 덮어 주셔서 그들을 멸하지 아니하시며, 거듭 그 노하심을 돌이키셔서 참고 또 참으셨다. 하나님께서는 기억하신다. 사람은 다만 살덩어리, 한 번 가면 되돌아올 수 없는 바람과 같은 존재임을 기억하신다.

(65 - 68절) 드디어 주님은 잠에서 깨어난 것처럼 분연히 일어나셨다. 오히려, 유다 지파만을 선택하셨으며, 그가 사랑하신 시온 산을 뽑으셨다. 그곳에서 주님은 주님의 성소를 높은 하늘처럼 세우셨다.

영원히 흔들리지 않는 터전 위에 세우셨다.

시편 79편 - 아삽 / 위기 속에서 하나님을 찾는 공동체 탄식의 시

(환난 중에) 잘못을 고백하면서 용서를 구하는 기도 - 느부갓네살에 의해 예루살렘이 멸망한 이후(왕하 25장) 회개하며 용서와 구원을 비는 시이다. 하나님의 심판가운데 용서와 구원을 간절히 원하는 시편 저자의 마음을 느껴 보아야 할 것이다.

(5 - 8절) 주님, 언제까지입니까? 영원히 노여워하시럽니까? 우리 조상의 죄악을 기억하여 우리에게 돌리지 마십시오. 주님의 긍휼하심으로 어서 빨리 우리를 영접하여 주십시오.

(9절) 우리를 구원하여 주시는 하나님, 주님의 영광스러운 이름을 생각해서라도 우리를 도와 주십시오. 주님의 명성을 생각해서라도 우리를 건져 주시고, 우리의 죄를 용서하여 주십시오.

시편 80편 - 아삽 / 위기 속에서 하나님을 찾는 공동체 탄식의 시

(환난 중에) 이스라엘의 회복을 간구하는 시 - 북왕국 이스라엘이 앗수르에 의해 멸망당한 사건(왕하 17:1 - 6)을 기억하면서 주님의 도우심을 간구하고 있다.

(1 - 3절) 그룹 위에 앉으신 주님, 빛으로 나타나 주십시오. 하나님, 우리를 회복시켜 주십시오. 우리가 구원을 받도록, 주님의 빛나는 얼굴을 나타내어 주십시오.

(17 - 18절) 주님의 오른쪽에 있는 사람, 주님께서 몸소 굳게 잡아 주신 인자 위에, 주님의 손을 얹어 주십시오. 그리하면 우리가 주님을 떠나지 않을 것이니, 주님의 이름을 부를 수 있도록 우리에게 새 힘을 주십시오.

묻고? 답하기!

때때로 낙심하고 괴로워하는 내 영혼아, 너는 어찌할 것인가?

우리가 하나님의 뜻에 어긋나는 행동을 하게 되면, 남들이 무어라 하지 않아도 스스로 남들이 우리를 향하여 조롱 하는듯한 느낌을 받을 때가 있습니다. 그러면 우리는 하나님의 길에서 멀어져 있는 자신이 부끄럽기도 하고, 영적 좌절을 극복하지 못하고 하나님으로부터 숨고자 하는 경향을 보이기도 합니다.

우리에게 주어진 낙담, 좌절을 극복할 수 있는 지혜는 어디서 오는 것인가요. 내가 스스로 찾아내야 할까요? 의도적으로, 필사적으로 주님의 거룩한 산, 주님이 계시는 그 장막으로 나아가려면 주님께서 빛과 진리를 보내 주셔야 합니다. 그리고 그 길잡이를 꼭 붙잡고 놓치지 말아야 합니다. "나를 구원하여 주신 주님! 나를 붙드신 그 끈을 놓지 마소서. 빛과 진리의 길잡이를 보내주소서. 주님의 영광스러운 이름을 생각해서라도 나를 도와주십시오."

5

30일

✝ 오늘 말씀 시편 81 – 85편

시편

하나님 앞에 나아가 얻을 수 있는 복

💡 **실마리 풀기**

"참으로 주님의 구원은 주님을 경외하는 사람에게 가까이 있으니"(시 85:9)

시편 81편 - 아삽 / 축제와 제의에서 읽히는 기도문

하나님의 구원을 기념하는 장막절에 드리는 기도 - 이스라엘의 3대 축제일 중의 하나인 장막절에 드리는 찬양이다. 장막절은 출애굽 하여 광야에서 40년을 함께하시고, 보호하신 것을 기념하는 절기이다.

(1 - 2절) 우리의 피난처이신 하나님께 즐거이 노래를 불러라. 야곱의 하나님께 큰 환성을 올려라. 시를 읊으면서 소구를 두드려라. 수금을 타면서, 즐거운 가락으로 거문고를 타라.

(13절) 나의 백성 이스라엘이 내 말을 듣기만 했어도, 내가 가라는 길로 가기만 했어도, 나는 당장 그들의 원수를 굴복시키고, 내가 손을 들어서 그 대적을 쳤을 것이다.

시편 82편 - 아삽 / 축제와 제의에서 읽히는 기도문

(환난 중에) 세상의 불공정한 판단에 직면하여 공의로우신 하나님을 찾는 기도 - 하나님께서 가난한 사람들과 고아와 과부들에게 공평한 정의가 내려지도록 하실 것이라는 기원이다. 여기서 〈신들〉이란 "하늘에 있는 악한 영들"(엡 6:12)을 가리키는 것으로 보인다.

(1 - 5절) 하나님께서 신들에게 말씀하셨다. 언제까지 너희는 공정하지 않은 재판을 되풀이하려느냐? 언제까지 너희는 악인의 편을 들려느냐?(셀라) 가난한 사람과 고아를 변호해 주고, 가련한 사람과 궁핍한 사람에게 공의를 베풀어라. 그러나 그들은 깨닫지도 못하고, 분별력도 없이, 어둠 속에서 헤매고만 있으니, 땅의 기초가 송두리째 흔들렸다.

(8절) 하나님, 일어나셔서, 이 세상을 재판하여 주십시오. 온 나라가 하나님의 것입니다.

시편 83편 - 아삽 / 위기 속에서 하나님을 찾는 공동체 탄식의 시

(환난 중에) 대적자들의 진멸을 간절히 구하는 기도 - 앗시리아가 이스라엘과 유다를 괴롭히고 침략하였을 때를 회상하며 드리는 기도이다. 하나님께서 그들의 불의를 지켜보시고, 응징하실 것이다.

(1 - 2절) 하나님, 묵묵히 계시지 마십시오. 하나님, 침묵을 지키지 마십시오. 조용히 계시지 마십시오. 오, 하나님! 주님의 원수들이 소리 높여 떠들고, 주님을 미워하는 자들이 머리를 치켜들기 때문입니다.

(13절) 나의 하나님, 그들을, 바람에 굴러가는 엉겅퀴와 쭉정이와 같게 해주십시오.

(16절) 주님, 그들이 주님을 간절히 찾도록, 그들의 얼굴에 수치를 씌워 주십시오.

(18절) 하나님의 이름은 '주'이시며, 온 세상에서 주님만이 홀로 가장 높은 분이심을 알게 해주십시오.

시편 84편 - 고라 자손 / 하나님이 택하신 장소를 찬양하는 시온의 시

주님의 곁에 거하고 싶을 때 드리는 기도 - 이 시편은 예루살렘을 향해 순례 길에 오른 시인이 성전을 사모하는 마음으로 드리는 기도이자 성전을 순례하며 부르는 성전 예찬가이다. 하나님 앞에 나아가 얻을 수 있는 복이 무엇인지 알 수 있다.

(1 - 2절) 만군의 주님, 주님이 계신 곳이 얼마나 사랑스러운지요. 내 영혼이 주님의 궁전 뜰을 그리워하고 사모합니다. 내 마음도 이 몸도, 살아 계신 하나님께 기쁨의 노래 부릅니다.

(8 - 10절) 주 만군의 하나님, 나의 기도를 들어 주십시오. 야곱의 하나님, 귀를 기울여 주십시오. (셀라) 우리의 방패이신 하나님, 주님께서 기름을 부어 주신 사람을 돌보아 주십시오. 주님의 집 뜰 안에서 지내는 하루가 다른 곳에서 지내는 천 날보다 낫기에, 악인의 장막에서 살기보다는, 하나님의 집 문지기로 있는 것이 더 좋습니다.

시편 85편 - 고라 자손 / 고난 속에서 하나님을 찾는 개인 탄식의 시

새로운 환란을 겪게 된 이스라엘이 다시 한 번 하나님의 은혜를 간절히 구하는 공동 기도 - 바빌론의 유대인들이 1차 귀환 때에(B.C. 538년) 쓰인 것으로, 에스라 1 - 3장이 이해하는 데 도움이 된다.

(1절) 주님, 주님께서 주님의 땅에 은혜를 베푸시어, 포로가 된 야곱 자손을 돌아오게 하셨습니다.

(4절) 우리를 구원해 주신 하나님, 우리에게 다시 돌아와 주십시오.

(7절) 주님, 주님의 한결같은 사랑을 보여 주십시오. 우리에게 주님의 구원을 베풀어 주십시오.

(8 - 13절) 참으로 주님의 구원은 주님을 경외하는 사람에게 가까이 있으니, 주님의 영광이 우리 땅에 깃들 것입니다.

묻고? 답하기!

우리가 가고 싶은 주님의 뜰은 어디일까?

하나님께서는 손으로 지은 성전에 거하시는 것이 아니라, 우리 중 두세 사람이 그리스도의 이름으로 모이는 곳에 계신다고 합니다. 비록 세상에 찌든 사람들, 허무함을 극복하려고 노력하는 병든 사람들로 넘쳐나지만, 그들과 함께 서로를 위하여 기도하며 모이기를 힘쓰는 그러한 곳이 바로 우리가 머물러야 할 곳입니다. 내가 출석하는 교회는 가고 싶고 머물고 싶은 곳인가요? 예배가 살아있고, 기도가 힘을 발휘하며 하나님의 말씀이 살아 숨쉬는 그러한 곳인가요?

5

시편

31일

✝ 오늘 말씀 시편 86 - 89편

하나님을 만난 자가 간절히 원하는 주님의 은혜

💡 **실마리 풀기**

"내 기도가 주님께 이르게 하시고, 내 울부짖음에 귀를 기울여 주십시오"(시 88:2)

시편 86편 - 다윗 / 위기 속에서 하나님을 찾는 공동체 탄식의 시

딱하고 궁핍한 가운데 하나님의 도움과 구원을 호소하는 시 - 환란 중에 하나님을 발견하고 은혜를 베풀어 주셔서 열방이 주님 앞에 경배하게 되기를 기원하고 있다.

(1 - 4절) 주님, 나에게 귀를 기울이시고, 응답하여 주십시오. 나는 신실하오니, 나의 생명을 지켜 주십시오. 주님을 신뢰하는 주님의 종을 구원하여 주십시오. 주님의 종의 마음을 기쁨으로 가득 채워 주십시오.

(8 - 11절) 주님, 신들 가운데 주님과 같은 신이 어디에 또 있습니까? 주님은 위대하셔서 놀라운 일을 하시니, 주님만이 홀로 하나님이십니다. 주님, 주님의 길을 가르쳐 주십시오. 내가 진심으로 따르겠습니다. 내가 마음을 모아, 주님의 이름을 경외하겠습니다.

(15 - 16절) 주님은 자비롭고 은혜로우신 하나님이시요, 노하기를 더디 하시며, 사랑과 진실이 그지없으신 분이십니다. 내게로 얼굴을 돌려주시고, 내게 은혜를 베풀어 주십시오.

시편 87편 - 고라 자손 / 하나님이 택하신 장소를 찬양하는 시온의 시

그리스도로 인하여 열방이 시온을 찬양하게 되기를 바라며 드리는 기도 - 시온에서 태어나실 메시아를 그리며 거룩한 도성 예루살렘을 찬양하는 기도이다. 하나님의 관심은 세상 모든 민족이심을 은연중에 알 수 있다.

(1 - 3절) 그 터전이 거룩한 산 위에 있구나. 주님은 시온의 문들을 야곱의 어느 처소보다 더욱 사랑하신다. 너 하나님의 도성아, 너를 가리켜 영광스럽다고 말한다.

(5 - 7절) 시온을 두고 말하기를, "가장 높으신 분께서 친히 시온을 세우실 것이니, 이 사람 저 사람이 거기에서 났다"고 할 것이다.

시편 88편 - 고라 자손, 에스라 사람 헤만 / 고난 속에서 하나님을 찾는 개인 탄식의 시

하나님의 귀를 기울여 주시기를 바라며 드리는 죽어가는 자의 기도 - 질병에 걸려 영육 간에 극심한 고통을 당한 헤만이 자신의 처지를 탄식하며 하나님의 긍휼을 간절히 구한 비탄 시이며, 중세 교회에서는 수난일 저녁 예배 때에 이 시편을 읽었다고 한다. 시편가운데 가장 어두운 분위기를 보이며, 하나님께 간절히 의지하고자 하는 심정을 느낄 수 있다.

(1 - 2절) 주님, 나를 구원하신 하나님, 낮이나 밤이나, 내가 주님 앞에 부르짖습니다. 내 기도가 주님께 이르게 하시고, 내 울부짖음에 귀를 기울여 주십시오.

(9 - 10절) 주님, 내가 온종일 주님께 부르짖으며, 주님을 바라보면서, 두 손을 들고 기도하였습니다. 주님은 죽은 사람에게 기적을 베푸시렵니까? 혼백이 일어나서 주님을 찬양하겠습니까?

(13 - 14절) 주님, 내가 주님께 부르짖고, 새벽에 주님께 기도드립니다. 주님, 어찌하여 주님은 나를 버리시고, 주님의 얼굴을 감추십니까?

시편 89편 - 에스라 사람 에단 / 고난 속에서 하나님을 찾는 개인 탄식의 시

〈메시아 시편 - 그리스도의 수난을 묘사하는 복음서에 인용되거나 암시되어 있는 시편〉

하나님께서 다윗과 하신 언약을 상기하며 드리는 기도 : 배경 [삼하 7장] - 어둠속에서 찾아낸 한줄기 빛과 같은 다윗언약에 근거해, 하나님이 열방의 조롱거리가 된 이스라엘을 회복시켜주시기를 간구하는 시이다.

(1 - 2절) 내가 영원히 주님의 사랑을 노래하렵니다. 대대로 이어 가면서, 내 입으로 주님의 신실하심을 전하렵니다. 참으로 내가 말하겠습니다. "주님의 사랑은 영원토록 굳게 서 있을 것이요, 주님께서는 주님의 신실하심을 하늘에 견고하게 세워 두실 것입니다."

(19 - 20절) 오래 전에 주님께서는 환상 가운데 나타나시어, 주님의 성도에게 말씀하셨습니다. 나는 내 종 다윗을 찾아서, 내 거룩한 기름을 부어 주었다.

(35절) 내가 나의 거룩함을 두고 한 번 맹세하였는데, 어찌 다윗을 속이겠느냐?

(38절) 그러나 주님은, 주님께서 기름을 부어서 세우신 왕에게 노하셨습니다. 그를 물리치시고 내버리셨습니다.

(46 - 47절) 주님, 언제까지입니까? 영영 숨어 계시렵니까? 내 인생이 얼마나 짧은지 기억해 주십시오.

시편 3권의 마지막 영광송 - (52절) 주님, 영원토록 찬송을 받으십시오. 아멘, 아멘.

묻고? 답하기!

하나님은 스스로 돕는 자를 도우시는 것인가?

아니면 스스로 도울 수 없는 자를 도우시는 것인가? 우리는 때로 심각한 곤경에 빠질 때가 있습니다. 말은 안 해도 세상 사람들은 내가 하나님의 도우심을 얻지 못할 것이라고 속으로 생각할 것입니다. 그렇지만 내가 아는 도움은 오직 주님뿐인 것을 어찌하겠습니까? 나는 스스로 아무것도 도울 수 없습니다. 나는 간절함을 가지고 부르짖을 것입니다. "나를 구원하신 하나님, 낮이나 밤이나, 내가 주님 앞에 부르짖습니다. 내 기도가 주님께 이르게 하시고, 내 울부짖음에 귀를 기울여 주십시오."

6월 1일

시편과 예수 그리스도(2)
예수님의 수난과 부활

✝ 오늘 말씀 시편 16, 22, 31, 110, 118편

💡 실마리 풀기

"이날은 주님이 구별해 주신 날, 우리 모두 이날에 기뻐하고 즐거워하자"(시 118:24)

(시편 22) 예수님의 수난 - 십자가에 달리신 그리스도를 외면하는 하나님과 사람들

"나의 하나님, 나의 하나님, 어찌하여 나를 버리십니까?" 다윗이 고난 가운데 구원을 호소하지만, 하나님은 고통 가운데 임재하십니다. 그는 이렇게도 간구합니다. "나를 멀리하지 말아 주십시오. 재난이 가까이 닥쳐왔으나, 나를 도와줄 사람이 없습니다"(시 22:10 - 11). 그러나 그는 결국 여호와에 대한 신뢰를 보이며, 그리스도의 고난과 찬란한 부활의 영광을 상기시키고 있습니다. "주님은 거룩하신 분, 이스라엘의 찬양을 받으실 분"(시 22:3)이심을 알고 있었기 때문입니다.

예수님께서 구원을 호소합니다. "나의 하나님, 나의 하나님, 어찌하여 나를 버리십니까?"(시 22:1 - 마 27:46, 막 15:34). 그러나 하나님께서는 그의 아들이 숨을 거두실 때까지 아무런 조치도 취하지 않으십니다. 예수님께서 우리의 죄악을 감당하시는 동안 침묵하시는 것입니다. 그리고 사람들은 겉옷을 벗기고, 속옷도 제비를 뽑아서 나누어 가집니다. 조롱하며 입술을 비쭉거리고 머리를 흔들면서 이렇게 빈정댑니다. "주님이 왜 그를 구하여 주시지 않는가?"(시 22:7 - 18 - 마 27:35 - 43, 막 15:24 - 30, 눅 23:34 - 35, 요 19:24). 그러나 예수님께서 이 시편을 인용하며 간절히 구하는 것은 그도 다윗처럼 하나님 아버지에 대한 신뢰와 구원의 확신을 가지고 있음을 보여주시려는 것입니다.

(시 31편) 예수님의 마지막 말씀 - 하나님의 구원과 사랑을 확신하며

"주님은 진정 나의 바위, 나의 요새이시니, 주님의 이름을 위하여 나를 인도해 주시고 이끌어 주십시오. 그들이 몰래 쳐 놓은 그물에서 나를 건져내어 주십시오. 주님은 나의 피난처입니다. 주님의 손에 나의 생명을 맡깁니다. 진리의 하나님이신 주님, 나를 속량하여 주실 줄 믿습니다"(시 31:3 - 5).

예수님께서 십자가상에서 숨을 거두시면서, 이렇게 절규합니다. "아버지, 내 영혼을 아버지 손에 맡깁니다"(눅 23:46). 이 말씀은 다윗이 원수의 추격을 피해 도망 다니던 때에 신실

하신 하나님의 구원과 한결같은 사랑을 확신하며 지은 시입니다. 예수님께서는 다윗과 같은 절박한 심정 가운데 오직 하나님의 뜻을 간절히 구하는 것입니다.

(시편 16, 110편) 예수님의 부활의 증인 - 베드로의 첫 번째 설교

"이 마음은 기쁨으로 가득 차고, 이 몸도 아무 해를 두려워하지 않는 까닭은, 주님께서 나를 보호하셔서 죽음의 세력이 나의 생명을 삼키지 못하게 하실 것이며 주님의 거룩한 자를 죽음의 세계에 버리지 않으실 것이기 때문입니다. 주님께서 몸소 생명의 길을 나에게 보여 주시니, 주님을 모시고 사는 삶에 기쁨이 넘칩니다"(시 16:9 - 10).

성령을 받은 베드로가 예루살렘 사람들 앞에서 첫 번째 설교를 합니다. "예수님께서 십자가에 못 박혀 돌아가셨으나 하나님께서는 그를 죽음의 고통에서 풀어서 살리셨습니다. 그가 죽음의 세력에 사로잡혀 있는 것은 있을 수 없는 일이기 때문입니다." 그리고 다윗의 시를 인용하여 "다윗이 그리스도의 부활을 미리 내다보고 '그리스도는 지옥에 버려지지 않았고, 그의 육체는 썩지 않게 하실 것이다'라고 말하였음을 상기시키는 것입니다(행 2:25 - 28, 13:35). 그리고 이렇게 고백합니다. "이 예수를 하나님께서 살리셨습니다. 우리는 모두 이 일의 증인입니다." "그러므로 이스라엘 온 집안은 확실히 알아두십시오. 하나님께서는 여러분이 십자가에 못 박은 이 예수를 주님과 그리스도가 되게 하셨습니다."

또한, 베드로는 제자들이 본 것처럼 하나님께서 예수를 살리셨으며, 이 예수를 높이 올리셔서, 자기의 오른쪽에 앉히셨다고 시편의 말씀을 인용하여 증언합니다(행 2:32 - 36). "주님께서 내 오른쪽에 계시니, 이 큰 즐거움이 영원토록 이어질 것입니다"(시 16:11). "주님께서 내 주님께 말씀하시기를, 내가 네 원수를 네 발아래에 굴복시키기까지, 너는 내 오른쪽에 앉아 있으라 하셨습니다"(시 110:1). 이 말씀은 다윗이 성령에 감동하여 그리스도를 내 주님이라 칭한 것으로 마태(마 22:44), 마가(막 12:36), 누가(눅 20:43)뿐만 아니라 바울(고전 15:25)과 히브리서 저자(히 1:13, 10:13)도 함께 인용하여 증거하고 있습니다.

(시편 118편) 예수님 부활의 의미 - 베드로의 세 번째 설교

"주님께서 나에게 응답하시고, 나에게 구원을 베푸셨으니, 내가 주님께 감사를 드립니다. 집 짓는 사람들이 내버린 돌이, 집 모퉁이의 머릿돌이 되었다. 이것은 주님께서 하신 일이니, 우리의 눈에는 기이한 일이 아니냐?"(시 118:21 - 24).

이 말씀은 마태(마 21:42 - 46), 마가(막 12:10 - 12), 누가(눅 20:17 - 18), 사도 바울(엡 2:20) 그리고 베드로(벧전 2:5 - 6)까지 인용하며 예수 그리스도께서 부활하심으로 인하여 교회의 주춧돌이 되셨음을 증언하고 있는 것입니다. 베드로가 성령이 충만하여 백성의 지도자들과 장로들에게 말하였습니다. "이 예수는 '너희들 집 짓는 사람들에게는 버림받은 돌이지만, 집 모퉁이의 머릿돌이 되신 분' 입니다. (이 예수 밖에는) 다른 아무에게도 구원은 없습니다. 사람들에게 주신 이름 가운데 우리가 의지하여 구원을 얻어야 할 이름은, 하늘 아래에 이 이름밖에 다른 이름이 없습니다"(행 4:10 - 12).

하나님과 동행하는 자의 찬양

💡 **실마리 풀기**

"우리의 연수가 칠십이요 강건하면 팔십이라도"(시 90:10)

시편 제4권은 대부분 작자 미상이며, 모세(90편)와 다윗(101,103편)의 시가 포함되어 있습니다.(90 - 100편)은 온 땅을 다스리시는 하나님의 속성을 반복해서 전하고 있는 [왕권 시편]이라고 하는데, 주님이 다스리지 않으시는 것처럼 보이는 상황에 대한 응답을 선포하고 있습니다.(101 - 106편)은 구원의 하나 님을 만난 자들에게 이스라엘을(온 세상을) 회복하시며, 통치하실 것을 노래하고 있습니다.

시편 90편 - 모세 / 위기 속에서 하나님을 찾는 공동체 탄식의 시

〈시편 전체에서 유일한 모세의 시〉한순간의 꿈같은 인생의 허무함을 느낄 때 드리는 기도 - 하나님을 떠나서는 참된 소망을 가질 수 없다는 것을 깨달은 모세가 긍휼을 호소한 기도이다.

(10 - 13절) 우리의 연수가 칠십이요 강건하면 팔십이라도, 그 연수의 자랑은 수고와 슬픔뿐 이요, 빠르게 지나가니, 마치 날아가는 것 같습니다. 우리에게 우리의 날을 세는 법을 가르쳐 주셔서 지혜의 마음을 얻게 해주십시오. 주님, 돌아와 주십시오. 언제까지입니까?

시편 91편 - 작자 미상 / 하나님에 대한 믿음을 확신하는 신뢰의 시

신실하신 하나님을 의지하기 원할 때 드리는 기도 - 이 시편 11 - 12절은 사탄이 예수님을 시 험하면서 인용한 구절이지만, 이 시는 하나님만을 사랑하고, 의지하는 자의 안전과 승리를 시편 기자의 증언과 하나님 말씀을 통해 확증하고 있다.

(11 - 12절) 그가 천사들에게 명해서서 네가 가는 길마다 너를 지키게 하실 것이니, 너의 발이 돌부리에 부딪히지 않게 천사들이 그들의 손으로 너를 붙들어 줄 것이다. [마 4:6, 눅 4:10 - 11]

(14 - 15절) 하나님께서 말씀하신다. "그가 나를 간절히 사랑하니, 그가 나를 부를 때에 내가 응답하고, 그가 고난을 받을 때, 내가 그와 함께 있겠다."

시편 92편 - 작자 미상 / 곤궁할 때 하나님을 체험한 개인 감사의 시

안식일에 부르는 찬송시 - 하나님의 손길을 경험한 사람들이, 악인을 멸하시고 의인을 영화 롭게 하실 하나님의 공의로운 통치를 찬양하는 시이다.

(1 - 4절) 주님, 주님께서 하신 일이 어찌 이렇게도 큽니까? 주님의 생각이 어찌 이다지도 깊습니까?

시편 93편 - 작자 미상 / 왕이신 하나님의 통치를 찬양하는 시

하나님의 전능하심을 찬양하는 기도 - 예배를 시작하면서 드리는 거룩한 찬양이다.

(1 - 5절) 주님, 주님의 왕위는 예로부터 견고히 서 있었으며, 주님은 영원 전부터 계십니다. 주님의 증거는 견고하게 서 있으며, 주님의 집은 영원히 거룩함으로 단장하고 있습니다.

시편 94편 - 작자 미상 / 위기 속에서 하나님을 찾는 공동체 탄식의 시

거룩하시고 공평하신 하나님을 찾는 기도 - 하나님은 거룩하시고 공평하시니, 악한 자들이 우리를 상치 못하며, 하나님의 공의는 반드시 이루어질 것이다.

(1 - 2절) 주님, 주님은 복수하시는 하나님이십니다. 오만한 자들이 받아야 할 마땅한 벌을 내리십시오.

(8 - 11절) 백성 가운데서 미련한 자들아, 생각해 보아라. 어리석은 자들아, 너희는 언제나 슬기로워지겠느냐? 주님께서는, 사람의 속생각이 허무함을 아신다. [고전 3:20]

시편 95편 - 작자 미상 / 왕이신 하나님의 통치를 찬양하는 시

예배를 드리기 전에 하나님을 영접할 때 드리는 찬양 - 크신 하나님이시요, 모든 신 위에 뛰어나신 왕이신 하나님의 우주적 통치를 찬양(1 - 7절)하기를 청하고, 출애굽 당시 마음이 완고하여 하나님을 시험하던 이스라엘 백성들의 실수를 되풀이하지 말라는 말씀(8 - 11절)을 듣도록 권고하는 시편이다.

(7 - 11절) 오늘, 너희는 그의 음성을 들어 보아라. "므리바에서 처럼, 맛사 광야(출 17:7 or 민 20:1 - 13) 에 있을 때처럼, 너희의 마음을 완고하게 하지 말아라. 너희의 조상들은 그 때에, 내가 한 일을 보고서도, 나를 시험하고 또 시험하였다. 사십 년을 지나면서, 나는 그 세대를 보고 싫증이 나서 '그들은 마음이 빗나간 백성이요, 나의 길을 깨닫지 못하는 자들이구나' 하였고, 내가 화가 나서 '그들은 나의 안식에 들어오지 못할 것이다' 하고 맹세까지 하였다." [히 3:7 - 15, 4:3 - 7]

묻고? 답하기!!

나에게 남은 날들은 얼마나 될까?

영원부터 영원까지 존재하시는 주님께서 알고 계실까? 내가 죽기 전에 꼭 이루고 싶은 것들이 과연 이루어질까? 그 이룬 것이 과연 진실한 것이며 하나님께서 기뻐 받으시는 것일까? 우리의 날을 세는 법은 하나님의 시간과 하나님의 한결같은 사랑으로 들어가 하나님과의 관계를 유지하는 길뿐입니다. 그리하면 우리의 연수의 자랑은 수고와 슬픔이 아니라 평생토록 우리가 기뻐하고 즐거워하는 것이 될 것입니다. 주여, 우리의 행사를 주관하소서.

시편

예배 가운데 드리는 찬양

💡 **실마리 풀기**

"그가 우리를 지으셨으니, 우리는 그의 것이요, 그의 백성이요, 그가 기르시는 양이다"(시 100:3)

시편 96편 - 작자 미상 / 왕이신 하나님의 통치를 찬양하는 시

하나님의 우주적 통치를 찬양하는 신정시 - 성전에서 예배를 드릴 때 드리는 찬양이다.

(1 - 2절) 새 노래(사 40:9)로 주님께 노래하여라. 온 땅아, 주님께 노래하라. 주님께 노래하며, 그 이름에 영광을 돌려라. 그의 구원을 날마다 전하여라.

(13절) 주님이 오실 것이니, 주님께서 땅을 심판하러 오실 것이니 숲 속의 나무들도 주님 앞에서 즐거이 노래할 것이다. 주님은 정의로 세상을 심판하시며, 그의 진실하심으로 뭇 백성을 다스리실 것이다.

시편 97편 - 작자 미상 / 왕이신 하나님의 통치를 찬양하는 시

하나님의 의와 공평하심을 찬양하는 신정시 - 온 땅을 다스리시는 주님을 찬양하는 시.

(1 - 6절) 주님께서 다스리시니, 온 땅아, 뛸 듯이 기뻐하여라. 하늘은 그의 의로우심을 선포하고, 만백성은 그의 영광을 본다.

(10 - 12절) 주님은 그의 성도를 지켜 주시며, 악인들의 손에서 건져 주신다. 그러므로 의인들아, 주님을 기뻐하여라. 주님의 거룩하신 이름에 감사를 드려라. 정의와 공평의 하나님이 정의를 실현하신다.

시편 98편 - 작자 미상 / 왕이신 하나님의 통치를 찬양하는 시

하나님의 구원을 찬양하는 신정시 : 하나님이 누구신지 알고 싶을 때 - 하나님은 구원자(1 - 3절)이시며, 왕(4 - 6절)이시며, 심판자(7 - 9절)이심을 노래하고 있다. 주님께서 베푸신 구원을 땅 끝에 있는 모든 사람까지도 볼 수 있으며, 그를 따르는 모든 이들은 승리를 맛볼 것이라는 기쁨과 환희에 찬 노래이다.

(1절) 새 노래로 주님께 찬송하여라. 주님은 기적을 일으키는 분이시다. 그 오른손과 그 거룩하신 팔로 구원을 베푸셨다.

(4절) 온 땅아, 소리 높여 즐거이 주님을 찬양하여라. 함성을 터뜨리며, 즐거운 노래로 찬양하여라.

(9절) 주님께서 오신다. 그가 땅을 심판하러 오시니, 주님 앞에 환호성을 올려라. 그가 정의

로 세상을 심판하시며, 뭇 백성을 공정하게 다스리실 것이다.

시편 99편 - 작자 미상 / 왕이신 하나님의 통치를 찬양하는 시
하나님의 거룩하심과 공평하심을 찬양하는 신정시 - 거룩하신 주님을 찬양하는 시.

(3 - 4절) 만백성아, 그 크고 두려운 주님의 이름을 찬양하여라. 주님은 거룩하시다! 주님의 능력은 정의를 사랑하심에 있습니다. 주님께서 공평의 기초를 놓으시고, 야곱에게 공의와 정의를 행하셨습니다.

(9절) 주 우리 하나님을 높이 찬양하여라. 그 거룩한 산에서 그분을 경배하여라.

시편 100편 - 작자 미상 / 창조주 하나님을 찬양하는 시
나를 지으신 하나님께 감사함을 느낄 때 드리는 찬양 - 이 시는 하나님의 우주적 통치를 찬양하는 신정시로써, 중세 교회에서는 새벽 예배 시에 불렀다고 한다.

(3절) 너희는 주님이 하나님이심을 알아라. 그가 우리를 지으셨으니, 우리는 그의 것이다.

(4 - 5절) 감사의 노래를 드리며, 그의 이름을 찬양하라. 주님은 선하시며, 그의 인자하심 영원하다.

시편 101편 - 다윗 / 하나님이 택하신 왕을 찬양하는 왕조의 시
의로운 삶을 살고자 헌신하기를 소원하며 드리는 기도 - 이 시는 하나님께서 세우신 왕(다윗의 후계자들)의 즉위를 축하하는 제왕의 노래이며, 하나님의 인자와 공의로 통치하는 다윗의 통치 철학을 보인다.

(1 - 2절) 주님, 주님의 사랑과 정의를 노래하렵니다. 주님께 노래로 찬양 드리렵니다. 흠 없는 길을 배워 깨달으렵니다. 언제 나에게로 오시렵니까? 나는 내 집에서 흠이 없는 마음으로 살렵니다.

(6절) 나는 이 땅에서 믿음직한 사람을 눈여겨보았다가, 내 곁에 있게 하고, 흠이 없이 사는 사람을 찾아서 나를 받들게 하렵니다.

(9절) 이 땅의 모든 악인들에게 아침마다 입을 다물게 하고, 사악한 자들을 모두 주님의 성에서 끊어버리겠습니다.

묻고? 답하기!

지음 받은 자가 어떻게 지으신 이를 알 수 있을까?

하나님께서 우리를 지으셨으니, 우리는 그의 것입니다. 지음 받은 자가 지으신 이를 알 수 있다는 것은 지으신 이의 은혜가 아니면 불가능한 일입니다. 우리의 삶에 고통이 찾아올지라도 하나님을 찬양해야 하는 것은, 하나님을 영화롭게 하며 그를 영원토록 즐거워하는 것이 우리의 존재 목적이기 때문입니다. "온 땅이여, 위대하신 하나님을 기뻐하며 크게 외쳐라! 세상 모든 민족이여, 인자하고 성실하신 하나님 앞에 나아가자. 찬양하라 내 영혼아! 환호성을 올리며 두 손을 들어라."

감사와 기쁨이 흘러넘칠 때 부르는 찬양

💡 실마리 풀기
"내 묵상을 주님이 기꺼이 받아 주시면 좋으련만!"(시 104:34)

시편 102편 - 작자 미상 / 고난 속에서 하나님을 찾는 개인 탄식의 시

7대 참회시편〈6, 32, 38, 51, 102, 130, 143편〉가운데 하나로써 하나님의 용서를 구하는 기도 - 시인은 아마도 바빌로니아에서 포로 생활을 하는 것으로 보이며, 욥과 같은 심정으로 하나님께서 회복시켜주실 것을 소망하는 시이다.

(1 - 2절) 주님, 내 기도를 들어 주시고, 내 부르짖음이 주님께 이르게 해주십시오. 내가 고난을 받을 때에, 주님의 얼굴을 숨기지 마십시오.

(25 - 27절) 그 옛날 주님께서는 땅의 기초를 놓으시며, 하늘을 손수 지으셨습니다. 하늘과 땅은 모두 사라지더라도, 주님만은 그대로 계십니다. 그것들은 모두 옷처럼 낡겠지만, 주님은 옷을 갈아입듯이 그것들을 바꾸실 것이니, 그것들은 다만, 지나가 버리는 것일 뿐입니다. 주님은 언제나 한결같습니다. 주님의 햇수에는 끝이 없습니다. [히 1:10 - 12]

시편 103편 - 다윗 / 창조주 하나님을 찬양하는 시

주님의 놀라운 사랑의 은혜가 느껴질 때 드리는 찬양 - 구원받은 하나님의 자녀가 되어 은혜와 용서, 기도 응답, 구원하심 등에 대한 감사가 흘러넘칠 때 부르는 찬양이다.

(8절) 주님은 자비롭고, 은혜로우시며, 노하기를 더디 하시며, 사랑이 그지없으시다.

(13 - 14절) 주님께서는 우리가 어떻게 창조되었음을 알고 계시기 때문이며, 우리가 한갓 티끌임을 알고 계시기 때문이다.

(19 - 22절) 주님은 그 보좌를 하늘에 든든히 세우시고, 그의 나라는 만유를 통치하신다. 주님께 지음 받은 사람들아, 주님께서 통치하시는 모든 곳에서 주님을 찬송하여라. 내 영혼아, 주님을 찬송하여라.

시편 104편 - 작자 미상 / 창조주 하나님을 찬양하는 시

주님의 놀라운 창조의 위대함이 느껴질 때 드리는 찬양 - 천지 만물을 창조하신 하나님의 사역과 그것을 통하여 드러난 하나님의 영광을 찬양하는 시이다.

(2 - 5절) 주님은 빛을 옷처럼 걸치시는 분, 하늘을 천막처럼 펼치신 분, 물 위에 누각의 들보를 놓으신 분, 구름으로 병거를 삼으시며, 바람 날개를 타고 다니시는 분, 바람을 심부름꾼으

로 삼으신 분, 번갯불을 시종으로 삼으신 분이십니다. [히 1:7]

(24절) 주님, 주님께서 손수 만드신 것이 어찌 이리도 많습니까? 이 모든 것을 주님께서 지혜로 만드셨으니, 땅에는 주님이 지으신 것으로 가득합니다.

(31 - 34절) 주님의 영광은 영원하여라. 주님은 친히 행하신 일로 기뻐하신다. 내가 살아 있는 동안, 나는 주님을 노래할 것이다. 숨을 거두는 그 때까지 나의 하나님께 노래할 것이다. 내 묵상을 주님이 기꺼이 받아 주시면 좋으련만!

시편 105편 - 작자 미상 / 하나님의 구속 사역을 기억시키는 구속 역사의 시

하나님의 이름을 높이기를 원할 때 드리는 기도(1) : 배경 [대상 16:8 - 22] - 이 시는 신실하신 하나님을 찬양하고 이스라엘 역사를 압축하고 있는 서사시이다. 이스라엘의 불순종에도 불구하고 끝까지 용납하고 은혜를 베푸신 하나님께 또다시 언약을 기억해주시고, 한결같은 사랑을 베풀어주실 것을 요청하는 기도이다.

(8 - 10절) 그는, 맺으신 언약을 영원히 기억하신다. 그가 허락하신 약속이 자손 수천 대에 이루어지도록 기억하신다. 그것은 곧 아브라함과 맺으신 언약이요, 이삭에게 하신 맹세요, 야곱에게 세워 주신 율례요, 이스라엘에 지켜 주실 영원한 언약이다.

시편 106편 - 작자 미상 / 하나님의 구속 사역을 기억시키는 구속 역사의 시

하나님의 이름을 높이기를 원할 때 드리는 기도(2) - 전편인 105편에 이어 부르는 찬양이다.

(1 - 2절) 주님께 감사하여라. 그는 선하시며, 그 인자하심이 영원하다. 주님의 능력으로 이루신 일을 누가 다 알릴 수 있으며, 주님께서 마땅히 받으셔야 할 영광을 누가 다 찬양할 수 있으랴?

(44 - 46절) 주님께서는 그들의 부르짖음을 들으실 때마다, 그들을 위하여 그들과 맺으신 그 언약을 기억하셨으며, 주님의 그 크신 사랑으로 뜻을 돌이키시어, 그들에게 자비를 베풀도록 하셨습니다.

시편 4권의 마지막 영광송 - (48절) 주, 이스라엘의 하나님, 영원토록 찬송을 받아주십시오. 온 백성은 "아멘!"하고 응답하여라. 할렐루야.

묻고? 답하기!

하나님께서 이스라엘에 베푸신 그 기적들을 나에게 보이소서.

아버지 하나님, 그 옛날 이스라엘에 베푸셨던 그 기적들을 나에게 보이소서. 그리하면 내가 변함없는 신실함을 가지고 주님을 증명하겠습니다. 하나님께서 나에게 행하신 그 일들을 세상 만민들에게 자랑하며 전하겠습니다. 내가 살아 있는 동안 나는 주님을 이렇게 찬양할 것입니다. "주님의 영광은 영원하며, 주님은 친히 행하신 일로 기뻐하신다. 내가 살아 있는 동안, 나는 주님을 노래할 것이다. 숨을 거두는 그때까지 나의 하나님께 노래할 것이다."

5일

✚ 오늘 말씀 시편 107 – 112편

우리의 간구를 들으시는 하나님

💡 **실마리 풀기**

"주님이 이 일을 이루셨음을 그들이 알게 해주십시오"(시 109:27)

시편 제5권은 대부분 감사와 찬양을 주제로 하는 시이며, 119편은 성경 전체의 중심을 이루는 가장 긴 지혜의 시입니다. (120 – 134편)은 "성전에 올라가는 순례자의 노래"들이며, (135 – 145편)은 이제까지 반복되어 온 메시지, 하나님을 섬기는 자들은 구원을 얻을 것이며, 우상을 섬기는 자들은 영원한 심판을 당할 것이라는 믿음을 전하고 있습니다. 마지막 5편(146 – 150편)은 할렐루야 영광송으로 시편 전체의 결미를 이루고 있습니다.

시편 107편 - 작자 미상 / 하나님의 능력을 체험한 공동체 감사의 시

주님의 구원하심을 감사드리는 기도 - 바빌론 포로 귀환 이후 이스라엘을 끝까지 용납하고 은혜를 베푸신 하나님의 구속과 섭리를 찬양한 시이다.

(1 - 2절) 주님께 감사드려라. 그는 선하시며, 그의 인자하심이 영원하다.

시편 108편 - 다윗 / 고난 속에서 하나님을 찾는 개인 탄식의 시

〈시편 57:7 - 11과 60:5 - 12을 본 시편의 1 - 5절과 6 - 13절로 재구성한 내용이다. 〉

고난 가운데 하나님이 함께해 주시기를 원하는 기도 - 축복과 저주는 하나님에게서 오는 것이니, 하나님께서 구원해주실 것을 확신하며 드리는 찬양의 시이다.

(1절) 하나님, 나는 내 마음을 정했습니다. 진실로 나는 내 마음을 확실히 정했습니다.

(12 - 13절) 사람의 도움은 헛되니 어서, 우리를 도우셔서, 이 원수들을 물리쳐 주십시오.

시편 109편 - 다윗 / 고난 속에서 하나님을 찾는 개인 탄식의 시

악한 짓을 한 원수들을 멸망시켜주시기를 기원하는 기도 - 이 저주의 시는 공의의 하나님께 도움을 간절히 바라는 호소이며, 우리를 구원해 주시려고, 오른쪽에 서 계시는 구원의 주님을 찬양한다.

(7 - 8절) 그가 재판을 받을 때, 유죄 판결을 받게 하십시오. 그가 하는 기도는 죄가 되게 하십시오. 그가 살 날을 짧게 하시고 그가 하던 일도 다른 사람이 하게 하십시오. [행 1:20]

(26 - 27절) 주님의 한결같으신 사랑을 따라, 나를 구원하여 주십시오.

시편 110편 - 다윗 / 하나님이 택하신 왕을 찬양하는 왕조의 시

〈메시아 시편 - 그리스도의 수난을 묘사하는 복음서에 인용되거나 암시되어 있는 시편〉

하나님께서 세우신 왕의 즉위를 축하하는 제왕의 노래 - 이스라엘 왕 다윗은 자신의 '주님'이신 또 다른 왕을 소개한다. 이는 성령의 가르침으로 인한 고백임이 틀림없다.

(1 - 2절) 주님께서 내 주님께 말씀하시기를 "내가 너의 원수들을 너의 발판이 되게 하기까지, 너는 내 오른쪽에 앉아 있어라" 하셨습니다. 주님께서 임금님의 권능의 지팡이를 시온에서 하사해 주시니, 임금님께서는 저 원수들을 통치하십시오. [마 22:44, 막 12:36, 눅 20:43, 행 2:34 - 35, 고전 15:25, 히 1:13, 10:13]

(4절) 주님께서 맹세하시기를 "너는 멜기세덱을 따른 영원한 제사장이다" 하셨으니, 그 뜻을 바꾸지 않으실 것입니다. [히 5:6, 7:17 - 21]

시편 111편 - 작자 미상 / 창조주 하나님을 찬양하는 시

〈각 절의 첫 글자가 22개의 히브리어 자음 문자 순서로 되어 있는 '알파벳 시편'〉

우리의 삶 속에서 돌보아주시는 하나님을 찬양하는 기도 - 이 시는 역사 속에 드러난 하나님의 권능과 이스라엘 백성에 대한 하나님의 사랑을 찬양하는 시이다.

(9절) 당신의 백성에게 구원을 베푸시고 그 언약을 영원히 세우셨으니, 그 이름이 거룩하고 두렵다.

시편 112편 - 작자 미상 / 주님을 묵상하는 지혜의 시

말씀과 계명을 통하여 돌보아주시는 하나님을 찬양하는 기도 - 이 시에서 우리가 찬양할 수밖에 없는 이유를 듣게 될 것이다.

(1절) 주님을 경외하고 주님의 계명을 크게 즐거워하는 사람은, 복이 있다.

(2 - 3절) 그의 자손은 이 세상에서 능력 있는 사람이 되며, 정직한 사람의 자손은 복을 받으며, 그의 집에는 부귀와 영화가 있으며, 그의 의로움은 영원토록 칭찬을 받을 것이다.

묻고? 답하기!

109편 6 - 21절에 나오는 저주의 기도를 하고 싶은 적이 있는가?

이 시편에 나오는 "저주의 노래"와 같은 복수심에 불타는 극렬한 격정을 느껴본 적이 있습니까? 우리는 누구나 우리를 분노하게 하는 자들 때문에 말로 표현하기 힘들 정도의 복수를 꿈꾸곤 합니다. 그러나 하나님께서는 "복수는 내 것이다"(신 32:35)라고 말씀하십니다. 저주의 분노가 마음에 타오를 때 또는 그러한 분노를 느낄만한 사람들이 생각난다면 이 시편을 읽으며 주님께 간절히 구하십시오. 한결 마음이 가라앉을 것입니다.

6일

✝ 오늘말씀 시편 113 - 118편

구원의 길을 여신 하나님

💡 **실마리 풀기**

"집 짓는 사람들이 내버린 돌이, 집 모퉁이의 머릿돌이 되었다"(시 118:22)

- 시편 113 - 118편은 유대인의 주요 축제일인 유월절에 사용되었으며, 시편 113편과 114편은 저녁 식사하기 전, 시편 115편에서 118편까지는 식사를 한 후에 불렀다고 한다.

시편 113편 - 작자 미상 / 창조주 하나님을 찬양하는 시

비천한 이들을 위해 일하시는 하나님의 위대하심을 찬양하는 기도 - 찬양과 경배를 받으실 하나님의 초월성을 증명하며, 통치자이신 하나님의 내재성을 보여주는 시이다.

(2 - 5절) 지금부터 영원까지, 주님의 이름이 찬양을 받을 것이다. 해 뜨는 데서부터 해 지는 데까지, 주님의 이름이 찬양을 받을 것이다. 주님은 모든 나라보다 높으시며, 그 영광은 하늘보다 높으시다. 주 우리 하나님과 같은 이가 어디에 있으랴?

시편 114편 - 작자 미상 / 창조주 하나님을 찬양하는 시

이스라엘을 인도하신 하나님의 위대하심을 찬양하는 기도 - 이 시는 이스라엘 역사 회고를 통해 하나님의 권능을 찬양하고 있다. 전능하신 하나님이 함께하시는 복을 누리며 드리는 사는 사람들은 이처럼 찬양을 드릴 수밖에 없다.

(7 - 8절) 온 땅아, 네 주님 앞에서 떨어라. 야곱의 하나님 앞에서 떨어라. 주님은 반석을 웅덩이가 되게 하시며, 바위에서 샘이 솟게 하신다. [고전 10:4]

시편 115편 - 작자 미상 / 축제와 제의에서 읽히는 기도문

홀로 찬양받으실 하나님을 기리는 기도 - 이 시는 하나님의 전능하심과 이방인들 우상의 무능함을 대조하고 있다. 그러므로 세상 모든 민족은 당연히 주 하나님을 찬양하여야 한다.

(9 - 18절) 주님을 경외하는 사람들아, 주님을 의지하여라. 주님은, 도움이 되어 주시고, 방패가 되어 주신다. 죽은 사람은 주님을 찬양하지 못한다. 그러나 우리는 이제부터 영원까지 주님을 찬양할 것이다.

시편 116편 - 작자 미상 / 곤궁할 때 하나님을 체험한 개인 감사의 시

죽음에서 구원해 주신 하나님을 찬양하는 기도 - 죽음의 수렁에서 건져주신 하나님께 감사와 찬양을 드리는 시이다. 죽을 수밖에 없는 우리를 구원하신 그 은혜를 무엇을 다 갚을까? 우리는 다만 주님의 이름을 부르며 감사와 찬양을 드릴 뿐이다.

(12 - 14절) 주님께서 나에게 베푸신 모든 은혜를, 내가 무엇으로 다 갚을 수 있겠습니까? 내가 구원의 잔을 들고, 주님께 감사 제사를 드리고, 주님의 이름을 부르겠습니다.

시편 117편 - 작자 미상 / 창조주 하나님을 찬양하는 시

사랑과 신실하심이 영원하신 하나님을 찬양하는 기도 - 우리가 하나님을 찬양하는 이유는 그의 인자하심(한결같은 사랑)과 신실하심이다. 이 때문에 하나님은 궁극적으로 우리를 사랑하시는 것이다.

(1 - 2절) 너희 모든 나라들아, 주님을 찬송하며, 너희 모든 백성들아, 그를 칭송하여라. 우리에게 향하신 주님의 인자하심이 크고 주님의 진실하심은 영원하다. [출 34:6]

시편 118편 - 작자 미상 / 곤궁할 때 하나님을 체험한 개인 감사의 시

〈예수 그리스도를 왕으로 표현하며 복음서에 인용되거나 암시되어 있는 메시아 시편, 제왕시편이다〉

선하시고 인자하신 하나님을 찬양하는 기도 - 하나님의 자비는 영원하시니, 언제라도 하나님의 편에 서는 사람은 주님이 주시는 구원과 평강을 얻을 것이다.

(6 - 8절) 주님께서 내 편이 되셔서 나를 도와주시니, 나를 미워하는 사람이 망하는 것을 내가 볼 것이다. 주님께 몸을 피하는 것이, 사람을 의지하는 것보다 낫다. [히 13:6]

(21 - 24절) 주님께서 나에게 응답하시고, 나에게 구원을 베푸셨으니, 내가 주님께 감사를 드립니다. 집 짓는 사람들이 내버린 돌이, 집 모퉁이의 머릿돌이 되었다. 이것은 주님께서 하신 일이니, 우리의 눈에는 기이한 일이 아니냐? 이날은 주님이 구별해 주신 날, 우리 모두 이날에 기뻐하고 즐거워하자. [마 21:42 - 46; 막 12:10 - 12; 눅 20:17 - 18; 행 4:10 - 12; 엡 2:20; 벧전 2:5 - 6]

(26절) 주님의 이름으로 오는 이에게는 복이 있다. 주님의 집에서 우리가 너희를 축복하였다. [마 21:9, 요 12:13, 눅 19:38, 막 11:9 - 10]

묻고? 답하기!

주님께 몸을 피하는 것이, 사람을 의지하는 것보다 낫다(118:8)

성경은 모두 1,188장으로 구성되어 있는데, 그중에 가장 짧은 장은 시편 117편이고 가장 긴 장은 시편 119편입니다. 그리고 성경에서 가장 중심에 위치한 장과 절은 시편 118장 8절이라고 합니다. 마치 누군가가 일부러 그곳에 기록한 것 같은 말씀은 사람을 의지하지 말고 오직 하나님만 신뢰하고, 하나님을 우리 삶의 중심에 두라는 것입니다. 놀랍고 신비합니다.

6

✝ 오늘 말씀 시편 119편

시편

하나님의 말씀을 사모하는 사람

💡 실마리 풀기

"주님의 말씀은 내 발의 등불이요, 내 길의 빛입니다"(시 119:105)

시편 119편은 8절을 한 단위로 하는 22개 연으로 구성되어 있으며, 모든 연 안의 각 절의 첫 글자가 22개의 히브리어 자음 문자 순서로 되어 있는(예를 들어, 첫째 연의 1 - 8절의 첫 글자가 A라면, 둘째 연의 9 - 16절은 B로 시작하는) 알파벳 시편(Acrostic poem)입니다. 이 시에서 하나님의 말씀을 계명, 규례, 율례, 법, 법도, 증거, 판단, 약속, 주님이 가르치신 길 그리고 교훈이라고 다양하게 표현하고 있습니다. - 시편서 전체가 하나님의 교훈(토라)으로 둘러싸여 있다는 것을 1편, 19편과 더불어 119편이 문학 구조적으로 보여주며, 이 지혜 시들을 통하여 우리 삶의 모든 영역에서 하나님의 말씀(토라)을 푯대로 삼아 거룩하고 정직한 삶을 살아야 함을 교훈하는 것입니다.

시편 119편 - 작자 미상 / 율법을 묵상하는 지혜의 시

〈1 - 32〉 주님께서 나에게 큰 깨달음을 주시면

(1 - 8절) 그 행실이 온전하고 주님의 법대로 사는 사람은, 복이 있다. 내가 주님의 율례들을 성실하게 지킬 수 있도록, 내 길을 탄탄하게 하셔서 흔들리는 일이 없게 해주십시오.

(9 - 16절) 젊은이가 어떻게 해야 그 인생을 깨끗하게 살 수 있겠습니까?

(17 - 24절) 내 눈을 열어 주십시오, 그래야 내가 주님의 법안에 있는 놀라운 진리를 볼 것입니다.

(25 - 32절) 그릇된 길로 가지 않도록, 나를 지켜 주십시오. 주님께서 나에게 큰 깨달음을 주시면, 내가 주님의 계명들이 인도하는 길로 달려가겠습니다.

〈33 - 72〉 주님의 계명들을 내가 사랑하기에

(33 - 40절) 내가 주님의 법도를 사모합니다. 주님의 의로 내게 새 힘을 주십시오.

(41 - 48절) 주님의 계명들을 내가 사랑하기에 그것이 나의 기쁨이 됩니다.

(49 - 56절) 주님의 법도를 따라서 사는 삶에서 내 행복을 찾습니다.

(57 - 64절) 주님, 주님은 나의 분깃, 내가 주님의 말씀을 지키겠습니다.

(65 - 72절) 고난을 당한 것이, 내게는 오히려 유익하게 되었습니다. 그 고난 때문에, 나는 주님의 율례를 배웠습니다.

〈73 - 112〉 주님의 법을 내 기쁨으로 삼지 아니하였더라면

(73 - 80절) 주님께서 손으로 몸소 나를 창조하시고, 나를 세우셨으니, 주님의 계명을 배울

수 있는 총명도 주십시오.

(81 - 88절) 주님의 인자하심으로 나를 살려 주시면 주님께서 친히 명하신 증거를 지키겠습니다.

(89 - 96절) 주님의 말씀은 영원히 살아 있으며, 주님의 성실하심은 대대에 이릅니다.

(97 - 104절) 내가 주님의 법을 얼마나 사랑하는지, 온종일 그것만을 깊이 생각합니다. 주님의 말씀의 맛이 내게 어찌 그리도 단지요? 내 입에는 꿀보다 더 답니다.

(105 - 112절) 주님의 말씀은 내 발의 등불이요, 내 길의 빛입니다. 주님의 증거는 내 마음의 기쁨이요, 그 증거는 내 영원한 기업입니다.

〈113 - 144〉 주님의 말씀은 정련되어 참으로 순수하므로

(113 - 120절) 나는, 두 마음을 품은 자를 미워하지만, 주님의 법은 사랑합니다.

(121 - 128절) 내가 주님의 계명들을, 금보다, 순금보다 더 사랑합니다.

(129 - 136절) 주님의 율례들을 내게 가르쳐 주십시오.

(137 - 144절) 내 원수들이 주님의 말씀을 잊어버리니, 내 열정이 나를 불사릅니다. 주님의 말씀은 정련되어 참으로 순수하므로, 주님의 종이 그 말씀을 사랑합니다.

〈145 - 176〉 주님께서 나에게 가까이 계시니

(145 - 152절) 주님께서 나에게 가까이 계시니, 주님의 계명은 모두 다 진실합니다.

(153 - 160절) 주님의 말씀은 모두 진리이며, 주님의 의로운 규례들은 모두 영원합니다.

(161 - 168절) 주님의 공의로운 규례들을 생각하면서, 내가 하루에도 일곱 번씩 주님을 찬양합니다. 내가 가는 길을 주님께서 모두 아시니, 내가 주님의 증거와 법도를 지킵니다.

(169 - 176절) 주님, 나의 부르짖음이 주님 앞에 이르게 해주시고, 주님께서 약속하신 말씀대로 나를 살려 주셔서, 주님을 찬양하게 해주시고, 주님의 규례로 나를 도와주십시오.

묻고? 답하기!

내가 매일 읽고 있는 말씀의 맛이 꿀보다 더 단지요?

사도 요한은 계시록에서 "나는 그 천사의 손에서 그 작은 두루마리를 받아서 삼켰습니다. 그것이 내 입에는 꿀같이 달았으나, 먹고 나니, 뱃속은 쓰렸습니다"(계 10:10)라고 고백하고 있습니다. 성경을 묵상하며 읽을 때마다 새롭게 찾아지고 다가오는 오묘한 글귀들, 새롭게 인식되는 의미들 그리고 미묘한 음성을 만날 때가 있습니다. 그때는 정말로 말씀이 달고 맛있습니다. 그러나 그 말씀을 나의 삶에 적용하기에는 뱃속이 쓰려 옵니다. 그러므로 주님! 내가 주님의 율례들을 성실하게 지킬 수 있도록 내 길을 탄탄하게 하셔서 흔들리는 일이 없게 해주십시오.

8일

✝ 오늘 말씀 시편 120 - 124편

성전에 올라가는 순례자의 노래(1)

💡 실마리 풀기

"주님께서 우리 편이 아니셨다면, 우리가 어떠하였겠느냐?"(시 124:1)

시편 120편 - 작자 미상 / 고난 속에서 하나님을 찾는 개인 탄식의 시

사기꾼들과 기만하는 자들에게서 내 생명을 구해주시기를 비는 기도 - 환란 가운데 주님의 도움을 구하고 평화를 기원하는 기도이다. 믿는 자들은 세상에 속하여 살지 말고 세상과 긴장하며 살아가야 한다. 그래야만 하나님께서 응답하시고, 구원을 베푸실 것이기 때문이다.

(1 - 4절) 내가 고난을 받을 때에 주님께 부르짖었더니, 주님께서 나에게 응답하여 주셨다. 주님, 사기꾼들과 기만자들에게서 내 생명을 구하여 주십시오.

(5 - 7절) 내가 지금까지 너무나도 오랫동안, 평화를 싫어하는 사람들과 더불어 살아왔구나. 나는 평화를 사랑하는 사람이다. 그러나 내가 평화를 말할 때에, 그들은 전쟁을 생각한다.

시편 121편 - 작자 미상 / 하나님에 대한 믿음을 확신하는 신뢰의 시

순례를 하는 동안 하나님의 도우심을 구할 때 드리는 기도 - 나와 너의 인생의 모든 어려움을 이겨낼 근거는 하나님의 도우심이라는 믿음을 나타내는 시편이다. 우리의 삶은 거룩한 성소를 향해 나아가는 순례자의 길이다. 그 길에서 닥치게 될 온갖 어려움 가운데 도움과 방패가 되어주실 분은 오직 주님뿐이시다.

(1 - 2절) 내 도움이 어디에서 오는가? 내 도움은 하늘과 땅을 만드신 주님에게서 온다.

(3 - 8절) 주님은 너를 지키시는 분, 주님은 네 오른쪽에 서서, 너를 보호하는 그늘이 되어 주시니, 낮의 햇빛도, 밤의 달빛도 너를 해치지 못할 것이다. 주님께서는, 네가 나갈 때나 들어올 때나, 이제부터 영원까지 지켜 주실 것이다.

시편 122편 - 다윗 / 하나님이 택하신 장소를 찬양하는 시온의 시

평화의 성, 예루살렘의 평화를 위해 드리는 기도 - 순례자들이 이스라엘의 전례에 따라 명절에 예루살렘으로 올라갈 때 부른 노래이다. 하나님이 계시는 곳을 향하여 발걸음을 옮기는 자는 하나님을 만나서 누리게 될 기쁨과 영광을 사모하는 자이다. 예배를 사모하는 자이다. 주님께서 그들의 마음에 평화를 주실 것이다.

(1 - 5절) 모든 지파들, 주님의 지파들, 주님의 이름을 찬양하려고 이스라엘의 전례에 따

라 그리로 올라가는구나. 주님의 집으로 올라가자. 주님이 거기에 계신다.

(6-9절) 예루살렘에 평화가 깃들도록 기도하여라. "예루살렘아, 너를 사랑하는 사람들에게 평화가 있기를, 네 성벽 안에 평화가 깃들기를, 네 궁궐 안에 평화가 깃들기를 빈다" 하여라. 내 친척과 이웃에게도 "평화가 너에게 깃들기를 빈다" 하고 축복하겠다.

시편 123편 - 작자 미상 / 위기 속에서 하나님을 찾는 공동체 탄식의 시
교만한 자의 조소 가운데 하나님의 돌보심을 간구하는 기도 - 성전 순례자가 예루살렘 성전 문 앞에 이르러 평안하게 사는 자들의 조롱과 오만한 자들의 멸시를 기억하며 하나님께 긍휼을 간청하고 있다. 그러나 예배 가운데 임재하실 하나님은 우리에게 자비를 베풀어주실 것이다.

(1-2절) 하늘 보좌에서 다스리시는 주님, 내가 눈을 들어 주님을 우러러봅니다. 주님께서 우리에게 자비를 베푸시길 원하여 주 우리 하나님을 우러러봅니다.

(3-4절) 주님, 우리에게 자비를 베풀어 주십시오. 너무나도 많은 멸시를 받았습니다.

시편 124편 - 다윗 / 하나님의 능력을 체험한 공동체 감사의 시
언제나 나의 편이 되어 승리를 안겨주신 주님께 드리는 감사의 기도 - 이스라엘은 하나님께서 함께 하심으로 얻은 구원과 승리를 노래하고 있다. 우리의 삶도 하나님의 도우심이 없었다면 어찌되었을까? 상심할 때마다 곁에 계시며, 은밀한 음성을 들려주시는 하나님! 주님의 이름을 높이고, 주님의 능력을 사모하며, 주님의 영광을 찬양합니다.

(1-5절) 이스라엘아, 대답해 보아라. 주님께서 우리 편이 아니셨다면, 우리가 어떠하였겠느냐? 주님께서 우리 편이 아니셨다면, 넘치는 물결이 우리의 영혼을 삼키고 말았을 것이다.

(6-8절) 새가 사냥꾼의 그물에서 벗어남같이 우리는 목숨을 건졌다. 그물은 찢어지고, 우리는 풀려났다. 천지를 지으신 주님이 우리를 도우신다.

묻고? 답하기!

우리의 도움이 언제, 어디에서 오는가 생각해보세요.

과연 주님께서 우리가 헛발을 디디지 않게 지켜 주시는가. 우리를 지키시느라 졸지도 않으시고 주무시지도 않으시는가? 우리의 오른쪽에 서서 우리를 보호하는 그늘이 되어 주시며, 낮의 햇빛과 밤의 달빛이 우리를 헤치지 못하게 하시는가? 우리는 믿습니다. 우리가 오직 주님을 신뢰하는 동안, 주님께서는 모든 재난에서 지켜 주시며 생명을 지켜 주실 것입니다. 우리가 나갈 때나 들어올 때나 이제부터 영원까지 지켜 주실 것입니다.

9일 ∼∼∼∼∼∼∼∼∼∼∼∼∼∼∼∼∼∼∼∼∼∼∼∼∼∼∼∼∼∼∼

✝ 오늘 말씀 시편 125 - 129편

성전에 올라가는 순례자의 노래(2)

💡 **실마리 풀기**

"주님께서 집을 세우지 아니하시면 집을 세우는 사람의 수고가 헛되며"(시 127:1)

시편 125편 - 작자 미상 / 하나님에 대한 믿음을 확신하는 신뢰의 시

선한 사람과 그 마음이 정직한 사람이 불의한 일에 유혹을 받을 때 드리는 기도 - 하나님께서 시온 산을 감싸주시므로 대적들이 감히 주님을 의지하는 사람과 예루살렘을 넘볼 수 없다. 성전에 올라가는 순례자들이 시온 산을 바라보면서 기쁨의 노래를 부르듯이, 우리가 험난한 세상에서 마음이 흔들릴 때마다 하나님의 임재를 향해 나아가기만 하면, 주님의 은혜를 경험할 수 있을 것이다.

(1 - 2절) 주님을 의지하는 사람은 시온 산과 같아서, 흔들리는 일이 없이 영원히 서 있다. 산들이 예루살렘을 감싸고 있듯이, 주님께서도 당신의 백성을 지금부터 영원토록 감싸 주신다.

(3 - 5절) 의인이 불의한 일에 손대지 못하게 하려면, 의인이 분깃으로 받은 그 땅에서 악인이 그 권세를 부리지 못하게 하여야 한다. 주님, 선한 사람과 그 마음이 정직한 사람에게 은혜를 베풀어 주십시오.

시편 126편 - 작자 미상 / 위기 속에서 하나님을 찾는 공동체 탄식의 시

하나님의 은혜로 자유로움을 얻은 자의 기도 - 바빌로니아에서 해방되어 고국으로의 귀향을 기뻐하면서 남은 자들의 조속한 해방을 기원하는 노래이다. 하나님께서 베푸신 축복을 경험한 사람들은, 아직도 죄의 늪에서 갈피를 못 잡고 헤매는 사람들을 위해 기도해야 한다.

(1 - 3절) 주님께서 시온에서 잡혀간 포로를 시온으로 돌려보내실 때에 우리는 꿈을 꾸는 사람들 같았다. 그 때에 우리의 입은 웃음으로 가득 찼고, 우리의 혀는 찬양의 함성으로 가득 찼다.

(4 - 6절) 주님, 네겝의 시내들에 다시 물이 흐르듯이 포로로 잡혀간 자들을 돌려보내 주십시오. 눈물을 흘리며 씨를 뿌리는 사람은 기쁨으로 거둔다. 울며 씨를 뿌리러 나가는 사람은 기쁨으로 단을 가지고 돌아온다.

시편 127편 - 솔로몬 / 주님을 묵상하는 지혜의 시

하고자 하는 일의 형통함과 성취를 이루고 싶을 때 드리는 기도 - 솔로몬은 성전과 궁전을 건축하였던 경험을 토대로, 하나님의 도우심이 없이 할 수 있는 일이 아무 것도 없다는 것과 하나님만을 의지할 때 참된 평안을 누리고 형통할 수 있다는 내용의 시를 썼다. 무슨 일을 만나든지 오직 주님의 도우심을 구하라.

(1 - 2절) 주님께서 집을 세우지 아니하시면 집을 세우는 사람의 수고가 헛되며, 주님께서 성을 지키지 아니하시면 파수꾼의 깨어 있음이 헛된 일이다. 진실로 주님께서는, 사랑하시는 사람에게는 그가 잠을 자는 동안에도 복을 주신다.

(3 - 5절) 자식은 주님께서 주신 선물이요, 태 안에 들어 있는 열매는, 주님이 주신 상급이다.

시편 128편 - 작자 미상 / 주님을 묵상하는 지혜의 시

이스라엘의 결혼식에서 불리는 결혼 축복기도 - 주님은 집안의 진정한 주인이며, 너의 헌신에 평화의 복을 내리실 것이라는 찬양이다. 가정을 이루는 사람들이여 오직 주님을 경외하라.

(1 - 4절) 주님을 경외하며, 주님의 명에 따라 사는 사람은, 그 어느 누구나 복을 받는다.

(5 - 6절) 주님께서 시온에서 너에게 복을 내리시기를 빈다. 평생토록 너는, 예루살렘이 받은 은총을 보면서 살게 될 것이다.

시편 129편 - 작자 미상 / 위기 속에서 하나님을 찾는 공동체 탄식의 시

하나님의 도우심으로 대적자들을 물리치도록 해 달라는 기도 - 이스라엘 백성은 압제해 온 악인들이 승리한 적이 없다는 사실을 한목소리로 찬양한다. 우리를 박해하는 자들은 반드시 주님의 심판을 받을 것이다.

(1 - 4절) 이스라엘아, 이렇게 고백하여라. "내가 어릴 때부터, 나의 원수들이 여러 번 나를 잔인하게 박해했다. 의로우신 주님께서 악인의 사슬을 끊으시고, 나를 풀어 주셨다."

(5 - 8절) 시온을 미워하는 사람은 그 어느 누구나, 수치를 당하고 물러가고 만다. 지나가는 사람 가운데 어느 누구도 "주님께서 너희에게 복을 베푸시기를 빈다" 하지 아니하며, "주님의 이름으로 너희에게 축복한다" 하지도 아니할 것이다.

묻고? 답하기!

우리가 도모하는 일들이 주님의 일이며, 주님의 계획인가?

사람들은 누구나 꿈이 있습니다. 그리고 열심히 그 꿈을 이루기 위해 노심초사 합니다. 사람들은 스스로 그 모든 것을 이루려고 수고를 아끼지 않습니다. 그러나 주님께서 도우시지 않으면 그 모두가 헛된 것이며, 비록 그 꿈이 이루어졌다 하더라도 성취의 기쁨은 미약할 것입니다. 기억합니다. 〈주님께서 집을 세우지 아니하시면 집을 세우는 사람의 수고가 헛되며, 주님께서 성을 지키지 아니하시면 파수꾼이 깨어 있음이 헛된 일〉임을.

6

시편

10일 ~~~~~~~~~~~~~~~~~~~~~~~~~~~~

☩ 오늘말씀 시편 130 - 134편

성전에 올라가는 순례자의 노래(3)

💡 실마리 풀기

"하늘과 땅을 지으신 주님께서 시온에서 너희에게 복을 내려 주시기를!"(시 134:3)

시편 130편 - 작자 미상 / 고난 속에서 하나님을 찾는 개인 탄식의 시

7대 참회 시편〈6, 32, 38, 51, 102, 130, 143편〉가운데 하나로써 하나님의 용서를 구하는 기도 - 하나님 앞에 죄악을 저지른 순례자가 탄식 가운데 하나님께서 자비를 베풀어 주시기를 기다리며, 주님의 인자하심과 속량하시는 능력을 깨닫고 고백하는 시편이다. 주님께 예배를 드리러 오는 자여, 너의 죄를 우선 자복하고, 용서를 구하라. 그리하면, 주님께서 말씀을 들려주실 것이다.

(1 - 4절) 내가 깊은(죄악의 혹은 고난의) 물속에서 주님을 부르는 애원의 소리를 들어주십시오. 나의 죄를 지켜보아 주시고, 용서하여 주시옵소서. 용서는 주님만이 하실 수 있는 것이므로, 우리가 주님만을 경외합니다.

(5 - 6절) 파수꾼이 아침을 기다림보다 더 간절히 내가 주님을 기다린다. 내 영혼이 주님을 기다리며 내가 주님의 말씀만을 간절히 바란다.

(7 - 8절) 이스라엘아, 주님만을 의지하여라. 오직, 주님께만 인자하심이 있고, 속량하시는 큰 능력은 그에게만 있다.

시편 131편 - 다윗 / 하나님에 대한 믿음을 확신하는 신뢰의 시

주님 앞에 나아가고자 할 때 드리는 기도 - 주님은 인자하시며, 신뢰할 대상이시니 어린아이처럼 주님께 안겨 평안을 누리라는 시편이다. 예배에 참석한 자여, 잠잠히 주님의 음성을 사모하라. 그리하면, 주님께서 말씀을 들려주실 것이다.

(1 - 3절) 주님, 이제 내가 교만한 마음을 버렸습니다. 오히려, 내 마음은 고요하고 평온합니다. 이스라엘아, 이제부터 영원히 오직 주님만을 의지하여라.

시편 132편 - 작자 미상 / 축제와 제의에서 읽히는 기도문

하나님께서 세우신 왕의 즉위를 축하하는 제왕의 노래 - 다윗처럼 주님께 맹세하고, 주님을 높이면, 주님께서 그의 면류관을 그의 머리 위에서 빛나게 하시고, 자손에게도 축복을 주실 것이다.

(1 - 5절) 주님, 주님께 맹세하고, 야곱의 전능하신 분께 서약한 다윗을 기억하여 주십시오. 그가 겪은 그 모든 역경을 기억하여 주십시오.

(6 - 10절) 주님, 일어나셔서 주님의 권능 깃들인 법궤와 함께 그 곳으로 드십시오. 주님의 제사장들이 의로운 일을 하게 해주시고, 주님의 성도들도 기쁨의 함성을 높이게 해주십시오.

(11 - 18절) 주님께서 다윗에게 맹세하셨으니, 그 맹세는 진실하여 변하지 않을 것이다. 만일 네 자손이 나와 더불어 맺은 언약을 지키고, 내가 가르친 그 법도를 지키면, 그들의 자손이 대대로 네 뒤를 이어서 네 보좌에 앉을 것이다. 여기에서 나는, 다윗의 자손 가운데서 한 사람을 뽑아서 큰 왕이 되게 하고, 내가 기름 부어 세운 왕의 통치가 지속되게 하겠다.

시편 133편 - 다윗 / 주님을 묵상하는 지혜의 시

믿음의 형제자매들과 함께하는 즐거움이 밀려올 때 드리는 기도 - 하나님을 경외하는 것이 얼마나 아름답고 복된 일인가. 또한, 그들이 어울려서 함께 사는 모습이 얼마나 즐거운가. 성전에 모여 믿음의 형제들이 하나 되는 기쁨을 표현하는 시편이다.

(1 - 3절) 형제자매가 어울려서 함께 사는 모습! 그 얼마나 아름답고 즐거운가! 주님께서 시온 산에서 복을 약속하셨으니, 그 복은 곧 영생이다.

시편 134편 - 작자 미상 / 축제와 제의에서 읽히는 기도문

예배 가운데 하나님께서 응답하시도록 준비하는 기도 - 마지막 순례자의 노래이다. 성전을 지키는 제사장과 레위 인들을 향하여 하늘의 축복이 임하기를 기원하며 드리는 찬양이다. 주님의 말씀을 전하시는 목사님들을 위하여 기도하라. 그리하면 주님께서 우리의 기도를 들어주실 것이다.

(1 - 3절) 주님의 모든 종들아 주님을 송축하여라. 성소를 바라보면서, 너희의 손을 들고 주님을 송축하여라. 하늘과 땅을 지으신 주님께서 시온에서 너희에게 복을 내려 주시기를!

어찌하면 주님께서 나의 기도를 응답하여 주실까요?

새벽기도를 오래 하였다고, 천 마리의 번제를 드렸다고 하나님이 나의 소원을 들어주실 것이라고 믿는 사람들이 있습니다. 그러나 그것이 우리의 유익을 위하여 하나님을 시험하는 것은 아닌지 돌아보아야 합니다. 만약에 안 들어주신다면 하나님을 떠날 것인가요? 우리는 우리가 한 행위가 아니라 우리의 마음속에 깃들어 있는 하나님을 향한 간절한 사랑에 더욱 의지하여야 합니다. 즉 가장 높으신 분이신 하나님을 나의 거처로 삼아야 하며, 하나님을 간절히 사랑하며, 하나님의 이름을 부를 것을 다짐하여야 합니다. 그리하면 비록 재앙이 없는 세상을 약속해주시지는 못하더라도, 재앙이 다가올 때 구해주실 것을 약속해 주실 것입니다.

6

시편

11일

✝ 오늘말씀 시편 135 - 139편

과거의 고난을 돌아보며 드리는 감사

💡 **실마리 풀기**

"우리가 어찌 이방 땅에서 주님의 노래를 부를 수 있으랴"(시 137:4)

시편 135편 - 작자 미상 / 하나님의 구속사역을 기억시키는 구속 역사의 시

과거를 되돌아보며 하나님께 감사의 찬양을 올리는 기도 - 이스라엘을 택하신 하나님의 변함 없는 사랑을 노래하는 감사의 찬양이다. 주님의 인자하시고, 공의로우시며, 사랑하시고 거룩 하심을 마음껏 기뻐하고 찬양하고, 고백하라. 예배 가운데 주님의 영광을 경험하게 될 것이 다.

(4 - 6절) 주님께서는 야곱을 당신의 것으로 택하시며, 이스라엘을 가장 소중한 보물로 택하 셨다. 주님은 위대하신 분이며, 어느 신보다 더 위대하신 분이시다. 주님은, 하늘에서도 땅에 서도, 바다에서도 바다 밑 깊고 깊은 곳에서도, 어디에서나, 뜻하시는 것이면 무엇이든, 다 하 시는 분이다.

시편 136편 - 작자 미상 / 하나님의 구속사역을 기억시키는 구속 역사의 시

하나님의 26가지 권능을 들어 하나님께 감사의 찬양을 올리는 기도 - 하나님의 변함없는 사랑 을 노래하는 감사의 찬양이다. 이 시편의 26절들은 모두 하나님의 26가지 권능을 들어 감사 를 드린다. 하나님은 선하시며 그 인자하심이 영원하시기 때문이다.

(1절) 주님께 감사하여라. 그는 선하시며 그 인자하심이 영원하다.

시편 137편 - 작자 미상 / 위기 속에서 하나님을 찾는 공동체 탄식의 시

고통스러웠던 과거를 회상하며 드리는 기도 - 우리에게 잘 알려진 〈보니 M〉이라는 가수팀 에 의해서 불린 "By the Rivers of Babylon"라는 노래의 가사를 이루는 시이다. 더 이상 강할 수 없는 저주의 표현도 있지만, 바빌론에서의 포로 생활을 기억하고, 주님의 구원을 감사하 며 드리는 찬양이다.

(1 - 5절) 우리가 바빌론의 강변 곳곳에 앉아서, 시온을 생각하면서 울었다. 그 강변 버드나 무 가지에 우리의 수금을 걸어 두었더니, 우리를 사로잡아 온 자들이 거기에서 우리에게 노 래를 청하고, 우리를 짓밟아 끌고 온 자들이 저희들 흥을 돋우어 주기를 요구하며, 시온의 노 래 한 가락을 저희들을 위해 불러 보라고 하는구나. 우리가 어찌 이방 땅에서 주님의 노래를

부를 수 있으랴. 예루살렘아, 내가 너를 잊는다면, 내 오른손아, 너는 말라비틀어져 버려라.

(9절) 네 어린 아이들을 바위에다가 메어치는 사람에게 복이 있을 것이다.

시편 138편 - 다윗 / 곤궁할 때 하나님을 체험한 개인 감사의 시

다윗의 마지막 여덟 편의 시로써 고난 가운데 응답하여주신 하나님을 찬양하는 고백 기도 - 내가 부르짖었을 때, 주님께서는 나에게 응답해 주심을 온 마음으로 감사하라는 기도이다. 하나님은 신실하시니, 어렵고, 두려운 일이 닥치더라도 오직 주님만을 의지하라.

(2 - 3절) 주님은 주님의 이름과 말씀을 온갖 것보다 더 높이셨습니다. 내가 부르짖었을 때에, 주님께서는 나에게 응답해 주셨고, 나에게 힘을 한껏 북돋우어 주셨습니다.

(4 - 8절) 내가 고난의 길 한 복판을 걷는다 하여도, 주님께서 나에게 새 힘을 주시고, 손을 내미셔서, 내 원수들의 분노를 가라앉혀 주시니, 주님의 오른손으로 나를 구원하여 주십니다.

시편 139편 - 다윗 / 고난 속에서 하나님을 찾는 개인 탄식의 시

전지전능하신 하나님 앞에 엎드렸을 때 드리는 고백 기도 - 이 시편은 하나님에 대한 놀라운 통찰을 제시하며 "모든 시편의 면류관"이라고 불리어 왔다. 주님은 다 보시며, 다 아시고, 능력이 크시며, 어디에나 존재하신다. 주님은 우리를 아시며, 우리와 함께하신다. 하나님께서 우리가 나쁜 길을 가지나 않는지 살펴보시고, 영원한 길로 인도하여 주심을 고백하는 다윗의 일기장이다.

(1 - 6절) 주님, 주님께서 나를 샅샅이 살펴보셨으니, 나를 환히 알고 계십니다. 내가 혀를 놀려 아무 말 하지 않아도 다 아시는 주님께서는 내가 하려는 말을 이미 다 알고 계십니다.

(7 - 12절) 내가 주님의 영을 피해서 어디로 가며, 주님의 얼굴을 피해서 어디로 도망치겠습니까? 내가 하늘로 올라가더라도 어디에도 계신 주님께서는 거기에 계시고, 스올에다 자리를 펴더라도 주님은 거기에도 계십니다.

(13 - 18절) 나의 형질이 갖추어지기도 전부터, 창조의 주님께서는 나를 보고 계셨으며, 나에게 정하여진 날들이 아직 시작되기도 전에 이미 주님의 책에 다 기록되었습니다. 하나님, 주님의 생각이 어찌 그리도 심오한지요? 그 수가 어찌 그렇게도 많은지요?

(19 - 24절) 주님, 주님을 미워하는 자들을 내가 어찌 미워하지 않겠습니까? 나를 샅샅이 살펴보시는 주님, 나를 철저히 시험해 보시고, 내가 걱정하는 바를 알아주십시오.

묻고? 답하기!

전지전능하신 하나님이 나의 창조자이심을 느껴보았는가?

내가 혀를 놀려 아무 말 하지 않아도 나의 의도를 다 아시는 주님, 어두운 그늘 속이나 따가운 햇살 속 어디에도 계신 주님, 나의 형질이 갖추어지기도 전부터 나를 보고 계셨던 창조의 주님 그리고 언제나 어디서나 나를 샅샅이 살펴보시는 주님을 내가 찬양합니다.

12일

✝ 오늘 말씀 시편 140 - 145편

탄식과 찬양이 반복되는 기도의 순간들

💡 실마리 풀기

"내 입술 언저리에 파수꾼을 세우시고"(시 141:3)

시편 140편 - 다윗 / 고난 속에서 하나님을 찾는 개인 탄식의 시

악인에게서 나를 건져 주시고, 포악한 자에게서 나를 보호하여 주시기를 바라는 기도 - 다윗이 대적자들에 의해 공격을 받고 함정에 빠졌을 때 부르짖은 기도이다.

(1 - 8절) 주님, 악인에게서 나를 건져 주시고, 포악한 자에게서 나를 보호하여 주십시오. 나는 주님께 아뢰기를 "주님은 나의 하나님이십니다. 나의 애원하는 소리에 귀를 기울여 주십시오"하고 말하였습니다.

(9 - 13절) 주님이 고난 받는 사람을 변호해 주시고, 가난한 사람에게 공의를 베푸시는 분임을, 나는 알고 있습니다. 분명히 의인은 주님의 이름에 찬양을 돌리고, 정직한 사람은 주님 앞에서 살 것입니다.

시편 141편 - 다윗 / 고난 속에서 하나님을 찾는 개인 탄식의 시

주님의 보호를 구하며 저녁에 드리는 기도 - 악인들의 도전과 유혹을 이겨내고 정결하게 해주시기를 바라는 기도이다.

(4 - 5절) 주님, 내 입술 언저리에 파수꾼을 세우시고, 내 마음이 악한 일에 기울어지지 않게 해주십시오. 악한 일을 하는 자들과 어울려서, 악한 일을 하지 않게 도와주십시오. 의인이 사랑의 매로 나를 쳐서, 나를 꾸짖게 해주시고 악인들에게 대접을 받는 일이 없게 해 주십시오

시편 142편 - 다윗 / 고난 속에서 하나님을 찾는 개인 탄식의 시

대적자들의 추격으로부터 도움을 구하는 기도 : 배경 [삼상 22:1 - 5] - 사울의 추격을 피해 아둘람 굴에 피신한 다윗이 낙담하여 지은 시이다.

(1 - 4절) 나는 소리를 높여서 주님께 부르짖는다. 내 영혼이 연약할 때에 주님은 내 갈 길을 아십니다. 아무리 둘러보아도 나를 도울 사람이 없고, 내가 피할 곳이 없고, 나를 지켜 줄 사람이 없습니다.

(5 - 7절) 내가 이렇게 부르짖으니, 내게 귀를 기울여 주십시오. 나를 핍박하는 자들에게서, 나를 건져 주셔서, 주님의 이름을 찬양하게 해주십시오.

시편 143편 - 다윗 / 고난 속에서 하나님을 찾는 개인 탄식의 시

7대 참회 시편〈6, 32, 38, 51, 102, 130, 143편〉가운데 하나로써 하나님의 용서를 구하는 기도 - 인간의 지략으로는 이루어질 것이 없다. 그러므로 우리의 지식이 하나님의 성품과 계획에 일치할 때 우리의 기도가 이루어질 것이다.

(1 - 6절) 내 기도를 들어 주십시오. 주님의 진실하심과 주님의 의로우심으로 나에게 대답해 주십시오.

(10 - 11절) 주님의 선하신 영으로 나를 이끄셔서, 평탄한 길로 나를 인도하여 주십시오. 주님의 이름을 위하여 나를 살리시고, 주님의 의로우심으로 내가 받는 모든 고난에서 내 영혼을 건져 주십시오.

시편 144편 - 다윗 / 하나님이 택하신 왕을 찬양하는 왕조의 시

하나님의 도우심으로 승리하였을 때의 감동을 노래하는 시 - 하나님의 임재를 체험한 사람이 드리는 격렬한 감동의 찬양이다.

(1 - 2절) 나의 반석이신 주님을 내가 찬송하련다. 주님은 나의 반석, 나의 요새, 나의 산성, 나의 구원자, 나의 방패, 나의 피난처, 뭇 백성을 나의 발아래에 굴복하게 하신다.

(9 - 15절) 하나님, 내가 하나님께 새 노래를 불러 드리며, 열 줄 거문고를 타면서 하나님을 찬양하겠습니다.

시편 145편 - 다윗 / 창조주 하나님을 찬양하는 시

〈각 절의 첫 글자가 히브리어 자음 문자 순서로 되어있는 '알파벳 시편(Acrostic poem)'〉

하나님의 성품과 은혜가 생각날 때 드리는 기도 - 주님께서 지으신 모든 피조물이 주님을 인식하고 주님의 성도들이 주님께 감사 찬송을 드리며, 예배를 드리는 때가 오기를 염원하는 시편이다.

(1 - 7절) 주님께서 하신 일을 우리가 대대로 칭송하고, 주님의 위대한 행적을 세세에 선포하렵니다.

(8 - 13절) 성도들이 주님의 나라의 영광을 말하며, 주님의 위대하신 행적을 말하는 것은, 주님의 위대하신 위엄과, 주님의 나라의 찬란한 영광을, 사람들에게 알리려 함입니다.

(14 - 21절) 육체를 가진 사람이면, 누구나, 주님의 거룩한 이름을 영원히 찬송하여라.

묻고? 답하기!

나의 주변에 있는 자들이 의인인가, 악인인가?

의인은 사랑의 매로 나를 쳐서 꾸짖습니다. 악인은 나를 대접하는 듯하지만, 나를 잡으려고 덫을 치며 함정을 파고 기다립니다. 나도 다윗을 따라 해보렵니다. 우리의 입술 언저리에 파수꾼을 세우고, 입 앞에 문지기를 세우며, 악한 일을 하는 자들과 어울려서 악한 일을 하지 않으며, 악한 이들과 어울려 진수성찬을 먹지 않게 해달라고 기도합니다.

6

시편

13일

✝ 오늘 말씀 시편 146 - 150편

하나님을 찬양하라, 할렐루야!

💡 **실마리 풀기**

"숨 쉬는 사람마다 주님을 찬양하여라. 할렐루야!"(시 150:6)

전체 시편을 마무리하는 다섯 편(146 - 150편)의 송영시들은 할렐루야로 시작하여 할렐루야로 끝납니다.

시편 146편 - 작자 미상 / 창조주 하나님을 찬양하는 시

찬양받기 원하시는 하나님을 찬양하라는 기도 - 하나님께서는 우리에게 찬양받기를 원하시니, 하나님은 창조의 하나님이시며, 구원의 일을 하고 계시며, 영원히 통치하실 분이시기 때문이다.

(1 - 2절) 할렐루야. 내 영혼아, 주님을 찬양하여라. 내가 평생토록 주님을 찬양하며 내가 살아 있는 한, 내 하나님을 찬양하겠다.

(6절) 주님은, 하늘과 땅과 바다 속에 있는 모든 것을 지으시며, 영원히 신의를 지키시며,

(7 - 9절) 억눌린 사람을 위해 공의로 재판하시며, 굶주린 사람에게 먹을 것을 주시며, 감옥에 갇힌 죄수를 석방시켜 주시며 눈먼 사람에게 눈을 뜨게 해주시고, 낮은 곳에 있는 사람을 일으켜 세우시는 분이다. 주님은 의인을 사랑하시고, 나그네를 지켜 주시고, 고아와 과부를 도와주시지만, 악인의 길은 멸망으로 이끄신다. [눅 1:53, 눅 4:16 - 21]

(10절) 시온아, 주님께서 영원히 다스리신다! 할렐루야.

시편 147편 - 작자 미상 / 창조주 하나님을 찬양하는 시

찬양받기에 합당하신 하나님을 찬양하라는 기도 - 주님은 모든 것을 창조하신 분이시며, 그의 백성들을 회복시키시는 분이시니. 주님을 예배하고 신뢰함이 그에게 가장 큰 기쁨을 드린다.

(1 - 6절) 할렐루야. 우리의 하나님께 찬양함이 얼마나 좋은 일이며, 그 얼마나 아름답고 마땅한 일인가!

(7 - 10절) 주님께 감사의 노래를 불러드려라. 주님은 오직 당신을 경외하는 사람과 당신의 한결 같은 사랑을 기다리는 사람을 좋아하신다.

(12 - 20절) 예루살렘아, 주님께 영광을 돌려라. 시온아, 네 하나님을 찬양하여라. 네가 사는 땅에 평화를 주시고, 가장 좋은 밀로 만든 음식으로 너를 배불리신다. 주님이 이 땅에 명령만 내리시면, 그 말씀이 순식간에 퍼져 나간다. 어느 다른 민족에게도 그와 같이 하신 일이 없으시니, 그들은 아무도 그 법도를 알지 못한다. 할렐루야.

시편 148편 - 작자 미상 / 창조주 하나님을 찬양하는 시

창조주이신 하나님을 찬양하려는 기도 - 하나님께서 창조하신 모든 피조물들아, 홀로 영광 받으실 하나님을 찬양하라. 영광을 경험한 자들의 자연스러운 반응은 예배이다.

(1절) 할렐루야. 하늘에서 주님을 찬양하여라. 주님의 모든 천사들아, 해와 달아, 빛나는 별들아, 모두 다 주님을 찬양하여라. 너희가 주님의 명을 따라서 창조되었으니, 너희는 그 이름을 찬양하여라.

(7 - 14절) 온 땅아, 주님을 찬양하여라. 모두 주님의 이름을 찬양하여라. 그 이름만이 홀로 높고 높다. 그 위엄이 땅과 하늘에 가득하다. 주님이 그의 백성을 강하게 하셨으니 찬양은 주님의 모든 성도들과, 주님을 가까이 모시는 백성들과 이스라엘 백성이, 마땅히 드려야 할 일이다. 할렐루야.

시편 149편 - 작자 미상 / 창조주 하나님을 찬양하는 시

하나님의 백성이라면 마땅히 하나님을 찬양하려는 기도 - 창조하시고, 선택하시고 구원하신 하나님을 향한 이스라엘 민족의 찬양이다.

(1 - 5절) 할렐루야. 새 노래로 주님께 노래하며, 성도의 회중 앞에서 찬양하여라. 춤을 추면서 그 이름을 찬양하여라. 소구치고 수금을 타면서 노래하여라. 잠자리에 들어서도 기뻐하며 노래하여라.

(7 - 9절) 나라에게 복수하고, 뭇 민족을 철저히 심판한다. 그들의 왕들을 족쇄로 채우고, 고관들을 쇠사슬로 묶어서, 기록된 판결문대로 처형할 것이니, 이 영광은 모든 성도들의 것이다. 할렐루야.

시편 150편 - 작자 미상 / 창조주 하나님을 찬양하는 시

시편 전체의 마지막 송영 : 150편 전체의 대단원을 장식하는 할렐루야 시편

(1 - 2절) 할렐루야. 주님의 성소에서, 하늘 웅장한 창공에서 어디서나, 하나님을 찬양하라. 주님은 위대한 일을 하셨으니, 주님을 찬양하여라.

(3 - 6절) 소구치며, 춤추며, 현금 뜯고, 피리불면서 오묘한 소리 나는 제금을 치면서 하나님을 찬양하라. 숨 쉬는 사람마다 주님을 찬양하여라. 할렐루야.

묻고? 답하기! 우리가 하나님을 찬양함이 얼마나 즐거운 일인가?

온 우주와 온갖 피조물들이 하나님을 찬양함을 느껴보았나요? 해와 달과 빛나는 별들이 찬양하고, 하나님의 위엄이 땅과 하늘에 가득함을 느껴보았나요? 우리도 하나님의 한없는 사랑을 경험하고, 숨 쉴 때마다 찬양이 넘치는가요? 새 노래로 주님께 노래하며, 어린아이처럼 춤을 추면서, 소구치고 나팔 소리를 울리면서 주님을 찬양하는 즐거움을 누려보세요.

6월 14일 〰〰〰〰〰〰〰〰〰〰〰〰〰〰〰〰〰〰〰〰〰〰〰〰〰〰〰〰〰〰〰〰〰

왕처럼 사는 법(1)
지혜의 왕, 솔로몬의 조언

✝ 오늘 말씀 잠언 3:1 - 20

💡 실마리 풀기

"지혜는, 그것을 얻는 사람에게는 생명의 나무이니, 그것을 붙드는 사람은 복이 있다. 주님은 지혜로 땅의 기초를 놓으셨고, 명철로 하늘을 펼쳐 놓으셨다"(잠 3:18 - 19)

돈과 권력에 아쉬움이 없는 왕, 솔로몬이 전하는 지혜 - 의구심과 반발심을 유발하는 이중성

성경에 의하면 솔로몬은 돈과 권력을 사용하여 자신이 원하는 것을 모두 얻고, 누리고 싶은 낙을 무엇이든 삼가지 않았던 사람이었습니다(전 2:10). 그러한 사람이 평생 동안 무려 3,000개의 잠언을 말하였고, 1,005편의 노래를 지었습니다(왕상 4:32). 그러므로 그의 조언을 따르면 과연 나도 그처럼 부자가 되거나 성공의 지름길을 갈 수 있을까 하는 **의구심**을 사람들이 가질 수 있습니다. 실로 잠언 중에는 "지혜의 오른손에는 장수가 있고, 왼손에는 부귀영화가 있다. 지혜의 길은 즐거운 길이요, 그 모든 길에는 평안이 있다"(잠 3:16 - 17)는 말도 나오기 때문입니다. 그러나 잠언을 읽기 시작하면 오히려 자신의 어리석음에 대한 부끄러움을 깨닫게 마련입니다. 웬만해서는 도저히 따라 하기 힘든 좁은 길들을 만나게 되며, 그 길을 가려는 자는 의로움과 겸손함을 겸비하여야 하기 때문입니다(잠 3:33 - 35).

또한, 솔로몬은 칠백 명의 후궁과 삼백 명의 첩을 두었다고 합니다(왕상 11:3). 그러한 사람이 잠언에서는 부도덕한 여인의 유혹을 멀리하라고 조언하고, 말년에 전도서에서는 자신이 살아 본 결과 모든 것이 헛되고 헛되다고 고백하고 있습니다. 그러므로 자신은 성적인 욕망을 마음껏 발산하였으면서 젊은이들에게 욕망을 자제하라고 조언을 하는 것에 사람들은 **반발심**을 가질 수 있습니다. 그러나 솔로몬은 하나님이 주신 지혜와 명철로 깨달은 바를 아들들에게 전하고자 하는 간절함이 있었습니다. 그는 이렇게 고백합니다. "아이들아, 들어라. 내 말을 받아들이면, 네가 오래 살 것이다"(잠 4:10). 그의 눈에는 이 세상을 현명하게 살아가는 방법이 선명하게 보였기 때문입니다. 솔로몬이 전하는 지혜와 명철은 바로 그가 만났던 하나님의 속성입니다.

지혜란 무엇인가 - 창조 질서의 근원으로서의 지혜

지혜는 하나님께서 천지를 창조하실 때에 가지고 계셨던 **창조 질서의 근원**입니다. 그러므로 이 세상천지 만물에는 하나님의 지혜가 녹아있는 것입니다. 그러므로 세상의 모든 법칙, 원리는 하나님 지혜의 표현입니다. 지혜가 이렇게 말합니다. "주님께서 구름 떠도는 창공을 저 위 높이 달아매시고, 깊은 샘물을 솟구치게 하셨을 때에, 바다의 경계를 정하시고, 물이 그분의 명을 거스르지 못하게 하시고, 땅의 기초를 세우셨을 때에, 나는 그분 곁에서 창조의 명공이 되어, 날마다 그분을 즐겁게 하여 드리고, 나 또한 그분 앞에서 늘 기뻐하였다"(잠 8:27 - 30). 〈행성 간의 운동법칙〉을 설명하는 케플러의 법칙, 뉴턴의 〈만유인력의 법칙〉 그리고 아인슈타인의 〈상대성 이론〉 등의 물리학의 이론들을 생각해봅니다. 사람들은 그 법칙을 발견했다고 하지 발명했다고 하지 않습니다. 그러한 법칙들은 시간이 지남에 따라 변하는 것이 아니라 본래 존재하고 있던 것이었으니까요.

지혜는 또한 삶의 도리, 선악에 관한 바른 이해를 **추구하는 마음의 행로**를 의미합니다. 하나님께서 천지를 창조하실 때에 모든 생명이 서로 조화를 이루며 살도록 하셨습니다. 모든 생명이 보시기에 아름답게 스스로 역할을 할 수 있도록 창조하셨습니다. 솔로몬이 이렇게 선포합니다. "그 어떠한 지혜도, 명철도, 계략도, 주님을 대항하지 못한다"(잠 21:30). 또 이렇게 경험담을 이야기합니다. "사람이 마음으로 자기의 앞길을 계획하지만, 그 발걸음을 인도하시는 분은 주님이시다"(잠 16:9).

솔로몬이 전하는 지혜는 이 세상을 살면서 잘 되고 복을 받기 위한 방편이 아닙니다. 그의 말을 들으면 솔로몬처럼 부자가 되고, 명예와 권력을 쥐게 된다는 조언이 아닙니다. 솔로몬의 잠언은 하나님의 계획을 따라 살며 의지하는 것이 현명한 삶을 살 수 있게 된다는 경험담입니다. 솔로몬이 참 지혜를 이렇게 정의합니다. "주님을 경외하는 것이 지혜의 근본이요, 거룩하신 이를 아는 것이 슬기의 근본이다"(잠 9:10).

지혜로움과 어리석음의 구별 - 마음을 지키는 현명한 삶

'**어수룩한 사람**'으로 번역된 히브리어 '프타임'은 도덕적 방향감각이 없어서 그 마음이 악으로 기울어질 수 있는 단순한 사람을 말합니다. 어수룩한(단순한) 사람은 주님에게 등을 돌리고 살다가 자기를 죽이는 사람입니다(잠 1:32). 그에게 지혜가 있고 없음을 논할 수가 없습니다. 들으려고 노력하지 않기 때문입니다. 그러나 지혜 있는 자가 그에게 말씀을 전한다면 듣고 슬기롭게 될 것입니다.

'**어리석은 사람**'으로 번역된 히브리어 '에빌림'은 선천적으로 도덕적 결함이 있는 사람을 말합니다. 어리석은(미련한, 악한) 사람은 안일하게 살다가 자기를 멸망시키는 사람입니다(잠 1:32). 그 사람은 지혜와 훈계를 멸시하기 때문에 말씀을 들어도 그 마음이 변화될 가능성이 없기 때문입니다. 그에게 어느 누가 조언을 전하여도 돌아설 가망성이 없습니다.

그러나 '**지혜로운 사람**'은 오직 주님의 말씀을 듣고 따르는 사람입니다. 그는 사는 동안 재앙을 두려워하지 않고 평안히 살 것입니다(잠 1:33). 그러므로 사람은 그 무엇보다도 마음을 지켜야 합니다. 그 마음이 바로 생명의 근원이기 때문입니다(잠 4:23).

✝ 오늘 말씀 잠언 1:1 - 4:27

다윗의 아들, 솔로몬의 잠언(1)
경험에 기초한 조언

💡 **실마리 풀기**

"너의 마음을 다하여 주님을 의뢰하고, 너의 명철을 의지하지 말아라"(잠 3:5)

하나님께서 주신 그 모든 지혜를 가지고 부귀영화도 누려보고, 나라의 흥망성쇠를 지켜본 솔로몬은 왕으로서 또 아버지로서 자기 아들들에게 들려주고픈 것이 있었습니다. 그것은 자신이 겪었던 삶과 자기 뜻대로 되지 않았던 경험에 기초한 조언들, 즉 모든 것을 자기 뜻대로 하지 말고 주권자이신 하나님의 뜻대로 행하라는 것이었습니다. 그 이유는 하나님 아버지께서 자기의 아들들에게 언제나 가장 좋은 것을 주시기 때문이며, 하나님의 뜻대로 행한 자들에게 주실 하늘의 복이 많기 때문입니다. 잠언은 그저 생활의 지혜가 아니라 전능하신 하나님의 주권에 관한 경험을 토대로 한 지혜입니다.

잠언의 목적과 세 가지 유형의 사람들(1:1 - 9)

이 잠언은 지혜와 훈계를 알게 하며, 명철의 말씀을 깨닫게 하며, 정의와 공평과 정직을 지혜롭게 실행하도록 훈계를 받게 하고자 하는 것이다. 하나님을 경외하는 자가 의인이요, 하나님을 좋아하는 자가 선인이요, 하나님을 아는 자가 지혜가 있는 자이다. 하나님을 안다는 것은 지식의 표현이 아니라 깨달음을 의미한다. 하나님의 지혜와 권능을 깨닫고 이해하는 자가 주님을 믿는 자이다.

그러나 세상에는 어수룩한(단순한) 사람, 지혜 있는 사람 그리고 어리석은(미련한, 악한) 사람이 있다. 어수룩한 사람은 말씀을 듣고 슬기롭게 되며, 지혜 있는 사람은 이 가르침을 듣고 학식을 더할 것이요, 그 지혜와 명철을 더 얻게 될 것이다. 잠언과 비유와 지혜 있는 사람의 말과 그 심오한 뜻을 깨달아 알 수 있을 것이다. 그러나 어리석은 사람은 지혜와 훈계를 멸시하기 때문에 말씀을 들어도 변화될 가능성이 없다.

지혜의 길과 악인의 길(1:10 - 4:27)

부모의 가르침을 따르고, 악인의 길로 가지 말라 - 아이들아, 아버지의 훈계를 잘 듣고 어머니의 가르침을 저버리지 말라. 진정 이것은 머리에 쓸 아름다운 관이요, 너의 목에 걸 목걸이이다.

악인들이 너를 꾀더라도 따라가지 말라. 그들의 발은 악으로 치달으며, 피 흘리는 일을 서두르기 때문이다. 무릇 부당한 이득을 탐하는 자의 길은 다 이러하니, 재물이 목숨을 빼앗는다.

지혜가 부르며 외치는 말을 들어라 - "어수룩한 사람들아, 언제까지 어수룩한 것을 좋아하려느냐? 비웃는 사람들아, 언제까지 비웃기를 즐기려느냐? 미련한(어리석은) 사람들아 언제까지 지식을 미워하려느냐? 너희는 내 책망을 듣고 돌아 서거라. 보아라, 내가 내 영을 너희에게 보여 주고, 내 말을 깨닫게 해주겠다....... 어수룩한 사람은 내게 등을 돌리고 살다가 자기를 죽이며, 미련한 사람은 안일하게 살다가 자기를 멸망시키지만, 오직 내 말을 듣는 사람은 안심하며 살겠고, 재앙을 두려워하지 않고 평안히 살 것이다"(1:22 - 23, 32 - 33).

지혜에 네 귀를 기울이고, 명철에 네 마음을 두어라 - 아이들아, 지혜에 네 귀를 기울이고, 명철에 네 마음을 두어라. 그렇게 하면, 너는 주님을 경외하는 길을 깨달을 것이며, 하나님을 아는 지식을 터득할 것이다. 주님께서 지혜를 주시고, 주님께서 친히 지식과 명철을 주시기 때문이다.

주님을 의뢰하고, 너의 명철을 의지하지 말라 - 너의 마음을 다하여 주님을 의뢰하고, 너의 명철을 의지하지 말아라. 네가 하는 모든 일에서 주님을 인정하여라. 그러면 주님께서 네가 가는 길을 곧게 하실 것이다. 스스로 지혜롭다고 여기지 말고, 주님을 경외하며 악을 멀리하여라.

너의 이웃에게 주저하지 말고 선을 행하여라 - 너의 손에 선을 행할 힘이 있거든, 도움을 청하는 사람에게 주저하지 말고 선을 행하여라. 주님은 역겨운 일을 하는 사람은 미워하시고, 바른길을 걷는 사람과는 늘 사귐을 가지신다. 진실로 주님은 조롱하는 사람을 비웃으시고, 겸손한 사람에게는 은혜를 베푸신다. 지혜 있는 사람은 영광을 물려받고, 미련한 사람은 수치를 당할 뿐이다.

아버지의 훈계를 잘 듣고, 악인의 길로 가지 말라 - 아이들아, 너희는 아버지의 훈계를 잘 듣고 명철을 얻도록 귀를 기울여라. 의인의 길은 동틀 때의 햇살 같아서 대낮이 될 때까지 점점 더 빛나지만, 악인의 길은 캄캄하여 넘어져도 무엇에 걸려 넘어졌는지 알지 못한다. 좌로든 우로든 빗나가지 말고, 악에서 네 발길을 끊어 버려라.

묻고?
답하기!

나는 어수룩한 사람인가, 지혜 있는 사람인가, 또는 미련한 사람인가?

솔로몬은 "하나님을 경외하는 자, 하나님을 좋아하는 자, 하나님을 아는 자가 지혜가 있는 자"라고 가르칩니다. 머리가 좋아서 학업성적이 우수하거나, 꾀가 많아서 세상의 어려움을 요리조리 잘 피해 가거나 또는 계산에 밝아서 재산을 늘리는데 유능한 사람이 지혜로운 사람이 아니라는 말입니다. 어수룩한 사람은 하나님을 아는 자가 하나님의 말씀을 권하면 점차 변화되어 지혜롭게 되지만, 미련한 사람은 아무리 말씀을 권해도 듣지도 읽지도 않고 자기 생각대로 해석하려 드는 사람입니다.

16일

다윗의 아들, 솔로몬의 잠언(2)
지혜의 근원이신 하나님

💡 **실마리 풀기**

"주님을 경외하는 것이 지혜의 근본이요, 거룩하신 이를 아는 것이 슬기의 근본이다"(잠 9:10)

성적인 유혹은 사람의 영혼을 갉아먹는 가장 강력한 유혹입니다. 누구라도 그 유혹에 빠지게 되면, 그의 인생의 결말이 되돌리기 어려운 길로 가 있게 될 것입니다. 지혜로운 사람은 오직 주님의 가르침에 의지하여 자신의 욕망을 절제할 줄 알아야 할 것입니다. "젊어서 맞은 아내와 더불어 즐거워하며, 음행하는 여자를 멀리하라"는 말씀에서 음행하는 여인은 실제로 '음탕한 여인'을 가리키기도 하며, 하나님을 멀리하고 우상 숭배를 포함한 모든 죄악을 가리키기도 합니다. "이스라엘아! 그의 품을 언제나 만족스럽게 생각하고, 그의 사랑을 언제나 사모하라"는 주문입니다. 아내에게서 멀어지면 가정이 무너지듯이, 하나님에게서 멀어지면 그의 삶 자체가 무너져 내릴 것이라는 조언입니다. 지혜의 근원이 하나님이시기 때문에 자혜를 따르는 사람은 하나님을 알고 생명을 발견하게 될 것입니다.

지혜로운 자가 피해야 할 것들 - 주님께서 미워하시는 것(5:1 - 7:27)

네가 젊어서 맞은 아내와 더불어 즐거워하여라 - 네 길에서 음행하는 여자를 멀리 떨어져 있게 하여라. 그 여자의 집 문 가까이에도 가지 말아라. 그렇지 않으면, 네 영예가 다른 사람에게 넘어가고, 네 아까운 세월을 포학자들에게 빼앗길 것이다.

어리석고 게으른 사람아 지혜를 얻어라 - 게으른 사람아, 개미에게 가서 그들이 사는 것을 살펴보고 지혜를 얻어라. 게으른 사람아, 언제 잠에서 깨어 일어나려느냐?

주님께서 미워하시는 것, 주님께서 싫어하시는 것이 예닐곱 가지이다. 교만한 눈과 거짓말하는 혀와 무죄한 사람을 피 흘리게 하는 손과 악한 계교를 꾸미는 마음과 악한 일을 저지르려고 치닫는 발과 거짓으로 꾸며 말하는 사람과 친구 사이를 이간하는 사람이다.

음행하는 여자의 아름다움을 탐내지 말고, 남의 아내와 간통하지 말라 - 아이들아, 아버지의 명령을 지키고, 어머니의 가르침을 저버리지 말아라. 참으로 그 명령은 등불이요, 그 가르침은 빛이며, 그 훈계의 책망은 생명의 길이다. 이것이 너를 악한 여자에게서 지켜 주고, 음행하는 여자의 호리는 말에 네가 빠지지 않게 지켜 준다. 네 마음에 그런 여자의 아름다움을 탐내지 말고 그 눈짓에 홀리지 말아라. 과연 창녀는 사람을 빵 한 덩이만 남게 하며, 음란한 여자는 네 귀중한 생명을 앗아간다. 지혜에게는 "너는 내 누이"라고 말하고, 명철에게는 "너는 내 친구"라고 불러라. 그러면 그것이 너를 음행하는 여자로부터 지켜 주고, 달콤한 말로 호리는 외간 여자로부터 지켜 줄 것이다.

지혜의 근원 - 하나님에게서 오는 지혜(8:1 - 9:18)

우리의 삶 속에서 지혜를 얻을 수 있는 근원은 여러 가지가 있다. 우리를 낳으신 부모님, 가르치신 선생님, 함께 성장하는 친구, 앞서가는 선배나 멘토 그리고 여러 가지 책들을 통하여 얻을 수 있다. 그러나 가장 귀한 지혜의 근원은 하나님의 말씀인 성경이며, 그리스도 예수임을 기억하라.

지혜가 이렇게 말한다. "주님께서 일을 시작하시던 그 태초에, 주님께서 모든 것을 지으시기 전에, 이미 주님께서는 나를 데리고 계셨다. 영원 전, 아득한 그 옛날, 땅도 생기기 전에, 나는 이미 세움을 받았다. 아직 깊은 바다가 생기기도 전에, 물이 가득한 샘이 생기기도 전에, 나는 이미 태어났다. 아직 산의 기초가 생기기 전에, 언덕이 생기기 전에, 나는 이미 태어났다. 주님께서 아직 땅도 들도 만들지 않으시고, 세상의 첫 흙덩이도 만들지 않으신 때이다. 주님께서 하늘을 제자리에 두시며, 깊은 바다 둘레에 경계선을 그으실 때에도, 내가 거기에 있었다. 주님께서 구름 떠도는 창공을 저 위 높이 달아매시고, 깊은 샘물을 솟구치게 하셨을 때에, 바다의 경계를 정하시고, 물이 그분의 명을 거스르지 못하게 하시고, 땅의 기초를 세우셨을 때에, 나는 그분 곁에서 창조의 명공이 되어, 날마다 그분을 즐겁게 해 드리고, 나 또한 그분 앞에서 늘 기뻐하였다. 그분이 지으신 땅을 즐거워하며, 그분이 지으신 사람들을 내 기쁨으로 삼았다"(8:22 - 31). 이는 마치 예수님의 실존을 묘사한 듯하다. 그분은 지혜 그 자체이시기 때문이다. "여러분은 하나님의 자녀로서 그리스도 예수 안에 있습니다. 그는 우리에게 하나님으로부터 오는 지혜가 되시며, 의와 거룩함과 구원이 되셨습니다"(고전 1:30).

지혜의 부름에 응답하라 - 주님을 경외하는 것이 지혜의 근본이요, 거룩하신 이를 아는 것이 슬기의 근본이다. 나 지혜로 말미암아 네가 오래 살 것이요, 네 수명도 길어질 것이다.

지혜의 부름에 응답할 것인가? 어리석음의 부름에 응답할 것인가?

아들이 잘못된 길을 선택하고 그길로 가고자 한다면, 아버지들은 "내 아들아!"라고 조용히 불러 앉혀놓고 타이를 것입니다. 그가 가고자 하는 길에서 닥치게 될 온갖 어려움과 예상되는 도전들을 경험을 바탕으로 설명해 줄 것입니다. 마찬가지로 하나님의 음성에 귀를 기울이면, 그것이 곧 지혜의 부름에 응답하는 것이며 어리석은 길에서 만나게 될 재앙을 피하게 될 것입니다.

✝ 오늘 말씀 잠언 10:1 - 16:33

잠언
또 다른 솔로몬의 잠언(1)
인생의 나그네를 위한 대조식 조언

💡 **실마리 풀기**

"사람이 마음으로 자기의 앞길을 계획하지만, 그 발걸음을 인도하시는 분은 주님이시다"(잠 16:9)

"이것은 솔로몬의 잠언이다"로 시작하는 또 다른 잠언서는 앞의 잠언서처럼 문학적 단락을 이루지 않고, 마치 속담의 나열처럼 구성되어 있습니다. 양자택일의 대조식의 조언들은 인생을 살아가는 나그네들에게 삶의 갈림길에서 이정표를 만날 때마다, 지혜의 길을 찾아 갈 수 있도록 중요한 통찰을 제공합니다. 지금 이 순간 나에게 다가오는 조언을 찾아보시기 바랍니다.

지혜로운 아들과 지혜로운 입술(10:1 - 32)

지혜로운 아들은 아버지를 기쁘게 하지만, 미련한 아들은 어머니의 근심거리이다. 곡식이 익었을 때 거두어들이는 아들은 지혜가 있는 아들이지만, 추수 때에 잠만 자고 있으면 부끄러운 아들이다. 의인은 머리에 복을 이고 있으나, 악인은 입에 독을 머금고 있다. 의인의 입은 생명의 샘이지만, 악인의 입은 독을 머금고 있다. 의인의 수고는 생명에 이르고, 악인의 소득은 죄에 이른다. 말이 많으면 허물을 면하기 어려우나, 입을 조심하는 사람은 지혜가 있다.

의인과 악인(11:1 - 12:28)

좋은 일을 애써 찾으면 은총을 받지만, 나쁜 일을 애써 추구하면 나쁜 것을 되받는다. 의인이 받는 열매는 생명의 나무요, 폭력을 쓰는 사람은 생명을 잃는다. 의인은 집짐승의 생명도 돌보아 주지만, 악인은 자비를 베푼다고 하여도 잔인하다. 어리석은 사람은 자신의 행실만이 옳다고 여기지만, 지혜로운 사람은 충고에 귀를 기울인다. 함부로 말하는 사람의 말은 비수 같아도, 지혜로운 사람의 말은 아픈 곳을 낫게 하는 약이다. 부지런한 사람의 손은 남을 다스리지만, 게으른 사람은 남의 부림을 받는다.

지혜로운 아들딸들(13:1 - 25)

지혜로운 아들딸들은 아버지의 가르침을 듣지만, 거만한 사람은 꾸지람을 듣지 않는다. 게으른 사람은 아무리 바라는 것이 있어도 얻지 못하지만, 부지런한 사람의 마음은 바라는 것을 넉넉하게 얻는다. 지혜 있는 사람의 가르침은 생명의 샘이니, 죽음의 그물에서 벗어나게 한다. 매를 아끼는 것은 자식을 사랑하지 않는 것이다. 자식을 사랑하는 사람은 훈계를 게을리 하지 않는다.

주님을 경외하는 것이 생명의 샘이라(14:1 - 35)

주님을 경외하면 강한 믿음이 생기고, 그 자식들에게도 피난처가 생긴다. 주님을 경외하는 것이 생명의 샘이니, 죽음의 그물에서 벗어나게 한다. 가난한 사람을 억압하는 것은 그를 지으신 분을 모욕하는 것이지만, 궁핍한 사람에게 은혜를 베푸는 것은 그를 지으신 분을 공경하는 것이다. 정의는 나라를 높이지만, 죄는 민족을 욕되게 한다.

지혜가 주는 훈계(15:1 - 33)

재산이 적어도 주님을 경외하며 사는 것이, 재산이 많아서 다투며 사는 것보다 낫다. 서로 사랑하며 채소를 먹고 사는 것이, 서로 미워하며 기름진 쇠고기를 먹고 사는 것보다 낫다. 지혜로운 아들은 아버지를 기쁘게 하지만, 미련한 아들은 어머니를 업신여긴다. 훈계를 싫어하는 사람은 자기 생명을 가볍게 여기는 사람이지만, 책망을 잘 듣는 사람은 지식을 얻는 사람이다. 주님을 경외하라는 것은 지혜가 주는 훈계이다.

인도하시는 하나님(16:1 - 33)

계획은 사람이 세우지만, 결정은 주님께서 하신다. 사람의 행위는 자기 눈에는 모두 깨끗하게 보이나, 주님께서는 속마음을 꿰뚫어 보신다. 네가 하는 일을 주님께 맡기면, 계획하는 일이 이루어질 것이다. 사람이 마음으로 자기의 앞길을 계획하지만, 그 발걸음을 인도하시는 분은 주님이시다. 노하기를 더디 하는 사람은 용사보다 낫고, 자기의 마음을 다스리는 사람은 성을 점령한 사람보다 낫다. 제비는 사람이 뽑지만, 결정은 주님께서 하신다.

우리가 지혜를 얻기 위해서 이제부터 무엇을 할 수 있는가?

아들들에게 너무도 간절히 인생의 규칙과 삶의 방향을 제시하고 있는 것을 볼 때, 솔로몬은 지혜가 많은 사람이었음에도 자신의 경험에 비추어 후회되는 일들이 많았든가 봅니다. 하물며 요즘같이 변화무쌍한 시대를 사는 우리는 더 말할 것도 없겠지요. 지혜를 얻기 위하여 주님을 경외하라는 훈계는 그리스도인에게 주어진 삶의 비결입니다. 사람이 마음으로 자기의 앞길을 계획하지만, 그 발걸음을 인도하시는 분은 주님이시기 때문입니다.

6

18일

⊕ 오늘말씀 잠언 17:1 - 22:16

잠언

또 다른 솔로몬의 잠언(2)

세상에서 마땅히 걸어야 할 그 길

💡 실마리 풀기

"겸손한 사람과 주님을 경외하는 사람이 받을 보상은 재산과 영예와 장수이다"(잠 22:4)

10장 1절부터 22장 16절까지에는 〈양자택일의 대조식 조언들〉이 300여개나 들어 있다고 합니다. 가능하면 비슷한 주제를 따라 각 장이 나뉘어 있다고 생각됩니다만, 그 배열의 순서도 내용과 상관없이 무작위로 되어 있습니다. 그러나 이 조언들을 한 묶음으로 바라본다면, 성공적인 삶의 조건이 하나님을 경외하는 것과 깊은 연관이 있음을 알 수 있게 될 것입니다.

자식과 친구(17:1 - 28)

마른 빵 한 조각을 먹으며 화목하게 지내는 것이 진수성찬을 가득히 차린 집에서 다투며 사는 것보다 낫다. 도가니는 은을, 화덕은 금을 단련하지만, 주님께서는 사람의 마음을 단련하신다. 손자는 노인의 면류관이요, 어버이는 자식의 영광이다.

허물을 덮어 주면 사랑을 받고, 허물을 거듭 말하면 친구를 갈라놓는다. 사랑이 언제나 끊어지지 않는 것이 친구이고, 고난을 함께 나누도록 태어난 것이 혈육이다. 지각없는 사람 서약 함부로 하고, 남의 빚보증 잘 선다. 미련한 자식을 둔 부모는 걱정이 그칠 새가 없고, 어리석은 자식을 둔 부모는 기쁨이 없다.

미련하고 교만한 자들(18:1 - 24)

미련한 사람은 명철을 좋아하지 않으며, 오직 자기 의견만을 내세운다. 미련한 사람의 입술은 다툼을 일으키고, 그 입은 매를 불러들인다. 미련한 사람의 입은 자기를 망하게 하고, 그 입술은 올무가 되어 자신을 옭아맨다. 다 들어 보지도 않고 대답하는 것은, 수모를 받기에 알맞은 어리석은 짓이다. 송사에서는 먼저 말하는 사람이 옳은 것 같으나, 상대방이 와 보아야 사실이 밝혀진다.

지혜로운 사람들의 덕목(19:1 - 29)

거짓말을 하며 미련하게 사는 사람보다는, 가난해도 흠 없이 사는 사람이 낫다. 사람은 미련해서 스스로 길을 잘못 들고도, 마음속으로 주님을 원망한다. 집과 재물은 조상에게서 물려받은 유산이지만, 슬기로운 아내는 주님께서 주신다.

사람의 마음에 많은 계획이 있어도, 성취되는 것은 오직 주님의 뜻뿐이다. 주님을 경외하며 살면 생명을 얻는다. 그는 만족스러운 생활을 하며, 재앙을 만나지 않는다. 오만한 사람을 치면, 어수룩한 사람도 깨닫는다. 명철한 사람을 꾸짖으면, 그가 지식을 얻는다.

듣는 귀와 보는 눈, 지각 있게 말하는 입(20:1 - 30)

듣는 귀와 보는 눈, 이 둘은 다 주님께서 지으셨다. 세상에 금도 있고 진주도 많이 있지만, 정말 귀한 보배는 지각 있게 말하는 입이다. "악을 갚겠다." 하지 말아라. 주님을 기다리면, 그분이 너를 구원하신다. 사람의 발걸음은 주님으로 말미암은 것이니 사람이 어찌 자기의 길을 알 수 있겠느냐!

주님은 사람의 영혼을 환히 비추시고, 사람의 마음속 깊은 곳까지 살펴보신다. 인자와 진리가 왕을 지켜 주고, 정의가 그의 보좌를 튼튼하게 한다. 젊은이의 자랑은 힘이요, 노인의 영광은 백발이다.

주님께서 반기시는 것(21:1 - 31)

사람의 행위는 자기의 눈에는 모두 옳게 보이나, 주님께서는 그 마음을 꿰뚫어 보신다. 주님께서는 정의와 공평을 지키며 사는 것을 제사를 드리는 일보다 더 반기신다. 정의가 실현될 때에, 의인은 기뻐하고, 악인은 절망한다. 정의와 신의를 좇아서 살면, 생명과 번영과 영예를 얻는다. 악인은 온종일 탐하기만 하지만, 의인은 아끼지 않고 나누어 준다. 악인의 제물이 역겨운 것이라면, 악한 의도로 바치는 것이야 더욱 그렇지 않겠는가?

주님을 경외하는 사람이 받을 보상(22:1 - 16)

많은 재산보다는 명예를 택하는 것이 낫고, 은이나 금보다는 은총을 택하는 것이 낫다. 부유한 사람과 가난한 사람이 다 함께 얽혀서 살지만, 이들 모두를 지으신 분은 주님이시다. 겸손한 사람과 주님을 경외하는 사람이 받을 보상은 재산과 영예와 장수이다. 마땅히 걸어야 할 그 길을 아이에게 가르쳐라. 그러면 늙어서도 그 길을 떠나지 않는다.

묻고? 답하기!

내가 계획하였던 수많은 일이 주님의 뜻에 합치되는 것이었던가?

지혜의 왕, 솔로몬도 자신의 계획하였던 일들이 어긋나는 경험을 하였을 것입니다. 그래서 그는 "사람의 마음에 많은 계획이 있어도, 성취되는 것은 오직 주님의 뜻뿐이다"(19:21)라고 고백합니다. 개인적인 일, 사업들, 자식들의 진로와 집안의 크고 작은 일들을 계획할 때에 주님의 뜻을 묻고 하였던지 돌아봅니다. 과연 몇 퍼센트나 그렇게 하였는지 민망하여 얼굴이 붉어집니다.

✝ 오늘 말씀 잠언 22:17 - 24:34

또 다른 솔로몬의 잠언(3)
서른 가지 교훈

💡 실마리 풀기

"송이 꿀을 먹어라. 그것은 너의 입에 달콤할 것이다. 지혜도 너의 영혼에게는 그와 같다는 것을 알아라"(잠 24:13 - 14)

솔로몬은 고대 근동 지방에 전통적으로 알려진 서른 가지 교훈을 소개하고자 합니다. 그래서 "귀를 기울여서 〈지혜 있는 사람의 말〉을 듣고, 나의 가르침을 너의 마음에 새겨라"고 주문을 합니다. 이는 자식들이 주님을 의뢰하며 살도록 하려고 특별히 알려 주는 것이며, 자식들이 진리의 말씀을 깨달아서, 사람에게 바른 대답을 할 수 있게 하려 함이라고 설명합니다. 솔로몬은 아울러 몇 가지 추가 교훈(24:23 - 34)을 통하여, 편견에 치우친 판결을 하지 말 것이며, 거짓 증언을 해서도 안 되고 게을러서도 안 된다고 충고합니다.

내가 너에게, 건전한 충고가 담긴 서른 가지 교훈을 써 주지 않았느냐?(22:17 - 24:22)

- 1 - 가난하다고 하여 그 가난한 사람에게서 함부로 빼앗지 말고, 고생하는 사람을 법정에서 압제하지 말아라. 주님께서 그들의 송사를 맡아 주시고, 그들을 노략질하는 사람의 목숨을 빼앗으시기 때문이다.

- 2 - 성급한 사람과 사귀지 말고, 성을 잘 내는 사람과 함께 다니지 말아라. 네가 그 행위를 본받아서 그 올무에 걸려들까 염려된다.

- 3 - 이웃의 손을 잡고 서약하거나, 남의 빚에 보증을 서지 말아라. 너에게 갚을 것이 아무것도 없다면, 네가 누운 침대까지도 빼앗기지 않겠느냐?

- 7 - 부자가 되려고 애쓰지 말고, 그런 생각을 끊어 버릴 슬기를 가져라. 한순간에 없어질 재물을 주목하지 말아라. 재물은 날개를 달고, 독수리처럼 하늘로 날아가 버린다.

- 8 - 너는 인색한 사람의 상에서 먹지 말고, 그가 즐기는 맛 난 음식을 탐내지 말아라. 무릇 그 마음의 생각이 어떠하면 그의 사람됨도 그러하니, 그가 말로는 '먹고 마셔라' 하여도, 그 속마음은 너를 떠나 있다. 네가 조금 먹은 것조차 토하겠고, 너의 아첨도 헛된 데로 돌아갈 것이다.

- 11 - 훈계를 너의 마음에 간직하고, 지식이 담긴 말씀에 너의 귀를 기울여라.

- 12 - 아이 꾸짖는 것을 삼가지 말아라. 매질한다고 하여서 죽지는 않는다. 그에게 매질하는 것이, 오히려 그의 목숨을 스올에서 구하는 일이다.

- 13 - 내 아이들아, 너의 마음이 지혜로우면, 나의 마음도 또한 즐겁다. 네가 입을 열어 옳은 말을 할 때면, 나의 속이 다 후련하다.

- 14 - 죄인들을 보고 마음속으로 부러워하지 말고, 늘 주님을 경외하여라. 그러면, 너의 장

래가 밝아지고, 너의 소망도 끊어지지 않는다.

- 15 - 내 아이들아, 너는 잘 듣고 지혜를 얻어서, 너의 마음을 바르게 이끌어라.

- 16 - 너를 낳아 준 아버지에게 순종하고 늙은 어머니를 업신여기지 말아라. 너의 어버이를 즐겁게 하여라. 특히 너를 낳은 어머니를 기쁘게 하여라.

- 17 - 내 아이들아! 나를 눈여겨보고, 내가 걸어온 길을 기꺼이 따라라. 음란한 여자는 깊은 구렁이요, 부정한 여자는 좁은 함정이다. 강도처럼 남자를 노리고 있다가, 숱한 남자를 변절자로 만든다.

- 19 - 너는 악한 사람을 부러워하지 말며, 그들과 어울리고 싶어 하지도 말아라. 그들의 마음은 폭력을 꾀하고, 그들의 입술은 남을 해칠 말만 하기 때문이다.

- 21 - 지혜가 있는 사람은 힘이 센 사람보다 더 강하고, 지식이 있는 사람은 기운이 센 사람보다 더 강하다. 전략을 세운 다음에야 전쟁할 수 있고, 참모가 많아야 승리할 수 있다.

- 24 - 재난을 당할 때 낙심하는 것은, 너의 힘이 약하다는 것을 드러내는 것이다.

- 25 - 너는 죽을 자리로 끌려가는 사람을 건져 주고, 살해될 사람을 돕는데 인색하지 말아라. 그분은 각 사람의 행실대로 갚으실 것이다.

- 26 - 내 아이들아, 꿀을 먹어라. 그것은 좋은 것이다. 송이 꿀을 먹어라. 그것은 너의 입에 달콤할 것이다. 지혜도 너의 영혼에는 그와 같다는 것을 알아라. 그것을 얻으면 너의 장래가 밝아지고, 너의 소망이 끊어지지 않는다.

- 30 - 내 아이들아, 주님과 왕을 경외하고, 변절자들과 사귀지 말아라. 그들이 받을 재앙은 갑자기 일어나는 것이니, 주님이나 왕이 일으킬 재난을 누가 알겠느냐?

몇 가지 추가 교훈(24:23 - 34)

게으른 사람의 밭과 지각이 없는 사람의 포도원을 내가 지나가면서 보았더니, 거기에는 가시덤불이 널려 있고, 엉겅퀴가 지면을 덮었으며, 돌담이 무너져 있었다.

묻고? 답하기!

부자가 되려고 애쓰지 말라는 가르침을 어떻게 이해할 것인가?

솔로몬의 서른 가지 교훈 중에 부자가 되려고 애쓰지 말라는 교훈이 있습니다. 사람들은 부유하게 살게 되기를 갈망하고, 심지어 하나님께 기도까지 하면서 애를 쓰는데 말입니다. 재물은 사람들을 귀하게 만들기도 하지만 근심과 곤란을 가져다주기도 합니다. 한순간에 사라져버리기도 합니다. 부유한 사람과 가난한 사람을 만드신 분이 주님이시니, 주님을 경외하는 것에 더욱 집중하는 것이 더 유익하리라는 의미로 보면 될까요?

히스기야의 신하들이 편집한 솔로몬의 잠언

지혜란 무엇인가

💡 실마리 풀기

"많은 사람이 통치자의 환심을 사려고 하지만, 사람의 일을 판결하시는 분은 주님이시다"(잠 29:26)

〈이것도 솔로몬의 잠언으로(25:1)〉라는 표제를 보면 히스기야 시대의 신하들이 편집하기 전에 이미 솔로몬의 잠언들이 여러 형태로 회람되고 있었음을 알 수 있습니다. 편집자들은 "지혜란 이런 것"이라고 말하고자 하지만 주제들이 너무 다양하고, 이미 소개된 잠언에서 다루었던 의인과 악인, 하나님의 길과 사람의 길을 대조하는 내용이 다수 보이는 것을 알 수 있습니다.

다른 사람과의 관계에 관한 잠언들(25:1 - 26:28)

이웃과의 관계 - 이웃과 다툴 일이 있으면 그와 직접 변론만 하고, 그의 비밀을 퍼뜨리지 말아라. 거짓말로 이웃에게 불리한 증언을 하는 사람은 망치요, 칼이요, 뾰족한 화살이다. 환난을 겪을 때에 진실하지 못한 사람을 믿는 것은, 마치 썩은 이와 뼈가 부러진 다리를 의지하는 것과 같다. 마음이 상한 사람 앞에서 즐거운 노래를 부르는 것은 추운 날에 옷을 벗기는 것과 같고, 상처에 초를 붓는 것과 같다.

미련한 사람 - 미련한 사람이 어리석은 말을 할 때는 대답하지 말아라. 너도 그와 같은 사람이 될까 두렵다. 미련한 사람이나 지나가는 사람을 고용하는 것은 궁수가 닥치는 대로 사람을 쏘아대는 것과 같다.

게으른 사람 - 게으른 사람은 핑계 대기를 "길에 사자가 있다. 거리에 사자가 있다" 한다. 게으른 사람은 밥그릇에 손을 대고서도 입에 떠 넣기조차 귀찮아한다. 게으른 사람은 재치 있게 대답하는 사람 일곱보다 자기가 더 지혜롭다고 생각한다.

남의 말을 잘하는 사람 - 땔감이 다 떨어지면 불이 꺼지듯이, 남의 말을 잘하는 사람이 없어지면 다툼도 그친다. 헐뜯기를 잘하는 사람의 말은 맛있는 음식과 같아서 뱃속 깊은 데로 내려간다. 거짓말을 하는 혀는 흠 없는 사람의 원수이며, 아첨하는 사람은 자기의 신세를 망친다.

다양한 상황에 대한 사람들의 반응(27:1 - 27)

네가 너를 칭찬하지 말고, 남이 너를 칭찬하게 하여라. 칭찬은 남이 하여 주는 것이지, 자기의 입으로 하는 것이 아니다. 분노는 잔인하고 진노는 범람하는 물과 같다고 하지만, 사람의 질투를 누가 당하여 낼 수 있으랴? 친구의 책망은 아파도 진심에서 나오지만, 원수의 입맞춤은 거짓에서 나온다. 너의 친구나 너의 아버지의 친구를 저버리지 말아라. 네가 어렵다고 친척의 집을 찾아다니지 말아라. 가까운 이웃이 먼 친척보다 낫다.

내 아이들아, 지혜를 깨우치고 나의 마음을 기쁘게 하여라. 그러면 나를 비방하는 사람에게 내가 대답할 수 있겠다. 쇠붙이는 쇠붙이로 쳐야 날이 날카롭게 서듯이, 사람도 친구와 부대껴야 지혜가 예리해진다. 사람의 얼굴이 물에 비치듯이, 사람의 마음도 사람을 드러내 보인다. 도가니는 은을, 화덕은 금을 단련하듯이, 칭찬은 사람됨을 달아 볼 수 있다.

다양한 관찰과 격언들(28:1 - 29:27)

악인은 뒤쫓는 사람이 없어도 달아나지만, 의인은 사자처럼 담대하다. 율법을 버린 사람은 악인을 찬양하지만, 율법을 지키는 사람은 악인에게 대항한다. 악한 사람은 공의를 깨닫지 못하나, 주님을 찾는 사람은 모든 것을 깨닫는다. 자기의 죄를 숨기는 사람은 잘 되지 못하지만, 죄를 자백하고 그것을 끊어 버리는 사람은 불쌍히 여김을 받는다. 늘 두려워하는 마음으로 사는 사람은 복을 받지만, 마음이 완고한 사람은 재앙에 빠진다. 자기의 생각만을 신뢰하는 사람은 미련한 사람이지만, 지혜롭게 사는 사람은 구원을 받는다.

계시가 없으면 백성은 방자해지나, 율법을 지키는 사람은 복을 받는다. 말만으로는 종을 제대로 가르칠 수 없으니 다 알아들으면서도 따르지 않기 때문이다. 사람이 오만하면 낮아질 것이고, 마음이 겸손하면 영예를 얻을 것이다. 많은 사람이 통치자의 환심을 사려고 하지만, 사람의 일을 판결하시는 분은 주님이시다. 의인은 불의한 사람을 싫어하고, 악인은 정직한 사람을 싫어한다.

**묻고?
답하기!**

우리 가운데 남의 말을 잘하는 사람을 구별할 수 있는가?

자고 일어나면 오늘은 누구를 만나서 누구의 험담을 늘어놓을까 궁리하는 사람이 있습니까? 아니면 마음은 그렇지 않은데, 그 사람이 보기 싫어서 그 사람에 관한 말만 나오면 그를 험담하게 됩니까? 그 말이 거짓말만 아니라면 어떻게 말하든 무슨 상관이 있겠느냐고 생각하십니까? 더구나 주변 사람들이 맞장구를 치도록 내버려 두면서 험담을 이어갑니까? 그러나 자신의 허물은 깨닫지 못하는 사람, 바로 그런 사람이 남의 말을 잘하는 사람이며, 세상에 평지풍파를 일으키는 사람입니다.

6

잠언

21일

✝ 오늘 말씀 잠언 30:1 - 31:31

아굴과 르무엘 왕의 잠언
세상의 지혜와 현숙한 여인

💡 **실마리 풀기**

"누가 유능한 아내를 맞겠느냐? 그 값은 진주보다 더 뛰어나다"(잠 31:10)

아굴은 먼저 인간의 한계와 스스로 어리석음을 드러내고, 교만함을 질책하면서 하나님께 겸손함을 간절히 구합니다. 그리고 세상에서 일어나는 다양한 도덕적, 영적 원리들을 열거하면서 지혜를 얻게 되기를 바라고 있습니다. 한편 르무엘 왕의 어머니가 아들에게 교훈한 말씀은 주된 내용이 현숙한 아내, 유능하고 지혜로우며 착한 여인을 얻게 되기를 소망하는 것으로, 젊은 남자들에게 진정으로 돌려주고 싶은 귀한 조언이 될 것입니다.

아굴이 말한 잠언(30:1 - 33)

아굴의 각성 - 참으로 나는, 사람이라기보다는 우둔한 짐승이며, 나에게는 사람의 총명이 없다. 나는 지혜를 배우지도 못하였고, 지극히 거룩하신 분을 아는 지식도 깨우치지 못하였다.

사람들의 교만 - 하나님의 말씀은 모두 순결하며, 그분은 그를 의지하는 사람의 방패가 된다. 그 말씀에 아무것도 더하지 말아라. 그렇지 않으면 그분이 너를 책망하시고, 너는 거짓말을 하는 사람이 될 것이다.

아굴의 간구 - "주님께 두 가지 간청을 드리니, 제가 죽기 전에 그것을 이루어 주십시오. 허위와 거짓말을 저에게서 멀리하여 주시고, 저를 가난하게도 부유하게도 하지 마시고, 오직 저에게 필요한 양식만을 주십시오. 제가 배가 불러서, 주님을 부인하면서 '주가 누구냐'고 말하지 않게 하시고, 제가 가난해서, 도둑질 하거나 하나님의 이름을 욕되게 하거나, 하지 않도록 하여 주십시오."

비열한 무리들 - 아버지를 저주하며 어머니를 축복하지 않는 무리가 있다. 더러운 것을 씻지도 않고 깨끗한 체하는 무리가 있다. 눈이 심히 높아서, 눈꺼풀을 들어 올리고 남을 깔보는 무리가 있다. 이빨이 긴 칼과 같고 턱이 큰 칼과 같아서, 가난한 사람을 하나도 땅에 남기지 않고 삼키며, 궁핍한 사람을 삼켜 씨를 말리는 무리도 있다.

세상의 도덕적, 영적 원리들 - 전혀 배부른 줄 모르는 것이 셋, 만족할 줄 모르는 것 넷이 있으니, 곧 스올과 아기 못 낳는 태와 물로 갈증을 없앨 수 없는 땅과 만족하다고 말할 줄 모르는 불이다.

기이한 일이 셋, 내가 정말 이해할 수 없는 일이 넷이 있으니, 곧 독수리가 하늘을 날아간 자취와 뱀이 바위 위로 지나간 자취와 바다 위로 배가 지나간 자취와 남자가 여자와 함께하였던 자취이다.

세상을 뒤흔들 만한 일이 셋, 세상이 감당하지 못할 일이 넷이 있으니, 곧 종이 임금이 되는 것과 어리석은 자가 배불리 먹는 것과 꺼림을 받는 여자가 시집을 가는 것, 여종이 그 안주인의 자리를 이어받는 것이다.

땅에서 아주 작으면서도 가장 지혜로운 것이 넷이 있으니, 곧 힘이 없는 종류이지만 먹을 것을 여름에 예비하는 개미와 약한 종류이지만 바위틈에 자기 집을 짓는 오소리와 임금은 없으나 떼를 지어 함께 나아가는 메뚜기와 사람의 손에 잡힐 것 같은데도 왕궁을 드나드는 도마뱀이다.

르무엘 왕의 잠언, 곧 그의 어머니가 그에게 교훈한 말씀(31:1 - 31)

왕에게 주는 세 가지 조언 - 여자에게 너의 힘을 쓰지 말아라. 여자는 임금도 망하게 할 수 있으니, 여자에게 너의 길을 맡기지 말아라. 독주를 좋아하는 것은 통치자들에게 적합한 일이 아니다. 술을 마시면 법을 잊어버리고, 억눌린 사람들에게 판결을 불리하게 내릴까 두렵다. 너는 공의로운 재판을 하고, 입을 열어 억눌린 사람과 궁핍한 사람들의 판결을 바로 하여라.

유능한 아내 : 현숙한 여인의 모습 - 누가 유능한 아내를 맞겠느냐? 그 값은 진주보다 더 뛰어나다. 그의 아내는 살아 있는 동안, 오직 선행으로 남편을 도우며 해를 입히는 일이 없다. 날이 밝기도 전에 일어나서 식구들에게는 음식을 만들어 주고, 여종들에게는 일을 정하여 맡긴다. 한 손은 펴서 가난한 사람을 돕고, 다른 손은 펴서 궁핍한 사람을 돕는다. 입만 열면 지혜가 저절로 나오고, 혀만 움직이면 상냥한 교훈이 쏟아져 나온다. 집안일을 두루 살펴보고, 일하지 않고 얻은 양식은 먹는 법이 없다. 고운 것도 거짓되고 아름다운 것도 헛되지만, 주님을 경외하는 여자는 칭찬을 받는다. 아내가 손수 거둔 결실은 아내에게 돌려라. 아내가 이룬 공로가 성문 어귀 광장에서 인정받게 하여라.

아내가 생각하는 진정으로 유능하고, 지혜로운 남편은 어떤 모습일까?

아마도 그는 열심히 자기의 일을 하고, 세상 사람들로부터 잘한다고 칭찬을 들으며, 자식들을 엄한 꾸지람으로 다스리면서도 자식들에게 존경을 받는 남자일 것입니다. 아울러 아내의 맵시와 손재주를 칭찬하기에 게으르지 아니하며, 아내가 만든 음식을 맛있게 먹어치우며 더 달라고 하는 남자일 것입니다. 아내의 하소연을 잠잠히 들으며 고개를 끄덕여주는 남자일 것입니다. 아울러 그가 한 손은 펴서 가난한 사람을 돕고, 다른 손은 펴서 하나님의 뜻을 위해 헌신하는 남자였으면 더욱 좋겠습니다.

6월 22일

왕처럼 사는 법(2)
솔로몬 왕의 경험담

✝ **오늘 말씀** 전도서 2:1 - 26, 아가서 4:1 - 5:1

💡 **실마리 풀기**

"나 전도자는 예루살렘에서 왕이 되어 이스라엘을 다스리는 동안에, 하늘 아래에서 되어지는 온갖 일을 살펴서 알아내려고 지혜를 짜며 심혈을 기울였다. 괴로웠다"(전 1:12 - 13)

솔로몬 왕이 경험한 인생 - 처절한 허무함 속에서 하나님을 바라보는 자

성경에서 만날 수 있는 가장 부유한 사람, 가장 지혜로운 사람, 가장 큰 권위와 명성으로 왕권을 휘두른 사람, 그는 솔로몬입니다. 하나님께서 가장 사랑하셨던 다윗 왕의 아들, 이스라엘의 왕자로서 하나님의 축복까지 듬뿍 안고 태어났던 솔로몬이 늘그막에 자신의 인생을 이렇게 평가합니다. "원하던 것을 나는 다 얻었다. 누리고 싶은 낙은 무엇이든 삼가지 않았다. 나는 하는 일마다 다 자랑스러웠다. 이것은 내가 수고하여 얻은 나의 몫인 셈이었다. 그러나 내 손으로 성취한 모든 일과 이루려고 애쓴 나의 수고를 돌이켜보니, 참으로 세상 모든 것이 헛되고, 바람을 잡으려는 것과 같고, 아무런 보람도 없는 것이었다"(2:10 - 11).

사람이 살아가면서 스스로 해결할 수 없는 것이 세 가지 있습니다. 죄와 죽음과 허무입니다. 사람에 따라 스스로 죄가 없다고 생각하는 사람들도 있겠지만, 대부분의 사람은 양심의 가책이라는 격발점을 가지고 있습니다. 그 격발점이 눌러질 때마다 사람들은 죄를 의식하게 되지만 살아가는 동안 완전한 무죄함에 스스로 이를 수는 없습니다. 죽음의 경우에 사람들은 두려워하면서도 체념하며 살아갑니다. 하늘나라에 대한 소망을 갖지 아니한 사람들은 열심히 먹고, 놀고, 일하고, 자다가 죽음을 맞이하는데 이견이 없습니다. 그래서 솔로몬도 이렇게 고백합니다. "슬기로운 사람도 죽고 어리석은 사람도 죽는다. 그러니 산다는 것이 다 덧없는 것이다. 인생살이에 얽힌 일들이 나에게는 괴로움일 뿐이다. 모든 것이 바람을 잡으려는 것처럼 헛될 뿐이다"(2:16 - 17).

사람이 청년의 때에는 인생의 날들이 무척 길어 보입니다. 하고 싶은 일도 많고, 이루고 싶은 욕망과 꿈도 다양합니다. 그러나 나이를 먹어갈수록 주어진 시간이 총알처럼 흘러감을 느끼게 되면, 그는 점차 인생의 허무함을 느끼기 시작합니다. 그래서 자신의 인생을 돌아본 솔로몬은 이렇게 권면합니다. "젊을 때에 너는 너의 창조주를 기억하여라. 고생스러운 날들이 오고, 사는 것이 즐겁지 않다고 할 나이가 되기 전에, 해와 빛과 달과 별들이 어두워지기 전에, 먹구름이 곧 비를 몰고 오기 전에, 그렇게 하여라"(12 :1 - 2).

사람이 깊은 허무에 빠지게 된다는 것은 이제 그가 인생의 의미를 찾기 시작했다는 것을 의미합니다. 예수 그리스도라는 구원자를 알지 못했던 솔로몬은 처절한 허무 속에서 하나님을 바라봅니다(2:24). 그러나 사도 요한은 의미 있는 삶, 풍성한 삶 그리고 영원한 삶에 이르는 유일한 길, 예수 그리스도를 소개합니다. "나는 길이요, 진리요, 생명이다. 나를 거치지 않고서는, 아무도 아버지께로 갈 사람이 없다"(요 14:6). 오직 그분만이 죄와 죽음과 허무의 문제를 해결해주실 수 있기 때문입니다.

솔로몬 왕의 짜릿한 사랑의 경험담 - 달콤한 소망과 간절한 소망

아가서는 한 여인과 한 남자(솔로몬)의 낭만적이며 열정적인 사랑을 묘사하고 있습니다. 남자의 사랑을 받은 여인은 그 사랑을 고대하고 갈망하고 있습니다. 여인이 먼저 사랑을 고백합니다. "나에게 입 맞춰 주세요, 숨 막힐 듯한 임의 입술로. 임의 사랑은 포도주보다 더 달콤합니다. 나를 데려가 주세요, 어서요. 임금님, 나를 데려가세요, 임의 침실로"(1:2 - 4). 듣기만 하여도 얼굴이 붉어지고, 가슴이 뛰기 시작합니다. 남자가 이렇게 화답합니다. "나의 누이, 나의 신부야! 달콤한 그대의 사랑, 그대의 사랑은 포도주보다 더 나를 즐겁게 한다. 그대가 풍기는 향내보다 더 향기로운 향기름이 어디 있느냐"(4:10). 연인들은 곧 맞이하게 될 희열과 쾌락의 절정을 기다립니다. 무엇인가 느끼고 경험할 수 있다는 기대는 너무도 강렬하게 그들을 들뜨게 합니다. 그러한 기대와 갈망은 달콤한 소망을 심어줍니다. 그 기대가 실현되고 또 다른 소망이 새롭게 솟아오를 때 그들의 마음은 하늘을 나는듯 할 것입니다.

남녀 간의 사랑은 하나님께서 사람들에게 주신 첫 번째 축복입니다. 하나님께서 첫 번째 결혼식을 인도하셨으며(창 2장), 예수님도 결혼식장에서 첫 번째 기적을 행하셨습니다(요 2장). 그 사랑을 통하여 하나님의 사랑을 맛볼 수 있게 되길 원하셨기 때문입니다. 사도 바울은 부부간의 사랑에 대하여 이렇게 말합니다. "아내는 교회가 그리스도께 순종하듯이 모든 일에 남편에게 순종해야 하며, 남편은 아내를 사랑하기를 그리스도께서 교회를 사랑하셔서 교회를 위하여 자신을 내주심 같이 하라"(엡 5:21 - 25). 자신을 내주심이란 사랑하는 사람을 위하여 목숨까지도 기꺼이 희생할 수 있다는 것입니다. 과연 부부지간에 이러한 사랑이 가능할까요?

사도 요한은 영적 전쟁의 마무리를 혼인 잔치에의 초대로 표현합니다. '할렐루야 시편(시 146 - 150편)'을 인용하여 우리를 성찬식으로 초대합니다. "할렐루야, 주 우리 하나님, 전능하신 분께서 왕권을 잡으셨다. 기뻐하고 즐거워하며, 하나님께 영광을 돌리자. 어린 양의 혼인날이 이르렀다. 그의 신부는 단장을 끝냈다"(계 19:6 - 8). 우리의 삶 속에서 경험하는 남녀 간의 사랑이 주는 달콤한 소망과 예수님의 사랑이 주는 하늘나라에 대한 간절한 소망을 비교할 수는 없습니다. 하지만 아가서는 연인과의 사랑을 통해서 하나님께서 그의 아들과 누리던 사랑 그리고 예수님께서 목숨까지도 내주신 우리를 향한 사랑의 풍성함을 조금이라도 맛보게 되기를 바라는 솔로몬 왕의 짜릿한 경험담입니다.

✝ 오늘 말씀 전도서 1:1 - 6:12

전도서

헛됨의 논증
인생과 수고의 의미

💡 **실마리 풀기**

"사람이 세상에서('해 아래에서') 아무리 수고한들, 무슨 보람이 있는가?"(전 1:3)

다윗의 아들 솔로몬이 장담하기를 "지혜와 지식을 쌓는 일에서, 나보다 더 많은 경험을 한 사람은 없다"(1:16)고 하면서, "나 전도자는 예루살렘에서 왕이 되어 이스라엘을 다스리는 동안에, 하늘 아래에서 되어지는 온갖 일을 살펴서 알아내려고 지혜를 짜며 심혈을 기울였다"(1:12 - 13)고 고백합니다. 그러나 그의 결론은 모든 것이 "헛되고 헛되다. 모든 것이 헛되다"(1:2))였습니다. 왜일까요?

전도서의 주제(1:1 - 11) - 모든 것이 헛되다

헛되고 헛되다. 헛되고 헛되다. 모든 것이 헛되다. 사람이 세상에서('해 아래에서') 아무리 수고한들 무슨 보람이 있는가? 한 세대가 가고, 또 한 세대가 오지만 세상은 언제나 그대로다.

인생의 허무함 - 사람이 죽은 다음에(1:12 - 4:3)

지혜의 헛됨 - 지혜가 많으면 번뇌도 많고, 아는 것이 많으면 걱정도 많더라.

즐거움과 성취의 헛됨 - 원하던 것을 나는 다 얻었다. 누리고 싶은 낙은 무엇이든 삼가지 않았다. 나는 하는 일마다 다 자랑스러웠다. 이것은 내가 수고하여 얻은 나의 몫인 셈이었다. 그러나 내 손으로 성취한 모든 일과 이루려고 애쓴 나의 수고를 돌이켜보니, 참으로 세상 모든 것이 헛되고, 바람을 잡으려는 것과 같고, 아무런 보람도 없는 것이었다.

수고의 헛됨 - 세상에서 내가 수고하여 이루어 놓은 모든 것을 내 뒤에 올 사람에게 물려줄 일을 생각하면 억울하기 그지없다. 뒤에 올 그 사람이 슬기로운 사람일지, 어리석은 사람일지, 누가 안단 말인가? 하나님이, 마음에 드는 사람에게는 슬기와 지식과 기쁨을 주시고, 눈 밖에 난 죄인에게는 모아서 쌓는 수고를 시켜서, 그 모은 재산을 하나님 마음에 드는 사람에게 주시니, 죄인의 수고도 헛되어서 바람을 잡으려는 것과 같다.

모든 일에는 다 때가 있다 - 세상에서 일어나는 일마다 알맞은 때가 있다. 이제 나는 깨닫는다. 기쁘게 사는 것, 살면서 좋은 일을 하는 것, 사람에게 이보다 더 좋은 것이 무엇이랴! 사람이 먹을 수 있고, 마실 수 있고, 하는 일에 만족을 누릴 수 있다면, 이것이야말로 하나님이 주신 은총이다. 이제 나는 알았다. 하나님이 하시는 모든 일은 언제나 한결같다. 거기에다가는 보탤 수도 없고 뺄 수도 없다. 하나님이 이렇게 하시니 사람은 그를 두려워할 수밖에 없다.

그리하여 나는, 사람에게는 자기가 하는 일에서 보람을 느끼는 것보다 더 좋은 것은 없다는 것을 알았다. 그것은 곧 그가 받은 몫이기 때문이다.

(후렴) 사람이 죽은 다음에, 그에게 일어날 일들을 누가 그를 데리고 다니며 보여 주겠는가?

온갖 성취와 재물의 허무함 - 마침내는 둘 다 같은 곳으로 가지 않는가!(4:4 - 6:12)

즐거움과 성취의 헛됨 - 온갖 노력과 성취는 바로 사람끼리 갖는 경쟁심에서 비롯되는 것임을 나는 깨달았다. 그러나 이 수고도 헛되고, 바람을 잡으려는 것과 같다. 걱정이 많으면 꿈이 많아지고, 말이 많으면 어리석은 소리가 커진다. 꿈이 많으면 헛된 것이 많고, 말이 많아도 그러하다. 오직 너는, 하나님 두려운 줄만 알고 살아라.

부유함의 헛됨 - 돈 좋아하는 사람은, 돈이 아무리 많아도 만족하지 못하고, 부를 좋아하는 사람은, 아무리 많이 벌어도 만족하지 못하니, 돈을 많이 버는 것도 헛되다. 그렇다. 우리의 한평생이 짧고 덧없는 것이지만, 하나님이 우리에게 허락하신 것이니, 세상에서 애쓰고 수고하여 얻은 것으로 먹고 마시고 즐거워하는 것이 마땅한 일이요, 좋은 일임을 내가 깨달았다! 이것은 곧 사람이 받은 몫이다. 하나님은 이처럼, 사람이 행복하게 살기를 바라시니, 덧없는 인생살이에 크게 마음 쓸 일이 없다. 비록 사람이 천 년씩 두 번을 산다고 해도, 자기 재산으로 즐거움을 누리지도 못하면 별수 없다. 마침내는 둘 다 같은 곳으로 가지 않는가!

그림자처럼 지나가는 짧고 덧없는 삶의 헛됨 - 그림자처럼 지나가는 짧고 덧없는 삶을 살아가는 사람에게, 무엇이 좋은지를 누가 알겠는가?

(후렴) 사람이 죽은 다음에, 세상에서 일어날 일들을 누가 그에게 말해 줄 수 있겠는가?

묻고? 답하기!

온갖 지혜와 온갖 경험을 쌓았던 솔로몬은 왜 인생이 허무하다고 하는가?

사람들은 자기가 하는 일에서 보람을 느끼는 것, 세상에서 애쓰고 수고하여 얻은 것으로 먹고 마시고 즐거워하는 것이 인생에 의미가 있다고 생각합니다. 그러나 그 누구라도 마침내 죽음이 눈앞에 다가옴을 느끼게 되면 "인생이 무슨 의미가 있는가?"하고 하소연하게 되어 있습니다. 그러나 우리는 죄와 허무함과 죽음조차 극복할 기회를 제공하여 주신, 예수 그리스도의 공로에 의지하여 인생의 진정한 의미를 찾을 수 있게 되었음을 감사해야 합니다.

24일

✝ 오늘 말씀 전도서 7:1 - 9:12

헛됨 속에서의 삶
이해할 수 없는 날들을 위한 권면

💡 실마리 풀기

"살아 있는 사람은 누구나 죽는다는 것을 명심하여야 한다"(전 7:2)

성경의 수많은 가르침 중에 단 한 가지만이라도 가슴에 품고 살아간다면 전혀 그렇게 할 수 없는 경우임에도, 세상 사람들은 남들이 모두 보는 앞에서 버젓이 탐욕을 부리고, 주변 사람들에게 상처를 줍니다. 지혜가 아무리 많은 사람도 자신이 언젠가 죽을 것이라는 사실을 잊고 살아갑니다.

전도자는 세상에서('해 아래에서') 모든 수고가 헛되며 그저 시간만 흘러갈 뿐이라고 말하였지만, 그렇게 덧없는 삶 속에서 그래도 우리가 추구하고 의지해야 할 것이 오직 지혜임을 가르치고자 합니다. 그러나 지혜는 아는 것만이 아니라, 지혜를 따라 살아가는 것이 더 중요합니다.

헛됨 속에서의 지혜로운 삶 - 살아 있는 사람은 누구나 죽는다(7:1 - 8:1)

어리석음보다 지혜로움이 더 낫다 - 살아 있는 사람은 누구나 죽는다는 것을 명심하여야 한다. 지혜는 유산을 받는 것만큼이나 좋은 것이니, 이 세상에서 살면서 그 덕을 보기 때문이다. 돈이 사람을 보호하듯 지혜도 사람을 보호한다. 그러나 지혜를 깨우쳐 아는 지식이 더 좋은 까닭은 지혜가 그 사람의 목숨을 살려 주기 때문이다.

그러면 어떤 사람이 지혜 있는 사람인가? - 지혜라는 것이 무엇인지 너무도 멀고 깊으니, 누가 그것을 알 수 있겠는가? 어떤 사람이 지혜 있는 사람인가? 사물의 이치를 아는 사람이 누구인가? 지혜는 사람의 얼굴을 밝게 하고 굳은 표정을 바꾸어 준다.

이해할 수 없는 세상일들 - 죽은 사람은 아무것도 모른다(8:2 - 9:12)

무슨 일이 일어날지 아무도 모른다 - 앞으로 일어날 일을 말하여 줄 수 있는 사람이 누구인가? 바람을 다스려 그치게 할 수 있는 사람이 없듯이, 자기가 죽을 날을 피하거나 연기시킬 수 있는 사람도 없다. 전쟁이 일어나면 벗어날 사람이 없듯이, 악은 행악자를 놓아주지 않는다. 나는 이 세상('해 아래')에서 벌어지는 모든 일을 살펴보다가, 이 세상에는 권력 쥔 사람 따로 있고 그들에게 고통받는 사람 따로 있음을 알았다.

이 세상에서 헛된 일이 벌어지고 있다. 악한 사람이 받아야 할 벌을 의인이 받는가 하면, 의인이 받아야 할 보상을 악인이 받는다. 이것을 보고, 나 어찌 헛되다고 말하지 않을 수 있겠는가?

아무도 이 세상에서 이루어지는 일을 이해할 수는 없다 - 하나님이 하시는 모든 일을 두고서 나는 깨달은 바가 있다. 그것은 아무도 이 세상에서 이루어지는 일을 이해할 수는 없다는 것이다. 그 뜻을 찾아보려고 아무리 애를 써도 사람은 그 뜻을 찾지 못한다. 혹 지혜 있는 사람이 안다고 주장할지도 모르지만, 그 사람도 정말 그 뜻을 알 수는 없다. 내가 깨달은 것은, 의로운 사람들과 지혜로운 사람들이 하는 일을 하나님이 조종하신다는 것, 그들의 사랑과 미움까지도 하나님이 조종하신다는 것이다. 사람은 아무도 자기 앞에 놓여 있는 일을 알지 못한다.

죽을 수밖에 없는 인간에게 주는 권면 - 모두가 같은 운명을 타고났다. 의인이나 악인이나, 착한 사람이나 나쁜 사람이나, 깨끗한 사람이나 더러운 사람이나, 제사를 드리는 사람이나 드리지 않은 사람이나 다 같은 운명을 타고났다.

(후렴) 살아 있는 사람은, 자기가 죽을 것을 안다. 그러나 죽은 사람은 아무것도 모른다. 지금은 하나님이 네가 하는 일을 좋게 보아 주시니, 너는 가서 즐거이 음식을 먹고, 기쁜 마음으로 포도주를 마셔라. 너는 언제나 옷을 깨끗하게 입고, 머리에는 기름을 발라라. 너의 헛된 모든 날, 하나님이 세상에서 너에게 주신 덧없는 모든 날에 너는 너의 사랑하는 아내와 더불어 즐거움을 누려라. 그것은 네가 사는 동안에, 세상에서 애쓴 수고로 받는 몫이다. 네가 어떤 일을 하든지, 네 힘을 다해서 하여라.

(후렴) 네가 들어갈 무덤 속에는, 일도 계획도 지식도 지혜도 없다.

빠르다고 해서 달리기에서 이기는 것은 아니며, 용사라고 해서 전쟁에서 이기는 것도 아니더라. 지혜가 있다고 해서 먹을 것이 생기는 것도 아니며, 총명하다고 해서 재물을 모으는 것도 아니며, 배웠다고 해서 늘 잘되는 것도 아니더라. 불행한 때와 재난은 누구에게나 닥친다. 사람은, 그런 때가 언제 자기에게 닥칠지 알지 못한다.

솔로몬은 죽을 수밖에 없는 사람들에게 어떠한 권면을 하고 있는가?

솔로몬은 세상의 모든 쾌락과 권력을 맛보았으며, 그의 명성은 하늘을 찌를 듯하였습니다. 그러나 '해 아래에서' 그가 추구한 그 어떤 것도 만족을 주지 못하였습니다. 살아 있는 사람은 누구나 죽는다는 것을 깨달았기 때문입니다. 세상에 어떤 일이 일어날 지 알 수도 없고, 이해할 수도 없기 때문입니다. 그래서 솔로몬은 사는 날 동안 지혜를 추구하라고 권하다가, 다시 사는 날 동안 즐거움을 누릴 것을 권유합니다. 그의 이러한 횡설수설은 그에게 하나님의 진정한 뜻을 헤아릴 수 있도록 돕는 중재자가 없었기 때문입니다. 다시금 우리를 구원하신 하나님 아버지께 감사와 찬양을 드립니다.

✝ 오늘 말씀 전도서 9:13 - 12:14

헛됨 속에서 얻어낸 진리

하나님을 경외하는 삶

💡 실마리 풀기

"하나님을 두려워하여라. 그분이 주신 계명을 지켜라"(전 12:13)

전도자 솔로몬은 서론에서 모든 것이 "헛되고 헛되다. 모든 것이 헛되다"고 하였습니다. 하나님께서 계시지 않는 삶, 하나님의 지혜에 의지하지 않는 삶 그리고 하나님께서 기억하시지 않는 삶이 얼마나 허무한 것인지 알려준 것입니다. 솔로몬은 사람의 수고와 노력이 무의미하며, 재물을 쌓아두는 것도 무의미하며, 우리 인생에 일어나는 모든 일에는 때가 있고 기한이 있으나, 우리는 그때와 기한을 알 수 없다고 하였습니다. 전도서를 읽으면서 단락마다 눈에 띄는 후렴구는 "사람이 죽은 다음에는 모든 일이 무슨 의미가 있는가" 하는 것입니다. 그렇습니다. 사람들이 추구하는 모든 것들은 그가 죽으면 아무 의미가 없습니다. 인생을 그저 먹고, 마시고 배설하다가 저세상으로 갈 뿐입니다. 그래서 전도자, 솔로몬은 젊은이들에게 이렇게 권면합니다. "젊을 때에 너는 너의 창조주를 기억하여라..... 하나님을 두려워하여라. 그분이 주신 계명을 지켜라"(12:1, 13). 이것이 허무한 삶을 의미 있게 살아가는 유일한 방편이라는 것입니다.

지혜로운 사람과 어리석은 사람 - 무슨 일이 일어날지 아는 사람(9:13 - 10:20)

나는 세상에서 지혜로운 사람이 겪는 일을 보고서, 큰 충격을 받은 적이 있다. 나는 늘 "지혜가 무기보다 낫다"고 말해 왔지만, 가난한 사람의 지혜가 멸시받는 것을 보았다. 지혜로운 사람의 마음은 옳은 일 쪽으로 기울고, 어리석은 사람의 마음은 그릇된 일 쪽으로 기운다.

내가 세상(히, '해 아래')에서 본 잘못된 일 또 하나는, 역시 통치자에게서 볼 수 있는 크나큰 허물이다. 어리석은 사람을 높은 자리에 앉히고, 존귀한 사람을 낮은 자리에 앉히는 것이다. 지혜로운 사람은 말을 해서 덕을 보고, 어리석은 사람은 제 입으로 한 말 때문에 망한다.

(후렴) 무슨 일이 일어날지 아는 사람은 없다. 앞으로 일어날 일을 말해 줄 수 있는 사람이 누구인가?

그럼 우리는 이제 어떻게 살아야 하는가? - 너의 창조주를 기억하여라(11:1 - 12:8)

아침에 씨를 뿌리고, 저녁에도 부지런히 일하여라 - 어떤 것이 잘 될지, 이것이 잘 될지 저것이 잘 될지, 아니면 둘 다 잘 될지를 알 수 없기 때문이다.

젊은이여, 젊을 때 너는 너의 창조주를 기억하여라 - 젊은이여, 젊을 때 젊은 날을 즐겨라. 네 마음과 눈이 원하는 길을 따라라. 다만, 네가 하는 이 모든 일에 하나님의 심판이 있다는 것만은 알아라. 네 마음의 걱정과 육체의 고통을 없애라. 혈기왕성한 청춘은 덧없이 지나가기 때문이다. 젊을 때 너는 너의 창조주를 기억하여라. 고생스러운 날들이 오고, 사는 것이 즐겁지 않다고 할 나이가 되기 전에, 해와 빛과 달과 별들이 어두워지기 전에, 먹구름이 곧 비를 몰고 오기 전에 그렇게 하여라.

결론 : 하나님을 두려워하고 그분이 주신 계명을 지켜라(12:9 - 14)

"할 말은 다 하였다. 결론은 이것이다. 하나님을 두려워하여라. 그분이 주신 계명을 지켜라. 이것이 바로 사람이 해야 할 의무다. 하나님은 모든 행위를 심판하신다. 선한 것이든 악한 것이든 모든 은밀한 일을 다 심판하신다"(12:13 - 14).

시가서와 예수 그리스도

우리는 욥기를 통하여 전능하신 하나님을 뵈었고, 시편을 통하여 구원자이신 하나님을 의지하여야 함을 알았으며, 전도서를 통하여 삶의 의미를 찾아보게 되었습니다. 예수님께서 기도하실 때에 이렇게 말씀하셨습니다. "영생은 오직 한 분이신 참 하나님을 알고, 또 아버지께서 보내신 예수 그리스도를 아는 것입니다"(요 17:3). 이 땅에 아직 예수 그리스도께서 오시지 않았을 때 솔로몬과 같은 지혜자들은 오직 하나님을 두려워하고, 그분의 계명을 지키라고 하였으나, 하나님의 존재를 알지 못하는 이방인들에게는 아무런 의미가 없었을 것입니다. 그러나 예수 그리스도가 이 땅에 오셔서 하나님의 뜻을 이루신 후에, 우리 이방인들은 하나님을 알고 하나님의 말씀을 듣게 되었습니다. 예수 그리스도는 우리에게 참된 진리와 참된 지혜를 알게 하신 분이십니다.

묻고? 답하기!

나는 하나님을 기억하고, 두려워하며 주님의 계명을 지키고 있는가?

솔로몬은 "앞으로 일어날 일을 말해 줄 수 있는 사람이 누구인가?"라고 반문합니다. 그러나 우리는 예수님께 앞길을 보여 달라고 기도합니다. 예수님께서 "사람이 온 세상을 얻고도 제 목숨을 잃으면, 무슨 이득이 있겠느냐?" (마 16:26) 라고 하시며, 영원한 생명을 얻고자 하거든 누구든지 자기를 부인하고, 제 십자가를 지고 따라오라고 하셨습니다. 나는 나의 죄와 허무함과 죽음을 이길 수 있도록 도우시는 주 하나님을 기억하고 두려워하면서, 또 그 말씀을 지키면서 예수님을 따라 살고자 합니다.

✝ 오늘 말씀 아가서 1:1 - 5:1

사랑의 시작과 절정

연애 그리고 결혼

💡 **실마리 풀기**

"나의 누이, 나의 신부야! 달콤한 그대의 사랑, 그대의 사랑은 포도주보다 더 나를 즐겁게 한다" (아 4:10)

신학자들 가운데는 아가서가 이스라엘 백성(또는 교회)에 대한 하나님의 사랑을 가르치기 위한 은유적 저술이라는 관점만을 고집하는 사람들도 있습니다. 남녀의 사랑 표현을 통하여 하나님의 신부인 교회를 향한 사랑의 애틋한 감정을 느껴보는 것으로도 신학적 의미를 부여할 수 있기 때문입니다.

그러나 하나님께서 남자와 여자를 만드셨으며, 둘이 하나 되어 생육하고 번성하라고 명령하신 것을 기억한다면, 성경에 부부간의 사랑에 관한 책이 있다는 것은 그리 놀라운 일이거나, 경망스러운 일이 아니라고 생각합니다. 남녀 간의 짜릿한 사랑을 느껴보지 않고 어찌 하나님의 사랑을 안다고 할 수 있겠습니까. 〈아가서〉는 남녀의 사랑을 간절하고 절절하게 느껴보길 원하시는 하나님의 위트입니다. 하나님의 사랑도 그와 같음을 보여주시고자 하는 메시지입니다.

사랑의 시작 - 연인들의 사랑 고백(1:1 - 2:7)

(여) 나에게 입 맞춰 주세요, 숨 막힐 듯 한 임의 입술로. 임의 사랑은 포도주보다 더 달콤합니다. 나를 데려가 주세요, 어서요. 임금님, 나를 데려가세요, 임의 침실로.

(남) 아름다워라, 나의 사랑. 아름다워라, 비둘기 같은 그 눈동자.

(여) 나의 사랑, 멋있어라. 나를 이렇게 황홀하게 하시는 그대! 우리의 침실은 푸른 풀밭이라오. 나는 샤론의 수선화, 골짜기에 핀 나리꽃이라오.

(남) 가시덤불 속에 핀 나리꽃, 아가씨들 가운데서도 나의 사랑 그대가 바로 그렇소.

(여) 숲속 잡목 사이에 사과나무 한 그루, 남자들 가운데서도 나의 사랑, 임이 바로 그렇다오.

사랑의 진행 - 연인들의 만남(2:8 - 17)

(여) 아, 사랑하는 임의 목소리! 저기 오는구나. 산을 넘고 언덕을 넘어서 달려오는구나. 사랑하는 나의 임은 노루처럼, 어린 사슴처럼 빠르구나. 벌써 우리 집 담 밖에 서서 창틈으로 기웃거리며, 창살 틈으로 엿보는구나. 아, 사랑하는 이가 나에게 속삭이네.

(남) 나의 사랑 그대, 일어나오. 나의 어여쁜 그대, 어서 나오오. 일어나 나오오. 사랑하는 임이여! 나의 귀여운 그대, 어서 나오오. 바위틈에 있는 나의 비둘기여, 낭떠러지 은밀한 곳에 숨은 나의 비둘기여, 그대의 모습, 그 사랑스러운 모습을 보여 주오.

사랑의 모습 - 꿈에서도 그리워하는 연인(3:1 - 5)

나는 잠자리에서 밤새도록 사랑하는 나의 임을 찾았지만, 아무리 찾아도 그를 만나지 못하였다. 드디어 사랑하는 나의 임을 만났다. 놓칠세라 그를 꼭 붙잡고, 나의 어머니의 집으로 데리고 갔다. 어머니가 나를 잉태하던 바로 그 방으로 데리고 갔다.

후렴 "예루살렘의 아가씨들아, 우리가 마음껏 사랑하기까지는 제발, 흔들지도 말고 깨우지도 말아다오"(2:7, 3:5, 8:4).

사랑의 완성 - 결혼하는 연인들의 찬사(3:6 - 5:1)

(여) 거친 들을 헤치며, 연기 치솟듯 올라오는 저 사람은 누구인가? 몰약과 유향 냄새 풍기며, 장사꾼들이 가지고 있는 온갖 향수 냄새 풍기며 오는구나. 아, 솔로몬이 탄 가마로구나.

예루살렘의 아가씨들아, 시온의 딸들아, 나와서 보아라. 솔로몬 왕이다. 그가 결혼하는 날, 그의 마음이 한껏 즐거운 날, 어머니가 씌워 준 면류관을 쓰고 계시네.

(남) 나의 누이, 나의 신부야! 오늘 나 그대에게 마음을 빼앗기고 말았다. 그대의 눈짓 한 번 때문에, 목에 걸린 구슬 목걸이 때문에, 나는 그대에게 마음을 빼앗기고 말았다. 나의 누이, 나의 신부야! 달콤한 그대의 사랑, 그대의 사랑은 포도주보다 더 나를 즐겁게 한다. 그대가 풍기는 향내보다 더 향기로운 향 기름이 어디 있느냐!

나의 신부야, 그대의 입술에서는 꿀이 흘러나오고, 그대의 혀 밑에는 꿀과 젖이 고여 있다. 그대의 옷자락에서 풍기는 향내는 레바논의 향기와 같다. 나의 누이, 나의 신부야! 나의 동산으로 내가 찾아왔다. 몰약과 향료를 거두고, 꿀과 꿀 송이를 따먹고, 포도주와 젖도 마셨다. 먹어라, 마셔라, 친구들아! 사랑에 흠뻑 취하여라.

아침에 눈을 뜨면서부터 밤에 잠자리에 들 때까지 그리워해 보았습니까?

두 사람의 사랑은 이미 시작되었습니다. 한순간도 서로를 잊지 않고 그리워하면서 사랑의 노래를 부릅니다. 꿈속에서도 그리움 때문에 방황하면서 예루살렘의 아가씨들에게 "우리가 마음껏 사랑하기까지는, 흔들지도 말고 깨우지도 말아다오"하며 부탁합니다. 결국, 신랑은 신부에게 마음뿐만 아니라 육체적인 결합을 끌어내고 있습니다. 주님이 허락하신 이와 같은 사랑을 언제 해 보았습니까?

6 27일

🔖 오늘 말씀 아가서 5:2 - 8:14

아가서

사랑의 갈등과 해결

진정한 사랑의 찬가

💡 **실마리 풀기**

"사랑은 죽음처럼 강한 것, 사랑의 시샘은 저승처럼 잔혹한 것, 사랑은 타오르는 불길"(아 8:6)

신부가 다시 꿈속에서 방황합니다. 사랑하는 신랑과 다툼 끝에 문을 잠가버리고, 신랑은 문을 두드리다가 어디론가 가버렸습니다. 그러자 신부는 잘생긴 미남 신랑을 찾아 밤길을 헤맵니다. 결국, 신랑의 변함없는 고백에 신부는 화답하며 사랑의 찬가를 부릅니다. 일반적으로 연인들은 사랑하기 때문에 결혼을 합니다. 그러나 막상 결혼하게 되면 결혼이 그렇게 만만하고 간단한 과정이 아니라는 것을 곧 알게 됩니다. 자라온 환경이 다르고, 그동안 영향을 받아온 주변 인물들이 다르고, 그들의 성품과 추구하는 바도 다릅니다. 그런 가운데 신랑과 신부는 갈등을 겪게 되어 있습니다. 과연 살아가는 동안 그 갈등을 해결해 가며 진정한 사랑의 찬가를 부를 수 있을까요?

사랑의 갈등 - 꿈에서도 신랑을 찾는 신부(5:2 - 6:3)

나는 자고 있었지만, 나의 마음은 깨어 있었다. 저 소리, 나의 사랑하는 이가 문을 두드리는 소리. "문 열어요! 나의 누이, 나의 사랑, 티 없이 맑은 나의 비둘기! 머리가 온통 이슬에 젖고, 머리채가 밤이슬에 흠뻑 젖었소." 사랑하는 이를 맞아들이려고 문을 열었지. 그러나 나의 임은 몸을 돌려 가 버리네. 임의 말에 넋을 잃고 그를 찾아 나섰으나, 가버린 그를 찾을 수 없네. 불러도 대답이 없네.

신랑을 찾아 나선 신부가 이렇게 묘사한다. "나의 임은 깨끗한 살결에 혈색 좋은 미남이다. 만인 가운데 으뜸이다. 머리는 정금이고, 곱슬 거리는 머리채는 까마귀같이 검다...... 그는 레바논처럼 늠름하고, 백향목처럼 훤칠하다. 그의 입속은 달콤하고, 그에게 있는 것은 모두 사랑스럽다. 예루살렘의 아가씨들아, 이 사람이 바로 나의 임, 나의 친구이다"(5:10 - 11, 15 - 16).

변함없는 신랑의 고백 - 어여쁜 신부에게(6:4 - 7:9a)

"나의 사랑 그대는 디르사처럼 어여쁘고, 예루살렘처럼 곱고, 깃발을 앞세운 군대처럼 장엄하구나. 그대의 눈이 나를 사로잡으니, 그대의 눈을 나에게서 돌려다오. 그대의 머리채는 길르앗 비탈을 내려오는 염소 떼 같구나. 그대의 이는 털 깎으려고 목욕하고 나오는 암양 떼 같이 희구나. 저마다 짝이 맞아서 빠진 것이 하나도 없구나. 너울 속 그대의 볼은 반으로 쪼개어 놓은 석류 같구나"(6:4 - 7).

"오 나의 사랑, 나를 기쁘게 하는 여인아, 그대는 어찌 그리도 아리땁고 고운가? 그대의 늘씬한 몸매는 종려나무 같고, 그대의 가슴은 그 열매 송이 같구나. 이 종려나무에 올라가 가지들을 휘어잡아야지. 그대의 가슴은 포도송이, 그대의 코에서 풍기는 향내는 능금 냄새, 그대의 입은 가장 맛 좋은 포도주"(7:6 - 9).

화답하는 신부의 고백 - 간절하게 피어나는 사랑(7:9b - 8:4)

잇몸과 입술을 거쳐서 부드럽게 흘러내리는 이 포도주를 임에게 드려야지. 나는 임의 것, 임이 그리워하는 사람은 나. 임이여, 가요. 우리 함께 들로 나가요. 나무숲 속에서 함께 밤을 보내요. 이른 아침에 포도원으로 함께 가요. 포도 움이 돋았는지, 꽃이 피었는지, 석류꽃이 피었는지, 함께 보러 가요. 거기에서 나의 사랑을 임에게 드리겠어요. 자귀나무가 향기를 내뿜어요. 문을 열고 들어오면 온갖 열매 다 있어요. 햇것도 해묵은 것도, 임이여, 내가 임께 드리려고 고이 아껴 둔 것들이라오. 임께서 왼팔로는 나의 머리를 고이시고, 오른팔로는 나를 안아 주시네.

후렴 "예루살렘의 아가씨들아, 우리가 마음껏 사랑하기까지는 제발, 흔들지도 말고 깨우지도 말아 다오"(2:7, 3:5, 8:4).

부부의 대화 - 진정한 사랑의 찬가(8:5 - 14)

(신부) 도장 새기듯, 임의 마음에 나를 새기세요. 도장 새기듯, 임의 팔에 나를 새기세요. 사랑은 죽음처럼 강한 것, 사랑의 시샘은 저승처럼 잔혹한 것, 사랑은 타오르는 불길, 아무도 못 끄는 거센 불길입니다. 바닷물도 그 사랑의 불길 끄지 못하고, 강물도 그 불길 잡지 못합니다.

(신랑) 동산 안에서 사는 그대, 동무들이 귀를 기울이니 그대의 목소리를 들려주오.

(신부) 임이여, 노루처럼 빨리 오세요. 향내 그윽한 이 산의 어린 사슴처럼, 빨리 오세요.

묻고? 답하기!

결혼한 부부에게 수시로 닥쳐오는 시련은 무슨 의미가 있을까?

결혼한 부부에게 가장 현실적인 조언을 하는 〈화성에서 온 남자 금성에서 온 여자〉라는 책이 있습니다. '교감'을 원하는 여성과 '무언가를 성취하는 것'을 즐기는 남성이 만나서 평생을 다툼 한 번 없이 살아간다는 것은 있을 수 없는 일이겠지요. 수많은 조언이 있겠지만, 부부간의 다툼과 시련은 결과적으로 서로를 성숙하게 만드는 과정이 되어야 합니다. 나이가 들어 서로를 더욱 의지하면서 살려면 말입니다.

6월 28일

첫 번째 "표준적인 예언의 메시지"
경고와 회개에의 촉구와 그 이유

✝ 오늘 말씀 이사야 1:2 - 20

💡 실마리 풀기

"이것도 만군의 주님께서 가르쳐 주신 것이다. 주님의 모략은 기묘하며, 지혜는 끝없이 넓다"(사 28:29)

예언서의 이해 - 세 가지 "표준적인 메시지"

소설 같은 역사서와 의미심장한 시가서를 읽고 나면 예언서라는 거대한 장벽을 만나게 됩니다. 그 예언서는 암울하고 재미없는 이야기들로 가득 차 있으며, 심판과 용서의 언급이 수시로 반복되어, 읽는 이들이 정신을 혼란하게 합니다. 심판의 대상도 이스라엘과 유다 그리고 주변 나라들이 복합적으로 지목되고 있으며, 회복의 약속도 이스라엘뿐만 아니라 온 세상을 향하고 있으므로 더욱 이해하기가 곤란합니다. 그래서 많은 신학자는 예언서가 전하고자 하는 세 가지 "표준적인 메시지"를 소개합니다. 그 메시지는 유대인과 세상 모든 민족을 향한 선포입니다. 이스라엘을 향한 경고와 회개에의 촉구, 이스라엘에 임한 하나님의 심판 그리고 이스라엘 회복에의 약속입니다. 오늘은 그 첫 번째 메시지, 경고와 회개에의 촉구를 하시는 이유를 묵상해봅니다.

하나님과의 언약의 파기 - 우상 숭배

신명기에서 그토록 간절하게 구구절절 "축복과 저주의 다짐"을 강조하던 모세의 유언을 다시 한 번 생각해 봅니다. "오늘 내가 당신들에게 명하는 주 당신들의 하나님의 명령을 귀담아 듣는 사람은 복을 받을 것이며, 주 당신들의 하나님의 명령을 귀담아 듣지 않고, 오늘 내가 당신들에게 명한 그 길을 떠나, 당신들이 알지 못하는 다른 신들을 따르는 사람은 저주를 받을 것입니다"(신 11:26 - 28).

그러나 이스라엘 백성들은 솔로몬 왕 이후, 경제적 풍요로움에 취하고 이방인들의 우상 앞에 무릎을 꿇게 됩니다. 모세가 전한 하나님의 말씀, 율법, 계명에 마음을 두기보다는 오로지 인간적인 욕망에 집착하면서, 그들의 사치와 교만은 하늘을 찔렀습니다. 그 뒤를 잇는 왕들은 대대로 이방인들의 우상을 섬기기에 급급하였고, 하나님의 심판을 설파하는 예언자들의 경고에는 콧방귀를 뀌었습니다.

예언자들은 그들이 언약의 백성임을 깨우치고, 우상숭배와 부패를 돌이켜 회개할 것을 촉구합니다. "나는 이 땅의 모든 족속들 가운데서 오직 너희만을 선택하였으나, 너희가 이 모든 악을 저질렀으니 내가 너희를 처벌하겠다"(암 3:2). 그러나 그들은 하나님께서 주신 금과 은으로 바알의 우상들을 만들었습니다. 또 바알 신들에게 분향하며 귀고리와 목걸이로 몸단장하고, 정부들을 쫓아다니면서 주님을 잊어버렸습니다(호 2:8 - 13). 그들은 지붕에서 하늘의 뭇 별을 섬기고, 주에게 맹세하고 주를 섬기면서도 밀곰(사람 몸에 황소 머리를 한 암몬의 우상)을 두고 맹세하였습니다(습 1:4 - 6).

하나님과의 언약의 오도 - 거짓 예언자들

하나님의 음성을 듣지 못하는 자칭 예언자들, 그들은 백성들에게 축복을 조건으로 하는 사랑, 거룩하기보다는 저질스러운 예배 그리고 죄의식이 없는 거짓된 복음을 전하였습니다(렘 28:1 - 17). 스바냐는 "(거짓)예언자들은 거만하며 믿을 수 없는 자들이고, 제사장들은 성소나 더럽히며 율법을 범하는 자들입니다"(습 3:1 - 4)라고 말합니다.

당시 거짓 예언자들은 이스라엘 백성들에게 하나님께서 늘 자기들 편이며, 자기들의 소원을 들어주시는 분이라는 환상을 불어넣어 주었습니다. 하나님께서 하나님의 의를 위하여 거룩한 분노를 드러내시는 분이라는 것을 인정하지 않았습니다. 소위 영적 무기력과 허황한 축복에 대한 자아도취에 빠져 있었다는 말입니다.

미가도 "예언자라는 자들이 나의 백성을 속이고 있다. 입에 먹을 것을 물려주면 평화를 외치고, 먹을 것을 주지 아니하면 전쟁이 다가온다고 협박한다"(미 3:5 - 6)고 증언합니다. 그 거짓 예언자들은 참된 예언자들에게 "너희는 우리에게 예언하지 말아라. 이 모든 재앙을 두고 예언하지 말아라. 하나님이 우리를 망신시키실 리가 없다"(미 2:6)고 백성들을 속이고 있다는 것입니다.

하나님과의 언약의 외면 - 백성의 불순종과 외식적인 제사

아모스는 그들이 벌이는 절기 행사들과 성회를 하나님께서 거절함을 선포합니다. 하나님께서 그들이 바치는 제물을 받지 않으시며, 그들의 찬양은 시끄러운 노랫소리라면서 집어치우라고 경고합니다(암 5:21 - 24). 예레미야는 그들의 불순종과 부패의 실상을 열거합니다. 그들은 예배하는 시늉만 하고, 건성으로 주님에게 돌아온 척하면서 진심으로 돌아오지는 않았습니다(렘 3:10). 그들은 성전에서 제사를 드리고는 밖에 나가 이웃을 속이고 나그네와 고아와 과부를 억압하였습니다. 그들은 모두 도둑질을 하고, 사람을 죽이고, 음행하고, 거짓으로 맹세하고, 바알에게 분향을 하고, 그들이 알지 못하는 다른 신들을 섬겼습니다(렘 7:1 - 9). 그러면서도 그들은 당연히 주님께서 자신을 지켜주실 것으로 생각하면서 아직 안전하다는 환상을 갖고 있었습니다(렘 7:10). 그들은 죄의식이 없었던 것입니다.

미가도 이렇게 증언합니다. "악한 궁리나 하는 자들, 잠자리에 누워서도 음모를 꾸미는 자들은 망한다! 그들은 권력을 쥐었다고 해서, 날이 새자마자 음모대로 해치우고 마는 자들이다. 탐나는 밭을 빼앗고, 탐나는 집을 제 것으로 만든다. 집 임자를 속여서 집을 빼앗고, 주인에게 딸린 사람들과 유산으로 받은 밭을 제 것으로 만든다"(미 2:1 - 2).

6

29일

이사야

✚ 오늘 말씀 이사야 1:1 - 5:30

이사야의 예언

정죄와 심판 그리고 회복의 패턴

💡 **실마리 풀기**

"오너라! 우리가 서로 변론하자. 너희의 죄가 주홍빛과 같다 하여도 눈과 같이 희어질 것이며"(사 1:18)

〈예언서를 읽는 것은 마치 바닥에 쏟아진 곡식을 주워 담는 것과 같습니다. 나누어진 소 단락의 제목에 유의하면서 부지런히 읽어야 합니다. 간혹 난해한 문구들이 나와도 쌀인지 보리인지 구별해보려고 하지 말고, 그냥 열심히 읽으시기 바랍니다. 한 단락을 다 주워 담았으면, 다음 단락을 담고 또 다음 단락으로 그렇게 앞으로 두 달간을 읽어야 합니다.〉

이스라엘이 하나님의 말씀을 거역하고 거짓된 예배를 드림으로 인하여 정죄와 심판을 받지만, 결국에는 구원을 받을 것입니다. 그러나 이 구원은 그들이 다시 한 번 의롭게 되는 조건의 충족보다는 하나님의 조건 없는 회복의 약속으로 이루어질 것입니다. 이렇게 정죄와 심판 그리고 회복의 약속 패턴이 지속해서 반복되는 것이 이사야서를 비롯한 모든 예언서의 특징입니다.

오늘 읽을 내용은 이스라엘의 구원을 넘어온 인류의 구원을 향한 메시아를 예언하는 거대한 서사시, 이사야서의 도입부입니다. 이사야는 웃시야 왕으로부터 므낫세 왕 때까지 예언자로 활동하였습니다. 그때의 성경적 배경은 〈열왕기하 16 - 21장〉입니다. 므낫세가 죄악의 결정판이었다면, 이사야는 심판의 결정판을 날립니다.

이사야 예언의 배경 - 유다를 심판하는 이유(1:1 - 31)

(1:1 - 20) 그들은 속이 빈 믿음, 거짓 믿음을 가지고 있었다. 그들이 이스라엘의 거룩하신 분을 업신여기며 배반을 일삼았다. 그러면서 수많은 헛된 제물을 가져오며 기도를 하였다. 그러나 그들이 스스로 정결하지 않고, 주님 보시기에 악한 행실을 버리지 아니하였다.

(1:21 - 31) 이제 주님께서 그들을 잿물로 찌꺼기를 깨끗이 씻어 내고 그들에게서 모든 불순물을 없애려 하신다. 시온은 정의로 속죄함을 받고, 회개한 백성은 공의로 속죄함을 받을 것이다. 그러나 거역하는 자들과 죄인들은 모두 함께 패망하고, 주님을 버리는 자들은 모두 멸망을 할 것이다.

심판의 날에 예비하실 주님의 자비 - 주님께서 돋게 하신 싹(2:1 - 4:6)

(2:1 - 5) 그러나 하나님께서는 유다를 기억하실 것이다. 마지막 때에 세상 모든 민족이 "주님의 산, 야곱의 하나님이 계신 성전으로 어서 올라가자"(2:3)할 것이니 율법이 시온에서 나오며, 주님의 말씀이 예루살렘에서 나온다.

(2:6 - 4:1) 그러나 지금은 주님께서 주님의 백성 야곱 족속을 버리셨다. 그들에게는 동방의

미신이 가득하고, 이방 사람의 자손과 손을 잡고 언약을 맺었으니, 그 날은 만군의 주님께서 모든 교만한 자와 거만한 자, 모든 오만한 자들이 낮아지는 날이다. 오직 주님만 홀로 높임을 받으시고, 우상들은 다 사라질 것이다. 주님께서 예루살렘과 유다에서 백성이 의지하는 것을 모두 없애실 것이다.

(4:2 - 6) 그 날이 오면, '주님께서 돋게 하신 싹'(4:2)이 아름다워지고 영화롭게 될 것이며, 이스라엘 안에 살아남은 사람들에게는 그 땅의 열매가 자랑거리가 되고 영광이 될 것이다. 이는 인류를 구원하실 메시아가 그곳에서 나와 말씀을 주실 예수 그리스도를 예비하심이다.

포도원의 노래 - 하나님의 사랑의 연가(5:1 - 30)

(5:1 - 25) 이스라엘은 만군의 주님의 포도원이고, 유다 백성은 주님께서 심으신 포도나무다. 그러나 유다 백성들은 포도원의 주인이신 주님의 율법을 버리고, 이스라엘의 거룩하신 분(5:16,19,24)의 말씀을 멸시하였다. (cf. 렘 12:10, 겔 19:10 - 14, 막 12:1 - 12, 요 15:1 - 8)

여섯 번의 재앙의 선언들 - 불법으로 땅을 늘려가는 탐욕이 넘치는 자(5:8), 술독에 빠져 사는 자(5:11), 세상일에 빠져서 주님께서 하시는 일에 관심이 없는 자(5:18), 악한 것을 선하다고 하고 선한 것을 악하다고 하는 자(5:20), 스스로 지혜롭다 하며, 스스로 슬기롭다 하는 교만한 자(5:21), 악인을 의롭다고 하며, 의인의 정당한 권리를 빼앗는 자(5:23), 그들에게 재앙이 닥친다! 주님께서 그들을 심판하실 것이다.

(5:26 - 30) 주님께서 이방 민족들을 불러서 그들을 심판하는 도구로 사용하실 것이다. 하나님께서 북쪽으로부터 앗수르의 침입이 있을 것을 경고하셨다. 그들이 포도원을 망쳐 놓고, 농장을 짓밟아 버릴 것이다(렘 12:10). 주님의 분노 가운데 그 포도나무가 뽑혀서 땅바닥에 던져지니 그 열매가 동풍에 마르고, 그 튼튼한 가지들은 꺾이고 말라서 불에 타 버릴 것이다(겔 19:12).

묻고? 답하기!

우리는 주님께서 심으신 포도나무에서 열린 좋은 포도일까요, 들 포도일까요?

주님께서 이스라엘이 선한 일, 옳은 일을 하기를 기대하셨는데, 그들은 주님의 율법을 버리고, 이스라엘의 거룩하신 분의 말씀을 멸시하였습니다. 우리가 하나님이 심으신 포도나무라면, 옛 이스라엘처럼 하나님의 명령을 거스르는 일은 없어야 하겠습니다. 그래야 뽑혀서 땅바닥에 던져지고 열매가 동풍에 마르고, 그 튼튼한 가지들은 꺾이고 말라서 불에 타 버리지 않을 것이기 때문입니다.

이사야에게 내리신 예언자의 소명

심판과 회복의 징조

💡 **실마리 풀기**

"주님께서 비록 야곱의 집에서 얼굴을 돌리셔도, 나는 주님을 기다리겠다. 나는 주님을 의지하겠다" (사 8:17)

이사야가 하나님으로부터 예언자의 소명을 받았습니다. 듣기는 늘 듣지만 깨닫지 못하는, 보기는 늘 보지만 알지 못하는 백성들에게 하나님의 말씀을 전하라는 것입니다. 안타까운 마음에 주님께서 언제까지 그렇게 하실 것인지 이사야가 물었습니다. 하나님께서 "성읍들이 황폐하여 주민이 없어질 때까지 심판하실 것이다..... 그러나 밤나무나 상수리나무가 잘릴 때에 그루터기는 남듯이, 거룩한 씨는 남아서, 그 땅에서 그루터기가 될 것이다"(6:11 - 13)고 하셨습니다. 하나님께서 유다를 심판하심과 아울러 회복의 징조를 주시는 것입니다.

이사야에게 내리신 예언자의 소명 - 깨닫지 못하고, 알지 못하는 백성들에게 말씀을 전하라(6:1 - 13)

웃시야 왕은 하나님의 도우심으로, 유다를 무려 52년간 다스린 매우 강력한 왕이었다. 그 웃시야 왕이 죽던 해(B.C. 740년)에, 이사야는 놀라운 위엄과 거룩하심 가운데 주님의 영광을 뵈었다. 하나님께서 "내가 누구를 보낼까?" 하시니 이사야가 "제가 여기 있습니다. 나를 보내소서"하니 하나님께서 "너는 가서 듣기는 늘 듣지만 깨닫지 못하는, 보기는 늘 보지만 알지 못하는 백성들에게 하나님의 말씀을 전하라"고 하셨다. 그러나 그들은 끝내 마음을 닫고, 하나님의 말씀을 거절하고 심판하게 될 것이다.

"너는 가서 이 백성에게 '너희가 듣기는 늘 들어라. 그러나 깨닫지는 못한다. 너희가 보기는 늘 보아라. 그러나 알지는 못한다' 하고 일러라"(6:9). 이 말씀은 예수님(마 13:14 - 15)과 바울(행 28:25 - 29)이 인용하여 이사야의 예언이 유대인들에게서 이루어지는 것임을 말씀하셨다.

다윗 왕실에 주신 한 징조 - 임마누엘(7:1 - 25)

시리아와 이스라엘이 예루살렘을 침략하였다. 주님께서 이사야를 통하여 아하스 왕에게, 그들의 계략이 절대 성공하지 못할 것이니 그들을 두려워하거나 겁내지 말고, 믿음 안에 굳게 서기를 주문하셨다. 오직 살아계신 하나님을 신뢰하라는 것이다.

아하스는 아무런 징조를 구하지도 않고, 주님을 시험하지도 않겠다고 하였으나 주님께서 친히 다윗 왕실에 한 징조를 주셨다. 주님께서 한 처녀를 통하여 **하나님이 우리와 함께 계신**

다'는 이름을 가진 아들을 주실 것이다. 그러나 그 아이가 잘못된 것을 거절하고 옳은 것을 선택할 나이가 되기 전에, 이스라엘과 유다의 땅이 황무지가 될 것이다. "보십시오, 처녀가 잉태하여 아들을 낳을 것이며, 그가 그의 이름을 임마누엘이라고 할 것이다"(사 7:14, 마 1:23).

이사야에게 주신 주님의 징조와 그의 반응 - 주님께서 비록 야곱의 집에서 얼굴을 돌리셔도(8:1 - 22)

이사야의 아들 '스알야숩(7:3)'의 이름은 '남은 자가 돌아올 것이다'라는 의미를 가지며, '마헬살랄하스바스(8:1)'는 '노략질이 속히 올 것이다'라는 의미가 있다. 주님께서 한 아들의 이름을 통하여 유다에게 소망의 징표를 보이셨고, 또 한 아들의 이름을 통하여 다마스쿠스와 이스라엘에 경고하신다. 주님께서 곧 앗시리아 왕과 그 나라의 모든 위력을 이 유다 백성 위에 뒤덮이게 할 것이다. 임마누엘, 하나님께서 날개를 펴서서 이 땅을 구원하실 때까지 그러할 것이다. 이사야는 주님께서 비록 야곱의 집에서 얼굴을 돌리셔도 주님을 기다리고 의지하겠다고 선언한다.

회복의 약속과 메시아 - 한 아기, 그의 네 가지 이름(9:1 - 7)

주님께서 큰 기쁨을 주셨고, 행복하게 하실 것이다. 한 아기가 우리를 위해 태어났다. 우리가 한 아들을 모셨다. 그는 우리의 통치자가 될 것이다. 그의 이름은 **'놀라우신 조언자', '전능하신 하나님', '영존하시는 아버지', '평화의 왕'**이라고 불릴 것이다. (사 9:6, 눅 2:11)

그가 다윗의 보좌와 왕국 위에 앉아서, 이제부터 영원히 공평과 정의로 그 나라를 굳게 세울 것이다.

우리에게 오신 예수께서는 **'하나님의 지혜'**(고전 1:24), **'하나님의 아들 그리스도'**(마 26:63 - 64), 태초에 하나님과 함께 모든 것을 창조하신 분(요 1:2 - 3)이시며 화평을 이루시는 분(롬 5:1)이시다.

묻고? 답하기!

주님께서 야곱의 집에서 얼굴을 돌리셔도, 나는 주님을 의지할 수 있을까?

그 옛날 이스라엘처럼 이 땅의 교회에도 패악한 지도자들은 있게 마련입니다. 그들이 인도하는 예배는 형식적으로 드려지며, 전하는 말씀은 그저 세상의 복을 빌어주는 것으로 끝이 납니다. 성도들은 자기도 모르게 속이 빈 믿음, 거짓 믿음이 진실된 것인 양 행세하게 됩니다. 교회가 세상의 빛과 소금이 되길 주저하니, 세상 사람들은 하나님의 이름을 망령되이 부릅니다. 주여! 자비를 베푸소서. 이 땅의 교회를 외면하지 말아주시옵소서.

1일

✝ 오늘 말씀 이사야 9:8 - 12:6

북이스라엘에 임할 심판과 회복의 선언
만민의 깃발로 세워질 한 싹

💡 **실마리 풀기**

"너희 가운데 계시는 이스라엘의 거룩하신 분은 참으로 위대하시다"(사 12:6)

오늘 읽을 내용은 북이스라엘과 앗시리아를 향한 심판의 선언과 세상 모든 민족을 향한 회복의 선언입니다. 이스라엘의 거룩하신 분께서 고통과 흑암 그리고 절망에서 헤매던 백성들에게 마침내 빛을 비추실 것입니다. 그 날이 오면, 이새의 뿌리에서 한 싹이 나서 만민의 깃발로 세워질 것이며, 민족들이 그를 찾아 모여들어서 그가 있는 곳이 영광스럽게 될 것입니다.

이스라엘(사마리아)에게 닥칠 주님의 심판 - 진노를 풀지 않으시고, 심판을 계속하시려고(9:8 - 10:4)

주님은 야곱에게 심판을 선언하셨다. 이스라엘 백성 곧 에브라임과 사마리아 주민은 하나님께서 그들을 심판하신 것을 마침내는 알게 될 터인데도, 교만하고 오만한 마음을 버리지 않았다. 주님께 돌아오지 않고, 만군의 주님을 찾지도 않았다. 주님의 진노로 땅이 바싹 타버리니, 그 백성이 마치 불을 때는 땔감같이 되며, 아무도 서로를 아끼지 않을 것이다. 그들은 가난한 자들의 소송을 외면하고, 불쌍한 나의 백성에게서 권리를 박탈하며, 과부들을 노략질하고, 고아들을 약탈하였다.

그러므로 주님께서는 이스라엘(사마리아)에게 진노를 풀지 않으시고 심판을 하실 것이다.

앗시리아에게 닥칠 주님의 심판 - 그리고 그날에 이스라엘 가운데서 남은 사람들(10:5 - 34)

(10:5 - 19) 앗시리아는 이스라엘을 향한 주님의 진노의 몽둥이였다. 그러나 앗시리아 왕은 오직 '어떻게 하면 많은 민족을 파괴하고, 어떻게 하면 그들을 멸망하게 할까' 하는 생각뿐이었으며, 예루살렘과 주님을 사마리아와 그 조각한 우상들에 비견하였다. 그러므로 주님께서 시온 산과 예루살렘에서 하실 일을 다 이루시고 말씀하실 것이다. "내가 앗시리아 왕을 벌하겠다. 멋대로 거드름을 피우며, 모든 사람을 업신여기는 그 교만을 벌하겠다......도끼가 어찌 찍는 사람에게 뽐내며, 톱이 어찌 켜는 사람에게 으스대겠느냐?"(10:12,15).

(10:20 - 34) **그 날이 오면,** 이스라엘(사마리아) 가운데서 남은 사람들과 야곱 겨레 가운데서 살아남은 사람들이 다시는 그들을 친 자를 의뢰하지 않고, 오직 '이스라엘의 거룩하신 분'인 주님만을 진심으로 의지할 것이다. 야곱의 자손 가운데서 남은 사람들이 전능하신 하나님께 돌아올 것이다.

"시온에 사는 나의 백성아, 앗시리아가 몽둥이를 들어 너를 때리고, 이집트가 그랬듯이 철퇴를 들어 너에게 내리친다 하여도, 두려워하지 말아라. 너에게는 머지않아 내가 분노를 풀겠으나, 그들에게는 내가 분노를 풀지 않고, 그들을 멸망시키겠다"(10:24-25).

회복의 선언과 메시아 - 이새의 뿌리에서 난 싹(11:1-16)

아하스로 인하여 다윗의 계보가 심판을 받을 것이나, 주님께서 예비하신 그 날이 오면, 이새의 줄기에서 한 싹이 나며 그 뿌리에서 한 가지가 자라서 열매를 맺는다. 주님의 영이 그에게 내려오신다. 지혜와 총명의 영, 모략과 권능의 영, 지식과 주님을 경외하게 하는 영이 그에게 내려오시니, 그는 주님을 경외하는 것을 즐거움으로 삼는다. 가난한 사람들을 공의로 재판하고, 세상에서 억눌린 사람들을 바르게 논죄한다. 그는 정의로 허리를 동여매고 성실로 그의 몸의 띠를 삼는다.

그 날이 오면, 이새의 뿌리에서 한 싹이 나서, 만민의 깃발로 세워질 것이며, 민족들이 그를 찾아 모여들어서, 그가 있는 곳이 영광스럽게 될 것이다"(11:10, 롬 15:12). 세상 모든 민족에게 주님의 뜻이 전해질 것이다.

그리하면 아브라함의 자손들이 '이방의 빛'(42:6)이 될 것이니 찬양하라.

유다의 진정한 왕이신 하나님에 대한 감사 찬송 - 하나님은 나의 구원이시다(12:1-6)

그날이 오면, 너는 이렇게 찬송할 것이다. 하나님은 나의 구원이시다. 나는 주님을 의지한다. 나에게 두려움 없다. 주 하나님은 나의 힘, 나의 노래, 나의 구원이시다. 주님께 감사하여라. 그의 이름을 불러라. 그가 하신 일을 만민에게 알리며, 그의 높은 이름을 선포하여라. 주님께서 영광스러운 일을 하셨으니, 주님을 찬송하여라.

묻고? 답하기!

나에게 감당하기 힘든 고난을 준 그 사람이 바로 진노의 몽둥이가 아닐까 생각해 보셨습니까?

앗시리아는 패역한 이스라엘을 심판하시고자 보내신 진노의 몽둥이였습니다. 지금 잠시 시간을 내어 나에게 감당하기 힘든 정도의 고난을 준 사람이 있었던가 생각해 보시기 바랍니다. 심판의 도구로 사용된 그 누군가가 나보다 더 못된 사람일 수도 있고, 전혀 이해관계가 없는 사람일 수도 있습니다. 그 사람을 통해서 나에게 전하신 하나님의 경고는 내가 죄에 예민한 삶을 살아가라는 것이 아닐까하는 생각이 듭니다.

7

2일

✝ 오늘 말씀 이사야 13:1 - 23:18

역사의 주관자이신 하나님
열방 중에 세워지는 하나님의 의

💡 **실마리 풀기**

"내가 또 다윗 집의 열쇠를 그의 어깨에 둘 것이니, 그가 열면 닫을 자가 없고, 그가 닫으면 열 자가 없을 것이다"(사 22:22)

오늘 읽을 내용은 바빌론을 비롯한 열방들을 향한 심판의 선언입니다. 세상 열국의 흥망성쇠가 뜻 없이 지나가는 듯해도 거룩하신 분, 참되신 분, 다윗의 열쇠를 가지고 계신 분의 손아귀에 있다는 것을 인정하시기 바랍니다. 예언에 등장하는 열국의 운명은 훗날 말씀대로 이루어졌습니다.

바빌론에 대한 예언 - 사단의 상징(13:1 - 14:23)

바빌론의 심판은 거룩한 하나님의 전쟁이다. 하나님께서 직접 바빌론을 칠 용사를 불러 모으시기 때문이다. 그리고 바빌론을 향하여 그토록 진노하시는 이유는 그들이 교만하였기 때문이다. 바빌론을 향해 만군의 주님께서 진노하시는 날, 그날에 주님께서 바빌로니아 사람의 영예요 자랑거리인 바빌론을 마치 소돔과 고모라처럼 만드실 것이다. 실제로 바빌론은 BC 4세기경에 사막으로 변하고 말았다. "웬일이냐, 너, 아침의 아들, 새벽별아, 네가 하늘에서 떨어지다니! .... '내가 가장 높은 하늘로 올라가겠다. 하나님의 별들보다 더 높은 곳에 나의 보좌를 두고, 저 멀리 북쪽 끝에 있는 산 위에, 신들이 모여 있는 그 산 위에 자리 잡고 앉겠다. 내가 저 구름 위에 올라가서, 가장 높으신 분과 같아지겠다' 하더니"(14:13 - 14). 바빌론은 사탄 그 자체였다. 사탄의 겉모습이었다.

앗시리아와 주변 국가에 대한 예언 - 역사의 주님께서 온 세계를 보시고 세우신 계획(14:24 - 17:14)

주님께서 주님의 땅에서 앗시리아 사람들을 으스러뜨리고, 주님의 산 위에서 그들을 밟아 버리겠다고 예언하셨다. 이는 BC 701 년, 주님의 천사가 나아가서, 예루살렘을 포위하고 있던 앗시리아 군의 진영에서 십팔만 오천 명을 쳐 죽임으로써 이루어졌다(왕하 19:36). 블레셋은 앗시리아가 잠시 주춤한 사이 마음을 놓았으나, BC 710년 경, 앗시리아의 재침공으로 아스돗 성이 무너지며(20:1) 멸망하였다. 교만하고 거만한 모압도 BC 714년 경, 하나님의 심판을 받았다. 유다를 공격하려고 동맹을 맺었던(7:1) 사마리아는 하나님을 잊어버리고, 그들이 피할 견고한 반석을 기억하지 않고, 이방 신을 섬기려고 이방의 묘목으로 '신성한 동산'을 만들었다.

그들을 멸망시킨 앗시리아가 거대한 물결이 밀려오는 것 같이 소리를 내어도, 주님께서 그들을 꾸짖으시리니, 그들이 멀리 도망칠 것이다. 이것이 주님께서 온 세계를 보시고 세우신 계획이다. 주님께서 모든 민족을 심판하시려고 팔을 펴셨다. 만군의 주님께서 계획하셨는데, 누가 감히 그것을 못하게 하겠느냐?

"**그 날이 오면**, 사람들은 자기들을 지으신 분에게 눈길을 돌리고 '이스라엘의 거룩하신 분'을 바라볼 것이다"(17:7).

에티오피아와 이집트에 대한 예언 - 벌거벗은 이사야의 징조(18:1 - 20:6)

에티오피아와 이집트는 앗시리아에 대적하기 위하여 동맹을 맺고, 유다는 다시 그들을 의지하였다. 주님께서 에티오피아에 재앙을 내리실 것이나, 세월이 흐르면 그들이 만군의 주님께 드릴 예물을 가지고, 만군의 주님의 이름으로 일컫는 곳 시온 산으로 올 것이다. 이집트는 분열되고 파괴되며, 주님께서 그들 위에 팔을 펴서 휘두르시며 심판하게 될 것이다. 그러나 이집트도 하나님을 인정하고, 이스라엘과 함께 섬기게 될 그 날이 올 것이다.

그들을 의지하던 유다는 두려워하고 부끄러워할 것이다. B.C. 701년, 에티오피아와 이집트는 앗시리아에 의해 패망하였다.

바빌론과 동맹국들 그리고 예루살렘에 관한 예언 - 다윗 집의 열쇠(21:1 - 23:18)

파수꾼이 외친다. "바빌론이 함락되었다! 바빌론이 함락되었다!" 에돔을 향하여 파수꾼이 대답한다. 밤이 지나면 아침이 오고, 그러나 또다시 밤이 온다. 앗시리아가 지나가면 바빌론이 올 것이다. 하나님께서 친히 예루살렘에 혼란과 학대와 소란을 일으키셔도 그들은 주님을 의지하지도 않고, 관심도 없었다. 오히려 "내일 죽을 것이니, 오늘은 먹고 마시자"(22:13) 하였다. 그런데도 주님께서는 다윗 가문의 미래를 보여 주신다.

그 날이 오면, 주님께서 "다윗 집의 열쇠를 그(엘리야김)의 어깨에 둘 것이니, 그가 열면 닫을 자가 없고, 그가 닫으면 열 자가 없을 것이다. 단단한 곳에 잘 박힌 못같이, 내가 그를 견고하게 하겠으니, 그가 가문의 영예를 빛낼 것이다"(22:22 - 23, 계 3:7).

7

3일

✝ 오늘 말씀 이사야 24:1 - 27:13

이사야

온 세상을 향한 마지막 심판과 구원의 복안
종말의 날

💡 **실마리 풀기**

"바로 이분이 주님이시다. 우리를 구원하여 주셨으니 기뻐하며 즐거워하자"(사 25:9)

오늘 읽을 내용은 이스라엘 주변의 열방에 대한 예언을 넘어서, 온 인류와 우주에 대한 마지막 심판입니다. 신학자들은 이 단락을 이사야의 작은 묵시록이라고 말합니다. 특히 24장에서 이사야는 하나님이 세상의 마지막에 인류에게 하실 심판을 예언하고 있습니다. 그러나 말씀 가운데 남은 자들, 참된 하나님의 백성들은 기쁨으로 영광의 찬양을 드리는 그 날을 볼 것입니다.

온 세상을 향한 하나님의 심판 - 작은 묵시록(24:1 - 23)

세상 마지막에는 온 세상이 황무지처럼 되며, 사회가 완전히 혼란스러운 상태에 빠지게 될 것이다. 이는 마태복음 24장의 예수님께서 말씀하신 세상 끝 날의 징조와 유사하다. 땅이 사람 때문에 더럽혀진다. 사람이 율법을 어기고 법령을 거슬러서, 영원한 언약을 깨뜨렸기 때문이다. 세상은 자기가 지은 죄의 무게에 짓눌릴 것이니, 쓰러져서 다시는 일어나지 못할 것이다.

그러나 이러한 심판과 혼란 속에서도 소수가 남아 있을 것이며, 이들은 하나님께 영광을 돌리고, 주 이스라엘 하나님의 이름을 찬양할 것이다. 세상이 죄로 인하여 멸망했다는 사실을 알릴 것이다. 종말의 날에 하나님의 사탄과 땅의 악한 자들을 물리치셔서 진정한 왕이심을 보여주실 것이다.

그날이 오면, "주님께서, 위로는 하늘의 군대를 벌하시고, 아래로는 땅에 있는 세상의 군왕들을 벌하실 것이다......만군의 주님께서 왕이 되실 터이니, 달은 볼 낯이 없어 하고, 해는 부끄러워할 것이다. 주님께서 시온 산에 앉으셔서 예루살렘을 다스릴 것이며, 장로들은 그 영광을 볼 것이다"(24:21 - 23).

세상의 심판을 통한 구원의 복안 - 세상 모든 민족을 여기 시온 산으로 부르셔서(25:1 - 12)

심판하시는 주님의 찬양 - "주님, 주님은 나의 하나님이십니다. 내가 주님을 높이며, 주님의 이름을 찬양하겠습니다. 주님께서는 놀라운 일들을 이루시고, 예전에 세우신 계획대로 신실하고 진실하게 이루셨습니다...... 그러므로 강한 민족이 주님을 영화롭게 할 것이며, 포악한 민족들의 성읍이 주님을 경외할 것입니다"(25:1 - 4). 만군의 주님께서 이 세상 모든 민족을 여기 시온 산으로 부르셔서, 풍성한 잔치를 베푸실 것이다. 주님께서 죽음을 영원히 멸하신다.

그 날이 오면, "사람들은 이런 말을 할 것이다. 바로 이분이 우리의 하나님이시다. 우리가 하나님을 의지하였으니, 하나님께서 우리를 구원하신다. 바로 이분이 주님이시다. 우리가 주님을 의지한다. 우리를 구원하여 주셨으니 기뻐하며 즐거워하자"(25:9).

세상의 심판에 대한 유다 백성의 찬양 - 주님의 백성을 얼마나 뜨겁게 사랑하시는지(26:1 - 21)

그 날이 오면, "유다 땅에서 이런 노래를 부를 것이다……주님, 주님께 의지하는 사람들은 늘 한결같은 마음을 가진 사람들이니, 그들에게 평화에 평화를 더하여 주시기 바랍니다. 너희는 영원토록 주님을 의지하여라. 주 하나님만이 너희를 보호하는 영원한 반석이시다…… 나의 영혼이 밤에 주님을 사모합니다. 나의 마음이 주님을 간절하게 찾습니다. 주님께서 땅을 심판하실 때에, 세상에 사는 사람들이 비로소 의가 무엇인지 배우게 될 것입니다"(26:1 - 9).

"주님, 주님께서 우리에게 평화를 주실 것을 확신합니다. 우리가 성취한 모든 일은 모두 주님께서 우리에게 하여 주신 것입니다…… 주님의 백성들 가운데서 죽은 사람들이 다시 살아날 것이며, 그들의 시체가 다시 일어날 것입니다"(26:11 - 19).

세상의 심판을 통한 야곱의 회복 - 새 포도원의 노래(27:1 - 13)

그 날이 오면, 주님께서 사단의 괴물 리워야단을 처치하실 것이다. 주 하나님은 포도나무를 돌보시는 포도원 지기다. 때를 맞추어서 포도나무에 물을 주며, 아무도 포도나무를 해치지 못하도록 밤낮으로 돌보신다. 그 날이 오면, 그곳에 야곱이 뿌리를 내릴 것이다. 이스라엘이 싹을 내고 꽃을 피울 것이니, 그 열매가 땅 위에 가득 찰 것이다.

주님께서 야곱의 죄악을 사하시며, 죄를 용서하시게 될 것이니, 그 날이 오면, 주님께서 주의 백성들을 알곡처럼 일일이 거두어들이실 것이다. 그들이 예루살렘의 거룩한 산에서 주님을 경배할 것이다.

우리에게 닥칠 마지막 날은 어떤 모습일 것인가?

종말의 날에는 땅이 저주를 받아 소출을 내지 못하고, 약탈과 파괴가 일어나며, 온 세상이 황무지처럼 되어 사회가 완전히 혼란스러운 상태에 빠지게 될 것이라고 합니다. 상상하기조차 싫은 끔찍한 광경입니다. 그러나 한결같은 사랑의 하나님께서 우리에게 "의로우신 분께 영광을 돌리세!"하는 찬양을 올려드릴 수 있도록 하실 것을 믿습니다.

7
이사야

4일
✝ 오늘 말씀 이사야 28:1 - 33:24

유다가 포로로 잡혀가는 이유
재앙의 예언, 그 심판 너머에 계실 주님의 자비(Hesed)

💡 **실마리 풀기**
"이 백성이 입으로는 나를 가까이하고, 입술로는 나를 영화롭게 하지만"(사 29:13)

바빌로니아로 잡혀가기 전의 유다는 하나님을 신뢰하지도 의지하지도 않았습니다. 그러나 자비의 하나님께서는 모략이 기묘하며, 지혜가 끝없이 넓으시니, 공의로 다스릴 왕을 보내셔서 시온을 구원하실 것입니다.

교만에 대한 하나님의 경고와 축복의 예언 - 주춧돌을 놓으시는 하나님(28:1 - 29)
술 취한 자, 에브라임의 교만한 면류관인 사마리아에게 주님께서 강한 자를 보내어 짓밟게 하실 것이다. 사마리아(북 이스라엘)뿐만 아니라, 포도주에 취하여 비틀거리는 유다 사람과 그들의 제사장과 예언자들도 다른 신을 섬기며, 거짓말과 속임수로 재난을 피할 수 있다고 믿는 교만에 빠져있다.

그날이 오면, 만군의 주님께서 친히 주님의 남은 백성에게 아름다운 면류관, 영화로운 왕관이 되실 것이다(28:5). 시온에는 주님께서 오직 하나의 주춧돌을 놓아서, 기초를 튼튼히 세울 것이니, 이것을 의지하는 사람은 불안하지 않을 것이다. 공평과 공의로 다스릴 것이니, 그들이 죽음과 맺은 언약은 파기될 것이다(사 28:16). 주님의 모략은 기묘하며, 지혜는 끝없이 넓다(사 28:29).

가식에 대한 하나님의 경고와 축복의 예언 - 자비의 하나님(29:1 - 24)
절기를 지키며 거짓된 제사를 드리는 예루살렘(남 왕국 유다)에 재앙이 닥칠 것이다. 앗시리아가 예루살렘을 포위할 것이다. 주님께서 말씀하신다. "이 백성이 입으로는 나를 가까이하고, 입술로는 나를 영화롭게 하지만, 그 마음으로는 나를 멀리하고 있다. 그들이 나를 경외한다는 말은, 다만, 들은 말을 흉내 내는 것일 뿐이다"(29:13). 그들은 매사를 뒤집어 생각한다. 진흙으로 옹기를 만드는 사람과 옹기장이가 주무르는 진흙을 어찌 같이 생각할 수 있느냐? 만들어진 물건이 자기를 만든 사람을 두고 "그가 나를 만들지 않았다" 하고 말할 수 있느냐? 그러나 하나님께서는 자비의 하나님이시다.

그 날이 오면, 듣지 못하는 사람, 어둠과 흑암에 싸인 눈먼 사람과 천한 사람들이 주님 안에서 더없이 기뻐하며 가난한 사람들이 이스라엘의 거룩하신 분 안에서 즐거워할 것이다.

반역에 대한 하나님의 경고와 축복의 예언 - 공의의 하나님(30:1 - 33)

유다가 주님을 반역하였다. 그들은 주님께 묻지도 않고 이집트와 동맹을 맺었다. 바로의 보호를 받아 피신하려 하고, 이집트의 그늘에 숨으려 하는 것이다. 이 백성은 반역하는 백성이요, 거짓말을 하는 자손으로서, 주님의 율법은 전혀 들으려 하지 않는 자손이다.

그러나 주님께서는 너희에게 은혜를 베푸시려고 기다리시며, 너희를 불쌍히 여기시려고 일어나신다. 참으로 주님께서는 공의의 하나님이시다. 주님을 기다리는 모든 사람은 복되다.

불신앙에 대한 하나님의 경고와 축복의 예언 - 장차 한 왕이 나와서 공의로 통치하고(31:1 - 32:20)

그들은 군마를 의지하고, 병거를 믿고 기마병의 막강한 힘을 믿으면서, 이스라엘의 거룩하신 분은 바라보지도 않고, 주님께 구하지도 않는다. 그러나 주님께서는 지혜로우셔서 재앙을 내리실 것이다. "장차 한 왕이 나와서 공의로 통치하고, 통치자들이 공평으로 다스릴 것이다"(32:1).

그러나 주님께서 저 높은 곳에서부터 다시 우리에게 영을 보내 주시면, 황무지는 기름진 땅이 되고, 광야는 온갖 곡식을 풍성하게 내는 곡창지대가 될 것이다. 그때에는 광야에 공평이 자리 잡고, 기름진 땅에 의가 머물 것이다. **의의 열매는 평화요, 의의 결실은 영원한 평안과 안전**이다.

폭압에 대한 하나님의 경고와 축복의 예언 - 우리의 재판관이신 하나님(33:1 - 24)

약탈 한 번 당하지 않고, 남을 약탈하기만 한 자와 배반 한 번 당하지 않고, 남을 배반하기만 한 자에게 재앙이 닥칠 것이다. 주님께서 이제 활동을 시작하고, 일어나서, 그의 권능이 얼마나 큰지를 나타내 보이실 것이다. 주님께서는 우리의 재판관이시며, 우리에게 법을 세워 주시는 분이시며, 우리의 왕이시니 우리를 구원하실 분이시다.

묻고? 답하기!

나의 입술로 하는 고백이 진정 주님이 기뻐하시는 것인가?

우리 아들이 입으로는 "아빠 사랑해요"하고는 내가 안 보는 데서 친구들과 어울려 나쁜 짓을 하고 돌아다닌다면 기분이 어떠할까요. 마찬가지로 내가 입술로는 "주님! 사랑해요" 라고 찬양을 하면서 교회를 떠나 남들이 보는 앞에서 사기를 일삼는다면 주님의 기분은 어떠하실까요. 입술의 고백이 우리 몸으로 하는 고백이 되기를 기원합니다.

7

5일

이사야

✝ 오늘 말씀 이사야 34:1 - 39:8

열방과 유다를 향한 하나님의 경고
바빌로니아로 인한 고난의 예비

💡 **실마리 풀기**

"제가 주님 앞에서 진실되게 살아온 것과 온전한 마음으로 순종한 것과, 주님께서 보시기에 선한 일한 것을, 기억하여 주십시오"(사 38:3)

오늘 읽을 내용은 하나님 나라를 거절한 열방과 유다를 향한 심판의 경고, 그리고 바빌로니아에 포로로 잡혀가기 전의 내력입니다. 경건한 왕, 히스기야도 하나님의 심판을 피할 수는 없었습니다.

이스라엘의 원수들에 임할 하나님의 심판 - 주님께서 복수하시는 날(34:1 - 17)

민족들아, 세상과 그 안에서 사는 모든 것들아, 가까이 와서 들어라. 주님의 칼이 이제 에돔을 치실 것이다. 이때가 바로, 주님께서 복수하시는 날이니, 시온을 구하여 주시고 대적을 파멸시키시는 해, 보상하여 주시는 해이다. "주님께서 에돔을 '혼돈의 줄'과 '황무의 추'로 재실 터이니, 에돔을 창조 전처럼 황무하게 하실 것이다"(34:11). 가나안 땅으로 가기 위해 통과를 요청하는 이스라엘을 거절한 에돔은 하나님의 나라를 거절하는 열방의 대표적 이름이다.

주님의 영광과 회복의 날 - 거룩한 길(35:1 - 10)

하나님께서 구원하러 오시는 그 날에 "굳세어라. 두려워하지 말아라. 하나님께서 보복하러 오신다. 너희를 구원하여 주신다"(35:4). 광야와 메마른 땅에 큰길이 생길 것이니, 그것을 '거룩한 길'이라고 부를 것이다. 그 길은 오직 구원받은 사람만이 그 길을 따라 고향, 예루살렘으로 돌아올 것이다. 기쁨이 그들에게 영원히 머물고, 즐거움과 기쁨이 넘칠 것이니, 슬픔과 탄식이 사라질 것이다.

이사야의 역사 회고와 예비 - 히스기야의 기도와 교만(36:1 - 39:8)

〈여기에 기록되어 있는 히스기야 왕 당시의 역사(36:1 - 39:8)는 열왕기하 18:9에서부터 20:19까지의 내용을 그대로 옮겨 온 것이다. 전반부(36,37장)는 앗시리아로부터 구원을 얻은 유다의 과거를 회고하며, 후반부(38 - 39장)는 바빌로니아로 인하여 당할 고난에 대하여 예비하고 있다.〉

예루살렘을 통하여 하나님을 대적하는 앗시리아(36:1 - 22) - (왕하 18:9 - 37)

히스기야 왕 14년에, 앗시리아 왕 산헤립이 유다의 모든 성읍을 공격하며 침공하였다. 앗시리아의 장군, 랍사게가 백성들이 알아들을 수 있도록 유다 말로 크게 외쳤다. "여러 민족의 신들 가운데서, 그 어느 신이 앗시리아 왕의 손에서 자기 땅을 구원한 일이 있느냐? 여러 민족의 신들 가운데서 그 어느 신이 나의 손에서 자기 땅을 구원한 일이 있기에, 너희의 주 하나님이 나의 손에서 예루살렘을 구원할 수 있겠느냐?"(36:18 - 20).

히스기야의 첫 번째 기도와 주님의 응답(37:1 - 38) - (왕하 19:1 - 37)

이사야가 두려워하지 말라고 예언하였으나, 산헤립이 다시 한 번 협박을 하자 히스기야는 "주 우리의 하나님, 이제 그의 손에서 우리를 구원 하여주셔서, 세상의 모든 나라가, 오직 주님만이 홀로 주 하나님이심을 알게 하여 주십시오"(37:20)라고 기도하였다.

주님께서 그의 기도를 들으시고, 이사야를 통하여 산헤립에게 말씀하셨다. "네가 나에게 품고 있는 분노와 오만을, 이미 오래전에 내가 직접 들었기에, 내가 너의 코를 갈고리로 꿰고, 너의 입에 재갈을 물려, 네가 왔던 그 길로 너를 되돌아가게 하겠다..... 나는 나의 명성을 지키려 하여서라도 이 도성을 보호하고, 나의 종 다윗을 보아서라도 이 도성을 구원하겠다"(37:29,35). 그런 다음에 주님의 천사가 나아가서, 앗시리아군 십팔만 오천 명을 쳐 죽였다.

히스기야의 두 번째 기도와 주님의 응답(38:1 - 39:8) - (왕하 20:1 - 19)

히스기야가 죽게 되었다. 히스기야가 다시 기도하였다. "제가 주님 앞에서 진실하게 살아온 것과 온전한 마음으로 순종한 것과 주님께서 보시기에 선한 일 한 것을, 기억하여 주십시오"(38:3). 주님께서 그의 목숨을 15년 연장해주셨다.

그러나 히스기야는 자신의 병문안을 온, 바빌로니아 왕 므로닥발라단이 보낸 사신들에게 궁궐 안과 창고에 있는 모든 것을 보여 주었다. 어느새 그는 교만에 빠져 있었으니, 그가 죽은 후 그 모든 보물은 바빌로니아로 옮겨갈 것이며, 그의 아들들은 바빌로니아에 포로로 끌려가게 될 것이다.

묻고? 답하기!

내가 주님 앞에서 진실하게 살아온 것과 온전한 마음으로 순종한 것과 주님께서 보시기에 선한 일 한 것들이 얼마인가?

한 번 다 같이 목록을 작성해 봅시다. 10개 정도 완성할 수 있을까요? 더 많은가요? 아니면 주님을 속이고, 제멋대로 행동하고, 주변 사람들이 보기에도 악한 일을 한 것들이 더 많이 기억되나요? "주여! 자비를 베푸소서. 제가 어리석었나이다."

7월 6일 ～～～～～～～～～～～

이사야의 메시아 예언
신약에서 성취된 예언

✝ **오늘 말씀** 이사야서 7:10 - 16 ; 9:1 - 7 ; 11:1 - 10 ; 60:1 - 3 ; 61:1 - 2 ; 63:1 - 6

💡 **실마리 풀기**

"마리아가 아들을 낳을 것이니, 너는 그 이름을 예수라고 하여라. 그가 자기 백성을 그들의 죄에서 구원하실 것이다"(마 1:21)

주님께서 친히 주신 징조 - 임마누엘

유다 왕 아하스는 북이스라엘의 침공에 두려워 떨고 있었습니다. 그래서 하나님께서 남 왕국 유다가 확실히 승리할 것이라는 한 징조를 주십니다. "그러므로 주님께서 친히 다윗 왕 실에 한 징조를 주실 것입니다. 보십시오, 처녀가 잉태하여 아들을 낳을 것이며, 그가 그의 이름을 <임마누엘>이라고 할 것입니다"(사 7:14).

이 징조는 사망의 세력에 사로잡혀 있는 자기 백성을 구원하실 분이 오실 것이라는 구속 의 예언을 함축하고 있습니다. 처녀가 잉태하리라는 말씀은 하나님의 능력에 의해 죄가 없 으신 분으로 주님께서 태어나실 것을 보증하시는 중요한 예언입니다. 이 예언은 여자의 후 손(창 3:15)이신, 예수를 잉태한 마리아에 의하여 **<하나님이 우리와 함께 계심>**이 성취되었습 니다(마 1:21 - 25).

메시아 출현에 대한 예언 - 네 가지 이름을 가진 한 아기

하나님께서 주시는 이스라엘 회복의 예언은 이렇게 시작합니다. "어둠 속에서 헤매던 백 성이 큰 빛을 보았고, 죽음의 그림자가 드리운 땅에 사는 사람들에게 빛이 비쳤다"(사 9:2). 그리고 그 예언은 결국 메시아의 탄생을 우리 앞에 제시합니다. "한 아기가 우리를 위해 태 어났다. 우리가 한 아들을 모셨다. 그는 우리의 통치자가 될 것이다. 그의 이름은 '놀라우신 조언자', '전능하신 하나님', '영존하시는 아버지', '평화의 왕'이라고 불릴 것이다"(사 9:6 - 7).

이 예언에 관하여, 사도 바울은 "부르심을 받은 사람에게는, 유대 사람에게나 그리스 사 람에게나, 이 그리스도는 하나님의 능력이요, 하나님의 지혜"(고전 1:24)라고 증언하며, 예 수님께서 스스로 자신이 "하나님의 아들 그리스도"(마 26:63 - 64)라고 고백하였습니다. 사 도 요한은 예수께서 "태초에 하나님과 함께 계셨으며, 모든 것이 그로 말미암아 창조되었다" (요 1:2 - 3)고 증언합니다.

메시아의 능력에 대한 예언 - 이새의 줄기에서 난 싹

하나님께서 야곱에게 심판을 선포하셨습니다. 그러나 약속하신 그 날이 오면 메시아를 보내시겠다는 예언이 성취될 것입니다. "이새의 줄기에서 한 싹이 나며 그 뿌리에서 한 가지가 자라서 열매를 맺는다. 주님의 영이 그에게 내려오신다. 지혜와 총명의 영, 모략과 권능의 영, 지식과 주님을 경외하게 하는 영이 그에게 내려오시니, 그는 주님을 경외하는 것을 즐거움으로 삼는다"(사 11:1 - 5).

마태는 예수께서 세례를 받으실 때 하나님의 영이 비둘기 같이 내려오셨다고 증언합니다.(마 3:16 - 17) 그분은 이새의 줄기에서 난 한 싹이십니다(마 1:1 - 6). 그러므로 사도 바울은 우리가 예수 그리스도로 말미암아 영원한 생명에 이르게 될 것이니(롬 5:21), 성령으로 얻은 삶을 성령이 인도해 주심을 따라 살아가야 한다고 주장합니다(갈 5:25).

메시아의 사역에 대한 예언 - 예수님이 성취하신 기쁜 소식

이사야는 그의 예언을 마무리하면서 다시 한 번 메시아의 출현을 예언합니다. 메시아가 오실 예루살렘에 구원의 빛이 비추일 것이며, 주님의 영광이 아침 해처럼 떠오를 것이라는 것입니다. "주님께서 아침 해처럼 떠오르시며, 그의 영광이 너의 위에 나타날 것이다. 이방 나라들이 너의 빛을 보고 찾아오고, 뭇 왕이 떠오르는 너의 광명을 보고, 너에게로 올 것이다"(사 60:1 - 3).

이사야는 하나님께서 보내실 메시아가 이 땅에서 하실 사역을 선포합니다. "주님께서 나에게 기름을 부으시니, 주 하나님의 영이 나에게 임하셨다. 주님께서 나를 보내셔서, 가난한 사람들에게 기쁜 소식을 전하고, 상한 마음을 싸매어 주고, 포로에게 자유를 선포하고, 갇힌 사람에게 석방을 선언하고, 주님의 은혜의 해와 우리 하나님의 보복의 날을 선언하고, 모든 슬퍼하는 사람들을 위로하게 하셨다"(사 61:1 - 2).

이 선포는 예수께서 다시 한 번 직접 선포하시고 나서, "이 성경 말씀이 너희가 듣는 가운데서 오늘 이루어졌다"(눅 4:17 - 21)고 말씀하셨습니다. 예수 그리스도께서 선포하신 복음은 죄와 죽음의 감옥에 갇혀 있던 모든 사람에게 자유와 은혜를 확증하는 것입니다.

메시아의 영적 전쟁에 대한 예언 - 보복의 날

그러나 메시아는 불순종의 자식들을 향한 심판의 사역도 하실 것입니다. 그날이 오면, 의를 말하는 자요, 구원의 권능을 가진 자가 포도주 틀을 밟듯이 민족들을 짓밟을 것입니다. 그가 분노하여 민족들을 짓밟으며, 그가 진노하여 민족들이 취하여 비틀거리게 하고, 그들의 피가 땅에 쏟아지게 하실 것입니다(사 63:1 - 6).

요한은 예수님께서 다시 오실 그 날에 임할 심판을 예언합니다. 이사야의 예언을 다시 한 번 재확인하는 것입니다. 그는 이렇게 기록합니다. "그 천사가 낫을 땅에 휘둘러, 땅의 포도를 거두어서, 하나님의 진노의 큰 포도주를 만드는 술틀에다가 던졌습니다. 술틀은 성 밖에 있었는데, 그것을 밟아 누르니 거기에서 피가 흘러 나왔습니다"(계 14:19 - 20).

✝ 오늘 말씀 이사야 40:1 – 41:29

위로의 하나님(1)

직접 오시겠다는 선언

💡 실마리 풀기

"오직 주님을 소망으로 삼는 사람은 새 힘을 얻으리니, 독수리가 날개를 치며 솟아오르듯 올라갈 것이요"(사 40:31)

이사야서는 성경의 구조처럼 전반부 39장, 후반부 27장으로 총 66장으로 구성되어 있습니다. 39장까지에서는 주로 앗시리아를 도구로 하는 하나님의 심판 예언이 주를 이루지만, 40장부터 시작되는 후반부에서는 회복과 위로, 미래 소망의 예언이 주를 이룹니다. 오늘 읽을 40 – 41장은 후반부의 서론에 해당하는 부분입니다. 바빌로니아에 유배 중인 유다 백성들을 향하여 그들이 죄의 대가를 충분히 치렀기 때문에 추방의 시간이 거의 끝나 감을 예고하면서 전하는 위로의 말씀입니다.

서곡 - 3가지의 메시지(40:1 - 2)

"예루살렘 주민을 격려하고, 그들에게 일러주어라. 이제 복역 기간이 끝나고, 죄에 대한 형벌도 다 받고, 지은 죄에 비하여 갑절의 벌을 주님에게서 받았다고 외쳐라"(40:2)

이 문장은 이사야 후반부 전체의 서론적 3가지의 메시지를 담고 있다. 즉, 〈예루살렘 주민을 격려하고, 그들에게 일러주어라〉는 40 - 48장에서 하나님의 구원을 보여주실 것이며, 〈이제 복역 기간이 끝나고, 죄에 대한 형벌도 다 받고〉는 49 - 55장에서 하나님께서 보내실 구원자를 예비하실 것이며, 〈지은 죄에 비하여 갑절의 벌을 주님에게서 받았다고 외쳐라〉는 56 - 66장에서 구원받은 사람들의 축복을 선포하게 될 것임을 담고 있다.

모든 사람이 함께 볼 주님의 영광으로 인한 위로 - 우리에게 오실 하나님(40:3 - 11)

하나님의 선포는 우리에게 메시아를 보내어 회복시키실 것과 하나님은 어떤 분이신가를 보여준다. 하나님께서 그의 백성들을 위로하시고 새 힘을 주실 것이다.

"광야에 주님께서 오실 길을 닦아라. 사막에 우리의 하나님께서 오실 큰길을 곧게 내어라. 모든 계곡은 메우고, 산과 언덕은 깎아내리고, 거친 길은 평탄하게 하고, 험한 곳은 평지로 만들어라. 주님의 영광이 나타날 것이니, 모든 사람이 그것을 함께 볼 것이다. 이것은 주님께서 친히 약속하신 것이다"(40:3 - 5, 마 3:1 - 3).

"만군의 주 하나님께서 오신다. 그가 권세를 잡고 친히 다스리실 것이다. 그는 목자와 같이 그의 양 떼를 먹이시며, 어린 양들을 팔로 모으시고, 품에 안으시며, 젖을 먹이는 어미 양들을 조심스럽게 이끄신다"(40:10 - 11).

비교할 수 없는 하나님의 능력으로 인한 위로 - 영원하신 창조의 하나님(40:12 - 31)

누가 주님의 영을 헤아릴 수 있겠으며, 주님의 조언자가 되어 그를 가르칠 수 있겠느냐? 너희가 하나님을 누구와 같다 하겠으며, 어떤 형상에 비기겠느냐? 너희는 땅의 기초가 어떻게 세워졌는지 알지 못하였느냐? 너희는 고개를 들어서, 저 위를 바라보아라. 누가 이 모든 별을 창조하였느냐? 주님은 영원하신 하나님이시다. - (cf. 욥 38:4 - 7)

"오직 주님을 소망으로 삼는 사람은 새 힘을 얻으리니, 독수리가 날개를 치며 솟아오르듯 올라갈 것이요, 뛰어도 지치지 않으며, 걸어도 피곤하지 않을 것이다"(40:31).

주권자이신 하나님의 보증으로 인한 위로 - 언약을 지키시는 하나님(41:1 - 29)

주님께서 동방의 한 정복자를 일으키셔서 그를 가는 곳마다 승리하게 하고, 주권자이신 주님께서 이스라엘을 구원하실 것임을 예언하신다. 주님이 선택한 야곱, 아브라함의 자손에게 그들을 구원하실 것을 약속하신다.

"너는 나의 종이니, 내가 너를 선택하였고, 버리지 않았다. 내가 너와 함께 있으니, 두려워하지 말아라. 내가 너의 하나님이니, 떨지 말아라. 내가 너를 강하게 하겠다. 내가 너를 도와주고, 내 승리의 오른팔로 너를 붙들어 주겠다"(41:9 - 10). 거듭거듭 말씀하신다.

우상들을 향하여 주님께서 말씀하신다. "나 주가 비로소 처음부터 시온에게 알렸다. '이런 일들을 보아라' 하고 말하였다. 내가 기쁜 소식을 전할 사람을 예루살렘에 보냈다. 내가 우상들을 둘러보았다. 그들 가운데 말을 하는 우상은 하나도 없었다. 어떤 우상도 내가 묻는 말에 대답하지 못하였다. 보아라, 이 모든 우상은 쓸모가 없으며, 그것들은 아무것도 할 수 없다. 부어 만든 우상은 바람일 뿐이요, 헛것일 뿐이다"(41:27 - 29).

묻고? 답하기!

너는 땅의 기초가 어떻게 세워졌는지 알지 못하였느냐?

인간의 지혜를 향해 하나님께서 말씀하십니다. "내가 땅의 기초를 놓을 때, 네가 거기에 있기라도 하였느냐?"(욥 38:4). 세상에는 무슨 일에나 자기 생각을 앞세우고, 남의 의견을 들으려 하지 않는 사람들이 있습니다. 똑똑하고 학력이 높을수록 더욱 그러합니다. 안타까운 것은 그가 하나님이 누구신지를 알기만 하면, 결코 그러한 독선을 부리지 않을 것이라는 점입니다. 그가 아무리 논리 정연한 사설을 늘어놓을지라도 하나님을 알고, 예수님을 믿는 눈으로 보면 그는 참으로 측은한 사람입니다. 무신론을 주창하는 리처드 도킨스라는 사람이 그 한 예입니다.

7

8일
〰〰〰〰〰〰〰〰〰〰〰〰〰〰〰〰〰〰〰〰〰〰

✝ 오늘 말씀 이사야 42:1 – 44:23

이사야

위로의 하나님(2)
첫 번째 '종의 노래'

💡 실마리 풀기

"내가 너를 지명하여 불렀으니, 너는 나의 것이다"(사 43:1)

하나님께서 처음으로 주님의 종을 소개합니다. 본래 하나님께서는 이스라엘을 주님의 종으로 삼으려 하셨지만(41:8 – 9), 이스라엘은 하나님의 기대에 부응하지 못하였습니다. 이제 소개되는 주님의 종은 모든 사람을 대신해 목숨을 버리게 될 분으로 하나님의 구원 계획의 핵심 역할을 할 분, 예수 그리스도입니다. 종의 노래는 주님의 종으로 인한 위로의 말씀입니다. 유일한 주님이신 하나님께서 택하시고 지명하신 이스라엘과 세상 모든 민족을 향한 구원의 노래입니다.

첫 번째 '종의 노래' - '언약과 이방의 빛이 되실 메시아(42:1 - 25)

"나의 종을 보아라. 그는 내가 붙들어 주는 사람이다. 내가 택한 사람, 내가 마음으로 기뻐하는 사람이다. 내가 그에게 나의 영을 주었으니, 그가 뭇 민족에게 공의를 베풀 것이다..... 그는 상한 갈대를 꺾지 않으며, 꺼져 가는 등불을 끄지 않으며, 진리로 공의를 베풀 것이다" (42:1 - 3).

"나 주가 의를 이루려고 너를 불렀다. 내가 너의 손을 붙들어 주고, 너를 지켜 주어서, 너를 백성의 언약과 이방의 빛이 되게 할 것이니, 네가 눈먼 사람의 눈을 뜨게 하고, 감옥에 갇힌 사람을 이끌어 내고, 어두운 영창에 갇힌 이를 풀어 줄 것이다"(42:6 - 7).

"눈먼 나의 백성을 내가 인도할 것인데, 그들이 한 번도 다니지 못한 길로 인도하겠다. 내가 그들 앞에 서서, 암흑을 광명으로 바꾸고, 거친 곳을 평탄하게 만들겠다. 이것은 내가 하는 약속이다. 반드시 지키겠다"(42:16).

주님은 백성을 구원하셔서 의를 이루려고 힘쓰시는 하나님이시다. 주님께서는 율법과 교훈을 높이셨고, 백성이 율법과 교훈을 존중하기를 바라셨다. 그러나 백성이 주님의 길로 걸으려 하지 않았으며, 그의 법을 순종하려 하지 않았으므로, 주님께서 불타는 진노와 참혹한 전화를 이스라엘 위에 쏟으셨다. 하지만 이제 새로운 주님의 종을 보내실 것이다.

구원과 용서의 약속으로 인한 위로 - 죄를 용서하는 하나님(43:1 - 28)

"내가 너를 속량하였으니, 두려워하지 말아라. 내가 너를 지명하여 불렀으니, 너는 나의 것이다. 나는 주, 너의 하나님이다. 이스라엘의 거룩한 하나님이다. 너의 구원자다.... '나의 이름을 부르는 나의 백성, 나에게 영광을 돌리라고 창조한 사람들, 내가 빚어 만든 사람들을 모두 오게 하여라'하고 말하겠다"(43:1 - 7).

"나 곧 내가 주이니, 나 말고는 어떤 구원자도 없다. 바로 내가 승리를 예고하였고, 너희를 구원하였고, 구원을 선언하였다. 이방의 어떤 신도 이렇게 하지 못하였다. 이 일에 있어서는 너희가 나의 증인이다. 내가 하나님이다"(43:11 - 12). 바빌론에서 백성들을 구원해내실 분은 우리의 거룩한 하나님이며, 이스라엘의 창조자요, 우리의 왕이시다.

이스라엘은 주님을 부르지 않았고, 도리어 그들의 죄로 주님을 수고롭게 하였으며, 그들의 악함으로 주님을 괴롭혔다. 그러나 주님은 주님의 거룩한 이름을 속되게 하지 않으려고 그들을 용서하고 더 이상 그들의 죄를 기억하지 않을 것이다. 하나님은 우리의 죄를 용서하는 하나님이시다.

유일하신 창조주의 약속으로 인한 위로 - 유일한 신이신 하나님(44:1 - 23)

이스라엘은 "나의 종, 야곱아.... 내가 메마른 땅에 물을 주고 마른 땅에 시내가 흐르게 하듯이, 네 자손에게 내 영을 부어 주고, 네 후손에게 나의 복을 내리겠다"(44:3)고 하신 하나님의 말씀을 기억해야 한다.

이스라엘의 왕이신 주, 이스라엘의 속량자이신 만군의 주님께서 말씀하신다. "나는 시작이요, 마감이다. 나 밖에 다른 신이 없다...... 나는 예고하였고, 너희는 이것을 증언할 나의 증인들이다. 나 밖에 다른 신이 또 있느냐? 다른 반석은 없다. 내가 전혀 아는 바 없다"(44:6 - 8). 그러므로 우상을 만드는 자들은 모두 허망한 자들이며, 그런 우상을 신이라고 증언하는 자들은 눈이 먼 자들이요, 무지한 자들이니, 마침내 수치만 당할 뿐이다. 그런데도 백성이 알지도 못하고 깨닫지도 못하는 것은 그들의 눈이 가려져서 볼 수 없기 때문이며, 마음이 어두워져서 깨달을 수 없기 때문이다.

그러나 하나님은 야곱을 구원하심으로써, 주님께서 이스라엘을 구원하심으로써 영광을 나타내셨다. "이스라엘아, 너는 나의 종이다. 내가 너를 지었다. 너는 나의 종이다. 이스라엘아, 내가 너를 절대로 잊지 않겠다. 내가 너의 죄를, 짙은 구름을 거두듯 없애 버렸으며, 너의 죄를 안개처럼 사라지게 하였으니, 나에게로 돌아오너라. 내가 너를 구원하였다"(44:21 - 22).

주님의 이름을 속되게 하지 않기 위해 우리를 구원하신 하나님께 감사를 드립시다.

사람들은 예수 그리스도를 믿음으로 구원을 받는다고 들어서 알고 있습니다. 얼핏 생각해 보면 마치 사람들이 구원을 스스로 선택할 수 있을 것 같지 않습니까? 그러면 내가 믿지 않겠다고 선언하면 구원은 물 건너가는 것일까요? 그리스도인은 이렇게 고백해야 합니다. "나의 구원은 오직 주님의 이름을 위하여 나를 택하신 하나님의 것임을 내가 믿습니다."

7

9일

✝ 오늘 말씀 이사야 44:24 - 48:22

이사야

위로의 하나님(3)
바빌론의 심판을 통한 위로와 은밀한 계획

💡 실마리 풀기

"네가 모태에서부터 반역자라고 불러 마땅한 자로 태어날 것을 나는 알고 있었다"(사 48:8)

오늘 읽을 내용은 하나님께서 고레스를 통해 바빌론을 심판하심으로 이스라엘 백성들을 위로하시는 내력입니다. 48장에서 드러나는 하나님의 은밀한 속마음을 통하여 우리는 예수 그리스도를 보내시려는 계획의 출발점을 가늠할 수 있습니다.

고레스를 지명하여 바빌론을 심판하시겠다는 위로 - 공의와 구원을 베푸시는 하나님(44:24 - 45:25)

그가 비록 주님을 알지 못하였으나, 주님께서 고레스를 지명하여 부른 것은 주님께서 택한 이스라엘을 도우려고 함이었다. 주님께서 고레스에게 말씀하신다.

"내가 너를 지명하여 부른 것은, 나의 종 야곱, 내가 택한 이스라엘을 도우려고 함이었다. 네가 비록 나를 알지 못하였으나, 내가 너에게 영예로운 이름을 준 까닭이 바로 여기에 있다. 나는 주다. 나 밖에 다른 이가 없다. 나 밖에 다른 신은 없다. 네가 비록 나를 알지 못하였으나, 나는 너에게 필요한 능력을 주겠다. 그렇게 해서, 해가 뜨는 곳에서나, 해가 지는 곳에서나, 나 밖에 다른 신이 없음을 사람들이 알게 하겠다. 나는 주다. 나 밖에는 다른 이가 없다"(45:4 - 6).

"나는 공의와 구원을 베푸는 하나님이니, 나 밖에 다른 신은 없다. 땅 끝까지 흩어져 있는 사람들아! 모두 나에게 돌아와서 구원을 받아라. 내가 하나님이며, 나 밖에 다른 신은 없기 때문이다"(45:21 - 24).

바빌론의 심판을 통한 위로 - 반드시 성취하시는 하나님(46:1 - 13)

철공이나 목공들이 만들어 낸 바빌론 우상들은 스스로 움직일 수도 없고, 사람들이 그것에게 부르짖어도 전혀 응답하지 못하며, 고난 겪는 사람을 구원하지도 못한다. 그러나 하나님은 처음부터 장차 일어날 일들을 예고하였고, 이미 오래전에 아직 이루어지지 않은 일들을 미리 알렸다. 하나님께서 말하였으니 하나님께서 그것을 곧 이루겠으며, 하나님께서 계획하였으니 하나님께서 곧 그것을 성취하실 것이다. 하나님께서 시온을 구원하고, 이스라엘 안에서 하나님의 영광을 나타내실 것이다.

바빌론이 멸망한 네 가지 이유(47:1 - 15)

바빌론 사람들은 다른 민족, 특히 이스라엘을 정복했을 때 그들을 욕되게 하고 노인에게까지 무거운 멍에를 지게 하는 **잔인함**을 보였다(47:6). 세계 최강대국이 된 바빌론은 그들의 지식을 자랑하며 마음속으로 '나보다 더 높은 이가 없다'고 생각하며, 하나님의 존재를 부인하는 **교만**을 부렸다. 이러한 교만은 다른 나라의 침공에 대한 방어를 소홀히 하는 결과를 낳았다(47:7,10). 사치와 방탕한 생활을 통해 그들이 **윤리적, 사회적으로 타락**했기 때문이다(47:8). 우상을 섬기며 점성술과 같은 **속임수를 의지**했기 때문이다(47:9 - 10).

하나님께서 드러내시는 은밀한 구원계획 - 하나님의 속마음(48:1 - 22)

이스라엘은 완고한 백성들이다. 진실이나 공의라고는 전혀 없으면서 스스로 거룩한 성읍 백성이라고 자처하며, 이스라엘의 하나님을 의지한다고 자랑한다. 그들에게 주님께서 곧 일어날 새 일을 알려 줄 것이다. 이것은 아직 주님께서 알려 주지 않은 은밀한 일이다.

"이것은 이제 내가 창조한 일이다. 옛적에 일어난 것과는 다르다. 지금까지 네가 들어 본 일이 없는 일이다. 네가 전에 이것을 들었더라면 '아, 바로 그 일, 내가 이미 알고 있었다!' 하고 말할 수 있겠지만, 이번 일만은 그렇지 않다. 나는 알고 있었다. 네가 성실하지 못할 것임을 잘 알고 있었다. 네가 모태에서부터 반역자라고 불러 마땅한 자로 태어날 것을 나는 알고 있었다. 그러기에 내가 너를, 듣지도 못하게 하였고, 알지도 못하게 하였으며, 옛적부터 네 귀가 트이지도 못하게 한 것이다"(48:6 - 8).

장차 일어날 일들을 예고하는 까닭은 이것이 주님을 위하여, 바로 주님을 위하여 하시는 것이기 때문이다. 주님의 영광이 남에게 돌아가게 할 수는 없다. 주님께서는 그 이름 때문에 분노를 참고, 주님의 영예 때문에 자제하여 이스라엘을 파멸하지 않을 것이다.

하나님이 계획하신 새 일은 하나님께서 선택하여 세운 자, 고레스가 바빌론을 공격하여 주님의 뜻을 이루어 드리고, 그의 능력을 바빌로니아 사람 앞에서 드러낼 것이다. 주님께서 그를 불러냈다. 그를 오게 하였고 그 길을 형통하게 하셨다.

묻고? 답하기!

내가 성실하지 못할 것을 잘 알고 계시면서도 나를 구원하신 하나님께 감사를 드립니다.

늘 아들들이 문제입니다. 눈 하나 깜작하지 않고 어머니에게 거짓말을 하는 아들들이 문제입니다. 그런데도 어머니는 늘 그 아이를 위하여 기도하고, 이제나저제나 철이 들기를 기다립니다. 내가 바로 그 아이였음을 고백합니다. 어제처럼 내일도 곁길로 달려가고, 쓸데없는 걱정에 하루를 보낼 수도 있지만, 마음 깊은 곳에 자리 잡고 계시는 하나님의 속마음에 의지하여 감사를 드립니다.

10일

✝ **오늘 말씀** 이사야 49:1 - 52:12

고난의 종을 통한 구원의 선포
두 번째, 세 번째 '종의 노래'

💡 **실마리 풀기**

"나의 의는 영원하며, 나의 구원은 세세에 미칠 것이다"(사 51:8)

하나님께서 유배 중인 유다 백성들을 향하여 그들이 곧 예루살렘으로 돌아갈 것이라는 위로와 구원의 말씀 (40 - 48장)을 하셨습니다. 그리고 이어서 서론적 세 가지의 메시지(40:1 - 2) 중 두 번째 메시지, 하나님 께서 보내실 구원자를 이제 49 - 55장에서 선포합니다. 그는 이스라엘의 메시아이시며, 뭇 민족의 구원자 가 되실 "주님의 종"입니다. 이스라엘뿐만 아니라, 하나님의 궁극적 목표를 이루기 위하여 새로운 종을 임명하시는 것입니다.

두 번째 '종의 노래' - '뭇 민족의 빛'이 되실 메시아(49:1 - 26)

주님께서 이스라엘의 한 씨를 택하여 주님의 영광을 나타내는 종으로 삼으셨다. "네가 내 종이 되어서, 야곱의 지파들을 일으키고 이스라엘 가운데 살아남은 자들을 돌아오게 하는 것 은, 네게 오히려 가벼운 일이다. 땅 끝까지 나의 구원이 미치게 하려고, 내가 너를 **'뭇 민족의 빛'**으로 삼았다"(49:6). 주님께서 이렇게 말씀하신다. "내가 뭇 민족을 손짓하여 부르고, 뭇 백 성에게 신호를 보낼 터이니, 그들이 네 아들을 안고 오며, 네 딸을 업고 올 것이다"(49:22).

바울은 이 구절을 "주님께서 우리에게 명하시기를 '내가 너를 뭇 민족의 빛으로 삼았으니, 그것은 네가 땅 끝까지 구원을 이루게 하려는 것이다' 하셨습니다"(행 13:47) 라고 인용함으 로써, 자신에게 주신 말씀으로 받아 이방인 사역의 근거로 삼았다. 또한, 아기 예수의 정결 의 식에서 시므온은 아기를 자기 팔에 안고서 하나님을 찬양하여 말하였다. "이는 이방 사람들 에게는 계시하시는 빛이요, 주님의 백성 이스라엘에게는 영광입니다"(눅 2:32).

세 번째 '종의 노래' - 순종하는 종으로 오실 메시아(50:1 - 11)

이스라엘은 그들의 죄 때문에 팔려갔다. 주님의 변심 때문이거나, 주님의 채무 때문에 그 들을 팔아버린 것이 아니다. 그러나 주님의 종은 순종하는 종이다.

"주 하나님께서 내 귀를 깨우치시어 학자처럼 알아듣게 하신다. 주 하나님께서 내 귀를 열 어 주셨으므로, 나는 주님께 거역하지도 않았고, 등을 돌리지도 않았다. 나는 나를 때리는 자 들에게 등을 맡겼고, 내 수염을 뽑는 자들에게 뺨을 맡겼다. 내게 침을 뱉고 나를 모욕하여도 내가 그것을 피하려고 얼굴을 가리지도 않았다. 주 하나님께서 나를 도우시니, 그들이 나를 모욕하여도 마음 상하지 않았고, 오히려 내가 각오하고 모든 어려움을 견디어 냈다. 내가 부끄러움을 당하지 않겠다는 것을 내가 아는 까닭은, 나를 의롭다 하신 분이 가까이에 계시기 때문이다"(50:4 - 8).

예루살렘을 향한 하나님의 위로 - 세 번의 들으라는 명령과 깨어나라는 요청(51:1 - 52:12)

하나님께서 하신 일을 돌아보라(51:1 - 3) - 구원을 받고자 하는 사람들은 주님이 하시는 말에 귀를 기울이고, 과거를 돌아보아야 한다. 조상 아브라함의 믿음을 생각하여 보고, 하나님께서 아브라함에게 주신 언약을 기억하라.

하나님이 어떤 분이신지 들어보라(51:4 - 6) - 법은 주님으로부터 비롯될 것이며, 주님의 의는 만백성의 빛이 될 것이다. 주님의 의와 구원으로 뭇 백성을 재판하실 것이다. "눈을 들어 하늘을 쳐다보아라. 그리고 땅을 내려다보아라. 하늘은 연기처럼 사라지고, 땅은 옷처럼 해어지며, 거기에 사는 사람들도 하루살이같이 죽을 것이다. 그러나 내 구원은 영원하며, 내 의는 꺾이지 않을 것이다"(51:6).

하나님의 약속을 기억하고, 두려워하지 말라(51:7 - 8) - 마지막으로 율법을 간직한 백성들에게 요청한다. 사람들이 비난하는 것을 두려워하지 말고 그들이 비방하는 것에 놀라지 말라. 주님의 의는 영원하며, 주님의 구원은 세세에 미칠 것이다.

하나님의 능력을 힘입어 깨어나라(51:9 - 16) - 깨어나라는 요청에 주님께서 상기시키신다. 주님은 우리를 지으시고, 하늘을 펴시고 땅을 세우신 만군의 주님이시다.

하나님의 의도를 인식하고 깨어나라(51:17 - 23) - 이제 주님께서 다시 예루살렘을 깨우시며 위로하신다. "내가 너의 손에서, 비틀거리게 하는 그 잔 곧 나의 진노의 잔을 거두었으니, 다시는 네가 그것을 마시지 않을 것이다"(51:22).

하나님의 원대하신 꿈을 바라보며 깨어나라(52:1 - 12) - 그리고 다시 시온을 깨우신다. "그 날이 오면, 반드시 나의 백성은 내가 하나님이라는 것과 내가 그들에게 말한 하나님이었다는 것을 알게 될 것이다"(52:6). 주님께서 모든 이방 나라들이 보는 앞에서, 당신의 거룩하신 능력을 드러내시니, 땅 끝에 있는 사람들은 모두 우리 하나님의 구원을 볼 것이다.

내가 하나님의 의와 구원이 영원함을 믿고 의지합니다.

우리는 그저 예수 그리스도를 믿는다고 입으로 고백합니다. 그 고백은 실로 그의 의가 영원할 것이며, 그의 구원이 세세에 미칠 것이라는 말씀을 믿는 것입니다. 나 같은 이방 사람에게 임하신 하나님의 의를 알게 된 것과 그것을 믿게 하신 성령님께 감사와 찬양을 올려 드립니다.

✝ 오늘 말씀 이사야 52:13 - 55:13

이사야

고난의 종을 통해 전하는 복된 소식
네 번째 '종의 노래'

💡 **실마리 풀기**

"너희 모든 목마른 사람들아 어서 물로 나오너라"(사 55:1)

오늘 읽을 내용은 하나님께서 보내주실 구원자, "주님의 종"이 가지고 올 복된 소식입니다. 그는 사람의 몸을 입고 우리 가운데 오실 것이며, 목숨을 내 놓은 고난의 길을 통하여 세상 사람들의 죄를 대신 갚으실 것입니다. 그리고 두려워하지 말고 하나님께 나아오라고 우리를 초청하십니다.

네 번째 '종의 노래 - 고난 받는 종으로 오실 메시아(52:13 - 53:12)

"그는 실로 우리가 받아야 할 고통을 대신 받고, 우리가 겪어야 할 슬픔을 대신 겪었다. 그러나 우리는, 그가 징벌을 받아서 하나님에게 맞으며 고난을 받는다고 생각하였다. 그러나 그가 찔린 것은 우리의 허물 때문이고, 그가 상처를 받은 것은 우리의 악함 때문이다. 그가 징계를 받음으로써 우리가 평화를 누리고, 그가 매를 맞음으로써 우리의 병이 나았다. 우리는 모두 양처럼 길을 잃고, 각기 제 갈 길로 흩어졌으나, 주님께서 우리 모두의 죄악을 그에게 지우셨다. 그는 굴욕을 당하고 고문을 당하였으나, 아무 말도 하지 않았다. 마치 도살장으로 끌려가는 어린 양처럼, 마치 털 깎는 사람 앞에서 잠잠한 암양처럼, 끌려가기만 할 뿐, 아무 말도 하지 않았다"(53:4 - 7).

"고난을 당하고 난 뒤에, 그는 생명의 빛을 보고 만족할 것이다. 그는 죽는 데까지 자기의 영혼을 서슴없이 내맡기고, 남들이 죄인처럼 여기는 것도 마다하지 않았다. 그는 많은 사람의 죄를 대신 짊어졌고, 죄지은 사람들을 살리려고 중재에 나선 것이다"(53:11 - 12). 그러나 고난의 종은 결국 승리하실 것이다.

사도행전에서 "이 사람이 누구냐?"는 에티오피아 내시의 질문에 빌립은 그가 예수이심을 말하고 복음을 전하였다(행 8:34 - 35). 예수 그리스도는 우리가 원수라고 생각하는 사람들을 포함하여 전 세계 모든 사람의 죄와 슬픔, 고난과 질병을 지고 가셨다. 우리는 그로 인하여 하나님과 화목하게 되었고, 우리 간의 영적, 정서적, 육체적 모든 치유의 영역에서 자유함을 얻었다. 예수님이 지신 고난의 십자가는 유대인들에게는 저주의 상징이요, 이방인들에게는 미련해 보이는 것이지만, 오직 부르심을 받아 십자가에 못 박히신 그리스도를 전하는 우리에게는 하나님의 능력이요, 하나님의 지혜가 되는 것이다(고전 1:22 - 24).

이스라엘을 향한 주님의 초청 - 구원의 복된 소식(54:1 - 17)

"너의 장막 터를 넓혀라. 장막의 휘장을 아끼지 말고 펴라"(54:2) "두려워하지 말아라! 네가 이제는 수치를 당하지 않을 것이다. 당황하지 말아라! 네가 부끄러움을 당하는 일이 없을 것이다. ..너를 지으신 분께서 너의 남편이 되실 것이다. 그분의 이름은 만군의 주님이시다. 너를 구속하신 분은 이스라엘의 거룩하신 하나님이시다. 그분은 온 세상의 하나님으로 불릴 것이다"(54:4 - 5).

"노아 때에, 다시는 땅을 홍수로 멸망시키지 않겠다고 내가 약속하였다. 이제 나는 너에게 노하지 않겠다고 약속한다. 너를 꾸짖거나 벌하지 않겠다. 비록 산들이 옮겨지고 언덕이 흔들린다 하여도, 나의 은총이 너에게서 떠나지 않으며, 평화의 언약을 파기하지 않겠다"(54:9 - 10).

고난을 겪고 광풍에 시달려도 위로를 받지 못한 예루살렘을 주님께서 공의의 터 위에 굳게 서게 하실 것이다, 억압과 두려움이 사라지고 공포 또한 사라져, 그들에게 접근하지 못하게 할 것이다. 주님께서 그의 종들을 이렇게 막아 주고, 그들이 승리를 차지하도록 하실 것이다.

많은 민족을 향한 주님의 초청 - 이스라엘의 구원을 통해 드러내시는 하나님의 계시(55:1 - 13)

주님께서 이스라엘과 맺은 언약에 의지하여, 굶주리고 목마른 사람들을 값없이 초청하셨다. "너희는 귀를 기울이고, 나에게 와서 들어라. 그러면 너희 영혼이 살 것이다. 내가 너희와 영원한 언약을 맺겠으니, 이것은 곧 다윗에게 베푼 나의 확실한 은혜. 내가 그를 많은 민족 앞에 증인으로 세웠고, 많은 민족들의 인도자와 명령자로 삼았다"(55:3 - 4).

주님께서 세상 모든 민족을 향한 구원의 계획을 이스라엘에 드러내신다. "네가 알지 못하는 나라를 네가 부를 것이며, 너를 알지 못하는 나라가 너에게 달려올 것이니, 이는 주 너의 하나님, 이스라엘의 거룩하신 하나님께서 너를 영화롭게 하시기 때문이다"(55:5).

주님의 생각은 우리의 생각과 다르며, 우리의 길은 주님의 길과 다르다. 하늘이 땅보다 높듯이, 주님의 길은 우리의 길보다 높으며, 주님의 생각은 우리의 생각보다 높다. 하나님께서 말씀으로 우리에게 자신의 마음을 드러내셨다. 참으로 이스라엘은 기뻐하면서 바빌론을 떠날 것이며, 평안히 인도받아 나아올 것이다.

묻고? 답하기!

내가 하나님의 구원의 복된 소식을 들었기 때문에....

일반적으로 육신의 아버지의 사랑은 늘 한결같습니다. 말이 없고 무뚝뚝한 것 같아도 가슴 깊은 곳에는 늘 자식 걱정의 잔잔한 떨림이 자리합니다. 나는 나의 아이들에게 육신의 아버지로서 할 일을 다 하게 된 후에는 하늘의 아버지께서 그 자식을 돌보아주시기를 간절히 빌 것입니다. 하나님 아버지의 구원의 복된 소식을 들었기 때문입니다.

7

이사야

12일

✝ 오늘 말씀 이사야 56:1 - 59:21

이방 사람을 향한 주님의 초청

회개한 사람들에게 임하는 주님의 축복

💡 **실마리 풀기**

"너의 위에 있는 나의 영과 너의 입에 담긴 나의 말이, 이제부터 영원토록 너의 입과 너의 자손의 입과 또 그 자손의, 자손의 입에서 떠나지 않을 것이다"(사 59:21)

유배 중인 유다 백성들을 향하여 위로와 구원의 말씀(40 - 48장)을 전한 후, 하나님께서 보내주실 구원자 "주님의 종"을 소개하였습니다(49 - 55장). 오늘부터 이사야는 서론적 세 가지의 메시지(40:1 - 2) 중 세 번째 메시지, 주님의 종을 받아들임으로써 구원받은 사람들에게 임할 축복을 선포하고 있습니다.

이방 사람을 향한 주님의 초청 - 만민이 모여 기도하는 집(56:1 - 8)

"이방 사람이라도 주님께로 온 사람은 '주님께서 나를 당신의 백성과는 차별하신다' 하고 말하지 못하게 하여라. 나의 안식일을 지키고, 나를 기쁘게 하는 일을 하고, 나의 언약을 철저히 지키면, 그들의 이름이 나의 성전과 나의 성벽 안에서 영원히 기억되도록 하겠다..... 그들의 이름이 잊혀지지 않도록, 영원한 명성을 그들에게 주겠다"(56:3 - 5).

주님을 섬기려고 하는 이방 사람들은, 주님의 이름을 사랑하여 주님의 종이 되어라(56:6). "그들이 내 제단 위에 바친 번제물과 희생 제물들을 내가 기꺼이 받을 것이니, 나의 집은 만민이 모여 기도하는 집이라고 불릴 것이다"(56:7).

악인들에 대한 하나님의 심판과 회개하는 자들을 향한 주님의 선언(56:9 - 57:21)

눈먼 파수꾼, 말 못하는 개처럼 꿈이나 꾸고, 늘어지게 누워서 잠자기나 좋아하는 지도자들, 그들은 백성을 지키는 지도자가 되어서도 분별력이 없다. 집 문과 문설주 뒤에는 우상을 세워 놓고 거기에서 제사를 지내는 자들, 우상들에게 살려 달라고 부르짖는 자들은 주님께서 심판하실 것이다. "악인들에게는 평화가 없다"(57:21).

지극히 높으신 분, 영원히 살아 계시며, 거룩한 이름을 가지신 분께서, 겸손한 사람과 함께 있으면서 그들에게 용기를 북돋우어 주고, 회개하는 사람과 같이 있으면서 그들의 상한 마음을 아물게 하여 주실 것이다. 주님께서는 사람의 소행이 어떠한지 다 알고 있다. 그러나 주님께서는 그들을 고쳐 주시며 인도하여 주신다. 도와주시며 위로하여 주실 것이다.

이스라엘의 가식적 예배와 반역 - 주님이 기뻐하시는 금식(58:1 - 59:8)

하나님의 백성들이 마치 공의를 행하고 하나님의 규례를 저버리지 않는 민족이나 되듯이, 날마다 주님을 찾으며, 주님의 길을 알기를 좋아한다고 생각하는 착각을 하고 있다. 그들은 금식하는 날 자기 자신의 향락만을 찾고, 일꾼들에게는 무리하게 일을 시킨다. 마침내 다투고 싸우면서 금식을 한다. 또한, 그들은 안식일을 제멋대로 하며, 자신의 쾌락을 찾으며, 함부로 말하며 지낸다. 주님의 구원이 임하지 못하는 것은 그들의 죄악이 하나님과의 사이를 갈라놓았고, 그들의 손이 피로 더러워졌으며, 손가락이 죄악으로 더러워졌고, 입술이 거짓말을 하며, 혀가 악독한 말을 하기 때문이다. 주님이 선언하신다. "내가 기뻐하는 금식은, 부당한 결박을 풀어 주는 것, 멍에의 줄을 끌러 주는 것, 압제 받는 사람을 놓아주는 것, 모든 멍에를 꺾어 버리는 것, 바로 이런 것들이 아니냐?"(58:6).

이스라엘의 고백과 용서의 선언 - 시온에 속량자로 오실 주님(59:9 - 21)

백성들이 스스로 주님께 지은 죄가 매우 큼을 깨닫고 그들의 죄를 고백한다. 그들이 주님을 부정하고, 하나님께 등을 돌리고 물러가서, 포학한 말과 거역하는 말을 하면서 거짓말을 마음에 품었고, 또 실제로 거짓말을 하였음을 고백한다. 그래서 공평이 뒤로 밀려나고 공의가 멀어졌으며, 성실이 땅바닥에 떨어졌고, 정직이 발붙이지 못하는 것이다.

중재자가 없으므로 주님께서 직접 억압받는 사람들을 구원하시려고, 반드시 공의를 이루시려고, 당신의 능력을 친히 발휘하실 것이다. 구세주께서 시온에 속량자로 오시고, 야곱의 자손 가운데서 죄를 회개한 사람들에게 말씀하신다. "내가 그들과 맺은 나의 언약은 이러하다. 너의 위에 있는 나의 영과 너의 입에 담긴 나의 말이, 이제부터 영원토록, 너의 입과 너의 자손의 입과 또 그 자손의, 자손의 입에서 떠나지 않을 것이다"(59:21).

**묻고?
답하기!**

나의 금식과 안식일은 어떤 모습인가?

나의 주일은 일주일에 한 번씩 찾아오는 휴일입니다. 금식은커녕 맛있는 음식을 파는 집을 찾아 돌아다니기 일쑤입니다. 말로는 무엇이 공의로운 판단인가를 주님께 묻고, 주님께 기꺼이 가까이 나아가기를 즐거워한다고 하면서, 남의 멍에를 풀어주기를 소홀히 합니다. 내가 과연 하나님의 아들 맞는지 궁금합니다. "내가 기뻐하는 금식은, 부당한 결박을 풀어 주는 것, 멍에의 줄을 끌러 주는 것, 압제 받는 사람을 놓아주는 것, 모든 멍에를 꺾어 버리는 것, 바로 이런 것들이 아니냐?"(58:6) 하신 하나님의 말씀을 실천하기를 게을리 하였기 때문입니다.

✝ 오늘 말씀 이사야 60:1 - 63:6

아브라함에게 주신 언약의 성취
세상 모든 민족을 향한 영원한 빛과 시온의 의

💡 실마리 풀기

"이방 나라들이 너의 빛을 보고 찾아오고, 뭇 왕이 떠오르는 너의 광명을 보고, 너에게로 올 것이다"(사 60:3)

드디어 이사야서의 마무리가 시작됩니다. 하나님께서 창조 이후 지속해서 품고 계셨던 세상 모든 민족을 향한 구원의 비전을 오늘 드러내십니다. 오실 메시아께서는 이방인의 빛이시며, 하나님 나라의 의를 이루실 것입니다.

예루살렘에 임할 메시아 - 이방 나라를 향한 영원한 빛으로 오실 주님(60:1 - 22)

하나님께서 이제 아브라함에게 약속하셨던 것을 이루실 것이다. 예루살렘을 높이시고, 오고 오는 세대 사람들에게 기쁨이 되게 할 것이다. 주님께서 구원자이며, 속량자요, 야곱의 전능자임을 알게 하실 것이다. 오직 주님께서 우리의 영원한 빛이 되시고, 하나님께서 우리의 영광이 되실 것이다.

"예루살렘아, 일어나서 빛을 비추어라. 구원의 빛이 너에게 비치었으며, 주님의 영광이 아침 해처럼 너의 위에 떠올랐다. 어둠이 땅을 덮으며, 짙은 어둠이 민족들을 덮을 것이다. 그러나 오직 너의 위에는 주님께서 아침 해처럼 떠오르시며, 그의 영광이 너의 위에 나타날 것이다. 이방 나라들이 너의 빛을 보고 찾아오고, 뭇 왕이 떠오르는 너의 광명을 보고, 너에게로 올 것이다"(60:1 - 3).

"내가 평화를 너의 감독자로 세우며, 의를 너의 지배자로 세우겠다"(60:17). "해는 더 이상 낮을 밝히는 빛이 아니며, 달도 더 이상 밤을 밝히는 빛이 아닐 것이다. 오직 주님께서 너의 영원한 빛이 되시고, 하나님께서 너의 영광이 되실 것이다"(60:19).

하나님의 영이 임하신 메시아의 선포 - 시온에서 슬퍼하는 사람들에게 임할 은혜의 해(61:1 - 11)

"주님께서 나(메시아)에게 기름을 부으시니, 주 하나님의 영이 나(메시아)에게 임하셨다. 주님께서 나를 보내셔서, 가난한 사람들에게 기쁜 소식을 전하고, 상한 마음을 싸매어 주고, 포로에게 자유를 선포하고, 갇힌 사람에게 석방을 선언하고, 주님의 은혜의 해와 우리 하나님의 보복의 날을 선언하고, 모든 슬퍼하는 사람들을 위로하게 하셨다"(61:1 - 2).

- 예수님께서 회당에서 말씀하실 때 "은혜의 해를 선포하게 하셨다"(2절)까지만 읽으시고 "이 성경 말씀이 너희가 듣는 가운데서 오늘 이루어졌다"고 선포하셨다. 그러자 회당에 모여

있던 사람들이 예수님을 동네 밖으로 내쫓았다. 나라 주변의 원수들을 보복하고, 무찌르고자 하는 그들만의 염원을 무시하였기 때문이다. 그러나 주님께서는 이 땅의 가난한 사람들에게 기쁜 소식을 전하고 구원의 은혜를 주시기 위하여 오셨다. 보복의 날은 나중에 임할 것이다 (눅 4:16 - 21).

메시아께서 시온에서 슬퍼하는 사람들에게 재 대신에 화관을 씌워 주시며, 슬픔 대신에 기쁨의 기름을 발라 주시며, 괴로운 마음 대신에 찬송이 마음에 가득 차게 하셨다. 그리하여 사람들이 그들을 가리켜, 의의 나무, 주님께서 스스로 영광을 나타내시려고 손수 심으신 나무, '주님의 제사장'이라고 부를 것이며, '우리 하나님의 봉사자'라고 일컬을 것이다. 그들은 땅에서 갑절의 상속을 받으며, 영원한 기쁨을 차지할 것이다.

이사야의 선포 - 이방 나라들이 볼 시온의 의(62:1 - 63:6)

주님께서 땅 끝까지 선포하신다. 시온의 구원자가 오신다. "시온의 의가 빛처럼 드러나고, 예루살렘의 구원이 횃불처럼 나타날 때까지, 시온을 격려해야 하므로, 내가 잠잠하지 않겠고, 예루살렘이 구원받기까지 내가 쉬지 않겠다. 이방 나라들이 네게서 의가 이루어지는 것을 볼 것이다. 뭇 왕이 네가 받은 영광을 볼 것이다. 사람들이 너를 부를 때에, 주님께서 네게 지어 주신 새 이름으로 부를 것이다. 또한, 너는 주님의 손에 들려 있는 아름다운 면류관이 될 것이며, 하나님의 손바닥에 놓여 있는 왕관이 될 것이다"(62:1 - 3).

사람들은 그들을 '거룩한 분의 백성'이라 부르며 '주님께서 속량하신 백성'이라 부를 것이다. 사람들은 예루살렘을 '하나님께서 사랑한 도성', '하나님께서 버리지 않은 도성'이라고 부를 것이다. 복수할 날이 다가왔고, 구원의 해가 이르렀다. 의를 말하는 자요, 구원의 권능을 가진 자이신 주님께서 피로 붉게 물든 옷을 입고 오신다. 주님을 도와 함께 일한 자가 아무도 없었으므로, 주님께서 혼자서 승리를 쟁취하였다.

묻고? 답하기!

내가 성경에서 말하는 그 이방 나라에 사는 사람이라는 것을 인정하십니까?

일찍이 하나님께서 아브라함에게 주신 언약의 핵심은 "너로 인하여 땅에 사는 모든 민족이 복을 받을 것"이라는 것입니다. 이사야는 그 언약이 성취될 것을 예언하였고, 지금 우리는 그 성취의 시대에 살고 있습니다. 그 언약대로 나를 자녀로 삼아 복을 주시기 원하시는 하나님께 찬양을 올려드립니다. "주님께서 나에게 구원의 옷을 입혀 주시고, 의의 겉옷으로 둘러 주셨으니, 내가 주님 안에서 크게 기뻐하며, 내 영혼이 하나님 안에서 즐거워할 것이다"(61:10).

✝ 오늘 말씀 이사야 63:7 - 66:24

하나님의 뜻(Vision)
새 하늘과 새 땅의 창조

💡 **실마리 풀기**

"나도 그들 가운데서 제사장과 레위 사람으로 삼을 자를 택하여 세우겠다"(사 66:21)

이스라엘이 제사장 나라로서의 임무를 거절하였습니다. 이제 하나님께서 언어가 다른 모든 민족을 모으시고, 그들 가운데서 제사장과 레위 사람으로 삼을 자를 택하여 세우겠다고 선언하십니다. 그 때 모든 민족이 하나님의 영광을 볼 것입니다. 태초에 하나님께서 천지를 창조하실 때의 비전, 온 우주, 모든 민족의 궁극적인 회복의 약속을 보이시는 것입니다. 이는 세상 끝까지 복음을 전파하라는 예수님의 말씀과 성경의 마무리인 요한계시록 20 - 22장을 상기시킵니다.

이사야의 기도 - 하나님의 변함없는 사랑(63:7 - 64:12)

하나님의 신실한 사랑과 백성들의 반응 - 주님께서 베풀어 주신 변함없는 사랑과 우리 모두에게 베푸신 은혜, 그의 긍휼과 그의 풍성한 자비를 따라서 이스라엘 집에 베푸신 크신 은총을 이사야가 전한다. 백성들이 고난을 받을 때 주님께서도 친히 고난을 받으셨으며, 사랑과 긍휼로 그들을 구하여 주셨는데도 그들이 반역하므로, 주님께서 도리어 그들의 대적이 되셔서 친히 그들과 싸우셨다. 이제 그들은, 지난날 곧 주님의 종 모세의 날을 생각하며 "그들에게 그의 거룩한 영을 넣어 주신 그분이, 이제는 어디에 계시는가?"하고 부르짖는다.

자비와 도움을 구하는 기도 - "주님께서는 우리의 아버지이십니다. 아브라함은 우리를 모르고, 이스라엘은 우리를 인정하지 않는다 하여도, 오직 주 하나님은 우리의 아버지이십니다. 옛적부터 주님의 이름은 '우리의 속량자'이십니다. 주님, 어찌하여 우리를 주님의 길에서 떠나게 하시며, 우리의 마음을 굳어지게 하셔서, 주님을 경외하지 않게 하십니까?"(63:16 - 17).

"주님께서는, 정의를 기쁨으로 실천하는 사람과, 주님의 길을 따르는 사람과, 주님을 기억하는 사람을 만나 주십니다. 그러나 주님, 보십시오. 주님께서 진노하신 것은 우리가 오랫동안 죄를 지었기 때문입니다. 우리가 어찌 구원을 받겠습니까?"(64:5).

"그러나 주님, 주님은 우리의 아버지이십니다. 우리는 진흙이요, 주님은 우리를 빚으신 토기장이이십니다. 우리 모두가 주님이 손수 지으신 피조물입니다. 주님, 진노를 거두어 주십시오. 우리의 죄악을 영원히 기억하지 말아 주십시오"(64:8 - 9).

하나님의 응답 - 주님께서 택한 사람들, 주님의 종들에게 주시는 약속(65:1 - 16)

"나는 내 백성의 기도에 응답할 준비를 하고 있었지만, 내 백성은 아직도 내게 요청하지 않았다. 누구든지 나를 찾으면, 언제든지 만나려고 준비를 하고 있었지만, 아무도 나를 찾지 않았다. 내 이름을 부르지도 않던 나라에게, 나는 '보아라, 나 여기 있다. 보아라, 나 여기 있다' 하고 말하였다"(65:1).

산에서 분향하며 언덕에서 주님을 모독한 자들의 죄악과 그 조상의 죄악을 주님께서 심판하실 것이다. 그러나 주님께서 택한 사람들, 주님의 종들을 생각하여, 그들을 다 멸하지는 않으실 것이다. 주님께서 야곱으로부터 자손이 나오게 하며, 유다로부터 내 산을 유업으로 얻을 자들이 나오게 하실 것이다.

"땅에서 복을 비는 사람은 진리이신 하나님을 두고 빌며, 땅에서 맹세하는 사람도 진리이신 하나님을 두고 맹세할 것이다. 지난날의 괴로운 일들을 내가 다시 기억하지 않고, 지나간 과거를 내가 다시 되돌아보지 않기 때문이다"(65:16).

하나님의 영광 - 온 우주, 모든 민족의 궁극적인 회복의 약속(65:17 - 66:24)

"보아라, 내가 새 하늘과 새 땅을 창조할 것이니, 이전 것들은 기억되거나 마음에 떠오르거나 하지 않을 것이다. 그러니 너희는 내가 창조하는 것을 길이길이 기뻐하고 즐거워하여라"(65:17 - 18).

주님의 손이 이 모든 것을 지었으며, 이 모든 것이 주님의 것이다. 주님께서는 겸손한 사람, 회개하는 사람, 주님을 경외하고 복종하는 사람, 바로 이런 사람을 좋아한다. 그러나 형식적인 예배를 드리거나 주님의 뜻을 묻지 않고 제 뜻대로 한 자들, 이러한 제사장들은 오히려 가증한 우상숭배를 즐겼다.

주님께서 이렇게 말씀하신다. "내가 그들의 일과 생각을 알기에, 언어가 다른 모든 민족을 모을 때가 올 것이니, 그들이 와서 나의 영광을 볼 것이다. 그리고 나도 그들 가운데서 제사장과 레위 사람으로 삼을 자를 택하여 세우겠다. 내가 지을 새 하늘과 새 땅이 내 앞에 늘 있듯이, 너희 자손과 너희 이름이 늘 있을 것이다"(66:21 - 22).

묻고? 답하기!

하나님께서 약속하신 제사장과 레위 사람으로 삼을 자는 누구인가?

나의 주변 사람들이 내가 그리스도인임을 안다면 나는 이미 제사장이며 레위 사람입니다. 예수 그리스도를 알지 못하고, 무슨 일이든지 스스로 결정하고 판단해야만 하는 사람들에게 구원의 다리를 놓아야 하는 소명이 있는 사람입니다. 주님을 믿는 삶의 모습을 보여주기 위해 선택된 제사장입니다.

7월 15일 ~~~~~~~~~~~~~~~~~~~~~~~~~~~~~~~~~~~~~

두 번째 "표준적인 예언의 메시지"
이스라엘을 심판하시는 이유

✝ 오늘 말씀 예레미야 1:11 - 16 ; 44:2 - 10

 실마리 풀기

"당신들이 주 당신들의 하나님의 말씀을 듣지 않고, 또 내가 오늘 당신들에게 명한 모든 명령과 규례를 지키지 않으면, 다음과 같은 온갖 저주가 당신들에게 닥쳐올 것입니다"(신 28:15)

이스라엘에 임한 하나님의 심판 - 바빌로니아의 포로와 디아스포라

예언서가 전하고자 하는 세 가지 "표준적인 메시지"가운데 두 번째 메시지, 이스라엘에 임한 하나님의 심판을 묵상해봅니다. 일찍이 모세는 백성들이 주님의 말씀을 듣지 않고 또 주님의 모든 명령과 규례를 지키지 않으면, 주님께서 그들을 다른 민족에게 넘기실 것이며, 땅이 끝에서 저 끝까지 모든 민족 가운데 그들을 흩으실 것이니, 세상의 모든 백성 가운데서 놀램과 속담과 조롱거리가 될 것이라고 예언하였습니다(신 28:36,64).

백성들의 불순종을 보다 못한 예언자들은 그들이 회개하지 않으면, 반드시 심판이 임할 것을 선포합니다. 그러나 그들은 전혀 들으려 하지 않았습니다. 결국, 이스라엘에 하나님의 심판이 임했습니다. 바빌로니아를 불러 예루살렘과 그 성전을 완전히 불사르고, 살아남은 사람들 대부분을 포로로 잡아갔습니다. 그리고 70 여 년의 세월을 그곳에서 연단하며 살아남아야 했습니다. 그 후에 예루살렘으로 돌아 온 백성들보다 세상 모든 민족 가운데 흩어져 살아가는 백성들이 더 많았습니다.

예루살렘에 임한 심판의 실상 - 예레미야의 슬픈 노래

일찍이 모세가 백성들에게 경고한 저주는 지위의 구분이 없고 양의 한도가 없습니다. "당신들은 성읍에서도 저주를 받고, 들에서도 저주를 받을 것입니다. 당신들의 곡식 광주리도 반죽 그릇도 저주를 받을 것입니다. 당신들의 몸에서 태어난 자녀와 당신들 땅의 곡식과 소 새끼와 양 새끼도 저주를 받을 것입니다. 당신들은 들어와도 저주를 받고, 나가도 저주를 받을 것입니다"(신 28:15 - 19).

예레미야는 불타버린 예루살렘 성을 바라보며 이렇게 애통해합니다. "주님께서 타오르는 진노로 이스라엘의 힘을 모두 꺾으시더니, 원수 앞에서 이스라엘을 지키시는 오른손을 거두시고, 주위의 모든 것을 삼키는 불꽃처럼 야곱을 불사르셨다"(애 2:2 - 3).

제사장들과 장로들은 목숨을 이으려고 먹을 것을 찾다가 성안에서 기절하였습니다(애

1:19). 주님께서 성막을 들에 있는 원두막처럼 부수시고, 회막도 그렇게 허무셨으며, 시온에서 명절과 안식일을 없애셨습니다(애 2:6). 여자는 자신이 사랑스럽게 기른 자식을 잡아먹으며, 주님의 성전에서, 제사장과 예언자가 맞아 죽습니다(애 2:20). 예레미야는 울다 지쳐서 기도할 힘조차 없는 듯합니다.

이스라엘을 심판하시는 표면적 이유 - 심판하신 하나님의 소회

주님께서 예레미야에게 살구나무 가지와 끓는 가마솥의 환상을 보여주시면서 백성들에게 경고의 말씀을 전하라 하셨습니다. "북쪽에서 재앙이 넘쳐흘러 이 땅에 사는 모든 사람에게 내릴 것이다. 내가 북쪽에 있는 모든 나라의 백성들을 이 땅으로 불러들이겠다. 그러면 그들이 모두 몰려와서, 예루살렘 모든 성문 바로 앞에 자리를 잡고, 사방에서 그 성벽을 공격하고, 유다의 모든 성읍을 칠 것이다. 나 주의 말이다. 내가 이렇게 내 백성을 심판하는 까닭은, 그들이 나를 버리고 떠나서 다른 신들에게 향을 피우고, 손으로 우상을 만들어서 그것들을 숭배하는 죄를 저질렀기 때문이다"(렘 1:12 - 16).

그렇게 예레미야가 백성들에게 경고와 회개에의 촉구를 하였으나 그들은 듣지 않았습니다. 그리고 주님께서 이집트로 내려간 유다 사람들에게 또다시 경고의 말씀을 전하십니다. "나는 나의 종 예언자들을 너희에게 모두 보내고, 또 거듭하여 보내면서 경고하였다. 제발 이렇게 역겨운 일을 하지 말라고 하였다. 그것은 내가 미워하는 일이라고 하였다. 그런데도 그들은 듣지 않고, 귀를 기울이지 않았다. 그들은 여전히 다른 신들에게 제물을 살라 바치면서, 악에서 돌아서지 않았다. 그래서 내가 나의 타오르는 분노를 퍼부어서, 유다의 성읍들과 예루살렘의 거리들을 불태웠고, 그래서 그곳들이 모두 오늘날과 같이 폐허와 황무지로 바뀌어 버렸다"(렘 44:4 - 6).

이스라엘을 심판하시는 진정한 이유 - 새로운 공동체의 창조

하나님께서 백성들을 바빌로니아에 포로로 잡혀가게 하신 것은 실로 심판을 넘어 계속되는 하나님의 한결같은 사랑의 표현임을 기억해야 합니다. 불순종과 반역으로 심판받은 백성들을 정제하시고, 그들의 상처를 씻어주기 위한 하나님의 모략입니다. 그들이 마음을 돌이켜 주님이 여호와이심을 알게 하기 위한 세심한 배려입니다.

에스겔은 마른 뼈들에 생기를 불어넣어 다시 살아나게 하시겠다는 주님의 말씀을 전합니다. 그때 다시 살아난 자들(이스라엘 온 족속)이 비로소 주님께서 주인 줄 알게 될 것이라고 합니다. 그들이 비로소 그들의 땅으로 돌아올 것입니다(겔 37:4 - 14). 에스겔은 또 하나의 환상을 봅니다. 이스라엘 땅, 아주 높은 산의 남쪽에 성읍을 건축하는 것입니다(겔 40:1 - 4). 주님께서 백성들의 마른 뼈에 생명을 불어넣고, 새로운 공동체를 창조하실 것입니다. 그 공동체가 기거할 성읍의 이름은 "여호와 샤마/여기에 여호와가 계시다"(겔 48:35) 입니다. 그 공동체는 주님의 선하심을 믿는 믿음과 하늘나라에의 소망과 하나님과 이웃을 향한 사랑이 지속되는 나라입니다.

16일

✝ 오늘 말씀 예레미야 1:1 - 3:5

예레미야의 소명과 첫 번째 예언
유다 백성이 저지른 두 가지 악

💡 **실마리 풀기**

"내가 너에게 무슨 명을 내리든지 너는 그대로 말하여라"(렘 1:7)

예레미야서의 〈1 - 38장〉은 요시야 왕 때로부터 유다의 멸망할 때까지의 예언이고, 〈39 - 45장〉은 앞에서의 예언이 성취되는 과정의 서술을 전하고 있습니다. 그리고 〈46 - 51장〉은 열방의 심판에 관한 예언들로써 유배지에서 하나님의 징벌 때문에 절망에 빠져 있을 사람들에게 희망을 주게 될 것입니다. 마지막 〈52장〉은 예언자 예레미야의 예언이 사실임을 입증하고 있습니다.

예레미야가 유다를 향한 예언자로 활동하던 때의 성경적 배경은 〈열왕기하 22 - 25장〉입니다.

예레미야의 소명 - 주님께서 나에게 말씀하셨다(1:1 - 19)

유다 왕 요시야 때에, 주님께서 베냐민 땅 아나돗 마을의 제사장 출신인 힐기야의 아들, 예레미야를 뭇 민족에게 보낼 예언자로 세웠다. 예레미야는 자신이 말을 잘할 줄 모르고, 아직 너무나 어리다면서 겸손히 거절하였다.

- "내가 너를 누구에게 보내든지 너는 그에게로 가고, 내가 너에게 무슨 명을 내리든지 너는 그대로 말하여라"(1:7). 그런 다음에, 예레미야의 입에 손을 대어 그의 입에 능력을 주시고, "내가 내 말을 네 입에 맡긴다"고 말씀하셨다.

예레미야가 전해야 할 두 가지 메시지 : 살구나무 가지와 끓는 가마솥 환상

그리고 '지켜보다'라는 뜻을 가진 살구나무를 보여주시며, 주님의 뜻이 그대로 이루어질 것을 지켜보실 것을 알려주셨다. 이는 예레미야가 신실하신 하나님의 약속을 전해야 한다는 것이다. (히브리어로 '살구나무(샤케드)'와 '지켜보다(쇼케드)'라는 두 단어의 발음이 비슷함)

또한 물이 북쪽에서부터 넘쳐흐르는 가마솥의 환상을 보여주시며, 북쪽의 한 왕을 이 땅으로 불러들여서 예루살렘을 공격하고, 유다의 모든 성읍을 칠 것을 알려주셨다. 이는 북쪽으로부터의 침략을 경고해야 한다는 것이다.

첫 번째 예언 - 유다의 고의적 기억상실(2:1 - 3:5)

- 너는 가서 예루살렘 사람들이 들을 수 있게 이렇게 외쳐라

지도자들의 불순종(2:1 - 8) - 이스라엘은 주님에게 있어서 거룩하게 구별된 수확 중 첫 열매이다. 누구든지 그것을 가져다 먹으면, 벌을 받고 재앙을 만났다. 그런데 바로 그 이스라엘이

간음의 죄를 저질렀다. 그들은 이집트 땅에서, 광야에서, 죽음의 그림자가 짙은 그 메마른 땅에서, 기름진 땅으로 인도하신 분을 잊어버렸다. 제사장들은 주님께서 어디에 있는지를 찾지 않으며, 법을 다루는 자들이 주님을 알지 못하며, 통치자들은 주님에게 맞서서 죄를 범하며, 예언자들도 바알의 이름으로 예언하며, 우상들만 쫓아다녔다.

유다 백성이 저지른 두 가지 악(2:9 - 3:5) - "그러므로 내가 너희를 다시 법대로 처리하겠다." "비록 신이라 할 수 없는 그런 신을 섬겨도, 한 번 섬긴 신을 다른 신으로 바꾸는 민족은 그리 흔하지 않다. 그런데도 내 백성은 그들의 영광을 전혀 쓸데없는 것들과 바꾸어 버렸다"(2:9, 11).

"참으로 나의 백성이 두 가지 악을 저질렀다. 하나는, 생수의 근원인 나를 버린 것이고, 또 하나는, 전혀 물이 고이지 않는, 물이 새는 웅덩이를 파서, 그것을 샘으로 삼은 것이다"(2:13).

- 네가 저지른 악이 너를 벌하고, 너 스스로 나에게서 돌아섰으니, 그 배신이 너를 징계할 것이다. 그러므로 주 너의 하나님을 버린 것과 나를 경외하는 마음이 너에게 없다는 것이, 얼마나 악하고 고통스러운가를, 보고서 깨달아라. 나 만군의 주 하나님의 말이다"(2:19).

- "그들은 나무를 보고 '나의 아버지'라고 하고, 돌을 보고 '나의 어머니'라고 하였다. 그들은 나에게 등을 돌리면서도, 얼굴은 돌리지 않고 있다가, 환난을 당할 때에는 '오셔서, 우리를 구하여 주십시오' 하고 부르짖는다. 네가 스스로 만들어 섬긴 신들이 지금 어디에 있느냐? 네가 환난을 당할 때에는, 네 신들이 일어나서 너를 도와주어야 옳지 않겠느냐?"(2:27 - 28).

이는 그들 스스로 재앙을 자청한 것이다. 그토록 다짐에 다짐을 반복하였던 축복과 저주의 말씀을 저버리고, 우상숭배라는 저주의 길로 간 것이다.

묻고? 답하기!

하나님께서 들어 쓰시는 자가 꼭 비범한 자여야 하는가?

예레미야는 하나님께 부르심을 받았을 때 자신은 말도 잘할 줄 모르며, 경험도 없는 어린아이와 같다고 하면서 예언자로 임명되기를 거부하였습니다. 그러나 하나님이 원하시는 자는 단지 하나님의 말씀을 들은 그대로 전하는 신실한 전달자이기만 하면 되었습니다. 남들이 인정하는 학식과 경험이 없어도 주님이 부르시면 달려가는 자는 주님께서 들어 쓰실 것을 확신합니다.

7

17일

예레미야

✝ 오늘 말씀 예레미야 3:6 - 6:30

두 번째 예언
회개의 촉구와 경고

💡 **실마리 풀기**

"네가 '주님의 살아 계심을 두고' 진리와 공평과 정의로 서약하면"(렘 4:2)

오늘 읽을 내용은 요시야 왕 때에 예레미야가 전하는 두 번째 예언입니다. 주님께서 유다를 향하여 회개를 촉구하지만, 그들은 어리석고 깨달을 줄 모르는 백성, 눈이 있어도 볼 수가 없고, 귀가 있어도 들을 수가 없는 백성이었습니다. 결국, 주님의 심판이 선포됩니다. 바빌로니아의 침공에 대해 이렇게 생생한 묘사를 통하여 경고하는데도 불구하고 그들은 깨닫지 못하고, 회개는커녕 부끄러워하는 것조차 잊어버렸습니다.

두 번째 예언 - 진정한 회개의 촉구와 심판의 선언(3:6 - 4:31)
- 너는 북쪽으로 가서, 이 모든 말을 선포하라

이스라엘의 선례를 무시한 유다(3:6 - 4:4) - 유다는 이스라엘이 주님을 배신하고 음행을 하다가 멸망하는 것을 보았다. "그러나 이 신실하지 못한 아우 유다가 두려운 줄도 모르고, 오히려 자기도 가서 음행을 하였다"(3:8).

진정한 회개의 촉구 - "이스라엘아, 정말로 네가 돌아오려거든, 내가 싫어하는 그 역겨운 우상들을 내가 보는 앞에서 버려라. 네가 '주님의 살아 계심을 두고' 진리와 공평과 정의로 서약하면, 세계 만민이 나 주를 찬양할 것이고, 나도 그들에게 복을 베풀 것이다. 유다 백성과 예루살렘 주민아, 가시덤불 속에 씨를 뿌리지 말아라. 묵은 땅을 갈아엎고서 씨를 뿌려라. 너희는 주님께서 원하는 할례를 받고, 너희 마음의 포피를 잘라 내어라"(4:1 - 4).

- 예수님께서 가시덤불 속에 뿌려지는 것들이란, 말씀을 듣기는 하지만 세상의 염려와 재물의 유혹과 그 밖에 다른 일의 욕심이 들어와 말씀을 막아서 열매를 맺지 못하는 것이라 하셨다(막 4:18 - 19). 주님을 안다고 해도 주님께 버림받지 않으려면 세상의 염려와 재물의 유혹과 그 밖에 다른 일의 욕심을 버리는 것이 최우선 과제이다.

다가오는 심판의 경고 - 백성에게 심판을 선언하시는 분은 바로 주님이시다 (4:5 - 31)
하나님께서 북쪽에서 재앙을 몰아와서 크나큰 파멸을 그들에게 줄 것이다. 열풍이 사막에서 불어오듯, 먹구름이 몰려오듯 그들을 치실 것이다. 그들의 모든 길과 행실이 이러한 재앙을 불러 왔고, 바로 그들의 죄악이 그들에게 아픔을 주었고, 그 아픔이 그들의 마음속에까지 파고들 것이다.

- "나 주가 (재앙을) 말하였으니, 마음을 바꾸지 않고, 취소하시지 않을 것이다"(4:28).

예루살렘의 죄악과 하나님의 심판 - 그들은 말하는 것과 사는 것이 다르다(5:1 - 6:30)

그러나 그들은 말하는 것과 사는 것이 다르다. 그들이 주님께서 살아 계심을 두고 맹세하고, 주님을 섬긴다고 말하지만, 말하는 것과 사는 것이 다르다. 그들의 악한 행실 때문에 주님의 분노가 불처럼 일어나서 그들을 태울 것이니 아무도 끌 수 없을 것이다. 주님께서 북쪽에서 재앙을 몰아와서 크나큰 파멸을 끌어들일 것이다. 그들이 그들의 땅에서 주님을 버리고 다른 신들을 섬겼으니, 이제는 그들이 남의 나라 땅에서 다른 나라 사람을 섬겨야 할 것이다. 주님께서 그들을 내버렸기 때문이다.

예레미야의 분노(6:9 - 11a)

- 주님께서 예레미야에게 아직 여유가 있을 때 구할 수 있는 사람들을 구하라고 명하셨다. 그러나 그들은 귀가 막혀 주님의 말씀을 들을 수 없고, 주님께서 하신 말씀을 전하면 그들은 예레미야를 비웃기만 하고 말씀 듣기를 좋아하지 않았다. 오히려 예레미야는 주님의 진노를 백성들에게 쏟아 놓고 싶어 하였다.

연단하시는 주님의 분노와 심판의 선언(6:11b - 30)

- "힘 있는 자든 힘없는 자든, 모두가 자기 잇속만을 채우며, 사기를 쳐서 재산을 모았다. 예언자와 제사장까지도 모두 한결같이 백성을 속였다... 땅아, 너도 들어라. 내가 지금 이 백성에게 재앙을 내린다. 그들이 이처럼 사악한 생각을 하였으니, 이것은 그들이 받아 마땅한 벌이다. 그들이 나의 말을 귀담아듣지 않으며, 나의 율법도 무시하였기 때문이다"(6:13 - 19).
- "그러므로 나 주가 말한다. 내가 이 백성 앞에 걸림돌들을 숨겨 놓아서, 모두 돌에 걸려 넘어지게 하겠다. 아버지와 아들이 다 함께 넘어지고, 이웃과 그 친구가 다 함께 멸망할 것이다"(6;21).

묻고? 답하기!

멸망 직전의 유다와 지금 우리 한국의 현실과 무엇이 다른가?

그들이 멸망한 것은 힘 있는 자든 힘없는 자든 모두가 자기 잇속만을 채우며, 사기를 쳐서 재산을 모았고, 예언자와 제사장까지도 모두 한결같이 백성을 속이며, 주님의 말을 귀담아듣지 않으며, 주님의 율법도 무시하였기 때문입니다. 지금 우리의 지도자들, 정치가들이나 재력가들도 모두가 자기 잇속만 차리는 것처럼 보이는 현실이 너무도 안타깝습니다.

예레미야

✚ 오늘 말씀 예레미야 7:1 - 10:25

세 번째 예언
거짓 예배로 더럽혀진 성전

💡 **실마리 풀기**

"오직 내가 명한 것은 나에게 순종하라는 것, 그러면 내가 그들의 하나님이 되고, 그들은 나의 백성이 될 것이라는 것"(렘 7:23)

오늘 읽을 내용은 예레미야가 전하는 세 번째 예언입니다. 절기만 되면 형식적인 준수를 위하여 성전으로 몰려드는 백성들을 향하여 예레미야가 외칩니다. "제사를 드리는 것이 능사가 아니라 오직 하나님께 순종하여라. 거짓과 폭력을 일삼고, 서로 속고 속이는 일을 되풀이하면서 기만 가운데 살지 말아라. 그리고 조각가가 새긴 우상들과 은장이가 만든 공예품을 숭배하는 풍속을 버려라." 그러나 결국 그들은 먼 곳으로 내던져지고, 고통 가운데 자신들의 죄를 깨달아야 할 것입니다.

세 번째 예언 - 백성의 불순종과 외식적인 제사(7:1 - 8:17)

- 주님께 예배하려고 문으로 들어오는 모든 유다 사람에게 주님의 말씀을 큰소리로 일러주라

예레미야의 설교 - "나 만군의 주 이스라엘의 하나님이 말한다. 내가 너희에게 받고 싶은 것은 제사가 아니다. 오직 내가 명한 것은 나에게 순종하라는 것, 그러면 내가 그들의 하나님이 되고, 그들은 나의 백성이 될 것이라는 것, 내가 그들에게 명하는 그 길로만 걸어가면, 그들이 잘 될 것이라고 한 것뿐이지 않았더냐?"(7:21 - 23).

유다 사람들은 모두 도둑질을 하고, 사람을 죽이고, 음행하고, 거짓으로 맹세하고, 바알에게 분향을 하고, 알지 못하는 다른 신들을 섬긴다. 심지어는 자기들의 아들과 딸들을 불태워 제물로 바치려고 산당을 쌓아 놓기까지 하였다. 그들이 이처럼 주님께서 미워하는 일만 저지르고서도 주님의 이름으로 불리는 이 성전으로 들어와서 제사를 드리며, 자신들이 결백한 것처럼 시늉한다. 그러나 그들이 순종하지 않고 그렇게 악한 행위를 하는 이유는 "자기들의 악한 마음에서 나오는 온갖 계획과 어리석은 고집대로" 살고자 하기 때문이다.

예레미야의 탄식 - 사람이 만든 우상과 세상을 만드신 하나님(8:18 - 10:25)

예레미야의 탄식 - "나의 기쁨이 사라졌다. 나의 슬픔은 나을 길이 없고, 이 가슴은 멍들었다"(8:18). "나는 산들을 보고 울며 탄식합니다. 광야의 초원을 바라보고, 슬픈 노래를 읊겠습니다. 그처럼 무성하던 곳들이 모두 황무지가 되었고, 지나다니는 사람이 하나도 없습니다"(9:10).

주님의 대답 - "내가 예루살렘을 돌무더기로 만들어서 여우들이 우글거리는 소굴이 되게 하고, 유다의 성읍들을 황무지로 바꾸어 놓아 아무도 살 수 없게 하겠다"(9:11)

이 땅이 왜 망하였는지, 왜 사막처럼 황폐해졌는지, 왜 행인마저 끊어졌는지, 이것을 알아낼 만큼 지혜 있는 사람이 누구인가? 이 백성들은 주님께서 주신 율법을 버리고, 주님의 말을 순종하거나 실천하지 않았다. 그들은 오히려 자기들의 고집대로 살고 바알 신들을 따라다녔다(9:12 - 14).

- "오직 자랑하고 싶은 사람은, 이것을 자랑하여라. 나를 아는 것과 나 주가 긍휼과 공평과 공의를 세상에 실현하는 하나님인 것과 내가 이런 일 하기를 좋아한다는 것을, 깨달아 알 만한 지혜를 가지게 되었음을, 자랑하여라"(9:23 - 24).

우상숭배의 실체를 본 예레미야의 찬양과 기도(10:1 - 25)

- "주님과 같으신 분은 아무도 없다. 주님은 위대하시며, 주님의 이름은 크고, 권능을 지니셨다. 오직 주님만이 참되신 하나님이시요, 주님만이 살아 계시는 하나님이시며, 세계 만민의 임금님, 영원한 임금이시다. 권능으로 땅을 만드시고, 지혜로 땅덩어리를 고정시키시고, 명철로 하늘을 펼치신 분이시다"(10:6 - 12).

"은장이는 자기들이 만든 신상 때문에 모두 수치를 당한다. 그들이 금속을 부어서 만든 신상들은 속임수요, 그것들 속에는 생명이 없기 때문이다. 그러나 야곱의 유산이신 주님은, 그런 것들과는 전혀 다르시다. 그분은 만물을 지으신 분이시요, 이스라엘을 당신의 소유인 지파로 삼으신 분이시다. 그분의 이름은 '만군의 주'이시다"(10:14 - 16).

"주님, 사람이 자기 운명의 주인이 아니라는 것을, 제가 이제 깨달았습니다. 아무도 자기 생명을 조종하지 못한다는 것도, 제가 이제 알았습니다. 주님, 형벌로 주님의 백성을 채찍질하여 주시되, 주님의 진노대로 하지 마시고, 너그럽게 다스려 주십시오"(10:23 - 24).

묻고? 답하기!

우리의 삶에서 무엇을 자랑하며 살 것인가?

자기의 지혜를 자랑하는 학자, 자기의 힘을 자랑하는 용사 그리고 자기의 재산을 자랑하는 부자는 우상을 숭배하는 자입니다. 그들은 하나님 앞에서 범하는 죄의 심각성을 깨닫지 못하며, 반복되는 양심의 경고를 무시하기 일쑤입니다. 그렇게 살아가면서 자신의 영적인 건강이 점차 무너져 내리는 것을 민감하게 느끼며 돌이킬 수 없게 된다면, 그에게 주어지는 결말은 하나님의 심판, 영적인 죽음에 이르게 될 것입니다. 예레미야가 우리에게 가르치듯이, 우리가 자랑하며 살 것은 주님을 아는 것입니다. 또한 주님께서 긍휼과 공평과 공의를 세상에 실현하는 분이신 것과 주님께서 이런 일 하기를 좋아한다는 것을 깨닫게 되는 것입니다.

✝ 오늘 말씀 예레미야 11:1 - 15:21

4 - 6번째 예언
언약을 위반한 유다에 임한 저주

💡 **실마리 풀기**

"비록 모세와 사무엘이 주님 앞에 나와 빈다고 해도, 이 백성에게 마음을 기울이지 않을 것이다"(렘 15:1)

하나님께서 이스라엘과 맺은 언약 가운데 반드시 지켜내야 할 핵심적 언약은 "나 이외의 다른 신을 섬기지 말라"는 것입니다. 그것을 위반하는 것은 가장 심각한 죄를 범하는 것이며, 그 결과는 죽음에 이르게 될 것입니다. 그런데 주님의 백성이라는 자들이 다른 신들을 쫓아다니면서 섬기며 그들의 조상과 맺은 언약을 파기하였습니다. 예레미야가 세 번이나 기도하며 선처를 호소하지만, 주님께서 그 진노의 방법을 바꾸지 않으실 것입니다.

네 번째 예언 - 언약을 위반한 유다에 임한 저주(11:1 - 12:17)

- 이 언약의 말을 듣고, 유다 사람과 예루살렘 주민에게 선포하여라

이스라엘의 하나님이 백성들과 맺은 언약의 조건은 이렇다. 둘 사이의 언약의 말에 순종하지 않는 사람은 저주를 받을 것이다. 그러나 주님께 순종하고, 주님께서 명하는 모든 것을 실천하면 그들은 주님의 백성이 되고, 주님은 그들의 하나님이 되어서, 주님께서 그들에게 맹세한 약속을 지키시겠다는 것이다. 그러나 그들은 자기들의 악한 마음에서 나오는 고집대로 살았다. 그들의 조상들처럼 주님의 말을 들으려 하지 않고, 다른 신들을 쫓아다니면서 섬기며 그들의 조상과 맺은 언약을 파기하였다. 그러므로 주님께서 그들이 벗어날 수 없는 재앙을 내리실 것이다(11:8 - 14).

예레미야의 질문(12:1 - 4) - 어찌하여 악인들이 형통하며, 배신자들이 모두 잘 되기만 합니까? 이 땅이 언제까지 슬퍼하며, 들녘의 모든 풀이 말라 죽어야 합니까?

주님의 대답(12:5 - 13) - 주님의 소유로 택한 백성을 포기하셨다. 주님께서 진정으로 사랑한 백성을 바로 그들의 원수에게 넘겨주셨다. "모든 악한 이웃 백성을 두고 말한다. 비록 그들이 내 백성에게, 바알의 이름을 부르며 맹세하도록 가르쳤지만, 그들이 내 백성의 도를 확실하게 배우고, 내 이름을 부르며 '주님의 살아 계심을 두고' 맹세하면, 그들도 내 백성 가운데 들게 될 것이다"(12:16).

다섯 번째 예언 - 재앙의 상징과 교만에 대한 경고(13:1 - 27)

- 주님께서 나에게 이렇게 말씀하셨다. 너는 가서 베로 만든 띠를 사서 너의 허리에 띠고, 물에 적시는 일이 없도록 하여라

베로 만든 띠 - 허리에 두르는 베 띠는 하나님과 밀착되어야 할 하나님의 백성을 상징한다. 띠가 사람의 허리에 동여지듯이, 주님께서 이스라엘과 유다의 온 백성을 단단히 동여매어서, 그들이 주님의 백성이 되게 하고, 주님의 이름을 빛내게 하고, 주님을 찬양하게 하고, 주님에게 영광을 돌릴 수 있게 하였으나 그들은 듣지 않았다. 그 베 띠를 주님께서 유프라테스 강가에서 썩게 하실 것이다.

포도주 항아리 - 항아리마다 포도주로 가득 찰 것이니, 땅의 모든 주민과 다윗의 왕위에 앉은 왕들과 제사장들과 예언자들과 예루살렘의 모든 주민이 술에 잔뜩 취하여, 주님의 심판 앞에 비틀거릴 것이다. 그들의 교만 때문에 주님께서 빛을 어둠과 흑암으로 바꾸어 놓으실 것이다. 주님과의 언약을 잊어버리고, 헛된 것을 믿고 있는 그들은 어두운 산속에서 실족하게 될 것이다.

여섯 번째 예언 - 예레미야의 세 번의 기도와 하나님의 굳은 마음(14:1 - 15:21)
- 주님께서 계속되는 가뭄을 두고 예레미야에게 말씀하셨다

유다의 내리는 비는 하나님의 축복과 은혜의 상징이었다. 온 땅에 비가 내리지 않아서 땅이 갈라지니, (1) 예레미야가 이스라엘의 환난을 주님의 이름을 생각하셔서 선처해 주시기를 기원한다. 그러나 주님께서 이 백성을 위하여 기도하지 말라고 하신다. 주님께서 그들이 금식하여도 그들의 호소를 들어주지 않으며, 또 그들이 번제물과 곡식제물을 바쳐도 그것을 받지 않으실 것이다.

(2) 예레미야가 또 한 번 주님의 이름을 생각하셔서라도 주님께서 우리와 맺은 언약을 기억하시고, 그 언약을 깨뜨리지 말아 주시기를 기원한다. 그러나 주님께서는 비록 모세와 사무엘이 주님 앞에 나와 빈다고 해도 이 백성에게 마음을 기울이지 않을 것이라고 선포하신다.

(3) 예레미야가 마지막으로 주님께 자신을 잊지 말고 돌보아 주며, 자신을 핍박하는 사람들에게 원수를 갚아 주시기를 기원하여도 주님께서 그 진노의 방법을 바꾸지 않으실 것이다. 다만 주님께서 반드시 그와 함께 있어서 그를 도와주고, 그를 구원하여 주실 것이다.

우리가 언제 기도할 것인가?

우리는 늘 기도할 마음의 준비를 하고 살아가야 합니다. 이미 드러난 현상이나 결과를 눈으로 보고, 기도하기 시작할 때는 이미 회복의 기회를 놓친 것일 수도 있습니다. 우리가 기도 중에 〈주님의 이름을 생각하셔서〉 라고 부르짖으며, 〈모세와 사무엘〉처럼 기도하여도 응답하지 않으실 수도 있습니다. 그러므로 우리가 매일 성경을 읽어야 하듯이 매일 기도 가운데 영적인 눈을 뜨고 있어야 합니다.

7

예레미야

20일 〰〰〰〰〰〰〰〰〰〰〰〰〰〰〰〰〰〰〰〰〰〰〰〰

✝ **오늘 말씀** 예레미야 16:1 - 22:30

7 - 9번째 예언

예레미야와 유다 왕들

💡 **실마리 풀기**

"그때마다, 주님의 말씀이 나의 심장 속에서 불처럼 타올라 뼛속에까지 타들어 가니"(렘 20:9)

하나님께서 예레미야에게 다시 한 번 예언자로서의 대가를 요구하십니다. 예레미야는 그 땅에서 결혼도 하지 말고, 상갓집이나 잔칫집에 가서는 안 된다는 것입니다. 그에게 인간적인 연분과 주고받는 감흥이 필요 없게 될 것이기 때문입니다. 유다를 심판하시겠다는 하나님의 결심은 이미 단호합니다. 토기장이의 마음으로 돌이켜보려고 해도 그들은 이미 깨진 항아리이기 때문입니다.

일곱 번째 예언 - 하나님의 심판과 소망의 선포(16:1 - 17:27)

- 주님께서 나에게 말씀하셨다. "너는 이곳에서 아내를 맞거나, 아들이나 딸을 낳거나, 하지 말아라."

예레미야의 소명과 유다의 죄 - 예레미야는 결혼도 하지 말고, 상갓집이나 잔칫집에 가서는 안 된다. 그들에게 이러한 인간적 관계의 유지가 불가능해질 것이기 때문이다. 그러나 유다는 그들의 조상이 주님을 버리고 다른 신들을 쫓아가서 그들을 섬기며 경배하며, 주님의 율법을 지키지 않은 것보다도 더 악한 일을 하였다. 시체 같은 우상으로 주님의 땅을 더럽히고, 역겨운 우상들로 가득 채워 놓은 그들의 죄악과 허물을 주님께서 갑절로 보복하실 것이다.

예레미야의 확신과 기도 - 그러나 주님을 믿고 의지하는 사람은 복을 받을 것이다. 그는 물가에 심은 나무와 같아서 뿌리를 개울가로 뻗으니, 잎이 언제나 푸르므로 무더위가 닥쳐와도 걱정이 없고, 가뭄이 심해도 걱정이 없다. 그 나무는 언제나 열매를 맺는다(17:7 - 8).

- "저를 무섭게 하지 마십시오. 주님은 재앙의 날에 저의 피난처이십니다. 저를 박해하는 사람들이 수치를 당하게 하시고, 제가 수치를 당하지는 않게 하여 주십시오. 그들이 무서워 당황하게 하시고, 제가 무서워 당황하지는 않게 하여 주십시오. 이제는 그들에게 재앙의 날이 오게 하시며, 갑절의 형벌로 그들을 멸망시켜 주십시오"(17:17 - 18).

여덟 번째 예언 - 예레미야가 전한 비유와 반응(18:1 - 20:18)

- 이스라엘 백성아, 내가 이 토기장이와 같이 너희를 다룰 수가 없겠느냐?

토기장이의 비유 - 토기장이가 진흙으로 그릇을 빚다가 잘 안 되면, 그 흙으로 다른 그릇을 빚듯이 주님께서 어떤 민족이나 나라를 멸망시키겠다고 말을 하였더라도, 그 민족이 경고를 받은 죄악에서 돌이키기만 하면 그들에게 내리려고 생각한 재앙을 거두실 것이다.

깨진 항아리의 비유 - 토기 그릇은 한번 깨지면 다시 원상태로 돌릴 수 없다. 하나님께서도

이 백성과 이 도성을 토기 그릇처럼 깨뜨려 버리실 것이다. 이 백성이 고집을 부려 주님의 말에 순종하지 않았으므로, 이제 주님께서 이미 선포한 그 모든 재앙을 이 도성과 모든 성읍 위에 내리실 것이다.

제사장 바스훌의 음모와 예레미야의 고백 - 제사장 바스훌이 주님의 성전에서 예언하는 예레미야를 잡아 가두고, 백성들은 예레미야를 죽일 계획을 세운다. 예레미야는 '다시는 주님의 이름으로 외치지 않겠다' 하고 결심하여 보지만, 그때마다 주님의 말씀이 그의 심장 속에서 불처럼 타올라 뼛속에까지 타들어 가니, 그는 견디다 못해 그만 항복하고 만다.

아홉 번째 예언 - 유다 왕들에 대한 메시지(21:1 - 22:30)

- 주님께서 그들에게 전할 말씀을 예레미야에게 주셨다

시드기야 왕에 대한 예언 - 시드기야와 그의 백성들이 예루살렘 성 안에 머물러 있으면 모두 죽을 것이다. 그러나 지금 그들을 에워싸고 있는 바빌로니아 군대에 나아가서 항복하면 죽지 않을 것이다.

살룸(여호아하스) 왕에 대한 예언 - 유다 왕 요시야의 아들 살룸은 영영 이곳으로 돌아오지 못할 것이다. 그는 잡혀간 곳(이집트)에서 죽을 것이며, 이 땅을 다시는 보지 못할 것이다.

여호야김 왕에 대한 예언 - 눈과 마음은 불의한 이익을 탐하는 것과 무죄한 사람의 피를 흘리게 하는 것과 백성을 억압하고 착취하는 것에만 쏠려 있는 여호야김의 죽음을 아무도 애도하지 않을 것이다.

고니야(여호야긴) 왕에 대한 예언 - 다윗의 왕위에 앉아서 유다를 다스릴 자손이, 그에게서는 나지 않을 것이라는 말씀은 유다를 다스릴 자손이 하나님의 또 다른 계획 속에서 세워질 것이라는 추론을 가능케 하는 희망의 메시지임을 보여준다.

묻고? 답하기!!

그리스도인으로 살아가야 하는 내가 지급하고 있는 대가는 무엇인가?

살아가면서 남몰래 하고 싶은 재미있는 유흥이나, 내일을 걱정하지 않고 과도한 지출을 하여 주변 사람들의 호감을 사는 것이나, 잠시의 거짓을 눈감으면 매우 큰 이득을 얻을 수 있는 사업에 뛰어드는 것 또는 내 안에 있는 뛰어난 능력을 발휘하여 남들에게 잘난 체하는 것 등이 내 안에 있지는 않은가요? 이러한 것들이 그리스도인으로 살아가는 나에게 걸림돌이 될지도 모릅니다. 내가 주님을 위하여 지급하고 있는 대가는 어떤 것인가 생각해 봅니다.

📖 오늘 말씀 예레미야 23:1 - 25:38

10 - 12번째 예언
드러내시는 하나님의 계획

💡 **실마리 풀기**

"사람들이 그 이름을 '주님은 우리의 구원이시다'라고 부를 것이다"(렘 23:6)

오늘 예레미야가 전하는 하나님의 말씀은 이스라엘뿐만 아니라 온 인류를 향한 미래의 계획입니다. 하나님의 백성들을 좋은 무화과와 나쁜 무화과로 구별하셔서 선택하시고, 칠십 년 동안(25:11 - 12, 29:10) 바빌로니아 왕을 섬기게 할 것입니다. 이스라엘 주변의 열강에게 진노의 잔을 내릴 것이니 그들은 그 잔을 마시지 않을 수가 없을 것입니다. 온 인류의 역사는 하나님의 뜻하신 대로 흘러갈 것입니다.

결국, 우리는 〈다윗에게서 돋아나는 의로운 가지〉가 세상에 공평과 정의를 실현할 것이며, 사람들이 그 이름을 '주님은 우리의 구원이시다'(여호수아: 예수)라고 부를 것이라고 하신 예언을 직접 피부로 느끼며 살고 있습니다.

열 번째 예언 - 미래의 왕 메시아와 유다의 거짓 선지자들(23:1 - 40)
- 내 목장의 양 떼를 죽이고 흩어 버린 목자들아, 너희는 저주를 받아라

새로운 맹세의 주, 미래의 왕 메시아 - 주님께서 양 떼를 죽이고 흩어 버린 목자들을 이제 벌하실 것이다. 그리고 주님께서 친히 흩어진 양 떼 가운데서 남은 양들을 모으시고, 그들을 돌보아 줄 참다운 목자들을 세워 줄 것이다. 그들이 다시는 두려워하거나 무서워 떠는 일이 없을 것이며, 하나도 잃어버리는 일이 없을 것이다. 그때에는 사람들이 다시는 **'이스라엘 백성을 이집트 땅에서 이끌어 내신 주'**의 살아 계심을 두고 맹세하지 않고, 그 대신에 **'이스라엘 집의 자손이 쫓겨 가서 살던 북녘 땅과 그 밖의 모든 나라에서 그들을 이끌어 내신 주'**의 살아 계심을 두고 맹세할 것이다.

- "내가 다윗에게서 의로운 가지가 하나 돋아나게 할 그 날이 오고 있다. 나 주의 말이다. 그는 왕이 되어 슬기롭게 통치하면서, 세상에 공평과 정의를 실현할 것이다. 그때가 오면 유다가 구원을 받을 것이며, 이스라엘이 안전한 거처가 될 것이다. 사람들이 그 이름을 '주님은 우리의 구원이시다'라고 부를 것이다"(23:5 - 6, Cf. 눅 1:30 - 33).

거짓 예언자들에 대한 예레미야의 경고 - 일찍이 사마리아의 예언자들은 바알의 이름으로 예언하여, 이스라엘 백성들을 그릇된 길로 인도하였다. 이제 예루살렘의 예언자들은 간음하고 거짓말을 한다. 스스로 예언자라고 하는 자들은 거짓말과 허풍으로 백성들을 그릇된 길로 빠지게 하는 자들이다. 주님께서는 절대로 그들을 보내지도 않았으며, 그들에게 예언하라고

명하지도 않았다. 그들은 자기들의 마음속에서 나온 환상을 말할 뿐이다.

열한 번째 예언 - 좋은 무화과와 나쁜 무화과(24:1 - 10)
- 주님께서 나에게 이런 것을 보여 주셨다

주님의 성전 앞에 맏물 무화과처럼 아주 좋은 무화과가 담긴 광주리와 너무 나빠서 먹을 수도 없는 몹시 나쁜 무화과가 담겨 있는 광주리가 있었다. 주님께서 여호야긴 왕과 함께 바빌로니아로 잡혀간 유다의 포로들을 이 좋은 무화과처럼 잘 돌보아 주실 것이다. 주님께서 그들을 지켜보면서 잘 되게 하고 다시 이 땅으로 데려오실 것이다. 그러나 유다 왕 시드기야와 그의 대신들을 비롯하여 예루살렘에 남은 사람들과 이 땅에 남은 사람들과 이집트 땅으로 간 사람들은 아주 나빠서 먹을 수가 없는 나쁜 무화과처럼 만들어 버리실 것이다.

열두 번째 예언 : 이스라엘과 만국을 향한 하나님의 전략(25:1 - 38)
- 느부갓네살 원년에, 예레미야는 온 유다 백성에게 일러줄 말씀을 받았다

이스라엘을 향한 징벌(칠십 년 동안 바빌로니아 왕을 섬기게 할 것) - 주님께서는 그들이 각기 자신의 악한 삶과 온갖 악행을 그치고, 다른 신들을 쫓아다니며 섬기거나 경배하지도 말고, 손으로 만든 우상을 섬겨서 분노를 격발시키지도 말기를 원하셨다. 그런데도 이스라엘은 주님께서 보내신 예언자의 말을 들으려 하지도 않았고 귀를 기울이지도 않았다. 이제 주님께서 주님의 종 바빌로니아 왕 느부갓네살을 시켜서 그 땅을 깡그리 끔찍한 폐허가 되게 하고, 그 땅에 살던 민족은 칠십 년 동안 바빌로니아 왕을 섬기게 할 것이다.

세계 만민에게 내리는 진노의 잔 - 하나님께서 진노의 포도주잔을 내리셨다. 예레미야를 뭇 민족에게 보내어 그들 모두에게 그 잔을 마시게 하실 것이다. 우선 예루살렘과 유다 성읍의 주민으로부터 시작하여, 남쪽의 이집트 왕 바로로부터 북녘에 있는 모든 왕과 바빌론 왕까지 차례로 마시게 될 것이다. 그들은 그 잔을 마시지 않을 수가 없고 그래서 주님의 분노 때문에 그 땅이 폐허가 될 것이다.

예수님을 우리의 주로 알아볼 수 있는 마음을 받았는가?

하나님께서 예언자를 통하여 "이제는 내가 그들에게 나를 그들의 주로 알아볼 수 있는 마음을 주겠다. 그러면 그들이 온전한 마음으로 나에게 돌아와서 나의 백성이 되고, 나는 그들의 하나님이 될 것이다"(24:7)라고 하셨습니다. 나(우리)는 예수님을 주님으로 알고, 신뢰하며 나(우리)의 삶의 모든 부분을 그에게 의지하기로 작정하였습니까? 그렇다면 나(우리)는 하나님의 백성이며, 그분은 나(우리)의 하나님이십니다. 하나님께서 나(우리)에게 예수님을 주님으로 알아 볼 수 있는 마음을 주셨기 때문입니다.

7월 22일 ～～～～～～～～～～～～～～～

하나님의 선택과 언약(2)

조건에 따른 축복만 있는 은혜 언약

✝ **오늘 말씀** 예레미야 31:31 - 40 ; 33:14 - 26

💡 **실마리 풀기**

"그때 그 시각이 되면, 한 의로운 가지를 다윗에게서 돋아나게 할 것이니, 그가 세상에 공평과 정의를 실현할 것이다"(렘 33:15)

성경의 골격을 이루는 언약 - 두 가지 언약

〈신학 산책 6〉에서 언약들은 성경의 이야기(narrative)를 구성하는 골격을 이루며, 조건에 따라 행위 언약과 은혜 언약으로 구분할 수 있으며, 행위 언약은 하나님의 주문(율법)에 따른 축복과 저주가 있다고 하였습니다. 그러나 오늘 돌아볼 은혜 언약은 하나님께서 일방적으로 조건 없는 맹세를 하신 것으로써, 심지어는 그 맹세의 대상들이 거절할 경우에도 그 맹세를 성취해야 하는 의무를 지시겠다는 언약입니다. 굳이 조건이 있다면 하나님의 약속과 복음을 믿는 것입니다. 오늘 소개할 은혜 언약은 노아와 맺으신 무지개 언약, 아브라함과 맺으신 복의 근원 언약, 다윗과 맺으신 영원한 왕권 언약 그리고 새 언약입니다.

노아와 맺으신 무지개 언약 - 생육할 것을 조건으로 주신 피조물과의 평화

하나님께서 아담에게 하셨던 명령을 노아에게 다시 한 번 하십니다. "너희는 생육하고 번성하며 땅에 편만하여, 거기에서 번성하여라.... 내가 너희와 언약을 세울 것이니, 다시는 홍수를 일으켜서 살과 피가 있는 모든 것들을 없애는 일이 없을 것이다. 땅을 파멸시키는 홍수가 다시는 일어나지 않을 것이다"(창 9:7 - 11).

이제 하나님을 믿거나 안 믿거나 모든 인류는 홍수와 같은 하나님의 진노를 걱정하지 않아도 될 것입니다. 하나님께서 처음에 정하신 창조의 질서를 그대로 유지하시겠다고 약속하셨기 때문입니다. 그러나 사람들은 단단한 벽돌을 구워내어 꼭대기가 하늘에 닿는 탑을 쌓고서, 스스로 살길을 찾고자 하였습니다. 하나님의 언약을 불신하고, 불순종하여 죽음의 길로 갔습니다.

아브라함과 맺으신 복의 근원 언약 - 순종을 조건으로 주신 세상 모든 민족을 위한 축복

하나님께서 아브라함을 불러내실 때 "내가 너로 큰 민족이 되게 하고, 너에게 복을 주어서, 네가 크게 이름을 떨치게 하겠다. 너는 복의 근원이 될 것이다"(창 12:3)라고 약속하셨습니다. 그리고 절망 가운데서도 믿음을 잃지 않는 아브라함과 언약식(창 15:17 - 21)을 거행합니다. 이 언약식은 단순한 약속이 아니며 하나님께서 자신의 약속을 보증하기 위한 것입니다. 만약 그 언약이 파기될 경우에 하나님께서 징벌의 위험을 몸소 무릅쓰실 것입니다. 그리고 말씀하셨습니다. "너의 자손이 저 별처럼 많아질 것이다"(창 15:5) "내가 이 땅을, 이집트 강에서 큰 강 유프라테스에 이르기까지를 너의 자손에게 준다"(창 15:18) 하나님의 나라를 이룰 백성과 땅을 주시겠다는 언약을 주시는 것입니다.

하나님께서 말씀하셨습니다. "내가 너와 세우는 언약은, 나와 너 사이에 맺는 것일 뿐 아니라, 너의 뒤에 오는 너의 자손과도 대대로 세우는 영원한 언약이다. 이 언약을 따라서, 나는, 너의 하나님이 될 뿐만 아니라, 뒤에 오는 너의 자손의 하나님도 될 것이다"(창 17:1 - 8). 이에 이스라엘은 모두 할례를 받아 하나님과의 사이에 언약의 표로 삼았습니다.

베드로가 이렇게 설교하였습니다. "하나님께서 아브라함에게 '세상 모든 민족이 네 씨(자손)의 덕을 입어서, 복을 받게 될 것이다.'(창 22:18; 26:4)하고 말씀하셨습니다. 하나님께서 여러분 한 사람 한 사람을 악에서 돌아서게 하셔서, 여러분에게 복을 내려 주시려고, 먼저 자기의 종을 일으켜 세우시고, 그를 여러분에게 보내셨습니다"(행 3:24 - 26). 바로 그분이 예수 그리스도입니다.

다윗과 맺으신 영원한 왕권 언약 - 다윗의 자손을 조건으로 주신 영원한 총애

다윗은 하나님 보시기에 가장 흡족한 왕이었습니다. 그는 하나님의 영광을 드러내는 사명에 충실하였습니다. 하나님께서 그에게 이스라엘의 왕위를 기업으로 보증하시겠다고 선언하셨습니다. "네 집과 네 나라가 내 앞에서 영원히 이어 갈 것이며, 네 왕위가 영원히 튼튼하게 서 있을 것이다"(삼하 7:11 - 16). 앞으로 자자손손 그에게서 이스라엘의 왕이 나올 것이며, 그 왕위가 튼튼히 서 있을 것입니다. 이 언약은 다윗의 자손, 그 아들의 탄생으로 하나님 나라가 완성될 것이라는 예표가 될 것입니다.

예레미야에게 예언케 하신 새 언약 - 스스로 심판을 짊어지신 하나님

하나님께서 예언자 예레미야를 통하여 가장 분명한 어조로 새 언약을 선포하십니다. 그 언약을 통해 아브라함과 맺으신 복의 근원 언약이 마침내 성취될 것입니다. 안타깝게도 이 언약의 성취는 하나님께서 스스로 저주와 심판을 짊어지심으로 드러내신 하나님의 은혜와 영광입니다.

"그때가 오면, 내가 이스라엘 가문과 유다 가문에 새 언약을 세우겠다." "내가 이스라엘 가문과 언약을 세울 것이니, 나는 나의 율법을 그들의 가슴 속에 넣어 주며, 그들의 마음 판에 새겨 기록하여, 나는 그들의 하나님이 되고, 그들은 나의 백성이 될 것이다. 나 주의 말이다"(렘 31:31 - 34).

🖙 1월 26일 〈신학산책 6〉 - 하나님의 선택과 언약 (1)

✝ 오늘 말씀 예레미야 26:1 - 29:32

심판과 회복의 예언에 대한 반응들
제사장들과 거짓 예언자들

💡 **실마리 풀기**

"너희가 바빌로니아에서 칠십 년을 다 채우고 나면, 내가 너희를 돌아보아"(렘 29:10)

이제까지 예레미야가 유다의 멸망에 관한 열두 가지의 예언을 유다의 온 백성들에게 전하였습니다. 그러나 백성들은 오히려 거룩한 성전을 욕되게 한다고 그를 잡아 죽이려 했습니다. 더구나 거짓 예언자들은 아직 예루살렘이 함락되기 전에도 그러했고, 바빌로니아에 포로로 잡혀가서도 예레미야의 말을 받아들이지 않았습니다. 그리고 자신들이 마치 주님의 예언자라도 되기나 한 것처럼 예언하였고, 백성들에게 그 거짓 예언을 믿게 하였습니다.

주의 성전에 경배하러 오는 사람에게 행한 성전 설교에 대한 예루살렘의 반응(26:1 - 24)
- 요시야의 아들 여호야김이 유다 왕이 되어 다스리기 시작할 무렵에

예레미야는 거룩한 성소 예루살렘을 가리켜 "내가 이 성전을 실로처럼 만들어 버리고, 이 도성을 세상 만민의 저줏거리가 되게 하겠다"(26:6)는 예언을 전하고 있다. 이는 백성들이 볼 때 하나님께서 택하시고 거하시는 거룩한 성전 터인 예루살렘을 욕되게 하는 것이었다. 두려움에 떠는 제사장들과 예언자들이 그를 사형에 처하고자 하나, 사형 선고를 내릴 권한을 지닌 유다의 고관들과 지방의 장로들 가운데서 몇 사람이 예레미야의 변론을 듣고 그를 보호하여 주었다. 그들은 하나님을 경외하는 '좋은 무화과'였다.

느부갓네살에게 복종하라는 설교에 대한 유다의 거짓 예언자들의 반응(27:1 - 28:17)
- 요시야의 아들 시드기야가 유다 왕이 되어 다스리기 시작할 무렵에

한마디로 예레미야의 예언 내용은 바빌로니아 왕 느부갓네살에게 복종하여야만 살 수 있다는 것이었다. 주님께서 바빌로니아 왕 느부갓네살을 종으로 삼아, 모든 나라를 그의 손에 맡겼으므로 그를 섬기고, 그 왕의 멍에를 목에 메지 않으면 그들을 바빌로니아 왕의 손에 멸망하게 될 것이다.

그러나 거짓으로 주님의 이름을 팔아 예언하는 자, 하나냐가 주님의 성전에서 제사장들과 온 백성이 보는 앞에서 바빌로니아 왕의 멍에를 꺾어 버렸다. 그는 바빌로니아 왕 느부갓네살이 탈취하여 바빌로니아로 가져간 주의 성전의 모든 기구와 잡혀간 유다의 모든 포로도 이 년 안에 다시 이곳으로 데려오겠다는 예언을 하였다. 하지만 예언자 하나냐는 바로 그해 일곱째 달에 죽었다.

- "내가 큰 권능과 편 팔로 이 땅을 만들고, 이 땅 위에 있는 사람과 짐승도 만들었다. 그러므로 나의 눈에 드는 사람에게 이 땅을 맡기겠다. 지금 나는 이 모든 나라를 나의 종 바빌로니아 왕 느부갓네살의 손에 맡겼으며, 들짐승도 그에게 맡겨서, 그가 부리게 하였다"(27:5 - 6).

바빌로니아에서 칠십 년을 다 채우라는 설교에 대한 포로로 잡혀간 거짓 예언자들의 반응(29:1 - 32)
- 예언자 예레미야가 예루살렘에서 바빌로니아에 포로로 잡혀간 장로들과 제사장들과 예언자들과 온 백성에게 보낸 편지

- "너희는 그곳에 집을 짓고 정착하여라. 너희가 그곳에서 번성하여, 줄어들지 않게 하여라. 또 너희는, 내가 사로잡혀 가게 한 그 성읍이 평안을 누리도록 노력하고, 그 성읍이 번영하도록 나 주에게 기도하여라. 그 성읍이 평안해야, 너희도 평안할 것이기 때문이다"(29:5 - 7).

- "나 주가 분명히 말한다. 너희가 바빌로니아에서 칠십 년을 다 채우고 나면, 내가 너희를 돌아보아, 너희를 이곳으로 다시 데리고 오기로 한 나의 은혜로운 약속을 너희에게 그대로 이루어 주겠다. 너희를 두고 계획하고 있는 일들은 오직 나만이 알고 있다. 내가 너희를 두고 계획하고 있는 일들은 재앙이 아니라 번영이다. 너희에게 미래에 대한 희망을 주려는 것이다"(29:10 - 11).

바빌로니아에서 주님의 이름을 팔아 거짓 예언을 하고 있던 골라야의 아들 아합과 마아세야의 아들 시드기야는 바빌로니아 왕에게 화형을 당하였다. 또한, 바빌로니아에 있던 스마야는 마치 자기가 예언자라도 되거나 한 것처럼 예언하였고, 바빌론에 있는 사람들에게 그 거짓 예언을 믿게 하였다. 그래서 주님께서 그의 자손을 끊으셨다.

묻고? 답하기!

지금 이 나라를 향해 주님의 명을 외치는 자는 어디에 있는가?

2008년 평양 대 부흥 100주년 기념집회에서 "내가 복음을 변질시킨 장본인입니다. 죄를 지적하고 회개를 촉구하기보다는 교인들이 듣기 좋아하는 설교를 했던 하나님 앞에 못된 죄인입니다"라고 하시면서 "다 같이 회개의 기도를 드리자"고 하시던 옥한흠 목사님이 기억납니다. 바빌로니아에서 주님의 이름을 팔아 거짓 예언을 하고 있던 자들은 모두 죽임을 당하였습니다. 주여! 이 나라와 교회의 지도자들이 주님의 명을 외치게 하시며 우리가 듣게 하소서.

24일

✝ 오늘 말씀 예레미야 30:1 - 33:26

이스라엘과 유다의 회복의 약속
새 언약의 선포

💡 **실마리 풀기**

"사람들이 예루살렘을 '주님은 우리의 구원이시다' 하는 이름으로 부를 것이다"(렘 33:16)

하나님께서 이스라엘과 유다에게 주시는 회복의 약속은 지금 이 순간 우리 곁에 다가와 있는 성취의 예언입니다. 주님께서 〈일으켜 줄 다윗의 자손을 자기들의 왕으로 섬길 것〉, 〈이스라엘 모든 지파의 하나님이 되고, 그들은 나의 백성이 될 것〉, 〈한 의로운 가지를 다윗에게서 돋아나게 할 것이니, 그가 세상에 공평과 정의를 실현할 것〉 그리고 〈사람들이 예루살렘을 '주님은 우리의 구원이시다' 하는 이름으로 부를 것〉이라는 약속입니다. 이는 예수(구원자)로 인해 성취되었습니다.

멍에와 회복의 예언의 근거 - 새 언약(30:1 - 31:40)
- 주 이스라엘의 하나님이 말한다. 너는 내가 너에게 한 말을 모두 책에 기록 하여라

이스라엘과 유다의 회복에 대한 약속 - "그러면 그들이 나 주를 자기들의 하나님으로 섬기며, 내가 그들에게 일으켜 줄 다윗의 자손을 자기들의 왕으로 섬길 것이다"(30:9). - (롬 11:26 - 27)

온 이스라엘의 회복의 선언 - "때가 오면, 나는 이스라엘 모든 지파의 하나님이 되고, 그들은 나의 백성이 될 것이다."(31:1) "나는 이스라엘의 아버지이고, 에브라임은 나의 맏아들이기 때문이다"(31:9).

새 언약의 예언 - 마음 판에 새길, 모두가 알게 될, 용서하시는 언약(히 8:6 - 7, 8:8 - 12, 9:14 - 15) - "그 때가 오면, 내가 이스라엘 가문과 유다 가문에 새 언약을 세우겠다. 이것은 내가 그들의 조상의 손을 붙잡고 이집트 땅에서 데리고 나오던 때에 세운 언약과는 다른 것이다. 나는 나의 율법을 그들의 가슴 속에 넣어 주며, 그들의 마음 판에 새겨 기록하여, 나는 그들의 하나님이 되고, 그들은 나의 백성이 될 것이다." (31:31 - 34).

이스라엘과 유다의 회복을 보여주는 비유(32:1 - 44)
- 유다 왕 시드기야 제 십 년에 주님께서 예레미야에게 말씀하셨다.

예루살렘은 바빌로니아 왕의 군대에 포위되어 있었고, 예언자 예레미야는 유다 왕궁의 근위대 뜰 안에 갇혀 있을 때, 주님께서 예레미야에게 숙부의 아들 하나멜의 밭을 사라고 하였다. 예레미야가 주님께 물었다. "주 하나님, 어찌하여 주님께서는 이 도성이 이미 바빌로니아 군대의 손에 들어가게 되었는데, 저더러 돈을 주고 밭을 사며, 증인들을 세우라고 말씀하셨습니까?"(32:25).

주님께서 대답하셨다. "너희는 지금 이 땅을 두고 '사람도 없고 짐승도 없는 황무지이며, 바빌로니아 군대의 손에 들어간 땅'이라고 말하지만, 바로 이 땅에서 사람들이 다시 집과 밭과 포도원을 살 것이다. 포로로 잡혀 간 사람들을, 내가 돌아오게 할 것이기 때문이다"(32:43 - 44).

- "그 때에는 내가 그들과 영원한 언약을 맺고, 내가 그들에게서 영영 떠나지 않고, 그들을 잘되게 할 것이며, 그들의 마음속에 나를 경외하는 마음을 넣어 주어서, 그들이 나에게서 떠나가지 않게 하겠다. 나는 그들을 잘되게 함으로 기뻐할 것이며, 나의 온 마음과 정성을 다하여 그들이 이 땅에 뿌리를 굳게 내리고 살게 하겠다"(32:40 - 41).

이스라엘과 유다의 회복에 대한 약속의 재확인 - 다윗에게서 돋아나게 될 한 의로운 가지(33:1 - 26)
- 예레미야가 여전히 근위대 뜰 안에 갇혀 있을 때, 주님께서 그에게 두 번째로 말씀하셨다.

"그러나 보아라, 내가 유다와 이스라엘의 포로를 돌아오게 하여, 옛날과 같이 다시 회복시켜 놓겠다. 나는 그들이 저지른 모든 죄를 용서하여 주겠다. 그러면 세상 만민이 내가 베푼 모든 복된 일들을 듣게 될 것이며, 예루살렘은 나에게 기쁨과 찬양과 영광을 돌리는 이름이 될 것이다. 그리고 내가 이 도성에 베풀어 준 모든 복된 일과 평화를 듣고, 온 세계가 놀라며 떨 것이다"(33:7 - 9).

"그 때 그 시각이 되면, 한 의로운 가지를 다윗에게서 돋아나게 할 것이니, 그가 세상에 공평과 정의를 실현할 것이다. 그 때가 오면, 유다가 구원을 받을 것이며, 예루살렘이 안전한 거처가 될 것이다. 사람들이 예루살렘을 '주님은 우리의 구원이시다' 하는 이름으로 부를 것이다"(33:15 - 16, Cf. 롬 1:3).

묻고? 답하기!

예수라는 이름의 의미를 알고 계셨습니까?

예레미야는 두 번씩(23:5 - 6, 33:15 - 16)이나 예수('주님은 우리의 구원이시다')를 언급합니다. 하나님 나라를 가르칠 때 어린아이가 당신에게 "하나님은 어떤 분이신가요?"라고 질문을 한다면 무어라 대답을 하실 것입니까? 그 답을 할 수 있으려면 베드로가 한 고백처럼 우리도 예수님에 대하여 고백을 할 수 있어야 합니다. 저는 이렇게 고백합니다. "예수님은 우리를 사랑하사 죄와 허무와 죽음에서 구원하신 하나님이시다"라고 말입니다.

마지막 기회를 저버린 유다

예루살렘의 최후를 같이 한 예레미야

💡 **실마리 풀기**

"혹시 저마다 자신의 악한 길에서 돌아선다면, 나도 그들의 허물과 죄를 용서하여 주겠다"(렘 36:3)

바빌로니아 왕 느부갓네살이 예루살렘을 공격하고 있을 때, 예언자 예레미야가 유다 왕 시드기야에게 바빌로니아로 끌려갈 것과 예루살렘 성이 바빌로니아 왕의 손에 넘어가게 될 것을 전하였습니다. 그러나 그들은 주님의 말씀에 귀를 기울이지도 않았고 듣지도 않았습니다.

요시야의 아들 여호야김이 유다 왕이 된 지 사 년째 되는 해에도 예레미야가 주님의 말씀을 두루마리에 적어 왕과 그의 신하들에게 읽어주었습니다. 그러나 왕은 오히려 온 두루마리를 다 난롯불에 태우고, 서기관 바룩과 예언자 예레미야를 체포하라고 하였습니다. 결국, 예레미야는 바빌로니아가 예루살렘을 멸망시킬 때까지 감옥에 갇혀 지내야 했습니다.

언약을 위반한 유다의 불순종과 조상의 명령에 순종하는 레갑 족속 (34:1 - 35:19)

언약을 위반한 유다 백성들의 불순종 - 바빌로니아 왕 느부갓네살이 예루살렘과 그 주변의 모든 성읍을 공격하고 있을 때

예언자 예레미야가 예루살렘에서 유다 왕 시드기야에게 바빌로니아로 끌려갈 것과 이 도성이 바빌로니아 왕의 손에 넘어가게 될 것을 전하였다. 바빌로니아 왕이 성읍들을 공격하고 있는 동안, 유다 왕 시드기야가 모든 백성에게 히브리인 노예들에게 자유를 줄 것을 선포하는 언약(신 15:2)을 지키도록 하였으나, 백성들은 바빌로니아 왕이 이집트를 공격하기 위해 잠시 물러가자 풀어 주었던 자들을 다시 노예로 삼았다.

레갑 족속의 순종 - 여호야김 왕이 다스리던 때

바빌로니아 왕 느부갓네살의 군대를 피하여 예루살렘으로 들어와 사는 레갑 사람들에게 예레미야가 포도주를 마시게 하여 보았다. 그러나 그들은 그들의 조상 레갑의 아들 요나답의 명령에 순종하여 일평생 포도주를 마시지 않았다.

하나님께서 유다에게 말씀하셨다. "그 자손은 조상이 내린 명령에 순종해서, 이날까지 전혀 포도주를 마시지 않는다. 그러나 너희들은, 내가 직접 말하고, 또 거듭하여 말했으나, 내 말을 듣지 않았다. 나는 내 종 예언자들을 모두 너희에게 보내고, 또 거듭하여 보내면서 권고하였다. 각자 자신의 악한 길에서 돌아서고, 행실을 고치고, 다른 신들을 섬기려고 쫓아다니지 말라고 하였고, 그래야만 내가 너희와 너희 조상에게 준 땅에서, 너희가 살게 될 것이라고 하였다. 그러나 너희는 나에게 귀를 기울이지도 않았고, 나의 말을 듣지도 않았다"(34:14 - 15).

마지막 기회를 저버린 유다 - 여호야김이 유다 왕이 된 지 사 년째 되는 해에(36:1 - 32)

주님께서 백성들에게 마지막 회개의 기회를 부여하셨다. 주님께서 이스라엘과 유다와 세계 만민을 두고 말한 모든 말을 두루마리에 기록하여 유다 백성에게 읽어주었다. 그들이 혹시 저마다 자신의 악한 길에서 돌아선다면, 그들의 허물과 죄를 용서하여 주시겠다는 것이다 (36:2 - 3).

예레미야가 불러주는 주님의 말씀을 두루마리에 받아 적은 네리야의 아들 바룩이 주님의 성전으로 가서 읽었다. 그러나 왕은 오히려 온 두루마리를 다 난롯불에 태우고, 서기관 바룩과 예언자 예레미야를 체포하라고 하였다.

예루살렘의 멸망 때까지 갇혀 지내는 예레미야(37:1 - 38:28)

바빌로니아 느부갓네살 왕이 유다 왕으로 세운 시드기야가 이집트와 동맹을 맺고 반항하였으므로 바빌로니아가 예루살렘으로 진군하였다.

시드기야와의 두 번째 대면 - 예레미야는 변함없이 예루살렘의 함락과 바빌로니아로 잡혀갈 시드기야의 운명을 예언하였다. "네가 바빌로니아 왕의 고관들에게 항복하지 않으면, 이 도성이 바빌로니아 군대의 손아귀에 들어가고, 그들은 이 도성에 불을 지를 것이고, 너는 그들의 손에서 벗어날 수가 없을 것이다"(38:18).

묻고? 답하기!

주님이 원하시는 신실한 사람들에게 주실 축복은 무엇인가?

레갑의 아들 요나답은 예후의 종교 개혁에 참여하여 예후와 함께 아합의 수하들을 진멸하고, 바알을 섬기는 자들을 모두 죽인 의로운 자였습니다. 그러나 요나답은 이스라엘의 부패와 불순종으로 멸망해가는 것을 보며, 자손들에게 영영 집도 짓지 않고 장막에 거주하면서 일평생 포도주를 마시지 말라고 유언을 남겼습니다. 그들의 신실함은 불순종하는 유다 백성들에게 본보기로 사용되었습니다. 하나님께서 그들에게 약속하셨습니다. "레갑의 아들 요나답의 자손 가운데서 나를 섬길 사람이 영원히 끊어지지 않을 것이다." 이는 그들의 후손이 하나님 나라에서 영원히 살 것이라는 최고의 축복인 것입니다.

7

에레미야

26일

✝ **오늘 말씀** 예레미야 39:1 - 45:5

예루살렘의 멸망과 그 후

이집트로 내려간 백성들

💡 **실마리 풀기**

"당신이 주님의 이름으로 우리에게 무슨 말을 하든지 간에, 우리는 당신의 말을 듣지 않겠소. 우리는 우리의 입으로 맹세한 대로 할 것이오"(렘 44:16 - 17)

드디어 예루살렘은 느부갓네살에게 정복되었습니다. 예레미야는 느부갓네살의 호의로 옥에서 풀려나 예루살렘에 남은 자들을 위하여 계속 하나님의 말씀을 전하게 되었습니다. 끝내 바빌로니아에 저항하고 총독을 암살한 자들은 이집트로 도망을 갔습니다. 예레미야는 그 길이 죽음의 길임을 계속 역설하지만, 아직도 자만에 빠진 그들은 이집트의 힘을 믿기로 하였습니다. 그런데도 예레미야는 그들에게 하나님의 말씀을 전하기 위해 그들과 함께 이집트로 내려갑니다.

예루살렘의 멸망과 예레미야(39:1 - 41:18)

예루살렘의 멸망 이야기(예레미야서 52장에서 반복됨) - 시드기야 제 십일 년 넷째 달 구 일에 마침내 성벽이 뚫렸다. 바빌로니아 군대가 시드기야를 사로잡아 바빌로니아 왕 느부갓네살 앞에 세워 놓았다. 그리고 왕은 시드기야의 두 눈을 뺀 다음에, 바빌론으로 끌고 가려고 그를 쇠사슬로 묶었다. 바빌로니아 군인들은 왕궁과 민가에 불을 지르고 예루살렘의 성벽들도 허물어 버렸다. 그런 다음에 성안에 남아 있는 백성과 자기에게 투항한 사람과 그 밖에 남은 백성을 바빌로니아로 잡아갔다.

예레미야의 석방 - 바빌로니아 왕 느부갓네살이 석방한 예레미야는 아히감의 아들 그달리야를 찾아가 그와 함께 그 땅에 남아 있는 동족과 더불어 살았다. 바빌로니아 왕이 아히감의 아들 그달리야를 이 땅의 총독으로 삼으니, 그달리야가 유다 백성들에게 바빌로니아 왕을 섬기면 모든 일이 다 잘될 것이라고 하였다. 그래서 흩어져 있는 유다 사람들도 모두 자기들이 살던 곳에서 돌아와서 유다 땅 미스바의 그달리야에게로 갔다.

총독의 암살 - 암몬 사람의 왕 바알리스가 느다니야의 아들 이스마엘을 보내 총독 그달리야를 죽이도록 하였다. 그래서 요하난을 비롯하여 들판에 있는 군지휘관들은 이스마엘을 잡아 죽였으나 바빌로니아 사람들이 두려워서 백성들과 함께 이집트로 도망치려 하였다.

이집트로 내려간 사람들을 위한 예레미야의 사역(42:1 - 45:5)

예레미야를 통한 백성들의 간구 - 가야 할 길과 해야 할 일을 알려 주시도록 주님의 의견을 듣고자 백성들이 예언자 예레미야에게 간절히 구하였다. 주님께서 말씀하셨다. "그들이 이 땅에 그대로 머물러 살면 주님께서 함께 있으면서 구원하여 주고, 이집트로 들어가 그 곳에서 살려고 내려가면 전쟁과 기근과 염병으로 죽을 것이다."

이집트로 내려가는 사람들 - 그러나 요하난과 모든 군지휘관과 온 백성은 유다 땅에 머물러 살라는 주님의 말씀을 듣지 않았다. 그들은 유다의 살아남은 사람들을 모두 데리고, 예언자 예레미야와 네리야의 아들 바룩까지 데리고서 이집트 땅으로 들어갔다. 이처럼 그들은 주님께 순종하지 않았다.

이집트의 이스라엘 사람에게 하신 말씀 - "너희는 왜 너희 손으로 만든 우상으로 나를 노하게 하며, 너희가 머물려고 들어간 이집트 땅에서까지 다른 신들에게 제물을 살라 바쳐서 너희 자신을 멸절시키며, 세상 만민에게 저주와 조롱의 대상이 되려고 하느냐?"(44:8).

이집트 땅에 사는 모든 유다 사람들은 예레미야가 주님의 이름으로 무슨 말을 하든지 간에 예레미야의 말을 듣지 않고, 그들의 입으로 맹세한 대로 할 것이라고 선언하였다. 주님께서 주님의 큰 이름을 걸고 맹세한다. "이집트 온 땅에 있는 어떤 유다 사람이든지, 이제는, 주님의 살아 계심을 두고 맹세한다 하면서 나의 이름을 부르지 못하게 하겠다"(44:26).

주님께서 물웅덩이에 갇힌 예레미야를 구해 준 환관 에벳멜렉을 구원하셨듯이(39:16 - 18), 여기서는 예언자 예레미야의 편에 섰던 네리야의 아들 바룩에게도 구원의 메시지를 전해 주셨다(45:1 - 5).

묻고? 답하기!

사람들이 주님의 뜻을 들으려고도, 알려고도 하지 않고 자기 마음 가는 대로 행하는 이유는 무엇인가?

예레미야가 아무리 하나님의 말씀을 전하며, 이집트로 내려가지 말고 바빌로니아에 항복을 하여야 살 수 있다고 외쳐도 이집트로 내려간 자들은 듣지 않았습니다. 그들의 주장입니다. 그들이 하늘 여신을 섬기고 제사를 드릴 때는 양식도 풍부하고 재앙도 없이 잘 살았는데, 그 일을 하지 못하게 한 다음부터 모든 것이 잘못되고 전쟁과 기근이 닥쳐왔다는 것입니다(44:16 - 18). 그들에게는 양식이 풍부하고 재앙이 없는 삶을 가져다주는 것만이 신이고, 주님이었습니다. 그들에게는 살아계신 하나님의 존재는 안중에도 없습니다. 지금도 세상 사람들은 변함이 없습니다. 전능하신 창조주 하나님을 알려고 하기는커녕 강렬히 부인하고 심지어 욕설까지 해댑니다. 오직 돈의 힘에 의지하여 양식과 평안을 추구합니다. 돈을 얻기 위하여 서로 돕고 입을 맞추며, 거짓을 말하며 가난한 자들을 착취합니다. 그 행위를 멈추는 순간 그들은 의지할 곳 없는 절망에 빠질 수밖에 없으므로 주님의 뜻을 들으려고 하거나 알려고 할 수가 없을 것입니다.

7
27일

✝ **오늘 말씀** 예레미야 46:1 - 49:39

예레미야 **열방을 향한 예언들(1)**
이집트와 인접 국가들

💡 **실마리 풀기**

"네가 아무리 독수리처럼 높은 곳에 네 보금자리를 만들어 놓아도, 내가 너를 거기에서 끌어내리겠
다"(렘 49:16)

당시 이스라엘 주변에 있던 나라들도 결국에는 멸망하고 말았습니다. 유일하게 바빌로니아에게 대항하였
던 이집트도 정복을 당하여 멸망하였습니다. 그 외에도 모압, 암몬, 에돔과 같은 나라들도 하나님을 알고자
하지 않고, 자기들이 만들어 세운 우상을 섬기다가 지구위에서 흔적도 없이 사라졌습니다. 하나님은 이스
라엘만의 하나님이 아니라 역사의 주인이시며 온 세상 만민의 심판자이십니다.

이집트 심판의 예언(46:1 - 28)

이집트의 바로, 느고의 군대는 갈그미스까지 원정을 갔다가 바빌로니아 왕 느부갓네살에
게 격파되었다. 주님께서 그를 메어치셨기 때문에 믹돌, 멤피스와 다바네스와 같은 이집트의
도시에 사는 백성들이 수치를 당할 것이다.

- "내가 테에베의 신 아몬에게 벌을 내리고, 바로와 이집트와 그 나라의 신들이나 왕들에
게도 벌을 내리고, 바로뿐만 아니라 그를 의지하는 사람들에게도 벌을 내리겠다. 내가 그들
의 목숨을 노리는 바빌로니아 왕 느부갓네살과 그 부하들의 손에 그들을 넘겨주겠다. 그러나
그런 다음에도 그 땅에는 다시 예전처럼 사람이 살게 될 것이다"(46:25 - 26).

이스라엘 백성을 위로하는 말씀 - "나의 종 야곱아, 너는 두려워하지 말아라. 내가 너를 먼
곳에서 구원하여 데려오고, 포로로 잡혀간 땅에서 너의 자손을 구원할 것이니, 야곱이 고향
으로 돌아와서 평안하고 안정되게 살 것이며, 아무런 위협도 받지 않고 살 것이다. 나의 종 야
곱아, 너는 두려워하지 말아라. 내가 너와 함께 있다. 내가 너를 쫓아 여러 나라로 흩어 버렸
지만, 이제는 내가 그 모든 나라를 멸망시키겠다. 그러나 너만은 내가 멸망시키지 않고, 법에
따라서 징계하겠다. 나는 절대로, 네가 벌을 면하게 하지는 않겠다"(46:27 - 28).

인접 국가들의 심판 예언(47:1 - 49:39)

블레셋 심판의 예언 - 범람하는 강물이 북녘에서부터 밀려오듯이 블레셋의 성읍들을 휩쓸
고 지나갈 것이다. 올라오는 이집트의 공격과 내려오는 바빌로니아의 전쟁 가운데 그들은 멸
망할 것이다.

모압 심판의 예언 - "모압아, 네가 너의 손으로 만든 것들과 너의 많은 보물을 의지하였으므

로, 너도 정복당할 것이다"(48:7). "적이 독수리처럼 날아와서, 모압 위에 두 날개를 펼칠 것이니, 성읍들이 점령당하고, 산성들이 함락당할 것이다"(48:40 - 41).

암몬 심판의 예언 - 주님께서 요단 동쪽의 비옥한 골짜기들을 자랑하는 암몬을 책망하신다. 그들도 재물을 의지하며 '누가 나를 치러 올 수가 있느냐?' 하고 뽐내었다.

에돔 심판의 예언 - 이스라엘의 친척 나라인 에돔은 오히려 이스라엘을 늘 괴롭히며 그 길을 가로막았다. 이제 주님께서 에서에게 재앙을 내려 그를 벌하실 것이다.

- "네가 바위틈 속에 자리 잡고 살며, 산꼭대기를 차지하고 산다고, 누구나 너를 무서워한다고 생각하지 말아라. 그러한 너의 교만은 너 스스로를 속일 뿐이다. 네가 아무리 독수리처럼 높은 곳에 네 보금자리를 만들어 놓아도, 내가 너를 거기에서 끌어내리겠다" (49:16).

다마스쿠스 심판의 예언 - "청찬을 받던 도성, 나의 기쁨이었던 성읍이, 이처럼 버림을 받게 되었다. 그러므로 그 날에는 그 도성의 젊은이들이 광장에서 쓰러져 죽고, 모든 군인이 전멸을 당할 것이다" (49:25 - 26). 주님께서 다마스쿠스의 성벽에 불을 질러 벤하닷의 궁궐을 태워 버릴 것이다.

게달과 하솔 심판의 예언 - 주님께서 아라비아 사막을 지배하던 게달과 하솔 왕국을 바빌로니아 왕 느부갓네살의 손에 맡기셨다. "그들의 낙타 떼가 노략을 당하고, 가축 떼가 전리품이 될 것이다. 관자놀이의 머리카락을 짧게 깎고 사는 이 백성을, 내가 사방으로 흩어 버리겠다" (49:32).

엘람 심판의 예언 - 주님께서 바빌로니아의 동쪽 지방, 엘람의 주력 무기인 활을 꺾어 버리실 것이다. 그러면 엘람에서 쫓겨난 사람들이 여러 나라로 유배되어 갈 것이다.

묻고? 답하기!

하나님이 역사의 주관자이시라는 사실을 인정하지 않는 권력자들이 생각하는 역사의 주체는 무엇인가?

요한계시록 13장에 보면, 바다에서 올라온 짐승을 묘사하는 대목이 나옵니다. 이 짐승은 세상의 악한 정치와 권력을 상징합니다. 이들은 사탄의 힘과 권세를 받은 자들입니다. 세계 여러 나라를 여행해 보면, 그 나라의 정치적 정체성이 어떠하든지 그곳에 사는 하층민들은 대부분 선량하고, 착한 의지를 가지고 살아갑니다. 먹고 사는 것에 급급하기 때문이겠지요. 그러나 그들 나라 가운데 악한 권력을 가진 자들은 대부분 자기 주변을 둘러싸고 있는 집단(이기적이고 탐욕적인)의 이익을 대변하기 위해 일을 합니다. 그 집단이 어떤 결정을 하는 주요인은 부패와 타협입니다. 그러므로 그들은 자신들의 집단적 이해를 권력의 주체로 생각합니다. 하나님께서 끼어들 자리도 없고, 그들이 원하지도 않을 것입니다.

7
28일 ────────────────────

✝ **오늘 말씀** 예레미야 50:1 - 52:34

예레미야

열방을 향한 예언들(2)
바빌로니아의 심판과 예루살렘의 멸망의 회고

💡 **실마리 풀기**

"비록 이스라엘과 유다가 이스라엘의 거룩하신 분을 거역해서, 그들의 땅에 죄가 가득 찼으나, 자기들의 하나님 만군의 주에게 버림을 받은 것이 아니다"(렘 51:5)

바빌로니아로 잡혀가서 70년 동안의 포로생활을 견뎌내야 할 유대인들을 향해서 다른 민족들은 손가락질하며 조롱의 말들을 퍼부었습니다. 그러나 주님께서는 그들의 죄 때문에 그 땅에 죄가 가득 찼으므로 그들을 돌이키시고 함이었지, 주님께서 처음부터 선택하신 그들을 완전히 버린 것은 아니라고 말씀하셨습니다. 그러나 바빌로니아는 한 번도 하나님을 거룩하신 분, 유일한 신으로 받은 적도 없고, 자기들이 만들어 세운 우상만을 믿어 온 족속입니다. B.C.539년 바빌로니아는 싸움도 한 번 하지 않고 페르시아의 고레스에게 멸망하였으며, 그 성읍은 마침내 사막으로 변화되었습니다.

바빌로니아 심판의 예언 - 절대로 파기하지 않을 영원한 언약(50:1 - 46)

주님께서 바빌론의 심판을 선언하신다. 너희는 세계 만민에게 바빌론이 함락되었다는 소식을 선포하고 이 소식을 전하여라. "그 날이 오고, 이스라엘 백성과 유다 백성이 다 함께 돌아올 것이다. 그들은 시온으로 가는 길을 물어보며, 이곳을 바라보며 찾아올 것이다. 돌아온 그들은 나 주와 언약을 맺을 것이다. 절대로 파기하지 않을 영원한 언약을 맺고, 나와 연합할 것이다"(50:4 - 5).

- "그 날이 오고 그때가 되면, 내가 살아남게 한 사람들을 용서할 터이니, 이스라엘의 허물을 아무리 찾아도 찾지 못하고, 유다의 죄를 아무리 찾아도 발견하지 못할 것이다"(50:20).

- "바빌로니아가 어쩌다가 이렇게 세계 만민이 놀라도록 비참하게 되었는가? 바빌로니아야, 내가 너를 잡으려고 올무를 놓았는데 네가 그것도 모르고 거기에 걸리고 말았구나. 네가 나에게 대항하였기 때문에, 피하지 못하고 붙잡힌 것이다"(50:23 - 24).

바빌로니아의 심판자이신 주님 - 그분의 이름은 '만군의 주'이시다(51:1 - 64)

- "비록 이스라엘과 유다가 이스라엘의 거룩하신 분을 거역해서, 그들의 땅에 죄가 가득 찼으나, 자기들의 하나님 만군의 주에게 버림을 받은 것이 아니다"(51:5).

- "이제는 바빌로니아를 내버려 두고, 각자 고향 땅으로 돌아가자. 바빌로니아의 재앙이 하늘에까지 닿았고, 창공에까지 미쳤다. 주님께서 우리의 의로움을 밝혀 주셨으니, 어서 시온으로 가서 주 우리의 하나님께서 하신 일을 선포하자"(51:9 - 10).

- "사람은 누구나 어리석고 무식하다. 금속을 부어서 만든 신상들은 속임수요, 그것들 속

에는 생명이 없으니, 그것들은 허황된 것이요, 조롱거리에 지나지 않아서, 벌 받을 때에는 모두 멸망할 수밖에 없다. 그러나 야곱의 분깃이신 주님은 그런 것들과는 전혀 다르시다. 그분은 만물의 조성자이시요, 이스라엘을 당신의 소유로 삼으신 분이시다. 그분의 이름은 '만군의 주'이시다"(51:17 - 19).

- "그 날에 내가 바빌론의 신상들에게 벌을 내릴 것이며, 온 나라에서 칼에 찔린 자들이 신음할 것이다. 바빌론이 비록 하늘까지 올라가서, 그 높은 곳에 자기의 요새를 쌓아 놓는다 하여도, 내가 파괴자들을 보내어 그것을 부수겠다"(51:52 - 53).

예레미야가 스라야에게 한 명령 - 예언자 예레미야가 시드기야 왕의 수석 보좌관이었던 스라야에게 〈바빌로니아에 관한 예언의 말씀을 바빌론 도성에서 다 읽고 저주를 선포하라〉고 명령하였다. 여기까지가 예레미야의 말이다.

결말 - 예루살렘 멸망의 회고(52:1 - 34)

여기에 기록되어 있는 예루살렘 멸망의 역사(52:1 - 34)는 〈열왕기 하 24:18에서부터 25:30까지〉의 내용을 그대로 옮겨 온 것이다. 유다 사람들은 결국 스룹바벨의 인도 하에 조국으로 돌아온 후, 이 내용을 예레미야의 예언에 추가하였다. 이는 그의 예언이 성취되었음을 인증하고, 아직 바빌로니아에 남아 있는 자들을 위로하기 위한 것으로 보인다.

바빌로니아로 잡혀간 것이 징벌이 아니라, 구원을 향한 하나님의 사랑의 방법이라는 사실을 짐작해 보셨습니까?

홍수가 하나님 아들들의 구원을 위한 사랑의 방법이었듯이 바벨탑 사건으로 사람들을 온 세상으로 흩으심도 구원을 향한 하나님의 사랑의 방법이라는 사실을 기억합니다. 이제 히브리 족속을 다시 바빌로니아로 돌려보내신 것도 타향에서 방탕한 삶을 사는 자에게 고향으로 돌아가서 처음 사랑을 회복할 기회를 제공하고자 하는 하나님의 사랑의 방법입니다. 그것이 하나님께서 이스라엘 백성들에게 바빌로니아의 포로가 되라고 굳이 강권하시는 이유입니다. 훗날 예루살렘으로 돌아온 자들 가운데 〈구원자, 예수〉를 보내시겠다는 새 언약을 실현하기 위해서 말입니다.

7월 29일

예언서들
그 분량과 대상과 내용에 따른 배열과 분류

 오늘 말씀 이사야 1:1 - 20, 예레미야 1:4 - 10

💡 실마리 풀기

"오너라! 우리가 서로 변론하자. 너희의 죄가 주홍빛과 같다 하여도 눈과 같이 희어질 것이며, 진홍빛과 같이 붉어도 양털과 같이 희어질 것이다. 너희가 기꺼이 하려는 마음으로 순종하면, 땅에서 나는 가장 좋은 소산을 먹을 것이다. 그러나 너희가 거절하고 배반하면, 칼날이 너희를 삼킬 것이다"(사 1:18 - 20)

분량(Volume)을 기준으로 하는 예언서들의 배열 - 70 인역 헬라어 성경을 따른 지금의 성경

70 인역 헬라어 성경의 분류 방법을 채용한 지금의 성경에서는 예언서(선지서)의 배열순서가 각 권의 분량(Volume)을 기준으로 나열되어 있습니다. 처음에 네 개의 대 예언서(이사야, 예레미야와 애가, 에스겔, 다니엘)가 있으며, 이어서 열두 개의 소 예언서(호세아, 요엘, 아모스, 오바댜, 요나, 미가, 나훔, 하박국, 스바냐, 학개, 스가랴, 말라기서)가 있습니다. 이 열두 개의 소 예언서들은 본래 "열두 편의 책"이라 불리는 하나의 긴 두루마리로 묶여 있었다고 합니다.

책의 내용(content)을 기준으로 하는 예언서들의 분류 - 히브리인들을 향한 "표준적인 예언의 메시지"

열왕기는 하나님과 맺은 언약을 거부하고 멸망의 길로 가는 유대인들의 비극적인 이야기를 전해줍니다. 하나의 왕국이 북과 남으로 분열하고, 악한 왕들밖에 없던 북이스라엘은 B.C. 722년에 앗시리아에게 멸망합니다. 몇몇 신실한 왕들이 있었던 남 유다는 B.C. 587년 바빌로니아에게 멸망합니다.

바빌로니아의 침공으로 인해 예루살렘이 멸망하고 바빌로니아의 포로가 되는 동안, 하나님의 메시지를 전달하는 하나님의 대변자들, 예언자들이 등장합니다. 그 예언자들의 메시지에 주된 내용은 오늘날 우리가 "표준적인 예언의 메시지"라고 부르는 말씀들입니다. **바빌로니아 포로기 이전과 포로기 동안에 활동한 예언자들**(이사야, 예레미야, 에스겔, 호세아, 요엘, 아모스, 미가, 하박국, 스바냐)이 전하는 그 "표준적인 예언의 메시지"는 〈1. 하나님과의 언약을 파기한 너희는 반드시 회개하여야 한다. 2. 회개하지 않으면 반드시 심판이 임할 것이다. 3. 그 심판이 임하고 나면, 의의 왕이신 메시아를 통하여 은혜로운 회복의 날이 도래할 것이다〉입니다.

그러나 **일부 예언자들**(다니엘, 오바댜, 요나, 나훔)은 이스라엘을 넘어 열국을 향한 하나님의 관심을 제시하며, **포로기 이후의 예언자들**(학개, 스가랴, 말라기)은 포로에서 돌아온 자들을 향한 하나님의 희망이 강조되고 있습니다.

예언의 대상(target)과 연대기적(chronicle) 기준으로 시도해 본 예언서들의 배열
- 그리고 그 주제들

1. 북 왕국 이스라엘을 향한 예언서들(BC 722년 앗시리아에 의해 멸망하기까지)

아모스	BC 760 - 753	사회정의와 신앙
호세아	BC 755 - 715	이스라엘의 음행

2. 주변의 국가들을 향한 예언서들

오바댜	BC 848 - 841	교만한 에돔에 대한 심판
요나	BC 782 - 753	열방에 대한 하나님의 사랑
나훔	BC 664 - 654	니느웨의 파멸

3. 남 왕국 유다를 향한 예언서들(BC 587년 예루살렘이 함락되고 유다가 멸망하기까지)

요엘	BC 835	열방이 회개하는 그 날
이사야	BC 740 - 680	유다의 심판과 구원의 메시아
미가	BC 735 - 700	심판의 날의 예고
스바냐	BC 632 - 628	남은 자가 누리는 기쁨
예레미야	BC 627 - 580	예루살렘의 멸망과 새 언약
하박국	BC 609 - 605	하박국의 담판
예레미야 애가	BC 587	예루살렘의 멸망과 새 희망

4. 바빌로니아 포로기 동안의 예언서들

다니엘	BC 605 - 535	하나님의 궁극적 승리
에스겔	BC 593 - 571	포로 전후의 심판과 새 소망

5. 바빌로니아 포로에서 돌아온 후의 예언서들

학개	BC 520	회개와 격려
스가랴	BC 520 - 480	회개와 메시아의 준비
말라기	BC 432 - 424	순종의 요청과 메시아의 소망

✚ 오늘 말씀 예레미야 애가 1:1 - 2:22

예레미야의 예루살렘을 위한 애가(1)

탄식과 기도

💡 실마리 풀기

"도성 시온의 성벽아, 큰소리로 주님께 부르짖어라. 밤낮으로 눈물을 강물처럼 흘려라"(애 2:18)

예레미야 애가는 고백적 탄식과 기도를 내용으로 하는 5편의 시편 형식으로 구성되어 있습니다. 예레미야 애가의 1,2,4편은 〈각 절의 첫 글자가 히브리어 자음 문자 순서로 되어 있는 '알파벳 시편(Acrostic poem)'〉이며, 3편은 〈각 연의 첫 글자가 같은 히브리어 알파벳으로 시작되는 시편〉입니다. 그래서 1,2,4편은 히브리 자음 문자의 숫자인 22절로 구성되어 있고, 3편은 66절로 구성되어 있습니다. 5편은 22절이기는 하지만 '알파벳 시편'은 아닙니다.

첫 번째 애가 - 예루살렘의 멸망을 바라보며(1:1 - 22)

예레미야의 탄식(1:1 - 9a) - 멸망한 예루살렘을 생각할 때에 예레미야의 비탄은 이루 말할 수 없다. 이제는 지난날 예루살렘의 그 모든 찬란함의 추억만이 남아있다. 그는 그 이유를 알고 있다. 예루살렘이 그렇게 죄를 짓더니 마침내 조롱거리가 되었다는 것을.

- "아, 슬프다. 예전에는 사람들로 그렇게 붐비더니, 이제는 이 도성이 어찌 이리 적막한가!...... 도성 시온이 누리던 모든 영광이 사라지고, 지도자들은 뜯을 풀을 찾지 못한 사슴처럼 되어서, 뒤쫓는 자들에게 힘 한 번 못 쓴 채 달아나고 말았구나"(1:1, 6).

예레미야의 기도(1:9b - 11) - 도저히 받아들일 수 없는 상황을 주님께서 살펴주시기를 간청한다.

- "주님, 원수들이 우쭐댑니다. 나의 이 고통을 살펴 주십시오...... 예루살렘 온 백성이 탄식하며, 먹거리를 찾습니다. 주님, 이 비천한 신세를 살펴 주십시오"(1:9, 11).

예레미야의 탄식(1:12 - 19) - 예루살렘이 주님의 말씀을 거역하였음을 생각하고 후회의 탄식을 한다.

- "주님께서 분노하신 날에 내리신 이 슬픔, 내가 겪은 이러한 슬픔이, 어디에 또 있단 말인가! ..... 주님께서 내가 지은 죄를 묶고 얽어서 멍에를 만드시고, 그것을 내 목에 얹어서 힘을 쓸 수 없게 하셨다. 주님께서 하신 일은 옳으나, 나는 주님의 말씀을 거역하였다"(1:12, 14, 18).

예레미야의 기도(1:20 - 22) - 자신의 죄악을 안타까워하면서도 자신을 조롱하는 원수들을 향해 저주를 퍼부으면서 분노를 발산하고 있다.

- "주님, 나의 절망을 살펴 주십시오...... 내 모든 원수들이, 내가 재앙을 받는다는 소식을

듣고, 이것이 바로 주님께서 하신 일임을 알고서 즐거워합니다. 주님께서 선포하신 그 날이 이르게 해주셔서, 그들이 나와 같은 꼴이 되게 해주십시오"(1:20 - 21).

두 번째 애가 - 하나님의 진노를 크게 뉘우치며(2:1 - 22)

예레미야의 탄식(2:1 - 19) - 예레미야는 주님의 진노와 거짓 예언자들을 기억하며 주님께서 뜻하신 것을 이루셨음을 고백하고 백성들에게 눈물로 회개할 것을 요청한다.

- "아, 슬프다. 어찌하여 이스라엘의 영광을 하늘에서 땅으로 던지셨는가? 진노하신 날에, 주님께서 성전조차도 기억하지 않으시다니!...... 주님께서 타오르는 진노로 이스라엘의 힘을 모두 꺾으시더니, 원수 앞에서 이스라엘을 지키시는 오른손을 거두시고, 주위의 모든 것을 삼키는 불꽃처럼 야곱을 불사르셨다"(2:1, 3).

- "예언자들은 네게 보여 준다고 하면서 거짓되고 헛된 환상을 보고, 네 죄를 분명히 밝혀주지 않아서 너를 사로잡혀 가게 하였으며, 거짓되고 허황된 예언만을 네게 하였다. 지나가는 모든 나그네들이 도성 예루살렘을 보고서 머리를 내저으며 빈정거리며, "이것이 바로 그들이 '더없이 아름다운 성이요 온 누리의 기쁨이라' 하던 그 성인가?" 하고 비웃는다"(2:14 - 15).

- "주님께서는 뜻하신 것을 이루셨다. 주님께서는 오래전에 선포하신 심판의 말씀을 다 이루셨다. 도성 시온의 성벽아, 큰소리로 주님께 부르짖어라. 밤낮으로 눈물을 강물처럼 흘려라. 쉬지 말고 울부짖어라"(2:17 - 18).

예레미야의 기도(2:20 - 22) - 예루살렘 성안에서 죽어가는 목숨을 구해주시기를 간절히 구한다. - "주님, 살펴 주십시오. 주님께서 예전에 사람을 이렇게 다루신 적이 있으십니까? 어떤 여자가 사랑스럽게 기른 자식을 잡아먹는단 말입니까? 어찌 주님의 성전에서, 제사장과 예언자가 맞아 죽을 수 있습니까?"(2:20).

우리도 쉬지 말고 울부짖으며 눈물을 흘립시다.

이 나라를 운영한다는 자들 가운데 수많은 그리스도인이 있다고 합니다만, 그들이 어디에서 누구의 입을 통해 말씀을 들으며, 누구의 선행을 통해 깨달음을 얻는다는 말입니까? 판관들은 고발인과 변호인들과의 인연을 따져 보며, 국민의 대표라는 자들은 오늘 밤에 만날 후견인들을 위해 일합니다. 국가의 공무원들은 "나만 아니면 돼"라는 복불복의 하루하루를 보냅니다. 애통합니다. 이 나라를 과연 하나님께서 기억하시기나 하시는 것입니까?

7
예레미야
애가

31일 ～～～～～～～～～～～～～～～～～～～～～～～～～

✝ 오늘 말씀 예레미야 애가 3:1 - 5:22

예레미야의 예루살렘을 위한 애가(2)
탄식과 기도

💡 **실마리 풀기**
"하늘에 계신 하나님께 우리의 마음을 열고, 손을 들어서 기도하자"(애 3:41)

예레미야는 바빌로니아의 군대가 무자비하게 예루살렘 성을 불태우고, 살아 있는 대부분의 유다 백성들을 포로로 잡아가는 그 현장에 있었습니다. 예레미야는 그토록 자신의 입으로 예언한 바였지만, 그 일들이 실제로 일어난 것에 너무도 놀라고 당황하고 슬퍼서 가슴을 치며 울부짖습니다. 그러나 그 상황 가운데서도 예레미야는 이 모든 일이 주님의 뜻임을 인정하면서, 약속하신 그 날, 회복의 날을 간절히 구하고 있습니다.

세 번째 애가 - 예루살렘의 멸망을 바라보는 예레미야의 속 깊은 반응(3:1 - 66)
예레미야의 탄식(3:1 - 40) - 하나님의 진노로 당하고 있는 수많은 고난을 열거하면서, 하나님의 자비와 긍휼하심이 영원하심을 기억하고 희망의 메시지를 전하고 있다. - "하나님께서 진노의 몽둥이를 드셨다. 온종일 손을 들어서 치고 또 치시며, 살려 달라고 소리를 높여 부르짖어도 기도를 듣지 않으신다. 나오느니 탄식뿐이다."

그러나 마음속으로 곰곰이 생각하며 오히려 희망을 품는 것은, 주님의 한결같은 사랑이 다함이 없고 그 긍휼이 끝이 없기 때문이다. - "주님께서는 우리를 언제까지나 버려두지는 않으신다. 주님께서 우리를 근심하게 하셔도, 그 크신 사랑으로 우리를 불쌍히 여기신다. 우리를 괴롭히거나 근심하게 하는 것은, 그분의 본심이 아니다"(3:32). "어찌하여 살아 있는 사람이, 자기 죄 값으로 치르는 벌을 불평하느냐? 지나온 길을 돌이켜 살펴보고, 우리 모두 주님께로 돌아가자"(3:39 - 40).

예레미야의 기도(3:41 - 66) - 예레미야는 죄를 고백하고 하나님의 긍휼을 구하며, 늘 유다를 괴롭혀 왔던 사방의 적들을 심판해 주실 것과 유다의 정당성을 변호해주실 것을 간절히 구하고 있다. 하늘에 계신 하나님께 우리의 마음을 열고 손을 들어서 기도하자.

- "우리가 주님을 거슬러 죄를 지었고, 주님께서는 우리를 용서하지 않으셨습니다..... 내 백성의 도성이 파멸되니, 나의 눈에서 눈물이 냇물처럼 흐릅니다...... 주님, 주님께서 내가 당한 억울한 일을 보셨으니, 내게 바른 판결을 내려 주십시오..... 내 원수들이 온종일 나를 헐뜯고 모함합니다...... 진노로 그들을 뒤쫓아, 주님의 하늘 아래에서 살 수 없게 하여 주십시오"(3:42, 48, 59, 62, 66).

네 번째 애가 - 예레미야의 탄식(4:1 - 22)

예루살렘이 지은 죄악 때문에 심판을 받게 된 상황을 회고하면서 주님께서 회복의 기회를 주실 것을 확신하고 있다. - "주님께서 진노하셔서, 타오르는 분노를 퍼부으셨다. 시온에 불을 지르고, 그 터를 사르셨다.... 이것은 예언자들이 죄를 짓고 제사장들이 악한 일을 하여서, 성안에서 의로운 사람들이 살해되었기 때문이다..... 주님께서 진노하셔서, 그들을 흩으시고 돌보아 주지 않으신다."(4:11, 13, 16).

- 예레미야가 기원한다. "도성 시온아, 이제 네가 지은 죄의 형벌을 다 받았으니, 주님께서 다시는, 네가 사로잡혀 가지 않게 하실 것이다"(4:22).

다섯 번째 애가 - 예레미야의 기도(5:1 - 22)

하나님의 영원한 주권에 의지하여 예루살렘의 회복을 간절히 구하는 기도를 드린다. 예레미야의 이 기도는 페르시아 왕 고레스가 바빌로니아를 점령한 이듬해(BC 538)에 모든 포로된 자들이 고향으로 돌아가도록 허락하고, 각 나라의 신상들을 그 회복된 신전으로 복구시킴으로써 응답을 받았다.

"주님, 우리가 겪은 일을 기억해 주십시오. 우리가 받은 치욕을 살펴 주십시오.... 조상들이 죄를 지었으나, 이제 그들은 가고 없고, 우리가 조상들의 죄를 짊어지고 있습니다. 종들이 우리의 통치자가 되었습니다. 그들 손에서 우리를 구해 줄 이가 없습니다"(5:1, 7).

"주 하나님, 영원히 다스려 주십시오. 주님의 보좌는 세세토록 있습니다. 어찌하여 주님께서는 우리를 전혀 생각하지 않으시며, 어찌하여 우리를 이렇게 오래 버려두십니까? 주님, 우리를 주님께로 돌이켜 주십시오. 우리가 주님께로 돌아가겠습니다. 우리의 날을 다시 새롭게 하셔서, 옛날과 같게 하여 주십시오. 주님께서 우리를 아주 버리셨습니까? 우리에게서 진노를 풀지 않으시렵니까?"(5:19 - 22).

묻고? 답하기!

우리도 하늘에 계신 하나님께 마음을 열고, 손을 들어서 기도합시다.

주님, 우리를 돌아보아 주시옵소서. 우리가 겪은 일들을 기억해주시옵소서. 입으로만 주님을 사모한다고 하면서, 자기 하고 싶은 대로 한 일들을 기억하소서. 뜻과 정성을 다하여 예배를 드리기보다는 그저 주일 하루의 의식으로 지내는 것이 우리의 행위의 전부였습니다. 영원히 나라를 다스리실 주님, 우리를 새롭게 하시고, 진노를 풀어주시옵소서, 우리가 주님께로 돌아가겠습니다.

8월 1일 〰〰〰〰〰〰〰〰〰〰〰

사람의 모습으로 오셨던 주님(2)
예수 그리스도의 임재

✝ 오늘 말씀 에스겔 1:1 - 28, 다니엘 7:1 - 14, 마태복음 16:21 - 28, 요한계시록 1:12 - 20

💡 실마리 풀기

"인자는 섬김을 받으러 온 것이 아니라 섬기러 왔으며, 많은 사람을 위하여 자기 목숨을 몸값으로 치러 주려고 왔다"(마 20:28)

바빌로니아의 그발 강가에서 에스겔에게 - 사람의 모습과 비슷한 형상

에스겔이 바빌로니아 땅의 그발 강가에서 하나님이 모습을 보았습니다(겔 1:1). 그분의 모습은 하나님의 권능 가운데 네 생물의 형상과 함께 보좌에 앉으셨으며, 사람의 모습과 비슷한 형상이 있었습니다. 에스겔이 증언합니다. "또 나는 그의 허리처럼 보이는 그 위쪽에서 금붙이의 광채와 같은 것이 불꽃처럼 안팎으로 그를 둘러싼 것을 보았는데, 그의 허리처럼 보이는 그 아래쪽에서도, 나는 불꽃과 같은 모양을 보았다. 이렇게 그는 광채로 둘러싸여 있었다. 그를 둘러싼 광채의 모양은, 비 오는 날 구름 속에 나타나는 무지개같이 보였는데, 그것은 주님의 영광이 나타난 모양과 같았다"(겔 1:27 - 28). 에스겔은 그 이듬해에도 하나님의 능력에 사로잡혀 그 사람의 형상을 보았다고 고백합니다(겔 8:1 - 2). 에스겔이 만난 **그 사람의 형상은 하나님**이셨습니다.

꿈을 꾸는 환상 중에 다니엘에게 - 인자 같은 이

바빌로니아 벨사살 왕 원년에 다니엘이 환상을 보고 있을 때 "인자 같은 이가 오는데, 하늘 구름을 타고 와서, 옛 부터 계신 분에게로 나아가 그 앞에 섰다. 옛 부터 계신 분이 그에게 권세와 영광과 나라를 주셔서, 민족과 언어가 다른 뭇 백성이 그를 경배하게 하셨다. 그 권세는 영원한 권세여서, 옮겨 가지 않을 것이며, 그 나라가 멸망하지 않을 것이다"(단 7:13 - 14).

또 페르시아의 고레스 왕 제 삼 년에 티그리스 강 둑에서 주님을 만났습니다. "그 때에 내가 눈을 떠서 보니, 한 사람이 모시옷을 입고 우바스의 금으로 만든 띠로 허리를 동이고 있었다. 그의 몸은 녹주석같이 빛나고, 그의 얼굴은 번갯불같이 환하고, 눈은 횃불 같이 이글거리고, 팔과 발은 빛나는 놋쇠처럼 뻔쩍였으며, 목소리는 큰 무리가 지르는 소리와도 같았다"(단 10:4 - 6). 다니엘이 만난 **인자 같은 이는 바로 우리에게 오신 예수 그리스도**셨습니다.

삼 년을 함께하신 제자들에게 - 인자로 오신 예수 그리스도

예수님께서 중풍병 환자를 일으켜 세우시면서 "인자가 땅에서 죄를 용서하는 권세를 가지고 있음을 너희들이 알게 하겠다"(마 9:1 - 7, 막 2:1 - 12, 눅 5:24) 고 말씀하십니다. 예수님의 제자들이 안식일에 밀 이삭을 잘라 먹는 것을 보고 바리새 사람들이 트집을 잡자, 예수께서 "인자는 안식일의 주인이다"(마 12:8, 눅 6:5)라고 말씀하십니다.

그리고 예수님께서 자신이 고난을 받을 것을 예고하십니다. "인자가 곧 사람들의 손에 넘어갈 것이다. 사람들은 그를 죽일 것이다. 그런데 그는 사흘째 되는 날에 살아날 것이다"(마 17:9 - 12, 17:22 - 23, 20:17, 26:2, 막 10:32 - 34, 눅 9:21, 18:31 - 33). 예수님께서 살아나신 후 하늘에 오르셔서 자신의 영광스러운 보좌에 앉으실 것을 예언하십니다. "내가 진정으로 너희에게 말한다. 새 세상에서 인자가 자기의 영광스러운 보좌에 앉을 때에, 나를 따라온 너희도 열두 보좌에 앉아서, 이스라엘 열두 지파를 심판할 것이다." (마 19:28, 막 14:62, 눅 22:69/ Cf. 계 4:4).

마지막으로 예수님께서 다시 오실 것을 예고하십니다. "인자가 자기 아버지의 영광에 싸여, 자기 천사들을 거느리고 올 터인데, 그 때에 그는 각 사람에게, 그 행실대로 갚아 줄 것이다"(마 16:27). 그 때에 인자가 올 징조가 하늘에서 나타날 터인데, 그때에는 땅에 있는 모든 민족이 가슴을 치며, 인자가 큰 권능과 영광에 싸여 하늘 구름을 타고 오는 것을 보게 될 것입니다(마 24:30, 눅 21:27). 구약에서 신비로운 의미로 씌었던 '인자'가 신약에서 바로 예수 그리스도의 호칭으로 밝혀지는 것입니다.

일곱 교회에 보내는 말씀을 듣는 사도 요한에게 - 인자와 같은 분

밧모 섬에 갇혀있던 요한이 성령에 사로잡혀 그의 뒤에서 나팔 소리처럼 울리는 큰 음성을 들었습니다. "일곱 금 촛대가 있는데, 그 촛대 한가운데 '인자와 같은 분'(단 7:13)이 계셨습니다. 그는 발에 끌리는 긴 옷을 입고, 가슴에는 금띠를 띠고 계셨습니다. 머리와 머리털은 흰 양털과 같이, 또 눈과 같이 희고, 눈은 불꽃과 같고, 발은 풀무 불에 달구어 낸 놋쇠와 같고, 음성은 큰 물소리와 같았습니다"(단 7:9). 또 오른손에는 일곱별을 쥐고, 입에서는 날카로운 양날 칼이 나오고, 얼굴은 해가 강렬하게 비치는 것과 같았습니다(계1:12 - 16/ Cf. 겔 1:27 - 28, 단 10:4 - 6).

사탄과의 전쟁에서 승리와 구원의 완성을 위하여 흰 말을 타신 분이 등장합니다(Cf. 수 5:13 - 15). 그분은 '신실하신 분', '참되신 분'이라는 이름을 가지신 분이며, 의로 심판하시고 싸우시는 분입니다. 그의 이름은 '하나님의 말씀', '왕들의 왕', '군주들의 군주' 라는 이름을 가지신 분으로 그의 입에서 날카로운 칼이 나오는데, 그는 그것으로 모든 민족을 치실 것입니다. 그는 친히 쇠 지팡이를 가지고 모든 민족을 다스리실 것이요, 전능하신 하나님의 맹렬하신 진노의 포도주 틀을 밟으실 것입니다(계 19:11 - 16). 사탄을 영원한 패망의 길로 내던지실 그분은 우리에게 인자로 오셨던 예수 그리스도이십니다.

🕮 2월16일 〈신학산책9〉 - 사람의 모습으로 오셨던 주님(1)

✝ 오늘 말씀 에스겔 1:1 - 3:27

에스겔

에스겔의 소명
이스라엘 족속의 파수꾼

💡 **실마리 풀기**

"그들이 듣든지 말든지 오직 너는 그들에게 나의 말을 전하여라. 그들은 반역하는 족속이다"(겔 2:7)

다니엘이 바빌론의 느부갓네살의 첫 번째 침공 때(B.C. 606년) 잡혀간 사람이라면, 에스겔(하나님께서 강하게 하심)은 두 번째 침공 때(B.C. 597년) 잡혀 간 사람입니다. 에스겔이 삼십 세가 되고, 포로생활 5년째 되던 해에, 에스겔은 함께 잡혀간 유대인들을 향해 하나님의 말씀을 환상 가운데 전하는 예언자로 부르심을 받았습니다.

에스겔서 1 - 24장은 예루살렘이 함락되기 전 5년간의 상황에서 임한 하나님의 진노의 말씀을 전하고, 25 - 32장은 역사의 주권자이신 하나님께서 주변 국가들을 향한 심판의 말씀 그리고 33 - 48장은 이스라엘을 회복시키겠다는 자비와 사랑의 하나님의 계획을 전하고 있습니다.

첫 번째 환상 - 바빌로니아에서 에스겔에게 보이신 주님의 권능과 영광(1:1 - 28)

여호야김 왕에 이어서 BC 597 여호야긴 왕이 2차 포로로 잡혀 온 지 5 년째가 되는 때, 즉 시드기야가 아직 예루살렘에서 바빌로니아에 저항하고 있을 때이다. 바빌로니아 땅의 그발 강가에서 에스겔 제사장에게 하나님께서 하늘을 열어 환상을 보여 주셨다.

주님이 앉으신 보좌를 끌고 가는 네 생물의 형상 - 북쪽에서 폭풍이 불어오는데 큰 구름이 밀려오고, 불빛이 계속 번쩍이며, 그 구름 둘레에는 광채가 나고, 그 광채 한가운데서 네 생물의 형상이 나타났다. 그 생물들의 곁 땅 위에는 바퀴 안에 바퀴가 들어 있는 것 같은 모양이어서 그 생물들은 사방 어디로 가든지 방향을 돌이키지 않고서도 앞으로 나아갔다. 이는 하나님의 임재 앞에서 행하는 모든 생물체를 의미할 것이다.

보좌에 앉으신 주님의 영광 - 또 그 생물들의 머리 위에 있는 창공 모양의 덮개 위에는 청옥 같은 보석으로 만든 보좌 형상을 한 것이 있었고, 그 보좌 형상 위에는 사람의 모습과 비슷한 형상이 있었다. 그것은 주님의 영광이 나타난 모양과 같았다. 실로 그것은 하나님께서 에스겔에게 보이신 자신의 형상일 것이다. 에스겔은 그 모습을 보고 얼굴을 땅에 대고 엎드려, 말씀하시는 이의 음성을 들었다.

두 번째 환상 - 이스라엘 자손에게 파송되는 에스겔에게 주신 두루마리(2:1 - 3:15)

주님의 영광, 성령께서 말씀하셨다. "사람아, 내가 너를 이스라엘 자손에게 보낸다...그들이 듣든지 말든지 오직 너는 그들에게 나의 말을 전하여라. 그들은 반역하는 족속이다"

(2:3 - 5).

조가와 탄식과 재앙의 글이 적혀 있는 두루마리 - 주님께서 에스겔에게 온갖 조가와 탄식과 재앙의 글이 적혀 있는 두루마리를 보여 주시며, 그것을 먹고 가서 이스라엘 족속에게 알려 주어라고 하신다. 그가 그것을 먹었더니 그것이 그의 입에 꿀같이 달았다(cf. 계 10장). 에스겔은 하나님의 말씀을 전하기 전에 먼저 자기 것으로 완전히 소화해야했다.

그런 다음에 또 말씀하셨다. "사람아, 내가 너에게 하는 모든 말을 마음속에 받아들이고, 귀를 기울여 들어라. 그리고 가서, 포로로 끌려간 네 민족의 자손에게 이르러, 그들에게 전하여라. 그들이 듣든지 말든지 '주 하나님께서 이렇게 말씀하신다' 하고 그들에게 말하여라"(3:10 - 11).

세 번째 환상 - 파수꾼의 소명을 받은 에스겔에게 보이신 하나님의 영광 (3:16 - 27)

- 이레가 지난 다음에 주님께서 말씀하셨다. "사람아, 내가 너를 이스라엘 족속의 파수꾼으로 세웠다. 그러므로 너는 내가 하는 말을 듣고, 나를 대신하여 그들에게 경고하여라"(3:17). 〈이 내용은(33:1 - 20)에서 다시 소개될 것이다.〉

들에서 보이신 하나님의 영광 - 주님께서 에스겔에게 말씀하셨다. "일어나서 들로 나가거라. 거기에서 너에게 할 말이 있다"(3:22). 그래서 그가 일어나 들로 나가서 보니 그곳에는 주님의 영광이 머물러 있었는데, 전에 그발 강가에서 보던 영광과 똑같았다.

묻고? 답하기!   우리가 장래에 볼 하나님의 영광은 어떤 모습일까요?

주님의 종들이 본 하나님의 영광, 환상을 잘 읽고 기억해두시기 바랍니다. 모세가 본 하나님의 영광은 떨기 가운데서 이는 불꽃으로 그에게 나타났습니다(출 3:1 - 6). 이사야가 본 하나님의 영광은 성전 안에서 날개를 여섯 가지고 있는 빛을 내는 창조물들에 둘러싸여, 높이 들린 보좌에 앉아 계시는 모습이었습니다(사 6:1 - 10). 에스겔이 본 하나님의 영광은 바퀴 안에 바퀴가 들어 있는 것으로 이동하는 네 생물과 그 생물들의 머리 위에 있는 창공 모양의 덮개 위에 청옥처럼 보이는 보석으로 만든 보좌에 앉으신 모습이었습니다(겔 1:4 - 28). 다니엘이 본 하나님의 영광은 모시옷을 입고 우바스의 금으로 만든 띠로 허리를 동이고 있는 한 사람의 모습이었습니다(단 10:5 - 14). 사도 요한이 본 하나님의 영광은 일곱 금 촛대 한가운데 계신 '인자와 같은 분'이셨습니다(계 1:12 - 16).

3일

✝ 오늘 말씀 에스겔 4:1 - 7:27

예루살렘의 죄에 대한 표징과 심판
벌을 내리시는 두 가지 이유

💡 실마리 풀기
"진실로 너희가 온갖 보기 싫은 우상과 역겨운 일로 내 성소를 더럽혀 놓았기 때문에"(겔 5:11)

에스겔이 보여주는 상징적인 행위들은 예루살렘이 함락되고 모든 유대인이 포로로 잡혀갈 것이라는 사실을 직접 체험함으로써, 단호한 하나님의 의지를 피부로 느끼기를 원하시는 하나님의 연출입니다. 그러나 전혀 들을 생각을 하지 않는 백성들을 향하여, 그들의 믿음이 무너지고 예루살렘이 멸망한 유일한 이유는 우상숭배임을 특별히 강조하고 있습니다. 아울러 문단의 끝마다 "그때에야 비로소 내가 주인 줄 그들이 알게 될 것이다"라는 후렴구를 대략 58번이나 반복하는 것은 심판의 또 한 가지 이유가 그들이 하나님을 더 잘 알게 하려고 하신 것임을 드러내시는 것입니다.

예루살렘의 멸망에 대한 네 가지 상징적 행위(4:1 - 5:17)

- 아무리 외쳐도 도무지 들을 생각을 하지 않는 백성들을 향하여 주님께서 **네 가지 상징적 행위의 표징**을 보이게 하신다.

흙벽돌을 한 장 위에 예루살렘을 포위하는 그림을 그리고 지켜보아야 하는 표징과 왼쪽, 오른쪽으로 누워서, 이스라엘 족속의 죄악을 떠맡아야 하는 표징, 인분으로 불을 피워서 더러운 빵을 구워 먹는 표징 그리고 머리카락과 수염을 깎고, 그것을 저울로 달아 나누어 놓았다가 불 한가운데 집어 던져서 살라 버리는 표징들이 그것이다. 이를 통하여 예루살렘이 포위되고, 죄악이 심판받으며, 기근과 전염병과 유혈사태를 겪고 전쟁이 들이닥치게 하시겠다는 예언을 보이시는 것이다.

우상숭배로 인한 멸망에 대한 예언(6:1 - 14)

- 하나님께서 친히 백성들을 대적하고 뭇 이방 사람이 보는 앞에서 그들 가운데 **벌을 내리시는 첫 번째 이유**는 그들이 주님의 율례를 따르지도 않고, 규례를 지키지도 않고, 심지어는 그들을 둘러 있는 이방 사람들이 지키는 규례를 따라 살지도 않았으며, 온갖 보기 싫은 우상과 역겨운 일로 주님의 성소를 더럽혀 놓았기 때문이다. 주님께서 그들의 산당을 없애 버리고, 또 번제물을 바치는 그들의 제단이 폐허가 될 것이다. 그들의 제단들과 우상들과 분향하는 제단들을 모두 말끔히 없애려 하는 것이다.

- "그들이 음란한 마음으로 내게서 떠나갔고, 음욕을 품은 눈으로 그들의 우상들을 따라가서, 내 마음을 상하게 하였으므로, 그들은 자기들이 저지른 악행과 그 모든 혐오스러운 일

을 기억하고, 스스로 몸서리를 칠 것이다. 그때에야 그들이 비로소 내가 주인 줄 알게 될 것이다"(6:9 - 10).

- "그들 가운데서 전쟁에서 죽은 시체들은 그들의 우상들 사이에서 뒹굴고, 그들의 제단들 둘레에서도 뒹굴 것이다. 높은 언덕마다, 산봉우리마다, 푸른 나무 밑에 마다, 가지가 무성한 상수리나무 밑에마다, 자기들이 모든 우상에게 향기로운 제물을 바치던 곳에는, 어디에나 그 시체들이 뒹굴 것이다. 그때에야 비로소 내가 주인 줄 그들이 알게 될 것이다"(6:13).

이스라엘의 멸망과 형벌에 대한 예언(7:1 - 27)

- **심판의 또 한 가지 이유**는 그때에야 비로소 하나님이 주인 줄 그들이 알게 될 것이기 때문이다.

귀가 막혀 있는 백성들을 향해 에스겔은 유사 언어의 반복과 점증을 통해 하나님의 메시지를 강조한다. 예루살렘 도성에는 폭력과 교만이 가득 차 있었으니, 주님께서 이제 그들에게 분노를 쏟고 그들의 행실에 따라 심판하며 그들의 역겨운 일들을 응보하실 것이다.

- "재앙이다. 너희가 들어보지 못한 재앙이다. 이미 다가왔다. 끝이 왔다. 너희를 덮치려고 일어났다. 이미 다가왔다. 이 땅에 사는 사람들아, 정해진 멸망이 너희에게 들이닥쳤다. 그 시각이 왔고, 그 날이 다가왔다"(7:5 - 7).

"나는 너희의 모든 행실에 따라 너희를 벌하여, 역겨운 일들이 바로 너희의 한가운데서 벌어지게 하겠다. 그때에야 비로소 내가 주인 줄 너희가 알게 될 것이다"(7:9).

그 날이다. 보아라, 들이닥쳤다. 정해진 멸망이 시작되었다.

- "그때에는 사람들이 예언자에게 묵시를 구하여도 얻지 못할 것이며, 제사장에게는 가르쳐 줄 율법이 없어질 것이고, 장로들에게서는 지혜가 사라질 것이다. 왕은 통곡하고, 지도자들은 절망에 빠지고, 이 땅의 백성은 무서워서 벌벌 떨 것이다. 하나님께서 그들의 행실대로 그들에게 갚아 주고, 그들이 심판받아야 하는 그대로 그들을 심판하실 것이다. **그때에야 비로소 내가 주인 줄 그들이 알게 될 것이다**"(7:26 - 27).

묻고? 답하기!

우리가 어떻게, 어느 때에 하나님이 나의 주인이라는 것을 알 수 있을까요?

에스겔이 하나님의 말씀을 선포하면서 분명히 강조하는 것이 "그때에야 비로소 하나님이 주인 줄 그들이 알게 될 것이다"입니다. 그것이 하나님께서 이스라엘을 심판하시는 또 한 가지 이유가 되기 때문입니다. 우리가 어떻게, 어느 때에 하나님이 나의 주인이라는 것을 깨달아 알 수 있을까요? 설마 벌을 받고 심판을 받은 후에 깨닫고 싶으신 분들은 없으시겠지요?

8
에스겔

4일

✝ **오늘 말씀** 에스겔 8:1 - 11:25

예루살렘과 지도자들의 죄에 대한 4가지 환상
멸망해야 할 이유

💡 **실마리 풀기**

"나는 그들의 행실을 따라서, 그들의 머리 위에 그대로 갚아 줄 뿐이다"(겔 9:10)

에스겔이 소명을 받고 1년 후, 환상 가운데 예루살렘 성전으로 오게 됩니다. 성령께서 에스겔에게 예루살렘 성전에서 자행되고 있는 우상숭배의 모습들을 보게 하셨습니다. 환상 속에서 예루살렘이 지도자들의 죄악으로 불의 심판을 받게 되고, 하나님의 영광이 성전을 떠나게 됩니다. 하나님께서 그들의 행실대로 갚으실 것입니다. 악행을 저지를 지도자들은 이마에 파멸의 표시를 받지만, 거짓 예배를 자복하고 탄식하는 자들은 살려주실 것이라는 소망이 제시되고 있습니다.

1. 성전 안에서 행해진 악 - 질투의 우상과 담벼락 사면으로 돌아가며 그려져 있는 우상들(8:1 - 18)

그 우상들 앞에 이스라엘 족속의 장로들 일흔 명이 서서 향을 피우고 있었다. - "사람아, 너는 이스라엘 족속의 장로들이 각각 자기가 섬기는 우상의 방에서, 그 컴컴한 곳에서 무슨 일을 하고 있는지 보았느냐? 그들은 '주님께서 우리를 돌보고 있지 않으시며, 주님께서 이 나라를 버리셨다'고 말하고 있다"(8:12).

담무스 신과 태양의 숭배 - 여인들이 앉아서 담무스 신을 애도하고, 주님의 성전 어귀에서 스물다섯 명이나 되는 사람들이 주님의 성전을 등지고, 얼굴을 동쪽으로 하고 서서 동쪽 태양에게 절을 하고 있었다. - "사람아, 네가 잘 보았느냐? 유다 족속이 여기서 하고 있는, 저렇게 역겨운 일을 작은 일이라고 하겠느냐? 그런데도 그들은 온 나라를 폭력으로 가득 채워 놓으며, 나의 분노를 터뜨리는 일을 더 하였다. 그들은 나뭇가지를 자기들의 코에 갖다 대는 이교 의식까지 서슴지 않고 하였다. 그러므로 나도 이제는 내 분노를 쏟아서, 그들을 불쌍히 여기지도 않고, 조금도 가엾게 여기지도 않겠다. 그들이 큰소리로 나에게 부르짖어도, 내가 그들의 말을 듣지 않겠다"(8:17 - 18).

2. 예루살렘의 살육에 대한 환상(9:1 - 11)

주님께서 성읍을 벌할 사람들에게 말씀하셨다. 예루살렘 성안에서 일어나는 모든 역겨운 일 때문에 슬퍼하고 신음하는 사람들의 이마에 표를 그려 놓고, 그 외의 장로들부터 모든 사람을 쳐 죽이라고 명령하셨다. - "이스라엘과 유다 족속의 죄악이 너무나 크고, 땅은 피로 가득 차 있고, 이 성읍은 불법으로 꽉 차 있다. 그들은 '내가 이 땅을 버렸으며, 쳐다보지도 않는다'는 말이나 하고 있다. 그렇기 때문에 나도 그들을 불쌍히 여기지 않으며, 가엾게 여기지 않을 것이다. 나는 그들의 행실을 따라서, 그들의 머리 위에 그대로 갚아 줄 뿐이다"(9:9 - 10).

3. 성전을 떠나시는 주님의 권능과 영광에 대한 환상(10:1 - 22)

에스겔이 그발 강가에서 보았던 바로 그 생물들, 그룹들이 치솟아 올랐다. 주님의 영광이 성전 문지방을 떠나 그룹들 위로 가서 머물렀다. 그룹들이 날개를 펴고 땅에서 떠올라 가는데, 그들이 떠날 때 바퀴들도 그들과 함께 떠났다.

4. 이스라엘의 심판과 회복에 대한 환상(11:1 - 25)

포악한 일을 꾸며 내며 악독한 일을 꾀하는 사람 스물다섯 명 - 이 사람들은 이 성읍에서 포악한 일을 꾸며 내며 악독한 일을 꾀하는 자들이다. 그들은 이 성읍이 그들을 보호하는 가마솥이며, 그 속에서 보호받는 고기라고 한다. 그러나 이 성읍은 그들을 보호하는 가마솥이 되지 않을 것이며, 백성들도 그 속에서 보호받는 고기가 되지 않을 것이다. 그들은 주님이 정하여 둔 율례와 규례를 지키지 않고, 오히려 주위에 있는 이방 사람들의 규례를 따라 행동하였다. 그러므로 그들을 이 성읍 가운데서 끌어내어 타국인의 손에 넘겨주어서 온갖 형벌을 내릴 것이니 그들이 칼에 쓰러질 것이다.

"그때에야 비로소 너희는, 내가 주인 줄 알게 될 것이다."

이스라엘의 회복에 대한 약속 : 성읍 동쪽 산 위에 머무신 주님의 영광 - "그때에 내가 그들에게 일치된 마음(또는 '새 마음')을 주고, 새로운 영을 그들 속에 넣어 주겠다. 내가 그들의 몸에서 돌같이 굳은 마음을 없애고, 살같이 부드러운 마음을 주겠다. 그래서 그들은 나의 율례대로 생활하고, 나의 규례를 지키고 그대로 실천하여, 내 백성이 되고, 나는 그들의 하나님이 될 것이다"(11:19 - 21).

묻고? 답하기!

교회 안에서 자행되는 우상숭배의 모습을 아십니까?

북이스라엘의 장로들과 여인들은 성전 안에서 우상에게 향을 피우고 절을 하였습니다. 자기들만의 이기적인 욕심을 위해 예배를 드리며, 신령과 진정으로 드리는 예배의 목적을 버렸습니다. 우리는 어떠한가요? 새벽 기도에서 오직 나와 내 가족의 안위와 풍요로움을 위해 기도하고 있지는 않은가요? 교회에서 사역하면서 사람들로부터 칭송받기를 즐기고 있지는 않은지요? 그러한 일들이 하나님을 모독하는 우상숭배라는 것을 아십니까?

✝ 오늘 말씀 에스겔 12:1 - 14:23

예루살렘의 필연적 심판에 대한 확증(1)
2개의 상징과 5가지 경고

💡 실마리 풀기

"비록 그 나라 가운데 노아와 다니엘과 욥, 이 세 사람이 있다 하더라도, 그 세 사람은 자신의 의로 말미암아 자신의 목숨만 겨우 건질 것이다"(겔 14:14)

하나님 보시기에 예루살렘은 필연적으로 멸망하여야 할 충분한 이유가 있음에도 백성들은 도무지 그 도성의 멸망을 이해할 수가 없었습니다. 그들은 자기들의 불순종은 생각도 하지 않으면서 하나님이 절대 그러실 수가 없다는 것입니다. 그러한 이기적인 믿음을 가지고, 하나님과 맺은 언약을 파기한 백성들에게 심판을 내리신 결과는 포로생활입니다.

에스겔은 함께 잡혀간 유대인들이 가지고 있는 오해, 즉 그 무슨 이유로도 예루살렘과 예루살렘 성전은 절대로 멸망할 수 없다는 믿음이 잘못되었음을 상징과 설교를 통하여 보여줍니다.

에스겔의 두 가지 상징적 행위 - 예루살렘에서의 삶이 지속할 것이라는 오해에 대하여(12:1 - 20)

짐을 싸 가지고 길을 떠나는 상징 - 에스겔은 이삿짐을, 포로로 끌려가는 사람의 것처럼 대낮에 내다 놓았다. 그리고 저녁때에 손으로 성벽에 구멍을 뚫고, 어두울 때 나가서 백성들이 보는 앞에서 어깨에 짐을 메었다. 그 짐은 예루살렘에서 다스리는 왕(시드기야)과 이스라엘 백성들도 그렇게 추방되어 짐을 메고 포로로 끌려갈 것이라는 상징이다.

떨면서 먹고 마시는 상징 - 에스겔은 떨면서 음식을 먹고, 두려움과 근심에 싸여 물을 마셨다. 이는 예루살렘의 주민들이 근심에 싸여 음식을 먹고, 놀라움에 싸여 물을 마실 것이라는 상징이다.

필연적인 심판에 대한 두 가지 경고 - 속담과 예언을 믿는 이스라엘 족속들에게(12:21 - 28)

이스라엘 족속들은 〈세월이 이만큼 흐르는 동안, 환상으로 본 것치고 그대로 이루어진 것이 있더냐〉 하는 속담을 들먹이면서 에스겔의 예언이 이루어지지 않을 것이라고 하였다. 또 이스라엘 족속들은 〈네가 보는 환상은 먼 훗날에나 이루어질 것이며, 네가 예언하는 말은 아득히 먼 훗날을 두고 한 것이다〉라고 한다. 그러나 주님의 모든 말은 더 지체하지 않는다. 주님이 한번 말한 것은 반드시 이루어지고 만다.

거짓 예언자들에 대한 경고 - 자기들의 마음대로 말하는 예언자를 믿는 자들에게(13:1 - 23)

이스라엘의 거짓 예언자들은 자기들의 마음대로 예언을 한다. 그들은 주님이 보여 준 환상을 보지도 못하고 저희의 생각을 따라서 예언하는, 어리석은(또는 '악한') 예언자들이다. 주님께서 그 헛된 환상을 보고 속이는 점괘를 말하는 예언자들을 직접 치시면, 그들은 하나님의 백성의 공회에 들어올 수도 없고, 이스라엘 족속의 호적에 등록될 수도 없고, 이스라엘 땅으로 들어갈 수도 없을 것이다.

장로들의 우상숭배에 대한 심판의 경고 - 우상을 의지하는 장로들에게(14:1 - 11)

이스라엘의 장로들 가운데 여러 우상을 마음으로 떠받드는 사람들이 슬며시 하나님 앞에 나아왔다. 주님이 말씀하신다. "너희는 회개하여라. 너희의 우상들에게서 돌아서라. 너희의 모든 역겨운 것에서 얼굴을 돌려라"(14:6).

막을 수 없는 하나님의 심판 경고 - 의로운 자들을 의지하는 백성들에게(14:12 - 23)

만약 어떤 나라가 불성실하여 하나님께 죄를 지며 악한 행실을 보이므로, 전쟁과 기근과 사나운 짐승과 전염병을 거기에 보내어 심판한다면 어찌할 것인가. 주님께서 하시고자 한다면, 비록 그 나라 가운데 노아와 다니엘과 욥, 이 세 사람이 있다 하더라도, 그 세 사람은 자신의 의로 말미암아 자신의 목숨만 겨우 건질 것이다. 예루살렘도 마찬가지일 것이다. 더구나 예루살렘에는 예루살렘을 위해 기도할 세 사람의 의인조차 없으니 어떻게 심판을 피할 수 있겠는가?

묻고? 답하기!

내가 교회의 일원인 것과 내가 주님의 말씀을 따라 사는 것 중에 어느 것이 나를 구원한다고 생각하는가?

이스라엘 백성들은 포로로 잡혀가 있으면서도 예루살렘 성전이 무너지리라고 생각하지 않았습니다. 그러한 생각을 〈안일한 낙관주의〉라고 합니다. 우리는 어떠한가요? 주일마다 교회에 아침 일찍 가서 예배를 드리고, 해가 질 때까지 교회에서 사역을 감당하기만 하면 우리가 천국에 갈 수 있다고 생각하시나요? 아니면 말씀을 읽고 사모하며, 그 가르침대로 살려고 노력하며 하루하루를 보내는 것이 나를 구원할 수 있다고 생각하시나요?

➕ 오늘 말씀 에스겔 15:1 - 19:14

예루살렘의 필연적 심판에 대한 확증(2)
3개의 비유, 경고와 애가

💡 실마리 풀기

"의인의 의도 자신에게로 돌아가고, 악인의 악도 자신에게로 돌아갈 것이다"(겔 18:20)

그 무슨 이유로도 예루살렘은 절대로 멸망할 수 없다는 잘못된 믿음을 가지고 있는 유대인들은 자신들이 무엇을 어떻게 잘못하였는지 깨달을 수가 없습니다. 에스겔은 비유와 경고를 통하여 그들이 가진 심각한 오해를 설명하고 있습니다. 그리고 에스겔은 필연적으로 심판을 받을 수밖에 없는 예루살렘과 지도자들을 위하여 탄식의 노래를 부릅니다.

열매 없는 포도나무의 비유 - 스스로 쓸모 있는 포도나무라고 믿는 자들에게(15:1 - 7)

포도나무는 열매를 맺지 못하면 아무짝에도 쓸모가 없다. 예루살렘에 있는 백성들은 하나님에게서 떨어져 나가 의로운 열매를 맺기를 거부하였다. 그들은 열매를 맺지 못하는 포도나무처럼 땔감으로 쓰일 수밖에 없는 대우를 받을 것이다.

간음한 아내의 비유 - 죄악의 실체를 이해하지 못하는 예루살렘을 향하여(16:1 - 63)

예루살렘을 아름답고 완전하게 하신 주 하나님 - 아무도 돌보지 않는 사생아처럼 태어난 예루살렘을 주님이 거두고 돌보아 주셨다. 주님의 사랑으로 성장한 예루살렘은 아름다운 왕비처럼 되었다. 그의 아름다움 때문에 그 명성이 여러 나라에 퍼져 나갔다.

하나님을 거역한 예루살렘 - 그런데 예루살렘이 그 아름다움을 믿고, 자기 명성을 의지하여 음행하였다. 악행을 저지른 다음에도 길거리마다 누각을 짓고, 높은 단을 만들어 놓고, 자신의 아름다움을 흉측하게 더럽히고, 지나가는 모든 남자에게 음행하였다.

예루살렘을 심판하시는 하나님 - 그러므로 주님께서 그가 좋아하던 모든 남자뿐 아니라 그가 미워하던 남자도 모두 모아서 그를(예루살렘을) 치게 하실 것이다.

에스겔이 전하는 회복의 약속 - 예루살렘은 소돔보다 갑절이나 더 패악하였다. 그러나 주님께서는 그와 영원한 새로운 언약을 세우며 주님이 하나님이심을 알게 하실 것이다. - "내가 이렇게 하는 까닭은, 네가 저지른 모든 악한 일을 용서받은 다음에, 네가 지난 일들을 기억하고, 부끄러워서 다시는 입도 열지 못하게 하려는 데 있는 것이다"(16:53).

두 마리 독수리와 포도나무의 비유 - 이집트를 의지하려는 지도자들에게(17:1 - 24)

바빌로니아(큰 독수리 한 마리)가 예루살렘(레바논)을 굴복시켜 독립하지 못하게 하고, 그 언약을 지켜야만 명맥을 유지해 나가도록 하려 하였다. 그런데도 시드기야(포도나무)는 바빌로니아에 반역하여 이집트(다른 큰 독수리 한 마리)로 사람을 보내서 자기에게 많은 군마와 군인을 파견해 달라고 요청하였다. 그가 맹세를 무시하고 언약을 깨뜨렸다.

각 사람에게 따르는 죄와 심판에 대한 경고 - 남의 탓을 하는 백성들에게(18:1 - 32)

이스라엘 사람들은 〈아버지가 신 포도를 먹으면, 아들의 이가 시다〉하는 속담을 이야기한다. 그러나 모든 영혼은 주님의 것이다. 죄를 지은 영혼 바로 그 사람이 죽을 것이며, 아들은 아버지의 죄에 대한 벌을 받지 않을 것이며, 아버지가 아들의 죄에 대한 벌도 받지 않을 것이다. 의인의 의도 자신에게로 돌아가고, 악인의 악도 자신에게로 돌아갈 것이다.

에스겔의 첫 번째 애가 - 이스라엘의 지도자들을 위한 에스겔의 탄식(19:1 - 14)

에스겔은 새끼를 낳아 기른 암사자(이스라엘)를 자랑스럽게 기억한다. 그러나 그 새끼들은 멸망하고, 그 암사자도 포로로 잡혀가게 되었다. 에스겔은 또 이스라엘을 "포도원 안에 있는 물가에 심은 포도나무"에 비유하며, 그 나무에 열매가 많고 가지가 무성하며 그 가지 가운데 가장 센 가지가 통치자의 통치 지팡이가 되었음을 기억한다. 그러나 "이제는 그 나무가 광야에, 가물고 메마른 땅에 심겨 있다. 그 가운데 큰 가지에서 불이 솟아 나와 그 가지와 열매를 태워 버리니, 통치자들의 통치 지팡이가 될 만한 튼튼한 가지가 하나도 남지 않았다"(19:13 - 14).

묻고? 답하기!

내 인생의 공과에 대해 가장 책임이 무거운 사람은 누구인가?

〈가계에 흐르는 저주를 끊어야 산다〉라는 책이 출판된 적이 있습니다. 그 책에서는 죄와 저주가 조상들 안에 역사했던 귀신들에 의하여 대물림된다고 하였습니다. 그러나 주님께서 분명히 우리에게 말씀하셨습니다. "의인의 의도 자신에게로 돌아가고, 악인의 악도 자신에게로 돌아갈 것이다"(18:20). 내가 선택하고 행한 모든 것들은 주변 사람들이 아니라 내가 책임을 져야 한다는 것을 기억한다면, 하나님의 사랑과 용서도 나에게 주어질 것입니다.

7일

✝ 오늘말씀 에스겔 20:1 - 24:27

예루살렘 멸망의 날
4개의 비유와 3번의 경고

💡 실마리 풀기

"내 이름에 욕이 될까 봐 그렇게 하지 못하였으니, 그때에야 비로소 너희는 내가 주인 줄 알게 될 것이다"(겔 20:44)

8장, 14장에서와 같이 이스라엘의 장로들이 주님의 뜻이 어디에 있는지 에스겔에게 물어보려 하였습니다. 그러나 하나님께서 그들의 말을 들어보지도 않으시고, 에스겔에게 이스라엘 백성들의 지속적인 우상숭배로 인한 배교의 역사를 들려줍니다. 그들이 심판받지 않을 수 없는 이유를 비유와 경고를 예언하도록 하시는 것입니다. 그들을 향한 심판은 필연적일 수밖에 없다는 것입니다.

첫 번째 경고 - 이스라엘의 역사 속에서 심판을 미루신 이유(20:1 - 21:32)

이집트 땅에서나 광야에서 그토록 은혜로 돌보셨음에도 그들은 우상을 버리지 않고 반역을 일삼으며, 주님이 주신 규례를 지키지 않았다. 주님께서 그들을 진노로 다스릴 수도 있었지만 그렇게 하지 않으신 것은 오직 주님의 이름에 욕이 될까보아서였다. 그런데 지금의 백성들도 조상들의 행실을 따라 자신을 더럽히고, 그들의 역겨운 우상을 따라 다니며 음행을 하고 있지 않은가? 주님께서 어찌 그 장로들이 주님께 묻는 것을 허락할 수 있겠는가?

불타는 삼림의 비유 - 불로 태워질 예루살렘의 심판(20:45 - 49)

주님께서 남쪽 네게브(유다와 예루살렘) 숲속에 불을 지르시면, 활활 치솟는 그 불꽃이 꺼지지 않아서 남쪽에서 북쪽까지 모든 사람의 얼굴이 그 불에 그을릴 것이다.

네 번에 걸친 칼의 비유(21:1 - 32) - 칼로 도륙당할 예루살렘의 심판

칼로 심판하실 성전과 이스라엘 - 주님께서 그들 가운데서 의인과 악인을 다 쳐 죽일 것이다.

살육을 위해 준비된 하나님의 칼 - 주님께서 미리 준비하신 칼이다. 그 칼이 백성을 치고 이스라엘의 모든 지도자를 칠 것이다.

바빌로니아 왕의 칼 - 이스라엘 왕을 향한 최후의 형벌을 받을 그 날이 왔고, 그 시각이 되었다. 바빌로니아의 왕의 칼이 그들의 왕관을 벗기고 면류관을 제거할 것이다.

암몬을 치는 칼 - 유다의 동편에 있는 암몬도 함께 심판을 받을 것이다. 주님의 진노를 그들에게 쏟아 부을 것이다.

두 번째 경고 - 피의 도성 예루살렘과 지도자들이 받을 모욕과 심판(22:1 - 24:14)

이스라엘의 지도자들은 주님이 그토록 싫어하시는 우상을 만들어 숭배하며 자신을 더럽혔다. 음모를 꾸며 생명을 죽이며, 재산과 보화를 탈취하는 예언자들과 율법을 위반하고, 주님의 거룩한 물건들을 더럽힌 제사장들에게 주님께서 분노를 쏟아 붓고 격노의 불길로 그들을 멸절시킬 것이다. 주님께서 분노와 노여움으로 그들을 예루살렘의 한가운데 모아다가 용광로에 집어넣고 녹여 버리실 것이다.

음란한 오홀라와 오홀리바의 비유(23:1 - 49) - 간음한 사마리아와 예루살렘의 심판

두 여인의 이름은 오홀라와 오홀리바이다. 언니 오홀라는 사마리아(북이스라엘)이고, 동생 오홀리바는 예루살렘(유다)이다. 오홀라는 이집트에서부터 음란한 행실을 버리지 않았다. 이웃에 있는 앗시리아와 음행을 하였더니, 그들이 그의 하체를 드러내고 그의 아들딸들을 붙잡아 갔으며 끝내는 그를 칼로 죽였다. 그의 동생 오홀리바는 이것을 보고서도 자기 언니의 음란한 행실보다 더 음란하여, 자기 언니보다 더 많이 홀리고 타락하였다. 바빌로니아 사람들이 그에게 와서 음행하여 그를 더럽혔다.

끓는 가마솥의 비유(24:1 - 14) - 음행으로 더러워진 예루살렘의 심판

예루살렘 멸망의 날이다. 그 도성은 죄 없는 사람을 죽인 살인자의 성읍이며, 속이 시뻘건 녹을 한 번도 씻지 않은 녹슨 가마솥이다. 그 빈 가마솥을 숯불 위에 올려놓아 가마솥의 더러운 것을 녹이며, 녹을 태워 없애는 날이다. 음행으로 더러워진 몸을 깨끗하게 하려면 그 도성은 멸망하여야 한다.

세 번째 경고 : 에스겔의 아내의 죽음을 통해 보인 예루살렘의 심판(24:15 - 27)

에스겔의 눈에 들어 좋아하는 사람, 아내를 주님이 단번에 쳐 죽여 빼앗아 갔다. 마찬가지로 주님께서 유대인들의 권세의 자랑이요, 눈에 들어 좋아하는 것이요, 마음으로 사모하는 성소를 쳐부술 것이다. 이 성읍에 남겨 둔 그들의 아들과 딸들도 칼에 쓰러질 것이다. 에스겔이 할 말을 다 하였다. 이제 그 멸망의 날까지 에스겔은 말을 못하게 될 것이다.

하나님은 언제까지 우리에게 자비와 용서를 베푸실 수 있을까?

우리가 알기로 원죄란 하나님을 모르는 것, 하나님이 유일한 주님이심을 거절하는 것, 하나님보다 자기 자신의 능력이나 힘이 센 다른 그 무엇을 의지하는 것입니다. 이스라엘 백성들은 끊임없이 우상을 숭배함으로써 주님을 모독하였습니다. 마침내 한결같은 사랑의 하나님의 인내심도 한계에 다다랐습니다. 기억하십시오. 하나님의 심판을 피하려거든, 내 안에 하나님보다 더 사랑하는 것은 없는지 늘 깨어 있으며 상기해야 할 것입니다.

8월 8일 ∼∼∼∼∼∼∼∼∼∼∼∼∼∼∼

세 번째 "표준적인 예언의 메시지"

이스라엘의 회복을 약속하시는 이유

✝ **오늘 말씀** 이사야 43:22 - 44:8 ; 48:1 - 13

💡 **실마리 풀기**

"내가 그들의 일과 생각을 알기에, 언어가 다른 모든 민족을 모을 때가 올 것이니, 그들이 와서 나의 영광을 볼 것이다"(사 66:18)

하나님의 모략 - 유대인들과 세상 모든 민족을 향한 예언

이제 예언서가 전하고자 하는 세 가지 "표준적인 메시지"가운데 세 번째 메시지, 이스라엘 회복에의 약속을 묵상해봅니다. 세상 모든 민족으로부터 경배와 찬양을 받으시고자 하시는 하나님의 감추어진 계획을 이사야는 '주님의 모략'(사 28:29)이라고 소개합니다. 하나님께서는 그 기묘한 모략을 예언자들 통하여 우리에게 일러주셨습니다.

예언서의 시작은 〈이사야 6:1 - 13〉입니다. 이사야가 하나님의 환상을 보는 장면입니다. 이사야는 하나님의 환상에 압도되어 그의 사역에 영감을 불어넣고, 이스라엘의 회개를 촉구합니다. 그러나 이스라엘을 향한 심판은 피해 갈 수 없었습니다. 그리고 **예언서의 마지막은** 〈말라기 4:4 - 6〉입니다. 말라기는 "크고 두려운 여호와의 날이 이르기 전에" '엘리야'를 보내실 것이라고 선포하고 있습니다. 그 엘리야는 이사야가 예언한 바로 그 '광야에서 외치는 한 소리'입니다. 그는 주님께서 오실 길, 우리의 하나님께서 오실 큰길을 곧게 내는 자(사 40:3)입니다. 세상 모든 민족이 주님을 알고, 섬기는 소망에 사로잡히게 되는 주님(여호와)의 날을 예비하는 자입니다.

이스라엘의 회복을 약속하시는 이유 - 하나님의 이름을 위하여

드디어 하나님께서 심판을 받은 백성들을 위로하기 시작합니다. 야곱을 부르시고, 이스라엘을 찾으시고 말씀하십니다. "내가 너를 속량하였으니, 두려워하지 말아라. 내가 너를 지명하여 불렀으니, 너는 나의 것이다"(사 43:1). 그들은 주님을 찾지도, 정성을 다해 제물을 드리지도 않았습니다. 오히려 죄악으로 주님을 괴롭혔습니다. 그러나 주님께서 그들에게 용서의 선언을 하십니다. 그 용서는 그들과 하나님이 서로 공감해서 하는 것도 아니고, 그들의 회개를 인정해서 하는 것도 아닙니다. "나는 네 죄를 용서하는 하나님이다. 내가 너를 용서한 것은 너 때문이 아니다. 나의 거룩한 이름을 속되게 하지 않으려고 그렇게 한 것일 뿐이다. 내가 더 이상 너의 죄를 기억하지 않겠다" (사 43:25).

시작이요 마감이신 하나님께서 감추고 계셨던 속마음을 드러내십니다. "나는 알고 있었다. 네가 성실하지 못할 것임을 잘 알고 있었다. 네가 모태에서부터 반역자라고 불러 마땅한 자로 태어날 것을 나는 알고 있었다. 그러기에 내가 너를, 듣지도 못하게 하였고, 알지도 못하게 하였으며, 옛적부터 네 귀가 트이지도 못하게 한 것이다. 내 이름 때문에 내가 분노를 참고, 내 영예 때문에 내가 자제하여, 너를 파멸하지 않겠다. 보아라, 내가 너를 단련시켰으나, 은처럼 정련하지 않고, 오히려 고난의 풀무질로 달구어 너를 시험하였다. 나를 위하여, 바로 나를 위하여 내가 그렇게 하는 것이다. 어찌 내 이름을 욕되게 하겠느냐? 내 영광이 남에게 돌아가게 할 수는 없다"(사 48:8 - 9).

이스라엘의 회복을 이루시는 방법 - 직접 오실 하나님

하나님께서 하나님의 아들, 예수를 이 땅에 보내실 모든 준비를 이 민족 안에서 하실 것을 예언자들을 통하여 말씀하셨습니다. 주님께서 다윗에게서 한 의로운 가지를 돋아나게 할 것입니다. 그가 왕이 되어 세상에 공평과 정의를 실현할 것입니다. 그때가 오면 유다가 구원을 받을 것이며, 사람들이 그 이름을 예수('주님은 우리의 구원이시다')라고 부를 것입니다(렘 23:5 - 6, 33:15 - 16).

이사야는 그 아들, 예수님을 이렇게 소개합니다. 온 인류를 향한 하나님의 아름답고 거룩한 사랑이 고난과 대속이라는 모습으로 우리에게 계시됩니다. "그는 다른 사람들이 받아야 할 형벌을 자기가 짊어질 것이다…그는 죽는 데까지 자기의 영혼을 서슴없이 내맡기고, 남들이 죄인처럼 여기는 것도 마다하지 않았다. 그는 많은 사람의 죄를 대신 짊어졌고, 죄 지은 사람들을 살리려고 중재에 나선 것이다"(사 53:11 - 12).

열방으로 확장된 하나님의 영광 - 하나님의 백성들을 위한 하나님의 새 창조

예언자들이 소개하는 의의 왕이신 예수 그리스도는 창세기로부터 품고 계셨던 하나님의 구원 계획, 온 인류의 죄악의 문제에 대한 해답을 제시하시고 그의 나라를 직접 다스리실 것입니다. 은혜로운 회복의 날, 여호와의 날은 하나님을 모른다 하고 하나님을 멸시하는 자들에게는 진노하시고 심판하실 날이며, 하나님을 믿고 신뢰하는 자들에게는 구원과 복을 베푸시려고 하나님이 인간의 역사 속으로 개입하시는 결정적 순간이 될 것입니다.

하나님께서 새 하늘과 새 땅을 창조할 것입니다(사 65:17 - 19). 그 날이 오면, "반드시 나의 백성이 나의 이름을 알게 될 것이다. 반드시 나의 백성은 내가 하나님이라는 것과 내가 그들에게 말한 하나님이었다는 것을 알게 될 것이다"(사 52:6). 그 날이 오면, "주님께서 모든 이방 나라들이 보는 앞에서, 당신의 거룩하신 능력을 드러내시니, 땅 끝에 있는 사람들은 모두 우리 하나님의 구원을 볼 것이다"(사 52:10). 그 날이 오면, "내가 그들의 일과 생각을 알기에, 언어가 다른 모든 민족을 모을 때가 올 것이니, 그들이 와서 나의 영광을 볼 것이다"(사 66:18).

9일

✝ 오늘 말씀 에스겔 25:1 - 28:26

이방 나라들에 대한 심판(1)

이스라엘을 멸시하는 나라들

💡 **실마리 풀기**

"내가 그들에게 나의 원한을 갚으면, 그때에야 그들은 비로소, 내가 주인 줄 알 것이다"(겔 25:17)

예루살렘이 멸망하기 전에 하나님께서 에스겔에게 보여주신 열방들에 대한 심판의 예언입니다. 이와 같은 예언은 이사야 13 - 27장과 예레미야 46 - 51장에서도 볼 수 있습니다. 이들 나라를 향한 심판의 선언을 하시는 이유는 세상 모든 나라가 하나님의 권능 안에 있으며, 그들도 당연히 하나님의 통치법에 순응하고 정의롭고 긍정적인 행동을 해야 할 책임이 있다는 것을 보여주기 위함입니다.

동방과 서방 나라들에 대한 심판(25:1 - 17)

암몬 - 암몬은 바빌로니아의 공격에 대하여 유다와 동맹을 맺었으나, 예루살렘이 함락되자 이것을 고소하게 여겨 손뼉을 치고 발을 구르며 좋아하였다.

모압 - 모압이 말하기를 유다 족속도 모든 이방 백성이나 다름이 없다고 조롱하였다.

에돔 - 에돔이 지나친 복수심을 품고 유다 족속을 지나치게 보복하였다.

블레셋 - 블레셋 사람이 옛날부터 품어 온 원한으로 이스라엘을 멸망시키려고, 복수심에 불타서 마음속에 앙심을 품고 지나치게 보복하였다.

북방 나라 두로에 대한 심판(26:1 - 28:19)

에스겔의 두 번째 애가 - 두로의 멸망의 선언과 애가(26:1 - 18)

에스겔이 잡혀 온지 십일 년째 되는 해에, 주님께서 유다의 북쪽에서 바다를 끼고 무역을 하며 강력한 힘을 발휘하던 두로를 향하여 말씀하시기를 "바빌로니아 왕 느부갓네살을 북쪽에서 데려다가 너를 치겠다"고 하셨다.

에스겔의 세 번째 애가 - 두로의 도성(사단의 성)을 위한 애가(27:1 - 28:10)

무역의 중심지였던 두로는 사탄이 역사하는 상징적 도시이다. 두로가 멸망하는 것을 두고, 세상 사람들은 그들의 재물이 사라지는 것을 안타까워하며 슬피 울 것이다. 〈이 구절은 요한계시록 18장에서 바빌론의 패망하는 모습을 묘사하는 장면에서 재연되고 있다.〉

- "네가 멸망하는 날에 재물과 상품과 무역품과 네 선원과 네 선장과 배의 틈을 막아 주는 사람과, 무역품을 거래하는 사람과, 배에 탄 모든 군인과, 배에 탄 사람들이 모두 바다 한가운데에 빠진다. 네 선장의 울부짖는 소리에 해변 땅이 진동한다. ……그들이 너를 애도하여 애

가를 부르며, 네 죽음을 이렇게 슬퍼할 것이다"(27:27 - 31).

스스로 신이라는 교만한 두로의 통치자에게 주님께서 말씀하셨다. - "네가 마음속으로 신이라도 된 듯이 우쭐대니, 내가 이제 이방 사람들 가운데서도 가장 잔인한 외국 사람들을 데려다가, 너를 치게 하겠다. 너를 죽이는 사람들 앞에서도 네가 신이라고 네가 감히 말할 수 있겠느냐?"(28:6 - 9).

에스겔의 네 번째 애가 - 두로의 진정한 왕(사단)을 위한 애가(28:11 - 19)

〈에스겔이 받은 아래의 예언은 요한계시록 17장에서 큰 창녀의 모습으로 묘사된다.〉

- "너는 정교하게 만든 도장이었다. 지혜가 충만하고 흠잡을 데 없이 아름다운 도장이었다. 너는 옛날에 하나님의 동산 에덴에서 살았다. 너는 온갖 보석으로 네 몸을 치장하였다. 홍보석과 황보석과 금강석과 녹주석과 홍옥수와 벽옥과 청옥과 남보석과 취옥과 황금으로 너의 몸을 치장하였다.........너는 네 미모를 자랑하다가 마음이 교만하여졌고, 네 영화를 자랑하다가 지혜가 흐려졌다. 그래서 내가 너를 땅바닥에 쓰러뜨려 왕들 앞에 구경거리가 되게 하였다"(28:12 - 17).

시돈에 대한 심판과 이스라엘 구원의 확증 선언(28:20 - 26)

주님께서 시돈에 대한 심판 가운데 "이스라엘 족속을 멸시하는 사방의 모든 사람이, 다시는 이스라엘을 가시로 찌르거나 아프게 하지 않을 것"이라고 선포하셨다.

- "내가 이스라엘 족속을 그들이 흩어져 살던 여러 민족 가운데서 모아 오고, 이방 사람들이 보는 앞에서 내가 거룩한 하나님을 그들에게 나타낼 때에, 그들이 자기들의 땅, 곧 내가 내 종 야곱에게 준 땅에서 살게 될 것이다. 내가, 그들을 멸시하는 사람들을 모두 심판하면, 그들이 평안히 살 것이다. 그때에야 비로소 그들이, 나 주가 자기들의 하나님임을 알게 될 것이다"(28:25 - 26).

세상 모든 나라가 하나님의 권능 안에 있는 것을 알고 있는가?

두로는 이스라엘과 지중해 쪽 해안선을 공유하며 이집트와 바빌로니아를 연결하는 무역로를 장악하고, 경제적 부를 쌓아가던 도시입니다. 그러나 두로의 교만은 그들의 도성을 사탄의 도성으로 만들었고, 두로의 왕은 하나님을 대적하는 사탄의 상징이 되었습니다. 하나님의 심판은 두로와 시돈을 세상의 역사에서 영원히 사라지게 하였습니다. 그러나 이스라엘은 주님의 은혜로 회복되어 자기들의 땅에서 평안히 살 것이라 하십니다. 택하신 백성을 향한 하나님의 진노는 잠깐이며 그 은혜는 영원할 것입니다.

이방 나라들에 대한 심판(2)
이집트를 향한 일곱 개의 예언

💡 **실마리 풀기**

"이집트는 다시는 이스라엘 족속이 의지할 나라가 되지 못할 것이다"(겔 29:16)

동과 서, 그리고 북방 나라의 심판에 이어서 남방의 나라, 이집트를 향한 심판의 선언입니다. 이집트의 바로 는 자신을 대단한 사자로 자처했지만, 자신의 권력을 제멋대로 휘두르다가 흙탕물을 튀기는 악어로 전락하고 맙니다.

1. 이집트의 죄의 결과(29:1 - 16)

- "나 주 하나님이 말한다. 내가 칼을 가져다가 너를 치겠다. 사람과 짐승을 너에게서 멸절시키겠다. 그러면 이집트 땅이 황폐한 땅 곧 황무지가 될 것이니, 그 때에야 비로소 그들이, 내가 주인 줄 알 것이다"(29:8 - 9). - "이집트는 다시는 이스라엘 족속이 의지할 나라가 되지 못할 것이다. 이스라엘은 이집트가 당한 것을 보고서, 이집트에 의지하려 한 것이 얼마나 잘못된 것이었는가를 상기하고, 그때에야 비로소 그들이, 내가 주 하나님인 줄 알 것이다"(29:16).

2. 바빌로니아에 의한 이집트의 패망(29:17 - 21)

- "내가 바빌로니아 왕 느부갓네살에게 이집트 땅을 주겠다. 그가 이집트에서 물건을 가져가고, 이집트를 약탈하고 노략할 터이니, 그것이 그의 군대에게 주는 보수가 될 것이다. 그들이 수고한 것은 나를 도와서 한 것이었으므로, 내가 그 보수로 이집트 땅을 바빌론 왕에게 주었다"(29:17 - 20).

3. 이집트와 그 동맹국들의 멸망의 선언(30:1 - 19)

- "나 주 하나님이 말한다. 이집트에서 많은 사람이 칼에 쓰러지고 재산을 약탈당할 때에, 이집트는 그 기초가 파괴될 것이다. 에티오피아와 리비아와 리디아와, 아라비아와 굽과 모든 동맹국의 백성들이 이집트 사람들과 함께 칼에 쓰러질 것이다"(30:2 - 5).

- "나 주가 말한다. 이집트를 지지하는 사람들이 쓰러질 것이며, 이집트의 거만하던 권세가 꺾일 것이고, 믹돌에서부터 수에네에 이르기까지, 사람들이 칼에 쓰러질 것이다. 이집트는 황폐한 땅 가운데서도 가장 황폐한 땅이 될 것이며, 이집트의 성읍들도 황폐한 성읍들 가

운데서도 가장 황폐한 성읍이 될 것이다"(30:6 - 8).

4. 이집트의 멸망의 결과(30:20 - 26)

- "내가 바빌로니아 왕의 손에 내 칼을 쥐어주고, 그가 그 칼을 뽑아서 이집트 땅을 칠 때에야, 비로소 그들은 내가 주인 줄 알 것이다. 내가 이집트 사람들을 여러 민족 가운데 흩어 놓고, 그들을 뭇 나라로 헤쳐 놓겠다. 그 때에야 비로소 그들은, 내가 주인 줄 알 것이다"(30:25 - 26).

5. 한 때 앗시리아 같았던 이집트를 향한 선언(31:1 - 18)

- "에덴의 나무들 가운데서 어떤 나무가 너처럼 화려하고 컸더냐? 그러나 너도 이제는 에덴의 나무들과 함께 스올로 끌려가서, 할례 받지 못한 사람들 가운데 섞여, 칼에 찔려 죽은 사람들과 함께 누울 것이다. 바로와 그의 백성 모두가 이렇게 될 것이다. 나 주 하나님의 말이다"(31:18).

6. 에스겔의 다섯 번째 애가 - 바로를 위한 애가(32:1 - 16)

- "바빌로니아 왕의 칼이 네게 미칠 것이다. 내가 용사들의 칼로 너의 무리를 쓰러뜨리겠다. 그들은 뭇 민족 가운데서 가장 잔인한 사람들이다. 이집트가 자랑하던 것을 그들이 박살내며, 이집트의 온 무리를 그들이 멸망시킬 것이다"(32:11 - 15).

7. 스올(죽은 자들의 세계)에 떨어진 이집트(32:17 - 32)

- "살아 있는 사람들의 세상에서 바로가 사람들에게 겁을 준 것은, 사실은, 내가 그렇게 하도록 시킨 것이다. 그러나 이제는 바로가 자기의 모든 군대와 함께 할례 받지 못한 자들과 섞여, 칼에 찔려 죽은 전사자들과 함께 무덤에 눕게 될 것이다. 나 주 하나님의 말이다"(32:32).

묻고? 답하기!

나의 삶이(또는 교회가) 경제적으로 어려워지면 무엇에 의지할 것인가?

남 유다에게 이집트는 바빌로니아에 대항하기 위한 마지막 기댈 언덕이었습니다. 그토록 하나님께서 예언자들을 통하여 징벌의 이유를 설명하시고, 바빌로니아로 내려가서 거듭나기를 바라셨지만 백성들은 이집트로 달아났습니다. 우리도 이처럼 위기의 상황에 부닥칠 때에 하나님의 방법을 따르지 않고, 쉽게 동원할 방법에 의지하기 쉽습니다. 그러나 오히려 마음을 비우고, 기도 가운데 조용히 주님의 음성을 들어보기를 갈망하십시오. 반드시 길을 열어주실 것입니다.

8

에스겔

11일 〰〰〰〰〰〰〰〰〰〰〰〰〰〰〰

✝ 오늘말씀 에스겔 33:1 - 37:28

이스라엘을 향한 회복의 선언
회복시키시는 이유와 징조

💡 실마리 풀기

"의인이라고 해도 죄를 짓는 날에는 과거의 의가 그를 구원하지 못하고"(겔 33:12)

하나님께서 3년 동안 침묵하던 에스겔에게 다시 파수꾼의 역할을 부여하시고, 이스라엘을 향한 회복의 선언을 하기 시작합니다. 다윗의 왕권을 언급하심으로 진정한 이스라엘의 목자의 역할을 회복하시고, 새로운 언약과 하나님의 영으로 회복될 하나님의 영광을 보여주십니다. 그리고 그 영광이 이루어지기 위해 백성들이 갱신되고 언약이 살아나며, 하나님의 임재가 회복되어야 합니다.

파수꾼으로 임명된 에스겔(33:1 - 33)

하나님께서 에스겔에게 〈이스라엘 족속의 파수꾼〉의 임무를 주셨다. 하나님의 말씀을 듣고, 하나님을 대신하여 그들에게 이렇게 경고하여야 한다.

- "너는 그들에게 전하여라. 나 주 하나님의 말이다. 내가 내 삶을 두고 맹세한다. 나는, 악인이 죽는 것을 기뻐하지 않고, 오히려 악인이 그의 길에서 돌이켜 떠나 사는 것을 기뻐한다. 너희는 돌이켜라. 너희는 그 악한 길에서 돌이켜 떠나거라. 이스라엘 족속아, 너희는 왜 죽으려고 하느냐? 하여라. 너 사람아, 네 민족의 자손 모두에게 전하여라. 의인이라고 해도 죄를 짓는 날에는 과거의 의가 그를 구원하지 못하고, 악인이라고 해도 자신의 죄악에서 떠나 돌이키는 날에는 과거의 악이 그를 넘어뜨리지 못한다고 하여라. 그러므로 의인도 죄를 범하는 날에는 과거에 의로웠다는 것 때문에 살 수는 없다"(33:11 - 12).

이스라엘의 참 목자이신 하나님의 회복의 선언(34:1 - 31)

현재의 거짓 목자들 - 그들은 양 떼를 먹이지 않았다. 튼튼하게 키워 주지 않았으며, 병든 것을 고쳐 주지 않았으며, 다리가 부러지고 상한 것을 싸매어 주지 않았으며, 흩어진 것을 모으지 않았으며, 잃어버린 것을 찾지 않았다. 오히려 그들은 양 떼를 강압과 폭력으로 다스렸다.

장래의 참 목자 - (34:11 - 31 / 요한복음 10장) 하나님께서 직접 그의 양 떼를 찾아서 돌보아 주겠다고 선언하셨다. 그들 위에 목자 다윗을 세워 그들을 먹이도록 하실 것이다.

- "내가 직접 내 양 떼를 먹이고, 내가 직접 내 양 떼를 눕게 하겠다"(34:15). "너희는 내 양 떼요, 내 목장의 양 떼다. 너희는 사람이요, 나는 너희의 하나님이다. 나 주 하나님의 말이다"(34:31).

이스라엘 땅과 민족을 회복시키시려는 까닭(35:1 - 36:38)

- "이방 사람들은 그들을 보고 '주의 백성이지만 주의 땅에서 쫓겨난 자들'이라고 하였다. 나는, 이스라엘 족속이 여러 나라에 흩어져서, 가는 곳마다 더럽혀 놓았지만, 내 거룩한 이름이 더럽혀지는 것을 그대로 둘 수 없다. 그러므로 너는 이스라엘 족속에게 전하여라.

나 주 하나님이 이렇게 말한다. 이스라엘 족속아, 내가 이렇게 하려고 하는 까닭은 너희들을 생각해서가 아니라, 너희가 여러 나라에 흩어져서, 가는 곳마다 더럽혀 놓은 내 거룩한 이름을 회복시키려고 해서다"(36:20 - 22).

회복된 나라를 뜻하는 두 가지 환상(37:1 - 28)

마른 뼈들이 살아나는 환상 - 하나님의 말씀과 영을 통해 마른 뼈에 생기를 불어넣어 다시 살아나듯이, 하나님의 백성들이 무덤 속에서 살아나고, 백성들이 이스라엘 땅으로 돌아 올 것이다. 하나님께서 하나님의 영을 그들 속에 두어서 그들의 영을 살리시고, 그들을 그들의 나라에 데려다 놓을 것이다.

합해진 두 막대기의 환상 - 요셉(북 이스라엘 왕조)의 막대기와 유다(남 유다)의 막대기를 연결해서, 그 둘을 한 막대기로 만들듯이 그들이 주님의 손으로 하나가 될 것이다. 하나님께서 그들을 통일된 한 나라로 만드실 것이다.

- "내 종 다윗이 그들의 영원한 왕이 될 것이다. 내가 그들과 평화의 언약을 세워서, 영원한 언약으로 삼을 것이다. 내가 그들을 튼튼히 세우며, 번성하게 하며, 내 성소를 그들 한가운데 세워서 영원히 이어지게 하겠다"(37:25 - 26).

묻고? 답하기!

한 때는 존경받는 목회자였지만, 지금은 아닌 자들을 어떻게 생각하십니까?

2011년 손봉호 교수는 "한국교회가 개신교 역사상 가장 타락하였다"고 주장하였습니다. 일부 지도자들은 헌금을 횡령하고, 간음을 일삼으며 예수님의 이름을 더럽히고 있습니다. 그러나 하나님의 말씀이 비수처럼 그들의 가슴을 찌르고, 통한의 눈물을 흘리게 되기를 기원합니다. 지금이라도 한결같으신 사랑의 음성을 듣게 되기를 기원합니다.

- "의인이라고 해도 죄를 짓는 날에는 과거의 의가 그를 구원하지 못하고, 악인이라고 해도 자신의 죄악에서 떠나 돌이키는 날에는 과거의 악이 그를 넘어뜨리지 못한다고 하여라. 그러므로 의인도 범죄하는 날에는 과거에 의로웠다는 것 때문에 살 수는 없다"(33:12).

✝ 오늘 말씀 에스겔 38:1 - 43:27

에스겔에게 임한 마지막 환상(1)

회복의 두 가지 약속과 새 성전

💡 **실마리 풀기**

"그때에야 비로소 여러 민족은, 이스라엘 족속도 죄를 지었기 때문에 포로로 끌려갔다는 것을 알게 될 것이다"(겔 39:23)

하나님께서 〈곡과 그의 연합군〉으로 표현되는 미래의 모든 원수를 완전히 굴복시키실 때에 비로소 이스라엘(하나님 나라)의 회복의 두 가지 약속이 완성될 것입니다. 요한계시록(20:8)에서는 곡과 마곡을 아마겟돈 전쟁에 동원되는 세상의 모든 불신자를 지칭하는 것으로 기록되어 있습니다.

예루살렘이 멸망한 지 14년 만에 에스겔에게 마지막 환상이 내려왔습니다. 그 환상은 새 성전과 새 예배를 통한 진정한 하나님 나라의 회복입니다. 하나님께서 "내 성소를 그들 한가운데 세워서 영원히 이어지게 하겠다"(37:26)라고 자신의 성전을 다시 지으실 것을 약속하셨습니다. 이제 출애굽기에서 성막의 건립을 지시하시던 것처럼 새 성전의 규모를 알려주십니다. 영광스럽게도 하나님께서 성전의 계획을 다시 한 번 제시하심으로, 하나님의 임재와 영광이 다시 예루살렘에 임하실 것(관계를 회복하실 것)을 선포하시는 것입니다.

이스라엘의 모든 원수들을 향한 하나님의 주권적 심판(38:1 - 39:20)

마지막 원수, 곡에 대한 예언 - 곡은 북쪽 마곡 땅에 있는 나라, 로스와 메섹과 두발의 왕이다. 그는 주님께서 옛날에 이스라엘의 예언자들을 시켜서 말씀하신 대로, 페르시아와 에티오피아와 리비아, 고멜과 북쪽 끝에 있는 도갈마 족속과 함께 이스라엘을 공격할 것이다. 그러나 그때가 되면, 주님께서 칼과 전염병과 억수 같은 소나기와 돌덩이 같은 우박과 불과 유황으로 그를 심판하실 것이다.

이스라엘의 회복의 두 가지 약속(39:21 - 29)

첫째, 이렇게 하나님께서 여러 민족 가운데 영광을 드러내시고, 심판을 집행하며, 권능을 나타내는 것을 여러 민족이 직접 볼 것이다. 그때에야 비로소 여러 민족은 이스라엘 족속도 죄를 지었기 때문에 포로로 끌려갔다는 것을 알게 될 것이다. 이스라엘 족속이 주님이 그들의 하나님임을 그 날로부터 영원히 알게 될 것이다.

둘째, 하나님께서 이스라엘 백성들을 만민 가운데서 돌아오게 하고, 원수들의 땅에서 그들을 모아 데리고 나올 때 뭇 민족이 보는 앞에서 하나님의 거룩함을 나타낼 것이다.

에스겔에게 임한 마지막 환상(1) - 새 성전(40:1 - 42:20)

측량하는 막대기를 가진 사람(40:1 - 4) - 에스겔이 주님의 권능 가운데 이스라엘 땅에서 삼으로 꼰 줄과 측량하는 막대기를 가진 사람의 환상을 보았다. 그가 성전의 모든 건축물과 기물들의 길이를 측량하여 알려주었다.

성전 바깥뜰과 안뜰(40:5 - 47) - 그가 성전의 바깥뜰과 그를 둘러싼 담장들, 동쪽, 북쪽 남쪽으로 난 문들과 문지기의 방들, 현관의 길이와 기둥의 두께 등의 길이와 성전 안뜰의 남쪽, 동쪽, 북쪽 문의 크기를 알려주었으며, 부속 건물들에 딸린 방들의 용도를 알려주었다. - "남쪽을 향한 이 방은 성전 일을 맡은 제사장들의 방이요, 북쪽을 향한 저 방은 제단 일을 맡은 제사장들의 방이다. 그들은 레위 자손 가운데서도, 주께 가까이 나아가 섬기는 사독의 자손이다"(40:45 - 46).

성전과 지성소(40:48 - 42:20) - 그런 다음에 그가 에스겔을 데리고 성전으로 들어가서 성소와 지성소를 보여주었다. 성전은 그 길이가 백 자이고, 서쪽 뜰과 건물과 그 양쪽 벽까지 합해서 또 길이가 백 자였다. 성전의 정면 너비와 동쪽 뜰의 너비도 각각 백 자였다.

성전에 드신 하나님의 영광(43:1 - 27)

성전 동쪽 문에서 에스겔이 하나님의 영광을 보았다.

- "이스라엘 하나님의 영광이 동쪽에서부터 오는데, 그의 음성은 많은 물이 흐르는 소리와도 같고, 땅은 그의 영광의 광채로 환해졌다. 그 모습이, 내가 본 환상, 곧 주님께서 예루살렘 도성을 멸하러 오셨을 때에 본 모습과 같았으며, 또 내가 그발 강가에서 본 모습과도 같았다"(43:2 - 3). 주님께서 영광에 싸여서 동쪽으로 난 문을 지나 성전 안으로 들어가셨다. 성전 안뜰에서 보니, 주님의 영광이 성전을 가득 채웠다! 주님의 영광이 다시 오신 것이다. 그곳은 주님의 보좌가 있는 곳, 주님께서 발을 딛는 곳, 주님께서 이스라엘 자손과 더불어 영원히 살 곳이다.

번제 단의 봉헌(43:13 - 27) - 또 그가 에스겔에게 번제 단을 보여주고 봉헌을 하게 하였다.

묻고? 답하기!

마지막 때에 우리에게 주시는 두 가지 약속은 무엇인가?

그날이 오면, 주님께서 사단에 의해 동원된 세상의 모든 불신자를 무찌르시고, 여러 민족 가운데 영광을 드러내시고, 심판을 집행하며, 권능을 나타내는 것을 여러 민족이 직접 보게 하실 것입니다. 세상 모든 족속이 주님이 그들의 하나님임을 그 날로부터 영원히 알게 될 것입니다. 그리고 주님의 백성들을 모아 에덴으로 돌아오게 하시며, 뭇 민족이 보는 앞에서 하나님의 거룩함을 나타낼 것입니다. 우리는 죽든 살든 이 약속을 볼 것입니다.

13일

✝ 오늘 말씀 에스겔 44:1 - 48:35

에스겔에게 임한 마지막 환상(2)
새 예배와 새 땅

💡 실마리 풀기

"그 성읍의 이름이 이제부터는 '여호와 샤마(주님께서 거기에 계심)'라고 불릴 것이다"(겔 48:35)

바빌로니아에 포로로 잡혀가 있는 백성들에게 보여주시는 새 성전의 모습은 너무나도 영광스러운 것입니다. 그 새 성전에 임재하실 주 하나님을 직접 뵙게 될 제사장들은 이제부터 하나님의 명하신 대로 그대로 맡은 바 임무를 충실히 수행하여야 합니다. 그리고 제사장들을 위하여 왕과 백성들은 자신의 의무를 다하여야 합니다. 그리하면 주님께서 그 성읍에 계실 것입니다. 여호와 샤마!!!
(에스겔서를 읽으면서 특히 기억할 것은 에스겔서의 수많은 이미지와 묘사들을 요한계시록에서 만날 수 있다는 것입니다. 또한, 사도 요한이 환상 가운데 만난 예수 그리스도의 말씀들이 에스겔뿐만 아니라 다니엘 그리고 이사야 예언의 종말적 선언들에 그 뿌리를 두고 있음을 알 수 있습니다.)

에스겔에게 임한 마지막 환상(2) - 새 예배(44:1 - 46:24)
새 성전에서 행할 레위 인들과 사독의 자손, 제사장의 의무 - 하나님 사랑(44:1 - 31)
레위 인들 - "특별히 이스라엘 족속이 나를 버리고 떠나서, 우상들을 따라 잘못된 길로 갔을 때에, 레위 제사장들도 내게서 멀리 떠나갔기 때문에, 레위 제사장들은 자신들이 지은 죄의 벌을 받아야 할 것이다. 그들은 이제 제사장이 아니라 내 성소에서 성전 문지기가 되고, 성전에서 시중드는 일을 하게 될 것이다. 그들은, 백성이 바치는 번제물이나 희생제물을 잡고, 백성 앞에서 시중을 들게 될 것이다"(44:10 - 11).

사독의 제사장들 - "그러나 이스라엘 자손이 나에게서 떠나 잘못된 길로 갔을 때에도, 레위 지파 가운데서 사독의 자손 제사장들은 내 성소에서 맡은 직분을 지켰으므로, 그들은 내게 가까이 나아와서 나를 섬길 수 있고, 내 앞에 서서 내게 기름과 피를 바칠 수 있다"(44:15).

성전 사역을 돕기 위해 분배한 제사장과 레위 인들의 땅(45:1 - 12)
백성들이 제비를 뽑아 땅을 나누어 유산으로 삼을 때에, 한 구역을 거룩한 땅으로 삼아 주께 예물로 바쳐야 한다. 그 땅은 제사장들과 레위 인들에게 나누어 줄 것이다.

백성들이 바칠 제물과 왕의 책무 - 이웃 사랑(45:13 - 46:24)
이스라엘의 통치자들은 폭행과 탄압을 그치고 공평과 공의를 실행하며, 백성 착취하는 일을 멈추어야 한다. 그리고 이스라엘의 백성들은 거룩하게 구별하여 바치는 제물을 이스라엘 왕에게 넘겨주어야 한다. 그렇게 해서 왕은 절기와 월삭과 안식일과 이스라엘 족속의 모든 성회 때마다, 번제물과 곡식제물과 부어 드리는 제물을 공급할 책임을 진다. 그 성회는 유월절, 안식일과 월삭과 매일 아침에 드리는 제사이다. 왕은 속죄제물과 곡식제물과 번제물과 화목제물을 공급하여 이스라엘 족속이 속죄를 받도록 해야 한다.

새 땅(47:1 - 48:35)

성전에서 흘러나오는 생수(47:1 - 12) - 이 물이 바다로 흘러들어 가면 죽은 물이 살아날 것이다. 이 강물이 흘러가는 모든 곳에서는 온갖 생물이 번성하며 살게 될 것이다. 이 물이 사해로 흘러들어 가면 그 물도 깨끗하게 고쳐질 것이므로, 그곳에도 아주 많은 물고기가 살게 될 것이다. 강물이 흘러가는 곳이면 어디에서나 모든 것이 살 것이다(47:8 - 9).

이스라엘의 열두 지파에 따라서 유산으로 나누어 가져야 할 땅의 경계선(47:13 - 23) - 이스라엘 자손이 나누어 가져야 할 땅의 경계는 모세에게 약속하셨던 것(민 34:1 - 12)과 차이가 없다.

각 지파에게 분배될 땅과 제사장의 땅(48:1 - 29) - 각 지파에게 분배될 땅의 위치는 여호수아 당시에 분배되었던 것과는 조금 다르다. 그리고 땅의 중심부는 거룩하게 바쳐야 할 땅으로 제사장들에게 주어야 한다. 그 땅 한가운데 주의 성소가 있어야 하며, 이 땅은 거룩히 구별된 제사장들 곧 사독의 자손에게 주어야 한다. 그들은 이스라엘 자손이 잘못된 길로 갔을 때 레위 지파의 자손이 잘못된 길로 간 것처럼 하지 않고, 주님이 맡겨 준 직책을 지킨 사람들이다. 그러므로 그들은 거룩하게 바친 땅 가운데서도 가장 거룩한 땅을 받아야 하고, 레위 지파의 경계선과 인접해 있어야 한다.

새 예루살렘의 성문들(48:30 - 35) - 새 예루살렘의 성문들은 동서남북으로 12개가 될 것이며, 그 성읍의 이름이 이제부터는 '여호와 샤마(주님께서 거기에 계심)'라고 불릴 것이다.

묻고? 답하기!

우리에게도 주님께서 에스겔의 환상과 같은 〈여호와 샤마〉의 이상을 보여주시고 계심을 알고 계십니까?

우상숭배와 타락으로 인해 상실했던 새 성전과 새 예배의 모습을 자세히 들려주시는 하나님의 음성이 백성들에게 얼마나 감격스러웠을까요? 수치심과 양심의 가책으로 하나님을 볼 면목도 없는 그들이지만 절망 가운데 보이는 그 이상이 어찌 위로가 되지 않을 수 있겠습니까. 이 험난한 세상을 살아가는 우리에게도 주님께서 그와 같은 〈여호와 샤마〉의 이상을 보여주시고 계십니다. 바로 요한계시록입니다. 새 하늘과 새 땅을 향한 열망으로 힘을 얻고 끝까지 이기는 삶을 살아가라는 희망의 메시지를 들려주시고 계십니다. 아멘!

8월 14일

구약에 예언된 주님의 이름

요한계시록의 확증

✝ 오늘 말씀 이사야서 7:10 – 16, 예레미야 23:1 – 6, 다니엘 7:9 – 14

💡 실마리 풀기

천사가 마리아에게 말하였다. "두려워하지 말아라. 마리아야, 그대는 하나님의 은혜를 입었다. 보아라, 그대가 잉태하여 아들을 낳을 터이니, 그의 이름을 예수라고 하여라"(눅 1:30)

야곱의 축복(창 49:10 - 12) - 권능으로 그 자리에 앉을 분(계 1:5, 15:3, 19:16)

야곱이 넷째 아들 유다에게 한 축복에는 장차 왕이 나실 것을 언급하고 있습니다. "임금의 지휘봉이 유다를 떠나지 않고, 통치자의 지휘봉이 자손만대에까지 이를 것이다. 실로(권능으로 그 자리에 앉을 분)가 오시면, 만민이 그에게 순종할 것이다"(창 49:10 - 12). 이는 장차 오실 메시아를 예언한 것입니다. 이 예언은 결국 예수 그리스도로 인하여 성취될 것입니다. 요한계시록은 그를 '왕들의 왕', '군주들의 군주'라고 소개합니다.

발람의 예언(민 24:17 - 19) - 야곱에게서 나온 한 별(계 3:7, 22:16)

발람이 하나님의 명을 받아 예언합니다. "한 별이 야곱에게서 나올 것이다. 한 통치 지팡이가 이스라엘에서 일어설 것이다"(민 24:17 - 19). 아직 가나안 땅을 정복하지 않은 때에 한 그의 예언은 야곱에게서 통치자, 한 별이 나올 것이라고 하는 것입니다. 예수님은 요한계시록에서 자신을 **다윗의 뿌리요, 그의 자손이요, 빛나는 샛별**이라고 소개합니다.

이사야와 예레미야의 소개(사 11:1 - 5, 렘 23:5, 33:15) - 다윗에게서 난 한 의로운 가지(계 5:5, 22:16)

이사야는 이와 같은 예언을 하였습니다. "이새의 줄기에서 한 싹이 나며 그 뿌리에서 한 가지가 자라서 열매를 맺는다"(사 11:1 - 5). 예레미야도 하나님께서 이스라엘과 유다에게 세우신 새 언약(렘 31:31 - 34)을 소개합니다. 그것은 다윗에게 한 의로운 가지(렘 23:5, 33:15)를 돋아나게 하시리라는 것입니다. 돌이켜보면, 그의 예언은 매우 구체적이었습니다. 사람들이 그 이름을 **'주님은 우리의 구원이시다'** 즉 **'예수**'라고 부르리라는 것입니다(렘 23:6, 33:16). 다윗의 자손으로 나신 그는 세상에 공평과 정의를 실현할 것입니다(렘 30:8). 히브리서 저자는 이 본문을 인용하여 예수님을 **"더 좋은 언약의 중재자"**(히 8:6), **"새 언약의 중재자"**(히 9:15)라고 소개합니다.

다니엘의 환상(단 7:13 - 14) - 인자 같은 이(계 1:13, 2:18)

다니엘이 환상 가운데 주님의 모습을 목격합니다. "내가 밤에 이러한 환상을 보고 있을 때에 인자 같은 이가 오는데, 하늘 구름을 타고 와서, 옛적부터 계신 분에게로 나아가, 그 앞에 섰다. 옛부터 계신 분이 그에게 권세와 영광과 나라를 주셔서, 민족과 언어가 다른 뭇 백성이 그를 경배하게 하셨다"(단 7:13 - 14). 요한계시록에서도 다니엘이 본 것 같은 모습의 예수님, '인자와 같은 분'을 소개합니다.

미가의 소개(미 5:2) - 해산하는 여인이 낳을 아이(계 12:5)

미가는 이스라엘을 다스릴 자가 태어날 베들레헴 에브라다를 소개합니다(미 5:2). 또한, 그 곳에서 해산하는 여인이 아이를 낳을 것이며, 그 아들은 주님께서 주신 능력을 가지고 이스라엘을 먹이고 그의 위대함을 땅 끝까지 떨치며, '평화'를 가져다줄 것임을 예언합니다(미 5:2 - 5). 요한계시록에서 한 여자가 아들을 낳았습니다. 그 아기는 장차 '쇠 지팡이로 만국을 다스리실 분'이라고 소개합니다.

스가랴의 소개(슥 3:8, 6:12) - 새싹(계 1:5, 2:8)

스가랴는 그의 이름을 '새싹'이라고 소개합니다(슥 3:8, 6:12). 그 새싹은 이 땅의 죄를 하루 만에 없애실 것입니다. 그가 주의 성전을 지을 것이며, 위엄을 갖추고 왕좌에 앉아서 다스릴 것입니다(슥 3:9, 6:12 - 13). 그는 공의로우신 왕, 구원을 베푸시는 왕이십니다. 스가랴는 좀 더 구체적으로 주님의 등극을 소개합니다. 그는 온순하셔서, 나귀 곧 나귀 새끼인 어린 나귀를 타고 예루살렘 성으로 오실 것입니다(슥 9:9). 그 '새싹'은 칼에 찔림을 받고 죽었다가 살아나실 것입니다. 그렇게 부활하신 주님께서 온 세상의 왕이 되실 것입니다. 그 날이 오면, 사람들은 오직 주님 한 분만을 섬기고 오직 그분의 이름 하나만으로 간절히 구할 것입니다(슥 14:9). 그는 '죽은 사람의 첫 열매이시며, 땅위의 왕들의 지배자', '처음이며 마지막이요, 돌아가셨다가 살아나신 분'이리고 요한은 소개합니다.

말라기의 소개(말 3:1) - 언약의 특사(계 2:18, 3:14)

말라기는 예레미야가 예언한 "그때가 오면, 내가 이스라엘 가문과 유다 가문에 새 언약을 세우겠다"(렘 31:31)고 하신 그 말씀을 기억합니다. 그리고 이스라엘과 유다가 오랫동안 기다린 주가 오실 것을 선포합니다. 그는 그 언약의 특사입니다(말 3:1). 그 언약의 특사가 오시는 날에, 하나님께서 모든 교만한 자와 악한 일을 하는 자들을 불살라서 그 뿌리와 가지를 남김없이 태울 것입니다. 그러나 하나님의 이름을 경외하는 자에게는 의로운 해가 떠올라서 치료하는 광선을 발할 것입니다(말 4:1 - 2). 그는 '아멘이신 분이시오, 신실하시고 참되신 증인'이십니다(계 3:14).

15일

✝ 오늘말씀 다니엘 1:1 - 4:37

다니엘과 느부갓네살의 하나님
모든 신 가운데서 으뜸가는 신

💡 실마리 풀기

"과연 그가 하시는 일은 모두 참되며, 그의 모든 길은 공의로우니, 그는 교만한 이를 낮추신다"(단 4:37)

유다의 왕족 가운데 한 사람이었던 다니엘은 B.C. 605년에 바빌로니아의 첫 번째 왕, 느부갓네살에 의해 바빌로니아로 끌려갔습니다. 하나님의 법을 지키고자 부정한 음식을 먹지 않으려 하는 다니엘의 신실함을 귀하게 여기신 하나님께서 다니엘과 세 친구들 사드락, 메삭, 아벳느고(하나냐와 미사엘과 아사랴)에게 건강과 지혜와 총명을 주시고, 다니엘에게는 꿈을 해석할 능력을 주셨습니다. 두 번이나 느부갓네살의 꿈을 해석해 주었지만 느부갓네살의 핍박과 교만은 계속되었습니다.

느부갓네살이 선택한 다니엘과 세 친구 - 그들의 삶의 기준(1:1 - 21)

느부갓네살은 다니엘과 세 친구를 선택하여 그들에게 바빌로니아의 문화와 학문을 가르쳐 자기들 방식의 지도자를 만들고 싶어 했다. 그러나 그들은 바빌로니아의 학문과 언어는 기꺼이 받아들였지만, 하나님의 법도를 고수하면서 하나님에 대한 신앙을 삶의 기준으로 삼았다. 시험이 닥쳐오면 지혜를 발휘하여 그들의 요구를 충족시키면서도 믿음을 거스르지 않는 방법을 찾아내어 제안하기도 하였다.

이스라엘의 구원을 위해 사용된 느부갓네살 왕의 이야기(2:1 - 4:37)

1. 인류 역사에 대한 느부갓네살의 "거대한 신상" 꿈 - '모든 신 중의 신'이라(2:1 - 49)

느부갓네살이 꿈을 꾸었지만 바빌로니아의 모든 술사들은 아무도 그 답을 내놓지 못하였다. 다니엘은 그 밤에 하나님의 계시를 받고 느부갓네살의 꿈에 나타난 거대한 신상을 해석하였다. 다니엘의 해석을 들은 느부갓네살은 하나님이 '모든 신 중의 신'이라고 선언하였다. "그대들의 하나님은 참으로 모든 신 가운데서 으뜸가는 신이시오, 모든 왕 가운데서 으뜸가는 군주이시다. 그대가 이 비밀을 드러낼 수 있었으니, 과연 그대의 하나님은 비밀을 드러내는 분이시다"(2:47).

〈그 꿈은 바빌로니아 제국(금), 메대 - 페르시아 제국(은), 그리스 제국(동), 로마 제국(철) 그리고 하늘의 하나님이 세우실 한 나라, 성령과 악령이 공존하는 나라(철과 진흙)라고 하는 온 인류의 역사 흐름에 관한 것이었다. 마지막으로 그 신상을 친 작은 돌이 모여 큰 산이 되어 온 땅에 가득 채웠다. 이것은 영원히 망하지 아니할 하나님의 권능으로 이룩된 새 하늘과 새

땅이라고 볼 수 있다. 〉

2. 세 친구를 핍박하는 느부갓네살 - '이같이 사람을 구원할 다른 신이 없음이라'(3:1 - 30)

자신에 대한 반역을 경험한 느부갓네살은 각 성읍을 다스리는 모든 지방 관리들을 바빌론 궁으로 불러 모아 충성을 맹세하게 하였다. 왕궁에 있던 벨드사살(다니엘)과 달리 지방관리로 있었던 세 친구들도 금으로 만든 신상 앞에 절을 하라는 명령을 받았으나, 하나같이 이를 거절하였다. 그들은 불타는 풀무에 산채로 들어가게 되었다. 평소보다 7 배나 더 뜨겁게 달군 풀무 속에서 '**하나님의 아들**'의 도우심으로 멀쩡하게 살아 나왔다. 결국, 느부갓네살은 "이와 같이 자기를 믿는 사람을 구원할 수 있는 신은 다시 없을 것이다"(3:29)라고 선언하면서 그들의 지위를 한 번 더 높여주었다.

3. 자신을 상징하는 느부갓네살의 "커다란 나무" 꿈 - '지극히 높으신 자를 찬양'(4:1 - 37)

다니엘과 세 친구에 의해 하나님을 알게 된 느부갓네살은 그의 통치 말기에 자신이 다스리는 온 천하에 '**지극히 높으신 하나님**'의 손으로 나타내신 이적을 알리고, 하나님이 통치하시는 '**그 나라는 영원한 나라**'임을 알리는 조서를 내렸다.

그러나 얼마 후, 느부갓네살 왕이 또 한 번 이해할 수 없는 꿈을 꾸었다. 많은 사람이 먹을 수 있는 열매를 맺고, 새와 동물이 깃들어 사는 커다란 나무를 보았는데 그루터기만을 남기고 잘리는 꿈이었다. 그리고 열두 달이 지난 뒤에 어느 날, 느부갓네살 왕이 "내가 세운 이 도성, 이 거대한 바빌론을 보아라! 나의 권세와 능력과 나의 영화와 위엄이 그대로 나타나 있지 않느냐!"(4:30)라고 혼자 중얼거렸다. 그는 이 교만한 언행으로 인하여 무려 칠 년이나 짐승같은 생활을 해야 하였다. 결국, 느부갓네살은 하늘을 우러러보고서 가장 높으신 분을 찬송하고, 영원하신 분을 찬양하며 그에게 영광을 돌렸다. 느부갓네살 왕은 무려 43년 동안 다니엘의 믿음을 지켜보며, 하나님이 살아계심을 경험하였을 것이다.

묻고? 답하기!!

하나님을 몰랐던 이방의 왕들은 다니엘의 무엇을 보고 그를 신뢰하였을까?

물론 다니엘과 친구들의 믿음 때문이겠지요. 불타는 풀무와 사자 굴에서 살아 나오는 그들의 모습은 어리석은 자들의 입에서 하나님을 찬양하게 하기에 충분하였습니다. 그러나 다니엘과 친구들이 신뢰를 받은 한 가지 더 중요한 덕목은 그들의 성실함 때문입니다. 다니엘은 환상과 근심으로 〈몹시 지쳐서, 여러 날 동안을 앓다가도 얼마 뒤에 일어나서 왕이 맡긴 일을 계속하였다(8:27)〉고 합니다. 그들은 하나님을 믿는 믿음과 자신들의 삶의 임무를 수행하는데 한 치의 게으름을 보이지 않았던 것입니다.

✝ 오늘 말씀 다니엘 5:1 - 7:28

다니엘 # 하나님께 도전하는 왕국을 향한 예언

역사를 주관하시는 하나님

💡 **실마리 풀기**

"옛부터 계신 분이 그에게 권세와 영광과 나라를 주셔서, 민족과 언어가 다른 뭇 백성이 그를 경배하게 하셨다"(단 7:14)

창과 칼에게서 나온 권력은 결국 창과 칼 앞에 무너져 내릴 것입니다. 그들은 스스로 자만하여 하나님을 의지하지 않고, 하나님의 백성들을 억압하고, 하나님의 나라를 능멸할 것입니다. 그러나 하나님께서는 결국 〈인자 같은 이〉를 보내셔서 이 땅에 하나님 나라를 세우실 것입니다. 하나님의 약속을 받은 백성들은 고통을 당하지만, 하나님의 관심은 세상의 모든 나라임을 알려주는 것입니다.

이스라엘의 하나님께 도전한 자들의 이야기(5:1 - 6:28)

1. 바빌로니아의 마지막 왕, 벨사살의 도전 - 교만한 왕에게 전하는 메시지(5:1 - 31)

바빌로니아의 마지막 왕, 벨사살은 천 명의 귀족을 초청하여 잔치를 베풀었다. 벨사살은 느부갓네살 왕이 예루살렘에 있는 성전에서 가져온 금 그릇과 은그릇들로 술을 마시며, 금과 은과 동과 철과 나무로 돌로 만든 신들을 찬양하였다. 그런데 바로 그 때 갑자기 사람의 손이 나타나더니, 촛대 앞에 있는 왕궁 석고 벽 위에다가 글을 쓰기 시작하였다.

다니엘에 의하면, 그 글자는 교만한 왕, 벨사살에게 전하는 메시지였다. 즉, 그 글자는 메네, 메네 데겔 그리고 바르신으로써 〈'메네'는 하나님이 이미 임금님의 나라의 시대를 계산하셔서 그것이 끝나게 하셨다는 것이고, '데겔'은, 임금님이 저울에 달리셨는데 무게가 부족함이 드러났다는 것이고, '바르신'은 임금님의 왕국이 둘로 나뉘어서 메대와 페르시아사람에게 넘어갔다는 뜻〉(5:26 - 28)이다. 바로 그 날 밤에 벨사살 왕은 살해되었고, 메대 사람 다리우스가 그 나라를 차지하였다.

2. 메대 다리우스 왕의 관리들의 도전 - 하나님의 사람, 다니엘의 핍박과 구원(6:1 - 28)

메대 다리우스 왕이 바빌로니아를 통치하기 시작한 때에 다니엘은 120명의 지방 장관을 다스리는 세 명의 정승 가운데 한 명이 되었다. 그러나 다니엘을 시기하는 다른 정승들은 그의 신앙을 빌미로 그를 제거하기 위하여, 왕을 제외한 그 어떤 신에게도 기도해서는 안 된다는 금령을 내리도록 하였다. 그러나 다니엘은 전에 하던 대로 예루살렘을 향한 창을 열고 하루에 세 번씩 그의 하나님께 무릎을 꿇고 기도하며 감사를 드렸다. 그 순간을 기다리던 자들이 다니엘을 왕 앞에 끌고 갔다.

왕은 이 고발을 듣고 몹시 괴로워하고 다니엘을 구원하려고 온갖 노력을 다하였지만, 하는 수 없이 다니엘을 사자 굴에 던져 넣도록 하였다. 그다음 날, 아침 일찍 사자 굴로 가서 살아 있는 다니엘을 본 왕은 다니엘을 헐뜯은 사람들을 데려오게 하고 그들과 그 자식들과 아내들을 사자 굴에 쳐 넣었다. 다리우스 왕은 온 백성들에게 "반드시 다니엘이 섬기는 하나님을 공경하고, 두려워하여야 한다"는 조서를 방방곡곡에 내렸다.

이방 열국에 대한 예언 - 네 제국과 영원한 하나님의 나라(7:1 - 28)

다니엘이 꾼 꿈 : 네 마리의 짐승과 〈인자 같은 이〉(7:1 - 14) - 다니엘이 꿈을 꾸었다. 네 마리의 짐승이 바다에서 나오는 것을 보았는데, 첫째 짐승은 사자와 같이 보였으나 독수리의 날개를 가지고 있었다. 둘째 짐승은 곰과 같았는데 뒷발로 서 있었다. 셋째 짐승은 표범처럼 생겼으나 아주 권위가 있어 보였다. 넷째 짐승은 사납고 무섭게 생겼으며 힘이 아주 세었으며, 열 개의 뿔과 한 개의 작은 뿔을 가지고 있었다.

다니엘이 이러한 환상을 보고 있을 때 〈인자 같은 이〉가 오는데, 하늘 구름을 타고 와서 옛적부터 계신 분에게로 나아가 그 앞에 섰다. 옛적부터 항상 계신 분(하나님)께서 〈인자 같은 이〉에게 권세와 영광과 나라를 주셔서 민족과 언어가 다른 뭇 백성이 그를 경배하게 하셨다.

꿈의 해석 : 하나님의 나라를 세우실 것(7:15 - 28) - 하나님의 천사는 이 꿈에 나오는 네 짐승은 앞으로 오게 될 네 제국(바빌로니아, 페르시아, 그리스, 로마)을 의미하고, 네 번째 짐승의 열 개의 뿔은 그 나라를 다스릴 왕들이며, 한 개의 작은 뿔은 하나님의 백성들을 괴롭힐 또 하나의 왕(적 그리스도)이라고 대답하였다. 그러나 하나님께서 결국 그 뿔의 권세를 제거하실 것이며, 그를 대신해서 하나님의 나라를 세우실 것을 맹세하였다. 그의 나라는 영원한 나라다. 권세를 가진 모든 통치자가 그를 섬기며 복종할 것이다

묻고? 답하기!

다니엘에게 보이신 〈인자 같은 이〉가 예수 그리스도이심을 어떻게 알 수 있을까?

에스겔서에 보면 하나님께서 에스겔을 〈인자 같은 이〉라고 부르십니다. 그 〈인자 같은 이〉의 의미는 하나님의 말씀을 받는 〈순전한 인간〉을 뜻합니다. 그러나 다니엘서에서는 〈인자 같은 이〉를 〈구원자〉의 의미로 사용합니다. 그는 하나님께서 권세와 영광과 나라를 주셔서, 민족과 언어가 다른 뭇 백성이 그를 경배하게 하실 분이십니다. 우리를 구원하신 분이시며, 하나님의 아들이신 예수 그리스도께서 스스로 〈인자〉라고 여러 번 고백하였습니다(마 8:20, 16:13, 막 9:31, 10:45). 그리고 그분이 재림하실 때에 〈큰 권능과 영광에 싸여 하늘 구름을 타고 오는 것〉을 보게 될 것입니다(마 24:30, 26:64, 막 14:62, 눅 21:27). 아멘!!

8
다니엘

17일 ～～～～～～～～～～～～～～～～～～～～～～～～

✝ 오늘 말씀 다니엘 8:1 - 12:13

다니엘의 기도와 응답
그리스도가 오시기까지의 예언들

💡 **실마리 풀기**

"나의 하나님, 만민이 주님께서 하나님이심을 알아야 하니, 지체하지 마십시오"(단 9:19)

다니엘서 (1 - 2:4a)장과 (8 - 12)장은 이스라엘과 직접 관련된 부분으로 히브리어로 기록되어 있으며, (2:4b - 7)장은 제국의 역사에 관한 부분으로 당시 국제공용어였던 아람어로 기록되어 있습니다. 이제 하나님께서 고국 이스라엘에 대한 걱정으로 간절히 기도하는 다니엘에게 보여주시는 환상은 이스라엘(하나님의 백성)을 괴롭히는 열국과 적그리스도 그리고 하나님의 종말적 구원에 관하여 알려주실 것입니다.

그리스도가 오시기까지의 첫 번째 예언 - 다니엘의 꿈(8:1 - 27)

숫양과 숫염소(8:1 - 14) - 두 뿔을 가진 숫양이 수산 성에 나타나 서쪽, 북쪽, 남쪽을 점령하였다. 그리고 커다란 뿔을 가진 숫염소가 서쪽에서 나와 숫양을 공격하였다. 숫염소가 매우 강해지고 힘이 세어졌을 때 그 큰 뿔이 부러지고, 그 자리에 뚜렷하게 뿔 넷이 하늘 사방으로 뻗으면서 돋아났다.

천사 가브리엘의 설명 : 메대와 페르시아 그리고 그리스의 왕들(8:15 - 27) - 두 뿔을 가진 숫양은 메대와 페르시아의 왕들이며, 커다란 뿔을 가진 숫염소는 그리스의 알렉산더 대왕을 가리키는데 그가 죽은 후 네 개의 나라로 분열되었다. 그중에 가장 강해지는 북쪽 셀류쿠스 왕조의 한 왕, 그는 B.C.168년부터 3년 동안 예루살렘을 황폐화시킬 〈안티오쿠스 4세 에피파네스〉라고 알려져 있다.

그리스도가 오시기까지의 두 번째 예언 - 70 이레에 대한 환상(9:1 - 27)

다니엘의 기도 : 예루살렘과 하나님의 백성들을 위하여(9:1 - 19) - 다니엘은 예레미야서를 연구하면서 예루살렘의 멸망이 70년 동안 지속할 것을 알았다(렘 29:10). 그래서 다니엘은 하나님의 응답을 들으려고 기도를 드리면서 간절히 구하였다. 그는 이스라엘이 포로생활을 하는 것이 언약을 파기하고 우상을 숭배하는 불순종의 당연한 대가임을 천명하면서도 하나님의 용서와 자비에 대한 희망을 기도하고 있다.

하나님의 응답 : 예루살렘의 회복과 그리스도가 오실 때까지의 환상(9:20 - 27) - 가브리엘 천사가 나타나 하나님의 응답을 알려주었다. 하나님께서 그의 백성과 거룩한 도성에 일흔 이레의 기한을 정하셨다. 이 기한이 지나면 반역이 그치고, 죄가 끝나고, 속죄가 이루어지고, 하나님이 영원한 의를 세우시고, 환상과 예언의 말씀을 이루시고, 가장 거룩한 곳에 기름을 부으며,

거룩하게 구별하실 것이다.

〈이 부분의 해석은 여러 가지 신학적 이론이 있을 수 있다. 해석의 한 예를 들면, 고레스 칙령으로부터 예수님이 오실 때까지를 7 이레라고 하고, 복음의 전파와 교회의 확장을 62 이레 그리고 적그리스도의 출현과 역사의 종말을 1 이레로 보는 견해가 있다.〉

그리스도가 오시기까지의 세 번째 예언 - 미래에 펼쳐질 역사의 파노라마(10:1 - 11:45)

다니엘에게 앞으로 일어날 일을 보여 주려고 하늘에서 온 천사(10:1 - 11:1) - 페르시아의 고레스 왕 제 삼 년에, 전쟁의 환상을 본 다니엘이 고국 이스라엘에 대한 걱정으로 금식하며 기도하니 한 천사가 그에게 나타났다.

천사가 전한 열국의 예언(11:2 - 45) - 페르시아에 또 세 왕(캄비세스, 수메르데스, 다리오 1세)과 한 왕(아닥사스다)이 일어날 것이다. 그리스에서는 용감한 왕(알렉산더)이 일어나서 큰 권력을 쥐고 다스리면서 자기 마음대로 할 것이다. 그러나 그의 권세가 끝날 때가 되면 그의 나라가 깨어져서 천하 사방으로 나뉠 것이다. 그 제국은 다시 남(톨레미 왕조)과 북(셀류코스 왕조)으로 나뉘어 이스라엘 땅에서 전쟁을 벌이다가 서쪽 해안의 배들(11:30, 로마)의 위협을 받고 패배하게 될 것이다.

북쪽의 왕(안티오쿠스 4세 에피파네스)은 패전의 분풀이로 유다로 가서 하나님의 성전을 더럽힐 것이며, 날마다 드리는 제사를 없애고, 흉측한 파괴자의 우상을 그곳에 세울 것이다. 그는 미래에 나타날 적그리스도를 상징하는 역사적 인물이었다.

결론 - 마지막 때를 향한 위로와 당부(12:1 - 13)

마지막 때에 죽은 자 가운데서 많은 사람이 깨어날 것이다. 그들 가운데서 어떤 사람은 영원한 생명을 얻을 것이며, 또 어떤 사람은 수치와 함께 영원히 모욕을 받을 것이다. 그러므로 "너, 다니엘아, 너는 끝까지 신실하여라. 너는 죽겠지만, 끝 날에는 네가 일어나서, 네게 돌아올 보상을 받을 것이다"(12:13).

묻고? 답하기!

역사를 주관하시는 하나님의 살아계심을 믿고 살아가십니까?

다니엘은 약 66년 동안 이방 나라의 총리로 일하였습니다. 그리고 그 나라의 왕들을 변화시키시며 역사하시는 하나님의 능력을 보아왔습니다. 다니엘에게 보이신 환상과 예언들은 무려 400여 년이 지나서 실현되었음을 알 수 있습니다. 그리고 그 예언은 아직도 살아 있습니다. 적그리스도일지도 모르는 수많은 악의 권력과 싸워야 할 우리에게 하나님이 살아계신다는 믿음은 우리를 천국으로 이끄는 유일한 동아줄입니다. 절대로 놓치지 말아야 할 생명줄입니다.

18일 ⎯⎯⎯⎯⎯⎯⎯⎯⎯⎯⎯⎯⎯⎯⎯⎯⎯

✝ 오늘 말씀 호세아 1:1 - 3:5

호세아의 소명
신실하지 못한 이스라엘과 음란한 여인

💡 **실마리 풀기**

"이스라엘 자손이 다른 신들에게로 돌아가서 건포도를 넣은 빵을 좋아하더라도, 나 주가 그들을 사랑하는 것처럼 너도 그 여인을 사랑하여라!"(호 3:1)

호세아는 요아스의 아들 여로보암 2세가 이스라엘을 다스리던 때(B.C. 793 - 753년)로부터 앗시리아에 멸망할 때(B.C. 722 년)까지 북이스라엘에서 활동한 예언자입니다. 역사서로 말하면 열왕기하 14장 3절부터 17장 41절의 기록에 해당하는 시기입니다.

여로보암 2세의 아들 스가랴가 암살당한 후에 북이스라엘을 다스리던 자들은 모두 칼로 왕위를 찬탈한 자들이었고, 그들도 대부분 암살로 생을 마쳤습니다. 또한 북이스라엘의 제사장들은 아론 계열의 정통성을 지닌 남 유다와 달리 여로보암 1세가 임의로 지명한 사이비 종교지도자들이었습니다. 그들의 악행은 강탈과 살인(6:9), 간음(10:5)까지 한계가 없었습니다.

부부간의 정절을 지켜야 하는 결혼이라는 관습처럼 북이스라엘은 하나님께 대하여 절대적 신뢰와 헌신을 보여야 했습니다. 그러나 북이스라엘은 우상숭배라는 배교의 길로 갔으며, 결국 주님께서 앗시리아를 사용하여 북이스라엘을 멸망시키실 것입니다. 호세아는 음란한 여인과의 결혼을 통하여 하나님의 심판을 직접 몸으로 겪어냄으로써 북이스라엘을 일깨우고자 하는 것입니다.

호세아와 음란한 여인 고멜과의 결혼(3인칭 보도 - "호세아에게 말씀하셨다") (1:1 - 2:1)

(1:1 - 9) 호세아의 자식들 - "너는 가서 음란한 여인과 결혼하여, 음란한 자식들을 낳아라! 이 나라가 주를 버리고 떠나서, 음란하게 살고 있기 때문이다"(1:2).

고멜이 임신하여 호세아의 아들을 낳았다. 주님께서 그의 이름을 이스르엘('하나님이 흩뿌리시다')이라고 하신 것은 예후의 가문이 이스르엘에서 살육한 죄(왕하 9 - 10장)를 물어서 이스라엘 왕조를 없애겠다는 뜻이다.

고멜이 다시 임신하여 누군가의 딸을 낳았다. 그 딸의 이름은 로루하마('불쌍히 여김을 받지 못하다')라고 하였다. 주님께서 다시는 이스라엘 족속을 불쌍히 여기지도 않고 용서하지도 않겠다는 뜻이다.

고멜이 다시 임신하여 아들을 낳았다. 그의 이름을 로암미('내 백성이 아니다')라고 하였다. 그들이 하나님의 백성이 아니며 주님도 그들의 하나님이 아니라는 뜻이다.

(1:10 - 2:1) 회복의 약속 - 그러나 하나님께서는 그 자식들의 이름이 갖는 의미를 번복하시며, 심판을 넘어 구원의 약속을 보여주신다. 그때가 되면, 유다 자손과 이스라엘 자손이 통일을 이룩하여 한 통치자를 세우고 땅에서 번성할 것이다. 그리고 그들의 형제를 암미('내 백성이다')라고 하고, 자매를 루하마('불쌍히 여김을 받는 딸')라고 하실 것이다.

성실하지 않은 고멜, 신실하지 못한 이스라엘(2:2 - 23)

(2:2 - 13) 고멜처럼 바알 신들에게 분향하며 귀고리와 목걸이로 몸단장하고, 정부들을 쫓아다니면서 나를 잊어버린 그 세월만큼 주님께서 그에게 모든 벌을 내릴 것이다.

(2:14 - 23) 회복의 약속 - 그러나 주님께서는 다시 그들을 다정한 말로서 달래주시겠다고 선언하신다. 그리하면 그날에 "너는 나를 '나의 남편'이라고 부르고, 다시는 '나의 바알'이라고 부르지 않을 것이다. 그 때에 내가 너를 영원히 아내로 맞아들이고, 너에게 정의와 공평으로 대하고, 너에게 변함없는 사랑과 긍휼을 보여 주고, 너를 아내로 삼겠다. 내가 너에게 성실한 마음으로 너와 결혼하겠다"(2:16, 19 - 20).

음란한 아내에 대한 사랑 명령(1인칭 보도 - "나에게 말씀하셨다")(3:1 - 5)

(3:1 - 3) 주님께서 나에게 또 말씀하셨다. "너는 다시 가서, 다른 남자의 사랑을 받고 음녀가 된 그 여인을 사랑하여라. 이스라엘 자손이 다른 신들에게로 돌아가서 건포도를 넣은 빵을 좋아하더라도, 나 주가 그들을 사랑하는 것처럼 너도 그 여인을 사랑하여라!"(3:1).

(3:4 - 5) 회복의 약속 - 호세아가 데리고 온 그 여인과 부부의 관계를 유지하여 돌이키고자 하는 것처럼 이스라엘 자손도 많은 날을 이렇게 왕도 통치자도 없이, 희생 제물도 돌기둥도 없이, 에봇도 드라빔도 없이 살 것이다. 그런 다음에야 이스라엘 자손이 돌이켜서 그들의 하나님을 찾으며, 그들의 왕 다윗을 찾을 것이다. 마지막 날에는 이스라엘 자손이 떨면서 주님 앞에 나아가 주님께서 주시는 선물을 받을 것이다.

우리가 통치자도 없이, 희생 제물도 돌기둥도 없이, 에봇도 드라빔도 없이 살아갈 수 있을까?

통치자가 없는 나라는 사회의 질서가 무너지고, 오직 완력만이 힘을 발휘하는 나라입니다. 희생 제물이나 돌기둥이 없는 사회는 믿음으로 의지할 곳이 없으므로 사람들의 정신 상태를 공황상태로 몰고 가게 됩니다. 에봇이나 드라빔이 없다는 것은 괴로움을 상담하거나 의탁할 종교 지도자나 은근히 기댈 언덕(믿는 구석)이 없다는 말입니다. 우리도 이스라엘처럼 삶의 밑바닥에 닥쳐서야 하나님을 찾는 어리석은 자들이 되지 않아야겠습니다.

➕ 오늘말씀 호세아 4:1 - 11:11

이스라엘의 범죄와 거짓 예배

하나님께서 바라는 것과 백성들이 좋아하는 것

💡 **실마리 풀기**

"내가 바라는 것은 변함없는 사랑이지, 제사가 아니다. 불살라 바치는 제사보다는 너희가 나 하나님을 알기를 더 바란다"(호 6:6)

호세아는 제사보다는 변함없는 사랑을 원하신다는 하나님의 말씀을 전하고 있습니다. 그 사랑은 그리스도인으로서 반드시 행해야 할 하나님과 이웃을 향한 사랑입니다. 그것이 선행되어야 하며, 그곳에서 예배가 드려져야 합니다. 하나님께서는 그곳에서 우리의 음성을 들으신다는 것입니다.

제사장과 이스라엘의 지도자들에 대한 심판 - 하나님을 거부하는 그들의 음행과 죄악들(4:1 - 5:15)

"이 땅에는 진실도 없고, 사랑도 없고, 하나님을 아는 지식도 없다. 있는 것이라고는 저주와 사기와 살인과 도둑질과 간음뿐이다"(4:1 - 2).

이스라엘의 제사장들은 주님이 가르쳐 준 것을 버리고 하나님의 율법을 마음에 두지 않는다. 제사장이 많아지면 많아질수록 하나님에게 짓는 죄도 더 커질 뿐이다. 그들은 산꼭대기에서 희생 제물을 잡아서 바친다. 그들의 딸들이 음행하고 그들의 며느리들이 간음한다. 남자들도 창녀들과 함께 음행하고 창녀들과 함께 희생 제사를 드린다. 깨닫지 못하는 백성은 망한다.

다가올 환란의 선포 - "에브라임이 벌을 받는 날에는, 온 나라가 황무지가 될 것이다. 이스라엘의 모든 지파에게 이미 확정된 일을 내가 선포한다"(5:9).

그들의 온갖 행실이 그러하니 하나님께로 되돌아가지 못한다. 음란한 생각이 그들 속에 가득 차서 주님을 알지 못한다. 이스라엘의 교만이 이스라엘에게 불리하게 증언한다. 이스라엘 곧 에브라임은 저의 죄에 걸려서 넘어질 것이다. 유다도 그들과 함께 넘어질 것이다.

회개를 촉구하는 호세아와 백성들의 불성실한 회개 - 하나님께서 바라는 것(6:1 - 7:16)

(참회의 노래 : 그리스도 부활의 예언) - "이제 주님께로 돌아가자. 주님께서 우리를 찢으셨으나 다시 싸매어 주시고, 우리에게 상처를 내셨으나 다시 아물게 하신다. 이틀 뒤에 우리를 다시 살려 주시고, 사흘 만에 우리를 다시 일으켜 세우실 것이니, 우리가 주님 앞에서 살 것이다"(6:1 - 2).

이렇게 호세아가 그들의 회개를 권면하였지만, 주님께서는 그들의 회개를 받지 않으셨다. 하나님께서 바라는 것은 변함없는 사랑이지 제사가 아니다. 불살라 바치는 제사보다는 하나님을 알기를 더 바라신다. 하나님께서 이스라엘을 치료하여 주고자 할 때마다 에브라임이 지은 범죄가 드러나고 사마리아가 저지른 죄악이 드러난다. 하나님을 떠나서 그릇된 길로 간 자들은 반드시 망한다! 나를 거역한 자들은 패망할 것이다.

이스라엘의 거짓 예배 - 그들이 참으로 좋아하는 것은 먹는 고기일 따름(8:1 - 9:16)

이스라엘 백성이 우상을 섬기며, 희생 제물을 좋아하여 짐승을 잡아서 제물로 바치지만, 그들이 참으로 좋아하는 것은 먹는 고기일 따름이다. 이제 그들의 죄악을 기억하고, 그들의 허물을 벌하여서 그들을 이집트로 다시 돌려보내겠다.

호세아가 경고한 하나님의 심판과 하나님의 사랑 - 하나님의 사랑은 변함없으시다(9:17 - 11:11)

백성이 하나님의 말씀을 듣지 않으니 하나님께서 백성을 버리실 것이다. 그 백성은 만민 사이에서 떠도는 신세가 될 것이다. 그러나 하나님의 사랑은 변함없으시다.

"에브라임아, 내가 어찌 너를 버리겠느냐? 이스라엘아, 내가 어찌 너를 원수의 손에 넘기겠느냐? 내가 어찌 너를 아드마처럼 버리며, 내가 어찌 너를 스보임처럼 만들겠느냐? 너를 버리려고 하여도, 나의 마음이 허락하지 않는구나! 너를 불쌍히 여기는 애정이 나의 속에서 불길처럼 강하게 치솟아 오르는구나. 아무리 화가 나도, 화나는 대로 할 수 없구나. 내가 다시는 에브라임을 멸망시키지 않겠다. 나는 하나님이요, 사람이 아니다. 나는 너희 가운데 있는 거룩한 하나님이다"(11:8 - 9).

묻고? 답하기!

우리가 좋아하는 것이 주님을 향한 순종인가, 아니면 제사하며 얻어먹을 고기인가?

교회 밖에서는 하나님을 믿지 않으며, 예수님이 나와 무슨 상관이냐고 주절대는 자들이 교회를 향하여 저주를 퍼부어댑니다. 교회 안에서는 순종을 원하는 자들과 고기를 원하는 자들이 뒤섞여 저마다 자기주장이 옳다고 큰소리를 칩니다. 교인들을 영적으로 인도해야 할 지도자들 가운데는 순종이 무엇인지 알려고도 하지 않는 자들이 있습니다. 주여! 이 어리석은 영혼들을 붙들어 주옵소서.

8

20일

✝ 오늘 말씀 호세아 11:12 - 14:9

호세아의 권면과 용서

이스라엘의 우상 숭배와 회복의 노래

💡 실마리 풀기

"나는 무성한 잣나무와 같으니, 너는 필요한 생명의 열매를 나에게서 언제나 얻을 수 있을 것이다"
(호 14:8)

음란한 이스라엘을 안타까워하시는 하나님께서 호세아(=구원)를 부르시고, 음란한 아내 고멜을 취하라고
말씀하셨습니다. 결혼한 후에 음행하고, 남의 자식을 낳은 아내를 통하여 하나님께서 그분의 신부, 이스라
엘로 인해 겪으시는 마음의 고통을 경험하게 하시려는 것입니다.
호세아는 아내를 사랑하는 자신의 경험을 통하여 하나님께서 여전히 이스라엘을 사랑하며 기다리고 계신
다는 사실을 알게 됩니다. 그러기에 호세아의 권면과 말씀 선포는 반드시 회복을 이루시려는 하나님의 약
속을 동반하고 있습니다. 이 회복은 자기 백성을 향한 하나님의 끝없는 사랑, 한결같은 사랑에 기초하여 선
언되고 있습니다.

이스라엘의 계속되는 범죄와 호세아의 권면 - 주님은 만군의 하나님이다(11:12 - 12:14)

"야곱이 모태에 있을 때에는 형과 싸웠으며, 다 큰 다음에는 하나님과 대결하여 싸웠다. 야
곱은 천사와 싸워서 이기자, 울면서 은총을 간구하였다. 하나님은 베델에서 그를 만나시고,
거기에서 우리에게 말씀하셨다. 주님은 만군의 하나님이다. '주님'은 우리가 기억해야 할 그
분의 이름이다. 그러니 너희는 하나님께로 돌아오너라. 사랑과 정의를 지키며, 너희 하나님
에게만 희망을 두고 살아라"(12:3 - 6).

이스라엘의 우상 숭배에 대한 최후의 심판 - 그 죄 값을 치를 수밖에(13:1 - 16)

온 이스라엘이 그렇게 에브라임을 우러러보았는데 바알 신을 섬겨 죄를 짓고 말았으므로,
이제 망하고 말았다. 그런데도 그들은 거듭 죄를 짓고 있다. 재주껏 만든 은 신상들, 그것들
은 모두 세공업자들이 만든 것인데도, 그들은 이 신상 앞에 제물을 바치라고 하면서 송아지
신상들에게 입을 맞춘다. 그러므로 그들은 아침 안개처럼 되고, 이른 새벽에 사라지는 이슬
처럼 될 것이다. 타작마당에서 바람에 날려 나가는 쭉정이처럼 되고, 굴뚝에서 나오는 연기
처럼 될 것이다.
이스라엘아, 네가 나를 대적하니, 너를 돕는 자를 대적하니 너는 이제 망했다. 왕과 대신들
을 세워 달라고 조르더니, 도대체 너의 왕이 지금 어디에 있느냐? 너를 구원하라고 하여라.
내가 홧김에 너에게 왕을 주었으나 분을 참을 수 없어서 너의 왕을 없애 버렸다. 사마리아가
저의 하나님에게 반항하였으니 이제는 그 죗값을 치를 수밖에 없다. 사람들은 칼에 찔려 쓰

러지고, 어린아이들은 박살나고, 아이 밴 여인들은 배가 찢길 것이다.

이스라엘을 향한 호세아의 호소와 회복에 대한 약속 - 기꺼이 그들을 사랑하겠다(14:1 - 9)

이스라엘아, 주 너의 하나님께로 돌아오너라. 네가 지은 죄가 너를 걸어 거꾸러뜨렸지만, 너희는 말씀을 받들고 주님께로 돌아와서 이렇게 아뢰어라.

"우리가 지은 모든 죄를 용서하여 주십시오. 우리를 자비롭게 받아 주십시오. 수송아지를 드리는 대신에 우리가 입술을 열어 주님을 찬양하겠습니다. 다시는 앗시리아에게 우리를 살려 달라고 호소하지 않겠습니다. 군마를 의지하지도 않겠습니다. 다시는 우리 손으로 만들어 놓은 우상을 우리의 신이라고 고백하지도 않겠습니다. 고아를 가엾게 여기시는 분은 주님밖에 없습니다"(14:2 - 3).

하나님의 사랑의 노래 - "내가 그들의 반역하는 병을 고쳐 주고, 기꺼이 그들을 사랑하겠다. 그들에게 품었던 나의 분노가 이제는 다 풀렸다. 내가 이스라엘 위에 이슬처럼 내릴 것이니, 이스라엘이 나리꽃처럼 피고, 레바논의 백향목처럼 뿌리를 내릴 것이다. 그 나무에서 가지들이 새로 뻗고, 올리브 나무처럼 아름다워지고, 레바논의 백향목처럼 향기롭게 될 것이다. 그들이 다시 내 그늘 밑에 살면서, 농사를 지어서 곡식을 거둘 것이다. 포도나무처럼 꽃이 피고, 레바논의 포도주처럼 유명해질 것이다" (14:4 - 7).

하나님께서 그에게 응답할 것이다. "내가 너를 지켜 주마.' 나는 무성한 잣나무와 같으니, 너는 필요한 생명의 열매를 나에게서 언제나 얻을 수 있을 것이다"(14:8).

나의 꿈이 아침 안개나 이른 새벽에 사라지는 이슬처럼 되어버린 경험을 해보았는가?

나의 꿈이 타작마당에서 바람에 날려 나가는 쭉정이처럼 되고, 굴뚝에서 나오는 연기처럼 되었던 경험이 기억나십니까? 아니면 아직도 내가 계획한 것들이 마음먹은 대로 이루어질 것으로 생각하십니까? 그 계획이 하나님 나라와 무슨 관계가 있는가를 곰곰이 생각해 보셨습니까? 비록 하나님을 위한 일이라고 하더라도 그 일들 위에 내 이름 석 자를 걸고자 한다면 발걸음을 멈추고 회개하십시오. 주의 바람이 불면 샘과 우물이 모두 말라 버리고, 귀중한 보물 상자들도 모두 빼앗길 것이기 때문입니다.

8

요엘

✝ 오늘말씀 요엘 1:1 - 3:21

이스라엘의 심판과 구원의 약속

하나님과의 관계 회복의 날

💡 실마리 풀기

"내가 모든 사람에게 나의 영을 부어 주겠다. 너희의 아들딸은 예언을 하고, 노인들은 꿈을 꾸고, 젊은이들은 환상을 볼 것이다"(욜 2:28)

요엘은 그 활동 연대가 불분명합니다. 신학자들은 요엘이 이전의 다양한 예언서들을 반향하고 있는 점으로 미루어보아 바빌로니아에서 돌아온 후인, 주전 4세기경에 활동했던 예언자라고 말하고 있습니다. 요엘서도 다른 예언서들과 마찬가지로 〈회개의 요청, 심판의 선언, 구원의 약속〉이란 패턴을 따르고 있습니다. 회복된 공동체의 모든 사람이 하나님의 영을 은사로 받으리라는 예언은 하나님과의 관계가 회복되는 상징이며, 전능하신 하나님 앞에 동등한 신분을 갖게 되리라는 놀라운 선언입니다. 성별과 세대, 인종과 사회적 신분으로 인한 차별을 철폐하는 것이며, 그로 인해 유발되는 갈등을 해소하는 것입니다. 이 예언은 사도행전(2:16 - 21)에서 이루어집니다.

주님께서 심판하실 날 - 요엘의 탄식과 회개의 요청(1:1 - 20)

메뚜기 재앙과 같은 심판의 날 - 풀무치가 남긴 것은 메뚜기가 갉아먹고, 메뚜기가 남긴 것은 누리가 썰어 먹고, 누리가 남긴 것은 황충이 말끔히 먹어 버렸다. 그들이 우리의 포도나무를 망쳐 놓았고, 무화과나무도 그루터기만 남겨 놓았다.

국가적인 기도와 회개의 요청 - 슬프다, 그 날이여! 주님께서 심판하실 날이 다가왔다. 전능하신 분께서 보내신 바로 그 파멸의 날이 다가왔다. 유다 땅에 사는 백성아, 모두 떨어라. 주님의 날이 오고 있다. 그 날이 다가오고 있다. 그 날은 캄캄하고 어두운 날, 먹구름과 어둠에 뒤덮이는 날이다. 주님의 날은 놀라운 날, 가장 무서운 날이다. 누가 감히 그 날을 견디어 낼까?

메뚜기 재앙과 같은 주님의 날 - 계속되는 회개의 요청(2:1 - 17)

메뚜기의 공격과 같은 바빌로니아의 침공을 피하기에는 너무 늦었지만, 하나님의 진노를 벗어날 기회는 아직 남아있다.

"지금이라도 너희는 진심으로 회개하여라. 나 주가 말한다. 금식하고 통곡하고 슬퍼하면서, 나에게로 돌아오너라. 옷을 찢지 말고, 마음을 찢어라. 주 너희의 하나님께로 돌아오너라. 주님께서는 은혜롭고 자비로우시며, 오래 참으시며, 한결같은 사랑(Hesed)을 늘 베푸시고, 불쌍히 여기는 마음이 많으셔서, 뜻을 돌이켜 재앙을 거두기도 하신다. 행여 주님께서 마음과 뜻을 돌이키실는지 누가 아느냐"(2:12 - 14).

주님을 섬기는 제사장들은 주님의 백성을 불쌍히 여겨 달라고, 주님의 소유인 이 백성이 이방인들에게 통치를 받는 수모를 당하지 않게 하여 달라고 울면서 호소하여라.

이스라엘의 회복과 구원의 약속 - 모든 사람에게 부어주실 하나님의(2:18 - 32)

하나님의 응답 - 그 때에 주님께서 땅이 당한 일로 마음 아파하시고 당신의 백성을 불쌍히 여기셨다. 주님께서 백성에게 대답하셨다. "내가 너희에게 곡식과 포도주와 올리브 기름을 주어서 아쉬움이 없도록 하겠다. 다시는 다른 나라가 너희를 조롱거리로 만들지 못하게 하겠다. 북쪽에서 온 메뚜기 군대를 멀리 쫓아 버리겠다. 메마르고 황량한 땅으로 몰아내겠다"(2:19 - 20). "이스라엘아, 이제 너희는 알게 될 것이다. 내가 너희 가운데 있다는 것과 내가 주 너희의 하나님이라는 것과 나 말고는 다른 신이 없다는 것을 깨닫게 될 것이다. 나의 백성이 다시는 수치를 당하지 않을 것이다"(2:27).

특별한 약속 - 성령의 부어주심 - "그런 다음에, 내가 모든 사람에게 나의 영을 부어 주겠다. 너희의 아들딸은 예언을 하고, 노인들은 꿈을 꾸고, 젊은이들은 환상을 볼 것이다. 그 때가 되면, 종들에게까지도 남녀를 가리지 않고 나의 영을 부어 주겠다"(2:28 - 29).

이방 민족들을 향한 심판 - 여호사밧 골짜기에서(3:1 - 21)

"때가 되어 그 날이 오면, 내가 유다와 예루살렘을 회복시켜서 번영하게 하겠다. 그 때에 내가 모든 민족을 불러 모아, 그들을 여호사밧('주님께서 심판하시다')골짜기로 데리고 내려가서, 그들이 나의 백성이요 나의 소유인 이스라엘에게 저지른 일을 두고서, 내가 거기에서 그들을 심판하겠다"(3:1 - 2).

"이스라엘아, 그 때에 너희는, 내가 주 너희의 하나님임을 알아야 한다. 나는 거룩한 산 시온에서 산다. 예루살렘은 거룩한 곳이 되고, 다시는 이방 사람이 그 도성을 침범하지 못할 것이다"(3:17).

묻고? 답하기!

금식하고 통곡하고 슬퍼하면서 나에게로 돌아오너라.
옷을 찢지 말고 마음을 찢어라!

하나님을 믿는 것은 겉으로 드러나는 종교 활동이 아닙니다. 우리의 마음 깊은 곳에서 우러나오는 감동의 자연스러운 표출입니다. 메뚜기 떼의 습격과 같은 일이 우리 주변에 일어나지 말라는 법이 없습니다. 하나님을 믿는 자는 그 재앙이 가져다주는 〈주님의 날〉의 징조를 깨닫고, 애절한 마음으로 기도해야 합니다. 젊은 날에 나를 꾸짖던 육신의 아버지께 용서를 빌던 것처럼 말입니다.

8월 22일 ────────────────────

하나님의 이름
여호와

✝ 오늘 말씀 창 17:1 - 8, 출애굽기 3:1 - 17

💡 실마리 풀기

"나는 곧 나다. 너는 이스라엘 자손에게 이르기를, '나'라고 하는 분이 너를 그들에게 보냈다고 하여라"(출 3:14)

사람의 이름 - 이름을 지어주신 분의 소망과 계시

고대 세계에서 사람의 이름은 '호칭' 이상의 의미를 지닙니다. 이름은 그 사람의 출신과 성격을 나타내 주었습니다. 그의 조상의 내력이 포함되기도 하고, 그의 미래를 향한 기대를 담은 부모의 간절함이 깃들어 있기도 합니다. 사무엘의 어머니 한나는 주님께 구하여 얻은 아들이라고 하여 그 아이의 이름을 사무엘이라고 지었습니다. 그 의미는 '하나님이 들으셨다'입니다. 이사야는 '여호와의 구원'이며, 예수는 '여호와께서 구원하신다'는 의미입니다.

특히 하나님께서 지어주신 이름은 특별한 계시입니다. 아브람은 '존귀한 아버지'였으나 하나님께서 그에게 아브라함, 즉 '많은 사람의 아버지'라는 이름을 주셨습니다(창 17:5). 얍복 강가에서 힘겨루기를 하던 야곱에게도 하나님께서 새 이름을 주셨습니다. "네가 하나님과도 겨루어 이겼고, 사람과도 겨루어 이겼으니, 이제 네 이름은 야곱이 아니라 이스라엘(하나님과 겨루어 이긴 자)이다." 그러나 하나님 자신의 이름을 말씀하여 주시지는 않았습니다. (창 32:23 - 30).

전지전능하신 하나님의 이름 - 엘, 엘로하, 엘로힘

하나님의 이름도 마찬가지입니다. 성경에 나오는 하나님의 이름도 역시 하나님의 성품과 본질을 계시하고 있습니다. 출애굽기에서 모세가 하나님을 만나는 장면 이전까지 이스라엘 사람들은 하나님을 "엘, 엘로하, 엘로힘"이라고 하였습니다. 이는 가장 높으신 분, 전지전능하신 분, 가장 강하신 분을 의미합니다. 다음은 창세기에서 보이는 하나님의 이름입니다.

(엘 엘룐) 살렘 왕 멜기세덱의 찬양 - "천지의 주재, 가장 높으신 하나님"(창 14:18 - 20)

(엘 샤다이) 아브라함에게 나타나신 하나님의 선언 - "나는 전능한 하나님이다. 나에게 순종하며, 흠 없이 살아라. 나와 너 사이에 내가 몸소 언약을 세워서, 너를 크게 번성하게 하겠다"(창 17:1 - 2).

야곱의 축복 - "너의 조상의 하나님이 너를 도우시고, 전능하신 분께서 너에게 복을 베푸시기 때문이다"(창 49:25).

(엘 올람) 하나님의 은혜를 받은 아브라함의 고백 - "아브라함은 브엘세바에 에셀 나무를 심고, 거기에서, 영생하시는 주 하나님의 이름을 부르며 예배를 드렸다"(창 21:33).

(엘엘로헤 이스라엘) 세겜성에 장막을 친 야곱의 찬양 - "하나님, 이스라엘의 하나님"(창 33:20)

영원히 변함없이 계시는 하나님의 이름 - 여호와, "에흐예 아쉐르 에흐예"

호렙 산, '불타는 떨기나무' 사이에서 하나님께서 모세를 부르시며 말씀하셨습니다. "이제 나는 너를 바로에게 보내어, 나의 백성 이스라엘 자손을 이집트에서 이끌어 내게 하겠다." 그러자 모세가 "이스라엘 자손들이 저에게 '그의 이름이 무엇이냐?' 하고 물을 터인데, 제가 그들에게 무엇이라고 대답해야 합니까?"라고 하나님의 이름을 물었습니다. 하나님이 모세에게 대답하셨습니다. "나는 곧 나다. 너는 이스라엘 자손에게 이르기를, '나'라고 하는 분이 너를 그들에게 보냈다고 하여라." "너는 이스라엘 자손에게 이르기를 '여호와, 너희 조상의 하나님, 곧 아브라함의 하나님, 이삭의 하나님, 야곱의 하나님이 나를 너희에게 보내셨다' 하여라. 이것이 영원한 나의 이름이며, 이것이 바로 너희가 대대로 기억할 나의 이름이다"(출 3:14 - 15).

"나는 곧 나다"를 히브리어로 읊으면, "에흐예 아쉐르 에흐예", 영어로 하면 "I am who I am" 또는 "I will be who I will be"입니다. '에흐예'로 발음되는 히브리어는 히브리어 동사 어근 '하야'에서 파생되었으며, 그 동사는 '생기다, 되다, 생존하다'라는 뜻을 담고 있습니다. 결국 "여호와, 야훼"는 '스스로 존재하는 자'라는 뜻을 지니며, 언제나 존재하시는 분, 영원히 변함없이 계시는 하나님을 의미합니다. 또한, 하나님은 여호와라는 이름을 통해 '지금 여기서 행동하시고 구원의 행동을 보이시는 분'으로 자신을 드러내시는 것입니다. 그러므로 여호와는 '구원하시는 하나님의 임재'를 보여주는 이름입니다. 〈하나님의 이름을 함부로 부를 수 없다는 유대인들은 "아도나이"(주님)라고 부르기도 합니다〉

여호와 ○○ - 하나님의 속성을 드러내는 표현들

여호와 이레(창 22:9 - 18) 준비하시는 하나님 : 번제로 드릴 숫양을 준비하심

여호와 라파(출 15:22 - 26) 치료하시는 하나님 : 쓴 물을 단물로 변화시키심

여호와 닛시(출 17:8 - 16) 승리케 하시는 하나님 : 아말렉을 물리치게 하심

여호와 카데쉬(출 31:12 - 13) 거룩하게 구별하시는 하나님 : 안식일에 동참케 하심

여호와 샬롬(삿 6:22 - 24) 평화의 하나님 : 기드온에게 승리의 증거를 보여주심

여호와 츠바옷(삼상 17:45) 만군의 하나님 : 다윗이 골리앗에게 선포한 하나님의 이름

여호와 리아(시편 23:1) 목자이신 하나님 : 다윗이 부르는 하나님 찬양

여호와 치케누(렘 23:5 - 6) 공의의 하나님 : 미래의 왕, 메시아를 향한 예언

여호와 샤마(겔 48:35) 거기 계시는 하나님 : 에스겔이 예언한 예루살렘의 이름

23일

✝ **오늘말씀** 아모스 1:1 - 2:16

여덟 개 나라에 대한 심판의 예언
아모스가 전하는 하나님의 심판 이유

💡 **실마리 풀기**

"주님께서 시온에서 부르짖으시며 예루살렘에서 큰소리로 외치시니, 목자의 초장이 시들고 갈멜 산 꼭대기가 마른다"(암 1:2)

아모스는 B.C. 760년경에 북이스라엘에서 활동하였던 가장 선구적인 예언자였습니다. 아모스가 활동할 무렵에 유다의 왕은 웃시야이고, 이스라엘의 왕은 요아스의 아들 여로보암이었습니다. 본래 남 유다에서 목축하던 평민이었던 아모스는 하나님의 강압적인 명령으로 인해 졸지에 북이스라엘로 파송된 예언자(7:14 - 15)입니다. 하나님께서 그렇게 하신 이유는 당시 북쪽의(종교)지도자 중에는 하나님과 영적으로 교감할 수 있는 자들이 없었기 때문입니다. 솔로몬이 죽은 후, 북이스라엘과 남 유다가 갈라지면서 아론 자손들의 계보를 따르는 제사장들은 모두 나름대로 진정한 제사를 드리고자 하는 남 유다에서 사역하였기 때문입니다.

인접 국가들을 향한 심판의 선포 - 그들이 지은 서너 가지 죄(1:1 - 2:3)

아모스가 심판을 선언하는 다메섹(시리아), 가사, 두로, 에돔, 암만, 모압은 이스라엘과 인접한 국가들로서 늘 이스라엘을 괴롭혀 온 대적들이다. 이들 나라는 모두 다윗의 전성기에는 속국이었으나, 이후 하나님을 향한 반역과 범죄를 저질렀다.

(1:1 - 5) 다메섹에 대한 예언 - "다마스쿠스가 지은 서너 가지 죄를, 내가 용서하지 않겠다. 그들이 쇠도리깨로 타작하듯이, 길르앗을 타작하였기 때문이다."

(1:6 - 8) 가사에 대한 예언 - "가사가 지은 서너 가지 죄를, 내가 용서하지 않겠다. 그들이 사로잡은 사람들을 모두 끌어다가, 에돔에 넘겨 주었기 때문이다."

(1:9 - 10) 두로에 대한 예언 - "두로가 지은 서너 가지 죄를, 내가 용서하지 않겠다. 그들이 형제의 언약을 기억하지 않고 사로잡은 사람들을 모두 끌어다가, 에돔에 넘겨주었기 때문이다."

(1:11 - 12) 에돔에 대한 예언 - "에돔이 지은 서너 가지 죄를, 내가 용서하지 않겠다. 그들이 칼을 들고서 제 형제(이스라엘의 조상 야곱과 에돔의 조상 에서는 한 형제)를 뒤쫓으며, 형제 사이의 정마저 끊고서, 늘 화를 내며, 끊임없이 분노를 품고 있기 때문이다."

(1:13 - 15) 암몬에 대한 예언 - "암몬 자손이 지은 서너 가지 죄를, 내가 용서하지 않겠다. 그들이 땅을 넓히려고 길르앗으로 쳐들어가서 아이 밴 여인들의 배를 갈랐기 때문이다."

(2:1 - 3) 모압에 대한 예언 - "모압이 지은 서너 가지 죄를, 내가 용서하지 않겠다. 그들이 에돔 왕의 뼈를 불태워서, 재로 만들었기 때문이다."

유다와 이스라엘을 향한 심판의 선포 - 그들이 지은 서너 가지 죄(2:4 - 16)

(2:4 - 5) 유다에 대한 예언 - "유다가 지은 서너 가지 죄를, 내가 용서하지 않겠다. 그들이 주의 율법을 업신여기며, 내가 정한 율례를 지키지 않았고, 오히려 조상이 섬긴 거짓 신들에게 홀려서, 그릇된 길로 들어섰기 때문이다."

(2:6 - 16) 이스라엘에 대한 예언 - "이스라엘이 지은 서너 가지 죄를, 내가 용서하지 않겠다. 그들이 돈을 받고 의로운 사람을 팔고, 신 한 켤레 값에 빈민을 팔았기 때문이다."

그들은 사회적으로 약한 자들을 억압하고 착취하였으며, 성적인 범죄가 만연하고 있었다. 그들은 힘없는 사람들의 머리를 흙먼지 속에 처넣어서 짓밟고, 힘 약한 사람들의 길을 굽게 하였다. 아버지와 아들이 같은 여자에게 드나들며 주님의 거룩한 이름을 더럽혔다. 그들은 전당으로 잡은 옷을 모든 제단 옆에 펴 놓고는 그 위에 눕고, 저희가 섬기는 하나님의 성전에서 벌금으로 거두어들인 포도주를 마시곤 하였다.

"내가 바로 너희를 이집트 땅에서 이끌어내어, 사십 년 동안 광야에서 인도하여 아모리 사람의 땅을 차지하게 하였다. 또 너희의 자손 가운데서 예언자가 나오게 하고, 너희의 젊은이들 가운데서 나실 사람(거룩하게 구별된 사람들(민 6:1 - 8))이 나오게 하였다. 이스라엘 자손아, 사실이 그러하지 않으냐?..........그러나 너희는 나실 사람에게 포도주를 먹이고, 예언자에게는 예언하지 말라고 명령하였다" (2:10 - 12). 지금 그들은 자신들이 힘이 있다고 생각하지만, 주님의 심판은 준엄할 것이다.

"곡식단을 가득히 실은 수레가 짐에 짓눌려 가듯이, 내가 너희를 짓누르겠다. 아무리 잘 달리는 자도 달아날 수 없고, 강한 자도 힘을 쓰지 못하고, 용사도 제 목숨을 건질 수 없을 것이다. 활을 가진 자도 버틸 수 없고, 발이 빠른 자도 피할 수 없고, 말을 탄 자도 제 목숨을 건질 수 없을 것이다. 용사 가운데서 가장 용감한 자도, 그 날에는 벌거벗고 도망갈 것이다" (2:13 - 16).

시온에서 부르짖으시며, 큰소리로 외치시는
주님의 음성을 전하는 자가 누구인가?

아모스는 전문적인 선지자가 아니었습니다. 그는 양을 치던 목자였으며, 이스라엘의 지도자들처럼 재물과 지략과 권력을 가진 유능한 자가 아니었습니다. 그러나 그의 목소리는 힘이 있고 능력이 있었습니다. 그는 하나님께서 보내신 자였기 때문입니다. 이 시대에 그런 자는 어디에 있습니까? 한국 교회의 회복을 위하여 '정의'와 '공의'를 부르짖으며 외치는 자가 누구입니까? 주여! 우리를 도우소서.

24일

✝ 오늘 말씀 아모스 3:1 - 6:14

북이스라엘의 심판에 대한 세 가지 설교
선민의 특권과 현실

💡 **실마리 풀기**
"너희는, 다만 공의가 물처럼 흐르게 하고, 정의가 마르지 않는 강처럼 흐르게 하여라"(암 5:24)

하나님께서 택하신 민족임에도 그들은 자신들에게 주어진 책임을 다하지 않았습니다. 주님의 지속적인 회개의 요청을 거절하였습니다. 그들이 제사를 드린다고 하지만 언제나 형식에 그치고 자신의 배를 불릴 속셈으로 가득 차 있었습니다. 아모스는 하나님의 말씀을 전하면서 애통한 노래를 들려주고, 다시 한 번 회개와 참된 예배를 촉구합니다. 마치 지금의 한국교회를 향한 선포 같습니다. 우리의 예배와 우리의 삶도 '정의'와 '공의'로 채워지고 회복되어야 할 것입니다.

첫 번째 선포 - 하나님의 선민, 이스라엘에 대한 심판(3:1 - 15)

"이스라엘 자손아, 이 말을 들어라.....나는 이 땅의 모든 족속들 가운데서 오직 너희만을 선택하였으나, 너희가 이 모든 악을 저질렀으니 내가 너희를 처벌하겠다"(3:2). 그들이 받은 선민의 특권은 책임을 수반하기 때문이다.

"성읍 안에서 비상 나팔이 울리는데, 사람들이 두려워하지 않겠느냐? 어느 성읍에 재앙이 덮치면, 그것은 주님께서 하시는 일이 아니겠느냐? 참으로 주 하나님은, 당신의 비밀을 그 종 예언자들에게 미리 알리지 않고서는, 어떤 일도 하지 않으신다"(3:6 - 7). 그들에게 임할 재난은 분명 하나님께서 행하신 것이다. 그리고 그 재난의 결과 극소수의 사람들만 겨우 살아남을 것이다.

두 번째 선포 - 이스라엘의 지도자들과 그들의 아내들의 불의(4:1 - 13)

"사마리아 언덕에 사는 너희 바산의 암소(이스라엘의 부유한 여인들)들아, 이 말을 들어라. 가난한 사람들을 억압하고, 빈궁한 사람들을 짓밟는 자들아, 저희 남편들에게 마실 술을 가져 오라고 조르는 자들아, 주 하나님이 당신의 거룩하심을 두고 맹세하신다. 두고 보아라. 너희에게 때가 온다. 사람들이 너희를 갈고리로 꿰어 끌고 갈 날, 너희 남은 사람들까지도 낚시로 꿰어 잡아갈 때가 온다. 너희는 무너진 성 틈으로 하나씩 끌려 나가서 하르몬에 내동댕이쳐질 것이다."(4:1 - 3).

그들이 아침마다 희생 제물을 바치고, 사흘마다 십일조를 바치며, 누룩 넣은 빵을 감사 제물로 불살라 바치고, 큰소리로 알리면서 자원예물을 드리지만 모두가 형식에 그칠 뿐이다.

반복되는 주님의 경고에도 불구하고 그들은 주님에게로 돌아오지 않았다.

세 번째 선포 - 회개에의 촉구(5:1 - 15)

"너희는 주님을 찾아라. 그러면 산다. 그렇지 않으면, 주님께서 요셉의 집에 불같이 달려드시어 베델을 살라버리실 것이니, 그때에는 아무도 그 불을 끄지 못할 것이다...... 어둠을 여명으로 바꾸시며, 낮을 캄캄한 밤으로 바꾸시며, 바닷물을 불러 올려서 땅 위에 쏟으시는 그분을 찾아라. 그분의 이름 '주님'이시다."(5:6, 8).

"너희가 살려면, 선을 구하고, 악을 구하지 말아라. 너희 말대로 주 만군의 하나님이, 참으로 너희와 함께 계실 것이다. 행여 주 만군의 하나님이 남아 있는 요셉의 남은 자를 불쌍히 여기실지 모르니, 악을 미워하고, 선을 사랑하여라."(5:14 - 15).

이스라엘의 운명에 대한 애가 - 거짓 예배와 거짓된 안전을 향한 저주(5:16 - 6:14)

자신을 위한 예배(5:16 - 27) - "나는, 너희가 벌이는 절기 행사들이 싫다. 역겹다. 너희가 성회로 모여도 도무지 기쁘지 않다"(5:21). 그들이 절기 행사를 치르고 번제나 소제를 바친다 해도 그들이 드리는 제사가 하나님을 위한 것이 아니라 그들 자신을 위한 것일 뿐이다. 하나님이 진정으로 원하시는 바는 공의가 물처럼 흐르게 하고, 정의가 마르지 않는 강처럼 흐르게 하는 참된 예배뿐이다.

물질적 풍요로 인한 안전(6:1 - 14) - "너희는 망한다! 시온이 안전하다고 생각하고 거기에서 사는 자들아, 사마리아의 요새만 믿고서 안심하고 사는 자들아, 이스라엘 가문이 의지하는 으뜸가는 나라, 이스라엘의 고귀한 지도자들아! .....이제는 그들이 그 맨 먼저 사로잡혀서 끌려갈 것이다. 마음껏 흥청대던 잔치는 끝장나고 말 것이다." (6:1, 7).

주 하나님이 자신을 두고 맹세하신다. 그들에게 재난이 덮칠 때 장례식조차 치르지 못할 것이다. 그들이 공의를 뒤엎어 독약을 만들고, 정의에서 거둔 열매를 쓰디쓴 소태처럼 만들었기 때문이다.

이 시대의 그리스도인은 누구인가?

그는 주일마다 교회에 가서 예배를 드립니다. 사랑하는 가족들과 외식을 즐기며, 자식들의 장래를 걱정합니다. 월요일부터 직장이나 사업장으로 가면 그 누구보다 열심히 일합니다. 일과가 끝나면 동료들과 어울려 회식을 하고 세상 돌아가는 일에 훈수를 둡니다. 그렇게 주님의 자비와 은혜 안에서 하루하루를 살아갑니다. 그러나 그의 마음속에 가난하고, 억울한 사람을 돌아보는 것보다는 명품을 원하는 아내를 돌아보는 일이 더 시급합니다. 그는 누가 보아도 이 시대의 그리스도인입니다.

25일 〜〜〜〜〜〜〜〜〜〜〜〜〜〜〜〜〜〜〜〜〜〜〜〜〜〜〜〜〜〜〜〜〜〜〜〜

✝ 오늘말씀 아모스 7:1 - 9:15

심판과 회복에 대한 다섯 가지 환상
하나님의 예비

💡 **실마리 풀기**

"그 때에는 사람들이 주의 말씀을 찾으려고 이 바다에서 저 바다로 헤매고, 북쪽에서 동쪽으로 떠돌아다녀도, 그 말씀을 찾지 못할 것이다"(암 8:12)

양 떼를 치던 아모스에게 주님께서 주신 말씀은 〈정의와 공의의 회복〉이었습니다. 그러나 이스라엘은 전혀 돌아설 기미를 보이지 않았으며, 오히려 제사장 아마샤는 예언을 막고 설교를 못 하게 하였습니다. 그러나 하나님께서 아모스에게 이스라엘의 멸망 선포와 함께 회복의 환상도 보여주시는 것은 한결같은 사랑의 하나님께서 스스로 〈정의와 공의의 회복〉을 예비하셨기 때문입니다.

심판과 회복에 대한 세 가지 환상(7:1 - 9)

(7:1 - 3) 첫 번째 환상 : 메뚜기 환상 - 메뚜기 떼가 땅 위의 푸른 풀을 모두 먹어 버리는 것을 아모스가 보고서 "주 하나님, 용서하여 주십시오! 야곱이 어떻게 견디어 낼 수 있겠습니까? 그는 너무 어립니다" 하고 간청하니, 주님께서 이에 대하여 뜻을 돌이키셨다.

(7:4 - 6) 두 번째 환상 : 물의 환상 - 물이 깊이 흐르는 지하수를 말리고 농경지를 살라 버린다. 이 때 아모스가 "주 하나님, 그쳐 주십시오! 야곱이 어떻게 견디어 낼 수 있겠습니까? 그는 너무 어립니다" 하고 간청하니, 주님께서 이에 대하여 뜻을 돌이키셨다.

(7:7 - 9) 세 번째 환상 : 다림줄 환상 - 주님께서 선언하신다. "내가 나의 백성 이스라엘의 한 가운데, 다림줄을 드리워 놓겠다. 내가 이스라엘을 다시는 용서하지 않겠다. 이삭의 산당들은 황폐해지고 이스라엘의 성소들은 파괴될 것이다. 내가 칼을 들고 일어나서 여로보암의 나라를 치겠다" (7:8 - 9).

(역사적 삽입구) 제사장 아마샤와 목동 출신 예언자 아모스의 대결(7:10 - 17)

이스라엘의 여로보암 왕 치하의 아마샤 제사장이 아모스에게 이스라엘을 떠나 유다 땅으로 피해서, 거기에서나 예언을 하면서, 밥벌이를 하라고 명령하였다.

그러나 아모스는 아마샤에게 "주님께서 나를 양 떼를 몰던 곳에서 붙잡아 내셔서, 주님의 백성 이스라엘에게로 가서 예언하라고 명하셨소"(7:14 - 15)라고 대답하였다.

심판과 회복에 대한 두 가지 환상(8:1 - 9:10)

(8:1 - 14) 네 번째 환상 : 여름 과일 한 광주리 환상 - 주님께서 히브리어 '케츠(끝)'와 발음이 비

숫한 '카이츠(과일)'의 환상을 보이심으로 이스라엘의 종말을 선포하신다. "나의 백성 이스라엘이 끝장났다. 내가 이스라엘을 다시는 용서하지 않겠다. 그 날이 오면, 궁궐에서 부르는 노래가 통곡으로 바뀔 것이다." "수많은 시체가 온 땅에 널리고, 아무 소리도 들리지 않을 것이다"(8:2 - 3).

말씀의 기근 - 이 땅에 기근이 올 것이다. "그것은 물이 없어서 겪는 목마름이 아니다. 주의 말씀을 듣지 못하여서, 사람들이 굶주리고 목말라 할 것이다. 그 때에는 사람들이 주의 말씀을 찾으려고 이 바다에서 저 바다로 헤매고, 북쪽에서 동쪽으로 떠돌아다녀도, 그 말씀을 찾지 못할 것이다"(8:11 - 12).

(9:1 - 10) 다섯 번째 환상 : 성전의 붕괴와 민족 전멸 - 성전의 기둥이 부서져 내리고, 살아남은 자들은 칼로 죽을 것이다.

"똑똑히 들어라. 내가 이제 명령을 내린다. 곡식을 체질하여서, 돌멩이를 하나도 남김없이 골라내듯이, 세계 만민 가운데서, 이스라엘 집안을 체질하겠다. 나의 백성 가운데서 '재앙이 우리에게 덮치지도 않고, 가까이 오지도 않는다' 하고 말하는 죄인은 모두 칼에 찔려 죽을 것이다"(9:9 - 10).

이스라엘의 회복에 대한 다섯 가지 약속 - 구원의 날, 그 날이 오면(9:11 - 15)

하나님께서 구원의 날을 예비하셨다. 그 날이 오면 첫째, 무너진 '다윗의 초막'을 다시 일으키실 것이며, 둘째, 주님께 속한 남은 족속들을 이스라엘 백성이 차지하게 하실 것이다. 그때가 되면 셋째, 이스라엘의 땅은 비옥한 땅으로 회복될 것이며, 넷째, 사로잡힌 백성 이스라엘을 데려오실 것이다. 다섯째, 주님께서 이 백성을 그들이 살아갈 땅에 심어서 다시는 뿌리가 뽑히지 않게 하실 것이다.

"정의와 공의의 회복"을 위하여 교회는 무엇을 할 것인가?

대학교 1학년 때에 "사회정의"를 부르짖는 기독학생회에서의 모임들을 기억합니다. 그때 우리가 주장하였던 사회정의는 독재정권의 종식으로부터 시작한다고 믿었습니다. 세월이 흘러 그 독재정권이 이룩한 경제부흥은 교회의 부흥을 가져 왔습니다. 그러나 교회의 부흥은 대형교회가 최선이라는 오해를 만연시켰으며, 일부 교회들에서는 기복신앙을 믿음의 형상으로 이끌었습니다. 그러한 교회의 성도들은 교회 안에서 주의 말씀을 듣지 못하여 목말라 합니다. 듣기는 들어도 무슨 말인지 알아들을 수 없습니다. 최근 이 시대의 영성을 대표하는 유진 피터슨 교수는 "대형교회는 교회가 아니며, 그 곳은 그저 유흥을 위한 공간일 뿐이다"라고 설파하였습니다. 지금이라도 우리 모두가 세상을 향하여 "정의와 공의의 회복"을 부르짖기 전에 말씀의 진정한 회복을 위해 진력하기를 빌어봅니다.

8

26일

오바댜

✝ 오늘 말씀 오바댜 1:1 - 21

에돔에 대한 심판
하나님의 백성에게 전하는 위로

💡 **실마리 풀기**

"내가 모든 민족을 심판할 주의 날이 다가온다. 네가 한 대로 당할 것이다. 네가 준 것을 네가 도로 받을 것이다"(옵 1:15)

오바댜는 유다가 완전히 멸망한 주전 587년 이후에 활동한 예언자입니다. 오바댜는 〈에베드 + 야〉로서 〈종+야웨〉 즉, "야웨의 종"이라는 의미가 있습니다. 에돔은 유다가 바빌로니아에게 망할 때 형제 나라인 유다를 돕기보다는 오히려 바빌로니아와 평화협상을 맺은 후, 유다의 성읍을 차지하고 유대인들을 노예로 만들었습니다. 하나님의 백성들에게 저지른 죄악은 반드시 심판을 받을 것이며, "모든 것들은 다 뿌린 대로 거둔다"는 인과응보의 원칙이 개인뿐만 아니라 국가를 비롯한 모든 민족에게도 적용된다는 것을 보여주고 있습니다.

오바댜는 예레미야의 예언(렘 49:7 - 22) 내용을 거의 그대로 인용하여 에돔을 향한 저주의 신탁을 선언하고 있습니다. 이 예언서는 포로생활을 하며 고통을 당하고 있는 유대인들에게 큰 위로가 되었을 것입니다. 시편 137편을 기억하십니까? "주님, 예루살렘이 무너지던 그 날에, 에돔 사람이 하던 말, "헐어 버려라, 헐어 버려라. 그 기초가 드러나도록 헐어 버려라" 하던 그 말을 기억하여 주십시오. 네 어린아이들을 바위에다가 메어치는 사람에게 복이 있을 것이다"(시 137:7 - 9). 이 시에는 유대인들의 에돔을 향한 절절한 원한이 그대로 드러나는 것을 볼 수 있습니다.

에돔에 대한 심판의 선언 - 야곱의 형제 에돔의 교만과 배신(1:1 - 9)

"나는 여러 민족 가운데서 너를(에돔을) 가장 보잘것없이 만들겠다. 모든 사람이 너를 경멸할 것이다. 네가 바위틈에 둥지를 틀고, 높은 곳에 집을 지어 놓고는, '누가 나를 땅바닥으로 끌어내릴 수 있으랴' 하고 마음속으로 말하지만, 너의 교만이 너를 속이고 있다. 네가 독수리처럼 높은 곳에 보금자리를 꾸민다 하여도, 네가 별들 사이에 둥지를 튼다 하여도, 내가 너를 거기에서 끌어내리고야 말겠다"(1:2 - 4). "그 날에는 내가 에돔에서 슬기로운 사람을 다 없애고, 에서의 방방곡곡에 지혜 있는 사람을 남겨 두지 않겠다"(1:8).

에돔에 대한 심판 선고와 그 이유 - 야곱에게 끼친 여덟 가지 민족적 가해(1:10 - 14)

1. 네가 멀리 서서 구경만 하던 그 날, 이방인이 야곱의 재물을 늑탈하며 외적들이 그의 문들로 들어와서 제비를 뽑아 예루살렘을 나누어 가질 때, 너도 그들과 한패였다.
2. 네 형제의 날, 그가 재앙을 받던 날에, 너는 방관하지 않았어야 했다.
3. 유다 자손이 몰락하던 그 날, 너는 그들을 보면서 기뻐하지 않았어야 했다.
4. 그가 고난 받던 그 날, 너는 입을 크게 벌리고 웃지 않았어야 했다.

5. 나의 백성이 패망하던 그 날, 너는 내 백성의 성문 안으로 들어가지 않았어야 했다.

6. 나의 백성이 패망하던 그 날, 너만은 그 재앙을 보며 방관하지 않았어야 했다.

7. 나의 백성이 패망하던 그 날, 너는 그 재산에 손을 대지 않았어야 했다. 도망가는 이들을 죽이려고, 갈라지는 길목을 지키고 있지 않았어야 했다.

8. 그가 고난 받던 그 날, 너는 살아남은 사람들을 원수의 손에 넘겨주지 않았어야 했다.

모든 민족의 심판 가운데 에돔이 당할 심판(1:15 - 18)

"내가 모든 민족을 심판할 주의 날이 다가온다. 네가 한 대로 당할 것이다. 네가 준 것을 네가 도로 받을 것이다. 비록 이스라엘이 너로 인하여 쓴잔을 마셨지만, 온 세계 모든 민족이 더욱더 쓴잔을 마실 것이다. 마지막 한 방울까지 다 마시고 망하여 없어질 것이다...... 야곱의 집은 불이 되고, 요셉의 집은 불꽃이 될 것이다. 그러나 에서의 집은 검불이 될 것이니, 그 불이 검불에 붙어 검불을 사를 것이다. 에서의 집안에서는 아무도 살아남지 못할 것이다. 나 주가 분명히 말한다"(1:15, 18).

새 이스라엘에 베푸시는 하나님의 구원 - 돌아와서 에서의 영토를 다스릴 것이다(1:19 - 21)

"잡혀갔던 이스라엘 포로는 돌아와서 가나안 족속의 땅을 사르밧까지 차지하고, 예루살렘에서 스바랏으로 잡혀갔던 사람들은 남쪽 유다의 성읍들을 차지할 것이다. 구원자들이 시온산에 올라와서 에서의 영토를 다스릴 것이다. 나라가 주의 것이 될 것이다"(1:20 - 21).

묻고? 답하기!

하나님께서는 교회를 향해 욕하고 공격하는 자들을 어찌하실 것인가?

이스라엘이 하나님께 불순종하여 바빌로니아로 유배를 당하였다 해도, 그들이 하나님의 백성임에는 변함이 없습니다. 우리도 마찬가지입니다. 한국 교회가 세상 사람들로부터 욕을 먹고, 손가락질을 받는 것은 우리들의 불순종 때문이지 세상 사람들이 우리보다 순결하기 때문이 아닙니다.

우리는 스스로 하나님 나라의 백성임을 기억하고 자부심을 가져야 합니다. 하나님께서 우리를 결코 떠나시거나 기억에서 지우지 아니하실 것입니다. 하나님을 알지 못하는 것이 더욱 더 큰 죄악임을 큰소리로 외쳐야 합니다. 하나님께서 돌이키지 않는 세상 사람들을 심판하실 것입니다.

요나가 받은 사명

이스라엘의 원수에 대한 하나님의 자비와 관심

💡 **실마리 풀기**

"네가 수고하지도 않았고, 네가 키운 것도 아니며, 그저 하룻밤 사이에 자라났다가 하룻밤 사이에 죽어 버린 이 식물을 네가 그처럼 아까워하는데"(욘 4:10)

아시다시피 니느웨 도성을 수도로 하는 앗시리아는 역사상 가장 잔인한 제국이었습니다. 나훔은 그의 예언서에서 니느웨를 "피의 도성! 거짓말과 강포가 가득하며 노략질을 그치지 않는 도성!"(나 3:1)라고 묘사하고 있습니다. 그러나 하나님께서 그러한 자들에게 회개할 기회를 주시고자 하는 것입니다. 결국, 그러한 잔혹함 때문에 바빌로니아에 의해 망하게 될 니느웨지만, 하나님께서 요나를 부르시는 것은 이스라엘을 제사장 나라로 하여 세상 모든 민족을 축복하시기 원하신다는 아브라함의 언약에 기초한 공의를 드러내시고자 하는 것입니다.

요나의 사명과 불순종 - 그 성읍에 대고 외쳐라(1:1 - 16)

주님께서 요나에게 니느웨로 가서 그들의 죄악을 회개하도록 외치라고 말씀하셨다. 그러나 요나는 주님의 낯을 피하여 스페인으로 도망가려고 지중해 연안의 욥바 항구로 내려갔다. 요나는 하나님께서 자기를 니느웨로 파송하는 목적이 니느웨 백성을 멸망시키는 데 있지 않음을 깨닫고, 그대로 이루어질까 보아 두렵고 짜증스러워서 도망갔던 것이다. 그에게는 이스라엘의 철천지원수인 니느웨의 구원을 도저히 용납할 여지가 없었기 때문이다.

요나의 기도 - 구원은 오직 주님에게서만 옵니다(1:17 - 2:10)

큰 물고기 뱃속에서 사흘 밤낮을 지내던 요나가 그 속에서 하나님께 기도드리며 아뢰었다.

"내 목숨이 힘없이 꺼져 갈 때에, 내가 주님을 기억하였더니, 나의 기도가 주님께 이르렀으며, 주님 계신 성전에까지 이르렀습니다. 헛된 우상을 섬기는 자들은, 주님께서 베풀어주신 은혜를 저버립니다. 그러나 나는 감사의 노래를 부르며, 주님께 희생제물을 바치겠습니다. 서원한 것은 무엇이든지 지키겠습니다. 구원은 오직 주님에게서만 옵니다"(2:7 - 9).

그러나 요나는 하나님의 사역의 본질을 깨닫지 못하고 있었다. 기도 가운데 '헛된 우상을 섬기는 자들'과 자신을 대조하면서 용서를 구하고 있기 때문이다. 하나님의 사랑은 은혜 안에서, 사랑할 수 없는 자들에게까지 미친다. 예수님은 십자가에 못 박히면서도 그들을 용서해 달라고 기도하셨다(눅 23:34). 예수님은 하나님의 영원하신 사랑으로 원수들을 사랑해야 하며, 그럴 때 우리가 '하늘에 계신 우리 아버지의 아들'이 될 것이라고 말씀하셨다. 이것이 그리스도인의 사랑의 본질인 것이다.

요나의 선포와 니느웨의 회개 - 하나님께서 마음을 돌리고 노여움을 푸실지 누가 아느냐?(3:1-9)

요나는 주님께서 말씀하신 대로 곧 길을 떠나 니느웨로 갔다. 니느웨는 둘러보는 데만 사흘 길이나 되는 아주 큰 성읍이다. 요나는 그 성읍으로 가서 하룻길을 걸으며(첫 번째 날에) 큰소리로 외쳤다. "사십 일만 지나면 니느웨가 무너진다!" 그러자 니느웨 백성들은 그 외치는 소리를 듣는 즉시 하나님의 말씀을 믿고 금식을 선포하고, 그들 가운데 가장 높은 사람으로부터 가장 낮은 사람에 이르기까지 모두 진심으로 뉘우쳤다.

요나의 불만과 깨달음 - 네가 이렇게 화를 내는 것이 옳으냐? (3:10-4:11)

요나는 생각지 않게 니느웨가 회개한 일이 매우 못마땅하여 화가 났다. 요나의 모습은 선민의식에 사로잡혀 하나님께서 그들에게 요구하시는 이방의 빛이 되고, 온 세상 구원의 도구가 되어야하는 사명을 망각한 이스라엘 그 자체였다. (그러나) 주님께서는 "네가 화를 내는 것이 옳으냐?"하고 책망하시면서도 요나에게 하나님의 은혜가 어떤 것인지 박 넝쿨을 주시고 또 거두어 가심을 통하여 보여주셨다.

하나님의 음성을 들은 요나는 드디어 하나님께서 좌우를 가릴 줄 모르는 십이만 명의 사람들을 사랑하시는 그 열정만큼 자기도 사랑하시는 줄 깨달았다. 그래서 요나는 하나님의 명령을 거절하였던 일과 큰 물고기 뱃속에서 드린 기도 그리고 하나님께 화를 냈던 일들을 스스로 기록하여 우리에게 전하고 있는 것이다.

하나님께서 우리에게 요청하시는 요나의 사명은 무엇인가요?

우리는 요나처럼 하나님의 보편적 사랑을 말하면서도, 스스로 사랑하는 대상은 늘 한정적이고 배타적이기까지 합니다. 철천지원수 일본에 대한 원한으로 표현되는 애국심(배타주의), 그리스도인으로서의 자부심(선민의식), 사람들에게서 듣고자 하는 칭송(교만함) 등과 같은 우상을 지니고 살아갑니다. 바로 우리 곁에서 함께 살아가는 사람들에게 복음을 전하고, 소외된 이웃을 도와야 하는 사명은 생각조차 하지 않습니다.

니느웨의 회개를 거부하고, 하나님께서 값없이 주신 박 넝쿨이 가져다준 그늘을 사랑하는 요나처럼 우리에게 주신 일상의 작은 안락함에 안주하는 것이 바로 우리 그리고 우리 교회의 모습이 아닌가 합니다. 이제는 하나님께서 우리와 우리 교회에게 요청하시는 요나의 사명은 무엇인지 한 번 생각해 보아야 하지 않을까요?

28일

✝ 오늘 말씀 미가 1:1 - 5:15

야곱과 이스라엘 집의 심판
곧 오실 왕, 메시아에 대한 약속

💡 **실마리 풀기**

"그가 주님께서 주신 능력을 가지고, 그의 하나님이신 주님의 이름이 지닌 그 위엄을 의지하고 서서 그의 떼를 먹일 것이다"(미 5:4)

사마리아와 예루살렘은 북이스라엘과 남 유다를 상징하는 수도입니다. 미가는 이 두 도성의 멸망을 예언하면서 하나님의 백성들의 죄악을 고발합니다. 그들은 하나님과의 언약을 상실하고 우상을 숭배하며, 사회적으로 부패와 불의를 만연시키고 있었습니다.

미가는 세 번에 걸쳐 그들에 대한 심판과 그에 따른 회복의 말씀을 전하고 있습니다. 특히 소망의 말씀을 통하여 다윗 계열의 왕, 메시아에 대한 약속의 말씀을 전하는 것은 자기 백성들을 사랑하시는 하나님의 뜻으로 인한 예언의 의미임을 분명히 하고 있습니다.

(첫 번째 경고) 너희는 모두 들어라 - 야곱과 이스라엘 집의 심판(1:1 - 2:11)

이 모든 일이 일어나는 것은 야곱의 죄 때문이며 이스라엘 집의 범죄 때문이다. 야곱의 죄가 무엇이냐? 사마리아가 아니더냐? 유다의 산당이 무엇이냐? 예루살렘이 아니더냐?

(1) "내가 사마리아를 빈 들의 폐허로, 포도나 가꿀 밭으로 만들겠다. 너희의 아들딸들이 너희의 품을 떠나서, 사로잡혀 갈 것이다."

(2) "나 주가 말한다. 내가 이 백성에게 재앙을 내리기로 계획하였으니, 이 재앙을 너희가 피할 수 없을 것이다."

첫 번째 소망의 말씀 - 왕, 메시아의 선도(2:12 - 13)

"야곱아, 내가 반드시 너희를 다 모으겠다. 남아 있는 이스라엘 백성을 다 모으겠다. 내가 너희를 우리로 돌아오는 양 떼처럼 모으겠다. 길을 여는 자가 그들 앞서 올라가고 그들은 성문들을 부수고, 바깥으로 나갈 것이다. 그들의 왕이 앞장서서 걸어가며 나 주가 선두에 서서 그들을 인도할 것이다."

(두 번째 경고) 내가 하는 말을 들어라 - 야곱과 이스라엘 지도자들의 죄악(3:1 - 12)

(1) "야곱의 우두머리들아, 이스라엘 집의 지도자들아, 내가 하는 말을 들어라. 정의에 관심을 가져야 할 너희가, 선한 것을 미워하고, 악한 것을 사랑한다."

(2) "예언자라는 자들이 나의 백성을 속이고 있다. 입에 먹을 것을 물려주면 평화를 외치고, 먹을 것을 주지 아니하면 전쟁이 다가온다고 협박한다."

(3) "야곱 집의 지도자들아, 이스라엘 집의 지도자들아, 곧 정의를 미워하고, 올바른 것을 모두 그릇되게 하는 자들아, 나의 말을 들어라. 너희는 백성을 죽이고서, 그 위에 시온을 세우고, 죄악으로 터를 닦고서, 그 위에 예루살렘을 세웠다."

두 번째 소망의 말씀 - 하나님 나라의 회복과 이스라엘을 다스릴 자의 출현(4:1 - 5:15)

(1) 시온에서 하나님의 말씀이 선포될 것이다(4:1 - 5) - 그 날이 오면, 민족마다 오면서 이르기를 "야곱의 하나님이 계신 성전으로 어서 올라가자. 주님께서 우리에게 주님의 길을 가르치실 것이니, 주님께서 가르치시는 길을 따르자" 할 것이다.

(2) 이스라엘 포로들의 귀환(4:6 - 5:1) - "그 날이 오면, 비틀거리며 사는 백성을 내가 다시 불러오고, 사로잡혀 가서 고생하던 나의 백성을 다시 불러 모으겠다."

(3) 곧 오실 왕, 메시아에 대한 약속(5:2 - 5) - "그러나 너 베들레헴 에브라다야, 너는 유다의 여러 족속 가운데서 작은 족속이지만, 이스라엘을 다스릴 자가 네게서 내게로 나올 것이다 (Cf. 마 2:6). 그의 기원은 아득한 옛날, 태초에까지 거슬러 올라간다."

그가 주님께서 주신 능력을 가지고, 그의 하나님이신 주님의 이름이 지닌 그 위엄을 의지하고 서서 그의 떼를 먹일 것이다. 그러면 그의 위대함이 땅 끝까지 이를 것이므로, 그들은 안전하게 살아갈 수 있을 것이다. 그리고 그는 그들에게 '평화'를 가져다줄 것이다.

(4) 살아남은 자들(5:6 - 7) - 살아남은 야곱 백성은 주님께서 내려 주시는 아침 이슬과 같이 될 것이며, 푸성귀 위에 내리는 비와도 같게 되어서 사람을 의지하거나 인생을 기다리지 않을 것이다.

(5) 원수들의 심판의 약속(5:10 - 15) - 주님께서 선언하신다. 그 날이 오면, "너희가 새긴 우상을 파괴하여 버리고, 신성하게 여긴 돌기둥들도 부수어 버려서, 다시는 너희가 만든 그런 것들을 너희가 섬기지 못하게 하겠다." (5:13, 15).

이 시대에 그리스도인들 가운데 자행되고 있는 우상숭배는 어떤 모습일까요?

또한, 정의와 공의를 무시한다는 것은 어떤 모습일까요? 새해 첫날, 떠오르는 태양을 바라보며 돈을 많이 벌게 해달라고 비는 것? 돈이 없으면 절망에 빠져 낙심하고 고통스러워하는 것? 돈을 벌기 위해 상대방에게 거짓말을 하고, 터무니없는 이윤을 남기는 것? 입으로는 예수를 믿으라고 하면서 가난한 자들에게 한 푼도 도와줄 생각이 없는 것? 그리고 또 무엇이 있을까요?

8 29일

미가

🕈 오늘 말씀 미가 6:1 - 7:20

하나님께서 보이시는 뜻(Vision)
참된 예배의 회복

💡 **실마리 풀기**

"오로지 공의를 실천하며 인자를 사랑하며 겸손히 네 하나님과 함께 행하는 것이 아니냐!"(미 6:8)

미가가 전하는 하나님의 말씀은 언약의 회복 그리고 진정한 제사, 참된 예배의 회복이었습니다. 그러나 이스라엘의 반응은 마치 이방 신들에게 하듯이 무의미한 대답뿐이었습니다. 그래서 미가는 필연적으로 멸망할 수밖에 없는 예루살렘을 향하여 애절한 탄식과 함께 간절한 기도를 함으로써 하나님의 응답을 끌어내고 있습니다.

(세 번째 경고) 주님께서 하시는 말씀을 들어라 - 예루살렘의 죄악(6:1 - 16)

언약에 신실하신 하나님의 도전(6:1 - 5) - "나는 너희를 이집트 땅에서 데리고 나왔다. 나는 너희의 몸값을 치르고서, 너희를 종살이하던 집에서 데리고 나왔다. 모세와 아론과 미리암을 보내서, 너희를 거기에서 데리고 나오게 한 것도 바로 나다. 내 백성아, 모압의 발락 왕이 어떤 음모를 꾸몄으며, 브올의 아들 발람이 발락에게 어떻게 대답하였는지를 기억해 보아라. 싯딤에서부터 길갈에 이르기까지, 행군하면서 겪은 일들을 생각해 보아라. 너희가 이 모든 일을 돌이켜보면, 나 주가 너희를 구원하려고 한 일들을, 너희가 깨닫게 될 것이다"(6:4 - 5).

이스라엘의 반응 - 이방신들에게 하듯이(6:6 - 7) - 내가 주님 앞에 나아갈 때, 높으신 하나님께 예배드릴 때 무엇을 가지고 가야 합니까? 번제물로 바칠 일 년 된 송아지를 가지고 가면 됩니까? 수천 마리의 양이나, 수만의 강줄기를 채울 올리브기름을 드리면 주님께서 기뻐하시겠습니까? 내 허물을 벗겨 주시기를 빌면서 내 맏아들이라도 주님께 바쳐야 합니까? 내가 지은 죄를 용서하여 주시기를 빌면서 이 몸의 열매를 주님께 바쳐야 합니까?

이스라엘에 원하셨던 것 - 진정한 제사, 참된 예배(6:8 - 9a) - 주님께서 너에게 요구하시는 것이 오로지 공의를 실천하며 인자를 사랑하며 겸손히 네 하나님과 함께 행하는 것이 아니냐!

이스라엘의 반응 - 불순종, 가증스러운 예배 (6:9b - 16) - 가짜 되를 쓴 그들을 내가 어떻게 용서할 수 있겠느냐? 틀리는 저울과 추로 속인 사람들을 내가 어떻게 용서할 수 있겠느냐? 도성에 사는 부자들은 폭력배들이다. 백성들은 거짓말쟁이들이다. 그들의 혀는 속이는 말만 한다.

예루살렘의 필연적 멸망에 대한 미가의 탄식(7:1 - 7)

아, 절망이다! 이 땅에 신실한 사람은 하나도 남지 않았다. 남아 있는 사람이라고는 모두가 탐욕스러운 관리, 돈에 매수된 재판관, 사리사욕을 채우는 권력자뿐이다. 그러나 나는 희망을 품고 주님을 바라본다. 나를 구원하실 하나님을 기다린다.

세 번째 소망의 말씀 - 내가 주님께서 행하신 의를 볼 것이다(7:8 - 20)

참된 예배의 회복에 대한 기원(7:8 - 13) - 내 원수야, 내가 당하는 고난을 보고서 미리 흐뭇해하지 말아라. 나는 넘어져도 다시 일어난다. 지금은 어둠 속에 있지만, 주님께서 곧 나의 빛이 되신다. 내가 주님께 죄를 지었으니 이제 나는 주님의 분노가 가라앉기까지 참고 있을 뿐이다. 마침내 주님께서는 나를 변호하시고, 내 권리를 지켜 주시고, 나를 빛 가운데로 인도하실 것이니 내가 주님께서 행하신 의를 볼 것이다.

기도(7:14) - "주님, 주님의 지팡이로 주님의 백성을 인도하시는 목자가 되어 주십시오. 이 백성은 주님께서 선택하신 주님의 소유입니다. 이 백성은 멀리 떨어진 황무지에 살아도, 그 주변에는 기름진 초장이 있습니다. 옛날처럼 주님의 백성을 바산과 길르앗에서 먹여 주십시오"(7:14).

응답(7:15) - "네가 이집트에서 나올 때처럼 내가 그들에게 기적을 보이겠다"

그리고 찬양(7:16 - 20) - "주님, 주님 같으신 하나님이 또 어디에 있겠습니까. 주님께서는 죄악을 사유하시며 살아남은 주님의 백성의 죄를 용서하십니다. 진노하시되, 그 노여움을 언제까지나 품고 계시지는 않고, 기꺼이 한결같은 사랑을 베푸십니다. 주님께서 다시 우리에게 자비를 베푸시고, 우리의 모든 죄를 주님의 발로 밟아서, 저 바다 밑 깊은 곳으로 던지십니다. 주님께서는 옛적에 우리의 조상에게 맹세하신 대로, 야곱에게 성실을 베푸시며, 아브라함에게 인애를 더하여 주십니다"(7:18 - 20).

묻고? 답하기!

이 시대에 그리스도인들 가운데 자행되고 있는 가증스러운 예배는 어떤 모습일까요?

삶의 현장에서 가짜 되를 쓰고 틀리는 저울과 추로 속이며 장사를 하거나, 돈에 매수되어 올바른 결정을 하지 않거나, 사리사욕을 채우기 위해 공의로운 일의 진행을 방해하는 사람이 있습니까? 그리고 예배를 드리러 갈 때는 "수천 마리의 양이나, 수만의 강줄기를 채울 올리브 기름을 드리면, 주님께서 기뻐하시겠습니까?"라고 거드름을 피우면서 많은 사람의 칭송을 받고자 하는 사람이 있습니까? 믿음으로 사는 것이 그런 것인가요? 그리하면 구원을 얻을 것이라고 가르쳐 준 사람은 누구인가요?

8

나훔

30일

✝ 오늘 말씀 나훔 1:1 - 3:19

니느웨 멸망의 선포

주님의 진노를 부른 잔혹한 만행

💡 **실마리 풀기**

"주님은 좀처럼 노하지 않으시고 권능도 한없이 많으시지만, 주님은 절대로, 죄를 벌하지 않은 채 내버려 두지는 않으신다"(나 1:3)

백여 년 전에 요나가 니느웨의 멸망을 선포하며 회개를 촉구하였을 때, 그들은 즉시 하나님의 말씀을 믿고, 금식을 선포하고, 진심으로 뉘우친 적이 있습니다. 그러나 그 후 앗수르가 저지른 잔혹한 만행은 하나님의 인내심을 뛰어넘는 것이었습니다. 나훔서의 성경적 배경은 열왕기하 17 - 23장(역대기하 33 - 34장)입니다. 이때는 앗수르가 잔인하게 인접 국가들을 정복하고, 인명을 도륙하는 만행을 여전히 저지르고 있을 때입니다. 나훔('위로')은 니느웨 멸망의 원인과 결과를 확신을 하고 예언하면서, 앗수르의 압제 아래 신음하고 있던 유다 백성에게 큰 위로의 메시지를 전하고 있습니다.

하나님의 성품 때문에 받을 니느웨의 심판 - 주님은 선하시므로(1:1 - 8)

주님은 질투하시며 원수를 갚으시는 하나님이시다. 주님은 좀처럼 노하지 않으시고 권능도 한없이 많으시지만, 주님은 절대로 죄를 벌하지 않은 채 내버려 두지는 않으신다. 주님께서 진노하실 때에 누가 감히 버틸 수 있으며, 주님께서 분노를 터뜨리실 때에 누가 감히 견딜 수 있으랴? 주님의 진노가 불같이 쏟아지면 바위가 주님 앞에서 산산이 조각난다.

주님은 선하시므로, 환난을 겪을 때에 피할 피난처가 되신다. 주님께 피하는 사람은 주님께서 보살펴 주시지만, 니느웨는 범람하는 홍수로 쓸어버리시고 원수들을 흑암 속으로 던지신다.

니느웨의 파멸과 유다를 향한 위로의 선포 - 네 이름을 이을 자손이 나지 않을 것이다(1:9 - 15)

니느웨에게 - 주님을 거역하며 음모를 꾸미는 자, 흉악한 일을 부추기는 자가 바로 너 니느웨에게서 나오지 않았느냐?

유다에게 - 주님이 말씀하신다. "그들의 힘이 막강하고 수가 많을지라도, 잘려서 없어지고 말 것이다. 비록 내가 너(유다)를 괴롭혔으나, 다시는 너를 더 괴롭히지 않겠다. 나 이제 너에게서 그들의 멍에를 꺾어 버리고, 너를 묶은 사슬을 끊겠다"(1:12 - 13).

니느웨에게 - 주님께서 너(니느웨)를 두고 명하신 것이 있다. "너에게서는 이제, 네 이름을 이을 자손이 나지 않을 것이다. 네 산당에서 새겨 만든 신상과 부어 만든 우상을 다 부수어 버리며, 네가 쓸모없게 되었으니, 내가 이제 네 무덤을 파 놓겠다"(1:14).

유다에게 - 보아라, 좋은 소식을 전하는 사람, 평화를 알리는 사람이 산을 넘어서 달려온다. 유다야, 네 절기를 지키고 네 서원을 갚아라. 악한 자들이 완전히 사라졌으니 다시는 너를 치러 오지 못한다.

침략당하는 침략자 니느웨의 멸망의 환상 - 내가 너를 치겠다(2:1 - 13)

침략군이 너(니느웨)를 치러 올라왔다. 성을 지켜보려무나. 길을 지켜보려무나. 허리를 질끈 동이고 있는 힘을 다하여 막아 보려무나. 그 사자들(니느웨의 상징)의 굴이 어디에 있느냐? 사자들이 그 새끼들을 먹이던 곳이 어디에 있느냐? 수사자와 암사자와 새끼 사자가 겁 없이 드나들던 그 곳이 어디에 있느냐?

"내가 너를 치겠다." 나 만군의 주의 말이다. "네 병거를 불살라서 연기와 함께 사라지게 하겠다. 너의 새끼 사자들은 칼을 맞고 죽을 것이다. 이 세상에 네 먹이를 남겨 놓지 않겠다. 네가 보낸 전령의 전갈이 다시는 들리지 않을 것이다"(2:13).

음행과 잔혹함 때문에 당연히 망할 니느웨를 향한 조롱 - 너는 망한다!(3:1 - 19)

너는 망한다! 피의 도성! 거짓말과 강포가 가득하며 노략질을 그치지 않는 도성! 이것은 네가 창녀가 되어서 음행을 일삼고 마술을 써서 사람을 홀린 탓이다. 음행으로 뭇 나라를 홀리고 마술로 뭇 민족을 꾀었기 때문이다.

"이제 내가 너를 치겠다. 나 만군의 주가 선언한다. 내가 네 치마를 네 얼굴 위로 걷어 올려서 네 벌거벗은 것을 뭇 나라가 보게 하고, 네 부끄러운 곳을 뭇 왕국이 보게 하겠다. 너를 보는 사람마다 '니느웨가 망하였다만, 누가 그를 애도하랴?'하면서 너를 피하여 달아나니, 너를 위로할 자들을, 내가 어디에서 찾아올 수 있겠느냐? 네 소식을 듣는 이들마다, 네가 망한 것을 보고 기뻐서 손뼉을 친다. 너의 계속되는 학대를 받지 않았다고 생각하는 사람이 어디에 있느냐?" (3:5 - 7).

묻고? 답하기!

우리가 그리스도인이기 때문에 당해야만 하는 환난을 겪어보았습니까?

우리는 하나님의 백성으로 살아가면서 때로는 교만과 연약함으로 인하여 하나님의 야단을 맞을 수도 있고 다시 일어나 달려갈 수도 있습니다. 그러나 하나님의 살아계심을 알지도 인정하지도 못하면서 하나님의 교회를 핍박하고, 능욕하는 자들로부터 당하는 환난은 도저히 용납이 안 되는 경우가 많습니다. 그들의 핍박은 잔혹하고 치명적이기 때문입니다. 그러나 주님께 피하는 사람은 주님께서 보살펴 주시지만, 주님을 진노케 하는 자들은 지옥 불 속으로 던지실 것입니다.

31일 ~~~~~~~~~~~~~~~~~~~~~~~~~~~~~~~~~~~~

✝ 오늘말씀 하박국 1:1 - 3:19

하박국과 하나님의 대화
의인의 기도와 고백

💡 **실마리 풀기**

"비록 더디더라도 그때를 기다려라. 반드시 오고야 만다. 늦어지지 않을 것이다"(합 2:3)

하박국서의 성경적 배경은 열왕기하 22 - 23장(역대기하 34 - 36장)입니다. 이때에 유다에서는 요시야의 개혁이 이루어지고 있었지만 실제로는 사회 전반에 걸쳐 끊임없는 불의와 패악한 압제 그리고 우상의 숭배가 자행되고 있었습니다. 그래서 하박국 선지자는 자신이 알고 있는 공의로우신 하나님을 향하여 〈불의를 향한 애통의 시편들(시편 10,13편)〉과 같은 하소연을 하는 것입니다.

하박국과 하나님의 대화(1:1 - 2:4)

하박국의 첫 번째 질문(1:1 - 4) - 주님, 언제까지 그러실 겁니까? 어찌하여 나로 불의를 보게 하십니까? 어찌하여 악을 그대로 보기만 하십니까? 율법이 해이하고 공의가 아주 시행되지 못합니다. 악인이 의인을 협박하니 공의가 왜곡되고 말았습니다.

주님의 응답(1:5 - 11) - "이제 내가 바빌로니아 사람을 일으키겠다. 그들은 사납고 성급한 민족이어서, 천하를 주름잡고 돌아다니며, 남들이 사는 곳을 제 것처럼 차지할 것이다...... 그러나 제힘이 곧 하나님이라고 여기는 이 죄인들도 마침내 바람처럼 사라져서 없어질 것이다"(1:6, 11).

하박국의 두 번째 질문(1:12 - 2:1) - 주님, 주님께서는 옛날부터 계시지 않으셨습니까? 주님께서는 눈이 맑으시므로 악을 보시고 참지 못하시며, 패역을 보고 그냥 계시지 못하시는 분입니다. 그런데 어찌하여 배신자들을 보고만 계십니까? 악한 민족이 착한 백성을 삼키어도 조용히만 계십니까? 주님께서 보내신 그(바빌로니아 사람)가 그물을 떨고 나서 곧이어 무자비하게 뭇 백성을 죽이는데 그가 이렇게 해도 되는 것입니까?

주님의 두 번째 응답 - 의인은 믿음으로 산다(2:2 - 4)

(1) 이 묵시는 정한 때가 되어야 이루어진다. 끝이 곧 온다는 것을 말하고 있다. 이것은 공연한 말이 아니니 비록 더디더라도 그때를 기다려라. 반드시 오고야 만다. 늦어지지 않을 것이다.

(2) 마음이 한껏 부푼 교만한 자(바빌로니아)를 보아라. 그는 정직하지 못하다.

(3) 그러나 의인은 믿음으로 산다.

바빌론의 심판 - 나 주가 거룩한 성전에 있다. 온 땅은 내 앞에서 잠잠하여라(2:5 - 20)

(1) 정복당한 자 모두가 빈정대는 노래를 지어서 정복자를 비웃으며, 비웃는 시를 지어서 정복자를 욕하지 않겠느냐? 그들이 너를 보고 '남의 것을 긁어모아 네 것으로 삼은 자야, 너는 망한다!' 할 것이다.

(2) 그들이 너를 보고 네 집을 부유하게 하려고 부당한 이득을 탐내는 자야, 높은 곳에 둥지를 틀고 재앙에서 벗어나려 하지만 너는 망한다!' 할 것이다.

(3) 그들이 너를 보고 '피로 마을을 세우며 불의로 성읍을 건축하는 자야, 너는 망한다!' 할 것이다.

(4) 그들이 너를 보고 '홧김에 이웃에게 술을 퍼 먹이고 술에 취하여 곯아떨어지게 하고는 그 알몸을 헤쳐 보는 자야, 너는 망한다!' 할 것이다.

(5) 나무 더러 '깨어나라!' 하며, 말 못하는 돌더러 '일어나라!' 하는 자야, 너는 망한다!

하박국의 기도 - 우리에 양이 없고 외양간에 소가 없을지라도(3:1 - 19)

주님, 내가 주님의 명성을 듣습니다. 주님, 주님께서 하신 일을 보고 놀랍니다. 산이 주님을 보고 비틀거립니다. 거센 물이 넘칩니다(창조). 주님께서 날카로운 창을 내던지시니, 그 빛 때문에 해와 달이 하늘에서 멈추어 섭니다(정복 전쟁). 주님께서는 말을 타고 바다를 밟으시고 큰 물결을 휘저으십니다(출애굽).

"그러나 나는, 우리를 침략한 백성이 재난당할 날을 참고 기다리겠다. 무화과나무에 과일이 없고 포도나무에 열매가 없을지라도, 올리브 나무에서 딸 것이 없고 밭에서 거두어들일 것이 없을지라도, 우리에 양이 없고 외양간에 소가 없을지라도, 나는 주님 안에서 즐거워하련다. 나를 구원하신 하나님 안에서 기뻐하련다"(3:16 - 18).

우리의 기도 - 한결같은 사랑의 하나님, 진노하시더라도 잊지 마시고 자비를 베풀어주십시오 (3:2). 나는 긍휼하신 하나님만 의지하렵니다. 은사와 축복이 없어도 오직 구원의 하나님만으로 즐거워하렵니다. 하나님은 나의 힘이시니, 오직 하나님의 뜻을 붙잡고 살아가렵니다. 아멘.

묻고? 답하기!

믿음으로 산다는 의인은 어떤 모습으로 살아가는 사람일까요?

대부분의 사람은 세상의 불의나 불쌍한 사람들에게 관심이 없으며, 오직 자신과 주변 사람들에만 신경을 쓰며 삽니다. 그러나 성경을 읽는 사람들은 하박국처럼 하나님의 공의로우심과 세상을 주관하시는 분이시라는 것을 믿습니다. 성경을 읽는 사람들은 하박국처럼 '환난 날을 참고 기다리며' 오직 하나님에 대한 신뢰와 소망을 품고 살아갑니다. 그러므로 의인은 역사의 흐름을 바꾸는 거창한 일을 꾸미는 사람이 아니라 성경을 읽고, 성경대로 살아가기를 소망하며 살아가는 사람입니다.

✝ 오늘 말씀 스바냐 1:1 - 3:20

스바냐

유다와 예루살렘에 대한 심판
주님의 백성을 겨냥한 회복의 선언

💡 **실마리 풀기**
"주 너의 하나님이 너와 함께 계신다. 구원을 베푸실 전능하신 하나님이시다"(습 3:17)

스바냐는 우상을 숭배하며 하나님을 기만하는 유다에 대한 심판을 선포하는 예언서입니다. 참된 믿음의 제사라기보다는 종교적 행사를 일삼는 그들에게 회개를 요청하면서 5개의 이방 나라들의 심판을 함께 선포하는 것은 유다가 그들과 하등 다를 바가 없다는 의미입니다. 그들은 결국 회개하지 않고 심판을 당하고 말것입니다.
마지막으로 회복의 선언은 뭇 백성들, 온순하고 겸손한 사람들, 억눌림을 받던 사람들 그리고 모든 땅에서, 부끄러움을 겪던 주님의 백성을 겨냥한 것입니다. 이사야서(61:1 - 2)를 인용하여 말씀하신 〈예수 그리스도의 복음〉(눅 4:17 - 19)을 예견한다고 볼 수 있습니다.

심판의 날, 여호와의 날에 임할 심판(1:1 - 18)
유다 민족을 향한 심판(1:1 - 6) - "내가 손을 들어서, 유다와 예루살렘의 모든 주민을 치겠다. 이곳에 남아 있는 바알 신상을 없애고, 이방 제사장을 부르는 그마림이란 이름도 뿌리 뽑겠다. 지붕에서 하늘의 뭇 별을 섬기는 자들, 주에게 맹세하고 주를 섬기면서도 밀곰을 두고 맹세하는 자들, 주를 등지고 돌아선 자들, 주를 찾지도 않고 아무것도 여쭙지 않는 자들을 내가 없애 버리겠다."
심판의 날, 주님께서 분노하시는 날(1:7 - 18) - "나 주가 제물을 잡는 날이 온다. 내가 대신들과 왕자들과 이방인의 옷(이방 종교의 제사에서 입는 옷)을 입은 자들을 벌하겠다. 그 날이 오면, 문지방을 건너뛰는(이방 종교의 풍속/삼상 5:5) 자들을 벌하겠다. 폭력과 속임수를 써서, 주인의 집을 가득 채운(또는 '그 신들의 신전을 가득 채운') 자들을 내가 벌하겠다. 그 날은 주님께서 분노하시는 날이다. 환난과 고통을 겪는 날, 무너지고 부서지는 날, 캄캄하고 어두운 날, 먹구름과 어둠이 뒤덮이는 날이다."

회개의 요청과 열방을 향한 심판(2:1 - 3:8)
유다를 향한 회개에의 요청(2:1 - 3) - 창피한 줄도 모르는 백성아! 정해진 때가 이르기 전에, 주님의 격렬한 분노가 너희에게 이르기 전에, 주님께서 진노하시는 날이 너희에게 이르기 전에 함께 모여라.
열방을 향한 심판(2:4 - 3:5)
(1) 블레셋 - 가나안아, 내가 너희를 없애 버려서 아무도 살아남지 못하게 하겠다.

(2) **모압과 암몬** - 이스라엘의 하나님, 만군의 주가 선언한다. 이제 모압은 소돔처럼 되고, 암몬 자손은 고모라처럼 될 것이다.

(3) **에티오피아** - 에티오피아 사람아, 너희도 나의 칼에 맞아서 죽을 것이다.

(4) **앗시리아** - 주님께서 북녘으로 손을 뻗으시어 앗시리아를 멸하며, 니느웨를 황무지로 만드실 것이니 사막처럼 메마른 곳이 될 것이다.

(5) **예루살렘** - 반역하는 도성, 억압이나 일삼는 도성아, 주님께 순종하지도 않고, 주님의 충고도 듣지 않고, 주님을 의지하지도 않고, 하나님께 가까이 가지도 않는구나.

유다의 회개 요청의 거부(3:6 - 8) - 내가 너에게 일렀다. 너만은 나를 두려워하고 내가 가르치는 대로 하라고 하였다. 그러면 내가 벌하기로 작정하였다가도 네가 살 곳을 없애지는 않겠다고 하였는데도 너는 새벽같이 일어나서 못된 일만 골라 가면서 하였다.

회복의 날, 여호와의 날에 임할 구원(3:9 - 20)

이스라엘에 살아남은 자(3:9 - 13) - 그 때에는 내가 뭇 백성의 입술을 깨끗하게 하여, 그들이 다 나의 이름을 부르며 어깨를 나란히 하고 나를 섬기게 할 것이다. 그 날이 오면, 내가 거만을 떨며 자랑을 일삼던 자를 이 도성에서 없애 버리겠다. 그러나 내가 이 도성 안에 주의 이름을 의지하는 온순하고 겸손한 사람들을 남길 것이다.

이스라엘의 회복 - 기뻐서 부르는 노래(3:14 - 20) - 도성 예루살렘아, 마음껏 기뻐하며 즐거워하여라. 주 너의 하나님이 너와 함께 계신다. 구원을 베푸실 전능하신 하나님이시다. 너를 보고서 기뻐하고 반기시고, 너를 사랑으로 새롭게 해주시고 너를 보고서 노래하며 기뻐하실 것이다.

때가 되면, 너를 억누르는 자들을 내가 모두 벌하겠다. 없어진 이들을 찾아오고, 흩어진 이들을 불러 모으겠다. 흩어져서 사는 그 모든 땅에서, 부끄러움을 겪던 나의 백성이 칭송과 영예를 받게 하겠다.

묻고? 답하기!

하나님 여호와가 우리 가운데 계시니 그는 구원을 베푸실 전능자시라.

아침에 눈을 뜨며 또 밤에 잠을 청하며 하나님 여호와께 감사의 찬송을 올려드립니다. 그는 이미 우리를 구원하신 전능자이시기 때문입니다. 눈에 보이지 않지만 하늘거리는 나뭇잎을 보며 그 바람결을 알 수 있듯이, 직접 만나 뵙지는 못했어도 그의 말씀을 읽으며 창조주 하나님의 숨결을 느낍니다. 주여! 우리가 주님의 백성으로 칭송과 영예를 받게 하옵소서. 아멘.

9월 2일

예언서가 전하는 값싼 메시지와 참된 메시지
성전의 재건을 향하여

✝ 오늘말씀 예레미야 14:11 - 22, 학개 1:1 - 11

💡 실마리 풀기
"나 만군의 주가 말한다. 너희는 각자의 소행을 살펴보아라"(학 1:7)

백성을 속이고 하나님과의 관계를 왜곡하는 예언자들 - 그들의 값싼 메시지

"그 예언자들은 내 이름으로 거짓 예언을 하고 있다. 나는 그들을 예언자로 보내지도 않았고, 그들에게 명하지도 않았고, 그들에게 말하지도 않았다. 그들이 이 백성에게 예언하는 것은, 거짓된 환상과 허황된 점괘와 그들의 마음에서 꾸며낸 거짓말이다."(렘 14:14).

"그들은 나 주의 말을 멸시하는 자들에게도 말하기를 '만사가 형통할 것이다. 주님의 말씀이다' 한다. 제 고집대로 살아가는 모든 사람에게도 '너희에게는 어떠한 재앙도 내리지 않을 것이다!' 하고 말한다"(렘 23:17).

일반적으로 사람들은 늘 자기 자신과 자신의 주변을 돌보는데 익숙하며, 자기가 도모하는 일들이 잘 되는 것에 온갖 정성을 다 기울입니다. 일부 그리스도인들도 예외는 아닙니다. 자식의 합격과 남편의 승진을 위하여 새벽마다 기도하며 하나님을 설득하려고 합니다. 그들이 믿는 것은 자기들의 소원을 들어주는 하나님일 뿐입니다. 그러면서도 하나님이 자기와 꼭 함께해 줄 것으로 생각합니다. 그리하여 그들의 인생이 끝없는 축복으로 이어지는 시간의 연속일 거로 생각합니다. 그들은 그러한 사고방식이 하나님 앞에 죄라는 것을 알지 못합니다.

일부 사이비 영적 지도자들도 마찬가지입니다. 안수 기도라는 방법으로 그들의 소원이 반드시 이루어질 것이라고 부추깁니다. 그래야 성도들로부터 인정받을 수 있기 때문입니다. 그들은 하나님과의 관계를 아버지와 아들의 관계가 아니라 축복을 사고파는 상거래의 관계로 전락시키는 것입니다. 그들은 십자가의 진정한 의미를 왜곡하고 교회를 싸구려 서낭당으로 전락시킵니다. 성도들이 **죄로 인한 상한 마음**을 가지고 주님 앞으로 나오게 하지 못하고, 기독교를 세상의 흔한 기복신앙의 일종으로 만들어 하나님의 거룩하심을 영영 느끼지 못하게 만듭니다.

영적 이벤트에 목숨을 건 교회와 영적 지도자들 - 참된 메시지는 무엇인가

"거룩한 집회를 열어 놓고 못된 짓도 함께 하는 것을, 내가 더 이상 견딜 수 없다"(사 1:11 - 14). "이 백성이 입으로는 나를 가까이하고, 입술로는 나를 영화롭게 하지만, 그 마음으로는 나를 멀리하고 있다. 그들이 나를 경외한다는 말은, 다만, 들은 말을 흉내 내는 것일 뿐이다"(사 29:13).

일부 사이비 교회의 지도자라는 사람들은 성도들의 사회적 신분을 인정해주고 우월감을 부추깁니다. 성도들이 자신의 죄를 인정하고 자복하기보다는 종교적인 행사를 통하여 집단적인 흥분과 일체감을 갖게 함으로써, 그들의 영적 신분도 인정받는 것처럼 유도합니다. 성도들이 하나님의 말씀을 묵상하고 그 음성에 순종하도록 가르치는 것보다는 시스템화된 훈련과 치유의 이적을 추구함으로써, 거룩한 구세주를 보지 못하고 지도자, 자신을 보게 합니다. 교회 규모의 확장, 다양한 저술과 언론에의 노출 등으로 교만함을 더해갑니다.

그러나 참된 메시지는 성도들이 그의 인생을 자기가 원하는 대로 꾸려나가도록 해서는 안 됩니다. 오직 주님의 큰 계획을 기억하면서 순종하는 삶을 살아가도록 해야 합니다. 교회 안이나 세상 속에서 번성하는 악을 경계하고, 긴장하며 살아나가도록 해야 합니다. 오직 '만군의 주'를 믿는 믿음과 소망 그리고 사랑으로 살아가도록 해야 합니다.

우리가 세워나가야 할 성전 - '만군의 주'의 영이 머무는 성전을 세우라는 메시지

백성들이 바빌로니아에서 돌아온 지 2년이 되는 해에 성전의 기초를 놓기 시작하였습니다(스 3:8). 그러나 사마리아인들의 방해로 16년이나 세월을 허송하고 있었습니다. 성전을 재건하기를 꺼리면서 자신들의 집은 잘 꾸미고 사는 백성들에게 '만군의 주'께서 학개와 스가랴 예언자를 통해서 말씀하셨습니다. "너희는 산에 올라가서 나무를 베어다가 성전을 지어라. 그러면 내가 그 성전을 기껍게 여기고, 거기에서 내 영광을 드러내겠다"(학 1:7 - 8). 이스라엘 백성들에게 성전은 하나님의 임재, 그 자체였습니다. **그곳에서 자신의 영광을 드러내겠다고 하셨으니까요.**

하지만 예수 그리스도께서 이 땅에 오신 이후에 그 성전은 본래의 의미를 상실하였습니다. **하나님 자신이 직접 임재하셨으니까요.** 시온에 귀한 모퉁이 돌을 놓아서 기초를 튼튼히 세울 것이라는 이사야의 예언(사 28:16)을 이루신 것입니다. 예수님께서는 스스로를 '성전보다 더 큰 이'(마 12:6)라고 말씀하셨습니다. '만군의 주'이신 하나님께서 그를 통하여 온 세상에 평화를 주시고 또 주님의 성전을 그를 사랑하는 백성들 몸 안에 세우실 것입니다.

사도 바울이 이렇게 정의합니다. "여러분은 사도들과 예언자들이 놓은 기초 위에 세워진 건물이며, 그리스도 예수가 그 모퉁잇돌이 되십니다. 그리스도 안에서 건물 전체가 서로 연결되어서, 주님 안에서 자라서 성전이 됩니다. 그리스도 안에서 여러분도 함께 세워져서 하나님이 성령으로 거하실 처소가 됩니다"(엡 2:20 - 21).

그러므로 주일마다 교회에 가서 예배를 드리며 예수님을 구주라 고백하는 그리스도인이라면, 그는 자기 안에 자신의 편안한 집을 짓는 것이 아니라 주님의 성전을 짓는 삶을 살아가야 합니다. 우리 몸이 주님의 영이 머무는 성전이 되고, 우리 안에 살며 동행하시는 '만군의 주'를 드러내는 삶을 살아가야 합니다. 주님을 위해 눈앞의 이익을 포기하며, 주님을 기쁘시게 하려고 열심을 내는 삶을 살아가야 합니다.

9

학개

3일

✝ **오늘 말씀** 학개 1:1 - 2:23

하나님의 백성들에게 말씀하시는 하나님
성전을 재건하라

💡 **실마리 풀기**
"그 옛날 찬란한 그 성전보다는, 지금 짓는 이 성전이 더욱 찬란하게 될 것이다"(학 2:9)

스가랴와 함께 바빌로니아에서 돌아온 학개는 스룹바벨 총독, 여호수아 제사장 그리고 예루살렘의 백성들에게 성전의 재건을 독려하는 하나님의 말씀을 전했습니다. 성전은 하나님의 임재이며, 속죄의 제사를 드리는 통로입니다. 무너져 있는 성전을 재건하지 않고는 그들이 겪고 있는 모든 어려움을 해결할 수 없으며, 신앙의 회복도 기대할 수 없다고 생각했기 때문입니다. 가능하면 에스라 1 - 6장을 함께 읽어 보는 것이 이해를 도와줄 것입니다.

첫 번째 말씀 - 제집 짓는 일에 바쁜 백성들이여! 성전을 재건하라(1:1 - 15)

다리우스 왕 이년 여섯째 달 초하루에, 학개 예언자가 주님의 말씀을 받아서 전하였다. "성전이 이렇게 무너져 있는데, 지금이 너희만 잘 꾸민 집에 살고 있을 때란 말이냐?.... 너희는 산에 올라가서 나무를 베어다가 성전을 지어라. 그러면 내가 그 성전을 기껍게 여기고, 거기에서 내 영광을 드러내겠다. 나 주가 말한다. 너희가 많이 거두기를 바랐으나 얼마 거두지 못했고, 너희가 집으로 거두어들였으나 내가 그것을 흩어 버렸다. 그 까닭이 무엇이냐? 나 만군의 주의 말이다. 나의 집은 이렇게 무너져 있는데, 너희는 저마다 제집 일에만 바쁘기 때문이다"(1:4, 8 - 9). 주님께서 이렇게 말씀하시니, 스룹바벨 유다 총독과 여호수아 대제사장과 남아 있는 모든 백성의 마음을 감동하게 하셨다. 그래서 백성이 와서 그들의 하나님 만군의 주님의 성전을 짓는 일을 하였다.

두 번째 말씀 - 초라한 모습의 새 성전의 영광을 통한 격려(2:1 - 9)

다리우스 왕 이년 일곱째 달 이십일일에, 학개 예언자가 주님의 말씀을 받아서 전하였다. "스룹바벨아, 이제 힘을 내어라. 나 주의 말이다. 여호사닥의 아들 여호수아 대제사장아, 힘을 내어라. 이 땅의 모든 백성아, 힘을 내어라. 나 주의 말이다. 내가 너희와 함께 있으니, 너희는 일을 계속하여라. 나 만군의 주의 말이다. 너희가 이집트에서 나올 때에, 내가 너희와 맺은 바로 그 언약이 아직도 변함이 없고, 나의 영이 너희 가운데 머물러 있으니, 너희는 두려워하지 말아라...... 은도 나의 것이요, 금도 나의 것이다. 나 만군의 주의 말이다. 그 옛날 찬란한 그 성전보다는, 지금 짓는 이 성전이 더욱 찬란하게 될 것이다. 나 만군의 주가 말한다. 내가 바로 이곳에 평화가 깃들게 하겠다. 나 만군의 주의 말이다"(2:4 - 5, 8 - 9).

세 번째 말씀 - 불순종에서 순종으로의 변화를 통한 축복의 약속(2:10 - 19)

다리우스 왕 이년 아홉째 달 이십사일에, 주님께서 학개 예언자에게 말씀하셨다.

"너희는 오늘에 이르기까지, 최근에 일어난 일들을 돌이켜 보아라. 주의 성전을 아직 짓지 않았을 때에 너희 형편이 어떠하였느냐? 스무 섬이 나는 밭에서는 겨우 열 섬밖에 못 거두었고, 쉰 동이가 나는 포도주 틀에서는 겨우 스무 동이밖에 얻지 못하였다. 내가 너희를 깜부기병과 녹병으로 쳤다. 너희 손으로 가꾼 모든 농작물을 우박으로 쳤다. 그런데도 너희 가운데서 나에게로 돌아온 사람은 아무도 없다. 나 주의 말이다. 너희는 부디 오늘, 아홉째 달 이십사일로부터 주의 성전 기초를 놓던 날까지 지나온 날들을, 마음속으로 곰곰이 돌이켜 보아라. 곳간에 씨앗이 아직도 남아 있느냐? 이제까지는, 포도나무나 무화과나무나 석류나무나 올리브 나무에 열매가 맺지 않았으나, 오늘부터는, 내가 너희에게 복을 내리겠다"(2:15 - 19).

네 번째 말씀 - 다윗의 후손 스룹바벨에게 주는 미래의 축복의 약속(2:20 - 23)

그 달 이십사일에, 주님께서 다시 학개에게 말씀하셨다.

"내가 하늘과 땅을 뒤흔들겠다. 왕국들의 왕좌를 뒤집어엎겠다. 각 민족이 세운 왕국들의 권세를 내가 깨뜨리겠다. 병거들과 거기에 탄 자들을 내가 뒤집어엎겠다. 말들과 말을 탄 자들은, 저희끼리 칼부림하다가 쓰러질 것이다. 스알디엘의 아들, 나의 종 스룹바벨아, 그 날이 오면, 내가 너를 높이 세우겠다. 나 주의 말이다. 너를 이미 뽑아 세웠으니, 내가 너를 내 옥새로 삼겠다. 나 만군의 주의 말이다"(2:21 - 23).

- 결국에는 다윗의 후손, 다윗보다 더 위대한 예수 그리스도의 시대가 도래 하였으니, 예수님께서 성전이 되시어 3일 만에 일으키실 것이다. (요 2:13 - 22).

**묻고?
답하기!**

우리에게 주님께서 성전을 재건하라고 하시는 말씀이 들리십니까?

우리가 주님을 믿는가? 주님을 구세주로 인정하는 하나님의 백성들인가? 그렇다면 우리 마음속에 하나님이 거하시는가? 주님께서 우리 마음속에 하나님이 거하실 성전을 재건하라고 말씀하십니다. 그 성전은 하나님이 주인이시며, 속죄의 제사가 베풀어지고, 믿지 않는 자들을 향한 자비의 손길이 움트는 곳입니다. 성령이여! 우리를 도우소서. 이 나라 모든 하나님의 백성들이 성전을 재건하게 하시고, 거짓 예언을 일삼는 자들의 권세를 깨뜨려주시옵소서. 아멘.

4일

✝ 오늘 말씀 스가랴 1:1 - 6:15

스가랴가 본 여덟 가지 환상

성전의 재건과 주님의 백성

💡 실마리 풀기

"그 날에, 많은 이방 백성들이 주님께 와서 그의 백성이 될 것이며"(슥 2:11)

이스라엘 백성들이 바빌로니아에서 돌아왔습니다. 에스라 5장 1절과 6장 14절에 등장하는 스가랴는 학개와 함께 예루살렘 성전의 재건을 격려하는 예언을 받았습니다. 오늘 읽을 내용은 다리우스왕 2년에 스가랴가 보여주는 여덟 가지 환상입니다. 그 환상은 예루살렘과 시온을 몹시 사랑하시는 하나님께서 성전의 재건으로 인해 받으실 영광의 모습, 바빌론의 열방들에 대한 심판 그리고 결국 오시게 될 그리스도의 권능을 보여주고 있습니다.

스가랴가 본 여덟 가지 환상의 해석(1:1 - 6:15)

하나님께서 스가랴를 통하여 "너희는 나에게로 돌아오라, 나도 너희에게로 돌아간다. 너희는 너희 조상을 본받지 말아라"고 말씀하였다. 그리고 여덟 번이나 예언의 환상과 함께 해답을 들려주셨다.

(1:7 - 17) 첫 번째 환상 - 붉은 말을 탄 사람 하나가 골짜기에 있는 화석류 나무 사이에 서 있다가 주님의 천사에게 온 땅이 조용하고 평안함을 직접 보고하였다. 주님께서 이스라엘에 진노하신 지 벌써 칠십 년이나 되었음을 들으셨다. 주님께서 예루살렘을 불쌍히 여기는 심정으로 그의 백성들을 다시 모으시고, 성전을 재건하실 것이라고 선언하셨다.

(1:18 - 21) 두 번째 환상 - 뿔 네 개와 대장장이 네 명을 보여 주셨다. 주님께서 대장장이 넷을 보내셔서 유다를 괴롭히고 흩어버린 네 뿔(바벨론, 페르시아, 헬라, 로마)을 심판하고 꺾어 버릴 것이다.

(2:1 - 13) 세 번째 환상 - 예루살렘의 너비와 길이가 얼마나 되는지 알려고 가는, 측량줄을 가진 사람을 보여주셨다. 주님께서 예루살렘의 둘레를 불로 감싸 보호하는 불 성벽이 되고, 안으로는 그 안에 머물러 살면서 주님의 영광을 드러내실 것이다.

(3:1 - 10) 네 번째 환상 - 냄새 나는 더러운 옷을 입고 있는 여호수아를 보여주셨다. 천사에게 냄새나는 더러운 옷을 벗기라고 이르고 나서, 하나님께서 여호사닥의 아들, 대제사장 여호수아에게 깨끗한 관을 씌우고, 거룩한 옷을 입혀주시며 그의 이름을 새싹이라고 명명하셨다.

(4:1 - 14) 다섯 번째 환상 - 등잔 일곱 개가 놓여 있는 등잔대와 그 양 옆에 서 있는 올리브 나무 두 그루를 보여를 보여주셨다. 이는 성전(등잔대)의 재건을 위하여 기름을 공급하게 될 두

감람나무, 즉 스룹바벨과 여호수아에 대한 격려의 말씀이다.

(5:1 - 4) 여섯 번째 환상 - 날아가는 두루마리를 보여주셨다. 그 두루마리는 성전을 재건하는 동안 일어나는 죄에 대한 저주를 보여준다. 두루마리에 적혀있는 대로 주님께서 도둑질하는 자와 거짓으로 맹세하는 자를 말끔히 없애버리실 것이다.

(5:5 - 11) 일곱 번째 환상 - 납으로 된 뚜껑이 덮여 있는 뒤주와 그 안에 여인이 앉아 있는 것이 보여주셨다. 그리고 다른 두 여인이 그 뒤주를 들고 바빌로니아로 날아갔다. 온 땅에 가득한 국가적 죄악은 에바(쌀 뒤주)속에 넣어져서 바빌론으로 추방되었다.

(6:1 - 8) 여덟 번째 환상 - 놋쇠로 된, 두 산 사이에서 병거 네 대가 나타났다. 그것은 하나님의 네 영이다. 그들이 이 세상을 두루 살피고(특히 북쪽 바빌론 땅이 평온한 것을 보고), 이제 성전을 재건할 시간임을 알려주면서 환상을 마무리하고 있다.

스가랴가 들은 그리스도의 예언 - 신약에서의 성취(1)

첫 번째 예언(2:10 - 11) - "그 날에, 많은 이방 백성들이 주님께 와서 그의 백성이 될 것이며, 주님께서 예루살렘에 머무르시면서 너희와 함께 사실 것이다."

예언의 성취(행 11:18) - "하나님께서는, 이방 사람들에게도 회개하여 생명에 이르는 길을 열어주셨다."

두 번째 예언(3:8 - 9) - "너희는 모두 앞으로 나타날 일의 표가 되는 사람들이다. 내가 이제 새싹이라고 부르는 나의 종을 보내겠다. 나 만군의 주가 말한다. 내가 여호수아 앞에 돌 한 개를 놓는다. 그것은 일곱 눈을 가진 돌이다. 나는 그 돌에 내가 이 땅의 죄를 하루 만에 없애겠다는 글을 새긴다."

예언의 성취(마 12:18) - "보아라, 내가 뽑은 나의 종, 내 마음에 드는 사랑하는 자, 내가 내 영을 그에게 줄 것이니, 그는 이방 사람들에게 공의를 선포할 것이다."

세 번째 예언(6:12 - 13) - "이 사람을 보아라. 그의 이름은 '새싹'이다. 그가 제자리에서 새싹처럼 돋아나서, 주의 성전을 지을 것이다. 그가 주의 성전을 지을 것이며, 위엄을 갖추고, 왕좌에 앉아서 다스릴 것이다."

예언의 성취(히 6:20) - 이는 예수께서는 앞서서 달려가신 분으로서, 우리를 위하여 거기에 들어가서서, 멜기세덱의 계통을 따라 영원히 대제사장이 되셨습니다.

묻고? 답하기!

바빌론에서 돌아올 것인가, 바빌론으로 갈 것인가?

세상일에 바쁜 아들들을 생각해 봅니다. 그들은 세상 이치를 따라 열심히 살기 위하여 노력합니다. 그들이 사는 세상은 바빌론의 도성입니다. 시시때때로 그들은 들어야 합니다. '바빌론 도성에서 사는 시온 백성아, 어서 빠져 나오너라!'는 말씀을. 바빌론은 멀리 있지 않습니다. 바로 우리 곁에서 늘 호시탐탐 불러댑니다. "친구야! 놀자"하고.

9

5일

☩ 오늘 말씀 스가랴 7:1 - 8:23

스가랴

스가랴에게 임한 네 가지 메시지

형식에 매인 금식

💡 **실마리 풀기**

"그 때가 되면, 말이 다른 이방 사람 열 명이 유다 사람 하나의 옷자락을 붙잡고"(슥 8:23)

오늘 읽을 내용은 다리우스왕 4년에, 베델 사람(바빌론에 있는 유대 사람)으로부터 파송되어 온 대표단의 질문에 대하여, 스가랴에게 주신 네 가지 메시지입니다. 그들이 예루살렘에서 쫓겨난 이유는 율법과 주님의 말씀을 마음의 중심에 담아서 듣지 않았기 때문입니다. 그런데도 그들은 아직도 형식적인 금식에 매달리고 있는 것입니다. 여기서 스가랴는 '예루살렘과 시온을 몹시 사랑하시는(1:14) 하나님'께서 형식이 아니라 마음에서 우러나오는 진정한 예배를 원하신다는 말씀을 전하고 있습니다. 이제 주님께서 그들을 구원할 뿐만 아니라, 때가 차면, 세상 여러 나라에서 수많은 민족과 주민들이 몰려올 것이며, 그들이 주님께 기도하고 주님의 은혜를 구하려 하리라는 것입니다.

스가랴에게 임한 네 가지 메시지의 해석(7:1 - 8:23)

(7:1 - 7) 첫 번째 메시지 - 너희가 진정, 나를 생각하여서 금식한 적이 있느냐?

베델 사람(바빌론에 있는 유대 사람)으로부터 온 대표단의 질문은, 그동안에 해 온 그대로, 다섯째 달에 애곡하면서 금식해야 하느냐 즉, 금식을 어떻게 할 것인지에 대한 것이었다. 주님께서는 스가랴를 통하여 그들에게 거짓 금식을 그치고 참된 순종을 하기를 촉구하였다. **참된 금식의 원리**는 전적인 헌신과 의뢰, 순수한 신앙의 표현임에도 불구하고 그들의 금식은 그릇된 종교 행태였을 뿐이었다.

(7:8 - 14) 두 번째 메시지 - 그들이 아름다운 이 땅을 거친 땅으로 만들었다

그들이 유배당한 이유는 "공정한 재판을 하여라. 서로 관용과 자비를 베풀어라. 과부와 고아와 나그네와 가난한 사람을 억누르지 말고, 동족끼리 해칠 생각을 하지 말아라"(7:9 - 10)라고 하신 말씀을 그들이 듣지 않고 등을 돌려 거역하였으며, 귀를 막고 들으려고도 하지 않았기 때문이다. 이전 예언자들에게 당신의 영을 부어 전하게 하신 율법과 말씀을 듣지 않았기 때문이다. **하나님께서 진정으로 원하시는 것**은 형식적인 금식이 아니라 주님의 말씀을 듣고 행하는 것이다.

(8:1 - 17) 세 번째 메시지 - 이제 내가 너희를 구원할 것이니, 두려워하지 말아라!

하나님께서 예루살렘에 임할 영광과 임재를 선언하셨다. 하나님께서 말씀하신다. "나는 시온을 열렬히 사랑한다. 누구라도 시온을 대적하면 용서하지 못할 만큼 나는 시온을 열렬히 사랑한다. 나 주가 말한다. 내가 시온으로 돌아왔다. 내가 예루살렘에서 살겠다. 예루살렘은 '성실한 도성'이라고 불리고, 나 만군의 주의 산은 '거룩한 산'이라고 불릴 것이다"(8:2 - 3).

"내가 내 백성을 구해 동쪽 땅과 서쪽 땅에서 구원하여 내겠다. 내가 그들을 데리고 와서, 예루살렘에서 살게 하겠다. 그들은 나의 백성이 될 것이며, 나는 그들의 하나님이 되어 성실과 공의로 다스리겠다"(8:7 - 8).

"이제 내가 너희를 구원할 것이니, 너희는 복 받는 사람의 표본이 될 것이다. 두려워하지 말아라! 힘을 내어라! 이제는, 내가 다시 예루살렘과 유다 백성에게 복을 내려 주기로 작정하였으니, 너희는 두려워하지 말아라"(8:13, 15).

(8:18 - 23) 네 번째 메시지 - 세상 여러 나라에서 수많은 민족과 주민들이 몰려올 것이며

주님께서 말씀하셨다. "넷째 달의 금식일과 다섯째 달의 금식일과 일곱째 달의 금식일과 열째 달의 금식일이 바뀌어서, 유다 백성에게 기쁘고 즐겁고 유쾌한 절기가 될 것이다"(8:19). 오직 형식에 메인 금식을 그치고, 그 날이 기쁘고 즐겁고 유쾌한 절기가 되도록 하라는 것이다. 그 기쁨은 의로움으로부터 오는 것이니, 마땅히 성실을 사랑하고 평화를 사랑해야 한다.

그리하면, 세상 여러 나라에서 수많은 민족과 주민들이 몰려올 것이며, 모든 성읍의 주민들이 '어서 가서 만군의 주님께 기도하고 주님의 은혜를 구하자' 하면, 다른 성읍의 주민들도 저마다 '나도 가겠다' 할 것이다. 수많은 민족과 강대국이 여호와의 은혜를 구하려고 예루살렘으로 올 것이다. 그때가 되면, 말이 다른 이방 사람 열 명이 유다 사람 하나의 옷자락을 붙잡고 '우리가 너와 함께 가겠다. 하나님이 너희와 함께 계신다는 말을 들었다' 하고 말할 것이다. 예루살렘으로 돌아온 유다의 백성들은 그들을 택하신 하나님의 뜻을 기억하고, 참된 순종으로 세상 모든 민족의 복의 근원이 되어야 할 것이다.

나의 이름으로 한 끼를 굶을 것인가? 교회의 이름으로 과부와 고아와 나그네와 가난한 사람을 도울 것인가?

금식과 구제는 사람들에게 보이기 위하여 하는 것이 아니라 하나님께 보이기 위하여 하는 것입니다. 바울이 골로새서 3장 17절에서 "말이든 행동이든 무엇을 하든지, 모든 것을 주 예수의 이름으로" 하라고 가르친 것처럼, 금식이든 구제이든 나의 이름으로 하지 아니하고 교회의 이름으로 하여야 하는 것은, 그것이 오직 주님의 영광이 되어야 하기 때문입니다. 그러기 위해서는 교회의 이름 이외에 그 어떤 지도자의 이름도 세간에 오르내리지 말아야 합니다.

6일

✝ 오늘 말씀 스가랴 9:1 - 14:21

이스라엘의 미래에 대한 예언
주님의 날, 그날이 오면

💡 **실마리 풀기**

"그는 온순하셔서, 나귀 곧 나귀 새끼인 어린 나귀를 타고 오신다. ... 그 왕은 이방 민족들에게 평화를 선포할 것이며, 그의 다스림이 이 바다에서 저 바다까지, 유프라테스 강에서 땅 끝까지 이를 것이다"(슥 9:9 - 10)

스가랴 1장부터 8장까지는 예루살렘 성전의 재건이라는 가까운 미래의 일들을 예언하는 것이라면, 9장부터는 하나님의 감추어두셨던 놀라운 미래, 죽임을 당하실 것이지만 궁극적으로 승리하실 왕이신 메시아로 오실 것을 예언하고 있습니다.

내용은 바빌론에서 돌아온 이스라엘 백성들을 향한 스가랴의 두 예언입니다. 하나님께서 이스라엘과 더불어, 그들을 위해서 그리고 그들을 통해서 거대한 목적, 하나님의 뜻을 이루기 위해서 오실 것이지만, 그들의 배척으로 마지막 날에 다시 오셔서 승리하실 것을 보여주시고 있습니다.

나라들을 심판하시고, 구원을 베푸실 왕, 초림의 그리스도(9:1 - 11:17)

이스라엘 이웃 나라들에 대한 심판 경고(9:1 - 8) - 이스라엘을 대적하였던 시리아, 두로, 블레셋은 멸망을 면치 못할 것이다. "내가 내 집에 진을 둘러쳐서, 적군이 오가지 못하게 하겠다. 내가 지켜보고 있으니, 압제자가 내 백성을 침범하지 못할 것이다"

공의로우시며 구원을 베푸시기 위해 오시는 왕(9:9 - 11:3) - 도성 시온아, 크게 기뻐하여라. 도성 예루살렘아, 환성을 질러라. 네 왕이 네게로 오신다. 그는 공의로우신 왕, 구원을 베푸시는 왕이시다. 그는 온순하셔서, 나귀 곧 나귀 새끼인 어린 나귀를 타고 오신다. 전쟁에서 승리한 왕이 오실 것이다. 그는 겸손하셔서 나귀를 타고 오신다. 그 왕께서 선언하신다. "너에게는 특별히, 너와 나 사이에 피로 맺은 언약이 있으니, 사로잡힌 네 백성을 내가 물 없는 구덩이에서 건져 낼 것이다."

"여호와께 비를 구하라 그리하면 주리라"하신 하나님께서 그들을 구속하실 것을 약속하신다. 거짓 목자를 폐하고, 우상을 제거하고, 흩어진 유대인들을 모으고 대적을 궤멸시키실 것이다. 메시아로 인해 정의와 평화가 강같이 흐르는 새 왕국이 건설될 것이다.

하나님의 목자를 거절한 백성들(11:4 - 17) - 구원자로 오실 메시아, 하나님의 목자에 의해 세워질 새 왕국의 도래, 이 예언은 그리스도의 강림으로 성취될 것이지만, 백성들은 참 목자, 그리스도를 거절하고 은 삼십 세겔에 팔아넘길 것이다. (cf. 마 26:15)

배척당하시나 결국 승리하실 왕, 재림의 그리스도(12:1 - 14:21)

스가랴는 결국 도래할 왕국의 승리의 날, '여호와의 날', 그날을 선포한다. 적들이 예루살렘을 약탈하고 왕이 죽임을 당하지만, 결국 영광스러운 나라가 도래할 것이다. 그날은 예수 그리스도의 재림의 날이다. 새 하늘과 새 땅이 열리는 날이다. 주님께서 온 세상의 왕이 되실 것이다. 그 날이 오면, 사람들은 오직 주님 한 분만을 섬기고, 오직 그분의 이름 하나만으로 간절히 구할 것이다.

스가랴가 들은 그리스도의 예언 - 신약에서의 성취(2)

첫 번째 예언(9:9) - 도성 시온아, 크게 기뻐하여라. 도성 예루살렘아, 환성을 질러라. 네 왕이 네게로 오신다. 그는 공의로우신 왕, 구원을 베푸시는 왕이시다. 그는 온순하셔서, 나귀 곧 나귀 새끼인 어린 나귀를 타고 오신다.

예언의 성취(마 21:4 - 5) - 예수께서 나귀를 타고 예루살렘에 입성하신다. 예수를 따르는 사람들이 그를 향하여 '호산나' 즉 '구원 하소서'라고 환호하였다. 하지만 나귀 새끼를 탄 메시아는 백성들이 바라던 로마의 압제에서 구원할 정치적 메시아가 아니라 겸손해서 자기 생명을 대속 제물로 주실 메시아이다.

두 번째 예언(11:12 - 13) - 스가랴가 "너희가 좋다고 생각하면, 내가 받을 품삯을 내게 주고, 줄 생각이 없으면, 그만두어라" 하였더니 그들은 품삯으로 은 삼십 개를 주었다. 주님께서 스가랴에게 말씀하셨다. "그것을 토기장이에게 던져 버려라." 스가랴는 은 삼십 개를 집어, 주의 성전에 있는 토기장이에게 던져 주었다.

예언의 성취(마 27:9) - 품삯으로 받은 은 삼십 개는 소가 들이받아 죽은 남종이나 여종의 몸값에 불과하다(출 21:32). 그런데 가룟 사람 유다가 대제사장들에게 예수를 넘겨주면서 받은 것이 은돈 서른 이었다(마 26:14 - 16). 결국, 그 돈은 결국 토기장이의 밭을 사는데 쓰였으니(마 27:1 - 7), 예수님을 십자가에 매달아 죽인 대제사장들은 예언자 스가랴의 말씀을 이루고 있을 뿐이었다.

세 번째 예언(13:7 - 9) - "칼아, 깨어 일어나서, 내 목자를 쳐라. 나와 사이가 가까운 그 사람을 쳐라. 나 만군의 주가 하는 말이다. 목자를 쳐라. 그러면 양 떼가 흩어질 것이다."

예언의 성취(마 26:31) - 유월절 만찬을 마치신 후, 올리브 산으로 올라가시면서 제자들에게 말씀하셨다. "오늘 밤에 너희는 모두 나를 버릴 것이다."

주님의 날, 그날이 오면 우리의 삶도 그 거룩함에 동참할 수 있을까?

스가랴는 그날이 오면, 예루살렘의 음식을 만드는 모든 솥이 하나님의 성물이 될 것이라 하셨습니다(14:21). 백성들의 삶의 모든 면이 하나님의 거룩함에 동참하게 될 것이라는 말씀입니다. 우리의 삶의 모든 것들도 장차 하나님의 권위를 나타내게 되기를 소망합니다.

9

말라기

7일

† 오늘말씀 말라기 1:1 - 2:16

하나님의 침묵

하나님께서 침묵하시는 이유

💡 **실마리 풀기**

"해가 뜨는 곳으로부터 해가 지는 곳까지, 내 이름이 이방 민족가운데서 높임을 받을 것이다"(말 1:11)

어느 시대에나 교회가 부흥하면 반드시 그 끝에 거룩함을 흉내 내는 자들의 득세가 이루어지고, 그들의 타락은 곧이어 백성들의 방종을 끌어냅니다. 가식적 예배는 사회와 가정을 타락으로 이끕니다. 말라기는 이러한 백성들을 향하여 하나님의 심판을 외칩니다.

말라기는 바빌로니아에서 돌아온 유다를 향한 예언서입니다. B.C. 430년경, 성전은 재건되었고, 제사장 제도도 확립되어 있었지만 그들의 삶은 소망이 없는 상태를 이어가고 있었습니다. 오늘 읽을 내용은 에스라 이후 제사장들의 변질과 백성들의 타락에 대하여 말라기를 통해 내려주시는 경고의 말씀입니다.

주님의 사랑을 의심하는 이스라엘에게 - 우리를 사랑하신다는 증거가 어디에 있습니까?(1:1 - 5)

이때에 유배를 다녀온 백성들이 하나님으로부터 버림을 받았다는 자조적인 분위기에 빠져있었다. 그러나 주님께서 그들의 형제, 에돔을 미워하심으로 그들을 사랑하셨음을 기억하게 하신다.

예언하신 대로 주님은 우리를 구원하셨다. 우리가 구원을 받았다고 믿음은 하나님께서 우리를 불러 세우셨기 때문이다. 그것은 하나님의 주권적인 결정이며 거기에는 아무런 인간적인 조건이 없다. 주님께서는 야곱의 형 에서는 미워하시지만, 야곱은 사랑하신다. 하나님께서 야곱을 사랑하시고 에서를 미워하신 것처럼 우리의 구원도 오직 하나님의 선택이다. 그 택하심은 하나님께서 우리의 예배를 받기 원하시며 사랑하시기 때문이다.

[사랑하는 자를 택하신 주님 - 선택의 은혜] "그런즉 하나님께서 하고자 하시는 자를 긍휼히 여기시고 하고자 하시는 자를 완악하게 하시느니라"(롬9:18).

우리는 오직 예배를 통해 주님의 이름을 높이며, 언약의 말씀과 하나님께서 주신 비전을 깨닫고 순종해야 한다. 선택받은 우리는 하나님의 부르심에 합당한 삶을 살아야 한다. 그러나 구원은, 구원받을 만한 믿음이 있는 자만이 받을 수 있다(행14:9). 오직, 구원은 그 은혜에 의하여 믿음으로 받기 때문이다(엡 2:8 - 9). 구원은 너무나 불가항력적이고, 결코 피할 수 없는 **하나님의 붙드심**이다.

주님을 멸시하는 제사장들에게 - 이방 민족들 가운데 높임을 받으실 주님(1:6 - 2:9)

주님의 이름을 멸시한 제사장들 - 우리가 언제 제단을 더럽혔습니까?(1:6 - 14)

제사장들은 제단에 더러운 빵을 바치면서 '우리가 언제 주님의 이름을 멸시하였습니까?' '우리가 언제 제단을 더럽혔습니까?' 하고 되묻는다. '주님께 차려 드리는 상쯤은 더러워져도 괜찮아!', '이 얼마나 싫증나는 일인가!' 하고 말하며 제물을 멸시한다.

그러나 주님은 해가 뜨는 곳으로부터 해가 지는 곳까지, 그 이름이 이방 민족들 가운데서 높임을 받으실 것이다. 곳곳마다 사람들이 주님 이름으로 분향하며, 깨끗한 제물을 바칠 것이다. 주님의 이름이 이방 민족들 가운데서 높임을 받을 것이다.

제사장들에 대한 훈계의 말씀 - 생명과 평화가 약속된 언약(2:1 - 9)

"내가 레위와 맺은 언약은, 생명과 평화가 약속된 언약이다. 나는 그가 나를 경외하도록 그와 언약을 맺었고, 그는 과연 나를 경외하며 나의 이름을 두려워하였다. 그는 늘 참된 법을 가르치고 그릇된 것을 말하지 않았다. 그는 나를 불편하게 하지 않고 나에게 늘 정직하였다. 그는 또한 많은 사람들을 도와서, 악한 길에서 돌아서게 하였다"(2:5 - 6).

참된 제사장은 진리의 법을 지킴으로 백성들을 죄에서 돌이키게 하며, 하나님의 말씀을 따라 살도록 인도한다. 그러나 바른길에서 떠난 제사장들은 사람들에게 율법을 버리고 곁길로 가도록 가르친다.

불성실한 유다 백성들에게 - 너의 아내를 배신하지 말아라(2:10 - 16)

유다 백성은 주님을 배신하였다. 예루살렘과 이스라엘 온 땅에서, 주님께서 우리 조상과 맺으신 그 언약을 욕되게 하고 있다. 유다 백성은 주님께서 아끼시는 성소를 더럽히고, 남자들은 이방 우상을 섬기는 여자와 결혼까지 하였다. 주님께서 너희 제물을 외면하시며 그것을 기꺼이 받지 않으시는 것은 네가 젊은 날에 만나서 결혼한 너의 아내를 배신하였기 때문이다. 모든 민족 가운데 택함을 입은 유다 백성이 주님과 맺은 혼인서약을 무시하고 제 갈 길로 갔기 때문이다.

우리가 언제 주님의 이름을 멸시하였습니까?

하나님의 침묵은 두 가지 조건으로부터 옵니다. 예배를 아무렇게나 드려도 된다고 생각하는 것이 하나이고, 잘못된 가르침을 따라 거짓된 길로 가며, 방탕한 삶을 살므로 세상 사람들에게 멸시와 악평을 받게 되는 것이 두 번째입니다. 우리는 교회의 지도자들의 가르침을 통하여 하나님의 뜻에 귀를 기울여야 합니다. 그리하여 예배와 우리의 삶이 늘 주님의 가르침 가운데 일치되어야 합니다. 주님의 이름을 멸시하면서 주님의 한결같은 사랑을 기대하는 것은 어리석은 것입니다.

9
말라기

✝ 오늘 말씀 말라기 2:17 - 4:6

하나님의 약속
약속의 날에 구원을 받으려면

💡 **실마리 풀기**

"너희가 오랫동안 기다린 주가, 문득 자기의 궁궐에 이를 것이다. 너희가 오랫동안 기다린, 그 언약의 특사가 이를 것이다"(말 3:1)

이제 드디어 구약의 마지막 장을 읽을 차례입니다. 오늘 읽을 내용은 유다 백성들에 대한 심판의 선언과 주의 날을 예비하시겠다는 약속입니다. 끝내 하나님의 도전에 거부반응을 보이며, 자기 좋을 대로 행하는 자들에게 주시는 하나님의 마지막 말씀은 심판의 예고와 함께 메시아를 통한 해결책의 제시입니다. 그것은 하나님의 은밀하신 계획, 감추어진 경륜입니다.

그것은 주님의 정하신 날에 그의 특사와 언약의 특사를 보내겠다는 약속과 함께 세상 모든 민족을 향한 비전입니다. 그날이 오면, 주님을 경외하는 자들을 불러 모아 새 아들들로 삼으시겠다는 것입니다. "내가 지정한 날에, 그들은 나의 특별한 소유가 되며, 사람이 효도하는 자식을 아끼듯이, 내가 그들을 아끼겠다. 그때에야 너희가 다시 의인과 악인을 분별하고, 하나님을 섬기는 자와 섬기지 않는 자를 비로소 분별할 것이다"(3:17 - 18). 그리고 하나님은 침묵의 400년을 예비하셨습니다.

하나님의 공의를 의심하는 자들에게 - 공의롭게 재판하시는 하나님이 어디에 계시는가?(2:17 - 3:5)

[주님의 특사와 언약의 특사 - 세례 요한과 예수님] 어리석은 백성들이 '주님께서는 악한 일을 하는 사람도 모두 좋게 보신다. 주님께서 오히려 그런 사람을 더 사랑하신다' 하고 말하고, 또 '공의롭게 재판하시는 하나님이 어디에 계시는가?' 하고 말한다.

이에 대한 주님의 답은 우리가 알지 못하는 때에 우리를 향한 구원의 길을 예비하신 하나님의 선포이다. "내가 나의 특사를 보내겠다. 그가 나의 갈 길을 닦을 것이다"(3:1). 이사야 선지자도 주님의 특사 세례요한에 대하여 예언한다. "광야에서 한 소리가 외친다. 광야에 주님께서 오실 길을 닦아라. 사막에 우리의 하나님께서 오실 큰길을 곧게 내어라"(사 40:3). 그는 하나님의 아들, 예수 그리스도의 길을 예비할 것이다.

그리고 즉시 "너희가 오랫동안 기다린 주가, 문득 자기의 궁궐에 이를 것이다. 너희가 오랫동안 기다린, 그 언약의 특사가 이를 것이다"(3:1). 그는 아담으로부터 아브라함, 모세와 다윗에게 주신 모든 언약을 이루시기 위해 오실 것이다. "그때가 오면, 내가 이스라엘 가문과 유다 가문에 새 언약을 세우겠다"(렘 31:31)고 하신 그 말씀을 이루실 것이다.

주님께서 점치는 자와 간음하는 자와 거짓으로 증언하는 자와 일꾼의 품삯을 떼어먹는 자와 과부와 고아를 억압하고 나그네를 학대하는 자와 주님을 경외하지 않는 자들을 심판하러 오실 것이다.

이스라엘이 저지른 불의 - 온전한 십일조(3:6 - 12)

"사람이 하나님의 것을 훔치면 되겠느냐? 그런데도 너희는 나의 것을 훔치고서도 '우리가 주님의 무엇을 훔쳤습니까?' 하고 되묻는구나. 십일조와 헌물이 바로 그것이 아니냐! 너희 온 백성이 나의 것을 훔치니, 너희 모두가 저주를 받는다"(3:8 - 9).

온전한 십일조를 가로막는 것은 하나님께서 모든 것의 주인이시라는 사실을 간과하는 태도이다. 직업에 따라서는 오히려 정확한 십일조를 계산해 내려는 마음이 온전한 십일조를 막는 것일 수도 있다. "네 보물 있는 그곳에는 네 마음도 있느니라"(마 6:21)는 말씀처럼 재물에 우선을 두느냐, 주님을 향한 헌신에 우선을 두느냐의 문제인 것이다.

하나님을 섬기는 것이 헛된 일이라고 말하는 자들에게 - 우리가 무슨 말을 하였기에, 주님을 거역하였다고 하십니까?(3:13 - 4:6)

그 날이 오면, 주님을 경외하며, 주님의 이름을 존중하는 사람들은 주님께서 특별한 소유로 여기셔서 자식처럼 아끼실 것이다. 그 때 그들이 의인과 악인을 분별하고, 하나님을 섬기는 자와 섬기지 않는 자를 비로소 분별할 것이다. 모든 교만한 자와 악한 일을 하는 자가 지푸라기같이 타 버릴 것이다. 그러나 주님의 이름을 경외하는 자에게는 의로운 해가 떠올라서 치료하는 광선을 발할 것이니, 외양간에서 풀려 난 송아지처럼 뛰어다닐 것이다.

[주의 날 - 율법과 선지자, 모세와 엘리야] "너희는 율법, 곧 율례와 법도를 기억하여라. 그것은 내가 호렙 산에서 내 종 모세를 시켜서, 온 이스라엘이 지키도록 이른 것이다. 주의 크고 두려운 날이 이르기 전에, 내가 너희에게 엘리야 예언자를 보내겠다. 그가 아버지의 마음을 자녀에게로 돌이키고, 자녀의 마음을 아버지에게로 돌이킬 것이다"(4:5 - 6).

묻고? 답하기!

온전한 십일조를 드리는 일로 하나님을 시험해본 적이 있는가?

교회를 다니지 않는 사람들은 수입의 십 분의 일을 교회에 내는 것을 이해하지 못합니다. 우리도 혹시나 십일조 때문에 마음에 부담이 있는 것은 아닌가요? 기억하십시오, 십일조는 사실 돈을 드리는 것이 아니라 하나님을 향한 경외심과 경배와 찬양을 정성껏 올려 드리는 것입니다. 드릴 수 있는 시간과 물질과 능력의 십일조를 넉넉한 마음으로, 감사함으로 드리는 것입니다.

9월 9일 ~~~~~~~~~~~~~~~~~~~~~~~~~~~~~~~~~~~

주님께서 오실 길
400년간의 예비

✝ 오늘 말씀 말라기 3:1 - 5 ; 4:1 - 6

💡 실마리 풀기

"내가 나의 특사를 보내겠다. 그가 나의 갈 길을 닦을 것이다. 너희가 오랫동안 기다린 주가, 문득 자기의 궁궐에 이를 것이다. 너희가 오랫동안 기다린, 그 언약의 특사가 이를 것이다. 나 만군의 주가 말한다"(말 3:1)

유대인들의 궁극적 실패 - 우상숭배에서 율법주의에의 집착으로

솔로몬이 죽고 난 후, 이사야를 비롯한 예언자들의 끊임없는 경고와 조언에도 불구하고 유대인들은 우상 섬기기에 온 힘을 다 쏟았습니다. 결국, 북 왕국 이스라엘은 메소포타미아 지역에서 일어난 앗수르(B.C. 883 - 612)에 의해 멸망하였습니다(B.C. 722). 남 왕국 유다도 앗수르를 무너뜨린 바빌로니아(B.C. 612 - 539)에 의해 함락되었습니다. 줄기차게 하나님의 말씀을 거역하던 유대인들에게 하나님의 심판이 임하였던 것입니다. 그 당시에 예언자들은 유대인들이 바빌론에 항복할 것을 권고하면서 동시에 바빌론의 멸망도 함께 예언하였습니다. 예레미야에 의하면 하나님께서 바빌론을 북방의 또 다른 한 나라를 통해서 멸망시키고 유다를 회복시킬 것이라고 하였습니다(렘 50:3, 51:41 - 42). 그리고 70여 년이 흐른 후(B.C. 539 - 331), 바빌로니아를 무너뜨린 페르시아의 왕 고레스는 칙령을 발표하여 이스라엘 백성들이 본국으로 돌아갈 수 있도록 허락하였습니다(스 1:1 - 11). 사랑의 하나님께서 그들을 회복시키고자 하신 것입니다.

그렇게 바빌론에서 돌아온 유대인들은 에스라와 느헤미야의 지도를 받으며 회개하였습니다. 특히 에스라는 70년의 포로생활 동안 잊혀 진 율법을 다시 가르치고, 백성들 안에 퍼져 있는 이교도적인 요소들을 제거하는데, 온 힘을 쏟았습니다. 그들은 에스라가 명령한 대로(스 6:21) 율법을 준수함으로써 '이교도들의 부정함'으로부터 그들 자신을 구별하기로 작정하였습니다. 그리고 그들은 모세가 하나님께 받은 구전 율법을 기초로 해서 **관습적 교리**를 만들었습니다. 서기관들은 이 교리를 다듬고 확대하기 시작했습니다. 그 결과, 〈시간과 여유를 가지고 부단히 연구할 수 있는 사람들〉 외에는 그 누구도 이해하기 힘들고, 자신도 지켜낼 수도 없는 백과사전과 같은 율법을 만들어 냈습니다. 그들의 관심은 하나님의 뜻(Vision)보다는 오로지 말 뿐인 행위에 치중되어 있었습니다. 끝내 자아를 내려놓지 못하고, 자신의 능력으로 구원을 이루고자 하는 율법주의자들의 아집은 하나님을 400년간이나 침묵하게 하였습니다.

400년간의 침묵 - 하나님의 뜻(Vision)을 향한 새로운 계획의 예비

메시아를 향한 유대인들의 갈망 - 그러나 400년간의 침묵은 하나님의 새로운 계획을 예비하는 기간이었습니다. 그것은 메시아의 길이었습니다. 하나님께서 말라기를 마지막으로 예언자들을 폐하셨습니다. 예언자들이 없는 세상은 주님의 아들들에게 너무도 조용하고 불안하였습니다. 과연 하나님께서 어찌하실 것인가? 궁금하기 짝이 없었습니다. 보내시리라 하던 그 메시아는 언제 오시는 것인가? 하나님께서 새로운 약속을 세상 모든 민족에 소개하시고 복음의 갈 길을 예비하실 것인가? 직접 이 땅에 임하실 것인가? 그들의 마음이 간절해지기 시작하였습니다.

헬레니즘이라는 문화적 통일 - 그 때에 마케도니아의 알렉산더 대왕이 지금의 그리스 도시 국가들을 정복하고, 페르시아는 물론 유대 지역도 점령하였습니다(B.C. 333). 그리고 헬라 문화를 이집트와 인도에까지 퍼뜨렸습니다. 그리스의 언어, 철학, 종교, 예술, 과학 그리고 삶의 방식까지 모든 것을 온 지역에 전파했습니다. 그러나 이러한 헬레니즘은 유일신 사상을 지닌 유대인들의 히브리즘(유대주의)과의 문명의 충돌을 일으킬 수밖에 없었습니다. 그로 인해 유대인들은 늘 외부로부터의 핍박과 내면으로부터의 갈등에 시달릴 수밖에 없었으며, 얼마 후, 예루살렘은 로마(B.C. 63 - A.D. 500)에 의해 점령되었습니다.

로마에 의한 정치적, 경제적 통일 - 그리고 율리우스 시저가 암살된 이후 정권을 잡은 로마의 아우구스투스 황제(B.C. 29 - A.D. 14)는 강력한 로마를 이룩하였습니다. 그는 44년간이나 독재 정치를 함으로써, 이집트를 포함한 지중해 연안 지역에 '로마의 평화'(Pax Romana)를 이루었습니다. 그 평화는 로마의 강력한 군사력, 특히 전차를 이용한 기동력에 바탕을 두고 이룩된 것이었습니다. 그것은 잘 발달하고 정비된 도로의 확충과 통신의 발달을 초래하였습니다. 알렉산더 대왕이 헬레니즘이라는 문화적 통일을 이룩한 이 지역에 로마는 정치적, 경제적 통일까지 가져온 것입니다. 로마의 정치적 안정, 평화로운 교통 그리고 공통의 언어가 된 헬라어는 향후 복음이 전 세계로 퍼져나가는데 큰 기반이 되었습니다.

하나님께서 예비한 기한 - 이제 이스라엘을 향한 주의 약속이 이루어질 수 있도록 그렇게 예비는 끝났습니다. 그 무엇보다도 메시아를 향한 유대인들의 갈망은 극에 도달하였고, 땅 끝을 향한 모든 길이 활짝 열렸습니다. 보내 주신다던 엘리야가 오기만 하면 될 것이었습니다. 그가 메시아를 예비할 것이기 때문입니다. 하나님의 뜻(Vision)이 드디어 온 세상 만민에게 전해지게 될 것입니다.

"그러나 기한이 찼을 때에, 하나님께서는 자기 아들을 보내셔서, 여자에게서 나게 하시고, 또한 율법 아래에 놓이게 하셨습니다. 그것은 율법 아래에 있는 사람들을 속량하시고, 우리로 하여금 자녀의 자격을 얻게 하시려는 것이었습니다"(갈 4:4 - 5).

신 약
New Testament

9월 10일

마태가 이해한 예수 그리스도

예언에 의한, 세상 모든 민족을 위한 메시아

✝ **오늘 말씀** 마태복음 9:9 – 13, 마가복음 2:13 – 17, 누가복음 5:27 – 32

💡 **실마리 풀기**

"나를 따라 오너라." 레위는 모든 것을 버려두고, 일어나서 예수를 따라갔다. 레위가 자기 집에서 예수에게 큰 잔치를 베풀었는데 많은 세리와 그밖의 사람들이 큰 무리를 이루어서, 그들과 한자리에 앉아서 먹고 있었다(눅 5:27 – 29)

'세리' 마태 - '알패오의 아들 레위'

마가는 마태를 '알패오의 아들 레위'(막 2:13 - 17)라고 불렀습니다. 마태의 아버지 알패오는 레위 인이며, 서기관이었습니다. 마태는 아버지의 가르침을 받아 어려서부터 성경(구약)을 배우고 암송하며 자랐습니다. 그런데 그가 어찌하여, 동족들에게 죄인으로 취급을 받는 세리가 되었을까요?

아시다시피 말라기 이후 이스라엘에는 무려 400여 년 동안이나 시대를 비판하고, 하나님의 뜻을 전달할 예언자가 단 한 명도 나타나지 않았습니다. 유대인들의 예배와 성례는 사두개인 제사장들과 바리새인 율법학자들에 의해 독점, 왜곡되었습니다. 결국 레위 인들은 성전에서 하나님을 섬기는 본래의 임무를 수행할 수 없게 되고 먹고 살길이 막막해졌습니다. 한편, 로마제국은 유대 지역에 총독을 세우고, 군대가 예루살렘에 주둔하여 통치하면서 세금도 직접 거두어들이게 되었습니다. 그래서 점령지역의 지식인을 필요로 하는 로마 정부는 레위 인들의 지적인 능력을 이용하고자 하였습니다. 결국, 그들의 상당수가 세리의 역할을 감당하게 되고, 마태도 마찬가지로 로마 정부의 세리가 되어 살아갈 수밖에 없었습니다.

하지만 마태는 세리의 직무를 수행하면서도 늘 마음속에는 성경(구약)의 〈언약의 메시아〉를 간직하고 있었으며, 예루살렘의 분위기에 늘 신경을 곤두세우고 있었습니다. 그러던 어느 날, 그는 이 분이 혹시 메시아가 아닐까 하는 소문을 들었습니다. 세례 요한이 그를 두고 성령과 불로 세례를 주실 분이라고 소개하였다는 것과 많은 병자를 고치시며, 하늘나라에 대하여 가르치고 다니신다는 것을 들었습니다. 그 예수님께서 마태에게 "**나를 따라 오너라**" 하셨습니다. 마태는 모든 것을 버려두고 즉시 예수님을 따랐습니다. 그리고 예수님을 위해 자기 집에서 큰 잔치를 베풀었습니다.

마태('하나님의 선물') 의 사역 - 복음서가 된 마태의 기록

마태('하나님의 선물')는 예수님을 따라다니면서 **서기관처럼 묵묵히** 그리고 **세금징수원처**

럼 **치밀하게** 예수님의 언행을 기록하였습니다. 예수님께서 가르치시는 하나님 나라의 계획이 무엇인지 궁금해 하면서 예수님의 곁을 지켰습니다. 자기를 들어내지 않고 오직 예수님의 일거수일투족만을 기록하여 간직하였습니다.

예수님께서 하늘로 올라가신 후, 30여 년이 지나자 유대인의 회당과 그리스도인들의 교회는 예수님께서 진실로 메시아이신지에 관하여 갈등을 겪고 있었습니다. 때마침 마가가 집필한(그리스 희곡의 형식을 빌린) 복음서를 접하게 된 마태는 자신도 복음서를 집필하고자 하는 자극과 감동을 받았습니다. 자신이 가지고 있는 모든 기록과 확신을 로마 제국 곳곳에 세워진 **여러 교회의 유대계 그리스도인들에게** 전하고자 하는 시도를 하게 되는 것입니다.

마태가 전하고자 한 확신 - 유대인의 의구심과 소명

유대계 그리스도인들은 그가 진실로 약속의 성취를 위해 오신 메시아이신가? 만일 그것이 사실이라면 그는 어째서 약속된 왕국을 세우는 데 실패했는가? 그 나라는 정말 세워질 수 있는 것인가? 그 나라를 세우시려는 하나님의 목적이 무엇인가? 등등의 질문을 갖고 있었습니다. 이에 마태는 다윗의 자손이신 예수님의 족보와 구약 예언의 성취(1:1 - 2:23)를 기록하고, 성경(구약)을 자주(약 130번) 인용함으로써, 예수님의 삶과 사역을 통하여 메시아에 대한 예언을 성취한 분으로 전하고 있습니다. 이는 그가 성경(구약)에 대해 정통하고, 믿음이 충만하였기 때문입니다.

또한 회개(11:20 - 24)와 순종(16:24 - 28)에의 요청 그리고 **선교에로의 부름**(28:18 - 20)의 기록은 하나님께서 아브라함을 택하신 이유 그리고 유대인에게 원하시는 바가 무엇인지 정확히 인식하였기 때문에 가능한 것입니다. 복음서의 첫 부분에 예수가 아브라함의 자손임을 언급한 것도 실은 아브라함으로 인해 **"땅의 모든 족속이 복을 받게 되리라"**고 하나님께서 말씀하셨기 때문이며, 끝부분에 세계로 나가라는 지상명령을 기록한 것은 드디어 아브라함에게 주신 약속의 성취가 이룩되어야 할 것임을 강조하고 있는 것입니다.

후렴으로 본 마태복음의 구조 - 연대별로가 아니라 주제별로 정리한 복음

서 론 1:1 - 4:17   예수께서 하나님 아들이며 메시아이신 증거
본 론
　　　1. 4:18 - 7:29 "예수께서 이 말씀을 마치시니"(7:28)
　　　2. 8:1 - 11:1   "예수께서 열두 제자에게 지시하기를 마치고"(11:1)
　　　3. 11:2 - 13:53 "예수께서 이 비유들을 말씀하신 뒤에"(13:53)
　　　4. 13:54 - 19:2 "예수께서 이 말씀을 마치시고"(19:1)
　　　5. 19:3 - 26:2 "예수께서 이 모든 말씀을 마치셨을 때에"(26:1)
결 론 26:3 - 28:20   수난과 부활

마태복음

유대인의 왕으로 오신 예수님
구약시대에 예언된 메시아

💡 **실마리 풀기**

"동정녀가 잉태하여 아들을 낳을 것이니, 그의 이름을 임마누엘이라 할 것이다"(마 1:23)

마태는 레위 가문 출신으로, 세리였다가 예수님의 제자로 발탁되어 예수님과 함께 3년의 세월을 보냈습니다. 뼛속까지 유대인이었던 마태는 유대적인 관점에서 예수님을 바라보고 이해했습니다. 예수님께서 부활하신 후, 마태는 그분이 바로 성경(구약)에서 아브라함에게 약속하신 복의 근원, 메시아이시며, 하나님의 아들이심을 깨달았습니다. 그래서 그분을 자신의 동족들에게 소개하고자 하는 것입니다.

예수님의 족보 - 다윗의 자손, 유대인의 왕 그리고 열방을 위한 메시아(1:1 - 17)

유대인들은 이스라엘을 역사상 가장 강하고, 활기찬 왕국으로 만들었던 다윗과 같은 능력을 보일 메시아를 간절히 원하고 있었다. 마태는 족보를 통하여 **아브라함과 다윗의 자손**이며, **유대인의 왕**으로 나신 분으로 예수를 소개하고 있다. 하나님께서 아브라함에게 "세상 모든 족속이 네 자손의 덕을 입어서, 복을 받게 될 것이다"(창 22:18)고 하신 말씀 가운데 그 자손이 바로 예수라는 것이다. 아울러 바로 그들이 고대하던 **메시아**, 그 **약속의 성취자**로 오신 이가 바로 예수 그리스도라고 소개하고 있다.

마태는 그 족보가운데 특히 천대받던 이방 여인들(다말, 라합, 룻 그리고 우리야의 아내)로부터 태어난 조상들의 기록을 드러냄으로써, 성령으로 잉태한(관습상 간음한 여인으로 오해를 살만한) 동정녀 마리아로부터 나신 예수님께서 열방을 위한 메시아로 오셨음을 증명하고 있다. 예수 그리스도께서 인간으로 오신 하나님(성육신)이심을 믿는다면, 성령으로 잉태하셨음(동정녀)을 믿는 것도 당연할 것이다.

메시아와 관련한 구약의 예언을 성취한 일곱 가지 사건(1:18 - 4:17)

유대인 마태에게는 예수님의 탄생이 구약 선지자들의 예언의 성취였음을 규명하는 일이 큰 관심사였다. 그래서 그는 특별히 구약의 본문을 직접 인용하면서 '예언을 성취한 일곱 가지 사건'을 언급한다. 그것은 '그가 진실로 구약시대에 예언된 메시아였는가?' 하는 의문을 해결하고자 함이다.

첫째(1:22 - 23), 예수 그리스도의 탄생 / 임마누엘(사 7:14) - 주님께서 예언자를 시켜서 이르시기를, "보아라, 동정녀가 잉태하여 아들을 낳을 것이니, 그의 이름을 임마누엘이라고 할 것이다" 하신 말씀을 이루려고 하신 것이다.

둘째(2:5 - 6), **베들레헴에서의 탄생과 동방박사들**(미 5:2) - 예언자가 이렇게 기록하여 놓았다. "너 유대 땅에 있는 베들레헴아, 너는 유대 고을 가운데서 아주 작지가 않다. 너에게서 통치자가 나올 것이니, 그가 내 백성 이스라엘을 다스릴 것이다."

셋째(2:15), **이집트로의 피신**(호 11:1) - 이것은 주님께서 예언자를 시켜서 말씀하신바, "내가 이집트에서 내 아들을 불러냈다" 하신 말씀을 이루시려는 것이었다. 이 말씀은 본래 하나님께서 이스라엘 백성을 출애굽 시키셨음을 언급한 것이지만, 메시아(아기 예수)께서도 헤롯의 박해를 피해 가실 것을 예언한 것으로 보고 있다.

넷째(2:17 - 18), **헤롯이 어린아이들을 죽이다**(렘 31:15) - 이리하여 예언자 예레미야를 시켜서 하신 말씀이 이루어졌다. "라마에서 소리가 들려왔다. 울부짖으며, 크게 슬피 우는 소리다. 라헬이 자식들을 잃고 우는데, 자식들이 없어졌으므로, 위로를 받으려 하지 않았다."

다섯째(2:23), **나사렛으로 돌아온 예수**(사 11:1) - 이리하여 예언자들을 시켜서 말씀하신바, "그는 나사렛 사람이라고 불릴 것이다" 하신 말씀이 이루어졌다.

여섯째(3:3), **세례자 요한의 전도**(사 40:3)**와 예수께서 받으신 시험** - 이 사람을 두고 예언자 이사야는 이렇게 말하였다. "광야에서 외치는 이의 소리가 있다. '너희는 주님의 길을 예비하고, 그의 길을 곧게 하여라'."

일곱째(4:14 - 17), **예수께서 갈릴리에서 복음을 선포하기 시작하시다**(사 9:1 - 2) - 이것은 예언자 이사야를 시켜서 하신 말씀을 이루시려는 것이었다. "스불론과 납달리 땅, 요단 강 건너편, 바다로 가는 길목, 이방 사람들의 갈릴리, 어둠에 앉아 있는 백성이 큰 빛을 보았고, 그늘진 죽음의 땅에 앉은 사람들에게 빛이 비치었다." 그때부터 예수께서는 "회개하여라. 하늘나라가 가까이 왔다"하고 선포하기 시작하셨다.

예수님께서는 세례를 받으시고, 성령 충만함을 입으시고, 시험에 승리하신 후에 비로소 복음을 전파하셨다. 예수님의 삶은 구약에 메시아로서 예언된 말씀을 이루어가는 것이었다.

묻고? 답하기!

이천 년 전에 이스라엘 땅에 오신 예수님을 우리가 어떻게 만나게 되었는가?

어느 나라든지 마찬가지겠지만, 이 땅에 예수님에 관한 소식을 처음 전해 준 믿음의 선조들을 생각할 때에 그 고마움을 이루 다 표현할 수가 없습니다. 그들은 예수님께서 가셨던 그 고난의 길을 이 땅에서 직접 감당한 사람들입니다. 그들의 전하는 손길이 아니었다면 우리는 아직도 죽은 목숨입니다. 시간이 되면 양화진(외국인 선교사 묘역)에 한 번 가 보아야겠습니다.

9

12일

마태복음

✝ **오늘 말씀** 마태복음 4:18 - 7:29

하늘나라 사람의 삶의 기준
전혀 새로운 세계관

💡 **실마리 풀기**

"너희는 먼저 하나님의 나라와 하나님의 의를 구하여라. 그리하면 이 모든 것을 너희에게 더하여 주실 것이다"(마 6:33)

마태는 하나님 나라를 하늘나라(천국)라고 표현합니다. 유대인들은 거룩하신 하나님의 이름을 입에 올리기 꺼리기 때문입니다. 예수께서 사탄의 시험을 이겨내신 후, "회개하여라. 하늘나라가 가까이 왔다" 하고 선포하셨습니다. 예수님의 말씀은 이제까지 그 누구에게서도 들어보지 못한 파격적인 요청이었습니다. 겉으로 드러나는 모습이 아닌 내면의 진정한 삶의 모습을 송두리째 변화시켜야 하나님 나라의 삶을 살아갈 수 있다는 가르침입니다.

첫 번째 행하심 - 제자들에게 모범을 보이신 주님의 사역(4:18 - 25)

예수님께서 갈릴리의 회당에서 가르치며(teaching), 하늘 나라의 복음을 선포하며 (preaching), 백성가운데서 모든 질병과 아픔을 고쳐주셨다(healing).

첫 번째 말씀하심 - 산상 설교의 3가지 관점(5:1 - 7:29)

1. 하늘나라 사람의 신분 조건 - 여덟 가지 복(5:1 - 16)

하나님 나라 사람이 되려면 그는 우선 마음이 변화되고 심령의 회개를 함으로써 자신의 영적인 상태를 깨닫고 목마른 사슴처럼 간절히 하나님을 찾아야 한다. 둘째, 자신의 한계, 죄와 허물에 대하여 안타까워하며 속상해하여야 한다. 셋째, 그리하여 하나님이 주관하시는 이 세상을 돌아보게 되었을 때 자신의 의를 앞세우기보다 하나님의 인도하심에 모든 것을 맡기며 온유하게 살며 넷째, 이 땅의 불의뿐만 아니라 자신의 내면의 죄악을 슬퍼하며, 하나님의 의가 자신의 삶과 세상 속에서 실현되기를 간절히 바라는 사람이 되어야 하며 다섯째, 또한 그는 자신이 용서받은 죄인임을 깨닫고 이웃의 아픔에 자비를 베푸는 삶을 살아야 한다.

그리고 여섯째, 하나님 나라에서 맡은 바 직분을 수행할 때 하나님 앞에 자기 의를 드러내지 않고 신실하고 정직한 마음을 계속 유지하여야한다. 일곱째, 예수님을 통해 하나님과 화목한 관계를 회복하고, 그가 속한 공동체에 하나님 나라의 행복과 평안을 주어야하며 여덟째, 하나님 나라의 의를 말하고 예수님의 복음을 전하며 핍박을 받는 사람이 되어야 한다.

2. 하늘나라 사람의 이웃과의 삶 - 새 율법(5:17 - 48)

유대인들은 율법(성경에서 추출해 낸 248개의 명령과 365개의 허용)을 준수하는 것에 목숨을 걸고 살아간다. 그러나 율법은 인간이 스스로의 의지로 결코 지킬 수 없다. 오직 죄를 깨달을 뿐이다. 예수님께서 말씀하셨다. 율법에 '살인하지 말라'하였으나, 사람들 사이에서 분노를 쌓아가는 것이 살인을 하게 되므로, 우리는 이웃과 바른 관계를 유지하여야 하며 형제와 화목하여야 한다. 네 이웃을 사랑하고, 네 원수를 미워하여라'하였으나, 하나님께서는 선한 자나 악한 자나 이교도들에게도 똑같이 비를 내려주시듯이 우리도 그들을 위하여 기도하여야 한다.

오히려 입으로는 구원의 믿음을 가졌노라고 하면서, 교회 안에서 서로 비방하거나, 분쟁을 일으키는 사람(5:22), 육신으로 음욕을 품거나, 죄를 지으며 살아가는 사람(5:27-30)은 지옥에 던져질 것이다.

3. 하늘나라 사람의 하나님과의 삶 - 하늘나라에 들어가는 방법(6:1 - 7:29)

구제와 기도와 금식에 대한 가르침 - 하나님 나라 사람의 신앙생활은 은밀한 가운데 행하여야 한다. 구체적으로 구제와 기도 그리고 금식의 세 가지 경건 행위에 있어서 더욱 그러하다. 사람들은 자신의 신앙을 공중에 드러내고 세상의 상을 받기를 원한다. 예수님께서는 그러한 자들은 세상에서의 상(인간의 보상)으로 이미 하늘나라의 상(하나님의 보상)을 대신 받았다고 말씀하신다.

세상 염려에 대한 가르침 - 한사람이 두 주인을 섬길 수 없듯이 하나님 나라 사람은 하나님과 재물을 함께 섬길 수 없다. 사람들이 재물을 쫓아 살아가는 것은 자기 스스로 모든 것을 해결하려는 욕망이며, 탐욕을 위해 사는 것이다. 재물과 하나님 사이를 오가며 동시적이며, 이중적인 헌신은 하나님을 업신여기는 것이며 우상을 섬기는 것이다.

하나님 앞에서 행함에 대한 가르침 - 하나님 나라에 들어가는 방법은 한 가지 "하늘에 계신 내 아버지의 뜻을 행하는 사람", "말씀을 듣고 그대로 행하는 사람"이 되는 것이다.

첫 번째 단원의 후렴(7:28) : "예수께서 이 말씀을 마치시니, 무리가 그의 가르침에 놀랐다."

오늘도 나는 무엇을 걱정하며 하루를 보내었는가?

"무엇을 먹을까, 무엇을 마실까, 무엇을 입을까 하고 걱정하지 말아라." 오히려 "너희는 먼저 하나님의 나라와 하나님의 의를 구하라." 이는 마태가 예수님과 함께 사역하며 깨달은 하나님의 뜻이며, 하나님의 마음입니다. 오늘도 나는 이런 찬양을 불러 봅니다. "내일 일은 난 몰라요. 하루하루 살아요."

13일

✝ 오늘 말씀 마태복음 8:1 – 11:1

왕의 권능을 보이시는 예수님
목자 없는 양들을 향한 손길

💡 실마리 풀기

"나는 의인을 부르러 온 것이 아니라, 죄인을 부르러 왔다"(마 9:13)

이사야는 하나님께서 보내신 메시아께서 **"가난한 사람들에게 기쁜 소식을 전하고, 상한 마음을 싸매어 주고, 포로에게 자유를 선포"**(사 61:1)하실 것이라고 예언하였습니다. 예수님께서 가난하고 불쌍한 자들을 고쳐주시며, 이적을 보이심은 스스로 왕이심을 증명하고, 예수님께서 이 땅에 오신 이유를 드러내시기 위함입니다. 하늘나라에 관하여 들어 본 적이 없는 사람들에게 하늘나라를 경험하게 하심으로 구원의 길로 인도하시고자 함입니다. 특별히 예수님의 가르침을 이어받아 사명을 감당해야 할 제자들에게는 **"자기 십자가를 지고 나를 따르라"**(8:19 – 22, 10:35 – 38)고 요청하심으로, 그들이 앞으로 겪어내야 할 고난을 예고하시는 것을 볼 수 있습니다.

두 번째 행하심 - 구약의 예언(사 53:4)을 이루시는 아홉 편의 치유와 한 가지 기적(8:1 - 9:34)

유대교에서는 죄를 사하고 질병을 치유하는 것은 하나님만이 하실 수 있는 것이라고 믿었다. 그러나 이사야가 예언한 대로 "그는 몸소 우리의 병약함을 떠맡으시고, 우리의 질병을 짊어지셨다"(사 53:4)하신 말씀이 이루어졌다. 예수님께서 행하시는 치유의 역사는 죄로부터의 치유이며, 신체의 질병에 대한 권세를 나타내심이다. 예수님께서 하실 수 있다고 믿은 자들은 바로 예수님께 치유를 받을 수 있었다.

나병 환자 - "깨끗하게 되어라"하고 말씀하시니, 곧 그의 나병이 나았다.

백부장의 종 - "가거라. 네가 믿은 대로 될 것이다" 하시니, 바로 그 시간에 그 종이 나았다.

베드로의 장모 - 그 여자의 손에 손을 대시니, 열병이 떠나고.

귀신들린 두 사람 - "가라"하고 명령하시니, 귀신들이 나와서 돼지들 속으로 들어갔다.

중풍 환자 - "일어나서, 네 침상을 거두어 가지고 집으로 가거라"하시니, 그가 돌아갔다.

어느 지도자의 딸 - 소녀의 손을 잡으시니, 그 소녀가 벌떡 일어났다.

혈루증 걸린 여인 - "딸아, 네 믿음이 너를 구원하였다". 바로 그 때 그 여자가 나았다.

눈 먼 두 사람 - "너희 믿음대로 되어라" 그러자 그들의 눈이 열렸다.

말 못하는 사람 - 귀신이 쫓겨나니, 말 못하는 그 사람이 말을 하게 되었다.

풍랑을 잔잔하게 하시다 - 바람과 바다를 꾸짖으시니, 바다가 아주 잔잔해졌다.

두 번째 말씀하심 - 목자 없는 양들에게 제자들을 보내시며(9:35 - 11:1)

"추수할 것은 많은데, 일꾼이 적다. 그러므로 너희는 추수하는 주인에게 일꾼들을 그의 추수 밭으로 보내시라고 청하여라." - 드디어 열두 제자를 모두 부르신 예수님은 그들에게 귀신을 제어할 수 있는 권능과 귀신을 쫓아내는 능력, 질병과 허약함을 고치는 능력을 주셨다. 그리고 예수님의 계획을 선포한다. 그것은 하나님 나라의 확장이다.

"전대에 금화도 은화도 동전도 넣어 가지고 다니지 말아라." - 전도자는 전대에 돈을 넣어서 다니면 안 되고, 여행용 자루도, 속옷 두 벌도, 신도, 지팡이도, 지니지 말며, 자기 먹을 것을 얻어야 할 것이 마땅하다는 인식을 가져야 한다. 하나님 나라를 꿈꾸는 자는 가난한 자, 낮은 자, 고생하며 애통해하는 자가 되어야 하늘나라에 들어갈 것이다.

"자기 목숨을 얻으려는 사람은 목숨을 잃을 것이요, 나를 위하여 자기 목숨을 잃는 사람은 목숨을 얻을 것이다." - 전도자는 핍박과 고난을 넘어서서 죽음까지도 두려워하지 말아야 한다. 복음을 전하는 자는 자기 십자가를 지고 오직 하나님만을 사랑하여야 한다. 성경의 말씀을 잘 아는 사람, 남들에게 보이기 위해 성경을 읽는 사람보다 말씀에 순종하여 행하는 사람이 하늘나라에 들어갈 것이다.

"너희를 맞아들이는 사람은 나를 맞아들이는 것이요, 나를 맞아들이는 사람은 나를 보내신 분을 맞아들이는 것이다." - 복음을 전하는 자를 받아들이는 것은 제자들의 메시지를 받아들이는 것이며, 예수님의 인격과 삶을 받아들이는 것과 같다. 주님의 사역자들을 환대하는 것은 예수님을 환대하는 것과 같은 것이다. 하나님 나라의 왕이신 예수님을 받아들여서 그분의 통치를 받는 사람만이 하늘나라에 들어갈 것이다.

두 번째 단원의 후렴(11:1) : "예수께서 열두 제자에게 지시하기를 마치고, 거기에서 떠나셔서, 유대 사람들의 여러 고을에서 가르치며 복음을 전하셨다."

묻고? 답하기!

예수님이 나의 왕이시며, 나의 주인이심을 인정하고 살아가고 있는가?

사람들은 자신의 능력으로 하루하루를 살아가고 있다고 생각합니다. 자신이 자기 삶의 주인이라고 생각하기 때문입니다. 그러나 성령에 민감한 사람들은 주님의 돌보심이 없이는 한순간도 안심할 수 없는 삶을 살아가고 있다는 것을 알 것입니다. 아침에 눈을 뜨는 시간부터 잠자리에 들어 편한 잠을 청하는 순간까지 수많은 기적이 둘러싸고 있었음을 고백하지 않을 수 없습니다. 하늘나라의 왕이시며, 나의 주인이신 주님께 무한한 감사의 찬양을 드립니다.

14일

✚ 오늘 말씀 마태복음 11:2 - 13:53

하늘나라의 왕이신 예수님
하늘나라의 소개

💡 실마리 풀기

"수고하며 무거운 짐을 진 사람은 모두 내게로 오너라. 내가 너희를 쉬게 하겠다"(마 11:28)

이제까지 제자를 부르시고, 가르치고, 고치시며 복음을 전파하시던 예수님께 적대적 감정을 드러내는 자들이 생겨나기 시작하였습니다. 그들은 보아도 보지 못하고, 들어도 듣지도 못하고 깨닫지도 못하는 자들이었습니다. 이에 예수님께서 제자들에게 자신의 정체성에 대하여 예언자의 말씀에 따라 설명하고, 일곱 가지 비유를 들어 하늘나라를 설명하셨습니다.

세 번째 행하심 - 구약의 예언을 이루시는 변증(11:2 - 12:50)

요한의 제자들에게 - "눈먼 사람이 보고, 다리 저는 사람이 걸으며, 나병 환자가 깨끗하게 되며, 듣지 못하는 사람이 들으며, 죽은 사람이 살아나며, 가난한 사람이 복음을 듣는다"(사 35:4 - 6)고 하였던 이사야 선지자의 예언이 예수님의 사역으로 성취되었다. 또한, 세례 요한에 대하여 "이 사람을 두고 성경에 기록하기를, '보아라, 내가 내 심부름꾼을 너보다 앞서 보낸다. 그가 네 앞에서 네 길을 닦을 것이다'(말 3:1) 하였다"(11:10)고 말씀하심으로 말라기의 예언이 성취되었음을 보이셨다.

회개하지 않는 도시들을 향하여 - "수고하며 무거운 짐을 진 사람은 모두 내게로 오너라. 내가 너희를 쉬게 하겠다. 나는 마음이 온유하고 겸손하니, 내 멍에를 메고 나한테 배워라. 그리하면 너희는 마음에 쉼을 얻을 것이다. 내 멍에는 편하고, 내 짐은 가볍다."

배척하는 바리새인들을 향하여 - "인자는 안식일의 주인이다."

예수님께서 많은 무리를 고쳐 주시고 - 자신을 드러내지 말라고 당부하셨다. 이것은 예언자 이사야를 시켜서 하신 말씀을 이루시려는 것이었다. "보아라, 내가 뽑은 나의 종, 내 마음에 드는 사랑하는 자, 내가 내 영을 그에게 줄 것이니, 그는 이방 사람들에게 공의를 선포할 것이다"(사 42:1 - 4).

예수의 권능을 곡해하는 바리새인들을 향하여 - "인자를 거슬러 말하는 사람은 용서를 받겠으나, 성령을 거슬러 말하는 사람은, 이 세상에서도 오는 세상에서도, 용서를 받지 못할 것이다."

새 표징을 요구하는 사람들을 향하여 - "요나가 사흘 낮과 사흘 밤 동안을 큰 물고기 뱃속에 있었던 것 같이, 인자도 사흘 낮과 사흘 밤 동안을 땅속에 있을 것이다."

가족과 형제들을 향하여 - "하늘에 계신 내 아버지의 뜻을 따라 사는 사람이 곧 내 형제요

자매요 어머니이다."

세 번째 말씀하심 - 구약의 예언(사 6:9 - 10, 시 78:2)을 이루시는 일곱 가지 비유(13:1 - 53)

예수님께서 비유로 말씀하시는 것은 말씀을 듣고 깨달을 은혜를 받은 자만이 깨달을 수 있기 때문이다. "너희가 듣기는 들어도 깨닫지 못하고, 보기는 보아도 알아보지 못할 것이다. 이는 그들로 하여금 눈으로 보지 못하게 하고 귀로 듣지 못하게 하고 마음으로 깨닫지 못하게 하고 돌아서지 못하게 하여, 내가 그들을 고쳐 주지 않으려는 것이다"(사 6:9 - 10)고 한 이사야 예언의 성취이다.

씨 뿌리는 사람의 비유 - 하늘나라의 말씀을 듣고도 깨닫지 못하는 자는 길가에 뿌린 씨이며, 말씀을 듣고 곧 기쁘게 받아들이기는 하지만 속에 뿌리가 없어서 오래 가지 못하고, 말씀 때문에 박해가 일어나면 곧 걸려 넘어지는 사람은 자갈밭에 뿌린 씨이다. 말씀을 듣기는 하지만 세상의 염려와 재물의 유혹이 말씀을 막아, 열매를 맺지 못하는 자는 가시덤불 속에 뿌린 씨이며, 좋은 땅에 뿌린 씨는 말씀을 듣고서 깨닫는 사람을 두고 하는 말인데, 이 사람이야말로 열매를 맺되, 백 배 혹은 육십 배 혹은 삼십 배의 결실을 낸다.

밀과 가라지의 비유 - 하늘나라는 추수할 때에 먼저 가라지를 뽑아 단으로 묶어서 불태워 버리고, 밀은 곳간에 거두어들일 것이다. 가라지는 겉보기에는 곡식 같지만, 하나님 보시기에는 잡초일 뿐이다.

겨자씨와 누룩의 비유 - 하늘나라는 어떤 씨보다 더 작은 것이지만, 자라면 어떤 풀보다 더 커져서 나무가 되는 겨자씨와 같다. 하늘나라는 가루 서 말 속에 살짝 섞어 넣으면 마침내 온통 부풀어 오르는 누룩과 같다.

밭에 숨겨 놓은 보물의 비유 - 하늘나라는 밭에 숨겨 놓은 보물과 같다.

좋은 진주를 구하는 상인의 비유 - 하늘나라는 좋은 진주를 구하는 상인과 같다.

바다에 그물을 던져서 온갖 고기를 잡아 올리는 것의 비유 - 하늘나라는 바다에 그물을 던져서 온갖 고기를 잡아 올리는 것과 같다.

세 번째 단원의 후렴(13:53) : "예수께서 이 비유들을 말씀하신 뒤에, 그 곳을 떠나셨다."

묻고? 답하기!

예수님께서 주신 비유로 온전히 하늘나라가 이해되었는가요?

예수님께서 보아도 보지 못하고, 들어도 듣지 못하고, 깨닫지도 못하는 자들을 안타까워 하셨습니다. 그러면 우리는 성경 말씀을 듣고서 깨닫는 좋은 땅에 뿌린 씨임을 자랑할 수 있겠습니까? 자갈밭에 뿌린 씨이거나, 가시덤불 속에 뿌린 씨가 아니라고 자부할 수 있겠습니까?

9

마태복음

15일

✝ 오늘 말씀 마태복음 13:54 - 16:12

왕이신 예수님에 대한 몰이해
예수님의 대응

💡 실마리 풀기

"너희는 아직도 깨닫지 못하느냐? 오천 명이 먹은 그 빵 다섯 개를 기억하지 못하느냐?"(마 16:9)

예수님께서 소개한 하늘나라는 진정 하나님과 인간의 사랑이 회복되는 곳이며, 죽을 수밖에 없는 인간이 구원을 얻는 길입니다. 하늘나라의 백성이 되고자 하는 자는 예수님을 하늘나라의 왕으로 인정하고, 그분의 통치를 받아들여야 합니다. 하지만 사람들은 예수님의 가르침과 이적을 듣고 보고도 이해하지 못하였습니다.

네 번째 행하심(13:54 - 16:12)
고향에서 배척을 받으심 - 배척하는 사람들을 내버려 두심(13:54 - 14:12)

고향 사람들은 "이 사람이 어디에서 이런 지혜와 그 놀라운 능력을 얻었을까? 이 사람은 목수의 아들이 아닌가? 그의 어머니는 마리아라고 하는 분이 아닌가?"하면서 도무지 믿으려 하지 않았다. 예수님께서는 그들의 믿지 않음 때문에, 거기서는 기적을 많이 행하지 않으셨다.

예언자라고는 요한밖에 모르는 헤롯이 "이 사람은 세례자 요한이다. 그가 죽은 사람들 가운데서 살아났다. 그 때문에 그가 이런 놀라운 능력을 발휘하는 것이다"라고 고백하였다. 그 후 예수님께서는 요한이 살해되었다는 소식을 듣고 배를 타고 외딴곳으로 건너가셨다. 이는 하나님께서 〈불의한 행동으로 진리를 가로막는 사람들을 그들의 욕정대로 하도록 내버려 두심〉(롬 1:18 - 28)과 같다.

따르는 사람들을 돌보심(14:13 - 15:31)

배를 타고 건너간 외딴곳에서 오천 명을 먹이심 - 빵 다섯 개와 물고기 두 마리를 제자들에게 주시니, 제자들이 이를 무리에게 나누어주었다. 그들은 모두 배불리 먹었다. 남은 부스러기를 모으니, 열두 광주리에 가득 찼다. 먹은 사람은 여자들과 어린아이들 외에 어른 남자만도 오천 명쯤 되었다.

갈릴리 호수 위에서 물 위를 걸으심 - 이른 새벽에 예수께서 바다 위로 걸어서 제자들에게로 가셨다. 제자들이, 예수께서 바다 위로 걸어오시는 것을 보고 겁에 질려서 "유령이다!" 하며 두려워서 소리를 질렀다. 베드로는 예수님으로부터 믿음이 적은 사람이라는 핀잔을 듣는다. 오천 명을 먹이신 기적을 본 지 얼마 되지도 않았기 때문이다.

다시 호수 건너편 게네사렛에서 병자들을 고치심 - 예루살렘에서 온 바리새파 사람들과 율

566 오늘 말씀

법학자들은 예수님이 빵을 먹기 전에 손을 씻지 않는 것으로 장로들이 가르치는 전통을 지키지 않는 것을 책망한다. 그러나 그들은 인간의 법은 지키지만, 하나님의 법은 어기고 있다. 의식과 외양만의 성스러움은 영적으로 눈먼 자들의 행동이다. 그러나 병든 무리는 "그의 옷술 만에라도 손을 대게 해 달라"고 간청하는 간절한 믿음을 가지고 있었으며, 가나안 여인은 예수님께 무릎을 꿇고 "주님, 나를 불쌍히 여겨주십시오"라고 간청하며 딸의 귀신들림을 고쳐달라고 하였다.

갈릴리 바닷가에서 사천 명을 먹이심 - 하늘나라의 누룩과 바리새파의 누룩(15:32 - 16:12)

많은 무리는 걷지 못하는 사람과 손발을 잃은 사람과 눈먼 사람과 말 못하는 사람과 그 밖에 아픈 사람을 많이 데리고 예수님께로 다가와서 그 발 앞에 놓았다. 이들의 믿음은 감히 종교지도자들이 따라 할 수 없다. 그리고 그들을 빵 일곱 개와 작은 물고기 몇 마리로 사천 명을 먹이신 이적을 하셨다.

예수님은 다시 한 번 굶주린 사람들을 먹이심으로써 하늘나라의 누룩을 먼저 보여 주셨다. 제자들에게는 기적을 보이셨지만, 바리새파 사람들과 사두개파 사람들에게는 아무런 기적도 보여주지 않으신다. 그들은 눈에 보이는 기적이 일어난다 하더라도 그것을 왜곡할 것이며, 거짓된 증언을 할 것이기 때문이다.

예수님께서 제자들에게 "너희는 바리새파 사람들과 사두개파 사람들의 누룩을 주의하고 경계하여라"고 말씀하셨으나 제자들은 그 말씀의 의미를 알지 못하였다. 예수께서 이것을 아시고 말씀하셨다. "너희는 아직도 깨닫지 못하느냐? 오천 명이 먹은 그 빵 다섯 개를 기억하지 못하느냐? 부스러기를 몇 광주리나 거두었더냐? 또한, 사천 명이 먹은 그 빵 일곱 개를 기억하지 못하느냐? 부스러기를 몇 광주리나 거두었더냐?" 하늘나라의 누룩은 빵을 온통 부풀게 하지만, 바리새파 사람들과 사두개파 사람들의 누룩은 잘못된 가르침으로 사람들을 이끈다.

묻고? 답하기!

나는 오늘 말씀을 통하여 무슨 기적을 바라고 있는 것일까요?

빵 다섯 덩어리와 물고기 두 마리로 오천 명을 배부르게 먹이신 기적을 직접 경험한 사람들이 무리를 지어 예수님을 따라다닙니다. 오늘도 내일도 또 먹여주시기만을 바라면서. 사람들은 예수님의 말씀을 깨달아 열매를 맺을 생각을 하기보다는 그저 배고픔을 해결해주시기만을 원하는 것입니다. 나는 오늘 말씀을 통하여 무슨 기적을 바라고 있는 것일까요? 아니면 그 기적을 행하신 예수님을 깨닫고자 하는 것일까요?

16일

✝ 오늘 말씀 마태복음 16:13 - 19:2

드러내시는 왕의 계획
죽음과 부활 그리고 교회

💡 **실마리 풀기**

"두세 사람이 내 이름으로 모여 있는 자리, 거기에 내가 그들 가운데 있다"(마 18:20)

하늘나라의 왕이신 예수님께서 그 나라를 몸소 행하심과 말씀으로 소개하였습니다. 그러나 사람들은 그 이적들을 보고 하늘나라가 아니라 자기들의 나라의 왕이 되어 주기를 바랐습니다. 자기들의 잇속과 뱃속을 채워주기를 바라고 있는 것입니다. 베드로의 고백을 들으신 예수님께서 처음으로 소개하는 '교회'는 이 땅에 세우실 하늘나라의 표상입니다. 그 하늘나라의 온전한 실존을 위하여 예수님께서 죽었다 살아나실 것이라는 예언의 말씀은 그들의 정욕과는 무관한 것이었습니다.

베드로가 이해한 예수님 - 반석 위에 세운 교회, 하늘나라의 열쇠(16:13 - 28)

"선생님은 살아 계신 하나님의 아들 그리스도십니다"라는 베드로의 고백은 하나님께서 일러주신 것이다. 인간의 마음에 떠오르는 감동과 입술을 주관하시는 분이 성령님이시기 때문이다. 예수님께서 베드로에게 "너는 베드로다. 나는 이 반석 위에다가 내 교회를 세우겠다. 죽음의 문들이 그것을 이기지 못할 것이다. 내가 너에게 하늘나라의 열쇠를 주겠다"고 말씀하셨다.

첫 번째 수난의 예고 - 베드로의 고백을 들으신 예수님께서 드디어 자신이 죽었다 살아나실 것을 예고하신다. 그러나 베드로는 "절대로 이런 일이 주님께 일어나서는 안 됩니다"라고 주장하고 있다. 이에 예수님께서 베드로에게 말씀하셨다. "사탄아, 내 뒤로 물러가라. 너는 나에게 걸림돌이다. 너는 하나님의 일을 생각하지 않고, 사람의 일만 생각하는구나!" 결국 베드로는 성령님의 음성을 입으로만 전하였던 것이다.

인간의 죄를 대속하시기 위하여 죽음의 길을 가야 한다는 것은 그 죄가 어디서 온 것인지를 아는 분만이 할 수 있는 행위이다. 이는 우리가 하늘나라로 들어갈 수 있도록 하는 열쇠를 주신 하나님의 사랑이다.

영광스럽게 변화하신 예수님 - 하나님 아들이심의 확증(☞ 3:17)(17:1 - 27)

모세와 엘리야는 이스라엘에 율법과 선지자를 의미한다. 산에 오르신 예수님께서 그들과 함께 영광스러운 모습으로 변화하셨다. 이스라엘 백성들이 예언 가운데 바라는 메시아이신 예수님은 영광스러운 모습으로 부활하실 것이다. 그분이 율법과 선지자의 예언을 완성하실 것이다. 하나님 아버지께서 말씀으로 확증하셨다. "이는 내 사랑하는 아들이다."

그러나 제자들은 아직도 초막을 짓고 예수님을 이 땅에서 모시려고 하고, 죽음의 고난을 받을 것이라는 말씀의 의미를 이해하지 못한다.

두 번째 수난의 예고 - 무심한 제자들(17:22 - 27)

귀신들린 아이에게서 귀신을 쫓아내지 못한 제자들에게 예수님께서 '겨자씨 한 알만한 믿음'이라도 있으면 가능할 것이라고 말씀하셨다. 그리고 사람들의 손에 죽임을 당하였다가 사흘 만에 살아날 것을 두 번째 고백을 하셨다. 이 말씀을 들은 후에도, 사람들은 성전세를 내느니 안내느니 하는 문제로 시비를 걸고 있다.

네 번째 말씀하심 - 하늘나라에 들어가려거든(18:1 - 19:2)

- 나를 믿는 이 작은 사람 가운데서 하나라도 걸려 넘어지게(또는 '죄짓게') 하는 사람은 누구라도, 차라리 그 목에 큰 맷돌을 달고 깊은 바다에 빠지는 편이 낫다.

- 네 형제가 [너에게] 죄를 짓거든, 가서, 단둘이 있는 자리에서 그에게 충고하여라. 듣지 않거든 한 두 사람을 더 데리고 가거라. 그러나 그 형제가 그들의 말도 듣지 않거든 교회에 말하여라. 교회의 말조차 듣지 않거든 그를 이방 사람이나 세리와 같이 여겨라.

- 땅에서 너희 가운데 두 사람이 합심하여 무슨 일이든지 구하면, 하늘에 계신 내 아버지께서 그들에게 이루어 주실 것이다. 두세 사람이 내 이름으로 모여 있는 자리, 거기에 내가 그들 가운데 있다.

- 너희가 각각 진심으로 자기 형제자매를 용서해 주지 않으면, 나의 하늘 아버지께서도 너희에게 그와 같이 하실 것이다.

네 번째 단원의 후렴(19:1) : "예수께서 이 말씀을 마치시고, 갈릴리를 떠나서, 요단 강 건너편 유대 지방으로 가셨다."

묻고? 답하기!

내가 생각하는(꿈꾸는) 교회는 어떤 모습인가?

예수님께서 반석 위에 세운 교회, 죽음의 문들이 이기지 못할 교회, 하늘나라의 열쇠인 교회의 이 땅에서의 모습은 어떠해야 하는가? 그곳은 성도들에게 말씀이 온전히 가르쳐지고, 그 말씀대로 살아가도록 도움을 줄 수 있어야 합니다. 믿지 않는 사람들에게 말씀을 전하여 빛 가운데로 나아 올 수 있도록 하고, 거룩한 도움으로 그들이 부패하지 않도록 일깨워야 합니다. 내가 다니는 교회 안에서 이러한 일들이 일어나도록 서로 도와야 합니다. 꿈이 너무 과한 것은 아니겠지요?

✝ 오늘 말씀 마태복음 19:3 – 22:14

왕의 계획에 도전하는 사람들
예루살렘 입성

💡 **실마리 풀기**

"당신은 무슨 권한으로 이런 일을 하오? 누가 당신에게 이런 권한을 주었소?"(마 21:23)

예수님께서는 유월절마다 예루살렘으로 올라가셨습니다. 예루살렘 성으로 가까이 갈수록 사람들은 예수님을 시험하려 들고, 자신들의 이해에 맞추어 예수님의 계획에 도전하였습니다. 메시아의 참뜻을 모르는 그들은 각자 자기 자신의 영광을 위하여 모든 일의 판단을 하는 것입니다. 예수 그리스도가 자기 목숨을 바쳐 우리 죄인들을 섬기러 오신 분이심을 이해하지 못하는 것입니다.

다섯 번째 행하심 - 왕의 계획에 도전하는 완악한 사람들(19:3 - 20:34)

- **바리새인들**은 이혼에 관한 율법으로 예수님을 시험하려고 하였다. 그들은 마음이 완악하고 그 마음에 이기심이 가득하여 하나님께서 창조하신 이치를 바로 알지 못한다.

- **부자 젊은이**는 모든 소유를 가난한 사람에게 주라고 하시는 말씀에 근심하며 떠나간다. 세상의 주인은 하나님이심에도 불구하고 사람들은 재물을 주인으로 섬기며 살아간다. 노예가 두 주인을 섬길 수 없듯이 두 가지 중의 하나를 주인으로 고백하여야 한다. 하나님 나라의 판단 기준은 재물의 많고 적음이 아니라, 재물의 주인이 누구인지를 깨닫는 데 있다.

세 번째 수난의 예고 - 예수님께서 "십자가에 달려서 죽게 될 것이나 사흘째 되는 날에 살아날 것이라"고 세 번씩이나 말씀하셨음에도 불구하고, 제자들은 드디어 예수님께서 예루살렘으로 올라가셔서 세상의 왕 노릇을 하리라 생각하였다. 그러나 하늘나라는 맨 처음 온 사람이나 마지막에 온 사람이나 받을 품삯이 똑 같다는 것을 그들은 이해하지 못하고 자리다툼을 하였다. 제자들은 아직도 눈먼 자와 같다. 육신의 눈은 뜨고 있으나 영의 눈은 캄캄한 밤인 것이다.

구약의 예언(슥 9:9)을 이루시는 예루살렘 입성(21:1 - 22)

왕이 대관식을 하러 예루살렘에 입성하심 - (호산나, 다윗의 자손께!)

"시온의 딸에게 말하여라. 보아라, 네 임금이 네게로 오신다. 그는 온유하시어, 나귀를 타셨으니, 어린 나귀, 곧 멍에 메는 짐승의 새끼다"(슥 9:9). 스가랴 선지자의 이 구절은 유대인들에게 메시아와 관련된 구절로 이해되고 있었다.

또한 "호산나, 다윗의 자손께! 복되시다, 주님의 이름으로 오시는 분! 더없이 높은 곳에서 호산나!"(시 118:26)에서 '다윗의 자손'도 역시 메시아를 상징한다. 예수를 따르는 사람들이 그를 향하여 '호산나' 즉 '구원 하소서'라고 환호하였다. 하지만 나귀 새끼를 탄 메시아는 백성들이 바라던 로마의 압제에서 구원할 정치적 메시아가 아니라 겸손해서 자기 생명을 대속 제물로 주실 메시아이다.

성전을 깨끗하게 하심 - (내 집은 기도하는 집이라고 불릴 것이다)

이사야 56:7은 "내가 그를 나의 성산으로 인도하여 기도하는 내 집에서 그들을 기쁘게 할 것이며 그들의 번제와 희생은 나의 단에서 기꺼이 받게 되리니 이는 내 집은 만민의 기도하는 집이라 일컬음을 받게 될 것임이라"고 되어 있다. 여기서 '그들'은 바로 이방인을 가리키며, 유대인뿐 아니라 이방인들도 함께 기도를 드릴 것을 예언한 바 있다. 또한 예레미야 7:11은 "내 이름으로 일컬음을 받는 이 집이 너희 눈에는 도적의 굴혈로 보이느냐"고 되어 있다. 예수님께서는 성전을 강도들의 소굴로 만들어 놓은 당시 종교지도자들을 향해 성전이 결코 안전하지 못할 것을 경고하시는 것이다.

무화과나무를 저주하심 - (무화과나무가 어떻게 그렇게 당장 말라버렸을까?)

열매를 맺지 못하는 무화과나무는 말씀의 열매를 맺지 못하는 예루살렘을 가리키는 말이다. 예루살렘은 하나님 앞에 경건하지 못하고, 형식적인 신앙만이 있었다. 그들에게서 영적인 열매는 찾아볼 수가 없었다.

왕의 권위에 이의를 제기하는 대제사장들과 백성의 장로들에게 - 3가지 비유의 말씀(21:23 - 22:14)

(두 아들의 비유) 유대인의 지도자들은 도무지 자기들의 시대에 메시아가 오리라고 상상조차 해본 적이 없었다. 그 수많은 기적을 목격하고도 그들의 마음속에 진정한 메시아에 대한 인식이 싹틀 수 없었던 것은 그들의 교만과 완악함 때문이다.

(포도원과 소작인의 비유) 하나님께서는 반역자들에게서 하나님의 나라를 빼앗아서, 그 나라의 열매를 맺는 민족에게 주실 것이라고 말씀하신다. 집 짓는 사람이 버린 돌이 머릿돌이 될 것이다.

(혼인 잔치의 비유) 선민이라고 주장하는 그들은 하늘로부터 온 말씀에 순종하지 않았으나, 세상의 죄인들은 회개하고 돌아섰다. 부름 받는다고 모두가 구원받는 것은 아니다.

묻고? 답하기!

나는 영적인 열매를 얼마나 풍성히 맺고 있는가?

예수님께서 열매를 맺지 못하는 무화과나무를 저주하셨습니다. 말씀의 열매를 맺지 못한다는 것은 무슨 뜻일까요? 사람들은 영적인 열매라고 하면 전도의 열매를 생각하는 경향이 있습니다. 물론 그것도 중요하지만, 내가 맺어야 할 영적인 열매는 내 안의 왕이 누구신가 또는 무엇인가에 따라 맺어질 것입니다.

왕의 마지막 경고

종말과 심판

💡 실마리 풀기

"하늘나라의 복음이 온 세상에 전파되어서, 모든 민족에게 증언될 것이다. 그때에야 끝이 올 것이다"(마 24:14)

예루살렘은 유대인들에게 하나님의 임재를 상징하는 성전이 있는 곳이며, 하나님 언약의 말씀이 실현된 상징적인 곳이었습니다. 그 거룩한 도성을 향하여 왕이신 예수님께서 멸망을 말씀하셨습니다. 하나님의 명령에 늘 불순종으로 응답하였던 유대의 지도자들은 심판을 받을 것이며, 예루살렘은 이방인의 성소로 바뀌는 수모를 당할 것입니다. 그리고 왕께서 다시 오시는 날, 세상 끝 날에 최후의 심판이 있을 것입니다.

다섯 번째 말씀하심 - 율법학자와 바리새파 사람들의 심판(22:15 - 23:36)

바리새파 사람들은 세상의 규범을 가지고 예수님을 시험하였으며, 사두개파 사람들은 부활이 논리적으로 모순이라는 주장을 하며 시험하였고, 바리새파 사람들은 율법의 계명을 가지고 도전을 하였다. 예수님께서는 그리스도가 다윗의 자손이며, 다윗의 주이심을 들어 그들을 물리치셨다.

예수님께서 율법학자와 바리새파 사람들에게 일곱 번이나 화가 있을 것이라고 선언하신다. 유대의 종교지도자들은 자신들이 가르치는 바를 말만 하고 행하지 않는다. 남들이 보는 곳에서만 경건한 척한다. 잘못된 가르침을 통하여 바른 사람도 잘못된 길로 인도한다. 하나님의 제단에 드리는 예물을 제사보다 더 가치 있는 것으로 여기는 어리석음을 보인다. 물질의 십일조는 드리면서 정의와 자비와 신의 같은 마음을 드리지 않는다. 하나님의 예언자들을 죽이는 그들은 이제 지옥의 심판을 받을 것이다.

예루살렘의 심판과 종말 설교(23:37 - 24:28)

예수님께서는 AD 70년에 일어날 예루살렘의 멸망을 예언하셨다. 예루살렘의 멸망은 이스라엘에는 세상의 종말이나 마찬가지였다. 그들은 하나님으로부터 버림받고, 세상의 권력에 의해서도 죽임을 당할 것이기 때문이다.

그러나 "이 하늘나라의 복음이 온 세상에 전파되어서, 모든 민족에게 증언될 것이다. 그때에야 끝이 올 것이다"(24:14)라는 말씀은 우리에게 하늘나라에의 소망을 심어준다. 이 소망은 하나님의 아들들이 선교의 사명을 다 할 때 이루어질 것이며, 예수님의 재림을 믿는 자들의 마음속에 살아있을 것이다.

인자의 재림 징조들과 종말에 대한 세 가지 비유(24:29 - 25:30)

"그 환난의 날들이 지난 뒤에, 곧 해는 어두워지고, 달은 그 빛을 잃고, 별들은 하늘에서 떨어지고, 하늘의 세력들은 흔들릴 것이다(사 13:10, 34:4). 그 때 인자가 올 징조가 하늘에서 나타날 터인데.... 인자가 큰 권능과 영광에 싸여 하늘 구름을 타고 오는 것을 보게 될 것이다"(24:29 - 30). 이 말씀들은 다니엘서(단 9:26 - 27)의 70주간의 종말론적 사건이나 계시록의 종말에 관한 사건과 일맥상통하는 내용을 담고 있다. 인자가 돌아오실 그 날은 아무도 모르게 노아의 때처럼 올 것이기 때문이다.

신실한 종의 비유 - 주인이 맡긴 재산을 잘 관리하며 주인이 돌아오시기를 준비하고 있어야 한다.

열 처녀의 비유 - 신랑이 언제 올지 그 날과 시각을 알지 못하므로, 등불과 함께 충분한 기름을 마련해 가지고 있어야 한다. 그러므로 준비하는 마음을 가지고, 늘 깨어 있어야 한다.

달란트 비유 - 주인이 맡기신 달란트를 땅에 묻어 썩히지 말고, 잘 이용하여 이문을 남겨 주인에게 돌려주어야 한다. 그것은 작은 일에 신실함을 보이며, '우리에게 주신 달란트에 충실하라'는 주문이다.

최후의 심판 - 영원한 형벌과 영원한 생명(25:31 - 26:2)

세상 끝 날에 하나님은 사람들을 오른편과 왼편으로 나누실 것이다. 오른쪽의 의인들은 영원한 생명으로 들어가고, 왼쪽의 악인은 영원한 형벌로 들어가게 하실 것이다. 형제자매 가운데, 지극히 보잘것없는 사람 하나에 한 것이 곧 예수님께 한 것이며, 여기 이 사람들 가운데서 지극히 보잘것없는 사람 하나에 하지 않은 것이 곧 예수님께 하지 않은 것이다. 의인과 악인은 오직 예수님의 음성을 듣고 순종하느냐 하지 않느냐에 달려있다.

다섯 번째 단원의 후렴(26:1) : "예수께서 이 모든 말씀을 마치셨을 때, 자기 제자들에게 말씀하셨다. 너희가 아는 대로, 이틀이 지나면 유월절인데, 인자가 넘겨져서 십자가에 달릴 것이다."

묻고? 답하기!

나는 나에게 주신 달란트에 신실하게 살고 있는가?

하나님께서 주신 달란트에 충실한 삶을 살아가려면, 자신이 가지고 있는 달란트가 무엇인지 잘 알아야 합니다. 다행히 스스로 기쁨을 가지고 열심히 사용할 수 있는 달란트를 찾았다면, 그 달란트가 하나님을 어떻게 기쁘시게 할 수 있는지 전심으로 간절히 구해야 합니다. 나는 지금 그렇게 나의 달란트를 찾아서 주님을 기쁘시게 하고 있는지 궁금합니다.

9

19일

✝ **오늘 말씀** 마태복음 26:3 - 28:20

마태복음

다시 살아나신 하나님의 아들

지상 명령 : 세상 모든 민족을 위한 메시아

💡 **실마리 풀기**

"모든 민족을 제자로 삼아서, 아버지와 아들과 성령의 이름으로 세례를 주고"(마 28:19)

예수님께서 모든 말씀을 마치신 후 자기 제자들에게 세 번째로 말씀하셨습니다. "너희가 아는 대로, 이틀이 지나면 유월절인데, 인자가 넘겨져서 십자가에 달릴 것이다"(26:1 - 2). 이제 백성들은 물론이거니와 제자들도 영문을 모르는 가운데 모든 분위기가 십자가를 향하여 달려갑니다. 그리고 사람들이 기대하지 못했던 결말, 부활을 통하여 '열방을 위한 메시아이시며, 우리의 죄를 위하여 오신 하나님의 아들' 이심을 증명하는 것입니다.

예수의 수난을 예비하는 자들 - 옥합을 깬 여인만이(26:3 - 46)

예수 그리스도께서 십자가에 달릴 것을 예고하신 그즈음에 대제사장들과 백성의 장로들은 예수님을 죽이려고 모의를 하고, 가룟 유다는 예수님을 돈을 받고 팔아넘길 궁리를 하였다. 매우 값진 향유 한 옥합을 가지고 와서 예수님의 머리에 부은 한 여자는 예수님의 죽음을 예비했으며, 예수님께서는 빵과 포도주로 수난을 기념하시고, 죽음에 대한 근심과 괴로움에 간절한 기도를 하셨다. 하지만 제자들은 예수 그리스도의 죽음이 무엇을 의미하는지도 모른 채 잠이 들어 버린다.

첫 번째 질문 - 그대가 하나님의 아들 그리스도요(26:47 - 75)

예수님께서 말씀하시기를 "그러나 그렇게 되면, 이런 일이 반드시 일어나야 한다고 한 성경 말씀이 어떻게 이루어지겠느냐?"(26:54). 또 "이 모든 일을 이렇게 되게 하신 것은, 예언자들의 글을 이루려고 하신 것이다"(26:56)라고 하신 것은 자신에게 닥칠 일들이 하나님께서 예비하신 길이라는 것을 알고 있기 때문이다. 그러나 제자들은 모두, 예수를 버리고 달아났다.

대제사장이 예수님께 "그대가 하나님의 아들 그리스도요?"라고 질문하였다. 예수께서 "당신이 말하였소. 그러나 내가 당신들에게 다시 말하오. 이제로부터 당신들은, 인자가 권능의 보좌 오른쪽에 앉아 있는 것과 하늘 구름을 타고 오는 것을 보게 될 것이오"(26:64)라고 말씀하셨다. 성경에 하나님의 이름을 제대로 표기한 적이 없을 정도로 하나님을 경외하는 유대인들의 지도자에게 자신이 하나님의 아들이라고 하는 것은 죽음을 자초한 것이다. 적들에게 공격의 빌미를 제공하신 것이다.

구약의 예언(슥 11:12 - 13, 렘 19:1 - 13, 32:6 - 9)을 이루는 유다의 죽음(27:1 - 10)

유다가 죄 없는 피(예수)를 팔아넘긴 것에 대한 죄책감으로 스스로 목을 매달아 죽었다. 예수님은 그를 사탄의 그늘에서 돌이키려고 수차례나 기회를 주었으나 자기 욕심의 길, 죄악의 길을 선택하였다.

두 번째 질문 - 당신이 유대인의 왕이오(27:11 - 61)

빌라도의 "당신이 유대인의 왕이오?"라는 질문에 그렇다고 대답하셨다. 그러나 사람들은 모두 죽게 된 예수 그리스도를 앞에 두고 "저 사람도 거짓 선지자로구나" 하고 결론을 내린다. 그래서 사람들은 십자가에 못 박으라고 외쳤고, 로마의 병사들은 그를 희롱하였으며, 지나가는 사람들과 대제사장들도 율법학자들과 장로들과 함께 조롱하였다. 그리고 함께 십자가에 달린 강도들도 마찬가지로 예수님을 욕하였다.

그러나 백부장과 그와 함께 예수님을 지키는 사람들이, 지진과 여러 가지 일어난 일들을 보고 몹시 두려워하여 말하기를 "참으로, 이분은 하나님의 아들이셨다"(27:54) 하였다.

예수의 부활과 지상명령 - 모든 민족을 제자로 삼아(27:62 - 28:20)

대제사장들과 바리새파 사람들은 예수님께서 사흘 뒤에 다시 살아나실 것이라고 말하였던 사실을 기억하였다. 제자들이 시신을 훔쳐간 후 "그가 죽은 사람들 가운데서 살아났다" 하고 말할 것이 두려워 경비병을 두어서 무덤을 단단히 지키게 하였다. 그러나 마태는 유대인들에게 "예수의 제자들이 밤중에 와서 우리가 잠든 사이에 시체를 훔쳐갔다"는 소문에 대해 "나도 알고 있으나 사실은 이렇다" 하고 말하는 것이다. **"우리가 살아나신 그분을 직접 만나 뵈었다. 우리가 그의 손과 발을 만져보았다. 그는 살아나셨다."하고 말하는 것이다.**

마태는 그가 예수님과 함께하던 세월을 통해서 얻은 통찰을 제시하면서 이제 결론을 내린다. 유대인들이여! 이제는 "가서, 모든 민족을 제자로 삼아서, 아버지와 아들과 성령의 이름으로 세례를 주고, 예수 그리스도께서 너희에게 명령한 모든 것을 그들에게 가르쳐 지키게 하여라." '아멘'

묻고? 답하기!

나에게 십자가는 무엇을 의미하는가?

〈나를 위해 돌아가신 예수님의 사랑과 은혜가 너무나도 감격스러워서 눈물이 나는가. 그 십자가를 볼 때 나는 구원 받았다는 자부심이 드는가. 그러면 그 십자가가 나에게 무엇을 하기를 요청하는지 생각해 보았는가. 모든 민족을 향해 나아가라는 명령이 나에게 어떤 감동을 주고 있는가.〉 이러한 질문을 곰곰이 생각해보는 하루가 되었으면 좋겠습니다.

신약시대 연대기

	←B.C.	A.D.→	10	20	30	40	50	60	70	80	90

로마황제
- 아우구스투스 (B.C.29~A.D. 14)
- 티베리우스 (A.D. 14-37)
- 칼리굴라 (A.D. 37~41)
- 글라우디우스 (A.D. 41-54)
- 네로 (A.D. 54-68)
- 3제 (A.D. 68-69)
- 베스파시아누스 (A.D. 69~79)
- 티투스 (A.D. 79-81)
- 도미티아누스 (A.D. 81-96)

유대와 사마리아의 통치
- 헤롯대왕 (B.C.37-4)
- 분봉왕 헤롯 아케리우스 (B.C.4~A.D.6)
- 로마의 총독 통치 시작 (A.D.6~)
- 본디오빌라도 (A.D.26-36)
- 헤롯 아그립바 (A.D. 40~44)
- 벨릭스 (A.D.52-59)
- 베스도 (A.D.59-62)

갈릴리와 베레아의 통치
- 분봉왕 헤롯 안티파스 (B.C. 4~ A.D. 38)

유대의 제사장
- 제사장 요셉 가야바 (A.D. 18-36)
- 제사장 안나스 2세

역사적 사건들
- 헤롯대왕의 예루살렘 성전재건 (B.C. 20)
- 예수님의 탄생 (B.C. 6 or 4)
- 세례 요한의 죽음 (A.D. 29)
- 수난과 부활 (A.D. 30)
- 스데반의 순교 (A.D. 31)
- 사도 야고보의 순교 (A.D. 44)
- 예루살렘 기근 (A.D. 46)
- 야고보의 순교 (A.D. 62)
- 로마 대화재 (A.D. 64)
- 베드로의 순교 (A.D. 64)
- 바울의 순교 (A.D. 67)
- 예루살렘의 멸망 (A.D. 70)
- 요한의 순교 (A.D. 95)

신약성경 연대기

예루살렘교회	베드로의 예루살렘 교회 (A.D. 30~44)	야고보의 예루살렘 목회 (A.D. 44-62)							유대의 반란: 혼란기 (A.D. 66~74)	로마의 박해 (A.D. 74~)
사도 바울의 선교 여행	회심	갈라디아	마케도니아 그리스	아시아	예루살렘 투옥	로마 투옥	4차 여행	로마 투옥		
		안디옥	1차 여행	2차 여행	3차 여행	가이사랴 투옥				
	A.D. 32 35	44 47	49	51 52	56	59	62	66 67		
예루살렘 방문	예루살렘 1차 방문	2차	3차	4차	5차			순교		

갈라디아서(A.D. 48~49)

데살로니가전·후서(A.D.50)

고린도전·후서(A.D. 55)

로마서(A.D. 56)

에베소서, 골로새서, 빌레몬서, 빌립보서(A.D. 60~62)

디모데전서, 디도서(A.D. 62~66)

디모데후서(A.D. 67)

야고보서(A.D. 55~62)

히브리서(A.D. 62~64)

베드로전·후서, 유다서(A.D. 62~64)

마가복음(A.D. 64~65)

마태복음(A.D. 65~67)

누가복음, 사도행전(A.D. 65~70)

요한의 글들(A.D. 90~95)

신약 성경
연대기

마태복음 **577**

9월 20일

마가가 이해한 예수 그리스도
로마의 성도들에게 전하는 고난의 종

 오늘 말씀 마가복음 8:27 - 30 ; 10:35 - 45 ; 15:37 - 39

실마리 풀기

"너희 가운데서 누구든지 위대하게 되고자 하는 사람은 너희를 섬기는 사람이 되어야 하고, 너희 가운데서 누구든지 으뜸이 되고자 하는 사람은 모든 사람의 종이 되어야 한다. 인자는 섬김을 받으러 온 것이 아니라 섬기러 왔으며, 많은 사람을 구원하기 위하여 치를 몸값으로 자기 목숨을 내주러 왔다"(막 10:43 - 45)

마가라 하는 요한 - 마리아의 아들, 바나바의 조카

예수님께서 잡히시기 전날 밤, 마가의 집 다락방에서 유월절 음식을 드셨습니다(막 14:15). 그날 밤 예수님께서 겟세마네 동산으로 기도하러 가셨을 때, 마가는 맨몸에 홑이불을 두르고 따라갔다가 병사들이 그를 잡으려고 하자 홑이불을 버리고 달아났습니다(막 14:51 - 52). 마가의 어머니 마리아는 예수님께서 승천하신 후에도 제자들에게 그녀의 집을 집회 장소로 제공하였습니다. 제자들이 종종 그 집에 머물었던 관계로 그 집의 여종은 목소리만으로도 헤롯의 감옥에서 돌아와 문을 두드리는 베드로를 알아볼 정도였습니다(행 12:12 - 14). 그 집에 무려 120명의 성도가 모여 기도하는 동안 오순절 성령 강림 사건이 일어났습니다.

마가는 바나바의 조카입니다(골 4:10). 마가는 바울의 1차 선교 여행 때 바나바와 더불어 바울을 따라나섰다가 소아시아의 버가에서 선교 도중에 탈락함으로써(행 13:13), 한 때 바울에게 큰 실망을 준 청년이었습니다. 그 후 마가는 바나바와 함께 키프로스 선교 여행을 했으며(행 15:39), 나중에 다시 바울과 화해하고 로마에서 선교사역을 한 것으로 보입니다(골 4:10, 몬 24).

베드로의 영적 아들, 마가의 최초의 복음서 - 베드로 복음서

어머니의 신실함을 통하여 곱게 성장한 마가는 늘 자신의 집에 머물던 베드로를 삼촌처럼 따랐을 것으로 짐작할 수 있습니다. 베드로는 "함께 택하심을 받은 바벨론에 있는 교회가 너희에게 문안하고 내 아들 마가도 그리하느니라"(벧전 5:13)고 인사합니다. 기록에 의하면, 마가는 로마에서 예수님의 수제자 베드로의 설교를 통역하며 수행비서로 활동한 것으로 보입니다. 그러므로 마가복음은 일견 베드로 복음이라고 하여도 가할 정도로 베드로의 색채가 농후합니다. 이는 전편을 통하여 베드로가 아니면 알 수 없는 상세한 묘사들(1:16 - 20, 1:29, 8:31 - 33, 14:66 - 72)을 통하여 추정할 수 있습니다.

A.D. 64년 로마에서의 '대 화재' 이후 베드로가 순교를 당하고, 그리스도인들에게 처절한 박해가 시작되자 성도들은 극심한 두려움에 떨게 됩니다. 마가는 그들의 신앙이 격렬한 시험을 당하는 동안, 그것을 이겨낼 능력의 공급을 위한 격려가 필요하다고 생각하였습니다. 마가는 학대받는 그리스도인들에게 고난을 순종으로 받아들인 예수 그리스도를 소개하며, 그가 행하신 치유와 이적으로 미루어 볼 때 오직 그분만이 우리의 주님이시고, 다시 오실 구원자이심을 전하고자 했던 것입니다. 복음서를 통하여 **"그러니 주님께서 걸어가신 길을 우리도 따라야 하지 않겠느냐?"**고 요청하는 것입니다.

마가가 로마의 성도들에게 전하고자 한 위로와 요청 - 제자들의 실패가 보여주는 아이러니

예수님의 가르침을 듣고 경험한 수많은 군중은 거의 대부분 그의 능력을 전적으로 신뢰하고, 그가 하신 치유와 축귀의 기적을 온 동네에 퍼뜨리고 다닙니다. 그러나 바리새인과 율법학자들은 처음부터 마음이 닫혀 있었기 때문에 위선과 적대감으로 예수님을 대합니다. 한편 예수님과 함께 생활하였고, 예수님이 행하신 모든 기적과 인격을 직접 눈으로 목격했던 제자들은 이러지도 저러지도 못하고 어정쩡한 태도를 보입니다. 그들은 처음부터 끝까지, 즉 부름 받은 순간부터 예수님께서 부활하신 순간까지도 연약한 믿음의 모습을 보입니다. 특히 예수님을 배반한 베드로에 관한 언급(14:66 - 72)은 혹독한 고문으로 예수를 부인하고 만 후에 뉘우치고 있는 로마의 성도들에게 크나큰 치유와 위로가 됩니다.

마가는 부활하신 예수님에 대한 제자들의 반응으로 "그들은 무서워서, 아무에게도 아무 말도 못 하였다"(16:8)라고 적고 있습니다. 이것이 마가복음의 **진정한 결말**입니다. **은혜로운 결말**(16:9 - 20)은 본래 없었습니다. 마가는 자신의 복음서를 읽는 그리스도인들이 오히려 그 **제자들이 철저히 실패하였으므로 위로를 준다는 아이러니**(irony/역설)를 받아들이기를 원하였던 것입니다. 마가복음이 〈그리스 비극〉의 형식을 빌린 이유가 여기에 있습니다.

두 가지 고백으로 본 마가복음의 구조 - 예수 그리스도의 정체성을 밝히는 복음

마가가 복음서 첫머리에 '하나님의 아들 예수 그리스도 복음의 시작'(1:1)이라고 하는 것은 예수님께서 **'메시아'**이고, **'하나님의 아들'**이라는 두 가지 진리를 동시에 선포하는 것입니다. 마가는 그 두 가지 진리를 베드로와 백부장의 입을 통한 고백으로 끌어내기까지의 과정을 서술함으로써 글 전체를 두 부분으로 구성하고 있는 것입니다.

1. 그는 누구신가?(1:1 - 9:1) - 베드로의 고백까지
2. 그는 어떤 그리스도이신가?(9:2 - 16:8) - 백부장의 고백까지

21일

✝ 오늘 말씀 마가복음 1:1 - 3:12

인자로 오신 예수님
하나님의 아들 예수 그리스도의 복음의 시작

💡 실마리 풀기

"때가 찼다. 하나님의 나라가 가까이 왔다. 회개하여라. 복음을 믿어라"(막 1:15)

마태복음이 예수님을 유대인의 왕으로 소개하고 있다면, 마가복음은 인자로 오신 분, 섬기러 오신 종으로 소개하고 있습니다. 저자 마가는 〈그리스 희곡(비극)〉의 형식을 빌린 복음서를 통하여 예수님께서 **하나님의 아들이심에도 고난을 순종으로 받아들인 인자**(단 7:13)로 묘사하고 있습니다. 이는 고난과 모멸을 겪고 있는(로마의) 성도들에게 주 예수께서도 그러한 고난을 선행적으로 겪으셨으며, 그를 따르던 제자들 또한 연약한 존재들이었다고 하는 깨달음과 고난을 이겨낼 용기를 주고자 하는 것입니다.

하나님의 아들 예수 그리스도의 인증 - 너는 내 사랑하는 아들이다(1:1 - 13)

"하나님의 아들 예수 그리스도의 복음"은 전편을 통하여 전개될 주제이며, 마가복음의 제목이자 내용 이해의 열쇠가 된다. 히브리 언어로 풀어쓰면 하나님의 아들, 즉 "다윗의 자손이시며, 왕으로 새로 오신 여호수아, 그리고 기름부음 받은 자"의 소식이다.

이사야가 예언한 사자, 세례자 요한 - 마가는 우선 예수님의 길을 평탄하게 하려고 이 땅에 보냄 받은 세례 요한을 소개한다. 말라기(말 3:1)와 이사야(사 40:3)의 예언을 들어 소개하는 이유는 예수님께서 구약을 성취하기 위해 오신 메시아이심을 나타내고자 하는 것이다.

물과 성령의 세례 그리고 '인자'로 오심의 인증 - 예수님께서 세례를 받으시고, 하늘로부터 성령이 비둘기처럼 내려오는 것을 보셨다. 하나님께서 이르시기를 "너는 내 사랑하는 아들이다. 내가 너를 좋아한다"(사 42:1)하셨다. 죄가 없으심에도 세례를 받으시는 것은 스스로 육체를 가진 인자이심을 입증하는 것이다. 또한, 성부, 성령께서 축복하시는 것은 그가 하나님의 아들이시며, 메시아이심이 예언과 실존을 통하여 인증되었음을 나타내는 것이다. 하나님께서 사랑하시는 외아들을 보내심은 하나님의 인류를 향한 사랑의 절정이다.

광야에서의 시험을 이기심 - 예수님께서 광야에서 40일 동안 사탄의 시험을 받으셨다. 그 광야에서의 시험을 이겨내심으로 하나님께서 창조하신 온전한 아담을 회복하셨다. 예수님은 이제 그에게 맡겨진 사명을 감당하러 세상으로 나아가실 수 있게 되었다.

인자로 오신 예수님의 사역 시작 - 하나님의 나라가 가까이 왔다(1:14 - 45)

선포하심 - 세례 요한이 잡히자, 예수님께서 하나님의 복음을 선포하기 시작하셨다. "때가 찼다. 하나님의 나라가 가까이 왔다. 회개하여라. 복음을 믿어라"(1:15). 이 선포는 하나님의 아들, 인자가 다스리시는 나라가 시작됨과 영원히 지속할 것임을 알리는 것이다.

제자들을 부르심 - 예수님께서 갈릴리에서 시몬과 그의 동생 안드레 그리고 세베대의 아들 야고보와 그의 동생 요한을 부르셨다. "나를 따라오너라. 내가 너희를 사람을 낚는 어부가 되게 하겠다." 그들은 자신들의 모든 것을 던져버리고 즉시 예수를 따라갔다.

세 가지 사역 - 예수님께서 말씀(비유들)과 행위(이적들)를 통해 제자들과 무리에게 자신의 진정한 정체를 선언하기 시작하신다. 그리고 치유사역을 통하여 그가 인간의 질고를 담당하기 위해 오신 것이며, 나아가서 더욱 근원적인 질병(죄)을 고치시는 권세가 있음을 분명히 한다. 예수님이 누구인지 알아보는 귀신들과 고침을 받은 자들에게 아무 말도 하지 못하게 하시지만, 예수님의 소문은 온 갈릴리 지역에 두루 퍼졌다.

갈릴리에서 대적자들의 반응 - 어찌하여 이런 말을 한단 말이냐?(2:1 - 3:12)

예수님께서 죄를 사하는 권세를 나타내셨다. "인자가 땅에서 죄를 용서하는 권세를 가지고 있음을 너희에게 알려주겠다"(2:10). 그러나 바리새파 사람들이 볼 때에 죄를 사하는 권세는 하나님께만 있으며, 그들이 생각하는 죄인은 율법을 범하는 사람들을 가리키는 것이었다. "건강한 사람에게는 의사가 필요하지 않으나, 병든 사람에게는 필요하다. 나는 의인을 부르러 온 것이 아니라 죄인을 부르러 왔다"(2:17). 주님께서는 〈스스로 의인이라고 여기는 사람〉이 아니라 〈스스로 죄인이라고 여기는 사람〉을 부르러 오신 것이다.

그리고 예수님께서 안식일의 주인이심을 드러내셨다. "안식일이 사람을 위하여 생긴 것이지, 사람이 안식일을 위하여 생긴 것이 아니다. 그러므로 인자는 또한 안식일에도 주인이다."(2:27). 예수님께서 죄를 사하는 권세를 보이고, 죄인들과 함께하며, 금식과 안식일의 규례를 무시하셨다. 그것은 그가 스스로 메시아이심을 드러내려는 것임에도 바리새파의 사람들은 이해하지 못하였다. 그러나 많은 사람은 예수님의 능력을 믿으며, 귀신들은 예수님이 하나님의 아들이심을 알아본다.

우리는 하나님의 일을 하면서 성령의 힘과 기도의 능력을 얼마나 의지하는가?

예수님께서 3년이라는 짧은 세월 동안, 수많은 치유의 사역을 하시고, 말씀을 전하시며 제자들을 가르치셨습니다. 예수님께서 그토록 다양한 섬김의 사역을 감당하실 수 있었던 힘은 어디서 나오는 것이었을까요? 하늘로부터 내리는 성령을 보신(1:10) 예수님은 새벽마다 기도로(1:35) 힘을 얻으셨습니다. 우리가 하나님의 일을 하고 있다면, 성령의 힘과 기도의 능력에 전적으로 매달려야 할 것입니다.

22일

✝ 오늘 말씀 마가복음 3:13 - 5:43

하나님 나라를 보여주시는 예수님
이해하지 못하는 사람들

💡 **실마리 풀기**

"그들이 보기는 보아도 알지 못하고, 듣기는 들어도 깨닫지 못하게 하셔서"(막 4:12)

세례 요한이 잡힌 후, 예수님께서 서른 즈음에 사역을 시작하였습니다. 귀신을 쫓으시고, 병든 자들을 고치시므로 많은 사람이 예수님을 따라 왔습니다. 이제 예수님은 갈릴리에서 유명 인사가 되었습니다. 제자들을 모으고 가르치기 시작하셨습니다. 그러나 제자들은 진정 그가 누구인지 이해하지 못하였으나 자연과 귀신들과 이방인들은 간절한 믿음으로 순종하고 있습니다.

열두 제자의 임명 - 보냄 받은 자들(3:13 - 19)

예수께서 열두 제자를 부르시는 것은 그들을 자기와 함께 있으면서 하나님 나라의 복음을 몸소 체험케 하려는 것이다. 또 그들을 내보내어서 말씀을 전파하게 하시며, 귀신을 쫓아내는 권능을 가지게 하시려는 것이다. 구약에 의하면 '보냄 받은 자들'은 사도이며 선지자였다. 그들은 예수님 곁에서 보고들은 것들을 전해야 한다.

예수가 미쳤다는 소문을 들은 가족들에게 - 하나님의 뜻을 행하는 사람(3:20 - 35)

예루살렘에서 내려온 율법학자들은 예수가 바알세불(사탄)이 들렸다고 하고, 또 그가 귀신의 두목의 힘을 빌려서 귀신을 쫓아낸다고도 하였다. 그렇게 사람들이 "예수가 악한 귀신이 들렸다"고 하자 예수님의 어머니와 동생들이 찾아왔다. 걱정되었기 때문이다.

예수님께서 육신의 어머니와 형제들을 부인하는 것은 아니나 "누구든지 하나님의 뜻을 행하는 사람이 곧 내 형제요 자매요 어머니다"라는 말씀은 하나님 나라의 비밀을 말씀하시기에 앞서 하나님 나라에 들어가고자 하는 사람들의 자아를 일깨워 준다.

갈릴리에서 제자들에게 - 하나님 나라의 비밀(4:1 - 34)

이제 열두 제자에게 하나님 나라의 비밀을 이해하기 쉽게 비유로 설명해 주셨다. (씨 뿌리는 비유), (등불의 비유), (되질하여 주는 비유), (스스로 자라는 씨앗의 비유), (겨자씨 비유) 등의 비유를 이용하여 복음 자체를 선보이셨다. 하나님 나라는 사람들이 알지 못하는 사이에 나무가 자라듯이 그리고 거침없이 퍼질 것이다. 이것은 하나님의 뜻(Vision)이며, 인간의 의지로 막아설 수 없다.

사람들이 보기는 보아도 알지 못하고, 듣기는 들어도 깨닫지 못하는 것을 안타까워하신 예수님의 가르침은 제자들을 통하여 우리에게 들려진다. 알려지지 않았으며 친숙하지 않은 하나님 나라를 비유를 통하여 우리에게 친숙한 경험의 영역으로 끌어내는 것이다. 예수님께서는 비유를 통하여 하나님 나라를 이 땅에 보여주시는 것이다.

제자들과 군대 귀신에서 풀려난 자에게 - 인자의 능력을 보이심(4:35 - 5:20)

갈릴리 호수는 북쪽과 서쪽에 높은 산악지형이 둘려있어서 시시때때로 거센 바람이 일어난다. 예수님과 제자들이 배를 타고 갈릴리 호수를 건널 때 바람이 거세게 불어 파도가 배 안으로 덮쳐 들어왔다. 예수께서 바람을 꾸짖으시고 바다더러 "고요하고, 잠잠하여라" 하시니, 바람이 그치고 아주 고요해졌다. 그러나 제자들은 "이분이 누구이기에, 바람과 바다까지도 그에게 복종하는가?"하고 두려워하였다.

갈릴리 동북쪽의 거라사 지역은 이방인들이 사는 곳이다. 그곳에서 군대 귀신에 사로잡혔다가 예수님께 고침을 받은 사람이 있었다. 그는 두려워하기는커녕 떠나가서 예수께서 자기에게 하신 일을 데가볼리(갈릴리 동쪽 지역에 로마에 의해서 건립된 10개의 신도시)에 전파하였다.

(열두 해 동안) 혈루증을 앓아 온 여자와(열두 살짜리) 딸을 둔 회당장에게 - 비교되는 믿음(5:21 - 43)

예수님께서 열두 해 동안 부정한 병을 앓고 있는 여인에게 말씀하셨다. "딸아, 네 믿음이 너를 구원하였다. 안심하고 가거라. 그리고 이 병에서 벗어나서 건강하여라." 그리고 예수님께서 죽어가는 열두 살짜리 딸을 둔 회당장에게 말씀하셨다. "두려워하지 말고 믿기만 하여라."

열두 해 동안 혈루병을 앓던 여인의 회생을 보며, 우리는 열두 해가 의미하는 절망적 환경 속에서도 그리스도의 능력을 간절히 구할 수 있음을 알 수 있다. 예수님은 우리에게 간절한 믿음이 그 어떤 지위와 인간적 배경보다도 힘이 있다는 가르치고 계신다.

우리 주변의 데가볼리는 어디인가요?

군대 귀신에 사로잡혔다가 예수님께 고침을 받은 사람은 떠나가서 예수께서 자기에게 하신 일을 데가볼리에 전파하였습니다. 그 열 도시는 로마인들이 세운 이방 신들이 넘쳐나는 곳이었습니다. 우리의 삶도 예수님을 만나고 변화되었나요? 그러면 우리도 우리 주변의 데가볼리를 찾아 나서야 하지 않을까요?

23일 〜〜〜〜〜〜〜〜〜〜〜〜〜〜〜〜〜〜〜〜〜〜〜〜〜〜〜〜〜〜〜〜

✝ 오늘 말씀 마가복음 6:1 - 8:30

예수님은 누구신가
베드로의 고백

💡 **실마리 풀기**

예수께서 그들에게 물으셨다. "그러면, 너희는 나를 누구라고 하느냐?"(막 8:29)

예수님께서는 이제 본격적으로 사역을 위해 제자들을 파송하시고, 그들과 더불어 하나님 나라에 대하여 가르치시기 시작합니다. 치유와 복음 선포 사역이 나사렛 사람들, 백성들, 대적자들 그리고 이방인들에게 펼쳐집니다. 사람들은 예수님의 말씀과 행동과 주장에 대하여 긍정적인 반응, 부정적인 반응과 우유부단한 반응을 동시에 보입니다.

예수님의 도전적인 말씀과 행동에 반응을 보이는 사람들(6:1 - 8:26)
고향 사람들의 반응 - 목수가 아닌가?(6:1 - 29)

고향 사람들의 3가지 반응은 "마리아의 아들이 아닌가? 목수가 아닌가? 아무개의 형제가 아닌가?"였다. 당시에 통상적으로 남자는 아버지의 아들로 불렸다. 어머니의 아들로 부르는 것은 출생의 비밀을 거론하는 모욕적 표현이다. 그들은 인간 예수님에 대해 너무나 잘 알고 있었기 때문에 주님을 달갑지 않게 여길 수밖에 없었다.

기적을 보고도 깨닫지 못하는 제자들의 믿음 - 유령으로 생각하고 소리쳤다(6:30 - 56)

보냄을 받은 제자들이 하나님 나라를 선포하고, 많은 귀신을 쫓아내고 수많은 병자를 고쳐주었다. 그리고 자기들이 한 일을 예수님께 자랑스럽게 보고하였다. 그러나 제자들은 예수님께서 빵 다섯 개와 물고기 두 마리로 오천 명을 먹이신 기적을 바로 눈앞에서 경험하고, 파도 위를 걸으시는 모습을 보고도 그분이 드러내신 신적인 능력을 깊이 깨닫지 못하였다.

그러나 예수님의 소문을 들은 사람들은 온 지방의 병자들을 예수님 앞에 데리고 오기 시작하였다. 심지어는 예수님의 옷 술에 만이라도 손을 대게 해달라고 간청하였다. 고침을 바라는 그들의 욕구는 간절하였고, 고쳐질 수 있다는 믿음도 애절하였다.

바리새인과 율법학자들의 반응 - 사람의 훈계를 교리로 가르치는 사람들(7:1 - 23)

유대의 지도자들은 하나님의 계명을 버리고 사람의 전통을 지키는 자들이었다. 그들이 지키는 의식적 전통 가운데는 성경에 규정되어 있지도 않고, 주님의 가르침에 어긋나는 것도 있었다. 사람들이 만든 위선이 하나님의 가르침을 억누르고 있는 것이다. 예를 들어, 손을 씻지 않고서는 먹지 않는다 함은 규례일 뿐이다. 인간의 규례를 위하여 위선을 행하고 마음의 중심을 다른 곳에 두는 것이 오히려 더러운 것이다. 그것은 사람에게서 나오는 것으로써, 곧 음행과 도둑질과 살인과 간음과 탐욕과 악의와 사기와 방탕과 악한 시선과 모독과 교만과 어리석음이 우리를 더럽힐 뿐이다. 우리 교회 가운데에도 이와 같은 성경의 가르침에 어긋나는 전통과 규례가 있는지 돌아볼 일이다.

예수님의 정체성을 깨닫지 못하는 제자들 - 너희가 아직도 깨닫지 못하느냐(7:24 - 8:26)

두로에서 만난 이방 여인은 귀신들린 자기의 딸을 고쳐주시기를 간청하였다. 예수님께서 그녀의 간절한 믿음을 보시고 그녀의 딸을 고쳐주셨다. 시돈에서는 귀가 먹고 말을 못하는 사람을 고쳐주시고, 벳새다에서는 눈이 먼 사람을 보게 하셨다. 그리고 또다시 예수님께서 빵 일곱 개로 사천 명을 다시 먹이셨다. 반복되는 치유와 기적의 현장에 있었으면서도 제자들은 도무지 예수님의 정체성을 알 수 없었다. 그들의 마음속에는 늘 자신들의 필요를 채워주시는 예수님만이 존재하였기 때문이다.

마가복음 전반부의 결론(베드로의 고백) - 선생님은 그리스도이십니다(8:27 - 30)

사람들은 세례 요한이 메시아의 길을 예비하기 위해 온 엘리야이며, 예수님께서 모세와 같은 예언자시라고 생각했다. 그들도 예수님을 하나님께서 보내신 자로 여기고 있음이 분명하다. 그러나 그분이 바로 하나님이시라고는 전혀 생각하지 못하였다. "그러면, 너희는 나를 누구라고 하느냐?"라는 예수님의 질문에, 베드로는 성령의 도우심으로 "선생님은 그리스도"라고 고백을 한다. 베드로의 고백을 들으신 예수님께서는 오히려 아무에게도 말하지 말라고 지시하신다.

아무에게도 말하지 말라는 지시〈메시아 비밀〉는 사람들이 십자가의 의미를 깨닫기 전까지는 자신이 메시아이시며, 하나님의 아들이심을 알리고 싶어 하지 않으시기 때문이다. 유대인들이 바라는 메시아는 '다윗의 자손'을 의미하며 정치적, 경제적 지배자를 의미하는 것이었기 때문이다. 그러한 메시아는 권능과 심판을 보일 수 있겠지만, 종으로 오신 하나님의 아들을 향한 믿음을 낳지는 못할 것이다.

묻고? 답하기!

주님께서 "너는 나를 누구라고 하느냐?"고 물으신다면 어떻게 대답할 것인가?

제자들은 예수님께서 빵 다섯 개와 물고기 두 마리로 오천 명을 먹이신 기적을 바로 눈앞에서 보고, 파도 위를 걸으시는 모습을 보고도 그분이 드러내신 신적인 능력을 깨닫지 못하였다고 합니다. 우리는 그러한 기적을 체험하지 못하였지만, 예수님께서 우리를 구원하신 분으로 믿고 있습니다. 그는 구원자이시며, 생명의 주이시며, 마음이 아플 때 위로가 되는 친구이십니다. 그리고 또.........

24일 ~~~~~~

✝ 오늘 말씀 마가복음 8:31 - 10:52

고난의 종으로 오신 예수님
십자가의 의미

💡 실마리 풀기

"인자는 섬김을 받으러 온 것이 아니라 섬기러 왔으며"(막 10:45)

베드로의 신앙고백 이후, 예수님께서 자신의 십자가 죽음에 대하여 공개적으로 밝히기 시작하십니다. 수난과 부활은 종으로 오신 예수님께서 반드시 겪어내셔야 할 순종의 길이며, 이 땅에 오신 목적입니다. 그 고백과 함께 제자들이 가야할 길에 관한 교훈을 주기 시작하시는데, 제자들 역시 십자가를 지고 고난의 길을 가야 한다는 것을 가르치시는 것입니다. 이제 예수 그리스도를 구주로 믿고, 그의 제자임을 자처하는 사람들은 자기 십자가를 지고 그를 따라야 합니다. 예수님께서 가르치신 참 제자도는 주님을 부인하도록 강요하는 박해와 순교의 위험에 처한 (로마의) 성도들을 향한 하나님의 긍휼하심을 보여주는 것입니다. 이제 수난 받는 메시아의 참 뜻을 그들 '수난 받는 마가의 공동체'는 깨닫게 될 것입니다.

수난과 부활의 첫 번째 예고와 참 제자도 - 죽기 위해 오신 고난의 길(8:31 - 9:1)

하나님 나라, **영원한 생명** 그리고 **인간의 구원**은 표현은 다르지만 같은 의미를 지닌 말이다. 예수님을 믿기만 하면 주어질 것이기 때문이다. 그러나 우리가 하늘나라에 들어가려면 포기해야 할 것들, 뛰어넘어야 할 걸림돌들이 한둘이 아니다. 그리고 사람마다 집착하는 것들도 다양하다. 그러나 영원한 생명은 우리가 스스로 쟁취해야 하는 것이 아니다. 자기가 삶의 주인이고 주관자임을 포기하고, 복음을 받아들이는 순간 선물로 주어지는 것이라는 사실을 알아야 할 것이다.

"나를 따라오려고 하는 사람은, 자기를 부인하고, 자기 십자가를 지고, 나를 따라오너라. 누구든지 제 목숨을 구하고자 하는 사람은 잃을 것이요, 누구든지 나와 복음을 위하여 제 목숨을 잃는 사람은 구할 것이다"(8:34 - 35).

엘리야, 모세와 함께하신 예수님 - '고난의 종'으로 오심의 인증(9:2 - 29)

다니엘서(단 7:13 - 14)에서 **'인자 같은 이'**는 권세와 영광을 받으시고, 세상 모든 나라의 섬김을 받으실 분이시다. 그래서 베드로는 예수님이 이스라엘 역사에 개입하셔서, 나라의 평화와 번영을 이루실 것으로 착각하였다. 그러나 예수님께서는 섬김을 받기보다는 오히려 섬기러 오신 **'고난받는 종'**(사 53:4 - 6)이시기도 한 것이다. 예수님의 고난은 하나님의 공의를 실현하시고, 자기 목숨을 내어 우리의 죄를 감당하시기 위한 것이다.

유대 역사에서 모세는 이스라엘 백성을 구원해 내고 율법을 제정 받은 첫 번째 선지자였으며, 엘리야는 하나님이 구원하시는 역사에 참여하게 될 마지막 예언자였다. 예수님께서 엘리야와 모세와 함께하신 의미는 이제 하나님의 구원이 임하였음을 보여주는 것이다. 제자들은 외아들을 보내신 하나님의 음성을 통해 '고난의 종'으로 오신 예수님의 신분을 인증 받았다.

수난과 부활의 두 번째 예고와 참 제자도 - 종으로 오신 섬김의 길(9:30 - 10:31)

예수님께서 인자가 사람들의 손에 넘어가고, 사람들에게 죽임을 당하고 나서 사흘 후에 살아날 것이라고 말씀하셨다. 그러나 제자들은 그 말씀을 깨닫지 못하였고 묻기조차 두려워하였다.

영생을 얻는 길 - 무릇 하나님 나라에 들어가고자 하는 자는 누구든지 어린이와 같이 하나님 나라를 받아들이는 사람이어야 한다. 그리고 그가 가진 것을 다 팔아서 가난한 사람들에게 주어야지만, 그가 하늘에서 보화를 차지하게 될 것이다. 예수님을 왕으로 모시는 길, 참 그리스도인으로 사는 길은 그분이 가신 섬김의 길을 따라가는 것이다.

수난과 부활의 세 번째 예고와 참 제자도 - 속죄 제물로 오신 대속의 길(10:32 - 52)

드디어 예수님께서 세 번째 예고하셨다. 그러나 예수님을 따르는 제자들은 세상의 지위와 가치에 집착하는 모습을 드러냈다. 야고보와 요한은 세상적인 혁명이 가져올 명예와 권력을 생각하고 있다. 자신들을 주님의 나라에서 중용해 달라고 요청하는 것이다. 그러나 예수님께서 "인자는 섬김을 받으러 온 것이 아니라 섬기러 왔으며, 많은(모든) 사람을 구원하기 위하여 치를 몸값으로 자기 목숨을 내주러 왔다"고 말씀하셨다.

눈먼 사람들 : 제자들과 바디메오 - 볼 수 있으나 영적 소경인 제자들과 달리 눈먼 사람 바디메오의 믿음은 그가 가진 전 재산을 벗어 던지고 예수께로 오게 하였다. 거지에게 겉옷은 밤에는 이불이며, 낮에는 구걸의 도구였다. 그가 찾은 '다윗의 자손'은 유대 전승에 의하면 메시아를 부르는 행위였다. 그는 믿었다. 예수님께서 메시아이심을...

예수님께서 나에게 요청하시는 섬김의 길은 어떤 것일까요?

예수님께서는 자신의 목숨을 내어놓는 섬김의 길을 택하시고 이 땅에 오셨습니다. 예수님의 섬김은 사랑을 기초로 합니다. 사랑하는 자녀들에게 모든 것을 용납하러 오셨습니다. 아무런 대가도 원치 않으시고 우리를 먼저 섬기셨습니다. 우리도 누군가를 사랑하고, 그들보다 먼저 손을 내밀고, 아무런 대가도 원치 않는 그런 섬김을 할 수 있을까요?

9

25일

마가복음

✝ 오늘 말씀 마가복음 11:1 - 13:37

예루살렘 입성
고난의 종의 마지막 설교

💡 **실마리 풀기**

"조심하고, 깨어 있어라. 그때가 언제인지를 너희가 모르기 때문이다"(막 13:33)

로마의 그리스도인들은 단지 그리스도인이라는 이유만으로 핍박과 고난 그리고 죽음을 받았습니다. 이제 전개될 마지막 날들의 환난에 관한 예수님의 말씀은 그들에게 특별한 의미를 주었을 것입니다. 종으로 오신 예수 그리스도께서 먼저 그 것을 예언하시고, 스스로 그 고난의 길을 받아들이셨기 때문입니다. 그들처럼 우리에게도 부활하신 예수님은 유일한 희망이십니다. 하나님께서는 **영원한 나라와 하나님의 영광**을 위하여 우리 믿는 자들을 살리실 것입니다.

예루살렘 입성 - 열매를 맺지 못하는 무화과와 예루살렘(11:1 - 26)

주님의 예루살렘 입성은 겸손하고 당당하다. 전쟁하는 자는 말을 타지만, 나귀는 타는 자는 평화의 왕을 상징한다(슥 9:9 - 10). 예수님의 입성은 인류에게 실로(평화의 왕)가 오실 때까지 유다의 통치가 이어질 것이라는 야곱의 축복(창 49:10 - 11)을 성취하고 있다.

무화과나무의 저주는 당시의 생명 없는 종교를, 성전 정화 사건은 하나님을 배제한 종교시설의 무익함을 행동으로 보이신 것이다. 무화과나무를 저주한 것과 그 무화과나무가 뿌리째 말라 버린 일과의 사이에 성전을 청결케 하신 일이 기록되어 있음을 상기할 필요가 있다. 그것은 어떤 열매도 맺지 못하고 있는 예루살렘의 미래를 보여주시기 위한 표적이다.

시험과 도전을 하는 유대인의 모든 기득권자에게 - 살아 있는 사람들의 하나님(11:27 - 12:44)

기득권자들인 유대의 대제사장과 율법학자들(그리고 바리새인들과 사두개인들)은 예수님이 하나님을 모독하는 자라고 생각하였다. 이스라엘의 정치적 메시아만을 추구하는 그들이 주님의 정체성을 이해할 수가 없었다. 그래서 드디어 예루살렘에 들어온 그를 고발할 죄명을 찾기 시작하였다.

그들이 예수님께서 무슨 권한으로 이러한 일을 하는지 궁금해 하자, '포도원 주인이 보낸 사람을 죽인 소작인들에게 포도원 주인이 직접 오시면 어떻게 될 것인가'하고 예수님께서 질문하셨다. 황제에게 세금을 바치는 것이 옳은지, 옳지 않은지, 부활이 있다면 그들이 따르는 관습법(죽은 자의 후손을 잇기 위한 수혼법(신 25:5 - 10))이 어떻게 적용될 것인지를 가지고 예수님을 시험하자, 예수님께서는 그들에게 하나님이 죽은 자의 하나님이 아니라 살아 있는 사람들의 하나님임을 가르쳐주셨다.

마침 그들 가운데 한 슬기로운 율법학자에게 예수님께서 대답하셨다. "첫째는 이것이다. '이스라엘아, 들어라. 우리 하나님이신 주님은 오직 한 분이신 주님이시다. 네 마음을 다하고, 네 목숨을 다하고, 네 뜻을 다하고, 네 힘을 다하여, 너의 하나님이신 주님을 사랑하여라.' 둘째는 이것이다. '네 이웃을 네 몸같이 사랑하여라. 이 계명보다 더 큰 계명은 없다'"(12:29 - 30).

또한, 예수님께서 자신이 그들이 고대하던 주님(메시아)이심을 성전에서 말씀하셨다. 주님은 다윗의 자손일 뿐 아니라 다윗의 주님이 되어야 한다. 그분은 이스라엘만을 위한 구원자가 아니라 온 우주를 구원할 자이시기 때문이다.

제자들에게 - 그리스도인들에게 전하는 마지막 날에 있을 환난의 징조들(13:1 - 37)

마지막 날의 환난은 유대인들이 성전을 모독하고 예루살렘을 죄악의 도성으로 만들었기 때문에 내려질 징계였다. 그들은 회개하라고 외치는 선지자들을 잡아 죽였다. 마지막 날이 오면, 거짓 그리스도와 전쟁과 지진과 기근이 일어날 것이다. 많은 사람이 '내가 그리스도다' 하면서, 많은 사람을 속일 것이다. 그들은 자신의 의를 위하여 거짓을 말하는 자들이지만, 예수님의 행하심은 우리를 섬기기 위해 하신 것이다. 그리고 정치, 종교적 박해와 가족의 배반이 뒤따를 것이다. 그러나 그날과 그때는 아무도 모르니, 깨어 있어라. 그 환난이 지난 뒤에 인자가 큰 권능과 영광에 싸여 구름을 타고 오는 것을 볼 것이다.

로마의 그리스도인들은 목숨을 부지하기 위하여 총독과 왕들 앞에서 그리스도인임을 부인해야 했으며, 그들의 형제자매와 부모들로부터 고발을 당하였다. 마가는 예수님의 마지막 날의 환난의 말씀을 들어 그들에게 용기를 북돋우고 있다. "또 너희는 나 때문에 총독들과 임금들 앞에 서게 되고, 그들에게 증언할 것이다......... 형제가 형제를 죽음에 넘겨주고, 아버지가 자식을 또한 그렇게 하고, 자식이 부모를 거슬러 일어나서 부모를 죽일 것이다. 너희는 내 이름 때문에 모든 사람에게서 미움을 받을 것이다. 그러나 끝까지 견디는 사람은 구원을 받을 것이다"(13:9 - 13).

나는 마지막 날, 그 때 무엇을 하고 있을까?

주님께서 마지막 날이 오면, 거짓 그리스도와 전쟁과 지진과 기근이 일어날 것이며, 정치, 종교적 박해와 가족의 배반이 뒤따를 것이라고 말씀하셨습니다. 과연 우리도 그러한 일들을 겪게 될까요? 아! 나는 그저 죽는 날까지 하나님을 사랑하고, 나의 이웃을 사랑하며 살고 싶을 뿐입니다.

9

26일

마가복음

✝ 오늘 말씀 마가복음 14:1 - 16:20

예수님은 누구신가
백부장의 고백

💡 실마리 풀기

"내 뜻대로 하지 마시고, 아버지의 뜻대로 하여 주십시오"(막 14:36)

유월절을 맞아 예수님께서 예루살렘 성으로 들어오셨습니다. 예수님께서는 묵묵히 자신에게 주어진 사명을 다 하기 위해 마지막 만찬을 나누시고, 하나님께 기도를 올려드렸습니다. "내 뜻대로 하지 마시고, 아버지의 뜻대로 하여 주십시오." 고난의 종으로 오신 예수님의 마지막 기도였습니다. 이는 개종을 강요하는 로마 황제 앞에서 그리스도를 향한 믿음을 선택한 자들이 따라 해야 할 기도였습니다.

수난의 예비 - 그러나 제자들은.....(14:1 - 42)

마리아가 부은 향유 - 베다니의 시몬(나사로)의 집에서 마리아는 매우 값비싼 향유를 예수님의 머리에 부어 수난을 예비하였다. 아마도 마리아는 예수님께서 죽었다 살아나실 것이라는 말씀을 믿었음이 틀림없다. 그러나 제자 유다는 예수님을 배반할 마음을 품고 있었다.

유월절의 마지막 만찬 - 성만찬은 진정한 메시아의 의미를 보여주는 거룩한 행사이다. 주님께서는 세상의 권력과 부를 누리고자 하는 지도자가 아니라, 만민을 위하여 자신을 희생 제물로 내어줌으로써 하나님의 참사랑을 보여주고자 하는 것이다. 그러나 베드로는 유월절 어린 양이신 예수님을 부인할 것이다.

수난을 앞둔 겟세마네 동산의 기도 - 예수님의 기도는 육체적 고통을 회피하고자 하는 인간적인 바람 때문이 아니라, 세상의 죄를 짊어져야 하는 영적인 공포를 극복하기 위한 것이었다. 하나님의 뜻은 스스로 피를 흘림으로써 인류에 대한 사랑이 얼마나 강렬한지를 드러내는 것이었다. 피 흘림으로 죄 사함을 받는 하나님의 공의를 드러냄으로 인하여 하나님의 뜻(Vision)을 이루어야 한다. 그러나 제자들은 자고 있었다.

수난 - 대제사장의 시기심, 제자들의 배신과 빌라도의 비겁함(14:43 - 15:32)

예수님께서 대제사장에게 잡혀갔다. 사람들이 거짓 증언을 하였으나, 예수님께서는 스스로 대제사장에게 자신이 메시아이심을 고백함으로 십자가로 향한 결정적 빌미를 제공하신다. 예수님은 스스로 목숨을 내어놓으신 것이다(요 10:18).

닭이 두 번 울기 전에 베드로가 예수님을 세 번이나 부인하고, 나머지 제자들도 모두 예수를 버리고 달아났다. 대제사장이 온 공회와 함께 예수님을 로마법에 따라 사형을 시키고자 로마에 반역하는 자로 고발하였다. 빌라도는 그에게서 아무런 죄도 발견하지 못하였으면서도 무리를 만족하게 하려고 정치적 판결을 내리고 만다. 그렇게 모두가 합심하여 예수님을 못 박아 죽였다.

마가복음 후반부의 결론(백부장의 고백) - 참으로 이분은 하나님의 아들이셨다(15:33 - 47)

예수를 마주 보고 서 있는 백부장이 예수께서 숨을 거두시는 것을 보고서 말하였다. "참으로 이분은 하나님의 아들이셨다"(15:39). 히브리서 10:19 - 20에 보면 "예수께서는 휘장을 뚫고 우리에게 새로운 살 길을 열어주셨다"라고 증명하고 있다. 그리고 그 휘장은 곧 그의 육체이니, 십자가에서 피 흘리신 예수님의 몸은 이제 하나님께로 나아가는 통로가 되었다. 그리고 이 통로로 나아가는 은혜를 가장 먼저 받은 사람은 예수님을 십자가에 못 박는 임무를 맡았던 로마의 백부장이었다. 그는 이방인 가운데 예수님의 정체성을 공개적으로 고백한 첫 번째 인물이며, 이방인 가운데 추수된 위대한 첫 열매였다.

마가의 결론(부활) - 무서워서 아무에게도 아무 말도 못한 여자들(16:1 - 20)

마가가 쓴 본문은 원래 16장 8절까지이다. 마치 슬픈 연극이 끝나듯이 "안식 후 첫날 일찍이 무덤에 간 여자들이 벌벌 떨며 넋을 잃었으며, 무서워서 아무에게도 아무 말도 못하였다"라고 결말을 맺은 것이다.

마가복음에는 예수님의 부활 장면을 직접 목격한 사람의 증언은 기록되어 있지 않다. 그들은 빈 무덤만 보았을 뿐이다. 제자들뿐만 아니라 그곳에 직접 간 여인들도 부활하신 예수님을 만나기 전까지, 예수님께서 하나님의 아들이라는 사실을 깨닫지 못했다는 것, 즉 그 제자들 모두가 로마 황제의 박해를 받는 성도들의 연약한 모습과 다를 바 없었다는 것을 마가는 강조하고 싶었던 것이다.

지금도 사람들은 예수님의 부활을 역사적으로 또는 과학적으로 증명하려고 부단히 노력한다. 그러나 부활은 역사와 과학을 뛰어 넘는 사건이며, 하나님의 살아계심을 믿는 믿음의 근원이다. 예수님의 부활은 과거의 사건으로 증명되는 것이 아니라, 부활의 하신 예수님을 만난 사람들(사도들)의 증언을 믿는 사람들의 영생으로 증명될 것이다.

**묻고?
답하기!**

아무개야, 자고 있느냐? 한 시간도 깨어 있을 수 없느냐?

예수님께서 제자들에게 요청하십니다. 깨어 기도하라고. 그러나 그들은 또다시 잠이 들고 맙니다. 결국, 주님을 배반하고 죄책감에 목을 매고 죽은 제자, 새벽이 오기 전에 세 번이나 주님을 부인한 제자 그리고 무서워 도망한 아홉 명의 제자들의 모습을 우리는 보게 됩니다. 그런데 그들이 어떻게 훌륭한 사도들이 되었을까요? 그것은 주님이 세상 끝 날까지 그들과 함께하시기 때문일 것입니다. 우리는 이제 이렇게 기도합니다. "주여! 나와 함께 하셔서, 부활의 증인이 되게 하소서."

9월 27일

요한이 이해한 예수 그리스도
사람의 아들 그리고 하나님의 아들

📖 **오늘 말씀** 요한복음 1:1 - 18 ; 3:22 - 36

💡 **실마리 풀기**

"예수께서는 제자들 앞에서 이 책에 기록하지 않은 다른 표징도 많이 행하셨다. 그런데 여기에 이것이나마 기록한 목적은, 여러분으로 하여금 예수가 그리스도요 하나님의 아들이심을 믿게 하고, 또 그렇게 믿어서 그의 이름으로 생명을 얻게 하려는 것이다"(요 20:30 - 31)

예수의 사랑하는 제자(요 21:20 - 24) - 우뢰의 아들, 요한(막 3:17)

사도 요한도 복음서에서 자신의 이름을 의도적으로 밝히지 않습니다. 다만 '예수의 사랑하는 제자'라고만 표현할 뿐입니다. 그는 야고보와 함께 세베대와 살로메의 아들이며, 살로메는 마리아의 누이였으므로, 그는 예수님의 이종사촌이 됩니다(19:25, 마 27:56, 막 15:40). 요한은 본래 베드로의 동생 안드레와 함께 세례 요한의 제자였다가 예수님의 부르심을 받았습니다.

그는 야고보와 베드로와 함께 예수님의 변모 사건의 현장에 있었고(눅 9:28 - 36), 예수님의 제자 중에 비교적 어린 나이였던 요한은 유일하게 예수님의 십자가 처형장에 있었다가 예수님의 모친을 봉양하라는 부탁을 받았습니다(19:25 - 27). 예수님께서 돌아가신 후 빈 무덤을 직접 목격하였으며(20:2 - 10), 갈릴리로 돌아가 고기를 잡다가 예수님의 부활과 임재를 깨달은 사람이었습니다(21:4 - 7). 그가 겉모습은 곱상하여도 '우뢰의 아들'이라는 별명을 들을 정도로 성격이 불같이 급하였다고 합니다.

말씀이 육신이 되어 우리 가운데 사신 예수님 - 교회 안에 있던 갈등에 대하여

예수님께서 승천하시며 약속하신 대로, 제자들은 성령으로 세례를 받았습니다(행 1:5). 그리고 예수님의 부활을 증명하기 위하여 예루살렘과 온 유대와 사마리아와 땅 끝으로 퍼져나갔습니다(행 1:8). 그리고 50여 년이 지나는 동안 로마 제국 곳곳에는 그리스도를 믿는 자들의 교회 공동체가 세워졌습니다. 그러나 그 교회 공동체는 외부로부터의 여러 가지 도전에 직면하게 되고, 내면으로부터도 다양한 갈등이 움트기 시작하였습니다. 요한은 그러한 도전과 갈등에 직면한 교회 공동체에 메시아이시며 하나님의 아들이신 예수님을 믿는 복음을 견고히 하기 위하여 이 복음서를 쓴 것입니다.

당시 **교회들 안에 있던 첫 번째 갈등**은 율법의 준수를 주장하는 유대인 그리스도인들과의 관계에서 발생합니다. 그들은 예수님이 약속된 그 메시아이시며, 하나님의 아들이라는 것을 인정하기에 앞서 율법의 준수를 강요합니다. 그래서 요한은 유대인 그리스도인들을 향하여 예수를 "이스라엘의 임금"(1:49), "유대인의 왕"(19:19)이라고 표현하면서 과격할 정도로 회개를 요청하고 있는 것입니다.

두 번째 갈등은 조금 더 심각한 교회공동체 내의 신학적 도전이었습니다. 훗날 영지주의로 알려진 이 이단 사상은 물질적 요소와 영적인 요소 사이의 극단적 이원론을 신봉합니다. 물질은 악이요, 영은 선하다는 것입니다. 그래서 영적인 신성이 어떻게 물질적인 살과 피로될 수 있겠느냐며 예수님의 성육신, 인성을 부인하였습니다. 예수님은 하늘에 계신 분의 환영이었을 뿐이라는 주장을 하는 것입니다. 요한은 이에 예수님에 관하여 "말씀이 육신이 되었다"(1:14), "세상 죄를 지고 가는 하나님의 어린 양"(1:29 - 36)이라고 분명히 말함으로써 역사적 예수님을 확증하고자 하는 것입니다.

태초에 하나님과 함께 계셨던 예수님 - 요한복음의 구조를 이루는 7가지 자기 선언과 표적

요한은 **7가지 표현**으로 **예수님의 신성**을 증명하고 있습니다. 그 복음을 믿는 자들에게 생명을 얻을 수 있다는 것을 확신시키기 위함입니다. - "그 '말씀'은 하나님이셨다. 그는 태초에 하나님과 함께 계셨다"(1:1 - 2), "하나님의 어린 양"(1:29), "메시아"(1:41), "하나님의 아들이시요, 이스라엘의 왕"(1:49), "하나님께서 보내신 이"(3:34), "세상의 구주"(4:42), "나의 주님, 나의 하나님!"(20:28).

또한, 요한복음에는 **7개의 자기선언**과 **7개의 표적**이 기록되어 있습니다. 예수님께서 자신에 대하여 터놓고 "나는 ....이다"라고 말씀하시는 것은 자신이 "나는 여호와니라"라고 선언하신 분과 같으신 분이라는 것을 암시하고 있습니다. 또한, 7개의 표적은 예수 그리스도의 인격과 사역을 밝히기 위해 사용되었는데, 이 중에 다섯은 다른 복음서에 기록되어 있지 않습니다.

7개의 자기선언	7개의 표적
나는 생명의 빵이다(6:35)	물로 포도주를 만드심(2:1 - 11)
나는 세상의 빛이다(8:12)	왕의 신하의 아들을 살리심(4:46 - 54)
나는 양이 드나드는 문이다(10:7)	중풍 병자를 고치심(5:1 - 18)
나는 선한 목자이다(10:11)	오천 명을 먹이심(6:6 - 13)
나는 부활이요 생명이니(11:25)	물 위를 걸으심(6:16 - 21)
나는 길이요, 진리요, 생명이다(14:6)	나면서부터 눈먼 사람을 고치심(9:1 - 7)
나는 참 포도나무요(15:1)	나사로를 살리심(11:1 - 45)

28일 ~~~~~~~~~~~~~~~~~~~~~~~~~~~~~~~~~~~~~~

✝ 오늘 말씀 요한복음 1:1 - 4:2

하나님의 아들로 오신 예수님
육신이 되신 말씀

💡 실마리 풀기

"하나님께서 세상을 이처럼 사랑하셔서 외아들을 주셨으니, 이는 그를 믿는 사람마다 멸망하지 않고 영생을 얻게 하려는 것이다"(요 3:16)

예수님께서 부활, 승천하신 후 60여 년이 흘렀습니다. 바야흐로 헬라 문화와 철학에 기초하여 복음을 왜곡하는 자들의 거짓 가르침이 퍼져나가고, 자칫 예수님과 그의 진리가 말살될지도 모른다는 절박한 상황에 부닥치게 되었습니다. 가장 늦게까지 살아 있던 제자, 요한은 더는 멈칫거릴 수가 없었습니다. 따라서 요한복음은 다른 복음서들과 달리 예수님께서 살아계실 때의 관점이 아니라, 예수님의 부활과 성령의 능력을 논리적으로 증명하고자 하는 관점에서 서술되어 있습니다.

사도 요한은 예수님께서 십자가상에서 돌아가신 후, 육신의 어머니, 마리아를 죽는 날까지 모셨다고 합니다. 예수님이 하나님의 아들이라는 사도 요한의 확신은 제자로서의 인식과 경험은 물론 어머니 마리아의 증언을 토대로 하고 있다는 것을 짐작할 수 있습니다.

첫 번째 증언들 - 외아들이신 하나님(1:1 - 51)

사도 요한의 증언 : 육신이 되신 말씀 - 태초에 말씀이 있어 천지 만물을 창조하시고 빛이 있으라 하셨다. 그 말씀은 하나님이셨다. 말씀이시며 빛이신 은혜와 진리가 충만하신 분, 그분이 우리 가운데 오셨다. 하나님이 인간의 육신을 입고 이 땅에 오신 것이다. 그분을 믿는 우리는 그의 영광을 보았으며, 믿기만 하면 보게 될 것이다.

세례 요한의 첫 번째 증언 : 성령으로 세례를 주시는 분 - 세례 요한은 자신이 엘리야라는 사실을 숨기고 자신이 "광야에서 외치는 소리"라고 고백한다. 그는 예수님이 하나님의 아들이심을 보았기 때문이다. 그가 예수님을 증언하기를 "세상 죄를 지고 가는 하나님의 어린 양" 그리고 "성령으로 세례를 주시는 분"이시며, "하나님의 아들"이라고 하였다.

첫 번 제자들의 증언 : 우리가 메시아를 만났소 - 예수님을 만난 제자들은 즉시 자신이 만난 메시아를 주변의 형제들에게 증언하였다. 나다나엘은 "선생님은 하나님의 아들이시오, 이스라엘의 왕이십니다"라고 고백하였다. 그들의 증언은 메시아를 만남으로 인한 감출 수 없는 벅찬 감격 때문이다.

첫 번째 표징 - 어머니 마리아의 증언 : 무엇이든지 그가 시키는 대로 하세요(2:1 - 12)

누가복음 2장 51절에 보면, 예루살렘 성전에서 선생들 가운데 앉아 있는 소년 예수를 찾아낸 어머니는 "이 모든 일을 마음에 간직하였다"고 기록되어 있다. 그 어머니 마리아는 늘 자기 아들 예수에 대한 특별한 경험과 증거들을 잊지 않고 살아왔음이 틀림없다. 예수님께서 아직 내 때가 이르지 않았다고 하셨음에도 마리아는 "무엇이든지 그가 시키는 대로" 하라고 단호히 말하고 있다. 이렇게 어머니의 믿음은 표징을 통해 예수님께서 자신의 영광을 드러내시도록 하였다.

하나님께서 아들을 세상에 보내신 이유 - 세상을 이처럼 사랑하셔서 외아들을 주셨으니(2:13 - 3:21)

새 성전을 다시 세우시려는 것 - 예수님께서 성전에서 장사하는 사람들에게 "네 아버지의 집을 장사하는 집으로 만들지 말라"고 말씀하셨다. 유대인들 앞에서 자신이 하나님의 아들이라고 선언하신 것이다. 그것 때문에 결국은 십자가에 못 박혀 돌아가실 예수님께서 성전을 허물고 사흘 만에 다시 세우시겠다고 하셨다. 사흘 만에 부활하신 예수님께서는 새로운 예배의 성전이 되실 것이기 때문이다.

믿는 사람마다 영생을 얻게 하려는 것 - 니고데모는 아직 거듭나지 아니한 사람이었다. 그는 예수님이 행하신 표징을 보고 찾아 왔지만, 남들이 안 보는 은밀한 밤에 찾아왔다. 그가 진실로 주님을 알아보았다면 예수님의 제자들처럼 주변 사람들에게 "내가 메시아를 만났다"고 하였을 것이다. (그러했던 니고데모가 결국 공공연히 예수님을 변호하는 자로 점차 변하는 것을 볼 수 있다. - 요 7:50, 19:39)

세례 요한의 두 번째 증언 - 하나님께서 보내신 이(3:22 - 4:2)

세례 요한의 제자들이 유대 사람과 논쟁을 벌인 후, 사람들이 모두 예수님께로 모여드는 것을 속상해하는 것을 알 수 있다. 아마 유대사람들이 세례 요한과 예수님을 비교해 말하였을 것이다. 그러나 세례 요한은 증언한다. "하늘에서 오시는 이는 자기가 본 것과 들은 것을 증언하시며, 하나님께서 보내신 이는 하나님의 말씀을 전한다. 그것은, 하나님께서 그에게 성령을 아낌없이 주시기 때문이다."

우리는 예수님이 하나님의 아들이시며, 그리스도이심을 어떻게 알 수 있는가?

사람들이 함께 어울려 살아가면서 말을 하지 않는다면, 서로가 무슨 생각을 하고 있는지 모두지 알 길이 없습니다. 손짓 발짓, 표정으로라도 의사표시를 해야 그의 뜻을 조금이라도 알 수 있게 될 것입니다. 하물며 우리 눈에 보이지 않으시는 하나님은 더더욱 그러하지 않겠습니까? 태초에 천지를 창조하실 때에도 말씀으로 하신 것처럼, 하나님께서 말씀으로 육신을 보내셨으니 그분이 예수 그리스도이며, 하나님의 아들이십니다. 성경은 우리에게 보내주신 하나님의 편지입니다. 아멘!

29일

✝ **오늘 말씀** 요한복음 4:3 - 5:47

그리스도이신 예수님
구원을 얻게 하려고 오신 하나님의 아들

💡 **실마리 풀기**

"내 말을 듣고 또 나를 보내신 분을 믿는 사람은, 영원한 생명을 가지고 있고 심판을 받지 않는다. 그는 죽음에서 생명으로 옮겨갔다"(요 5:24)

앞에서 우리는 사도 요한, 세례 요한, 제자들 그리고 어머니 마리아의 증언을 들었습니다. 이제부터는 예수님의 직접 증언을 들어보게 될 것입니다. 메시아이시며, 하나님의 아들이심을 스스로 고백하시고, 하나님 나라의 표징을 보이시는 것입니다. 예수님께서 그렇게 하신 이유는 다만 우리가 예수님을 믿고, 생명(구원)을 얻게 하려 하심입니다.

우리에게 오신 말씀이 하나님이시며, 우리에게 은혜와 진리의 영광을 보이신 예수님이 하나님이십니다. 성령에 힘입어 그분을 하나님의 아들로 믿는 것, 나의 주인으로 받아들이는 것 그리고 그 말씀을 믿고 따라야 하는 것이 요한이 전하는 **복음의 핵심**이요, 세상이 받아들여야 할 **중요한 진리**이며, **하나님 나라의 비밀**인 것입니다. 이것이 새 생명을 얻은 우리의 증언이 되어야 합니다.

사마리아에서 여인을 통해 드러내심 - 영생에 이르게 하는 샘물(4:3 - 42)

사람들은 그의 영혼의 안타까움과 고통이 해결되어야 참 자유와 기쁨을 얻을 수 있다. 특히 사마리아인이며, 남편이 다섯이나 되는 죄인이라는 걸림돌(유대의 관점에서)이 있는 여인에게는 더욱 그러하였다. 수가라는 마을에서 만난 여인은 세상으로부터 버림받고, 종교적 의문으로 인하여 하나님조차도 의지할 수 없는 그야말로 죽지 못해 사는 사람이었다. 그 여인도 예배를 드리고, 기도하고 있었지만 마음속의 갈증을 해결할 수 없었다.

그 여인을 향하여 예수님께서 "하나님은 영이시다. 그러므로 하나님께 예배를 드리는 사람은 영과 진리로 예배를 드려야 한다"(4:24)고 가르치시고, "내가 메시아다", "내가 그 하나님의 아들이다"라고 선포하셨다. 예수님께서는 성적인 차별과 인종적 편견 그리고 도덕적인 죄의식을 넘어 영생에 이르게 하는 샘물을 먹여주셨다. 마음에 깊은 상처가 있는 여인을 치유하심은 우리 모두에게 그리스도를 만나고, 참 예배를 회복하여야 한다는 메시지를 보낸다.

메시아를 만나고 기쁨의 춤을 추는 그 여인의 증언을 듣고 예수님을 만난 수가성의 많은 사람이 그 여자에게 말하였다. "우리가 믿는 것은, 이제 당신의 말 때문만은 아니오. 우리가 그 말씀을 직접 들어보고, 이분이 참으로 세상의 구주이심을 알았기 때문이오."(4:42)

두 번째와 세 번째 표징 - 왕의 신하의 아들을 살리시고, 걷지 못하는 자를 고치심(4:43 - 5:15)

예수님께서 행하시는 표징들은 하나님 아버지께서 그를 보내셨다는 것을 친히 증명하여 주는 것이다. 생명의 물이신 예수 그리스도는 낫고 싶어 하는 자들을 살리심으로 그가 하나님의 아들이심을 드러내시는 것이다. 사마리아의 여인이나 왕의 신하 그리고 중풍 병자들 모두는 낫고 싶었다. 그리고 믿음을 보인자들은 모두 고침을 받았다.

예수님께서 왕의 신하에게 "돌아가거라. 네 아들이 살 것이다"라고 말씀하시니, 그는 예수님께서 자기에게 하신 말씀을 믿고 떠나갔다. 예수님께서 걷지 못하는 자에게 "일어나서 네 자리를 걷어 가지고 걸어가거라"고 말씀하시니, 그 사람은 곧 나아서, 자리를 걷어 가지고 걸어갔다.

하나님의 아들이신 예수님의 증언 - "다만 너희로 하여금 구원을 얻게 하려는 것이다."(5:16 - 47)

예수님께서 안식일임에도 굳이 중풍 병자를 살리시고, 스스로 하나님의 아들이라는 주장을 유대인들에게 선포한다. 하나님을 자기 아버지라고 불러서, 자기를 하나님과 동등한 위치에 놓으셨다. 그리고 그 아버지의 일을 그 아들이 하고 있음을 보이시며, 그리스도를 믿는 자는 그 순간 영원한 생명을 얻을 것을 선포한다. - "내가 진정으로, 진정으로 너희에게 말한다. 내 말을 듣고 또 나를 보내신 분을 믿는 사람은, 영원한 생명을 가지고 있고 심판을 받지 않는다. 그는 죽음에서 생명으로 옮겨갔다"(5:24).

예수님께서 자신이 하나님의 아들임을 인증하는 다섯 가지 증거를 제시하셨다. 예수님께서 말씀하신 증거들은 예수님 자신의 증언(5:31 - 32), 세례자 요한의 증언(5:33)과 그가 지금 하는 바로 그 일들(5:36)과 그를 보내신 아버지께서 친히 해주신 증언(5:37) 그리고 성경의 증언들(5:39)이다. 하나님을 눈으로 볼 수는 없지만, 육신이 되어 오신 말씀을 통해 보여주시는 증거들이므로 그것들은 믿고, 체험을 할 수 있는 객관적인 것이다. - "내가 이 말을 하는 것은, 내가 사람의 증언이 필요해서가 아니다. 그것은 다만 너희로 하여금 구원을 얻게 하려는 것이다"(5:34).

예수님을 믿음으로 얻어진 '영원한 생명'은 구원을 받고 '하나님 나라에 들어감'이며, 이 세상을 사는 동안 '하나님의 자녀로 살아갈 수 있게 됨'이며, '하나님 나라의 예배에 참여할 자격을 얻음'을 표현하는 개념이다.

묻고? 답하기!

사마리아 여인처럼 예수님과 대화를 할 수 있다면, 나는 무슨 질문을 하고 싶은가?

저는 아마도 사마리아 여인과 같은 질문을 할 것 같습니다. "예수님 지금 우리가 드리는 이 예배가 진정 주님께서 받으시기 원하시는 그 예배입니까?" 라고요. 우리가 믿고 따르는 목자들이 인도하는 예배 가운데 임재하시기 원합니다. 그리하여 우리의 예배로 인하여 하늘나라의 삶을 살아가도록 하여 주소서, 아멘.

30일

📖 오늘말씀 요한복음 6:1 - 7:52

생명의 양식이신 예수님
영생을 얻게 하려고 오신 하나님의 아들

💡 실마리 풀기

"내가 생명의 빵이다. 내게로 오는 사람은 결코 주리지 않을 것이요, 나를 믿는 사람은 다시는 목마르지 않을 것이다"(요 6:35)

예수님의 말씀과 행하심을 시간적인 흐름에 따라 서술한 공관복음서와 달리 요한복음은 예수 그리스도를 직설적으로 소개하고 있습니다. 표징은 하나님 나라가 임하였음을 알리는 것이기도 하지만, 예수 그리스도께서 누구신지를 드러내는 것이기도 합니다. 특히 예수님이 보이신 7개의 표징과 7개의 자기 선언을 중심으로 스스로 하나님의 아들로 오신 메시아이심을 증명하고 있습니다.

자신이 "생명의 빵"이라는 선언은 우리에게 인간의 능력으로는 도저히 구할 수 없는 영원한 양식을 먹고, 영원한 생명을 얻게 하려고 오셨음을 나타내시는 것입니다. 하지만 사람들은 당장 배부르게 하는 육체의 양식만을 추구합니다.

네 번째와 다섯 번째 표징 - 오천 명을 먹이시고, 물 위를 걸으심(6:1 - 21)

예수님께서 보이시는 표징으로 드러나는 영광은 하나님의 아들, 예수그리스도의 영광이다.

가장 천한 음식이었던 보리 빵 다섯 개와 절인 고기 두 마리로 오천 명을 배불리 먹이신 예수님을 본 사람들은 "이분은 참으로 세상에 오시기로 된 그 예언자이다"하고 말하면서 예수님을 그들의 왕으로 삼으려 하였다. 그러나 물 위를 걸으시는 예수님을 본 제자들은 두려워 떨었다.

예수님의 첫 번째 자기 선언 - 내가 생명의 빵이다(6:22 - 71)

광야에서 유대인들이 하늘의 만나를 경험한 것처럼, <오병이어>를 통하여 예수님의 양식을 경험한 유대인들은 이제 자기들에게 육체의 양식을 평생 먹여주실 것 같은 예수님을 찾아 헤맨다.

예수님께서 "너희는 썩어 없어질 양식을 얻으려고 일하지 말고, 영생에 이르도록 남아 있을 양식을 얻으려고 일하여라." "내가 생명의 빵이다. 내게로 오는 사람은 결코 주리지 않을 것이요, 나를 믿는 사람은 다시는 목마르지 않을 것이다"(6:35)라고 말씀하셨다. 그러나 사람들은 이 말씀을 도저히 이해할 수 없었으니, 추종하던 많은 무리가 예수님을 떠났다. 시몬 베드로는 "선생님께는 영생의 말씀이 있습니다. 우리는 선생님이 '하나님의 거룩한 분이심'을 믿고, 또 알았습니다"(6:68 - 69)고 고백한다. 이제 제자들의 때가 오면 그들은 하나님의 일을 하게 될 것이다.

예수의 형제들과 유대 사람들의 반응 - 너희는 그분을 알지 못하지만, 나는 그분을 안다(7:1 - 30)

육체의 양식이 아니라 생명의 양식을 먹으라는 말씀을 듣고 사람들이 모두 떠나가 버리고, 예수님의 형제들조차 예수님을 피하기 시작하였다. 그들이 예수님을 하나님으로 여기지 못했기 때문이다. 그들에게 예수님은 눈으로 늘 보아온 육신의 형제였기 때문이다. 예수님은 어디서 왔는지 알고 있었지만, 그리스도가 올 때는 어디에서 오셨는지 아는 사람이 없을 것이기 때문이다. 그들은 그가 하나님의 아들이며, 하늘로부터 왔음을 알아보지 못하였다. "너희는 나를 알고, 또 내가 어디에서 왔는지를 알고 있다. 그런데 나는 내 마음대로 온 것이 아니다. 나를 보내신 분은 참되시다. 너희는 그분을 알지 못하지만, 나는 그분을 안다. 나는 그분에게서 왔고, 그분은 나를 보내셨기 때문이다"(7:28 - 29).

예수님을 믿기 시작하는 사람들과 니고데모 - 이 사람은 그리스도이다(7:31 - 52)

예수님의 말씀을 들은 무리 가운데 많은 사람이 예수를 믿었다. 그들이 말하였다. "그리스도가 오신다고 해도, 이분이 하신 것보다 더 많은 표징을 행하시겠는가?" "이 사람은 정말로 그 예언자이다"하고 말하는 사람들도 있고, "이 사람은 그리스도이다"하고 말하는 사람들도 있었다. 예수님을 잡으러 왔던 경비병들조차 "그 사람이 말하는 것처럼 말한 사람은 지금까지 아무도 없었습니다"고 말하였다. 지도자 니고데모도 이제 예수님을 변호하고 있다. 그가 "율법에 따라, 예수님의 말을 들어 보거나, 알아본 다음에 심판을 해야 하지 않겠는가"라고 하였다. 그러나 아직은 전심으로 그를 하나님의 아들로 인정하지 못하고, 자신의 믿음을 드러내지 못한다.

내가 구하는 것이 육체의 양식인가, 생명의 양식인가?

사람들이 보리 빵 다섯 개와 절인 고기 두 마리로 오천 명을 배불리 먹이시는 모습을 눈으로 보고, 예수님을 그들의 왕으로 삼으려 하였습니다. 그들의 관심은 〈그들의 속죄를 위한 메시아〉가 아니라 〈그들의 허기를 채워줄 왕〉이었습니다. 때로는 우리도 마찬가지입니다. 우리를 구원하신 분께서 우리의 허기를 모른척하지 않을 것으로 생각합니다. 그래서 늘 깨어 있으며 기도해야 합니다. "주여, 우리를 시험에 들게 하지 마시옵소서." 아멘.

✝ 오늘 말씀 요한복음 7:53 - 9:41

세상의 빛이신 예수님
자유롭게 하려고 오신 하나님의 아들

💡 실마리 풀기

"너희가 나의 말에 머물러 있으면, 너희는 참으로 나의 제자들이다. 그리고 너희는 진리를 알게 될 것이며, 진리가 너희를 자유롭게 할 것이다"(요 8:31 - 32)

출애굽기(3:14)에서 모세에게 밝히시는 하나님의 이름은 '스스로 있는 자(I'm who I'm)' 이었습니다. 하나님께서 이스라엘 백성들에게 알려지기 원하셨던 그 이름은 그들로부터 예배와 신뢰를 받고자 하심이었습니다. 이제 예수님께서 "'내가 곧 나(I'm the one)'임을 너희가 믿지 않으면, 너희는 너희의 죄 가운데서 죽을 것이다"(8:24)라고 선언하셨습니다. 이렇게 말씀하시는 것은 스스로 하나님이심을 밝히시는 것입니다. 예수님은 우리에게 예배와 신뢰를 받고자 자신을 세상의 빛으로 드러내셨습니다.

율법학자들과 바리새파 사람들의 시험 - 너희 가운데서 죄가 없는 사람이(7:53 - 8:11)

율법학자들과 바리새파 사람들이 간음하다 잡혀 온 여자를 판결해주시도록 요청하였다. 예수님께서 돌을 던지지 말라고 하신다면, 율법을 어기는 자로 여김을 받을 것이요, 돌을 들어 던지라고 하면 그의 무자비함으로 인하여 사람들이 그로부터 떠나갈 것이었다.

예수님의 두 번째 자기 선언 - 나는 세상의 빛이다(8:12 - 30)

예수님께서 말씀하시기를 "너희는 세상의 빛이다. 너희 빛을 사람에게 비추어서, 그들이 너희의 착한 행실을 보고, 하늘에 계신 너희 아버지께 영광을 돌리게 하여라"(마 5:14 - 16)고 하셨다. 우리를 주님께서 세상으로 보내실 것이기 때문이다. 그리고 예수님께서는 "나는 세상의 빛이다. 나를 따르는 사람은 어둠 속에 다니지 아니하고, 생명의 빛을 얻을 것이다"(8:12)라고 하신다. 이것은 예수님께서 하늘에서 왔으며, 보내신 이가 하나님 아버지이시기 때문이다.

"너희는, 인자가 높이 들려 올려 질 때에야, '내가 곧 나'라는 것과 또 내가 아무것도 내 마음대로 하지 아니하고 아버지께서 나에게 가르쳐 주신 대로 말한다는 것을 알게 될 것이다. 나를 보내신 분이 나와 함께 하신다. 그분은 나를 혼자 버려두지 않으셨다. 그것은, 내가 언제나 아버지께서 기뻐하시는 일을 하기 때문이다"(8:28 - 29).

진리를 알지 못하는 아브라함의 자손들 - 진리가 너희를 자유롭게 할 것이다(8:31 - 59)

"너희가 나의 말에 머물러 있으면, 너희는 참으로 나의 제자들이다. 그리고 너희는 진리를 알게 될 것이며, 진리가 너희를 자유롭게 할 것이다"(8:31 - 32). 예수께서 자기를 믿은 유대 사람들에게 말씀하셨지만, 그들은 죄를 짓는 사람은 다 죄의 종이라는 예수님의 말씀을 깨닫지 못하였다.

"너희 가운데서 누가 나에게 죄가 있다고 단정하느냐? 내가 진리를 말하는데, 어찌하여 나를 믿지 않느냐? 하나님에게서 난 사람은 하나님의 말씀을 듣는다. 그러므로 너희가 듣지 않는 것은, 너희가 하나님에게서 나지 않았기 때문이다"(8:46 - 47). "내가 진정으로, 진정으로 너희에게 말한다. 나의 말을 지키는 사람은 영원히 죽음을 겪지 않을 것이다"(8:51).

결국, 사람들은 예수님께서 "아브라함이 태어나기 전부터 내가 있다"(8:58)라고 말씀하시자, 돌을 들어서 예수님을 치려고 하였다. 이는 자신을 이스라엘의 하나님과 동일시하는 것이었기 때문이다.

여섯 번째 표징 - 세상의 빛이신 예수께서 〈나면서부터 눈먼 사람〉을 고치심(9:1 - 41)

처음에 "예수라는 사람", 두 번째는 "그분은 예언자"라고 하였던 〈나면서부터 눈이 멀었던 사람〉이 바리새파 사람들에게 대답하였다. "그분이 내 눈을 뜨게 해주셨는데도, 여러분은 그분이 어디에서 왔는지 모른다니, 참 이상한 일입니다...... 그가 '하나님께로부터 오신 분'이 아니라면, 아무 일도 하지 못하셨을 것입니다"(9:30, 33).

그 〈나면서부터 눈이 멀었던 사람〉이 결국에는 예수님에게 "주님, 내가 믿습니다"라고 고백하였다. 〈나면서부터 눈이 멀었던 사람〉은 세상의 빛이신 예수님을 알아보는데, 〈육신의 눈이 멀쩡한 바리새파 사람들〉은 그가 누구인지 깨닫지 못하였다. 진실로 둘 중에 누가 눈먼 사람인가?

묻고? 답하기! 스스로 물어봅시다. 진리는 무엇이며, 자유함은 무엇인가?

우리가 믿는 진리는 하나님께서 살아계신다는 사실, 예수 그리스도께서 그 하나님의 아들이시라는 사실, 그분으로 인하여 우리가 구원을 얻고 영생을 얻었다는 사실 그리고 성경이 그것을 증명하고 있다는 사실입니다. 진리가 무엇인지 깨달은 자는 자신의 인생과 세상의 이치를 보는 눈, 관점이 달라집니다. 그 관점은 우리의 삶의 모든 부분에서 얽매이지 않고 자유로운 사고와 행동을 하도록 할 것입니다. 주님은 우리를 죄와 허무함과 죽음에서 자유롭게 하셨습니다.

✝ **오늘 말씀** 요한복음 10:1 - 12:19

부활이요 생명이신 예수님
목숨을 내어주기 위해 오신 하나님의 아들

💡 **실마리 풀기**

"나는 부활이요 생명이니, 나를 믿는 사람은 죽어도 살고, 살아서 나를 믿는 사람은 영원히 죽지 아니할 것이다"(요 11:25 - 26)

유대 사람들은 예수님께서 자기들과 같은 육체를 지닌 사람이면서 자기를 하나님이라고 하였다는 명목으로 그를 죽이려 하였습니다. 예수님께서 그들에게 말씀하시기를 "내가 내 아버지의 일을 하지 아니하거든, 나를 믿지 말아라. 그러나 내가 그 일을 하고 있으면, 나를 믿지는 아니할지라도, 그 일은 믿어라. 그리하면 너희는, 아버지께서 내 안에 계시고 또 내가 아버지 안에 있다는 것을 깨달아 알게 될 것이다"(10:37 - 38)고 하십니다.

믿음은 만질 수도 볼 수도 없지만, 가슴으로 알 수 있고 머리로도 알 수 있습니다. 흔들리는 나뭇가지를 보고 바람을 알 수 있듯이, 예수님께서 하신 일을 보고 하나님을 알 수 있는 것입니다.

예수님의 세 번째와 네 번째 자기 선언 - 나는 양이 드나드는 문이며, 선한 목자이다(10:1 - 42)

목자는 자신의 양들을 알고, 양들은 목자의 목소리를 알아듣고 따라온다. 양들이 목자의 품에서 벗어나면 그 결과는 낯선 곳을 헤매다 다가오는 위험 속에 죽음을 맞이할 뿐이다. 좋은 목자는 양들을 위하여 자기 목숨을 버리는 자이며, 그를 따르는 양들은 생명을 얻고 구원을 얻을 것이다. "나는 양이 드나드는 문이다..... 누구든지 나를 통하여 들어오면, 구원을 얻고, 드나들면서 꼴을 얻을 것이다.... 나는 선한 목자이다. 나는 내 양들을 알고, 내 양들은 나를 안다"(10:7, 9, 14).

예수님의 다섯 번째 자기 선언 - 나는 부활이요 생명이다(11:1 - 27)

예수께서 마르다에게 말씀하셨다. "나는 부활이요 생명이니, 나를 믿는 사람은 죽어도 살고, 살아서 나를 믿는 사람은 영원히 죽지 아니할 것이다. 네가 이것을 믿느냐?" 마르다가 예수께 말하였다. "예, 주님! 주님은 세상에 오실 그리스도이시며, 하나님의 아들이심을, 내가 믿습니다"(11:25 - 27).

일곱 번째의 표징 - 부활이요 생명이신 예수께서 나사로를 살리심(11:28 - 44)

예수님께서는 사랑하는 나사로가 병들었다는 소식을 들었으나 그가 죽어 장사지낼 때까지 그에게로 가지 않으셨다. 나사로가 죽었다 살아나는 것을 보이심으로써 예수님께서 죽었다 부활하실 수 있음을 증명하려 하신 것이다. 그들이 아버지께서 예수님을 보내신 것을 믿게 하려는 것이다. 이는 하나님의 영광을 드러내어 하나님의 아들이 영광을 받게 될 것이기 때문이다. 그러나 마르다도 마리아도 나사로가 마지막 부활 때가 아니고 즉시 살아날 것이라는 사실을 믿지 않았다. 예수님께서 무덤에 있는 나사로를 부르시니 나사로가 살아 나오는 것을 보고 많은 유대인이 예수님을 믿게 되었다. 믿는 자들은 예수님의 명령을 믿고 따르기만 하면 된다. 그리하면 살 것이다.

예루살렘 입성 - 수난을 예비하는 자들(11:45 - 12:19)

예수 그리스도의 죽음은 하나님의 구원 계획의 완성이며, 온 인류를 위한 축복의 길이다. 저자 요한은 가야바가 한 말에 대하여 "자기 생각으로 한 것이 아니라, 그 해의 대제사장으로서, 예수가 민족을 위하여 죽으실 것을 예언한 것이니, 민족을 위할 뿐만 아니라, 흩어져 있는 하나님의 자녀를 한데 모아서 하나가 되게 하기 위하여 죽으실 것을 예언한 것이다"(11:51 - 52)라는 신학적 해석까지 성경에 기록하고 있다.

대제사장들과 바리새파 사람들은 죽었던 사람을 살렸다는 사실을 듣고도 그를 하나님의 아들로 인정하지 않았다. 그들의 눈이 멀어 있었기 때문이기도 하지만, 하나님께서 그들의 영안을 닫으셨기 때문이기도 하다. 그들은 그날로부터 예수님을 죽여야 하는 임무를 위해 예비하기 시작하였다.

예수님께서 그녀의 집으로 오실 때마다 발 앞에 앉아 말씀을 듣던 마리아는 이제 예수님께서 무엇을 하려 하시는지를 알고 있었다. 마리아는 진정으로 그 무엇에 동참하고픈 마음에 죽음을 기념하는 의식을 행하였다. 예수님께서 무덤에서 나사로를 불러내어 죽은 사람들 가운데서 살리시는 표징을 행하셨다는 말을 들은 사람들은 "호산나!('구원하여 주십시오!') 주님의 이름으로 오시는 이에게 복이 있기를! 이스라엘의 왕에게 복이 있기를!"(12:13)하고 외치면서 이스라엘의 왕으로 맞아들였다.

묻고? 답하기!

주님이 여기에 계시지 않으실지라도, 내가 죽지 않고 부활할 것을 믿으십니까?

마리아는 주님이 여기에 계셨더라면 내 오라버니가 죽지 않았을 것이라고 말합니다. 마리아는 예수님께서 나사로의 병을 낫게 할 수는 있어도 죽은 자를 살리실 것이라고는 상상도 하지 못하였습니다. 그러나 우리는 이미 죽은 자 가운데서 살아나신 예수님을 믿고 있습니다. 우리가 믿는 것은 바로 주님과 함께 다시 살리라는 것입니다. "주여, 그때를 알 수는 없지만, 주님 오실 그 날에 내가 다시 살 것을 믿습니다."

✝ 오늘 말씀 요한복음 12:20 - 16:33

길이요, 진리요, 생명이신 예수님
사랑하셔서 오신 하나님의 아들

💡 **실마리 풀기**

"서로 사랑하여라. 내가 너희를 사랑한 것 같이, 너희도 서로 사랑하여라"(요 13:34)

이제까지 예수님께서 자신이 하나님의 아들이심을 드러내셨다면, 이제부터는 자신의 임무인 돌아가심과 다시 사심으로 주제가 이동합니다. 예수님께서 그 영광의 시간을 위하여 예루살렘 성으로 들어오셨습니다. 예수님께서 말씀하시기를 "내 계명을 받아서 지키는 사람은 나를 사랑하는 사람이요, 나를 사랑하는 사람은 내 아버지의 사랑을 받을 것이다"(14:21)라고 하셨습니다. 예수 그리스도를 믿고, 그의 가르침을 지키며, 그를 사랑하는 자는 하나님 아버지의 사랑을 받을 것입니다.

예수님을 따르고자 하는 이방인들에게 선포하신 말씀 - 인자가 영광을 받을 때가 왔다(12:20 - 50)

"밀알 하나가 땅에 떨어져서 죽지 않으면 한 알 그대로 있고, 죽으면 열매를 많이 맺는다. 자기의 목숨을 사랑하는 사람은 잃을 것이요, 이 세상에서 자기의 목숨을 미워하는 사람은, 영생에 이르도록 그 목숨을 보존할 것이다. 나를 섬기려고 하는 사람은, 누구든지 나를 따라오너라"(12:24 - 26).

예수님께서 그렇게 많은 표징을 그들 앞에 행하셨으나 그들은 예수님을 믿지 아니하였다. 예수님께서 큰소리로 말씀하셨다. "나를 믿는 사람은 나를 믿는 것이 아니라 나를 보내신 분을 믿는 것이요, 나를 보는 사람은 나를 보내신 분을 보는 것이다"(12:44 - 45).

다락방에서 제자들에게 주신 새 계명 - 서로 사랑하라(13:1 - 35)

예수님께서 제자들의 발을 씻기시며 새 계명을 주셨다. "이제 나는 너희에게 새 계명을 준다. 서로 사랑하여라. 내가 너희를 사랑한 것 같이, 너희도 서로 사랑하여라. 너희가 서로 사랑하면, 모든 사람이 그것으로써 너희가 내 제자인 줄을 알게 될 것이다"(13:33 - 35).

예수님의 여섯 번째 자기 선언 - 나는 길이요, 진리요, 생명이다(13:36 - 14:31)

베드로는 예수님이 어디로 가시는지를 물음으로서 자신도 그 길을 따라가고자 한다는 의지를 보였다. 도마는 예수님이 가시는 길이 어디인지 모른다고 하였으며, 빌립은 아버지를 보여 달라고 하였다. 유다는 주님께서 우리에게는 자신을 드러내시고, 세상에는 드러내려고 하지 않으시는 것은 무슨 까닭인가하고 물었다. 예수님께서는 다만 그가 아버지를 사랑한다는 것과 아버지께서 분부하신 그대로 그가 행한다는 것을 세상에 알리려는 것이라고 말씀하셨다. 도마의 질문에 예수님께서 이렇게 답하신다. "나는 길이요, 진리요, 생명이다. 나를 거치지 않고서는, 아무도 아버지께로 갈 사람이 없다"(14:6).

예수님의 일곱 번째 자기 선언 - 나는 참 포도나무이다(15:1 - 25)

예수님께서 말씀하신다. "나는 참 포도나무요, 내 아버지는 농부이시다"(15:1). "나는 포도나무요, 너희는 가지이다. 사람이 내 안에 머물러 있고, 내가 그 안에 머물러 있으면, 그는 많은 열매를 맺는다. 너희는 나를 떠나서는 아무것도 할 수 없다"(15:5). 우리는 주님에게 꼭 붙어있고 절대 떨어지지 말아야 한다.

다만, 주님께서 우리에게 명하는 것은 서로 사랑하여야 한다는 것이다. 우리가 주님을 택한 것이 아니라, 주님이 우리를 택하여 세운 것이기 때문이다. 그리하면 참 포도나무의 열매가 된 우리가 주님의 이름으로 구하는 것은 무엇이든지 다 이루어주고(14:13-14), 다 받게 해주실 것이다(15:16-17).

보혜사 곧 아버지께로부터 오시는 진리의 영의 역할 - 진리 가운데로 인도하실 것이다(15:26 - 16:33)

진리의 영은 늘 예수님과 함께 계셨다. 예수님께서 성령, 즉 보혜사를 다음과 같이 소개한다. "죄와 의와 심판에 대하여 세상의 잘못을 깨우치실 것이다. 죄에 대하여 깨우친다고 함은 세상 사람들이 나를 믿지 않기 때문이요, 의에 대하여 깨우친다고 함은 내가 아버지께로 가고 너희가 나를 더 이상 못 볼 것이기 때문이요, 심판에 대하여 깨우친다고 함은 이 세상의 통치자가 심판을 받았기 때문이다"(16:8 - 11).

예수님께서 떠나시면, 성령께서 오실 것이다. 성령께서는 예수님의 임재를 이 세상 어디에서건 경험하게 하실 것이며, 우리와 함께 거하시고, 우리 속에 계실 것이다(14:16-17). 그러므로 예수님께서 떠나심이 우리에게 유익이 될 것이다. 진리의 영이 오시면, 예수님을 곁에 모시지 않아도 그리고 아무리 시간이 흘러도 예수님의 말씀을 기억나게 할 것이며, 우리를 모든 진리 가운데로 인도하실 것이다(16:13).

"서로 사랑하라" 하신 말씀에서 "서로"는 어디까지를 가리키는 것일까요?

오늘 예수님께서 우리에게 요청하시는 것은 나의 마음과 몸으로 나타내어지는 사랑으로 인하여 내가 하나님의 자녀임을 드러내야 한다는 것입니다. 말로는 사랑한다고 하기 쉽지만 실제로 누군가를 사랑한다는 것은 어렵습니다. 바로 내 가족들과 친구들을 넘어서 모르는 사람들까지 사랑한다는 것이 쉬운 일은 아니지요. 어렵지만, 그 범위를 넓혀가도록 노력해야 할 것입니다.

✝ 오늘 말씀 요한복음 17:1 - 21:25

예수님의 수난
진리를 확증하기 위하여 오신 하나님의 아들

💡 **실마리 풀기**

"나는 진리를 증언하기 위하여 태어났으며, 진리를 증언하기 위하여 세상에 왔소"(요 18:37)

"진리란 무엇인가?" 사도 요한은 그 진리를 이렇게 표현합니다. "예수 그리스도께서는 우리를 사랑하시며, 자기의 피로 우리의 죄에서 우리를 해방하여 주셨고, 우리로 하여금 나라가 되게 하시어 자기 아버지 하나님을 섬기는 제사장으로 삼아 주셨습니다"(계 1:4 - 6).
하나님의 아들이 십자가에 달려 돌아가신다는 것은 세상 사람들이 볼 때 참으로 어이없는 일이었지만, 부활의 믿음을 가진 사람들에게 십자가는 구원의 상징이 되었습니다. 그 진리는 부활이 있으므로 확증되는 것입니다. 예수님께서 죽음과 부활 그리고 승천하심으로 메시아의 실체를 드러내셨습니다. 그분은 하나님의 영광이셨습니다.

수난을 예비하며 드리는 예수님의 기도(대제사장의 기도) - 진리로 그들을 거룩하게 하여 주십시오(17:1 - 26)

(1) 아버지의 아들이신 **자신을 위하여** - 아버지, 창세전에 내가 아버지와 함께 누리던 그 영광으로, 나를 아버지 앞에서 영광되게 하여 주십시오.

(2) 말씀을 받아들이고, 또 아버지께서 나를 보내신 것을 믿는 **제자들을 위하여** - 아버지의 이름으로 그들을 지켜주셔서, 우리가 하나인 것 같이, 그들도 하나가 되게 하여 주십시오. 그들을 세상에서 데려가시는 것이 아니라, 악한 자에게서 그들을 지켜 주시고, 진리로 그들을 거룩하게 하여 주십시오.

(3) 장차 이 사람들의 말을 듣고 나를 **믿는 사람들을 위하여** - 아버지, 아버지께서 내게 주신 사람들도, 내가 있는 곳에 나와 함께 있게 하여 주시고, 창세전부터 아버지께서 나를 사랑하셔서 내게 주신 내 영광을, 그들도 보게 하여 주시기를 빕니다.

체포와 수난 - 진리가 무엇이오?(18:1 - 19:16)

예수님께서 제자들과 함께 기드론 골짜기 건너편에 있는(겟세마네) 동산에서 기도를 마치신 후, 유다와 함께 온 로마 군대 병정들과 성전 경비병들에게 체포되셨습니다. 그리스도는 하나님께서 예비하신 길을 혼자서, 기꺼이, 모든 죄를 뒤집어쓰고 십자가를 향해 나아가셨습니다. 빌라도가 "당신이 유대 사람들의 왕이오?"라고 물었다. 예수님께서 "나는 진리를 증언하기 위해 왔소" 하시니, 빌라도가 "진리가 무엇이오?" 하고 물었으나 그는 아무런 답을 구할 수 없었다.

십자가상의 돌아가심과 장례 - 다 이루었다(19:17 - 42)

유대 사람들은 안식일에 시체들을 십자가에 그냥 두지 않으려고, 그 시체의 다리를 꺾어서 치워달라고 빌라도에게 요청하였다. 이는 안식일에 부정한 모습을 보고 싶지 않기 때문이었다. 그들은 의로운 예수님을 죽이면서도 안식일을 지키는 종교의식은 철저히 지키려는 위선자들이었다. 그러나 이들의 이러한 행위로 인하여 "피와 물을 흘리신" 예수님께서 틀림없이 돌아가신 것이 증명되었다.

부활을 통한 확증 - 나를 보지 않고도 믿는 사람은 복이 있다(20:1 - 31)

베드로와 요한은 예수님의 시신이 없어진 것을 보았으나 "예수님께서 죽은 사람들 가운데서 반드시 살아나야 한다"(20:9)는 성경 말씀을 깨닫지 못하였다. 막달라 마리아는 예수님의 시신이 없어짐으로 예수님이 완전히 떠나셨다고 생각하였다. 그리고 살아나신 예수님을 대면하자 손으로 붙잡으려 하였다. 그녀는 예수님을 보내드리고 싶어 하지 않았다. 의심 많은 도마는 예수님의 못 자국 난 손을 만져 보고, 손을 옆구리에 넣어 보고서야 "나의 주님, 나의 하나님!"이라고 고백하였다.

예수님과 제자들 - 내 양떼를 먹이라(21:1 - 25)

제자들은 부활하신 예수님을 만났음에도 그들의 마음에는 깊은 상처가 남아 있었다. 스승이 죽어가는 순간에 그들이 한 행동이 그들을 짓누르고 있기 때문이었다. 그러한 그들을 예수님께서 다시 찾아오셨다. 세 번이나 예수님을 부인한 베드로의 깊은 내적 상처를 "네가 나를 사랑하느냐"라는 감정적인 질문을 세 번 반복함으로써 그의 죄책감을 어루만지시며, "그래, 나도 너를 사랑한단다"고 말씀하신다. 그리고 "사람을 낚는 어부가 되라"고 하셨던 베드로에게 "내 양 떼를 먹이라"는 말씀으로 새로운 사명을 주신다. 예수님께서 보여주신 신뢰의 정은 그에게 용기를 주고 일으켜 세우기에 충분한 것이다.

묻고? 답하기!

주님께서 "네가 나를 사랑하느냐"하고 질문하신다면 무엇이라 대답할 것인가?

이스라엘 성지순례 도중에 갈릴리에서 예배를 드리면서 이 부분을 읽다가 눈물을 하염없이 쏟았던 기억이 있습니다. 마치 내가 예수님을 모른다고 했던 바로 그 베드로가 된 기분이었습니다. 아무런 할 말이 없었습니다. 집사람이 앞에 앉아 있는데도 소리 내어 울었습니다. "주님, 저를 용서해주세요, 내가 주님을 사랑합니다." 그때의 감격이 오래 오래 기억되었으면 좋겠습니다.

예수님의 마지막 일주일 - 예수님의 이동 경로

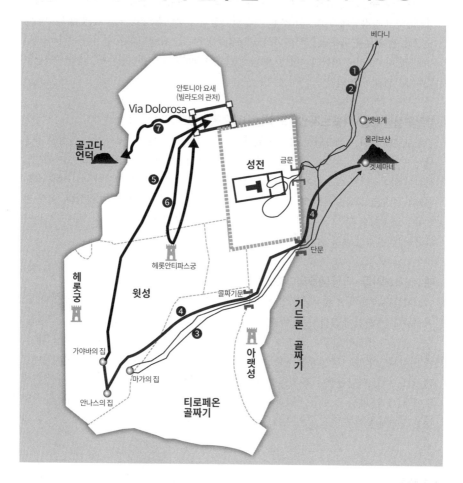

금요일 : 베다니에 오신 예수님(요 12:1 - 8)

유월절 엿새 전에, 예수님께서 베다니로 오셨다. 그곳은 예수님께서 죽었던 나사로를 살리신 곳이다. 나사로의 누이 마르다가 예수님을 위하여 잔치를 마련하는 동안, 마리아는 매우 값진 순 나드 향유를 예수님의 발에 붓고, 머리털로 그 발을 닦았다. 예수님께서 자신의 장례를 예비한 행위로 인정하셨으나, 제자 가룟 유다는 낭비하지 말라고 분개하였다.

토요일 : 베다니에서 안식일을 보내심

일요일 : 예루살렘 입성(마 21:1 - 11, 막 11:1 - 11, 눅 19:28 - 44, 요 12:12 - 16) - 이동 경로

❶예수님께서 올리브 산에 있는 벳바게 마을에서 나귀를 빌려 타고 예루살렘으로 들어가셨다. 큰 무리가 예수님을 환영하며 "호산나, 다윗의 자손께!"라고 외쳤다. 예수님께서 성전에

들러 모든 것을 둘러보신 후에 베다니로 나가셨다.

월요일 : 성전을 깨끗하게 하심(마 21:12 - 22, 막 11:12 - 26, 눅 19:45 - 48) - 이동 경로❷

베다니에서 예루살렘으로 다시 오실 때, 아무 열매도 맺지 못한 무화과나무를 저주하셨다. 그리고 성전으로 들어가셨다. 성전 바깥 뜰에 장사꾼과 환전상이 가득한 것을 보시고, 그들을 내쫓으시고 상을 엎으셨다. 그들이 '만민이 기도하는 집'을 '강도의 소굴'로 만들었기 때문이다. 예수님께서 다시 베다니로 나가셨다.

화요일 : 성전에서 가르치심(마 21:23, 막 11:27 - 13:37, 눅 20:1 - 21:38)

예수님께서 다시 성전으로 오셔서 말씀을 가르치실 때에, 종교지도자들(대제사장들과 율법학자들과 장로들)이 그가 무슨 권한으로 그리하는지 물으며 도전하였다. 예수님께서 다시 올리브 산으로 물러가서 성전을 바라보시며, 제자들에게 예루살렘의 멸망과 자신의 재림에 대하여 말씀하셨다.

수요일 : 종교 자도자들과 가룟 유다의 음모(마 26:1 - 5, 막 14:1 - 11, 눅 22:1 - 6, 요 11:45 - 57)

종교지도자들이 예수님을 없애버릴 방책을 찾고 있을 때에 가룟 유다가 그들에게 예수님을 어떻게 넘겨줄지를 의논하였다.

목요일 : 마지막 만찬을 드시고, 겟세마네에서 기도하심 (마 26:17 - 68 , 막 14:12 - 65, 눅 22:7 - 71, 요 18:1 - 24) - 이동 경로❸ ❹

예수님과 제자들은 마가의 집, 다락방으로 가셔서 유월절 마지막 만찬을 드셨다. 가룟 유다가 배신을 결심하고 자리를 떠나자, 예수님께서 겟세마네 동산으로 가셔서 밤새 기도하셨다. 종교지도자들이 보낸 무리들에게 잡히신 예수님께서 전직 대제사장 안나스와 현직 대제사장 가야바의 예비 심문을 받았다.

금요일 : 빌라도에게 사형 선고를 받으시고, 십자가에서 돌아가심(마 27:1 - 56, 막 15:1 - 41, 눅 22:66 - 23:49, 요 18:28 - 19:30) - 이동 경로❺ ❻ ❼

날이 밝아, 산헤드린 공의회의 재판에 회부되었다. 산헤드린 공의회는 예수님께서 메시아를 자처하고, 신성을 모독했다는 죄명으로 고발하였다. 예수님을 십자가에 못 박아 죽이고자 하는 종교지도자들이 로마 총독 빌라도에게 예수가 '유대인의 왕'이라고 자처함으로써 로마에 반기를 들었다고 고발하였다.

빌라도는 유월절에 사용할 수 있는 사면권을 활용해 풀어주려 하였지만, 종교지도자들이 군중을 선동하여 예수를 죽이라고 강권하였다. 빌라도는 자신의 손을 씻으며 책임을 회피하고, 예수님을 십자가에 못 박도록 넘겨주었다. 그리고 예수님께서 골고다 언덕으로 십자가를 지고 올라가셔서 못 박히셨다.

10월 5일 〰〰〰〰〰〰〰〰〰〰〰〰〰〰〰〰〰〰

누가가 이해한 예수 그리스도
세상 모든 민족을 위해 인자로 오신 하나님

✝ 오늘 말씀 누가복음 1:26 - 38 ; 1:67 - 80 ; 2:25 - 35

 💡 실마리 풀기

"그런데 존귀하신 데오빌로님, 나도 모든 것을 시초부터 정확하게 조사하여 보았으므로, 각하께 그것을 순서대로 써 드리는 것이 좋겠다고 생각하였습니다. 이리하여 각하께서 이미 배우신 일들 이 확실한 사실임을 아시게 되기를 바라는 바입니다"(눅 1:3 - 4)

사도바울의 주치의이며 선교동반자, 누가 - 성경의 유일한 이방인 저자

사도행전의 기록으로 미루어 보건대, 누가는 바울의 2차 전도여행 중에 드로아에서 만났으며(행 16:10 - 18), 3차 전도여행과 예루살렘 귀환 과정(행 20:5 - 21:18) 그리고 로마까지(행 27:1 - 28:16) 함께 하였음을 알 수 있습니다. 그리고 누가는 바울의 마지막 여생을 보살피면서 그의 곁에 있었습니다(딤후 4:11). 골로새서에서 누가를 '사랑받는 의원(골 4:14)'이라고 부르는 것이라든가, 누가의 문서에서 의학적 용어가 자주 보인다든가 하는 점으로 미루어 그는 사도 바울의 주치의이며 선교동반자(골4:14, 딤후4:11)였던 것으로 추측됩니다.

신학이나 인문학을 공부하는 경우에는 선배들이 이루어 놓은 업적들을 모두 섭렵한 뒤에 그들과 다른 새롭고 창의적인 결과물을 만들어 내려고 노력해야만 합니다. 그러나 의학을 공부하는 의학도들은 선배들이 이루어 놓은 업적들을 모두 외우고 그대로 실습하고 적용해야 합니다. 이러한 과정을 겪다 보면 의사들은 합리적이고 이해와 실증을 할 수 있는 것만 받아들이는 성향이 있게 되며, 완벽하고 섬세함을 추구합니다. 의사 누가도 이러한 은사를 갖고 있었던 것 같습니다. 게다가 그가 남겨놓은 저술을 돌아 보건대, 그는 문장력이 뛰어난 문필가였고, 어느 한쪽으로도 치우치지 않는 성품을 가진 역사가였습니다.

문필가 그리고 역사가, 누가 - 하나님께 사랑받는 자, 데오빌로에게 전하는 복음의 변증

누가복음은 시작 부분에 "존귀하신 데오빌로님, 나도 모든 것을 시초부터 정확하게 조사하여 보았으므로, 각하께 그것을 순서대로 써 드리는 것이 좋겠다고 생각하였습니다."라고 서술하고 있습니다. 데오빌로는 누구일까요? 그 이름의 뜻은 "하나님께 사랑받는 자"라는 의미가 있습니다. 그가 로마의 고위층일 가능성도 있지만 유대인을 넘어 세상 모든 민족에 존재하게 될 "하나님께 사랑받는 자"들 모두를 향한 것일 수도 있다고 추측해 봅니다. 누가는 참으로 복음의 세계화라는 거대한 지평을 열고자 하는 것입니다.

누가는 바울과 만난 이후, 예수님의 말씀을 들었던 사람들과 복음이 로마로 퍼져나가는 데 이바지했던 사람들을 수없이 만났을 것입니다. 아울러 예수님을 구주로 받아들인 이방인 그리스도인으로서, 자신과 동료 그리스도인을 바라보는 다양한 외부의 눈초리에 대하여 더욱 예민하였을 것으로 짐작됩니다. 또한, 점차적으로 로마제국의 관원들이 '기독교가 로마제국의 국익에 해가 된다'라는 의심의 눈으로 주목하기 시작하는 것과 그리스도인들에게 가해지는 고난과 박해가 심해져 가는 것을 보며, 그들을 변호하고자 하는 강한 의무감이 그를 휩싸 안았을 것으로 생각됩니다.

그래서 누가는 그의 서문에서 "각하께서 이미 배우신 일들이 확실한 사실임을 아시게 되기를 바라는 바입니다"라고 밝힌 것처럼, 그리스도를 믿는 교회 공동체가 로마제국을 향하여 위협이 될 수 없음과 함께 예수 그리스도께서 전하는 복음을 변증함으로써 그가 알게 된 사실, 믿게 된 진리를 "땅 끝에까지"(행 1:8) 이르게 하고자 하는 것입니다.

신약성서(누가복음) 이해의 요점(이상훈 1992:27 - 29) – "세 번이나 무죄를 선언한 빌라도 총독(눅 23:4, 14, 22)을 통하여 예수의 무고함, 무죄성을 유독 강조하고 있는 것과 사도행전에서 글라우디오 루시아 천부장(행 23:29), 베스도 총독(행 25:25) 그리고 왕과 총독과 버니게 등(행 26:31)이 세 번에 걸쳐 바울의 무죄를 고백하는 것은 서로 보완적인 관계에 놓인다. 다시 말하면, 누가는 그리스도교가 로마제국을 향하여 어떤 위협이나 소요나 범죄를 한 일이 전혀 없다는 것을 로마인들의 입을 통하여 강조하며 데오빌로에게 주지시키려 한다는 점이다."

복음의 행로를 통해 본 누가복음의 구조 - 갈릴리에서 예루살렘으로 올라가는 복음

하나님께서 구원의 복음을 세상에 보내셨습니다. 그 구원의 복음은 유대인만을 위한 것이 아니라, 아브라함에게 주셨던 언약의 말씀처럼 땅에 사는 모든 민족을 위한 것입니다. 그러한 구원의 복음이 어디에서 시작되어 어디까지 전파되었는가? 구원의 역사의 중심은 예루살렘입니다. 인자로 오신 예수님의 사역은 갈릴리로부터 예루살렘을 향하여 나아갑니다. 그리고 예루살렘에서 수난을 받으심으로 하나님의 구원 계획을 달성하셨습니다.

1. 이 땅에 오신 인자, 예수(1:1 - 4:13)
2. 갈릴리에서의 인자, 예수의 사역(4:14 - 9:50)
3. 예루살렘으로 가는 길에서의 인자, 예수의 가르침(9:51 - 19:27)
4. 예루살렘에서의 인자, 예수의 수난(19:28 - 24:53)

6일

✝ 오늘 말씀 누가복음 1:1 - 4:13

언약의 성취자로 오신 예수님
참 인간이 되신 하나님의 아들

💡 실마리 풀기

"예수의 어머니는 이 모든 일을 마음에 간직하였다"(눅 2:51)

사도 바울의 주치의이며, 사랑받는 제자였던 의사 누가는 사도 바울과 함께 사역하는 동안 예수님에 관하여 전해 들었습니다. 비록 만나 뵙지는 못하였지만, 그분이 이 땅에 사람으로 오신 하나님의 아들이라는 것을 믿게 되었습니다. 누가는 그의 은사대로 정확하고 철저하게 그리고 오랫동안 조사한 내용들을 차례대로 질서 있게, 역사서 서술의 방법을 사용하여 기록하였습니다. 그의 기록은 두 개의 두루마리(예수님(누가복음) 그리고 성령님(사도행전)의 사역의 기록)로 구성되어 있으며, 각 두루마리는 그의 후원자 데오빌로(하나님께 사랑받는 자)에게 보내는 헌사로 시작합니다.

새 언약의 성취 - 주님께서 자기의 거룩한 언약을 기억하셨다(1:1 - 2:52)

세례 요한의 출생 예고 - 제사장 사가랴와 엘리사벳은 하나님 앞에 의로운 사람이었으나, 자녀가 없었다. 천사 가브리엘이 새 시대를 여는 좋은 소식을 전하였다. - "그는 또한 엘리야의 심령과 능력을 가지고 주님보다 앞서 와서, 부모의 마음을 자녀에게로 돌아오게 하고 거역하는 자들을 의인의 지혜의 길로 돌아서게 해서, 주님을 맞이할 준비가 된 백성을 마련할 것이다"(1:17).

메시아 탄생의 예고 : 마리아의 찬가 - 천사 가브리엘이 처녀 마리아에게 말하였다. - "보아라, 그대가 잉태하여 아들을 낳을 터이니, 그의 이름을 예수라고 하여라. 그는 위대하게 되고, 더없이 높으신 분의 아들이라고 불릴 것이다. 주 하나님께서 그에게 그의 조상 다윗의 왕위를 주실 것이다. 그는 영원히 야곱의 집을 다스리고, 그의 나라는 무궁할 것이다"(1:31 - 32).
마리아는 '하나님의 자비가 아브라함과 그 자손에게 영원토록 있을 것'이라는 약속이 예수님의 대속으로 죄 사함과 평화가 이루어질 것임을 찬양한다.

세례 요한의 탄생 : 사가랴의 찬가 - 요한의 아버지 사가랴는 제사장이었다. 그가 성령으로 충만하여 찬양하였다. - "주님께서 우리 조상에게 자비를 베푸시고, 자기의 거룩한 언약을 기억하셨다. 이것은 주님께서 우리에게 주시려고 우리 조상 아브라함에게 하신 맹세이니, 우리를 원수들의 손에서 건져주셔서 두려움이 없이 주님을 섬기게 하시고, 우리가 평생 동안 주님 앞에서 거룩하고 의롭게 살아가게 하셨다"(1:72 - 75). 이는 하나님께서 400년간의 침묵

을 깨고 주신 예언의 말씀이다.

주님의 탄생 : 천군 천사의 찬가, 시므온의 찬가 - "오늘 다윗의 동네에서 너희에게 구주가 나
셨으니, 그는 곧 그리스도 주님이시다"라는 천사들의 축복과 찬양의 소식을 들은 마리아는
평생 자기 아들 예수가 하나님의 예언과 축복을 받았음을 잊지 않고 마음에 담아두고 있었다
(2:19, 2:51).

주님께서 세우신 그리스도를 보기 전에는 죽지 아니할 것이라는 성령의 지시를 받은 사람,
시므온은 "내 눈이 주님의 구원을 보았습니다. 주님께서 이것을 모든 백성 앞에 마련하셨으
니, 이는 이방 사람들에게는 계시하시는 빛이요, 주님의 백성 이스라엘에게는 영광입니다"
(2:30)라고 축복하였다.

메시아 되심의 확증(1) - 성령께서 함께하시는 사역의 예비(3:1 - 4:13)

1) 주님의 길을 닦을 언약의 특사 : 세례 요한 - 세례 요한 그는 이사야의 예언대로 주의 길을
예비하고 길을 곧게 하는 자였다. "모든 사람이 하나님의 구원을 보게 될 것이다"(3:6). 라는
구절은 요한의 사역이 주님의 구원 계획의 예비 사역임을 강조하고 있다.

2) 성령 세례 : '너는 내 사랑하는 아들이다'(☞ 9:35) - 하늘에서 이런 소리가 울려 왔다. "너는
내 사랑하는 아들이요, 나는 너를 좋아한다." 하늘에서 성령이 내려오셨으니 이 순간 하나님
과 성령과 하나 되시는 예수님께서 메시아 되심을 증명하는 것이다.

3) 족보 : 하나님의 아들 예수 - 예수님은 육신으로 요셉의 아들이며, 그 혈통을 따라 올라가
면 하나님의 아들이다. 예수님은 하나님의 장자 인증을 받은 분이시다.

4) 시험 : 영적 전쟁에서의 승리 - 예수님께서 악마에게 시험을 받으실 때마다 "성경에 기록
하기를..."이라고 하며 말씀으로 물리치셨다. 하나님의 아들이며, 인간의 아들이신 예수님은
말씀을 의지하여 영적인 전쟁에서 승리하심으로 아담의 실패를 회복하셨다.

어린 처녀, 마리아의 놀라운 믿음과 겸손과 용기는 어디서 온 것일까?

아무리 천사가 나타나 하나님의 은혜를 입었다고 해도, 정혼한 처녀가 약혼자 모르게 잉
태를 하고, 출산할 것이라는 말을 들었을 때의 그 심정은 황당함 그 자체였을 것입니다. 그
런데도 마리아는 천사에게 "나는 주의 여종이오니 말씀대로 내게 이루어지이다"(1:38)
라고 대답하였습니다. 그녀의 믿음과 겸손과 용기, 그것은 마리아가 하나님께서 택하신
"은혜를 받은 자"(1:28)이기 때문입니다. 마리아에게 성령이 임하시고, 하나님의 능력이
그를 감싸주었기 때문입니다. 우리가 사모할 것은 기적이 아니라 우리에게 부어주시는
성령의 충만함입니다.

10
누가복음

7일

✝ 오늘 말씀 누가복음 4:14 - 6:49

갈릴리에서
인자의 권세로 선포하는 하나님의 계획(1)

💡 **실마리 풀기**

"너희는 인자가 땅에서 죄를 용서하는 권세를 가지고 있음을 알아야 한다"(눅 5:24)

"예수께서 성령의 능력을 입고 갈릴리로 돌아오셨다"(4:14). 드디어 인자의 사역이 시작됨을 알리는 말씀입니다. **인자는 예수님 안에 있는 그리스도의 신성과 인성의 충만함을 나타내는 대명사입니다.** 다시 말하면, 인자는 인류의 구원을 위한 메시아로서 이 땅에 오신 하나님의 아들이시며, 동시에 우리의 죄를 대속하시기 위해 겪어내야 할 고난과 죽음의 사명을 감당하시는 참 인간이심을 표현합니다. 예수님께서는 갈릴리의 회당에서 말씀을 선포하시고, 병든 자를 고치시며, 제자들에게 증인의 삶을 가르치시는 것으로 그의 사역을 시작합니다. 인자의 가르침은 하나님이 주신 권세를 힘입어 하나님의 계획을 드러내는 것입니다.

하나님의 계획 - 유대인들의 통념에 대한 역전의 선포(4:14 - 30)

예수님은 이사야의 예언(사 61:1 - 2)을 유대인들을 위한 것뿐만이 아니라 이방인을 포함하는 보편적 구원의 소식으로 해석함으로써 고향, 나사렛 사람들의 분노를 일으킨다. 이사야 61:2에는 "주님의 은혜의 해와 우리 하나님의 보복의 날을 선언하고, 모든 슬퍼하는 사람들을 위로하게 하셨다"라는 구절이 들어있는데, 이에 대하여 유대인들은 자신들을 속박한 이방 나라에 대한 보복으로 이해하고 있었다. 그러나 예수님은 이 보복에 관한 구절을 빼고 오히려 이방인들에 대한 구원의 축복을 예견하셨다.

하나님으로부터 임한 인자가 지닌 권세의 선포(4:31 - 6:11)

귀신을 내쫓는 권세 - 성령의 능력을 입고 갈릴리로 돌아오신 예수님께서는 귀신들린 자에게서 귀신을 내쫓으시고, 온갖 병으로 앓는 사람들을 고쳐주셨다. 사람들은 예수님의 권위와 능력을 인정하고, 귀신들은 예수님께서 그리스도임을 알았다. 이는 포로 된 사람들에게 해방을 선포하고, 억눌린 사람들을 풀어 주고자 하는 하나님의 계획이 예수님의 권세로 이루어지고 있음을 보여준다.

자연을 다스리시는 권세 - 그물이 찢어질 정도로 많은 고기 떼를 잡게 해준 예수님의 권능을 접한 베드로는 스스로 죄인임을 인식하고, 무릎을 꿇는다. 그들은 가족과 재물 등 모든 것을 버려두고 예수님을 따라갔다. 그들은 이제 모든 사람이 영원한 생명을 얻도록 하는 계획에 동참하기로 하였다.

땅에서 죄를 용서하는 권세 - 종교적으로 천벌로 여겨지는 나병 환자를 고치신 것은 하나님의 권세가 임하였음을 드러내는 것이다. 그리고 "가서, 제사장에게 네 몸을 보이고, 네가 깨끗하게 된 것에 대하여 모세가 명한 대로 예물을 드려서 사람들에게 증거로 삼아라"고 명하심으로 인자가 지닌 권세를 선포하신다. 바리새파 사람들과 율법 교사들이 둘러앉아 있는 가운데, 말로 중풍 병자의 죄를 사하여 주시고 그가 일어나 걷게 하심으로 인자의 권위를 입증해 보이신다. 인자는 땅에서 죄를 용서하는 권세를 가지고 있다.

안식일의 주인이신 권세 - 이어서 예수님께서 세리 마태를 제자로 삼으셨다. 소위 죄인들과 먹고 마시며 잔치를 벌이는 것과 안식일에 일하시는 것에 대한 바리새 사람들의 비난에 대하여 인자의 권세가 하나님으로부터 임한 것임을 증명해 보이신다.

열두 제자와 새로운 질서의 선포(6:12 - 49)

예수님의 병 고치심과 말씀의 능력을 듣고, 치유의 능력을 경험한 사람들의 소문을 듣고, 온 유대와 예루살렘에서 사람들이 모여들었다. 그들 가운데 예수님께서 열두 명의 사도를 뽑으시고 그들에게 증인의 사역을 감당케 하셨다.

산상 설교 - 예수님께서 선포하신 새로운 질서는 가난한 자, 소외된 자들을 위한 것이다. 제자들을 향한 예수님의 명령은 당시의 사회상과 율법 그리고 관습을 뒤집는 것이며, 하나님 나라를 위한 자유의 선언이다.

"원수를 사랑하라. 너희를 저주하는 사람들을 축복하고, 너희를 모욕하는 사람들을 위하여 기도하여라. 남에게 대접을 받고자 하는 대로 남을 대접하여라. 남을 심판하지 말아라. 남을 정죄하지 말아라. 남을 용서하여라. 남에게 주어라. 선한 사람은 그 마음속에서 선한 것을 내는 법이니, 사람이 마음에 가득 찬 것을 입으로 말하는 법이다. 그러므로 너희가 내 말을 들었으면 그대로 행하라."

그러나 예수님의 말씀을 듣고, 입으로는 '주님, 주님!'하면서도 말씀대로 하지 않는 사람들이 너무 많았다. 말씀을 듣고 행하는 사람은 반석 위에 집을 짓는 사람이며, 그대로 행하지 않는 사람은 맨 흙 위에 집을 지은 사람과 같다. 성경을 읽기는 하나 그대로 행하지 않는 사람도 이와 같을 것이다.

묻고? 답하기!

나는 말씀을 듣고, 입으로만 '주님, 주님!'하는가, 아니면 말씀대로 하는가?

말씀대로 산다는 것은 참으로 어려운 일입니다. 세상의 이목과 관습에서 벗어나 주님의 마음을 흡족하게 하기가 쉬운 일이 아닙니다. 그러나 그러한 어려움을 의식하기만 해도 이미 그 사람은 주님의 말씀대로 살 의지가 있는 사람입니다. 사람이 반석 위에 집을 지으려면 지금 즉시 주변 사람들에게 선포해야 합니다. "나는 예수님께서 구원자임을 믿는다" 라고.

8일

✝ 오늘 말씀 누가복음 7:1 - 9:50

갈릴리에서

인자의 권세로 선포하는 하나님의 계획(2)

💡 실마리 풀기

"나를 따라오려는 사람은, 자기를 부인하고, 날마다 자기 십자가를 지고, 나를 따라오너라"(눅 9:23)

예수님께서는 사랑하는 사람들을 구원하시기 위해 이 땅에 오셨습니다. 특히 이 땅에서 존귀함을 받지 못하는 사람들, 가난하고 병든 사람들, 소외당하여 마음이 약한 사람들과 죄인들에게 관심을 보이십니다. 예수님은 우리 모두를 존귀하게 여기시며 우리의 삶 속에 들어오시길 원하십니다. 우리의 삶 속에 그분이 계시기만 한다면 우리도 그분과 함께 위대한 사람입니다.

하나님의 계획 - 유대인들의 통념에 대한 역전의 선포(7:1 - 8:3)

백부장의 종 - 예수님께서 백부장의 종을 고치심으로 주님의 구원 사역이 이방인에게 확장될 것을 암시하셨다. 이방인 백부장은 이미 하나님의 계획에 포함되어 있던 자였다. 그는 은혜를 받을 만한 사람으로서 예수님의 능력에 대한 확신이 있었다.

과부의 외아들 - 또한 예수님께서 죽은 자, 과부의 외아들을 살려 주셨다. 율법에서 금기시하는 시체를 만지고 살리심은 유대인들의 선민의식과 율법 정신을 송두리째 뒤 업는 행위였다. 그 소식을 들은 세례 요한도 "선생님이 오실 그분입니까?"하고 묻고 있다. 요한은 제자들로부터 이 모든 일을 듣고 예수님께서 자기가 기대한 바로 그분, 메시아이심을 긍정적 기대를 하며 확인하고자 하는 것이다.

죄지은 한 여인 - 예수님께서 바리새사람 시몬의 집에서 식사하실 때, 죄인인 여자의 향유를 붓는 행위와 그의 마음을 보시고 그녀의 죄가 용서받고 구원받았음을 선포한다.

바리새파 사람들과 율법학자들 - 그러나 바리새파 사람들과 율법학자들은 요한에게서 세례를 받지 않음으로써 자기들에 대한 하나님의 계획을 물리쳤다.

하나님 나라에 들어가려면 - 말씀을 듣고 행하는 자(8:4 - 21)

하나님의 말씀을 전해들은 많은 사람은 악마가 와서 훼방을 놓고 빼앗아감으로 인하여 또는 그 뿌리가 없어서 잠시 동안 믿다가 시련의 때가 오거나, 살아가는 동안에 근심과 재물과 향락에 사로잡혀서 열매를 맺는 데에 이르지 못한다. 오직 바르고 착한 마음으로 말씀을 듣고서 그것을 굳게 간직하여 견디는 가운데 열매를 맺는 사람들에게만 하나님 나라의 비밀이 드러난다. 하나님 나라의 새로운 질서는 하나님의 말씀을 듣고 행하는 사람들을 가족 공동체로 여기며 그 공동체에 속한 사람들만이 어머니요, 형제들로 여겨질 것이다.

예수가 누구인가? - 사랑의 하나님(8:22 - 9:20)

제자들은 "이분이 도대체 누구시기에 바람과 물을 호령하시니, 바람과 물조차도 그에게 복종하는가?"라고 하며, 분봉 왕 헤롯은 "내게 이런 소문이 파다하게 들리는 사람은 누구인가?"(9:9)라고 말한다. 군대 귀신은 예수님께 '더없이 높으신 하나님의 아들 예수님' 이라고 고백하지만, 거라사 지역의 사람들은 예수님께 떠나 달라고 간청하였다.

열두 해 동안 혈루증으로 앓는 여자는 그의 믿음을 보고 구원해주셨지만, 믿음이 약한 회당장에게는 "두려워하지 말고, 믿기만 하여라. 딸이 나을 것이다"라고 말씀하셨다. 예수님께서 빵 다섯 개와 물고기 두 마리를 가지고 오천 명을 먹이셨다. 예수가 누구신지 아직도 모르겠는가? 그분은 우리를 사랑하사 구원하시기 위해 이 땅에 오신 하나님이시다.

베드로의 고백 베드로는 성령의 도움으로 예수님이 하나님의 그리스도임을 고백한다.

메시아 되심의 확증(2) - 모세와 엘리야와 함께하시는 예수님의 영광(9:21 - 50)

1) **예수님의 예고** - 갈릴리에서의 사역을 마무리하고 이제 예루살렘으로 올라가시기로 작정하셨다. 예수님께서는 제자들의 인식을 확인하고, 자신을 통한 하나님의 계획을 예고한다. "인자가 반드시 많은 고난을 받고, 장로들과 대제사장들과 율법학자들에게 배척을 받아 죽임을 당하고서, 사흗날에 살아나야 한다"(9:22). 그리고 제자들도 고난을 각오해야 할 것을 주문한다. "나를 따라오려는 사람은, 자기를 부인하고, 날마다 자기 십자가를 지고, 나를 따라오너라"(9:23).

2) **하나님의 아들 예수 : '이는 내 아들이요, 내가 택한 자다'**(눅 3:22) - 예수님께서는 베드로와 요한과 야고보를 데리고 기도하러 산에 올라가셨다. 그곳에서 예수님과 모세와 엘리야가 영광에 싸여 나타나서 예수님께서 예루살렘에서 이루실 일 곧 그의 세상에서 떠나가심에 대하여 말하고 있었다. 그때 구름 속에서 소리가 났다. "이는 내 아들이요, 내가 택한 자다"(9:35).

내가 짊어져야 할 십자가는 어떤 것인가?

십자가는 죽을죄를 지은 자가 받는 형벌입니다. 나는 착한 사람인가요? 내가 지은 죄가 생각나십니까? 나는 과연 주님을 따르고자 하는 의지가 있기나 한 것일까? 주님을 따르는 것은 무엇인가? 참으로 답하기 어려운 질문들입니다. 그래도 오늘은 이 질문에 대하여 곰곰이 묵상해보았으면 좋겠습니다.

누가복음

예루살렘으로 가는 길에서
제자들을 향한 가르침(1)

💡 실마리 풀기

"누구든지 손에 쟁기를 잡고 뒤를 돌아다보는 사람은 하나님 나라에 합당하지 않다"(눅 9:62)

예수님은 복음이십니다. 예수님이 가시는 길이 복음이 가는 길입니다. 이제 드디어 예수님께서 하늘에 올라가실 날이 다 되었음을 아시고, 갈릴리로부터 예루살렘을 향하여 길을 떠나십니다. 이 길을 우리는 〈복음의 행로〉라 부르고자 합니다. 제자들은 예루살렘에 이르기까지 예수님의 가르침을 받고, 복음의 증인이 되기 위한 훈련을 받을 것입니다.(눅 9:51 - 19:27)의 내용은 다른 복음서와 달리 누가가 모으고 정리하여 삽입한 제자도에 관한 말씀들입니다.

제자가 되려면(9:51 - 62)

예수님께서 가시고자 하는 예루살렘은 하나님의 계획이 성취되는 곳이다. 예수님께서는 고난과 죽음을 통한 하나님의 목적을 받아들이시기로 마음에 작정하시고 발걸음을 내디뎠다. 그러나 처음 당도한 사마리아는 예수님을 거부하였다. 세상 사람들은 사마리아처럼 예수님을 만나는 것조차 거부하며 고난의 길에 동참하기를 거부한다. 하지만 그에 대한 심판은 우리 복음 전달자의 몫이 아니며, 하나님의 택하심에 달려있다. **예수님과 함께 길을 떠나고자 하는 자들**은 집과 가족으로부터 떠나야 하며, 세상의 제도와 관습으로부터 분리되어야 하고, 그들의 비난과 희생을 감수하여야 한다.

제자들이 할 일(10:1 - 11:13)

말씀 전파와 치유 사역(10:1 - 24) - 제자들이 할 일은 세상에 나가 '하나님 나라가 너희에게 가까이 왔다'고 선포하는 것이다. 사역을 마치고 돌아온 제자들에게 "귀신들이 굴복한다고 해서 기뻐하지 말고, 너희의 이름이 하늘에 기록된 것을 기뻐하라"고 하셨지만, 예수님께서는 성령으로 기쁨에 차서, 능력을 주신 아버지 하나님께 감사하였다. 그리고 순종하며 실제로 보고 듣는 자가 바로 제자임을 일러주신다.

이웃 사랑과 하나님의 일에의 헌신(10:25 - 42) - "네 마음을 다하고 네 목숨을 다하고 네 힘을 다하고 네 뜻을 다하여, 주 너의 하나님을 사랑하고, 또 네 이웃을 네 몸같이 사랑하라." 이것이 영생을 얻는 방법이다. 강도 만난 사람을 구해준 선한 사마리아인처럼 가서 이웃을 사랑하는 것이 영생을 얻는 길이다.

또한, 하나님의 일을 하는 것은 마르다처럼 이것저것 많은 사소한 일과 집단적 행사들로 인해 염려하며 들떠 있는 것이 아니라 하나님과 일대일로 만나고 집중하는 것이다. 이것이 진정한 하나님의 임재 가운데 거하는 것이다. 주님의 일은 많지 않거나 하나뿐이다.

하나님의 자녀 된 자의 기도 : 구하고, 찾고 두드려라(11:1 - 13) - 우리는 아버지에게 드릴 기도의 모델을 따라 기도해야 하며, 강하고 끈질기게 구하고 찾고 두드려야 한다. 그리하면 우리의 아버지께서 우리가 원하는 것보다 더 좋은 것으로 주실 것이다. 하늘에 계신 아버지께서 구하는 사람에게 성령을 주실 것이라는 말은 우리의 간절히 구하는 욕망의 달성을 위한 것이 아니라, 하나님의 뜻을 이 땅에 이루는 선한 욕망으로 인도되어 이루어질 것임을 나타내는 것이다.

제자들을 향해 도전하는 것들(11:14 - 12:34)

율법 : 하나님을 두려워하라(11:14 - 12:12) - 예수 그리스도는 하나님이시며 우리 마음의 빛이시니, 그 빛이 어두워지지 않도록 살펴야 한다. 하나님의 말씀을 듣고 지키는 사람이 복이 있다.

바리새파 사람들과 율법학자들은 겉과 속이 다른 위선자들이며, 자신들이 지키지 못할 율법을 강요하고, 지식을 갖고도 스스로 행치 아니하며 다른 사람들의 길조차 가로막는 자들이다. 제자들이라면 그들을 두려워하지 말고 죽인 다음에 지옥에 던질 권세를 가지신 하나님을 두려워하여라. 누구든지 사람들 앞에서 예수님을 시인하면 하나님의 천사들 앞에서 시인될 것이나, 사람들 앞에서 예수님을 부인하는 사람은 하나님의 천사들 앞에서 부인당할 것이다.

재물 : 먼저 '하나님의 나라'를 구하라(12:13 - 34) - 재산이 차고 넘치더라도 사람의 생명은 거기에 달렸지 않다. 하나님께서 오늘 밤에 우리의 영혼을 거두어가시면 우리가 장만한 것들이 누구의 것이 되겠는가. 우리의 아버지께서는 우리에게 필요한 모든 것들을 알고 계시므로 우리는 먼저 '하나님의 나라'를 구하여야 한다. 하나님 나라를 위하여 재물을 모으고, 하나님 나라의 일을 위하여 사용하여야 한다. 그리하면 모든 필요한 것들을 우리에게 더하여 주실 것이다.

묻고? 답하기!

나는 진정 예수님의 제자인가?

예수님의 제자가 되고자 하는 자들은 세상의 제도와 관습으로부터 분리되어야 하고, 그들의 비난과 희생을 감수하여야 한다고 하였습니다. 그러나 대부분 사람들은 믿는다고 하면서 스스로 제자라고 말하지만, 그러한 비난과 희생을 감수하려고 하지는 않는 것 같습니다. 오히려 거짓 가르침에 심취하고 내일의 걱정과 근심 때문에 잠을 이루지 못합니다. 그러한 도전에 흔들리는 나는 제자인가요?

10일

✝ 오늘 말씀 누가복음 12:35 - 15:32

예루살렘으로 가는 길에서
제자들을 향한 가르침(2)

💡 **실마리 풀기**

"큰길과 산울타리로 나가서, 사람들을 억지로라도 데려다가, 내 집을 채워라"(눅 14:23)

예수님께서 제자들에게 말씀하시는 동안, 바리새파 사람들과 율법학자들을 겉과 속이 다른 위선자들로 규정하셨습니다. 그들은 당시 사회적인 지도자였으며 율법과 제사에 능통한 사람들이었지만, 그들의 언행이 하나님 나라와 합치하지 않는다는 것이 제자들에게는 의아한 일이었을지도 모릅니다. 예수님께서는 과연 누가 제자가 될 수 있는가? 누가 하나님 나라에 초대를 받을 것인가? 하는 본질적 질문에 답을 함으로써 하나님 나라를 이해시키려고 하는 것입니다.

누가 제자가 될 수 있는가? - 하나님 나라를 이해하지 못하는 사람들(12:35 - 13:35)

주인의 뜻을 알고도, 준비하지도, 그 뜻대로 행하지도 않은 종(12:35 - 53) - 인자는 생각하지도 않은 때에 올 것이다. 그러므로 종들은 허리에 띠를 띠고 등불을 켜놓고 준비하고 늘 깨어 있어야 한다. 종들을 맡은 청지기들(제자들)은 주인의 뜻을 알고 준비하여야 한다. 만약 그 뜻대로 행하지 않은 종은 매를 맞을 것이다. 많이 받은 사람과 많이 맡긴 사람에게는 많은 것을 요구할 것이니 받은 만큼 더 많이 충성해야 한다. 예수님을 따르는 문제로 유발되는 가족과의 갈등과 반목은 제자들로 살아가고자 하는 사람들에게 다가올 첫 번째 도전이다.

화해하거나 회개하지 않는 사람들(12:54 - 13:9) - 예수 그리스도를 대적하는 자들이여, 땅과 하늘의 기상을 분간하듯이 때를 분별하고, 그날이 오기 전에 고발자이신 예수님과 화해하라. 그들이 망하는 것은 그들의 죄로 인한 것이 아니라 회개하지 않았기 때문이다. 그들은 세 해나 열매를 맺지 못하는 무화과나무 같아서 예수님께서 한 번의 기회를 더 요청하였으니 회개의 열매를 맺어야 한다. 그때 가서도 열매를 맺지 못하면 찍어 버려질 것이다.

율법에 갇혀 하나님 나라에 들어가지 못하는 사람들(13:10 - 30) - 허리 굽은 여자도 아브라함의 딸이므로 고쳐주는 것은 하나님 나라의 본래 임무이다. 하나님 나라는 겨자씨와 누룩과 같다. 비록 작은 씨이며 적은 양이지만 결국에는 온통 세상을 변화시킬 것이다. 하나님 나라는 좁은 문과 같다. 그곳으로 들어가기를 힘써라. 집주인이 일어나서 문을 닫아 버리면, 바깥으로 쫓겨나 거기서 슬피 울면서 이를 갈 것이다. 그 나라에는 많은 사람이 동과 서에서 또 남과 북에서 와서 하나님 나라 잔치 자리에 앉을 것이다.

예수님의 예루살렘 입성을 반대하는 바리새파 사람들(13:31 - 35) - 예언자가 예루살렘이 아닌 다른 곳에서는 죽을 수 없다는 것은 하나님이 택하신 민족, 유대의 중심인 예루살렘이 하나님의 권위와 존재하심의 상징이기 때문이다. 그곳에서의 죽음은 파멸이 아니라 성취의 장소가 되기 때문이다.

하나님 나라에의 초대(14:1 - 15:32)

하나님 나라의 초대를 거절한 사람들(14:1 - 11) - 소가 우물에 빠지면 당장 끌어내야 하는 것처럼 세상을 구원하는 데에는 안식일이나 율법이 무관하다. 소중한 사람들이 잔치에 초대받았을 때, 낮은 자리에 앉아 있더라도 결국 높은 자리로 옮겨 앉기를 요청받듯이, 세상에서 낮은 자 가운데 거하면 하나님 나라에서 높임을 받을 것이다.

하나님 나라에 초대받은 사람들(14:12 - 15:32) - 하나님 나라는 가난한 사람들과 지체에 장애가 있는 사람들과 다리 저는 사람들과 눈먼 사람들로 채워질 것이다. 이전에 초대를 받은 사람들은 그들의 가족과 재물 때문에 초대를 거절하여 하나님 나라의 잔치를 맛보지 못하게 되었기 때문이다. 그러므로 누구든지 제자가 되고자 하는 사람은 자기 가족뿐만 아니라 심지어 자기 목숨까지도 미워하고, 자기 소유를 다 버리며, 자기 십자가를 지고 따라와야 한다.

아브라함에게 주신 약속이 이루어지기 위해서는 하나님 나라의 복음이 온 세상으로 퍼져나가야 한다. 하나님 나라는 회개하는 자들로 채워질 것이다. 하늘에서는 회개할 필요가 없는 의인 아흔아홉보다 회개하는 죄인 한 사람을 두고 더 기뻐할 것이다. 그러므로 예수께서는 죄인들을 맞아들이고 그들과 함께 음식을 먹는 것이다. 맏아들 이스라엘은 죽었다가 살아났고, 잃었다가 되찾은 아우(이방인)를 기뻐하며 맞아들여야 할 것이다. 그러나 자신의 재물에 대한 염려와 용서하지 못하는 심성으로 인해 기뻐할 수가 없었다.

우리가 사람들을 초대할 하나님 나라는 어디에 있는가?

주님께서 "큰길과 산울타리로 나가서, 사람들을 억지로라도 데려다가, 내 집을 채워라"고 말씀하셨습니다. 선교학의 한 과목 중에 "교회 성장학"이라는 분야가 있습니다. 거기서 말하는 교회의 본래 뜻은 〈우주적 교회, 이 땅에 세워질 하나님의 교회〉를 말합니다. 그러나 일부 목회자는 그 의미를 〈자신이 개척한 교회〉로 오해를 하고, 온갖 이벤트와 프로그램을 통하여 전도에 열을 올리는 경우가 있습니다. 우리의 전도는 사람들이 우리 교회의 일원이 되게 하는 것도 중요하지만, 제자의 삶을 살아가는 모습 속에서 예수님의 모습을 볼 수 있고, 그 마음속에 하나님 나라가 들어서게 해야 합니다. 전도는 입으로 하는 것이 아니라 삶으로 하는 것입니다.

10
누가복음

11일

✝ 오늘 말씀 누가복음 16:1 - 19:27

예루살렘으로 가는 길에서
제자들을 향한 가르침(3)

💡 **실마리 풀기**

"누구든지 자기를 높이는 사람은 낮아지고, 자기를 낮추는 사람은 높아질 것이다"(눅 18:14)

예수님은 이미 갈릴리에서의 가르침과 치유 사역을 통하여 자신이 하나님의 아들이심을 드러내셨습니다. 그리고 예루살렘으로 가는 길에서의 가르침으로 하나님 나라의 본질을 알려주십니다. 이제 제자들은 하나님 나라에 들어가기 위한 구체적인 방법들을 배우게 됩니다.

하나님 나라에 들어가려면 - 재물을 의지하지 않는 자(16:1 - 18:30)

세상의 재물로 영원한 생명을 얻어라(16:1 - 18) - 세상 사람들은 도전과 반응의 법칙 속에서 자신의 미래를 위하여 슬기롭거나 약삭빠른 행동을 통하여 위기를 벗어나는 모습을 보여준다. 부정직한 청지기와 같은 이 세상의 자녀들은 세상의 법칙을 따라(세상의) 재물로 영원한 친구를 사귀거늘, 소위 빛의 자녀들이라고 하는 자들은(세상의) 재물로 영원한 처소를 얻으려 하지 않는다. 사람들은 그들에게 주어진 재물을 이용하여 영원한 생명을 얻으려 하기보다는 그 재물을 바라보며 산다. 그러나 하나님과 재물을 함께 섬길 수 없다. 두 주인을 섬기는 종은 간음하는 자와 다를 바 없다.

살아 있을 때 회개하고 순종하라(16:19 - 17:10) - 여기에 등장하는 한 부자는 살아있을 때 온갖 호사를 다 누렸지만 베풀 줄 아는 의로운 자는 아니었던 것 같다. 지옥으로 간 부자는 아직 살아있는 다섯 형제가 걱정되었다. 그러나 죽은 사람들 가운데서 누군가가 살아나서 그들에게로 가서 설명한다 한들 그들이 회개할 것인가? 그들이 평소에 모세와 예언자들의 말을 듣지 않을 것이라면, 죽은 사람들 가운데서 누가 살아난다고 해도 믿지 않을 것이다. 먼저 회개하지 않는 자는 하나님 나라를 받아들일 수 없다. 그러므로 제자들아! 서로 걸려 넘어지지 않게 스스로 조심하여라. 믿음의 형제가 죄를 짓든 꾸짖고, 회개하거든 용서하여 주어라.

우리 가운데 임한 하나님 나라, 예수 그리스도를 믿어라(17:11 - 18:8) - 고침 받은 열 사람의 나병 환자 중에 오직 사마리아인 한 사람만 큰 소리로 하나님께 영광을 돌리면서 되돌아와서 예수님의 발 앞에 엎드려 감사를 드렸다. 구원은 이방인이건 유대인이건 믿음을 가진 사람이면 누구에게나 임할 것이다. 하나님의 나라가 언제 오느냐고 물은 바리새파 사람들에게 예수께서 대답하셨다. "하나님의 나라는 너희 가운데에 있다." 그리스도의 사역 가운데 임한 하나님 나라를 그들은 깨닫지 못하고 있었다. 구원받지 못하는 모든 사람에게 심판이 임할 것이다.

교만함과 자기 자신의 우상을 버리라(18:9 - 30) - 스스로 의롭다고 확신하고 남을 멸시하는 사람은 의롭다 인정을 받지 못하지만, 스스로 죄인임을 고백하는 사람은 의롭다고 인정을 받을 것이다. 하나님 나라에 들어가려면 어린아이처럼 받아들여야 한다.

가진 것이 많은 부자는 가진 것을 다 팔아서 가난한 사람들에게 나누어 주라는 말씀에 매우 근심하였다. 그가 믿고 의지하며 섬기는 재물을 버릴 수가 없기 때문이다. 우리가 세상에서 우상처럼 섬기고 있는 모든 것들, 우리가 집착하는 모든 것들 때문에 하나님 나라는 멀게 느껴지는 것이다.

예수님의 죽음과 부활로 성취될 하나님 나라(18:31 - 19:27)

제자들은 죽음과 부활에 관한 말씀을 세 번씩이나 들으면서도 그 의미를 조금도 깨닫지 못하였다. 그 말씀에는 〈하나님의 구원 계획〉이라는 심오한 뜻이 감추어져 있었기 때문이다. 그러나 부자 삭개오는 예수님을 만나는 즉시 회개하는 모습을 보여주었다. 그는 금식하고 기도하며 애통해하는 대신에 즉각적인 회개의 열매를 보여주었다. 그가 재산을 가난한 사람들에게 나누어 주는 것은 그 마음에 주인이 바뀌었음을 의미한다. 예수님으로 인해 하나님 나라를 본 것이다. 예수님께서 심판자로서 돌아오셨을 때, 주님께서 맡기신 것을 위하여 충성되게 일한 자들에게는 "착한 종아, 잘했다. 아주 작은 일에 신실하였으니, 나의 권세에 동참하거라" 하실 것이다. 그러나 주님의 말씀을 듣고도 행치 아니한 자는 주님이 왕이 됨을 원치 않던 자들처럼 심판을 받을 것이다.

예수님께서 가시고자 하는 예루살렘에 가까이 이르셨다. 제자들은 하나님 나라가 당장 눈앞에 나타날 줄로 생각하고 있지만, 예수님께서는 이제 하나님 나라의 왕위를 받고자 먼 나라로 떠나가신다. 그 후에야 성령의 능력을 받은 제자들은 주님의 말씀을 준행하며 증거 할 것이다.

묻고? 답하기!!

나는 주님께서 맡기신 것을 위하여 충성되게 일하고 있는가?

세상의 재물을 사용하여 영원한 생명을 얻어야 한다는 말씀을 읽을 때마다 저는 〈쉰들러 리스트〉라는 영화가 생각납니다. 독일인 쉰들러는 자신의 재물을 이용하여 죽음의 수용소로 끌려가는 유대인들을 구원하였습니다. 그는 자신의 재물을 하늘나라에 저축한 것입니다. 나도 그처럼 할 수 있을까 생각해 보지만 자신이 없습니다. 주님께서 나에게 맡기신 것을 은사라고 표현한다면 나는 그 은사를 사용하는 나를 통하여 사람들이 하나님 나라를 점점 알아가게 되는 일에 쓰고 있는가? 아니면 그 은사가 나의 부귀와 영화를 위한 치부의 방편으로 쓰이고 있는가? 궁금합니다.

10

누가복음

➕ 오늘 말씀 누가복음 19:28 - 21:38

예루살렘에서
인자의 계획의 성취를 위한 도성

💡 실마리 풀기

"예수께서 날마다 성전에서 가르치셨다. 대제사장들과 율법학자들과 백성의 우두머리들이 예수를 없애버리려고 꾀하고 있었으나, 어찌해야 할지 방도를 알지 못하였다"(눅 19:47 - 48)

갈릴리에서 복음을 선포하시던 예수님은 드디어 하늘에 올라가실 날이 다 되었음을 아시고 예루살렘을 향하여 발걸음을 옮기시며, 복음의 증인이 될 제자들을 가르치셨습니다. 그리고 드디어 예수 그리스도, 즉 주님의 복음이 예루살렘으로 입성합니다. 예루살렘은 오래전 예언자들이 이미 예고했던 대로 하나님의 새 언약이 이루어질 바로 그곳입니다.

예루살렘의 현실 - 영접하는 사람들과 죽이려 하는 사람들(19:28 - 48)

드디어 예수님께서 여리고를 지나 예루살렘 성 동쪽에 있는 올리브 산이라 불리는 산에 있는 벳바게와 베다니에 가까이 오셨다. 그곳으로부터 새끼 나귀를 타신 예수님께서 어느덧 올리브 산의 내리막길에 이르셨을 때 제자의 온 무리가 기뻐하며, 자기들이 본 모든 기적을 두고 큰 소리로 하나님을 찬양하면서 말하였다. "복되시다, 주님의 이름으로 오시는 임금님! 하늘에는 평화, 지극히 높은 곳에는 영광!"

그러나 제자들은 실제로 평화에 이르게 하는 일을 몰랐으며, 바리새인들은 평화의 왕을 거절하고 하나님께서 찾아오신 때를 알지 못했다. 예수님께서는 이를 슬퍼하시면서 예루살렘을 보시고 눈물을 흘리셨다. 예루살렘 성전은 기도하는 곳이어야 하지만 사람들은 그곳을 '강도들의 소굴'(렘 7:11)로 만들어 버렸다. 예수께서 성전에서, 장사하는 사람들을 내쫓으셨다.

예수님을 없애버릴 방책을 찾는 예루살렘의 대적자들의 도전(20:1 - 21:4)

예수님의 권한 - 대제사장들과 율법학자들과 장로들은 백성들이 두려워 예수님을 징벌하지 못한다. 온 백성이 요한을 예언자로 믿고 있는 것처럼 예수님도 예언자로 믿고 따르기 때문이다. 그들의 마음속에 자라는 것은 예수님에 대한 호기심이 아니라 시기심뿐이다. 그 시기심은 결국 예수님을 죽음에 이르게 할 것이다.

그래서 그들은 예수님께 다양한 도전과 시험을 통하여 그의 말씀을 책잡아서 그 권위를 허물어 내리고자 시도한다. "당신은 무슨 권한으로 이런 일을 합니까? 또 "우리가 황제에게 세금을 바치는 것이 옳습니까, 옳지 않습니까?"라는 질문으로, 부활이 없다고 주장하는 사두개파 사람들은 "부활 때에 그 여자는 일곱 형제 가운데서 누구의 아내가 되겠습니까?"라는 질문으로 예수님을 시험하고 도전을 하고 있다.

만약 그들이 요한의 권위를 알았다면 예수님의 권위도 알았겠지만, 그들은 오직 하나님의 아들을 죽이려는 생각밖에 없었다. 그들은 예수님의 답변에 놀라서 입을 다물었고 더 이상 질문을 하지 못하였으면서도 예수님을 없애버릴 방책을 계속 찾는다.

예수님의 결론 - 대적자들의 질문에 답을 하신 예수님께서는 자신이 다윗의 주, 장차 하나님의 우편에 앉으실 그리스도임을 밝히며, 백성과 제자들에게 유대 지도자들의 위선을 드러낸다. 율법학자들은 어리석게도 그리스도를 다윗의 자손이라고 해석하는 자들이면서도 과부들의 가산을 집어삼키고, 남에게 보이려고 길게 기도한다. 그러나 가난한 과부는 어려운 가운데서 가지고 있는 생활비 전부를 헌금함에 털어 넣는다. 이처럼 백성들은 하나님의 길에 서려 하나 대적자들은 하나님의 길을 가로막는 방해자들이다.

예루살렘에 임할 멸망의 징조들 - 기도하면서 늘 깨어 있으라(21:5 - 38)

예수님께서 성전이 무너질 것을 예고하시면서 재난의 징조들을 제자들에게 알려주셨다. 구약성경에는 예루살렘 성전의 파괴에 대하여 여러 곳에서 예언을 하고 있다(렘 5:29, 겔 9:1, 단 9:26, 미 3:12). 그날에 제자들은 예수님의 이름 때문에 모든 사람에게 미움을 받을 것이며, 큰 지진이 나고, 곳곳에 기근과 역병이 생기고, 하늘로부터 무서운 일과 큰 징조가 나타날 것이다. 그러나 제자들은 이런 일들이 일어나는 것을 보게 되면 하나님의 나라가 가까이 온 줄로 알고, 방탕과 술 취함과 세상살이의 걱정에 빠지지 말며 기도하면서 늘 깨어 있어야 한다.

예수님의 예언 가운데에는 "그때 사람들은 인자가 큰 권능과 영광을 띠고, 구름을 타고 오는 것을 볼 것이다"(21:27)라는 말씀이 있다. 이 말씀은 예루살렘 멸망의 때가 아니라 예수님 재림의 때를 말하는 것으로 보아야 할 것이다.

묻고? 답하기!

나는 진실로 예수님의 재림을 맞이할 준비를 어떻게 하고 있는가?

결혼 날짜를 잡은 처녀들은 내일 아침에 주님이 오신다면 즐거워할까요? 회사가 거대한 프로젝트를 성취하기 직전이라면 어떨까요? 며칠 후면 태어날 손자를 기다리는 할아버지는 어떨까요? 아직 자립하지 못한 아들이 집안에서 이리저리 뒹굴고 있다면 어떨까요? 우리는 모두가 내일 일을 걱정하며 살아갑니다. 그러나 주님께서 반드시 오실 것이라는 믿음을 가지고 있다면 우리는 걱정할 것이 없습니다. 다만 죽는 날까지 주님의 말씀대로 살기를 애쓰는 것만이 유일한 방편입니다.

13일 〰〰〰〰〰〰〰〰〰〰〰〰〰〰〰〰〰〰〰〰〰〰〰〰

✝ 오늘 말씀 누가복음 22:1 - 24:53

예루살렘에서
인자의 계획의 성취, 구원의 복음의 완성

💡 실마리 풀기

"그리스도는 고난을 겪으시고, 사흘째 되는 날에 죽은 사람들 가운데서 살아나실 것이며, 그의 이름으로 죄 사함을 받게 하는 회개가 모든 민족에게 전파될 것이다' 하였다"(눅 24:46 - 47)

드디어 주님께서 예비하신 날, 예루살렘에서의 유월절이 되었습니다. 대제사장들과 율법학자들은 예수님을 없애버릴 방책을 찾고 있었지만, 백성들이 두려워 어찌할 바를 모르고 있었습니다. 그러나 가룟 유다에게 사탄이 들어감으로 인하여 예수님의 수난은 시작되게 됩니다. 드디어 하나님의 계획의 성취, 구원의 복음이 예루살렘에서 완성되는 주간입니다.

수난의 예비 - 세상 사역의 마무리(22:1 - 46)

예수님께서는 유월절 만찬을 통하여 자신을 희생 제물로 드림을 기념하고, 제자들에게 열두 지파를 위임하였다. 예수님의 자상한 배려는 예수님께서 부활 승천하시고 그들이 성령을 받은 후에 겪게 될 모든 역경을 예비하심이다. 예수님께서는 스스로 고통스러운 수난을 대비하여 기도하였다. 제자들에게는 시험에 빠지게 될 것을 염려하여 일어나 기도하기를 주문하였으나 제자들은 잠들어 있었다.

수난의 시작 - 세 번의 부인, 세 번의 드러냄 그리고 세 번의 무죄 선언(22:47 - 23:25)

세 번이나 예수님을 부인하는 베드로 - 자신이 기대하던 그러한 메시아가 아님을 확인한 유다는 즉시 예수님을 유대인들에게 팔아넘긴다. 감옥에도, 죽는 자리에도, 주님과 함께 갈 각오가 되어 있다던 베드로는 닭이 울기 전에 세 번이나 예수님을 부인하였다. 수차례나 예언을 하였지만, 성령의 능력을 받지 못한 그들은 하나님의 방법을 이해할 수 없었다.

하나님의 아들이심을 세 번 드러내신 예수님 - 초기 사역에서 **세 번에 걸친 사탄의 시험**을 이기심은 완전한 승리의 시작이며, **죽음과 부활에 대한 세 번의 예고**는 완전한 승리를 위한 다짐이다. 수난을 당하시기 직전에 하나님의 아들이심을 세 번에 걸쳐 드러내시는 것은 하나님의 계획의 성취가 임박하였음을 알리는 것이다.

(1) 대제사장들과 율법학자들에게 "내가 그리스도라고 여러분에게 말하더라도, 여러분은 믿지 않을 것이요... 인자는 전능하신 하나님의 오른쪽에 앉게 될 것이오"(22:68 - 69). (2) "내가 하나님의 아들이라고 여러분이 말하고 있소"(22:70)라고 대답하셨다. (3) "당신이 유대인의 왕이오?" 예수께서 빌라도에게 대답하셨다. "당신이 그렇게 말하고 있소"(23:3).

세 번이나 무죄를 선언한 빌라도 - (1) 빌라도는 예수님이 자칭 유대인의 왕이라고 하였다는 말을 듣고 "내가 보니 이 사람에게는 아무 죄도 없소"(23:4)라고 하였다. (2) 헤롯에게 다녀온 예수님을 두고 빌라도는 "그대들이 고발한 것과 같은 죄목은 아무것도 찾지 못하였소"(23:14)라고 하였다. (3) "도대체 이 사람이 무슨 나쁜 일을 하였단 말이오?"(23:22)라고 세 번째 예수님의 무죄를 선언하였다. 그러나 예수를 죽이려는 무리의 연대가 점점 커지고 소란스러워지기 시작하자, 빌라도는 오히려 이들과 타협하는 어리석은 결정을 하는 것이다.

십자가의 길 - 인자의 승리를 위한 사역(23:26 - 23:56)

십자가의 길은 고통스러운 사역이지만 인자가 이겨내야 할 영적 전쟁의 극치이다. 사탄은 이 일로 자신이 승리한 것으로 오해하겠지만, 하나님의 모략은 부활이라는 극적인 반전으로 완성될 것이다. 마가복음에서는 백부장이 "참으로 이분은 하나님의 아들이셨다"(막15:39)라고 표현을 하고 있는데, 누가복음에서는 백부장이 "이 사람은 참으로 의로운 사람이었다"(23:47)는 표현을 하고 있다.

부활 - 수난의 예고를 세 번에 걸쳐 회상함(24:1 - 53)

(1) 무덤에 온 여자들에게 두 천사가 말하였다. "갈릴리에 계실 때 너희들에게 하신 말씀을 기억해 보아라. '인자는 반드시 죄인의 손에 넘어가서, 십자가에 처형되고, 사흘째 되는 날에 살아나야 한다'고 하셨다"(24:6 - 7). (2) 엠마오로 가는 길에서 만난 글로바와 그의 친구에게 예수님께서 말씀하신다. "그리스도가 마땅히 이런 고난을 겪고서, 자기 영광에 들어가야 하지 않겠습니까?"(24:26). (3) 예수님께서 몸소 제자들에게 나타나셔서 말씀하셨다. "내가 전에 너희와 함께 있을 때에 너희에게 말하기를...... '그리스도는 고난을 겪으시고, 사흘째 되는 날에 죽은 사람들 가운데서 살아나실 것이며, 그의 이름으로 죄 사함을 받게 하는 회개가 모든 민족에게 전파될 것이다' 하였다"(24:44 - 47).

묻고? 답하기!

우리도 부활의 증인의 삶을 살아야 하는지요?

직접 눈으로 보고 경험한 부활을 증명하며 전하는 사람들을 우리는 사도라고 부릅니다. 주님께서 그들에게 "너희는 이 일의 증인이다"라고 말씀하시며, 주님의 이름으로 죄 사함을 받게 하는 회개를 모든 민족에게 전파하라고 명령하셨습니다. 이것은 성령을 받은 사람들에게 반드시 주어지는 지상명령입니다. 우리가 그리스도인이라고 확신하십니까? 그러면 우리도 사도입니다.

10월 14일

교회의 성장(1)

성령의 사역, 사도들의 행전

✝ 오늘 말씀 사도행전 1:1 - 8 ; 13:1 - 3 ; 15:1 - 22

💡 실마리 풀기

"이 예수 밖에는, 다른 아무에게도 구원은 없습니다. 사람들에게 주신 이름 가운데 우리가 의지하여 구원을 얻어야 할 이름은, 하늘 아래에 이 이름 밖에 다른 이름이 없습니다"(행 4:12)

이방인 저자, 누가가 이방인들에게 전하는 복음 - 하나님께서 진정으로 원하시는 비전

성경의 유일한 이방인 저자, 사도 바울의 주치의 누가는 하나님께서 진정으로 원하시는 뜻(Vision)이 무엇인지 알아내었습니다. 그는 예수 그리스도 말씀의 능력, 성령의 능력을 체험함으로 증인이 되었습니다. 아브라함에게 "땅에 사는 모든 민족이 너로 말미암아 복을 받을 것이다"(창12:3)하신 말씀이 오늘날 무슨 의미인지, 예수 그리스도께서 이 땅에 남기신 행적과 무슨 관계인지를 이해하였습니다. 그래서 그는 세상 모든 민족, 이방인을 향하여 뻗어 나가는 복음의 행로를 추적하였습니다.

누가는 하나님의 아들, 예수님께서 하나님 나라를 현재 이 땅에 실현해가고 있다는데 초점을 맞추어 복음을 선포합니다. 그리고 갈릴리에서 예루살렘으로, 예루살렘에서 땅 끝에까지, 복음이 지향하고 있는 방향을 향하여 우리의 눈길을 인도하고 있는 것입니다. "땅 끝에까지 이르러 내 증인이 될 것"(1:8)이라고 하신 예수님의 명령을 따라 예루살렘에서 출발한 복음은 "드디어 우리는 로마로 갔다"(28:14)라는 결론적 표현으로 마무리합니다.

누가복음과 사도행전의 또 다른 이름 - 복음과 교회의 확산을 이루는 성령 행전

누가복음에서 천사가 말하기를, 세례 요한이 뱃속에 있을 때부터 성령 충만을 받을 것이며(눅 1:15), 마리아에게는 성령이 임할 것이라고 예언하였습니다(눅 1:35). 엘리사벳(눅 1:41 - 42)과 사가랴(눅 1:67) 그리고 시므온(눅 2:25 - 27)에게는 성령이 임하여 하나님을 찬양하였습니다. 예수님께서도 세례와 함께 성령의 능력을 입으시고 갈릴리로 돌아오셨습니다(눅 4:14). 성령은 제자들에게 약속되며(눅 12:11 - 12) 또한 하나님께서 "구하는 자에게 주실 선물"(눅 11:13)이기도 하였습니다.

사도행전에서는 예수님께서 사도들과 함께 잡수실 때 그들에게 이렇게 분부하셨습니다. "너희는 예루살렘을 떠나지 말고, 내게서 들은 아버지의 약속(약속하신 선물)을 기다려라. 요한은 물로 세례를 주었으나, 너희는 여러 날이 되지 않아서 성령으로 세례를 받을 것이다"

(1:4 - 5) 또한 "성령이 너희에게 내리시면, 너희는 능력을 받고, 예루살렘과 온 유대와 사마리아에서, 그리고(마침내) 땅 끝에까지 이르러 내 증인이 될 것이다"(1:8). 그리고 오순절이 되었을 때 제자들은 모두 성령으로 충만하게 되어서, 성령이 시키시는 대로 각각 방언으로 말하기 시작하였습니다(2:4). 예수님께서 승천하신 후 성령께서 우리에게 오셨습니다.

그 성령은 예수님을 구주로 믿는 사람들은 누구에게나 임하십니다. 그 성령께서 마치 예수님께서 지금 우리 곁에 계신 것과 같은 일을 하신다는 것입니다. 성령은 능력입니다. 말씀을 선포할 힘을 줍니다. 베드로(4:8), 사도들(4:31), 스데반(6:10), 바나바(11:22 - 24) 그리고 바울(13:9 - 11)등이 성령이 충만하여 담대히 말씀을 선포하게 되었습니다. 성령은 가르침을 줍니다. 빌립(8:29), 베드로(10:19 - 20) 그리고 안디옥의 지도자들(13:2)에게 성령께서 직접 말씀하시는 것을 볼 수 있습니다.

특별한 경우에 성령께서는 그리스도인들에게 특별한 은사를 부여하셨습니다. 오순절에 제자들에게(2:2 - 4), 빌립이 복음을 전한 사마리아 사람들에게(8:17), 최초의 이방인 개종자인 고넬료가의 사람들에게(10:44 - 48) 그리고 에베소에서도(19:5 - 6) 성령이 내리고 그들이 방언을 말할 수 있는 은사를 주셨습니다. 성령께서 특별히 바울을 택하시고 성령이 충만한 자로 만드셨습니다. 사도 바울이 계속 아시아에서만 복음을 전하는 것을 막으시고 마침내 유럽으로 나가도록 인도하셨습니다. 이러한 성령의 사역은 복음과 교회가 세상 모든 민족에게로 전파되는데 매우 중요한 전기가 되는 것이었습니다.

복음의 행로를 통해 본 사도행전의 구조 - 7개의 후렴구에 의한 단락 구분
사도행전은 지리적으로 예루살렘에서 로마로, 인종적으로 유대인에서 이방인으로 퍼져 가는 교회의 성장에 관한 내용을 연대기적으로 정리하였습니다. 그리고 구약의 역사 기술 방식에서처럼 "믿는 사람의 수가 점점 늘어갔다"는 7개의 후렴구를 사용하여 단락을 나누는 기법을 사용하고 있습니다.

1. **교회의 탄생**(행전 1:1 - 2:47) - "구원받는 사람을 날마다 더하여 주셨다"(2:47)
2. **예루살렘 교회**(행전 3:1 - 6:7) - "예루살렘에 있는 제자들의 수가 부쩍 늘어가고"(6:7)
3. **온 유대와 사마리아 지방으로**(행전 6:8 - 9:31) - "그 수가 점점 늘어 갔다"(9:31)
4. **시리아 안디옥으로**(행전 9:32 - 12:24) - "믿는 사람이 많아졌다"(12:24)
5. **소아시아로**(행전 12:25 - 16:5) - "그 수가 나날이 늘어갔다"(16:5)
6. **유럽으로**(행전 16:6 - 19:20) - "주님의 말씀이 능력 있게 퍼져 나가고"(19:20)
7. **로마를 향하여**(행전 19:21 - 28:14) - "드디어 우리는 로마로 갔다"(28:14)
8. **로마를 넘어 땅 끝까지**(행전 28:15 - 28:31) - "그는 아무런 방해도 받지 않고, 아주 담대하게 하나님 나라를 전하고, 주 예수 그리스도에 관한 일들을 가르쳤다"(28:31)

✝ 오늘말씀 사도행전 1:1 - 2:47

교회의 탄생
성령을 받은 사람들의 모임

💡 실마리 풀기

"회개하십시오. 그리고 여러분 각 사람은 예수 그리스도의 이름으로 세례를 받고, 죄 용서를 받으십시오. 그리하면 성령을 선물로 받을 것입니다"(행 2:38)

〈누가복음서에 이어서 사도행전을 읽을 것입니다. 누가복음서와 사도행전을 이어서 읽도록 하는 이유는 같은 저자의 일관된 저작 의도를 이해하는 것이 매우 중요하기 때문입니다. 다시 한 번 강조하지만, 복음은 예수님의 행로를 따라 갈릴리로부터 예루살렘을 향하여 거룩한 발걸음을 옮겨왔습니다. 그리고 이제부터는 성령님의 행로를 따라 예루살렘에서 온 세상, 땅 끝으로 퍼져 나갈 것입니다. 지금 이 순간 복음이 어디서 와서 어디로 가고 있는지 묵상해보시기 바랍니다. 성경을 읽는 것은 단순한 이해를 넘어 주님의 관점으로 세상을 보기 위한 것이 아니겠습니까?〉

창세기 6장 3절에 주님께서 말씀하시기를 "생명을 주는 나의 영이 사람 속에 영원히 머물지는 않을 것이다"라고 하셨습니다. 그때로부터 성령은 인간을 떠나 계셨습니다. 그런데 "마지막 날에 내 영을 모든 사람에게 부어주겠다"하신 선지자 요엘의 예언(욜 2:28 - 32)대로 우리를 떠나셨던 그 성령께서 우리 모두에게 다시 오셨습니다. 제자들의 모임에 성령을 부어주심은 그들이 교회를 이루게 하고, 그 교회에 능력을 부여하심입니다.

성령의 능력 - 〈정치〉를 꿈꾸는 제자에서 〈부활과 승천〉을 증명하는 사도로(1:1 - 2:13)

부활하신 예수님께서는 제자들에게 성령을 보내실 것을 약속하면서, "성령이 너희에게 내리시면, 너희는 능력을 받고, 예루살렘과 온 유대와 사마리아에서, 그리고 (마침내) 땅 끝에까지 이르러 내 증인이 될 것이다"(1:8)라는 명령을 내리신다. 이는 우리가 증인의 삶을 살아내라는 준엄한 명령이다. 〈부활과 승천〉은 제자들에게 예수님께서 다시 오실 것이라는 확신을 심어주며, 그들을 위하여 하늘에서 중보하실 것을 약속한다. 이제 사도들은 그 명령을 지키기 위하여 목숨을 바칠 것이다.

오순절이 되어 한마음으로 기도하고 있던 백이십여 명의 제자들이 성령의 충만함을 받고 방언을 하기 시작하였다. 그들의 삶은 주님의 〈부활과 승천〉을 증거하는 자의 삶, 사도의 삶으로 완전히 변화되었다. 성령은 살아계신 예수님이시며, 하나님의 일을 행하는 능력이다. 성령께서 도우시지 아니하면 우리는 아무 일도 할 수 없다. 사도 바울이 분명히 증명하고 있다. "하나님의 영이 여러분 안에 살아 계시면, 여러분은 육신 안에 있지 않고, 성령 안에 있습니다. 누구든지 그리스도의 영이 없으면, 그리스도의 사람이 아닙니다"(롬8:9)

〈사도행전에서는 **네 번의 성령 강림**이 나오는데, 오순절(2장), 사마리아(8장), 고넬료가(10

장) 그리고 에베소(19장)에서 기도할 때, 안수할 때 그리고 말씀을 들을 때에 나타났다. 〉

성령을 선물로 받은 사람들 - 베드로와 성도들의 변화(2:14 - 41)

우리에게 임하신 성령의 역사는 우리 **내면의 실체를 바꾸는 것**이다. 베드로는 주님을 세 번이나 부인하였고, 예수님이 돌아가신 후 고기를 잡는 어부의 길로 돌이키기까지 하였었다. 성령은 그러한 베드로를 확신에 찬 사도로 만들었으며, 그를 권능 있고 힘 있는 말씀의 전도자로 세우셨다.

베드로의 첫 번째 설교(2:14 - 36) - 베드로가 증언하기를 "성령이 오신 것은 요엘의 예언이 이루어진 것이요(2:16), 하나님께서는 본래 계획하신 대로(십자가에서 돌아가신) 그를 죽음의 고통에서 풀어서 살리셨으며(2:24), 하나님께서는 이 예수를 주님과 그리스도가 되게 하셨다(2:36)"고 하였다.

베드로의 말을 들은 사람들이 마음이 찔려서 "형제들이여, 우리가 어떻게 하면 좋겠습니까?" 하고 말하자 베드로가 "예수 그리스도의 이름으로 세례를 받고, 죄 용서를 받으라. 그리하면 성령을 선물로 받을 것이다"라고 권하였다. 그의 말을 듣고 세례를 받고 돌아온 자가 삼천 명이 되었다.

살아 있는 교회의 탄생 - 예루살렘 교회의 5가지 특징(2:42 - 47)

그렇게 돌아온 신자들은 사도들의 가르침에 몰두하며(배움) 서로 사귀는 일과 친교의 식사(교제)와 기도에 힘썼다. 사도들을 통하여 일어난 놀라운 일과 표징으로 인하여 경외감을 느끼게 되었고, 서로(나눔)에 힘쓰며, 찬양함(예배)으로써 모든 사람에게 호감을 주었기 때문에 구원받는 자가 날마다 더하였다(전도)고 한다. 그렇게 믿는 사람들이 모이기 시작하니 교회가 탄생하게 되었다.

첫 번째 단락의 후렴(2:47) : 그래서 그들은 모든 사람에게서 호감을 샀다. 주님께서는 구원받는 사람을 날마다 더하여 주셨다.

묻고? 답하기!

증인의 삶이란 구체적으로 무엇을 증언하는 삶인가?

예수께서 땅 끝까지 이르러 내 증인이 되라고 하셨습니다. 그러면 우리는 예수님의 무엇을 증언하여야 할까요? 예수님의 말씀, 예수님의 역사적 존재, 스스로 경험한 이적들, 하나님이 주신 경이로운 환상일까요? 아니면 예수님의 십자가에서의 돌아가심 그리고 부활의 확신일까요? 그로 인해 변화된 나의 모습일까요?

10
사도행전

16일

✝ 오늘 말씀 사도행전 3:1 - 6:7

예루살렘 교회
초대교회의 성장

💡 **실마리 풀기**

"우리가 의지하여 구원을 얻어야 할 이름은, 하늘 아래에 이 이름 밖에 다른 이름이 없습니다"(행 4:12)

베드로의 첫 설교를 듣고 세례를 받은 신도의 수가 약 3천 명이 넘었습니다. 베드로가 솔로몬 행각에서 행한 두 번째 설교를 들었을 때는 5천 명이나 되었습니다. 예루살렘에 임한 성령의 바람은 교회를 엄청난 규모로 키우기도 하였지만, 몇 가지 시험에 들게 하기도 하였습니다. 오늘 읽을 내용은 베드로와 사도들에게 임한 성령의 능력과 성도들의 변화로 교회가 성장하는 내력입니다.

베드로가 깨달은 하나님의 비전 - 그가 메시아로다(3:1 - 26)

유대인들이 품고 있던 질문은 〈그가 메시아라면서 왜 죽었는가? 우리가 기다려왔던 다윗과 같은 메시아가 아니지 않은가?〉 라는 것이었다. 베드로가 요한과 더불어 성전 문 곁에 앉아 있던 못 걷는 사람에게 "은과 금은 내게 없으나, 내게 있는 것을 그대에게 주니, 나사렛 예수 그리스도의 이름으로 [일어나] 걸으시오"(3:6)하고 잡아 일으켰다. 성령의 능력이 치유의 이적을 보인 것이다.

베드로의 두 번째 설교(3:11 - 26) - 이를 보고 모여든 사람들에게 베드로가 "하나님께서 그를 죽은 자 가운데서 살리셨으며, 이 예수의 이름이, 여러분이 지금 보고 있고 잘 알고 있는 이 사람을 낫게 하였으니, 이것은 그의 이름을 믿는 믿음을 힘입어서 된 것입니다"(3:15 - 18)라고 하며, 그가 바로 그들이 기다리던 메시아임을 소개하였다. 또한, 하나님께서 아브라함에게 '너의 자손으로 말미암아 땅 위의 모든 족속이 복을 받을 것이다'하고 말씀하셨음을 상기시키면서 그 자손이 바로 예수님이심을 증거(3:25 - 26)하였다.

초대교회를 향한 세 가지 도전 - 복음의 확산을 방해하는 사탄의 시도(4:1 - 6:7)
사탄의 첫 번째 도전 - 유대의 지도자들의 박해와 베드로의 설교

베드로의 세 번째 설교(4:8 - 12) - 유대의 제사장들과 사두개파 사람들이 베드로와 요한을 잡아들였다. 그들에게 베드로가 성령이 충만하여 다음과 같이 설교하였다. "사람들에게 주신 이름 가운데 우리가 의지하여 구원을 얻어야 할 이름은, 하늘 아래에 이 이름 밖에 다른 이름이 없습니다."

그러자 성도들이 한마음으로 성령 충만한 교회를 위한 기도를 하였다. "주님, 이제 그들의 위협을 내려다보시고, 주님의 종들이 참으로 담대하게 주님의 말씀을 말할 수 있게 해주십시오"(4:29 - 31). 물론 그 기도는 즉시 응답되었다.

베드로의 네 번째 설교(5:29 - 32) - 제사장들과 사두개파 사람들이 다시 제자들을 잡아들였다. 베드로와 사도들이 대답하였다. "하나님은 여러분이 나무에 달아 죽인 예수를 살리셨습니다. 우리는 이 모든 일에 증인이며, 하나님께서 자기에게 복종하는 사람들에게 주신 성령도 그러하십니다." 이에 가말리엘이라는 율법 교사가 "이 사람들의 활동이 사람에게서 난 것이면 망할 것이요, 하나님에게서 난 것이면 우리가 없애 버릴 수가 없을 것"(5:35 - 39)이라고 말함으로써 제자들을 놓아주었다.

사탄의 두 번째 도전 - 공동 소유 생활과 개인적 탐욕으로 인한 성령을 속임

두 번째는 교회 안에 성령을 속이고 주님의 영을 시험한 자가 나타난 것이었다. 바나바, 곧 '위로의 아들'이라는 별명을 가진 요셉이 자기의 밭을 팔아 내어놓았으나, 아나니아와 그의 아내 삽비라는 스스로 내어놓겠다고 한 소유의 일부를 떼어 놓음으로써 성령을 속이다가 급살을 맞았다. 이 사건으로 인하여 온 교회와 성도들은 두려워하며 스스로 성령에 신실하고자 하게 되었다.

사탄의 세 번째의 도전 - 교회 운영의 문제점으로 인한 다툼

교회 안에 함께하는 제자들의 수가 너무 많이 불어났다. 그러자 결과적으로 사도들이 하나님의 말씀을 전하는 일은 제쳐놓고서 음식 베푸는 일에 힘쓰게 되는 상황이 발생한 것이다. 그래서 사도들은 말씀 전파와 구제의 사명을 온전히 하기 위해 성령과 지혜가 충만한 사람, 믿음이 충만한 사람 일곱을 뽑아 집사로 임명하였다.

두 번째 단락의 후렴(6:7) : 하나님의 말씀이 계속 퍼져나가서 예루살렘에 있는 제자들의 수가 부쩍 늘어가고, 제사장들 가운데서도 이 믿음에 순종하는 사람들이 많았다.

하나님의 말씀을 전하는 일은 제쳐놓고서 음식 베푸는 일에 힘쓰고 있지는 않은가?

말씀을 전해야 할 사람이 말씀을 전하지 않고 음식을 베푸는 일에 힘쓰는 일이 종종 발생합니다. 말씀 읽기는 소홀히 하면서 모여서 먹고 마시기를 즐기는 경우입니다. 예배를 드리는 것에는 소홀히 하면서 예배 이외의 형식적인 것에 전심을 다 하는 경우입니다. 하나님께서 우리 마음의 중심을 보고 계심을 잊지 말아야겠습니다.

✝ 오늘 말씀 사도행전 6:8 - 9:31

복음의 확산
온 유대와 사마리아 지방으로

💡 **실마리 풀기**

"그날에 예루살렘 교회에 큰 박해가 일어났다. 그래서 사도들 이외에는 모두 유대 지방과 사마리아로 흩어졌다"(행 8:1)

누가복음에서는 예수님은 복음이시며, 예수님이 가시는 길이 복음이 가는 길, 〈복음의 행로〉라고 배웠습니다. 갈릴리에서 예루살렘으로 그리고 예루살렘에서 성취된 복음이 이제 다시 길을 떠납니다. 박해를 받고 흩어진 성도들이 온 유대와 사마리아에 복음을 전하기 시작합니다. 이제 〈복음의 행로〉는 예루살렘을 떠나 사마리아와 유럽 그리고 땅 끝까지 나아가는 〈성령의 행로〉가 됩니다.
유대인의 이산공동체, 디아스포라에 전해진 복음(하나님의 언약)은 비로소 헬레니즘의 관점에서 재해석되게 되는데, 스데반은 그 대표적인 인물입니다.

복음의 확산을 방해하는 유대인들 - 사마리아와 이방인에게로 가는 복음(6:8 - 8:40)

스데반 - 헬라파 유대인이었던 스데반은 복음을 증언하기 위하여 유대의 전통과 율법을 부인하고 공격하기 시작한다. 즉 "성전은 역사 속에서 하나님께서 오시는 길에 있는 방해물이며, 율법은 하나님께서 하신 약속의 궁극적인 성취로 가는 한 단계일 뿐인데, 예수님의 초림으로 그 율법의 지위가 근본적으로 변경되었다"는 것이다. 결국 스데반이 유대인들의 돌에 맞아 죽고, 예루살렘 교회에 큰 박해가 일어나자, 사도들을 제외한 성도들은 모두 유대 지방과 사마리아로 흩어져서 두루 돌아다니면서 말씀을 전하기 시작하였다.

빌립 - 사도들이 길을 떠나면 복음도 함께 길을 떠난다. 최초로 복음이 선포되는 곳에는 성령의 권능 또한 나타나게 마련이다. 빌립이 사마리아에서 복음을 선포하며 악한 귀신을 내쫓고 많은 병자를 고쳐주었다. 그 소식을 듣고 베드로와 요한이 내려가서 사마리아 사람들을 위하여 기도하고, 안수하니 그들이 성령을 받았다. 사마리아인의 대량 회심은 유대인들의 사마리아인에 대한 뿌리 깊은 민족적 증오심을 굴복시킨 것이며 또한 이방인 선교의 전략적 단계였다. 인종적으로 사마리아인은 유대인도 이방인도 아닌, 이 둘 사이에 있었기 때문이다. 이제 복음이 사마리아를 넘어 땅 끝으로 나아갈 것이다.

복음의 확산을 방해하는 바리새인, 사울 - 이방인을 위한 사도로 택함을 받은 바울(9:1 - 31)

다마스쿠스로 가는 길에서 예수님을 만난 복음의 핍박자, 사울은 역사상 가장 위대한 복음 전도자, 사도 바울로 거듭나게 된다. 주님께서 아나니아에게 말씀하셨다. "가거라. 그는 내 이름을 이방 사람들과 임금들과 이스라엘 자손들 앞에 가지고 갈, 내가 택한 내 그릇이다"(행

9:15).

바울은 자신이 하나님의 주권적 은혜로 인하여 이방인을 위한 사도로 택함을 받았으며, 자신의 모든 사역이 하나님의 예정하심 속에서 이루어진 것임을 확신하고 있다(행 22:14 - 16, 22:21, 26:17 - 18).

하나님과의 관계 회복 : 사울의 아라비아에서의 3년 - 갈라디아서(1:17 - 24)에 의하면 바울은 회심 후 다마스쿠스의 남동쪽에 있는 광야인 아라비아로 떠나 있다가 3년 만에 다시 돌아왔다. 〈여기서 바울이 회심 후 즉시 아라비아로 가서 3년을 보냈는지(행 9:19절 이후), 다마스쿠스에서 복음을 전하다가 성 바깥으로 달아 내린 이후(행 9:25절 이후) 인지는 알 수 없다.〉 신학자들은 바울이 그 3년 동안, 자신의 개종(유대교 율법사의 개종은 죽음을 각오한 것이었다)으로 인한 유대교 지도자들의 핍박, 가족과 친구들과의 단절 그리고 자신의 정신적 고뇌를 치유하였을 것으로 유추하고 있다.

교회와의 관계 회복 : 바나바 - 그리고 신학적 확신을 얻은 바울은 예루살렘으로 올라갔다. 바나바의 적극적인 변호와 도움으로 사도들과 함께 지낼 수 있게 되었지만, 바울은 오히려 정통 유대인들의 살해 협박을 받기에 이른다. 바울은 그 박해를 피해 다시 고향인 다소로 내려가서 약 10년 동안 머무르며 유대인 회당에서 활동한다(갈 1:21 - 24).

자기 정체성의 확립 : 고향 다소에서의 10년 - 그 10년 동안 바울은 자신의 학문, 삶, 성경의 가르침에 관한 관점을 심도 있게 재정립했을 것으로 보인다. 또한, 살아계신 예수님을 직접 만나지 못하였던 바울에게 다가오신 예수님, 특히 구약 예언의 성취로서의 그리스도에 관한 신학적 이론을 정립하고, 자신은 이방인을 위한 사도로 부르심을 받았다는 자기 정체성을 확립하였을 것이다. 그리하여 바울은 그리스도의 복음을 히브리즘으로부터 헬레니즘으로 접목함으로, 유대인의 기독교를 세계 만민의 기독교로 나아가는 초석을 쌓게 되는 것이다.

세 번째 단락의 후렴(9:31) : 그러는 동안에 교회는 유대와 갈릴리와 사마리아 온 지역에 걸쳐서 평화를 누리면서 튼튼히 서 갔고, 주님을 두려워하는 마음과 성령의 위로로 정진해서, 그 수가 점점 늘어갔다.

묻고?
답하기!

어느 날 나에게 다가온 복음이 전도자의 삶을 꿈꾸게 한 적이 있는가?

어떤 사람들은 자신이 성령을 받았다는 증거로 방언을 내세웁니다. 그리고는 남들이 들을 수 있게 큰소리로 방언 기도를 즐겨합니다. 그러나 혹시 그 사람이 예수 그리스도 부활의 복음을 타인에게 전하고자 하는 꿈이 없다면 그는 성령을 받은 자가 아니라 성령을 받은 척하는 자입니다. 성령의 도우심으로 복음의 소식을 들은 자는 반드시 복음을 전하고자 하는 길에 동참하게 될 것입니다.

10
사도행전

18일 ～～～～～～～～～～～～～～～～～～～～～～～

✝ 오늘 말씀 사도행전 9:32 - 12:24

이방 선교의 시작
시리아 안디옥으로

💡 실마리 풀기

"제자들은 안디옥에서 처음으로 '그리스도인'이라고 불리었다"(행 11:26)

하나님께서는 스스로 이 땅에 오심으로써 자신을 계시하셨습니다. 그의 아들의 몸으로 또 성령을 통하여 우리에게 오셔서 말씀으로 자신을 계시하셨습니다. 하나님은 하나님의 계획, 인간의 구원을 위한 하나님 나라의 완전한 성취를 위하여 이 땅에 교회를 세우시고 제자들을 불러 모으셨습니다. 그리고 이제 그 교회와 복음의 확산을 위하여 다시 제자들을 흩으실 것입니다. 유대인 공동체의 중심점이었던 베드로도 이제 모든 것을 내려놓고 이방인들에게로 나아갑니다.

치유의 이적으로 시작되는 이방 선교 - 이방 선교를 위하여 베드로를 준비하심(9:32 - 43)

순회 전도 사역을 하던 베드로는 예수님께서 하신 것처럼 주의 권능을 믿고 의지하며 기도하여 죽은 도르가를 살려내었다. 예수님의 말씀이 아직 다 기록되지 못한 때에, 하나님께서는 이적을 보지 않고는 믿지 못하는 자들을 긍휼히 여기셔서 기꺼이 이러한 초자연적인 이적과 기사들을 일으키심으로써 보고 믿는 이들에게 구원의 은혜를 베푸신 것이다.

로마인 고넬료와 유대인 베드로의 환상 - 이방 선교를 위하여 사도들을 준비하심(10:1 - 11:18)

고넬료는 경건한 사람으로 온 가족과 더불어 하나님을 두려워하고, 유대 백성에게 자선을 많이 베풀며 늘 하나님께 기도하는 사람이었다. 하나님께서는 베드로에게 성령으로 말씀하셨다. "그들은 내가 보낸 사람들이니, 의심하지 말고 함께 가거라"(10:20). 이러한 일련의 과정들은 섬세한 하나님의 구원 계획과 온 인류를 향한 사랑을 읽을 수 있게 해주며, 구원을 얻으려면 복음을 들어야 한다는 가장 기본적인 원리를 확인시켜주고 있다.

베드로의 다섯 번째 설교(10:34 - 43) : 이방 사람들에게도 임한 성령 - 베드로는 "예수님께서는 우리의 심판자가 되시며, 그를 믿는 사람은 누구든지 그의 이름으로 죄 사함을 받는다"고 증언하였다. 베드로의 설교를 듣던 고넬료의 사람들에게 오순절과 같은 성령이 강림하니 그 증거는 방언의 은사와 기쁘고 환희에 찬 찬양이었다. 이방인에게도 유대인들에게 와 같이 성령이 강림한 것은 이제 유대인과 이방인은 없고 오직 그리스도인만이 존재하게 된 것이며, 이방인 선교의 당위성을 보여주는 것이다.

유대인 베드로의 변심(11:5 - 18) : 유대인의 인종적 편견의 제거 - 베드로가 순회 전도를 마치고 예루살렘으로 돌아오자 유대인 그리스도인들이 유교적 전통을 위반한 그를 비방하였다.

그래서 베드로는 자신과 고넬료에게 임한 환상을 설명하고, 성령이 처음에 우리에게 내리시던 것과 같이 이방인들에게도 내리신 것을 설명하였다. 이 말을 듣고 그들은 하나님께 영광을 돌리고 "이제 하나님께서는, 이방 사람들에게도 회개하여 생명에 이르는 길을 열어 주셨다"(11:18)하고 말하였다.

예루살렘 교회와 안디옥 교회 - '그리스도인'의 탄생(11:19 - 30)

베드로의 증언 이후 이방 선교를 위해 기도하고 있던 예루살렘 교회는 안디옥 교회의 부흥을 알리는 소식을 듣고, 성령과 믿음이 충만한 바나바를 선택하여 파송하였다. 바나바는 다마스쿠스에서 열정적으로 복음을 증거 하던 사울을 기억하고 그를 안디옥으로 데려왔다. 바나바와 사울, 두 사람은 일 년 동안 줄곧 안디옥에 머물면서 교회에서 모임을 가지고, 많은 사람을 가르쳤다. 제자들은 안디옥에서 처음으로 '그리스도인'이라고 불리었다.

복음의 확산을 시기하고 가로막는 헤롯 - 예루살렘 교회의 지도자 베드로의 권한 이양(12:1 - 24)

헤롯이 유대 사람들의 환심을 사고자 예루살렘 교회를 박해하였다. 그가 세베대의 아들 야고보를 죽이고 베드로까지 옥에 가두었다. 교회가 드리는 기도를 들으신 하나님은 천사를 보내어 베드로를 구해주셨다. 마가의 다락방으로 돌아온 베드로는 예루살렘 교회 지도자의 권한을 예수님의 동생, 야고보에게 이양하고 살해의 위험을 피해 다른 곳으로 떠나갔다. 그리고 4년이 흐른 후 예루살렘 회의(행 15:6 - 11)에서 간증하는 베드로의 모습을 다시 볼 수가 있지만, 예루살렘 교회는 계속 야고보의 지도를 받으며 성장하게 된다.

네 번째 단락의 후렴(12:24) : 하나님의 말씀이 점점 더 널리 퍼지고, 믿는 사람이 많아졌다.

묻고? 답하기! 성령이 우리 안에 거하시는 것을 어떻게 알 수 있을까요?

성령이 우리 안에 오시면 그때부터 하나님의 자녀로 사는 권능을 지니게 됩니다. 하나님의 자녀는 언어가 맑아지고 행동이 아름다워지게 됩니다. 그리고 무엇보다 주님의 말씀에 예민하게 됩니다. 성령이 충만한 사람은 말씀과 동행합니다. 성경을 매일 듣고, 읽고, 묵상하며 그 말씀에 마음을 열고 말씀으로 기도합니다. 말씀이 없는 것은 성령이 동행하지 않는 감정 충만 일뿐임을 기억해야 합니다.

19일

✝ 오늘 말씀 사도행전 12:25 - 16:5

바울의 소아시아 선교
유대인의 종교에서 세계인의 종교로의 확산

💡 실마리 풀기

"바나바와 사울을 따로 세워라. 내가 그들에게 맡기려 하는 일이 있다"(행 13:2)

안디옥 교회는 최초의 이방인 교회이며, 최초로 선교사를 파송한 교회입니다. 교회 지도자들과 교인들이 주님께 예배하며 금식하고 기도하고 있을 때, 성령이 그들에게 "바나바와 사울을 따로 세워라. 내가 그들에게 맡기려 하는 일이 있다"고 말씀하셨습니다. 그래서 그들은 금식하고 기도한 뒤에 두 사람에게 안수하여 떠나보냈습니다(13:1 - 3). 바울과 바나바의 선교는 성령의 인도하심으로 수많은 교회가 세워지는 놀라운 열매를 거두게 됩니다.

바나바와 바울의 1차 선교 여행〈A.D. 47년 - A.D. 48년경〉(12:25 - 14:28)

성령께서 바나바와 사울을 불러내어 '소아시아'로 보내신다. 그래서 그들은 키프로스와 갈라디아의 4교회(비시디아의 안디옥, 이고니온, 루스드라 그리고 더베)를 방문하여 복음을 전하였다.

바나바의 고향, 키프로스 선교 - 바나바의 고향인 키프로스의 여러 회당에서 유대인들에게 복음을 전파한 이후 사울은 바울로 불리게 되는데, 이는 복음이 헬라 세계로 확산되는 시점에서 헬라식 발음을 사용하는 것이 더 자연스럽기도 하거니와 드디어 바울이 성령의 능력을 받고 이방 선교의 최선봉에 서게 될 것을 예고하는 것이기도 하다.

바울의 첫 번째 설교(13:16 - 41) - 비시디아의 안디옥에서의 회당 선교(13:13 - 52)

비시디아 안디옥으로 간 바울은 먼저 회당으로 가서 유대인들에게 복음을 전하였다. "하나님은 약속하신 대로 다윗의 후손 가운데서 구주를 세워 이스라엘에게 보내셨으니, 그가 곧 예수입니다"(13:23). 이 말씀을 들은 유대인들은 그들을 배척하며 스스로 영원한 생명을 얻기를 거절하였다. 그러나 이방인들은 바울이 전하는 복음을 듣고 기뻐하며 주님을 찬양하였고, 하나님께서 영원한 생명을 얻도록 정하신 사람은 모두 믿게 되었다.

갈라디아 교회의 탄생 : 이방인에게 건너가는 복음(14:1 - 28) - 갈라디아에서도 주님께서 놀라운 표징과 이적으로 은혜의 말씀을 확증하여 주셨다(갈 3:5, 고후 12:12, 히 2:3 - 4). 그렇게 복음이 이방인에게로 건너갔다. 사도들은 그렇게 얻은 제자들의 마음을 굳세게 해주고 믿음을 지키라고 권하였다. 그리고 그들을 위해서 각 교회에서 장로들을 임명한 뒤에 금식하면서 기도하고, 그들이 믿게 된 주님께 그들을 맡겼다. 이렇게 갈라디아에 교회를 탄생시킨 후, 바울과 바나바는 시리아 안디옥으로 돌아왔다.

복음의 확산을 방해하는 교회 내의 유대주의자들 - 이방 선교를 위한 교리의 정립(15:1 - 34)

예수님도 제자들도 모두 유대인이며, 그들로부터 처음으로 복음을 전해 받은 사람들도 모두 유대인의 전통을 중시하는 유대인이다. 초기에 그들 대부분은 이방인들도 유대의 전통을 따라해야 한다고 고집하였다. 결국, **유대인과 이방인 그리스도인 사이의 신학적 대립**은 드디어 이제 예루살렘 공회의에서 그 절정을 맞이한다. 보수 성향의 베드로의 간증과 개혁 성향의 바울의 선교보고는 결국 야고보의 타협안을 끌어내고, 전통(유대인의 자존심)과 새 복음의 조화를 시도하여 결국 하나의 교회에 하나의 교리를 탄생시켰다. **복음(진리)이 성도의 교제(사랑)를 품는 전통**을 이룬 것이다.

1차 선교 여행 후 안디옥에서 - 갈라디아서의 저술(15:35)

바울이 안디옥에 머무르고 있는 동안 갈라디아에서 들려 온 소식은 바울을 격분하게 하였다. 그 소식은 **유대적 관습(할례와 제사법 준수)**을 구원의 조건으로 내세우는 유대인들에 의해 갈라디아 지방의 교회들이 어려움을 당하고 있다는 것이었다. 이 소식을 들은 바울은 즉각적으로 혈기 가득한 서신을 보냈다. 갈라디아서 1장 6 - 10절에서 보면, 바울의 사도적 권위뿐만 아니라 복음의 진리와 순수성마저 도전받았던 것으로 추측해 볼 수 있다.

바울의 2차 선교 여행〈A.D. 49 년 봄 - A.D. 51 년 가을〉(15:36 - 16:5)

바나바는 바울과 갈라선 뒤 마가를 데리고 키프로스로 떠나고, 바울은 실라를 데리고 갈라디아로 다시 가는 도중에 루스드라에서 디모데를 만나게 된다. 마가를 데리고 떠난 바나바는 나중에 바울과 다시 화해하였음을 알 수 있다(고전 9:6).

다섯 번째 단락의 후렴(16:5) : 교회들은, 그 믿음이 점점 더 튼튼해지고, 그 수가 나날이 늘어갔다.

**묻고?
답하기!**

안디옥 교회는 어떤 모습의 교회였는지 알고 계십니까?

안디옥 교회는 성령을 받은 사람들이 주님의 복음을 성도들에게 전함으로 구원의 투구와 진리의 허리띠를 갖추도록 하였습니다. 그리고 바나바와 사울이라는 좋은 지도자를 통하여 참된 가르침을 받아 강한 성령의 검을 갖추었습니다. 그리고 기근으로 고통당하는 이웃(예루살렘 교회)을 위하여 헌금하였습니다. 그리고 누구보다 먼저 평화의 복음을 전하는 교회, 선교하는 교회였습니다. 우리도 그들처럼 성령의 음성을 듣고 선교사를 파송하는 교회가 되었으면 좋겠습니다.

10
사도행전

✝ 오늘 말씀 사도행전 16:6 - 19:20

바울의 유럽 선교
부르시고, 보내시는 하나님의 선교

💡 **실마리 풀기**

"우리는, 마케도니아 사람들에게 복음을 전하기 위하여, 하나님께서 우리를 부르신 것이라고 확신하였기 때문이다"(행 16:10)

2차 선교 여행을 떠난 바울은 소아시아 서쪽과 북쪽 지역에서 복음을 전하려는 계획을 세웠으나, 성령께서는 그의 계획을 두 번이나 가로막으셨습니다. 바울이 환상으로 만난 마케도니아 사람의 유럽으로 건너오라는 초청은 드디어 복음이 유럽으로 건너가는 계기를 마련합니다. 그렇게 해서 바울은 빌립보, 데살로니가, 베뢰아, 아덴, 고린도에서 선교사역을 펼치게 됩니다.

바울은 성령의 능력에 힘입어 늘 하나님의 인도하심에 민감한 사람입니다. 그는 언제나 성령께 집중하는 기도를 드리며, 하나님 나라를 위한 창조적 idea를 만들어 냅니다. 그렇게 그는 하나님의 쓰임을 받았습니다.

한 팀('우리')을 이루어 유럽으로 건너가는 복음 - 빌립보 교회(16:6 - 40)

바나바와 갈라선 바울은 실라를 데리고 갈라디아로 다시 가는 도중에 루스드라에서 디모데를 만나고, 드로아에서 누가를 만나 한 팀('우리')을 이루게 된다.

〈여기서부터 누가는 바울의 선교 팀을 '우리'라는 복수 1인칭으로 기록하기 시작한다. 누가는 드로아에서 바울을 만나 빌립보까지 동행한 것으로 보인다(16:10절 - 17절). '우리'라는 1인칭 표현은 20장 5절부터 다시 등장하는데, 빌립보에서 다시 바울을 만난 누가는 예루살렘까지(20:5 - 21:19), 그 이후 바울이 로마로 갈 때까지 주치의로서 늘 동행한 것으로 보인다(27:1 - 28:16).〉

빌립보로 건너간 바울과 실라는 귀신들려 점을 치는 여자를 구원하였다가 그 지역 사람들의 모함으로 감옥에 갇히게 된다. 그들이 감옥에서 기도하면서 하나님을 찬양하니 지진으로 감옥 문이 열렸다.

바울의 두 번째 설교(17:22 - 31) - 데살로니가, 베뢰아 그리고 아테네 선교(17:1 - 34)

바울이 **데살로니가**에서 복음을 전한 기간은 겨우 3주 정도밖에 안 된다. 그러나 그들 가운데 몇몇 사람이 승복하여 바울과 실라를 따르고, 또 많은 경건한 그리스 사람들이 그렇게 하였다.

베뢰아의 유대 사람들도 아주 기꺼이 말씀을 받아들이고, 그것이 사실인지 알아보려고 날마다 성경을 진지하게 상고하였다. 따라서 그들 가운데서 믿게 된 사람이 많이 생겼다.

바울이 **아테네**의 아레오바고 법정에 서서 그들이 '알지 못하는 신' 즉 하나님에 대하여 전하였다. 바울 편에 가담하여 신자가 된 사람 가운데는 아레오바고 법정의 판사인 디오누시오도 있었다.

그리고 고린도에서의 일 년 육 개월 - 고린도 교회와 데살로니가 전, 후서(18:1 - 22)

바울은 **고린도**에서 아굴라와 브리스길라를 만나 함께 사역하였다. 그곳 회당에서 유대인들의 반대와 비방을 들은 바울은 이방인 디디오 유스도의 집으로 옮겨서 복음을 전하게 된다. 그곳에서 고린도 교회가 탄생한다. 그리고 환상 가운데 주님의 격려를 받고 그곳에서 일년 육 개월을 머무르며 하나님의 말씀을 가르친다.

사실 고린도는 로마 제국의 도시 가운데 가장 번창하고, 화려한 문화적 특색을 지닌 도시였다. 따라서 고린도 사람들은 자부심(교만)이 강하고, 성적인 부도덕(타락)도 극심하였다. 그러나 바울은 복음을 전하는데 주저하지 않았다. 그리스도의 십자가와 부활을 포함하는 〈 하나님의 모든 경륜(20:27) 〉을 전하였다.

바울의 3차 선교 여행 - 에베소에서의 3년 〈A.D.52년 봄 - A.D.56년 초〉(18:23 - 19:20)

시리아 안디옥으로 돌아와 있던 바울은 이듬해, 갈라디아와 부르기아의 교회를 다시 방문하고 난 후 에베소에서 약 3년을 보내고, 그 다음 유럽에 있는 교회들을 다시 방문하고 마지막으로 여러 교회로부터 헌금을 모아서 예루살렘으로 돌아온다.

에베소에서의 사역은 성령의 체험, 말씀의 전수, 치유와 축사의 이적을 고루 행하는 종합적인 사역이었다. 특별히 두란노 학당에서의 강론은 이미 성도가 된 사람들의 영적 성장에 이바지하였고, 2년 동안이나 계속함으로 인해 유대 사람이나 그리스 사람이나 모두 주님의 말씀을 듣게 되었다.

여섯 번째 단락의 후렴(19:20) : 이렇게 하여 주님의 말씀이 능력 있게 퍼져 나가고, 점점 힘을 떨쳤다.

묻고?
답하기!

복음을 들음과 학습함 그리고 가르침의 의미를 생각해 볼까요?

18장 24 - 28절의 아볼로를 돌아봅니다. 그는 말을 잘하고 성경(구약)에 능통한 사람이었지만 복음에 관하여는 잘 알지 못하였습니다. 그래서 브리스길라와 아굴라가 그에게 [하나님의 도]를 더 자세히 가르쳐 주었습니다. 그가 그때로부터 예수님이 그리스도임을 증명하기 시작하였습니다. 복음은 예수님에 관하여 들음이며, 예수님이 주님이심을 배우는 것이며, 예수님이 구원자이심을 가르치는 것입니다.

21일

✝ 오늘 말씀 사도행전 19:21 - 21:16

바울의 로마를 향한 소망
예루살렘으로 돌아가는 길

💡 실마리 풀기

"내가 나의 달려갈 길을 다 달리고, 주 예수께 받은 사명, 곧 하나님의 은혜의 복음을 증언하는 일을 다 하기만 하면, 나는 내 목숨이 조금도 아깝지 않습니다"(행 20:24)

3차 선교 여행의 대부분을 에베소에 머물면서 제자들을 양육하는 것에 할애하면서도 바울은 잠시도 로마를 향한 꿈을 잊어본 적이 없습니다. 땅 끝까지 주님의 복음을 전해야겠다는 열정에 사로잡혀 살아가는 바울에게 로마는 반드시 도전해야만 하는 비전의 도시였습니다. 그러나 바울은 당장 로마를 향해 갈 수 없었습니다. 예루살렘의 가난한 성도들을 위한 이방인 교회의 헌금을 모아가지고, 예루살렘으로 돌아가야 하는 거룩한 임무가 먼저이기 때문입니다. 바울은 굳게 다짐합니다. "나는 거기에 갔다가, 로마에도 꼭 가보아야 하겠습니다"(19:21).

아시아(에베소)에 더 머무르는 동안 - 고린도 전서와 은장이 소동(19:21 - 41)

에베소에서, 바울은 아직 성령을 받지 못한 제자들에게 '회개의 세례'를 주고 안수를 하여 성령의 능력을 받도록 하였고, 2년 동안이나 두란노에서 제자들을 양육하였다. 하나님께서 바울의 손을 빌려 이적을 보이시니 낡은 사람들의 병이 물러가고 악한 귀신을 쫓아내었다. 이렇게 전도활동을 하면서도 바울은 로마로 가고자 하는 비전을 다짐하고 있었다. 그렇게 에베소에 더 머물러 있는 동안, 분란이 일어난 고린도 교회의 소식을 듣고, 자신이 가지 못하는 대신에 편지(고린도 전서)를 써서 보냈다.

은장이 소동은 바울의 복음이 에베소에서 어느 정도 영향력을 미치고 있었는지 가늠할 수 있는 대표적인 사건이었다. "사람의 손으로 만든 신은 신이 아니라"(19:26)고 주장하는 바울의 복음은 에베소의 사람들의 우상인 '아데미 여신'(19:24)의 위상을 땅에 떨어뜨리고 있었다. 마침내 에베소의 은장이들은 소동을 일으켜서 바울을 쫓아내려고 하였다. 여기서 데메드리오라고 하는 은장이는"바울이라는 이 사람이 에베소에서뿐만 아니라, 거의 온 아시아에 걸쳐서, 사람의 손으로 만든 신은 신이 아니라고 말하면서, 많은 사람을 설득해서 마음을 돌려놓았습니다"(19:26)라고 하며 바울의 선교 사역 내용을 역설적으로 설명해 주고 있다.

8개월 동안 마케도니아를 거쳐 그리스에서 - 고린도 후서(20:1 - 2a)

그렇게 바울이 에베소에 있는 동안 발생한 우상을 만드는 은장이들의 소동은 바울로 하여금 마케도니아와 고린도를 돌아 예루살렘으로 돌아가는 전기를 마련한다. 그래서 바울은 예루살렘을 위한 헌금의 모금을 위해 마케도니아로 떠나갔다. 바울은 마케도니아의 여러 지방을 거치는 동안 고린도 교회의 회심의 소식을 듣고, 편지(고린도 후서)를 쓰게 된다.

그리스(고린도)에서 석 달을 머무르며 - 로마서(20:2b - 3a)

이제 모금을 마치고 예루살렘으로 돌아가야 하는 시점이 되었다. 그러나 예루살렘에는 자기를 죽이려고 하는 많은 유대인이 도사리고 있었기 때문에 바울의 마음속에는 로마에 갈 수 없을지 모른다는 염려가 있었다. 그래서 바울은 예루살렘으로 떠나기에 앞서서 그리스에서 머무는 동안, 그가 그토록 바랐던 로마 방문이 이루어지지 않으면 영구적인 대용으로 사용될 수도 있다는 비장한 의도로 로마를 향한 편지를 쓰게 된다.

예루살렘으로 돌아가는 길 - 선교를 마무리하며 전하는 소회(20:3b - 21:16)

바울이 예루살렘으로 가는 길에 동행한 소바더, 아리스다고, 세군도는 마케도니아 교회를, 가이오와 디모데는 갈라디아 교회를 그리고 두기고와 드로비모는 아시아 교회를 대표한다고 한다. 이들 교회로부터 마련한 구제의 헌금을 함께 전달하는 것이 의미가 있다고 생각했기 때문이다. 여기서부터 누가는 다시 바울의 행로에 합류하여(행 20:5 / '우리'가 되어) 로마까지 함께 가는 것으로 보인다.

바울이 밀레도에서 에베소 교회의 장로들에게 한 설교 - "나는 유대 사람에게나 그리스 사람에게나 똑같이, 회개하고 하나님께로 돌아올 것과 우리 주 예수를 믿을 것을, 엄숙히 증언하였습니다"(행 20:21). "그러나 내가 나의 달려갈 길을 다 달리고, 주 예수께 받은 사명, 곧 하나님의 은혜의 복음을 증언하는 일을 다 하기만 하면, 나는 내 목숨이 조금도 아깝지 않습니다"(행 20:24). 이 설교는 그동안 온 아시아와 유럽을 돌며 선교활동을 한 선교사의 비장함을 읽게 해준다. 그는 예루살렘으로 올라가는 길이(예수님의 경우처럼) 순교의 길이 될지도 모른다고 생각했기 때문이다.

그의 에베소 교회를 향한 마지막 당부는 "자기 자신을 잘 살피고, 양떼를 잘 보살피십시오"(20:28) 이다. 이는 다음 세대로의 신앙계승을 염두에 둔 모든 이에게 전하는 교훈이다.

묻고? 답하기!

우리가 꿈꾸는 새로운 비전은 무엇인가?

세 번째 선교 여행을 마무리하면서 바울은 또 다른 선교지를 품고 기도하고 있습니다. 성령에 사로잡혀 하나님의 일을 하는 사람은 이처럼 늘 새로운 비전을 꿈꾸어야 합니다. 우리는 "원컨대 주께서 내게 복에 복을 더하사 나의 지경을 넓히시고 주의 손으로 나를 도우사 나로 환난을 벗어나 근심이 없게 하옵소서"(역대상 4:10)라는 말씀을 좋아합니다. 우리의 지경은 우리가 새로운 비전을 꿈꿀 때 넓어질 것이며, 그 비전을 들어주시는 것이 주님의 복을 받는 것이며 환난을 벗어나는 것임을 깨달아야 합니다.

10

22일

✝ 오늘 말씀 사도행전 21:17 - 24:26

사도행전

바울의 로마를 향한 여정의 시작
예루살렘으로부터

💡 실마리 풀기

"용기를 내어라. 네가 예루살렘에서 나의 일을 증언한 것과 같이, 로마에서도 증언하여야 한다"(행 23:11)

바울은 에베소의 장로들과 이별을 하면서 자신이 예루살렘에 가면 무슨 일을 당할지 모르지만, 성령이 명하시는 대로 행할 뿐이라고 고백하였습니다. 예루살렘으로 가면서 들른 모든 도시에서 제자들이나 예언자들이 바울에게 가지 말 것을 종용하였으나, 그의 목숨을 건 각오를 멈출 수는 없었습니다. 결국, 예루살렘에서 유대인들의 핍박을 받은(그러나 로마인들에게는 오히려 도움을 받은) 바울은 주님의 도우심으로 로마를 향한 여정을 로마군의 감옥에서 시작하게 됩니다.

바울의 다섯 번째 예루살렘 방문(21:17 - 26)

예루살렘 교회의 야고보와 장로들은 무엇보다도 바울의 안위를 걱정하였다. 바울이 이방인들뿐만 아니라 그리스도를 믿는 유대 사람들에게도 할례와 같은 율법을 지키지 말라고 가르친다는 소문을 들은 유대인들이 그를 해칠지도 모르기 때문이었다. 유대 사람 가운데는 그리스도를 믿는 사람이 수만 명이나 되는데, 그들은 모두 율법에 열성적인 사람들이었다. 그래서 야고보와 장로들은 바울에게 하나님 앞에 스스로 맹세한 네 사람을 데리고 가서 정결예식을 행하고, 그들이 머리를 깎게 하고 그 비용을 대라고 충고하였다. 바울의 그 소문(율법을 지키지 말라고 가르친다는)이 전혀 사실이 아님을 보이라는 것이다. 야고보와 바울은 그렇게 서로 관용을 베풀었다.

유대 군중 앞에서의 첫 번째 재판 - 로마를 향한 여정의 시작 〈A.D. 56 - 57년 경〉(21:27 - 22:21)

에베소에서 은장이 소동이 일었을 때, 시청 서기관이 무리를 진정시킨 적이 있다(행 19:35). 이처럼 유대인들의 박해가 가해질 때마다 소동을 싫어하는 로마의 관원들은 바울에게 좀 더 유리한 입장을 보였음을 볼 수 있다. 이번에도 로마의 천부장은 군중들의 소요를 막기 위해 그를 체포하였다.

바울의 첫 번째 자기변호 - 바울은 병영 안으로 끌려들어 가면서 천부장에게 청하여 유대인들에게 한마디 말을 할 수 있게 되자, 자기 생각과 믿음을 전하고자 하였다. 유대 사람들 앞에서 행한 바울의 연설은 곧 바울의 신앙 간증이었다. 그는 자기의 내력을 자세히 밝힘으로써 자신이 왜 이방인들에게 가서 복음을 전하였는지 설명하려고 하였다. 그러나 그들은 유대인과 이방인이 하나님 앞에서 동등하게 구원을 받을 수 있다는 바울의 증거를 도저히 용납할 수가 없었다.

산헤드린공의회 앞에서의 두 번째 재판 - 가이사랴로 호송되어 간 로마 시민권자 바울(22:22 - 23:35)

바울을 결박하고 채찍질을 하려 했던 천부장은 무슨 일로 바울이 고소되었는지 알아보려고 대제사장들과 모든 의회를 소집하였다. 그러나 산헤드린 공의회는 바리새파와 사두개파의 다툼으로 끝이 났다. 그날 밤에 주님께서 바울에게 찾아와 용기를 주시며 로마에서도 증언할 것을 명령하셨다.

반드시 바울을 죽여야 한다고 결심한 유대인들은 40여 명의 자객을 모아 바울을 죽이려 하였다. 이에 천부장은 정중한 편지와 함께 바울을 벨릭스 총독이 있는 가이사랴로 호송하였다. 천부장의 영역 안에서 로마 시민권자가 목숨을 잃는 사태를 두고 볼 수 없었기 때문이었다. 결국, 바울은 가이사랴의 헤롯 궁에 갇히게 되었다. 바울은 다시 한 걸음 더 로마를 향해 다가간 것이다.

기회주의자 로마 총독 벨릭스 앞에서의 세 번째 재판(24:1 - 26)

대제사장 아나니아가 몇몇 장로와 더둘로라는 변호사와 함께 총독에게 내려와서 바울을 고소하였다. 그러나 그때까지 6년 동안이나 총독 노릇을 하던 벨릭스는 그의 아내 드루실라가 유대 여자인 관계로 그들이 고소한 그 **〈'도'와 관련된 일〉**을 이미 자세히 알고 있었던 것으로 보인다. 벨릭스는 바울에게 말할 기회를 주었다.

바울의 두 번째 자기변호 - 바울은 다시 한 번 자신의 믿음과 예루살렘 성전에서 행한 일들을 변호하였다.

묻고? 답하기!!

인간의 꿈을 이루는 방법과 하나님의 뜻을 이루는 하나님의 방법을 아십니까?

사람들은 누구나 가슴 속에 애틋한 꿈을 간직하고 살아갑니다. 그리고 그 꿈을 이루기 위하여 열심히 계획하고 노력합니다. "시크릿"이라는 책은 우리에게 무엇이든지 간절히 원하면 이루어진다는 주장을 제시하면서 우리의 믿음을 시험합니다. 물론 인간의 꿈은 그렇게 이루어지기도 합니다. 그러나 사도 바울이 간직한 꿈은 바로 하나님의 뜻이었습니다. 바울보다 오히려 하나님이 더욱 간절하였는지도 모릅니다. 하나님의 방법은 사람들의 이해관계를 뛰어 넘는, 더욱 더 좋은 방법으로, 더 좋은 결과를 끌어내신다는 것을 믿으시기 바랍니다.

✝ 오늘 말씀 사도행전 24:27 - 28:31

복음의 확산
로마를 넘어 땅 끝까지

💡 실마리 풀기
"그 사람이 황제에게 상소하지 않았으면, 석방될 수 있었을 것이오"(행 26:32)

바울은 베스도가 자신을 예루살렘으로 가도록 종용하자, 순간적인 기지를 발휘하여 로마 시민권자의 권한으로 황제에게 상소하였습니다. 비록 이 일로 그가 석방될 기회를 놓치게 되었지만, 그는 로마를 향한 꿈을 이루는데 한 걸음 더 다가갈 수 있게 되었습니다. 드디어 복음이 로마로 들어갑니다. 그 당시 세계의 중심이었던 로마에 입성한 복음은 바야흐로 세상을 향해 퍼져나갈 것입니다.

2년 후, 로마 황제에게 상소한 바울(24:27 - 25:12)

2년 후, 벨릭스 총독의 후임으로 부임한 보르기오 베스도는 유대 사람의 환심을 사고자 하여, 바울에게 예루살렘으로 올라가서 재판을 받으라고 종용하였다. 그러나 바울은 즉각 황제에게 상소를 요청하였다. 당시 아우구스투스 칙령에 따르면, 로마 시민은 본인의 동의하에서만 지방 법률에 따라 재판을 받고, 본인이 원하는 경우 지방 당국이 아닌 황제에게 재판을 받기 위해 호소할 수 있다고 되어 있었다.

베스도와 아그립바 왕 앞에서의 네 번째 재판(25:13 - 26:32)

베스도는 바울이 사형을 받을 만한 아무런 일도 하지 않았다고 판단하고(행 25:25), 자신에게 인사하려고 가이사랴에 온 아그립바의 의견을 청취하고자 청문회를 열었다.

바울의 세 번째 자기변호 - 바울은 "나는 하늘로부터 받은 환상을 거역하지 않고, 먼저 다마스쿠스와 예루살렘에 있는 사람들에게, 다음으로 온 유대 지방 사람들에게, 나아가서는 이방 사람들에게, 회개하고 하나님께로 돌아와서, 회개에 합당한 일을 하라고 전하였습니다. 이런 일들 때문에, 유대 사람들이 성전에서 나를 붙잡아서 죽이려고 하였습니다"(26:19 - 21)라고 변호하였다.

결국, 바울의 변호를 듣고 난 왕과 총독과 버니게 및 그들과 함께 앉아 있는 사람들이 "그 사람은 사형을 당하거나, 갇힐 만한 일을 한 것이 하나도 없소"(행 26:31)라고 하면서, 바울이 상소하지 않았다면 바로 석방될 수도 있었음을 말하였다.

배를 타고 이탈리아로 가는 바울 - 복음의 확산을 방해하는 자연재해(27:1 - 28:14)

바울과 몇몇 다른 죄수들 그리고 백부장 율리오는 배로 이탈리아에 가도록 결정되었다. 바울을 수행하며 돕는 자로 의사 누가와 아리스다고도 함께 하였다. 그들은 '유라굴로'라는 폭풍에 시달리며 표류를 하기도 하였지만, 구사일생으로 도착한 몰타 섬에서 석 달을 보내고 로마로 건너갔다.

드디어 로마에 도착한 바울 - 아무런 방해도 받지 않고, 아주 담대하게 전하는 복음(28:15 - 28)

로마에 도착한 지 사흘 뒤에 바울은 그곳 유대인 지도자들을 불러 모아 아침부터 저녁까지 하나님 나라를 엄숙히 증언하고, 모세의 율법과 예언자의 말을 가지고 예수님에 관하여 복음을 전하였다. 그들이 더러는 그의 말을 받아들였으나 더러는 믿지 않았다.

바울이 이사야의 예언을 들어 말하기를 '너희들이 듣기는 들어도 깨닫지 못하고, 보기는 보아도 알지 못하며.... 마음이 무디어지고 귀가 먹고 눈이 감기어 있다..... 그러므로 하나님의 이 구원의 소식이 이방 사람에게 전파되었으니...그들이야말로 그것을 듣고 받아들일 것이다'(28:26 - 28)라고 하였다.

로마에서의 첫 번째 구금생활 - 에베소서, 골로새서, 빌레몬서, 빌립보서(28:30 - 31)

바울이 로마에 연금되어있는 동안 빌립보교회에서는 에바브로디도(빌 2:25)가, 골로새에서는 두기고(골 4:7 - 9)가 찾아왔다. 그들은 단순히 바울을 위로하기만 하는 것이 아니라 저마다 속한 교회의 사정을 자세히 보고하고, 바울로부터 새로운 메시지를 편지로 받아서 돌아갔다. 이들 편지는 로마의 첫 번째 구금생활 중에 쓴 편지들로써 "옥중 서신"이라고 명명되어 전해지고 있다.

일곱 번째 단락의 후렴(28:31) : 그는 아무런 방해도 받지 않고, 아주 담대하게 하나님 나라를 전하고, 주 예수 그리스도에 관한 일들을 가르쳤다.

아직도 진행되고 있는 사도행전을 이어갈 자는 누구인가?

로마에 갇혀 지내던 바울은 얼마 후에 풀려나 다시 소아시아와 마케도니아를 돌며 선교활동을 하였다고 합니다. 그리고 지금도 사도 바울의 열정과 순전함을 이어받은 사도들의 행진은 계속되고 있습니다. 수많은 선교사가 하나님의 계획에 동참하고 있으며, 성령의 역사하심에 이끌림을 받고 있습니다. 하나님 나라는 사도 바울처럼 복음을 들고 땅 끝으로 나아갈 자를 부르고 있습니다.

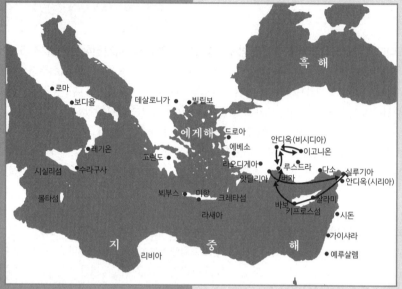

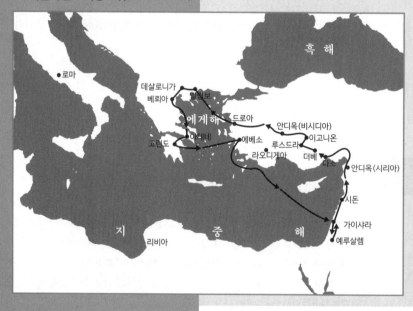

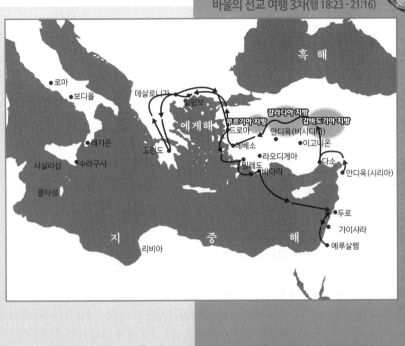

흑해

로마
보디올
데살로니가
빌립보
에게해
갈라디아 지방
부르기아 지방
드로아
안디옥 (비시디아)
레기온
에베소
이고니온
시실리섬
수라구사
고린도
라오디게아
다소
몰타섬
밀레도
바다라
안디옥 (시리아)
리비아
지 중 해
두로
가이샤라
예루살렘

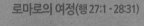

로마로의 여정(행 27:1 - 28:31)

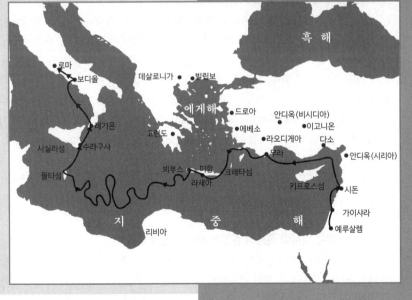

흑해

로마
보디올
데살로니가
빌립보
에게해
드로아
안디옥(비시디아)
레기온
에베소
이고니온
시실리섬
수라구사
고린도
라오디게아
다소
무라
몰타섬
뵈부스
미항
크레타섬
안디옥(시리아)
라새아
키프로스섬
시돈
가이샤라
예루살렘
리비아
지 중 해

10월 24일

교회의 성장(2)

모든 역사를 주관하시는 하나님의 성령 행전

 오늘 말씀 사도행전 28:14b - 31, 갈라디아서 1:11 - 2:10

💡 실마리 풀기

"그는 아무런 방해도 받지 않고, 아주 담대하게 하나님 나라를 전하고, 주 예수 그리스도에 관한 일들을 가르쳤다"(행 28:31)

하나님의 선교 - 예수 그리스도의 복음이 나에게 어떻게 왔는가?

무려 2,000여 년 전에 머나먼 중동의 한 자그마한 나라에서 태어나 하나님의 나라를 소개하다가 십자가에 못 박혀 죽은 한 청년이 있었습니다. 그리고 불과 230여 년 전만 하더라도 '은둔의 나라'로 불리던 동방의 한 자그마한 나라에 그 하나님 나라에 대한 소식이 전해지게 됩니다. 그동안 무슨 일이 일어났으며 어떻게 전해지게 된 것일까요?

역사에 대하여, 철학자 토인비는 "자연의 도전과 인간의 응전"이 끊임없이 반복되는 결과라고 주장하였습니다. 그러나 그리스도인은 인류 역사 흐름의 줄기를 붙들고 계시는 분은 분명 하나님이시라는 것을 기억하여야 합니다. 성경은 이렇게 말씀하십니다. "사람이 마음으로 자기의 앞길을 계획하지만, 그 발걸음을 인도하시는 분은 주님이시다"(잠언 16:9). 역사 속에서 하나님 나라의 복음이 전파되어 가는 과정을 되짚어 보게 되면, 살아 계신 하나님의 뜻(Vision)을 이루기 위하여 진행되는 사도 바울의 후예들에 의한 성령 행전을 만나게 될 것입니다. 그리고 그것은 하나님의 선교임을 알게 될 것입니다.

하나님께서 아브라함에게 하신 축복은 "세상 모든 종족과 백성과 언어"가 아버지의 집인 하나님 나라로 돌아와 하늘에 계신 아버지와 함께 영원한 관계와 교제 안에서, '하나님의 영광'을 선포하게 하는 것"입니다. 그러나 그러한 축복이 인류 역사 속에서 지속적으로 확산되지 않게 되면, 하나님께서는 그 하나님의 뜻(vision)을 위하여 "악마의 세력 아래 놓여있는 온 세상"(요일 5:19)에 간섭하시는 은혜를 베푸시는 것입니다.

선교 시대 - 인류 역사와 복음의 향방에 따른 시대적 흐름

스가랴 선지자는 하나님께서 약속하신 메시아, 이 땅에 오실 하나님을 다음과 같이 예언 하였습니다. "그 왕은 이방 민족들에게 평화를 선포할 것이며, 그의 다스림이 이 바다에서 저 바다까지, 유프라테스 강에서 땅 끝까지 이를 것이다"(슥 9:10). 그리고 그 왕, 예수님이 이 땅에 오셨습니다. 주님의 해(A.D. : Anno Domini)는 예수 그리스도가 이 땅에 오신 때로부터 시작합니다. 그리고 지금까지 연대를 기록하는 기준이 되어 있습니다.

　　마야 인디언의 선교사였으며, 미전도종족의 복음화를 위한 선교전략가인 랄프 윈터(Ralph D. Winter)는 그의 저서 〈선교적 관점 mission perspectives (2000)〉에서 인류의 역사를 하나님의 구속 역사로 볼 때에 아브라함의 출현 이후 약 400년마다 복음의 향방이 수정되어 가며 전파되는 것을 설파하고 있습니다. 그 방법은 하나님께서 그의 백성들을 불러 모으시고, 또 흩으시는 도전에 의해 촉발될 것이며, 그에 반응하는 백성들, 선교사들에 의해 복음이 전해지고, 받아들여지며 세상 모든 민족가운데 뿌리를 내릴 것입니다.

1. A.D. 0 - 400 : 로마인 선교시대 - 디아스포라부터 로마의 국교가 되기까지

　　주님이 오신 그 때는 로마가 세상을 정치적으로 통일하고(Pax Romana), 로마 전역에 40만Km에 이르는 교통통신망이 뚫려있었으며, 언어도 헬라어로 일치되어 있었습니다. 그리고 그 로마 제국 전역에 경건한 디아스포라 유대인들이 있었으니, 바야흐로 복음이 온 세상으로 전파될만한 기초 환경이 마련되어 있었던 것입니다.

　　(스스로 전파함 - 바울의 선교) 예수님의 부활을 목도한 사도들은 예루살렘으로부터 복음을 전하기 시작하였습니다. 특히 엄격한 유대인으로 성장한 바울은 이방인을 위하여 구원의 길이 열려있다는 사실을 깨닫고, 그의 남은 삶을 로마 전역을 돌아다니며 복음을 전파하는데 바칩니다.

　　(억지로 흩으심 - 예루살렘의 멸망) 그러나 하나님께서는 바울에게만 의지하지 않으셨습니다. 유대의 예루살렘이 A.D. 70년 로마에 의해 완전히 파괴되어 복음의 전파를 주도할 본부가 사라진 것입니다. 유대인들은 로마 제국의 전역으로 흩어지는 디아스포라에 들어갑니다. 흩어진 유대인 그리스도인들은 로마 제국에 복음을 전파하고 교회를 세우기 시작합니다. 초기 교회들은 온전히 선교를 위하여 존재하였습니다.

　　(스스로 받아들임 - 로마의 복음화) 당시 로마는 헬라 문화의 지배를 받고 있었으며, 그 시대의 사람들은 지혜와 진리에 대한 욕구가 강열하였습니다. 바울은 그들에게 유대의 할례와 율법을 배제하고도 하나님 나라에 들어갈 수 있으며 중요한 것은 '마음의 할례'임을 강조하였습니다. 그러한 바울의 가르침은 그리스도교를 유대인의 종교에서 세계인의 종교로 확산시키고, 로마를 그리스도교의 중심지로 만들기에 충분하였습니다. A.D. 150년경 로마에는 유대인보다 더 많은 로마인들이 복음을 받아들였으며, 그들 가운데는 최고 상류층의 인사들도 포함되어 있었다고 합니다.

　　(억지로 받아들임 - 로마의 국교화) 결국 콘스탄티누스 황제의 밀라노 칙령(313 A.D.)은 그리스도교를 공인하게 됩니다. 325년에 열린 니케아 종교회의는 '삼위일체론', '기독론'과 같은 교리적인 정의를 완성하였습니다. 또한, 알렉산드리아 교회의 감독 아타나시

우스에 의해 요한계시록을 포함한 27권의 신약성경이 정경으로 채택되었습니다. 그로부터 50년 후, 그리스도교는 로마의 국교가 되는 대전환이 이루어집니다.

그러나 395년 로마는 동, 서로마로 분열되고, 교회도 동서로 분열됩니다. 결국 동로마 제국의 교회는 황제가 영도하는 〈그리스정교회〉를 이루게 되고, 서로마제국의 교회는 교황이 영도하는 〈로만 가톨릭〉의 모태를 이루게 됩니다.

2. A.D. 400 - 800 : 야만인 선교시대 - 로마의 멸망부터 유럽 전역의 복음화까지

(선교적 태만에 대한 징계 - 로마의 멸망) 그리스도교가 공인되고, 교회의 평화가 길어지자 신도들의 삶은 자연히 도덕적으로 해이하게 되고 신앙생활의 긴박감이 사라졌습니다. 그리스도교가 로마의 옷을 입은 것입니다. 그러자 반로마적인 주변 국가들은 기독교를 로마의 규범으로 인식하게 됩니다. 복음은 더 이상 로마 이외의 지역으로 뻗어나가지 못했습니다. 주변의 야만족인 켈트족과 고트족에게 적극적으로 복음을 전파하지 않은 것입니다.

410년, 결국 지도자들의 부패와 경제의 붕괴로 인하여 서로마 제국은 게르만 족의 일파인 고트족(Goths)의 침략으로 멸망하게 됩니다. 고난당하는 그리스도인들이 푸념하듯이 로마인들도 "그리스도의 국가가 어떻게 멸망할 수 있는가"라는 비판과 고뇌에 빠지게 됩니다. 이에 대하여 당대 최고의 신학자 아우구스티누스는 '신국론'을 통하여 답을 합니다. 하나님 나라는 세속 국가에 맞서는 것이 아니라, 오직 '하나님의 뜻을 따르는가 아닌가'에 달려있다는 것입니다.

(스스로 받아들임 - 고트족의 복음화) 그리스도교를 국교로 삼았던 로마는 멸망하였지만, 로마라는 틀을 벗어 버린 그리스도의 복음은 오히려 더 강력하게 주변 야만족들 속으로 널리 퍼져나갑니다. 고트족은 이전부터 복음의 소식을 전해 듣고 있었으며, 로마의 문화와 교회의 재산과 전통을 매우 존중하였기 때문입니다.

(스스로 전파함 - 수도원의 역할) 그 결과 로마시 안에 서로마식 교회와 켈트족의 교회가 생겨나고, 영성과 학문의 원천이 된 수도회(수도원)이 생겨나게 되었습니다. 특히 베네딕트회(Benedictine)는 유럽 일대에 1,000개 이상의 선교 기지를 세우게 됩니다. 당시 수도원은 세속적 기술을 보유하고 자급하였으며, 모든 사본을 보유한 도서관을 통하여 중세 그리스도인들의 영성과 학문의 원천으로 기여하였습니다. 또한 그들가운데 콜럼반, 보니페이스 같은 순회선교사(페레그리니; Peregrini)들이 활동하였음을 기억할 필요가 있습니다.

(억지로 받아들임 - 신성로마 제국의 강제적 선교) 게르만족으로 구성된 프랑크 왕국(신성로마 제국)의 통치자 샤를마뉴 대제는 유럽의 거의 모든 땅을 정복하고 그리스도교를 전파하였는데, 북쪽의 색슨족에게는 심지어 세례를 받거나 아니면 죽음을 선택하도록 강요하였습니다. 그는 유럽 전역에 믿음을 전파하고 유지해 온 수도원을 선교 센터

로 더욱 강화하였습니다. 바야흐로 온 유럽이 그리스도의 복음으로 뒤덮이게 되는 것입니다. 800년, 샤를마뉴 대제는 그리스도교를 개혁하며 사도신경을 선포합니다.

3. A.D. 800 - 1200 : 바이킹 선교시대 - 바이킹의 정복으로부터 십자군 전쟁까지

(선교적 태만에 대한 징계 - 바이킹의 등장) 843년 프랑크 왕국은 분열하게 됩니다. 샤를마뉴 대제는 유럽 북쪽의 마지막 남은 족속들에게 복음을 전하는 일에 힘을 쓰지 않았기 때문입니다. 결국 샤를마뉴에 의한 유럽의 통합에 의한 평화와 번영을 위협하는 세력, 북쪽의 야만족인 바이킹의 등장합니다. 그들은 비기독교적으로 풍요롭고 화려한 교회와 수도원을 불사르고, 가는 곳마다 대학살을 자행하였습니다.

(스스로 받아들임 - 포로들의 역할) 그러나 그들은 그들이 잡아간 포로들(수도사들, 여인들)의 신앙에 의해 정복당하게 됩니다. 교회는 점차 다시 정화되고, 복음이 북유럽, 스칸디나비아까지 올라간 것입니다.

A.D. 1000년, 베네딕트 공동체 출신이며 위대한 로마 감독인 그레고리 1세와 그 후계자들이 벌인 그리스도교의 정화운동을 계기로 수도원의 부흥과 개혁을 이루게 됩니다. 결국 1198년 로마의 교황 이노센트 3세는 그레고리 개혁(연합 영적 운동)을 통하여 온 유럽을 기독교로 합병시켰으며, 그리스도교 학문과 경건의 기초를 심화시켰습니다.

4. A.D. 1200 - 1600 : 사라센 선교시대 - 봉건제도의 몰락으로부터 청교도의 신대륙 망명까지

(스스로 전파함 - 왜곡된 선교) 동쪽에서 무함마드가 창시한 이슬람 세력의 확장은 십자군 전쟁(1097 - 1270)이라는 그리스도교 역사상 가장 수치스러운 오점을 남기게 됩니다. 그리스도교에 들어온 '바이킹 정신'은 무슬림에게 복음을 전한다는 미명하에 전쟁의 유혈극을 펼쳤으며, 동쪽에 있던 그리스도인들을 이슬람 제국에 넘겨주는 계기를 만들었던 것입니다. 그보다 더한 비극은 그들이 선교에서 그리스도적이라는 말이 지닌 가치를 오늘날까지도 손상시키면서, 그리스도교를 잔인하고 호전적이며, 독선적인 종교라는 영원한 인상을 심어놓았습니다. 십자군 전쟁은 하나님의 뜻에 순종하여 희생적으로 행한 일이라 해도 하나님의 뜻(vision)을 분명히 이해하고 행했어야 한다는 교훈을 주고 있습니다.

그러나 십자군을 통한 그리스도교와 이슬람 문화권과의 접촉은 중세 그리스도교 신학이 새롭게 정립되는 역사적 배경이 됩니다. 토마스 아퀴나스의 선교 신학적인 견해(신학대전)가 십자군을 통한 두 문화 간의 만남을 통해 연구, 발전되게 되는 것입니다.

(선교적 태만에 대한 징계 - 페스트의 창궐) 무려 200년 동안의 십자군 전쟁은 유럽의 봉건제도를 몰락시킵니다. 그 결과 근대 시민운동이 촉진되고 상업과 도시가 발달하게 됩니다. 도시마다 대학(파리, 옥스 퍼드, 캠브릿지)이 자리를 잡고, 귀족 중심의 복음이

점차 서민들을 향하여 전파되기 시작합니다. 또한 새로운 유형의 수도원 운동이 일어났는데, 그것은 프라이어즈(탁발 수도사)들이 복음을 가지고 유럽 전역을 여행하며 선교하는 것이었습니다.

그러나 그때에 페스트가 공격을 하게 됩니다. 1346년 처음 나타난 페스트(흑사병)는 40여 년 동안 유럽 인구의 3분의 1내지 절반을 죽게 만들고 프라이어즈들도 심각한 피해를 입었습니다. 랄프 윈터는 복음의 사자들을 제거하려는 사탄의 의도를 하나님은 복음을 듣지 않기로 작정한 사람들에 대한 심판으로 사용하셨다는 이론을 전개합니다.

(스스로 받아들임 - 종교개혁) 그렇게 완전히 황폐해진 유럽은 극단적인 인본주의와 르네상스 운동에 휩쓸리게 되고, 로마의 교황청은 타락과 부패의 길로 빠져들어 갑니다. 마침내 1517년, 루터의 자유 선언으로 촉발된 종교개혁으로 교회는 성경으로 돌아가 그리스도교의 본질을 추구하게 되며, 평신도들이 성경을 직접 읽을 수 있도록 하는 성경의 번역 운동이 활성화됩니다. 인쇄술의 발달과 무역을 위한 식민지의 정복은 바야흐로 그리스도의 모든 민족과 백성들에게 성경 말씀이 들려지게 하는 계기가 되는 것입니다.

5. A.D. 1600 - 2000 : 식민지 선교시대 - 가톨릭의 정복 선교로부터 개신교의 종족 선교까지

(스스로 전파함 - 시민 혁명의 결과) 콜럼버스의 신대륙 발견 이후, 수도원을 중심으로 한 가톨릭의 조직적 선교 구조는 식민주의와 정복에 의한 강제적 선교였습니다. 그러나 1,800년에 이르러 그 동력을 상실합니다. 나폴레옹의 약탈 전쟁으로 유럽은 무신론, 이신론, 인본주의 등이 점차 인기를 얻게 됩니다. 프랑스 시민혁명으로 가톨릭 선교회의 경제적 뿌리가 근절됨으로써 로마 가톨릭의 선교 활동은 갑자기 쇠퇴일로에 빠지게 됩니다. 반면에 개신교의 선교가 눈을 뜨기 시작하고, 조직적인 선교 구조를 구축하며 '현대선교'를 이끌어가게 되는 것입니다.

(스스로 받아들임 - 비서구인들의 각성) 제2차 세계대전이 끝나면서 세계는 민족주의 열풍에 휩싸이게 됩니다. 1945년부터 1969년까지 25년 동안 그리스도교의 나라들인 서구 세계는 몰락하고, 오히려 비서구 세계 국가들이 능동적으로 복음을 받아들일 수 있게 되는 전기를 마련하게 되는 것입니다. 마치 로마가 멸망한 후 고트족이 복음을 받아들인 것과 유사하게 서구국가의 통제에 굴복하지 않고도 복음에 무릎을 꿇을 수 있게 된 것입니다.

(스스로 전파함 - 영적 대부흥 운동) 20세기 초반에 웨일즈로부터 시작된 영적 대부흥운동은 개신교의 선교운동을 활성화시키게 됩니다. 그 결과 선교를 소명으로 받아들이는 '백인 남성의 책임감(White Man's Burden)'이라는 비전이 서구 개신교회의 신도들을 몰아치게 됩니다. 그때로부터 선교의 소명을 가슴에 품고 아시아와 아프리카등 미전도 종족에게 나아가는 젊은 선교사들이 19세기 선교를 추진해 가는 원동력이 되었습니다. 그 결과 중국과 일본 에 이어서 우리에게도 복음의 소식이 전해지게 된 것입니다. 지금도 양

화진에 가면 오직 복음을 전하겠다는 일념으로 우리나라에 와서 목숨을 바친 선교사들을 만날 수 있습니다.

(하나님의 선교와 역사의 교훈) 〈선교적 관점 mission perspectives (2000)〉의 저자 랄프 윈터 (Ralph D. Winter)는 "그리스도인들이 하나님으로부터 받은 복을 나누는 대신 갖고 있으려고만 한다면, 하나님은 모든 열방을 복 주시려는 하나님의 목적을 성취하기 위해 이전의 다른 나라들처럼 하나님이 주신 우리의 물질적 복을 일부 잃어버리게 하시지 않을까"하는 질문을 제기합니다.

10월 25일

사도행전과 바울 서신서(1)
복음 전도자 바울의 선교 여행과 가르침

✝ **오늘 말씀** 갈라디아서 1:1 - 9, 로마서 16:17 - 27

💡 **실마리 풀기**

"우리들이나 또는 하늘에서 온 천사일지라도, 우리가 여러분에게 전한 것과 다른 복음을 여러분에게 전한다면 마땅히 저주를 받아야 합니다"(갈 1:8)

1차 선교 여행 후 시리아 안디옥에 머무는 동안(행 15:35)
- 갈라디아서

1차 선교 여행에서 바울과 바나바는 키프로스와 갈라디아 지방에 있는 비시디아의 안디옥 등의 지역을 순방하며 복음을 전하였습니다. 그러나 사도행전 13 - 14장에서 보면 바울은 유대 지도자들의 충동으로 안디옥에서 쫓겨나고, 이고니온에서는 도망치고, 루스드라에서는 돌에 맞았습니다. 그런데도 이방사람들은 복음을 믿기 시작했습니다. 하지만 당시 유대인 그리스도인들(유대주의자들)은 이방인들이 자신들의 믿음 안으로 아무런 대가 없이 들어오는 것이 못마땅하였습니다. 그래서 그들은 바울이 정당한 사도가 아니라는 것과 구원을 얻으려면 반드시 모세의 법대로 할례를 받아야 하며, 제사법을 준수해야 한다고 주장하였습니다.

바울과 바나바가 시리아 안디옥에 머무는 동안 들려온 소식에 의하면, 유대주의자들의 주장은 갈라디아 교회들에도 전해지고 그들은 거의 설득되어 있었습니다. 갈라디아서 1장 6 - 24절에서 보면, 바울의 사도적 권위뿐만 아니라 복음의 진리와 순수성마저 도전받았던 것으로 추측해 볼 수 있습니다. 그래서 그는 서둘러서 이 격정의 편지를 갈라디아의 교회가 읽을 수 있도록 보내는 것입니다.

2차 선교 여행 중에 고린도에서의 아굴라의 집에 머무는 동안(행 18:1 - 4)
- 데살로니가 전, 후서

2차 선교 여행 중에 데살로니가에서 복음을 전하다가 목숨을 잃을 뻔한 적이 있습니다. 이때 너무도 급히 도망치듯 떠나온 탓에, 사도 바울은 자신이 혹시 철학 강연이나 하러 다니는 사기꾼으로 오해를 받고 있을지 모른다는 걱정을 하고 있었습니다. 그러던 차에, 데살로니가 성도들이 믿음으로 성숙해가고 있다는 디모데의 보고를 들은 바울은 첫 번째 편지를 쓰게 됩니다. 그러나 그 편지를 받아 본 데살로니가 성도들은 예수의 재림에 관한 내용과

'죽음과 종말에 관한 교훈'을 읽고 심각한 불안과 오해에 휩싸이게 되었습니다. 그 사연을 들은 바울은 그 오해를 바로잡기 위하여 두 번째 편지를 다시 쓰게 되는 것입니다.

3차 선교 여행 중에 아시아(에베소)에 더 머무르는 동안(행 19:21 - 22)
- 고린도 전서
이전에 1년 6개월이나 머무르며 복음을 전했던 고린도 교회를 향한 강한 애정을 품고 있던 바울은 고린도 교회의 교인들과 지속해서 연락을 주고받고 있었습니다. 그러나 3차 선교 여행 중에 에베소에 머무르는 동안, 바울은 고린도 교회 내부에 분열이 생겼다는 소식(고전 1:10 - 12)과 성적인 부패(고전 5 - 6장) 그리고 혼인, 우상, 예배, 부활 등에 관한 여러 가지 문제점들(고전 7 - 16장)로 인한 어려움에 부닥쳤다는 것을 듣게 되었습니다. 바울은 직접 그곳에 가서 변론하고 싶었지만, 차선책으로 편지를 써서 보내는 것입니다.

헌금의 모금을 위해 마케도니아에서 8개월 동안 거쳐 가면서(행 20:1 - 2a)
- 고린도 후서
고린도 교회를 향한 바울의 애정은 지극하여 편지도 여러 번 하였고(고전 5:9 - 11), 방문도 여러 번 한 것으로(고후 1:15 - 17, 12:14, 13:1 - 2) 학자들은 보고 있습니다. 바울이 마케도니아에 머무는 동안 고린도에 다녀온 디도의 보고(고후 2:6, 7:6 - 16)는 그곳의 성도들이 회개하고, 믿음을 전한 바울에게 감사한 마음을 회복하였다는 소식이었습니다. 그래서 바울은 자신의 사도적 권위를 자랑하고 있으며(고후 11:1 - 12:8), 아울러 예루살렘을 위한 헌금을 독려하기 위하여 이 편지를 쓴 것으로 보입니다.

예루살렘으로 떠나기 전에 그리스(고린도)에서 석 달을 머무르며(행 20:2b - 3)
- 로마서
당시 세상의 문화적 중심, 첨단 문명의 도시, 로마에 가서 복음을 전하고자 하는 바울의 열망은 대단하였습니다. 바울은 로마서에서 "예루살렘에서 일루리곤에 이르기까지 두루 다니면서, 그리스도의 복음을 남김없이 전파하였습니다"(롬 15:19) 그리고 "다음에 여러분의 후원을 얻어, 그곳으로 가게 되기를 바랍니다"(롬 15:24)라고 함으로써 그가 동쪽에서의 사역을 마무리하고, 서쪽으로 가고자 하는 그의 소명을 드러내고 있습니다. 그런데도 그는 로마가 아닌 예루살렘으로 가야 합니다. 마케도니아 사람들이 기쁜 마음으로, 예루살렘에 사는 가난한 성도들에게 보낼 구제금을 마련하였기 때문입니다(롬 15:25 - 26). 그러나 장차 예루살렘에서 일어날지도 모르는 여러 불길한 정황으로 보아, 바울의 마음속에는 로마에 영구히 갈 수 없을지 모른다는 염려가 있었을 것입니다. 따라서 이 로마서는 그가 그토록 바랐던 로마 방문이 이루어지지 않을 것을 대비하여, 로마의 그리스도인들에게 복음의 진수를 전하고자 하는 비장한 의도로 쓰인 '**하나님의 뜻(Vision)에 관한 논문**'이라고 볼 수 있습니다.

26일 ————————————————————————————————————

✝ 오늘 말씀 갈라디아서 1:1 - 3:29

믿음으로 인한 의
바울이 전한 복음의 핵심

💡 **실마리 풀기**

"의롭다고 하여 주시는 것이 율법으로 되는 것이라면, 그리스도께서는 헛되이 죽으신 것이 됩니다"
(갈 2:21)

갈라디아 지방은 지금의 터키 중부 산간지방으로, 바울의 1차 선교 여행 때에 복음이 전해진 곳입니다. 바울이 선교 여행을 마치고 시리아 안디옥으로 돌아와 선교 보고를 준비하는 동안(행 15:35) 갈라디아로부터 좋지 않은 소식이 들려왔습니다. 그곳의 유대인 지도자들이 잘못된 가르침으로 그리스도인들을 현혹하고 있다는 것입니다. 그들은 사도로서의 바울의 권위와 복음의 순수성에 도전하였으며, 또한 유대관습(할례와 제사법 준수)을 구원의 조건으로 내세우는 가르침을 전하고 있다는 것입니다. 그래서 바울은 즉각적으로 자신의 사도적 권위를 변호하고, 복음의 정의에 관하여 설명하며, 그릇된 가르침을 반박하는 내용의 편지를 갈라디아 교회가 읽을 수 있도록 보냈던 것입니다. 갈라디아서는 최초의 신약성서입니다.

바울이 전한 복음의 기원 - "예수 그리스도와 하나님 아버지께서 임명하심으로써" (1:1 - 10)

바울은 "(여러) 사람들이 시켜서 사도가 된 것도 아니요, (한) 사람이 맡겨서 사도가 된 것도 아니요"(1:1)라는 표현을 하며, 그의 사도직이 율법주의자들의 주장과 같이 예루살렘 사도들의 결정에 의한 것이거나 아니면 베드로나 야고보에 의해 수여된 것이 아님을 강력히 주장한다. 그는 (오직) 예수 그리스도께서 그리고 하나님 아버지께서 자신을 사도로 임명하셨다고 주장하면서, 갈라디아 교회 사람들이 복음의 가르침을 그렇게 신속히 망각하는 것에 대하여 질책을 하기 시작한다.

[복음] "예수 그리스도께서는 하나님 우리 아버지의 뜻을 따라 우리를 이 악한 세대에서 건져 주시려고, 우리의 죄를 대속하기 위하여 자기 몸을 바치셨습니다"(1:4).

바울의 사도권에 대한 변론 - "지금까지 행한 일이 헛되지 않게 하려고"(1:11 - 2:14)

바울은 자신이 전한 복음이 분명히 예수 그리스도에게서 왔음을 주장한다. "베드로에게는 할례받은 사람에게 복음을 전하게 하시려고 사도직을 주신 분이, 나에게는 할례받지 않은 사람에게 복음을 전하게 하시려고 사도직을 주셨다는 사실을 깨달았습니다"(2:8).

바울은 자신이 전하는 복음과 그가 행한 일들이 헛되지 않은 것임을 검증하고자 3번이나 예루살렘을 방문하였음을 다시 한 번 강조한다. 끝으로 "율법을 행하는 행위로가 아니라, 예수 그리스도를 믿는 믿음으로 의롭게 되는 것"(2:16)임을 결론으로 선포한다.

바울이 전한 복음의 핵심 - "그리스도를 믿는 믿음으로 의롭다고 하심을 받고자" (2:15 - 21)

바울 그는 본디 유대인이지만, 율법을 행하는 행위로 의롭게 되는 것이 아니라 예수 그리스도를 믿는 믿음으로 의롭게 되는 것임을 알았기에 그도 그리스도 예수를 믿은 것이라고 고백한다. **'의롭게 된다는 것'**은 십자가의 대속으로 하나님이 우리를 의인으로 칭해주시는 것이지 우리가 스스로 율법을 행하므로 의인이 되는 것은 아니라는 것이다. 의롭다고 하여 주시는 것이 율법으로 되는 것이라면, 그리스도께서는 헛되이 죽으신 것이 되기 때문이다. (2:20 - 21).

바울이 전한 복음의 역사적, 논리적 변증 - "여러분은 모두 그 믿음으로 말미암아" (3:1 - 29)

성경에 "모든 민족이 아브라함으로 말미암아 복을 받을 것이다" 하는 약속이 기록되어 있는바, 믿음에서 난 사람들은 믿음을 가진 아브라함과 함께 복을 받는다. 하나님께서 그 약속에 따라 아브라함에게 내리신 복을 모든 민족(이방 사람)에게 미치게 하시려고, 예수 그리스도의 대속하심을 믿는 사람들에게 약속하신 성령을 받게 하시려는 것이다.

"여러분은 모두 그 믿음으로 말미암아 그리스도 예수 안에서 하나님의 자녀들입니다. 여러분은 모두 세례를 받아 그리스도와 하나가 되고, 그리스도를 옷으로 입은 사람들이기 때문입니다. 유대 사람도 그리스 사람도 없으며, 종도 자유인도 없으며, 남자와 여자가 없습니다. 여러분 모두가 그리스도 예수 안에서 하나이기 때문입니다. 여러분이 그리스도께 속한 사람이면, 여러분은 아브라함의 후손이요, 약속을 따라 정해진 상속자들입니다" (3:26 - 29).

묻고? 답하기!

믿기만 하면 구원을 받는가, 선행이 반드시 동반되어야 하는가?

1999년 개신교와 가톨릭은 "칭의 교리에 대한 협의선언문"에서 다음과 같이 선언했습니다. "칭의와 구원은 전적으로 하나님의 자유로운 선물이며, 이는 선행을 통해서가 아니라 하나님의 은총과 그리스도에 대한 믿음을 통해서 오며, 성령께서 주시는 은총은 인간에게 선행할 힘을 주시고 또 그렇게 하도록 부르신다." 그러므로 선행에 관심을 두지 않는 사람은 성령을 받지 못한 사람입니다.

갈라디아서

✚ 오늘 말씀 갈라디아서 4:1 - 6:18

거짓 믿음과 참된 믿음

성령의 열매를 맺는 삶

💡 **실마리 풀기**

"육체의 욕망은 성령을 거스르고, 성령이 바라시는 것은 육체를 거스릅니다"(갈 5:17)

바울이 전한 복음은 율법을 행하는 행위로 구원을 받는 것이 아니라, 예수 그리스도를 믿는 믿음으로 되는 것입니다. 그런데 갈라디아 교회 사람들이 그렇게 쉽게 유대적 관습, 즉 할례와 제사법 준수를 구원의 조건으로 내세우는 가르침에 넘어간 이유가 무엇일까요?

그것은 그들이 듣기는 하였어도 하나님을 만나지 못하였기 때문입니다. 보이지 않는 그 무엇인가를 믿으며 평생 마음고생을 하는 것보다 잠시 육체적 고통을 받음으로 구원을 보장받을 수만 있다면 아마 저도 그렇게 했을 것입니다. 결국, 그들이 선택한 길은 이루기 쉬운 길, 자기만족을 이루는 길, 주변 사람들로부터 칭송받기 쉬운 길이었습니다. 그러나 그러한 믿음은 자기를 속이고, 성령을 속이는 거짓 믿음입니다.

자유로워라 - "율법 아래에 있기를 바라는 사람들이여"(4:1 - 5:1)

하나님께서 예수 그리스도의 영을 우리의 마음에 보내 주셔서 우리가 하나님을 "아빠, 아버지"라고 부를 수 있게 하셨다. 그러므로 우리는 이제 종이 아니라 자녀이며, 하나님께서 세워 주신 상속자이다. 그런데 어찌하여 그 무력하고 천하고 유치한 교훈으로 되돌아가서 또다시 그들에게 종노릇하려고 하는가? 참된 믿음은 자유로움으로 시작된다. 그러나 죄로부터 자유로움을 얻었다는 것은 우리의 행실을 방종하게 하는 자유가 아니며, 이웃을 억압하는 자유도 아니며, 하나님의 율법을 무시하는 자유도 아니다.

"그리스도께서 우리를 해방시켜 주셔서, 자유를 누리게 하셨습니다. 그러므로 굳게 서서, 다시는 종살이의 멍에를 메지 마십시오"(5:1).

사랑으로 서로 섬기라 - "가장 중요한 것은"(5:2 - 15)

율법주의자들이 강조하는 '할례'라 함은 유대인의 할례의식만을 의미하는 것이 아니라 모든 율법주의, 의식주의, 형식주의를 일컬음이다. 만일 율법과 행위에 의존한다면 그것은 그리스도의 십자가로 나타내 주신 하나님의 은혜를 거부하는 일이 되고 만다. 바울은 우리에게 구체적으로 지시한다. 할례를 받고 안 받음이 중요하지 않으며, 주님의 사랑을 다만 은혜로 받았음을 깨달은 사람만이 사랑을 거저 나누어 줄 수 있다. 그 믿음이 나타남은 사랑으로 표현되어야 한다. 성령을 받은 그리스도인은 사랑이 듬뿍 담긴 언어와 행위로 인하여 참된 믿음을 드러낸다.

"자유를 육체의 욕망을 만족시키는 구실로 삼지 말고, 사랑으로 서로 섬기십시오. 모든 율법은 "네 이웃을 네 몸과 같이 사랑 하여라"하신 한마디 말씀 속에 다 들어 있습니다"
(5:13 - 14).

성령이 인도해 주심을 따라 살아가라 - "우리가 성령으로 삶을 얻었으니"(5:16 - 6:10)

죄 많은 육체의 행실은 곧 음행과 더러움(음란)과 방탕(호색)과 우상숭배와 마술과 원수 맺음(증오)과 다툼과 시기와 분냄(분노의 발작)과 분쟁(이기적 야망)과 분열과 파당과 질투와 술 취함과 흥청망청 먹고 마시는 놀음과 같은 것들이다.

육체의 행실과 구분되는 크리스천의 분명한 특징은 **성령의 9가지 열매**로써 알 수가 있다. 사랑과 희락과 화평은 내적인 마음가짐이고, 인내와 자비와 양선은 외적인 행위이며, 충성과 온유와 절제는 하나님에 대한 반응을 나타낸다. 이것이 그리스도 예수께 속한 사람이 보이는 참된 믿음의 모습이다.

"자기의 육체에다 심는 사람은 육체에서 썩을 것을 거두고, 성령에다 심는 사람은 성령에게서 영생을 거둘 것입니다. 선한 일을 하다가, 낙심하지 맙시다. 지쳐서 넘어지지 아니하면, 때가 이를 때에 거두게 될 것입니다"(6:8 - 9).

새롭게 창조되라 - "우리 주 예수 그리스도의 십자가 밖에는"(6:11 - 18)

바울은 마지막 인사에서 우리 주 예수 그리스도의 십자가 밖에는 자랑할 것이 아무것도 없다고 다시 한 번 강조한다. 참된 믿음은 새롭게 창조됨으로부터 드러난다.

"그리스도로 말미암아, 내 쪽에서 보면 세상이 죽었고, 세상 쪽에서 보면 내가 죽었습니다. 할례를 받거나 안 받는 것이 중요한 것이 아니라, 새롭게 창조되는 것이 중요합니다"
(6:14 - 15).

묻고? 답하기!

육체의 행실을 떠나 성령의 인도하심을 유지하려면 어찌해야 할까요?

믿음을 갖는 것, 자유를 누리는 것, 사랑으로 서로 섬기는 것, 새롭게 창조되는 것들은 모두 성령의 인도하심이 아니고서는 결코 이룰 수 없는 성품입니다. 그러나 처음 복음을 접한 잠시의 감동으로는 결코 오래 이어지지 않는 성품입니다. 육체의 행실은 그리 쉽게 떠나지지 않기 때문입니다. 그 성령의 인도하심을 오래 유지하려면, 성경 말씀에 깊은 호기심을 가지고 집착해야 합니다. 말씀을 읽고, 배우고, 묵상해야 합니다. 그래야 성령으로 얻어진 성품에 깊음을 더하게 되고, 말씀에 순종할 수 있게 됩니다. 그것이 바로 참된 믿음의 길입니다.

✚ 오늘 말씀 데살로니가 전서 1:1 - 3:13

생명의 복음
복음을 받아들인 이방인들에게 전하는 감사와 격려

💡 실마리 풀기

"우리가 하나님께 끊임없이 감사하는 것은, 여러분이 우리에게서 하나님의 말씀을 받을 때에, 사람의 말로 받아들이지 아니하고, 실제 그대로, 하나님의 말씀으로 받아들였기 때문입니다"(살전 2:13)

데살로니가는 당시 그리스에서 가장 대표적인 항구이며, 로마 황제 함대의 집결지로써 경제적으로 풍요롭고 정치적으로 매우 자유로운 도시였습니다. 바울이 데살로니가에서 복음을 전한 기간은 겨우 3주 정도밖에 안 되지만, 바울은 그곳의 회당에서 유대인들에게 예수가 구주이심을 구약 성경을 인용하여 변증하였고, 광장에서는 이방인들에게 그들의 우상을 버리고 그리스도를 주로 받아들일 것을 공개적으로 설교하였습니다. 그 결과 유대인들 가운데 몇몇 사람이 승복하여 바울과 실라를 따르고 또 많은 경건한 그리스 사람들과 적지 않은 귀부인들도 복음을 받아들였습니다.

그러나 바울은 그 지역 유대인 지도자들의 박해를 받아 급히 서둘러 밤중에 몰래 떠나오게 됩니다(행 17:1 - 10). 그 결과 바울은 고린도에서 머물며 선교활동을 하는 중에도 데살로니가의 신도들이 자신을 혹시 철학 강연이나 하러 다니는 사기꾼으로 오해하고 있을지 모른다는 걱정을 하고 있었습니다. 데살로니가로 돌아갈 수도 없었던 바울은 그곳의 성도들이 믿음으로 성숙해가고 있다는 디모데의 보고를 받고, 너무도 기쁜 나머지 즉시 펜을 들어 첫 번째 편지를 쓰게 되는 것입니다(3:1 - 10). 이렇게 바울이 데살로니가에서 탈출한 후, 베뢰아와 아테네를 거쳐 고린도로 가서 1년 6개월을 머무르는 동안 〈데살로니가서〉를 쓰게 된 것입니다(행 18:1).

능력과 성령과 큰 확신으로 전한 복음 - 전하고, 받아들여서, 말씀이 각처에 두루 퍼졌다 (1:1 - 10)

바울은 데살로니가 교인들의 믿음과 모범에 관한 소문을 듣고 그들의"믿음의 행위와 사랑의 수고와 우리 주 예수 그리스도께 둔 소망을 굳게 지키는 인내(1:3)를 언제나 기억하고 있다고 하며 감사를 드린다. 그들에게 전한 복음이 생명력을 갖고 계속 자라가는 것에 감동을 하였기 때문이다.

아울러 바울 일행이 그들에게 복음을 말로만 전한 것이 아니라 능력과 성령과 큰 확신으로 전하였으며 또한 그들이 많은 환난을 겪으면서도 성령께서 주시는 기쁨으로 말씀을 받아들여서 주님을 본받는 사람이 되었기에, 주님의 말씀이 각처에 두루 퍼졌다는 것을 강조함으로써 자신들의 데살로니가에서의 사역을 변호하고자 한다.

데살로니가에서의 사역에 대한 회고 - 말씀과 성도들에 대한 책무(2:1 - 16)

바울은 데살로니가에서의 사역을 회고하면서, 자신의 선교 동기를 불순한 것으로 중상하고 그리스도인들을 박해하는 유대 회당 지도자들을 겨냥한 변증을 통하여 그의 사역의 정당성을 분명히 한다.

1. 우리가 전한 복음은 잘못된 생각이나 불순한 마음이나 속임수로 하는 것이 아니라 하나님의 감정을 받아서 하나님을 기쁘시게 해 드리려고 한 것이다.

2. 우리는 철학을 팔러 다니는 사기꾼들처럼 아첨하는 말이나 구실을 붙여서 탐욕을 부린 일도 없으며, 누구에게서든지 영광을 구한 일도 없다.

3. 우리는 우리의 수고와 고생으로 하였으며, 그들 가운데 아무에게도 폐를 끼치지 아니하려고 밤낮으로 일하면서 하나님의 복음을 여러분에게 전파하였다.

4. 우리는 신도들을 대할 때 항상 경건하고 올바르고 흠 잡힐 데가 없이 처신하였다.

5. 우리가 그렇게 한 것은 그들을 부르셔서 하나님의 나라와 영광에 이르게 하시는 하나님의 뜻에 합당하게 살아가게 하려는 때문이다.

그리하여 사도 바울이 감사의 마음을 전하는 것은, "진실로 하나님을 기쁘게 해 드리려고 전한 복음이 사람의 말로 받아들이지 않고 하나님의 말로 받아들여졌다는 사실" 때문이다.

바울이 데살로니가 교회를 다시 방문하고자 하는 간구 - 성령의 열매(2:17 - 3:13)

바울은 자신이 직접 가지 못하고 대신 디모데를 보낸 이유를 설명하고, 디모데가 가지고 온 소식, 즉 "그들이 믿음을 굳건히 지키며, 바울 일행을 간절히 보고 싶어 한다는 사실"을 알고 바울은 그 마음이 너무도 기뻤음을 표현한다. 바울에게는 그들이 하나님 앞에서 자랑할 면류관이었기 때문이었다. 그들의 믿음과 사랑의 기쁜 소식은 모든 곤경과 환난 가운데서도 위로가 되며 기쁨이 되는 것이다. 사도 바울은 그들이 주님 안에서 굳게 서 있음을 듣고, 그들에게 다시 돌아가게 되기를 하나님께 간절히 구하고 있다.

당신에게 복음을 전한 사람은 누구인가, 그를 위하여 기도하는가?

당신은 예수 그리스도를 믿음으로 인하여 구원을 얻었다고 생각하십니까? 그러면 당신은 언제 누구로부터 복음을 전해 들었으며, 그 복음을 사람의 말로 받아들이지 않고 하나님의 말로 받아들이도록 하게 해 준 그분은 누구입니까? 이제 그 사람을 기억하고 감사하고 축복하십시오. 그 사람이 당신을 사랑한 것 같이 당신도 누군가를 위하여 복음을 전하고 사랑을 나누어 주십시오.

✝ 오늘 말씀 데살로니가 전서 4:1 - 5:28

복음의 열매
데살로니가 교회 성도들에게 주는 바울의 교훈

💡 실마리 풀기

"하나님께서는 우리를 진노하심에 이르도록 정하여 놓으신 것이 아니라, 우리 주 예수 그리스도로 말미암아 구원을 얻도록 정하여 놓으셨습니다. 그리스도께서 우리를 위하여 죽으신 것은, 우리가 깨어 있든지 자고 있든지, 그리스도와 함께 살게 하시려는 것입니다"(살전 5:9 - 10)

데살로니가 성도들에게 바울의 가르침은 매우 생소하고 낯 설은 것이었습니다. 그들이 속해 있는 그리스, 로마 문명의 중심에는 눈에 보이는 만들어진 우상을 섬기는 것과 성적으로 문란한 관습이 자리 잡고 있었기 때문입니다. 바울이 전한 복음은 그들의 삶을 세상과 구별되고 거룩하게, 항상 기뻐하고, 끊임없이 기도하며, 모든 일에 감사하는 삶으로 변화시켜야 하는 것이었습니다. 그것이 복음의 열매이기 때문입니다. 아울러 그들은 예수 그리스도의 재림에 대한 소극적 두려움을 갖고 있었습니다. 그래서 사도 바울은 그리스도의 재림에 관한 소견과 함께 그리스도인들이 갖추어야 할 성품에 관한 권면을 하는 것입니다.

음행과 서로 사랑함에 관하여 - 거룩함에 이르게 하시려는 것(4:1 - 12)

그리스와 로마인들의 성적인 관습은 매우 방탕하고 난잡한 것이었다. 그래서 바울은 그들에게 성결하게 되라고 권면한다. 하나님께서 우리를 불러 주신 것은 더러움에 빠져 살게 하시려는 것이 아니라 거룩함에 이르게 하시려는 것이다. 그러므로 음행을 멀리하고, 각 사람은 자기 아내를 거룩함과 존중함으로 대할 줄 알아야 하며, 하나님을 알지 못하는 이방 사람과 같이 색욕에 빠져서는 안 된다. 또한, 교우들 간의 사랑하라는 가르침을 준행하며, 자기 일에 전념하며, 자기 손으로 일함으로 스스로 품위 있게 살아가며 아무에게도 신세를 지는 일이 없도록 하여야 한다.

그리스도의 재림에 관하여 - 우리가 깨어 있든지 자고 있든지(4:13 - 5:11)

당시의 데살로니가 성도들은 그리스도가 재림하시기 이전에 죽은 그리스도인들의 구원에 대한 것과 그리스도께서 언제 오실 것인지에 관한 의문을 가지고 있었다. 그래서 사도 바울은 예수님께서 다시 오실 때 죽은 자들이 먼저 일어나고, 그들과 함께 살아남아 있는 자들도 함께 영접하게 될 것이니 너무 염려하지 말 것을 주문한다.

그리스도께서 언제 오실지에 대하여는(마가복음18:32 - 33)에서 "그 날과 그 때는 아무도 모른다. 하늘의 천사들도 모르고, 아들도 모르고, 오직 아버지만 아신다. 조심하고, 깨어 있어라"고 하신 것처럼 바울도 그렇게 전하고 있다. 사도 바울은 주님의 날이 도둑처럼 올 것이지만 어둠 속에 있지 않은 성도들에게는 도둑과 같이 덮치지는 않을 것이라고 설명한다.

그러니 성도들은 낮에 속한 자이니 정신을 차리고 믿음과 사랑을 가슴막이 갑옷으로 입고, 구원의 소망을 투구로 써야 할 것을 권면하고 있다. 또한, 다른 사람처럼 잠자지 말고 깨어 있으며 정신을 차리자고 하면서도, 그리스도께서 우리를 위하여 돌아가신 것은 우리가 깨어 있든지 자고 있든지 그리스도와 함께 살게 하시려는 것이라고 가르치고 있다.

그리스도인의 성품에 관하여 - 함께 살아가는 법(5:12 - 22)

성인이 되어 그리스도의 복음을 처음으로 접한 사람들은 이전의 삶에서 멀어지기가 무척 힘이 든다. 익숙한 세상적 환경과 변화되지 않은 친구들이나 가족들과 함께 살아가려면 더더욱 그러하다. 바울은 우리 가운데 함께 살아가는 법에 관하여 가르치고 있다.

"지도하고 훈계하는 이들을 극진히 존경하라. 서로 화목하게 지내라. 무질서하게 사는 사람을 훈계하고, 마음이 약한 사람을 격려하고, 힘이 없는 사람을 도와주고, 모든 사람에게 오래 참아라. 악으로 악을 갚지 말고, 도리어 서로에게, 모든 사람에게, 항상 좋은 일을 하려고 애쓰라. 항상 기뻐하고, 끊임없이 기도하며, 모든 일에 감사하라. 성령을 소멸하지 말고, 예언을 멸시하지 말며, 모든 것을 분간하고, 좋은 것을 굳게 잡아라. 갖가지 모양의 악을 멀리하여라."

마지막 인사 - 평화의 하나님, 신실하신 하나님(5:23 - 28)

바울은 데살로니가 교인들을 위하여, 주 예수께서 오실 때 그들의 영과 혼과 몸을 흠이 없이 완전하게 지켜주시기를 빌면서, 자신들과 동료들을 위하여도 기도해주기를 요청하고 있다. 그리스도께서 오실 때까지 우리의 영과 혼과 몸을 완전하게 지켜주실 분은 오직 긍휼의 하나님뿐이시다.

묻고? 답하기!

예수 그리스도의 재림이 우리의 소망과 위로가 되고 있는가?

나의 삶이 평안하고 즐거움이 넘친다면 예수 그리스도의 재림을 간절히 소망한다는 고백을 하기는 쉽지 않습니다. 그러니 그날을 기대하며 위로로 삼는다는 고백을 어찌할 수 있겠습니까? 그러나 안타깝게도 예수 그리스도의 재림의 때는 아무도 모릅니다. 자칫하면 하나님과 이웃에의 사랑을 멀리하고 세상 풍속에 잠시 머무는 동안에 오실 수도 있음을 기억해야 합니다. 그러니 우리는 정신을 차리고 믿음과 사랑을 가슴막이 갑옷으로 입고, 구원의 소망을 투구로 쓰고 있어야 합니다.

10
데살로니가
후서

✚ 오늘말씀 데살로니가 후서 1:1 - 3:18

처음부터 택하여 주신 하나님
하나님 나라에 들어갈 수 있는 확신의 근거

💡 **실마리 풀기**

"우리는 여러분의 일로 언제나 하나님께 감사하지 않을 수 없습니다. 하나님께서는 여러분을 성령으로 거룩하게 하시고, 진리를 믿게 하여 구원에 이르게 하시려고, 처음부터 여러분을 택하여 주셨기 때문입니다"(살후 2:13)

바울은 데살로니가 전서에서 예수님께서 곧 돌아오실 것처럼 느끼게 하는 표현을 여섯 번이나 썼습니다 (1:10, 2:19, 3:13, 4:15, 5:2, 5:23). 그 결과 바울의 그 편지를 읽은 데살로니가 교인들은 매우 당황하고 두려움에 휩싸이게 됩니다. 아직 믿음이 연약한 그들에게 "우리 주 예수께서 자기의 모든 성도들과 함께 오실 때에, 하나님 우리 아버지 앞에서 거룩함에 흠 잡힐 데가 없게 해 주시기를 빈다"(3:13)는 구절은 오해를 불러오기에 충분하였던 것입니다. 그 결과 그들 중에는 세속적인 직업을 버리고 재림만을 준비하거나, 일은 하지 않고 공동체의 급식을 탐하는 자들이 생겨난 것입니다. 이 소식을 들은 바울은 서둘러 두 번째 편지를 쓰고 있습니다.

서문 - 인사와 감사 (1:1 - 12)

바울의 편지를 읽고 "내가 과연 하늘나라에 들어갈 수 있을까?"라고 하는 의문에 휩싸인 데살로니가 성도들에게 바울은 또 다른 격려의 편지를 할 수밖에 없었다. 바울은 우선 그들이 믿음과 사랑이 더욱 풍성해져 가고 있음과 온갖 박해와 환난 가운데에서도 인내하고 믿음을 지켜나가는 것에 대하여 감사를 전한다. 그리고 하나님께서 그들을 그의 부르심에 합당한 사람이 되게 해 주시며 또 그의 능력으로 그들의 모든 선한 뜻과 믿음의 행위를 완성해 주시기를 기도하고 있다. 그래서 하나님과 예수님의 은혜로 예수님의 이름이 그들 가운데 영광을 받고 그들도 그리스도로 인하여 영광을 받게 되기를 빈다.

예수의 재림에 대한 오해에 관하여 - 처음부터 택하여 주신 하나님(2:1 - 17)

바울은 예수 그리스도의 재림에 관하여, 그 날이 오기 전에 먼저 믿음을 배신하는 일이 생기고 "불법자 곧 멸망의 자식"이 나타날 것이라는 내용을 장황하게 설명하였다. 그러나 이러한 바울의 주장(2:3 - 12)은 또 다른 오해를 불러일으키고 있다. 이 내용은 베드로도 이해하기 어렵다고 고백한 것(벧후 3:16)을 볼 때 믿음이 연약한 자들을 더욱 당황하게 하였을 것으로 보인다.

〈우리 독자들도 성령께서 우리에게 깨달음을 주시기 전에는 이 구절들은 아는 척하지 않는 것이 좋을 것으로 생각한다. 다만 하나님께서는 우리를 성령으로 거룩하게 하시고,

진리를 믿게 하여 구원에 이르게 하시려고 처음부터 택하여 주셨기 때문에 우리는 든든히 서서 진리의 가르침을 굳게 지킬 수 있을 것을 기억해야 할 것이다. ⟩

- "우리를 사랑하시고 은혜로 영원한 위로와 선한 소망을 주시는 하나님 우리 아버지와 우리 주 예수 그리스도께서, 친히, 여러분의 마음을 격려하시고, 모든 선한 일과 말에 굳세게 해 주시기를 빕니다"(2:16 - 17).

데살로니가 교회에 주는 바울의 권면 - 기도와 절제의 요청(3:1 - 15)

바울은 주님의 말씀이 각처에 속히 퍼져서 모두가 영광스럽게 되도록 그리고 사도 바울의 일행이 심술궂고 악한 사람에게서 벗어나도록 기도해 주기를 요청한다. 그리고 전해받은 복음을 통하여 그들이 하나님께서 사랑하시는 것과 같이 사랑하고, 그리스도께서 인내하시는 것과 같이 인내하기를 바라고 있다.

또한, 무절제하게 살고 우리에게서 받은 가르침을 따르지 않는 모든 신도를 멀리하되 그를 원수처럼 여기지 말고, 형제자매에게 하듯이 타이르도록 요구하고 있다. 특히 교회 안에, 무절제하게 살면서 일은 하지 않는 사람들에게 스스로 일하여 벌어먹을 것을 권면하면서 서로 선한 일을 하다가 낙심하지 말기를 부탁한다.

마지막 인사(3:16 - 18)

평화의 주님께서 그들에게 평화를 주시고 그들 모두와 함께하시기를 기원하면서, 자필 사인으로 그들을 위로 하고 있다.

당신은 예수 그리스도의 재림을 맞을 준비를 어떻게 하고 있는가?

예수 그리스도 재림의 날과 우리가 죽는 날은 예측할 수 없지만, 그리스도인에게 그 날들은 그 의미가 특별합니다. 우리가 하나님의 도우심으로 죽는 날까지 신실함 가운데 깨어 있을 수만 있다면, 죽음을 맞이하는 날에 예수그리스도를 만날 수 있기 때문입니다. 요한계시록(2:1 - 3:22)에서 예수님은 우리에게 "이기는 사람"이 되라고 요구하십니다. 그러므로 성령의 음성에 귀를 기울이고, 부지런히 말씀을 읽고, 성도 간에 서로 격려하며, 서로를 위하여 깨어 있도록 기도하십시오.

10

31일

고린도전서

✝ 오늘 말씀 고린도 전서 1:1 – 4:21

교회 공동체를 분열시키는 첫 번째 주제
복음을 받은 자의 영적 교만

💡 **실마리 풀기**

"그는 우리에게 하나님으로부터 오는 지혜가 되시며, 의와 거룩함과 구원이 되셨습니다"(고전 1:30)

바울이 선교할 당시 고린도는 로마의 동과 서, 남과 북을 연결하며 많은 사람이 모여드는 교통의 요충지였습니다. 따라서 활발한 무역과 경제적인 풍요로움으로 이룩된 화려한 문화는 동시에 부패와 타락을 동반하였으며, 헬라의 문학과 철학의 전통 그리고 다양한 우상의 모습들이 사람들의 심령을 지배하고 있었습니다. 즉 성적인 타락, 지적인 우월감 그리고 영적인 교만까지 겸비한 그들에게 복음이 뿌리를 내리기는 쉽지가 않았습니다. 더구나 그들 가운데 바울을 배척하는 자들은 호시탐탐 그의 권위를 깎아내리기를 반복하였던 것입니다.

인사와 분열의 보고에 대한 답변 - 분열의 실상(1:1 - 17)

음란과 분파주의 그리고 우상숭배의 의식 등 세상적 문제를 품고 있는 고린도 교회를 향하여 '성도', '하나님의 교회'라고 부르는 바울은 주님께서 그들을 끝까지 튼튼히 세워주실 것을 기원하고 있다.

고린도 교회 교인들의 영적 교만은 복음을 처음 전한 바울을 추종하는 자와 말 잘하는 아볼로를 따르는 자, 사도 베드로의 권위를 옹호하는 자 그리고 그리스도만을 숭배하는 자들로 나뉘게 하여 분쟁이 끊이지 않았다. 그래서 바울은 그리스도께서는 세례를 주라고 자신을 보내신 것이 아니라 복음을 전하라고 보내셨으며, 복음을 전하되 말의 지혜로 하지 않게 하셨다는 것을 강조한다.

바울이 전한 복음의 메시지 - 하나님의 능력과 지혜이신 그리스도(18: - 31)

바울은 '십자가에 달리신 그리스도'를 전하였다. 그러나 세상 사람들의 지혜로는 그리스도에 의해 드러난 하나님의 지혜를 알 수 없다. 왜냐하면, 그리스도가 십자가에 달리셨다는 것은 유대 사람에게는 거리낌(저주)이고, 이방 사람에게는 어리석음(헛된 죽음)이기 때문이다. 그러나 부르심을 받은 사람에게 그리스도 예수는 하나님에게서 오는 지혜가 되시며, 의와 거룩함과 구원이 되는 것이다. 십자가는 머리로 이해되는 것이 아니라 오직 믿음으로 받아들이는 것이며, 또 믿음 안에서만 이해되는 하나님의 지혜이다.

바울이 복음을 전한 방법 - 성령의 능력이 나타낸 증거(2:1 - 16)

바울의 설교는 그럴듯한 말로 한 것이 아니라 성령의 능력이 나타낸 증거로 한 것이다. 그것은 사람들의 믿음이 사람의 지혜에 바탕을 두지 않고 하나님의 능력에 바탕을 두게 하려는 것이었다. 사람 속에 있는 그 사람의 영이 아니고서는 그 사람의 생각을 알 수 없는 것처럼, 하나님의 영이 아니고서는 아무도 하나님의 생각을 깨닫지 못하듯이, 바울은 하나님에게서 오신 영을 받아 **그리스도(하나님의 비밀)**를 증언한 것이다. 그는 성령께서 가르쳐 주시는 말, 다시 말하면 신령한 것을 가지고 신령한 것을 설명하는 것이다.

복음을 받은 자의 정체성 - 하나님의 자녀들의 기초이신 그리스도(3:1 - 23)

하나님의 자녀가 된 자들은 하나님의 밭이며 하나님의 건물이다. 바울은 하나님께서 주신 은혜를 따라 지혜로운 건축가와 같이 기초를 놓았을 뿐이며, 예수 그리스도는 그 건물의 기초이시니 누구도 다른 기초를 놓을 수 없다. 그 건물은 하나님의 성전이며 하나님의 성령이 그 안에 거하신다.

바울이나, 아볼로나, 베드로나, 세상이나, 삶이나, 죽음이나, 현재 것이나, 장래 것이나, 모든 것이 다 하나님의 자녀의 것이다. 그리고 하나님의 자녀는 그리스도의 것이요, 그리스도는 하나님의 것이다.

복음을 전하는 자의 정체성 - 그리스도의 일꾼(4:1 - 21)

바울이나, 아볼로나, 베드로나 복음을 전하는 것이 전도자의 임무라면, 그들은 그리스도의 일꾼이요 하나님의 비밀을 맡은 관리인으로 보아야 한다. 그리고 전도자에게 요구되는 것은 신실성이다.

바울은 자신이 하나님 앞에서 거리낄 것이 없으며 오직 그리스도 예수 안에서 복음으로 고린도 교인들을 낳았음을 고백한다. 그러므로 바울은 그들에게 자신의 생활 방식과 가르침을 본받는 사람이 될 것을 권하고 있다.

묻고?답하기!

우리 교회를 분열시켰던 복음의 논쟁거리는 무엇인가요?

주님이 가르친 사랑은 하나님 사랑과 이웃 사랑입니다. 교회는 그것을 실천하는 것에 모든 노력을 기울여야 합니다. 그러나 교회가 세상 사람들과 같은 이권과 명예를 추구하는 것에 진력한다면, 복음은 변질되게 마련입니다. 복음이 변질되고 교회의 주인이 사람으로 바뀌는 현상은 신속히 알아차리기 힘들지만, 부패하는 냄새는 주변에 진동하기 쉽습니다. 우리 주변에서 이런 일이 일어나지 않도록 깨어 있어야 하겠습니다.

11

고린도전서

1일

⊞ 오늘 말씀 고린도 전서 5:1 - 7:40

교회 공동체를 분열시키는 두 번째 주제
구성원의 부도덕한 행위

💡 실마리 풀기

"여러분은 하나님께서 값을 치르고 사들인 사람입니다. 그러므로 여러분의 몸으로 하나님을 영화롭게 하십시오"(고전 6:20)

3차 선교 여행 중 에베소에 머무르는 동안, 고린도 교회와 지속해서 연락을 주고받던 바울은 이전에 고린도 교회로 보냈던 편지(5:9)의 답신을 가지고 온 스데바나와 브드나도와 아가이고(16:17)로부터, 고린도 교회 내부에 분열이 생겼다는 소식(1:10 - 12)과 성적인 부패 그리고 혼인, 우상, 예배, 부활 등에 관한 여러 가지 문제점들로 인한 어려움에 부닥쳤다는 것을 듣게 되었습니다. 그래서 바울은 직접 그곳에 가서 변론하고 싶었지만(4:18 - 21) 우선 차선책으로 편지를 써서 보내게 된 것입니다.

음행과 패륜의 보고에 대한 답변(5:1 - 6:20)
1. 신자 간의 음행과 패륜 행위에 대하여

- 여기서 바울은 불신자들의 패륜을 언급한 것이 아니라 신자들 간에 행해지는 패륜에 대하여 말하고 있다. 음행하거나, 탐욕을 부리거나, 우상을 숭배하거나, 사람을 중상하거나, 술 취하거나, 약탈하는 사람과는 함께 먹지도 말라는 말이다. 밖에 있는 사람들은 하나님께서 심판하실 것이니, 신자들은 묵은 누룩, 곧 악의와 악독함이라는 누룩을 치우고, 성실과 진실을 누룩으로 삼아 누룩 없이 빚은 새 반죽이 되어야 한다.

2. 신자 간의 소송에 대하여

- 신자들끼리 송사가 있을 경우에 세상의 법정에 고소하지 말아야 하는 것은 서로 소송을 제기하는 것부터가 벌써 실패를 뜻하기 때문이다. 왜 차라리 불의를 당해 주지 못하며 왜 차라리 속아 주지 못하는가? 하나님을 아버지로 모시고 영의 지혜를 가지고 우주 만물을 상속한 자들이 세상의 사소한 이해로, 그것도 신자들끼리 싸우는 것은 옳지 않다.

3. 성적 부도덕에 대하여

- 음행(근친상간, 매음)을 하는 사람들이나, 우상을 숭배하는 사람들이나, 간음하는 사람들이나, 여성 노릇을 하는 사람들이나, 동성애를 하는 사람들이나, 도둑질하는 사람들이나, 탐욕을 부리는 사람들이나, 술 취하는 사람들이나, 남을 중상하는 사람들이나, 남의 것을 약탈하는 사람들은 하나님의 자녀가 되어 하나님 나라에 들어가지 못할 것이다.

하나님 자녀들은 주 예수 그리스도의 이름과 하나님의 성령으로 씻겨 지고, 거룩하게 되고, 의롭게 되었다. 하나님의 자녀들의 몸은 음행을 위하여 있는 것이 아니라 주님을 위하여 있는 것이며, 하나님의 자녀들은 성령을 하나님으로부터 받아서 모시고 있으므로 그 몸은 자신의 것이 아니며 하나님께서 값을 치르고 사들인 것이다. 그러므로 그 몸으로 하나님을 영화롭게 하여야 한다.

성적 절제(금욕주의)와 혼인에 관한 질의에 대한 답변(7:1 - 40)

당시 고린도는 성적 문란을 상징하는 도시였다. 그 가운데서 복음을 듣고 그리스도인이 된 사람 중에는 성적 행위는 물론 결혼까지도 죄악시하는 자들이 생겨났다. 성적인 방탕도 문제이지만 지독한 금욕주의가 교회 안에 퍼져나가는 것도 문제가 되었다. 그래서 바울은 그들 사이의 성에 대한 논쟁에 대하여 올바른 이해를 유도할 필요가 생겼다.(결혼에 대한 바울의 의견이 요즈음의 세태에는 맞지 않는 부분이 있을 수 있는 이유이다.)

여기서 결혼하지 않은 사람들은 자신처럼 그냥 지내는 것이 좋다는 바울의 말은 생육하고 번성하라는 하나님의 명령을 거역하려는 것이라기보다는 예외적으로 허락할 부분을 언급하는 것이다. 결혼하였으면 남편이나 아내는 서로의 의무를 다하고 서로 물리치지 말아야 한다. 혹 믿지 않는 남편이나 아내의 경우는 그의 상대방으로 인하여 거룩해질 수 있으므로 헤어지지 않는 것이 좋다.

각 사람은 부르심을 받은 그때의 처지에 그대로 머물러 있으면서 하나님의 계명을 지키는 것이 중요하다. 할례를 받지 않은 이방인이나 노예의 신분으로 부름을 받은 경우에도 그 처지에서 하나님과 함께 살아가야 한다. 그러나 기회가 온다면 노예들은 자유민이 될 기회를 놓치지 말아야 한다.

독신자였던 바울은 처녀가 결혼하더라도 죄를 짓는 것은 아니지만, 현재 상태대로 살아가는 것이 좋다고 생각하였다. 닥쳐오는 재난 때문에, 그리고 결혼한 사람들은 주님의 일보다는 세상일(남편이나 아내를 기쁘게 하는 일)에 더 마음을 쓰게 되므로 이 말을 하는 것이다. 이는 오히려 그들이 품위 있게 살면서 마음에 헛갈림이 없이 오직 주님만을 섬기게 하려는 것이다. (이러한 가르침이 예수님의 재림이나 종말이 곧 닥칠 것이라는 전제하에 한 말이라면, 그의 가르침을 보편적인 지혜로 받아들이기에 무리가 있다고 보인다.)

묻고? 답하기!

우리가 사는 도시가 고린도보다 더 타락한 도시라고 생각해 보신 적이 있습니까?

고린도는 지정학적으로 로마의 동서(유럽과 아시아)를 연결하는 교통과 상업의 중심 도시였습니다. 매춘부가 천 명이 넘었고, 이단 종교의 사당과 신전이 온 도시에 산재해 있었습니다. 그러나 바울은 오히려 그 도시가 가지고 있는 영향력을 이용하여 복음을 전하고자 하였습니다. 이 시대에 우리가 사는 도시가 고린도보다 더 타락한 도시라고 한다면, 우리는 이 도시의 어디에서 누구를 향해 복음을 전해야 할까요?

✝ **오늘 말씀** 고린도 전서 8:1 - 11:34

교회 공동체를 분열시키는 세 번째 주제
예배에서의 무질서

💡 **실마리 풀기**

"그러므로 여러분은 먹든지 마시든지, 무슨 일을 하든지, 모든 것을 하나님의 영광을 위하여 하십시오"(고전 10:31)

바울은 이어서 우상 제물을 먹는 문제(8장), 사도의 권리(9장), 우상숭배(10장), 예배에서의 질서(11장) 등에 관한 여러 가지 문제점들에 관하여 "~에 대하여 말하겠습니다"라는 형식을 빌려 답변을 하고 있습니다. 이러한 문제들은 교회 안에서 구체적으로 일어나는 행위와 관련된 것으로서 바울이 이미 가르친 바 있으나, 거짓 가르침에 의해 왜곡되어 행해지고 있음을 훈계하고 있다고 보입니다.

우상 제물을 먹는 문제에 관한 질의 - 믿음이 약한 사람들에게 걸림돌이 되지 않도록(8:1 - 13)

당시 고린도에서 구할 수 있는 고기들은 이미 우상들에게 봉헌된 것이었고 값도 쌌다. 누구나 쉽게 우상 제물을 먹을 수 있었다. 그래서 바울은 그들의 선택에 대한 올바른 지혜를 주고자 한다. 사실 우상이라는 것이 생각하기에 따라서는 아무 것도 아니며 오직 하나님 한 분 외에는 아무런 의미가 없는 것이다. 그러므로 음식 자체가 문제 될 것은 없다. 음식을 먹지 않는다고 해서 손해 볼 것도 없고 먹는다고 해서 이로울 것도 없다. 다만 그러한 생각의 자유로움으로 인하여 **믿음이 약한 사람들에게 걸림돌이 되지 않도록** 조심하여야 한다. 아직 어린 믿음의 사람들이 성숙한 사람들의 자유로운 행동을 보고 거리낌 없이 우상에게 바쳤던 고기를 먹게 되면 그들의 약한 양심이 죄를 짓게 될 것이기 때문이다.

사도의 권리와 육신의 절제 - 바울의 전도 방법(9:1 - 27)

밭을 가는 사람은 마땅히 희망을 품고서 밭을 갈고, 타작하는 사람은 한 몫을 얻으리라는 희망을 품고 그 일을 하듯이 복음을 전하는 사람들은 복음을 전하는 일을 매개로 살아가는 것이 합당한 것이다. 그러나 바울은 다른 사도나 지도자처럼 자신이 수고한 교회에서 섬김 받을 권리가 있었으나 기꺼이 포기하였다. 복음을 대적하거나 바울을 싫어하는 사람들에게 복음을 통해서 유익을 얻으려 한다는 뒷소리를 듣지 않기 위해서이다.

오히려 바울은 유대인에게는 유대인 같이, 이방인에게는 이방인 같이, 믿음이 약한 사람들에게는 약한 사람으로, 어떻게 해서든지 모든 종류의 사람들 가운데서 몇 사람이라도 구원하려고 노력하였으며, 스스로 자신을 다스리며 복음을 전하였다. 경기에 나서는 사람은 모든 일에 절제하듯이 바울이 자신의 몸을 쳐서 굴복시킨 것은 그가 남에게 복음을 전하고 나서

도리어 스스로는 버림을 받는 가련한 신세가 되지 않으려는 것이다.

우상숭배와 신자의 자유 - 무슨 일을 하든지, 모든 것을 하나님의 영광을 위하여(10:1 - 11:1)

이스라엘 사람들은 모두 구름과 바다 속에서 세례를 받아 모세에게 속하여 똑같은 신령한 음식을 먹고 똑같은 신령한 물을 마셨다. 그러나 그들의 대다수는 광야에서 멸망하고 말았다. 그러므로 서 있다고 생각하는 사람은 넘어지지 않도록 조심해야 한다.

우상이란 하나님이 아닌 다른 것, 즉 물질과 쾌락을 사랑하는 것이며 또한 그것으로부터 지배받는 것을 말한다. 우리가 어떤 형상에 절을 하지 않는다고 우상숭배와 관련이 없다고 생각하지 말고 다만 하나님을 두려워하라. 우상을 숭배하는 것이 아니라면 우리가 먹든지 마시든지, 무슨 일을 하든지, **모든 것을 하나님의 영광을 위하여** 하여야 한다. '땅과 그 안에 가득 찬 것이 모두 다 주님의 것'(시 24:1)이기 때문이다.

예배와 성만찬에서의 질서(11:2 - 34)

여자는 순복의 표시로 머리에 수건을 써야 한다는 바울의 가르침은 오늘날에는 신실한 삶으로 순복을 표시해야 하며, 오직 예배의 진지함과 교회의 올바른 질서를 위하여 순종하여야 한다는 가르침으로 이해하여야 한다.

성만찬은 예수님의 십자가의 죽음이 내포된 거룩한 예식(마 26:26 - 29; 막 14:22 - 25; 눅 22:14 - 20)이므로 성만찬에 참여할 때가 되면 예수님의 십자가를 바라보며 회개의 기도로 자신을 성결케 하는 준비를 할 수 있어야 한다. 누구든지 합당하지 않게 주님의 빵을 먹거나 주님의 잔을 마시는 사람은 주님의 몸과 피를 범하는 죄를 짓는 것이며, 자기에게 내릴 심판을 먹고 마시는 것이다.

나는 과연 믿음이 약한 사람들에게 걸림돌이 되지 않으면서 살아가고 있을까요?

우리가 교회 생활을 하면서, 주변의 믿음이 연약한 사람의 마음에 상처를 입지 않도록 함과 동시에 너무 융통성이 없고 율법적인 모습을 보이지 않는 것은 얼마나 힘든 일인지요. 그러나 "무슨 일을 하든지 하나님의 영광을 위하여 하고, 믿음이 약한 사람들에게 걸림돌이 되지 않도록 하라"는 말씀은 언제 어디서나 그리스도인들이 준수해야 할 삶의 방식입니다. 이는 마치 마음속에 새겨져 있는 학교 〈교훈이나 급훈〉과 같아서 삶의 순간마다 우리를 깨우칠 것입니다.

✝ 오늘 말씀 고린도 전서 12:1 - 14:40

교회 공동체를 분열시키는 네 번째 주제
성령의 은사로 인한 교만

💡 실마리 풀기

"믿음, 소망, 사랑, 이 세 가지는 항상 있을 것인데, 그 가운데서 으뜸은 사랑입니다"(고전 13:13)

바울이 앞에서 여러 가지 질의(주로 형식적인 것들)에 대하여 답변을 하였습니다. 그리고 바울이 대답해야 할 또 한 가지의 문제점은 영적인 것이었습니다. 고린도 교회의 성도들 간에는 방언하는 것이 천사의 말을 하는 것이라는 확고한 믿음(13:1)이 있었는데, 그 결과 예배에서 방언의 사용이 지나치게 강조되고 예배를 비이성적인 행사로 만들었던 것입니다. 더구나 은사의 다양성을 인식하지 못한 성도들 간의 영적인 우월감과 열등감으로 인한 반목은 그리스도교의 핵심인 사랑을 멀리하게 만드는 결과를 낳았던 것입니다.

성령의 은사와 지체들 - 은사의 다양성과 일치성(12:1 - 31)

은사(카리스마타 ; 성령으로 은혜(카리스)를 통하여 값없이 나누어 주시는 선물)는 여러 가지나 성령은 같고, 섬김(디아코니아)은 여러 가지나 받으시는 주는 같으며, 또 사역(일의 성과)은 여러 가지나 모든 것을 모든 사람 가운데서 역사하시는 하나님은 같으니, 각 사람에게 성령의 나타남을 주심은 서로 유익하게 하려 하심이라.

한 분이신 성령을 통하여 받는 은사는 지혜의 말씀, 지식의 말씀, 믿음, 병 고치는 은사, 기적을 행하는 능력, 예언하는 은사, 영을 분별하는 은사, 여러 가지 방언을 말하는 은사, 그 방언을 통역하는 은사 등이다. 받는 은사는 다양하지만, 오직 한 성령의 능력 안에서 일치성을 보여준다. 몸은 하나이지만 많은 지체가 있고, 몸의 지체는 많지만, 그들이 모두 한 몸이듯이 그리스도도 그러하시다. 성도들은 그리스도의 몸이요, 따로 따로는 지체들이다. 그들은 첫째는 사도요, 둘째는 예언자요, 셋째는 교사요, 다음은 기적을 행하는 사람이요, 다음은 병 고치는 은사를 받은 사람이요, 남을 도와주는 사람이요, 관리하는 사람이요, 여러 가지 방언으로 말하는 사람이다.

가장 좋은 은사 - 사랑(13:1 - 13)

바울은 그 자신이 일생 자신의 냉정한 성격으로 인하여 사랑을 사모하며 살았다. 그는 믿기 전에 스데반을 죽였고, 교회를 핍박했으며, 예수를 믿은 후에도 바나바와 다툼으로 헤어졌고, 베드로를 많은 사람들 앞에서 책망하기도 하였다. 그래서 그는 노년에 가장 아름다운 사랑의 말씀을 기록하며 첫 번째 사랑의 조건을 '오래 참음'이라고 말한다.

고린도 교회 안에서 각 성도가 자신들의 영적인 은사를 자랑하고 다른 사람들과 비교하므로 반목을 유발하는 경우가 발생하였다. 그러나 그 모든 은사가운데 가장 으뜸은 사랑의 은사이다. 그래서 바울은 "사람의 모든 말과 천사의 말(방언)을 할 수 있을지라도, 예언하는 능력을 가지고 있을지라도, 모든 비밀과 모든 지식을 가지고 있을지라도, 또 산을 옮길 만한 모든 믿음을 가지고 있을지라도, 내 모든 소유를 나누어줄지라도, 내가 자랑삼아 내 몸을 넘겨줄지라도, 사랑이 없으면, 내게는 아무런 이로움이 없습니다"(13:1 - 3)라고 강변하는 것이다.

- "사랑은 오래 참고, 친절합니다. 사랑은 시기하지 않으며, 뽐내지 않으며, 교만하지 않습니다. 사랑은 무례하지 않으며, 자기의 이익을 구하지 않으며, 성을 내지 않으며, 원한을 품지 않습니다. 사랑은 불의를 기뻐하지 않으며, 진리와 함께 기뻐합니다. 사랑은 모든 것을 덮어 주며, 모든 것을 믿으며, 모든 것을 바라며, 모든 것을 견딥니다. 사랑은 없어지지 않습니다"(13:4 - 8). 그의 결론은 이것이니 "믿음, 소망, 사랑, 이 세 가지는 항상 있을 것인데, 그 가운데서 으뜸은 사랑입니다"(13:13).

방언과 예언의 은사 - 모든 일을 남에게 덕이 되게 하여야(14:1 - 40)

방언과 예언은 하나님의 영으로 말하는 것이다. 방언으로 말하는 사람은 사람에게 말하는 것이 아니라 하나님께 말하는 것이나 예언하는 사람은 사람들에게 말하는 것이다. 방언으로 말하는 사람은 자기에게만 덕을 끼치고, 예언하는 사람은 교회에 덕을 끼친다. 그러므로 방언은 신자들에게 주는 표징이 아니라 불신자들에게 주는 표징이고, 예언은 불신자들에게 주는 것이 아니라 신자들에게 주는 것이다. 그러므로 교회에서 찬송하는 사람, 가르치는 사람, 하나님의 계시를 말하는 사람, 방언으로 말하는 사람 그리고 통역하는 사람은 모두 **모든 일을 남에게 덕이 되게 하여야** 한다. 예언하기를 열심히 구하고 방언하는 것을 막지 말고, 모든 일을 적절하고 질서 있게 하라.

〈여자가 교회에서 잠잠하고, 복종하며, 모르는 것은 남편에게 알아보라는 부분(14:33 - 36)은 그 시대의 관습을 거스르지 않으려는 표현이므로 예민하게 받아들이지 않아야 한다.〉

방언을 하여야만 성령을 받은 자라고 여기십니까?

고린도 교회의 성도들은 은사의 다양성을 인식하지 못하고 서로 반목하였습니다. 오죽하면 바울이 가장 좋은 은사가 사랑임을 이토록 강조하였겠습니까? 제가 방언을 하지 못한다고 방언을 사모하지 않은 것은 아닙니다만 "방언으로 말하는 사람은 자기에게만 덕을 끼치고.... 방언은 신자들에게 주는 표징이 아니라 불신자들에게 주는 표징"이라는 바울의 가르침에 얼마나 감사함을 느끼는지 모릅니다.

11

고린도전서

4일

✝ 오늘말씀 고린도 전서 15:1 - 16:24

교회 공동체를 분열시키는 다섯 번째 주제
부활에 대한 몰이해

💡 **실마리 풀기**

"그리스도께서는 죽은 사람들 가운데서 살아나셔서, 잠든 사람들의 첫 열매가 되셨습니다"(고전 15:20)

로마서에는 "믿음이 강한 자와 믿음이 약한 자"(14:1 - 15:6)에 관한 권면의 말씀이 있습니다. 바울의 고린도 교회로 인한 가장 심각한 고민도 마찬가지였습니다. 교회 안에는 하나님에 대한 지식이 풍부하고, 굳건한 양심을 가진 강한 자들도 있었지만, 아직 과거의 관습에 젖은 어린 믿음을 가진 약한 자들도 있었습니다. 그래서 강한 자들은 성적인 절제, 우상 제물을 먹는 것 그리고 방언의 은사 등등을 가지고 약한 자들을 업신여기고 신학적 논란과 분열을 이끌었던 것입니다.

그러한 교회 내의 강한 자들이 방언의 은사에 대하여 지나치게 영적인 의미를 부여한 결과, 그들은 스스로 영성의 깊은 곳에 도달하여 있다고 자부하면서 바울이 가르친 육체적 부활의 필요성을 부인하기 시작하였습니다. 자신들은 영적인 부활을 하였으므로 이미 하나님 나라에 살고 있다고 믿었습니다. 또한, 자신들이 성령이 주시는 지혜로 충만하여 있으므로 바울의 연약함을 수준 낮은 영성에 기인한다고 주장하기까지 한 것입니다. 그래서 바울은 예수 그리스도께서 십자가에서 돌아가시고 부활하신 것이 복음의 핵심임을 강한 어조로 전하고자 하고 있습니다.

그리스도의 부활로 인한 복음 - 그리스도 안에서 모든 사람이 살아나게 될 것(15:1 - 58)

그리스도께서 성경대로 우리 죄를 위하여 돌아가셨다는 것과 무덤에 묻히셨다는 것과 사흗날에 살아나셨다는 것이 **우리가 믿는 복음**이다. 부활 신앙이야말로 복음의 기초요 신자의 유일한 희망이요 구원의 근거요 또한 모든 실제적인 문제 해결의 원동력이다.

죽은 사람의 부활이 없다면 그리스도께서도 살아나지 못하셨을 것이고, 그리스도께서 살아나지 않으셨다면 우리의 선포도 헛되고 우리의 믿음도 헛될 것이다. 죽은 사람이 살아나는

일이 정말로 없다면 하나님께서 그리스도를 살리지 아니하셨을 터이며, 그리스도께서 살아나지 않으셨다면 우리의 믿음은 헛된 것이 되고, 우리는 아직도 죄 가운데 있을 것이다. 그러나 이제 그리스도께서는 죽은 사람들 가운데서 살아나셔서 잠든 사람들의 첫 열매가 되셨다. 아담 안에서 모든 사람이 죽은 것과 같이 그리스도 안에서 모든 사람이 살아나게 될 것이다. 첫 사람 아담이 산 영이 되었던 것처럼 마지막 아담은 생명을 주시는 영이 되셨다.

죽은 사람이 살아나지 않는다면 무엇을 위하여 죽은 사람을 위하여 세례를 베풀 것이며, 무엇을 위하여 목숨을 바쳐서 그리스도를 전하겠는가. 사도 바울은 날마다 죽는다고

선언한다. 그는 매일 매일을 죽는 날처럼 여기며 복음을 전하고 있다. 우리가 뿌리는 씨는 죽지 않고서는 살아나지 못하며, 우리가 뿌리는 것은 장차 생겨날 몸 그 자체가 아니듯이 죽은 사람들의 부활도 이와 같다. 썩을 것으로 심는데 썩지 않을 것으로 살아나며, 자연적인 몸으로 심는데 신령한 몸으로 살아난다. 흙으로 빚은 그 사람의 형상을 우리가 입은 것과 같이 우리는 또한 하늘에 속한 그분의 형상을 입을 것이다.

마지막 인사와 당부의 말들 - 예루살렘을 위한 연보(16:1 - 24)

바울은 편지 끝에 예루살렘을 위한 연보를 다시 한 번 상기시킨다. 그것은 그 다음 해에 예루살렘을 거쳐 로마로 가고자 하는 비전을 품고 있었기 때문이었다(행 19:21). 그 연보는 예루살렘의 지도자들이 가난한 자들을 기억해 달라고 부탁한 것으로서 바울도 본래 마음을 다하여 해오던 일이었음을 고백한 적이 있다(갈 2:10).

이 편지를 쓸 때 바울은 에베소에 있었다. 에베소에는 그를 방해하는 자들도 많았지만, 한편으로는 그에게 〈활짝 열린 큰 문〉이었다(16:8 - 9). 복음을 마음껏 강론할 수 있는 두란노서원이 있기 때문이었다. 그래서 바울은 에베소에서 오순절(6월)까지 머무르다가 마케도니아로 가서 여름을 보내고, 고린도로 가서 겨울을 지내고자 하는 계획을 전하고 있다. (고린도 후서에 의하면 이 계획이 실제로 그대로 이행된 것 같지는 않다.)

바울이 마지막으로 당부한다. "깨어 있으십시오. 믿음에 굳게 서 있으십시오. 용감하십시오. 힘을 내십시오. 모든 일을 사랑으로 하십시오..... 그리고 또 그들과 더불어 일하며 함께 수고하는 각 사람에게 순종하십시오"(16:13 - 16).

묻고? 답하기!

사도 바울이 고백한 날마다 죽는 삶은 어떤 삶일까요?

사도 바울은 육신의 부활을 "썩을 것으로 심는데 썩지 않을 것으로 살아나며, 비천하고 약한 몸이 죽어야 영광스럽고 강한 것으로 살아나고, 자연적인 몸으로 심는데 신령한 몸으로 살아난다"(15:42 - 44)고 설명합니다. 그가 자신이 날마다 죽는다고 고백하는 것은 자신의 썩을 것, 비천하고 약한 것을 죽여야 영광스럽고 강하며 신령한 몸으로 살아날 수 있기 때문입니다. 우리가 감히 따라 할 수 없는 성인의 고백입니다. 우리가 날마다 죽지는 못해도 아침에 일어날 때마다 내가 신령한 몸으로 다시 살아났다고 여기며 하루를 시작하는 것은 어떨까요?

11월 5일

바울은 누구인가?

'바울의 복음의 기원'(김세윤 2001:329 - 343)

✝ **오늘 말씀** 고린도 후서 11:5 - 12:10

💡 **실마리 풀기**

"그러므로 나는 그리스도를 위하여 병약함과 모욕과 궁핍과 박해와 곤란을 겪는 것을 기뻐합니다. 내가 약할 그 때에, 오히려 내가 강하기 때문입니다"(고후 12:10)

바울의 배경과 지식 - 바울의 복음과 신학

"바울은 다소에서 태어나 예루살렘에서 자라고 교육을 받았다. 그는 랍비가 되기 위한 학문에서 뛰어났고, 또 바리새파에 속하였다. 바울은 유대교의 종말의 구원자에 대한 믿음, 율법과 지혜에 대한 관념들 등을 비롯한 여러 생각과 초대 그리스도인들의 케리그마(선포)를 이미 알고 있었고, 또 후에 선교 지역에서 헬라 세계의 사상이나 개념들과도 낯익었을 것이다.

이러한 그의 배경과 축적된 지식은 오직 다메섹 도상에서 십자가에 못 박힌 예수를 높임 받으신 메시아요, 주요, 하나님의 아들이요, 하나님의 형상으로 보는 산 계시의 체험이 있었을 때, 비로소 바울의 복음, 바울의 그리스도 신학으로 만들어졌다."

바울이 초기에 교회를 핍박한 이유 - 나무에 달려 죽은 예수

"첫째, 그리스도인들이 나사렛 예수를 하나님이 부활시키고 높이신 메시아라고 선포한 때문이다. 신명기 21장 23절에 있는 하나님의 율법은 나무에 달려 죽은 자에게는 누구든지 하나님의 저주를 분명히 선언하고 있다. 그러므로 유대 신학자였던 바울에게는 예수를 하나님께서 부활시키고 높이신 메시아라고 하는 그리스도인들의 선포는 하나님께서 모순을 저질렀다고 하는 행위이므로 하나님께 대한 모독으로 보였다.

둘째, 유대인 중 그리스도인이 된 사람들이 나사렛 예수의 이름으로 율법과 성전의식을 공격했기 때문이다. 유대인 그리스도인들은 예수의 죽음을 하나님께서 손수 마련하신 최후의 그리고 완전한 속죄의 제사로 보았다. 그래서 성전에서의 제사들을 더 이상 필요 없는 것으로 보고, 율법과 성전의식을 공격하였다. 그러나 바리새인 바울에게는 율법과 성전의식이 세상을 지탱하는 기둥이었기 때문에 그에 대한 공격은 자연히 율법과 조상의 전통에 대한 배반과 위협하는 행위라고 볼 수밖에 없었다."

바울이 다메섹 도상에서의 경험을 하나님의 '계시'와 '비밀'이라고 믿는 이유 -
하나님의 구원 계획

　"유대인들은 하나님의 출현 사건 때 주의 천사, 또는 인격화한 하나님의 지혜나 인격화한 하나님의 말씀과 같은 하나님의 계시의 실행자가 하나님의 형상을 입고 나타나는 것으로 생각하였고, 또 이 중계자가 '하나님의 형상' 이기에 하나님을 보여 준다고 생각하였다. 구약의 선지자들은 하늘의 궁전에서 왕좌에 앉아 계시는 하나님으로부터 하나님의 말씀과 하나님의 계획에 대한 지식을 받은 경험을 가리켜 '계시'라는 말을 쓴다. 또한, 선지자들에게 미리 그것에 대해 엿보도록 하여 하나님의 백성을 경고하거나 위로하기 위하여 미리 선포하도록 하여 계시하시는 구원계획을 '비밀'이라고 한다.

　바울은 다메섹 도상에서 그리스도가 하늘의 궁전의 왕좌에 앉아 나타나셨으므로, 그것을 구약의 선지자들과 묵시가들의 소명 때 허락된 환상으로 해석하였고, 그래서 자기의 다메섹 경험과 관련하여 '계시'와 '비밀'이라는 말을 쓴다(갈 1:12,16 , 고전 2:6 - 10, 엡 3:1 - 13, 골 1:24 - 29 등). 그리고 바울은 자기가 다메섹에서 〈죽음과 부활에서 실현되고 그리스도의 재림 때 완성이 될 구원에 관한 기쁜 소식의 계시〉를 받았다고 증거 한다. 이 복음의 계시와 더불어 또는 그 계시의 일부로 바울은 **'비밀'** 즉 〈**유대인들과 이방인들을 위하여 그리스도 안에 체현된 하나님의 구원 계획의 계시(롬 11:25 -)**〉를 받았다는 것이다."

바울이 깨달은 하나님의 '계시'와 '비밀' - 이방인의 구원과 유대인의 구원

　"바울이 깨달은 '계시'는 십자가에 못 박힌 예수를 메시아, 주 그리고 하나님의 아들이라는 것뿐만 아니라 예수가 태초부터 하나님과 긴밀한 관계를 맺으시고, 창조 때 그의 실행자로 활동했으며 하나님으로부터 우리를 죄와 율법으로부터 구원하게 하려고 이 세상으로 보냄을 받은 자라는 의미에서 하나님의 아들이라는 것이다(롬 8:3, 갈 4:4). 이 '계시'로부터 바울은 그리스도가 실체화하고 인격화한 하나님의 지혜라고 생각했으며, 하나님의 형상을 입고 나타난 그리스도는 첫 아담이 잃은 하나님의 형상을 되찾은 '마지막 아담'이라고 여긴다. 이 그리스도 안에서 하나님의 구원 사업의 특징은 오직 하나님의 은혜, 오직 믿음이라는 칭의에 있는데, 이는 바울의 다메섹 도상에서의 경험에 근거하여 율법과 인간의 실존과 인간의 하나님의 관계에 대하여 개발한 통찰력에서 나온 것이다.

　바울이 깨달은 '비밀'은 구원하시기로 선택한 이방인들이 모두 복음을 듣고 하나님 나라에 들어오면, 그때야 비로소 하나님은 온 이스라엘 백성을 구원하시리라는 것이다. 이 구원 계획에 따라 하나님은 바울에게 유대에 있는 사도들과 같이 유대인들에게만 복음을 선포하지 말고 이방인들에게 가서 복음을 선포하라고 명령하셨다. 이러한 사도로서의 부르심이 있었기에 열정적인 유대 민족주의자였던 바울은, 그가 이방인들의 사도로 부름을 받았다는 것에 대하여 확신을 가질 수 있었다."

6일

✝ 오늘말씀 고린도 후서 1:1 - 2:13, 7:5 - 16

고린도 교회를 향한 바울의 사적인 고백
아픔을 준 방문과 편지에 대한 해명

💡 **실마리 풀기**

"나는 여러분에게 들러서, 마케도니아로 갔다가, 마케도니아에서 다시 여러분에게로 와서, 여러분의 도움을 받아서 유대로 갈 작정이었습니다"(고후 1:16)

고린도후서는 에베소에서 은장이 소동이 그친 뒤 마케도니아로 가 있는 동안(행 20:1 - 2) 쓴 편지입니다. 고린도후서는 다른 서신서처럼 가르침을 위한 것이라기보다는 개인적인 편지, 혹은 독백과 자찬의 글들이 혼재된 수필과 같아서 일반적으로 이해하기가 쉽지 않습니다. 오늘 읽을 부분을 이해하려면, (7:5 - 16)이 삽입된 구절임을 알고 읽어야 편지 내용의 전후좌우를 알 수 있습니다.

서문 - 우리가 환난을 당하는 것도 여러분이 위로와 구원을 받게 하려는 것이며(1:1 - 11)

우리가 환난을 당한 것은 "우리 자신을 의지하지 않고 '죽은 사람을 살리시는 하나님'을 의지하게 하기 위함이었습니다"(1:9). - 바울이 이러한 글을 서두에 쓴 것은 그들로부터 받은 좌절과 그들을 책망한 일로 인한 죄책감을 복합적으로 드러내고 있는 것으로 보인다.

첫 번째 방문 계획의 변경(갑작스러운 방문과 질책)에 대한 해명(1:12 - 22)

이해를 돕기 위하여 먼저 고린도전서(16:1 - 11)를 읽어보면, 바울은 오순절까지는 에베소에 머물러 있다가 마케도니아를 거쳐서 고린도로 갈 것이라고 하였다. 그런데 고린도후서(1:15 - 17)를 읽어보면 바울이 사전에 알리지도 않고 급작스럽게 계획을 변경하여 고린도로 먼저 갔음을 알 수 있다. 바울은 고린도 교회를 너무도 사랑한 나머지 "두 번째 은혜를 얻게 하기 위하여"(고후 1:15) 그렇게 하였다고 기록하고 있다. 이것이 그의 두 번째 방문이며 **"아픔을 준 방문"**(고후 2:1)이었다. 이렇게 한 이유는 아마도 고린도전서에서 보듯이 너무도 황당한 오해, 분열과 질의에 대한 답변을 편지로만 한 것이 못내 아쉬웠기 때문일 것이다. 그리고 그 방문 때에 바울은 그들 중에 잘못을 저지른 사람들에게 격분한 심정으로 화를 내고 야단을 친 것으로 보인다. 그러나 그의 갑작스러운 방문과 질책이 오히려 고린도 교회 사람들을 매우 당혹스럽게 하고, 바울이 경솔하다느니 언행이 불일치한다느니 하는 오해를 불러일으켰다. 그래서 바울은 그때의 처신이 하나님의 은혜로 행하였다고 고백하고 있다.

또다시 방문계획을 변경하여 방문하지 않기로 하는 이유(1:23 - 2:13)

분이 덜 풀린 바울은 마케도니아로 가는 길에 드로아에서, 그들을 책망하는 편지를 써서(똑 부러지게 일을 잘하는) 디도를 통해 고린도 교회로 보냈다. 바로 그 편지가 **"아픔을 준 편지"**(고후 2:4, 2:9, 7:8, 7:12)였다. 그리고 디도가 답장을 가지고 돌아오기를 기다리다가 바울은 마케도니아로 갔다. 그러나 바울은 지금 기쁜 마음으로 그 "아픔을 준 편지"를 쓰게 된 이유를 다시 설명하고, 그들에게 또다시 아픔을 주지 않기 위하여 다시 방문하는 것을 연기하였다면서, 조만간에 세 번째 방문할 것임을 약속한다(고후12:14, 13:1 - 2). 바울이 이렇게 또 다시 방문계획의 변경을 알리는 것은 이 편지를 쓰기 전에 이미 디도를 만나 고린도에 관한 좋은 소식(7:5 - 16)을 들었기 때문이다.

디도의 보고로 인한 기쁨 (7:5 - 16)

〈여기서 잠시 뒤로 가서 삽입구절을 읽어 봅니다〉 - (고후 2:13, 7:5)를 보면 바울은 (2:13)에서 마케도니아로 가고, (7:5)에서 마케도니아에 도착한다. 마케도니아에서 드디어 상봉한 디도의 보고(고후 2:6, 7:6 - 16)는 고린도의 성도들이 바울을 그리워하고, 그에게 잘못한 일을 뉘우치고 또 열렬히 바울을 변호한다는 소식이었다. 또한, 그들이 두렵고 떨리는 마음으로 디도를 영접하고 순종하며 환대하였다는 것이다. 이 소식은 바울에게 위로와 기쁨이 넘치도록 해주었다. 바울이 무엇보다도 가장 기뻐하는 것은 그들이 아픔을 당했기 때문이 아니라, 아픔을 당함으로써 회개에 이르게 되었기 때문이라고 고백하고 있다.

〈그 후, 바울은 마케도니아의 여러 지방을 거쳐 그리스(고린도)에 이르렀다. 거기서 그는 석 달을 지냈다(행 20:3). 그리고 그곳에서 '로마서'를 집필하고, 유럽에서의 마지막 선교를 마친 후, 고린도 교회가 마련한 헌금을 가지고 예루살렘으로 돌아가게 된다. 〉

묻고? 답하기!

옳은 것을 옳다고 하고, 잘못을 지적하다가 오해와 비난을 받은 적이 있는가?

사도 바울은 고린도 교회 사람들로부터 〈변덕스럽다(1:17), 자기 자랑을 한다(3:1), 미쳤다(5:13), 몸이 약하고, 말주변도 변변치 못하다(10:10)〉등등의 험담을 들었습니다. 복음을 전한 그에게 돌아온 것은 슬픔과 부담감 그리고 죄책감이었습니다. 그러나 그는 계속해서 자신의 진심을 말하였고 마침내 그들을 설득하는 데 성공하였습니다. 교회공동체를 위협하는 자들에게 가하는 엄격한 충고는 조금도 움츠러들 필요가 없음을 기억하시기 바랍니다.

7일

✝ 오늘 말씀 고린도 후서 2:14 - 5:10

편지 가운데 전하는 바울의 여담(1)
바울의 자격과 사역의 주제

💡 실마리 풀기

"우리는, 구원을 얻는 사람들 가운데서나, 멸망을 당하는 사람들 가운데서나, 하나님께 바치는 그리스도의 향기입니다"(고후 2:15)

어제 읽은 본문에서 우리는 사도 바울이 사전에 알리지도 않고 급작스럽게 계획을 변경하여 고린도로 먼저 간 것과 그 때 만난 성도들에게 너무도 실망한 나머지 "아픔을 준 편지"를 보내게 된 것 그리고 다시 고린도의 성도들이 변화된 소식을 들음으로 위로와 기쁨을 받았음을 차례로 해명하고 있음을 보았습니다.

그래서 바울은 다소 편안한 마음을 가지고 편지의 중반에 긴 여담(2:14 - 7:4)을 늘어놓게 됩니다. 오늘 읽으실 본문은 이 여담의 앞부분으로써, 바울이 새 언약의 사도로 부르심을 받은 자부심과 자신이 전하는 것이 〈그리스도의 영광〉뿐임을 설명하고 있습니다.

바울의 자부심 - 그리스도의 향기라고 말하는 이유(2:14 - 17)

바울은 자신을 그리스도의 개선 행렬에 참여시키시고, **그리스도를 아는 지식의 향기**를 풍기게 하시는 하나님께 감사를 드린다. 그 향기는 멸망을 하는 사람들에게는 죽음에 이르게 하는 죽음의 냄새가 되고, 구원을 얻는 사람들에게는 **생명에 이르게 하는 생명의 향기**가 되는 것이다.

〈고린도 교회〉는 그리스도께서 쓰신 편지이며, 바울과 그 제자들은 그 편지를 쓰는데 봉사한 것이니, 그 편지는 먹물로 쓴 것이 아니라 살아 계신 하나님의 영으로 쓴 것이요, 돌 판에 쓴 것이 아니라 가슴 판에 쓴 것이다.

바울의 자격 - 새 언약의 일꾼이 되는 자격을 주신 하나님(3:1 - 18)

그는 그리스도로 말미암아 하나님께 확신이 있으므로, 하나님께서 그에게 새 언약의 일꾼이 되는 자격을 주셨다고 하나님이 보시는 앞에서 예수 그리스도에 의지하여 말하고 있다. 옛 언약은 하나님께서 모세에게 주셔서 돌 판에 새긴 것이었으나, 이 새 언약은 문자로 된 것이 아니라 영으로 된 것이다. 문자로 된 것(율법)은 사람을 정죄하고 사람을 죽이지만, 영으로 된 것은 의를 베풀고 사람을 살리는 것이다. 이렇게 유죄를 선고하는 모세의 직분에도 영광이 있었으면, 의를 베푸는 직분은 더욱더 영광이 넘칠 것이라는 소망이 있으므로 바울은 아주 담대하게 처신하는 것이다.

모세가 시내 산에서 하나님을 뵙고 내려올 때 그 얼굴에서 광채가 나서, 백성들이 가까이 가기를 꺼리므로 얼굴에 수건을 둘렀다(출 34:29 - 35). 그리스도께서는 옛 언약의 책을 읽을 때 얼굴을 가리던 그 너울을 벗게 하셨다. 주님은 영 이시며, 주님의 영이 계신 곳에는 자유가 있다. 그러므로 우리는 모두 너울을 벗어버리고, 주님의 영광을 바라볼 수 있게 된 것이다. . 설명하면, 옛 언약(율법)이 이방인들을 하나님 앞에 나아오도록 하기 어려운 것이었으나, 그리스도의 새 언약에 의하면 거리낌이 없이 주님의 영광을 바라볼 수 있게 되었다는 것이다.

바울의 사역 주제 - 하나님의 형상이신 그리스도의 영광을 선포하는 것(4:1 - 15)

바울이 전하는 것은 하나님의 형상이신 그리스도의 영광을 선포하는 것이다. 바울은 자기 자신을 전하는 것이 아니라 예수 그리스도를 주님으로 선포하며, 예수님으로 말미암아 자신을 사람들의 종으로 내세운다. 그는 하나님의 자비를 힘입어서 이 직분을 맡고 있으며 이 엄청난 능력은 하나님에게서 나는 것이라고 선포한다.

바울이 믿음의 영을 가지고 있으므로, 믿으며 말하는 것은 주 예수를 살리신 분이 예수님과 함께 그도 살리시고 고린도 교인들과 함께 세워주시리라는 것을 알고 있다면서, 이 모든 일이 다 그들을 위한 것임을 선포한다. 그의 직분은 오직 하나님의 은혜가 점점 더 많은 사람에게 퍼져서, 감사하는 마음이 넘치게 하고 하나님께 영광을 돌리게 하려는 것이다.

바울의 고난 - 성령을 보증으로 주신 하나님(4:16 - 5:10)

바울과 고린도 교인들이 겪는 일시적인 가벼운 고난은 비교할 수 없을 정도로 크나큰 영광을 이루어 줄 것이다. 바울은 보이는 것을 바라보는 것이 아니라 보이지 않는 것을 바라볼 것을 요청한다. 보이는 것은 잠깐이지만 보이지 않는 것은 영원하기 때문이다. 죽을 것이 생명에게 삼켜지게 하는 이런 일을 이루어 주시고, 그 보증으로 성령을 주신 분은 하나님이시기 때문이라는 것이다.

당신의 삶 속에서 그리스도를 아는 지식의 향기가 발산되고 있으십니까?

진정한 그리스도인은 이마에 도장을 받은 사람(계 7:3)입니다. 그 도장은 풍겨나오는 그리스도의 향기입니다. 사람들이 당신에게서 그 향기를 맡으며 "저 사람은 그리스도인이야"라고 합니까? 바울은 자신을 그리스도의 개선 행렬에 참여시키시고, 그리스도를 아는 지식의 향기를 풍기게 하시는 하나님께 감사를 드립니다. 우리도 그와 같이 감사를 드립시다.

✝ 오늘 말씀 고린도 후서 5:11 - 7:4

편지 가운데 전하는 바울의 여담(2)
바울의 권면과 요청

💡 실마리 풀기

"누구든지 그리스도 안에 있으면, 그는 새로운 피조물입니다. 옛 것은 지나갔습니다. 보십시오, 새 것이 되었습니다"(고후 5:17)

오늘 읽으실 본문은 긴 여담(2:14 - 7:4)의 뒷부분으로써, 바울이 하나님의 형상이신 그리스도의 영광을 선포하는 자의 입장으로 돌아가서, 고린도 교인들에게 변화를 요청하는 내용입니다. 그들이 용납하여야 할 것은 하나님과 그리스도로 인한 세계관의 변화이며, 이제껏 살아온 세상의 관습과의 단절입니다. 하나님과 화해하고, 사도로서의 바울이 요청하는 〈그리스도인의 고난〉을 이해하는 것이 그들의 믿음을 한층 성숙하게 할 것이기 때문입니다.

그리스도를 대리한 바울의 권면 - 하나님과 화해하라(5:11 - 21)

화해의 기획 - 하나님께서 죄를 모르시는 분에게 우리 대신으로 죄를 씌우신 것은 우리가 그리스도 안에서 하나님의 의가 되게 하시려는 것이다. 그러므로 누구든지 그리스도 안에 있으면 그는 새로운 피조물이니, 옛것은 지나갔고 새것이 되었다.

화해의 집행 - 하나님께서는 그리스도를 내세우셔서 우리를 자기와 화해하게 하셨다. 바울은 하나님께서 자신들을 시켜서 고린도 교인들에게 권고하시므로, 그리스도를 대리하여 하나님과 화해하기를 간청한다.

화해의 사절 - "우리는 그리스도의 사절입니다. 하나님께서는 우리를 시켜서 여러분에게 권고하십니다. 우리는 그리스도를 대리하여 간청합니다. 여러분은 하나님과 화해하십시오. 하나님께서는 죄를 모르시는 분에게 우리 대신으로 죄를 씌우셨습니다. 그것은 우리가 그리스도 안에서 하나님의 의가 되게 하시려는 것입니다"(5:20 - 21).

하나님과 함께 일하는 바울의 권면 - 하나님의 은혜를 헛되이 받지 말라(6:1 - 13)

바울은 지금이야말로 은혜의 때요, 지금이야말로 구원의 날이니, 하나님의 은혜를 헛되이 받지 말라고 권면한다. 바울은 고린도 인들이 자신들의 처신으로 인하여 걸려 넘어질까 봐, 무슨 일에서나 하나님의 일꾼답게 처신하였음을 고백한다. 그러므로 마음을 좁히지 말고 넓혀서 자신들을 받아 주기를 요청한다.

- "아무도 우리가 섬기는 이 일에 흠을 잡지 못하게 하려고, 우리는 무슨 일에서나 아무에게도 거리낌 거리를 주지 않습니다. 우리는 무슨 일에서나 하나님의 일꾼답게 처신합니다. 자지 못함과 굶주림을 겪습니다. 또 우리는 순결과 지식과 인내와 친절과 성령의 감

화와 거짓 없는 사랑과 진리의 말씀과 하나님의 능력으로 이 일을 합니다. 우리는 오른손과 왼손에 의의 무기를 들고, 영광을 받거나, 수치를 당하거나, 비난을 받거나, 칭찬을 받거나, 그렇게 합니다. 우리는 속이는 사람 같으나 진실하고, 이름 없는 사람 같으나 유명하고, 죽는 사람 같으나, 보십시오, 살아 있습니다. 징벌을 받는 사람 같으나 죽임을 당하는 데까지는 이르지 않고, 근심하는 사람 같으나 항상 기뻐하고, 가난한 사람 같으나 많은 사람을 부요하게 하고, 아무것도 가지지 않은 사람 같으나 모든 것을 가진 사람입니다" (6:3 - 10).

하나님의 약속을 의지하는 바울의 권면 - 불의를 멀리하고 거룩하게 되라(6:14 - 7:4)

그래서 이제는 그들이 불의를 멀리하고, 어둠으로부터 빛 가운데 나와 악마와 우상을 멀리하기를 권면한다. 믿지 않는 사람들과 멍에를 함께 메지 말고, 불의를 가까이하지 말며, 스스로 살아 계신 하나님의 성전임을 기억하기를 주문하고 있다. 바울은 〈우리를 영접하셔서, 우리의 아버지가 되시겠다〉는 하나님의 약속에 의지하여 그들이 육과 영의 모든 더러움에서 떠나서 자신을 깨끗하게 하며, 하나님을 두려워하는 가운데 온전히 거룩하게 되기를 권면한다. 마지막으로, 바울은 자신과 그 제자들을 너그러이 받아달라고 요청한다.

- "여러분은 마음을 넓혀서, 우리를 받아 주십시오. 우리는 아무에게도 부당한 일을 한 적이 없고, 아무도 망친 적이 없고, 아무도 속여서 빼앗은 일이 없습니다. 여러분을 책망하려고 내가 이런 말을 하는 것이 아닙니다. 내가 전에도 말하였거니와, 여러분은 우리 마음속에 자리 잡고 있어서, 죽어도 같이 죽고, 살아도 같이 살 것입니다. 나는 여러분에게 큰 신뢰를 두고 있으며, 여러분을 매우 자랑스럽게 생각합니다. 우리의 온갖 환난 가운데서도, 나에게는 위로가 가득하고, 기쁨이 넘칩니다" (7:2 - 4).

묻고? 답하기!

우리는 누구를 위하여 살아가고 있는가?

"그리스도께서 모든 사람을 위하여 죽으신 것은, 이제부터는, 살아 있는 사람들이 자기 자신들을 위하여 살아가도록 하려는 것이 아니라, 자기들을 위하여서 죽으셨다가 살아나신 그분을 위하여 살아가도록 하려는 것입니다"(5:15). 그러나 우리는 오늘도 나 자신을 위하여 살아갑니다. 나를 만드신 하나님이 아니라, 내가 만든 하나님에게 복을 구걸하며 살아갑니다. 감히 그분을 위하여 살아간다는 자부심을 느끼며 사는 것이 훨씬 행복한데도 말입니다.

✚ 오늘말씀 고린도 후서 8:1 - 9:15

예루살렘을 위한 구제 헌금의 독려
평형이 이루어지는 성경의 원리

💡 **실마리 풀기**

"각자 마음에 정한 대로 해야 하고, 아까워하면서 내거나, 마지못해서 하는 일은 없어야 합니다. 하나님께서는 기쁜 마음으로 내는 사람을 사랑하십니다"(고후 9:7)

디도를 통하여 고린도의 성도들이 변화된 소식을 들음으로 위로와 기쁨을 받은 바울은 다소 편안한 마음을 가지고 편지의 후반에 그동안 지속해서 요청하였던 구제 헌금을 독려하고 있습니다. 많은 것을 소유한 사람들이 더 인색한 것처럼, 풍요로운 도시의 고린도 교회에 헌금을 독려하는 일은 무척이나 조심스럽고 얼굴이 붉어지는 일이었습니다. 그들이 한 번 본적도 없는 예루살렘의 가난한 성도들을 위하여 재물을 내어 놓는 일은 거짓 사역자들이 감언이설로 금전을 뜯어가는 것보다 더 당혹스러웠을지도 모릅니다. 그러나 바울은 헌금을 드리는 것이 자신을 더욱 강하게 하려는 것이 아니라, 내어놓음으로 더욱 약해지게 하려는 것임을 깨닫기만 한다면 못할 일도 아닌 것을 가르치고자 합니다.

마케도니아 사람들의 모범 - 사랑으로 행하는 구제 헌금의 요청(8:1 - 12)

마케도니아 교회는 큰 환난의 시련을 겪으면서도 기쁨이 넘치고, 극심한 가난에 쪼들리면서도 넉넉한 마음으로 남에게 베풀었다. 그들은 힘이 닿는 대로 구제하였을 뿐만 아니라 오히려 힘에 부담이 되도록 자원해서 하였다. 그들은 우리가 기대한 이상으로, 하나님의 뜻을 따라서 먼저 자신들을 주님께 바쳤다. 이는 하나님께서 마케도니아 여러 교회에 베풀어주신 은혜이다. 그러므로 믿음에서, 말솜씨에서, 지식에서, 열성에서, 사도 바울과 그들 사이의 사랑에서 뛰어난 고린도 교인들은 이 은혜로운 활동에서도 더 뛰어나야 하리라는 것이다. 이제 바울은 디도와 함께 두 형제를 보낼 터인데, 바울은 그들이 자신보다 먼저 고린도로 가서, 그들이 전에 약속한 선물(헌금)을 준비해 놓게 하는 것이 필요하다고 생각하였기 때문이다.

바울이 마케도니아 사람의 모범을 언급한 것은 고린도 교회에 헌금을 하도록 명령하고자 하는 것이 아니라 그들의 사랑도 진실하다는 것을 확인하려고 하는 것뿐이라면서, 이미 헌금을 시작하였으면 마무리까지 하여야 할 것을 요청한다. 그러므로 기쁜 마음으로 각자의 형편에 맞게 바치면 하나님께서는 그것을 기쁘게 받으실 것을 말하고 있다.

헌금의 성경에서 말하는 원리 - 평형이 이루어지게 하는 원리(8:13 - 15)

바울은 헌금이 부유한 사람과 궁핍한 사람들 사이의 평형을 이루게 한다는 점을 설명하고자 한다. 즉 지금 살림이 넉넉한 자들이 궁핍한 자들의 삶을 채워주면, 받은 자들의 살림이 넉넉해질 때 상대적으로 궁핍해진 자들의 필요를 채워줌으로써 평형이 이루어지는 것이라는 말이다. 이것은 성경에 기록하기를 "많이 거둔 사람도 남지 아니하고, 적게 거둔 사람도 모자라지 않았다" (출 16:18)한 것에 근거를 두고 있다.

디도와 함께 가는 두 사람에 대한 추천(8:16 - 9:5)

바울은 자신의 열성을 닮은 디도와 복음을 전하는 일로 모든 교회에서 칭찬이 자자한 또 한 사람을 고린도 교회에 보낼 것을 알리면서, 혹시라도 그들이 맡아서 봉사하고 있는 이 헌금을 두고 아무도 비난하지 못하게 하려고 주님 앞에서뿐만 아니라 사람들 앞에서도 좋은 일을 바르게 하려고 한다는 점을 강조하고 있다.

또한, 서둘러서 그들을 미리 고린도로 보내게 된 이유는, 바울이 마케도니아 사람들에게 "아가야(고린도 교회)에서는 지난해부터 준비가 되어 있다"(9:2)하고 자랑하고 있었기 때문에 혹시라도 그들을 자랑한 것이 헛된 말이 되지 않게 하려는 것이었다.

경건의 진정한 표현인 관용 - 헌금을 하는 자와 받은 자들의 감사(9:6 - 15)

헌금은 모쪼록 각자 마음에 정한 대로 해야 하고, 아까워하면서 내거나, 마지못해서 하는 일은 없어야 한다. 하나님께서는 기쁜 마음으로 내는 사람을 사랑하시며 온갖 은혜가 넘치게 하실 수 있다. 그리하여 모든 일에 언제나, 쓸 것을 넉넉하게 가지게 되어서, 온갖 선한 일을 얼마든지 할 수 있게 될 것이다. 또한, 헌금을 받은 사람들은 하나님께 감사를 드리고, 하나님께 영광을 돌릴 것이며, 하나님으로부터 넘치는 은혜를 받아 헌금을 한 사람들을 생각하면서 기도할 것이다.

구제 헌금의 요청이 나에게 얼마나 부담스러운 것인지요?

자선 단체에서 보내오는 수많은 지원요청의 편지들, 가끔 들려오는 긴급 재난의 소식들, 저녁 예배에서 듣는 선교사님들의 후원 요청들 그리고 내가 스스로 도와주고 싶은 사람들까지 그 어느 것도 내 이름으로는 부담스럽지 않은 것이 없습니다. 그래서 구제 헌금은 각자 마음에 정한 대로, 십시일반으로, 교회의 이름으로 해야 합니다. 그리고 교회는 그 헌금의 전달에 한 푼의 누락도 없어야 합니다. 바울이 그랬던 것처럼. 절대로.

10일

✝ 오늘 말씀 고린도 후서 10:1 - 13:13

대적하는 자들로 인한 사도 바울의 자기변호
사역자가 자랑해야 할 것

💡 실마리 풀기

"나는 그리스도를 위하여 병약함과 모욕과 궁핍과 박해와 곤란을 겪는 것을 기뻐합니다. 내가 약할 그 때에, 오히려 내가 강하기 때문입니다"(고후 12:10)

고린도 교회를 향한 바울의 애정은 너무도 지극하여 방문도 세 번이나 하였고(고후 1:15 - 17, 12:14, 13:1 - 2) 편지도 여러 번 한 것으로 보입니다. 즉 고린도전서 이전에도 한 편의 편지(고전 5:9 - 11)를 보낸 것으로 보이고, 고린도 전서와 후서 사이에 또 한편의 편지(고후 2:4, 2:9, 7:8, 7:12)가 있었음을 알 수 있습니다. 신학자들은 고린도후서 자체도 두 편의 편지(1 - 9장과 10 - 13장)의 조합이라고 주장하고 있습니다. 예루살렘을 위한 헌금을 독려하다가 느닷없이 자신에 대한 변호를 장황하게 설명하고 있기 때문입니다.

다시 편지를 보내는 이유 - 하나님께서 주신 권위(10:1 - 11)

바울을 비난하는 사람들의 주장은 그가 고린도에 있을 때의 유순한 모습과 달리 그의 편지에서 드러나는 모습이 너무 강경하다는 것이었다. 복음을 전함에 있어 너무 강하고 담대하게 하는 것이 그들에게 부담스러웠고, 사도로서의 권위를 너무 자랑하는 것이 아닌가, 그리고 연약한 자들을 겁을 주고 있는 것이 아니냐는 의심을 하기도 하였다.

그래서 바울은 자신의 사역이 욕정이나 육체를 무기로 싸우는 것이 아니라, 어떠한 견고한 요새도 무너뜨리는 하나님의 능력에 힘은 것이라고 주장한다. 그 능력은 하나님을 아는 지식을 가로막는 모든 교만을 쳐부수고, 모든 생각을 사로잡아서 그리스도께 복종시키는 것이다. 그리하여 하나님께서 주신 권위는 그들을 무너뜨리는 것이 아니라 세우라고 주신 것임을 주장하며, 부끄러울 것이 없음을 주장한다.

거짓 사도들을 향한 공격 - 자신의 유익을 위하여 일하는 자들(10:12 - 11:15)

거짓된 자들은 하나님이 아니라 자신을 내세우려 하며, 자기 기준으로 자기를 견주어 보고 있으나, 바울은 하나님께서 정하여 주신 한계 안에서 행동하였으며, 그들처럼 남들이 한 수고를 가지고 자랑하려 하지 않았다. 더구나 바울은 복음을 전할 때 값없이 전하였으며, 그들에게 아무런 잘못을 하지도 않았고, 그들에게 짐이 되지 않으려고 애를 썼다.

그러나 거짓된 자들은 스스로 복음을 전하지는 않고 남이 세운 터전에서 비난을 일삼는 자들이며,(자신의 유익을 위하여) 바울이 전하지 않은 다른 예수, 다른 영 그리고 다른 복음을 전하는 자들이다. 바울을 비난함으로써 자신들의 거짓 사역을 인정받으려 하는 자들이다. 그들은 거짓 사도요, 속이는 일꾼들이요, 그리스도의 사도로 가장하는 자들이다.

바울의 자기 자랑 - 약함 가운데 완전하게 된다는 것(11:16 - 12:13)

대적자들이 자기 육신의 일(업적)을 자랑하는 것처럼 바울도 어리석은 자랑을 하겠다고 하면서 자신의 연약함을 드러낸다. 자신이 "수고도 더 많이 하고, 감옥살이도 더 많이하고, 매도 더 많이 맞고, 여러 번 죽을 뻔하였다"(12:23)고 고백하면서 그의 사역이 십자가와 일치하는 것임을 드러내고 있다. 아울러 바울은 "십사 년 전에 셋째 하늘까지 이끌려올라갔던 경험"을 마치 연극에서 성우의 음성을 통해 들려주는 듯이 자랑(12:2 - 5)을 한다. 그리고 자신의 약점(그것이 정확히 무엇인지는 알 수 없다)을 드러내며, 그리스도의능력이 (바울의) 약함 가운데 완전하게 된다는 것을 자랑하고 있다.

세 번째 방문의 예고와 바울의 염려 - 영적 열매의 변질(12:14 - 21)

바울은 이 편지를 보내고 나서 다시 고린도를 세 번째 방문할 것임을 예고한 후, 자신이가장 두려워하는 것은 그들 가운데에 싸움과 시기와 분노와 경쟁심과 비방과 수군거림과교만과 무질서가 있지나 않을까 하는 것이며, 그들 때문에 자신이 하나님께 부끄러움을당하지나 않을까 하는 걱정이었다.

마지막 경고와 권면 - 자기가 믿음 안에 있는지를 스스로 시험해 보라(13:1 - 13)

바울은 마지막으로 고린도 교인들이 자기가 믿음 안에 있는지를 스스로 시험해 보고,스스로 검증해 보고, 결국 예수 그리스도께서 자기 안에 계시다는 것을 알게 되기를 바란다.

**묻고?
답하기!**

내가 약할 그 때, 오히려 내가 강하기 때문이라는 말이 무슨 뜻일까요?

우리는 몸이 건강하고, 경제적으로 평안할 때는 주님을 멀리하기가 쉽습니다. 그러나 질병과 궁핍, 박해와 곤란이 찾아오면 어느덧 주님 곁에 앉아 울부짖는 자신을 발견하게 됩니다. 이때 우리는 〈영적인 강함〉을 얻게 되는데, 그 이유는 우리가 하나님께 집중함으로초자연적인 능력을 얻을 수 있기 때문입니다. 자기 자신에 집중하는 교만으로는 물리적능력밖에는 얻을 수 없으며, 진리를 이길 수 없기 때문입니다. 오늘도 말씀을 읽으며 하나님께 집중해 보시기 바랍니다.

11월 11일

이방인(구별된 민족들)에게 주신 구원

그리스도인으로서의 정체성

✝ 오늘 말씀 로마서 9:30 - 10:13

💡 실마리 풀기

"하나님은 유대 사람만의 하나님이십니까? 이방 사람의 하나님도 되시지 않습니까? 그렇습니다. 이방 사람의 하나님도 되십니다. 참으로 하나님은 오직 한 분뿐이십니다"(롬 3:29)

이방인이라는 신분의 기원 - 하나님의 선택

바벨탑 사건 이후, 하나님께서 사람들을 온 땅에 흩으시니, 사람들이 종족과 언어와 지역과 부족을 따라서 갈라져 나갔습니다. 하나님께서 그중에 한 사람, 아브라함을 선택하셨습니다. 하나님께서 아브라함을 부르시고 "내가 너로 큰 민족이 되게 하고, 너에게 복을 주어서, 네가 크게 이름을 떨치게 하겠다. 너는 복의 근원이 될 것이다"(창 12:2)고 축복하셨습니다. 아브라함의 후손들과 맺은 하나님의 언약은 히브리(이스라엘) 민족을 다른 민족과 구별되도록 하였습니다. 그들은 반드시 하나님의 아들들로서 모범이 되고 제사장 나라가 되어야 하기 때문입니다. 그래서 다른 민족(이방인)과의 혼인을 금하고 음식의 규례를 엄하게 하여, 피가 섞이고 관습이 오염되는 것을 방지한 것입니다.

이방인을 향한 유대인의 오해 - 하나님의 임재

유대인들은 처음에 하나님의 아들들로 여김을 받았으나 세월이 흐를수록 하나님께 의존하지도 않고 순종하지도 않았습니다. 오히려 우상을 섬기고 하나님을 모욕하기에 이르렀습니다. 사랑의 하나님께서 그들을 바빌로니아로 보내어 스스로 하나님 아들로서의 정체성을 찾기를 원하셨습니다. 그러나 바빌로니아에 포로로 잡혀갔다가 돌아온 이후, 극단적 율법주의자들의 가르침은 유대인들로 하여금 하나님의 계명을 따르기보다는 이방인에 대해 극심한 적대감을 느끼도록 유도하였습니다. 그들은 이방인들을 "세상에서 소망이 없고, 하나님도 없는 자"(엡 2:12)들로 여겼습니다.

그래서 하나님께서 이사야를 통해 예언하신 대로, 새 언약, 새 백성을 창조하시기 위해 메시아, 예수 그리스도를 이 땅에 보내셨습니다. 그리스도를 통하여 새 언약을 받고 새 백성이 된 자들이 하나님의 아들들이 되도록 하겠다고 약속하셨습니다. 하나님께서 우리 가운데 육신을 입고 임재하신 것은 온 인류를 구원하시겠다는 하나님의 뜻(vision)의 성취를 위한, 공의로우신 하나님 언약의 실현입니다.

사도 바울이 깨달은 하나님께서 확립하신 구원의 원리 - 차별이 없는 구원

　(롬 1:16 - 17) 이 복음은 유대 사람을 비롯하여 그리스 사람에게 이르기까지, 모든 믿는 사람을 구원하는 하나님의 능력입니다. 하나님의 의가 복음 속에 나타납니다. 이 일은 오로지 믿음에 근거하여 일어납니다. 이것은 성경에 기록한바, "의인은 믿음으로 살 것이다" (합 2:4) 한 것과 같습니다.

　(롬 9:24) 하나님께서는 우리를 부르시되, 유대 사람 가운데서 만이 아니라 이방 사람 가운데서도 부르셨습니다.

　(롬 10:9 - 13) 당신이 만일 예수는 주님이라고 입으로 고백하고, 하나님께서 그를 죽은 사람들 가운데서 살리신 것을 마음으로 믿으면 구원을 얻을 것입니다. 사람은 마음으로 믿어서 의에 이르고, 입으로 고백해서 구원에 이르게 됩니다. 유대 사람이나, 그리스 사람(이방 사람)이나 차별이 없습니다.

　이것이 바울이 깨닫고 전하는 하나님의 풍성한 **은혜의 경륜**이며, **그리스도로 인한 비밀**입니다. 이방인들이 하나님 나라의 후사가 되고, 지체가 되고, 약속에 참여하는 자가 되는 것입니다. 그리스도 예수로 인하여 하나님의 상속자, 하나님의 아들들, 하나님과 새 언약을 맺은 사람들이 되는 것입니다.

이방인에서 그리스도인으로 - 정체성의 확인

　사도 바울은 우리에게 말합니다. 너희는 이방인이라고. 그렇습니다. 우리는 본래 이방인들이었다가 택함을 받았다는 자기 정체성을 늘 확인해야 합니다. 우리는 이제 "새로운 피조물"(고후 5:17) 이며, "택하심을 받은 족속이요, 왕과 같은 제사장들이요, 거룩한 민족이요, 하나님의 소유가 된 백성"(벧전 2:9 - 10)입니다. 그러므로 우리는 하나님께 의존하지도 않고 순종하지도 않았던 유대인들처럼 또다시 실패의 절벽 밑으로 떨어지는 어리석은 자가 될 수 없습니다. 유대인들은 이제 하나님의 역사 속에서 철저히 **실패한 모범**이 될 뿐입니다. 그러나 우리는 새로 선택함을 받은 아브라함의 자손이며 **승리할 모범**이 되어야 합니다.

　사도 바울은 우리(이방인)를 위하여 "그리스도의 사랑의 너비와 길이와 높이와 깊이가 어떠한지를 깨달을 수 있게 되고, 지식을 초월하는 그리스도의 사랑을 알게 되기를"(엡 3:16 - 19) 기원합니다. 그리스도의 사랑을 진리의 차원에서 알게 되기를 바라는 것입니다. 우리가 예수 그리스도를 직접 만나지는 못하였지만, 성령의 능력으로 예수 그리스도를 알게 되었다면 우리는 이제 그의 말씀(성경)을 깊이 있게 이해하는 사람이 되어야 합니다. 그리고 깨달음을 넘어 '그리스도의 사랑'을 이웃에게 전하고, 그들을 양육할 수 있는 수준에 이르러야 합니다. 그렇게 해서 우리가 **이방인으로서의 정체성**을 뛰어넘어 **그의 말씀과 부활을 전하기 위해 노력하는 그리스도인으로서의 정체성**을 갖게 된다면 더 바랄 것이 없을 것입니다.

12일

✝ 오늘 말씀 로마서 1:1 - 3:20

이방인을 향한 사도 바울의 변증
유대인과 이방인에게 동등한 죄성

💡 실마리 풀기

"이 복음은 유대 사람을 비롯하여 그리스 사람에게 이르기까지, 모든 믿는 사람을 구원하는 하나님의 능력입니다"(롬 1:16)

바울은 "여러 해 전부터 여러분에게로 가기를 바라고 있었으므로, 내가 스페인으로 갈 때에, 지나가는 길에 여러분을 만나보고, 잠시 동안만이라도 여러분과 먼저 기쁨을 나누려고 합니다"(롬 15:23 - 24) 라고 함으로써 그가 로마에 가고자 하는 강한 소망이 있었음을 드러냅니다. 그런데도 어쩔 수 없이 예루살렘으로 가야만 하는 바울은 고린도에 머무르는 동안 로마의 교회를 향한 편지를 썼습니다. 그가 그토록 바랐지만, 가지 못할 수 있는 상황이 예루살렘에서 전개될지 모릅니다. 그래서 바울은 편지로라도 복음을 전하고 싶은 간절한 바람을 기록하는 것입니다. 그는 편지에서 유대 사람이나 로마 사람이나 하나님 앞에 동등하다는 전제하에 하나님 나라의 복음과 신학적 논리를 소개하고 있습니다.

서문 - 바울의 자기소개와 전하고자 하는 복음(1:1 - 17)

바울은 하나님의 복음을 전하기 위하여 부르심을 받아 사도가 되었다. 그는 특별히 세상 모든 민족이 믿고 순종하게 하려며, 부르심을 받은 로마 사람들에게 자신이 가진 모든 영적 자산을 드러내 보이고자 이 편지를 쓴다.

[복음] 바울이 전하는 하나님의 복음은 하나님의 아들, 예수 그리스도를 두고 약속하신 것으로, "이 아들은, 육신으로는 다윗의 후손으로 태어나셨으며, 성령으로는(영적으로는) 죽은 사람들 가운데서 부활하심으로 나타내신 권능으로 하나님의 아들로 확정되신 분이십니다. 그는 곧 우리 주 예수 그리스도이십니다"(1:3 - 4).

바울은 로마에 가서 그곳에 있는 사람들에게 자신의 신령한 은사를 나누어주어, 그들을 굳세게 하고자 한다. 그것은 그들에게 복음을 전하는 일이며, 이 복음은 유대 사람을 비롯하여 모든 이방 사람들에게 이르기까지 모든 믿는 사람을 구원하는 **하나님의 능력**이기 때문이다.

유대인이나 이방인이나 모든 인간에게 동등한 죄성(1:18 - 3:20)
모든 인간의 죄와 그 모습들 - 스스로 선택한 죄의 세력에게 넘겨주심(1:18 - 32)

사람들은 창조주 하나님의 보이지 않는 속성, 곧 그분의 영원하신 능력과 신성은 하나님이 지으신 만물을 보고서 깨닫게 되어 있다. 모른다고 핑계를 댈 수가 없다. 그러나 사람들은 자신의 지혜에 의존하고 하나님의 진리를 거짓으로 바꾸고, 창조주 대신에 피조물을 숭배하고 섬긴다. 그래서 하나님께서는 사람들이 마음의 욕정대로 하도록 더러움에, 부끄러운 정욕에 그리고 타락한 마음자리에 그대로 내버려 두심으로 그들 스스로 선택한 죄의 세력에게 넘겨 주셨다.

하나님의 공정한 심판 - 율법을 행하는 이방인과 율법을 범하는 유대인(2:1 - 29)

그러므로 남을 심판하는 사람도 그가 누구이든지 죄가 없다고 변명할 수 없다. 하나님께서는 악한 일을 하는 사람에게는 환난과 고통을 주실 것이요, 선한 일을 하는 사람에게는 영광과 존귀와 평강을 내리실 것이다. 하나님께서는 유대 사람이나 그리스 사람을 차별이 없이 대하시기 때문이다.

하나님 앞에서는 율법을 듣는 사람이 의로운 사람이 아니다. 오직 율법을 실천하는 사람이라야 의롭게 될 것이다. 율법을 가지지 않은 이방 사람이 사람의 본성을 따라 율법이 명하는 바를 행하면, 그들은 율법을 가지고 있지 않아도 자기 자신이 자기에게 율법이다. 그러므로 속사람으로 유대 사람인 이가 유대 사람이며, 율법의 조문을 따라서 받는 할례가 아니라 **성령으로 마음에 받는 할례**가 참 할례이다.

참되신 하나님 앞에 드러나는 모든 사람의 죄 - 유대 사람이나 그리스 사람이나(3:1 - 20)

유대 사람의 특권은 하나님의 택한 민족이 되어, 그분의 말씀을 수행하는 역할을 맡았다는 것이다. 그러나 그들이 신실하지 못했다고 해서 하나님의 신실함이 없어지는 것이 아니요, 우리의 불의가 하나님의 의를 드러낸다고 해서 하나님이 불의하신 것이 아니다. 하나님은 본래 참되시다. 하나님의 신실하심은 사람들의 믿음에 따라 변하는 것이 아니다.

이미 지적하였듯이 하나님의 말씀을 맡았던 유대 사람이나 그렇지 못한 그리스 사람이나, 다 같이 죄 아래에 있으므로 심판을 피할 수 없다. 율법의 행위로는 하나님 앞에서 의롭다고 인정받을 사람이 아무도 없으며, 율법으로는 죄를 인식할 뿐이다.

묻고? 답하기!

착한 일을 많이 하는 이방인과 율법을 따라 살고자 하는 유대인의 차이는 무엇인가?

그들이 인간인 이상 죄의 문제에 있어서 차이는 없습니다. 유대인들이 율법을 따라 살고자 하여도 예수 그리스도를 두고 약속하신 복음을 모른다면 그들도 역시 심판을 받을 것이 자명합니다. 모든 인류의 유일한 희망은 그리스도가 십자가에서 이루시고, 부활하신 일에 대한 믿음입니다. 우리는 바울의 이 선포를 기억해야 합니다. – "하나님의 의가 복음 속에 나타납니다. 이 일은 오로지 믿음에 근거하여 일어납니다. 이것은 성경에 기록한바 '의인은 믿음으로 살 것이다'(합 2:4)한 것과 같습니다"(1:17).

✝ 오늘 말씀 로마서 3:21 - 4:25

율법과 무관한 하나님의 의
유대인과 이방인에게 동등한 칭의

💡 **실마리 풀기**

"사람은 그리스도 예수 안에서 얻는 구원으로 말미암아, 하나님의 은혜로 값없이 의롭다는 선고를 받습니다"(롬 3:24)

바울과 같은 유대인이나, 이방 사람인 로마인이나 하나님 앞에 똑같은 죄인이라는 전제를 제시한 사도 바울은 모든 사람 앞에 동등하게 하나님의 의가 나타났음을 선포합니다. 그 하나님의 의는 우리 스스로 노력하여, 즉 착한 마음과 행실을 가지고 얻을 수 있는 것이 아닙니다. 그 하나님의 의는 그리스도 예수를 믿는 믿음으로 구원을 얻고, 값없이 은혜로 의롭다 여김을 받는다는 것입니다.

율법과는 상관없이 나타난 하나님의 의(이신칭의 신학) - 자기의 의를 나타내시는 하나님(3:21 - 31)

참되신 하나님 앞에 모든 사람은 죄인일 뿐이다. 그 모든 죄인을 구원하시고자 하는 하나님의 뜻, 하나님의 의가 우리 앞에 제시되었다. 이 하나님의 의는 모든 믿는 사람에게 아무 차별이 없이 주어질 것이다. 하나님께서 이렇게 하신 것은 사람들이 이제까지 지은 죄를 너그럽게 보아주심으로써 자기의 의를 나타내시려는 것이다. 이는 하나님의 의로우심과 자비하심의 결과이다. 하나님 의가 율법과는 상관이 없이 우리 가운데 나타나신 것이다. 그것은 하나님의 약속이신 그리스도 예수를 믿음으로 얻는 구원으로 말미암아, 우리의 뜻과 상관없이 오직 하나님의 은혜로 값없이 의롭다는 선고를 받는 것이다.

공의로우신 하나님 - 하나님이 공의로우시다는 것은 모든 죄는 예외 없이 벌을 받아야 한다는 의미이다. 또한, 하나님은 속죄의 피 흘림이 없이는 죄를 용서해 주시는 법이 없다. 심지어는 하나님 자신도 자신의 공의를 어기지 않으시기 때문에 자기의 독생자 예수까지도 십자가에서 피를 흘리게 하신 것이다. 그러므로 우리를 위해 속죄 제물로 돌아가신 **예수 그리스도의 피를 믿는다는 것**은 하나님의 살아계심과 하나님의 공의로우심과 하나님의 우리를 구원하시고자 하는 뜻을 믿는 것이다. 예수 그리스도의 거룩한 피 흘림을 믿는 것만으로 우리는 의롭다 여김을 받을 수 있다.

하나님은 유대 사람만의 하나님이 아니라 이방 사람의 하나님도 되시므로 - 사람은 율법이나 행위를 자랑할 것이 아무것도 없다. 사람이 율법의 행위와는 상관없이 오직 믿음으로 의롭다고 인정을 받을 것이다. 하나님께서는 할례를 받은 사람도, 할례를 받지 않은 사람도 그의 믿음을 보시고 의롭다고 하시는 것이다.

우리 모두의 조상 아브라함의 믿음 – 할례냐, 믿음이냐(4:1 - 25)

행한 것이 없어도, 하나님께서 의롭다고 여겨 주시는 사람이 받을 복을 다윗도 다음과 같이 말하였다. "하나님께서 잘못을 용서해 주시고 죄를 덮어 주신 사람은 복이 있다. 주님께서 죄 없다고 인정해 주실 사람은 복이 있다"(시 32:1 - 2).

"아브라함이 하나님을 믿으니, 하나님께서 그를 의롭다고 여기셨다"(창 15:6)하신 인정을 받은 것은 그가 할례를 받은 후에 된 일이 아니라 할례를 받기 전에 된 일이다. 아브라함은 할례를 받지 않고도 믿는 모든 사람의 조상이 되었으니 이것은 할례를 받지 않은 사람들도 의롭다는 인정을 받게 하려는 것이었으며, 나중에 아브라함이 할례라는 표를 받은 것은 그가 할례를 받지 않은 상태에서 이미 얻은 믿음의 의를 확증하는 것이었다.

아브라함에게 은혜로 주신 약속 – 그의 모든 후손에게도 보장하시려는 것

- "아브라함이나 그 자손에게 주신 하나님의 약속, 곧 그들이 세상을 물려받을 상속자가 되리라는 것은, 율법으로 말미암은 것이 아니라, 믿음의 의로 말미암은 것입니다"(4:13).

- "이런 까닭에, 이 약속은 믿음에 근거한 것입니다. 그것은 하나님께서 아브라함에게 이 약속을 은혜로 주셔서 이것을 그의 모든 후손에게도, 곧 율법으로 사는 사람들에게만이 아니라 아브라함이 지닌 믿음으로 사는 사람들에게도 보장하시려는 것입니다. 아브라함은 우리 모두의 조상입니다"(4:16).

- "그가 의롭다는 인정을 받았다 하는 말은, 아브라함만을 위하여 기록된 것이 아니라, 하나님께서 의롭다고 여겨 주실 우리, 곧 우리 주 예수를 죽은 사람들 가운데서 살리신 분을 믿는 우리까지도 위한 것입니다. 예수는 우리의 범죄 때문에 죽임을 당하셨고, 우리를 의롭게 하시려고 살아나셨습니다"(4:23 - 25).

묻고? 답하기!

예수 그리스도를 믿기만 하면 우리가 의로워지는가?

의로운 자가 된다는 것은 다시는 죄를 범하지 않는 자가 된다는 것입니다. 그러나 본래 죄인이었던 자가 예수 그리스도를 믿는 믿음을 고백한다고 해서 그가 곧 의인이 되었다고 볼 수는 없습니다. 죄의 본성을 지니고 있던 자가 어느 날 갑자기 그것을 완전히 벗어버린다는 보장을 할 수는 없기 때문입니다. 그런데도 하나님께서 모든 믿는 자에게 의롭다는 선포를 하시는 것은 하나님께서 임의로 의롭다고 여겨주시기로 작정하셨기 때문입니다. 그러므로 예수 그리스도를 믿는 자는 〈하나님의 의〉 안에서 의인이 되는 것입니다. 이것이 영원하신 하나님의 은혜입니다.

14일

✝ 오늘 말씀 로마서 5:1 - 8:39

우리(그리스도인)의 참 자유
유대인과 이방인에게 동등한 신분

💡 실마리 풀기

"우리가 그리스도와 함께 영광을 받으려고 그와 함께 고난을 받으면, 우리는 하나님이 정하신 상속자요, 그리스도와 더불어 공동 상속자입니다"(롬 8:17)

이전에는 유대인이나 이방인이나 똑같이 죄가 죽음으로 지배하였으나, 이제는 유대인이나 이방인이나 은혜가 의를 통하여 지배하게 되었으니, 유대인이나 이방인이나 모두가 함께 주 예수 그리스도로 말미암아 영원한 생명을 얻고, 우리(그리스도인)가 되어 죽음과 죄로부터 자유를 누리게 되었습니다.

하나님과 화해함으로 받은 죽음으로부터의 자유 - 자기의 사랑을 실증하신 하나님(5:1 - 21)

우리가 아직 죄인이었을 때에 그리스도께서 우리를 위하여 돌아가셨고, 하나님께서 우리에 대한 자기의 사랑을 실증하심으로 말미암아 하나님과 화해를 하게 되었다. 그렇다면, 화해한 우리가 하나님의 생명으로 구원을 얻으리라는 것은 더욱더 확실한 일이다.

아담으로 말미암아 죄가 세상에 들어왔고 또 그 죄로 말미암아 죽음이 들어온 것과 같이, 모든 사람이 죄를 지었기 때문에 죽음이 모든 사람에게 이르게 되었다. 우리는 불순종, 죄, 그리고 죽음에 있어서 **아담 안에서 동등**하다. 우리는 순종, 속죄 그리고 생명에 있어서 **그리스도 안에서 동등**하다. 그러므로 죄가 죽음으로 사람을 지배한 것과 같이 은혜가 의를 통하여 사람을 지배하여, 우리 주 예수 그리스도로 말미암아 우리는 죽음으로부터 자유로우며 영원한 생명을 얻게 되었다.

죄의 지배로부터의 자유 - 죄의 종에서 의의 종으로(6:1 - 23)

우리는 세례를 받을 때 죄에 대하여 영원히 죽었고, 우리의 "옛사람"은 그리스도와 함께 십자가에 못 박혔으며, 율법 아래 있지 않고 은혜 아래 있으므로 죄가 우리를 다스릴 수 없을 것이다. 우리가 전에는 **죄의 종**이었으나 이제 우리는 전해 받은 교훈의 본에 마음으로부터 순종함으로써 죄에서 해방을 받아서 **의의 종**이 되었다. 이제 우리는 죄에서 해방을 받고 하나님의 종이 되어서, 거룩함에 이르는 삶의 열매를 맺고 있으니, 그 마지막은 우리 주 예수 그리스도 안에서 영원한 생명을 누리는 것이다.

율법의 정죄로부터의 자유 - 죄와 죽음의 법에서 생명의 성령의 법으로(7:1 - 25)

이제 우리는 죽은 사람들 가운데서 살아나신 그리스도에게 속하게 되었다. 이전에 우리가 육신이 시키는 대로 살 때는 죄의 욕정이 우리 몸 안에서 작용해서 죽음에 이르는 열매를 맺었지만, 지금은 우리를 옭아맸던 것에 대하여 죽어서 율법에서 풀려나게 되었다. 또한 우리 안에 있는 죄의 법이 늘 우리를 지배하려 하지만 그리스도로 말미암은 **생명의 성령의 법**이 **죄와 죽음의 법**에서 자유롭게 해주실 것이다.

생명을 주신 성령 안에 누리는 자녀의 자유 - 그 어떤 것도 끊을 수 없는 하나님의 사랑(8:1 - 39)

육신에 속한 생각은 하나님께 품는 적대감으로써 그 결과는 죽음뿐이지만, **성령에 속한 생각**은 생명과 평화를 이룬다. 하나님의 영과 그리스도께서 우리 안에 살아 계시면 우리의 죽을 몸도 살리실 것이다. 그 성령이 우리의 영과 함께, 우리가 하나님의 자녀임을 증언할 것이다.

우리가 이 소망으로 구원을 얻었으나 우리가 약하고 어떻게 기도해야 할지도 알지 못하지만, 성령께서 친히 이루 다 말할 수 없는 탄식으로 우리를 대신하여 간절히 구하여 주시므로 하나님께서 우리의 생각을 아신다. 하나님께서는 유대인과 이방인을 같은 조건에서 미리 아셨고, 정하셨고, 부르셨기 때문에 하나님을 사랑하는 사람들, 곧 하나님의 뜻대로 부르심을 받은 사람들에게는 모든 일이 서로 협력해서 선을 이룬다.

하나님의 뜻에 관한 5가지 확증 - 그래서 하나님께서는 미리 아신 사람들을 **택하시고**, 자기 아들의 형상과 같은 모습이 되도록 **미리 정하셨으며**, 정하신 사람들을 **부르시고**, 또한 부르신 사람들을 **의롭게 하시고**, 의롭게 하신 사람들을 또한 **영화롭게 하셨다**.

그러므로 확신하건대 죽음도, 삶도, 천사들도, 권세 자들도, 현재 일도, 장래 일도, 능력도, 높음도, 깊음도, 그 밖에 어떤 피조물도 우리를 우리 주 예수 그리스도 안에 있는 하나님의 사랑에서 끊을 수 없다.

우리는 하나님의 살아계심을 어떻게 인식하고 믿을 수 있을까?

이미 예수 그리스도를 믿음으로 하나님의 말씀을 듣고, 하나님의 살아계심을 고백하며 사는 우리는 그것을 당연하게 여길 수 있습니다. 그러나 곰곰이 생각해보면 참으로 불가사의한 일임을 인정하지 않을 수 없습니다. 무엇이 우리를 이 거룩한 믿음으로 인한 자유와 생명 가운데 인도하셨을까요?

15일

✝ 오늘말씀 로마서 9:1 - 11:36

우리(그리스도인)의 구원
유대인과 이방인에게 동등한 하나님의 계획

💡 **실마리 풀기**

"유대 사람이나, 그리스 사람이나, 차별이 없습니다. 그는 모든 사람에게 똑같이 주님이 되어 주시고, 그를 부르는 모든 사람에게 풍성한 은혜를 내려주십니다. '주님의 이름을 부르는 사람은 누구든지 구원을 얻을 것입니다'"(롬 10:12 - 13)

지금까지 바울은 유대인이나 로마인이나 하나님 앞에 똑같은 죄인이었으나, 그들 앞에 동등하게 하나님의 의가 나타났으며, 그 하나님의 의는 그리스도 예수를 믿는 믿음으로 구원을 얻고, 값없이 은혜로 의롭다 여김을 받음으로 죽음과 죄로부터 자유를 누리게 되었다고 하였습니다.

이제 바울은 어찌하여 하나님께서 하나님의 맏 자녀였던 유대인만이 아니라 이방인들도 구원하고자 하셨는가 하는 의문에 답을 하고 있습니다. 여기에서 바울은 택하심의 원리, 구원의 원리를 제시하면서 유대인과 이방인을 위한 하나님의 계획을 들려주고 있습니다.

하나님께서 선택하신 자비의 대상들 - 택하심의 원리(9:1 - 29)

이스라엘 백성들에게는 하나님의 자녀로서의 신분이 있고, 하나님을 모시는 영광이 있고, 하나님과 맺은 언약들이 있고, 율법이 있고, 예배가 있고, 하나님의 약속들이 있다. 그러나 여기서 분명히 선포한다. 아브라함의 자손이라고 해서 다 그의 자녀가 아니며, "이삭에게서 태어난 사람만을 너의 자손이라고 부르겠다"(창 21:12) 하셨던 것처럼, **육신의 자녀**가 하나님의 자녀가 되는 것이 아니라 **약속의 자녀**가 참 자손으로 여겨지리라는 것을.

성경에 기록된바 "내가 야곱은 사랑하고, 에서는 미워하였다"(말 1:2, 3)한 것과 같이, 누가 하나님의 뜻을 거역할 수 있다는 말인가? 택하심이라는 원리를 따라 세우신 하나님의 계획에 모든 것이 달려있으며, 하나님께서는 긍휼히 여기시고자 하는 사람을 긍휼히 여기시고, 완악하게 하시고자 하는 사람을 완악하게 하신다. 모든 선택은 사람의 의지나 노력에 달린 것이 아니라 하나님의 자비에 달려 있다.

하나님께서는 멸망 받게 되어 있는 진노의 대상들에 대하여 꾸준히 참으시면서 너그럽게 대해 주시고, 영광을 받도록 예비하신 자비의 대상들에 대하여 자기의 풍성하신 영광을 알리시고자 하셨다. 그렇게 하나님께서는 우리를 부르시되, 유대 사람 가운데서 만이 아니라 이방 사람 가운데서도 부르신 것이다.

하나님께서 확립하신 구원의 원리 - 믿음에 근거한 의와 행위에 근거한 의(9:30 - 10:21)

하나님께서 우리에게 제시하신 보편적 구원의 원리는 "예수는 주님이라고 입으로 고백하고, 하나님께서 그를 죽은 사람들 가운데서 살리신 것을 마음으로 믿는"(10:9) 것이다. 그리고 이에는 유대 사람이나, 그리스 사람이나 차별이 없다. 그리스도는 모든 사람에게 똑같이 주님이 되어 주시고, 그를 부르는 모든 사람에게 풍성한 은혜를 내려주신다.

그 계획을 순종한, 본래 의를 추구하지 않은 이방 사람들이 의를 얻었으니, 그것은 믿음에서 난 의로 인한 것이다. 그러나 믿음은 들음에서 생기고, 들음은 그리스도의 말씀에서 비롯됨에도 불구하고 유대인들은 **믿음에 근거하여** 의에 이르려고 한 것이 아니라, **율법(행위)에 근거하여** 의에 이르려고 했기 때문에 그들에게 율법은 오히려 걸려 넘어지는 걸림돌이 된 것이다.

이스라엘의 불순종으로 인한 이방인의 구원 - 이방인의 구원을 통한 이스라엘의 회복 (11:1 - 36)

그러면 하나님께서 자기 백성들을 버리신 것은 아닐까? 그럴 수 없다. 그들 가운데에도 은혜로 택하심을 입은 사람들이 남아있다. 이스라엘의 허물 때문에 이방인들이 구원을 얻게 되었다면, 이스라엘 전체가 바로 설 때는 그 복이 얼마나 엄청나겠는가?

본래 하나님의 백성이었던 이스라엘의 불순종으로 인하여, 전에 하나님께 순종하지 않던 이방인들이 하나님의 자비를 입게 되었다. 이방인이었던 우리가 참 올리브 나무의 자리에 붙어 있는 것은 말씀에 순종하였기 때문이며 말씀을 믿었기 때문이다. 이 모든 것은 이방인의 구원을 통하여 이스라엘을 회복하시고자 하는 하나님의 계획 가운데 이루어진 것이다. 그러니 하나님의 자녀로 택함을 받은 자들은 교만한 마음을 품지 말고 도리어 두려워하여야 한다.

묻고? 답하기!

마음으로 믿어서 의에 이르고, 입으로 고백해서 구원에 이르게 되는 것이 사실일까?

네 맞습니다. 마음으로 믿고 입으로 고백하기만 하면 구원을 얻습니다. 아울러 물(육체)과 불(성령)의 세례라는 형식과 절차를 통하여 인증을 받는 것도 중요합니다. 그러나 그렇게 얻은 구원이 그의 행실과 성품을 변화시키지 못한다면 그 믿음이 진실한 믿음이라고 인정하기 힘이 듭니다. 또한, 하나님의 은혜와 주권적 택하심으로 구원을 얻었다고 해서, 하나님의 긍휼을 구하고 하나님의 말씀을 따라 살기 위한 노력을 게을리 해서는 안 될 것입니다. 믿음은 하나님의 마음과 사람의 마음이 인격적으로 만나는 것이기 때문입니다.

16일 ~~~~~~

✝ 오늘 말씀 로마서 12:1 - 15:6

우리(그리스도인)에게 주어진 과제
유대인과 이방인에게 동등한 새로운 삶

💡 실마리 풀기

"여러분의 몸을 하나님께서 기뻐하실 거룩한 산 제물로 드리십시오. 이것이 여러분이 드릴 합당한 예배입니다"(롬 12:1)

유대인만이 아니라 이방인들도 하나님의 의로 말미암아 하나님의 자녀가 되고, 〈그리스도인〉이라는 동등한 자유를 누리는 신분을 갖게 되었습니다. 바울은 이제 교회 안에서 한 형제자매로 살아가야 할 그리스도인들에게 새로운 삶의 모습을 제시합니다. 옛사람을 벗어 버린 그들의 변화된 모습은 교회 내에서뿐만 아니라 세상에 나아가서도 소금과 빛의 역할을 감당해야 하기 때문입니다.

유대인과 이방인 그리스도인의 새로운 삶 - 일곱 가지 은사(12:1 - 8)

분별하라 - 우리의 몸을 하나님께서 기뻐하실 거룩한 산 제물로 드리라. 이것이 우리가 드릴 합당한 예배이다. 우리는 이 시대의 풍조를 본받지 말고 마음을 새롭게 함으로 변화를 받아서, 하나님의 선하시고 기뻐하시고 완전하신 뜻이 무엇인지를 분별하여야 한다.

일곱 가지 은사를 사용하라 - 하나님께서 우리에게 주신 은혜를 따라, 서로가 믿음의 분량대로 분수에 맞게 생각하며, 그리스도 안에서 한 몸을 이루고 있는 각 사람은 서로 지체임을 잊지 말라. 지체 가운데 예언하는 사람은 믿음의 정도에 맞게 할 것이요, 섬기는 사람, 가르치는 사람, 권면하는 사람은 그 일에 힘쓸 것이요, 나누어주는 사람은 순수한 마음으로, 지도하는 사람은 열성으로, 자선을 베푸는 사람은 기쁜 마음으로 하여야 한다.

주변 사람들과의 관계 속에서의 삶 - 서로 사랑하라(12:9 - 13:14)

사랑의 방법 - 형제의 사랑으로 서로 다정하게 대하며 존경하기를 서로 먼저 하라. 열심을 내어 일하고, 소망을 품고 즐거워하며, 환난을 겪을 때에 참으며 기도하라. 교만한 마음을 품지 말고 스스로 지혜가 있는 체하지 마라. 아무에게도 악을 악으로 갚지 말고 모든 사람이 선하다고 생각하는 일을 하려고 애쓰라. 악에 지지 말고 선으로 악을 이기라.

모든 권세는 하나님께로부터 온 것이며 이미 있는 권세들도 하나님께서 세워주신 것이니, 세상 권세에 복종하라. 진노를 두려워해서만이 아니라 양심을 생각해서 복종하라. 두려워해야 할 이는 두려워하고 존경해야 할 이는 존경하라.

서로 사랑하는 것 외에는 아무에게도 빚을 지지 마라. 남을 사랑하는 사람은 율법을 다 이룬 것이다. 모든 계명은 "네 이웃을 네 몸과 같이 사랑하여라"(레 19:18) 하는 말씀에 요약되어 있으니, 사랑은 율법의 완성이다.

그리스도인들 간의 관계 속에서의 삶 - 믿음이 강한 자와 믿음이 약한 자(14:1 - 15:6)

교회 안에서의 행동 지침 - 그리스도인이라면 믿음이 약한 이를 받아들이고 그의 생각을 시 빗거리로 삼지 말아야 한다. 어떤 사람은 모든 것을 다 먹을 수 있으나 믿음이 약한 사람은 채 소만 먹는다. 무엇이든지 먹는 사람은 자신처럼 먹지 않는 사람을 업신여기지 말아야 한다. 어떤 사람은 이날이 중요하다고 하며, 어떤 사람은 모든 날이 다 같다고 한다. 그리스도께서 돌아가셨다가 살아나신 것은 그들 모두에게 주님이 되시려는 것이니, 서로 용납하고 비판하 지 말아야 한다. 우리는 살아도 주님을 위하여 살고 죽어도 주님을 위하여 죽을 것이니, 우리 는 살든지 죽든지 주님의 것이라.

하나님 나라는 먹는 일과 마시는 일이 아니라 성령 안에서 누리는 의와 평화와 기쁨이다. 그러므로 이제부터는 서로 남을 심판하지 말고, 형제자매 앞에 장애물이나 걸림돌을 놓지 않 아야 하며, 서로 화평을 도모하는 일과 서로 덕을 세우는 일에 힘을 써야 한다.

- "고기를 먹는다든가, 술을 마신다든가, 그 밖에 무엇이든지, 형제나 자매를 걸려 넘어지 게 하는 일은 하지 않는 것이 좋습니다. 그대가 지니고 있는 신념을 하나님 앞에서 스스로 간 직하십오. 자기가 옳다고 생각하는 일을 하면서 자기를 정죄하지 않는 사람은 복이 있습니 다. 의심하면서 먹는 사람은 이미 단죄를 받은 것입니다"(14:21 - 23). 믿음에 근거하지 않는 것은 다 죄가 되기 때문이다.

유대인과 이방인 그리스도인을 향한 기도 - "인내심과 위로를 주시는 하나님께서, 우리 모두 가 그리스도 예수를 본받아 같은 생각을 품게 하시고, 한마음과 한 입으로 하나님 곧 우리 주 예수 그리스도의 아버지께 영광을 돌리도록 해주시기를 빕니다"(15:5 - 6).

믿음으로 사는 것은 어떻게 사는 것일까?

"오직 의인은 믿음으로 말미암아 살리라"라는 말씀을 "오직 믿음으로 구원을 얻으리 라"는 뜻으로 오해하는 사람들이 종종 있습니다. 이는 실로 "오직 믿음 가운데 살아가 야 한다"는 뜻입니다. 하나님을 향한 인격적인 노력은 전혀 하지 않으면서 입으로만 믿음을 말하는 자는 구원받은 자가 아닙니다. 의로운 자는 무언가 거창한 의로운 행 위를 하는 자이기보다는 하나님을 신뢰하며 사는 자, 예수님을 주님으로 모시고 사는 자, 주님을 사랑하여 주님의 말씀을 가슴에 품고 닮아가도록 노력하며 사는 자입니다.

11

로마서

17일

✝ 오늘 말씀 로마서 15:7 - 16:27

이방인을 향한 사도 바울의 결론
로마의 이방인 교회를 향한 소망

💡 실마리 풀기

"하나님께서 이 은혜를 내게 주신 것은, 나로 하여금 이방 사람에게 보내심을 받은 그리스도 예수의 일꾼이 되게 하여, 하나님의 복음을 전하는 제사장의 직무를 수행하게 하시려는 것입니다"(롬 15:16)

그토록 로마로 가고 싶어 여러 번 애를 썼으나 갈 수 없었고, 지금은 주님의 일을 위하여 예루살렘으로 가야만 하는 바울은 로마에 있는 그리스도인들을 위하여 편지를 썼습니다. 그 편지에는 바울이 깨닫고 이해한 복음의 진수가 자세히 기록되어 있습니다. 로마인을 넘어 이 세상 모든 이방인을 위한, 마치 신학자의 논리 정연한 논문과도 같은 편지입니다. 로마서는 유대인 출신의 예수님을 이방인들에게 소개하는 유대인 바울의 절절한 심정을 이해하도록 애를 쓰면서 읽어야 합니다. 그래야 우리 이방인 그리스도인에게 하나님의 사랑의 마음이 감동으로 전해질 것입니다.

결론 - 전하고자 하는 주제의 마무리(15:7 - 13)

바울은 마지막으로 그리스도가 되신 예수님을 소개한다. 그리스도께서는 하나님의 진실하심을 드러내시려고 유대 사람의 종이 되셨으니, 그것은 하나님께서 조상에게 주신 약속들을 확증하시고, 이방 사람들도 긍휼히 여기심을 받아서 하나님께 영광을 돌리게 하시려고 한 것이다.

바울은 그의 모든 가르침이 이방 사람들을 위한 하나님의 구원계획을 드러냄에 있음을 확신하면서, 자신이 로마서 1장 2절에서 "이 복음은 하나님께서 예언자들을 통하여 성경에 미리 약속하신 것"이라고 한 말의 증거를 여기에 제시하고 있다.

- "그러므로 내가 이방 사람들 가운데서 주님께 찬양을 드리며, 주님의 이름을 찬미합니다"(삼하 22:50; 시 18:49).
- "이방 사람들아, 주님의 백성과 함께 즐거워하여라"(신 32:43).
- "모든 이방 사람들은 주님을 찬양하여라. 모든 백성들아, 주님을 찬양하여라"(시 117:1).
- "이새의 뿌리에서 싹이 나서 이방 사람을 다스릴 이가 일어날 것이니, 이방 사람은 그에게 소망을 둘 것이다"(사 11:10).

바울의 개인적 결론 - 자기소개와 기도 제목(15:14 - 33)

하나님께서 바울에게 은혜를 주신 것은, 그가 이방 사람에게 보내심을 받은 그리스도 예수의 일꾼이 되게 하여, 하나님의 복음을 전하는 제사장의 직무를 수행하게 하시려는 것과 이방 사람들이 성령으로 거룩하게 되게 하여, 하나님께서 기쁨으로 받으실 제물이 되게 하시려는 것이다. 바울은 하나님을 섬기는 일을 그리스도 예수 안에서 자랑스럽게 생각하면서도, 하나님께서 바울을 시켜서 이루어 놓으신 일들은 말과 행동으로, 표징과 이적의 능력으로, 성령의 권능으로 이루어진 것임을 고백하고 있다.

바울은 그리스도의 이름이 알려지지 않은 곳에서 복음을 전하는 것을 명예로 삼았다. 그러나 그가 로마로 가려고 여러 번 시도하였으나 번번이 길이 막혀 가지 못하였음으로 인하여 이 편지를 쓰게 되었음을 고백하고 있다. 바울은 다음과 같이 기도한다. 그가 예루살렘에 도착하더라도 "유대에 있는 믿지 않는 자들에게서 화를 당하지 않도록, 그리고 또 예루살렘으로 가져가는 구제금이 그곳 성도들에게 기쁘게 받아들여지도록, 그래서 하나님의 뜻을 따라 기쁨을 안고 로마로 가서, 로마의 성도들과 함께 즐겁게 쉴 수 있게 되도록....."(15:31 - 32).

바울이 "예루살렘으로 가져가는 구제금이 그곳 성도들에게 기쁘게 받아들여지도록" 원하는 것은, 이방인들의 선물을 받는 유대인들에게 필요한 것은 이방인을 받아들이는 겸손함이었기 때문이다.

마지막 권면과 간구 - 믿음 안에서 서로 문안하라(16:1 - 27)

뵈뵈는 이 편지를 로마에 가져가는 사람 중 하나이다. 바울은 마지막으로 수많은 형제자매를 소개하고 추천한다. 영적 교제를 나누는 그리스도인들의 모임인 교회는 서로 존경하고 함께 일하는 것을 배워야 한다. 아울러 그들이 배운 교훈을 거슬러서 분열을 일으키며, 올무를 놓는 사람들을 경계하고 멀리하라고 권면한다. 이런 사람들은 우리 주 예수 그리스도를 섬기는 것이 아니라 자기네 잇속을 섬기는 것이며, 그럴듯한 말과 아첨하는 말로 순진한 사람들의 마음을 속이는 것이기 때문이다.

바울은 다시 한 번 하나님께서 계시해 주신 비밀, 곧 예수 그리스도에 관한 복음이 모든 이방 사람들에게 알려져서 그들이 믿고 순종하게 되었음을 선포한다.

로마 교회를 향한 바울의 걱정은 무엇인가?

사도 바울은 그 수많은 형제자매를 소개하고 안부를 전하면서도, 교회 가운데 교훈(가르침)을 거스르고 분열을 일으키며, 올무를 놓는 사람들을 멀리하라고 당부합니다. 우리 교회에도 자기 잇속을 섬기고 그럴듯한 말로 순진한 사람들을 속이는 자가 없는지 돌아볼 일입니다. 그리하여 부디 복음이 널리 퍼져나가는 데 걸림돌이 되지 않기를 기원합니다.

11월 18일

사도행전과 바울 서신서(2)
복음 전도자 바울의 가르침 그리고 유언

✝ **오늘 말씀** 빌립보서 1:1 - 11, 디모데 후서 1:1 - 8

💡 **실마리 풀기**

"그리스도 예수의 종인 바울과 디모데가 그리스도 예수 안에서 빌립보에 살고 있는 모든 성도들과 감독들과 집사들에게 이 편지를 씁니다"(빌 1:1), "나는 그대의 눈물을 기억하면서, 그대를 보기를 원합니다. 그대를 만나봄으로 나는 기쁨이 충만해지고 싶습니다"(딤후 1:4)

로마에서의 첫 번째 구금생활 중에(행 28:30 - 31) - 에베소서, 빌립보서, 골로새서, 빌레몬서

바울이 로마에 2년 동안 구금되어있는 동안, 그의 곁에는 디모데가 늘 그의 곁에 머물면서 비서처럼, 자식이 아버지에게 하듯이 복음을 위하여 봉사하고 있었습니다(빌 1:1, 2:19 - 22, 골 1:1). 그리고 두기고, 아리스다고, 마가, 유스도, 에바브라, 의사 누가와 데마도 함께 있었습니다(골 4:7 - 14). 이들 중에 에바브라(에바브로디도)는 빌립보교회에서(빌 2:25), 두기고는 골로새에서(골 4:7 - 9) 찾아왔습니다. 그들은 단순히 바울을 위로하기만 하려는 것이 아니라 바울의 다양한 필요를 충족시켜주는 후원금을 가져왔습니다(빌 4:18). 또한, 저마다 속한 교회의 사정을 자세히 보고하고, 바울로부터 새로운 메시지를 편지로 받아서 돌아갔습니다(엡 6:21 - 22, 골 4:7 - 8).

이들 편지는 로마의 구금생활 중에 쓴 편지들로써 "옥중 서신"이라고 명명되어 전해지고 있습니다. 로마서가 바울의 신학적 견해를 총망라한 논문과 같은 편지라면 에베소서는 그 신학의 핵심과 그리스도인의 삶의 지침을 정리한 교리서라고 볼 수 있습니다. 빌립보서와 골로새서는 각 교회에 보내는 감사와 권면, 그리고 빌레몬서는 빌레몬에게 보내는 개인적인 부탁의 편지입니다.

(4차) 선교 여행 중에 〈A.D. 62 - 66년 경〉 - 디도서, 디모데 전서

디모데전서에 의하면 바울은 로마의 구금에서 풀려난 후, 디모데와 함께 마케도니아로 가는 길에 디모데를 에베소에 머물도록 합니다(딤전 1:3). 또한 디도와 함께 크레타 섬에 갔다가 디도를 그곳에 머물도록 하였습니다(딛 1:5). 바울은 그들을 그곳의 교회에서 목회자의 임무를 수행하게 하였던 것입니다. 그 후에 바울은 에베소(딤전 1:3)와 빌립보, 데살로니가와 베뢰아의 성도들을 두루 방문하고 마케도니아로 갑니다.

이듬해 봄에 마케도니아에서 에베소에 있는 디모데에게 첫 번째 편지를 쓰면서 크레타 섬에 있는 디도에게도 편지를 씁니다. 서신의 내용으로 미루어보면 두 교회에서 발생한 거짓 교사들의 가르침을 경고하고, 그들에게 교회 안의 질서의 확립과 지도자로서의 용기를 심어주기 위하여 쓴 것으로 보입니다. 그 후 바울은 북쪽의 니고볼리에서 겨울을 나며 선교의 근거지를 마련하고자 하는 모습도 보이고(딛 3:12), 추후에는 고린도와 밀레도와 드로아도 방문한 것으로 보입니다(딤후 4:13,20).

로마에서의 두 번째 구금생활 중에 디모데에게 보낸 유언 〈A.D. 66 - 67년 경〉 - 디모데 후서

- "사도행전 이후 바울의 행적에 대하여 정확한 재구성은 불가능하지만, 석방된 바울은 동방에서 일정 기간 동안 활동을 더 하였고, 로마제국의 관리들에 의해 체포된 바울은 결국 재판을 받고 처형되었다고 추정하는 것 외에는 다른 대안이 없다."**(새성경사전. 1996:389)**

로마의 감옥에서 죽음을 앞에 둔 바울은 디모데에게 두 번째 편지를 쓰게 되고, 그를 찾아온 오네시모를 통하여 디모데에게 전달합니다. 믿음의 아들인 디모데를 다시 한 번 보기를 소원하여 쓴 이 편지는 죽음을 앞에 둔 자의 절절한 심정을 토해내는 고별과 권면의 글입니다. 특별히 눈에 띄는 구절은 "누가만 나와 함께 있습니다. 그대가 올 때에, 마가를 데리고 오십시오. 그 사람은 나의 일에 요긴한 사람입니다"(딤후 4:11) 입니다. 이는 사도행전의 저자 누가가 바울의 주치의며, 귀한 협력자로서 끝까지 바울과 함께 하였음을 증명하고 있으며, 마가도 끝까지 함께 달려간 동역자였음을 보여줍니다.

- "2세기경 리마스가 기록한 '베드로와 바울의 순교록'이란 책에 의하면 A.D. 66년경 로마에 도착한 바울은 티베르 강의 아레느라 섬에서 선교활동을 하였다고 한다. 다른 의견으로는 소아시아의 여러 곳을 방문한 다음 바울은 A.D. 67년 봄에 고린도에서 베드로를 만나 순교를 각오하고 로마의 신도들을 위해 다시 로마로 돌아왔다고 한다. 목숨을 걸고 로마에 잠입하여 선교활동을 하던 어느 날, 미행자의 밀고로 로마의 감옥에 갇혀 방화와 로마의 국교를 거역한 국사범으로 사형 선고를 받게 되었다고 한다." **(남홍진. 1999:446)**

- "사형 선고를 받고 참수형에 처해진 바울의 시신은 신도들이 거두어 루디나 부인의 묘지에 안장했다. 박해가 더욱 심해지고 부관참시(관을 부수고 시신을 자름)의 명까지 내리자 신도들은 바울과 베드로의 시신을 카타콤으로 이장했다. 로마정부의 박해는 바울이 죽은 후 250년간이나 계속되었다. 그러나 주 후 313년 로마 정부는 종교의 자유를 허용하였고, 황제 실베스테르는 자기가 직접 카타콤에 이장되어 있는 바울의 유골을 손수 거두어 원래의 장지로 이장하였다고 한다. 그 묘지가 있던 자리에 큰 교회가 세워지고 그의 묘지에는 "죽는 것도 나에게는 이득이 됩니다"(빌 1:21)라는 말이 새겨져 있다고 한다."**(남홍진. 1999:450 - 452)**

19일 〰〰〰〰〰〰〰〰〰〰〰〰〰〰〰〰〰〰〰〰〰〰〰〰〰〰〰〰

✠ 오늘 말씀 에베소서 1:1 - 2:10

하나님의 구원 계획과 그리스도
우리 이방인들을 구원하신 이유

💡 실마리 풀기

"하나님께서 이렇게 미리 준비하신 것은, 우리가 선한 일을 하며 살아가게 하시려는 것입니다"(엡 2:10)

바울이 로마에서 연금되어있던 2년 동안 자유롭게 복음을 전하고 가르칠 수 있었으며, 많은 제자가 찾아왔습니다(행 28:30 - 31). 그들 가운데는 두기고와 오네시모(골 4:7 - 14), 디모데와 에바브로디도(빌 2:19 - 30), 마가와 누가(몬 23 - 24)도 있었습니다. 그들은 제자가 스승을 사모하는 심정으로 바울 곁에 머물렀습니다. 물심양면으로 바울을 보좌하고, 바울이 궁금해 하는 교회 소식을 전하고 또 새로운 메시지를 편지로 받아서 돌아갔습니다.

에베소서는 그 교회들에 전하는 회람용 편지입니다. 바울은 이 편지에서, 유대적인 전통의 강요와 그리스의 철학의 영향을 받은 거짓 가르침에 휘둘리고 있는 교회들을 격려하고, 그리스도에 관한 바른 가르침을 전하고자 하는 것입니다. 이 편지는 마치 〈이방인 그리스도인들을 위한 신앙 교과서〉와 같습니다. 이 교과서를 읽는 우리 이방인들은 자연스럽게 하나님 나라로 초대될 것입니다.

삼위일체 하나님이 주신 복 - 하나님의 구원 계획(1:1 - 14)

사도 바울은 에베소의 성도들(우리 이방인들)에게, 하나님의 뜻 가운데 택함을 받았음을 상기시키며 은혜와 평화의 인사를 하며, 곧바로 삼위일체 하나님이 주신 복을 소개한다.

하나님께서 주신 하늘에 속한, 온갖, 신령한 복은 무엇인가? - 그것은 하나님께서 세상 창조 전에, 그리스도 안에서, 하나님의 기뻐하시는 뜻을 따라, 우리를 하나님의 자녀로 삼으시기로 예정하신 것이다. 그것은 하나님의 절대적인 주권에 속한 것이다.

그리스도 안에서 우리가 받은 복은 무엇인가? - 하나님의 풍성한 은혜를 따라 그의 피로 구속 곧 죄의 용서를 받게 된 것이다. 하나님께서 우리에게 주신 총명과 지혜로 하나님의 신비한 뜻(계획)을 알려 주셨으니, 그 계획은 때가 되면 그리스도께서 하늘과 땅의 모든 것들의 머리가 되어 통일시키는 것이다. 이것은 모든 것을 자기의 원하는 뜻대로 행하시는 분의 계획에 따라 미리 정해진 일이다. 그러므로 우리가 하나님의 영광을 찬미하는 사람이 되려면 그리스도께 맨 먼저 소망을 두어야 한다.

성령을 통하여 우리가 받은 복은 무엇인가? - 성령은 하나님의 계획을 보증하는 것이니, 하나님의 소유인 우리가 완전히 구원받을 때까지 우리의 상속의 담보이시며, 우리가 하나님의 영광을 찬미하게 하신다.

바울의 감사와 기도 - 교회의 머리 되신 그리스도(1:15 - 23)

에베소 교회를 향한 바울의 감사와 기도는 우리 이방인들이 하나님의 백성이 되는 자격을 확증해주는 역할을 한다. 우리가 속해 있는 교회는 그리스도의 지체가 됨을 선포하기 때문이다.

바울의 기도 - "우리 주 예수 그리스도의 하나님이신 영광의 아버지께서 지혜와 계시의 영을 여러분에게 주셔서 하나님을 알게 하시고, 마음의 눈을 밝혀 주셔서 하나님의 부르심에 속한 소망과 성도들에게 베푸시는 하나님의 영광스러운 상속이 얼마나 풍성한지를, 여러분이 알게 되기를 바랍니다"(1:17 - 18).

그분을 만물 위에 교회의 머리가 되게 하셨다는 말이 무슨 뜻인가? 교회는 그리스도의 몸이라는 말이 무슨 뜻인가? 9 - 10절에서 하나님의 계획이 "때가 차면, 하늘과 땅에 있는 모든 것을 그리스도 안에서 그분을 머리로 하여 통일시키는 것"이라고 한 말씀을 기억하라. 교회는 그리스도의 뜻에 따라 움직이는 지체로써만이 그 생명력을 지니는 존재이다.

우리를 구원하신 이유 - 그리스도의 뜻에 합당한 선한 일을 함으로써 완성되는 구원(2:1 - 10)

허물과 죄 가운데서 사는 것은 살아도 죽은 것이다. 그리스도를 믿지 않는 사람들은 모두 이 세상의 풍조와 공중의 권세를 따라 사는 불순종의 자식들이며, 육신의 정욕대로, 육신과 마음이 원하는 대로 사는 진노의 자식들이다. 사람들은 허무함과 죄 그리고 죽음의 그림자 속에서 살아갈 수밖에 없으나 오직 하나님의 자비와 은혜로 구원을 얻을 것이다.

구원이 우리의 행위로 된 것이 아니고 하나님의 선물이며, 우리가 "믿음을 통하여 은혜로"(2:8) 구원을 얻은 것은 하나님의 작품이라는 것이다. 하나님께서 그리스도 안에서 우리를 만드시고 미리 준비하신 것은 우리가 선한 일을 하며 살아가게 하시려는 것이다. 그러므로 우리의 구원은 은혜 가운데 기쁨을 얻음으로 마치는 것이 아니라 그리스도의 뜻에 합당한 선한 일을 함으로써 완성되는 것이다.

**묻고?
답하기!!**

주님께서 우리에게 요청하시는 선한 일이란 무엇인가?

일반적으로 남들의 칭송을 받는 착한 일이란 나의 명성을 쌓는 일입니다. 그러나 주님께서 원하시는 선한 일이란 세상이 바라는 착한 일에 그치는 것이 아니라, 나에게 주어진 환경, 상황 속에서 성령의 미세한 음성을 듣고 민감하게 반응하는 것입니다. 그것은 세상 풍조, 육체의 욕심을 따르던 이전의 삶을 버리는 것입니다. 직장과 가정 그리고 교회에서 나를 드러내는 일이 아니라 오직 그리스도를 드러내는 일인 것입니다. 그래서 주님께서는 오른손이 하는 일을 왼손이 모르게 하라고 하셨습니다.

20일

✝ 오늘 말씀 에베소서 2:11 – 3:21

하나님의 새 백성의 창조
이방인을 위한 하나님의 구원 경륜의 비밀

💡 **실마리 풀기**

"그 비밀의 내용인즉 이방 사람들이 복음을 통하여 그리스도 예수 안에서 유대 사람들과 공동 상속 자가 되고, 함께 한 몸이 되고, 약속을 함께 가지는 자가 되는 것입니다"(엡 3:6)

사도 바울은 이제 유대인과 이방인이 그리스도와 성령을 통하여 하나님과 화해하게 되어 하나님의 가족, 새 백성이 되었음을 선포합니다. 이는 만물을 창조하신 하나님 안에 영원 전부터 감추어져 있는 비밀의 계획, 즉 이방 사람들이 복음을 통하여 그리스도 예수 안에서 유대 사람들과 공동 상속자가 되고, 한 몸이 되고, 약속을 함께 가지는 자가 되는 것이 드디어 우리 앞에 드러났음을 알리고자 하는 것입니다.

하나가 되게 하신 그리스도 - 유대인과 이방인의 하나님과의 화해(2:11 - 22)

우리 이방인들은 본래 유대인들에게 무 할례자라고 불리며 따돌림을 당했고, 하나님께서 주신 언약과 무관하였으며, 하나님과도 무관하게 아무 소망이 없이 살아왔다. 그렇게 살아온 (한국이라는 나라에 사는) 우리 이방인들은 어떻게 하나님을 알게 되었는가? 2000년 전에 머나먼 이스라엘 땅에 오신 그리스도를 어떻게 받아들일 것인가?

그리스도를 통해서 - 그리스도는 이스라엘 공동체를 넘어서 온 인류와 세상을 하나로 만드신 분이다. 그분은 자기의 피로 하나님께 가까이 갈 수 있도록 하셨고, 자기 몸으로 그리고 십자가로 담을 허물고 원수 된 것을 소멸하신 분이시다. 그리스도는 이방인과 유대인을 자기 안에서 하나의 새 사람으로 만들어서 평화를 이루시고, 원수 된 것을 십자가로 소멸하시고 이 둘을 한 몸으로 만드셔서, 하나님과 화해시키셨다. 그렇게 우리는 하나님과 화해하였다.

성령을 통해서 - 그분이 오심으로 인하여 성령 안에서 이방인과 유대인들이 아버지께 나아가게 되었으며, 그리스도 안에서 함께 세워짐으로 성령 하나님이 거하실 처소가 될 것이다. 그리하여 이제부터는 우리 안에 거하시는 성령께서 우리의 갈 바를 일러주실 것이다. 바울은 우리에게 "그러므로 이제부터 여러분은 외국 사람이나 나그네가 아니요, 성도들과 함께 시민이며 하나님의 가족입니다. 여러분은 사도들과 예언자들이 놓은 기초 위에 세워진 건물이며, 그리스도 예수가 그 모퉁잇돌이 되십니다. 그리스도 안에서 건물 전체가 서로 연결되어서, 주님 안에서 자라서 성전이 됩니다. 그리스도 안에서 여러분도 함께 세워져서 하나님이 성령으로 거하실 처소가 됩니다"(2:19 - 22)라고 말하고 있다.

이방인을 위한 하나님의 구원 경륜의 비밀 - 성령의 일치로 하나 되는 교회의 개념(3:1 - 13)

하나님께서 바울에게 계시로 알려주신 비밀은 무엇인가? 그는 그리스도의 비밀을 어떻게 이해하고 있는가? 만물을 창조하신 하나님 안에 영원 전부터 감추어져 있는 비밀의 계획이 무엇인가?

그 비밀의 내용인즉 이방 사람들이 복음을 통하여 그리스도 예수 안에서 유대 사람들과 공동 상속자가 되고, 함께 한 몸이 되고, 약속을 함께 가지는 자가 되는 것이다. 그러므로 하나님의 택하심을 받은 세상 모든 사람이 하나님을 알고, 그리스도의 구원의 십자가를 믿도록 전하는 것이 바울의 임무가 되는 것이다.

또한, 그것은 이제 교회를 통하여 하늘에 있는 통치자들과 권세자들 즉 사탄의 괴수들에게 하나님의 갖가지 지혜를 알리시려는 것이다. 사탄은 그 하나님의 구원 계획이 이루어지지 못하도록 호시탐탐 하나님의 택하신 사람들을 노리고 있으나, 하나님의 교회를 통하여 사탄이 완전히 패배하였다는 것을 선포하는 것이다. 그리하여 이방인들도 그리스도의 십자가 보혈로 인하여 그리스도를 믿음으로써, 그분 안에서 확신을 하고 담대하게 하나님께 나아가게 되었다.

바울의 기도 - 그리스도의 사랑(3:14 - 21)

바울은 무엇을 위해 기도하고 있나? 그는 자신이 서술한 모든 내용을 우리 이방인들이 경험할 수 있게 해달라고 기도하고 있다. 첫째, 바울은 우리 안에 일하시는 성령의 능력으로 우리가 강건하게 되고, 우리 안에 그리스도가 믿음으로 머물러 계시게 하여 주시기를, 둘째, 사랑 속에 뿌리를 박고 있는 우리가 그리스도의 사랑의 너비와 길이와 높이와 깊이가 어떠한지를 깨달을 수 있게 되고, 셋째, 하나님의 온갖 충만하신 만큼 우리가 충만하여지게 하는 사랑을 알게 되도록 하는 능력을 갖추게 되기를 빌고 있다.

우리의 교회도 하나님의 백성으로 하나 된 삶과 하나님의 형상을 드러내도록 해달라고 기도해야 한다.

**묻고?
답하기!**

내가 생각하는 그리스도의 사랑의 너비와 길이와 높이와 깊이는 어떠한가?

아가들에게 무엇인가를 "얼마만큼 좋아하느냐?"라고 물어보면 "하늘만큼, 땅만큼"이라고 대답합니다. 그러나 성인이 되어 하늘과 땅이 얼마나 광대한지 알게 되면 다시는 그런 말을 안 할 것입니다. 그만큼의 사랑을 돌려주기가 쉽지 않기 때문입니다. 사도 바울이 우리가 알게 되기를 바라는 그리스도의 사랑의 크기는 어느 정도일까요? 우리는 얼마만큼의 사랑을 주님을 위해 돌려드릴 수 있을까요?

11

에베소서

21일 ~~~~~~

✝ 오늘 말씀 에베소서 4:1 - 6:24

성령의 하나 되게 하신 것을 지키려면
하나님의 새 백성으로 결합하려면

💡 실마리 풀기

"여러분이 전에는 어둠이었으나, 지금은 주님 안에서 빛입니다. 빛의 자녀답게 사십시오"(엡 5:8)

바울은 유대인이나 이방인이나 그리스도로 인하여 하나님과 화해하였으니, "성령이 하나 되게 하신 것"을 지키기 위하여 하나님의 백성답게 살아가야 함을 구체적으로 가르치고자 합니다. 오늘 소개하는 6가지 가르침은 바울의 서신서(골로새서, 에베소서)에 기원하였으며, 베드로(베드로전서)와 야고보(야고보서)에 의해서도 인용되고 있음을 볼 수 있습니다. 이는 초대교회에서 세례 예비자들을 가르치기 위해 사용했던 교리서의 공동 양식으로 사용된 것으로 보입니다.

바울의 권면 - 주님 안에 하나 됨과 하나님께서 우리 각 사람에게 주신 은혜의 독특성(4:1 - 16)

영적 어린아이가 자라 영적으로 성숙한 자가 된다는 것의 의미는 무엇인가? 영적 성숙은 교회를 통하여 지상에서의 천국체험을 하는 것이다. 인간의 속임수나, 간교한 술수에 빠져서 온갖 교훈의 풍조에 흔들리거나 이리저리 밀려다니지 말아야 하며, 사랑으로 진리를 말하고 살면서, 모든 면에서 자라나서 머리가 되시는 그리스도를 닮아가야 한다.

그리스도의 몸, 성령, 부르심의 목표인 소망, 주님, 믿음, 세례가 하나이며, 하나님도 한 분이시니, 이방 풍습에서 벗어나고자하는 그리스도인은 교회 안에서 하나가 되어야 한다.

성령의 하나 되게 하신 것을 지키기 위해 예배로 드려져야 할 그리스도인의 삶(4:17 - 6:20)

[1] 옛사람을 벗어버리라 - 이미 얻은 구원과 아직 불완전한 삶

우리는 이미 구원받았으나 우리의 삶은 아직 불완전하다. 바울은 이전에 살던 이방인(불신자들)의 삶을 버리라고 촉구한다.

[2] 새 사람을 입으라 - 참 의로움과 참 거룩함의 새로운 삶

하지 말아야 할 것을 하지 않는 것보다 더욱 어려운 일이겠으나, 해야 할 것을 하는 적극적인 삶이 사랑 안에서 살며 빛의 자녀답게 그리고 지혜로운 사람답게 사는 방법이다.

[3] 하나님 아버지께 예배하라

신령과 진정으로 드리는 예배는 하나님 아버지께서 가장 기뻐하시는 일이다. 시와 찬미와 신령한 노래로 서로 화답하며, 가슴으로 주님께 노래하며 찬송하라.

[4] 그리스도를 두려워하는 마음으로 서로 순종하라 - 가정생활의 원리

바울은 순종의 올바른 의미를 통하여 그리스도인들의 관계를 재정립하고 있다. "교회가 그리스도께 순종하듯이, 아내도 모든 일에 남편에게 순종하라. 남편은 아내를 사랑하기를 그리스도께서 교회를 사랑하셔서 교회를 위하여 자신을 내주심 같이 하라..... 자기 아내를 자기 몸같이 사랑하고, 아내도 자기 남편을 존중하라"(5:24 - 25, 33).

부모를 공경함은 "네가 잘 되고, 땅에서 오래 살 것이다" 하신 약속을 이루는 전제조건이다. 부모는 자녀를 노엽게 하지 말고, 주님의 훈련과 훈계로 기르는 것이 또한 교육의 근본이다.

[5] 악마의 간계에 맞서 대항하라 - 영적 전쟁에서 이기는 7가지 무기

그리스도인은 날마다 순간마다 마치 전쟁을 치르는 군인과 같다. 땅의 진동을 감지하는 지진계처럼 우리는 견고하게 서서 사탄의 전략에 민감하게 반응해야 한다. 바울은 영적 전쟁에서 이기는 7가지 무기를 소개한다. "진리의 허리띠(진리의 편에 섬), 정의의 가슴막이(의로운 삶), 평화의 복음을 전할 차비(복음의 전도), 믿음의 방패(임마누엘을 믿음)"는 사탄의 공략을 방어할 수 있게 하는 무기이고, "구원의 투구(구원의 확신), 성령의 검(하나님의 말씀) 그리고 온갖 기도와 간구"는 사탄을 무찌를 수 있게 하는 무기이다.

[6] 성령 안에서, 끝까지 참으며 늘 깨어 기도하라

세상 사람을 이용한 핍박과 육체의 약점을 이용한 유혹은 사탄이 가장 좋아하는 공략이다. 그러므로 기도의 용사는 파수꾼처럼 성령 안에서 끝까지 참으며 늘 깨어있어야 한다.

마지막 인사 - 두기고의 소개(6:21 - 24)

'사랑하는 형제이며 주님 안에서 진실한 일꾼' 두기고는 이 편지와 함께 골로새서와 빌레몬서도 함께 가지고 가서 온 교회에 전달하였다.

묻고? 답하기!

영적 전쟁이 무엇을 의미하는지 공부해 봅시다.

사탄이 가장 관심을 가지고 공략하는 대상이 누구인지 아십니까? 하나님의 아들로 거듭난 그리스도인입니다. 영적 전쟁은 우리의 마음과 감정 그리고 의지에 영향을 주는 사탄의 도전에 맞서 싸우는 것입니다. 그래서 사도 바울은 우리에게 7가지 영적 무기를 지니기를 요청합니다. 우리는 하나님의 초자연적인 능력과 진리에 대한 확신을 얻기 위하여 마음을 새롭게 다지며 깨어 있어야 합니다. 그래야 사탄의 속임수와 유혹을 이겨낼 수 있기 때문입니다.

22일

✝ 오늘 말씀 골로새서 1:1 - 2:23

골로새 교회(이방인 교회)에 전하는 복음

머리이신 그리스도

💡 **실마리 풀기**

"여러분은 세례로 그리스도와 함께 묻혔고, 또한 그분을 죽은 사람들 가운데서 살리신 하나님의 능력을 믿는 믿음으로, 그리스도 안에서, 그리스도와 함께 살아났습니다"(골 2:12)

로마에 구금된 바울에게 〈라오디게아와 골로새 교회〉의 개척자, 에바브라가 찾아왔습니다. 바울의 제자, 에바브라는 골로새 교인들의 믿음, 성도들 간의 사랑, 그리고 그들의 삶 속에서 드러나는 복음의 열매 등의 소식을 바울에게 전하였습니다. 비록 한 번도 골로새에 가 본 적이 없었지만(2:1), 바울은 마치 자신이 개척한 교회처럼 깊은 관심과 성원을 보냈습니다. 바울은 골로새 교회를 위한 중보기도를 하면서 다시 한 번 복음을 소개하고, 이방인 교회에서 예상되는 온갖 어리석은 주장들에 대한 경계의 가르침을 전하려고 합니다.

골로새 교회를 위한 바울의 기도(1:1 - 12)

첫째, 하나님께서 모든 신령한 지혜와 총명으로 하나님의 뜻을 아는 지식을 채워 주시기를.

둘째, 주님께 합당하게 살아감으로써 모든 일에서 그분을 기쁘게 해 드리고, 모든 선한 일에서 열매를 맺고, 하나님을 점점 더 알고 하나님 영광의 권능에서 오는 모든 능력으로 강하게 되어서, 기쁨으로 끝까지 참고 견디기를.

셋째, 성도들이 받을 상속의 몫을 차지할 자격을 주신 아버지께 빛 속에서 감사를 드리게 되기를 위하여 기도를 드린다.

가장 의미심장한 기독론 - 그리스도의 충만함과 복음의 의미(1:13 - 23)

이 서신의 후반부에서의 교훈으로 미루어 볼 때, 에바브라는 그들의 교회에서 전해지고 있는 그들의 복음이 올바른 것인지에 대한 의문점을 전하고 조언을 구하였을 것이다. 그래서 바울은 우선 그리스도의 복음을 제시한다. 이는 성경에서 볼 수 있는 가장 의미심장한 기독론(예수 그리스도의 본성에 관한 이야기)이다.

"하나님의 아들(그리스도)은 보이지 않는 하나님의 형상이시요, 모든 피조물보다 먼저 나신 분이시며, 하늘에 있는 것들과 땅에 있는 것들, 보이는 것들과 보이지 않는 것들, 왕권이나 주권이나 권력이나 권세나 할 것 없이, 모든 것이 그분으로 말미암아 창조되었고, 그분을 위하여 창조되었다. 그리스도는 교회라는 몸의 머리이시며, 만물의 근원이시며, 죽은 사람들 가운데서 제일 먼저 살아나신 분이시다"(1:15 - 18).

[복음] "하나님께서 그리스도의 죽으심을 통하여, 그분의 육신의 몸으로 여러분과 화해하셔서, 우리를 거룩하고 흠이 없고 책망할 것이 없는 사람으로 만들어 주셨다"(1:22). 바울은 이것이 복음이며 불변하는 진리임을 골로새 교인들에게 선포하며, 믿음에 튼튼히 터를 잡아 굳건히 서서 복음의 소망에서 떠나지 말아야 할 것을 주문한다.

골로새 교회를 위한 바울의 소망 - 모든 사람을 그리스도 안에서 온전한 사람으로(1:24 - 2:5)

한 번도 만나보지 못한 골로새의 교인들에게 바울은 자신의 역할이 그들을 위하여 하나님의 말씀을 남김없이, 끝까지 그리고 바르게(거짓 가르침에 미혹되지 않도록) 전하는 것임을 강조하고 있다. 그가 전하는 복음은 영원 전부터 모든 세대에게 감추어져 있었던 비밀로써, 이방인에게 전해지는 그리스도요, 곧 영광의 소망이다.

바울이 그렇게 하는 것은 "모든 사람을 그리스도 안에서 온전한 사람으로" 세우기 위함이다. 또한, 그들 모두가 사랑으로 결속되어 마음에 격려를 받고, 깨달음에서 생기는 충만한 확신의 모든 풍요에 이르며, 하나님의 비밀인 그리스도를 온전히 알게 하기 위함이다.

철학과 헛된 속임수에 대한 바울의 경고 - 세상의 유치한 원리와 그리스도(2:6 - 23)

거짓 교사들은 그리스도의 복음에다 세상의 철학이나 헛된 속임수를 첨가하였다. 할례를 주장하며, 음식 규례, 유대인의 관행적 의식과 천사 숭배의식을 추가하였다. "붙잡지도 말아라. 맛보지도 말아라. 건드리지도 말아라" 하는 가혹한 자기부정의 절차를 가르치며, 꾸며낸 경건과 몸을 학대하도록 함으로써 이미 얻은 구원을 교란시키는 훈련을 전개하였다.

그러나 이 모든 것들은 세상의 유치한 원리일 뿐이다. 그러한 것들은 그리스도로 인한 구원이 단번에 완성된다는 사실을 부인함으로써 그리스도의 복음을 모호하게 만든다. 그러므로 우리가 그리스도와 함께 살려 주심을 받았으면 우리의 생명은 그리스도와 함께 하나님 안에 살아있게 되는 것이다.

묻고? 답하기!

우리 주변에 만연하고 있는 철학과 헛된 속임수를 어떻게 물리칠 것인가?

우리는 간혹 길거리에서 작은 책자나 집회광고지를 주면서 말을 건네는 사람을 마주칠 경우가 있습니다. 일컬어서 '여X와의 증인 성경공부', '신X지 세미나' 그리고 '박X수 성경세미나' 등입니다. 이들은 온갖 감언이설로 살갑게 대하며 신비스런 종교적 생각을 갖도록 유도합니다. 그러나 바울은 그들의 가르침과 신념을 일일이 파헤치고 공격하기보다는 "오직 그리스도만으로 족하다"면서 복음 자체를 적극적으로 개진함으로써 반격하고 있습니다. 그렇습니다. 우리는 그들과 사소한 논쟁을 할 필요가 없습니다. 오직 성경이 가르치는 그리스도의 복음만이 정답입니다.

✝ 오늘말씀 골로새서 3:1 - 4:18

하나님의 새 백성

하나님의 택하심을 입고, 사랑받는 거룩한 사람

💡 실마리 풀기

"새 사람을 입으십시오. 이 새 사람은 자기를 창조하신 분의 형상을 따라 끊임없이 새로워져서, 참 지식에 이르게 됩니다"(골 3:10)

유대인이건, 이방인이건 그리스도인이라면 그의 생명이 그리스도와 함께 하나님 안에 감추어져 있는 새로운 피조물입니다(3:3). 그러나 교회는 여전히 속세에 존재하고 성도들은 세속에 어울려 살아갑니다. 이러한 이방인 교회에서 복음의 본질을 왜곡하고, 성도들의 삶을 위협하는 것이 두 가지 있습니다. 첫째는 여러 가지 거짓된 가르침이며, 둘째는 그들이 변화되기 이전에 즐기던 방탕한 삶을 버리지 못하고 이교의 구습으로 돌아가는 데 있었습니다.

그래서 바울은 성도들이 땅의 것을 버리고 위에 있는 것(하나님 나라와 그의 의)을 추구하라고 권고합니다. 그리고 마지막으로 늘 기도하고, 감사하며, 선하게 행동할 것을 주문합니다. 그리하면, 우리의 삶 전반에 하나님 나라가 임할 것이며, 우리의 행함은 예수님의 삶을 드러낼 것이며, 뱃속으로부터 생수가 흘러나오는 성령의 능력을 보이게 될 것입니다.

하나님의 새 백성으로 결합하려면 - 위에 있는 것들을 추구하라(Cf. 엡 4:17 - 6:20)(3:1 - 4:6)

[1] 옛사람을 벗어버리라 - 그리스도와 함께 죽어서 세상의 유치한 원리에서 떠남(3:9)

땅에 속한 지체의 일들, 곧 음행과 더러움과 정욕과 악한 욕망과 탐욕을 죽이고, 분노와 격분과 악의와 훼방과 여러분의 입에서 나오는 부끄러운 말과 거짓말을 버리라.

[2] 새 사람을 입으라 - 그리스도와 함께 살려 주심을 받았음(3:10)

하나님의 택하심을 입은 사랑 받는 거룩한 사람답게, 동정심과 친절함과 겸손함과 온유함과 오래 참음을 옷 입듯이 입고, 누가 누구에게 불평할 일이 있더라도 서로 용납하여 주고, 서로 용서하여 주며, 이 모든 것 위에 사랑을 더하고 그리스도의 평화가 여러분의 마음을 지배하게 하라.

[3] 하나님 아버지께 예배하라 - 하나님의 오른쪽에 앉아계신 그리스도(3:16)

그리스도의 말씀이 여러분 가운데 풍성히 살아 있게 하며, 온갖 지혜로 서로 가르치고 권고하라. 감사한 마음으로 시와 찬미와 신령한 노래로 여러분의 하나님께 마음을 다하여 찬양하라. 그리고 말이든 행동이든 무엇을 하든지 모든 것을 주 예수의 이름으로 하고, 그분에게서 힘을 얻어서 하나님 아버지께 감사를 드리라.

[4] 서로 순종하라 - 사람에게 하듯이 하지 말고, 주님께 하듯이 진심으로(3:23)

아내는 남편에게 순종하고, 남편은 아내를 사랑하라. 자녀는 모든 일에 부모에게 복종하고, 어버이들은 자녀들을 격분하게 하지 말며 그들의 의로운 뜻을 꺾지 않아야 한다.

종으로 있는 이는 모든 일에 육신의 주인에게 복종하고, 사람을 기쁘게 하는 자들처럼 눈가림으로 하지 말고, 주님을 두려워하면서 성실한 마음으로 하며, 무슨 일을 하든지 주님께 하듯이 진심으로 하라. 주인 된 이는 정당하고 공정하게 종들을 대우하고, 하늘에 주인을 모시고 있다는 사실을 기억하라.

[5] 늘 깨어 기도하라 - 감사하는 마음으로(4:2)

기도에 힘을 쓰며, 감사하는 마음으로 기도하면서 깨어 있으라. 하나님께서 전도의 문을 우리에게 열어 주셔서 우리가 그리스도의 비밀을 말할 수 있도록, 우리가 마땅히 해야 할 말로 이 비밀을 나타낼 수 있도록 기도하라.

교회 안에서 서로 일치하라 - "할례받은 사람들"과 "여러분의 동향인"의 일치(4:7 - 18)

서신을 가지고 갈 두기고는 바울의 신실한 서기였을 것이다. 오네시모는 주인인 빌레몬에게로 돌아가는 종이었다. 빌레몬서 23에 보면 "그리스도 예수 안에서 나와 함께 갇힌 에바브라가 그대에게 문안합니다"라는 글이 나오는데 이를 미루어 보면 에바브라는 바울과 함께 해야 할 일들이 남아있기 때문에 골로새로 돌아가지 못하는 것으로 보인다. 바울이 "할례받은 사람들로서는 이들만이 하나님의 나라를 위하여 일하는 나의 동역자들이요, 나에게 위로가 되어 준 사람들"(4:11)이라고 한 것으로 보아 아리스다고, 마가, 유스도라는 예수는 유대인들이었고, "여러분의 동향인이요"(4:12)라고 한 것으로 보아 에바브라, 누가, 데마등은 헬라인으로 보인다. 이들을 소개하는 바울의 마음은 그들도 이와 같이 교회 안에 일치를 권고함이다.

**묻고?
답하기!**

우리는 교회 안에 일치를 위하여 어떤 노력을 하고 있는가?

골로새 교회에는 유대인들과 헬라 인들이 모여서 한 교회를 이루고 있었습니다. 출신도 다르고, 이 도시로 오게 된 이유도 각자 다른 사람들이었습니다. 이들을 향하여 바울이 간곡히 부탁합니다. "서로 일치하라"고. 우리도 교회 안에 일치를 위하여 기억해야 할 것이 있습니다. "그리스도는 교회라는 몸의 머리"이시라는 사실을 기억하고, "주님을 두려워하면서 성실한 마음으로 하며, 무슨 일을 하든지 사람에게 하듯이 하지 말고 주님께 하듯이 진심으로 하라"는 바울의 가르침을 따르는 것입니다.

24일

✝ 오늘 말씀 빌레몬서 1:1 - 25

복음의 놀라운 능력

'쓸모 있는 자가 된다는 것'

💡 **실마리 풀기**

"그가 전에는 그대에게 쓸모없는 사람이었으나, 이제는 그대와 나에게 쓸모 있는 사람이 되었습니다"(몬 1:11)

빌레몬의 종, 오네시모가 주인의 집에서 무엇인가를 훔쳐서(아마도 자유를 위하여) 멀리 로마까지 달아났습니다. 로마 제국의 노예 제도는 매우 엄격하여서 달아난 노예는 잡아서 십자가에 처형하기도 하였다고 합니다. 그러한 그가 살아갈 방법은 로마의 뒷골목에서 숨어다니며 지내든지, 다시 주인에게 돌아가든지 둘 중의 하나를 선택할 수밖에 없습니다. 그 오네시모가 로마에서 바울을 만나 회심을 하고, 구금 생활을 하는 바울을 섬기는 일을 하게 되었습니다. 그가 달아난 것이 결과적으로 이웃을 향한 복음의 확산에 기여하게 되었던 것입니다.

'쓸모 있는'이라는 뜻의 이름을 지닌, 오네시모를 주님 안에서 '쓸모 있는 사람'(1:11)으로 만든 바울은 그를 계속 그의 곁에 두고 싶었지만, 본 주인의 용서를 구하는 것이 우선이라고 생각하였습니다. 그래서 오네시모를 빌레몬에게 돌려보내면서 그를 용서해 줄 것과 그가 진 빚(훔쳐간 재물)까지 탕감해 달라고 요청하고 있습니다.

〈안디옥 교회의 수석 목사이자, 순교자 이그나시우스의 편지에 의하면, 그 오네시모는 훗날 에베소 교회의 감독이 되어 누구보다 훌륭하게 그 역할을 감당하였다고 합니다. 복음은 이렇게 놀라운 일을 이루어 내는 것입니다〉

인사와 감사 - 빌레몬을 생각하며(1:1 - 6)

바울은 빌레몬의 믿음과 사랑에 관하여 언급하면서 그 사랑에 기초하여 용서와 관계회복을 간절히 구한다. 바울은 빌레몬을 위하여 기도할 때에, 그의 믿음의 사귐이 더욱 깊어져서 그리스도 안에서 누리는 모든 복된 일을 그가 충분히 깨닫게 되기를 바라고 있다. 상처 입은 관계의 회복에는 사랑이 필수적이다. 참 목자 바울과 그의 동역자 빌레몬의 사랑은 잃은 양 한 마리를 찾는 그리스도의 마음을 예시하는 것이다.

간절한 요청 - 오네시모를 돌려보내며(1:7 - 20)

오네시모의 죄는 당시 로마법으로는 죽을 수밖에 없었으니, 그는 노예의 굴레를 벗어버리고, 자기의 힘만으로 인간적 성취를 위해 달아난 자이며, 썩어 없어질 것에 목숨을 거는 자였다. 그 오네시모가 바울을 만나 변화되고 그리스도의 제자가 되었다. 바울은 그가 전에는 쓸모없는 사람이었으나 이제는 쓸모 있는 사람이 되었다고 소개하면서 그를 받아 달라고 요청한다.

그의 이러한 요청은 너무도 간절한 것으로써, "그는 바로 내 마음", "주님 안에서 사랑받는 형제"이므로 "나를 맞이하듯이" 그를 맞아 주기를 부탁한다. 심지어는 바울의 전도로 회심한 전력을 가지고 있는 빌레몬에게 "그대가 오늘의 그대가 된 것이 나에게 빚진 것이라는 사실"을 굳이 말하기까지 하는 것이다. 그리스도를 만나면 그의 부채는 탕감되고, 그의 죄는 모두 사하여지며, 그의 구원은 확증되게 되는 것이다. 바울은 그리스도의 가르침을 몸소 실천하고 있다.

두기고와 함께 돌아온 오네시모를 앞에 세워 놓고 빌레몬이 바울의 편지를 읽고 또 그것을 듣는 골로새 교회 성도들의 모습을 상상해 보면, 그들은 당연히 화해하였을 것이며 그리스도 안에 한 형제로 받아들였을 것이다. 관계의 회복이 없이는 진실로 '쓸모 있는 사람'이 될 수는 없다. 오네시모가 바울의 도움을 받아 용서를 받은 것처럼 관계의 회복을 하려면 누군가의 도움이 필요하다. 죽을 수밖에 없는 우리를 위하여 돌아가신 주 예수 그리스도를 통하여 하늘에 계신 아버지와 관계를 회복하고, 하나님의 한없는 사랑과 용서를 깨달아 알게 되는 것이 진실로 '쓸모 있는 사람'이 되는 것이다.

마지막 인사 - 숙소와 기도의 요청(1:21 - 25)

로마에서 미결수의 상태로 구금된 바울은 곧 석방되어 골로새로 갈 수 있을 것으로 예상하면서, 그것을 위하여 그의 신실한 성도들에게 기도를 요청하고 있다. 이때 에바브라와 마가와 아리스다고와 데마와 누가도 바울과 함께 있었음을 알 수 있다.

묻고?
답하기!

우리는 '쓸모 있는' 자가 되어 살고 있는가?

오네시모는 주인으로부터 도망친 노예였습니다. 인간적으로는 자신의 능력과 노력으로 살아갈 수도 있지만, 로마의 법대로 하면 그는 죽을 수밖에 없습니다. 그런 오네시모를 바울은 그가 전에는 '쓸모없는 사람'이었으나 이제는 '쓸모 있는 사람'이 되었다고 선언합니다. 우리도 자신의 능력과 노력으로 살아갈 수도 있지만, 하나님 나라의 법대로 하면 죽을 수밖에 없습니다. 우리가 진실로 '쓸모 있는 사람'이 되는 것이 무엇일까요? 그것은 죽을 수밖에 없는 우리를 위하여 돌아가신 주 예수 그리스도를 통하여 하늘에 계신 아버지의 한없는 사랑과 용서를 깨달아 알게 되는 것입니다. 아마도 이 글을 읽는 우리는 모두 '쓸모 있는 사람'이라고 주님께서 인정하고 계실 것입니다.

11월 25일 ～～～～～～～～～～～～～～～～～～～～～

죄와 구원

인간의 죄의 속성과 피조물의 정체성

✝ 오늘 말씀 로마서 5:12 - 21, 에베소서 2:1 - 10

💡 실마리 풀기

"죄의 삯은 죽음이요, 하나님의 선물은 우리 주 예수 그리스도 안에서 누리는 영원한 생명입니다"
(롬 6:23)

인간의 죄(1) - 창조주 하나님을 모른다고 하는 교만(롬 1:18 - 22)

사람들은 창조주 하나님이 계신다는 것을 자연스레 깨달아 알게 되어 있습니다. 모른다고 핑계를 댈 수가 없습니다. 그러나 그들은 하나님을 알면서도 자신의 지혜에 의존하고 하나님의 진리를 부인합니다. 그들이 하나님이 없이도 할 수 있다고 주장하는 것은 그들이 스스로 '하나님같이' 되고자 함이고 스스로 '주'가 되고자 함입니다. 자신의 지혜와 노력과 시간 등을 사용하면 이 세상의 행복과 영원한 생명을 얻을 수 있다고 착각하고 창조주 하나님께 독립을 선언하는 것입니다. **피조물로서의 정체성을 상실**하고, 자신을 어둠의 세력에게 팔아 넘기는 욕정에 빠져 살아가는 것입니다.

하나님께서는 사람들이 자신의 행동을 스스로 선택하게 놓아두셨으며, 스스로 선택한 죄의 세력에게 넘겨주셨습니다. 믿음도 스스로 선택하여야 하듯이 죄악도 스스로 선택하도록 내버려 두셨기 때문입니다. 그러한 죄인들의 모습은 사람들의 생각과 말 그리고 행동으로 나타납니다. 사람들은 그것을 〈**인본주의**〉, 〈**문명 낙관주의**〉, 〈**고행과 선행으로 자족하는 종교들**〉이라고 미화해서 말합니다.

인간의 죄(2) - 창조주 대신에 피조물을 숭배하는 우상숭배(롬 1:23 - 25)

하나님께서 사람들이 마음의 욕정대로 하도록 더러움에 그대로 내버려 두시니, 서로의 몸을 욕되게 하였습니다. 사람들은 하나님의 진리를 거짓으로 바꾸고, 창조주 대신에 피조물을 숭배하고 섬겼습니다. 사람들은 썩지 않는 하나님의 영광을, 썩어 없어질 사람이나 새나 네발짐승이나 기어 다니는 동물의 형상으로 바꾸어 놓았습니다. 그것은 그들이 육체와 눈의 욕망과 세상 살림에 대한 자랑을 위하여 필요한 세상 재물과 권력을 얻고자 전심전력하기 때문입니다. 그러나 그들의 자원과 능력의 한계를 깨닫게 되면, 주변 사람들을 속이고 억압하고 죽이기까지 합니다. 사람들은 그것을 〈**생존경쟁**〉, 〈**약육강식**〉, 〈**적자생존**〉이라고 미화해서 말합니다. 그들의 종교는 〈**진화론**〉입니다.

지금 우리가 섬기는 우상은 무엇인가요? 하나님보다 더 그것을 향하여 늘 노심초사하는 것, 주님보다 더 목숨을 걸만하다고 생각하는 것, 무엇인가를 결정할 때 그것에 관한 주님의 의견을 듣고 싶어 하지 않는 것 등의 모습이 그것입니다.

"사람들은 온갖 불의와 악행과 탐욕과 악의로 가득 차 있으며, 시기와 살의와 분쟁과 사기와 적의로 가득 차 있으며, 수군거리는 자요, 중상하는 자요, 하나님을 미워하는 자요, 불손한 자요, 오만한 자요, 자랑하는 자요, 악을 꾸미는 모략꾼이요, 부모를 거역하는 자요, 우매한 자요, 신의가 없는 자요, 무정한 자요, 무자비한 자입니다"(롬 1:29 - 31).

죄로부터의 구원(1) - 피조물로서의 정체성 회복(롬 5:10 - 11, 엡 1:4 - 5)

우리는 하나님의 아들, 예수 그리스도께서 피 흘려 돌아가심으로 하나님과 화해하게 되고, 하나님의 생명으로 구원을 얻었습니다. 하나님께서 그리스도 안에서 우리를 택하시고 사랑해 주셔서, 하나님 앞에서 거룩하고 흠이 없는 사람이 되게 하셨습니다. 하나님의 기뻐하시는 뜻을 따라 예수 그리스도를 통하여 우리를 자녀로 삼으시기로 예정하신 것입니다.

"하나님께서 세상을 이처럼 사랑하셔서 외아들을 주셨으니, 이는 그를 믿는 사람마다 멸망하지 않고 영생을 얻게 하려는 것이다"(요 3:16).

죄로부터의 구원(2) - 하나님 아들의 피 흘리심과 죄가 없다는 선언(롬 8:1 - 2, 엡 1:7)

한결같은 사랑의 하나님께서 인간의 유전자 속에 존재하는 죄의 속성을 무시하기로 작정하셨습니다. 인간의 힘으로는 도저히 구원의 길에 들어설 수 없기에, 스스로 이 땅에 오셔서 인간의 죄를 대신 지시기로 하셨습니다. 그러므로 그리스도 예수 안에 있는 사람들은 정죄를 받지 않습니다. 그것은 그리스도 예수 안에서 **생명을 누리게 하는 성령의 법**이 우리를 **죄와 죽음의 법**에서 해방하여 주었기 때문입니다.

구원의 조건 - 복음을 입으로 고백하고, 그의 부활을 마음으로 믿으면(롬 10:9)

예수님께서 십자가 위에서 돌아가심은 우리 죄를 위한 대속이며, 새 언약의 제사로서 우리를 하나님의 백성으로 만들어 줄 것입니다. 하나님께서 그를 부활시킴으로써 그것을 확증하셨습니다. 그리고 그의 죽음과 부활을 경험한 제자들은 그가 약속한 하나님 나라의 구원을 이루셨음을 깨달았습니다. 제자들은 이제 경험으로 얻은 **복음을 선포(Kerygma)**하는 것입니다.

복음이 구원의 방법이라면 그 복음을 믿음은 **구원의 조건**입니다(롬 10:9 - 10). 믿는 자만이 예수 그리스도와 연합하여 아담이 잃어버린 하나님의 형상을 회복하는 새로운 피조물이 된다는 것입니다. 오직 하나님만을 신뢰하고, 하나님과의 올바른 관계를 회복하는 것입니다. 믿음으로 영생을 얻고 싶은 사람은, 피할 수 없는 죄 가운데 살아가면서도 믿음을 붙잡고 살아갈 수 있도록 은혜를 구해야 합니다.

26일

✝ 오늘 말씀 빌립보서 1:1 - 2:30

그리스도인의 특권
고난과 그리스도 예수의 복음

💡 실마리 풀기

"하나님께서는 여러분에게 그리스도를 위한 특권, 즉 그리스도를 믿는 것뿐만 아니라, 또한 그리스도를 위하여 고난을 받는 특권도 주셨습니다"(빌 1:29)

빌립보는 바울이 2차 선교 여행 시에 성령의 인도하심을 따라 아시아로부터 유럽으로 건너갔을 때 처음으로 선교를 시작한 도시였습니다(행 16:11 - 12). 이곳에서 바울은 자색 옷감 장수 루디아를 만나 구원의 복음을 전하였으며(행 16:14 - 15), 그 루디아의 집에서 모인 신도들에 의하여 세워진 것이 빌립보 교회였습니다(행 16:15,40). 빌립보 교회 사람들은 바울이 로마에서 연금되어 있다는 소식을 듣고 후원금과 함께 에바브로디도를 보내왔습니다(2:25, 4:18). 이 편지는 그들의 물질과 기도 후원에 대한 감사의 마음을 에바브로디도가 돌아가는 길에 보내기 위해 쓴 것입니다.

빌립보를 위한 감사와 기도 - 믿음의 열매들로 인한 기쁨(1:1 - 11)

골로새서와 빌레몬서 그리고 빌립보서에는 바울과 디모데가 함께 인사를 한다. 그들 교회를 세우는데 바울과 디모데가 함께 하였기 때문일 것이다. 이어서 바울은 그들의 사랑이 지식과 모든 통찰력으로 더욱더 풍성하게 되고, 가장 좋은 것이 무엇인가를 분별할 줄 알게 되며, 그리스도의 날까지 순결하고 흠이 없이 지내며, 예수 그리스도께서 주시는 의의 열매로 가득 차서 하나님께 영광과 찬양을 드리게 되기를 기도한다.

갇힌 자 된 바울의 고백 - 고난으로 인한 기쁨(1:12 - 26)

바울은 그의 고난이 복음을 더욱 전파하게 하고(1:12 - 18), 그리스도로 인한 고난 때문에 자랑거리가 더욱 많아질 것임으로(1:19 - 26) 기뻐한다. 연금되어 있는 자가 오히려 자유로운 자들에게 기쁨을 고백하는 것이다.

바울의 간절한 기대와 희망은 오직 아무 일에도 부끄러움을 당하지 않고 온전히 담대해져서, 살든지 죽든지, 전과 같이 지금도, 그의 몸에서 그리스도께서 존귀함을 받으시리라는 것이다. 바울에게는 그 안에 사는 것이 그리스도이시니 죽는 것도 유익하다고 생각하며, 세상을 떠나 그리스도와 함께 있고 싶으나 성도들의 발전과 믿음의 기쁨을 더하기 위하여 살아있음을 고백한다.

그리스도를 위한 믿음과 고난의 특권 - 그리스도 예수의 마음으로 하나 되는 기쁨(1:27 - 2:18)

빌립보 교회는 복음에 대한 외부로부터의 공격뿐만 아니라 내부적인 문제들로 인하여 갈등을 겪고 있었던 것으로 보인다. 그래서 바울은 한 정신으로 굳게 서서, 한마음으로 복음의 신앙을 위하여 함께 싸우라고 주문한다. 하나님께서는 교회에 그리스도를 위한 특권, 즉 그리스도를 믿는 것뿐만 아니라 또한 그리스도를 위하여 고난을 받는 특권도 주셨다. 그러므로 그리스도 안에서 무슨 일이든지 모두가 같은 생각을 품고, 같은 사랑을 가지고, 뜻을 합하여 한마음이 되어서 하며, 경쟁심이나 허영으로 하지 말고 겸손한 마음으로 하고, 자기보다 서로 남을 낫게 여겨야 한다.

그러므로 그리스도의 교회는 더욱더 순종하여서 두렵고 떨리는 마음으로 자기의 구원을 이루어 나가야 한다. 무슨 일이든지 불평과 시비를 하지 말고, 생명의 말씀을 굳게 잡아야 한다. 그리하여 흠이 없고 순결해져서, 구부러지고 뒤틀린 세대 가운데서 하나님의 흠 없는 자녀가 되어야 하나님께서 기뻐하시는 것이니, 이처럼 기뻐하고, 함께 기뻐하라.

분쟁하는 교회를 위한 기독론 - 그리스도 찬가(☞ 골 1:15 - 20)

"그는 사람의 모양으로 나타나셔서, 자기를 낮추시고, 죽기까지 순종하셨으니, 곧 십자가에 죽기까지 하셨습니다. 그러므로 하나님께서는 그를 지극히 높이시고, 모든 이름 위에 뛰어난 이름을 그에게 주셨습니다. 그리하여 하늘과 땅 위와 땅 아래 있는 모든 것들이 예수의 이름 앞에 무릎을 꿇고, 모두가 예수 그리스도는 주님이시라고 고백하여, 하나님 아버지께 영광을 돌리게 하셨습니다"(2:6 - 11).

디모데와 에바브로디도 - 동역자로 인한 기쁨(2:19 - 30)

자신이 곧 풀려날 것이라고 짐작한 바울은 이참에 디모데를 빌립보로 보내어 그들을 영적으로 돌보게 할 요량으로 그를 강력히 추천하는 마음을 전하고 있다. 또한, 바울은 서둘러서 에바브로디도를 돌려보내면서 빌립보 교인들이 기쁜 마음으로 그를 영접하기를 바라고 있다.

묻고? 답하기!!

우리가 살아가면서 주어지는 고난을 기쁨으로 받은 적이 있는가?

바울이 말하는 기쁨은 우리가 상상하는 것과 다릅니다. 우리는 무언가 신나는 것, 이득이 되는 것을 기뻐하지만, 바울은 지금 감옥에 갇혀 있으면서도 기쁘다고 말합니다. 그 이유가 무엇일까요? 그는 **"나에게는 사는 것이 그리스도이시니, 죽는 것도 유익합니다"**(1:21)고 말하고 있습니다. 그는 이미 자신의 목숨을 하늘에 맡기고 하늘나라에서 살고 있습니다. 우리도 깨달음을 얻어야 합니다. 우리가 그리스도를 믿기 시작하면서 주어지는 것이 성령과 고난임을 인정해야 합니다.

27일

✝ 오늘 말씀 빌립보서 3:1 - 4:23

교회 안의 적들을 향한 경고
기쁨과 그리스도 예수의 모범

💡 **실마리 풀기**

"아무것도 염려하지 말고, 모든 일을 오직 기도와 간구로 하고, 여러분이 바라는 것을 감사하는 마음으로 하나님께 아뢰십시오"(빌 4:6)

에바브로디도로부터 빌립보 교회의 여러 가지 좋은 소식과 좋지 않은 소식을 접한 바울은 그에 대한 지도와 권면을 하기로 하고 이 편지를 썼습니다. 그 소식은 교회 안에 지속해서 목소리를 높여가고 있는 유대인의 할례 강요와 이전의 탐욕적 삶으로 돌아가도록 유도하는 자들의 유혹이었습니다. 또한, 일부 성도들 간의 반목과 질시가 교회의 분위기를 해치고 있다는 것이었습니다.

바울은 자신이 그리스도의 모범을 따르고 있는 것처럼 그들도 자신의 모범을 따를 것을 요청하면서, 이 편지가 전해지는 온 교회, 모든 성도 앞에서 큰 소리로 낭독되고, 자신이 전하는 권면의 말씀을 마음에 새기고, 서로 일치하여 고난을 이겨내기를 원하는 것입니다. 이 편지는 개개인 성도들을 위한 것이라기보다는 교회라는 공동체를 위한 것입니다.

육체의 할례를 강요하는 자들 - 믿음으로 말미암아 오는 의를 추구하라(3:1 - 9)

육체의 할례를 강요하는 자들은 개처럼 자기 밥그릇 지키기에 급급하고 쓸데없이 짖어대며, 진리를 허물려는 악한 의도를 가진 자들이다. 우리가 얻어야 할 의는 율법을 지키는 행위에서 생기는 나 자신의 의가 아니라, 그리스도를 믿는 믿음으로 말미암아 오는 의 곧 믿음에 근거하여 하나님에게서 오는 의인 것이다. 그러므로 주 안에서 기뻐하라. 내주 예수 그리스도를 아는 지식이 가장 고귀한 것이니, 그리스도를 얻고, 그리스도 안에 있는 사람으로 인정받아라.

그리스도의 십자가의 원수로 살아가는 사람들 - 부활의 능력에 의지하여 목표점을 바라보고 달려가라(3:10 - 4:1)

우리가 바라는 것은 그리스도를 알고, 그분의 부활의 능력을 깨닫고, 그분의 고난에 동참하여, 그분의 돌아가심을 본받는 것이다. 우리는 그리스도 예수 안에서, 하나님께서 위로부터 부르신 그 부르심의 상을 받으려고 목표 지점을 바라보고 달려가고 있으며, 우리가 어느 단계에 도달했든지 그 단계에 맞추어서 행해야 한다.

그리스도의 십자가의 원수로 살아가는 사람들을 본받지 말라. 그들은 욕망의 대상을 자기네의 하나님으로 삼고, 자기네의 수치를 영광으로 삼고 땅의 것만을 생각한다. 그들의 마지막은 멸망임을 잊지 말고, 우리의 비천한 몸을 변화시키셔서 자기의 영광스러운 몸과 같은 모습이 되게 하실 주님 안에 굳건히 서 있어야 한다.

교회 안에서 반목하는 사람들 - 주님 안에서 항상 기뻐하라(4:2 - 9)

유오디아와 순두게가 서로 반목하고 있음을 전해들은 바울은 그들을 나무라기보다는 서로 화해하도록 격려하고 있다. 그의 격려는 다시 한 번 주님 안에서 항상 기뻐하라는 것이다. 아무것도 염려하지 말고 모든 일을 오직 기도와 간구로 하고, 여러분이 바라는 것을 감사하는 마음으로 하나님께 아뢰라고 격려한다. 그리하면 사람의 헤아림을 뛰어넘는 하나님의 평화가 우리의 마음과 생각을 그리스도 예수 안에서 지켜 줄 것이다.

마지막으로, 무엇이든지 참된 것과 무엇이든지 경건한 것과 무엇이든지 옳은 것과 무엇이든 순결한 것과 무엇이든 사랑스러운 것과 무엇이든지 명예로운 것과 또 덕이 되고 칭찬할 만한 것이면, 이 모든 것을 생각하라. 그리고 나에게서 배운 것과 받은 것과 듣고 본 것들을 실천하라. 그리하면 사람의 헤아림을 뛰어 넘는 하나님의 평화가 우리의 마음과 생각을 그리스도 예수 안에서 지켜 줄 것이다.

후원에 대한 감사 - 나에게 능력을 주시는 분 안에서, 나는 모든 것을 할 수 있다(4:10 - 23)

배부르거나, 굶주리거나, 풍족하거나, 궁핍하거나, 그 어떤 경우에도 적응할 수 있는 비결을 터득하고 있는 바울에게 빌립보 교회가 보내준 헌금은 헌금 이상의 것이다. 그들이 번번이 후원할 때마다 그들의 사랑하는 마음이 가득히 담겨 있음을 알기 때문이다. 그것은 아름다운 향기이며 하나님께서 기쁘게 받으시는 제물이므로, 바울은 그들의 천국 장부에 유익한 열매가 늘어나기를 축원하고 있다.

묻고? 답하기!

우리 교회를 무너뜨리려는 자들을 인식하고 계십니까?

바울이 개척한 그 어떤 교회보다 빌립보 교회는 가장 신실한 교회였습니다. 그들은 네 번이나 바울의 경제적 필요를 채워주었으며, 감옥에 갇힌 그를 돌봐주도록 에바브로디도를 보내주기도 했습니다. 그렇게 자부심과 기쁨을 주는 교회 안에도 교회를 무너뜨리려는 자들이 있었습니다. 오늘날의 교회도 마찬가지입니다. 입으로만 주님을 믿으며 자기 멋대로 살아가는 사람들, 교회 안에서 자기주장만 일삼고 다른 의견을 내는 사람을 판단하며 분열된 모습을 즐기는 사람들 그리고 그리스도 대신에 자기 이름을 드러내는 사람들입니다. 한 번 둘러보시기 바랍니다.

✝ 오늘 말씀 디도서 1:1 - 3:15

목회자 디도에게 주는 가르침

권위 있고, 과감하게 가르치라

💡 **실마리 풀기**

"그대는 권위를 가지고 이것들을 말하고, 사람들을 권하고 책망하십시오. 아무도 그대를 업신여기지 못하게 하십시오"(딛 2:15)

〈로마에서의 구금 생활에서 풀려난 바울은(4차) 선교 여행을 떠납니다. 기록에 의하면 에베소(딤전 1:3)와 크레타 섬(딛 1:5), 빌립보, 데살로니가와 베뢰아의 성도들을 두루 방문하고 마케도니아로 가며, 그 후 고린도와 밀레도와 드로아도 방문한 것으로 보입니다(딤후 4:13,20).〉

이 서신에 의하면 바울은 디도와 함께 크레타 섬에 갔다가 디도를 그곳에 머물도록 하였습니다(딛 1:5). 그에게 그곳에서 교회를 개척하는 목회자의 임무를 수행하게 하였던 것입니다. 서신의 내용(1:12)으로 미루어보면 크레타 사람들은 신실하지 못하고 게을렀던 것 같습니다. 또한, 교회 안에 거짓 교사들이 나타나기 시작하였습니다. 그래서 바울은 디도에게 교회 안의 질서의 확립과 지도자로서의 용기를 심어주기 위하여 이 편지를 쓴 것으로 보입니다.

인사 - 목회자 디도에게(1:1 - 4)

디도는 바울에 의하여 복음을 듣고 회심을 하였으며, 할례를 강요받지 않은 이방인 그리스도인입니다(갈 2:1 - 3). 그는 성격이 매우 치밀하고 과감하여, 바울이 사역을 하는 동안 어렵고 힘든 일이 있을 때마다 그에게 맡겼습니다. 예를 들면, 바울은 마케도니아에서 머무르는 동안 디도에게 헌금 독려의 임무를 완수하도록 하고, 자신의 편지에 대한 고린도 교회의 변화를 알아보고자 하여 그를 고린도로 보낸 적이 있습니다(고후 8:6).

성읍마다 장로들을 세우라(1:5 - 16)

장로는(남들이 보기에) 흠잡을 데가 없어야 한다. 그리고 가정생활에 책망할 것이 없어야 한다. 한 아내의 남편이라야 하며, 그 자녀가 신자라야 하며, 방탕하다거나 순종하지 않는다는 비난을 받지 않아야 한다. 감독은 하나님의 청지기로서,(그 성품과 행실에) 흠잡을 데가 없으며, 자기 고집대로 하지 아니하며, 쉽게 성내지 아니하며, 술을 즐기지 아니하며, 폭행하지 아니하며, 부정한 이득을 탐하지 아니하는 사람이라야 한다. 오히려 그는 손님을 잘 대접하며, 선행을 좋아하며, 신중하며, 의로우며, 경건하며, 자제력이 있으며,(바른 가르침을 할 수 있도록) 신실한 말씀의 가르침을 굳게 지키는 사람이라야 한다. 그래야 그는 건전한 교훈으로 권면하고, 반대자들을 반박할 수 있을 것이기 때문이다.

복종하지 아니하며 헛된 말을 하며 속이는 사람을 엄중히 책망하라 - 반면에 복종하지 아니하며 헛된 말을 하며 속이는 사람들을 엄중히 책망하여 그들의 믿음을 건전하게 하고, 할례를 주장하는 유대 사람의 허망한 이야기나 진리를 배반하는 사람들의 명령에 귀를 기울이지 못하게 하라.

모든 사람에게 나타난 하나님의 구원의 은혜와 예수 그리스도의 영광이 나타나실 것을 가르치라 (2:1 - 15)

바울이 목회자 디도에게 명한다. "건전한 교훈에 맞는 말을 하며, 모든 일에 선한 행실의 모범이 되라. 가르치는 일에 순수하고 위엄 있는 태도를 보여야 하며, 책잡힐 데가 없는 건전한 말을 하라." "그리하여 권위를 가지고 모든 사람에게 하나님의 구원의 은혜가 나타났다는 것과 예수 그리스도의 영광이 나타나기를 고대함을 말하고, 사람들을 권하고 책망하여, 아무도 그대를 업신여기지 못하게 하라." 그리스도인들의 믿음은 예수님의 오심과 다시 오심에 근거를 두고 유지되기 때문이다.

신도를 일깨워서 선한 일에 전념하게 하라(3:1 - 11)

바울이 목회자 디도에게 명한다. "하나님께서는 이 성령을 우리의 구주이신 예수 그리스도로 말미암아 우리에게 풍성하게 부어 주셨습니다. 그래서 우리가 그리스도의 은혜로 의롭게 되어서, 영원한 생명의 소망을 따라 상속자가 되었습니다. 이 말은 참됩니다. 나는 그대가 이러한 것을 힘 있게 주장해서, 하나님을 믿는 사람으로 하여금 선한 일에 전념하게 하기 바랍니다"(3:6 - 8).

마지막 부탁과 인사(3:12 - 15)

바울이 목회자 디도에게 명한다. "우리의 교우들도(목회자들의) 절실히 필요한 것을 마련하여 줄 수 있도록, 좋은 일을 하는 데에 전념하는 것을 배워야 합니다. 그래야 그들은 열매를 맺지 못하는 사람이 되지 않을 것입니다"(3:14).

우리 교회의 장로들은 바울의 가르침을 몸소 실천하고 있는가?

하나님의 청지기로서 흠잡을 데가 없으며, 자기 고집대로 하지 아니하며, 쉽게 성내지 아니하며, 술을 즐기지 아니하며, 폭행하지 아니하며, 부정한 이득을 탐하지 아니하는 사람인가? 손님을 잘 대접하며, 선행을 좋아하며, 신중하며, 의로우며, 경건하며, 자제력이 있으며, 신실한 말씀의 가르침을 굳게 지키는 사람인가? 건전한 교훈에 맞는 말을 하며, 권위를 가지고 모든 사람에게 하나님의 구원의 은혜가 나타났다는 것을 말하고 있는가?

29일

✝ 오늘 말씀 디모데 전서 1:1 - 3:16

목회자 디모데에게 주는 가르침
믿음과 선한 양심을 가지라

💡 **실마리 풀기**

"아들 된 디모데여, 이전에 그대에 관하여 내린 예언을 따라 내가 이 명령을 그대에게 내립니다. 그대는 그 예언대로 선한 싸움을 싸우고, 믿음과 선한 양심을 가지십시오"(딤전 1:18 - 19)

바울은 로마의 구금에서 풀려난 후, 디모데와 함께 마케도니아로 가는 길에 디모데를 에베소에 머물도록 하여(딤전 1:3) 그곳에서 목회자의 임무를 수행하게 하였으며, 그 이듬해 봄에 마케도니아에서 에베소에 있는 디모데에게 편지를 썼습니다.

예전에 밀레도에서 에베소 교회의 장로들에게 행한 고별 설교에서 바울은 "내가 떠난 뒤에, 사나운 이리들이 여러분 가운데로 들어와서, 양 떼를 마구 해하리라는 것을 나는 압니다. 바로 여러분 가운데서도, 제자들을 이탈시켜서 자기를 따르게 하려고, 어그러진 것을 말하는 사람들이 나타날 것입니다"(행 20:29 - 30)라고 예언하였습니다. 바울은 이러한 예고가 적중하고 있는 에베소 교회를 걱정하고 있습니다. 이 서신의 내용으로 미루어보면 교회에서 발생한 거짓 교사들의 가르침을 경고하고, 디모데에게 교회 안의 질서의 확립과 지도자로서의 용기를 심어주기 위하여 쓴 것으로 보입니다.

바울의 경고 - 거짓 교훈과 건전한 교훈(1:1 - 17)

바울이 로마에서 구금 생활을 마치고 풀려나 마케도니아로 떠날 때, 디모데에게 에베소에 머물러 있으라고 부탁하였던 것은 복음 이외의 다른 거짓을 가르치지 못하도록 명령하고자 한 것이었다. 이 명령의 목적은 깨끗한 마음과 선한 양심과 거짓 없는 믿음에서 우러나오는 사랑을 불러일으키는 것이다. 그런데도 몇몇 사람들이 다른 교리를 가르치며, 신화와 끝없는 족보 이야기에 정신을 팔려 쓸데없는 토론에 빠졌다.

바울은 율법을 따르라는 거짓 교훈과 건전한 교훈을 대비시키며, 건전한 교훈은 복되신 하나님의 영광스러운 복음에 맞는 것이어야 한다고 조언한다. 이어서 자신의 증언을 통해 복음을 선포할 임무를 주신 하나님을 찬양한다.

목회자로서의 디모데 - 참된 가르침을 위하여(1:18 - 2:7)

예언대로 선한 싸움을 싸우고, 믿음과 선한 양심을 가지라 - 〈이전에 디모데에게 내린 예언(1:18)〉은 밀레도에서 에베소 교회의 장로들에게 행한 바울의 고별 설교(행 20:29 - 30)를 말하는 것으로, 장차 에베소 교회에서 발생할지도 모르는 여러 가지 불미스러운 것들을 염려함이었다. 그러므로 디모데는 그 예언대로 선한 싸움을 싸우고, 믿음과 선한 양심을 가지고 거짓 교사들을 대적하여야 한다.

모든 사람을 위해 기도하고 복음을 전하라 - 바울은 파선되어 출교(제명)된 자들(후메내오와 알렉산더)을 상기시키며, 모든 사람을 위해서 하나님께 간구와 기도와 중보 기도와 감사 기도를 드리라고 권하고 있다. 그것은 하나님께서 보시기에 좋은 일이며 기쁘게 받을 만하신 일이다. 하나님께서는 모든 사람이 다 구원을 얻고 진리를 알게 되기를 원하시기 때문이다.

믿음과 진리로 이방 사람을 가르치는 교사, 바울이 증언하는 것 - 하나님은 한 분이시오, 하나님과 사람 사이의 중보자도 한 분이시니 곧 사람이신 그리스도 예수이시다. 그가 모든 사람을 위하여 자기를 대속물로 주셨다. 바울은 이것을 증언하도록 선포자와 사도로 임명을 받아 믿음과 진리로 이방 사람을 가르치는 교사가 되었으니, 그는 지금 참말을 하지 거짓말을 하지 않는다고 고백하고 있다.

감독과 집사의 자격 - 하나님의 가족(교회) 안에서의 처신에 대하여(2:8 - 3:16)

바울이 이 편지를 쓴 것은 살아 계신 하나님의 교회요, 진리의 기둥과 터인 하나님의 가족 가운데서 사람이 어떻게 처신해야 하는지를 알게 하려는 것이었다. 교회 안에서 남자들은 화를 내거나 말다툼을 하는 일이 없이 모든 곳에서 거룩한 손을 들어 기도하여야 한다. 여자들은 소박하고 정숙한 행실로 믿음과 사랑과 거룩함을 지니고 살아야 하며, 조용히 순종해야 한다. (단, 여기서 말하는 여자들은 아마도 당시 공동체 안에서 올바른 가르침을 따르지 못하는 여자들을 가리키는 것으로 이해하여야 한다)

교회에서 감독이 되려는 사람은 여러 가지 인품과 함께 자기 가정을 잘 다스리며, 교회 밖의 사람들에게도 좋은 평판을 받는 사람이라야 한다. 집사도 그러하며 그의 아내도 신중하며, 험담하지 아니하며, 절제하며, 모든 일에 성실한 사람이라야 한다.

묻고? 답하기!

우리는 우리 교회 목회자에게 무엇을 기대하고 싶은가?

바울은 자신이 가르친 목회자 디모데에게 자상한 조언을 주고 있는데, 특별히 강조하는 사역은 기도와 위임입니다. 교회 안의 모든 사람을 위하여 기도하는 것 그리고 함께 기도할 수 있는 사람들을 세워 그 기도의 책무를 위임하는 것은 하나님께서 보시기에 좋은 일이며, 기쁘게 받을 만하신 일이기 때문입니다. 우리도 믿음과 선한 양심을 가지고 기도에 열심을 내는 하나님의 사람이기를 소망해 봅니다.

11

디모데전서

30일

✝ 오늘 말씀 디모데 전서 4:1 - 6:21

목회자 디모데에게 주는 가르침

믿음의 선한 싸움을 싸우라

💡 **실마리 풀기**

"하나님의 사람이여! 그대는 이 악한 것들을 피하십시오. 의와 경건과 믿음과 사랑과 인내와 온유를 좇으십시오. 믿음의 선한 싸움을 싸우십시오. 영생을 얻으십시오"(딤전 6:11 - 12)

디모데는 유대인 어머니와 헬라인 아버지에 의해 루스드라에서 태어났습니다(행 16:1, 딤후 1:5). 성경에 특별히 언급되어 있지는 않으나 바울이 루스드라에서 선교활동을 할 때(행 14:6 - 21, 딤후 3:11) 회심을 한 것으로 보이며, 바울이 디모데를 처음 만나 동반자로 선택하였을 때 이미 그는 제자로 불리고 있었습니다(행 16:1).

디모데는 바울의 2차 선교 여행 시에 실라와 함께 유럽으로 건너갔다가 데살로니가와 고린도 전도에 크게 쓰임을 받았으며(행 16:1 - 4). 3차 선교 여행을 마치고 바울이 기부금을 가지고 예루살렘으로 귀환할 때 동행 하였습니다(행 20:4 - 5). 바울의 뒤를 이어 데살로니가(살전 3:1 - 2), 고린도(고전 4:17, 16:10) 그리고 빌립보(빌 2:19 - 23)에서 목회를 하기도 하였었습니다.

거짓 교훈을 대면하는 목회자를 위한 조언 - 믿는 이들의 본이 되고(4:1 - 16)

사람들이 믿음에서 떠나서 따르는 속이는 영과 악마의 교훈은 그 양심에 낙인이 찍힌 거짓말쟁이의 속임수에서 나오는 것이다. 이런 자들은 혼인을 금하고, 어떤 음식물을 먹지 말라고 할 것이다. 그러나 하나님께서 지으신 것은 모두 다 좋은 것이요, 감사하는 마음으로 받으면 버릴 것이 하나도 없다. 모든 것은 하나님의 말씀과 기도로 거룩해진다.

그러므로 디모데여! 저속하고 헛된 꾸며낸 이야기들을 물리치고, 경건함에 이르도록 몸을 훈련하라. 말과 행실과 사랑과 믿음과 순결에 있어서 믿는 이들의 본이 되고, 성경을 읽는 일과 권면하는 일과 가르치는 일에 전념하라. 그대 속에 있는 은사, 곧 그대가 장로들의 안수를 받을 때 예언을 통하여 그대에게 주신 그 은사를 소홀히 여기지 마라. 모든 사람에게 그대의 성숙함을 보이고, 그대 자신과 가르침이 일관성이 있게 늘 살펴야 한다.

교회 안의 성도들에게 권면할 때를 위한 조언 - 편견 없이 공평하게(5:1 - 6:2a)

나이가 많은 이를 나무라지 말고 아버지를 대하듯이 권면하고, 젊은 남자는 형제를 대하듯이 권면하라. 나이가 많은 여자는 어머니를 대하듯이 권면하고, 젊은 여자는 자매를 대하듯이 오로지 순결한 마음으로 권면하라.

참 과부인 과부를 존대하라. 과부로 명부에 올릴 이는 착한 행실을 인정받는 사람이라야 하는데, 자녀를 잘 기르거나, 나그네를 잘 대접하거나, 성도들을 자기 집에 모시거나,

어려움을 당한 사람을 도와주거나, 모든 선한 일에 몸을 바친 사람이라야 한다. 젊은 과부는 명단에 올리는 것을 거절하여야 하며, 젊은 과부들은 재혼해서 아이를 낳고 가정을 다스려서, 적대자들에게 비방할 기회를 조금도 주지 말기를 바란다.

장로에 대한 존경과 치리는 보다 엄격하게 할 것이다. 잘 다스리는 장로들은 두 배로 존경을 받아야 한다. 특히 말씀을 전파하는 일과 가르치는 일에 수고하는 장로들은 더욱 그러하여야 한다. 종들에게는 자기 주인을 존경하고 더 잘 섬기도록 가르치라. 그렇게 해야 하나님의 이름과 우리의 가르침에 욕이 돌아가지 않을 것이다.

디모데여! 편견 없이 이것들을 지키고, 어떤 일이든지 공평하게 처리하며, 아무에게나 경솔하게 안수하지 마라. 남의 죄에 끼어들지 말고 자기를 깨끗하게 지키라.

거짓 교사들을 대면하는 목회자의 행실에 대한 조언 - 믿음의 선한 싸움을 싸우며 (6:2b - 21)

누구든지 다른 교리를 가르치며, 우리 주 예수 그리스도의 건전한 말씀과 경건에 부합되는 교훈을 따르지 않는 자는 이미 교만해져서 아무것도 알지 못하면서 논쟁과 말다툼을 일삼는 병이 든 사람이다. 그로 인해 시기와 분쟁과 비방과 악한 의심이 생기며, 경건을 이득의 수단으로 생각하는 사람 사이에 끊임없는 알력이 생긴다.

하나님의 사람, 디모데여! 그대는 이 악한 것들을 피하고, 의와 경건과 믿음과 사랑과 인내와 온유를 좇아라. 믿음의 선한 싸움을 싸우며 영생을 얻어라. 그리하여 우리 주 예수 그리스도께서 나타나실 때까지 그 계명을 지켜서, 흠도 없고 책망 받을 것도 없는 사람이 되라.

묻고? 답하기!

바울이 말하는 믿음의 선한 싸움은 누구와의 싸움인가?

교회 안에는 그야말로 다양한 부류의 사람들이 모이게 마련입니다. 그들은 좀 전까지만 해도 하나님을 모르던 사람들이었으며, 아직도 세상의 습관을 버리지 못하고 있는 사람도 있으며, 사적인 유익을 위하여 또는 거짓 가르침을 전하기 위하여 스며들어온 자들도 있습니다. 목회자가 이러한 교회의 구성원들을 권면하고, 위하여 기도하며 치리하는 일은 그야말로 전쟁이 아닐 수 없습니다. 목회자가 그러한 싸움에서 승리하려면, 오직 스스로 경건에 힘쓰고 재물에 소망을 두지 않도록 하여야 할 것입니다.

✝ **오늘 말씀** 디모데 후서 1:1 - 2:26

디모데에게 보내는 마지막 유언

복음을 위하여 고난을 함께 겪으라

💡 **실마리 풀기**

"나는 이 복음 때문에 고난을 당하며, 죄수처럼 매여 있으나, 하나님의 말씀은 매여 있지 않습니다. 그러므로 나는 하나님께서 택하여 주신 사람들을 위해서 모든 것을 참고 있습니다"(딤후 2:9 - 10)

바울은 황제숭배가 강요되고 있는 로마에서 극심한 핍박을 받는 신도들을 위해 순교를 각오하고 다시 로마로 돌아왔습니다. 목숨을 걸고 선교활동을 하던 중 체포된 바울은 방화와 로마의 황제를 거역한 국사범으로 사형 선고를 받게 되었다고 합니다. 결국, 그곳에서 죽음을 앞에 둔 바울은 디모데에게 두 번째 편지를 쓰게 되고, 그를 찾아 온 오네시모를 통하여 디모데에게 전달합니다. 믿음의 아들인 디모데를 다시 한 번 보기를 소원하여 쓴 이 편지(디모데후서)는 죽음을 앞에 둔 자의 절절한 심정을 토해내는 유언의 글입니다.

인사와 감사 - 사랑하는 아들 디모데에게(1:1 - 7)

바울은 디모데를 '믿음 안에서 나의 참 아들', '아들 된 디모데여'(딤전 1:2, 18), '사랑하는 아들 디모데'(딤후 1:2)라고 불렀다. 또한, 그를 '진심으로 사람들의 형편을 염려하여 주는 사람'(빌 2:20), '자식이 아버지에게 하듯이 복음을 위하여 나와 함께 봉사하였다'(빌 2:22)고 전하기도 하였다.

바울이 디모데를 마지막으로 본 것은 그가 목회하고 있는 에베소에서 헤어질 때였다. 그때 본 디모데의 눈물을 기억한 바울은 "나는 밤낮으로 기도를 할 때에 끊임없이 그대를 기억하면서 하나님께 감사를 드립니다. 나는 그대의 눈물을 기억하면서, 그대를 보기를 원합니다. 그대를 만나봄으로 나는 기쁨이 충만해지고 싶습니다"(딤후 1:3 - 4)라고 쓰고 있다. 또한, 그의 거짓 없는 믿음을 기억하면서, 바울은 그의 은사를 상기시켜서 사역에 용기를 더해주고 싶어 한다.

후계자를 향한 바울의 권면(1:8 - 2:26)

1. 하나님의 능력을 힘입어 복음을 위하여 고난을 함께 겪으라(1:8 - 12)

디모데여! 우리 주님에 대하여 증언하는 일이나 주님을 위하여 갇힌 몸이 된 것을 부끄러워하지 말고, 하나님의 능력을 힘입어 복음을 위하여 고난을 함께 겪어라.

[복음] "하나님께서 우리를 구원해 주시고, 거룩한 부르심으로 불러주셨다. 그리고 그것은 우리의 행실을 따라 하신 것이 아니요, 하나님의 계획과 은혜를 따라 하신 것이다. 이 은혜는 영원 전에 그리스도 예수 안에서 우리에게 주신 것인데, 이제는 우리 구주 그리스도 예수께서 나타나심

으로 환히 드러났다. 그리스도께서는 죽음을 폐하시고, 복음으로 생명과 썩지 않음을 환히 보이셨다"(1:9 - 10).

2. 성령으로 말미암아 그 맡은 바 선한 것을 지키라(1:13 - 18)

바울이 믿음과 사랑으로 들려준 건전한 말씀을 본보기로 삼아 책무를 지키고, 고난이 오더라도 다른 이들(부겔로와 허모게네)처럼 믿음을 버리고 떠나가지 말기를 바라고 있다.

3. 나에게 들은 것을 믿음직한 사람들에게 전수하라(2:1 - 7)

바울은 디모데에게 그리스도 예수 안에 있는 은혜로 굳세어지고, 그가 들은 것들을 다른 믿음직한 사람들에게 전수하기를 원한다. 그리하여 그들이 또 다른 사람들에게 복음의 진리를 가르칠 수 있을 것이기 때문이다.

4. 죽은 사람 가운데서 살아나신 예수 그리스도를 기억하라(2:8 - 13)

바울은 이 복음 때문에 고난을 겪으며 죄수처럼 매여 있으나, 하나님의 말씀은 매여 있지 않다. 바울이 죽은 사람 가운데서 살아나신 예수 그리스도를 기억하고, 그에게 닥칠 죽음의 고난을 참고 있는 것은 우리가 주님과 함께 죽었으면 우리도 또한 그분과 함께 살 것을 알기 때문이다. 하나님께서 택하여 주신 사람들을 위해서 모든 것을 참고, 그들도 또한 그리스도 예수 안에 있는 구원을 영원한 영광과 함께 얻게 하려 하기 때문이다.

5. 거짓 교사들을 멀리하고 하나님께 인정을 받는 사람이 되라(2:14 - 26)

디모데여! 젊음의 정욕을 피하고, 깨끗한 마음으로 주님을 찾는 사람들과 함께 의와 믿음과 사랑과 평화를 좇으라. 또한, 모든 사람에게 온유하고, 잘 가르치고, 참을성이 있어야 하고, 반대하는 사람을 온화하게 바로잡아 주어야 한다. 그렇게 하면, 아마도 하나님께서 그 반대하는 사람들을 회개시키셔서 진리를 깨닫게 하실 것이기 때문이다.

목회자가 받을 고난은 어디에서 오는 것일까?

바울은 스스로 주님에 대하여 증언하는 일이나 주님을 위하여 갇힌 몸이 된 것을 부끄러워하지 않는다고 고백하면서, 디모데도 하나님의 능력을 힘입어 복음을 위하여 고난을 함께 겪으라고 당당하게 권면합니다. 목회자는 자신이 사역하는 교회의 외형적 성장을 위하여 진리의 말씀을 왜곡하려는 유혹을 이겨내야 합니다. 육체적 정욕과 경제적 탐욕에 이르도록 유혹하는 마귀의 올무에서 벗어나야 합니다. 그렇습니다. 목회자의 고난은 외부로부터 오는 것이 아니라 자기 자신의 내면으로부터 오는 것임을 잊지 말아야 합니다.

✝ 오늘 말씀 디모데 후서 3:1 - 4:22

디모데에게 보내는 마지막 유언
말씀을 선포하고, 직무를 완수하라

💡 실마리 풀기

"나는 선한 싸움을 다 싸우고, 달려갈 길을 마치고, 믿음을 지켰습니다. 이제는 나를 위하여 의의 면류관이 마련되어 있으므로, 의로운 재판장이신 주님께서 그 날에 그것을 나에게 주실 것이며"(딤후 4:7 - 8)

지금 바울은 죄수처럼 쇠사슬에 매이고(딤후 1:16, 2:9), 고독하게 거의 홀로 지내며(딤후 4:11), 죽음을 기다리고 있습니다(딤후 4:6 - 8). 이러한 상황에서 바울은 믿음의 아들인 디모데를 다시 한 번 보기를 소원하여 그를 로마로 부릅니다. 마치 아버지가 사랑하는 아들에게 한번 보고 싶어 하는듯한 심정을 피력하고 있는 것입니다.

후계자를 향한 바울의 권면(3:1 - 4:22)
6. 마지막 때의(19가지의) 타락으로 드러나게 될 사람들을 멀리하라(3:1 - 9)

마지막 날에 사람들은 자기를 사랑하며, 돈을 사랑하며, 뽐내며, 교만하며, 하나님을 모독하며, 부모에게 순종하지 아니하며, 감사할 줄 모르며, 불경스러우며, 무정하며, 원한을 풀지 아니하며, 비방하며, 절제가 없으며, 난폭하며, 선을 좋아하지 아니하며, 배신하며, 무모하며, 자만하며, 하나님보다 쾌락을 더 사랑하며, 겉으로는 경건하게 보이나, 경건함의 능력은 부인할 것이다.

디모데여! 그대는 이런 사람들을 멀리하라. 그들의 어리석음이 모든 사람 앞에 환히 드러날 것이기 때문이다.

7. 굳게 믿는 진리 안에 머물라(3:10 - 17)

그러나 디모데여! 진리 안에 머물라. 디모데는 바울의 가르침과 행동과 의향과 믿음과 오래 참음과 사랑과 인내를 따르며, 박해와 고난을 함께 겪었다. 또한, 그에게는 어려서부터 배워서 굳게 믿는 진리를 알고 있었다.

성경은 그리스도 예수를 믿는 믿음으로 말미암아 구원에 이르는 지혜를 줄 수 있으니, 모든 성경은 하나님의 영감으로 된 것으로서 교훈과 책망과 바르게 함과 의로 교육하기에 유익하며, 성경은 하나님의 사람을 유능하게 하고 그에게 온갖 선한 일을 할 수 있게 하는 것이다.

8. 말씀을 선포하고, 직무를 완수하라(4:1 - 5)

그러므로 디모데여! 말씀을 선포하라. 기회가 좋든지 나쁘든지, 꾸준하게 힘쓰며, 끝까지 참고 가르치면서 책망하고 경계하고 권면하라. 때가 이르면, 사람들이 건전한 교훈을 받으려 하지 않고 귀를 즐겁게 하는 말을 들으려고 자기네 욕심에 맞추어 스승을 모아들일 것이다. 그들은 진리를 듣지 않고 꾸민 이야기에 귀를 기울일 것이다.

그러나 디모데여! 모든 일에 정신을 차려서 고난을 참으며 전도자의 일을 하며, 그대의 직무를 완수하라.

9. 그대는 속히 나에게로 오라 - 바울의 소박한 소망(4:6 - 22)

바울은 이미 부어드리는 제물로 피를 흘릴 때가 되었고 세상을 떠날 때가 되었다. 그는 선한 싸움을 다 싸우고, 달려갈 길을 마치고, 믿음을 지켰으니, 이제는 그를 위하여 의의 면류관이 마련되어 있으므로 의로운 재판장이신 주님께서 그 날에 의의 면류관을 주실 것이다. 바울이 스스로 변론할 때에 주변 사람들이 모두 떠나버리고 아무도 바울 편에 서서 도와준 사람이 없었다. 오직 주님께서 그의 곁에 서서서 그에게 힘을 주셨다. 그것은 바울을 통하여 전도의 말씀이 완전히 전파되게 하시고 모든 이방 사람이 그것을 들을 수 있게 하시려는 것이다.

그러므로 디모데여! "그대는 속히 나에게로 오십시오, 그대는 겨울이 되기 전에 서둘러 오십시오"(4:9, 21).

바울이 이렇게 디모데를 애타게 부르는 것은 디모데에게 넘겨질 임무와 소명을 곁에서 바라보고 싶기 때문이다. 아울러 예전에 바울이 드로아에 있는 가보의 집에 두고 온 외투를 가져오고 또 책들은 특히 양피지에 쓴 것들을 가져오라고 주문하고 있다. 죽는 것도 유익하다(빌 1:20)고 하던 바울도 차가운 감옥의 외로움과 추위 그리고 무료함을 달래줄 것이 필요했다.

**묻고?
답하기!**

목회자가 하나님의 사랑 안에서 믿음으로 만난 동역자가 있다면 얼마나 행복할까요?

바울은 디모데에게 **"나는 그대의 눈물을 기억하면서, 그대를 보기를 원합니다. 그대를 만나봄으로 나는 기쁨이 충만해지고 싶습니다"**(1:4)라고 고백합니다. 이 장면을 생각하면, 한평생을 같이 한 복음의 동역자이자 사랑하는 아들과 같은 후계자, 하나님의 사랑 안에서 믿음으로 만난 바울과 디모데가 부러워집니다. 이들을 생각할 때마다 이러한 동역자를 만나 한평생 교제를 나누는 사람은 얼마나 행복할까 생각해 봅니다.

12월 3일

하나님의 비밀의 경륜(經綸)(2)
하나님 아들의 피에서 사탄의 피로

✝ 오늘말씀 요한복음 19:28 - 35, 히브리서 9:11 - 28, 요한계시록 19:1 - 4

💡 실마리 풀기

"하나님께서 모든 성도 가운데서 지극히 작은 자보다 더 작은 나에게 이 은혜를 주셔서, 그리스도의 헤아릴 수 없는 부요함을 이방 사람들에게 전하게 하시고, 만물을 창조하신 하나님 안에 영원 전부터 감추어져 있는 비밀의 계획(경륜)이 무엇인지를 [모두에게] 밝히게 하셨습니다"(엡 3:8 - 9)

하나님의 경륜(Administration: Oikonomia)과 하나님의 섭리(divine providence)

"경륜"이라는 단어는 하나님께서 각 시대에 따라 당신의 뜻을 이루기 위하여 세우신 계획과 그 사역 또는 은혜 안에서 예정된 통치와 구원의 계획 또는 방법을 의미합니다. 이 경륜은 하나님의 본질에 속하는 것이며, 인간의 반응에 따라 변화되지 않습니다. 이 세상천지는 우연히 생겨났고 우연히 돌아가는 것이 아니라 하나님이 그 계획하심에 따라 지으셨고, 하나님의 계획대로 다스려질 것이며, 인간의 선택은 그 하나님의 경륜에 따른 구원에 동참하여야 합니다.

그 하나님의 경륜에 따라 예수 그리스도가 이 땅에 오셨습니다. 그의 피 흘리심으로 이 세상에 하나님의 계획을 드러내신 것입니다. 사도바울은 이를 **"하나님 안에 영원 전부터 감추어져 있는 비밀의 계획"**(엡 3:9), **"영원 전부터 모든 세대에게 감추어져 있던 비밀"**(골 1:26), **"믿음 안에 세우신 하나님의 경륜"**(딤전 1:4) 등으로 서술하고 있습니다. 이는 하나님께서 태초에 결정하신 일로써(사 41:4), 뭇 인간과 나라의 저항과 방해에도 불구하고 영원히 흔들리지 않으시고(시 33:10), 인간의 역사 속에서 두 번의 변화를 거쳐 마침내 예수 그리스도를 통하여 완성되었습니다.

〈하나님 나라 역사의 연대기 - 성경의 문학 구조적 이해〉

연한	창조시대 2000년	언약시대 2000년	선교시대 2000년	지금 그리고 여기
경륜	제 1 경륜	제 2 경륜	제 3 경륜	제 4 경륜
구조	서론 A	본론 B	본론 B'	결론 C
본문	창 1 - 11장	구약	신약	요한계시록 21 - 22장
내용	창조와 명령	도전과 반응	임재와 구속	비전과 결말

하나님의 경륜은 온 인류의 구원과 관련이 있습니다. 그것이 하나님의 뜻(vision)이기 때문입니다. 그러므로 예수 그리스도의 복음을 전하게 하려는 계획은 바뀌지 않습니다. 그러나 그 복음을 전하는 자가 누구냐 하는 것은 **하나님의 섭리**입니다. 당신이 될 수도 있고 내가 될 수도 있습니다. 하나님의 섭리는 하나님의 경륜을 이루기 위한 특정화된 과정, **우주를 다스리는 하나님의 섬세한 뜻**이라고 볼 수 있습니다. 즉 하나님의 뜻 가운데 진행되는 모든 일을 하나님의 섭리라고 할 수 있습니다.

세 번째, 선교시대의 경륜 - 하나님의 아들의 피(요 19:32 - 34)

"병사들이 가서, 먼저 예수와 함께 십자가에 달린 한 사람의 다리와 또 다른 한 사람의 다리를 꺾고 나서, 예수께 와서는, 그가 이미 죽으신 것을 보고서, 다리를 꺾지 않았다. 그러나 병사들 가운데 하나가 창으로 그 옆구리를 찌르니, 곧 피와 물이 흘러나왔다."

언약 시대의 마지막 예언자 말라기는 하나님께서 선택한 민족, 이스라엘이 하나님의 도전에 어떻게 실패하였는지 다음과 같이 들려줍니다. "제사장의 입술은 지식을 지켜야 하겠고, 사람들이 그의 입에서 율법을 구하게 되어야 할 것이다. 제사장이야말로 만군의 주 나의 특사이기 때문이다. 그러나 너희는 바른 길에서 떠났고, 많은 사람들에게 율법을 버리고 곁길로 가도록 가르쳤다. 너희는 내가 레위와 맺은 언약을 어겼다. 나 만군의 주가 말한다"(말 2:7 - 8).

이제 하나님께서 **하나님의 아들의 임재와 구속**이라는 예수 그리스도를 통한 구원계획을 전개하실 것입니다. **하나님의 아들의 피 흘리심**, 즉 직접 피 흘려 돌아가심으로 인한 구원의 완성, 이것이 세 번째 경륜입니다.

마지막, 지금 그리고 여기의 경륜 - 사탄의 피(계 19:2)

"그분의 심판은 참되고 의로우시다. 음행으로 세상을 망친 그 큰 창녀를 심판하셨다. 자기 종들이 흘린 피의 원한을 그 여자에게 갚으셨다"(☞ 시 146편).

천사들이 전하기를 "너희를 떠나서 하늘로 올라가신 이 예수는, 하늘로 올라가시는 것을 너희가 본 그대로 오실 것이다"(행 1:8 - 11) 하고 약속하셨습니다. 예수 그리스도의 재림은 지금 이 순간을 살아가는 그리스도인들에게 주시는 비전이며 결말입니다. 우리를 불순종하게 하여 하나님으로부터 갈라놓으려 하는 **사탄에게 멸망의 피**를 흘리게 하실 것입니다. 그리고 마침내 구원을 완성한 후, 우리가 하나님 나라에서 하나님의 자녀가 되어 영원히 살아갈 것이라는 영원한 비전, 그것을 보여주는 것이 바로 마지막 경륜입니다.

☞ 1월 8일 〈신학 산책 3〉 - 첫 번째 경륜 그리고 두 번째 경륜

✝ 오늘 말씀 히브리서 1:1 - 4:13

하나님의 아들

하나님의 약속의 성취자, 예수 그리스도

💡 **실마리 풀기**

"그러므로 우리는 이 안식에 들어가기를 힘씁시다. 아무도 그와 같은 불순종의 본을 따르다가 떨어져 나가는 일이 없도록 해야 하겠습니다"(히 4:11)

히브리서의 저자는 디모데를 형제로 여기며, 이 서신을 받을 사람들에게 중보기도를 부탁하고, 그들의 행사와 소망 가운데 축복이 있기를 기원합니다(13:18 - 25). 그는 아마도 바울의 유대인 제자인 것 같습니다. 그리고 이 서신을 받게 될 사람들은 유대인 그리스도인들로 추정되는데, 그들은 아마도 유대 동족들로부터의 핍박과 감언이설 그리고 율법과 할례의 강요 등 거짓된 가르침 때문에 그리스도에게서 멀어지려고 하는 충동을 받는 것으로 보입니다. 그래서 저자는 성경(구약)의 증거를 가지고 예수 그리스도가 구세주이며 대제사장임을 논증하고, 또 권면을 반복하는 방법으로 그들에게 확신을 심어주고자 하는 것입니다.

서론 : 하나님의 아들이신 예수 그리스도에 관한 일곱 가지 진리(1:1 - 3)

하나님께서는 첫째, 아들이신 예수 그리스도를 통하여 우리에게 말씀하셨으며(온전한 계시), 둘째, 만물의 상속자로 세우셨고, 셋째, 그를 통하여 온 세상을 지으셨다(창조의 주). 넷째, 그는 하나님의 영광이시며 하나님의 본 모습 그대로이시며, 다섯째, 자기의 능력 있는 말씀으로 만물을 보존하시는 분이시다(성자 하나님). 여섯째, 그는 죄를 깨끗케 하시고(구세주), 일곱째, 높은 곳에 계신 존엄하신 분의 오른쪽에 앉으셨다(경배의 주).

천사들보다 높으신 예수 그리스도 - 인간이 되어 죽음의 고난을 겪으신 하나님의 아들 (1:4 - 2:18)

천사들은 모두 구원의 상속자가 될 사람들을 섬기도록 보내심을 받은 영들일 뿐이다. 천사들은 피조물이라 하늘의 능력을 보이거나 진리를 전할 수도 있다. 그러나 그들은 하나님의 생명을 가져오거나 사람의 생명에 들어올 수 없고, 우리 아들들을 위해 심부름을 하는 존재일 뿐이다. 그러나 그리스도는 우리에게 오셔서 우리의 죄를 깨끗하게 하시고서 하나님의 오른쪽에 앉으신 분이시다.

(첫 번째 권면) 그러므로 하나님께서도 함께 증언하신 그리스도의 구원을 굳게 간직하고, 소홀히 하지 말라 - 하나님께서 함께 증언하여 주셨다는 것은 그가 보이신 표징과 기이한 일과 여러 가지 기적을 인함이고, 또 자기의 뜻을 따라 성령의 선물을 나누어주심으로써 확증하신 것이니, 구원에 관하여 들은 바를 굳게 간직하여야 한다.

(성경 : 시편 8:4 - 6)의 증언 - 죽음의 고난을 겪으심으로 영광의 면류관을 쓰신 예수 그

리스도 예수께서 죽음을 겪으신 것은 모든 사람을 위하여 마련하신 하나님의 은혜로 한 것이며, 죽음의 세력을 쥐고 있는 자 곧 악마를 멸하시고, 또 일생 죽음의 공포 때문에 종 노릇하는 우리를 해방하시기 위함이었다. 그가 하나님 앞에서 자비롭고 성실한 대제사장 이 되심으로써 백성의 죄를 대신 갚으시기 위한 것입니다.

모세보다 더 큰 영광을 누리시기에 합당하신 예수 그리스도(3:1 - 4:13)

모세는 하나님께서 장차 말씀하시려는 것을 증언하기 위한 **일꾼으로서** 하나님의 온 집 안사람에게 성실하였으나, 그리스도는 **아들로서** 하나님의 집안사람을 성실하게 돌보셨 다. 집을 지은 사람이 집보다 더 존귀한 것과 같이 예수는 모세보다 더 큰 영광을 누리기 에 합당한 분이시다.

(성경 : 시편 95:7 - 11)의 증언 - 너희가 그의 음성을 듣거든 너희 마음을 완고하게 하지 말아라

모세의 인도로 이집트에서 나온 사람들 모두가 하나님께서 주실 안식에 들어갈 수 없었 던 것은 하나님의 인도하심을 믿지 않았기 때문이었다. 그러므로 예수 그리스도를 믿지 않는 악한 마음을 품고서 살아 계신 하나님을 떠나는 사람이 아무도 없도록 조심하여야 한다.

(두 번째 권면) 그러므로 광야에서의 조상들처럼 불순종의 본을 따르지 말고, 말씀에 순 종하여 이 안식에 들어가기를 힘쓰라 - 하나님의 말씀은 살아 있고 힘이 있어서 어떤 양날 칼보다도 더 날카롭다. 사람 속을 꿰뚫어 혼과 영을 갈라내고, 관절과 골수를 갈라놓기까 지 하며, 마음에 품은 생각과 의도를 밝혀낸다. 그러므로 우리는 아무도 불순종의 본을 따 르다가 떨어져 나가는 일이 없도록 해야 한다. **하나님께서 주실 안식(영원한 회복과 영원 한 예배)**에 들어가는 사람은 말씀을 믿은 사람들뿐이다.

묻고? 답하기!

우리의 믿음을 흔들리게 하는 것들은 무엇이 있을까요?

우리는 초대 교회 성도들처럼 그리스도를 믿는다는 사실만으로 동족으로부터의 추방이 나 박해의 두려움을 겪지는 않습니다. 그런데도 복음의 놀라운 소식을 듣고도 굳은 믿음 을 갖지 못하고 떠나려고 하는 사람들이 있는 이유는 무엇일까요? 그 이유는 오히려 교회 내부의 각종 불합리한 관행들로 인한 불순종의 본 때문일 가능성이 더 큽니다. 우리는 우 리가 참여하는 곳에서 우리가 만든 전통과 행동 규범, 종교적 의식들이 하나님과의 관계 를 증진하는지 또는 그것을 방해하지는 않는지 점검해 보아야 하겠습니다.

✝ 오늘 말씀 히브리서 4:14 - 7:28

하나님의 아들
위대한 대제사장, 예수 그리스도

💡 **실마리 풀기**

"그러므로 우리는 그리스도교의 초보적 교리를 제쳐놓고서, 성숙한 경지로 나아갑시다"(히 6:1)

많은 그리스도인은 예수님께서 요구하는 진지한 삶의 자세와 확고부동한 믿음으로 고난을 헤쳐 나가기를 힘들어합니다. 입으로는 믿는다고 하면서도 실제적 삶에서는 초보에 머무른 채 현상 유지도 못 하고, 세속적이며 형식에 치우친 냉담한 신앙생활로 돌아가고 마는 것입니다. 이러한 모든 실패와 연약함에 대한 단 하나의 예방책은 예수님에 대한 더 높은 차원의 진리를 아는 것입니다. 즉 그리스도의 인격과 사역의 하나님 나라와의 연관성을 아는 지식만이 우리가 지상의 모든 난관과 유혹의 와중에서 항상 승리하는 그리스도인이 되게 할 것입니다.

위대한 대제사장이신 하나님의 아들 예수(4:14 - 6:20)

우리에게는 하늘에 올라가신 위대한 대제사장이신 하나님의 아들 예수가 계신다. 우리의 대제사장은 우리의 연약함을 동정하지 못하시는 분이 아니다. 그는 모든 점에서 우리와 마찬가지로 시험을 받으셨지만 죄는 없으시다. 그는 아드님이시지만 고난을 겪으심으로써 순종을 배우셨고, 완전하게 되신 뒤에 자기에게 순종하는 모든 사람에게 영원한 구원의 근원이 되시며, 하나님에게서 멜기세덱의 계통을 따라 대제사장으로 임명을 받으셨다.

(세 번째 권면) 그러므로 믿음과 인내로 약속을 상속받는 사람들을 본받는 사람이 되어라

성숙한 그리스도인이라면, 죽은 행실에서 벗어나는 회개와 하나님에 대한 믿음과 세례에 관한 가르침과 안수와 죽은 사람의 부활과 영원한 심판이라는 **(6개의 초보적 교리)**에서 헤매는 일이 없어야 한다.

한번 빛을 받아서 하늘의 은사를 맛보고, 성령을 나누어 받고, 또 하나님의 선한 말씀과 장차 올 세상의 권능을 맛본 사람들이 타락한다면, 그런 사람들이야말로 하나님의 아들을 다시금 십자가에 못 박고 욕되게 하는 것이 될 것이다. 그러므로 각 사람은 같은 열성을 끝까지 나타내서 소망을 이루고, 게으른 사람이 되지 말고, 믿음과 인내로 약속을 상속받는 사람들을 본받는 사람이 되어야 한다.

하나님께서는 아브라함과 언약을 맺으실 때 자기보다 더 큰 분이 계시지 아니하므로, 자기를 두고 맹세하심으로써 보증하여 주신 것이다. 우리에게는 이러한 하나님의 보증의 소망이 있으니 그것은 안전하고 확실한 영혼의 닻과 같아서 휘장 안에까지 들어가게 해준다.

멜기세덱의 계통을 따라 영원한 제사장이 되신 예수(7:1 - 28)

멜기세덱에게는 아버지도 없고, 어머니도 없고, 족보도 없고, 생애의 시작도 없고, 생명의 끝도 없다. 그는 하나님의 아들과 같아서 언제까지나 제사장으로 계신 분이다. 레위 계통의 제사 직으로 완전한 것이 이루어질 수 있었다면, 아론의 계통이 아닌 멜기세덱의 계통을 따른 다른 제사장이 생겨날 필요가 어디에 있겠는가? 제사 직분에 변화가 생기면 율법에도 반드시 변화가 생기게 마련이다. 유다 지파인 예수께서는 앞서서 달려가신 분으로서 멜기세덱의 계통을 따라 영원히 대제사장이 되셨다.

(성경 : 시편 110:4)의 증언 - 자기에게 말씀하시는 분의 맹세로 제사장이 되신 예수

제사장은 혈통에 의하여 결정된다. 레위 계통의 제사 직과 관련하여, 레위 지파가 아닌 다른 지파에 속한 사람이 제단에 종사한 적이 없다. 그러나 우리 주님께서는 유다 지파에서 나셨으므로 제사장의 혈통에 관해서 규정한 율법을 따라 제사장이 되신 것이 아니라 썩지 않는 생명의 능력을 따라 되셨고, 예수께서는 "너는 멜기세덱의 계통을 따라서, 영원히 제사장이다. 주님께서 맹세하셨으니, 주님은 마음을 바꾸지 않으실 것이다. 너는 영원히 제사장이다"(시 110:4)라고 하신 하나님의 맹세로 제사장이 되신 것이다.

이렇게 해서 예수께서는 **더 좋은 언약을 보증하시는 분**이 되셨다. 예수께서도 영원히 계시는 분이므로 제사장직을 영구히 간직하시며, 자기를 통하여 하나님께 나아오는 사람들을 완전하게 구원하실 수 있고, 늘 살아 계셔서 사람들을 위하여 중재의 간구를 하신다.

묻고? 답하기!

나는 초보적 교리에서 벗어나 성숙한 경지에 들어와 있는지 돌아볼까요?

대부분의 경우 교회에 출석하면 양육 또는 훈련이라는 성장의 교육과정을 거치게 됩니다. 우리는 이 과정에서 예수님과 십자가, 세례와 구원, 회개와 믿음, 부활과 영원한 심판 등의 초보적 교리를 배우게 됩니다. 그러나 그 이후에는 교회의 각종 사역에 열중하는 나머지 그 초보적 교리를 뛰어넘는 경지에 이르지 못하는 경우가 많습니다. 그러면 어찌해야 할까요?

[종교]는 사람이 자기 유익을 위하여 하나님을 찾는 것이고, [기독교]는 하나님께서 자신의 영광을 위하여 인간을 찾아 내려오신 것이라는 말이 있습니다. 성숙한 그리스도인은 나 자신의 필요가 아니라 하나님의 뜻과 진리를 위해 기도하는 삶을 추구하는 사람입니다.

📖 오늘 말씀 히브리서 8:1 - 10:18

하나님의 아들

더 좋은 언약의 중재자, 예수 그리스도

💡 **실마리 풀기**

"그가 더 좋은 약속을 바탕으로 하여 세운 더 좋은 언약의 중재자이시기 때문입니다. 그 첫 번째 언약에 결함이 없었더라면, 두 번째 언약이 생길 여지가 없었을 것입니다"(히 8:6 - 7)

유대인들의 전통적 속죄의 방법은 레위기에 제시된 엄격한 희생 제사를 통해서만 가능하였습니다. 필요할 때마다 양과 같은 순결한 동물의 피를 드림으로써 하나님께 죄를 사하여 주시기를 구해야만 하였습니다. 그러나 히브리서는 이제 사람들이 직접 하나님을 만날 수 있게 된, 단 한 번으로 충분한 효력을 보이는 '예수 그리스도'라는 희생 제사를 소개합니다. 예수 그리스도께서는 죄를 사하시려고, 단 한 번의 영원히 유효한 제사(히 10:12)를 드리신 뒤에 하나님 오른쪽에 앉으셔서 죄와 불법이 용서되었으니, 죄를 사하는 기존의 제사가 더 이상 필요 없다고 선포하는 것입니다(히 10:18).

그림자가 아니라 - 더 좋은 언약의 중재자 예수 그리스도(8:1 - 13)
(성경 : 예레미야 31:31 - 34)의 증언 - 이스라엘 집과 유다 집과 맺으실 새 언약

모든 대제사장은 예물과 제사를 드리는 일을 맡게 하려고 세워진 사람이다. 그러나 그들은 하늘에 있는 것들의 모형과 그림자에 지나지 않는, 땅에 있는 성전에서 섬긴다. 그런데 하나님께서는 "보아라, 날이 이를 것이다. 그 때에 내가 이스라엘 집과 유다 집과 더불어 새 언약을 맺을 것이다. 그리하여 나는 그들의 하나님이 되고, 그들은 내 백성이 될 것이다. 내가 그들의 불의함을 긍휼히 여기겠고, 더 이상 그들의 죄를 기억하지 않겠다"(렘 31:31 - 34)고 하시며 새 언약을 주셨다. 이제 그리스도는 하나님께서 더 좋은 약속을 바탕으로 하여 세운 더 좋은 언약의 중재자이시다.

짐승의 피가 아니라 - 자기의 피를 흘리심으로 영원한 구원을 이루신 예수 그리스도 (9:1 - 22)

첫 번째 언약에도 예배 규정과 세상에 속한 성소가 마련되어 있었다. 대제사장들은 해마다 지성소에 들어가서 장막 제의를 따라 예물과 제사를 드리므로, 백성들은 지성소로 들어갈 수도 없고 그 속죄가 영원하지도 않다. 그러나 그리스도께서는 이 피조물에 속하지 않은 더 크고 더 완전한 장막을 통과하여 단 한 번에 지성소에 들어가셨다. 그는 염소나 송아지의 피로서가 아니라 자기의 피로써, 우리에게 영원한 구원을 이루셨다.

사람이 죽어야 유언이 효력이 있듯이, 피를 흘려 죗값을 치름이 없이는 죄를 사함이 이루어지지 않는다. 염소나 황소의 피와 암송아지의 재를 더러워진 사람들에게 뿌려도 그 육체가 깨끗하여져서 그들이 거룩하게 되거든, 하물며 영원한 성령을 힘입어 자기 몸을 흠 없는 제물로 삼아 하나님께 바치신 그리스도의 피야말로 우리들의 양심을 깨끗하게 해서, 우리가 죽은 행실에서 떠나서 살아 계신 하나님을 섬기게 하지 않겠는가? 그러므로 그리스도는 **새 언약의 중재자**이시다. 그는 첫 번째 언약 아래에서 저지른 범죄에서 사람들을 구속하시기 위하여 스스로 피 흘려 돌아가심으로써, 부르심을 받은 사람들이 약속된 영원한 유업을 차지하게 하셨다.

해마다 드리는 것이 아니라 - 단 한 번의 영원히 유효한 제사를 드린 예수 그리스도 (9:23 - 10:18)

대제사장은 해마다 짐승의 피를 가지고 성소에 들어가지만, 그리스도께서는 그 몸을 여러 번 바치실 필요가 없다. 모든 제사장은 날마다 똑같은 제사를 거듭 드리지만, 그러한 제사가 죄를 영원히 없앨 수는 없다. 제사장들이 제단에 서서 직무를 수행하는 것은 그들의 임무가 반복되어야 하며 불완전한 것이었기 때문이다.

그러나 그리스도께서는 죄를 사하시려고, 단 한 번의 영원히 유효한 제사를 드리신 뒤에 하나님 오른쪽에 앉으셨다. 그 자리에서 예수님은 안식을 누리시며, 자신의 구속 사역이 완성되었음을 선언하신다. 성령을 보내시어 나라를 다스리시고 계신다. 그리고 원수들이 마침내 심판을 받고 하나님의 나라가 완성될 승리의 그 날을 기다리시고 계신다.

그렇게 죄와 불법이 용서되었으니 죄를 사하는 제사가 더 이상 필요 없다. 성령께서도 "나는 그들의 죄와 불법을 더 이상 기억하지 않겠다"(렘 31:33 - 34)고 하셨다. 죄책감을 버리고 평안을 누리라.

묻고? 답하기!

우리는 눈에 보이지 않는 하나님을 어떻게 인식할 수 있는가?

구약성경을 읽어보면, 하나님께서는 여러 가지 방법, 즉 창조와 율법, 선지자와 계시를 통하여 자신을 드러내 보이셨습니다. 구약 시대의 유대의 의식, 즉 제사와 율법으로 표현되는 하나님의 임재는 참 형상이 아니고 그림자일 뿐이었습니다. 그러나 드디어 하나님의 아들 안에서 가장 완전한 참 형상으로 우리에게 모습을 드러내셨습니다. 이것이 진정한 하나님의 임재입니다.

"나는 그들의 하나님이 되고, 그들은 내 백성이 될 것이다. 내가 그들의 불의함을 긍휼히 여기겠고, 더 이상 그들의 죄를 기억하지 않겠다"고 하신 새 언약의 중재자, 예수 그리스도를 믿는 사람은 하나님을 인식하는 사람이라 할 것입니다.

하나님의 아들

믿음의 창시자요 완성자, 예수 그리스도

💡 **실마리 풀기**

"우리는 뒤로 물러나서 멸망할 사람들이 아니라, 믿음을 가져 생명을 얻을 사람들입니다"(히 10:39)

이 편지를 읽게 될 유대인 그리스도인들은 여러 가지 이유로 그 믿음이 흔들리고 있었습니다. 그래서 저자는 예수 그리스도가 성취해 놓은 구원 안에서 구약의 모든 예언과 모형들이 얼마나 놀랍게 그리고 얼마나 하늘 차원으로 완성되었는가를 보여주기 위해 노력하였습니다. 그리고 이제, 주님께서 열어주신 하늘의 성소로 나아가 주님과 함께 하나님의 임재 앞에 설 수 있으려면, 오직 믿음으로 살아간 수많은 믿음의 선배들의 본을 따라야 하지 않겠는가 하고 권면을 합니다.

예수의 피를 힘입어 지성소에 들어가게 된 우리(10:19 - 39)

(네 번째 권면) 그러므로 믿음, 소망 그리고 사랑의 삶을 추구하라

우리는 대제사장 예수의 피를 힘입어서 담대하게 지성소(하나님의 임재)에 들어가게 되었다. 그러므로 우리는 확고한 믿음을 가지고, 참된 마음으로 하나님께 나아가야 한다. 또 우리에게 약속하신 분은 신실하시니, 우리는 흔들리지 말고 우리가 고백하는 그 소망을 굳게 지켜야 한다. 그리고 서로 마음을 써서 사랑과 선한 일을 하도록 격려하며, 모이기를 그만하지 말고, 그 날이 가까워져 오는 것을 볼수록 더욱 힘써 모여야 한다.

(성경 : 하박국 2:3 - 4)의 증언 - 의인은 믿음으로 살 것이다

그분은 지체하지 않으시고 오실 것이며, 의인은 믿음으로 살 것이다. 그러므로 여러분의 확신을 버리지 말고, 뒤로 물러나서 멸망하지 말고, 믿음을 가져 생명을 얻어야 한다.

약속된 것을 받지 못한 믿음의 조상들(11:1 - 40)

(성경 : 하박국 2:3 - 4)의 주석 - 믿음은 바라는 것들의 확신(또는 '실체')이요, 보이지 않는 것들의 증거이다. 믿음으로 우리는 세상이 하나님의 말씀으로 지어졌다는 것을 깨닫는다. 믿음이 없이는 하나님을 기쁘게 해드릴 수 없다. 하나님께 나아가는 사람은 하나님이 계시다는 것과 하나님은 자기를 찾는 사람들에게 상을 주시는 분이시라는 것을 믿어야 한다. 그러나 수많은 믿음의 조상들 가운데, 많은 경우에 그들이 바라는 약속을 받지 못하였다(7:11, 10:14, 11:13,39). 아브라함도 그저 약간의 땅을 받았을 뿐이다. 그들은 나그네처럼 "믿음과 오래 참음으로"(6:12) 하늘의 고향을 동경하고 있었다.

믿음의 창시자요 완성자이신 예수 (12:1 - 29)

(다섯 번째 권면) 믿음의 선배를 기억하며, 지치지 말고, 예수 그리스도를 바라보라

이토록 수많은 믿음의 선배들의 증거들이 우리를 둘러싸고 있으니, 우리도 갖가지 무거운 짐과 얽매는 죄를 벗어버리고, 우리 앞에 놓인 목표를 향하여 낙심하여 지치지 말고 달려가 도록 하여야 한다. 믿음의 창시자요 완성자이신 예수를 바라보라.

(성경 : 잠언 23:11 - 12)의 인용 - 육신의 아버지는 잠시 동안 자기들의 생각대로 징계하지만, 하나님께서는 우리를 자기의 거룩하심에 참여하게 하시려고 우리에게 유익이 되도록 징계 하시며, 하나님께서는 자녀에게 대하시듯이 우리에게 대하시는 것이다.

(여섯 번째 권면) 하나님의 은혜에서 떨어져 나가지 않도록 거룩하게 살기를 힘쓰라

우리가 나아가서 이른 곳은 시내 산 같은 곳이 아니고, 우리가 나아가서 이른 곳은 시온 산, 곧 살아 계신 하나님의 도성인 하늘의 예루살렘이다. 그러므로 모든 사람과 더불어 화평하게 지내고 거룩하게 살기를 힘쓰라. 말씀하시는 분을 거역하지 않도록 조심하여 하나님의 은혜 에서 떨어져 나가지 않도록 주의하라. 그리고 감사하며, 경건함과 두려움으로 하나님이 기뻐 하시도록 그를 섬기라.

하나님께서 기뻐하시는 제사(13:1 - 25)

(마지막 권면) 예수로 말미암아 끊임없이 하나님께 찬미의 제사를 드리라

예수 그리스도께서는 어제나 오늘이나 영원히 한결같은 분이시니, 예수로 말미암아 끊임 없이 하나님께 찬미의 제사를 드리자. 주님께서 "내가 결코 너를 떠나지도 않고, 버리지도 않 겠다"(신 31:6 - 8)고 약속하셨음을 기억하라. 그래서 우리는 담대하게 이렇게 말할 수 있다. "주님께서는 나를 도우시는 분이시니, 내게는 두려움이 없다. 누가 감히 내게 손댈 수 있으 랴?"(시 118:6, 7).

오늘 내가 지은 죄 때문에 믿음을 포기하고 싶은 적이 있습니까?

예수 그리스도를 믿는 우리는 이미 약속을 받았습니다. 하늘나라에 들어가 주님의 영광 을 볼 자격을 얻은 것입니다. 그러나 안타깝게도 우리의 믿음의 역사는 구원에서 끝나지 않습니다. 우리 속에 남아 있는 죄의 속성과 사단의 지속적인 유혹은 마지막 날까지 우리 를 실망하게 하고, 좌절시키기 때문입니다. 믿음은 마라톤 경주와 같습니다. 쓰러지지 않 고 끝까지 달려가야만 합니다. 죽음까지 이겨내신 우리 믿음의 본이 되시는 예수님을 바 라보고, 하나님의 은혜의 보좌 앞에 나아가 〈이기는 자〉가 되기를 포기하지 않아야 합니 다. 오직 '하나님에게서 난, 하나님의 자녀가 되는 특권'(요 1:12 - 13)을 바라보아 야 합니다.

12월 8일

구원과 행함 사이의 긴장
구원을 받은 자에게 주어지는 것과 요구되는 것

 오늘말씀 로마서 8:1 - 27, 에베소서 1:3 - 2:10, 빌립보서 1:12 - 30

실마리 풀기

"우리는 하나님의 작품입니다. 선한 일을 하게 하시려고, 하나님께서 그리스도 예수 안에서 우리를 만드셨습니다. 하나님께서 이렇게 미리 준비하신 것은, 우리가 선한 일을 하며 살아가게 하시려는 것입니다"(엡 2:8 - 10)

복음의 믿음 그리고 은혜로 얻은 구원 - 지금 우리에게 닥친 실존의 문제

예수 그리스도께서 우리의 죄를 대속하시기 위해 십자가에서 돌아가시고, 부활했다는 사실(복음)을 받아들이는 것이 믿음입니다. 그 믿음은 다음의 변화를 가져 옵니다.

1. **의인됨 justification** - 우리를 하나님과의 올바른 관계로 회복하도록 인도합니다.
2. **화해함 reconciliation** - 하나님의 생명과 안식에 동참하도록 인도합니다.
3. **입양됨 adoption** - 하나님의 아들로 인정을 받게 합니다.
4. **거듭남 new generation** - 예수 그리스도와 연합하여 아담이 잃어버린 하나님의 형상을 회복하는 새로운 피조물로 거듭나게 합니다.

주님의 임재하심으로 다가온 복음과 믿음으로 얻어지는 구원은 우리에게 "피조물로서의 정체성"을 찾고, 구원의 확신과 믿음의 열매가 우리의 삶의 모든 영역에서 나타나도록 요구합니다. 이제 예수 그리스도에 의해 성취된 구원의 의미는 공허한 구호와 같은 **인식의 문제**가 아닌 바로 지금 우리에게 닥친 **실존의 문제**가 될 것입니다. 우리가 죽고 사는 문제로 다가온 것입니다. 구원의 확신을 넘어 "선한 일"(엡 2:10)을 하게 하시려는 주님의 요청을 받아들이려면, 하루하루의 삶 속에서 우리에게 주어질 순종과 결단의 순간에 어떻게 긍정적으로 반응할 것인가를 고민해야 한다는 것입니다.

구원을 받은 자에게 주어지는 것 - 성령과 고난

1. **성령**(롬 8:1 - 27, 갈 5:22 - 23, 엡 1:13 - 14) - 구원을 받은 자에게 주어지는 첫 번째는 주님께서 약속하신 성령의 날인입니다. 이 성령은 하나님의 소유인 우리가 완전히 구원받을 때까지 우리의 상속의 담보이십니다(엡 1:13). 성령께서는 하나님과 그 아들이 지금 여기에서 이루어지는 하나님의 백성들의 삶 속에 함께 할 수 있도록 도우십니다(롬 8:26). 구원을 받은 자는 정죄를 받지 않습니다. 그것은 그리스도 예수 안에서 **생명을 누리게 하는 성령의 법**

이 우리를 **죄와 죽음의 법**에서 해방하여 주었기 때문입니다(롬 8:1 - 2).

　2. 고난(빌 1:29, 히 12:10, 약 1:13, 벧전 1:6 - 7, 3:13 - 17, 요 15:18) - 구원을 받은 자에게 주어지는 두 번째는 고난입니다. "하나님께서는 여러분에게 그리스도를 위한 특권, 즉 그리스도를 믿는 것뿐만 아니라, 또한 그리스도를 위하여 고난을 받는 특권도 주셨습니다"(빌 1:29). 구원을 받은 자는 자신들의 정체성을 세상에 드러내어야만 하므로 세상으로부터 받는 고난은 필수적인 것입니다. 자기를 주장하려는 의지(Self - assertive will)의 정신이 지배하고 있는 세상에서 새로운 피조물(new creation)로 살아간다는 것은 희생과 고난을 수반할 수밖에 없기 때문입니다.

　고난은 그리스도의 형상으로 날로 변화되어 가는 과정(고후 3:18)이며, 예수님의 부활의 새 생명이 우리의 썩어야 할 몸에 나타나는 과정(고후 4:10, 빌 3:9 - 10)이며, 겉 사람이 죽고 속사람이 날로 새로워지는 과정(고후 4:16)이며, 믿음이 실제화 되어가는 과정(롬 8:31 - 39)입니다.

구원을 받은 자에게 요구되는 것 - 행함(누림과 성결 그리고 선교)

　믿음이 있다면 구원을 얻은 것이니, 이제부터는 다만 우리가 **아버지의 뜻을 따라 선한 일을 행할 것**만을 걱정하여야 합니다(마 7:21 - 23, 엡 2:8 - 10). 선한 일이란 주어진 분량 안에서 스스로 하나님 나라를 위하여 주어진 사명을 기꺼이 감당하는 것입니다(막 8:34 - 36).

　1. 누림 - 행함이란 성령의 도우심으로 고난을 즐기고 축복으로 여기는 것입니다. 그리고 하나님께서 우리에게 맡기신 것을 누리는 것입니다. 하나님 나라와 연관된 재물은 나누어 줄 재물로 여기고(막 10:17 - 21), 우리에게 주신 자손은 하나님 나라에 쓰임 받을 자손으로 만들고, 우리의 연한은 하나님이 주신 소명을 완성하고자 하는 열망으로 채우고자 해야 합니다. 그렇게 하나님 나라를 누리는 자는 영원한 생명(하나님께서 기억하심 - 생명책에 기록하심)을 기대할 만한 것입니다.

　2. 성결 - 거룩한 삶이란 이 시대의 풍조를 본받지 말고, 마음을 새롭게 함으로 변화를 받아서, 하나님의 선하시고 기뻐하시고 완전하신 뜻이 무엇인지를 분별하는 삶입니다(롬12:1 - 2). 육체의 행실을 멀리하고, 성령의 열매를 추구하는 삶입니다(갈 5:19 - 23). 옛사람을 벗어 버리고, 새 사람을 입는 것입니다(골 3:5 - 10).

　3. 전도(선교) - 이방인들을 향한 복음의 선포는 하나님께서 진정으로 원하시는 비전입니다. "땅에 사는 모든 민족이 너로 말미암아 복을 받을 것이다"(창 12:1 - 3)는 말씀은 모든 민족에게 복음을 전해야 한다는 **지상 명령**(마 28:18 - 20)을 끌어내는 근원입니다. 전도(선교)의 사명은 "모든 민족과 종족과 백성과 언어에서 나온 사람들이 드리는 예배"로 마무리될 것입니다(계 7:9 - 17).

9일

📖 오늘말씀 야고보서 1:1 - 2:26

하나님께서 원하시는 믿음
행함으로 완전하게 되는 믿음

💡 **실마리 풀기**

"하나님 아버지께서 보시기에 깨끗하고 흠이 없는 경건은, 고난을 겪고 있는 고아들과 과부들을 돌보아주며, 자기를 지켜서 세속에 물들지 않게 하는 것입니다"(약 1:27)

초기 예루살렘 교회의 지도자는 베드로였습니다. 그러나 헤롯에 의해 감옥에 갇히게 되었다가 천사에 의해 풀려나 마가의 집에 돌아왔을 때, 베드로는 그 사실을 "야고보와 다른 신도들에게" 알리도록 지시하고, 예루살렘을 떠나게 되었습니다(행12:2 - 17). 그때부터 예루살렘 교회의 지도자로 야고보가 주목받게 되었으며, 그가 예루살렘 교회를 이끄는 모습(행 15:13 - 21, 21:18)은 바울이 예루살렘에 올라갈 때마다 볼 수 있습니다.

야고보는 예수님의 동생입니다(막 6:3, 마 13:55, 갈 1:19). 그를 비롯한 동생들(요셉과 시몬과 유다)은 예수님께서 살아계실 때는 구원의 메시아로 믿지 않았지만, 예수님께서 부활하시고 그들에게 나타나신 후에 믿기 시작하였으며(고전 15:7), 예수님이 승천하신 후 제자들과 함께 복음을 전하였습니다. 초대 교회 역사에 의하면, 야고보는 유대적 신앙의 한 모형이었습니다. 그는 너무나 기도를 열심히 한 나머지 그의 무릎이 마치 낙타의 무릎같이 굳어져 버렸다고 하며, 믿지 않는 유대인들까지도 야고보를 존경하여 "의인 야고보"라고 불렀다고 합니다. 그러한 야고보의 관심사는 이방인 가운데 흩어져 사는 모든 유대 사람들이었습니다(행 21:21). 그래서 이 서신을 '세계에 흩어져 사는 열두 지파에게'(약 1:1) 보내고자 하는 것입니다.

시험을 이겨내는 믿음 - 믿음의 시험을 이겨내라(1:1 - 18)

믿음의 시험을 인내하고 성숙한 사람이 되라 - 믿음이 행동으로 나아가려면 믿음을 시험하려는 사탄의 유혹을 이겨내야 한다. 여러 가지 시험에 빠질 때 그것을 더할 나위 없는 기쁨으로 생각하라. 믿음의 시련이 인내를 낳는다는 것을 알고 있다면, 인내력을 충분히 발휘하여 조금도 부족함이 없이 완전하고 성숙한 사람이 되라.

조금도 의심하지 말고, 믿고 구하라 - 누구든지 지혜가 부족하거든, 모든 사람에게 아낌없이 주시고 나무라지 않으시는 하나님께 조금도 의심하지 말고, 믿고 구하라. 그리하면 받을 것이다.

부자는 낮아짐을 자랑하라 - 부자는 풀의 꽃과 같이 사라질 것이기 때문이다(사 40:6 - 7).

속지 마라 - 사람이 시험을 당하는 것은 각각 자기의 욕심에 이끌려서 꾐에 빠지기 때문이다. 욕심이 잉태하면 죄를 낳고, 죄가 자라면 죽음을 낳는다.

행함이 있는 믿음 - 믿음을 행함으로 완전하게 하라(1:19 - 2:26)

더러움과 넘치는 악을 모두 버리라(1. 옛사람을 벗어버리라) - 말씀을 행하려면, 마음의 더러움과 넘치는 악을 버리고 온유한 마음으로 여러분 속에 심어주신 말씀을 받아들여야 한다. 누구든지 듣기는 빨리하고, 말하기는 더디 하고, 노하기도 더디 하라. 노하는 사람은 하나님의 의를 이루지 못하기 때문이다.

말씀을 그저 듣기만 하여 자신을 속이는 사람이 되지 말라(2. 새 사람을 입으라) - 말씀을 듣고도 행하지 않는 사람은 있는 그대로의 자기 얼굴을 거울 속으로 들여다보기만 하는 사람과 같다. 그러나 완전한 율법 곧 자유를 주는 율법을 잘 살피고 끊임없이 그대로 사는 사람은, 율법을 듣고서 잊어버리는 사람이 아니라 그것을 실행하는 사람이니, 이런 사람은 그가 행한 일에 복을 받을 것이다.

혀를 다스리지 않고 자기 마음을 속이지 말라(3. 하나님 아버지께 예배하라) - 누가 스스로 경건하다고 생각하면서도 혀를 다스리지 않고 자기 마음을 속이면 이 사람의 신앙은 헛된 것이다. 하나님 아버지께서 보시기에 **깨끗하고 흠이 없는 경건은 고난을 겪고 있는 고아들과 과부들을 돌보아주며, 자기를 지켜서 세속에 물들지 않게 하는 것이다.**

사람을 차별하여 대하지 말라 - 말씀을 행하는 자는 영광의 우리 주 예수 그리스도를 믿고 있으니, 사람을 차별하여 대하지 말고 성경을 따라 "네 이웃을 네 몸같이 사랑하라"는 으뜸가는 법을 지키도록 하라. 자유를 주는 율법을 따라 앞으로 심판을 받을 각오로 말도 그렇게 하고 행동도 그렇게 하라.

그 믿음을 행함으로 완전하게 하라 - 믿음이 있다고 말하면서도 행함이 없으면, 무슨 소용이 있겠는가? 그런 믿음이 그를 구원할 수 있겠는가? 믿음의 조상 아브라함이 자기 아들 이삭을 제단에 바치고서 행함으로 의롭게 된 것처럼 행함으로 믿음을 완전하게 하라. 영혼이 없는 몸이 죽은 것과 같이 행함이 없는 믿음은 죽은 것이다.

**묻고?
답하기!**

오늘 우리는 주님을 믿는 믿음을 어떻게 나타내 보였는가?

나의 주변의 사람들이 알기를 내가 그리스도인지, 단지 남들보다 착하고 경건한 사람인지, 교회에 나가는 사람인지, 아니면 보통 사람들과 아무런 차이를 못 느끼는지 확인해 보면 어떨까요? 교회를 다닌다고 하면서 나만을 위해 욕심을 부리고, 남을 비방하며 헛된 생각에 빠져 시간을 보내는 사람은 실로 세상과 벗한 사람이며, 그냥 착한 사람보다도 어리석은 사람입니다. 하나님을 믿는 믿음은 하나님 아버지께서 보시기에 깨끗하고 흠이 없는 경건이 삶 속에서 나타나는 것입니다.

10일

교회(믿음의 공동체)를 향한 권면
건강한 공동체의 모습

💡 실마리 풀기

"여러분이 얻지 못하는 것은 구하지 않기 때문이요, 구하여도 얻지 못하는 것은 자기가 쾌락을 누리는 데에 쓰려고 잘못 구하기 때문입니다"(약 4:2 - 3)

야고보가 그리스도인들의 지도자로서 역할을 감당하고 있는 예루살렘 교회의 교인들은 이방인들이 유대인들의 영역 안으로 들어오는 것에 대한 거부감을 감추지 못하였습니다. 그들은 믿음과 함께 율법과 유대 풍습을 고수하는 유대주의적 분위기를 동시에 유지하고 있었습니다. 그래서 야고보는 복음을 앞세운 바울과 모세의 율법을 주장하는 율법주의자들 간의 거리를 적당히 유지했습니다(행 21:17 - 26). 이스라엘 민족공동체의 구심점으로 자리 잡고 있는 율법을 무시할 수 없던 것입니다. 야고보의 이러한 정치적 견해는 유대인들에게 예수님을 메시아로 전하는 것을 수월하게 하였고, 그 결과 예루살렘에는 율법에 열성적인 그리스도인들이 수만 명이나 되었습니다(행 21:20 - 21).

그러나 초대 교회는 가난하였고, 주변의 믿지 않는 유대주의자들로부터 끊임없이 압박과 설움을 당하였으며(5:7 - 11), 가진 자들로부터 약탈을 당하기도 하였습니다(2:1 - 7). 또한, 오직 믿음으로만 구원을 얻을 수 있다고 가르치는 이론 주의자들로 인하여 말만 하고, 믿음을 몸소 실천하지 않는 풍조가 만연하였습니다. 이러한 예루살렘의 상황 속에서 교회(믿음의 공동체)를 향한 훈계의 필요성을 느낀 야고보는 "행함이 없는 믿음은 그 자체가 죽은 것이라"(2:17), "행함으로 믿음을 온전케 하라"(2:22) 라고 말함으로서 '참 믿음은 행동으로 나타난다'는 가르침을 주고 있는 것입니다.

〈사도 바울도 우리가 믿음을 통하여 구원을 얻은 것은 "우리가 선한 일을 하며 살아가게 하시려는 것"(엡 2:10)이며, "가장 중요한 것은 믿음이 사랑을 통하여 일하는 것"(갈 5:6)라고 말하였습니다. 그러나 바울은 예수 그리스도의 복음이 유대인의 한계를 넘어 이방인의 복음으로 확산되는 데 기여하였습니다. 그것이 야보고와 사도 바울의 사역의 차이점입니다〉

세상을 이기는 믿음 - 회당(교회)에서 그 믿음을 행하라(3:1 - 4:12)

말에 실수가 없도록 하라 - 혀를 다스려서 말에 실수가 없도록 하라. 우리는 이 혀로 주님이신 아버지를 찬양하기도 하고, 또 이 혀로 하나님의 형상대로 지음을 받은 사람들을 저주하기도 한다. 또 같은 입에서 찬양도 나오고 저주도 나온다. 이렇게 해서는 안 된다. 샘이 한 구멍에서 단물과 쓴물을 낼 수 있겠는가?

하늘의 지혜에서 오는 온유함으로 행하라 - 마음속에 시기심과 경쟁심이 있는 곳에는 혼란과 온갖 악한 행위가 있으나 위에서 오는 지혜는 우선 순결하고, 다음으로 평화스럽고, 친절하고, 온순하고, 자비와 선한 열매가 풍성하고, 편견과 위선이 없다. 지혜 있고 이해력이 있는 사람은 지혜에서 오는 온유함으로 행하여야 한다.

육신의 욕심을 버려라 - 육신의 욕망을 버리라. 우리가 얻지 못하는 것은 구하지 않기 때문이요, 구하여도 얻지 못하는 것은 자기가 쾌락을 누리는 데에 쓰려고 잘못 구하기 때문이다.

하나님께 복종하고, 악마를 물리치라(4. 악마의 간계에 맞서 대항하라) - 그러므로 하나님께 복종하고 악마를 물리치라. 그리하면 악마는 달아날 것이다. 하나님께로 가까이 가라. 그리하면 하나님께서 가까이 오실 것이다. 주님 앞에서 자신을 낮추라. 그리하면 주님께서 우리를 높여주실 것이다.

형제자매여, 서로 헐뜯지 말라(5. 그리스도를 두려워하는 마음으로 서로 순종하라) - 형제자매들이여, 서로 자기 형제자매를 헐뜯거나 심판하지 마라. 도대체 그대가 누구이기에 이웃을 심판하는가?

인내하는 믿음 - 주님의 뜻을 따라 행하고 고난을 받을 때 기도하라(4:13 - 5:20)
세상의 계획에서 돌이켜 해야 할 선한 일을 하라 - 사람이 해야 할 선한 일이 무엇인지 알면서도 하지 않으면 그것이 그에게 죄가 된다. 세상 걱정을 위하여 계획하는 일들과 악으로 부를 축적하여 내일을 준비하는 것은 심판을 재촉하는 것이다.

참고 견디며, 고난을 받을 때 기도하라(6. 성령 안에서, 끝까지 참으며 늘 깨어 기도하라) - 주님께서 오실 때까지 참고 견디며, 고난을 받는 사람은 기도하고, 즐거운 사람은 찬송하라. 병든 사람은 교회의 장로들을 부르라. 믿음으로 간절히 드리는 기도는 병든 사람을 낫게 할 것이니 주님께서 그를 일으켜 주실 것이며, 또 그가 죄를 지은 것이 있으면 용서를 받을 것이다. 그러므로 서로 죄를 고백하고, 서로를 위하여 기도하면 여러분은 낫게 될 것이다. 의인이 간절히 비는 기도는 큰 효력을 낸다.

교회라는 공동체 안에서 내가 성령님의 깨우침을 받아야 할 행위는 무엇일까요?

야고보는 교회 안의 성도들에게 권면합니다. "혀를 다스려서 말에 실수가 없도록 하라. 마음속에 시기심과 경쟁심을 버리고, 지혜에서 오는 온유함으로 행하라. 육신의 욕망을 버리라. 서로 자기 형제자매를 헐뜯거나 심판하지 마라." 이러한 권면 가운데 특별히 내가 가장 많이 신경을 써서 주의해야 할 것은 무엇인지 돌아봅니다.

12

베드로전서

11일

✝ 오늘 말씀 베드로 전서 1:1 - 3:7

부활, 산 소망의 근거
그리스도로 인한 고난에 대비하는 삶

💡 **실마리 풀기**

"그러나 여러분은 택하심을 받은 족속이요, 왕과 같은 제사장들이요, 거룩한 민족이요, 하나님의 소유가 된 백성입니다"(벧전 2:9)

예수님께서 인자가 고난을 받고 죽어야 한다고 말씀하셨을 때, 베드로가 격렬히 항의하다가 "사탄아, 물러가라"는 말씀을 들은 적이 있습니다(막 8:31 - 33). 그러나 성령을 받은 베드로는 예루살렘에서 자신의 믿음 때문에 매질을 당하고, 감옥에 갇혀 있다가 처형될뻔 하였습니다. 그는 그리스도인이 겪어야 할 박해에 대하여 너무도 잘 알고 있었습니다. 박해의 끝은 늘 죽음이었습니다. 그는 그런데도, 그가 개척했거나 가르쳤던 교회와 이방인 그리스도인들에게 닥친 고난 가운데 용기를 주기 위하여 이 서신을 쓰고 있습니다.

믿음의 목표 - 예수 그리스도의 부활하심으로 인한 산 소망(1:1 - 12)

하나님께서는 죽은 사람들 가운데서 예수 그리스도가 부활하심으로 말미암아 우리가 산 소망을 갖게 해 주셨으며, 썩지 않고 더러워지지 않고 낡아 없어지지 않는 유산을 물려받게 하셨다. 이 유산은 여러분을 위하여 하늘에 간직되어 있다.

하나님께서는 여러분의 믿음을 보시고 그의 능력으로 여러분을 보호해 주시며, 마지막 때에 나타나기로 되어 있는 구원을 얻게 해 주신다. 그러므로 지금 잠시 동안 여러 가지 시련 속에서 어쩔 수 없이 슬픔을 당하게 되었다 하더라도 기뻐하라.

믿는 자들이 그리스도를 본 일이 없으면서도 사랑하며, 지금 그를 보지 못하면서도 믿으며, 말로 다 표현할 수 없는 즐거움과 영광을 누리면서 기뻐하고 있는 것은 믿음의 목표 곧 여러분의 영혼 구원을 소망하며, 받고 있기 때문이다.

거룩한 삶으로 대비하라(1:13 - 2:12) - (Cf. 엡 4:17 - 6:20)

행실을 거룩하게 하라(1. 새 사람을 입어라) - 그러므로 우리는 순종하는 자녀로서 전에 모르고 좇았던 욕망을 따라 살지 말고, 우리를 불러주신 그 거룩하신 분을 따라 모든 행실을 거룩하게 하여야 한다. 사람을 겉모양으로 판단하지 않으시고 각 사람의 행위대로 심판하시는 분을 아버지라고 부르고 있으니, 나그네 삶을 사는 동안 두려운 마음으로 살아가라.

서로 사랑하라(2. 옛 사람을 벗어버리라) - 순결한 마음으로 서로 뜨겁게 사랑하고, 모든 악의와 모든 기만과 위선과 시기와 온갖 비방하는 말을 버리며, 갓난아기들처럼 순수하고 신령한 젖을 그리워하라.

750 오늘 말씀

신령한 제사를 드리는 거룩한 제사장이 되라(3. 하나님 아버지께 예배하라) - 우리는 예수 그리스도로 말미암아 하나님께서 기쁘게 받으실 신령한 제사를 드리는 거룩한 제사장이 되었으며, 택하심을 받은 족속이요, 왕과 같은 제사장들이요, 거룩한 민족이요, 하나님의 소유가 된 백성이다(사 43:20 - 21, 출 19:5 - 6).

전에는 하나님의 백성이 아니었으나 지금은 하나님의 백성이요, 전에는 자비를 입지 못한 사람이었으나 지금은 자비를 입은 사람이다. 그러므로 영혼을 거슬러 싸우는 육체적 정욕을 멀리하고 이방 사람 가운데서 행실을 바르게 하라. 그렇게 해야 그들은 여러분더러 악을 행하는 자라고 욕하다가도, 여러분의 바른 행위를 보고 하나님께서 찾아오시는 날에 하나님께 영광을 돌릴 것이다.

그리스도를 두려워하는 마음으로(4. 서로 순종함으로 대비하라)(2:13 - 3:7)

그리스도인은 인간이 세운 모든 제도에, 주님을 위하여 복종하여야 한다. 하인으로 있는 자는 극히 두려운 마음으로 주인에게 복종하라. 그러므로 그리스도인들은 자유를 악을 행하는 구실로 쓰지 말고, 하나님의 종으로 살며, 모든 사람을 존중하며, 믿음의 식구들을 사랑하며, 하나님을 두려워하며, 왕을 공경하라. 선을 행하다가 고난을 겪으면서 참으면 그것은 하나님께서 보시기에 아름다운 일이다.

아내가 된 이는 자기 남편에게 순복하여야 한다. 남편이 된 이는 아내가 여성으로서 자기보다 연약한 그릇임을 이해하고, 생명의 은혜를 함께 상속받을 사람으로 알고 존중하여야 기도가 막히지 않을 것이다.

그리스도께서 십자가에 달리신 이유 - 그리스도께서 우리를 위하여 고난을 겪으신 것은 우리가 자기의 발자취를 따르게 하시려고 본을 남겨 놓으신 것이며, 그리스도께서 우리 죄를 자기의 몸에 몸소 지시고서 나무에 달리신 것은 우리가 **죄에는 죽고, 의에는 살게 하시려는 것**이다(2:21 - 24).

묻고? 답하기!

> 우리가 그리스도를 믿음으로 인하여 목숨이 위태로울 정도의 고난을 겪은 적이 있는가?
>
> 제가 알기로 이 시대, 이 땅에 사는 그리스도인들에게는 목숨이 위태로울 정도의 고난은 없는 것처럼 보입니다. 그러나 자세히 살펴보면, 그리스도를 사칭하는 자들에 의한 핍박과 고난이 곳곳에 만연된 것을 봅니다. 그들은 경제적인 착취로 육체를 괴롭히고, 거짓된 가르침으로 영혼을 억압합니다. 그들은 사탄의 하수인들입니다. 그러므로 우리는 성경 말씀에 의지하여 늘 깨어 있어야 합니다.

12일 $\sim\sim\sim\sim\sim\sim\sim\sim\sim\sim\sim\sim\sim\sim\sim\sim\sim\sim\sim\sim\sim\sim\sim\sim\sim\sim$

12

베드로전서

✝ 오늘 말씀 베드로 전서 3:8 – 5:14

영광, 성결한 삶의 근거

그리스도의 고난에 동참하는 삶

💡 **실마리 풀기**

"여러분을 시험하려고 시련의 불길이 여러분 가운데 일어나더라도, 무슨 이상한 일이나 생긴 것처럼 놀라지 마십시오. 그만큼 여러분은 그리스도의 고난에 동참하는 것이니, 기뻐하십시오"(벧전 4:12 - 13)

"마가복음, 베드로의 연설과 베드로전서는 모두 그리스도를 이사야 53장의 고난 받는 종의 관점에서 설명하고 있다. 베드로전서(1:18)와 마가복음(10:45)은 모두 주님의 죽음을 대속적인 죽음으로 설명하고 있다. 이는 오직 그리스도의 고난만이 구속을 이룰 수 있었던 것처럼, 고난 받는 그리스도인들이 그리스도를 본받을 것을 요구하고 있는 것이다" (새성경사전 1996:641).

사도 바울도 "하나님께서는 여러분에게 그리스도를 위한 특권, 즉 그리스도를 믿는 것뿐만 아니라, 또한 그리스도를 위하여 고난을 받는 특권도 주셨습니다"(빌 1:29)라고 하였습니다. 베드로는 교회라는 공동체를 향하여 그리스도의 고난에 동참하기를 요청합니다. 그리하면 고난을 통해 죄를 버리게 될 것이며, 그리스도의 이름을 지니고 다닐 수 있는 특권을 누리게 될 것이며, 마지막으로 그리스도 안에 있는 영원한 영광에 참여할 수 있게 될 것이기 때문입니다. 그러므로 베드로는 우리와 함께하시는 성령께서 잠시 동안 고난을 받은 우리를 친히 온전하게 하시고, 굳게 세워 주시고, 강하게 하시고, 기초를 튼튼하게 하여 주실 것이라고 격려하는 것입니다.

그리스도 안에서 서로 선을 행함으로 대비하라(3:8 - 17)

모두 한 마음을 품으며, 서로 동정하며, 서로 사랑하며, 자비로우며, 겸손하라. 악을 악으로 갚거나 모욕을 모욕으로 갚지 말고 복을 빌어 주어라. 악에서 떠나 선을 행하며, 평화를 추구하며, 그것을 좇아라. 선한 양심을 가지며 정의를 위하여 고난을 받으면 복이 있다. 하나님께서 바라시는 뜻이라면, 선을 행하다가 고난을 받는 것이 악을 행하다가 고난을 받는 것보다 낫다.

그리스도와 같은 마음으로 무장하라 - 하나님께 영광을 돌리는 삶(3:18 - 4:11)

그리스도께서도 죄를 사하시려고 단 한 번 돌아가셨으며, 육신으로 고난을 받으셨다. 그러니 우리도 같은 마음으로 무장하여야 한다. 육신으로 고난을 받은 사람은 이미 죄와 인연을 끊은 것이니 이제부터는 육신으로 살아갈 남은 때(이 세상에서의 삶)를 인간의 욕정대로 살지 말고, 하나님의 뜻대로 살아야 한다.

삼가 조심하여 기도하고, 먼저 서로 뜨겁게 사랑하며(5. 늘 깨어 기도하라) - 그러므로 정신을 차리고 서로 따뜻하게 대접하라. 은사를 받은 대로 하나님의 여러 가지 은혜를 맡은 선한 관리인으로서 서로 봉사하며. 말을 하는 사람은 하나님의 말씀을 전파하는 사람답게 하고, 봉사하는 사람은 하나님께서 주시는 힘으로 봉사하는 사람답게 하라.

고난 중에 있는 자들에의 권면 - 심판 날에 기뻐하도록 그리스도의 고난에 동참하라 (4:12 - 5:14)

이제 로마의 그리스도인들에게 죽음이라는 고난이 다가왔다. 그들은 그리스도와 함께 영광을 받기 위해 고난도 함께 받는 것이다(롬 8:17). 우리를 시험하려고 시련의 불길이 우리 가운데 일어나면 무슨 이상한 일이나 생긴 것처럼 놀라지 말고, 그리스도의 고난에 동참하는 것으로 여기라. 그리스도의 이름으로 모욕을 당하거나 고난을 겪으면 부끄러워하지 말고 도리어 그 이름으로 하나님께 영광을 돌려야 하며, 선한 일을 하면서 자기의 영혼을 신실하신 조물주께 맡기라.

장로들이여! 장로로 있는 이들은 여러분 가운데 있는 하나님의 양 떼를 먹이되 - 첫째, 억지로 할 것이 아니라 하나님의 뜻을 따라 자진하여서 하고, 둘째, 더러운 이익을 탐하여 할 것이 아니라 기쁜 마음으로 하라. 셋째, 맡은 사람들을 지배하려고 하지 말고 양 떼의 모범이 되라. 젊은이들은 장로들에게 복종하라. 모두가 서로서로 겸손의 옷을 입으라.

믿음에 굳게 서서, 악마를 맞서 싸우라(6. 악마의 간계에 맞서 대항하라) - 정신을 차리고 깨어 있으라. 여러분의 원수 악마가 우는 사자 같이 삼킬 자를 찾아 두루 다니니, 믿음에 굳게 서서 악마를 맞서 싸우라. 모든 은혜를 주시는 하나님, 곧 그리스도 안에서 여러분을 자기의 영원한 영광에 불러들이신 분께서, 잠시 동안 고난을 받은 여러분을 친히 온전하게 하시고, 굳게 세워 주시고, 강하게 하시고, 기초를 튼튼하게 하여 주실 것이다.

저 북녘 땅에 살고 있는 우리의 동포들 가운데 그리스도인들을 기억하고 기도합니다.

이 시대, 이 땅에 사는 우리에게는 그 옛날 그리스도인들처럼 심각한 고난은 존재하지 않는 것처럼 보입니다. 그러나 우리가 아직은 갈 수 없는 북녘 땅에는 이천 년 전 초대교회 그리스도인들이 당한 것에 못지않은 박해를 받는 사람들이 있습니다. 우리가 입으로, 가슴으로는 그들을 위해 기도할 수 있지만, 실질적으로는 아무런 도움을 주지 못하고 있는 현실이 너무 안타깝습니다.

12

13일

✝ 오늘 말씀 베드로 후서 1:1 - 3:18, 유 1:1 - 25

기억해야 할 진리와 거짓 가르침

거짓 교사들, 이단의 시작

💡 실마리 풀기

"믿음에 덕을 더하고, 덕에 지식을 더하고, 지식에 절제를 더하고, 절제에 인내를 더하고, 인내에 경건을 더하고, 경건에 신도 간의 우애를 더하고, 신도간의 우애에 사랑을 더하도록"(벧후 1:5-7)

베드로전서는 로마라는 거대한 권력에 의한 박해 가운데 유지해야 할 그리스도인의 삶을 주제로 하였으나, 베드로후서는 거짓 가르침이라는 형태의 더욱 강력한 시험을 이겨내야 할 그리스도인의 삶을 다루고 있습니다. 이미 아시겠지만, 베드로후서와 유다서는 거의 같은 내용을 담고 있습니다. 유다는 그의 교회 안에 스며들어 온 거짓 교사들의 가르침을 차단하기 위하여 경고의 편지를 성도들에게 보냅니다. 그리고 베드로는 자신의 서신 속에 유다의 서신 내용을 인용하여 성도들에게 전한 것으로 보입니다. 아마도 교회가 당하고 있는 상황이 위중하고, 유다의 주문이 더 이상의 사족이 필요하지 않는다고 생각하여 교회를 위하여 그리 한 것으로 보입니다.

일찍이 사도 바울은 그리스도의 복음을 왜곡하려는 무리를 향하여 "하늘에서 온 천사일지라도, 우리가 여러분에게 전한 것과 다른 복음을 여러분에게 전한다면, 마땅히 저주를 받아야 합니다"(갈 1:8)라고 부르짖은 적이 있습니다. 열정적으로 복음을 전하던 사도들이 옥에 갇히거나 죽음이 임박해서 가장 염려가 되는 것이 자신이 전도한 그리스도인들이 실족하지나 않을까 하는 점이었습니다. 베드로도 역시 "우리 주 예수 그리스도께서 내게 지시하신 것 같이 나도 이 장막을 벗어날 것이 임박한 줄을 앎이라"(1:12 - 15)고 말함으로써 그가 사랑하는 성도들에게 유언의 말을 남기려고 하는 것을 암시하면서, 강한 어조로 복음의 진수를 기억시키고자 하고 있습니다.

기억해야 할 진리 - 생명과 경건에 이르게 하는 모든 것(1:1 - 21)

하나님께서 주신 진리 - 하나님께서는 그의 권능으로, 우리가 그를 앎으로 말미암아 생명과 경건에 이르게 하는 모든 것을 우리에게 주셨다. 하나님은 우리를 부르셔서 그의 영광과 덕을 누리게 해 주시고, 귀중하고 아주 위대한 약속들을 우리에게 주셨다.

깨닫게 하는 진리 - 그러한 진리를 깨달은 자는 열성을 다하여 믿음과 덕, 지식과 절제, 인내와 경건, 신도 간의 우애와 사랑을 실천해 가야 한다. 또한, 더욱더 힘써서 우리가 부르심을 받은 것과 택하심을 받은 것을 굳게 하면 넘어지지 않을 것이며, 하나님 나라에 들어갈 자격을 충분히 갖출 것이다.

직접 목격한 것을 기록한 진리 : 베드로의 유언 - 죽음을 예견한 베드로는 우리가 살아가는 동안 진리에 굳게 설 것과 그 진리를 기억하고 일깨워서 분발하게 하려고 한다는 것을 고백한다. 그가 우리에게 주 예수 그리스도의 권능과 재림을 알려 준 것은 그의 위엄을 직접 눈으로 보고 들었기 때문이다.

거짓 교사들(2:1 - 22) - (Cf. 유 1:1 - 16)

거짓 교사들의 심판(2:1 - 10a) :(Cf. 유 1:1 - 7) - 주님은 경건한 사람을 시련에서 건져 내시지만, 불의한 사람들 특히 더러운 정욕에 빠져서 육체를 따라 사는 자들과 권위를 멸시하는 자들을 벌하셔서 심판 날까지 가두어두실 것이다

거짓 교사들의 특성(2:10b - 22) :(Cf. 유 1:8 - 16) - 그들은 들뜬 영혼들을 유혹하며, 그들의 마음은 탐욕을 채우는 데에 익숙한 저주받은 자식들이다. 그들은 그릇된 생활을 하는 자들에게서 가까스로 빠져나온 사람들을 육체의 방종한 정욕으로 유혹하는 허무맹랑한 자들이다.

반복하는 당부 - 그 하나님의 날을 기대하라(3:1 - 18) - (Cf. 유 1:17 - 25)

거짓 교사들은 "그리스도가 다시 오신다는 약속은 어디 갔느냐?"라고 말하면서 그리스도의 재림을 조롱할 것이다. 주님께서는 약속을 더디 지키시는 것이 아니니, 우리의 사랑하는 형제 바울이 말한 것처럼 우리 주님의 오래 참으심이 아무도 멸망하지 않고 모두 회개하는 데에 이르는 구원을 위한 것으로 생각하여라.

"주님께는 하루가 천 년 같고, 천 년이 하루 같습니다"(3:8, 시 90:4). 주님의 날은 도둑같이 올 것이니, 거룩한 행실과 경건한 삶 속에서 하나님의 날이 오기를 기다리고, 티도 없고 흠도 없는 사람으로 아무 탈이 없이 하나님 앞에 나타날 수 있도록 힘써야 한다. 또한, 불의한 자들의 유혹에 휩쓸려서 자기의 확신을 잃는 일이 없도록 주의하여야 한다.

묻고? 답하기!

주님의 교회 안에 어떻게 그리스도를 알지 못하는 자들이 들어 올 수 있는가?

세상의 어떤 모임이든지 그 모임의 인적 규모가 커지고 경제적으로 여유가 생기게 되면, 그 모임이 구성된 본래의 목적과 취지에 무관한 사람들이 모여들게 마련입니다. 그리고 그들은 갖은 권모술수를 동원하여 그 모임의 지도자가 되고자 노력하고, 금전적 이득을 취하고자 잔머리를 굴리기 시작합니다. 교회도 마찬가지입니다. 교회가 그리스도의 몸이며, 그리스도는 교회의 머리이심을 가르치기보다는 그리스도의 자리에 자신이 우뚝 서려하거나, 평안한 삶의 방편으로 삼는 자들이 그러한 자들입니다.

12월 14일

사탄의 계략

하나님 말씀의 잘못된 인용과 변용

✚ **오늘 말씀** 창세기 3:1 – 13, 마태복음 4:1 – 10, 요한계시록 22:6 – 19

💡 **실마리 풀기**

"누구든지 이 예언의 책에 기록한 말씀에서 무엇을 없애 버리면, 하나님께서 이 책에 기록한 생명나무와 그 거룩한 도성에서 그가 누릴 몫을 없애 버리실 것입니다"(계 22:19)

사탄의 계략 – 부정적 표현과 거짓된 합리주의(창 3:1 – 13)

뱀이 여자에게 물었습니다. "하나님이 정말로 너희에게, 동산 안에 있는 〈모든 나무의 열매를 먹지 말라〉고 말씀하셨느냐?" 여자가 뱀에게 대답하였습니다. "동산 한가운데 있는 나무의 열매는, 〈먹지도 말고 만지지도 말라〉고 하셨다. 어기면 〈우리가 죽는다〉고 하셨다." 그러나 하나님께서 하신 말씀은 〈선악과를 빼고는 모두 먹고 싶은 대로 먹어라〉였습니다. 사탄은 하나님의 말씀을 왜곡하고 부정적으로 표현하였으며, 여자는 없는 말씀을 첨가하였습니다.

뱀이 여자에게 말하였습니다. "너희는 〈절대로 죽지 않는다〉. 하나님은, 너희가 그 나무 열매를 먹으면, 너희의 눈이 밝아지고, 하나님처럼 되어서, 선과 악을 알게 된다는 것을 아시고, 그렇게 말씀하신 것이다." 그러나 하나님께서는 "선과 악을 알게 하는 나무의 열매만은 먹어서는 안 된다. 그것을 먹는 날에는, 너는 〈반드시 죽는다〉"(창 2:16 – 17)고 하셨습니다.

사탄은 〈말씀의 잘못된 인용과 변용〉을 통하여 창조주 하나님의 권능과 통치하심을 부인하고, 아담과 하와에게 〈자의적 판단에 근거한 거짓된 합리주의〉에 의존하도록 유인하였습니다. 그들은 사탄의 간계 때문에 '**하나님의 마음**'을 무시하고, '**자기의 마음**'대로 자신의 '**이성적 판단**'을 '**합리적 판단**'으로 착각하게 된 것입니다. 결국, 그들은 하나님의 선하심과 공의로우심을 의심하고 반역과 불순종의 길로 갔습니다. 사탄의 이러한 계략은 지금도 성도들을 불순종의 길로 유인하는 최상의 전략입니다.

예수 그리스도의 방법 – 말씀의 순수한 인용(마 4:1 – 10)

시험하는 자(악마)가 와서, 예수께 말하였습니다. "네가 하나님의 아들이거든, 이 돌들에게 빵이 되라고 말해 보아라." 예수께서 대답하셨습니다. "성경에 기록하기를 '사람이 빵으로만 살 것이 아니라, 하나님의 입에서 나오는 모든 말씀으로 살 것이다'(신 8:3) 하였다."

악마는 예수를 그 거룩한 도성으로 데리고 가서, 성전 꼭대기에 세우고 말하였습니다. "네가 하나님의 아들이거든, 여기에서 뛰어내려 보아라. 성경에 기록하기를 '하나님이 너를 위하여 자기 천사들에게 명하실 것이다' 그리고 '그들이 손으로 너를 떠받쳐서, 너의 발이 돌에 부딪치지 않게 할 것이다'(시 91:11,12) 하였다." 예수께서 악마에게 말씀하셨습니다. "또 성경에 기록하기를 '주 너의 하나님을 시험하지 말아라'(신 6:16) 하였다."

또다시 악마는 예수를 매우 높은 산으로 데리고 가서, 세상의 모든 나라와 그 영광을 보여주고 말하였습니다. "네가 나에게 엎드려서 절을 하면, 이 모든 것을 네게 주겠다." 그 때에 예수께서 그에게 말씀하셨습니다. "사탄아, 물러가라. 성경에 기록하기를 '주 너의 하나님께 경배하고, 그분만을 섬겨라'(신 6:13) 하였다." 이에 사탄은 말없이 떠나갔습니다. 예수님께서 그 옛날 아담과 하와의 실패를 완전히 만회하셨습니다. 오직 하나님의 말씀을 **본문 그대로 인용**하심으로 그러셨습니다.

사도 요한의 가르침 - 하나님의 말씀에 대한 성도의 의무(계 22:6 - 19)

1) 교회를 다니는 사람들 가운데에는 성경을 읽지 않거나, 읽는다 하더라도 그대로 행하지 않는 사람들이 많습니다. 그리스도인이라면 말씀을 읽어야 합니다. 그래야 하나님의 마음을 알 수 있습니다. 더 나아가 말씀을 읽고, 듣는 데서 그치면 아무런 득이 없습니다. 영원한 생명을 얻으려면 반드시 그 말씀을 지켜야 합니다.

사도 요한은 이렇게 기록하였습니다. "태초에 '말씀'이 계셨다. 그 '말씀'은 하나님과 함께 계셨다. 그 '말씀'은 하나님이셨다"(요 1:1). 그리고 "이 예언의 말씀을 읽는 사람과 듣는 사람들과 그 안에 기록되어 있는 것을 지키는 사람들은 복이 있습니다"(계 1:3).

2) 하나님의 구원 계획의 하이라이트는 예수님의 초림입니다. 그리고 이어지는 일정은 예수님의 재림밖에 없습니다. 그래서 주님께서 곧 오시겠다고 하시는 것입니다. 이제는 성경 말씀을 감출 필요가 없습니다. 땅 끝까지 말씀이 퍼져 나아가서 세상 모든 민족이 깨달음을 얻도록 힘을 보태야 합니다.

사도 요한이 이렇게 요청하였습니다. "때가 가까이 왔으니, 이 책에 적힌 예언의 말씀을 봉인하지 말아라. 이제는 불의를 행하는 자는 그대로 불의를 행하고, 더러운 자는 그대로 더러운 채로 있어라. 의로운 사람은 그대로 의를 행하고, 거룩한 사람은 그대로 거룩한 채로 있어라"(계 22:10 - 11).

3) 하나님의 말씀을 자신의 유익을 위하여 인용하고, 변용하는 일이 없어야 합니다. 성경은 있는 그대로 인용되어야 합니다. 보편적으로 해석하기 어려운 본문 또는 인간적인 지혜로 알 수 없는 하나님의 영역에 속한 내용이라면, 〈자의적 판단에 근거하여〉 해석하는 어리석음을 범하지 말고, 〈복음의 본질에 근거하여〉 해석하여야 합니다.

사도 요한이 이렇게 경고하였습니다. "누구든지 여기에 무엇을 덧붙이면, 하나님께서 그에게 이 책에 기록한 재앙들을 덧붙이실 것이요, 또 누구든지 이 예언의 책에 기록한 말씀에서 무엇을 없애 버리면, 하나님께서 이 책에 기록한 생명나무와 그 거룩한 도성에서 그가 누릴 몫을 없애 버리실 것입니다"(계 22:18 - 19).

15일 ～～～～～～～～～～～～～～～～～～～～～～～～～～

✝ 오늘말씀 요한 1서 1:1 - 2:17

그리스도와 그리스도인
함께 하는 삶의 기준(1)

💡 실마리 풀기

"이 생명의 말씀은 태초부터 계신 것이요, 우리가 들은 것이요, 우리가 눈으로 본 것이요, 우리가 지켜본 것이요, 우리가 손으로 만져본 것입니다"(요일 1:1)

요한이 이 서신과 계시록을 기록할 당시(A.D. 90년경)에는 로마 제국의 극심한 탄압에도 불구하고 기독교가 로마 전역에 널리 퍼져 있었습니다. 그러나 그와 동시에 기독교의 순수성을 해치는 사람들이 늘어나고 있었습니다. 그들은 헬라(그리스) 철학의 이론을 바탕으로 기독교를 이원론적인 시각으로 분별하고 판단하면서, 교회 안의 충실한 신자들을 미혹케 하려 꾀하였던(2:18) 거짓 교사들이었습니다.

거짓 교사들은 예수가 그리스도이심(2:22)과 태초에 존재했던(1:1) 하나님의 아들(4:15, 5:5)이 인간을 구원하려고(4:9 - 10) 육체로 오셨다(4:2)는 것을 부인하였습니다. 결국, 그들은 자신들에게 죄가 없다(1:8)고 말하며, 하나님을 알고 있다고 하면서도 하나님의 계명(율법과 사랑)을 지키지 아니하였습니다(2:4). 또한, 그들은 세상에 있는 모든 것, 곧 육체의 욕망과 눈의 욕망과 세상 살림에 대한 자랑(2:16)을 일삼으며, 죄는 곧 불법임에도 불법을 행하였습니다. (3:4).

그래서 사도 요한은 복음의 본질을 말하지 않을 수 없었습니다. 그것은 성육신하신 예수 그리스도를 향한 올바른 믿음, 하나님의 명령에 순종하는 의로움 그리고 그리스도의 교회라는 공동체에 묶여 있는 사랑입니다. 사도 요한은 이 믿음, 의로움 그리고 사랑을 세 번에 걸쳐서 반복하며 강조하고 있습니다. 이 세 가지는 복음을 받아들인 자들의 삶에 반드시 드러나는 불꽃같은 것입니다. 지금도 우리 가운데 그 불꽃을 보이지 않는 성도와 지도자나 교사들은 거짓된 자들입니다.

영원한 생명, 그리스도의 성육신 - 생명의 말씀을 믿는 믿음의 삶(1:1 - 4)

생명의 말씀은 태초부터 계셨으며, 우리가 들은 것이요, 우리가 눈으로 지켜보고 만져본 것이다. 이 영원한 생명이 우리 앞에 나타나셨으니, 아버지께서 보내신 그의 아들 예수 그리스도시라. 이를 선포하는 것은 이 글을 읽는 자들과 함께 하나님 아버지와 또 그의 아들 예수 그리스도와 함께 하는 사귐을 가지기를 바라는 것이며, **이 글을 쓰는 것은**, 그 사귐을 통하여 우리 서로의 기쁨이 차고 넘치게 하려는 것이다.

죄를 용서하시는, 빛이신 하나님 - 빛 가운데 거하는 의로운 삶(1:5 - 2:6)

하나님은 빛이시니 하나님 안에는 어둠이 전혀 없다. 하나님께서 빛 가운데 계신 것과 같이 우리가 빛 가운데 살아가면 우리는 서로 사귐을 가지게 되고, 하나님의 아들 예수의 피가 우리를 모든 죄에서 깨끗하게 해주신다. 우리가 죄가 없다고 말하면 우리는 자기를 속이는 것이요, 진리가 우리 속에 없는 것이다. 우리가 우리 죄를 자백하면, 하나님은 신실하시고 의로우신 분이셔서 우리 죄를 용서하시고, 모든 불의에서 우리를 깨끗하게 해주실 것이다.

우리가 하나님의 계명을 지키면 우리가 하나님을 참으로 알고 있음을 알게 되며, 하나님께 대한 사랑이 완성된다. 하나님 안에 있다고 하는 사람은 자기도 그리스도께서 사신 것과 같이 마땅히 그렇게 살아가야 한다.

이렇게 쓰는 것은, 우리들로 하여금 죄를 짓지 않도록 하려는 것이다.

하나님의 뜻, 새 계명 - 형제자매를 사랑하는 사랑의 삶(2:7 - 17)

빛 가운데 있다고 말하면서 자기 형제자매를 미워하는 사람은 아직도 어둠 속에 있는 사람이다. 그러나 자기 형제자매를 사랑하는 사람은 빛 가운데 머물러 있으니 그 사람 앞에는 올무가 없다. 그러므로 세상이나 세상에 있는 것들을 사랑하지 말라. 세상에 있는 모든 것, 곧 육체의 욕망과 눈의 욕망과 세상 살림에 대한 자랑은 모두 하늘 아버지에게서 온 것이 아니라, 세상에서 온 것이기 때문이다. 이 세상도 사라지고, 이 세상의 욕망도 사라지지만, 하나님의 뜻을 행하는 사람은 영원히 남는다.

이 글을 쓰는 까닭은, 그의 이름으로 우리의 죄가 용서함을 받았기 때문이며, 우리가 이미 하늘 아버지, 태초부터 계신 분을 알고 있기 때문이고, 강하고 하나님의 말씀이 우리 속에 있어서 우리가 그 악한 자를 이겼기 때문이다.

우리에게 익숙한 성경적 표현들이 왜곡되어 사용되는 경우를 본 적이 있으십니까?

사도 요한은 자신이 가르쳤던 〈그리스도, 하나님의 나타나심, 죄와 빛〉 등의 용어들이 일부 사람들에 의하여 왜곡된 의미로 사용되는 것에 대하여 격한 분노를 보이며, 다시 한 번 복음의 본래 의미를 상기시키고 있습니다. 저는 일부 사이비 종교지도자들이 〈하나님의 전능하심과 무소부재하심〉을 격하게 강조하면서 〈하나님이 우리의 소원을 이뤄주실 분이심과 두려우신 하나님〉으로 묘사하는 것을 봅니다. 그들은 동시에 자신이 마치 하나님의 대리인인 것처럼 위엄을 부립니다. 그리고 〈하나님의 나라와 그 의〉를 〈자기 자신의 교회와 비전〉으로 이끄는 경우가 있음을 기억합니다. 부디 이 땅에서 사람이 주인이 되는 사이비 기독교가 사라지기만을 기도합니다.

12

요한 1서

✝ 오늘 말씀 요한 1서 2:18 - 4:6

그리스도와 그리스도인

함께 하는 삶의 기준(2)

💡 **실마리 풀기**

"누구든지 아들을 부인하는 사람은, 아버지를 모시고 있지 않은 사람이요, 아들을 시인하는 사람은, 아버지를 또한 모시고 있는 사람입니다"(요일 2:23)

거짓 교사들에 의하면 육체(물질)는 여하튼 악한 것이었고, 오로지 정신이나 영혼만이 중요했기 때문에 육체적 행실은 그들에게 무관한 것이었습니다. 그러므로 인간 안에서의 하나님의 진정한 임재, 즉 그리스도의 성육신은 불가능하였으며, 단지 외견상 일시적으로 가능했다고 주장하는 것입니다. 그들은 일반적으로 영지주의자(정신과 물질을 차별하는 이원론을 주장하는 사람들)로 알려진 후대의 이교도들의 선구자들이 되었습니다.

처음부터 들은 것, 영원한 생명 - 그리스도 안에 머무는 믿음의 삶(2:18 - 28)

아버지와 아들을 부인하는 사람이 곧 그리스도의 적대자이니, 누구든지 아들을 부인하는 사람은 아버지를 모시고 있지 않은 사람이요, 아들을 시인하는 사람은 아버지를 또한 모시고 있는 사람인 것이다. 우리가 처음부터 들은 것, 그것이 우리 속에 있으면 아들과 아버지 안에 있게 될 것이다. 이것은 그가 친히 우리에게 주신 약속인데, 곧 영원한 생명이다.

그가 기름 부어 주신 것이 우리에게 모든 것을 가르쳐 주며, 그 가르침은 참이요 거짓이 아니니, 그 가르침대로 언제나 그리스도 안에 머물러 있어야 한다. 그렇게 해야 그가 나타나실 때 우리가 담대함을 가지게 될 것이며, 그가 오실 때 그 앞에서 부끄러움을 당하지 않을 것이다.

이렇게 써 보내는 것은 우리가 진리를 알고 있기 때문에 그리고 또한 여러분이 거짓은 모두 진리에서 나오지 않는다는 것을 알고 있기 때문이다.

의로우신 하나님 - 죄를 멀리하는 의로운 삶(2:29 - 3:10)

하나님께서 의로우신 분임을 알면, 의를 행하는 사람은 누구나 다 하나님에게서 났음을 알 것이다. 아버지께서 우리에게 얼마나 큰 사랑을 베푸셨는지를 생각해 보라. 하나님께서 우리를 자기의 자녀라 일컬어 주셨으니 우리는 하나님의 자녀인 것이다. 세상이 우리를 알지 못하는 까닭은 하나님을 알지 못하기 때문이다.

죄를 짓는 사람마다 불법을 하는 사람이며 죄는 곧 불법이다. 우리가 아는 대로, 그리스도께서는 죄를 없애려고 나타나셨으니 그리스도는 죄가 없는 분이시므로 그리스도 안에 머물러 있는 사람마다 죄를 짓지 않는 것이다. 악마는 처음부터 죄를 짓는 자이기 때문입니다. 하나님의 아들이 나타나신 목적은 악마의 일을 멸하시려는 것이다. 의를 행하지 않는 사람과 자기 형제자매를 사랑하지 않는 사람은 누구나 하나님에게서 난 사람이 아니다.

하나님의 계명 - 서로 사랑하는 사랑의 삶(3:11 - 24)

우리가 처음부터 들은 소식은 서로 사랑해야 한다는 것이다. 우리가 이미 죽음에서 생명으로 옮겨갔다는 것을 아는 것은 우리가 형제자매를 사랑하기 때문이다. 그러므로 그리스도께서 우리를 위하여 자기 목숨을 버리신 것처럼 우리도 말이나 혀로 사랑하지 말고 행동과 진실함으로 사랑하여야 한다. 그럼으로써 우리는 우리가 진리에서 났음을 알게 될 것이다.

하나님의 계명은 이것이니, 곧 **그 아들 예수 그리스도의 이름을 믿고, 그리스도께서 우리에게 명하신 대로 서로 사랑하라는 것**이다. 그리스도의 계명을 지키는 사람은 그리스도 안에 있고, 그리스도께서도 그 사람 안에 계신다. 그리스도께서 우리 안에 계시다는 것을 그가 우리에게 주신 성령으로 우리는 안다.

육신을 입고 오신 그리스도를 시인하는 영 - 진리의 영과 미혹의 영을 구분하는 믿음의 삶 (4:1 - 6)

예수 그리스도께서 육신을 입고 오셨음을 시인하는 영은 다 하나님에게서 난 영이다. 그러나 예수를 시인하지 않는 영은 다 하나님에게서 나지 않은 영이니, 그것은 그리스도의 적대자의 영이다. 미혹의 영은 세상에서 난 까닭에 그들은 세상에 속한 것을 말하고 세상은 그들의 말을 듣는다. 그러나 진리의 영은 하나님에게서 난 영이니 믿음 안에 있는 우리의 말을 전한다.

묻고? 답하기!

"예수님이 하나님이라면 어떻게 죽을 수 있는가"라는 질문에 대답해보시겠습니까?

예수님의 부활을 믿음의 근거로 삼고 살아가는 우리 그리스도인들은 당연히 (또는 생각 없이) 인정하는 내용이지만, 비 그리스도인들에게는 이보다 더 자극적인 질문은 없습니다. 생각이 깊고 철학적 관심이 깊은 사람들일수록 집요하기까지 합니다. 그래서 예수가 가상의 인물이거나, 예수라는 사람의 몸에 하나님의 영이 잠시 내려왔던 것이라고 주장하는 사람들이 나타나 그리스도교를 환상 속으로 몰고 가기도 합니다. 저는 우리가 섣불리 그 질문에 가담하거나, 논쟁을 벌이지 말 것을 주문합니다. 우리는 그저 우리의 삶으로 대답해야 한다는 점만을 기억하시기 바랍니다. 오직 진리의 영께서 우리의 입술을 주관하실 것입니다.

그리스도와 그리스도인
함께 하는 삶의 기준(3)

💡 **실마리 풀기**

"사랑은 이 사실에 있으니, 곧 우리가 하나님을 사랑한 것이 아니라, 하나님이 우리를 사랑하셔서, 자기 아들을 보내어 우리의 죄를 위하여 화목제물이 되게 하신 것입니다"(요일 4:10)

결국 거짓 교사들의 가르침을 잘 들어보면, 물질(육체)은 더럽지만, 영(영혼)은 더러워질 수 없다고 주장하면서, 자기들이 하고 싶은 대로 방탕한 삶을 사는 것을 용인하였습니다. 죄를 짓는 것은 육체이지 자신의 영은 아니라는 것입니다. 결국, 그들에게 사랑은 없고 죄악 된 모습만 보이며, 입으로는 초자연적인 전능자의 추구만이 남게 되는 것입니다. 그래서 사도 요한은 자신이 이 글을 쓴 목적을 다음과 같이 기술합니다. 첫째, 이 글을 읽는 그리스도인들이 아버지와 또 그의 아들 예수 그리스도와 함께 하는 사귐에 동참하게 하려는 것이며, 그 사귐을 통하여 우리 서로의 기쁨이 차고 넘치게 하려는 것이며(1:3 - 4), 둘째, 그들이 죄를 짓지 않도록 하려는 것입니다(2:1). 셋째, 그의 이름으로 우리의 죄가 용서함을 받았기 때문이며, 우리가 이미 하늘 아버지, 태초부터 계신 분을 알고 있기 때문이고, 강하고 하나님의 말씀이 우리 속에 있어서 우리가 그 악한 자를 이겼기 때문입니다(2:12 - 14). 넷째, 우리가 진리를 알고 있기 때문에, 그리고 또한 여러분이 거짓은 모두 진리에서 나오지 않는다는 것을 알고 있기 때문입니다(2:21). 마지막으로, 그들이 영원한 생명을 가지고 있다는 것을 알게 하려는 것입니다(5:13).

우리를 먼저 사랑하신 하나님 - 우리 가운데서 완성되는 사랑의 삶(4:7 - 21)

사랑도 사랑하는 사람도 다 하나님에게서 난 것이다. 하나님께서 우리에게 자기 외아들을 보내주셔서 우리가 그로 말미암아 살게 해주셨다. 사랑은 이 사실에 있으니, 곧 우리가 하나님을 사랑한 것이 아니라, 하나님이 우리를 먼저 사랑하셔서 자기 아들을 보내어 우리의 죄를 위하여 화목제물이 되게 하신 것이다.

지금까지 하나님을 본 사람은 없으나 우리가 서로 사랑하면 하나님이 우리 가운데 계시고, 또 하나님의 사랑이 우리 가운데서 완성된 것이다. 사랑이 우리에게서 완성되었다는 사실은 곧 우리가 심판 날에 담대함을 가지게 하려는 것이다. 사랑에는 두려움이 없으며 완전한 사랑은 두려움을 내쫓는 것이다. 두려워하는 사람은 아직 사랑을 완성하지 못한 사람이다. 하나님을 사랑하는 사람은 자기 형제자매도 사랑해야 한다.

성령과 물과 피 - 하나님이 자기 아들에 관해서 하신 그 증언을 믿는 믿음의 삶 (5:1 - 12)

예수가 그리스도이심을 믿는 사람은 다 하나님에게서 태어났다. 낳아주신 분을 사랑하는 사람은 다 그분이 낳으신 이도 사랑한다. 우리가 하나님을 사랑하고 또 그 계명을 지키면, 이로써 우리가 하나님의 자녀이며, 예수 그리스도를 사랑한다는 것을 알 것이다. 하나님을 사랑하며, 세상을 이기는 사람은 예수가 하나님의 아들이심을 믿는 사람이다.

예수 그리스도는 다만 물로써 오신 것이 아니라 물과 피로써 오셨으며, 성령은 증언하시는 분이시니 성령은 곧 진리이다. 다시 말하면, **예수 그리스도를 증언하시는 이가 셋인데 곧 성령과 물과 피**이니, 이 셋은 일치하는 하나님의 증언이다.

이렇게 하나님이 자기 아들에 관하여 증언하셨으니, 그 증언은 곧 하나님이 우리에게 영원한 생명을 주셨다는 것과 바로 이 생명은 그 아들 안에 있다는 것이다. 그 아들을 모시고 있는 사람은 생명을 가지고 있고, 하나님의 아들을 모시고 있지 않은 사람은 생명을 가지고 있지 않은 것이다.

하나님에게서 태어난 사람 - 하나님의 뜻을 따라 구하는 의로운 삶(5:13 - 21)

우리가 무엇이든지 하나님의 뜻을 따라 구하면, 하나님은 우리의 청을 들어주신다는 믿음으로 담대히 구하라. 그러므로 누구든지 어떤 교우가 죄를 짓는 것을 볼 때 그것이 죽음에 이르게 하는 죄가 아니면, 하나님께서 그를 용서해 주시기를 간절히 구하라. 그리하면, 하나님은 죽을죄를 짓지 않은 그 사람들에게 생명을 주실 것이다.

하나님에게서 태어난 사람은 누구든지 죄를 짓지 않는다. 하나님의 아들, 예수 그리스도께서 오셔서 그 참되신 분을 알 수 있도록 우리에게 이해력을 주셨고, 그 참되신 분 곧 하나님의 아들 예수 그리스도 안에 있게 되었으니, 이 분이 참 하나님이시오, 영원한 생명이심을 기억하라.

이 글을 쓰는 것은, 우리가 영원한 생명을 가지고 있다는 것을 알게 하려는 것이다.

사도 요한이 우리에게 요구하는 삶의 기준을 따라 살아갈 준비가 되어 있는가?

아무리 노력해도 만족할 만한 수준의 경건함에 이를 수 없다고 생각하십니까? 스스로 만족할 만한 수준을 추구하는 것은 욕심입니다. 우리가 예수 그리스도를 믿는 이유는 그럴 수 없기 때문이라는 것을 인정하시기 바랍니다. 우리의 경건은 초자연적인 방법으로 하나님께 직접 나아가는 것이 아니라, 예수 그리스도를 믿는 믿음으로, 그를 통하여 하나님께 나아가는 것이기 때문입니다. 지금부터라도 내 마음대로가 아니라 사도 요한의 가르침을 따라 살도록 방향 전환을 해 보십시오.

18일

✝ 오늘 말씀 요한 2서 1:1 - 13

믿음의 자매와 그 자녀들에게
하나님의 계명과 거짓 가르침

💡 **실마리 풀기**

"사랑은 다름이 아니라 하나님의 계명을 따라 사는 것입니다. 계명은 다름이 아니라, 여러분이 처음부터 들은 대로, 사랑 안에서 살아가야 한다는 것입니다"(요이 1:6)

사도 요한은 편지 서두에서 "장로인 나는 택하심을 받은 믿음의 자매와 그 자녀들에게 이 글을 씁니다"라고 한 것으로 보아, 이 편지는 특별히 교회 안의 여성들과 자녀들을 걱정하는 마음을 전하는 것으로 보입니다. 교회 안으로 침투한 거짓 가르침의 교사들의 소식을 들었기 때문입니다. 그들은 요한의 교회로부터 출교를 당한 속칭 "예언자"들이었습니다. 그들은 연약한 가정 교회에 침투하여 진리를 부정하는 설득을 하려하였습니다. 당시 가정 교회에는 남편을 잃은 과부와 고아들이 많았음을 생각해 보면, 사도 요한의 걱정은 사뭇 간절함을 느낄 수 있습니다.

7절에서 요한은 요한 1서에서처럼 성육신을 부정하며 그리스도인을 미혹하는 이단을 경계합니다. 요한은 영적인 혼란이 난무하는 상황에서 그 여성들과 자녀들이 언제나 진리 안에 거하며 살아가기를 소망합니다. 또한, 12절에서는 '그들에게 할 말이 많지만, 그것을 종이와 먹으로 써 보내기보다는 그들에게 가서, 얼굴을 마주 보고 말하고자 한다'고 하였습니다. 사도 요한은 머지않아 그들을 방문하고자 하는 심정을 전하고 있습니다.

진리 안에서 사랑하라 - 하나님의 계명을 따라 사는 사람(1:1 - 6)

지금 우리 속에 있고 또 영원히 우리와 함께할 그 진리 때문에, 진리를 깨달은 모든 사람이 교회 안의 자매와 자녀들을 사랑한다. 요한이 자매들에게 간청하는 것은 우리가 모두 서로 사랑하자는 것이다. 사랑은 다름이 아니라 하나님의 계명을 따라 사는 것이다. 계명은 다름이 아니라 사랑 안에서 살아가야 한다는 것이다.

진리의 가르침을 따르라 - 성육신을 부정하는 거짓 교사들에 대한 단호한 거부(1:7 - 11)

그들이 계명을 따라 살아야 하는 이유는, 속이는 자들이 세상에 많이 나타났기 때문이다. 그들은 예수 그리스도께서 육신을 입고 오셨음을 고백하지 않는다. 이런 자야말로 속이는 자요, 그리스도의 적대자이다. 그러므로 진리의 가르침으로부터 지나치게 나가지 말고, 우리가 수고하여 맺은 열매를 잃지 말고, 충분히 포상을 받을 수 있도록 하라. 속이는 자들을 멀리하고, 진리의 가르침을 전하지 않는 자들을 멀리하라. 누구든지 이 가르침, 계명을(올바르게) 전하지 않으면, 그 사람을 집에 받아들이지도 말고, 인사도 하지 마라.

사도 요한의 간절한 소망(1:12 - 13)

오늘날의 사람들은 스마트 폰, e - mail, 채팅 룸, 훼이스 북이나 트위터 같은 SNS 등 매우 다양한 방법을 사용하여 의사소통을 하고 있다. 이러한 방법이 발달하면 할수록 직접 만나서 대화할 수 있는 기회는 줄어들게 마련이다. 사도 요한이 말씀을 전하던 이 당시에는 사람과 사람이 직접 만나 대화를 할 수 없다면, 두루마리 편지로써 의사를 전달하는 방법뿐이었다. 그러나 편지는 자신의 심정을 충분히 전할 수도 없고, 전달되기까지 시간도 너무 오래 걸렸다. 또한 아무리 상세한 설명을 달고, 사족을 붙여도 받아들이는 상대방이 오해를 하기 시작하면 그것을 풀 방법이라고는 직접 만나서 대화를 하는 수밖에 없었던 것이다.

사도 요한은 바로 그러한 자신의 심정을 드러내고 있다. 거짓 교사들의 집요한 공략을 받고 있는 사랑하는 믿음의 자녀들을 생각할 때에, 이루 말로 할 수 없는 안타까움 때문에 "얼굴을 마주보고 말하여, 우리의 기쁨을 넘치게 하는 것"을 바라고 있노라고.

우리 주변에 거짓 가르침에 심취해 있는 자칭 지도자들을 만나보셨습니까?

요한은 연약한 가정 교회에 침투하여 예수 그리스도의 복음을 부정하는 거짓 교사들을 경계하라는 편지를 하였습니다. 그들은 요한의 교회로부터 출교를 당한 속칭 "예언자"들이었습니다. 우리 주변에도 그러한 자는 무수히 많습니다. 예를 들면, 신천지 같은 부류입니다. 사도 요한은 이렇게 권면합니다. "진리의 가르침으로부터 지나치게 나가지 말라. 속이는 자들을 멀리 하고, 진리의 가르침을 전하지 않는 자들을 멀리하라." 그러므로 우리도 생명의 말씀을 늘 묵상하고, 교회 안의 형제들과 사랑 안에서 살아가야 합니다.

19일

사랑하는 가이오에게
선한 일을 하는 사람과 악한 일을 하는 사람

실마리 풀기

"사랑하는 이여, 악한 것을 본받지 말고, 선한 것을 본받으십시오. 선한 일을 하는 사람은 하나님에게서 난 사람이고, 악한 일을 하는 사람은 하나님을 뵙지 못한 사람입니다"(요삼 1:11)

요한 3서는 성경 가운데 가장 짧은 책이며 사적인 편지입니다만, 복음을 전하는 일을 자신의 전적인 과업으로 삼은 사람들에 대하여 깊은 통찰을 하도록 인도합니다.

요한 2서가 '우리가 해서는 안 될 것'에 대하여 이야기하고 있다면, 요한 3서는 '우리가 당연히 해야 할 것'에 대하여 이야기하고 있습니다. 당시에는 각 지역에 정착된 지역교회를 지원하기 위한 순회 교사들이 존재하였습니다. 그들은 '그리스도의 이름을 전하기 위하여 나선 사람들'(7절)입니다. 따라서 그의 모든 필요를 교회에 의존할 수밖에 없는 전임 사역자들을 위하여 섬겨야 할 위치에 있는 자들은 그들의 마음은 물론 거처까지도 제공하여야 합니다.

그런데도 불구하고 전해오는 소식은 불쾌하기 그지없었습니다(9 - 10절). 일부 지역교회 수뇌부들이 선한 일을 하는 사람들을 돕는 일에 인색하였기 때문입니다. 그래서 요한은 다른 교회의 지도자인 가이오에게 이 편지를 보내서 데메드리오를 맞아달라고 요청하는 것입니다.

가이오에게 - 전임 사역자에 대한 협력(1:1 - 8)

요한은 가이오가 갖고 있는 진리에 대한 애정과 순회 전도자들에게 보인 사랑을 칭찬한다. 그쪽 사람들이 요한에게 와서 전하는 소식들이 그의 모습과 진실성을 증언해주었기 때문이다. 또한, 그가 낯선 신도들을 충실히 섬기었다는 것은 요한과 같은 사도 또는 장로가 파송한 자들에게 그가 신실하게 도움을 주었다는 것이다. 그들은 모든 것을 바쳐서 그리스도의 이름을 전하기 위하여 나선 사람들이기 때문에, 믿는 자들이 그들을 돌보아야 한다는 것은 당연한 것이 되어야 한다.

디오드레베와 데메드리오 - 전임 사역자에 대한 방해(1:9 - 15)

디오드레베는 아마도 가이오의 교회와 이웃하는 교회에서 스스로 으뜸이 되기를 구하고 있었으며, 요한의 충고를 거부하였고, 순회 전도자들을 환대하지도 않았다. 그는 '그리스도의 이름을 전하기 위하여 나선 사람들'을 받아들이지 않을 뿐만 아니라, 그들을 보낸 사람들을 악한 말로 헐뜯으며, 그들을 받아들이려는 사람들까지 방해하고 교회에서 내쫓았다. 그는 하나님을 뵙지 못한 악한 자였으며, 허망한 지위를 탐하며 교회 지도자가 되기만을 힘쓰고 있다. 한편 요한은 디오드레베에게 그러한 푸대접을 받고 돌아온 데메드리오가 진실한 사람임을 모든 사람의 평을 들어 입증하고 있다.

하나님이 부여하신 권위와 인간적으로 추구하는 권위

민수기에 보면, 미리암과 아론은 모세가 구스 여인을 아내로 맞았다고 하는 핑계로 모세를 비방하며 이렇게 말하였다. "주님께서 모세와만 말씀하셨느냐? 우리와도 말씀하시지 않았느냐!" 그러나 모세는 하나님과 얼굴을 마주보며 말할 수 있는 유일한 사람이었다. 그들은 하나님께서 부여하신 권위에 도전한 것이다. 하나님은 진노하시며 즉시 미리암에게 악성 피부병을 내렸고, 아론은 즉시 회개하였다. 그래서 미리암은 7일 동안 진 밖에 머문 후에 진 안으로 돌아올 수 있었다. (민 12:1-15) 그들은 오직 백성들 가운데 군림하고자하는 인간적인 욕망에 눈이 어두워 스스로 권위를 세우고자 한 것이었다.

전임 사역자에 대한 경배와 '하나님의 종'에 대한 오해

베드로가 천사의 부르심을 받고 가이사랴에 있는 고넬료의 집으로 갔을 때, 고넬료는 기다리고 있다가, 그의 발 앞에 엎드려서 절을 하였다. 그러자 베드로는 "일어나십시오, 나도 역시 사람입니다"하고 말하면서, 그를 일으켜 세웠다. (행 10:23-26)

바울 일행이 루스드라에서 나면서부터 못 걷는 사람을 고쳐주었다. 그러자 그곳 사람들이 바울이 행한 일을 보고서, "신들이 사람의 모습으로 우리에게 내려왔다"하고 소리 지르며, 바나바를 제우스라고 부르고, 바울을 헤르메스라고 부르며, 두 사람에게 제사를 드리려고 하였다. 이 말을 듣고서, 바나바와 바울은 이렇게 말하였다. "여러분, 어찌하여 이런 일들을 하십니까? 우리도 여러분과 똑같은 성정을 가진 사람입니다. 우리가 여러분에게 복음을 전하는 것은, 여러분이 이런 헛된 일을 버리고, 하늘과 땅과 바다와 그 안에 있는 모든 것을 만드신, 살아 계신 하나님께로 돌아오게 하려는 것입니다." (행 14:8-15)

전임 사역자들의 권위는 그들이 하나님의 뜻에 맞는 사역을 하는 경우에 주어지는 것이며, 그러한 경우라도 그들이 하나님처럼 섬김을 받아서는 안 된다. '하나님의 종'은 하나님이 시키는 일을 할 때 (하나님의 권위를 가지고 복음을 전할 때)에만 권위를 가지며, 그러한 권위를 유지하는 '하나님의 종'은 평소에도 존중받게 될 것이다.

우리가 '전임사역자들'을 돕는 일에 사랑과 정성을 다하고 있는가?

요한 2서는 교회가 거짓 가르침을 전하는 자를 환대할 가능성을 경고하지만, 요한 3서는 복음을 전하는 참된 전도자를 환대하고 도와야 할 것을 강조하고 있습니다. 그들이 스스로 자신의 권위를 세우는 자들이 아니라 하나님의 권위를 가지고 복음을 전하는 자들이라면 우리는 그들을 돕는 일에 사랑과 정성을 다해야 할 것입니다. 가이오처럼 말입니다.

12월 20일

한눈에 보는 계시록

요한계시록의 이해를 위한 시도

✚ 오늘 말씀 요한계시록 22:6 - 19

💡 실마리 풀기

"때가 가까이 왔으니, 이 책에 적힌 예언의 말씀을 봉인하지 말아라"(계 22:10)

요한계시록의 구조 - 구상화 그리고 추상화

요한 계시록은(구상화처럼 보이는 대로 이해되는) 서론과 세 개의 심판을 포함하고 있는 (추상화처럼 난해한) 본론 그리고 결론으로 구성되어 있습니다.

1. (1 - 3장) 서론 - 그리스도의 계시와 일곱 교회에 주시는 말씀
2. (4 - 7장) 일곱 봉인 심판 - 예배와 비전 사이에 기록된 첫 번째 심판
3. (8 - 11장) 일곱 나팔 심판 - 기도와 응답 사이에 기록된 두 번째 심판
4. (12 - 20장) 일곱 대접 심판 - 영적 전쟁과 최후의 심판 사이에 기록된 세 번째 심판
5. (21 - 22장) 결론 - (성경 전체의 결론이기도 한) 구원의 완성과 예수 그리스도의 재림

피카소의 여인 1

피카소의 여인 2

요한계시록은 마치 사랑하는 여인의 모습을 그린 피카소의 그림과 같습니다. "여인 1"은 눈에 보이는 대로 그린 구상화이고, "여인 2"는 상상 속에서 여인의 다양한 모습들을 그려 넣은 추상화입니다. 〈요한계시록 1 - 3장〉은 바로 피카소의 구상화처럼 하나님께서 우리에

게 전하시고자 하는 내용을 구체적으로 설명해 놓은 설명문입니다. 그리고 <요한계시록 4 - 20장>은 그 그림을 보는 사람들이 다양한 상상력을 동원하여 피카소의 사랑의 마음을 이해해보려고 노력하여야 하는 추상화와 같습니다.

주님께서 이렇게 기록하신 것은, 읽고 듣는 자들에게 하나님 통치의 비밀을 조금이나마 들춰볼 수 있도록 돕기 위함입니다. 무려 300개 이상의 상징을 동원하여 그려 낸 창조와 역사에 대한 하나님의 원대하고 복잡다단한 계획을 보여주시고자 하는 것입니다. 우리는 요한계시록을 읽음으로써 험난한 세상을 살아가는 동안 위로와 용기를 얻을 것이며, 세 가지 심판이 가지는 의미를 깨닫고 스스로 긴장하게 될 것입니다. 주님 오시는 그 날 까지.

본론(세 개의 심판)의 이해를 위한 시도 - 세 개의 햄버거

문제는 본론입니다. 우리는 위의 그림 "여인 2"에서 피카소가 그리고자 하였던 여인의 앞모습, 옆모습 그리고 속마음까지 상상해 볼 수 있는 것처럼, 본론을 읽으며 하나님의 속마음을 깨달아야 합니다. 세 개의 심판은 우리를 겁주시기 위하여 기록한 것이 아니고, 오히려 위로와 용기를 주려 하심을 깨닫기 위하여 다음과 같은 시도를 해 보았습니다.

본문에서 세 번에 걸쳐서 제시되는 심판은 마치 세 개의 햄버거(두 개의 빵 사이에 끼어 있는 고기와 야채)의 형상으로 설명할 수 있습니다. 예배와 비전 사이에 기록된 일곱 봉인 심판, 기도와 응답 사이에 기록된 일곱 나팔 심판 그리고 영적 전쟁과 최후의 심판 사이에 기록된 일곱 대접 심판입니다. 각각의 심판을 제대로 이해하려면, 햄버거는 빵과 고기와 야채를 한꺼번에 먹듯이 하나의 덩어리로 읽어야합니다. 각 심판은 반드시 하나님의 계획과 질서 안에서 일어난다는 확신을 가지고.

예배와 비전 사이에 놓인 일곱 봉인 심판(계 4:1 - 7:17)

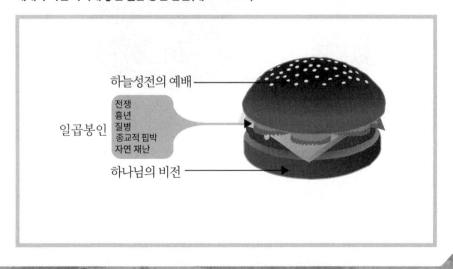

기도와 응답 사이에 놓인 일곱 나팔 심판(계 8:1 - 11:19)

성도들의 기도

일곱 나팔
땅
바다
강과 샘물
해와 달과 별
메뚜기들
네 천사들

기도와 응답

영적 전쟁과 최후의 심판 사이에 놓인 일곱 대접 심판(계 12:1 - 20:15)

영적 전쟁

일곱 대접
나쁜 종기
바다와 생물
강과 샘물
불과 해
아픔과 부스럼
용과 짐승의 입
번개, 천둥, 지진

최후의 심판

✝ 오늘 말씀 요한계시록 1:1 - 20

제5 복음서
사망과 지옥의 열쇠를 가지신 그리스도의 계시

💡 실마리 풀기

"우리로 하여금 나라가 되게 하시어 자기 아버지 하나님을 섬기는 제사장으로 삼아주셨습니다"(계 1:6)

요한계시록은 예수님의 초림과 종말의 틈새에서 사는, 지금 그리고 여기, 우리에게 주시는 예수님의 직접 계시입니다. 4 복음서가 예수 그리스도의 제자들이 듣고 겪어낸 체험을 전하는 기록이라면 요한계시록은 예수님의 육성을 직접 기록한 제5의 복음서입니다.

지구위에서 일어나는 사탄과의 영적 전쟁은 실제로 그 당시의 악한 권력이나 인간들에 의해 촉발되게 마련입니다. 그리고 그 전쟁은 당연히 교회를 향한 온갖 유혹과 시험으로 드러나기 때문에, 교회들은 그 시험을 이겨낼 준비를 하며 늘 깨어 있어야 합니다. 그래서 주님께서 밧모 섬에 갇혀 지내는 요한에게 '예언의 말씀'을 주셨습니다. 하나님께서 교회와 역사에 대한 절대적 주권을 갖고 계신 창조주이심과 세상을 주관하시는 분이심을 기억시키고자 하시는 것입니다.

요한은 그렇게 교회를 깨우치고자 하지만, 악의 세력의 위협을 피하기 위해 추상적이고 상징적 언어를 사용하여 기록하였습니다. 그래서 그 내용이 쉽게 이해하기가 힘들고, 다양한 해석이 가능하므로 이단들의 거짓 가르침에 이용되는 일이 비일비재합니다. 그런데 요한은 서론(1 - 3장)에서 매우 구체적 언어를 사용하여 전하고자 하는 내용과 결론을 자상하게 미리 보여 줍니다. 상징이라는 이해하기 어려운 말로 제시해 주기 전에, 쉬운 말로 간결하게 내용을 요약해 보여준다는 것입니다. 결국, 독자들은 결론(이기는 사람이 되라)을 손에 쥐고 요한계시록의 나머지 부분을 읽어나가는 동안, 성령께서 의도한 대로 추상적인 표현과 상징들을 이해할 수 있게 될 것입니다.

예수 그리스도의 계시 - 말씀이신 하나님(1:1 - 3)

사도 요한은 "태초에 '말씀'이 계셨다. 그 '말씀'은 하나님과 함께 계셨다. 그 '말씀'은 하나님이셨다"(요 1:1)고 하면서 말씀과 하나님을 동일시한다. 여기에 그 말씀이 계시되었다. 이 계시는 하나님께서 그리스도에게 주신 것인데 그리스도께서는 자기의 천사를 보내서, 자기의 종 요한에게 이것을 알려 주셨다.

이 당시에는 성경을 누구나 소지하고 읽을 수 없었다. 긴 두루마리에 필사로 기록된 성경은 성스럽고 귀하며 함부로 취급할 수 없었다. 그래서 말씀을 들을 시간이 되어 지도자가 큰 목소리로 성경을 읽으면 사람들은 함께 듣고 묵상하였고, 그것을 지키려고 노력하였다. 그래서 요한은 "이 예언의 말씀을 읽는 사람과 듣는 사람들과 그 안에 기록되어 있는 것을 지키는 사람들은 복이 있다"고 선포하는 것이다.

예수 그리스도의 복음 - 교회들에 전하는 삼위일체 하나님의 확증(1:4 - 8)

사도 요한은 서문에서 일곱 교회를 향하여 삼위일체 하나님의 축복을 보낸다. - "지금도 계시고 전에도 계셨고 또 앞으로 오실 분(하나님)과, 그의 보좌 앞에 있는 일곱 영(슥 4:10 성령의 온전하심)과, 또 신실한 증인이시요 죽은 사람들의 첫 열매(또는 '맨 먼저 살아나신 분')이시요 땅 위의 왕들의 지배자이신 예수 그리스도께서 내려 주시는 은혜와 평화가, 여러분에게 있기를"(1:4 - 5).

그리고 예수 그리스도의 복음을 한마디로 정의를 내려주고 있다. "예수 그리스도께서는 우리를 사랑하시며, 자기의 피로 우리의 죄에서 우리를 해방하여 주셨고, 우리로 하여금 나라가 되게 하시어 자기 아버지 하나님을 섬기는 제사장으로 삼아 주셨다"(1:5 - 6). 이 복음은 지금도 계시고 전에도 계셨고 앞으로 오실 전능하신 주, 알파요 오메가이신 하나님께서 확증하신다.

예수 그리스도의 모습 - 인자와 같은 분(1:9 - 20)

요한이 본 예수님의 모습이다. - "그는 발에 끌리는 긴 옷을 입고, 가슴에는 금띠를 띠고 계셨습니다. 머리와 머리털은 흰 양털과 같이, 또 눈과 같이 희고, 눈은 불꽃과 같고, 발은 풀무불에 달구어 낸 놋쇠와 같고, 음성은 큰 물소리와 같았습니다. 또 오른손에는 일곱 별(천사)을 쥐고, 입에서는 날카로운 양날 칼(말씀)이 나오고, 얼굴은 해가 강렬하게 비치는 것(빛)과 같았습니다"(1:13 - 16, Cf. 단 7:9 - 10, 단 10:5 - 6).

'인자'는 권세와 영광과 나라를 다스리시며, 모든 백성과 나라들과 각 방언하는 자들로부터 섬김을 받으실 분이시다(단 7:13 - 14). 인자이시며 생명과 죽음과 인간의 운명을 주관하시는 분이신 그리스도께서 말씀하신다. - "두려워하지 말라. 나는 처음이며 마지막이요, 살아 있는 자다. 나는 한 번은 죽었으나, 보아라, 영원무궁하도록 살아 있어서, 사망과 지옥의 열쇠를 가지고 있다"(17 - 18절).

* 요한 계시록에 나오는 예수 그리스도의 환상들 *

1. '인자와 같은 분'(1:13 - 16)

그는 발에 끌리는 긴 옷을 입고, 가슴에는 금띠를 띠고 계셨습니다. 머리와 머리털은 흰 양털과 같이, 또 눈과 같이 희고, 눈은 불꽃과 같고, 발은 풀무불에 달구어 낸 놋쇠와 같고, 음성은 큰 물소리와 같았습니다. 또 오른손에는 일곱 별을 쥐고, 입에서는 날카로운 양날 칼이 나오고, 얼굴은 해가 강렬하게 비치는 것과 같았습니다.

2. 죽임을 당한 것과 같은 어린 양(5:6 - 7)

보좌와 네 생물과 장로들 가운데 서 있는 어린 양, 그 어린 양은 죽임을 당한 것과 같았습니다. 그에게는 뿔 일곱과 눈 일곱이 있었는데, 그 눈들은 온 땅에 보내심을 받은 하나님의 일곱 영이십니다.

3. 여자가 낳은 아들(12:1 - 6)

해를 둘러 걸치고, 달을 그 발 밑에 밟고, 열두 별이 박힌 면류관을 머리에 쓰고 있는 한 여자가 아들을 낳았습니다. 그 아기는 장차 쇠 지팡이로 다스리실 분이었습니다.

4. 예배를 인도하는 어린 양(14:1)

또 내가 보니, 십사만 사천 명과 함께 어린 양이 시온 산에 서 있었습니다.

5. '인자 같은 분'(14;14)

또 내가 보니, 흰 구름이 있고, 그 구름 위에는 '인자 같은 분'이 앉아 있었습니다. 그는 머리에 금 면류관을 쓰고, 날이 선 낫을 들고 있었습니다.

6. '하나님의 말씀'이라는 이름을 가지신 분(19:11 - 16)

나는 또 하늘이 열려 있는 것을 보았습니다. 거기에 흰 말이 있었는데, '신실하신 분', '참되신 분'이라는 이름을 가지신 분이 그 위에 타고 계셨습니다. 그는 의로 심판하시고 싸우시는 분입니다. 그의 눈은 불꽃과 같고, 머리에는 많은 관을 썼는데, 그분 밖에는 아무도 알지 못하는 이름이 그의 몸에 적혀 있었습니다. 그는 피로 물든 옷을 입으셨고, 그의 이름은 '하나님의 말씀'이라고 하였습니다. 그의 입에서 날카로운 칼이 나오는데, 그는 그것으로 모든 민족을 치실 것입니다. 그는 친히 쇠 지팡이를 가지고 모든 민족을 다스리실 것이요, 전능하신 하나님의 맹렬하신 진노의 포도주 틀을 밟으실 것입니다. 그의 옷과 넓적다리에는 '왕들의 왕', '군주들의 군주'라는 이름이 적혀 있었습니다.

7. 재림하시는 예수님(22:12 - 16)

"보아라, 내가 곧 가겠다. 나는 각 사람에게 그 행위대로 갚아 주려고 상을 가지고 간다. 나는 알파며 오메가, 곧 처음이며 마지막이요, 시작이며 끝이다."

우리가 하늘나라에서 만나게 될 예수님은 어떤 모습일까요?

우리는 예수님의 모습을 상상할 때에 흔히 서양인의 얼굴에 약간 긴 머리를 하신 분으로 연상합니다. 그러나 실제 유대인의 모습과는 많은 차이가 납니다. 우리는 요한계시록 1장 13 - 16절에서 〈일곱 촛대 한가운데 계신 '인자와 같은 분'〉이신, 예수 그리스도의 모습을 그림처럼 볼 수 있습니다. 모두 연필을 들고 그 모습을 한 번 그려보시기 바랍니다. 그래야 나중에 뵙더라도 놀라지 않을 것이니까요.

✝ 오늘 말씀 요한계시록 2:1 - 3:22

모든 교회에 주시는 결론적 당부

이기는 사람이 되라

💡 **실마리 풀기**

"이기는 사람은 이와 같이 흰 옷을 입을 것인데, 나는 그의 이름을 생명책에서 지워 버리지 않을 것이며, 내 아버지 앞과 아버지의 천사들 앞에서 그의 이름을 시인할 것이다"(계 3:5)

예수님께서 승천하신 후 60여 년이 지났습니다. 이 당시의 교회는 세 가지 어려움에 직면해 있었습니다. 그리고 교회들은 그 일들에 대하여 제대로 준비하고 있지 않았습니다.

첫 번째는 권력에 의한 박해입니다. 당시 로마 제국은 모든 점령 지역에서 황제를 신격화하는 황제 숭배 의식에 동참하도록 강요하고 있었습니다. 당연히 그리스도인들은 그 의식을 거부하였고, 로마 제국의 온갖 박해를 견뎌내야만 하였습니다. 두 번째는 거짓 교사들의 본질적 도전이 그것입니다. 요한은 2장 6, 14 - 15절에서 "발람과 니골라 당의 가르침"을 경계할 것을 요구합니다. 이들은 예수 그리스도의 성육신을 부인하는 이단자들입니다. 세 번째는 유대주의자들인데, 이들은 "자칭 유대 사람이라는 자들"(2:9와 3:9)로써 그리스도인들에게 복음을 버리고 율법의 구속으로 돌아가도록 몰아붙이는 자들입니다. 그 결과 그리스도인들은 온갖 박해와 유혹을 이겨내지 못하고, 과연 예수님께서 약속하신 대로 오시는 것일까? 하는 의문을 품을 수밖에 없었습니다.

소아시아의 일곱 교회에 보내는 예수님의 말씀(2:1 - 3:22)

에베소 교회 - 전쟁에 진력하다가 처음 사랑을 잃어버린 교회(2:1 - 7)

에베소 교회는 악한 자와 거짓 사도와 니골라당을 용납하지 않았다. 주님의 이름을 위하여 고난을 견디어 냈으며, 낙심한 적이 없다. 그러나 에베소 교회는 사악한 것들과의 싸움에 너무 진력하다가 하나님과 그 나라에 대한 열정을 상실하여갔다. 이제 그들은 다시 회개하고 첫사랑을 회복해야 한다. 처음에 타올랐던 성령의 불꽃이 계속 타오르게 해야 한다.

서머나 교회 - 고난가운데 죽도록 충성한 교회(2:8 - 11)

서머나 교회는(황제 숭배와 관련된 일로 인하여) 환난과 궁핍을 당하고, 자칭 유대 사람이라는 자들(오직 율법을 따르는 유대인들)에게서 비방을 당하고 있으나 사실은 부유하다. 그리스도께서 그들의 영적인 풍요를 보증하시기 때문이다. 그러므로 고난을 두려워하지 말고, 이를 위해 죽도록 충성하여야 한다. 그리하면 생명의 면류관을 얻을 것이다.

버가모 교회 - 사탄의 왕좌가 있는 도시에서 진리를 위해 애쓰는 교회(2:12 - 17)

버가모 교회는 로마의 황제 숭배와 우상숭배(제우스 신상)의 중심지에 있었지만, 사탄의 유혹을 물리치고 주님을 믿는 믿음을 저버리지 않았다. 그러나 그들 가운데 발람과 니골라당의 가르침을 따르는 자들이 있었다. 그들은 거짓 가르침을 멀리하고 회개하여야 한다.

두아디라 교회 - 사랑이라는 명목으로 거짓 선지자를 용납하고 있는 교회(2:18 - 29)

두아디라 교회는 사랑과 믿음, 섬김과 인내를 가졌으며, 나중 행위가 처음 행위보다 더 훌륭한 교회였다. 그러나 그들 가운데에는 이세벨(자칭 거짓 선지자)을 용납하여 도덕적 타협의 죄를 범하고 있는 자들이 함께 있었다. 주님께서 그들을 그 행위대로 갚아주실 것이니, 그들의 비밀스러운 가르침(사탄의 깊은 흉계)을 받아들이지 말고 믿음을 굳게 하여 거룩함을 회복하여야 한다.

사데 교회 - 세상을 향한 외양과 명성에 집착하여 외식을 범하게 된 교회(3:1 - 6)

사데 교회는 세상 사람들 사이에 명성이 높고 활력이 넘치는 교회였다. 그러나 하나님 보시기에 영적으로 몰락한 교회였다. 형식만 그럴듯한 외식적 예배로 진실을 상실한 교회였다. 그들은 처음에 어떻게 믿음을 갖게 되었는지 되새겨서, 굳게 지키고 회개하여야 한다.

빌라델피아 교회 - 헬라 문화의 전초기지였다가 그리스도의 복음을 위한 전초기지가 된 교회(3:7 - 13)

빌라델비아 교회는 힘은 적으나, 주님의 말을 지키며, 주님의 이름을 모른다 하지 않았다. 그리고 인내하라는 말을 굳게 지켰다. 주님께서 그들 앞에 (선교의)문을 하나 열어두었는데, 아무도 그것을 닫을 수 없다. 그러므로 가진 것을 굳게 붙잡아서, 아무도 그의 면류관을 빼앗지 못하게 하고, 사명을 지켜야 한다.

라오디게아 교회 - 스스로 이만하면 됐다고 생각하는 교회(3:14 - 22)

라오디게아 교회는 차지도 않고 뜨겁지도 않았다. 입에서 뱉어버리고 싶을 정도로 미지근한 그들의 삶에는 열매가 없었다. 스스로 만족할 만하다고 주장하지만, 주님이 보시기에 그들의 영적인 상태는 비참하고, 불쌍하고, 가난하고 눈이 멀고 벌거벗은 상태였다. 오늘날 우리에게 익숙한 순전히 명목뿐인 교회, 오만한 자기만족에 빠져 있는 교회였다. 그러므로 그들은 열심을 내어 노력하고, 회개하여야 한다. 이제라도 누구든지 주님의 음성을 듣고 문을 열고 주님과 함께 예배를 드려야 한다.

묻고? 답하기!

우리(교회)는 예수님의 말씀에 귀를 기울일 준비가 되어 있는지요?

요한이 예수님의 말씀을 전해야 할 일곱 교회는 바로 지금 이 시대의 모든 교회이며, 지금의 우리입니다. 우리는 예수님이 부여해 준 믿음의 공동체, 성령 공동체가 맞는지요? 말씀을 읽고, 듣고, 지키는 삶을 살고 있으며, 서로 사랑하고 있는지요? 예수님은 교회를 떠나서는 볼 수 없는 분이십니다. 그분이 교회의 주인이시기 때문입니다. 지금 우리에게 하시는 예수님의 말씀에 귀를 기울일 준비가 되어 있는지요?

✝ 오늘 말씀 요한계시록 4:1 - 5:14

하나님의 임재와 하늘 성전의 예배
성도들에게 소망을 주는 하나님 나라에의 비전

💡 실마리 풀기

"보좌에 앉으신 분과 어린 양께서는 찬양과 존귀와 영광과 권능을 영원무궁 하도록 받으십시오"(계 5:13)

이제 하나님께서 일곱 교회들에 당부를 마치신 후, 우리에게 하나님 나라에서 드려지는 예배의 모습을 보여주십니다. 그 이유는 지상의 교회들이 지속적으로 감당하게 될 일곱 봉인의 심판을 버티어 내고, 이기는 자가 될 수 있도록 용기와 힘을 주시고자 하는 것입니다. 로마 제국의 핍박과 이단들의 횡포로 인하여 고난 가운데 있는 교회들에, 장차 누리게 될 영광을 보게 하심으로 소망을 주시기 위함입니다. 또한, 우리에게 험난한 세상을 살아가는 동안 하늘의 비전을 갖도록 격려하시는 것입니다. 이 예배는 하늘에서 이미 이루어진 하나님의 구원 성취의 모습이며, 지금 이 순간, 우리 지상의 교회들이 올려드리는 예배의 전형입니다. 하늘 성전의 예배는 다섯 번의 찬양과 말씀 그리고 기도로 이루어집니다.

하나님의 임재 - 보좌에 앉아 계신 하나님(4:1 - 6a)

하늘 문이 열리고, 성령에 사로잡힌 요한에게 보여주신 하늘의 예배는 보좌에 앉으신 하나님을 중심으로 장로 스물네 명(열두 족장과 열두 사도 또는 옛 이스라엘과 새 교회 - 하늘 성전에서 하나님을 모시는 자들을 상징)을 주변 보좌로 불러 앉히심으로 시작된다.

자기들의 면류관을 내려놓고 드리는 예배 - 두 번의 찬양(4:6b - 11)

앞뒤에 눈이 가득 달린 네 생물(하늘과 땅 위와 땅 아래와 바다에 있는 모든 피조물, 또 그들 가운데 있는 만물을 상징)과 스물네 장로는 그 보좌에 앉아 계신 분 앞에 엎드려서, 자기들의 면류관을 내려놓고, 거룩하신 그리고 영광과 존귀와 권능을 받으시기에 합당하신 하나님을 찬양하였다.

어린 양 예수 그리스도께서 펴시는 두루마리 - 말씀(5:1 - 7)

두 번째 찬양 이후, 사도 요한은 어린 양을 소개하면서 "유다 지파에서 난 사자, 곧 다윗의 뿌리가 승리하였으니, 그가 이 일곱 봉인을 떼고, 이 두루마리를 펼 수 있습니다"(계 5:5)라고 선언한다. 일곱 봉인을 떼고 두루마리를 펴기에 합당하신 어린 양 예수 그리스도께서 두루마리를 펴시고 하나님 아버지의 말씀을 직접 대언하실 것이다. 그 말씀은 일곱 봉인 심판을 선포하는 것이다. 일곱 봉인 심판은 역사의 현장에서 일어날 재난들이다. **그리스도의 말씀은 안타깝게도 재난의 선포**이다.

성도들과 그리스도의 중보 - 기도(5:8)

그리스도께서 말씀하실 그 때 "네 생물과 스물네 장로가 각각 거문고와 향이 가득히 담긴 금 대접을 가지고 어린 양 앞에 엎드렸습니다"(계 5:8). 그 향은 곧 성도들의 기도 그 자체이다. 우리가 할 일은 기도뿐이다. 예배를 드리는 동안, 말씀을 주실 때마다 우리가 할 일은 기도의 향기를 모아 그리스도의 이름으로 하늘로 올려드리는 것뿐이다. 우리를 위해 단 한 번의 희생 제사로 모든 죄악을 물리치시고 중보자가 되신 그리스도의 능력은 우리의 기도를 즉각적으로 하나님의 보좌로 올려드림으로 우리를 기억하게 하실 것이다.

세 번의 찬양과 예배의 마무리 - 아멘(5:9 - 14)

말씀과 기도가 끝난 다음 두 개의 찬양은 예수 그리스도를 향한 것이며, 다섯 번째는 창조주와 그리스도 두 분 모두에게 드리는 찬양이다.

마지막으로 하나님과 그리스도께 순종을 맹세하면서 예배를 마무리한다. - **아멘** -

하나님의 임재 연습 - 미리 보여주시는 예배의 모습을 통하여 우리는 이미 하늘에서 이루어진 하나님의 구원의 완결, 하나님의 영광을 보여주셨다. 죽는 날까지 품고 살아야 할 찬란한 소망이 우리의 기억 속에 자리하도록 인도하셨다. 우리가 지금 이 땅에서 드리는 예배는 하늘 성전의 예배에 참여하기 위한 준비이다. 하나님의 임재 연습이다.

하늘 성전의 예배(4 - 5장)를 경험하고 용기를 얻은 성도들은 이제 다시 세상으로 나아가 일곱 봉인 심판(6장)이 예시하는 세상의 모든 재난과 고난을 감당하게 될 것이다. 예배를 드리러 교회로 향하는 발걸음이여, 설렘과 떨리는 심정으로 기대하며 기도하라! 그리고 찬양하라.

묻고? 답하기!

그리스도의 말씀이 안타깝게도 재난의 선포임을 어떻게 받아들일 것인가?

많은 교회에서 선포되는 설교의 내용을 보면, 지상에서 잘 먹고 잘살게 되는 예화를 통하여 하나님의 인자하심과 사랑, 은혜를 전합니다. 그러나 교회에서 선포되어야 하는 말씀은 바로 우리가 겪어내야 할 세상의 모든 재난과 고난을 향한 것이어야 합니다. 험난한 세상을 살아가는 동안 흔들림이 없이 사탄의 유혹을 이겨내고 하늘의 비전을 갖도록 격려하는 것이어야 합니다. 지상에서의 달콤한 미래의 환상이 아니라 당장 세상에 나아가 고통과 경쟁 가운데 서야할 성도들에게 이겨낼 용기와 지혜를 주는 것이어야 합니다.

12

요한계시록

24일

✝ 오늘 말씀 요한계시록 6:1 - 17

우리가 겪어내야 할 첫 번째 심판

일곱 봉인에 담긴 다섯 가지 재난과 죄악

💡 실마리 풀기

"그들이 진노를 받을 큰 날이 이르렀다. 누가 이것을 버티어 낼 수 있겠느냐?"(계 6:17)

예수 그리스도의 복음을 믿는 우리는 이미 구원을 받았습니다. 그러나 이 구원은 하나님께서 우리를 죄가 없다고 인정하여 주신 것일 뿐, 우리의 마음속에는 여전히 죄성이 남아 있으며, 이 세상도 마찬가지로 죄악의 올가미를 벗어버리고자 고통의 나날을 보내고 있습니다. 그래서 악하거나 선하거나 모든 사람의 삶 속에 예측할 수 없는 고난이 닥쳐오기도 하고, 예기치 않던 죽음을 맞이하기도 하는 것입니다.

요한 계시록에는 세 개의 심판이 제시됩니다. 그중에 첫 번째, '일곱 봉인 심판'은 이 세상을 살아가는 동안 누구나 겪을 수 있는 보편적 은총과 같은 보편적 재난에 관한 계시입니다. '일곱 봉인 심판'에 대하여, 현대 신학계의 위대한 스승, 유진 피터슨은 "일곱 봉인 심판은 예수님의 승천과 재림 사이의 이 세상, 역사의 현장에서 일어나게 될 재난과 죄악이다. 전쟁은 공동체의 선을 공격하는 사회악이고, 흉년은 하나님의 풍요로운 세계를 짓밟는 생태학적 악이며, 질병은 하나님이 주신 몸을 파괴하는 생물학적 악이다"(유진 피터슨 2002:113 - 123)라고 해석하고 있습니다.

〈'일곱 봉인 심판'에서 처음 네 개의 심판에는 네 생물과 네 마리의 말들이 등장하는데, 네 생물은 하나님께서 계신 하늘 성전의 보좌를 둘러싸고 있던, 네 생물(4:6)을 말합니다. 이 네 생물은 하늘과 땅 위와 땅 아래와 바다에 있는 모든 피조물, 또 그들 가운데 있는 만물을 상징한다고 하였습니다. 이 네 생물이 차례로 "오너라!"하고 외치면 네 마리의 말들이 차례로 등장하는데, 이 말들은 원수들에게 하나님의 심판을 집행하는 자들(슥 1:8 - 11, 6:1 - 8)을 의미한다고 합니다.〉

첫 번째 봉인 - 다스리고 정복하는 그리스도(6:1 - 2)

어린 양이 첫 번째 봉인을 떼고, 네 생물가운데 하나가 '오너라'하고 말하니 흰 말을 탄 사람, 즉 그리스도께서 매일 전쟁터에서 이기면서 나아가고, 이기려고 나아가는 것을 보여준다. 이는 보편적 재난으로 나타날 하나님의 심판이 결코 피해갈 수 없을 만큼 맹렬할 것이라는 상징이다.

- 그 대상을 가리지 않고 이 세상에 일어나게 될 재난과 죄악을 피해 갈 사람은 없다. 그것은 예수님의 초림과 재림 사이에 사는 우리가 겪어 내야할 삶의 한 부분이기 때문이다. 다만 우리는 그리스도를 믿는 믿음으로 예배에 참여하는 동안 심판의 현장에서 기도에 의지하며, 그리스도의 중보를 받을 것이다. 세상의 재난과 죄악도 그리스도의 능력을 피해 갈 수 없기 때문이다.

두 번째 봉인 - 전쟁의 재난과 죄악(6:3 - 4)

두 번째 봉인을 떼니 불빛과 같은 다른 말 한 마리가 뛰어나오는데, 그 위에 탄 사람은 사람들이 서로 죽이는 일이 벌어지도록 땅에서 평화를 없애는 권세와 큰 칼을 받아서 가지고 있었다. 파괴를 부르는 전쟁이 하나님의 심판의 도구로 사용되는 것이다.

- **첫 번째 재난은 전쟁**이다. 사사로이 탐욕에 눈이 멀어 저지른 도적질과 약한 자를 겁탈하는 일은 정당화될 수 없다. 그러나 국가 간의 전쟁은 그 피해가 실로 막대함에도 불구하고, 국가의 이익이 마치 절대 선인 것처럼 위장하고 선량한 국민들을 속이는 것이다. 전쟁을 승리로 이끈 장수는 역사에 길이 남을 영웅이 되며, 목숨을 바치는 것이 마치 무슨 순교라도 되는 것처럼 부추긴다. 하나님께서 인간의 악함을 제한하지 않으시는 결과로 화평이 무너져 내리는 것이다.

세 번째 봉인 - 흉년, 기근의 재난과 죄악(6:5 - 6)

세 번째 봉인을 떼니 검은 말 한 마리가 있는데, 그 위에 탄 사람은 손에 저울을 들고 있었다. 그리고 네 생물 가운데서 나오는 듯한 음성이 들려 왔는데 "밀 한 되도 하루 품삯(또는 '데나리온')이요, 보리 석 되도 하루 품삯이다. 올리브 기름과 포도주에는 해를 끼치지 말아라"(6:6)하고 말하였다.

- **두 번째 재난은 기근**이다. 밀과 보리는 부족하나 올리브유와 포도주는 넘쳐나게 한다. 기왕이면 가격이 높은 농작물을 심으려 하다보면 땅의 용도가 불균형을 이루게 되고, 밀이나 보리와 같은 필수작물은 부족하게 될 것이다. 그럼에도 생활이 풍요로운 사람들은 올리브나 포도나무의 수확이 풍성함을 보면서 기근을 인식하지 못하게 되는 것이다. 하나님께서 인간의 탐욕을 내버려두심으로 소외된 자들과 억압받는 자들이 재난에 빠지게 되는 것이다.

네 번째 봉인 - 질병의 재난과 죄악(6:7 - 8)

네 번째 봉인을 떼니 청황색 말 한 마리가 있는데, 그 위에 탄 사람의 이름은 '사망'이고, 지옥이 그를 뒤따르고 있었다. 질병은 테크놀로지(기술)의 찬미로 가장하는데, 첨단의 기술 세계를 살아가는 것은 엄청난 불안과 긴장을 초래한다. 문명의 이기에 의지하는 삶은 우리 몸을 조직적으로 허약하게 만들어서 더 이상 거룩한 성전으로 작동할 수 없는 상태가 되도록 한다.

- **질병**은 사람들을 죽음으로 몰아가는 가장 보편적인 방법이다. 아이러니컬하게도 문명이 발달하고, 세상살이가 편해질수록 질병의 종류는 더 많아지고, 질병에 노출될 확률도 높아간다. 운동시간이 줄고, 스트레스는 심해지며, 영적 허약함은 우울증과 조울증을 만연시킨다. 첨단 기술이 발달하면 할수록 우리의 몸은 거룩한 성전으로서의 기능을 상실하게 되는 것이다.

다섯 번째 봉인 - 종교적 핍박의 재난과 죄악(6:9 - 11)

다섯 번째 봉인을 떼니 제단 아래에서, 하나님의 말씀 때문에, 또 그들이 말한 증언 때문에, 죽임을 당한 사람들의 영혼을 보았다. 그들은 순교자들이다. 그들은 하나님께서 주신 '흰 두루마기'를 입게 될 것이다.

1일 종교적 핍박은 종교적 핍박은 믿음으로 사는 특정한 사람들을 괴롭힌다. 이슬람은 기독교를 믿는 자들과 함께 여성을 핍박하며, 북한 정권은 모든 종교를 믿는 자들을 핍박한다. 뿐만 아니라 그리스도의 이름을 도용하여 하나님의 이름을 망령되게 하는 자들은 선량한 가정을 파괴하고, 어리석은 영혼들을 유혹하여 영원히 하나님 나라에 이르지 못하도록 유도한다.

여섯 번째 봉인 - 자연재해의 재난과 죄악(6:12 - 17)

여섯 번째 봉인을 떼니 큰 지진이 일어나는 것을 보았다. 하나님의 심판이 온 우주로 확대되는 것이다.

- **자연 재난**은 무차별적이다. 지진, 쓰나미, 홍수와 태풍 그리고 가뭄과 폭설등의 자연 재난들이 우리에게 이미 친근한 뉴스거리이다. 이 무차별적 자연의 재난들이 그리스도와 기도의 능력에 묶인 채 역사의 현장에서 발생한다. 역사를 주관하시는 하나님의 거룩한 허락에 의해서 발생하는 자연 재난이라 할지라도, 우리는 이 또한 인간의 탐욕이 낳은 자연 파괴의 결과임을 알 수 있는 시대에 살고 있다.

누가 이 보편적 재난을 버티어 낼 수 있겠느냐?

- 이 심판들이 세상을 살아가는 동안 누구나 겪을 수 있는 보편적 은총과 같은 보편적 재난이라면, 과연 하나님의 교회, 하나님의 백성은 어떻게 해야 할 것인가? 요한은 그 해답을 다음 7장에서 제시하고 있다.

세상에 헐벗고 굶주리는 사람이 왜 이렇게 많은 것인가?

사람들은 와인을 '신의 물방울'이라고 부릅니다. 2002년산 '로마네 콩티(Romanee - Conti)'라는 와인은 한 병에 무려 삼천만 원이 넘습니다. 이 돈은 80kg짜리 쌀 170가마를 살 수 있을 만한 액수입니다. 세계 100대 와인의 가격 추이를 종합한 '리브 - 엑스 100 파인 와인 지수'는 매년 10%의 꾸준한 상승률을 보인다고 합니다. 한 세상을 살아가면서 찰나의 행복을 꿈꾸는 자들과 그들을 부추기며 돈을 벌어 모으려는 자들은 결코 절대적인 식량의 부족으로 굶주리는 사람들을 돌아볼 겨를이 없습니다. 흉년이나 기근이 천재지변에 의한 것이라기보다는 인간의 탐욕 때문이라는 것을 생각해 봅니다.

25일

✚ 오늘 말씀 요한계시록 7:1 - 17

우리에게 맡기신 소명

하나님께서 진정으로 원하시는 뜻(Vision)

💡 **실마리 풀기**

"그들은 모든 민족과 종족과 백성과 언어에서 나온 사람들인데, 흰 두루마기를 입고, 종려나무 가지를 손에 들고, 보좌 앞과 어린 양 앞에 서 있었습니다"(계 7:9)

일곱 봉인 심판은 예수님의 승천과 재림 사이의 이 세상, 역사의 현장에서 일어나게 될 재난과 죄악이므로, 이 심판을 피해 갈 사람은 없다고 하였습니다. 그래서 우리에게 험난한 세상을 살아가는 동안 하늘의 비전을 갖도록 하늘 성전에서의 예배를 미리 보여주셨던 것입니다. 그리고 여섯째 봉인과 일곱째 봉인 사이에서, 천사들이 하나님의 사람들 이마에 도장을 찍어 구별하고(Cf. 겔 9:4 - 6), 하나님께서 바라시는 진정한 뜻(Vision)을 미리 보여주십니다. 그럼으로써 우리가 그 심판을 버티어 내고, 이기는 자가 될 수 있도록 돕고자 하는 것입니다. 환난을 겪어 낸 사람들에게 주시는 하나님의 비전은 우리가 땅 위에서 일어날 재난과 죄악을 이기고, 우리가 향해 가야할 소명을 일깨워 줍니다.

십사만 사천 명 - 하나님과 어린 양에게 드리는 첫 열매로서 구원을 받은 사람들(7:1 - 8)

천사 하나가 살아 계신 하나님의 도장을 가지고 해 돋는 쪽에서 올라와서 땅과 바다를 해하는 권세를 받은 네 천사(슥 6:5)에게 큰소리로 외쳤다. "우리가 우리 하나님의 종들의 이마에 도장을 찍을 때까지는, 땅이나 바다나 나무들을 해하지 말아라"(7:3).

십사만 사천 명의 이마에 도장을 찍는 내용은 에스겔이 환상가운데 예루살렘으로 돌아와서 보는 살육의 현장을 배경으로 한다. 하나님께서 심판을 행하는 천사들에게 예루살렘으로 두루 돌아다니면서, 그 안에서 일어나는 모든 역겨운 일 때문에 슬퍼하고 신음하는 사람들의 이마에 표를 그려 놓고 그 사람들에게는 손을 대지 말라고 명령하셨다(겔 9:4). 그러나 우상 숭배에 몰두하고 악행을 저지르는 지도자들은 이마에 파멸의 표시를 받고 무참히 도륙을 당하였다. 여기서 이마에 도장을 받은 사람들은 십사만 사천 명인데, 이스라엘 자손의 각 지파에서 나온 사람들이다. 그들은 하나님의 택함을 받은 거룩한 백성을 의미하며, 하나님께서 그들을 하나님의 심판에서 보호해주실 것임을 확증하는 것이다.

하나님께서 관계회복을 하기 원하시는 이 사람들은 일곱 봉인의 심판 즉 이 세상, 역사의 현장에서 일어나게 될 큰 환난을 겪어 낸 사람들이다. 하나님께서 기다리시는 그들은 모든 교회들에 권면하신 말을 충실히 지켜낸 이기는 자, 이겨낸 자들이다. 이마에 도장을 받은 144,000명의 사람들은 "여자들과 더불어 몸을 더럽힌 일이 없는, 정절을 지킨 사람들, 어린 양이 가는 곳이면, 어디든지 따라다니는 사람들 그리고 하나님과 어린 양에게 드리는 첫 열매로서 구원을 받은 사람들"(계 14:4)에 포함되는 사람들이다.

한편, 신학자들은 이 숫자가 일부 특정 인사들을 지칭하는 것이 아니라 주님을 따르고 승리하게 될 지구촌 교회 전체에 대한 상징이라고 본다. 사도 바울은 복음을 듣고 그리스도를 믿는 성도들이 "약속하신 성령의 날인"(엡 1:13 - 14)을 받았다고 하며, 하나님께서는 또한 우리 그리스도인을 "자기의 것이라는 표로 인을 치시고, 그 보증으로 우리 마음에 성령을 주셨다"(고후 1:21 - 22)고 함으로써 하나님께서 우리를 따로 구별하여 놓으셨음을 증명하고 있다.

아무도 그 수를 셀 수 없을 만큼 큰 무리 - 모든 나라에서 온 환난을 겪어 낸 사람들이 드리는 예배 (7:9 - 17) - [하나님의 뜻(Vision)]

그 뒤에(After this) 요한이 눈으로 쳐다보니, 아무도 그 수를 셀 수 없을 만큼 큰 무리가 있었는데, 그들은 **모든 민족과 종족과 백성과 언어에서 나온 사람들**이다. 이 사람들은 큰 환난을 겪어 내고, 어린 양이 흘리신 피에 자기들의 두루마기를 빨아서 희게 한 사람들이다. 이 사람들은 큰 환난을 겪어 낸 사람들이며, 하나님의 성전에서 밤낮 그분을 섬기고 있는 사람들이다. 이들의 모임은 이 땅에 존재하는 거룩한 교회를 이르는 것이기도 하다.

그들은 아담의 자손으로 택하신 세대의 혈통이며, 홍수로 재창조된 세상에 퍼져나간 노아의 자손들 가운데 아브라함으로 인하여 복을 받은 민족들이며, 바벨탑 사건 이후 온 세상으로 흩어진 모든 민족과 종족과 백성과 언어에서 나온 사람들이다. 〈창세기 10장에는 각 종족과 언어와 지역과 부족을 따라서 노아의 자손들이 갈라져 나갔다고 기록되어 있다(창 10:5,20,31).〉

그들이 흰 두루마기를 입고, 종려나무 가지를 손에 들고, 보좌 앞과 어린 양 앞에 서서 큰 소리로, "구원은 보좌에 앉아 계신 우리 하나님과 어린 양의 것입니다"(7:10) 하고 외치며, 모든 천사는 보좌와 장로들과 네 생물을 둘러 서 있다가, 보좌 앞에 엎드려 하나님께 경배한다.

하나님께서 진정으로 원하시는 뜻(Vision) - 우리에게 맡기신 소명

이렇듯 모든 민족과 종족과 백성과 언어에서 나온 사람들, 환난을 겪어 낸 사람들이 드리는 예배, 이것이 하나님께서 진정으로 원하시는 뜻(Vision)이다. 여기서 우리는 하나님께서 우리에게 맡기신 소명을 찾아내야 한다. 그것은 바로 하나님의 뜻(Vision)이 이루어지도록 우리가 감당해야 할 것은 무엇인가 하는 것이다.

모든 민족과 종족과 백성과 언어에서 나온 사람들, 그들은 하나님께서 만세 전에 구원하시기로 작정하신 사람들인데 과연 누가 하나님께서 택하신 자인지 어떻게 알 것인가? 구원을 받지 못한 자들은 하나님 나라에 대하여 관심도 없고 스스로 하나님 앞에 나아올 수도 없지 않은가? 따라서 누군가가 택함을 받은 자인지 아닌지 하는 것을 구별해 내는 것은 구원을 받은 자들만이 할 수 있다.

복음을 전한다고 하는 것은 그들에게 하나님의 음성을 들려주고 하나님 나라에 대하여 관심을 두도록 하며, 스스로 하나님 앞에 나아오도록 인도함이다. 예수님께서 종말에 관하여 말씀하시기를 "끝까지 견디는 사람은 구원을 얻을 것이다. 이 하늘나라의 복음이 온 세상에 전파되어서, 모든 민족에게 증언될 것이다. 그때에야 끝이 올 것이다"(마 24:13 - 14)라고 하셨다.

큰 환란 - 그들이 겪어낼 '큰 환란'은 이미 예수님께서 우리에게 경고하셨던 것이다. "내가 너희에게 종이 그의 주인보다 높지 않다고 한 말을 기억하여라. 사람들이 나를 박해했으면 너희도 박해할 것이요, 또 그들이 내 말을 지켰으면 너희의 말도 지킬 것이다"(요 15:20). "내가 이것을 너희에게 말한 것은, 너희가 내 안에서 평화를 얻게 하려는 것이다. 너희는 세상에서 환난을 당할 것이다. 그러나 용기를 내어라. 내가 세상을 이겼다"(요 16:33).

사도 바울도 그의 아들 디모데와 함께 겪은 박해와 고난을 소개하면서 우리에게 경고한다. "나는 그러한 박해를 견디어냈고, 주님께서는 그 모든 박해에서 나를 건져내셨습니다. 그리스도 예수 안에서 경건하게 살려고 하는 사람은 모두 박해를 받을 것입니다"(딤후 3:11 - 12).

베드로도 역시 우리가 겪어내야 할 고난을 예고하였다. "사랑하는 여러분, 여러분을 시험하려고 시련의 불길이 여러분 가운데 일어나더라도, 무슨 이상한 일이나 생긴 것처럼 놀라지 마십시오. 그만큼 여러분은 그리스도의 고난에 동참하는 것이니, 기뻐하십시오. 그러면 그의 영광이 나타날 때에 여러분은 또한 기뻐 뛰며 즐거워하게 될 것입니다"(벧전 4:12 - 16).

그러므로 그 '큰 환란'은 우리가 우리의 지혜와 용기를 이용하여 예측하거나 회피할 수 없는 것이다. 우리는 다만 모든 전쟁과 고난으로부터 승리하셔서 우리를 구해주실 예수 그리스도를 향한 믿음에 확신을 더하여야 할 뿐이다.

묻고? 답하기!

누가 그들에게 복음을 전하여 줄 것인가?

이 세상에는 아직도 그리스도의 복음을 들어보지 못한 수많은 민족과 종족들이 존재합니다. 세상 모든 민족이 구원을 얻고 찬양하며 예배를 드리도록 하나님의 증인의 삶을 사는 것, 그것을 사람들은 선교라고 말합니다. 선교는 하나님의 뜻(Vision)을 이루어드리는 길이며, 우리가 환난을 이기고 기도의 응답을 받는 길입니다. 예수님께서 주신 지상명령을 다시 한 번 읽어봅니다.

"너희는 가서, 모든 민족을 제자로 삼아서, 아버지와 아들과 성령의 이름으로 세례를 주고, 내가 너희에게 명령한 모든 것을 그들에게 가르쳐 지키게 하여라. 보아라, 내가 세상 끝 날까지 항상 너희와 함께 있을 것이다"(마 28:18 - 20).

✝ 오늘 말씀 요한계시록 8:1 - 11:19

악의 세력을 향한 두 번째 심판

기도와 응답과 어우러지는 일곱 나팔

💡 실마리 풀기

"그는 모든 성도의 기도에 향을 더해서 보좌 앞 금 제단에 드리려고 많은 향을 받았습니다. 그래서 향의 연기가 성도들의 기도와 함께 천사의 손으로부터 하나님 앞으로 올라갔습니다"(계 8:3 - 4)

여섯째 봉인과 일곱째 봉인 사이에서, 하나님께서 바라시는 진정한 뜻(Vision)을 미리 보여주셨습니다. 그리고 이제 일곱 번째 봉인을 뗄 때 우리 모든 성도의 기도가 예수님의 중보 기도와 함께 하나님께 올라감을 보게 될 것입니다. 봉인을 떼는 것이 하나님의 계시를 보여주고자 하는 것이라면, 나팔을 부는 것은 드디어 하나님의 심판이 임할 것을 선포하는 것입니다.

이제 그 기도를 들으신 하나님께서 응답하십니다. 엄정한 나팔 심판으로 우리의 기도를 분명하고, 강력하게 사용하시는 것입니다. 거룩한 성도들을 괴롭히는 자연과 인간들, 본래 하나님의 창조물이었으나 사탄의 흉계에 의해 하나님과 성도를 가로막는 우상이 된 자연과 사탄의 하수인이 된 인간들을 심판하실 것입니다.

일곱 번째 봉인 - 하나님께서 영원히 간직하실 그 기도와 응답의 시작(8:1 - 5)

그 어린 양이 일곱째 봉인을 뗄 때, (모든 성도의 기도를 듣기 위해서) 하늘은 약 반 시간 동안(찬양을 멈추고) 고요하였다. 하나님께서는 성도들의 기도를 침묵가운데 귀를 기울여 듣고자 하신다. 하나님의 심판이 성도들의 기도의 응답이 될 것이기 때문이다. 성도들을 핍박하고, 영혼을 무너뜨리려고 하는 사탄의 하수인들 때문에 드러난 기도제목들이 바로 사탄의 죄악의 증거가 될 것이기 때문이다.

그리고 또 다른 천사가 와서, (모든 성도의 기도가 들어 있는) 금향로를 들고 제단에 섰다. 그는 모든 성도의 기도에 향(중보기도)을 더해서(하나님의) 보좌 앞 금 제단에 드리려고 많은 향을 받았다. 그래서 향의 연기가 성도들의 기도와 함께 천사의 손으로부터 하나님 앞으로 올라갔다. 그 뒤에 그 천사가 향로를 가져다가, 제단 불(하나님의 영)을 가득 채워서 땅에 던지니, (하나님께서 영원히 간직하실 그 기도의 응답으로) 천둥과 요란한 소리와 번개와 지진(엄정한 심판)이 일어났다.

처음의 네 가지 나팔 - 자연계에 내려지는 심판(8:6 - 13)

처음의 네 가지 나팔은 땅, 바다, 물 그리고 하늘(해와 달과 별들)의 삼분의 일을 파괴해 버렸다. 본래 그것들은 하나님의 창조물이었다. 그러나 하나님을 거절하고 죄악에 빠진 인간의 교만은 자연을 우상으로 만들었다. 결국, 하나님의 나팔 심판이 그 **사악한 자연**을 무너뜨리고 하나님과의 신뢰를 회복시키는 것이다.

다섯과 여섯 번째의 나팔 - 인간에게 내려지는 심판(9:1 - 21)

다섯 번째 나팔을 부니, 하나님이 풀어 놓으신 메뚜기들이 나와서 땅에 퍼졌다. 그것들은, **이마에 하나님의 도장이 찍히지 않은 사람**만을 해하라는 명령을 받았다.

여섯 번째 나팔을 부니, 유프라테스에 매여 있는 네 천사가 풀려났다. 이러한 환상 가운데서 말들과 그 위에 탄 사람들을 보았는데, 그 사람들은 입에서 나오는 불과 연기와 유황, 이 세 가지 재앙으로 사람의 삼분의 일이 죽임을 당하였다. 이러한 경고에도 불구하고 사람들은 회개하려 하지 않는다.

사람들은 자기 자신도 세상의 악함 속에서 살아가고 있으면서, 하나님께서 세상을 한번 혼내주시기를 기원한다. 일곱 나팔 심판은 바로 그러한 하나님의 심판을 그려내고 있다. 그러나 일곱 봉인 심판보다 훨씬 강력한 심판임에도 불구하고 사람들이 회개하지 않는다는 것은 악의 근원인 사탄에 대한 결정적 심판이 필요하리라는 추측과 함께, 전혀 새로운 방법이 필요한 것은 아닌가 하는 각성을 유발하게 된다. 그것이 바로 다음에 제시하는 두 가지 전제조건이다. 즉 복음을 받아드릴 것과 그 복음을 증거 하라는 것이다. 그리하면 그들의 심령이 변화되고 두렵고 떨리는 가운데 하나님께 영광을 돌리게 될 것이기 때문이다.

기도 응답을 받기 위한 두 가지 전제조건의 제시(10:1 - 11:14)

여섯째 인봉과 일곱째 인봉 사이에서 인치심을 받은 십사만 사천 명과 흰 두루마기를 입은 사람들을 보여주었듯이, 여섯 번째 나팔과 일곱 번째 나팔 사이에도 두 가지의 계시를 제시하심으로 하나님의 백성들이 **악의 세력을 견뎌내는 방법**을 알려주고 있다. 우리가 하나님께 아뢰는 기도가 응답받으려면 하나님이 인간에게 하시는 말씀, 즉 복음을 믿어야 할 것과 세상에 나아가 증언하고 진실을 말하여야 한다는 것이다.

(1) 복음의 작은 두루마리(10:1 - 11) - 여섯째 천사가 나팔을 불고 난 후, 힘센 다른 천사 하나가 요한에게 "작은 두루마리를 받아먹어라"고 하였다. 그 두루마리는 그리스도께서 이미 하늘 성전의 예배에서 봉인을 떼고 펼쳐 놓은 복음이다. 그 작은 두루마리를 받아 삼키니 입에는 꿀같이 달았으나, 먹고 나니 뱃속은 쓰라렸다(겔 2:8 - 3:3). 복음을 읽고 받아들이기는 쉬우나 실천하기(그 복음을 전하여 받아들이게 만듦)는 어렵기 때문이다.

(2) 율법과 예언의 두 증인(11:1 - 14) - 여기에서 보여주는 두 증인의 능력은 모세(출 7:17-19)와 엘리야(왕상 17:1, 왕하 1:10)를 연상하게 한다. 모세가 율법을 상징하고, 엘리야는 예언을 상징한다면, 두 증인은 하나님께서 보여주신 진리의 말씀(율법)을 우리의 삶에서 살아내야 한다는 요청(예언)을 하고 있는 것이다. 믿음으로 사는 자는 그의 선한 일로 증인이 되어야 한다.

일곱 번째 나팔 - 기도의 응답을 알리는 일곱째 천사의 나팔(11:15 - 19)

기도 응답을 받기 위한 두 가지 전제 조건이 충족되는 순간 **일곱 번째 나팔**을 부니, 하늘에서 큰 소리가 났다. "세상 나라는 우리 주님의 것이 되고, 그리스도의 것이 되었다. 주님께서 영원히 다스리실 것이다"(11:15). 나팔은 기도의 향기를 뿜으며 세상의 모든 악을 제거하였다. 이제 우리 기도가 하늘에서 응답한 것이다. 인간의 의지로는 이루지 못할 것들을 오직 **하나님의 나팔(기도의 향기)**이 성취했다. 이제 예수 그리스도께서 다시 오실 것이다.

* 기도 응답을 받기 위한 또 다른 전제조건 - 서로 사랑하라(요 13:34 - 35)

1) **예수님께서 말씀하셨다.** "구하여라, 그리하면 하나님께서 너희에게 주실 것이다. 찾아라, 그리하면 너희가 찾을 것이다. 문을 두드려라, 그리하면 하나님께서 너희에게 열어 주실 것이다. 구하는 사람마다 얻을 것이요, 찾는 사람마다 찾을 것이요, 문을 두드리는 사람에게 열어 주실 것이다"(마 6:7 - 8). 여기서 '구하여라, 찾아라, 두드려라'는 말씀을 받는 대상이 복수 1인칭임에 주의하여야 한다. 주님께서는 기도할 때에 합심하여 기도할 것을 주문하시는 것이다. 그리하면 '얻는 자, 찾는 자, 열어주실 자'는 우리 각자가 될 것이라는 말씀이다.

2) **또 예수님께서 말씀하셨다.** "내가 진정으로 거듭 너희에게 말한다. 땅에서 너희 가운데 두 사람이 합심하여 무슨 일이든지 구하면, 하늘에 계신 내 아버지께서 그들에게 이루어 주실 것이다. 두세 사람이 내 이름으로 모여 있는 자리, 거기에 내가 그들 가운데 있다"(마 18:19 - 20). 여기서 '두세 사람이 내 이름으로 모여 있는 자리'는 바로 우리의 교회를 가리킨다. 두 사람이 합심하여 구한다는 것은 우리 교회의 모든 성도들이 한마음으로 구한다는 의미이다.

3) **또 예수님께서 말씀하셨다.** "서로 사랑하여라. 내가 너희를 사랑한 것 같이, 너희도 서로 사랑하여라. 너희가 서로 사랑하면, 모든 사람이 그것으로써 너희가 내 제자인 줄을 알게 될 것이다"(요 13:34 - 35). 그러므로 함께 모여 교회를 이루는 성도들이라면 서로 사랑하여야 한다. 서로 사랑하지 아니하는 교회에는 주님이 우리가운데 계시지 아니할 것이므로 우리의 기도를 들으실 수가 없다. 그러므로 아무리 사소한 기도 제목이라도 응답받기를 원한다면, 서로 사랑하고, 한 마음으로 모여서 구하고, 찾고, 두드려야 할 것이다.

우리의 기도가 하늘에 올라갈 것을 믿으십니까?

우리는 기도를 할 때, 언제나 간절함으로 드립니다. 기도 제목이 절실하면 할수록 반드시 들어주실 것을 믿고, 부르짖으며 기도합니다. 그러나 그 기도가 하나님께서 반드시 응답하실 것인지 확신 수 없습니까? 그렇다면, 우리가 하는 기도를 들으실 하나님의 마음을 생각해보시기 바랍니다. 역지사지의 심정으로, 하나님의 입장이 되어 기도해 보시기 바랍니다. 나의 이 기도가 하나님 나라를 위하여 무슨 도움이 될 것인지를 가늠해 보고, 기도 제목을 조율하고 기도하시면 반드시 응답을 받게 될 것입니다.

27일

✝ 오늘 말씀 요한계시록 12:1 - 14:20

교회를 향한 박해와 고난의 이유
영적 전쟁과 승리의 비법

💡 **실마리 풀기**

"그 용은 그 여자에게 노해서, 그 여자의 남아 있는 자손, 곧 하나님의 계명을 지키며 예수의 증언을 간직하고 있는 사람들과 새롭게 싸우려고 떠나갔습니다"(계 12:17)

우리와 하나님을 가로막고, 우리의 거룩한 삶을 방해하는 것들을 향한 기도가 이미 응답되었으며, 앞으로도 늘 응답될 것임을 알았습니다. 그러나 예수 그리스도를 믿는 우리가 이 세상을 살아가는 동안, 사탄의 공격은 계속될 것입니다. 예수님께서 이미 이 땅에 오셨지만, 아직 하나님 나라가 완성된 것은 아니듯이, 우리의 기도를 유발하는 영적 전쟁은 여전히 계속되고 있는 것입니다.

우리는 오늘의 본문을 통하여 에덴 이후, 하나님의 사람들에게 가해지는 박해와 원인을 알 수 없는 고난들에 대하여 신학적인 그리고 역사적인 이유를 알아차리게 될 것입니다. 아울러 이미 이루어진 "구원"을 인식하게 되고, 사탄의 하수인들을 구별할 수 있게 될 것입니다. 그리고 마지막 세 가지 환상을 통하여 사탄의 공격을 이겨낼 방법을 터득하게 될 것입니다.

하나님의 통치와 사탄의 공격(12:1 - 17)
여자의 아기를 노리는 용 - 하나님의 아들의 탄생 이야기(12:1 - 6)

요한이 본 한 여자는 〈아기 - 약속된 메시아(12:5)〉를 낳을 교회이다. 그 여자의 머리에 쓰고 있는 열두 별의 면류관은 열두지파, 즉 우주적 하나님의 교회를 상징하기 때문이다. 그리고 머리 일곱 개와 뿔 열 개가 달린 커다란 붉은 용, 사탄이 하나님의 나라가 멸망되기를 바라고, 여인이 낳을 아기를 삼켜버리려 하였다. 그러나 여자가 낳은, **철장으로 만국을 다스릴 아기**, 곧 예수 그리스도가 하늘로 올라가 하나님의 보좌에 앉게 되었다. 그 아기를 낳은 여자는 하나님께서 그녀를 양육하기 위해서 예비하신 광야로 피해 있었다.

- 사탄은 예수 그리스도의 탄생과 십자가에서 돌아가심 그리고 부활하시고 승천하심으로 이룩한 하나님의 구속 사역을 통하여 결정적 패배를 하였다. 예수님께서 승천하신 후 이 땅에 뿌리를 내릴 교회는 성령님의 도우심으로 땅 끝까지 퍼져나가고 있는 것이다.

아기를 낳은 여자와 그의 자손을 공격하는 용 - 교회와의 전쟁(12:7 - 17)

그리고 사탄은 하늘 전쟁에서 미가엘과 미가엘의 천사들에게 패배하여 그의 부하들과 함께 땅으로 내쫓겼다(Cf. 사 14:12 - 15). 아기를 삼키지 못한 사탄은 남자 아기를 낳은 그 여자를 쫓아와 물로 휩쓸어 버리려고 하였으나, 이번에는 땅이 도와주니 땅이 입을 벌려서, 용이 입에서 토해 낸 강물을 삼켰다. 그래서 마지막으로 그 용은 그 여자의 남아 있는 자손, 곧 **하**

나님의 계명을 지키며 예수의 증언을 간직하고 있는 사람들(12:17)과 새롭게 싸우려고 떠나갔다.

   - 사탄은 하나님의 택하신 백성들로 이루어진 교회와의 전쟁을 선포하였다. 이 전쟁은 최후의 심판이 이루어질 때까지 계속될 것이다. 그러나 하나님께서는 하나님의 교회를 철저하게 보호하실 것이다. 이 땅의 교회는 하나님의 나라를 상징하는 것이기 때문이다. 결국 하나님 나라는 최후의 승리를 이루고, '새 하늘과 새 땅' 즉 존재하는 모든 것을 새로 창조하실 것이다.

사탄과 그 하수인들(12:18 - 13:18)

   우리가 싸워야 할 영적 전투의 대상은 하늘로부터 쫓겨난 큰 용(사탄) 그리고 그 부하들인 바다에서 나오는 짐승(계 13:1)과 땅에서 올라오는 다른 짐승(계 11:7, 13:11)이다.

용의 권세를 받은 바다에서 올라온 짐승 - 반기독교적인 악한 정치와 권력(12:18 - 13:10)

   이 짐승은 세상의 악한 정치와 권력을 상징하며, 믿음의 사람들을 폭력과 고문 그리고 죽음으로 내몰아 무릎을 꿇도록 만들려고 할 것이다. 그 짐승은 마흔두 달 동안 (한시적으로) 활동할 권세를 받고, 입을 열어서 하나님의 이름과 거처와 하늘에 사는 이들을 모독하였다. 성도들과 싸워서 이길 것을 허락받고, 또 모든 종족과 백성과 언어와 민족을 다스리는 권세를 받았다. 그러므로 땅위에 사는 사람 가운데서, 어린 양의 생명책에 기록되어 있지 않은 사람은 모두 그에게 경배할 것이다.

용처럼 말을 하는 땅에서 올라온 짐승 - 반기독교적인 사상과 거짓 예언자(13:11 - 18)

   이 짐승은 기적들을 미끼로 해서 땅 위에 사는 사람들을 미혹하며, 겉모습은 어린 양처럼 생겼으나 말은 용처럼 한다. 땅 위에 사는 사람들에게 우상을 만들라고 말하고, 또 우상에게 경배하지 않는 사람은 모두 죽임을 당하게도 하였다. 짐승을 상징하는 숫자 언어 666은 이러한 사이비 종교 집단을 표현한다. 숫자 6은 신성한 숫자 7에서 1이 모자란 불완전 수, 결함이 있는 수인데 666은 777에 세 번씩이나 못 미치는 결함을 강조하는 표현이다.

   그들은 마치 위대한 능력을 갖고 있는 것처럼 위장하지만 그들의 우상은 결국 재물이며, 돈이다. 그들은 하나님과 전혀 무관한 종교적 수단을 가지고, 축복을 사고팔며, 눈에 보이는 우상에 예배하게 하는 자들이다.

사탄의 공격을 이겨낼 방법 - 세 개의 환상 (14:1 - 20)
어린 양이 인도하는 예배에 참여함 : 하나님을 높임(14:1 - 5)

   사탄의 협공을 이겨낸 어린양이 시온 산에서 십사만 사천 명과 함께 예배를 인도한다. 그들은 몸을 더럽힌 일이 없고, 정절을 지킨 사람들, 어린 양이 가는 곳이면 어디든지 따라다니는 사람들, 하나님과 어린 양에게 드리는 첫 열매로서 구원을 받은 사람들이다. 보좌와 네 생물(창조 세계)과 그 장로들(옛 이스라엘과 새 교회) 앞에서 새 노래를 부르며 예배를 드리며, 하나님의 통치와 구속, 그리고 하나님의 임재를 인정하는 것이다. 그들의 입에는 거짓말이 없고, 흠잡을 데가 없다.

세 천사가 권하는 믿음의 인내 : 말씀에 귀를 기울임(14:6 - 13)

한 천사는 차례대로 땅 위에 사는 사람과 모든 민족과 종족과 언어와 백성에게 영원한 복음을 전하고, 하나님께 영광을 돌리며 경배하라고 외친다. 두 번째 천사는 바빌론의 멸망, 사탄의 파멸을 예고한다. 세 번째 천사는 하나님의 계명과 예수를 믿는 믿음을 지키는 성도들에게는 죽는 날까지 참고 이겨내야 하는 인내가 필요함을 강조한다. 주님 안에서 죽은 복된 사람들이 행한 일이 그들을 따라다닐 것이다.

세 천사의 추수 : 거룩한 삶을 이룸(14:14 - 20)

땅에 있는 곡식이 무르익어서, 거두어들일 때가 되었다. 인자는 약속한 대로 구름을 타고 오셔서 성도들이 하나님의 계명과 예수를 믿는 믿음을 지키는 삶을 살며 수고한 밭에서 좋은 곡식을 거두어들이고, 포도밭에서는 진노의 포도를 수확할 것이다.

여러분은 오늘도 영적 전쟁에 나갈 준비를 다 하셨습니까?

여러분은 사도 바울이 우리에게 입으라고 요청한 전신 갑주(엡 6:10 - 18)를 갖추셨습니까? 사도 요한이 가르쳐준 사탄의 계략(요일 2:15 - 16)을 눈치를 채고 계십니까? 교만이라는 사탄의 길(사 14:12 - 15)로 떨어지지 않도록 세심한 주의를 기울이고 계십니까? 그렇다면 이제 환한 웃음을 머금고, 당당하게 문을 열고 세상으로 나아가십시오. 오늘도 승리하는 하루가 전개될 것입니다.

12

요한계시록

28일

📖 오늘 말씀 요한계시록 15:1 - 18:24

큰 창녀에게 내릴 세 번째 심판

일곱 대접에 담긴 하나님의 진노

💡 **실마리 풀기**

"무너졌다. 무너졌다. 큰 도시 바빌론이 무너졌다. 바빌론은 귀신들의 거처가 되고, 온갖 더러운 영의 소굴이 되고, 더럽고 가증한 온갖 새들의 집이 되었구나!"(계 18:2)

우리가 믿는 것은, 그리스도께서 재림하실 그 때가 오면 사탄은 영원히 파멸될 것이며, 하나님의 계명과 예수를 믿는 믿음을 지키는 삶을 살며 수고한 백성들을 택하여 영원한 복을 누리게 해 주시리라는 것입니다. 이제 요한계시록은 하나님께서 일곱 대접 심판을 통하여 하나님을 거역한 자들이 가야 할 멸망의 길을 보여줍니다. 이 재앙들은 예수님의 말씀을 믿고 따르며 끝까지 거룩한 삶을 살아가기를 힘쓴 성도들과는 전혀 무관한 심판입니다.

일곱 천사의 진노의 대접 심판(15:1 - 16:21)

사탄의 공격을 이겨낸 사람이 "주 하나님, 전능하신 분, 만민의 왕이신 주님.... 주님만이 홀로 거룩하십니다"(15:3 - 4)라고 찬양하며 예배를 드리는 동안 일곱 천사가 심판을 준비하고 있다. 하나님의 진노가 가득한 대접이 일곱 천사에게 주어졌다. 일곱 대접에서 쏟아진 재앙들은 하나님을 거역하는 자들에게 주어질 것이다. 그들은 사탄의 길을 따라간 자들로서, 성도들과 예언자들의 피를 흘리게 하였으며, 하나님을 예배하지 못하게 하였다.

첫 번째 진노의 대접을 땅에 쏟으니, 짐승의 표를 받은 자들과 그 짐승 우상에게 절하는 자들에게 몹시 나쁜 종기가 생겼다.

두 번째 진노의 대접을 바다에 쏟으니, 바닷물이 죽은 사람의 피처럼 되고, 바다에 있는 모든 생물이 죽었다.

세 번째 진노의 대접을 강과 샘물에 쏟으니, 물이 피가 되었다. 그들은 성도들과 예언자들의 피를 흘리게 하였으므로, 주님께서 그들에게 피를 주어, 마시게 하셨다.

네 번째 진노의 대접을 해에다 쏟으니, 사람들은 몹시 뜨거운 열에 탔다. 그들은 하나님의 이름을 모독하였고, 회개하지 않았고, 하나님께 영광을 돌리지 않는 삶을 산 자들이다.

다섯 번째 진노의 대접을 짐승의 왕좌에 쏟으니, 그들은 아픔과 부스럼 때문에, 하늘의 하나님을 모독하였지만, 자기들의 행동을 회개하지 않았다.

여섯 번째 진노의 대접을 큰 강 유프라테스에 쏟으니, 강물이 말라 버려서, 해 돋는 곳에서 오는 왕들의 길이 마련되었다. 또한, 용의 입과 짐승의 입과 거짓 예언자의 입에서, 개구리와 같이 생긴 더러운 영 셋이 나왔다. 그들은 귀신의 영으로서, 기이한 일을 행하면서 온 세계의 왕들을 찾아 돌아다니는데, 그것은 전능하신 하나님의 큰 날, 심판의 날에 하나님의 군대와 최후의 일전을 벌이려 하는 것이다.

그러나 일곱 번째 진노의 대접을 공중에 쏟으니, 성전에서 보좌로부터 "다 되었다"하는 큰 음성이 울려 나왔다. 여기서 공중에 대접을 쏟으신 이유는 공중이 바로 사탄이 장악하고 있는 영역(엡 2:2)이기 때문이다. 그 사탄의 영역에 진노의 대접을 쏟아 부음으로 인하여 사탄의 권세는 무력화 되었다.

하나님께 적대하며, 세상과 음행을 하는 큰 창녀, 바빌론에 내릴 심판(17:1 - 18)

이 땅에 자리 잡고 사탄의 권세를 부리던 구체적 이름 바빌론, 로마의 멸망을 보게 될 것이다. 창녀의 이마에 '땅의 음녀들과 가증한 것들의 어미, 큰 바빌론'(17:5) 이라는 비밀의 이름이 적혀있다. 이 여자를 태우고 다니는 머리 일곱과 뿔 열이 달린 짐승은 그들의 능력과 권세를 받아서 어린 양에게 싸움을 걸 터인데, 어린 양이 그들을 이길 것이다. 그것은, 어린 양이 만주의 주요 만왕의 왕이기 때문이며, 어린 양과 함께 있는 사람들이 부르심을 받고 택하심을 받은 신실한 사람들이기 때문이다. 오히려 그 짐승들을 중심으로 내분이 발생하여 그 창녀의 살을 삼키고 불에 태울 것이다.

인간의 힘으로 완전한 세계를 만들려는 도시 - 바빌론의 패망(18:1 - 24)

천사가 외친다. "무너졌다. 큰 도시 바빌론이 무너졌다"(18:2). 창녀를 숭배하던 세상의 왕들과 상인들과 모든 선장과 선객과 선원과 바다에서 일하는 사람들이 그 성의 멸망으로 인하여 통곡한다. 바빌론의 멸망은 하나님을 외면하고 자기 의와 세상 재물을 숭배하며, 예언자들과 성도들을 죽여 피를 흘렸기 때문이다. 그들이 숭배하던 것들은 금과 은과 보석과 각종 옷감이요, 각종 귀한 물건들과 향료와 포도주와 곡식이다. 가축과 무기와 사람의 목숨까지도 그들은 돈으로 사고팔았다.

**묻고?
답하기!**

우리가 사는 도시 안의 바빌론의 모습을 보고 계십니까?

바빌론은 하나님을 외면하고 자기 의와 세상 재물을 숭배하며, 각종 재물과 사람의 목숨까지도 돈으로 사고팝니다. 곰곰이 생각해 보면, 우리는 하늘에 속한 자들이지만, 지금 바빌론의 문화 속에서 하루하루를 살아가고 있습니다. 하나님의 때가 이르면 멸망할 문화이지만 우리는 그 속에서 소금과 빛으로 살아가야 할 사명을 지니고 있다는 것을 늘 기억해야 합니다. 비록 각종 보석과 명품을 지니진 못해도, 그 이름 때문에 엄청나게 비싼 포도주를 마시지 못한다 해도, 값싼 노동력을 이용하여 나의 안락을 얻지 못한다 해도 우리는 기뻐하여야 합니다. 하나님 나라의 예배에 참여할 자격을 지니고 있으므로.

✝ 오늘말씀 요한계시록 19:1 - 20:15

어린 양의 혼인 잔치
하나님의 승리와 최후의 심판

💡 **실마리 풀기**

"그들을 미혹하던 악마도 불과 유황의 바다로 던져졌는데, 그곳은 그 짐승과 거짓 예언자들이 있는 곳입니다. 거기에서 그들은 영원히, 밤낮으로 고통을 당할 것입니다"(계 20:10)

우리는 앞에서 일곱 대접에 담긴 하나님의 진노가 사탄, 큰 창녀에게 내려서 그 죄악의 터전, 바빌론이 무너져 내리는 것을 보았습니다. 하나님께서 승리하신 것입니다. 그리고 이제 〈몸을 더럽힌 일이 없고, 정절을 지킨 사람들, 어린 양이 가는 곳이면 어디든지 따라다니는 사람들, 하나님과 어린 양에게 드리는 첫 열매로서 구원을 받은 사람들〉에게 청첩장이 배달되었습니다. 그리스도와 그의 신부인 교회와의 결혼식이 벌어지는 것입니다.

천 년이 지나 잠시 사탄이 풀려나서 성도들과 하나님의 도시를 공격할 것이라는 내용에 대하여 수많은 신학자와 목회자들이 다양한 의견을 내어 설왕설래합니다만, 우리는 그 논란에 참여할 필요가 없습니다. 오직 "하늘에서 불이 내려와 그들을 삼켜버릴 것"(20:9)이라는 말씀만을 의지하여야 합니다. 또한, 우리의 이름이 생명책에 기록되기만을 바라며, 거룩한 성도의 삶을 살아가서 이기는 자가 되어야 합니다. 그리하면, 우리는 첫째 부활에 참여하고, 둘째 사망에 이르지 않을 것입니다.

하나님의 구원(19:1 - 21)
구원의 노래 - 혼인 잔치에의 초대(19:1 - 10)

어린 양의 혼인 잔치는 천사들이 부르는 영광스러운 할렐루야 찬양으로 시작된다. 사도 요한은 시편의 마지막 송영을 그대로 이곳으로 가지고 옴으로써 우리 모두를 결혼 예배에 참석시킨다.

- "첫째 할렐루야는 창녀에 대한 하나님의 심판이 참되고 의로운 행위임을 경축한다. 둘째 할렐루야는 그녀가 소각되어 하늘로 올라갈 때 감사를 드린다. 셋째 할렐루야는 긍정의 아멘을 통하여 하나님을 찬양하도록 요청한다. 넷째 할렐루야는 예배에의 요청에 응답함과 어린 양의 혼인 잔치가 선언된다. 요한은 '할렐루야 시편(시 146 - 150편)'에서처럼 우리를 성찬식으로 초대한다"(유진 피터슨 2002:213 - 215).

구원의 완성 - 전쟁에서의 승리하실 분의 이름(19:11 - 21)

하늘이 열려 있고, 메시아가 그 흰 말 위에 타고 계셨다. 그는 **의로 심판하시고 싸우시는 분**이시다. 그는 피로 물든 옷을 입으셨고, 그의 이름은 **'신실하신 분', '참되신 분'**이며, **'하나님의 말씀'**이라고 한다. 그의 백성들이 희고 깨끗한 세마포를 입고 하늘의 군대로서 그와 함께 내려온다. '왕들의 왕', '군주들의 군주'라는 이름을 갖고 사탄의 세력을 진멸하기 위해 출전하고 있다.

사탄과 그 하수인들의 영원한 패망 - 구원을 받은 자들의 다섯 가지 특징(20:1 - 10)

바다에서 올라온 짐승(13:1)과 거짓 예언자들(즉 땅에서 올라온 짐승/ 13:11)이 "산 채로, 유황이 타오르는 불바다로 던져졌다"(19:20). 그 짐승들의 우두머리인 용, 곧 악마요 사탄인 그 옛 뱀도 천 년 동안 아비소스에 가두어졌다가(20:3), 결국 불과 유황의 바다로 던져져(20:10) 그들과 함께 거기에서 영원히, 밤낮으로 고통을 당할 것이다.

그리스도를 믿는 믿음을 가지고 살다가 죽은 자들은 그들의 영이 즉시 하나님이 계신 곳으로 가서 하나님의 품 안에 안겨 영면을 누리다가, 사탄의 하수인들이 패망하는 날, 다시 살아나서, 그리스도와 함께 천 년 동안 다스릴 것이다. 이것이 구원을 받은 자들이 첫째 사망 후에 얻을 첫째 부활이다. "이 첫째 부활에 참여하는 사람은(첫째) 복이 있고,(둘째) 거룩합니다. (셋째) 이 사람들에게는 둘째 사망이 아무런 세력도 부리지 못합니다.(넷째) 이 사람들은 하나님과 그리스도의 제사장이 되어서,(다섯째) 천 년 동안 그와 함께 다스릴 것입니다"(20:5 - 6). 이는 구원을 받은 자들의 다섯 가지 특징이다. 그들은 새 하늘과 새 땅의 주인이 될 것이다.

생명의 책에 의한 최후의 심판 - 우리에게 종말의 의미(20:11 - 15)

크고 흰 보좌와 거기에 앉으신 분이 생명의 책을 펴 놓았다. 바다와 사망과 지옥도 그 속에 있는 죽은 사람들을 내놓았고 그들은 각각 자기들의 행위대로 심판을 받고 사망과 지옥이 불바다에 던져졌다. 이 불바다가 둘째 사망이니, 생명책에 기록되어 있지 않은 사람은 누구나 다 불바다에 던져졌다.

묻고? 답하기!

누가 생명의 책에 기록된 자들이 될 것인가?

초림과 재림 사이에 사는 우리에게 종말의 의미는 무엇인가? 우리가 죽는 날이 바로 종말입니다. 죽은 후에는 우리의 잘못을 만회할 방법이 없기 때문입니다. 그러므로 우리의 영혼과 육체는 평상시에 늘 예비하고 단련하여 늘 깨어 있어야 하겠습니다. 하나님은 우리를 위하여 "오래 참으시는 것입니다. 하나님께서는 아무도 멸망하지 않고, 모두 회개하는 데에 이르기를 바라십니다. 그러나 주님의 날은 도둑같이 올 것입니다"(벧후 3:9 - 10). 생명의 책에 기록될 사람은 죽는 날까지 이기는 자의 삶을 사는 사람입니다.

12
요한계시록

30일

✝ 오늘 말씀 요한계시록 21:1 - 22:21

새 하늘과 새 땅
하나님의 새 세계와 결말

💡 **실마리 풀기**

"보아라, 내가 곧 가겠다. 나는 각 사람에게 그 행위대로 갚아 주려고 상을 가지고 간다. 나는 알파 며 오메가, 곧 처음이며 마지막이요, 시작이며 끝이다"(계 22:12 - 13)

창세기 1장 1절은 하나님께서 아무것도 없는 상태로부터 '하늘과 땅 즉 존재하는 모든 것을 창조하셨다'고 선언합니다. 그 하늘과 땅이 인간의 불순종으로 인해 갖은 고초를 겪다가 이제 회복되었습니다. 요한계시 록 21 - 22장은 창조세계가 회복되었음을 선포합니다. '새 하늘과 새 땅' 즉 존재하는 모든 것을 새로 창조 하신 것입니다. 하나님의 뜻(Vision)이 완전히 성취되고 하나님께서 좋아하실 것입니다. 요한은 우리에게 그 하나님의 백성이 될 것을 요청합니다. 우리가 늘 이기는 삶을 살아간다면 우리는 이미 하나님의 거룩한 '새 하늘과 새 땅' 그리고 '거룩한 도성 새 예루살렘'에서 영원한 삶을 사는 것입니다.

새 하늘과 새 땅(사 65:17 - 66:24) - 하나님의 새 세계(21:1 - 8)

사탄이 영원히 패망하고 생명책에 기록된 사람들만 남아 있다. 새 하늘, 새 땅 그리고 새 예루살렘, 이 새로운 세계에서는 죽음도 슬픔도, 고통도, 죄도 없을 것이다.

하나님께서 모든 것을 새롭게 하시고, "다 이루었다"(21:6)고 말씀하신다. 그 때에는 하나 님 자신이 당신의 백성들 가운데 거하실 것이며, 목마른 사람에게 생명수 샘물을 거저 마시 게 하실 것이다. "이기는 사람은 이것들을 상속받을 것이다. 나는 그의 하나님이 되고, 그는 내 자녀가 될 것이다"(21:7).

어린 양의 신부, 새 예루살렘 - 하나님과 함께 누릴 안식과 영생(21:9 - 22:5)

그 도성은 우리 삶을 거룩함으로 충만하게 만들 것이다 - 교회의 거룩함은 우리의 삶을 기쁨 으로 충만하게 한다. 우리 마음의 중심을 감사함으로 가득 채운다. 교회는 거룩하여야 한다. 그것은 전능하신 주 하나님과 어린 양이 그 도성의 성전이시기 때문이다.

그 도성의 빛(진리)은 우리 삶을 아름답게 만들 것이다 - 하나님의 영광이 그 도성을 밝혀 주 며, 어린 양이 그 도성의 등불이시기 때문이다. 거룩한 교회가 내뿜는 진리의 향기는 우리의 삶을 아름답게 한다. 세상을 향한 빛과 소금의 역할은 교회의 속성이다.

그 도성의 양식은 우리 삶(생명)을 풍성하고 튼튼하게 만들 것이다 - 이제 창세기에서의 불순 종으로 폐쇄되었던 에덴동산이 회복되었다. 그곳에는 하나님의 보좌와 어린 양의 보좌로부 터 흘러나오는 '수정과 같이 빛나는 생명수의 강'이 있고, 강 양쪽에는 열두 종류의 열매를 맺는 생명나무가 있다. 그 생명나무는 달마다 열매를 내고, 그 나뭇잎은 민족들을 치료하는 데 쓰일 것이다(22:1 - 2).

그 도성 안에 하나님과 어린 양의 보좌가 있어, 그의 종들이 예배하며, 하나님의 얼굴을 뵐 것이다.

오십시오, 주 예수님(22:6 - 21)

천사의 증언 - 천사가 "이 말씀은 믿음직하고 참되다..... '보아라, 내가 곧 오겠다' 하신 주님의 말씀을 기억하여라"(22:6 - 7)고 증언하였다. 그리고 천사는 자신의 발 앞에 엎드려 경배하려는 요한을 지난번(19:10)에 이어 두 번째(22:9)로 나무라면서 당부한다. "때가 가까이 왔으니, 이 책에 적힌 예언의 말씀을 봉인하지 말아라. 이제는 불의를 행하는 자는 그대로 불의를 행하고, 더러운 자는 그대로 더러운 채로 있어라. 의로운 사람은 그대로 의를 행하고, 거룩한 사람은 그대로 거룩한 채로 있어라"(22:10 - 11).

예수님의 증언 - 예수님께서는 "보아라, 내가 곧 가겠다. 나는 각 사람에게 그 행위대로 갚아 주려고 상을 가지고 간다. 나는 알파며 오메가, 곧 처음이며 마지막이요, 시작이며 끝이다...... 나 예수는 나의 천사를 너희에게 보내어, 교회들에 주는 이 모든 증언을 전하게 하였다. 나는 다윗의 뿌리요, 그의 자손이요, 빛나는 샛별이다"(22:12,16)고 말씀하셨다.

요한의 증언과 하나님의 화답 - "나는 이 책에 기록한 예언의 말씀을 듣는 모든 사람에게 증언합니다. 누구든지 여기에 무엇을 덧붙이면, 하나님께서 그에게 이 책에 기록한 재앙들을 덧붙이실 것이요, 또 누구든지 이 예언의 책에 기록한 말씀에서 무엇을 없애 버리면, 하나님께서 이 책에 기록한 생명나무와 그 거룩한 도성에서 그가 누릴 몫을 없애 버리실 것입니다"(22:18 - 19, ☞ 신 4:2, 12:32).

성령과 신부가 "오십시오!" 하고 말씀하신다. 이 모든 계시를 증언하시는 분이 "그렇다. 내가 곧 가겠다"고 말씀하셨다. "아멘. 오십시오, 주 예수님!"

아멘. 오십시오, 주 예수님!

천사, 예수님, 성령과 요한이 증언하고 하나님께서 이제까지 요한이 기록한 내용뿐만이 아니라, 모든 성경의 내용과 그 의미가 하나님의 음성이며, 하나님의 의도이며, 하나님의 뜻(Vision)임을 확증하십니다. 그리고 하나님의 백성인 그리스도인들에게 최후의 한마디 말씀을 주십니다. 이 말씀은 우리가 늘 목에 걸고 살아가야 할 목걸이입니다. "생명나무에 이르는 권리를 차지하려고, 그리고 성문으로 해서 도성에 들어가려고, 자기 겉옷을 깨끗이 빠는 사람은 복이 있다"(22:14).

12월 31일

성경의 문학적 구조

그 서론과 결론 - 하나님의 뜻(Vision)의 시작과 끝

📖 **오늘 말씀** 창세기 1:1 - 5 ; 3:14 - 24, 요한계시록 22:1 - 21

💡 **실마리 풀기**

"다시 저주를 받을 일이라고는 아무것도 그 도성에 없을 것입니다. 하나님과 어린 양의 보좌가 도성 안에 있고, 그의 종들이 그를 예배하며, 하나님의 얼굴을 뵐 것입니다"(계 22:3 - 4)

하나님의 사랑 편지 - 성경의 문학적 구조

성경은 사랑하는 자녀들에게 보내신 아버지 **하나님의 사랑 편지**입니다. 하나님께서 우리에게 성경이라는 길고 긴 장문의 편지를 보내셨는데, 마치 사랑에 눈이 먼 연인이 연애편지를 쓰듯이 온갖 정성과 심혈을 기울여 그의 마음을 전하고자 하신 것입니다.

하나님의 편지의 문학적 구조

예언		레위기 ∣ 17개 예언서 ∣			
역사	창세기 1 - 11장	창 출 민 여 사 사 열 역 에 느 세 애 수 호 사 무 왕 대 스 헤 기 굽 기 수 기 엘 기 기 라 미 기 아 야	침묵기	마태 마가 요한 누가 사도행전	요한 계시록
시가 서신		∣ ∣ ∣ ∣∣∣∣∣∣ 욥 신 룻 시 잠 전 아 에 기 명 기 편 언 도 가 스 기 더		21개의 서신서	

하나님의 편지의 문학적 구조를 도표화해서 보면,

도입부에는 창세기 1 - 11장이 기록되어 있고, 마무리에는 요한계시록을 기록해 놓으셨음을 알 수 있습니다. 편지의 한가운데에 말라기 이후 예수님께서 오실 때까지의 400년간의 침묵기가 자리를 잡고 있습니다. 물론 기록된 것은 없지만, 미세한 음성을 들려주시는 기간입니다. 하나님께서 보내신 편지를 침묵기를 중심으로 반으로 접으면 서론과 결론이 서로 만나 하나 됨을 볼 수 있습니다.

　그 침묵기 왼쪽에는 역사적 흐름을 따라 배열된 구약 역사서가, 오른쪽에는 복음서와 사도행전이 기록되어 있습니다. 구약 역사서의 윗부분에는 하나님께서 직접 주시는 말씀들인 레위기와 예언서들, 아랫부분에는 하나님을 만난 사람들의 간증과 찬양을 기록한 시가서들이 자리하고 있습니다. 신약 역사서의 아랫부분에는 역시 예수님을 만난 사도들의 간증과 증언 그리고 교훈을 기록한 21개의 서신서가 나열되어 있습니다.

성경 전체의 서론과 결론의 대비 - 하나님의 뜻(vision)의 성취

　성경의 서론(창세기 1 - 3장)과 결론(요한계시록 20 - 22장)은 이성적으로 가장 받아들이기 어려운 부분입니다. 도저히 믿어지지 않는 과거와 도저히 이해할 수 없는 미래에 관한 서술이기 때문입니다. 그러나 바로 이 부분에 하나님의 마음, 진리의 비밀이 숨겨져 있다는 것을 기억하시기 바랍니다. 태초에 천지를 창조하실 때에 품으셨던 하나님의 뜻(vision)이 드디어 결론(요한계시록 20 - 22장)에서 성취되기 때문입니다.

성경 전체의 서론과 결론의 대비

창세기 1 - 3장	요한계시록 20 - 22장 - 새로운 창세기
천지를 창조함(1:1)	새 하늘과 새 땅(21:1)
어두움을 밤이라 칭하니라(1:5)	거기는 밤이 없음이라(21:25)
정녕 죽을 것임(2:17)	다시 사망이 없음(21:4)
사람을 속이는 사탄의 출현(3:1)	사탄의 영원한 패망(20:10)
하나님과의 동거가 깨짐(3:8 - 10)	하나님이 사람들과 함께 거함(21:3)
사탄의 최초의 승리(3:13))	어린양의 최후의 승리(20:10,22:3)
내가 너에게 고통을 크게 더하리라(3:16)	다시는 죽음이 없고...고통도 없을 것이다(21:4)
땅이 저주를 받음(3:17)	다시 저주가 없음(22:3)
타락과 통치권의 상실(3:19)	통치권의 회복(22:5)
첫 낙원이 닫힘(3:23)	새 낙원이 열림(22:14)
생명나무로 갈 수 없음(3:24)	생명나무로 갈 수 있음(22:14)
에덴동산에서 쫓겨남(3:24)	하나님의 얼굴을 볼 것(22:4)

마무리
(Epilogue)

이기는 사람이 되는 방법

예수 그리스도의 요청 - 인생의 문제점들

이제까지 성경 속에서 파노라마처럼 전개되는 "하나님 안에 영원 전부터 감추어져 있는 비밀의 계획(엡 3:9)"을 밝혀 줄 말씀들을 찾고 읽어보았습니다. 그리고 그 '예수 그리스도를 통한 하나님의 구원과 회복의 계획' 속에 창세기로부터 요한계시록까지 일관되게 관통하고 있는 주제 '하나님의 뜻'을 깨닫게 되었습니다. 하나님께서 들려주시고자 하시는 하나님의 뜻과 비전을 알았다면, 다 함께 추구하여야 할 것이 **하나님 나라와 하나님의 의**(마 6:33)임도 알게 되었습니다. 그 '하나님 나라와 하나님의 의'는 이 땅 위에 성취되어야 하고, 우리는 그것을 위하여 사탄과의 싸움에서 끝까지 이기는 사람이 되어야 합니다. 요한 계시록에 의하면, 예수 그리스도께서 우리에게 **이기는 사람**'이 되라고 요청하십니다.

"이기는 사람은 이와 같이 흰 옷을 입을 것인데, 나는 그의 이름을 생명책에서 지워 버리지 않을 것이며, 내 아버지 앞과 아버지의 천사들 앞에서 그의 이름을 시인할 것이다. 귀가 있는 사람은, 성령이 교회들에 하시는 말씀을 들어라"(계 3:5 - 6).

이 요청은 하나님 나라에 들어가려는 그 누구도 피할 수 없는 도전입니다. 우리의 짧기도 하고 길기도 한 생애를 통하여 끊임없이 기억해야 할 소명입니다. 생명의 책을 펼쳐 놓으신 주님 앞에 서게 될 때, 이기는 사람으로 살았는지, 실패한 사람으로 살았는지 판단될 것입니다. 그러므로 예수 그리스도께서 우리에게 요청하신 바를 기억하며, 생명을 얻기 위하여 달려가야 합니다.

하지만 여기서 잠깐 생각해봅니다. 성경 공부는 우리의 지적인 이해를 한껏 넓혀 주지만, 뜨거운 가슴으로 하나님의 음성을 받아들이는 것은 또 다른 과제입니다. 더구나 몸으로 실천하는 것은 더욱 심각한 과제입니다. 세상에 태어나서 죽는 날까지 겪어야 할 어쩔 수 없는 역경들, 심리적인 갈등과 같은 인생의 문제점들은 사람들이 순순히 경건한 삶을 허락하지 않기 때문입니다. 게다가 그리스도인으로서 각자가 처한 상황은 출신 환경과 배경에 따라 다양하며, 각자의 감성과 지성도 차이가 나기 때문에 예수 그리스도께서 우리에게 요청하신 도전에 대한 반응도 천차만별일 수밖에 없습니다.

인생을 막연히 사는 사람은 없습니다. 누구나 젖 먹던 시절에는 천진난만한 미소를 머금고 귀여움을 받았을 것이고, 점차 자라나면서 주변 사람들의 덕담 한마디씩은 들었을 것입니다. 초등 교육을 받는 나이가 되면, 결국에는 허망해질 꿈을 꾸기도 하고 부모님을 실망하게 할 꿈도 꾸면서 성장해 갈 것입니다. 소수의 사람은 사춘기를 지나며 그 꿈을 꼭 붙잡고 자기 자신의 '**중요성(Significance)에의 갈망**'(하나님의 모략. 달라스 윌라드 p. 45)을 이루기 위하여 열정을 불태울 것입니다. 그러나 인생에는 **누구도 해결할 수 없는 문제**가 있다는 것을 깨닫는 때가 올 것인데, 그때가 오면 그의 가슴은 갑작스레 소화불량에 걸린 것처럼 답답해질 것입니다.

아무도 진지하게 말해주지 않고, 알려고 해도 안개처럼 잘 보이지 않는 그러한 인생의 문제점들 - 그것은 성장할수록 더해지는 인생의 허무함, 피할 수 없는 죄의 유혹 그리고 다가오는 죽음의 결말입니다. 인생의 허무함은 우리의 젊은 날을 방황하게 하며, 피할 수 없는 죄의 유혹은 우리가 세상을 이끌며 살아갈 시간을 무의미하게 만들지도 모릅니다. 그리고 다가오는 죽음의 결말은 우리의 노년을 후회의 나날로 허송하게 할 수도 있습니다. 이제 그러한 문제점들과 함께 살아가면서 '이기는 사람'이 되는 방법을 구체적으로 생각해 봅니다.

인간 존재의 허무함 - 과연 하나님은 살아계시는가

학창시절에는 모두 사소한 일에 깔깔대고 웃기도 하고, 흔히 일어나는 고난에도 쉽게 슬퍼합니다. 바야흐로 세상의 고뇌에 눈뜨기 시작하는 사춘기입니다. 이 시기에 가장 필요로 하는 것은 마음속에 새롭게 자라나는 욕망을 공유하고 대화를 나눌 수 있는 사람입니다. 그는 친구나 학교 선생님일 수도 있고 부모님일 수도 있습니다. 아들은 아버지에게, 딸은 어머니에게 따뜻한 이해를 받고 싶어 합니다. 우리는 누구라도 대화를 하며 마음을 나눌 수 있는 사람들을 사랑하며 살아갑니다. 하지만 혹시라도 사랑하는 사람과의 이별은 참을 수 없는 흔적을 가슴속에 남기게 됩니다. 특히 부모님과 사별이라도 하는 경우 그의 인생은 치명적으로 왜곡되기도 합니다.

철학자 니체(Friedrich Wilhelm Nietzsche, 1844 - 1900)는 목사인 아버지를 5세 때 사별하고 어머니, 누이동생과 함께 할머니 집에서 자라났습니다. 그가 사춘기를 지나고 철학적 자아를 형성하던 때는, 2,000여 년 동안 그리스도교의 전통 가운데 자라온 유럽 문명이 몰락하고 허무주의가 만연하던 시기였습니다. 그의 나이 15세 되던 해에 찰스 다윈이 주창한 진화론은 인간이 하나님에 의해 창조된 것이 아니라 오랜 세월의 결과물에 지나지 않는다는 생각을 보편화시켰습니다. 적자생존과 약육강식 이론은 사회적으로 강자가 약자를 착취하는 것을 정당화하였습니다. 유럽 기독교 국가들의 제국주의적 탐욕과 식민주의적 정복을 용인하였습니다. 당시의 기독교는 예수의 가르침을 제대로 전달하지 못하고 있었으며, 하나님은 그저 잠잠히 바라만 보고 계셨습니다.

공립학교에서 엄격한 고전교육을 받고, 본(Bonn) 대학에 입학하여 고전문헌학에 몰두하였던 니체는 근대 문명의 몰락을 참을 수가 없었습니다. 그 시대를 지탱해오던 가치관이 무너지는 것을 보면서 그는 무언가 새로운 긍정적 가치를 찾아내야만 하였습니다. 머리와 가슴을 통해 절절히 다가오는 자기 존재의 허무를 극복하고자 하였습니다. 인간의 조상이 원숭이라니!!! 결국, 그가 찾아낸 것은 바로 그리스도교를 오히려 인간의 삶을 파괴하는 타락의 원인이라 규명하는 것이었습니다. 그래서 그는 저서《차라투스트라는 이렇게 말하였다》(1883~1885)에서 '신은 죽었다'라고 선언하는 것입니다. 그가 이 자극적인 표현을 한 이후, 사람들은 하나님을 부인하는 것에 죄책감을 느끼지 않게 되었고, 자연스럽게 **인간 존재의 허무함**이 가슴속에 남게 되었습니다. 간절한 소망이 이루어지지 않거나, 악한 자들이 세상에서 승승장구하며 잘나가는 것을 볼 때마다 신(하나님)이 살아계신 것인지 의아해하는 생각이 살아나게 되었습니다.

과연 신(하나님)은 죽었는가?

그런데 왜 그리스도인들은 하나님이 살아 계시다고 주장하는가요? 그리스도인들은 하나님이 살아 계시다고 어떻게 알 수 있을까요? 그들은 어떻게 살아계신 하나님과의 만남을 경험할까요? 단언하건대 그 비밀은 예수 그리스도에게 있습니다. 예수 그리스도를 통하여 우리가 하나님의 아들들임을 깨닫는 순간, 인간으로서 품고 있던 허무함은 멀리 사라집니다. 하나님께서는 **온 인류, 아니 나를 향한 원대하신 계획과 사랑**을 예수 그리스도를 통하여 드러내 보여주신 것입니다. 예수 그리스도의 죽음과 부활은 하나님의 사랑을 확증하는 사건이며, 그 사건을 목격한 제자들은 증인이 되었습니다. 하나님의 영은 그 사건을 직접 목격하지 못한 그리스도인들의 마음에 감동을 불어 넣어주시며 새로운 증인이 될 것을 요청하십니다.

하나님께서 증인의 삶을 살고자 하는 이들에게 그의 계획과 사랑의 증거를 내어주셨으니 그것이 바로 구약과 신약입니다. 구약은 예수 그리스도를 보내실 계획이며, 신약은 이 땅에 오신 예수 그리스도의 증거입니다. 그러므로 성경은 그 하나님의 계획의 전개과정을 전해주는 것이며, 우리에게 보내신 사랑의 편지입니다. 우리가 성경을 읽는 것은 바로 그 사랑의 음성을 듣고, 감동을 얻고자 함입니다. 그렇습니다. 성경은 하나님과 만나는 지름길이며, **인생의 허무함을 극복하는 유일하고 유효한 방법**입니다. 우리가 기억해 내고 적극적으로 도전해야 할 진리이며, 인류와 맺어진 하나님의 사랑 이야기입니다. 그러므로 하루도 거르지 말고 성경을 읽고, 살아계신 하나님을 묵상하여야 합니다.

피할 수 없는 죄의 유혹 - 성욕과 탐욕의 굴레

사춘기를 잘 넘기고 평생 종사할 일과 평생 서로 사랑할 사람을 찾아야 할 나이가 되면, 새롭게 직면하는 인간관계의 다양성과 세상의 무자비함에 좌절하게 될 수도 있습니다. 권력이나 무력의 횡포가 나를 억누를 수도 있고, 타고난 성품의 연약함 때문에 사람들로부터 무시를 당할 수도 있습니다. 자연스럽게 또는 극적으로 직업을 얻었다 하더라도, 직장 안에서 감당해야 할 사회적 관습에 이리저리 끌려 다니면서 타락하는 자기 자신을 합리화할 수도 있습니다.

많은 사람이 스스로 무신론자임을 인정하는 것은 자신의 타락과 방종을 신(하나님) 앞에 내어놓을 자신이 없을 것 같은 잠재의식 때문인지도 모릅니다. 특히 현대 한국사회를 살아가는 젊은이들이 겪어내야 할 음주문화는 자아 상실과 육체적 방종을 강요하며, **거부할 수 없는 유혹** 속으로 끌어들입니다. 무신론자들뿐만 아니라 그리스도인일지라도, 평생을 따라다니며 괴롭힐 성욕과 탐욕에 맞서 싸워 이길 사람은 흔치 않으리라 생각됩니다.

서양 기독교 사상의 원조, 아우렐리우스 아우구스티누스(St. Aurelius Augustinus, 354 - 430년)는 열렬한 그리스도인이었던 어머니 모니카의 극진한 신앙교육을 받으며 자라났습니다. 그러나 그의 아버지 파트리시우스는 아내에게 폭력을 일삼는 거친 사람이었습니다. 이러한 가정의 분위기는 그의 내면에서 하나님을 찾는 자아와 성적인 욕망을 추구하는 자아가 서로 충돌하도록 하였습니다. 모태신앙은 그가 온 마음으로 하나님께 의지하기만을 바랐지만, 서른 살이 넘도록 그는 하나님께 돌아가지 못했습니다. 사춘기로부터 이어져 온 습관, 성적인 쾌락에의 집착이 그를 계속 유혹하였기 때문이었습니다. 그의 사랑은 오직 욕망뿐이었습니다. 그는 그를 사랑한다고 말한 여인들의 육체를 탐닉할 때까지는 결코 만족하지 못했던 것입니다.

그러던 어느 날 그는 밀라노의 어느 정원에서 한 어린아이의 노래 소리를 들었습니다. 그 아이는 "그것을 손에 들고 읽어라. 들고 읽어라"라며 반복되는 노래를 하고 있었습니다. 그는 순간적으로 그 노래 소리가 아마도 그를 사랑하시는 하나님에게서 온 거룩한 명령이라고 생각했습니다. 그가 서둘러 성서를 펴자, 그의 눈에 들어온 첫 말씀은 사도 바울의 로마서 13장 13 - 14절의 "낮에 행동하듯이, 단정하게 행합시다. 호사한 연회와 술 취함, 음행과 방탕, 싸움과 시기에 빠지지 맙시다. 주 예수 그리스도로 옷을 입으십시오. 정욕을 채우려고 육신의 일을 꾀하지 마십시오"라는 구절이었습니다. 그 순간 그의 가슴에 한 줄기 빛이 내려왔습니다. 그의 이러한 육체의 탐욕에 맞서는 싸움이 끝나던 순간을 아우구스티누스는 《고백록》제 8장에서 "넘치는 기쁨이 나의 마음에 가득 찼습니다. 나의 의심 덩어리들과 두려움들은 끝났습니다."라고 고백하고 있습니다.

사도 바울도 "나는 속사람으로는 하나님의 법을 즐거워하나, 내 지체에는 다른 법이 있어서 내 마음의 법과 맞서서 싸우며, 내 지체에 있는 죄의 법에 나를 포로로 만드는 것을 봅니다. 아, 나는 비참한 사람입니다. 누가 이 죽음의 몸에서 나를 건져 주겠습니까? 우리 주 예수 그리스도를 통하여 나를 건져 주신 하나님께 감사를 드립니다. 그러니 나 자신은, 마음으로는 하나님의 법을 섬기고, 육신으로는 죄의 법을 섬기고 있습니다"(롬 7:22 - 25) 라고 고백합니다. **성욕과 탐욕의 굴레**는 이 세상을 살아가는 모든 젊은이, 특히 남자들에게는 벗어버릴 수 없는 가혹한 짐입니다. 아우구스티누스처럼 하나님의 음성을 듣는다는 것은 주님의 특별한 소명을 받은 자에게나 가능할 것 같다는 생각을 지울 수 없습니다. 더구나 철저한 수도와 금욕적인 삶을 산다는 것은 주님의 은혜가 아니고는 불가능한 일입니다.

많은 그리스도인은 예수님을 만났다고 고백합니다. 그래서 자신이 구원을 받았다고 눈물을 흘리며 감격스러워 합니다. 죽으면 하나님 나라에 들어갈 거라고 기대합니다. 그러나 히브리서의 저자가 기록한 것(히 3:13 - 14)처럼 그의 남은 생애를 온전히 죄의 유혹에 빠져 완고하게 되지 않고, 처음 믿을 때 가졌던 확신을 끝까지 가지고 있을 수 있을 것인지는 장담할 수 없습니다. 믿음으로 얻어진 구원은 단번에 허무와 죽음을 극복하도록 유도하지만, 죄의 유혹은 살아갈 날 동안 계속될 것이기 때문에 단번에 극복할 수 없는 것이 문제인 것입니다. 우리가 계속 죄를 지으리라는 한 가지 사실만은 끝까지 변하지 않을 것입니다.

죄의 문제를 어찌할 것인가? 고난은 어찌할 것인가?

인간의 능력으로는 할 수 없다고 체념하고 패배를 인정해버릴 것인가요? 아니면 모든 죄가 용서받을 수 있다는 믿음에 의지하여 자기 마음대로 행동하고 신의 용서를 기다릴 것인가요? 다시 말하면, 죄가 이끄는 대로 내 몸을 내어 줄 것인가요? 아니면 마음 놓고 죄를 지을 것인가요?

사도 바울은 "그리스도 예수 안에서 생명을 누리게 하는 성령의 법이 우리를 죄와 죽음의 법에서 해방하여 주기를"(롬 8:2) 기원하였습니다. 우리도 **하나님께서 내가 죽는 날까지 나를 붙잡고 계신 그 끈을 놓지 않아 주시기만을 간절히 구하는 수밖에** 없습니다. 사탄이 쉴 새 없이 유혹할지라도 '이겨내기를' 바라시는 주님을 백 번, 천 번이라도 의지하는 수밖에 없습니다. 죄를 짓지 않는다는 것은 현실 세계에서는 도저히 실현할 수 없는 유토피아적인 환상입니다. 신앙은 계속되는 실패에도 불구하고 다시 도전할 수 있는 용기를 주는 것이어야만 합니다. 하나님께서는 결코 우리가 희망을 완전히 포기하기를 원하지 않으실 것이기 때문입니다.

그것뿐인가요? 아닙니다. 여기서 우리가 기억해 내고 적극적으로 도전해야 할 또 하나의 진리, 그것은 **구원의 열매로 주어진 성령에 순종하고, 고난을 즐기는 것입니다.** 사도 바울은 "우리가 믿음을 통하여 은혜로 구원을 얻었으니, 하나님께서 이렇게 미리 준비하신 것은, 그리스도 예수 안에서 우리가 선한 일을 하며 살아가게 하시려는 것"(엡 2:8 - 10) 이라고 하였습니다. 그러면 과연 선을 행하는 것은 구체적으로 무엇을 말하는가요? 그것은 첫째, 나를 구원하신 예수 그리스도의 복음을 전하는 것입니다. 입으로 전하는 것뿐만이 아니라 우리의 삶으로 전하는 것입니다. 누가 보아도 "저 사람은 그리스도인이다"라고 인정을 받는 것입니다.

그리고 또 한 가지는, 하나님이 내게 주신 재물을 남들에게 나누어 줄 재물로 여기는 것입니다. 내가 가진 돈을 나누어 주는 것이 진정한 행함입니다. 예수 그리스도의 동생, 야고보도 행함이 없는 믿음은 죽은 것이라고 하며 헐벗은 형제자매, 고난을 겪고 있는 고아들과 과부들을 돌보아주라고 하였습니다. 아울러 자기를 지켜서 세속에 물들지 않게 하는 것이 진정한 성결, "하나님 아버지께서 보시기에 깨끗하고 흠이 없는 경건"(약 1:27)이라고 하였으니, 행함의 둘째는 나의 재능과 시간을 남들의 삶을 변화시키는 데 사용하는 것입니다.

그러기 위하여 우리는 무엇보다도 혼자 있는 시간을 줄여야 할 것입니다. 사람이 혼자 있는 시간은 사탄에게 유혹의 기회를 제공하는 것과 같습니다. 에덴동산의 이브도 혼자 있었으며, 다윗도 왕궁 옥상에 혼자 있었습니다. 혼자 있는 시간은 쓸데없는 공상을 하게 만듭니다. 그러므로 믿는 자들과 함께 모이기를 힘쓰고, 하나님 나라의 확장을 위하여 나의 시간을 소모한다면 우리는 저절로 성결한 삶을 보낼 수 있을 것입니다. 그리스도를 모르는 사람에게 복음을 전하는 것뿐만 아니라 세상의 어리석고 탐욕스러운 제도를 바로잡도록 하는데 헌신하는 것도 선을 행하는 것입니다. 그리스도인들이 선을 행하는 것은 주님을 의지함과 더불어 욕망의 극복을 위한 진정한 과제입니다. 그러므로 혼자 있기보다는 교회의 이름으로 모여서 선을 행하기를 힘쓰십시오.

죽음의 결말 - 생명책의 기록

자식을 낳기 위하여 엄청난 노력을 하여야 한다고 생각하고 결혼을 하는 사람은 거의 없습니다. 그저 남자와 여자가 만나 결혼하면 아이가 생기겠지 하는 막연한 생각을 하는 사람도 있고, 경제적 자립을 먼저 생각한 나머지 출산을 몇 년씩 미루는 사람들도 있습니다. 그러나 요즘 세상과 환경은 그리 호락호락 임신을 허락하지 않습니다. 최신 통계에 의하면 신혼부부 다섯 쌍 중 하나는 불임이라니 말입니다. 아무튼, 그렇게 우여곡절 끝에 자식을 낳아 기르다 보면, 그 자식이 자랄수록 부모로서의 고뇌는 더욱 깊어지고, 시시때때로 무수한 선택의 갈림길에 서게 됩니다. 학교 보내고, 군대 보내고, 취업 그리고 결혼까지 시키는 동안 노심초사 하며 살게 될 것입니다.

그렇게 직업에 매여, 사랑에 매여 또는 자식에 매여 쉴 새 없이 앞만 보고 달려가다가 맞이하는 것이 있습니다. 그것은 문득 찾아오는 육체의 한계를 느끼게 되는 순간입니다. 특히 만 45세 즈음이 되면 누구에게나 찾아오는 노안(老眼)의 황당함에 직면하게 됩니다. 본래 근시이던 사람은 안경을 벗어들기 시작하고, 본래 눈이 좋다고 자부하던 사람들은 새로이 돋보기를 찾아야 합니다. 뿌리칠 수 없는 육체적 성숙과 노화의 과정은 늘 우리 곁을 맴돌면서 자신을 돌아보게 합니다. 아무리 열심히 헬스클럽을 들락거리고 산을 오르내려도, 앉았다 일어나면서 내뱉어지는 "에구구" 소리는 피해갈 수 없습니다. 나이가 들면 들수록 멀리 보이던 죽음이 더욱 신속히 다가옵니다. 우리는 모두 죽음을 향하여 열심히 달려가고 있는 것입니다. 이 죽음의 문제는 노년기를 살아가는 모든 이들에게 가슴을 쥐어짜게 하는 도전이 될 것입니다.

사람은 누구나 한번은 죽습니다. 병으로, 사고로 또 늙어서 죽습니다. 사람들은 '죽으면 그만이지…' 라고 하는 푸념을 내뱉으면서 서로를 위로하기도 합니다. 과연 그럴까요? 성경에서는 죽음의 의미가 무엇일까요? 구약의 표현에 의하면 죽은 자들은 모두 스올(땅의 어둠 속)로 내려갑니다. 조상들의 뒤를 따라가는 것입니다. 흙에서 난 자 흙으로 돌아가며, 하나님의 생명의 강가로 다가간다는 것입니다. 그러나 신약에서의 죽음은 부활의 소망을 품도록 하는 출발점입니다. 예수 그리스도께서 부활하시고 승천하셨기 때문입니다. 그래서 그리스도인들은 부활을 꿈꾸며 예수 그리스도께서 약속하신 다시 오실 그 날을 손꼽아 기다립니다.

노스트라다무스라는 예언가는 1999년 7월을 인류멸망의 날로 예언했지만, 종말의 날은 오지 않았습니다. 사람들은 역사적 종말의 날에 자신이 꼭 살아 있을 것 같은 착각 속에 살아갑니다. 생각해보면, 역사적 종말이 나에게 과연 무슨 의미가 있는가요? 예수님께서 말씀하시기를 "그러나 그날과 그 시각에 대해서는 아무도 모르나니 하늘에 있는 천사들도 모르고 그 아들도 모르며 오직 아버지만 아시느니라"(막13:32)하셨습니다. 그러므로 그리스도인들은 "오직 주의 날이 밤에 도적같이 이르리라"(벧후3:10)는 말씀을 의지하고 마태복음에 나오는 슬기로운 열 처녀처럼 미리 기름(생명)을 준비하여야 할 것입니다.

한편, 요한계시록에 "죽은 사람들은 결국에는 생명의 책에 기록된 대로 심판을 받으리라"(계 20:12)고 기록되어 있는 선언은 오히려 우리의 죽음의 의미를 단순화시켜줍니다. 생명의 책에 남겨질 우리의 기록은 살아 있는 동안의 삶일 뿐입니다. 우리가 죽은 후에는 심판이 있기까지 우리의 잘못을 만회할 방법이 있을 리 없습니다. 그러므로 예수 그리스도께서 언제 다시 오실지 알 수 없는 우리에게, 나의 죽음은 곧바로 종말을 의미합니다. 내가 죽는 날이 바로 그 종말의 날이라는 것입니다. 과연 죽음과 부활의 소망은 어떻게 해야 유효한 것인가요?

성경이 우리에게 제시하는 핵심적인 조언은 무엇인가?

예수 그리스도께서는 자신의 삶을 모범으로 보이시면서 다음과 같이 가르쳐주셨습니다. 첫째, 하나님을 만난 사람들은 기도를 통하여 하나님과 은밀한 대화를 나누어야 합니다. 그렇게 하면 나의 필요를 요청할 수도 있고, 하나님께서 나에게 요청하시는 바를 들을 수도 있습니다. 둘째, 그 기도가 반드시 이루어질 것이라는 확신을 해야 합니다. 사람이 꿈을 꾸고 예수 그리스도의 이름으로 기도하면 하나님께서는 반드시 들어주십니다. 그 꿈이 하나님의 영광을 위한 것이고, 하나님 나라의 뜻에 합당한 것이라면 반드시 들어 주십니다. 우리가 생각하였던 것보다 훨씬 더 좋은 것으로 들어주십니다. 우리가 먼저 "하나님 나라와 하나님의 의를 구하면 이 모든 것을 너희에게 더하여 주실 것이다"(마 6:33)고 하셨기 때문입니다. 셋째, 주님께서는 그것을 들어주시기 전에 우리 앞에 여러 가지 선택의 기로를 보여주시는데, 우리는 기도 가운데 그중의 하나를 적극적, 긍정적으로 선택하여야 합니다. 그것이 하나님의 뜻이라는 확신을 하고 선택하고, 과감히 행하여야 합니다. 그것이 올바른 선택이라면 주변 사람들의 중보 기도가 호응해줄 것이며, 진행되어 가는 과정도 긍정적인 길로 나아갈 것입니다. 우리가 밤잠을 설치게 하는 그 길을 향하여 목숨을 걸고 나아가야 합니다. 물론 주님께서는 그 확신도 갖게 하실 것이지만 말입니다. 기도는 우리의 삶을 풍성하게 하는 최선의 방책입니다. 그러므로 하나님께 기도하고 은밀한 대화를 나누며 호흡하여야 합니다.

미국 흑인 인권운동가, 마틴 루터 킹 목사(Martin Luther King, Jr. 1929 - 1968)는 침례교 목사의 아들로 태어났습니다. 그는 인간의 내면적 가치나 성품이 아니라 피부색으로 사람의 가치를 판단하는 시대를 살았던, 그러나 하나님의 형상을 따라 창조된 인간의 숭고한 가치를 지키기 위하여 목숨을 바친 위대한 인물이었습니다. 1960년대까지 미국에서 흑인들은 백인들과 같은 버스를 타거나 식당을 이용할 수조차 없었습니다. 그들은 사람이 아니라 짐승 취급을 받았던 것입니다. 그는 인도의 마하트마 간디의 비폭력 무저항 정신을 미국의 흑인 인권 운동에 적용하였습니다. 마치 욥처럼 모욕을 당하면서도 모든 인간이 존중받아야 한다고 역설하였습니다.

1963년 미국의 수도 워싱턴에서 행한 그의 유명한 연설 '나에게는 꿈이 있습니다(I Have a Dream)'는 그의 유언이자 간절한 기도였습니다. "나에게는 꿈이 있습니다. 언젠가는 저의 네 자녀가 그들의 검은 피부색으로 다른 사람들에게 판단되지 아니하고, 그들이 가진 내면적인 성품에 따라서 판단되는 나라에서 살게 되는 날이 반드시 오고야 말 것이라는 꿈이 있습니다.......나에게는 꿈이 있습니다. 모든 계곡이 일어나 솟아오르고 모든 언덕과 산들이 낮아져서 험난한 곳은 평탄한 곳이 되고, 굴곡진 땅은 곧게 펴져, '주님의 영광이 드러나고 모든 육체가 그것을 보는(이사야 40:4 - 5)' 그날이 오기를."

1968년 그는 테네시 주 멤피스에서 백인 인종주의자에 의해 암살되었습니다. 비록 암살이라는 폭력에 의해 그의 생은 마감되었지만, 그의 삶은 '이기는 사람'의 삶이었습니다. 그의 인권 운동은 결국에는 승리하였습니다. 지금도 세상에는 무수한 인종차별의 흔적이 남아 있지만, 하나님 백성들의 평등성과 존귀함을 일깨운 그의 비전은 생명의 책에 기록되고 영원히 살아서 힘을 발휘하고 있습니다. 그는 죽지 않았습니다. 하나님께서는 그의 간절한 기도를 들어 주셨기 때문입니다. 이렇듯 기도는 하나님과 만나는 지름길이며, 인생의 허무함, 죄의 유혹 그리고 죽음의 결말을 극복하고 이기는 사람이 되는 실질적인 방법입니다.

일대일의 소명 - 이기는 사람

21세기를 살아가는 한국의 그리스도인들이여! 주님께서 우리에게 요청하시는 것이 과연 믿음뿐이라고 생각하는가요? 예수 믿고 천국 가는 것이 우리의 소명이라고 가르침 받았다면 그것은 반쪽짜리 가르침입니다. 믿음으로 구원을 얻은 증거가 이 땅에서 받아야 할 축복으로 나타날 것이라고 가르침 받았다면 그것은 우상을 섬기는 것과 다를 바 없습니다. 어렵사리 예수 그리스도 앞으로 나온 사람들에게 세상을 부인하고 천국만을 사모하게 하거나, 이 세상에서의 부귀와 건강 그리고 자손의 복을 하나님의 축복인 양 인도하며, 스스로 하나님의 대리인으로 자청하는 이단자들은 저주를 받을 지라!!!

리들리 스콧 감독의 영화 〈하늘의 왕국 Kingdom of Heaven : 2005년〉에서, 예루살렘을 정복하고 있던 십자군의 왕 볼드윈 4세는 이 영화의 주인공 발리안에게 다음과 같은 조언을 합니다. "네가 누구와 어떤 게임을 하던 영혼만큼은 너의 것임을 명심하라. 하나님 앞에선 변명이 소용없다. 누가 시켜서 했다거나, 당시엔 어쩔 수 없었다거나 하는 말은 통하지 않을 것이다."

우리도 이와 같습니다. 이 세상을 사는 동안 그가 무슨 직책이나 직위를 가졌든지 간에, 사람은 누구나 죽음을 맞이하게 되면 하나님과 일대일로 설 수밖에 없습니다. 그리고 하나님께서 물으실 것입니다. 그가 왕이건 노예이건, 국가 대표선수이건 지체 장애인이건, 학식이 높건 낮건, 심지어는 로마 교황이나 개척 교회 목사들까지도 피해갈 수 없는 질문을 받을 것입니다. 하나님께서 그에게 '네 직위가 무엇이었더냐?'고 물으시기보다는 '네 이름이 무엇이냐?'

라고 물으신 후에 '네가 내 나라와 나의 의를 위하여 무슨 일을 하였는가?'고 물으실 것입니다. 나의 직위가 나를 구원할 것으로 생각한다거나, 내가 이룩해 놓은 세상의 물질과 업적들이 나의 잘못을 면책시켜줄 것으로 생각한다면 그것은 착각입니다.

예수 그리스도께서 약속하셨습니다.
- 이기는 사람에게는, 내가 하나님의 낙원에 있는 생명나무의 열매를 주어서 먹게 하겠다(계 2:7). 이기는 사람은 둘째 사망의 해를 받지 않을 것이다(계 2:11). 이기는 사람에게는 내가, 감추어 둔 만나를 주겠고, 흰 돌도 주겠다(계 2:17). 이기는 사람, 곧 내 일을 끝까지 지키는 사람에게는, 민족들을 다스리는 권세를 주겠다(계 2:26). 이기는 사람은 이와 같이 흰옷을 입을 것인데, 나는 그의 이름을 생명책에서 지워 버리지 않을 것이며, 내 아버지 앞과 아버지의 천사들 앞에서 그의 이름을 시인할 것이다(계 3:5). 이기는 사람은, 내가 내 하나님의 성전에 기둥이 되게 하겠다. 그는 다시는 성전을 떠나지 않을 것이다. 나는 내 하나님의 이름과 내 하나님의 도시, 곧 하늘에서 내 하나님께로부터 내려오는 새 예루살렘의 이름과 또 나의 새 이름을 그 사람의 몸에 써 두겠다(계 3:12). 이기는 사람은, 내가 이긴 뒤에 내 아버지와 함께 아버지의 보좌에 앉은 것과 같이, 나와 함께 내 보좌에 앉게 하여 주겠다(계 3:21).

결론은 이것이니, 우리의 소명은 믿음과 축복을 넘어서 '이기는 사람'이 되는 데 있습니다. '이기는 사람'은 예수 그리스도를 만나고 **그의 죽음과 부활의 증인이 되는 사람**입니다. 예수 그리스도를 처음 만났을 때의 그 첫사랑을 끝까지 간직하는 사람입니다. 늘 회개하고, 고난과 유혹을 인내하는 사람입니다. 삶의 모든 영역에서 **하나님의 전적인 주권을 인정하는 사람**입니다. 이것이 소위 말하는 진정한 영성입니다. 무수한 선택의 갈림길에 서게 될 때마다 "주님께서는 어떠하실까"하고 질문을 하는 사람입니다. 이것이 참된 기도입니다. '이기는 사람'은 **신령과 진정으로 예배를 드리고, 사랑과 정성으로 이웃을 돌아보는 삶을 사는 사람**입니다.

그러므로 '이기는 사람'은 **혼자 있을 때 말씀을 섭취하고, 기도로 호흡하며 모여서 선을 행하기를 힘써야 합니다.** 기도는 숨을 쉬는 것이고 말씀을 읽는 것은 밥을 먹는 것이며, 선을 행하는 것은 하나님의 사랑을 경험한 자들이 내뿜어야 할 그리스도의 향기입니다. 그리하면 우리는 죽지 않고 이기는 사람이 될 것입니다. "예수 그리스도로 인하여 하나님 자녀의 신분을 회복하고, 하나님과의 올바른 관계 속에 살아가는 것"을 이룰 수 있을 것입니다. 마침내 **하나님 나라와 하나님의 의**를 보게 될 것입니다.

마지막 날까지 이기는 사람이 됩시다. 아멘.

참고 도서

김세윤. 예수와 바울. 두란노. 2001.

김세윤. 홍성희 역. 바울 복음의 기원. 도서출판 엠마오. 1994.

김세윤. 구원이란 무엇인가. 두란노. 2001.

김세윤. 신약을 어떻게 읽을 것인가. 성서유니온선교회. 2008.

김학인. 바울과 옥중서신. 도서출판 예루살렘. 1991.

남홍진. 죽는 것도 나에게는 이득이 됩니다. 도서출판 예루살렘. 1999.

성인경. 나의 세계관 뒤집기. 홍성사. 1998.

성종현. 공관복음서 대조연구. 장로교신학대학교출판부. 1992.

신국원. 포스트모더니즘. IVP. 1999.

옥한흠. 요한이 전한 복음 상,하. 두란노. 2000.

윤철원. 누가복음서 다시읽기. 이레서원. 2001.

이상훈. 신약성서 이해의 요점. 종로서적. 1992.

정길호. 고고학을 통해 밝혀진 신약성경 이야기. 도서출판 작은행복. 2000.

정양모. 위대한 여행(사도바울의 발자취를 따라). 생활성서사. 1997.

최종상. 이방인의 사도가 쓴 로마서. 아가페출판사. 2003.

고든 D. 피. 오광만 역. 성경을 어떻게 읽을 것인가. 한국성서유니온선교회. 1988.

고든 D. 피. 김진선 역. 책별로 성경을 어떻게 읽을 것인가. 한국성서유니온선교회. 2003.

달라스 윌라드. 윤종석 역. 하나님의 모략. 복있는사람. 2000.

랄프 윈터, 스티븐 호돈. 정옥배 역. 미션 퍼스펙티브. 예수전도단. 2000.

레리 크랩. 하나님의 러브레터. IVP. 2010.

로버트 G. 헐버. 김영봉 역. 이해를 위한 신약성서 연구. 컨콜디아사. 1988.

브루스 윌킨스. 날마다 주님과 함께. 도서출판 디모데. 2000.

Edward O. Wilson. 최재천, 장대익 역. 통섭: 지식의 대통합. 사이언스북스. 2005.

에두아르트 로제. 박두환,이영선. 신약성서 어떻게 이루어졌는가. 한국신학연구소. 1998.

E.M. 블랙 록. 신약의 배경. 한국성서유니온선교회. 1997.

유진 피터슨. 홍병룡 역. 묵시: 현실을 새롭게 하는 영성. IVP 2002.

존 스토트. 김일우 역. 복음주의가 자유주의에게 답하다. 포이에마. 2010.

존 우드브리지. 박용규 등 역. 세속에 물들지 않는 영성. 생명의말씀사. 2004.

존 팀머. 박혜영,이석열 역. 성경, 흐름을 잡아라. 홍성사. 2000.

톰 라이트. 박장훈 역. 성경과 하나님의 권위. 새물결플러스. 2011.

필립 얀시. 전의우 역. 예수님이 읽으신 성경. IVP. 2010.

참고 도서

(주석, 사전)

데이빗 웬함등. 성경이해시리즈(1 - 6). 성서유니온선교회. 2007 - 2009.

크레이그 키너. IVP성경배경주석:신약. IVP.1998.

J. D. 더글라스. 나용화 등 역. 새성경 사전. 기독교문서선교회. 1996.

하용조. 비전성경사전. 두란노. 2001.

(성경)

대조성경(개역개정판/새번역). 대한성서공회. 2004.

NIV한영해설성경. 아가페출판사. 1997.

The NIV Quite Time Bible. Intervarsity Press. 1996.

Student Bible(King James Version). World Bible Publishers, Inc. 1998.

The Learning Bible(Contemporary English Version). American Bible Society. 2000.

The Quest Study Bible(NIV). Zondervan Publishing House. 1994.

Life Application Bible(New International Version) Tyndale House Publishers, Inc. 1991.

문학적 단락에 따른 매일 성경 읽기표

		구 약			
1		1:1-2:3	31		신학산책 7
2		신학산책 1	32		1:1 – 4:49
3		2:4-25	33		5:1 – 10:10
4		3:1 – 5:32	34	민수기	10:11 – 14:45
5		신학산책 2	35		15:1 – 20:29
6		6:1 – 9:17	36		21:1 – 25:18
7		9:18 – 11:32	37		26:1 – 36:13
8	창세기	신학산책 3	38		신학산책 8
9		12:1 – 17:27	39		1:1 – 4:43
10		18:1 – 23:20	40		4:44 – 8:20
11		24:1 – 28:9	41		9:1 – 11:32
12		28:10 – 36:43	42	신명기	12:1 – 18:22
13		37:1 – 41:57	43		19:1 – 25:19
14		42:1 – 45:28	44		26:1 – 28:68
15		46:1 – 50:26	45		29:1 – 30:20
16		신학산책 4	46		31:1 – 34:12
17		1:1 – 4:31	47		신학산책 9
18		5:1 – 11:10	48		1:1 – 5:12
19		12:1 – 15:21	49		5:13 – 8:35
20	출애굽기	15:22 – 18:27	50	여호수아	9:1 – 11:23
21		신학산책 5	51		12:1 – 19:51
22		19:1 – 24:18	52		20:1 – 22:34
23		25:1 – 31:18	53		23:1 – 24:33
24		32:1 – 33:23	54		신학산책 10
25		34:1 – 40:38	55		1:1 – 3:6
26		신학산책 6	56		3:7 – 5:31
27		1:1 – 7:38	57	사사기	6:1 – 9:57
28	레위기	8:1 – 10:20	58		10:1 – 12:15
29		11:1 – 20:27	59		13:1 – 16:31
30		21:1 – 27:34	60		17:1 – 21:25

문학적 단락에 따른 매일 성경 읽기표

	구	약			
61	룻기	신학산책 11	91	열왕기 하	18:1 – 20:21
62		1:1 – 2:23	92		21:1 – 23:30
63		3:1 – 4:22	93		23:31 – 25:30
64	사무엘 상	1:1 – 4:1a	94	역대기 상	신학산책 15
65		4:1b – 7:17	95		1:1 – 9:34
66		8:1 – 12:25	96		9:35 – 16:43
67		13:1 – 15:35	97		17:1 – 20:8
68		16:1 – 20:42	98		21:1 – 26:32
69		21:1 – 26:25	99		27:1 – 29:30
70		27:1 – 31:13	100		신학산책 16
71	사무엘 하	신학산책 12	101	역대기 하	1:1 – 5:1
72		1:1 – 4:12	102		5:2 – 9:31
73		5:1 – 8:18	103		10:1 – 16:14
74		9:1 – 12:31	104		17:1 – 22:9
75		13:1 – 16:14	105		22:10 – 26:23
76		16:15 – 20:26	106		27:1 – 32:33
77		21:1 – 24:25	107		33:1 – 36:23
78	열왕기 상	신학산책 13	108	에스라	신학산책 17
79		1:1 – 4:34	109		1:1 – 3:13
80		5:1 – 9:9	110		4:1 – 6:22
81		9:10 – 11:43	111		7:1 – 10:44
82		12:1 – 16:28	112	느헤미야	신학산책 18
83		16:29 – 19:21	113		1:1 – 3:32
84		20:1 – 22:40	114		4:1 – 7:73a
85		신학산책 14	115		7:73b – 10:39
86	열왕기 하	상22:41 – 하3:27	116		11:1 – 13:31
87		4:1 – 8:15	117	에스더	1:1 – 4:17
88		8:16 – 10:36	118		5:1 – 10:3
89		11:1 – 15:16	119	욥기	신학산책 19
90		15:17 – 17:41	120		1:1 – 3:26

문학적 단락에 따른 매일 성경 읽기표

	구 약				
121	욥기	4:1 – 7:21	151	시편	86 – 89
122		8:1 – 10:22	152		신학산책 23
123		11:1 – 14:22	153		90 – 95
124		15:1 – 21:34	154		96 – 101
125		22:1 – 24:25	155		102 – 106
126		신학산책 20	156		107 – 112
127		25:1 – 28:28	157		113 – 118
128		29:1 – 31:40	158		119
129		32:1 – 37:24	159		120 – 124
130		38:1 – 40:5	160		125 – 129
131		40:6 – 42:17	161		130 – 134
132	시편	신학산책 21	162		135 – 139
133		1 – 5	163		140 – 145
134		6 – 10	164		146 – 150
135		11 – 15	165	잠언	신학산책 24
136		16 – 19	166		1:1 – 4:27
137		20 – 24	167		5:1 – 9:18
138		25 – 30	168		10:1 – 16:33
139		31 – 35	169		17:1 – 22:16
140		36 – 41	170		22:17 – 24:34
141		신학산책 22	171		25:1 – 29:27
142		42 – 45	172		30:1 – 31:31
143		46 – 50	173	전도서	신학산책 25
144		51 – 55	174		1:1 – 6:12
145		56 – 60	175		7:1 – 9:12
146		61 – 66	176		9:13 – 12:14
147		67 – 72	177	아가	1:1 – 5:1
148		73 – 76	178		5:2 – 8:14
149		77 – 80	179	이사야	신학산책 26
150		81 – 85	180		1:1 – 5:30

문학적 단락에 따른 매일 성경 읽기표

구　약					
181	이사야	6:1 - 9:7	211	애가	1:1 - 2:22
182		9:8 - 12:6	212		3:1 - 5:22
183		13:1 - 23:18	213	에스겔	신학산책 31
184		24:1 - 27:13	214		1:1 - 3:27
185		28:1 - 33:24	215		4:1 - 7:27
186		34:1 - 39:8	216		8:1 - 11:25
187		신학산책 27	217		12:1 - 14:23
188		40:1 - 41:29	218		15:1 - 19:14
189		42:1 - 44:23	219		20:1 - 24:27
190		44:24 - 48:22	220		신학산책 32
191		49:1 - 52:12	221		25:1 - 28:26
192		52:13 - 55:13	222		29:1 - 32:32
193		56:1 - 59:21	223		33:1 - 37:28
194		60:1 - 63:6	224		38:1 - 43:27
195		63:7 - 66:24	225		44:1 - 48:35
196	예레미야	신학산책 28	226	다니엘	신학산책 33
197		1:1 - 3:5	227		1:1 - 4:37
198		3:6 - 6:30	228		5:1 - 7:28
199		7:1 - 10:25	229		8:1 - 12:13
200		11:1 - 15:21	230	호세아	1:1 - 3:5
201		16:1 - 22:30	231		4:1 - 11:11
202		23:1 - 25:38	232		11:12 - 14:9
203		신학산책 29	233	요엘	1:1 - 3:21
204		26:1 - 29:32	234	아모스	신학산책 34
205		30:1 - 33:26	235		1:1 - 2:16
206		34:1 - 38:28	236		3:1 - 6:14
207		39:1 - 45:5	237		7:1 - 9:15
208		46:1 - 49:39	238	오바댜	1:1 - 21
209		50:1 - 52:34	239	요나	1:1 - 4:11
210	애가	신학산책 30	240	미가	1:1 - 5:15

문학적 단락에 따른 매일 성경 읽기표

	구	약		269	마가복음	14:1 - 16:20
241	미가	6:1 - 7:20	270			신학산책 39
242	나훔	1:1 - 3:19	271			1:1 - 4:2
243	하박국	1:1 - 3:19	272			4:3 - 5:47
244	스바냐	1:1 - 3:20	273		요한복음	6:1 - 7:52
245	학개	신학산책 35	274			7:53 - 9:41
246		1:1 - 2:23	275			10:1 - 12:19
247		1:1 - 6:15	276			12:20 - 16:33
248	스가랴	7:1 - 8:23	277			17:1 - 21:25
249		9:1 - 14:21	278			신학산책 40
250		1:1 - 2:16	279			1:1 - 4:13
251	말라기	2:17 - 4:6	280			4:14 - 6:49
252		신학산책 36	281			7:1 - 9:50
	신	약	282		누가복음	9:51 - 12:34
253		신학산책 37	283			12:35 - 15:32
254		1:1 - 4:17	284			16:1 - 19:27
255		4:18 - 7:29	285			19:28 - 21:38
256		8:1 - 11:1	286			22:1 - 24:53
257	마태복음	11:2 - 13:53	287			신학산책 41
258		13:54 - 16:12	288			1:1 - 2:47
259		16:13 - 19:2	289			3:1 - 6:7
260		19:3 - 22:14	290			6:8 - 9:31
261		22:15 - 26:2	291			9:32 - 12:24
262		26:3 - 28:20	292	사도행전		12:25 - 16:5
263		신학산책 38	293			16:6 - 19:20
264		1:1 - 3:12	294			19:21 - 21:16
265	마가복음	3:13 - 5:43	295			21:17 - 24:26
266		6:1 - 8:30	296			24:27 - 28:31
267		8:31 - 10:52	297			신학산책 42
268		11:1 - 13:37	298	갈라디아		신학산책 43

문학적 단락에 따른 매일 성경 읽기표

	신	약			
299	갈라디아	1:1-3:29	333	디모데전서	1:1-3:16
300		4:1 - 6:18	334		4:1-6:21
301	데살.. 전서	1:1-3:13	335	디모데후서	1;1-2:26
302		4:1-5:28	336		3:1-4:22
303	데살.. 후서	1:1-3:18	337	히브리서	신학산책 48
304	고린도전서	1;1-4:21	338		1:1-4:13
305		5:1-7:40	339		4:14-7:28
306		8:1-11:34	340		8:1-10:18
307		12:1-14:40	341		10:19-13:25
308		15:1-16:24	342	야고보서	신학산책 49
309	고린도후서	신학산책 44	343		1:1-2:26
310		1:1-2:13/7:5-16	344		3:1-5:20
311		2:14-5:10	345	베드로전서	1:1-3:7
312		5:11-7:4	346		3:8-5:14
313		8:1-9:15	347	베드로후서	1:1-3:18
314		10:1-13:13		유다서	1:1-25
315	로마서	신학산책 45	348	요한일서	신학산책 50
316		1:1-3:20	349		1:1-2:17
317		3:21-4:25	350		2:18-4:6
318		5:1-8:39	351		4:7-5:21
319		9:1-11:36	352	요한이서	1:1-13
320		12:1-15:6	353	요한삼서	1:1-15
321		15:7-16:27	354	요한계시록	신학산책 51
322	에베소서	신학산책 46	355		1:1-20
323		1:1-2:10	356		2:1-3:22
324		2:11-3:21	357		4:1-5:14
325		4:1-6:24	358		6:1-17
326	골로새서	1:1-2:23	359		7:1-17
327		3:1-4:18	360		8:1-11:19
328	빌레몬서	1:1-25	361		12:1-14:20
329	빌립보서	신학산책 47	362		15:1-18:24
330		1:1-2:30	363		19:1-20:15
331		3:1-4:23	364		21:1-22:21
332	디도서	1:1-3:15	365		신학산책 52

Blessed is the one who Reads the Words

of this prophecy, and blessed are those who hear it

and take to heart what is written in it, because the time is near.

이 예언의 말씀을 읽는 사람과 듣는 사람들과

그 안에 기록되어 있는 것을 지키는 사람들은 복이 있습니다.

그 때가 가까이 왔기 때문입니다.

요한계시록 1장 3절

오늘 **말씀**

제1판 1쇄 2017년 10월 27일
제2판 1쇄 2020년 2월 14일

지 은 이 _ 노희정

펴 낸 이 _ 이인희

디 자 인 _ 서재형

펴 낸 곳 _ 헤세드앤바이블

등록번호 _ 제2017-000111호

등록일자 _ 2017년 9월 21일

주   소 _ 서울특별시 마포구 마포대로 20길 26, 102동 504호

전   화 _ 010-5250-9797

팩   스 _ 02)2648-2270

이 메 일 _ noh1475@hanamil.net

I S B N _ 979-11-962046-1-7 03230

이 책의 성경 본문은 '새번역 성경(대한성서공회)'에서 인용하였습니다.